LEWIS SPERRY CHAFER

TEOLOGÍA SISTEMÁTICA

TOMO II

editorial clie

EDITORIAL CLIE
CLIE, E.R. n.º 2.910-SE/A
C/ Ferrocarril, 8
08232 VILADECAVALLS (Barcelona) ESPAÑA
E-mail: libros@clie.es
Internet: http:// www.clie.es

TEOLOGÍA SISTEMÁTICA DE CHAFER
TOMO II
Lewis Sperry Chafer

Traductores:
José María Chicol
M. Francisco Lievano R.
Rodolfo Mendieta P.

Publicado bajo la autorización de SPANISH PUBLICATIONS, INC.

Depósito legal:

ISBN: 978-84-8267-567-1
ISBN obra completa: 978-84-8267-516-9

Printed in COLOMBIA

Clasifíquese:
0004 TEOLOGÍA SISTEMÁTICA
CTC: 01-01-0004-13
Referencia: 224736

CONTENIDO

VOLUMEN IV

ECLESIOLOGIA

ESCATOLOGIA

DISTINTIVOS GENERALES DE ESCATOLOGIA

LOS PRINCIPALES CAMINOS DE LA PROFECIA

VOLUMEN V

CRISTOLOGIA

VOLUMEN VI

NEUMATOLOGIA

EL ESPIRITU SANTO EN RELACION AL CRISTIANO

LA RESPONSABILIDAD DEL CREYENTE

VOLUMEN IV
ECLESIOLOGIA

ECLESIOLOGIA

CAPITULO I

Introducción a la Eclesiología

En esta sexta división mayor de la Teología Sistemática se nos presenta el estudio sobre la doctrina de la Iglesia según el Nuevo Testamento. Porque se permitió que aparecieran en los siglos tercero y cuarto la intrusión de convenios con el mundo pagano y la sumisión al poder eclesiástico, cosas que hasta cierto punto aún continúan existiendo en el tiempo presente, se hace necesario procurar aclarar un número de distinciones en esta extensa introducción. Se mencionarán aquí solamente en parte algunos rasgos que a continuación serán examinados de manera más completa en la tesis principal de Eclesiología.

Al Apostol Pablo fueron dadas dos revelaciones separadas, diferentes e inequívocas, que son: (1) Que por medio de la muerte y resurrección de Cristo Dios ha provisto una salvación perfecta y eterna para una existencia celestial, y se ofrece de manera igual al judío como al gentíl como única condición una fe salvadora puesta en el Señor Jesucristo. Sobre esta revelación el Apóstol escribe: "Mas os hago saber, hermanos, que el evangelio anunciado por mí, no es según hombre; pues yo ni lo recibí ni lo aprendí de hombre alguno, sino por revelación de Jesucristo" (Gá.1:11-12). La importancia de este evangelio revelado se refleja en las amonestaciones concernientes al juicio que caerá sobre los que presentan un evangelio erróneo. Tales amonestaciones debieran causar terror en la mente de los que osan lanzarse a ser predicadores del evangelio. Está escrito: "Mas si aún nosotros, o un ángel del cielo, os anunciare otro evangelio diferente del que os hemos anunciado, sea anatema. Como antes hemos dicho, también ahora lo repito: Si alguno os predica diferente evangelio del que habéis recibido, sea anatema" (Gá.1:8-9). El carácter sin igual e incomparable del evangelio es manifestado directamente por el Apostol cuando por inspiración dice que es una revelación específica, y lo mismo es sobrentendido por las amonestaciones que demandan la preservación de su pureza por aquellos que lo proclaman. El evangelio de la gracia divina se perdió de vista durante los siglos obscuros cuando la corrupción de Roma se manifestó desenfrenadamente. A Martín Lutero, con sus colegas, fue dado la obra de restaurar los principales rasgos distintivos de este evangelio y estos distintivos han sido las posesiones apreciadas de los protestantes desde los días de la Reformación. La segunda revelación dada al Apóstol Pablo fue igualmente definida y sobrenatural y ésta fue dada para revelar el propósito divino para el tiempo presente. Esta es la substancia de la Eclesiología. El Apóstol escribe: "Por esta causa yo Pablo, prisionero de Cristo Jesús por vosotros los gentiles; si es que habéis oído de la administración de la gracia de Dios que me fue declarado el misterio, como antes lo he escrito brevemente, leyendo lo cual podéis entender cuál sea mi conocimiento en el misterio de Cristo, misterio que en otras generaciones no se dio a conocer a los hijos de los hombres, como ahora es revelado a sus santos apóstoles y profetas por el Espíritu: que los gentiles son coherederos y miembros del mismo cuerpo, y copartícipes de la promesa en Cristo Jesús por medio del evangelio" (Ef.3:1-6). Sobre este pasaje el Dr. C. I. Scofield ha publicado la siguiente observación:

> "Que los gentiles habían de salvarse no era un misterio (Ro.9:24-33; 10:19-21). El misterio 'escondido en Dios' era el propósito divino de hacer del judío y del gentil una sola cosa nueva: 'la iglesia, la cual es su cuerpo (de Cristo)', formado por el bautismo del Espíritu Santo (1 Co.12:12-13), y en el cual desaparece toda distinción terrenal entre judío y gentil (Ef.2:14,15; Col.3:10,11). La explicación de este misterio, que fue predicho pero no aclarado por Cristo (Mt.16:18), le fue encomendada a Pablo. Es solamente en sus escritos que encontramos aclarados detenidamente la doctrina, la posición, la conducta y el destino de la iglesia" (*La Biblia Anotada de Scofield,* p. 1209).

Para tener un concepto bíblico de la verdad referente a la Iglesia se requiere tener un entendimiento exacto de las distinciones importantes con respecto a las criaturas de Dios, y con respecto a los tiempos y las sazones de Dios, como también una comprensión clara del carácter preciso de la Iglesia misma.

I. LAS CRIATURAS DE DIOS CONSIDERADAS DISPENSACIONALMENTE

La Biblia es el único libro de Dios. Sólo en este libro El revela hechos de la eternidad como también del tiempo, del cielo y del infierno como también de la tierra, de Sí mismo como también de sus criaturas, y de sus propósitos en toda la creación. El lector de las Escrituras debe estar preparado para descubrir revelaciones que a veces tratan con otros seres y cuyos destinos son muy aparte de él mismo. La Biblia presenta el orígen, el estado presente, y el destino de cuatro clases mayores de seres racionales en el universo, que son, los ángeles, los gentiles, los judíos, y los cristianos. Nada puede ser más a propósito a una verdadera interpretación bíblica que la observancia del hecho de que estas divisiones de seres racionales continúan siendo lo que son a través de su historia. El programa divino revelado para cada uno de estos grupos será trazado aquí brevemente.

1. LOS ANGELES. Los ángeles son seres creados (Sal.148:2-5; Col.1:16); su morada está en el cielo (Mt.24:36); su actividad se desempeña en la tierra y en el cielo (Sal.103:20; Lc.15:10; He.1:14); la ciudad celestial es su destino (He.12:22; Ap.21:12). En toda su existencia serán siempre ángeles. Ni se propagan ni se mueren. No hay razón por qué confundir los ángeles con otras criaturas de Dios en el universo. Aunque pueden caer, como en el caso de Satanás y los demonios, siguen siendo clasificados como ángeles (Mt.25:41).

2. LOS GENTILES. En cuanto a su descendencia racial, los gentiles tuvieron su orígen en Adán, quien para ellos es su cabeza federal. Ellos son participantes de la caída, y, aunque ellos son el tema de la profecía que predice que ellos tendrán parte, como un pueblo subordinado, con Israel en su reino glorioso que vendrá (Is.2:4; 60:3,5,12; 62:2; Hch.15:17). Con respecto a su estado durante el período desde Adán hasta Cristo, ellos estaban bajo cinco diferentes acusaciones, que eran, "En aquel tiempo estabais sin Cristo, alejados de la ciudadanía de Israel y ajenos a los pactos de la promesa, sin esperanza y sin Dios en el mundo" (Ef.2:12). La puerta del evangelio fue abierta a los gentiles con la muerte, la resurrección, y la ascensión de Cristo, y la venida del Espíritu Santo (Hch.10:45; 11:17-18; 13:47-48), y Dios está llamando de entre ellos un pueblo escogido (Hch.15:14). Las nuevas bendiciones ofrecidas a los gentiles en este tiempo no consisten en ser permitidos compartir en los pactos terrenales de Israel, las cuales ni Israel misma las está gozando ahora; sino más bien, por medio de las riquezas de su gracia en Cristo Jesús, ellos tienen el privilegio de ser participantes de una ciudadanía y gloria celestiales. Está revelado que en este tiempo la masa de los gentiles no entrarán por la fe en estas riquezas celestiales. Por tanto, este pueblo que está designado como "las naciones" continuará existiendo, y al final de su mayordomía como gobernantes de la tierra, que es el fin de "los tiempos de los gentiles" (Lc.21:24; véase Dn.2:36-44), al final del período de la tribulación, los miembros de esa generación (véase Mt.24:8-31 y 25:31-46), serán llamados a comparecer ante el Mesías Rey, sentado sobre el trono de su gloria (Mt.25:31-32) aquí en esta tierra. En ese tiempo, aquellos que serán hallados a la izquierda y que son designados por "los cabritos" serán despedidos al "fuego eterno, preparado para el diablo y sus ángeles,"

pero los que serán hallados a su derecha, que son designados por "ovejas" serán introducidos al "reino" preparado para ellos desde la fundación del mundo (Mt.25:31-46). Las ovejas entrarán al reino y "los cabritos" irán al lago de fuego decisión que tendrá por base única el tratamiento que habrán dado a un tercer grupo a quienes Cristo llama " mis hermanos". Este contexto no sostiene la interpretación que ésta es una descripción del último juicio y final cuando las personas salvadas en todas las edades son introducidas al cielo; porque todos los que son salvos cuando dejan este mundo inmediatamente estarán delante del Señor en el cielo (Hch.7:55-56; 2 Co.5:8; Fil.1:23); ¿y quiénes, según esa interpretación, responderían a "mis hermanos"? La escena es del tiempo cuando se termine la gran tribulación (Mt.24:21) después de que la Iglesia haya sido quitada de la tierra, en los días cuando los gentiles estarán divididos sobre el asunto semítico. Entonces cuáles gentiles serán escogidos para entrar el reino mesiánico de Israel en la tierra? El destino de los gentiles se revela más adelante cuando se hace la aclaración sobre la ciudad que, después de la creación del cielo nuevo y de una tierra nueva, desciende con Dios (Ap.3:12; 21:2,10), que " las naciones que hubieren sido salvas andarán a la luz de ella; y los reyes de la tierra traerán su gloria y honor a ella" (Ap.21:24-26). La frase "las naciones que hubieren sido salvas" no podría referirse a la Iglesia porque el destino de ella no es terrenal y tampoco se usa el nombre "las naciones" para referirse a ella, ni se incluyen los reyes de la tierra en su lista. En este mismo contexto, la ciudad misma se nos dice que es "la novia", la esposa del Cordero, que es la Iglesia (Ap.21:2, 9-10). De esta manera se descubre que – a pesar del hecho que una dispensación de gobierno mundial les es encomendado, que en esta edad el evangelio les es predicado con su oferta de gloria celestial, que en la era venidera ellos participarán las bendiciones del reino con Israel, y que ellos aparecerán en las edades futuras – permaneciendo como gentiles, en contradistinción a la nación de Israel, hasta el final de la escena; y no hay razón para mal interpretar esta gran masa de la Escritura sobre el tema concerniente a los gentiles.

3. LOS JUDIOS. Cualquiera que haya sido la nacionalidad de Abraham antes que Dios lo llamara, una cosa es cierta, que Dios lo apartó y por medio de él obtuvo una raza muy distinta en individualidad, de tal manera que desde los días del Exodo hasta el final de su historia los israelitas son considerados completamente distintos a todas las demás naciones juntas. Cualesquiera hayan sido las características físicas distintivas de Abraham, una cosa es cierta que sus características espirituales estaban muy lejos de aquellos paganos idólatras entre quienes fue creado, y la raza de su

descendencia a través de Isaac y de Jacob ha sido siempre singular tanto en sus valores espirituales como su apariencia física.

Los primeros once capítulos de Génesis relatan la primera tercera parte de la historia humana cuando hubo sobre la tierra solamente una división de la raza humana. Después del capítulo once se registra el comienzo de la segunda tercera parte de la historia humana. Este período se extiende desde Abraham hasta Cristo. En una edición usual de la Biblia de unas 1,351 páginas, unas 1,132 páginas se dedican casi exclusivamente a este segundo período, y trata de la simiente física de Abraham por medio de Isaac y de Jacob. Durante este período prolongado encontramos sobre la tierra dos divisiones de la humanidad, pero el gentil aparece en la historia únicamente por su relación con Israel. Israel ha sido apartado como un pueblo escogido. Los favores divinos específicos de que Israel se goza se enumeran así: "que son israelitas, de los cuales son la adopción, la gloria, el pacto, la promulgación de la ley, el culto y las promesas; de quienes son los patriarcas, y de los cuales, según la carne, vino Cristo, el cual es Dios sobre todas las cosas, bendito por los siglos. Amen" (Ro.9:4-5). De los pactos que Jehová ha hecho con Israel, predominan cinco rasgos eternos – una entidad nacional (Jer.31:36), una tierra perpetua (Gn.13:15), un trono (2 S.7:16; Sal.89:36), un rey (Jer.33:21), y un reino (Dn.7:14). Aunque Jehová se reserva el derecho de castigar aún al punto de esparcir a su pueblo por todas las naciones, permitiendo que su tierra sea hollada por los gentiles y que su trono esté vacante por un tiempo, sin embargo sus propósitos eternos no pueden fallar. Este pueblo será recogido otra vez y la tierra de sus padres será su posesión para siempre (Dt.30:1-6; Jer.23:5-8; Ez.37:21-15). Su legítimo Rey, el Hijo de David, ocupará el trono de David *para siempre* (Sal.89:34-37; Is.9:6-7; Jer.33:17; Lc.1:31-33; Ap.11:15). Cada uno de los dos pasajes mayores sobre el nacimiento virginal de Cristo – uno en el Antiguo Testamento (Is.7:14 con 9:6-7) y uno en el Nuevo Testamento (Lc.1:31-33) – relata que, en adición al nacimiento virginal de Cristo, El ocupará el trono de David para siempre.

Conforme a muchas profecías, el Mesías esperado vendría como León irresistible y como un Cordero para sacrificio. Pedro testifica de la perplejidad de los profetas sobre la aparente paradoja (1 P.1:10-11). Isaías presenta los eventos con relación a los dos advenimientos en una extensa expectación como si fuera una sola cosa (Is.61:1-5); ni aún al ángel Gabriel se le permitió revelar el hecho de que los dos advenimientos fueron separados por la edad presente, más bien se refirió a ambos advenimientos como si pertenecieran a un programa sin interrupcion (Lc.1:31-33). Sin embargo, a David fueron dadas dos revelaciones importantes, que son, (a) que el Hijo eterno de Dios moriría como muere un sacrificio (Sal.22:1-21; 69:20-21), y (b) que el ocuparía para siempre el trono de David (2 S.7:16-20; Sal.89:34-37). David razonaba que si el Hijo de Dios fuese destinado a ocupar el trono para siempre tendría necesidad de morir primero y ser levantado después de entre los muertos y así tener el camino abierto para reinar para siempre. Esta conclusión por parte de David fue uno de los aspectos más importantes del sermón de Pedro en el día de Pentecostés (Hch.2:25-36). Pedro comprueba en dicho sermón que el Señor Jesús, a pesar de su muerte, es el Mesías de Israel. De esta manera se reveló que el Hijo de David primero moriría y luego sería levantado otra vez para que se cumpliera la promesa a David que habrá uno que ocupará su trono para siempre. Sin embargo, fue predicho de Cristo definitivamente que en su primer advenimiento se ofrecería a Israel para ser su Rey, no en calidad de un monarca e irresistible conquistador, que ciertamente así vendrá algún día (Ap.19:15-16), sino "manzo" y "humilde" (Zac.9:9; compárese con Mt.21:5). A pesar de haberse predicho que Cristo se ofrecería a Israel como su Rey antes de ir a la cruz, viniendo en forma "humilde", los antidispensacionalistas hacen referencia a la creencia que sostienen los dispensacionalistas – que Cristo ofreció el reino a Israel y que fue rechazado y pospuesto – como una teoría imposible caracterizada por embrollos. Ellos declaran que esta teoría menosprecia seriamente el valor y la centralidad de la cruz en la revelación de la Biblia. Estos señores son Calvinistas, sin embargo se perturban sobre el conflicto aparente entre la soberanía divina y la voluntad humana. Si el fundamento de su objeción a la "teoría de posposición" se sostiene, entonces significa que no hubo garantía de que habría una nación de Israel sino hasta que Abraham hizo la decisión de obedecer a Dios; no había certidumbre de que Cristo nacería de María sino hasta que ella dio su consentimiento; que no hubo seguridad que Cristo moriría hasta que Pilato así lo ordenó. A la luz de dos hechos determinantes, es decir, que el Cordero de Dios en el propósito de la redención fue muerto desde la fundación del mundo y que si Adán no hubiera pecado no hubiera habido necesidad de un Redentor, ¿por qué dijo Jehová a Adán que no pecara? ¿Y qué hubiera sucedido con el propósito de redención si Adán hubiera obedecido a Dios? Estas objeciones a la teoría de postergación no toman en cuenta el hecho del propósito divino en la prueba incluída, y la necesidad de la posposición como resultado del fracazo bajo la prueba, el mismo fracazo siendo esperado. Estas cosas evidentemente son problemas muy serios que enfrentar para algunos Calvinistas. Si se quiere sostener que el nacimiento y la muerte de Cristo fueron predichos, y por tanto ya eran seguras, es igualmente cierto que la oferta antes de la cruz del reino terrenal mesiánico a Israel por su Mesías durante los días de su "humillación" fue también una cosa asegurada por *predicción.* Fue también igualmente asegurada por predicción que Cristo sería crucificado, lo cual constituía el rechazamiento oficial de parte de Israel de su Rey (Sal.118:22-24 con 1 P.2:6-8; Mt.21:42-45; Lc.19:14, 27; Hch.4:10-12), sería levantado de entre los muertos (Sal.16:8-10), y finalmente sentado sobre el trono de David para reinar sobre la casa de Jacob para siempre (Is.9:6-7; Mt.2:6; Lc.1:31-33). El profeta declaró que sería "despreciado y desechado entre los hombres," y Juan dice, "a lo suyo vino, y los suyos (Israel) no le recibieron" (Jn.1:11). La verdad presentada en este último pasaje es de suma importancia. El "rechazamiento" por parte de la nación de Israel no fue el rechazamiento de un Salvador crucificado y resucitado como hoy El es rechazado cuando uno no cree el evangelio. Fue una nación a quien se le prometió un Mesías Rey la que rechazó a su Rey. Ellos no dijeron, "nosotros no creeremos en este Salvador para la salvación de nuestras almas"; pero en efecto ellos dijeron, "no queremos que este hombre reine sobre nosotros." Esta distinción es importante porque determina el cacácter preciso de su pecado.

Dos años después de su partida de Egipto, Dios les ofreció entrada a su tierra por Kades-barnea. Ellos rechazaron la oferta. Dios ya sabía que iban a rechazarla, sin embargo era una oferta de buena fe que El les hizo. Dios sabía desde el principio que ellos iban a rechazarla, haciéndose culpables de ese pecado específico, y, como un castigo, volverían por treinta y ocho años a vivir en el desierto. Después de esa experiencia fueron introducidos a la tierra por la mano soberana de Dios sin preguntarles sobre sus propios deseos. Pero El había obrado en sus corazones para hacer su buena voluntad, de modo que ellos entraron cantando cánticos de regocijo. Esta historia es alegórica, si no es típica. Los dos años de experiencia en el desierto que precedieron la oferta hecha en Kades-barnea tipifican los seiscientos años que Israel había estado fuera de su reino cuando Cristo vino. El rechazamiento de la oferta divina en Kades-barnea tipifica el rechazamiento de Cristo. Dios, de buena fe hizo posible la entrada a la tierra en Kades. Jehová hizo la oferta teniendo completo conocimiento que ellos la rechazarían. La oferta era real a pesar de que su propósito eterno requería que ellos rechazaran la oferta y volver a treinta y ocho años más de prueba. Si la salvación del mundo dependiera de los años añadidos después de Kades, los Calvinistas vacilantes retractarían en admitir que la oferta de Kades hubiera sido hecha, o, si fuese hecha, fue una oferta sincera. Todo tendría la marca de una teoría caracterizada por embrollos y como imposible. Los treinta y ocho años adicionales son tipo de la condición presente de Israel como un pueblo privado todavía de su tierra y de las bendiciones de sus pactos. La entrada de Israel a la tierra por el poder soberano es tipo de la restauración de esa nación a su heredad que Jehová pactó a ellos como su posesión perpétua (Gn.13:14-17). El hecho de que Israel será reunida otra vez en su propio país es la carga de unas veinte predicciones del Antiguo Testamento comenzando con Deuteronomio 30:3. La muerte de Cristo no fue incidental, ni accidental y tampoco fortuita. Es la verdad central de la Biblia y el hecho central del universo. También estaba en el propósito de Dios que la muerte de Cristo fuese llevado a cabo por Israel cuando rechazaron a su Rey. Es también una verdad que ellos no rechazaron ni podían rechazar lo que no se les había ofrecido antes. En esta edad presente no prevista – que tiene por límites los dos advenimientos de Cristo y que es propiamente llamada intercalación, en el sentido de que no fue prevista en el programa divino para los judíos como se refleja en las profecías acerca de ellos y sin cómputo en el programa de la serie de monarcas gentiles que se simbolizan por la imagen colosal en el sueño de Nabucodonozor – tanto judíos como gentiles, como individuos, han de ser salvos únicamente por gracia por medio de la fe en Cristo. La era larga de ventaja judaica por elección divina, ha sido puesta a un lado como declara el Apóstol, "porque no hay diferencia". Los israelitas ahora como individuos están igualmente "bajo pecado" (Ro.3:9), y como individuos son iguales a los gentiles en que Dios es rico en misericordia a todos los que claman a El (Ro.10:12). Este es un mensaje nuevo a los gentiles e igualmente nuevo a los judíos. El favor divino ofrecido a los gentiles no consiste en un ofrecimiento de participación en las bendiciones nacionales de Israel, ni tampoco provee un medio por el cual el judío podría realizar los rasgos específicos de sus pactos nacionales. Aunque la salvación presente nos conduce al reino de Dios (Jn.3:3), no se está ofreciendo ahora un reino *terrenal* a ningún pueblo. Colosenses 1:13 no es una excepción. Si el rey de la Gran Bretaña se casara con una mujer de otra nación la traería a su reino, no como súbdita, sino como su esposa. El propósito divino en el presente es el llamamiento de entre ambos, judíos y gentiles, individuos que forman la esposa de Cristo, quienes participarán de su posición, es decir, estar en El, ser como El es, y reinar con El en la tierra (Ap.20:4,6; 22:5). Para el pueblo de Israel Cristo es el Mesías, Emmanuel, y Rey; para la Iglesia El es la Cabeza, el Esposo, y Señor, la última designación connota su autoridad soberana sobre la Iglesia. Aun cuando se admite que estas declaraciones son dogmáticas, pueden ser comprobadas.

Al final de esta dispensación, Israel tendrá que pasar por la gran tribulación, que está específicamente caracterizada como "tiempo de angustia para Jacob" (Jer.30:4-7; Dn.12:1; Mt.24:21); y, antes de entrar a su reino Israel tendrá que venir a juicio ante su Rey. De este evento Ezequiel escribe' "y os sacaré de entre los pueblos, y os reuniré de las tierras en que estáis esparcidos . . .Os haré pasar bajo la vara, y os haré entrar en los vínculos del pacto; y apartaré de entre vosotros a los rebeldes, y a los que se rebelaron contra mí;" (Ez.20:34-38. Todo el contexto debiera considerarse, 33-44. Compárense Is.1:24-26; Sal.50:1-7; Mal.3:2-5; 4:1-2). Los juicios de Israel también fueron descritos por Cristo en Mateo 24:15-25:30. Queda establecido que esta porción bíblica se refiere a Israel por el hecho de que la Iglesia no pasará por el juicio (Jn.3:18; 5:24; Ro.8:1, 38-39). La descripción de los gentiles no comienza sino hasta el versículo 31. Por tanto como consecuencia, los pasajes bajo consideración se refieren a los juicios de Israel. La incomparable tribulación terminará por la gloriosa venida de Cristo a la tierra (Sal.2:1-9; Is.63:1-6; Mt.24:27-31; 2 Ts.2:3-12; Ap.19:11-21); los juicios de Israel, según el contexto de Mateo 24:30-25:30, vendrán después de la manifestación gloriosa de Cristo; y el juicio de los gentiles tendrá lugar cuando El se siente sobre el trono de su gloria (Mt.25:31-32).

El Día de Jehová es un período largo que ocupa una gran parte de las profecías del Antiguo Testamento. Comienza con los juicios de Jehová en la tierra, que arriba quedaron mencionados, y continúa e incluye el regreso de Cristo a la tierra y todo el milenio glorioso para Israel y los gentiles. Zacarías 14:1-21 predice el principio de ese período largo, mientras que 2 Pedro 3:4-15 (debe notarse en esta conexión que Pedro dice "un día con el Señor es como mil años, y mil años es como un día") y Apocalipsis 20:7-15 describe el fin de ese período. Ese "día" en toda su extensión será caracterizado por la presencia de Cristo reinando sobre la tierra con su Esposa, por Satanás atado y en el abismo, y por parte de Israel la realización de toda la gloria y bendición prometidas a ese pueblo en el pacto que Jehová hizo con ellos. Requeriría mucho más espacio que lo que se está dando a esta introducción para citar siquiera las profecías mayores que tienen por tema estas verdades (comp. Sal.45:8-17; 72:1-20; Is.11:1-12:6; 54:1-55:13; 60:1-66:24; Jer. 23:5-8; 31:1-40; 33:1-26; Ez.34:11-31; 36:16-38; 37:1-14; 40:1-48:35; Dn.2:44-45; 7:13-14; Zac.14:1-21; Mal.4:1-6). Todas estas promesas son para una gloria terrenal y tienen que ver con una tierra que Jehová ha dado a Israel, su pueblo electo, al cual El le dijo, "Con amor eterno te he amado" (Jer.31:3). En realidad poca consideración se ha dado a la confusión y a las contradicciones que se levantan cuando, por medio de una interpretación en el sentido espiritual, estas bendiciones que son dirigidas a la nación electa y que están relacionadas a su tierra y Rey, son aplicadas a un pueblo electo que es celestial, llamado de entre todas las naciones a quienes nunca se les ha dado una tierra, quienes, ni en el presente ni en el futuro serán llamados súbditos del Rey. No es sabio aplicar las Escrituras que tratan del pasado, del presente, o del futuro de Israel a cualquier otro pueblo cuando las Escrituras hablan de esa nación. La unidad verdadera de la Biblia se preserva únicamente por aquellos que observan con cuidado el programa divino para los gentiles, para los judíos, y para los cristianos en su continuidad individual e invariable.

4. LOS CRISTIANOS. La presente que también es la tercera y última etapa de la historia humana, se extiende desde la primera venida de Cristo hasta el presente, se caracteriza por tres clases de gentes muy diferentes que habitan la tierra juntas. Así como en la era anterior, todos los propósitos divinos fueron centralizados en el judío, y el gentil fue visto únicamente cuando tenía alguna relación con Israel; de igual manera en la edad presente el propósito divino se concentra en el grupo nuevo, y tanto el judío como el gentil son vistos como aquellos a quienes el evangelio es predicado igualmente y de quienes la nueva compañía electa es llamada por un nacimiento espiritual de cada individuo que cree para la salvación de su alma. Las Escrituras que se dirigen específicamente a esta compañía son: El Evangelio según San Juan, Los Hechos y las Epístolas. Los Evangelios Sinópticos, aunque en la superficie presentan una narrativa sencilla, sin embargo son un campo de un estudio cuidadoso y distintivo para el verdadero expositor. En estos Evangelios las enseñanzas de Cristo armonizan con la Ley de Moisés y El es un vindicador de la misma viviendo en sujeción a ella. En estos Evangelios también El anticipa la edad del Reino en conexión con la oferta de Sí mismo como Rey de Israel; y, cuando su rechazamiento queda indicado, El anuncia su muerte y su resurrección, y la expectación acerca de un pueblo celestial (Mt.16:18), por el cual se dio a Sí mismo con amor divino (Ef.5:25-27).

Una extensa cantidad de pasajes bíblicos declara directa e indirectamente que la edad presente fue imprevista como también es una intercalación en su carácter y que es en esta edad cuando aparece una humanidad nueva en la tierra cuya cabeza nueva e incomparable es el Cristo resucitado. Esta compañía se está formando por el poder regenerador del Espíritu. También está revelado que ahora "no hay diferencia" entre judío y gentil en sentido general, sea respecto a su necesidad de la salvación (Ro.3:9), o sea el mensaje específico que se le ha de predicar a ellos (Ro.10:12). También se ve en este cuerpo nuevo, en el cual están unidos los judíos y los gentiles por una salvación común, que la pared intermedia de separación – la larga enemistad que ha existido entre el judío y el gentil – ha sido destruida por Cristo en la cruz, "matando en ella las enemistades", haciendo así la paz (Ef.2:14-18). De manera que todas las distinciones pasadas ya no existen, los que son salvados están colocados sobre un terreno nuevo donde no hay judío ni gentil, pero Cristo es el todo, y en todos (Gá.3:28; Col.3:11).

También está escrito en el Nuevo Testamento que el creyente individual, teniendo a Cristo en su corazón, ahora posee vida eterna y la esperanza de gloria (Col.1:27), y, estando en Cristo, es enriquecido con la posición perfecta de Cristo, ya que todo lo que Cristo es – aún la justicia de Dios – es imputado al creyente. De esta manera el creyente ya queda constituido como un ciudadano del cielo (Fil.3:20) y, siendo resucitado con Cristo (Col.3:1-3), y sentado con Cristo (Ef.2:6), ya pertenece a otra esfera – tan definitivamente, en verdad, que Cristo puede decir de los creyentes, "No son del mundo, como tampoco yo soy del mundo" (Jn.17:14-16; comp. 15:18-19). Debe observarse también que, siendo el nacimiento espiritual y la posición celestial en Cristo hechos sobrenaturales, son, necesariamente, obras de sólo Dios, y excluyen toda cooperación humana. La única responsabilidad impuesta en el hombre es aquella fe que confía en solo Aquel que puede salvar. A este pueblo celestial, que es la Nueva Creación de Dios (2 Co.5:17; Gá.6:15), han sido encomendadas, no en forma colectiva sino como a cada individuo, dos responsabilidades, que son, (a) por la misma naturaleza de su salvación, adornar la doctrina que representa por medio de una vida como la de Cristo, (b) ser su testigo hasta lo último de la tierra. De semejante manera se cree que las Escrituras que dirigen al creyente para un andar santo y para su servicio están adaptadas al hecho de que él no está procurando alcanzar una posición con Dios, sino que es ya "acepto en el Amado" (Ef.1:6), y ha obtenido toda bendición espiritual (Ef.1:3; Col.2:10). Es evidente que no hay recurso humano que podría capacitar al hombre para levantarse para dar cumplimiento a estas responsabilidades tan altas como el cielo. Dios viendo de antemano la incapacidad del creyente de andar dignamente de la vocación con que fue llamado, ha derramado abundantemente su Espíritu de poder para morar en cada uno que ha sido salvado. De esta misma compañía celestial ha sido declarado que cuando su número electo se complete, será quitada de esta tierra. Los cuerpos de aquellos que han muerto serán levantados y los santos vivos serán trasladados (1 Co.15:20-57; 1 Ts.4:13-17). En la gloria, las personas que componen esta compañía serán juzgadas en cuanto a sus galardones por su servicio (1 Co.3:9-15; 9:18-27; 2 Co.5:10-11), serán casadas como la esposa de Cristo (Ap.19:7-9), y entonces volverán *con* El para participar juntos con El en su reino (Lc.12:35-36; Judas 1:14-15; Ap.19:11-16). Este pueblo de la Nueva Creación, así como los ángeles, Israel y los gentiles mantendrá su identidad hacia la eternidad venidera (He.12:22-24; Ap.21:1-22:5). Pero debe recordarse que el creyente no posee una tierra (Ex.20:12; Mt.5:5); ni tiene casa (Mt.23:38; Hch.15:16), aunque es de la casa de Dios; ni tiene una ciudad ni capital terrenal (Is.2:1-4; Sal.137:5-6); ni tiene trono en la tierra (Lc.1:31-33) ni tiene un reino terrenal (Hch.6:7); ni tiene rey a quien sea súbdito (Mt.2:2), aun cuando los creyentes hablan de Cristo como "Rey" (1 Ti.1:17; 6:15); y tampoco tiene otro altar que la cruz de Cristo (He.13:10-14).

II. LA DOCTRINA BIBLICA EXAMINADA DISPENSACIONALMENTE

Una verdadera religión consiste en una relación específica, con sus responsabilidades correspondientes, establecidas por Dios mismo entre El y el hombre. No hay revelación sobre alguna relación distintiva que estuviera establecida entre Dios y los ángeles o entre Dios y los gentiles que tomara el carácter de una verdadera religión, pero Dios ha entrado en una relación con el judío, que resulta en el judaísmo, o lo que el Apóstol identifica como la religión de los judíos (Hch.26:5; Gá.1:13; comp. Stg.1:26-27), y también con el creyente que resulta en el cristianismo, o lo que los escritores del Nuevo Testamento designan como "la fe" (Jud.1:3) y "este camino" (Hch.9:2; 22:4; comp. 18:26; 2 P.2:2). El judaísmo y el cristianismo tienen mucho en común; cada uno fue ordenado por Dios para un propósito específico. Los dos se forman de caracteres similares – Dios, hombre, justicia, pecado, redención, salvación, responsabilidad humana, y destino humano, pero estas semejanzas no establecen identidad; pues, las diferencias, que serán enumeradas parcialmente más tarde, exceden en número a las semejanzas. Hay puntos muy notables de semejanza entre las leyes de la Gran Bretaña y las leyes de los Estados Unidos, pero esta realidad no constituye a las dos en una sola nación.

Un sistema religioso completo provee por lo menos siete rasgos distintivos, de los cuales todos están presentes tanto en el judaísmo como en el cristianismo. Estas características son: (1) una posición aceptable por parte del hombre delante de Dios, (2) un modo de vida consistente con esa posición, (3) un servicio señalado por Dios, (4) una base justa sobre la cual Dios puede perdonar con benignidad y limpiar al errado, (5) una clara revelación de la responsabilidad humana sobre la cual se pueden conseguir el perdón divino y la limpieza espiritual, (6) una base efectiva sobre la cual Dios puede ser adorado y presentado con las súplicas en oración, y (7) una esperanza para el futuro.

1. UNA POSICION ACEPTABLE POR PARTE DEL HOMBRE DELANTE DE DIOS.

Cualquiera que haya sido el método divino de tratar con los individuos antes de Abraham y la imposición de la Ley de Moisés, es evidente que, después del llamamiento de Abraham y el haber dado la Ley con todo lo que ha seguido, hay dos provisiones divinas ampliamente diferentes, con reglas fijas, por medio de las cuales, el hombre que está completamente caído, puede recibir el favor de Dios.

a. LA GRACIA DIVINA SOBRE ISRAEL. Fuera del privilegio acordado a los prosélitos para que se unan a la congregación de Israel – que realmente dio muy poco fruto – el poder entrar y ser dueño del derecho de participar en los pactos de bendiciones señalados para el pueblo terrenal se conseguía y se consigue por el nacimiento *físico.* No era un simple orgullo cuando el Apóstol declaró de sí mismo que él era "del linaje de Israel" (Fil.3:5), ni hay tampoco ninguna generalización incierta en la declaración hecha "que Cristo Jesús vino a ser siervo de la circuncisión . . .para confirmar las promesas hechas a los padres" (Ro.15:8). Las bendiciones nacionales de Israel se registran así: "que son israelitas, de los cuales son la adopción, la gloria, el pacto, la promulgación de la ley, el culto y las promesas; de quienes son los patriarcas, y de los cuales, según la carne, vino Cristo, el cual es Dios sobre todas las cosas" (Ro.9:4-5). Aunque fue una familia la que bajó a Egipto, salió de allá como una nación y Jehová los redimió como a una nación para Sí mismo con sangre y con poder. No fue una redención individual ya que no se limitaba a esa generación; pero Israel será una nación redimida a través de toda su historia. Por el lado humano, el cordero pascual salvó la vida física del primogénito de Israel. Por el lado divino, el cordero, como una anticipación del Cordero perfecto de Dios, dio a Jehová la libertad de redimir a una nación para siempre. El hecho de que Israel ya era un pueblo favorecido por Jehová está revelado en Exodo 8:23; 9:6,26; 10:23. La nación redimida llegó a ser el tesoro permanente de Jehová (Ex.19:5; Dt.4:32-40; Sal.135:4). Lo que Jehová ha pactado a la nación electa es una cosa, y lo que ha pactado con individuos dentro de esa nación es muy otra cosa.

La entidad nacional ha sido y será preservada para siempre según el pacto de la promesa (Is.66:22; Jer.31:35-37; Gn.17:7-8). El israelita individual, por otro lado, estaba sujeto a una conducta prescrita y ordenada que llevaba consigo un castigo de juicio individual por cada fracazo (Dt.28:58-62; Ez.20:33-44; Mt.24:51; 25:12,30). La posición nacional (pero no necesariamente el estado espiritual) de cada israelita fue conseguida por el nacimiento físico. Algunos de esa nación por su fidelidad alcanzaron bendiciones mayores que otros (Lc.2:25,37), y algunos se gloriaron por pertenecer a una tribu (Fil.3:5); pero estas cosas nada añadieron a sus derechos dentro de sus pactos, derechos que fueron obtenidos por cada uno de ellos igualmente por el nacimiento físico.

b. LA GRACIA DIVINA SOBRE LOS CREYENTES. Los que forman el pueblo celestial tomados individualmente sea de entre los judíos o de entre los gentiles, adquieren inmediatamente por la fe una posición tan perfecta como es la de Cristo. Esta posición se obtiene por un nacimiento *espiritual* y toda la operación salvadora de Dios que lo acompaña. Estos son redimidos individualmente por la sangre de Cristo; nacidos del Espíritu por el cual se establece un parentesco en el cual Dios llega a ser Padre de ellos y luego ellos son hechos sus hijos legítimos y herederos – aun coherederos con Cristo. Por medio de la obra de regeneración del Espíritu Cristo es engendrado en ellos (Col.1:27), y reciben la naturaleza divina que es la vida eterna (Ro.6:23). Todas sus transgresiones son perdonadas a tal grado que ellos nunca vendrán a condenación (Col.2:13; Jn.3:18; Ro.8:1), y son justificados para siempre (Ro.3:21-5:11). Ellos murieron en la muerte de Cristo (Ro.6:1-10); resucitaron en la resurrección de Cristo (Col.3:1-3); y están sentados en los cielos con Cristo (Ef.2:6). Por la obra del bautismo del Espíritu están "unidos al Señor" (Ro.6:1-7; 1 Co.12:13; Gá.3:27) y, estando en esta manera en Cristo su posición delante de Dios no es menos que la perfección de Cristo en quien son hechos aceptos (2 Co.5:21; Ef.1:6). Estando en Cristo, ellos están en una unión mística el uno con el otro que es incomparable e incomprensible – una unidad semejante a la que existe entre la bendita Trinidad (Jn.17:21-23). Ya han sido constituídos ciudadanos de los cielos (Fil.3:20). Estas bendiciones no sólo son tan sublimes y espirituales como el cielo mismo y eternas, pero están aseguradas fuera de todo mérito humano al instante en que uno cree en Cristo para la salvación del alma. Cualquier estudiante bíblico puede verificar la aserción que aquí se hace que ninguna de estas características distintivas del creyente, y la lista presentada aquí podría extenderse mucho más, jamás se hubiera dicho que pertenece a Israel sea como individuos o nacionalmente; y casi ninguna de estas bendiciones espirituales son afirmadas de algún individuo antes de la muerte y la resurrección de Cristo. El Discurso del Aposento Alto (Jn.13:1-17:26), aún cuando fue pronunciado antes de la muerte de Cristo, es, sin embargo, una revelación que anticipaba todo lo que sucedería después de su muerte y aún después del Pentecostés.

2. UNA REGLA DE VIDA ESPECIFICADA POR DIOS. Muy aparte de esa voluntad revelada de Dios que está registrada en cuanto a las edades anteriores, la Biblia presenta extensamente tres reglas divinas que son distintas y completas que gobiernan la acción humana. Ninguna de estas reglas es dirigida a los ángeles o a los gentiles. Dos son dirigidas a Israel – una en la edad que ya pasó, conocida como la Ley de Moisés, y la otra regla presenta las condiciones de admisión al reino mesiánico y la conducta que se requiere en él, cuando ese reino se establezca en la tierra. La tercera regla es dirigida a los creyentes y provee instrucción divina en esta edad para ellos, el pueblo celeste, que son ya perfectos, en cuanto a su posición, en Cristo Jesús. Ya que la Biblia es el libro de Dios para todas las edades, no debiera ser más difícil reconocer sus referencias a las edades futuras que reconocer su referencia a las edades ya terminadas. Estas tres reglas de vida presentan economías ampliamente diferentes. Esto se hace evidente por las características distintivas presentadas en la Palabra de Dios y de la misma naturaleza del caso. En cuanto a la naturaleza del caso, puede decirse que la administración divina en la tierra no podía ser lo mismo después de la muerte de Cristo, después de su resurrección, después de su ascensión y la inauguración de su ministerio presente, después de la venida del Espíritu Santo en el Día de Pentecostés, y después del intervalo de la anulación del judaísmo, como era antes de estos eventos. Tampoco podría la administración divina ser lo mismo después del traslado de la Iglesia de la tierra, después del recogimiento de Israel y la restauración del judaísmo, después del juicio de las naciones, después de ser atado Satanás, y después de que Cristo se haya sentado en su segundo advenimiento sobre el trono de David para gobernar sobre toda la tierra, así como ahora antes que ocurran esos eventos.

Ya que la fe de algunos no tiene la capacidad de extenderse al punto de formarse una imagen mental para ver convertidas en realidad las profecías aún no cumplidas, posiblemente sea más sabio limitar este argumento al primer grupo de eventos, es decir, aquellos que forman la división entre la edad pasada y la presente. Por el hecho de que estos eventos son ahora historia (aunque en otro tiempo eran profecías que predecían) su realidad ha sido aceptada aún por el hombre no regenerado. Sin embargo el segundo grupo de eventos, que separa la edad presente de la que viene, son las claves para entender los propósitos del reino de Dios en la tierra. Sin estas claves el lector casual se queda casi sin nada más que caer en la ficción romana de una iglesia conquistadora del mundo bajo una supuesta supremacía de un reino irresistible de Dios en la tierra. En la mente del cristiano inteligente no cabe duda alguna de que está dentro de la extensión del poder divino el transformar la sociedad en esta edad, o en cualquier otro tiempo. La proposición de que se trata es averiguar si el propósito divino para esta edad *es* una transformación mundial; y hasta que aquel que cree que éste es el propósito divino ha hecho una exposición razonable y disposición en armonía con sus puntos de vista de la inmensa cantidad de pasajes bíblicos que revelan la confusión y la iniquidad con que, se nos dice, terminará esta edad, muy poco se logra con acusar a aquellos que creen que el propósito de Dios en el presente es el llamamiento de la Iglesia como "deshonradores del Espíritu de Dios", o los que "desprecian el valor de la cruz". Tales acusaciones son especialmente sin fuerza cuando es conocido que los acusados creen que todo el triunfo de Dios en esta edad y en todas las edades será por virtud de la cruz.

El sistema mosaico fue hecho para gobernar a Israel en su país y era una forma del gobierno divino para el intervalo entre la benévola administración descrita en Exodo 19:4, y la venida de Cristo (Jn.1:17; Ro.4:9-16; Gá.3:19-25). El sistema se componía de tres partes, y son: (a) "los mandamientos", que gobernaron la vida moral de Israel (Ex.20:1-17); (b) "los juicios", que gobernaron la vida civil de Israel (Ex.21:1-24:11); y (c) "las ordenanzas", que gobernaron la vida religiosa de Israel (Ex.24:12-31:18). Estas provisiones fueron santas, justas, y buenas (Ro.7:12,14), pero llevaban consigo un castigo (Dt.28:58-62), y, porque no fueron guardadas por Israel, llegaron a ser ministradores para muerte (Ro.7:10; 2 Co.3:7). La ley no era de la fe, sino de las obras (Gá.3:12). Fue ordenada para vida (Ro.7:10), pero por la debilidad de la carne de aquellos a quienes instaba (Ro.8:3), así fue que, como un resultado práctico, no hubo ninguna ley dada que pudiera dar vida (Gá.3:21). La ley, sin embargo, sirvió como el "pedagogo", o guía del niño, para guiar a Cristo – en dos sentidos, inmediatamente, como Cristo fue prefigurado en los sacrificios, y dispensacionalmente, como se describe en Gálatas 3:23-25. Aunque casi cada valor intrínsico contenido en el sistema de la ley ha sido llevado e incorporado en el sistema de la gracia en el presente, es aún una verdad que la ley como un sistema temporal llegó a su fin y una nueva economía divina la reemplazó. Sobre este punto no hay lenguaje más adecuado que el que se encuentra en Juan 1:17; Romanos 6:14; 7:2-6; 10:4; 2 Corintios 3:6-13; Gálatas 3:23-25; 5:18. Estos pasajes bíblicos no deben ser desestimados, como sucede muy frecuentemente, por aquellos que desearían imponer el sistema de la ley sobre el pueblo celestial. Es inútil querer sustentar que fueron los juicios y las ordenanzas que fueron quitados y que los mandamientos permanecen en pié, ya que lo que fue "escrito y grabado en piedras" es lo que se dice "fue quitado" y "abolido" (2 Co.3:11,13). Tampoco se remedia la situación por aquellos que sustentan que la ley ha dejado de servir como medio de justificación; porque la ley nunca fue dada para eso, ni podría (Gá.3:11).

El pueblo celestial, por el mismo carácter sublime de su salvación, siendo hecho en toda la perfección de Cristo (Ro.3:22; 5:1; 8:1; 10:4; 2 Co.5:21; Gá.3:22; Ef.1:6), no se le ha exigido conseguir mérito personal delante de Dios ya que en Cristo ellos han sido perfeccionados para siempre (He.10:9-14); pero tienen la nueva responsabilidad de "andar dignamente" en conformidad a su alta vocación (Ro.12:1-2; Ef.4:1-3; Col.3:1-3). Ningún sistema de mérito, así como fue la ley, sería posible aplicarse a un pueblo que por las riquezas de la gracia divina ha alcanzado una posición perfecta, y todas las bendiciones espirituales en Cristo Jesús (Ef.1:3; Col.2:10). Es de suponerse que los mandatos que se dirigen a un pueblo celestial que es perfecto serían tan sublimes como el cielo mismo; y lo son (comp. Jn.13:34; Ro.6:11-13; 2 Co.10:3-5; Gá.5:16; Ef.4:30; 5:18). En la misma semejanza, así como estos requerimientos son sobrehumanos y sin embargo su cumplimiento es sumamente esencial. Dios ha hecho la provisión para cada persona que es salvada, de modo que el Espíritu Santo haga en él morada con el fin de que él pueda, por su dependencia en el Espíritu y por el poder del Espíritu, vivir una vida sobrenatural que honra a Dios – no con el fin de que sea acepto, sino porque ya ha sido hecho acepto. Aquellos que quisieran forzar el sistema mosaico de mérito en esta administración divina, alta como el cielo, y de superabundante gracia, o bien no tienen un concepto claro del carácter de ese mérito que la ley requería, o no han comprendido las glorias de la gracia divina.

La tercera administración que la Biblia contiene es aquella que está designada para gobernar al pueblo terrenal en relación a su reino venidero. También es explícito en cuanto a los requerimientos que se han de imponer sobre aquellos que entrarán en ese reino. Este conjunto de pasajes se encuentran en el Antiguo Testamento que anticipa el reino mesiánico y también hay porciones grandes en los Evangelios Sinópticos. Los elementos esenciales de una administración de gracia – la fe que es la sola base de aceptación con Dios, aceptación no merecida por medio de una posición perfecta en Cristo, la posesión presente de la vida eterna, una seguridad absoluta de toda condenación, y el poder habilitador del Espíritu morando en el corazón – no se encuentran en la administración del reino. Por otro lado se declara que es el cumplimiento de "la ley y de los profetas" (Mt.5:17-18; 7:12), y se ve que es una extensión de la Ley de Moisés (Mt.5:20-48). Estos mandatos del reino, aunque serán propios para las condiciones que se obtendrán entonces, no podrán perfeccionar a nadie como los que están en Cristo son ahora perfectos, tampoco son adaptados como una regla de vida para aquellos que ya son completos en Cristo Jesús.

Estos sistemas establecen unos principios en conflicto y en oposición; pero ya que estas dificultades sólo aparecen cuando se intenta unir los sistemas, elementos y principios que Dios ha separado. Los conflictos realmente no existen fuera de esos esfuerzos injustificables de quererlos unir. Más bien demuestran la necesidad de reconocer todas las diferentes y distintas administraciones de Dios. La verdadera unidad de las Escrituras no se descubre cuando ciegamente se busca unir estos principios opuestos en un solo sistema. La unidad se haya cuando se observan las claras diferenciaciones que Dios hace. El que cree en las dispensaciones no es el que produce estas diferencias como algunas veces se le acusa hacer. Los principios en conflicto, en el texto de las Escrituras, se observan por todos aquellos que profundizan suficientemente para reconocer los rasgos esenciales de la administración divina. En vez de crear los problemas, el dispensacionalista es el que tiene una solución para ellos. Si los ideales de un pueblo terreno para una vida larga en la tierra que Dios les dio (Ex.20:12; Sal.37:3,11,34; Mt.5:5) no se une con los ideales de un pueblo celestial quienes con respecto a la tierra son "extranjeros y peregrinos" y a quienes se les ha encargado estar esperando y amando la inminente venida de Cristo, el problema se resuelve fácilmente por aquel cuyo sistema de interpretación es probado en vez de ser confundido por tales distinciones. Un plan de interpretación – que, en la defensa de una unidad ideal de la Biblia afirma un solo propósito divino, rechaza las contradicciones drásticas, y se sostiene sólo por semejanzas ocasionales o accidentales – sucumbe a la confusión cuando se enfrenta con los muchos problemas que tal sistema impone en los pasajes de las Escrituras, problemas que son reconocidos por el dispensacionalista cuando los observa en el sistema que los produce.

Toda la Escritura es "útil para enseñar, para redargüir, para corregir, para instruir en justicia" (2 Ti.3:16), pero toda Escritura no tiene aplicación primaria a una persona particular o a una clase de personas que la Biblia designa como tales. Toda la Escritura no es de los ángeles, ni es de los gentiles. En la misma manera, toda la Escritura no se dirige al judío, tampoco se dirige todo al creyente. Estas son verdades obvias y el plan de interpretación del dispensacionalista no es otra sino el intento de ser consistente en seguir estas distinciones en la aplicación primaria de la Escritura, hasta donde la Biblia las lleva y no más. Sin embargo, toda Escritura es útil, es decir, tiene su aplicación moral, espiritual, o secundaria. Para ilustrar esto consideremos lo siguiente: De todos los pasajes bíblicos que tratan sobre el sábado judaico pueden enseñarnos verdades de mucho valor; pero si esa lista de pasajes tiene una aplicación primaria a la Iglesia, entonces la Iglesia no tiene base bíblica para la observancia del primer día de la semana (que seguramente que sí tiene) y no podría ofrecer excusa alguna por su desobediencia, y cada uno de sus miembros, como los que quebrantan el sábado, debieran ser muertos a pedradas (Nú.15:32-36). De igual manera, si toda la Escritura es de aplicación primaria a los creyentes de esta edad entonces están en peligro del fuego del infierno (Mt.5:29-30), de plagas indescriptibles, enfermedades, y males, y como resultado de todo esto llegar a disminuir en número (Dt.28:58-62), y que la sangre de las almas perdidas sea demandada de sus manos (Ez.3:17-18). Lecciones morales y espirituales pueden sacarse del tratamiento de Dios con Israel, muy distinto de la necesidad que se impone sobre los creyentes a obedecer todo lo que demandaría una aplicación primaria de las Escrituras que son específicamente dirigidas a Israel. Del creyente de esta edad la Escritura dice que "el. . .no vendrá a condenación (juicio)" (Jn.5:24), y "Ahora pues, ninguna condenación hay para los que están en Cristo Jesús" (Ro.8:1). Estas promesas se anulan por declaraciones diametralmente opuestas si toda la Escritura se aplica principalmente al creyente. El arminianismo es la legítima expresión de esta confusión y el supuesto calvinista que rechaza las claras distinciones de la Biblia no tiene defensa contra las pretensiones arminianas.

3. UN SERVICIO ESTABLECIDO POR DIOS. El servicio a Dios es importante en una religión verdadera. En el caso del judaísmo, el servicio consistió en el mantenimiento del tabernáculo y los ritos del templo, y todos los diezmos y ofrendas fueron usados para el sostenimiento del sacerdocio y su ministerio. En el caso del cristianismo, su servicio es hacia afuera con la comisión de predicar el evangelio a toda criatura e incluye la edificación de los santos.

4. UN FUNDAMENTO JUSTO SOBRE EL CUAL DIOS PUEDE

PERDONAR Y LIMPIAR CON BENIGNIDAD AL ERRANTE. Una economía religiosa que ha de continuar debe proveer una base sobre la cual Dios tiene la justa libertad a perdonar y restaurar a aquellos que fracasan. Siendo poseídos – como todos lo son – de una naturaleza caída, no hay posibilidad alguna que haya quien pueda continuar en una relación justa con Dios si no fuera que en todo caso y siempre es renovado y restaurado por el poder benigno de Dios. En el caso del judaísmo, Dios perdonó el pecado y renovó su comunión con ellos sobre la base de que un sacrificio suficiente sería sacrificado a su tiempo por su propio Cordero. En el caso del creyente, se nos dice que Dios es propicio con respecto a "nuestros pecados" (1 Jn.2:2), y esto se debe al hecho de que su Hijo ya llevó sobre Sí la penalidad (1 Co.15:3), y por el hecho de que Cristo es el Mediador ahora y El intercede por nosotros cuando pecamos (1 Jn.2:1). No hay verdad de más consolación para el corazón del creyente que la seguridad de que ahora Dios es propicio con respecto a "nuestros pecados".

5. UNA CLARA REVELACION DE LA RESPONSABILIDAD POR PARTE DEL HOMBRE SOBRE LA CUAL PUEDE LOGRARSE EL PERDON DIVINO Y LA LIMPIEZA. Este aspecto del tema bajo consideración ofrece oportunidad a varios conceptos equivocados. En una forma general, podrá ser reconocido por todos que el requisito por la parte humana, en el Antiguo Testamento fue, el ofrecimiento en sacrificio de un animal, mientras que en el Nuevo Testamento, después de la muerte de Cristo – evento que dio por concluidos todos los sacrificios – el perdón divino para el creyente tiene por condición la confesión del pecado. Tal confesión es la expresión exterior de un arrepentimiento interno. Todo esto es natural y razonable. Sin embargo, surgen ciertas complicaciones cuando estos hechos obvios son considerados en su relación a otros aspectos de la verdad.

Es importante observar que en las edades del Antiguo Testamento, hasta donde las Escrituras registran las cosas, ninguna provisión fue hecha para la necesidad de los gentiles. Reconocemos como un hecho que Abel, Noé, Job, y Melquisedec ofrecieron sacrificios por el pecado, sin embargo no se ha revelado una forma de doctrina acerca de estas ofrendas. Por otro lado, los judíos, siendo un pueblo del pacto, tuvieron provisión, de modo que cuando el pecado los dañara, les fueron dados los sacrificios como una base para alcanzar el perdón divino y como el medio de volver a participar de las bendiciones y relaciones que pertenecen a sus pactos. Es necesario observar que los sacrificios nunca fueron constituidos como una base para entrar a los pactos, base que ya la tenían segura por su nacimiento físico.

Tampoco era considerado cualquier sacrificio la base de una salvación personal. Al contrario, los sacrificios para Israel servían para proveer una base para adquirir el perdón y la restauración para el pueblo de los pactos. El paralelo en el cristianismo es la provisión por medio de la muerte de Cristo por medio de la cual el creyente puede ser perdonado y limpiado. El judaísmo requería el sacrificio de un animal; el cristianismo mira retrospectivamente al sacrificio consumado. El único paralelo en el judaísmo de la salvación hoy día de una persona no regenerada es el hecho de que el judío por su nacimiento físico entraba en una relación bajo los pactos. La salvación personal del judío en el orden antiguo es un tema que será considerado más adelante.

6. LA BASE EFICAZ SOBRE LA CUAL DIOS PUEDE SER ADORADO Y PRESENTADO SUPLICAS EN ORACION. Bajo este encabezamiento ha de observarse que la base de la petición sobre la cual los santos del Antiguo Testamento oraron eran sus pactos. Un estudio de las oraciones que han quedado escritas revelan el hecho de que ellos abogaban que Jehová observara e hiciese lo que había prometido que El haría. El fundamento de la oración en el Nuevo Testamento después de la muerte de Cristo, su resurrección, y su ascensión, y después de la venida del Espíritu, es el nuevo acceso a Dios *en el nombre* de Cristo. Estando en Cristo, la oración del creyente se eleva al Padre como si fuera la voz de Cristo, y es concedida por los méritos de Cristo. Que esto es nuevo se indica por la palabra de Cristo cuando él dijo, "Hasta ahora nada habéis pedido en mi nombre" (Jn.16:24). Por esta declaración todas las formas y apelaciones previas han sido reemplazadas y la nueva apelación queda establecida que es tan inmensurable como la infinidad. Leemos, "De cierto, de cierto os digo, que todo cuanto pidiereis al Padre en mi nombre, os lo dará" (Jn.16:23).

7. UNA ESPERANZA FUTURA. El judaísmo tiene su escatología que se introduce en la eternidad venidera con pactos y promesas que son eternos. Por otro lado, el cristianismo también tiene su escatología pero que es diferente en todo punto. Algunos de esos contrastes son los siguientes:

a. EL FUTURO DE ESTA VIDA. En el caso de Israel lo que se deseaba era una vida larga "sobre la tierra que Jehová tu Dios te da", mientras que la esperanza del creyente es el prospecto de la inminente venida de Cristo para recoger a su Iglesia de esta tierra. Se le enseña que esto es lo que debe esperar, y se le dice que debe amar la venida de Cristo. El creyente no tiene su "tierra prometida" aquí, tampoco tiene promesas de cosas terrenales además de sus propias necesidades. En esos pasajes de las Escrituras donde Israel recibe la advertencia del futuro advenimiento de su Mesías, a esa nación se le amonesta que deben *velar* por su venida ya que sucederá cuando menos lo esperan (Mt.24:36-51; 25:13). En contra-posición a esto y por la misma razón, el creyente se le amonesta que debe *velar* por la venida de su Señor del cielo (1 Ts.1:9-10).

b. EL LUGAR INTERMEDIO. Un pasaje que registra las palabras de Cristo es casi todo lo que el judaísmo revela acerca del lugar intermedio. Esto se halla en Lucas 16:19-31. El hombre rico está en el tormento, mientras que el mendigo está en "el seno de Abraham". La segunda parte es un concepto muy judío y en contraste a la revelación de que cuando el creyente deja esta vida se va "con Cristo, lo cual es mucho mejor" (Fil.1:23; véase 2 Co.5:8).

c. LA RESURRECCION. El judaísmo contemplaba una resurrección para Israel. En Daniel 12:1-3 leemos que después de la gran tribulación, el pueblo de Daniel será levantado de entre los muertos. Algunos serán levantados "para vida eterna y otros para vergüenza y confusión perpetua." Galardones han sido prometidos para aquellos "entendidos resplandecerán como el resplandor del firmamento; y los que enseñan la justicia a la multitud, como las estrellas a perpetua eternidad." El contexto indica claramente que esto se refiere al pueblo de Daniel, es decir, los judíos. Marta, proclamando la esperanza judaica, declaró que su hermano sería levantado otra vez en la resurrección en el día postrero (Jn. 11:24). Y en Hebreos 6:1-2, donde las características del judaísmo son dadas por nombre, la resurrección de los muertos está incluida. La doctrina de la resurrección para el creyente se divide en dos partes: (a) Según Efesios 2:6 ya ha sido resucitado y ha sido sentado, y, habiendo participado de la vida de resurrección de Cristo y estando posicionalmente en todo el valor de lo que Cristo ha hecho, se nos dice que ya ha sido resucitado de entre los muertos (Col. 3:1-3), y (b) si él muriere, el cuerpo del creyente será levantado, y esto tendrá lugar en la venida de Cristo por los suyos (1 Co. 15:23; 1 Ts. 4:16-17). Los creyentes también serán galardonados por su fidelidad en el servicio.

d. LA VIDA ETERNA. Los santos del Antiguo Testamento mantuvieron una relación justa y aceptable con Dios, pero no podría decirse que ellos estaban en el gobierno que encabeza el Cristo resucitado, ni podía decirse que sus vidas estaban "escondidas con Cristo en Dios" (Col. 3:1-3). El Apóstol escribe: "Pero antes que viniese la fe, estabamos confinados bajo la ley, encerrados para aquella fe que iba a ser revelada" (Gá. 3:23). En cuanto al estado del judío en la dispensación antigua se puede decir: (a) Ellos nacieron dentro de un pacto de relaciones con Dios en donde no hubo limitaciones impuestas sobre su fe en El o sobre su comunión con El. Este hecho en sí era una demostración de una gracia de superabundancia. (b) En el caso de un fracaso en el cumplimiento de sus obligaciones morales y espirituales que descansaban sobre ellos por razón de su posición en el pacto, fueron provistos los sacrificios como una base justa para su restauración a sus privilegios por el pacto, que es otra demostración de gracia inmensurable. (c) El judío en sentido individual podía fracasar en su conducta y ser negligente con los sacrificios, hasta que por último Dios le desconociera y le echara de su presencia (Gn. 17:14; Dt. 28:58-61; Ez. 3:18; Mt. 10:32-33; 24:50-51; 25:11-12, 29-30). (d) La salvación nacional y el perdón de Israel es una esperanza del futuro y está prometida suceder cuando de Sión saldrá el Libertador (Ro. 11:26-27). ¿Quién puede caer en la falta de no reconocer la gracia eterna de Dios revelada en Isaías 60:1-62:12 hacia Israel en todas las edades venideras? Si alguna claridad ha de alcanzarse sobre la diferencia entre los privilegios de Israel bajo el sistema mosaico y los privilegios de la Iglesia en el presente, tal distinción se tiene que hacer entre la ley como *una regla de vida* que nadie la pudo cumplir perfectamente, y la ley como *un sistema* que no sólo expone las altas y santas demandas sobre la conducta personal, sino también provee un perdón divino que es completo por medio de los sacrificios. La posición final de un judío delante de Dios no estaba basada solamente sobre la obediencia de la ley, sino contemplaba al judío a la luz de los sacrificios que él presentaba a favor suyo. Toda consideración que se dé a la doctrina de la vida eterna, sea en una edad o en otra, tiene que distinguirse entre simplemente una existencia sin fin y la concesión de la vida de Dios mismo que es eterna en todos sus aspectos como lo es el Autor mismo. Ningún ser humano puede dejar de existir; aún la muerte, que parece terminar con la vida, algún día será echada para siempre (1 Co. 15:26; Ap. 21:4). Muy aparte de la indisputable realidad del caracter sin fin de la existencia humana, es la benévola otorgación de Dios de una vida eternal. Esa vida eternal es una parte vital de la escatología del judaísmo como también es una parte vital de la escatología del cristianismo. Hay una extensa cantidad de pasajes bíblicos que son claros sobre la vida eterna en relación al judaísmo. Sin embargo se contempla en ellos como una *herencia*. Dicha doctrina como se relaciona al judaísmo se encuentra en pasajes bien identificados: (a) Isaías 55:3 (Comp. Dt. 30:6), que en el contexto el profeta está llamando al pueblo del pacto entrar de lleno en las bendiciones que los pactos de Jehová han provisto. Entre estos se encuentra la promesa que dice "vuestra alma vivirá." (b) En Daniel 12:2, donde el contexto, como se vió arriba, tiene relación a la resurrección de aquellos que son del judaísmo; algunos de estos serán levantados "para vida eterna", y otros para "confusión perpetua." La "vida" no es su posesión en la existencia presente como no lo es la "confusión perpetua." (c) En Mateo 7:13-14 se encuentra en un pasaje que define las condiciones de admisión y requisitos de una vida dentro del reino terrenal Mesiánico, el cual ocupa un lugar importante en la escatología del judaísmo. El pasaje impone el esfuerzo humano más drástico como cosa esencial para poder entrar por el camino angosto que conduce a la vida. La vida se encuentra al *final* del camino y su precio está bien definido por la palabra (*ἀγωνίζομαι*) (traducido mejor *agonizar* o *esforzarse*) como se usa en Lucas 13:24. (d) Lucas 10:25-29 es el pasaje donde el doctor de la ley pregunta cómo podía él *heredar* la vida eterna y Cristo le dice en los términos más absolutos que la vida eterna para él se alcanzaba por guardar lo que contenía la ley mosaica. (e) Lucas 18:18-27, es otro pasaje donde también se registra que un hombre principal hizo la misma pregunta, diciendo, "¿qué haré para heredar la vida eterna? " y a este hombre sincero nuestro Señor le citó los mandamientos de Moisés. Pero cuando el jóven declaró que él había guardado estas cosas desde su juventud, Cristo no le reprobó la falsedad sino que lo tomó sobre la base de una completa rendición de todo lo que él era y de todo lo que poseía como el camino para entrar al estado que Cristo llamó *perfecto* (Mt. 19:21). (f) Mateo 18:8-9 es un pasaje que presenta el alternativo para entrar a la vida –una experiencia futura– manco o cojo, o entrar al "fuego eterno" o sea el "infierno eterno." Es muy evidente y obvio que el creyente, que ya tiene la vida eterna como su posesión y ya es perfecto en Cristo, no podría entrar manco o cojo en el cielo cuando su cuerpo será como el cuerpo glorioso de Cristo, tampoco entrará en el infierno de fuego ya que Cristo ha dicho que él no vendrá a condenación y que nunca perecerá. Frente a ese buen número de pasajes bíblicos que particularizan sobre esa forma de vida eterna del futuro, que siendo de carácter distintivo del judaísmo, tiene relación al reino terrenal, hay otro grupo de pasajes bíblicos mucho más extensos que declaran que la vida eterna para el creyente es lo que Dios imparte al creyente como el don de Dios (Jn. 10:28; Ro. 6:23); es una presente posesión (Jn. 3:36; 5:24; 6:54; 20:31; 1 Jn. 5:11-13); y no es otra cosa sino "Cristo en vosotros" (Col. 1:27) y la participación de la naturaleza divina (2 P. 1:4). La vida eterna que se recibe será para los Israelitas, como es el caso para el creyente, una característica de la misma salvación; y la salvación para Israel será, según Romanos 11:26-32, después de la edad presente con el propósito de obtener la plenitud de los gentiles que ahora es acompañada por el endurecimiento de Israel (v. 25), y será en el tiempo cuando "vendrá de Sión el Libertador", quien "apartará de Jacob la impiedad." "Y éste" dice Jehová, "será mi pacto con ellos, cuando yo quite sus pecados." Isaías 66:8 de igual manera anticipa el mismo momento grande de la salvación de Israel cuando predice que una nación nacerá "de una vez." Las palabras hebreas "paam ehath" de las cuales tenemos la traducción *de una vez*, significan una medida de tiempo, *un golpe, marcar el tiempo con el pié*. Por otro lado, el creyente es salvado cuando cree y esa salvación tiene relación únicamente a la primera venida de Cristo.

e. EL REINO PACTADO CON DAVID. Este reino, que es la más extensa y más importante característica de la escatología del judaísmo, ocupa una parte tan grande en la discusión que toda esta introducción presenta, ahora no necesita sino sólo mencionarse aquí. Aquella forma de interpretación que se sostiene sobre semejanzas ocasionales y pasa por alto diferencias vitales es ostentada por aquellos que razonan que el reino de los cielos como se menciona en Mateo, debe ser lo mismo que el reino de Dios ya que algunas parábolas acerca del reino de los cielos según Mateo se relatan en Marcos y en Lucas bajo la designación de, *el reino de Dios*. Ningún esfuerzo hacen dichos expositores de explicar el por qué sólo Mateo usa la expresión *el reino de los cielos*, y aparentemente no pueden reconocer el hecho de que la verdadera diferencia que hay entre estas designaciones se descubre en conexión con los casos donde no son y no pueden ser intercambiadas en vez de usar los casos donde son intercambiables. Hay algunas características que son comunes a ambos, tanto al reino de los cielos y como al reino de Dios, y en tales casos el intercambio de expresión es justificable. Un examen más concienzudo revelará que el reino de los cielos es siempre terrenal mientras que el reino de Dios es un término tan amplio como lo es el universo e incluye tanto las cosas terrenales como las que son afines. Además, en el reino de los cielos se puede entrar por una justicia que excede la justicia de los escribas y fariseos (Mt. 5:20), mientras que en el reino de Dios se entra por el nuevo nacimiento (Jn. 3:1-16). Así, una vez más, el reino de los cielos tiene la respuesta a la esperanza de Israel y de los gentiles, mientras que el reino de Dios equivale a decir aquello que es eterno y que abarca todo el propósito de Dios. Para ser más explícito: Mateo 5:20 declara la condición sobre la cual un judío podría esperar entrar al reino de los cielos. Mateo 8:12; 24:50-51; 25:28-30 indican que los hijos del reino de los cielos serán echados fuera. Ninguna de estas verdades podría aplicarse al reino de Dios. Luego, la parábola del trigo y la cizaña, Mateo 13:24-30, 36-43, y la parábola de los buenos y malos peces, Mateo 13:47-50, fueron pronunciadas solamente del reino de los cielos. Sin embargo, la parábola de la levadura es afirmada de ambas esferas de la regla divina; la levadura representa la mala doctrina en vez de malas personas, que puede pervertir, como lo hace, la verdad relativa a ambos reinos. Tales contrastes podría citarse extensamente, pero el objetivo importante se ha logrado si se ha hecho claro que sí hay una escatología del judaísmo y otra escatología del cristianismo, y ambas, aunque totalmente diferentes en detalles, siguen hasta la eternidad. Entre las grandes cargas de profecía predictiva está la anticipación de las glorias de Israel en una tierra transformada bajo el reino del Hijo de David, el Señor Jesucristo, el Hijo de Dios. Hay asímismo mucha predicción que anticipa las glorias de los redimidos en los cielos.

III. LA IGLESIA CONSIDERADA ESPECIFICAMENTE

La eclesiología, o sea la doctrina de la Iglesia, se subdivide de manera natural en tres partes: (1) La revelación por medio de Pablo de un nuevo orden o clase de la humanidad, es decir, una compañía tomada tanto de judíos como de gentiles, y, juntos con el Cristo resucitado, forman una nueva creación que es su Cuerpo y su Esposa; (2) la iglesia externa o visible, la asamblea de aquellos en cualquier lugar que se reúnen en el nombre de Cristo; y (3) el andar y el servicio de aquellos que son salvados.

La primera división principal de la Eclesiología presenta un conjunto de verdades que sobrepujan en importancia. Aparte de un correcto entendimiento de esta materia no se puede tener un concepto del propósito celestial de Dios en y a través de la Iglesia en contraste a su propósito terrenal en Israel. Tampoco se obtiene una comprensión del propósito divino para la edad presente, y no hay base para una verdadera evaluación de todas aquellas nuevas realidades y relaciones que fueron hechas posibles y que fueron establecidas por medio de la muerte y resurrección de Cristo, ni se tendría un concepto digno de los presentes ministerios del Espíritu de Dios, y sin base suficiente para suplicar por una vida que honra a Dios y el servicio del creyente.

La verdadera Iglesia sostiene una relación especial a la Primera Persona de la Deidad, porque El es su Padre, en todo su significado; otra relación a la Segunda Persona de la Deidad es manifestada en las siguientes siete figuras: el Pastor y las ovejas, La Vid y los pámpanos, la Piedra Angular y las piedras de un edificio, el Sumo Sacerdote y el reino de los sacerdotes, el Ultimo Adán y la nueva creación, la Cabeza y el cuerpo, el Esposo y la esposa; y cuatro relaciones a la Tercera Persona de la Deidad, porque los creyentes nacen del Espíritu, son la morada del Espíritu, son bautizados y sellados por el

Espíritu. La extensión de toda la verdad relacionada con la verdadera Iglesia puede indicarse en el hecho de que toda la doctrina de la resurrección de Cristo se presenta oportunamente en este punto, y que en todo el alcance de su ejecución sólo es un rasgo de una de las relaciones que existen entre Cristo y la Iglesia –el Ultimo Adán y la nueva creación– y que la mayor parte de la porción doctrinal del Nuevo Testamento tiene que ver directa o indirectamente sobre el tema ilimitado de la nueva creación en Cristo Jesús. Además de las relaciones que la Iglesia sostiene al Dios trino hay otras importantes relaciones que considerar, incluyendo su relación al reino de Dios, al reino de los cielos, a los ángeles, al mundo, a los santos de otras dispensaciones, a la nación de Israel, al servicio, y al juicio.

La segunda división de eclesiología tiene por estudio el aspecto externo, organizado o una asamblea reconocida que, aunque con Dios es una sola, ha sido dividida y subidividida en muchos grupos sectarios. El Nuevo Testamento presenta claras instrucciones en lo que se refiere a la igelsia visible y su organización, con específica mención de aquellos que han de ejercer autoridad, y cuales son sus ordenanzas, su orden, sus dones, y sus ministerios.

La tercera división principal de eclesiología contempla la vida diaria y el servicio de aquellos que son salvados. Establece las reglas por las cuales el creyente debe conformar sus pasos, reconociendo también los tres sistemas de gobierno independientes y completos que se presentan en la Biblia, citados arriba, los cuales, cada uno en su turno, fueron designados para dirigir la conducta humana: el primer sistema, fué dado por Moisés y fué dirigido a Israel; el segundo, se compone de las enseñanzas de la gracia y es dirigido a la Iglesia; el tercero, uniendo la regla de vida que tendrá lugar en el futuro reino Mesiánico en la tierra. El creyente de esta edad presente no sólo se salva del sistema legal, la responsabilidad meritoria que caracteriza el primero y el tercero de estos tres sistemas, pero él ha sido salvado, asímismo, de la carga de la ley *inherente,* que es la normal obligación meritoria que descansa sobre cada criatura moral, que es ser como su Creador. Cristo habiendo provisto al que es salvo todo mérito que la santidad infinita puede demandar, no resta ninguna otra obligación sobre el que es salvó sino andar dignamente conforme a su alta vocación. La posición perfecta del creyente se asume en las porciones exhortatorias de las Epístolas del Nuevo Testamento y estos preceptos son dirigidos solamente a los hijos de Dios bajo la gracia. Una comprensión clara de este sistema de la gracia, que es la única que dirige la conducta cristiana, es súmamente esencial para el hijo de Dios si ha de vivir y servir inteligentemente a Dios. Llegando a este punto se le presenta toda la provisión de Dios para una forma de vida sobrenatural, indicándose así por el hecho de que estos preceptos son, en su mayor parte, sobrenaturales en su carácter.

Esta tercera subdivisión de la eclesiología concluye con el reconocimiento de las posiciones y posesiones del creyente en Cristo, sus asociaciones, su vida, sus contactos y sus hechos, su batalla contra el mundo, la carne, y el diablo, sus contiendas, y su testimonio.

Aunque son de tremenda importancia, la primera y tercera de estas divisiones, prácticamente nunca son consideradas en las obras de teología sistemática, mientras que la segunda, si hace mención de ella, generalmente se limitan a los rasgos particulares de alguna secta o ramo de la iglesia visible con referencia específica a la organización y las ordenanzas.

En el libro de Los Hechos y en las Epístolas se presenta una nueva clasificación de la humanidad que se conoce por *Iglesia,* cuyo grupo también se le ha designado propiamente como una parte de la nueva creación ya que cada individuo dentro del grupo ha tenido la experiencia del poder regenerador del Espíritu Santo (2 Co. 5:17; Gá. 6:15). Los dos términos, la *Iglesia* y la *nueva creación,* no son sinónimos. En el primer término se refiere a una compañía de personas en relación con Cristo, pero distintos de El, como un cuerpo que tiene relación a la cabeza sin embargo se distingue de ella. En el segundo término, se hace referencia a una unidad orgánica que se forma por el bautismo del Espíritu en el cual la misma compañía idéntica de redimidos es unida al Cristo resucitado –que juntos forman la nueva creación. No podría proferirse una verdad más profunda que las que expresan las palabras de Cristo, "Vosotros en mí (por el bautismo del Espíritu), y yo en vosotros (por la regeneración del Espíritu)." Es obvio que ésta y toda verdad semejante es totalmente extraña al Antiguo Testamento.

Las obras de teología sistemática generalmente han reconocido a los redimidos de esta edad, pero solamente como supuesta continuación o consecuencia en el progreso del propósito divino en Israel. Ellos hacen referencia a "la Iglesia del Antiguo Testamento" y a la "Iglesia del Nuevo Testamento" como si ambas constituyeran partes de un proyecto divino. Por tanto se descuida reconocer aquellas distinciones entre Israel y la Iglesia que, siendo tan radicales en carácter, sirven para indicar las más amplias posibles diferencias entre ellos –difieren en orígen, difieren en carácter y responsabilidad, y son diferentes en su destino. Hay, por lo menos, veinticuatro grandes distinciones que todavía quedan por observarse entre Israel y la Iglesia, mientras que hay como doce grandes rasgos que son comunes a los dos; pero las semejanzas obvias no anulan las diferencias. El hecho de que la revelación acerca de Israel como de la Iglesia incluye la verdad acerca de Dios, la santidad, el pecado, y la redención por la sangre, no elimina una cantidad mayor de verdad en que se revela que los Israelitas llegan a ser lo que son por un nacimiento natural, mientras que los creyentes llegan a ser lo que son por un nacimiento espiritual; los Israelitas fueron designados a vivir y servir bajo un sistema meritorio y legal, mientras que los creyentes viven y sirven bajo un sistema de gracia; los Israelitas, como una nación, tienen su ciudadanía ahora y su destino futuro se concentra sólo en la tierra, que se extiende hasta la tierra nueva, que aún ha de venir, mientras que los creyentes tienen su ciudadanía y destino futuro concentrado sólo en el cielo, extendiéndose hasta los cielos nuevos que han de ser creados (sobre las bendiciones terrenales y celestiales véanse Ap. 21:1-22:7; 2 P. 3:10-13; He. 1:10-12; Is. 65:17; 66:22). El pacto de Jehová con Israel es de cinco partes y es eterno en todo sentido –(1) una entidad nacional (Jer. 31:36), (2) una tierra perpetua (Gn. 13:15), (3) un trono (2 S. 7:16; Sal. 89:36), (4) un Rey (Jer. 33:21), y (5) un reino (Dn. 7:14). Estas promesas terrenales son confirmadas por el juramento de Jehová y se extienden *para siempre.* De lo contrario el lenguaje deja de ser digno de confianza como medio de la expresión de la verdad.

Por tanto, se ha visto que solamente la presente dispensación se caracteriza por la presencia en la tierra de un tercer grupo de la humanidad –que es la Iglesia. Cristo no sólo anticipó este grupo de personas (Mt. 16:18), sino que ellos aparecen a la par de Israel como (1) coparticipantes en el propósito de su encarnación, (2) como los dependientes de su ministerio, (3) como los objetos de su muerte y resurrección, (4) como los beneficiados de su segunda venida, y (5) como los relacionados con él en su reino. De estos aspectos de la verdad, se observa:

1. DOS PROPOSITOS INDEPENDIENTES Y MUY DIFERENTES EN LA ENCARNACION. (a) En el lado Mesiánico y en relación a su ejercicio como Rey de Israel, Cristo nació de una vírgen y entró en esta relación humana con derechos indisputables como rey para que pudiese dar cumplimiento al pacto Davídico (1 S. 7:8-18; Sal. 89:20-37; Jer. 33:21-22, 25-26). A la virgen María el ángel dijo, "Y, he aquí, concebirás en tu vientre, y darás a luz un hijo, y llamarás su nombre JESUS. Este será grande, y será llamado Hijo del Altísimo; y el Señor Dios le dará el trono de David su padre; y reinará sobre la casa de Jacob para siempre, y su reino no tendrá fin" (Lc. 1:31-33); y como el legítimo heredero por el linaje humano, él será el que ocupará el trono terrenal de David para siempre, y reinará sobre la casa de Jacob para siempre (Is. 9:6-7; Lc.

1:33). (b) Desde el punto de vista medianero y de rescate, y para el cumplimiento del pacto con Abraham, es igualmente cierto que por la encarnación el Mediador entre Dios y el hombre ha sido provisto con todas las bendiciones inagotables que el Dios-Hombre Mediador asegura; y por medio del nacimiento virginal el Pariente Redentor se realiza, quien, como tipificado por Booz, tiene el derecho de redimir la propiedad perdida y recibir a su Esposa celestial –la Iglesia.

Si bien es cierto que estos dos obtienen objetivos muy diferentes en la encarnación, los hechos generales concernientes a la encarnación son comunes a los dos. Cuando se contempla, sea el propósito celestial en la Iglesia, o el propósito terrenal en Israel, debiera observarse que: (i) no fué ningún otro sino la Segunda Persona de Dios quien vino a tener esta relación humana; (ii) para esto se despojó de sí mismo, obedeciendo la voluntad de su Padre; (iii) tomó para sí un cuerpo humano, alma y espíritu; y (iv) esta unión hecha así entre las dos naturalezas, la divina y la humana, dió por resultado la Persona incomparable de Dios-Hombre.

2. CRISTO REVELO DOS LINEAS DISTINTAS DE VERDAD. En una El se presenta como el Mesías de Israel llamando a la nación para el arrepentimiento nacional que ha sido predicho desde los tiempos antiguos, en el cual también declaró el carácter de la autoridad de su reino terrenal y a sí mismo el cumplidor de los grandes propósitos mesiánicos. En aquel entonces El dijo de sí mismo, "No soy enviado sino a las ovejas perdidas de la casa de Israel" (Mt. 15:24). Cuando enviaba a sus discípulos él les mandó diciendo, "Por camino de gentiles no vayáis, y en ciudad de samaritanos no entréis, sino id antes a las ovejas perdidas de la casa de Israel" (Mt. 10:5, 6). En la segunda, cuando su rechazamiento por Israel se hizo aparente, El comenzó a hablar de su salida y su segunda venida y de una edad hasta aquí no enunciada que se intercalaría cuando el evangelio se predicaría en todo el mundo a judío y a gentil por igual; y sus discípulos cuyo mensaje había sido limitado para solo Israel, fueron comisionados entonces a anunciar las buenas nuevas a toda criatura. Una leve comparación de su discurso de despedida a Israel –"odiado de todas las naciones" (Mt. 23:37025:46)– con su palabra de despedida a aquellos que habían creído en él para la salvación de sus almas (Jn. 13:1-17:26), descubrirá de la manera más evidente las distinciones entre Israel y la Iglesia. Tales contrastes podrían sacarse casi indefinidamente de los Evangelios, y sin estas distinciones en mente sólo perplejidad podrá caracterizar al que lee con atención.

3. EN SU MUERTE Y RESURRECCION LOS MISMOS DOS MUY DIFERENTES OBJETIVOS SON DISCERNIBLES. Para Israel

su muerte fué un tropiezo (1 Co. 1:23), tampoco era su muerte una parte de su función como Rey sobre Israel –"Viva el Rey"; sin embargo, en su muerte Israel tuvo su parte hasta el grado que trató finalmente con los pecados cometidos antiguamente, cuyos pecados habían sido sólo cubiertos según las provisiones de la expiación del Antiguo Testamento (Ro. 3:25). Por su muerte se aparejó el camino para cada judío que quisiese ser salvo por medio de la fe en él; y por su muerte una base suficiente fué asegurada sobre la cual Dios podrá "quitar" los pecados de esa nación en el tiempo cuando "todo Israel será salvo" (Ro. 11:26). Sin embargo, la nación de Israel no tiene relación con la resurrección de Cristo sino solamente lo que David previó, es decir, que si Cristo muriera él tendría que resucitar de entre los muertos para que pudiera sentarse sobre el trono de David (Sal. 16:10; Hch. 2:25-31). Frente a esto está revelado que Cristo amó a la Iglesia y se dió a sí mismo por ella (Ef. 5:25-27), y que su resurrección es el principio de una nueva creación de Dios, que incluye los muchos hijos a quienes él está trayendo a la gloria (He. 2:10). En esa relación de la nueva creación, el creyente está *en* el Cristo resucitado y el Cristo resucitado está *en* el creyente. Esta doble unidad establece una identidad de relación que sobrepuja todo entendimiento humano. Cristo aún lo compara a la unidad que existe entre las Personas de la Deidad (Jn. 17:21-23). Por el bautismo del Espíritu, lo que se efectua para cada uno cuando cree (1 Co. 12:13), el que es salvado es unido al Señor (1 Co. 6:17; Gá. 3:27), y por esa unión con el Cristo resucitado el creyente es hecho participante de su vida de resurrección (Col. 1:27) es trasladado del poder de las tinieblas al reino del Hijo de su amor (Col. 1:13); está crucificado, muerto, y sepultado con Cristo, y es levantado para andar en novedad de vida (Ro. 6:2-4; Col. 3:1); ahora está sentado con Cristo en los cielos (Ef. 2:6); es un ciudadano de los cielos (Fil. 3:20); le han sido perdonados todas las transgresiones (Col. 2:13); es justificado (Ro. 5:1); y es bendecido con toda bendición espiritual (Ef. 1:3). Esta vasta colección de verdad que aquí se indica ligeramente no se encuentra en el Antiguo Testamento, tampoco se ha dicho jamás que los santos del Antiguo Testamento estuvieran relacionados en esa forma con el Cristo resucitado. Es imposible que estas grandes revelaciones pudieran acomodarse en un sistema teológico que no distingue el carácter celestial de la Iglesia en contraste al carácter terrenal de Israel. La falta por parte de estos sistemas de teología del discernimiento del carácter de la verdadera Iglesia, que está totalmente relacionada al Cristo resucitado, explica la omisión común en estos libros teológicos de una presentación prolongada de la doctrina de la resurrección de Cristo y todas las doctrinas relacionadas.

4. EVENTOS PROFETIZADOS PARA LA CONCLUSION DE LA EDAD PRESENTE. Los grandes eventos profetizados para la conclusión de la edad presente incluyen el día de Cristo, cuando la Iglesia será llevada para estar con el Señor para siempre –algunos por la resurrección y otros por la transformación (1 Co. 15:35-53; 1 Ts. 4:13-17)– y el día del Señor, cuando Israel será reunido, juzgado, y privilegiado para tener la experiencia del cumplimiento de todos sus pactos terrenales en la tierra que fué dada a esa nación por el juramento de Jehová, cuyo juramento no puede ser quebrantado (Dt. 30:3-5; 2 S. 7:16; Sal. 89:34-37; Jer. 23:5-6; 31:35-37; 33:25-26).

5. DISTINCIONES ENTRE ISRAEL Y LA IGLESIA EN EL REINO VENIDERO. En el reino venidero del Mesías la distinción entre Israel y la Iglesia es aún más obvia. Israel, como una nación, por medio de la visión profética se contempla estar en la tierra como súbditos del reino, gozando de su reino de gloria, mientras que la Iglesia se dice que estará coreinando con Cristo (Ap. 20:6). Como su Esposa, es justo que la Iglesia comparta en su reino.

Dos revelaciones fueron dadas al apóstol Pablo: (1) la de la salvación a una perfección infinita tanto para el judío individual como para el gentil igualmente por medio de la fe en Cristo y sobre la base de su muerte y resurrección (Gá. 1:11-12). El hecho de que la salvación es un ejercicio de la gracia que sobrepuja todo cuanto se ha experimentado hasta aquí en el Antiguo Testamento está claramente revelado en 1 Pedro 1:10-11, donde dice, "los profetas que profetizaron de la gracia destinada a vosotros, inquirieron y diligentemente indagaron acerca de esta salvación." y (2) la del nuevo propósito divino en el llamamiento de la Iglesia (Ef. 3:6). Este nuevo propósito no es solamente que los gentiles serán bendecidos. El Antiguo Testamento ha profetizado desde la antigüedad las bendiciones de los gentiles. El propósito consiste en el hecho de que un cuerpo nuevo de la humanidad ha de formarse de ambos, judíos y gentiles, en una relación en la cual no hay ni judío ni gentil, pero donde Cristo es todo y en todo (Gá. 3:28; Col. 3:11).

Con la misma distinción fundamental en vista, el apóstol Pablo hace una enumeración separada del judío, del gentil, y de la Iglesia de Dios (1 Co. 10:32); y otra vez en Efesios 2:11 hace referencia al gentil como la *incircuncisión,* y al judío como a la *circuncisión hecha con manos;* pero en Colosenses 2:11 se refiere a la *circuncisión no hecha a mano.* La última designación indica la posición y carácter sobrenatural de aquellos que componen el cuerpo de Cristo.

El judaísmo, aunque fué establecido e impuesto por Jehová, no fué absorbido en el cristianismo. Tampoco provee el judaísmo la más leve ventaja al judío individual que desea ser un cristiano. Con referencia al cristianismo, el judío y el gentil son ahora iguales, "están bajo pecado." Ambos necesitan igualmente la misma gracia de Dios (Ro. 3:9), y esa gracia les es ofrecida a ellos exáctamente en las mismas condiciones (Ro. 10:12). A Nicodemo, que aparentemente era el más perfecto ejemplar del judaísmo, Cristo le dijo que era necesario que naciera otra vez. Y el apóstol Pablo oró que los Israelitas "que tienen celo de Dios" fuesen salvos. Ellos se equivocaron en que, después de que había venido la gracia con los privilegios nuevos y sin límites por medio de Cristo (Jn. 1:17), ellos continuaron adheriéndose a los antiguos rasgos meritorios del judaísmo "ignorando la justicia de Dios, y procurando establecer la suya propia, no se han sujetado a la justicia de Dios" (Ro. 10:1-3).

Aquel que no puede ver que la Iglesia es un proposito nuevo y celestial de Dios, completamente desasociada del judío como del gentil (Gá. 3:28; Col. 3:11), sino sólo ve a la Iglesia como una compañía de redimidos que va en aumento compuesto de todos los que han sido reunidos de todas las edades de la historia humana, le sería provechoso quizas considerar las siguientes preguntas: ¿Por qué se rompió el velo? ¿Por qué hubo Pentecostés? ¿Por qué tenemos los distintos mensajes de las Epístolas? ¿Por qué se mencionan las "mejores" cosas del libro de Hebreos? ¿Por qué fueron quebradas las ramas judaicas? ¿Por qué es Cristo la Cabeza ahora y tiene un ministerio en el cielo? ¿Por qué leemos de la presente visitación a los gentiles en vez de haber sido antes? ¿Por qué el Espíritu en el presente mora en el corazón de todos los que creen? ¿Por qué es el bautismo del Espíritu sólo del Nuevo Testamento? ¿Por qué hay dos compañías en la nueva Jerusalén? ¿Por qué es que para Israel las promesas son sólo terrenales y las promesas a la Iglesia son sólo celestiales? ¿Por qué la regla de vida dada por Dios había de cambiarse de la ley a la gracia? ¿Por qué Israel se compara a la repudiada y sin embargo será la esposa restaurada de Jehová, mientras que la Iglesia se compara a la novia comprometida de Cristo? ¿Por qué hay esos dos objetivos en la encarnación y en la resurrección? ¿Por qué habla del nuevo día –el día de Cristo– con el arrebatamiento y la resurrección de los creyentes y con sus galardones por el servicio y sufrimiento, el cual nunca fué mencionado siquiera una vez en el Antiguo Testamento? ¿Por qué leemos de esos "misterios" del Nuevo Testamento, incluyendo el cuerpo de Cristo? ¿Por qué se nos revela la nueva creación, que se compone de todos aquellos que por el Espíritu son unidos al Señor y estarán para siempre en Cristo? ¿Cómo podría haber una Iglesia, tal como ella es construida, sino hasta después de la muerte de Cristo, la resurrección de Cristo, la ascensión de Cristo, y el día del Pentecostés? ¿Cómo podría la Iglesia, en la cual no hay judío ni gentil, ser parte de Israel en esta edad o cualquier otra?

Así como la doctrina de la resurrección de Cristo, la doctrina de la verdadera Iglesia también con su posición sobrenatural y exaltada y su destino celestial es notablemente omitida de las obras teológicas, sencillamente porque estos aspectos de la verdad no pueden ajustarse en un sistema sometido al judaísmo al cual con frecuencia la teología sistemática ha sido consignada. La tremenda pérdida por causa de esa omisión se refleja sólo lévemente en el fracaso de los creyentes para entender su vocación celestial con la correspondiente incentiva a una vida santa designada por Dios.

Como queda indicado arriba, la Eclesiología se divide de manera natural en tres secciones: (1) la Iglesia como un organismo, (2) la Iglesia organizada, y (3) la regla de vida para el creyente.

LA IGLESIA COMO UN ORGANISMO

CAPITULO II

PARTICULARIDADES GENERALES DE LA DOCTRINA TOCANTE A LA IGLESIA

Esta, que es la primera división principal de Eclesiología, tiene por objeto contemplar la Iglesia universal, es decir, la Iglesia que incluye a todos los que han creído en Cristo para la salvación de sus almas desde el comienzo de la Iglesia, e incluirá a todos cuantos han de creer antes que esa compañía incomparable sea quitada de la tierra. La gran mayoría de esta compañía gloriosa ya está en el cielo y están con Cristo su Salvador. Esta verdad importante muchas veces es olvidada al hacer hincapié de esta vida con sus conflictos que pesan sobre aquellos de este número que están ahora en el mundo. La parte de la Iglesia que ya se ha ido para estar con Cristo a veces se le considera como "la Iglesia triunfante"; pero ellos que son de esa compañía del cielo son todavía identificados como una parte indivisible de ese grupo, que en su carácter celestial–esté ya en el cielo o esté en la tierra todavía- y está cumpliendo el propósito divino más sublime de todas las edades.

Ya que la misma palabra es usada para una asamblea local como para la Iglesia verdadera, se hace aquí la distinción entre la iglesia organizada en el mundo y ol organismo. Esta última es toda aquella compañía que ha sido salvada que es un organismo porque está en Cristo. La otra consiste de cualquier grupo de creyentes que se reune en cierta localidad.

El reconocimiento claro de lo que es la Iglesia, por la gracia divina, y del puesto supremo que ella ocupa como el cuerpo de Cristo, y de la gloria y exaltación que le espera como la novia del Cordero, es indispensable si ha de lograrse una perspectiva digna del propósito del plan y propósito de Dios. La desatención casi universal por parte de los teólogos de la revelación dada al apóstol Pablo con respecto a la Iglesia ha traído confusión y ha causado daño a un grado inmensurable. Dos factores pueden considerarse como las causas sobresalientes de esta negligencia deplorable, que son: (a) La Reformación no recobró esta verdad como había sido sostenida anteriormente por la Iglesia en su edad temprana, y (b) la actitud de los teólogos, ligada y limitada dentro de las limitaciones de la verdad de la Reformación, tiende a evitar lo que para ellos parece cosa nueva. No puede haber teología completa, aún desde el punto de vista de los reformadores, que no exaltaba la primera revelación del evangelio dada a San Pablo. Sin embargo, es igualmente una verdad, a la luz de las Escrituras, que no hay teología completa si no reconoce y eleva a su puesto trascendente dada a Pablo la segunda revelación de la Iglesia. Las dos revelaciones son interdependientes y por tanto hasta un grado mayor son inseparables. Ellas juntas forman una gran parte de ese cuerpo de verdad que el apóstol Pablo denomina "mi evangelio".

Si bien es cierto que hubo referencias ocasionales a la Iglesia universal en la literatura teológica después de la Reformación, no fué sino hasta a mediados del último siglo que este extensivo e importante cuerpo de enseñanza fué formulado en una declaración doctrinal. Fué a J. N. Darby de Inglaterra a quien se le dió alcanzar este ministerio distintivo. De las enseñanzas de Darby y sus asociados nació el movimiento que es conocido como los Hermanos; y estos hombres altamente amaestrados han producido una literatura expositoria que cubre todo el Texto Sagrado que no sólo es ortodoxa y libre de conceptos equivocados y de énfasis desproporcionados, sino se empeña a interpretar fielmente todo el campo de la doctrina biblica–aquello que la teología limitada a la Reformación ha fracasado en producir. En este tiempo, otros hombres en los Estados Unidos y en otros países comenzaron a despertar a la realidad de que la Biblia presenta una vasta extensión de doctrina mucho más grande de lo producido por los reformadores, y, como resultado, se ha desarrollado una extensa exposición bíblica que incorporó todo lo que la reformación había restaurado y muchísimo más. Por tanto, existe en la actualidad una división entre los hombres ortodoxos. Por un lado, están aquellos que habiendo sido entrenados a reconocer solamente lo que entró en la teología de la reformación y que están restringidos en su punto de vista doctrinal y que miran a cada nueva verdad añadida como un alejamiento de la doctrina ya aceptada y por tanto peligrosa. Por otro lado están aquellos que, aunque celosos para preservar la pureza de la revelación divina, están construyendo un sistema de teología no compendiado, y hallando el camino hacia una armonía redondeada de verdad y entrando en un campo sin límite de doctrina bíblica.

La primera división principal de Eclesiología, que contempla la segunda revelación dada a Pablo, ahora se somete a tres formas de estudio: (1) particularidades generales de la doctrina tocante a la Iglesia, (2) contrastes entre Israel y la Iglesia, y (3) siete figuras que se emplean para describir la Iglesia en su relación a Cristo (Capítulos IV – VI).

Desde el principio es necesario que el estudiante, por medio de una atención especial, llegue a reconocer que, la palabra *iglesia* según su uso en el Nuevo Testamento, puede referirse a una sencilla reunión de personas de una generación sin la garantía de que cada una es salva. Por otra parte, la palabra *iglesia* puede significar toda la compañía de los redimidos de todas las generaciones entre Pentecostés y el arrebatamiento, y en esa compañía no hay ninguno que no sea salvo. El Dr. C. I. Scofield hace un compendio del carácter de la verdadera Iglesia así: ("La verdadera iglesia, integrada por todos los redimidos desde Pentecostés hata la primera resurrección (1 Co. 15:52), y quienes se hallan unidos los unos a los otros y a Cristo por el bautismo del Espíritu Santo (1 Co. 12:12,13), es el cuerpo de Cristo, su Cuerpo del cual El es la Cabeza (Ef. 5:30,31), y se halla desposada a El como una virgen pura a un esposo, según lo dicho en 2 Co. 11:2-4." Biblia Anotada de Scofield, págs. 1259-1260).

Ha de notarse que las particularidades generales de esta doctrina son: (a) el significado de la palabra *iglesia* (b) el hecho de una nueva empresa divina, (c) las varias palabras empleadas, (d) el primer uso de la palabra *iglesia* (e) la Iglesia, el propósito divino del presente, (f) cuatro razones por qué la Iglesia comenzó en el día de Pentecostés, y (g) la Iglesia en tipo y en profecía.

I. EL SIGNIFICADO DE LA PALABRA *IGLESIA*

Ya que mucho depende del significado de la palabra *iglesia,* los expositores han sentido la obligación de hacer de ello un estudio concienzudo. El Arzobispo Trench, en su extenso análisis de esta palabra que lo traza hasta su origen pagano, en su libro *Sinónimos del Nuevo Testamento* (9a ed., Pags. 1-7), escribe lo siguiente como su introducción: "Hay ciertas palabras cuya historia es especialmente interesante notar, la forma cómo van obteniendo un significado más profundo, y adquieren una nueva consagración en la Iglesia cristiana; palabras que la Iglesia no inventó, pero las ha apropiado en su servicio, y las emplea en un sentido más elevado que jamás el mundo les ha dado antes. La misma palabra que sirve de nombre para la Iglesia es en sí un ejemplo – uno más conspícuo que éste difícilmente podría hallarse – de una palabra que ha recibido un ennoblecimiento progresivo. Porque tenemos la palabra griega ἐκκλησία en tres etapas distintas de significado – el de los paganos, el de los judíos y el significado cristiano. Esto no sucedió, como con otras palabras, inmediatamente y en un solo paso del mundo pagano a la Iglesia cristiana pero aquí, como ha sido frecuentemente, la Septuaginta suple el eslabón de conexión, el punto de transición, y prepara allí la palabra para su significado más sublime."

El Doctor Marvin Vincent, haciendo un comentario sobre Mateo 16:18, sobre la palabra *Iglesia* nos da lo siguiente:

"IGLESIA (ἐκκλησία) ἐκ, *fuera,* καλέω, llamar o convocar. Esta es la primera vez que ocurre esta palabra en el Nuevo Testamento. La Septuaginta emplea la palabra para la congregación de Israel, sea para una convocación con un propósito definido (1 R.8:65), o para la comunidad de Israel colectivamente, considerada como una congregación (Gn.28:3), donde se halla *asamblea* y al margen se le da *multitud* para su interpretación. En el Nuevo Testamento se refiere a la congregación de Israel (Hch.7:38); pero hay otra palabra que se emplea más comunmente, συναγωγή, de la cual la palabra *sinagoga*. La comunidad cristiana en medio de Israel sería designado como ἐκκλησία, sin confundirla con la συναγωγή, que era la comunidad judaica. Tanto en el hebreo como en el Nuevo Testamento el uso de la palabra ἐκκλησία implica más que una unidad colectiva o nacional; más bien es una comunidad basada sobre una idea religiosa que es especial y que se estableció de una manera especial. También se usa en el Nuevo Testamento con el significado más limitado refiriéndose a una sola iglesia, o a una iglesia que se halla en un lugar especificado. Así como la iglesia en la casa de Aquila y Priscila (Ro.16:5); la iglesia en Corinto, las iglesias en Judea, la iglesia en Jerusalén." *Estudio de Palabras en el Nuevo Testamento,* Tomo I, 93.

Cualquiera que sea el uso de la palabra *iglesia* en el Nuevo Testamento, la idea inherente es, que se trata de un pueblo segregado o llamado fuera de entre la masa de personas a aquello que es un grupo distinto en sí. Si no se afirmara más que de una cierta compañía que se reune en un lugar, aquellos reunidos se constituirían en una iglesia. Como se encuentra en otra parte, la concurrencia en el teatro de Efeso (Hch. 19:31) sería una iglesia en un teatro. Asimismo de Israel en el desierto (Hch. 7:38); pero no hay ninguna implicación aquí de que Israel, o, la concurrencia de los efesios fuesen participantes de las glorias de aquella Iglesia que es el cuerpo de Cristo. La verdad más grande y más impresiva es que cuando algunos son llamados de entre los judíos y gentiles para formar parte de ese cuerpo celestial, la palabra *Iglesia* no solo es la palabra propia para el caso, sino es la palabra que emplea el Nuevo Testamento. El uso que se le da bajo estas circunstancias es, sin duda, el avance al más alto propósito posible. Por el llamamiento divino, que es eficaz (Ro. 8:30), la Iglesia como una compañía elegida se está reuniendo. Se verá que esta obra es el supremo intento divino en esta edad. Probablemente no se hallará otro pasaje de mayor iluminación en el Nuevo Testamento en relación al llamamiento afuera para formar la Iglesia que el de los Hechos 15:14: "Simón ha contado cómo Dios visitó por primera vez a los gentiles, para tomar de ellos pueblo para su nombre." Ya que el evangelio había saltado todos los linderos del judaísmo, la iglesia en Jerusalem se había reunido para considerar el problema de lo que había sucedido con los pactos y promesas que eran distintivamente judaicas. La conclusión es clara: Dios está visitando a los gentiles para sacar de entre ellos (no a todos ellos) un pueblo para Su nombre. El hecho de que los judíos ya eran visitados y ya se estaban salvando era sabido (Ef. 3:6).

II. EL HECHO DE UNA NUEVA OBRA DIVINA

Para los que están acostumbrados al orden religioso que ha obtenido por mil novecientos años, es esencial la capacidad de formarse una imagen mental de la innovación transformadora que representa el lanzamiento de un proyecto divino completamente nuevo y no previsto. Hasta ese tiempo el judaísmo no sólo había ocupado el campo, pero había sido engendrado, promovido y bendecido por Dios. Era la voluntad de Dios para Su pueblo en este mundo. Los beneficiarios del judaísmo estaban como atrincherados en su posición religiosa y en sus convicciones y como muy sustentados por confirmación divina como los creyentes más ortodoxos al presente. El nuevo propósito divino intencionalmente no había sido revelado muy antes de su inauguración. Por tanto, vino, no sólo muy repentino, pero totalmente sin revelación alguna en el Antiguo Testamento. El caso sería casi paralelo si en este tiempo un nuevo proyecto divino no pronosticado se forzare a invalidar el cristianismo. El prejuicio inflexible y la resistencia violenta que surgió en la mente judía está en directa proporción a la sinceridad con que el judío individual estimaba sus privilegios de largos años. Sumado a todo esto y calculado hacer de la nueva obra divina muchas veces más difícil fue su abrupto anuncio de que los despreciados gentiles serían colocados en el mismo nivel con los judíos. Contemplado desde el punto de vista humano únicamente, no había ninguna posibilidad de que un movimiento de tal carácter pudiera introducirse. Ninguna otra cosa sino solamente el gran poder de Dios podía lograr estos fines. Entre todos aquellos cuyo prejuicio y resistencia que alcanzó hasta el punto de cometer asesinatos estaba Saulo de Tarso, quien aparentemente era el más celoso de entre todos sus conciudadanos por la verdad que sostuvieron los judíos bajo autoridad divina; sin embargo Dios hizo tal cambio en ese desafiador fariseo que él llegó a ser el campeón de la nueva causa. Ninguna palabra más revolucionaria se ha dicho jamás que la que pronunció este hombre cuando dijo, "Porque no hay diferencia entre judío y griego (gentil): pues el mismo que es Señor de todos, es rico para con todos los que le invocan" (Ro. 10:12; comp. 3:9).

De esta suerte el primer concilio de iglesias llegó a la conclusión que un nuevo propósito divino había sido introducido y que, cuando ese propósito llegara a su conclusión, Dios tomaría una vez más el programa judaico y lo llevaría a su consumación profetizada. El documento de la decisión de este congreso notable se encuentra en Hechos 15:13-18, que dice: "Y cuando ellos callaron, Jacobo respondió diciendo: Varones hermanos, oídme. Simón ha contado cómo Dios visitó por primera vez a los gentiles para tomar de ellos pueblo para su nombre. Y con esto concuerdan las palabras de los profetas, como está escrito: Después de esto volveré y reedificaré el tabernáculo de David, que está caído; y repararé sus ruinas, y lo volveré a levantar, para que el resto de los hombres busque al Señor, y todos los gentiles, sobre los cuales es invocado mi nombre, dice el Señor, que hace conocer todo esto desde tiempos antiguos." El amor cristiano, engendrado por el Espíritu que mora en el alma, se había apoderado de los corazones de aquellos que habían creído (tanto judíos como gentiles). La antigua pared intermedia de separación fue derribada (Ef. 2:14); por lo tanto, el nuevo propósito de Dios fue recibido gustosamente por los que eran salvos y el mensaje de las riquezas del evangelio que sobrepujan todo conocimiento era proclamado igualmente al judío y al gentil. Se descubre cuán definitivamente había sido transformado el apóstol Pedro a través de sus palabras en el mismo concilio en Jerusalén, cuando dijo que Dios en el proceder con los gentiles "ninguna diferencia hizo entre nosotros judíos y ellos, gentiles, purificando por la fe sus corazones (Hch. 15:9). Realmente, el propósito nuevo de Dios no revelado hasta aquí, es decir, el llamamiento de un pueblo celestial de entre los judíos y gentiles es tan divergente con respecto al propósito divino hacia Israel, propósito que precedió a éste y aún le seguirá después, que el término *parentético* que se emplea comúnmente para describir el propósito de la nueva era no es netamente correcto. Una porción parentética sostiene alguna relación directa o indirecta a lo que va antes o a lo que sigue; pero el propósito de la presente edad no tiene esa relación y, por tanto, es más propio llamarlo una intercalación. La exactitud de esta palabra se verá en el hecho de que, como una interpolación se forma insertando una palabra o una frase en un contexto, de la misma manera una intercalación se forma introduciendo un día o un período de tiempo en el calendario. La edad presente de la iglesia es una intercalación dentro del calendario revelado o programa de Dios como fué visto anticipadamente por los profetas de la antigüedad. Verdaderamente tal es el carácter preciso de la edad presente.

No puede dejar de observarse que hay dos sistemas de interpretaciones de la Biblia ampliamente separadas que disputan sobre la veracidad de la contención de que esta edad es una intercalación. Si el objetivo divino en la Iglesia no es nada nuevo, sino sólo es la flor del capullo de Israel o el segundo capítulo y el último capítulo de una historia sin interrupción, entonces todos los esfuerzos del Nuevo Testamento para hacer claro el carácter distintivo del propósito celestial en la nueva creación es en vano. Por otra parte, si el objetivo divino es nuevo, entonces toda la Escritura queda en armonía y ni una sola palabra de Dios queda sin significado. Esto no quiere decir que no hay tipos o predicciones en el Antiguo Testamento que, con la luz adicional de la presente revelación, no pudiera reconocerse como prefiguras del presente propósito divino en la Iglesia; tampoco se implica por esta distinción que no hay una continuidad a través del Texto Sagrado. Sin embargo, esta edad y su propósito no fueron vistos por los profetas antiguamente (1 P. 1:10, 11).

III. VARIOS TERMINOS EMPLEADOS

Como su Señor en quien ella vive, en quien está fundada, y en quien es ella aceptada, la Iglesia es identificada por muchas apelaciones y designaciones descriptivas. El Señor se refirió a ella como "mi iglesia", "mis ovejas", o "aquellos que me has dado" (comp. Ef. 5:25-27). Sus miembros se conocen como "cristianos, santos, creyentes, los electos, el cuerpo de Cristo, hermanos, los suyos, testigos, embajadores, extranjeros y peregrinos, la familia de la fe, y los hijos de Dios". Como se puede ver, cada nombre lleva un ligero indicio relativo al carácter distintivo de la compañía celestial; pero ningún nombre es más completo doctrinalmente que el título *la Iglesia.* Casi es innecesario decir que lo que generalmente es conocido por membresía en la iglesia o la organización de la iglesia no se contempla bajo el sobrenombre "la iglesia". Ya se ha declarado con anterioridad que esta designación incluye únicamente a los que son salvos, aunque se extiende a cada generación entre el día de Pentecostés y el arrebatamiento. Es de ventaja especial para el estudiante tener este hecho bien claro en su mente que la verdadera Iglesia no se debe confundir con ninguna multitud mezclada que pudiera formar la membresía de una iglesia en la tierra. En esta obra la verdadera Iglesia siempre se indica por el uso de la I mayúscula, mientras que una referencia a la iglesia organizada se indica con el uso de una i minúscula.

Entre todas las designaciones aplicadas a la Iglesia verdadera, la exposición de que ella es una nueva creación es de gran importancia. No solamente revela este título el hecho fundamental de que ésta es una compañía nuevamente creada por hacer de cada individuo que la integra una nueva creación, pero indica que esta nueva humanidad celestial está relacionada a Cristo como una raza está relacionada a su cabeza natural. Esta nueva creación incluye a Cristo juntamente con todos los creyentes en su sola identidad. En este respecto, el término *Iglesia* es un tanto diferente en que, como un cuerpo puede contemplarse aparte de su cabeza. Así la Iglesia puede contemplarse separadamente de Cristo aunque estrechamente identificada con El.

IV. EL PRIMER USO DE LA PALABRA *IGLESIA*

Generalmente cuando un término bíblico tiene más de un significado, su primer uso en el Texto Sagrado será el significado más importante. Este pensamiento se sostiene, por lo menos, en el caso de la palabra *iglesia.* Esta palabra aparece por primera vez cuando Cristo mismo la pronunció y está escrita en Mateo 16:18: "... edificaré mi iglesia." Cada una de estas palabras está cargada de importancia doctrinal. Si se repitiera la frase y se enfatizara diferente palabra cada vez, se notaría la contribución que tiene cada palabra a toda la frase. Cuando la fuerza de la voz se pone sobre el pronombre *yo* se indica que toda la resolución y la obra pertenece sólo a Cristo. El es quien está llamando hacia Sí mismo, está salvando, y está perfeccionando esta compañía específica. Cuando se enfatiza el tiempo futuro del verbo, el aspecto profético se hace prominente para hacer conocer al lector que la Iglesia no existía en el momento en que Cristo estaba hablando, pero que sería una realidad en el futuro. Este es un aspecto dificultoso de la verdad para aquellos que enseñan que la Iglesia ha existido a través del período que cubre el Antiguo Testamento, o cualquiera parte de él. Nada sino esclavitud a la tradición - en su mayor parte de orden romano – puede ser la responsable de tal conclusión. Cuando el énfasis es puesto sobre el verbo *edificaré,* se presenta una verdad muy importante sobre la manera en que la compañía será completada. La palabra *edificar* sugiere un proceso despacio y de larga duración; y así se ha comprobado que lo es. El hecho de que la Iglesia *se está edificando* es una traducción literal de Efesios 2:20. En Hebreos 3:6 tenemos "la cual casa somos nosotros". Cuando se hace énfasis sobre la palabra *mi,* la realidad más bendita se está proclamando. Esta compañía es, sobre todo, "la Iglesia del Señor, la cual él ganó por su propia sangre" (Hch. 20:28); y también "Cristo amó a la Iglesia, y se entregó a sí mismo por ella" (Ef. 5:25). No importa cuál sea la reacción de cada corazón individual con respecto a esta posesión, la verdad permanece inalterable – la Iglesia es una posesión de Cristo, y El se la presentará a Sí mismo algún día. Su tenencia no será disputable y los que están en la Iglesia, lejos de ser víctimas involuntarias de una autoridad arbitraria, se regocijarán que son de El y amarán a Aquel quien les amó primero. Cuando el énfasis cae sobre la palabra *iglesia* se establece inmediatamente la distinción que existe entre la compañía celestial y toda otra clasificación de seres humanos. El hecho de que Jehová dijo a Israel, "con amor eterno te he amado" (Jer. 31:3), no complica la verdad que también la Iglesia es amada al grado infinito (Jn. 13:1; Ef. 5:25).

V. LA IGLESIA ES EL PROPOSITO DIVINO EN EL PRESENTE

El lector con la atención debida se dará cuenta del hecho de que el Antiguo Testamento se cierra sin la realización de ninguna de las inmensas expectaciones que los profetas anunciaron. De la misma manera, se ve que aquellas expectaciones, aunque fueron hechas posibles por el primer advenimiento del Rey, sin embargo no fueron llevadas a cabo entonces. El Rey fué rechazado y crucificado; pero del mismo rechazamiento y crucifixión la puerta se abrió para que al Cordero le fue asegurada una novia. . En el cumplimiento del tiempo y como fué estipulado, cada una de las expectaciones del Antiguo Testamento será una realidad. Sin embargo, es muy seguro que el propósito de la edad presente es sacar de entre el mundo miembros para la Iglesia y no es el tiempo para las bendiciones de Israel. El pueblo de Israel fué "cortado, aborrecido, esparcido y desollado". Dios no está tratando ahora con una nación, sino está tratando con el individuo. No está limitado sólo a los judíos, sino está incluyendo a los gentiles en sus provisiones de gracia; y El no está ofreciendo a ningún pueblo el reino terrenal.

En el capítulo 13 de San Mateo, Cristo mismo ha dado siete parábolas que revelan las características de esta edad. En esta parte de la Escritura la edad presente se declara ser un misterio, o un misterio sagrado (13:11), y las parábolas desarrollan la verdad de que hay tres rasgos mayores a través de esta edad que son: (a) aquello que es aceptable - como el trigo, la perla, y el buen pez ; (b) aquello que representa a Israel como ciego (vs. 14-15), que son el tesoro escondido en el campo - el campo siendo el mundo - y (c) la presencia del mal - la cizaña, las aves malas, la levadura, y los malos peces. Debe observarse que en el Nuevo Testamento cada uno de estos tres factores es declarado como un misterio, o un secreto sagrado: (a) la Iglesia integrada por judíos y gentiles en un cuerpo (Ef. 3:4-6), (b) Israel estará ciego hasta que se complete el llamamiento de la Iglesia (Ro. 11:25; comp. Hch. 15:13-18), (c) la presencia del mal y su carácter en esta edad (2 Ts. 2:7). La ceguedad de Israel como un misterio se dice que continuará *hasta* que la Iglesia sea quitada de este mundo. El mal como un misterio también continuará *hasta* que el que impide sea quitado - la salida del Espíritu Santo en relación a su estancia en este mundo y el traslado de la Iglesia que no puede separarse de El (Jn. 14:17). Así sucede que de estos tres factores que caracterizan esta edad, dos de ellos - la demora de Israel por su ceguedad, y la presencia del mal - tienen su tiempo estipulado, no para cumplir su propio propósito, sino cada uno tiene que esperar *hasta* que la Iglesia haya sido llamada y trasladada de esta tierra. Está demostrado pues que la formación de la Iglesia de entre los hombres es el objetivo divino primario en esta dispensación.

Pero es aún más concluyente la declaración directa que se halla en Efesios 2:7, que afirma que el propósito divino mayor es que en las edades venideras Dios hará una perfecta manifestación de las riquezas de su gracia por medio de la salvación que El está llevando a cabo en todos los que creen.

VI. CUATRO RAZONES POR QUE LA IGLESIA COMENZO EN EL DIA DE PENTECOSTES

Aparentemente por falta de debida consideración de todo lo que entra en el caso, algunos teólogos han sostenido la idea de que las cosas que caracterizan la revelación del Antiguo Testamento son llevadas adelante sin ningún cambio al Nuevo Testamento. La necesidad de observar las distinciones dispensacionales se levanta en conexión con el súbito abandono de rasgos existentes y la introducción de nuevos rasgos que marcan la transición de una dispensación a la siguiente. Esta línea de demarcación es especialmente clara entre la edad presente y la que la precedió, y entre esta edad y la que ha de seguir a ésta. Ciertos eventos que sirven para producir estos cambios son propiamente llamados *transformadores de la edad.* Las cosas no pueden ser lo mismo en esta edad después de la muerte de Cristo, su resurrección, su ascensión, y el advenimiento del Espíritu en el día de Pentecostés, como lo fueron en la edad pasada. De igual manera, las cosas no pueden ser lo mismo en la edad venidera, como lo son en la presente, después de que haya tenido lugar el segundo advenimiento de Cristo para reinar en la tierra, cuando Satanás sea atado, el traslado de la Iglesia, y la restauración de Israel. Los que no ven ninguna fuerza en esta declaración escasamente han considerado el inmensurable significado de estos sucesos transformadores de la edad. A la luz de estos asuntos determinantes, se puede ver (a) que no podría haber Iglesia en el mundo – constituída como está y con las distinciones de sus características – hasta que Cristo muriera; porque su relación a esa muerte no es sencillamente una anticipación, sino que está basada totalmente en su obra consumada por la cual es purificada por la preciosa sangre de El. (b) No podría haber Iglesia sino hasta que Cristo hubiera resucitado de los muertos para proveerla con la vida de resurrección. (c) No podría haber Iglesia hasta que El hubiera ascendido a las alturas para llegar a ser su Cabeza; porque ella es una nueva creación con el Cristo resucitado como la nueva Cabeza de mando. El es a la Iglesia lo que es la cabeza al cuerpo. Tampoco podría sobrevivir por un momento si no fuera por la intercesión de El y su abogacía en el cielo. (d) No podría haber Iglesia en la tierra sino hasta el advenimiento del Espíritu Santo; porque la realidad más básica y fundamental respecto a la Iglesia es que ella es el templo para la habitación de Dios por medio del Espíritu. Ella es regenerada, es bautizada, y sellada por el Espíritu. Alguno insiste que estas condiciones hubieran podido existir antes del Pentecostés, fácilmente se puede comprobar que las Escrituras no declaran que estas relaciones se obtuvieron sino hasta después del Pentecostés (véase Jn.14:17). Una Iglesia sin la obra consumada como su fundamento; una Iglesia sin la posición de resurrección o de vida; una Iglesia que es nueva humanidad, pero faltándole la Cabeza federal; y una Iglesia sin el Pentecostés y todo lo que el Pentecostés contribuye, es solamente una ficción de imaginación teológica y totalmente extraña al Nuevo Testamento.

VII. LA IGLESIA EN TIPO Y EN PROFECIA

La declaración hecha frecuentemente de que la Iglesia no se encuentra en el Antiguo Testamento, es una declaración de la verdad, que ella no existía entonces y que de cualquier tipo o profecía no se podría formar una delineación clara de la Iglesia. En cuanto a los tipos, es evidente que cada sacrificio del orden antiguo era una sombra que, prefiguraba la muerte de Cristo en cuya muerte la Iglesia se apoya en gran manera. El significado antitípico de las ofrendas levíticas y por lo menos cuatro de las siete fiestas de Jehová convergen en la Iglesia. Algunas de las novias que se hallan en el Antiguo Testamento son tipos de la Novia de Cristo. La profecía concerniente a la Iglesia se halla en su gran parte en el Nuevo Testamento. De ella, como se dijo ya, que Cristo no sólo declaró que El la edificaría como suya, pero que "las puertas del infierno" no prevalecerían contra ella. Esas puertas constantemente han estado prevaleciendo contra la iglesia organizada que está en el mundo; pero nunca han prevalecido contra la Iglesia verdadera la cual es Su Cuerpo. Cada miembro de dicha Iglesia ha sido y para siempre será preservado para su reino celestial.

Como ha escrito el Arzobispo Trench, la palabra *iglesia* tuvo su uso pagano, su uso en el Antiguo Testamento—como se emplea en la Septuaginta y su sentido en el Nuevo Testamento. Es inútil hacer el intento de una demostración, como algunos han tratado de hacer, que la Iglesia está descrita por el uso de la palabra en la Septuaginta. En el Nuevo Testamento, la palabra avanza a su más alto grado, hasta una exaltación y representación honorable, y las revelaciones de la Iglesia en el Nuevo Testamento son sin complicación o confusión.

CAPITULO III

CONTRASTES ENTRE ISRAEL Y LA IGLESIA

Aunque ya se han presentado en la introducción general a la Eclesiología muchas de las distinciones que hay entre Israel y la Iglesia, en esta ocasión en esta parte se dará un sumario parcial de este campo inagotable de investigación. Primero se darán veinticuatro contrastes en breves bosquejos y luego se presentarán algunas de las semejanzas que hay entre estos dos grupos importantes de la humanidad.

I. LA EXTENSION DE LA REVELACION BIBLICA

Con respecto a la aplicación primaria, Israel ocupa casi cuatro-quintas partes del texto de la Biblia, mientras que la Iglesia sólo ocupa un poco más de la quinta parte.

II. EL PROPOSITO DIVINO

Por la extraña falta de atención por parte de muchos, es necesario decir que hay dos propósitos divinos mayores, y ambos son muy aparte de lo que concierne a los ángeles o a los gentiles. La distinción entre el propósito de Israel y el propósito de la Iglesia es tan importante como la distinción que existe entre los dos Testamentos. Cada pacto, promesa, y provisión para Israel es terrenal, y ellos continuarán como una nación en la tierra cuando éste sea restablecido. Cada pacto o promesa para la Iglesia es para un cuerpo celestial, y continuará con ciudadanía celestial cuando los cielos sean recreados.

III. LA SIMIENTE DE ABRAHAM

Por el hecho de que Abraham no sólo es el progenitor de la nación de la promesa pero también es el modelo del cristiano bajo la gracia, es significativo que hay dos figuras usadas por Jehová con respecto a la descendencia de Abraham – el polvo de la tierra (Gn. 13:16), y las estrellas (Gn. 15:5; comp. He. 11:12). La extensión de este pacto con Abraham se describe en Romanos 4:16: "Por tanto, es por fe, para que sea por gracia, a fin de que la promesa sea firme para toda su descendencia; no solamente para la que es de la ley, sino también para la que es de la fe de Abraham, el cual es padre de todos nosotros." Aparte de la línea de Ismael y los hijos de Cetura acerca de los cuales no hay revelación de propósito divino, y sin ninguna referencia a Esaú, los hijos de Jacob son los considerados como los de la simiente física (comp. Gn. 22:2; He. 11:17) de Abraham; porque con ellos ha hecho Dios pactos con respecto a sus privilegios terrenales. Por el contrario, la simiente celestial de Abraham no puede considerarlo como su progenitor, sino que son engendrados por Dios, por medio de la fe y por el hecho de que esta fe fué ejercida específicamente por Abraham (Gn. 15:6; Ro. 4:1-3, 17-24), aquellos que poseen igual fe son simiente espiritual de Abraham. "De modo que los de la fe son bendecidos con el creyente Abraham" (Gá. 3:9). El Apóstol hace una vital distinción entre Israel según la carne y esa porción de Israel de dentro de Israel que son salvados. Aquellos que son salvados son llamados "el Israel de Dios" (Gá 6:16), y la declaración que dice "porque no todos los que descienden de Israel son israelitas (Ro. 9:6) es una referencia a esa misma distinción. El uso de estos pasajes para probar que Israel y la Iglesia son una misma entidad es deplorable a la luz de la verdad de estas declaraciones bíblicas.

IV. EL NACIMIENTO

Los Israelitas llegan a ser lo que son por su nacimiento natural. Cada uno de ellos es engendrado por padres humanos y su herencia es transmitida por generación humana. Los cristianos llegan a ser lo que son por nacimiento espiritual. Ellos son engendrados directamente por Dios y son, por lo tanto, sus hijos legítimos. Su herencia es inmediata en el sentido de que cada uno es un hijo de Dios.

V. EL QUE ENCABEZA

Abraham es la cabeza de la raza judía, y ellos son designados propiamente como "la simiente de Abraham". Aunque Abraham tenía orígen gentil, Dios lo apartó para el alto honor de ser el progenitor de ese pueblo electo terrenal. En contraste a esto, aunque puede decirse que los creyentes son llamados "simiente de Abraham", cuando se aumenta la magnitud de ese elemento que es la fe (Gá.3:29). Pero Dios es Padre de ellos y por el Espíritu están unidos a Cristo, y El, el Señor resucitado, es su nueva Cabeza federal.

VI. LOS PACTOS

Dios ha hecho pactos incondicionales con su pueblo terrenal. El hará otro pacto nuevo con ellos cuando entren a su reino. Ese nuevo pacto guiará su conducta y suspenderá el pacto Mosaico de la ley (comp. Jer. 31:31-33; Dt. 30:8). Este nuevo pacto para Israel será de cuatro partes, cuatro aspectos son las presentes bendiciones de la Iglesia. Siendo un pueblo celestial está amparado bajo un nuevo pacto hecho en su sangre. En su aplicación dicho pacto es individual y eterno, y garantiza toda gracia divina sobre aquellos que creen en Cristo como su Salvador.

VII. LA NACIONALIDAD

Israel pertenece a la tierra y al sistema del mundo. Aunque en los cálculos de Jehová ellos estarán por encima de todas las naciones, todavía están en este mundo como una nación pequeña e inferior. En contraposición a esto y formando el contraste más poderoso es el hecho de que la Iglesia se compone de todas las naciones, inclusive Israel, y no mantiene una ciudadanía aquí, pues los creyentes son extranjeros y peregrinos en esta tierra.

VIII. EL TRATAMIENTO DIVINO

El hecho de que, en este tiempo, tanto los Israelitas como los gentiles llevan sobre sí la responsabilidad individual con respecto a las demandas del evangelio, esto sin duda confunde a aquellos que no toman en cuenta la amplia extensión de la historia humana que abarca la Biblia. No reconocen que el arreglo divino del presente es una excepción y que Dios en las edades anteriores ha tratado con las naciones – especialmente con Israel – como una nación. El arreglo presente se limita a la actualidad cuando la responsabilidad es totalmente personal.

IX. LAS DISPENSACIONES

El pueblo terrenal, aunque su estado pueda variar, está presente en la tierra en todas las edades desde su comienzo en Abraham hasta la eternidad venidera. Mientras que, como se dijo anteriormente, la Iglesia está limitada a la dispensación presente. La dispensación actual está caracterizada por la presencia de la Iglesia en el mundo. Se introdujo por razón de ella; y por tanto, no está relacionada con lo que le precedió ni con lo que le seguirá.

X. EL MINISTERIO

Israel había sido designado para ejercer una influencia sobre las naciones de la tierra (comp. Sal. 67:1-7), y esto lo ejecutará perfectamente en la edad venidera; sin embargo en el pasado no hubo obra misionera y no hubo proclamación del evangelio. Israel mantuvo su culto concentrado en sí mismo. Concentró su mirada en sí hacia el tabernáculo o el templo y toda su benevolencia fué consumida en su propia adoración. En contraste, la Iglesia inmediatamente después de su formación se constituyó en una sociedad de misioneros en el extranjero. Su obligación era mirar hacia afuera y a los que son de su compañía les es dado el trabajo de evangelizar al mundo entero en cada generación.

XI. LA MUERTE DE CRISTO

La nación que exigío la muerte de Cristo y que dijo a través de sus oficiales, "Su sangre sea sobre nosotros, y sobre nuestros hijos," es culpable de esa muerte; sin embargo, como una nación, ellos serán salvos a base de ese sacrificio. Por otra parte, hay una salvación perfecta para la gloria de Dios, y ésta es la porción de la Iglesia por medio de la ofrenda del Cordero de Dios.

XII. EL PADRE

Israel conoce a Dios por sus títulos primarios, pero no como un Padre para el israelita individual. En distinción a esto, el creyente es realmente engendrado de Dios y tiene todo derecho de llamarle Padre.

XIII. CRISTO

A Israel, Cristo es el Mesías, Emanuel, y Rey, con todo lo que dichos apelativos implican. A la Iglesia, Cristo es el Salvador, y Señor, el Esposo, y la Cabeza.

XIV. EL ESPIRITU SANTO

Sólo en casos excepcionales y para servicios raros vino el Espíritu Santo sobre un israelita, y se retiraba libremente así como venía, cuando el propósito había sido cumplido. El contraste más impresionante debe de verse aquí, en que el creyente es morada continuamente del Espíritu; en verdad, él no es salvo aparte de esta relación con el Espíritu (Ro. 8:9).

XV. UN PRINCIPIO GUBERNATIVO

Durante quince siglos la ley de Moisés fué la regla de vida diaria para Israel. Está escrito: "Mas la misericordia de Jehová es desde la eternidad y hasta la eternidad sobre los que le temen, y su justicia sobre los hijos de los hijos; sobre los que guardan su pacto, y los que se acuerdan de sus mandamientos para ponerlos por obra" (Sal. 103:17,18). Distinto a esto, los miembros del cuerpo de Cristo, siendo completamente perfectos en El, están bajo los ruegos y direcciones que provee la gracia.

XVI. HABILITACION DIVINA

El sistema de la ley no proporcionó la capacidad para su cumplimiento. Se ha declarado que ese sistema ha fracasado por la debilidad de "la carne" al cual evidentemente fué dirigido (Ro. 8:3). A la Iglesia, sin embargo, así como ciertamente se han puesto sobre sus miembros requisitos sobrehumanos, con la misma certidumbre se le ha provisto poder sobrenatural para cada demanda. Por este motivo el Apóstol pudo decir "el pecado no se enseñoreará de vosotros". La razón por supuesto, es "pues no estáis bajo la ley, sino bajo la gracia" (Ro. 6:14).

XVII. DOS DISCURSOS DE DESPEDIDA

Cristo, varios días antes de su partida de este mundo, dirigió un discurso de despedida al pueblo de Israel que proyectaba el futuro de la nación en relación a su regreso (Mt. 23:37-25:46). Muy distinto a esto y completamente diferente en todos sus aspectos, la noche antes de ser muerto, Cristo dió su mensaje de despedida a los creyentes. Cuando se contemplan estos dos discursos juntos, se ve que hay distinciones muy grandes bien indicadas entre Israel y la Iglesia.

XVIII. LA PROMESA DEL REGRESO DE CRISTO

Como se nota en las palabras específicamente dirigidas a Israel, Cristo volverá a la nación como su Rey en poder y grande gloria, cuando ella sea recogida de todas las partes de la tierra por el ministerio de los ángeles y será traída a su tierra (Dt. 30:1-8; Jer. 23:7-8; Mt. 24:31). Contrapuesto a estos grandes eventos prometidos a Israel está el regreso de Cristo por su Esposa, cuando El la llevará consigo a sus glorias celestiales (Jn. 14:1-3). Los contrastes entre estas dos situaciones pueden ser extendidas a mayores proporciones y con beneficios igualmente grandes.

XIX. LA POSICION

Isaías declara, "Pero tú, Israel, siervo mío eres" (Is. 41:8). Aun cuando individuos en Israel alcanzaron ser de gran utilidad, como fueron los profetas, sacerdotes y reyes, sin embargo nunca obtuvieron una distinción más alta de que ellos eran los *siervos* de Jehová. Por el contrario, los individuos que componen la Iglesia están eternamente en Cristo y son miembros de la familia y casa de Dios.

XX. EL REINO TERRENAL DE CRISTO

Los que son de la nación elegida están designados a ser los súbditos del Rey en su reino terrenal (Ez. 37:21-28), mientras que los que forman la Iglesia reinarán con el Rey como sus consortes en ese reino (Ap. 20:6).

XXI. EL SACERDOCIO

La nación de Israel *tuvo* un sacerdocio. La Iglesia *es* un sacerdocio.

XXII. LA BODA

Como nación, Jehová asemeja a Israel a su esposa —una esposa infiel que será restaurada (Jer. 3:1, 14, 20; Ez. 16:1-59; Os. 2:1-23; Is. 54:1-17; comp. Gá. 4:27). Como distinción bien marcada a esta situación acerca de Israel, es la revelación de que la Iglesia es para Cristo como una virgen pura y tendrá su boda en el cielo (2 Co. 11:2; Ap. 19:7-9).

XXIII. LOS JUICIOS

Está claramente predicho que Israel tendrá que venir a juicio (Ez. 20:33-44; Mt. 25:1-13); pero con la misma claridad se declara que la Iglesia no vendrá a juicio (Jn. 5:24; Ro. 8:1).

XXIV. POSICION EN LA ETERNIDAD

El escritor a los Hebreos en su enumeración de los habitantes de la nueva Jerusalén afirma que estarán presentes aquellos que son identificados como "espíritus de justos hechos perfectos", lo que puede fácilmente referirse a los santos del Antiguo Testamento, quienes, mientras estaban en esta vida, fueron llamados *hombres justos*. Esta designación se encuentra más de treinta veces en el

Antiguo Testamento y siempre tiene referencia a aquellos que mantuvieron una relación correcta con Dios. En la misma enumeración de los habitantes de la nueva Jerusalén se hace también reconocimiento de "la congregación (Iglesia) de los promogénitos" (He.12:22-24).

CONCLUSION

Al concluir esta prolongada serie de contrastes entre Israel y la Iglesia, debiera observarse que, en ciertos respectos sí hay semejanzas entre estos dos grupos de pueblos escogidos. Cada uno tiene su especial relación con Dios, a la justicia, al pecado, a la redención, a la salvación, a la responsabilidad humana, y al destino. Ambos son testigos a la Palabra de Dios; cada uno puede seguir al mismo Pastor; tienen ciertas doctrinas en común; la muerte de Cristo beneficia a ambos; los dos son amados con un amor eterno; y cada uno, como está determinado por Dios, será glorificado.

CAPITULO IV

SE USAN FIGURAS PARA PRESENTAR LA RELACION DE LA IGLESIA DE CRISTO (I-V)

LA VERDADERA IGLESIA, aunque sea contemplada bajo muchos sobrenombres, es el tema central de la mayor parte del Nuevo Testamento que tiene que ver con la edad presente. Ella es el propósito de Dios para la presente edad y el propósito supremo de Dios en el universo. La negligencia común cuanto a la extensa doctrina de la Iglesia no sólo es culpable, sino que ha conducido a una serie de errores dañinos. El sectarismo, con su ofensa contra toda revelación específica respecto a la unidad del cuerpo de Cristo, no es el menor de estos pecados. Si la instrucción teológica del pasado hubiera dado siquiera una pequeña proporción del reconocimiento de este tema que merece, el cristianismo bien hubiera podido librarse de su trágica apariencia presente de un campo de facciones en lucha. Aparentemente la única cosa que se considera sagrada y digna de honra ahora es la secta. Se toleran sin resentimiento los ataques contra las doctrinas más básicas e indispensables, pero sí se resiente la falta de lealtad a la secta. El remedio no está en los movimientos en masa; sino que cada creyente tiene la responsabilidad personal de "mantener la unidad del Espíritu" (Ef. 4:3) amando y teniendo comunión con cada hijo de Dios. Sólo en los Estados Unidos se encuentran cuando menos trescientas distinciones sectarias, y muchas de ellas están satisfechas en sí misma y promueven lealtad a la iglesia, lo cual significa fidelidad y homenaje a la secta. Reconocen que Cristo dijo, "Amaos los unos a los otros, como yo os he amado"; pero dicho mandamiento se limita en su alcance sólo para los del grupo al cual uno pertenece. Frente a esto –aunque para muchos no existe– está la doctrina que es un cuerpo de Cristo, una familia y una casa de Dios. Feliz es el individuo que puede ajustar su vida y sus actividades a esta realidad del Nuevo Testamento.

Muchas verdades acerca de la Iglesia serán descubiertas en los tres grupos de sietes en que ella aparece; es decir, las siete parábolas de Mateo 13, las siete cartas a las siete iglesias en Asia, de Apocalipsis 2 y 3, y las siete figuras que se usan de la Iglesia en su relación a Cristo. Los primeros dos grupos de estos sietes mercen por lo menos una breve consideración, mientras que el tercero es el tema de toda esta división de la Eclesiología.

(a) Sin una identificación exacta de la particularidad de su naturaleza o de su nombre las siete parábolas de Mateo 13 presentan el grupo específico que comprende la Iglesia según el propósito divino en esta edad, y revelan los hechos acerca de otras dos cosas e influencias que habrían de estar, y que han estado, presentes y equidistantes con la Iglesia en esta edad. Por un proceso de sembrar la semilla a mucha gente, un residuo de lo que es llamado *trigo* sería, y también ha sido, levantado; la semilla falsificada y destructiva sería, como ha sido, sembrada por Satanás; una estructura profesante fuera de toda proporción a su pequeño principio y que abriga a las aves malas que se comen la semilla sería, y ha sido desarrollada; la levadura, el símbolo de la mala doctrina sería, y ha sido, introducida en la misma compañía de los electos; Israel, se compara a un tesoro, que sería, y ha sido, escondido en el campo, que es el mundo; la Iglesia, se compara a una perla de gran precio por la cual Cristo vendió todo para poder poseerla, sería, y ha sido, asegurada por medio de la redención; y la edad terminará con la división de los buenos y malos peces, como también por la separación del trigo de la cizaña. Al final de las cosas, el trigo será recogido en el granero del Señor y los buenos peces en las cestas. Cuando Cristo concluyó con estas parábolas, dijo, "Así será al fin del siglo" (la consumación de la edad): saldrán los ángeles, y apartarán a los malos de entre los justos, y los echarán en el horno de fuego; allí será el lloro y el crujir de dientes" (Mt. 13:49-50).

(b) En una exposición extensa y esmerada de las siete cartas a las siete iglesias, como están presentadas en el libro, *Discursos Sobre el Libro de Apocalipsis,* el Dr. H. A. Ironside escribe lo siguiente:

"Antes de que demos principio a nuestro estudio de 'las cosas que son', permítanme darles esta parábola. Hace algún tiempo, mientras unas personas exploraban un antiguo castillo, algunos de ellos llegaron a un lugar donde estaba un candado viejo y muy extraño, que aseguraba una puerta muy fuerte. Ellos dieron fuertes sacudidas a la puerta y trataron de abrirla, pero sin ningún resultado. Trataron de distintas maneras para ver si abrían el candado, pero no pudieron. Después de algún tiempo una persona levantó unas llaves de entre la basura en el piso y dijo, 'Quizás yo puedo abrir el candado.' Probó una llave pero sin éxito. Probó otra y sí pudo moverla un poco; probó otra y también pudo moverlo algo; y así con todas las llaves, pero ninguna de ellas podía abrir el candado. Por último encontró una llave vieja y extraña. La colocó en el candado, le dio una vuelta y el candado se abrió. Ellos dijeron, 'Indudablemente esta llave fué hecha para este candado.'

Ustedes entenderán mi parábola si les llamo la atención al hecho de que, en el versículo 20 del primer capítulo, se nos dice que hay un misterio relacionado a los siete candeleros. Los siete candeleros se dice que simbolizan las siete iglesias de Asia, pero había un misterio coordinado con ellos. Mientras que han tratado de usar una clave y otros otra (y muchas clases de esfuerzos se han hecho para interpretar este misterio), no se halló ninguna solución sino hasta que unos estudiantes devotos de las Escrituras considerando esta porción dijeron, '¿No será posible, ya que esta sección del libro presenta *las cosas que son* que a Dios le ha placido darnos aquí una historia profética para toda la dispensación? ' ¿Pero podrá esta llave abrir la cerradura? Ellos compararon la primera parte de la historia de la Iglesia con la carta a los Efesios. La llave ajustó aquí perfectamente. Continuaron el procedimiento y compararon la carta a Esmirna con la segunda etapa de la historia de la Iglesia, y el acuerdo era muy notable. Continuaron paso a paso hasta el fin, y cuando llegaron a Laodicea encontraron que lo que está escrito de la Iglesia de Laodicea responde con exactitud a la condición de la Iglesia profesante en que vivimos, y ellos dijeron: 'Hélo ahí, el misterio está todo claro. La cerradura ha sido abierta; por tanto tenemos la llave que corresponde.' " Págs. 35-36.

Es obvio que estas siete cartas fueron escritas a iglesias que existían y que de manera específica eran aplicables a los creyentes a quienes fueron escritas. Igualmente ha de notarse que estos mensajes fueron dirigidos a todos los creyentes y a todas las iglesias de Dios en todas partes y para cualquier tiempo. La frase, "El que tiene oído, oiga lo que el Espíritu dice a las iglesias" – cada carta termina con estas palabras – es prueba de la aplicación universal de estos mensajes de Cristo después de su ascensión. Luego, una vez más y de manera más vital, como lo señala el Dr. Ironside, estas cartas anticipan el curso de la historia de la iglesia visible de esta edad. Aunque esta verdad pertenece especialmente a la división de Eclesiología que atañe a la iglesia organizada en el mundo, la Iglesia verdadera, en su mayor parte, está dentro de esta compañía y, por tanto, lo que se dice de una pertenece, hasta cierto punto, a la otra.

(c) La revelación de mayor importancia respecto a la verdadera Iglesia se halla en las siete relaciones que ella mantiene con Cristo, que son: (a) El Pastor y las ovejas, (b) la Vid y los pámpanos, (c) la Piedra Angular y las piedras del edificio, (d) el Sumo Pontífice y el reino de los sacerdotes, (e) la Cabeza y el cuerpo con sus muchos miembros, (f) el Ultimo Adán y la nueva creación, y (g) el Esposo y la novia. Consideremos ahora cada una en su orden.

I. EL PASTOR Y LAS OVEJAS

La palabra *oveja* en la Biblia cuando se aplica a los hombres es amplio en su significado. Con toda propiedad se hace referencia de Israel, y de las naciones que un día estarán a la mano derecha del Rey, y que después entrarán en el reino preparado para ellos (Mt. 25:34). La designación, entonces, en su más amplio significado, señala a todo pueblo o gente que ha hallado gracia con Dios. Sin embargo, el uso de la palabra *oveja* en la figura bajo consideración se refiere únicamente a los creyentes de la presente dispensación. La completa impotencia de una oveja hace que ese animal sea una ilustración perfecta del creyente.

Así como el Evangelio según San Juan está escrito para que el lector crea que Jesús es el Cristo y para que creyendo tenga vida en su nombre (Jn. 20:31), también es esencial reconocer, que, con la excepción de los capítulos 13-17, las palabras de Cristo que se hallan en ese Evangelio fueron dirigidas a los judíos. Aquí no se implica que la verdad pronunciada pertenecía al judaísmo; por el contrario, estas extensas porciones demuestran la verdad de que el evangelio de la gracia de Dios es dirigido a los judíos como también a los gentiles, y en los mismos términos de fe en el Salvador. El pueblo de Israel se llamaba "ovejas de su prado" (Sal. 74:1; 79:13; 95:7; 100:3; Jer. 23:1). La obra divina que se revela en Juan 10, bajo la figura del pastor y las ovejas, es, primero, de la venida del Salvador, el Buen Pastor, quien entra por la puerta, quien es la puerta, quien da su vida por las ovejas, quien las saca fuera, y a quien intuitivamente le siguen. No se dice aquí que las ovejas sean guiadas hacia dentro del redil, sino más bien son llevadas fuera de él para encontrar salvación, libertad, y pastos (v. 9). La referencia es de aquellos que por medio de la fe en Cristo son guiados fuera del judaísmo, el redil de Israel; y éstas juntamente con otras ovejas – los creyentes gentiles que no son del redil del judaísmo – formarán un rebaño bajo el cuidado de un Pastor. El *rebaño* que fué anticipado por Cristo es la Iglesia llamada de entre los judíos y gentiles. El Dr. A. C. Gaebelein escribe con claridad sobre este gran tema :

"La enseñanza de este capítulo está íntimamente relacionada con el evento que le antecede. Se había hecho evidente que la verdadera oveja de Cristo, que pertenece a su rebaño, sería echada fuera del rebaño del judaísmo. El hombre que había sido sanado había sido echado fuera y había llegado a ser oveja de El. por tanto El enseña ahora pletóricamente acerca de Sí mismo como el Pastor y acerca de sus ovejas. El Antiguo Testamento con frecuencia habla de Israel como el rebaño de Jehová, y de Jehová como el Pastor (Sal. 80:1; 95:7; 23:1; Ez. 34; Zac. 11:7-9; 13:7). El verdadero Pastor ha entrado al redil, es decir a Israel por la puerta señalada. El es el único, y el portero (el Espíritu Santo) le abrió la puerta. El vino para llamar a sus propias ovejas por nombre para llevarlas fuera. Las ovejas oyeron su voz y le sigueron. Todo pertenece al judaísmo. El vino, el verdadero Pastor, al redil para llevarlas afuera para que fuesen su rebaño. Los primeros versículos contienen una parábola que El pronunció, pero ellos no la entendieron. Lo que sigue es una revelación más completa de Sí mismo como el buen Pastor y de las ovejas que son de su rebaño. El judaísmo era un redil del cual el Pastor saca su rebaño. El es la puerta de las ovejas. El es el medio por el cual se entra al rebaño, así como una puerta sirve para entrar en una casa. Por medio de El todas sus ovejas deben entrar por la fe en el rebaño. No hay otra puerta y no hay otro camino. El vino al redil por el camino señalado por Dios y El es el camino señalado por Dios. "Yo soy la puerta; el que por mi entrare será salvo; y entrará, y saldrá, y hallará pastos." ¡Qué promesa más preciosa! El es la puerta, y a cualquier persona, no importa quien sea, quien quiera entrar por El, y habiendo entrado por El, es decir, habiendo creído en El, se le promete salvación, libertad y pastos. Estas tres cosas se proveen para todos los que creen en El. La salvación está en El y es una salvación presente y perfecta; es una perfecta libertad en que somos librados de la esclavitud de la ley que condena al pecador; pastos son alimentos que El suple y El mismo es el alimento, un alimento perfecto. Todo está fuera del redil, el redil del judaísmo. Todo se halla en Cristo. El vino para que tengan vida, y para que la tengan en abundancia. La vida abundante de que El habla aquí es la vida que proviene de su muerte y resurrección. El buen Pastor tuvo que dar su vida por las ovejas. ¡Cuán diferente del asalariado, que huye y no tiene cuidado de las ovejas! Los asalariados fueron los pastores infieles (Ez. 34:1-6). También dijo: "pongo mi vida por las ovejas." En el versículo 16 nuestro Señor habla de otras ovejas, que no son de este redil. Estas ovejas son los gentiles. Primero El saca del redil del judaísmo a sus ovejas; luego están las otras ovejas a las cuales El traerá y escucharán su voz. El resultado será un rebaño y un Pastor. El judaísmo fué un redil, la Iglesia no lo es. Los rediles eclesiásticos en que se divide el cristianismo han causado que influyera el judaísmo en la iglesia. El redil ya no existe. Hay un rebaño y hay un Pastor; un cuerpo, así como hay un Señor. Todos los que han oído su voz, han creído en El, han entrado por El, son miembros de un rebaño. "– *La Biblia Anotada:* Mateo – Hechos, págs.213-215.

Asimismo, F. W. Grant en las notas en su obra, *La Biblia Numérica,* dice lo siguiente:

"El ha venido entonces a dar vida: como el Buen Pastor, poniendo su propia vida: sin embargo, no es tanto la doctrina que hay aquí, como la insistencia sobre un amor probado a cualquier costo. El asalariado se preocupa sólo por su salario: las ovejas no son propias, y él no se interesa personalmente por ellas: cuando viene el lobo, él deja las ovejas y se huye; ¡ay! esto no es un caso supuesto, sino que se ha visto abundantemente en la historia. El lobo en consecuencia, el aparejado adversario, las arrebata y las esparce. El asalariado actúa según su carácter: no podía esperarse de él una cosa mejor. Por el contrario, entre el Buen Pastor y los suyos existe un vínculo de la más tierna intimidad. "conozco mis ovejas, y las mías me conocen, así como el Padre me conoce, y yo conozco al Padre; y pongo mi vida por las ovejas". En cambio "el mundo no le conoció": Había esa extrañeza como resultado de naturalezas diferentes. Sus ovejas le conocen: porque ellas han recibido su vida y su naturaleza y así han sido traídos a la comunión; y esta es la misma clase de conocimiento como el que existe (aunque mucho más perfecto) entre el Padre y el Hijo. El amor del Pastor ha sido manifestado en esto, que El puso su vida por las ovejas. Pero sus ovejas siendo definidas en este sentido ya no tienen relación con el redil del judaísmo, aún menos pueden ser limitadas a aquellos que la tienen. La ley no podía dar este don de la vida eterna, por tanto, tampoco tiene algún control sobre ella. En el redil habían estado aquellas ovejas que no eran suyas; y hay ovejas que son suyas que no son de ese redil, pero los gentiles, estando lejos, han sido hechos cercanos para oír su voz. Entonces habrá sólo un *rebaño,* y un Pastor. El *redil* ya no existe: eso era del judaísmo y era legal, pero ya pasó. En Cristo no hay judío ni griego." - Los Evangelios, p. 548-49.

Las verdades salientes que las figuras de Cristo como Pastor y la Iglesia como las ovejas contribuyen a toda la doctrina de la Iglesia verdadera son: (a) que Cristo entró por la puerta, que era el camino señalado; (b) que El es un verdadero Pastor, que va delante de sus ovejas, y ellas le siguen; (c) que El mismo es la puerta de las ovejas – de su estado anterior a su gracia salvadora, y como una puerta de seguridad también, que se cierra tras ellas (Jn. 10: 28-29); (d) esa salvación, que es libertad de una obligación meritoria y alimento para la nueva vida, han sido provistos por el Pastor; (e) que todos los demás pastores son asalariados a lo sumo: nadie ha dado, ni tampoco podría dar su vida por las ovejas como el buen Pastor lo ha hecho; (f) que hay una comunión de comprensión dentro de la familia de Dios – las ovejas conocen al Pastor, como el Padre conoce al Hijo y el Hijo conoce al Padre; y (g) que sólo hay un rebaño, porque la gracia salvadora ha traído a cada oveja individual, sin tomar en cuenta su situación anterior, hasta la misma posición de perfección en Cristo Jesús.

Habrá de notarse, entonces, que por medio del Salvador provisto por Dios, hay vida, libertad y sustento; que este Salvador es eficaz porque El puso su vida por las ovejas; que hay una completa relación establecida entre el Pastor y las ovejas por todas las edades en la eternidad; y que hay solamente un rebaño.

Toda la doctrina del pastorado de Cristo es propiamente presentada en lo siguiente: su intercesión sin cesar, su defensa perpetua, y el continuo impartir de Sí mismo como alimento y vitalidad espirituales. "Jehová es mi pastor; nada me faltará." Viendo que esa preciosa relación era una realidad en la vida de David dentro de las provisiones del judaísmo, ¡cuánto más real y verdadera será ahora para el creyente que vive bajo la gracia!

II. LA VID Y LOS PAMPANOS

Esta figura tiene un contraste grande a la figura del Pastor y las ovejas, la cual fue dirigida a los israelitas, en que es dirigida a los creyentes (Juan 15). Es el carácter especial del Discurso del Aposento Alto (Juan 13-17) que contempla las condiciones que obtendrán después de la muerte de Cristo, después de su resurrección, después de su ascensión, y después del Pentecostés. Este discurso es, más que cualquier otra porción de las Escrituras, el más claro y el más tiernamente amado en esta dispensación. Por tanto, ya que esta figura se halla en esta específica porción de las Escrituras, tiene una aplicación primaria para los creyentes. Aquí no se dice que son guiados fuera del judaísmo, ni se hace una referencia a su estado anterior. Aunque es de mucha significación en su lugar, poca importancia se dará aquí sobre la verdad de que Israel era la viña de Jehová (Is.5:1-7; Jer.2:21; Os. 10:1; Lc.20:9-16). Sin duda la frase, "Yo soy la vid verdadera," tiene por objeto el de marcar un contraste con la vid israelita. Esa vid no tuvo fruto; pero la Vid Verdadera tiene que llevar fruto y así será. El Señor mismo obtendrá esto; pero desde la parte humana, la vida fructífera depende de nuestra permanencia en Cristo – una relación que los creyentes como pámpanos tienen que mantener.

La discusión del significado de esta figura ya se presentó en esta obra, y señalando la distinción que se obtiene entre la *unión* con Cristo y la *comunión* con Cristo. Se ha demostrado que el propósito de esta figura es desarrollar la verdad fundamental con respecto a la *comunión* con Cristo, ya que esa *unión* con Cristo se presupone, como se evidencia por las palabra, "Todo pámpano que en mí" (v. 2). En ningún tiempo, sea aquí o en cualquier otra parte del Nuevo Testamento se declara que la *unión* con Cristo es una responsabilidad humana o una adquisición, ni siquiera se implica que podría ser sustentado por alguna virtud o esfuerzo humano. Estar en Cristo es la posición más sublime y se ha manifestado claramente que es el resultado que se obtiene por el bautismo del Espíritu Santo (1 Co. 12:13). Permanecer en Cristo significa tener un compañerismo con Cristo sin interrupción. "Si guardareis mis mandamientos, permaneceréis en mi amor" (Jn. 15:10). En la misma semejanza, los propios mandamientos del Señor están contenidos en su palabra escrita. Por tanto se dice, "si permanecéis en mí, y mis palabras permanecen en vosotros" (v. 7); así encontrando su voluntad en su Palabra y haciéndola, viene a ser la responsabilidad no complicada del creyente si quiere permanecer en Cristo. "El que dice que permanece en él, debe andar como él anduvo." (1 Jn. 2:6). El Dr. C. I. Scofield sobre permanecer en Cristo es concluyente:

> "Permanecer en Cristo es, por un lado, no tener ningún pecado conocido que no haya sido confesado ni juzgado, ningún interés en que El no tenga parte, ninguna cosa en la vida en que El no pueda participar. Por otro lado, el que permanece en Cristo lleva todas sus cargas a El y obtiene de El toda sabiduría y vida, y todo poder. Esto no significa ser incesantemente consciente de estas cosas y de El, sino que no se permite nada en la vida que pueda interrumpir la comunión con El." (Biblia Anotada de Scofield, p. 1092.)

Conviene repetirse que los resultados de permanecer en Cristo, como está indicado en Juan 15, son: limpieza (v. 2), oración eficaz (v.7), gozo celestial (v. 11), fruto permanente (v. 16). No hay rasgos de una verdadera vida cristiana más vitales que éstos: el crecimiento y progreso por medio de la disciplina, la eficacia inmensurable en oración, el gozo que resulta de un compañerismo sin interrupción con Cristo (comp. 1 Jn. 1:3-4), y el fruto permanente para la gloria de Dios. Se ve aquí que el fruto es el producto de la Vid cuya vitalidad se le imparte a la rama. Aparte de esa vida abundante nada de verdadero valor puede alcanzarse (v. 5). El fruto es el producto del Espíritu Santo (Gá. 5:22-23). El verdadero propósito de la unión con Cristo es que el creyente "lleve fruto para Dios" (Ro. 7:4). La vida fructífera de los creyentes es un factor sumamente importante en el plan divino y en el propósito de esta edad. La Iglesia se está formando por el testimonio y el ministerio de los miembros del cuerpo de Cristo. Es el ministerio de los santos lo que ahora está completando el cuerpo. Esta verdad se afirma por el Apóstol que dice: "a fin de perfeccionar a los santos para la obra del ministerio, para la edificación del cuerpo de Cristo, hasta que todos lleguemos a la unidad de la fe y del conocimiento del Hijo de Dios, a un varón perfecto, a la medida de la estatura de la plenitud de Cristo; para que ya no seamos niños fluctuantes, llevados por doquiera de todo viento de doctrina, por estratagema de hombres que para engañar emplean con astucia las artimañas del error, sino que siguiendo la verdad en amor, crezcamos en todo en aquel que es la cabeza, esto es, Cristo, de quien todo el cuerpo, bien concertado y unido entre sí por todas las coyunturas que se ayudan mutuamente, según la actividad propia de cada miembro, recibe su crecimiento para ir edificándose en amor" (Ef. 4:12-16). De la misma manera, acerca de la Iglesia verdadera, se dice de ella cuando estará por presentarse a su Señor: "Gocémonos y alegrémonos y démosle gloria; porque han llegado las bodas del Cordero, y su esposa se ha preparado" (Ap. 19:7). No es cosa pequeña que la esposa "se ha preparado".

La contribución que la figura de la Vid y los pámpanos hace a la doctrina de la Iglesia es especialmente que, por una comunión no interrumpida del creyente con su Señor, el poder de Dios que lo capacita descansa sobre él tanto para su incalculable experiencia de gozosa comunión como para llevar fruto por la oración y el testimonio hasta que el cuerpo de Cristo sea completo. La vid y los pámpanos participan de una vida común. Esto también es cierto de Cristo y de la Iglesia.

III. LA PIEDRA ANGULAR Y LAS PIEDRAS DEL EDIFICIO

Otra amplia distinción se señala cuando se declara que Israel tuvo un templo (Ex. 25:8) y la Iglesia es un templo (Ef. 2:21). La figura de un templo o un edificio que es la habitación de Dios ahora en la tierra – un templo purificado por el mérito de Cristo – se presenta en Efesios 2:19-22: "Así que ya no sois extranjeros ni advenedizos, sino conciudadanos de los santos, y miembros de la familia de Dios, edificados sobre el fundamento de los apóstoles y profetas, siendo la principal piedra del ángulo Jesucristo mismo, en quien todo el edificio, bien coordinado, va creciendo para ser un templo santo en el Señor; en quien vosotros también sois juntamente edificados para morada de Dios en el Espíritu." Cristo habló de la misma figura cuando dijo, "y sobre esta roca edificaré mi iglesia" (Mt. 16:18). De igual manera, Pedro, a quien Cristo habló acerca de su propósito de edificar su Iglesia, dijo, "Vosotros también, como piedras vivas, sed edificados como casa espiritual" (1 P. 2:5). Se hace una referencia a "Cristo como hijo sobre su casa, la cual casa somos nosotros" (He. 3:6); también fué dicho, "Vosotros sois edificio de Dios" (1 Co. 3:9).

La simbolización de Cristo como una piedra se verá en varios detalles particulares: (a) en relación a los gentiles, El es la piedra que los desmenuzará en su juicio final (Dn. 2:34); (b) a Israel, su venida como un Siervo en vez de venir como un Rey llegó a ser para ellos una piedra de tropiezo y roca que hace caer (Is. 8:14-15; 1 Co. 1:23; 1 P. 2:8); (c) a la Iglesia, Cristo es la piedra de fundamento (1 Co. 3;11), y es "la principal piedra del ángulo" (Ef. 2:20-22; 1 P. 2:4-5). La exaltación de Cristo como la principal piedra angular fue consumada por su resurrección (El no había sido esto antes), y fue consumada a pesar de la oposición, y el rechazamiento de esa Piedra por los "edificadores", es decir, Israel. En el Salmo 118:22-24 se declara: "La piedra que desecharon los edificadores ha venido a ser cabeza del ángulo. De parte de Jehová es esto, y es cosa maravillosa a nuestros ojos. Este es el día que hizo Jehová; nos gozaremos y alegraremos en él." Pedro hablando de la resurrección de Cristo afirma que "Este Jesús es la piedra reprobada por vosotros los edificadores, la cual ha venido a ser cabeza del ángulo" (Hch. 4:11). Cristo cita la misma profecía del Antiguo Testamento y predice que el reino de Dios será quitado de Israel y será dado a gente que produzca los frutos de él. Esta profecía prevé la transición pendiente del propósito divino anteriormente en Israel al propósito divino del presente en la Iglesia. Y aún más, El anticipa el hecho de que Israel tropezará sobre El como la "roca de escándalo", y que los gentiles serán "desmenuzados" bajo el juicio de la misma piedra desmenuzadora. El pasaje dice, "Jesús les dijo: ¿Nunca leísteis en las Escrituras: La piedra que desecharon los edificadores, ha venido a ser cabeza del ángulo. El Señor ha hecho esto, y es cosa maravillosa a nuestros ojos? Por tanto os digo, que el reino de Dios será quitado de vosotros, y será dado a gente que produzca los frutos de él. Y el que cayere sobre esta piedra sera quebrantado; y sobre quien ella cayere, le desmenuzará" (Mt. 21:42-44). Así pues, como la Piedra desmenuzadora Cristo llegará a ser la destrucción de la autoridad gentil (comp. Sal. 2:7-9; Is. 63:1-6; Ap. 19:15), y es la piedra de tropiezo a Israel, y la principal piedra angular a la Iglesia.

Un edificio está construyéndose que tiene tres distinciones específicas, que son, (a) que cada piedra en el edificio es en sí una piedra viva; es decir, es participante de la naturaleza divina (1 P.2:5; (b) su principal piedra angular, como su fundamento, es Cristo (Ef.2:20-22; 1 Co.3:11; 1 P.2:6); y (c) toda la estructura en sí es una "morada de Dios en el Espíritu" (Ef.2:22).

Después de haber recordado a los creyentes gentiles en Efeso (Ef. 2:19-20) que ellos "ya no son extranjeros ni advenedizos," como se dijo que eran antes (comp. Ef. 2:12), el Apóstol declara que ahora ellos son "conciudadanos de los santos, y miembros de la familia de Dios" – una bendición que debe observarse, es mucho más alta que todo el estado de Israel y los pactos de privilegios, así como los cielos son más altos que la tierra. Aunque antes fueron excluidos de la Jerusalén terrenal, ahora vienen los gentiles a la Jerusalén celestial y reciben una cordial bienvenida (He. 12:22-24), a esta ciudad donde el judío no regenerado, con todas sus preferencias nacionales y su título a la Jerusalén terrenal, es un extranjero. La frase, "conciudadanos con los santos" debe recibirse con su significado restringido como también el hecho de que esta estructura espiritual está erigida sobre "el fundamento de los apóstoles y profetas" (del Nuevo Testamento). Dios ha tenido sus santos en todas las dispensaciones, pero los de las edades pasadas no forman parte alguna en la Iglesia. Santos son aquellos que han sido santificados, separados para Dios. El hecho de que los santos del Nuevo Testamento están en una posición más avanzada en altura que los santos del Antiguo Testamento (aunque no necesariamente significa más fe ni más piedad), se revela en Hebreos 10:10, donde leemos: "En esa voluntad somos santificados mediante la ofrenda del cuerpo de Jesucristo hecha una vez para siempre." Esta santificación, no pudo realizarse sino hasta que Cristo murió y resucitó, porque está caracterizada por la posición en El, y dicha posición podía ser acordada solamente para los que están unidos al Cristo resucitado por el Espíritu. Es verdad que todos los santos de todas las edades serán reunidos a su debido tiempo delante de Dios en un cielo nuevo y una tierra nueva (He. 11:39-40; 12:22-24); pero los santos del Antiguo Testamento no formaban parte de la nueva creación en Cristo, ni fueron ellos edificados sobre el fundamento de los apóstoles y los profetas del Nuevo Testamento. En este pasaje de Efesios se declara que la Iglesia, que es como un edificio, se está edificando sobre el fundamento de los apóstoles y profetas del Nuevo Testamento, siendo Jesucristo mismo la principal piedra angular. Es en El que todo el edificio está bien concentrado y unido entre sí por todas las coyunturas y así es como está "creciendo" para ser un templo nuevo en el Señor. En El cada uno y los varios miembros están construyéndose juntos para una habitación de Dios por medio del Espíritu. Durante la pasada dispensación la habitación de Dios era el tabernáculo, y después era el templo – el santuario terrenal o el lugar santo hecho de manos (comp. He. 8:2; 9:1-2,24) – que, aunque es sostenido en antítesis al santuario celestial en el cual Cristo ha entrado ahora, era, sin embargo, el tipo de la presente habitación espiritual de Dios en un templo de piedras vivas. Sin embargo, en este punto el Apóstol no está considerando la verdad que concierne al creyente individual, sino más bien, en aquella que tiene que ver con la formación del cuerpo de Cristo; y su declaración es que la Iglesia, como se está formando ahora en el mundo, está construyéndose como una habitación de Dios por medio del Espíritu. Cabe decir una vez más, que Israel *tuvo* un edificio en el cual a Dios le plugo morar; la Iglesia *es* un edificio en el cual le place a Dios morar.

La contribución que se hace a la doctrina de la Iglesia por la figura de la principal piedra angular y las piedras del edificio es la dependencia recíprocamente entre las personas salvadas, así como un edificio se debilita y comienza su disolución con sólo quitar una piedra de su estructura; todo el edificio está edificado sobre Cristo y por tanto depende totalmente de Cristo; y, por último y de suprema importancia, este edificio, como cada piedra en la estructura, es un templo de Dios por medio del Espíritu. El hecho de la morada del Espíritu es un rasgo que caracteriza a la Iglesia y que recibe un énfasis supremo en la revelación Bíblica.

IV. EL SUMO SACERDOTE Y EL REINO DE SACERDOTES

El sacerdocio de Cristo está tipificado por el sumo sacerdocio del Antiguo Testamento, por Aarón y por Melquisedec. Este extenso campo de tipología se presenta con, su significado antitípico en la Epístola a los Hebreos (Comp. 5:1-10; 6:13-8 :6). En su servicio de Sumo Pontífice, Cristo está sobre la jerarquía de sacerdotes que constituye la Iglesia y sirve como el Ordenador, y el Director de sus servicios. En su ministerio como Aarón, Cristo ofreció a Dios un sacrificio, el cual era El mismo, ofreciéndose sin mancha. En esta obra El era el que sacrificaba y a la vez el sacrificio; pero el dechado Aarónico no podía ir más allá que ser el que ofrecía el sacrificio. En su sacerdocio como el de Melquisedec, El es Rey–Sacerdote. Melquisedec era de Salem, que signifca *paz* (Is. 11:6-9); él no tuvo principio ni fin de días, ni se registra que tuviera padres humanos, y él era un sumo sacerdote por autoridad divina (Sal. 110:4).

El creyente es un rey y sacerdote para Dios. Su servicio como rey es diferido hasta la edad venidera cuando él reinará con Cristo (Ap. 20:6); pero su servicio como sacerdote está en vigor en el tiempo presente. También el sacerdocio del creyente tiene un aspecto futuro como está declarado en Ap. 20:6, "sino que serán sacerdotes de Dios y de Cristo, y reinarán con él mil años." Fué a Israel a quien primero fué señalada una posición similar (comp. Ex. 19:6); pero en esto los israelitas fallaron. La posición presente de la Iglesia de rey-sacerdote, siendo sostenido por Dios, no puede fallar.

El orden del sacerdocio en el Antiguo Testamento era una jerarquía sobre la nación y en su servicio ellos estaban bajo la autoridad del sumo sacerdote. En el orden del Nuevo Testamento cada creyente es un sacerdote para Dios (1 P. 2:5-9: Ap. 1:6) y todo el ministerio de la compañía de sacerdotes del Nuevo Testamento está bajo la autoridad de Cristo quien es el verdadero Sumo Sacerdote, de quien todos los demás sumo–sacerdotes eran solamente tipos. Por tanto, según el orden en el Nuevo Testamento, el servicio ha sido encargado a todos los creyentes por igual basado sobre su relación sacerdotal a Dios. Puesto que no había evangelio que predicar a las naciones de la tierra, el servicio en el período que cubre el Antiguo Testamento consistía solamente en el cumplimiento de los ritos señalados por Dios que los sacerdotes desempeñaban en el tabernáculo o en el templo. En contraste con esto, el ministerio sacerdotal en el Nuevo Testamento es mucho más amplio en su alcance, que incluye no sólo un servicio a Dios y a los creyentes, sino a todos los hombres en todas partes.

1. EL SERVICIO DEL SACRIFICIO. Hay en este punto semejanzas extraordinarias que observar. El sacerdote del Antiguo Testamento fué santificado o separado, primero por el hecho de que él nacía de la familia sacerdotal de Leví, y segundo, por el hecho de que él, con la debida ceremonia, fué instalado en el oficio sacerdotal, nombramiento que continuaba mientras vivía. Además, al principio de su ministerio era lavado ceremonialmente por un baño de una vez por todas (Ex. 29:4). En el cumplimiento del antitipo, el creyente sacerdote es totalmente limpio y una vez por todas desde el momento que es salvado (Col. 2:13; Tito 3:5), y por virtud de su

salvación, es separado para Dios. Así también, está separado por el nuevo nacimiento para ser miembro de la familia de Dios. En adición a todo esto, se requiere particularmente del sacerdote del Nuevo Testamento que se dedique a sí mismo *voluntariamente* a Dios. Acerca de dicha dedicación leemos: "Así que, hermanos, os ruego por las misericordias de Dios que presentéis vuestros cuerpos en sacrificio vivo, santo, agradable a Dios, que es vuestro culto racional" (Ro. 12:1). La frase, *por las misericordias de Dios,* se refiere a los grandes hechos de salvación los cuales han sido presentados en los capítulos anteriores del libro de Romanos. En estas misericordias entra cada creyente al momento de ser salvado, mientras que la presentación del cuerpo como un sacrificio vivo es la dedicación voluntaria de Sí mismo a la voluntad de Dios de todo lo que es el creyente y de lo que tiene. Aquello que es así rendido, Dios lo acepta y lo coloca donde El quiere en el campo de servicio (Ef. 2:10). Según las Escrituras, este acto divino de aceptar y colocar es la consagración. Por tanto, el creyente sacerdote puede *dedicarse* a sí mismo, pero nunca *se consagra* a sí mismo. En conexión con el acto divino de la consagración, deberá observarse que la obra presente de Cristo como el Sumo Pontífice – El hace el nombramiento, dirige y administra el servicio de los creyentes - y cumple aquello que fué tipificado por el ministerio del sacerdote del Antiguo Testamento en la consagración de los hijos de Leví. Habiéndose rendido a Dios y no conformándose ya más a este mundo, el creyente sacerdote experimentará una vida transfigurada por el poder del Espíritu que mora en él, y por ese poder él comprobará "cuál sea la buena voluntad de Dios, agradable y perfecta" (Ro. 12:2).

Según el orden del Nuevo Testamento, el servicio sacerdotal en sacrificio hacia Dios está dividido en tres partes: (a) la dedicación de sí mismo, que está declarado como un "culto racional" (Ro. 12:1), o más literalmente, "una adoración espiritual". Como Cristo mismo era tanto, el sacrificador como el sacrificio, así también el creyente puede glorificar a Dios ofreciéndole todo su cuerpo como un sacrificio vivo; (b) el sacrificio de los labios, que es la voz de alabanza, debe ofrecerse continuamente (He. 13:15); y (c) el sacrificio de los bienes (Fil. 4:18).

Haciendo referencia a la limpieza de los sacerdotes, deberá notarse otra vez que el sacerdote del Antiguo Testamento al iniciar su oficio santo fué lavado una vez por todas por un baño *completo,* cuyo baño le fué administrado por otro (Ex. 29:4); sin embargo, después, aunque ya estaba completamente bañado, le era requerido limpiarse repetidamente por un baño *parcial* en el lavacro de bronce, y hacía esto antes de emprender cualquier servicio sacerdotal. En el cumplimiento del significado típico de esto, el sacerdote del Nuevo Testamento, aunque completamente limpio y perdonado después de ser salvo, tiene que confesar cada pecado conocido para estar limpio y así mantener su comunión con Dios (1 Jn. 1:9). Como el nombramiento del sacerdote del Antiguo Testamento era para toda la vida, así también el sacerdote del Nuevo Testamento es un sacerdote de Dios para siempre.

2. EL SERVICIO DE ADORACION. Así como la adoración era parte del servicio de cada sacerdote del orden antiguo, así también ahora al creyente le es señalado el servicio de adoración. De igual manera como los muebles del lugar santo simbolizan el orden de la adoración del sacerdote en el Antiguo Testamento y cada característica y mueble de ese lugar hablaba de Cristo, así la adoración del creyente es por Cristo y por su medio solamente. Luego, en el servicio a Dios, el creyente puede ofrecerse a sí mismo en su adoración a Dios (Ro. 12:1), y tributar su alabanza y gratitud de corazón a Dios (He. 13:15), o sean las ofrendas que son ofrecidas a El. En conexión con la adoración de los sacerdotes del Antiguo Testamento, había dos prohibiciones registradas, y éstas también tienen un significado típico. No podía ofrecerse incienso "extraño" (Ex. 30:9), que sólo habla de la formalidad en el servicio a Dios; y no se permitía fuego "extraño" (Lv. 10:1), que simboliza la substitución de emociones carnales en nuestro servicio en vez de una verdadera devoción a Cristo por el Espíritu, o el amor a cosas de menos valor en exclusión de un amor para Cristo (1 Co. 1:21-13; Col. 2:8, 16-19).

3. EL SERVICIO DE INTERCESION. Como el profeta es un representante de Dios enviado al pueblo, así el sacerdote es un representante del pueblo que se comunica con Dios, y siendo el sacerdocio un nombramiento divino, el acceso necesario a Dios siempre es provisto; sin embargo, a ningún sacerdote de la antigua dispensación le fué permitido entrar al lugar santísimo sino sólo al sumo sacerdote, y aun él sólo podía entrar una vez al año sobre la base de un sacrificio de sangre (He. 9:7). En cuanto a esta dispensación, además del hecho de que Cristo como el Sumo Pontífice ha entrado con su propia sangre al santuario celestial (He. 4:14-16; 9:24; 10:19-22) y está ahora intercediendo por los suyos que están todavía en este mundo (Ro. 8:34; He. 7:25), cuando Cristo murió, el velo del templo se rompió – que significa que el camino hacia el lugar santísimo está abierto ahora, no para el que está en el mundo, sino para todos los que vienen a Dios por medio de la sangre derramada de Cristo (He. 10:19-22). Habiendo un acceso a Dios sin obstáculo, basado en la sangre de Cristo, el sacerdote del Nuevo Testamento tiene el privilegio del ministerio de intercesión (Ro.

8:26-27; He. 10:19-22. 1 Ti. 2:1; Col. 4:12).

La contribución que se hace a la doctrina de la Iglesia por la figura del sumo sacerdote y el reino de los sacerdotes es que, en esta vida, el creyente no solamente está asociado muy íntimamente con Cristo posicionalmente, estando en El, pero está íntimamente asociado en aquellas actividades que El está llevando a cabo en el plano infinito y que puede ser extendido a la esfera infinita por su gracia. Como se ha visto, estas actividades son: servicio, sacrificio e intercesión. Además se ha hecho claro que esto es concedido a los miembros de su cuerpo para participar en la gran obra del llamamiento y perfeccionamiento de la Iglesia de Cristo. El Salvador tiene una gloria creciente por su obra redentora, pero los suyos, que están en el mundo, son sus instrumentos quienes participarán con El en su gloria ameritada. La gloria de ellos no es solamente una de beneficio, sino de una fruición debido a la participación.

V. LA CABEZA Y EL CUERPO CON SUS MUCHOS MIEMBROS

La verdadera Iglesia es un *organismo,* en contraste a Israel, que como nación era una organización o un pueblo (Ef. 2:12), y también en contraste a la iglesia visible, que es una organización humana sistematizada. La palabra *organismo* indica que lo que se especifica está impregnado en todas sus partes como una vida común. En la misma vida en las raíces y en las partes más altas de un árbol. Como la vida en cada miembro de un cuerpo humano es exactamente la misma. De igual manera los miembros de la Iglesia tienen la misma vida. Cada individuo en esa compañía no sólo ha sido bautizado en un cuerpo, pero le ha sido dado a beber de un mismo Espíritu (1 Co. 12:13). La figura de la cabeza y el cuerpo con sus muchos miembros se emplea en el Texto Sagrado más que cualquiera otra y sirve para indicar ciertos hechos esenciales con respecto a la Iglesia, es decir, (a) que la Iglesia es un cuerpo que se desarrolla por sí mismo, (b) que a los miembros de este cuerpo se les ha señalado servicios específicos, (c) que el cuerpo es uno.

1. LA IGLESIA ES UN CUERPO DE DESARROLLO PROPIO. El texto que tiene por tema este aspecto de la actividad de los que integran la Iglesia se halla en Efesios 4:11-16. En este pasaje – siguiendo la enumeración del ministerio de los dones en esta edad de la Iglesia, es decir, apóstoles, profetas, evangelistas, pastores y maestors - el escritor declara el ministerio de estos hombres con sus dones, especialmente el pastor y el maestro, es para el perfeccionamiento de los santos para *su* obra en el ministerio. En esta edad, como en ningún otro tiempo, hay un mensaje específico que

predicar a toda criatura, y aunque Dios ha puesto a hombres en la Iglesia que sirven de guía para otros, la obligación de testificar descansa igualmente sobre cada creyente. Nunca puede darse demasiado reconocimiento a las grandes multitudes de testigos fieles que desempeñan sus comisiones como maestros de Escuela Dominical, obreros en misiones, las personas que hacen obra personal, y los exponentes vivos de la gracia divina. Este es el evangelismo del Nuevo Testamento señalado por Dios. Las fuerzas latentes de evangelización de una congregación de creyentes están más allá de los cálculos humanos; pero necesitan ser entrenados para su trabajo, y Dios ha prescrito claramente que ellos deben ser enseñados. ¿De qué otra manera podrían ellos llegar a ser diestros y exactos aun en una esfera limitada de servicio? El hecho de que deben ser enseñados se indica en Efesios 4:11-12. La revelación aquí no sólo es de que los santos tienen un servicio de testimonio que cumplir, sino también del hecho de que ellos tienen que ser *preparados* para dicho servicio por los hombres dotados a quienes Dios ha puesto sobre ellos como sus dirigentes. La palabra que se ha traducido *perfeccionar*, es un verbo que se usa solamente una vez en el Nuevo Testamento y significa *equipar*, y así se refiere a esa preparación que todos los santos debieran tener para que sean testigos eficaces de Cristo. La forma del verbo de esta palabra se encuentra en otras partes del Nuevo Testamento, y con sentido significativo. Según este pasaje (Ef. 4:11-12), el pastor y maestro (una sola persona) tiene la responsabilidad de *equipar* a aquellos que están bajo su cuidado. Es cierto que este equipo significa hacer uso de métodos de evangelizar, pero incluye mucho más, porque significa un conocimiento exacto del evangelio.

Pero el pastor–maestro tiene que ser entrenado para este trabajo especializado. Bajo las condiciones existentes esa preparación es la responsabilidad de los profesores o en el instituto bíblico o en el seminario teológico. Su responsabilidad es mayor que la de otros hombres por razón de que las cosas celestiales trascienden las cosas de la tierra. Obsérvese esta corriente que fluye de su propia fuente: cualquiera sea la verdad o los ideales que imparte el profesor a los estudiantes en su entrenamiento, ellos más tarde impartirán a grupos más grandes sobre quienes les ha sido dado la responsabilidad espiritual de cuidarlos. Si una congregación no se ocupa activamente en la evangelización personal, generalmente es por la falta de dirección según el propósito de Dios. Si el pastor no tiene pasión por las almas, y no tiene una visión misionera, será limitado en su proficiencia, y deficiente como exponente de la Palabra de Dios. Su carencia en estos puntos puede atribuirse ordinariamente al hecho de que fué privado de un entrenamiento adecuado en el seminario o en el instituto bíblico como Dios ha dispuesto para su preparación. Puede, por tanto, volver a decirse que la responsabilidad del profesor en dichos centros educativos es sobrehumano. Si esto es una verdad, nadie que no reconozca esta responsabilidad tiene la preparación para servir como profesor. Además de tener dicha preparación avanzada y exactitud en la verdad que su posición demanda, él mismo debe ser un ejemplo digno del celo misionero con la pasión evangelística, y con un esfuerzo incansable de ganar almas. ¡Qué fuegos de avivamiento se encenderían y qué fuerzas espirituales se desatarían si la iglesia demandara la purificación y perfección de sus fuentes de enseñanza doctrinal, como también la ilustración digna de vitalidad espiritual y pasión por las almas perdidas en la vida y ministerio de aquellos que amoldan el carácter de los que han de ser dirigentes señalados por Dios!

Aquí no se trata de una apelación para que se baje el nivel de estudios de las letras. La noción que prevalecía que la erudición y pasión espiritual no pueden coexistir en una persona fué contestada una vez para siempre al principio de la era cristiana en el ejemplo del Apóstol Pablo, por no decir de los miles de grandes predicadores después de él que lograron erudición envidiable sin restringir su vida espiritual o refrenar su pasión del alma.

El objetivo de este testimonio general por parte de toda la compañía de creyentes es lograr una obra específica en un tiempo prescrito: "hasta que todos lleguemos a la unidad de la fe y del conocimiento del Hijo de Dios, a un varón perfecto, a la medida de la estatura de la plenitud de Cristo" (Ef. 4:13). El "hombre perfecto" que se cita aquí no debe interpretarse como si significara hombres perfectos; sino que se refiere al cuerpo de Cristo cuando se complete al agregársele a todos los que son su pueblo elegido en esta edad. Los peligros que acosan a los creyentes que son privados de la debida enseñanza, al cual se hizo referencia en el versículo anterior, están descritos en el versículo 14: "para que ya no seamos niños fluctuantes, llevados por doquiera de todo viento de doctrina, por estratagema de hombres que para engañar emplean con astucia las artimañas del error." Frente a esto, aquel que es bien enseñado "sostendrá la verdad en amor". La verdad se debe sostener como una posesión de control. El que hace esto crecerá en todas las cosas en Cristo. Para concluir esta declaración sobre el desarrollo del cuerpo de Cristo, el Apóstol escribe: "de quien todo el cuerpo, bien concentrado y unido entre sí por todas las coyunturas que se ayudan mutuamente, según la actividad propia, de cada miembro, recibe su crecimiento para ir edificándose en amor." Por lo que arriba se presenta se ve que la Iglesia, como el cuerpo humano, se desarrolla por sí misma. Sus miembros, como agentes de evangelización, son designados para conseguir otros miembros. Un servicio inteligente de evangelismo personal por parte de los creyentes les espera según el Nuevo Testamento.

2. LOS MIEMBROS SON DESIGNADOS PARA UN SERVICIO ESPECIFICO. Esta extensa porción de verdad que compara al creyente a un miembro en el cuerpo humano y con una función especial que desempeñar tiene como centro bíblico 1 Corintios 12, y, así como estas funciones representan el ejercicio de los dones espirituales, el contexto continúa a través de los capítulos 13 y 14. En Romanos 12:3-8 se halla otro pasaje semejante que es muy importante referente a los miembros del cuerpo y sus servicios. Hay sin embargo, otro pasaje que contribuye con una parte vital a la doctrina general de los dones que exhiben los miembros del cuerpo, y es 1 Pedro 4:7-11. También se reconoce que todo el tema del bautismo con el Espíritu y lo que logra está íntimamente relacionado a la figura bajo consideración, ya que es por ese bautismo que cada individuo llega a ser un miembro en el cuerpo de Cristo uniéndose así a El. (1 Co. 6:17). En 1 Corintios 12:12 es donde se declara la unidad del cuerpo en su relación a la cabeza. El pasaje dice: "Porque así como el cuerpo es uno, y tiene muchos miembros, pero todos los miembros del cuerpo, siendo muchos, son un solo cuerpo, así también Cristo." En esta conexión se debe recordar que en Efesios 4:4 el Apóstol hace una afirmación sin complicación, "un cuerpo," que en Efesios 4:4 el Apóstol hace una afirmación sin complicación, "un cuerpo," y es en 1 Corintios 12:13 donde él define la manera en que los miembros son unidos a Cristo. El dice: "Porque por un solo Espíritu fuimos todos bautizados en un cuerpo, sean judíos o griegos, sean esclavos o libres; y a todos se nos dió a beber de un mismo Espíritu" (comp. 6:17; Gá.3:27). Todos los creyentes son de un cuerpo: "Vosotros, pues, sois el cuerpo de Cristo, y miembros cada uno en particular" (1 Co.12:27); "Porque somos miembros de su cuerpo, de su carne y de sus huesos" (Ef.5:30).

Debido a la posibilidad de que por medio de la debilidad humana hayan celos y contiendas entre los miembros del cuerpo el apóstol fué inspirado a señalar primero que cada miembro en el cuerpo está colocado donde él está en la voluntad soberana de Dios. De esta soberanía él escribe enfáticamente: "repartiendo a cada uno en particular como él quiere" (1 Co. 12:11), y, "Mas ahora Dios ha colocado los miembros cada uno de ellos en el cuerpo, como él quiso" (v. 18). También en Romanos 12:3 se reconoce el mismo propósito soberano con respecto a aquellos dones que son manifestaciones de la actividad específica de cada miembro individual en el cuerpo. Está escrito: "Digo, pues, por la gracia que me es dada, a cada cual que está entre vosotros, que no tenga más alto concepto de sí que el que debe tener, sino que piense de sí con cordura, conforme a la medida de fe que Dios repartió a cada uno." Cuando se trata de celos y contienda el Apóstol recuerda a los miembros del cuerpo de Cristo que la honra delante de Dios es la misma cualquiera que sea la colocación en el cuerpo, o cualesquiera sean los ideales humanos que se sugirieren. Todos los miembros son necesarios y todos serán igualmente galardonados, según su fructificación.

3. EL CUERPO ES UNO. La extensión de este tema se verá en el hecho de que forma la sustancia muy sólida sobre la cual se amolda la más sublime revelación sobre la Iglesia, la que se presenta en la carta a los Efesios (1:23; 2:15-16; 3:6; 4:12-16; 5:30). El argumento relativo al cuerpo único, después de la introducción del tema en el capítulo 1, comienza en el capítulo 2. Se define en el capítulo 3, se pone en ejecución en el capítulo 4, y se concluye en el capítulo 5.

En capítulo 1, se hace la declaración directa que el Salvador ascendido es Cabeza sobre la Iglesia y que la Iglesia es la plenitud - la obra completa en cuanto al deseo – de El que todo lo llena en todo. El pasaje dice: "y sometió todas las cosas bajo sus pies, y le dió por cabeza sobre todas las cosas a la iglesia, la cual es su cuerpo, la plenitud de Aquel que todo lo llena en todo" (vs. 22-23).

El capítulo 2 presenta especialmente la revelación del hecho de que, aunque hubo en todas las generaciones pasadas una gran diferencia entre judío y gentil, ahora uniendo judío y gentil para formar un cuerpo, ha roto esa diferencia, dentro de la Iglesia donde están unidos, la pared intermedia que los separaba ha sido derribada y la enemistad destruida. Después de mil novecientos años en que los privilegios que constituyen la distinción entre gentil y judío han sido hechos a un lado por Dios, es difícil en este tiempo presente que uno reconozca la diferencia que predominaba entre estos dos pueblos al principio de la presente edad. Se deben observar dos hechos fundamentales: (a) Dios, aunque no quita su poder y soberanía sobre las naciones, había declarado, sin embargo, su gracia únicamente hacia Israel, el pueblo que formó la heredad reconocida de Dios. Es cierto que se había acordado la bienvenida a los extranjeros que escogieran unirse a Israel; pero todos los que no eran de Israel eran extraños. No había otro pueblo o nación que fuera el escogido de Jehová (Dt. 7:6-11), con quien El era casado (Jer. 3:14), a quien solamente El conocía de todas las familias de la tierra (Am. 3:2), a quien El redimió de Egipto por sangre y poder (2 S. 7:23).

Probablemente no hay otro pasaje en las Escrituras que describa más propiamente el estado singular de Israel delante de Dios que Romanos 9:4-5. Está escrito: "que son israelitas, de los cuales son la adopción, la gloria, el pacto (Gr. los pactos), la promulgación de la ley, el culto y las promesas; de quienes son los patriarcas, y de los cuales, según la carne, vino Cristo, el cual es Dios sobre todas las cosas, bendito por los siglos. Amén." Israel seguramente hubiera sido censurado si hubiera faltado en reconocer, o en responder a esta elección divina. Sin embargo, la distinción era nacional y no proveía ninguna base para ese fariseísmo que vino a prevalecer en la actitud de los judíos hacia los gentiles individualmente. (b) El prejuicio del judío hacia el gentil, basado sobre el favor divino, vino a ser nada menos que odio y menosprecio. Para el judío el gentil era un "perro", y era contrario a la costumbre que un judío mantuviera compañía con un gentil, mucho menos entrar en su casa. Nada menos que un mandamiento divino pudo persuadir a Pedro a entrar en la casa de Cornelio (Hch. 10:20). Probablemente no hay otro pasaje bíblico que describa de una manera más completa la realidad del estado del gentil delante de Dios que Efesios 2:12. El estado perdido del individuo se descubre en los versículos 1-3 de este capítulo, la posición nacional del gentil, que era igual que la posición individual, está descrito en el versículo 12, que dice: "En aquel tiempo estabais sin Cristo, alejados de la ciudadanía de Israel y ajenos a los pactos de la promesa, sin esperanza y sin Dios en el mundo." Aquí se exhiben cinco descalificaciones. Los gentiles estaban "sin Cristo," no sólo estaban sin Cristo personalmente, como todos los que no son salvos, sino que no tenían ninguna esperanza Mesiánica nacional; estaban fuera de la ciudadanía de Israel reconocida por Dios; eran "ajenos a los pactos de la promesa"– esto ni niega que Dios había profetizado grandes bendiciones terrenales para los gentiles en el reino venidero (Dn. 7:13-14); Mi. 4:2); más bien asegura que El no había entrado en ningún pacto con ellos como lo había hecho con Israel—el gentil "no tenía esperanza" ya que no se había acordado ningún pacto de promesa con ellos; y estaban sin Dios en el mundo. De manera que ellos no podían tener derecho a su propósito o favor, y formaban esa porción de la humanidad que estaba bajo la maldición y sentenciados a la destrucción. El mundo de hoy sabe muy poco de la impiedad y la horrible condición de vida humana sin esperanza entre los gentiles en los días a que se hace referencia. Se dice que, en la cumbre de la cultura griega bajo Alejandro el Grande, se sostenía comunmente que la cosa mejor era no haber nacido nunca, y en segundo lugar, era mejor morir. Así la experiencia del corazón humano reflejaba la relación real que sostenía hacia Dios sin saberlo.

En medio de estas distinciones entre judío y gentil que fueron establecidas por Dios, aprobadas por Dios, y acentuados por el prejuicio y odio humanos, se introdujo un nuevo propósito divino, el cual fué hecho posible sobre la base de la muerte y resurrección de Cristo y el advenimiento del Espíritu en el Día de Pentecostés. Ese propósito divino no era menos que la formación de un cuerpo nuevo y celestial compuesto de judíos y gentiles, siendo perfecto en Cristo cada individuo en ese cuerpo y toda la compañía destinada a ser "para alabanza de la gloria de su gracia." Por tanto, viendo que es para la gloria de su gracia, cada individuo en esta compañía, sea judío o gentil, es llamado y salvado sobre el principio claro de selección– la gracia soberana de Dios, aparte de todo mérito humano. Como una base para este ejercicio de la gracia soberana, aparte de todo mérito humano, fué anunciado el decreto divino más estremecedor, y ésto por cuanto nunca se había oído en el mundo, y porque es todo lo contrario a la exaltación divina de Israel sobre los gentiles. Este decreto declara que ahora "no hay diferencia" entre judío y gentil: todos están *bajo pecado* (Ro. 3:9). Otra vez, "no hay diferencia" entre el judío y el gentil, "pues el mismo que es Señor de todos, es rico para con todos los que le invocan" (Ro. 10:12). En conexión al nuevo propósito de esta edad y el plan de salvación el gentil tenía muy poco que desaprender. Antes no tenía ninguna base de esperanza, y el evangelio de salvación por gracia vino a ser para él como una vida de resurrección. Pero el judío tropezó sobre una salvación por medio de la cruz, y relativamente pocos, aunque su preferencia nacional ha sido puesta a un lado para esta edad (Ro. 11:1-36), han podido abandonar su atribuida posición nacional con Dios y aceptar la eminente gracia de Dios en Cristo.

Por las palabras "pero ahora" al principio de Efesios 2:13, se hace un vivo contraste entre el estado anterior de los gentiles de Efeso descrito en el versículo 12, y su posición nueva en Cristo. Aquí se les dice, que ellos, como gentiles en otro tiempo estaban "lejos" de Dios, pero por su nueva posición en Cristo, "fueron hechos cercanos", no por ordenanzas externas o por virtud humana, sino por la sangre de Cristo. Estar cerca de Dios es una de las posiciones sublimes a la cual es traído cada creyente en el momento en que es hecho salvo. La perfección de esta posición se ve en que uno no puede estar más cerca a Dios en esta vida o en la eternidad de la posición que ya ocupa, estando en Cristo. Tan perfecta es la eficacia de la sangre de Cristo en proveer una base justa de la gracia divina, que todo deseo por parte de Dios, aunque fuera por el impulso de su amor infinito, ahora puede satisfacerse completamente a favor de aquellos que han creído en Cristo.

El versículo 13 está íntimamente relacionado al versículo 17 (comp. Is. 59:17). En el anterior sólo los gentiles están a la vista; pero en el posterior, ambos, tanto judíos como gentiles son considerados. Los gentiles están identificados como aquellos que, porque no tenían ningun pacto de relación con Dios, estaban "lejos" mientras que los judíos, por razón de sus pactos, estaban "cerca", pero no estaban cerca al mismo grado en que el judío salvo o el gentil salvo lo están ahora, estando *en* Cristo y redimidos por medio de su sangre preciosa.

En el versículo 14, se declara que Cristo es "nuestra paz", y que El quitó la pared intermedia de separación entre el gentil y el judío. La pared de separación, que aquí se dice ha sido derribada, había sido erigida por arreglo divino cuando Dios estableció el pacto de relación con Abraham; pero ahora se introduce una cosa nueva ("nueva" como un testimonio pronunciado y un hecho real, pero en propósito y promesa, es más antigua que el universo que fué creado– comp. 1:4). Al salvar igualmente a judío y a gentil, sobre la misma condición, y para la misma gloria celestial, Cristo es hecho la Paz de ambos en el sentido más completo; y por la reconciliación de ambos a Dios, llega a ser por ello mismo la agencia más efectiva de reconciliación. Toda distinción se pierde en esta gloriosa unidad en Cristo. Ni judío ni gentil puede reclamar derecho de superioridad sobre el otro porque ambos han sido perfeccionados para siempre en Cristo (He. 10:14). Asímismo, además del hecho de que Cristo establece paz perfecta entre judío y gentil, siendo ellos unidos a El por la fe, El derriba la pared intermedia de separación entre ellos. La revelación que los judíos estaban bajo una legislación divina no impuesta sobre los gentiles– un hecho tipificado por la pared que separaba el patio de los gentiles en las afueras del templo que era exclusivamente reservado para los judíos – llegó a ser una pared de separación entre las dos clases de gente. Por la muerte de Cristo, la pared fue derribada. El gentil no fue elevado al nivel de los privilegios judaicos; pero el judío fué bajado al nivel del gentil sin esperanza de modo que de esa posición sea judío o gentil cada cual puede ser salvado solamente por medio de la gracia a una posición celestial y de gloria. En su carne, Cristo abolió las enemistades, aun "la ley de los mandamientos expresados en ordenanzas" (v. 15), y todo aspecto de ley, que por su carácter meritorio, pudiera parecer proveer una base para la responsabilidad del hombre ante Dios, colocando así al hijo de Dios, sea judío o gentil, sobre una nueva obligación–una no para procurar establecer mérito, pero más bien vivir con toda devoción a Aquel cuyo mérito perfecto es otorgado a todo aquel que cree. Esta nueva obligación es llamada "la ley de Cristo" en otro lugar (Gá. 6:2;

comp. 1 Co. 9:21). La eliminación de ambas cosas, la enemistad y la pared de separación entre judío y gentil es una obra divina que se ha logrado por medio de la creación de "un nuevo hombre", no por una renovación individual de los hombres, sino por la formación de un cuerpo nuevo — la Iglesia — de la cual Cristo es la Cabeza. De modo que, en la Iglesia (v. 16), El hace la reconciliación de judío y gentil "con Dios a ambos en un solo cuerpo, matando en ella las enemistades", aunque estaban separados, por las diferentes relaciones que sostenían con Dios.

Es por medio de Cristo (v. 18) que, tanto judío como gentil, tienen acceso al Padre por un mismo Espíritu. Esta declaración provee una evidencia indisputable de que los creyentes ahora tienen paz; ¡y cuán maravillosa es esa paz cuando es la porción de aquellos que no sólo eran enemigos entre sí mismos con una separación establecida por Dios que los dividía, sino que eran también enemigos de Dios (Ro. 5:10)!

El capítulo 3 de Efesios define a la Iglesia como misterio sagrado, hasta aquí no revelado, que provee para la formación de un cuerpo nuevo haciendo de los gentiles "coherederos y miembros del mismo cuerpo, y copartícipes de la promesa en Cristo Jesús por medio del evangelio" (v. 6). No hay razón para contender sobre la cuestión si "la promesa en Cristo por el evangelio" es una nota que nunca había sonado antes. Es una cosa *nueva* tanto para el judío como para el gentil.

Según el versículo 5, esta revelación Paulina es el desenvolvimiento de un misterio, o un secreto sagrado, "que en otras generaciones no se dió a conocer a los hijos de los hombres, como ahora es revelado a sus santos apóstoles y profetas por el Espíritu." No puede hallarse mejor definición de un misterio del Nuevo Testamento que la que se presenta en este contexto. Un misterio nuevotestamentario es una verdad que hasta aquí no había sido manifestada, o que estaba "escondida en Dios" (v. 9), pero que ahora es revelada. La suma total de todos los misterios en el Nuevo Testamento representa todo el conjunto de verdad adicional encontrado en el Nuevo Testamento que no se revela en el Antiguo. Por otro lado, el misterio del Nuevo Testamento debe distinguirse del misterio de los cultos de Babilonia y de Roma, cuyos secretos fueron sellados y tenidos bajo pena de muerte; porque el misterio del Nuevo Testamento, cuando es revelado, es para ser declarado hasta lo último de la tierra (v. 9), y su restricción consiste únicamente por las limitaciones del hombre natural (1 Co. 2:14).

Si, para traer previamente otros propósitos divinos de naturaleza terrenal, fuese necesario emplear "santos hombres de Dios (quienes) hablaron siendo inspirados por el Espíritu Santo" (2 P. 1:21), ¡cuán razonable es entonces la declaración que "santos apóstoles y profetas" fueron usados por el Señor para traer en este tiempo presente la revelación de un propósito celestial! Bajo estas condiciones, ¿puede alguno justificarse en suponer que los apóstoles y profetas del Nuevo Testamento que pronunciaron la subsiguiente revelación fueron un ápice de menos honra delante de Dios como medios de traer una verdad divina que los "hijos de Dios"– "los santos hombres de Dios"– quienes pronunciaron la precedente revelación? El reino del Mesías ocupó la visión de los profetas del Antiguo Testamento. Ellos no vieron el misterio de ese "nuevo hombre" (2:15) que colectivamente lleva el nombre *Cristo* (1 Co. 12:12). Muy cierto es, que el Mesías tenía que morir una muerte sacrificatoria. Esto no sólo fué tipificado, pero había sido solemnemente prometido en cada sacrificio judaico. Por otra parte, poco había sido revelado sobre el valor que provendría de su resurrección. Ese evento especial, teniendo más relación a la nueva creación que a la antigua, fué hasta cierto punto, conservado como una parte del "misterio".

¿Qué es entonces el "misterio"? Está declarado con toda sencillez en el versículo 6: "que los gentiles son coherederos y miembros del mismo cuerpo, y copartícipes de la promesa en Cristo Jesús por medio del evangelio." Esta declaración no debe tratarse con liviandad. El hecho de que los gentiles serán coherederos y del mismo cuerpo no es un reconocimiento de las profecías del Antiguo Testamento que, durante el venidero reino de gloria de Israel, los gentiles serán levantados a una participación de subordinación en esos pactos de bendiciones (Is. 60:12). Esas predicciones fueron relacionadas a un llamamiento terrenal, y siendo revelado propiamente en profecías del Antiguo Testamento, no podría ser parte del llamamiento celestial – el "misterio . . . escondido en Dios". Este misterio es de una unión presente de judíos y gentiles en un solo cuerpo–es un nuevo propósito divino, y por tanto, en ningún sentido es la perpetuación de cosa alguna que haya existido anteriormente.

El hecho de que la Iglesia es un nuevo propósito de Dios no podría decirse con mayor claridad que lo que se revela en los versículos 3-9, sin embargo ciertas escuelas de teología afirman que la Iglesia en su forma presente es una continuación del mismo propósito de Dios desde el principio de la familia humana. Ellos hablan de una "Iglesia del Antiguo Testamento" y buscan la manera de relacionar ésta al cuerpo único que constituye la revelación del Nuevo Testamento. El hecho de que los judíos son ahora invitados a ser coherederos en ese cuerpo único con los gentiles no es garantía para creer que los santos del Antiguo Testamento están incluidos en este nuevo propósito divino. Los argumentos a favor de una iglesia del Antiguo Testamento generalmente están basados sobre los siguientes puntos: (1) el hecho de que los sacrificios del Antiguo Testamento contemplaron a Cristo más adelante; (2) que Israel fué una nación santificada; (3) que había un remanente pío en cada generación de Israel: (4) que la Septuaginta traduce la palabra que indica una asamblea o reunión de personas por la palabra ἐκκλησία y (5) puesto que todos los santos van al cielo, ellos tienen que constituir una sola compañía. Dichos argumentos en cada uno de sus puntos son insuficientes.

En los versículos 7, 8 y 9, el Apóstol sostiene su posición singular como el escogido de Dios para recibir y declarar el mensaje nuevo acerca del *misterio de Cristo* (v. 4). En el versículo 10 él declara que es por medio de la Iglesia que las huestes angélicas ahora conocen la *multiforme sabiduría de Dios,* como conforme a la revelación en 2:7, que en los siglos venideros, los ángeles conocerán por la Iglesia las *abundantes riquezas de la gracia de Dios.* Todo este descubrimiento acerca de la Iglesia y su ministerio en el presente a los principados y potestades como una revelación de la sabiduría de Dios es (comp. 1:9), además, según el eterno propósito que El determinó en Cristo Jesús Señor nuestro (v. 11). A las huestes angélicas es dado observar que, por medio de nuestra fe en Cristo, los creyentes tienen libertad, libre intimidad con Dios, e introducción a su bendita comunión; pero, ¡cuán grande es el privilegio concedido a aquellos que gozan de esta experiencia de intimidad y comunión!

El capítulo 4, que presenta convincentemente la verdad de *un cuerpo,* comienza con un llamamiento a todos los creyentes a reconocer y observar la obligación que se desprende de la doctrina de esta unidad que ha sido creada por el Espíritu Santo de Dios – una unidad establecida por siete particularidades, es a saber, "un cuerpo. ., . . . un Espíritu, . . . una esperanza de vuestro llamamiento; un Señor, una fe, un bautismo, un Dios y Padre." Basado sobre el principio de que las Espístolas presentan y desarrollan las verdades en forma de germen que constituyen la sustancia del discurso de Cristo en el Aposento Alto, la primera parte del capítulo cuatro de Efesios es evidentemente una amplificación de la petición en la oración de Cristo, "para que todos sean uno; como tú, oh Padre, en mí, y yo en tí, que también ellos sean uno en nosotros" (Jn. 17:21). Puesto que este punto es la esencia del tema de la siguiente división de esta discusión, su consideración se deja por ahora.

La variedad de contribución que la figura de la Cabeza y el cuerpo con sus muchos miembros hace a la doctrina de la Iglesia ya se ha notado, es decir, que el cuerpo de Cristo crece por desarrollo propio, que los miembros rinden servicios específicos bajo la dirección de la Cabeza, y que el cuerpo es *uno* en el sentido de que es un organismo donde mora un principio de vida.

CAPITULO V

SIETE FIGURAS USADAS PARA REVELAR LA RELACION DE LA IGLESIA A CRISTO (VI) EL POSTRER ADAN Y LA NUEVA CREACION

Esta división de la Eclesiología que contempla la verdadera Iglesia como una nueva creación con el Cristo resucitado como su Cabeza federal introduce una verdad sin paralelo tanto en su importancia como en su exaltación transcendental. Naturalmente varios temas extensos se combinan bajo su estudio: (a) el Cristo resucitado, (b) la nueva creación, (c) las dos creaciones requieren dos días conmemorativos, y (d) la transformación final. Como se ha indicado con anterioridad, la nueva creación, como una designación descriptiva de la verdadera Iglesia, incluye mucho más que lo que está comprendido en la idea de la Iglesia como el cuerpo de Cristo. En la realidad de la nueva creación, Cristo se contempla como la parte de toda importancia, mientras que en la figura del cuerpo, esa entidad es examinada como una cosa aparte pero completa en sí misma, que será unida a la Cabeza. El cuerpo es una unidad entera en sí, pero mantiene una relación vital con Cristo. Frente a este punto, la nueva creación es una unidad que incorpora e incluye al Cristo resucitado y no podría ser lo que es fuera de esa contribución mayor — el Manantial de toda verdad que entra en ella. A continuación se presentan las cuatro divisiones arriba mencionadas.

I. EL CRISTO RESUCITADO

El estudiante que examina las obras existentes sobre Teología Sistemática descubrirá que el tema de todo lo escrito sobre la resurrección de Cristo es casi totalmente ausente de ellos. Sobre el tema general de la muerte de Cristo se ha acordado una consideración bien extensa; pero sobre la resurrección de Cristo, lo más que se ha hecho es una ligera referencia de ella. El estudio que presentan algunos escritores sobre la resurrección de Cristo, si tanto, no es más que un retroceso de su muerte, un simple levantamiento de la muerte "por cuanto era imposible que fuese retenido por ella" (Hch. 2:24). El hecho de que Cristo en su resurrección entró a una nueva esfera de realidad que incorpora su cuerpo humano glorificado, que El se constituyó en un Ser que no había existido antes, y que El vino a ser el dechado de lo que serán los santos glorificados en los cielos, son temas que aparentemente los teólogos del pasado les dieron muy poco reconocimiento. Hay suficiente razón por esta negligencia. Está en el hecho de que todo el significado de la resurrección está incorporado en la doctrina de la nueva creación, y en el hecho de que la teología, casi sin excepción alguna, ha considerado la Iglesia como una entidad existente a través de todo el período que cubre el Antiguo Testamento, y que continúa sin cambios apreciables en el período del Nuevo Testamento. Bajo tal concepto, no hay ocasión para una nueva Cabeza federal ya que, se asume, que no existe una nueva creación que requiera esa Cabeza. En otras palabras, a la resurrección de Cristo se le ha dado poca importancia en los cursos teológicos sencillamente porque el sistema como se ha presentado— sacado de fuentes Romanas— no requiere una resurrección para otra cosa que señalar que el Salvador de los hombres vivirá para siempre. Es otra evidencia más de la confusión que se levanta cuando se pasa por alto todo el campo Paulino de Eclesiología bíblica. Es claro que estos grandes escritores sobre Teología Sistemática — por cierto, poderosos, en ciertos aspectos de la verdad divina — no han descuidado intencionalmente la Palabra de Dios; sin embargo, debido a ese sistema que heredaron, no podían dar lugar para un nuevo principio. ¿Si la Iglesia comenzó con Adán ó con Abraham, por qué se debe tener un nuevo principio?

Lejos de ser un asunto no esencial, como insinúan los escritores teólogos por su silencio, la resurrección de Cristo es una de las siete más grandes empresas divinas. Estas empresas son: (1) la creación de los ángeles; (2) la creación de las cosas materiales, inclusive el hombre; (3) la encarnación; (4) la muerte del Hijo de Dios; (5) la resurrección del Hijo de Dios; (6) el regreso de Cristo para reinar para siempre; y (7) la creación de los cielos nuevos y la tierra nueva. Estas son proezas maravillosas y, cuando se comprenden correctamente, la resurrección de Cristo no puede considerarse como la menor de todas en importancia.

Es también evidente que la doctrina de la resurrección de Cristo ocupa su lugar más importante en Eclesiología, aunque se limita a esa parte de la Eclesiología que trata de la nueva creación. Es de esperarse que la doctrina sea omitida en aquellas obras sobre la teología que nos presentan un estudio sobre la Eclesiología, y aún se dejaría en un descuido mayor por aquellos que no mencionan la nueva creación, sino más bien procuran exaltar y perpetuar la antigua creación en Adán. Por tanto, es necesario que se introduzca en esta oportunidad algún análisis general sobre este tema tan sublime. La tesis completa sobre este tema incluye dos divisiones, que son: la resurrección de Cristo, y la resurrección de aquellos que están en Cristo. La primera pertenece al presente estudio, mientras que la segunda, aunque introducida en el Tomo I, se relaciona especialmente a la división de este tema que sigue. La resurrección de Cristo se considerará bajo siete aspectos generales de la doctrina:

1. LA RESURRECCION DE CRISTO ES UN TEMA CUYAS PRUEBAS SON INDISPUTABLES. Se ha dicho con mucha razón no hay evento en la historia más comprobado que la resurrección de Cristo de entre los muertos. El evento se coloca totalmente fuera de los límites del curso natural de las cosas, y es, por tanto, rechazado por cierta clase de científicos que no admiten ninguna realidad que se concentra en la esfera espiritual. De aquello que se relaciona con esta esfera, no pueden conocer nada aparte de la revelación, y habiendo sometido la misma revelación bajo el dictamen humano, rechazan lo que es sobrenatural. El asunto retrocede a la idea más sencilla, es decir, que Dios no existe, por lo menos, como Uno que tuviera la posibilidad de manifestarse a sí mismo a los hombres. Se asume por estos científicos que el hombre es capaz de actuar libremente, pero que Dios no tiene esa facultad.

Ciertas pruebas de la resurrección de Cristo han sido presentadas por varios escritores:

a. LA VERACIDAD DE CRISTO MISMO. El Salvador no sólo predijo su propia resurrección, antes de su muerte (comp. Mt. 12:38-40; 16:21; 17:9, 23; 20:19; 27:63; Mr. 8:31; 9:9,31; 10:34; 14:58; Lc. 9:22; 18:33; Jn. 2:19-21), sino que se presentó a sí mismo como resucitado de entre los muertos a sus discípulos repetidas veces. El no se había engañado a sí mismo, ni era un impostor. Su despliegue de un conocimiento perfecto de todas las cosas y su carácter impecable demandan que su propio testimonio sea recibido con fe.

b. LA TUMBA VACIA. Son pocos los que negarían que el Salvador murió en una cruz, o que fué sepultado, o que la tumba estaba vacía al tercer día. Las teorías de que El se haya desmayado y fué resucitado son una imposibilidad y han sido abandonadas generalmente aun por aquellos que aceptarían una explicación natural del evento. La noción de que sus seguidores sacaron el cuerpo es igualmente imposible. Hay, por lo menos, tres obstáculos, que impedían tal cosa, la guardia, la piedra sellada, y los lienzos sepulcrales que fueron dejados, reteniendo la forma como cuando El aún estaba en ellos. De igual manera, es totalmente irracional sostener que los enemigos de Cristo hubieran podido quitar el cuerpo. Ellos no podían dejar el sepulcro arreglado en la forma en que quedó, además, cuando fueron confrontados por Pedro en el Día de Pentecostés con el hecho de la resurrección, naturalmente ellos hubieran presentado el cuerpo, para refutar este milagro, si en verdad el cuerpo hubiera estado accesible. Por su apariencia física está igualmente demostrado cuando El les llamó la atención a su carne, sus huesos y sus heridas, sin necesidad de mencionar el hecho de que El comió alimentos delante de testigos.

c. LA EXPERIENCIA DE LOS SEGUIDORES DE CRISTO. Las emociones más naturales que se registran son las de aquellos que eran creyentes: primeramente la tristeza abrumadora y depresión de ánimo; y en segundo lugar, el gozo abundante cuando reconocieron al Señor después de su resurrección. Estas emociones no sólo demuestran el hecho de su resurrección, sino indican también, que estos creyentes no tuvieron parte en ningún intento de quitar el cuerpo de la tumba.

d. LA FORMACION DE LA IGLESIA. Mucho más aún de lo que será el caso al final de esta edad, la iglesia primitiva fue sostenida por el hecho de la resurrección y la ensalzó sobre todas las cosas. La influencia de este gran evento se ve en el cambio realizado en los judíos al trocar la celebración del séptimo día en la celebración del primer día – el día de la resurrección. El gran poder con el cual los Apóstoles testificaron de la resurrección el día de Pentecostés, y también después, puede explicar el hecho de que miles, incluyendo una gran compañía de los sacerdotes, creyeron al evangelio.

e. LOS TESTIGOS OCULARES. El registro que se encuentra en 1 Corintios 15:4-8; Cristo se levantó al tercer día, fué visto por Cefas, luego por los doce, después de eso por más de quinientos hermanos, por Santiago y por todos los apóstoles, y por último por el Apóstol Pablo – este relato es bien conocido; pero el testigo más importante es el Apóstol, porque toda su carrera está basada sobre la visión del Cristo resucitado. Sobre este aspecto especial de evidencia, escribe el Dr. W. H. Griffith Thomas:

"En el capítulo bien conocido (1 Corintios 15) donde el apóstol Pablo se preocupa por comprobar (no la resurrección de Cristo, sino) la resurrección de los creyentes, él aduce naturalmente a la resurrección de Cristo como su más grande evidencia, y por lo tanto da una lista de las varias manifestaciones de Cristo, concluyendo con una a él mismo, que se coloca en el mismo nivel con las demás: 'y al último de todos, ...me apareció a mí'. Es importante prestar atención especial a la naturaleza y particularidad de este testimonio. 'Porque primeramente os he enseñado lo que asimismo recibí: Que Cristo murió por nuestros pecados, conforme a las Escrituras; y que fué sepultado, y que resucitó al tercer día, conforme a las Escrituras' (1 Co. 15:3-4). Esto, como se ha señalado con frecuencia, es la autoridad más temprana que tenemos de las manifestaciones de Cristo después de su resurrección, y tiene una fecha dentro de los 30 años del mismo evento. Pero hay mucho más que esto: 'Pablo afirma que dentro de 5 años de la crucifixión de Jesús él fué enseñado que 'Cristo murió por nuestros pecados según las Escrituras; y que fué sepultado, y que resucitó otra vez al tercer día según las Escrituras' (Kennett, Interpreter, V. 267). . . . Además, encontramos que esta narración incluye una pequeña pero importante declaración que inmediatamente nos hace recordar los rasgos definidos del Evangelio tradicional – la mención del tercer día. Una referencia a los pasajes en los Evangelios donde Jesucristo habló de su resurrección mostrará cuan prominente y persistente era esta nota de tiempo. ¿Por qué, entonces, lo introduciría San Pablo en esta declaración? ¿Sería una parte de la enseñanza que él había recibido? ¿Cuál es el significado del énfasis claro sobre la *fecha* de la resurrección? ¿No será porque tiene testimonio absoluto de la tumba vacía? De todo esto se puede concluir que San Pablo creyó la historia de la tumba vacía en una fecha cuando la memoria estaba fresca y cuando él pudiera haber investigado por sí mismo, cuando él pudiera hacer la más completa averiguación de otros, y cuando los temores y la oposición de los enemigos hubiera hecho imposible para los adherentes de Jesucristo hacer una declaración que no fuera la pura verdad. 'Seguramente el sentido común demanda que creamos que la resurrección de Cristo por la cual él sufrió era una cosa bien establecida en su mente sin lugar a duda alguna' (Kennett, op. cit., V. 271). Por tanto, en vista del testimonio personal sobre su propia conversión, sus entrevistas con aquellos que habían visto a Jesús sobre la tierra antes y después de su resurrección, y la prominencia que la resurrección tenía en la enseñanza del Apóstol, podríamos llamar la atención nuevamente a esta evidencia de la resurrección. Es bien conocido que Lord Lyttelton y su amigo Gilbert West al salir de la Universidad de Oxford al clausurarse un año académico, cada uno respectivamente se determinó dar atención a la conversión de San Pablo y la resurrección de Cristo durante su larga vacación, para comprobar que cada una de estas cosas era sin fundamento. En el otoño se encontraron de nuevo y compararon sus experiencias. Lord Lyttelton había llegado a convencerse de la verdad de la conversión de San Pablo; y luego Gilbert West de la resurrección de Jesucristo. Por tanto si los 25 años de sufrimiento y de servicio a Cristo eran una realidad, su conversión era también una realidad, porque todo lo que hizo después comenzó con ese cambio repentino. Y si su conversión era una verdad, seguramente Jesucristo había resucitado de entre los muertos, porque todo lo que Pablo hizo lo atribuía a la experiencia de haber visto al Cristo resucitado." – (Internacional Standard Bible Encyclopedia, 1915 ed., IV, 2567-68)

f. LA AFIRMACION DIRECTAMENTE DE LA BIBLIA. La Biblia declara, tanto directamente con referencia al evento como con referencia a su efecto sobre los hombres, que Cristo fue levantado de entre los muertos. Una pregunta con respecto a la resurrección es, por tanto, una pregunta relativa a la veracidad de la Palabra de Dios. Este hecho grandioso ha sido desatendido con frecuencia.

g. LA RESURRECCION Y EL PROGRAMA DIVINO. No sólo se predijo la resurrección de Cristo en el Antiguo Testamento – una verdad que está por examinarse – pero es un paso esencial en la realización del programa divino en el mundo. Así como seguramente la venida de Cristo al mundo anticipaba la muerte de Cristo, ese advenimiento también anticipaba su resurrección. A la vista hay grandes objetivos que hubieran sido considerados como abortivos si no se hubiera seguido con exactitud este programa. Así que, si uno duda la resurrección de Cristo pone en duda todo el programa divino.

2. LA RESURRECCION DE CRISTO ES RAZONABLE. Si se aceptan las declaraciones de las Escrituras – que afirman que para los propósitos de la redención la Segunda Persona de la Trinidad vino a encarnarse, sufrió, y murió en una cruz, y que ha sido ordenado para sentarse para siempre sobre el trono de David – la resurrección no sólo es razonable en sí misma, pero es un requisito. Para la mente que excluye todo lo que es sobrenatural, queda excluida la Persona del Dios-hombre, así como las obras predichas de El. Morir es una experiencia humana dentro de la extensión de la observación humana; por eso la muerte de Cristo se acepta por muchos que no aceptan la resurrección, ya que eso no está dentro de la extensión de la experiencia y observación humanas en el presente. En verdad, como se verá, la experiencia de la resurrección será una realidad para cada persona que habrá vivido en la tierra y que ha pasado a través de la muerte. Al mirar retrospectivamente de las edades venideras, se reconocerá que la resurrección fue una experiencia universal como lo fue la muerte.

Cristo es el manantial de la vida. El declaró lo siguiente en conexión con la resurrección de entre los muertos: "De cierto, de cierto os digo: Viene la hora, y ahora es, cuando los muertos oirán la voz del Hijo de Dios; y los que la oyeren vivirán. Porque como el Padre tiene vida en sí mismo, así también ha dado al Hijo el tener vida en sí mismo" (Jn. 5:25-26). También El dijo, "Yo he venido para que tengan vida, y para que la tengan en abundancia" (Jn. 10:10). En el mismo contexto también El dijo, "Nadie me la quita, sino que yo de mí mismo la pongo. Tengo poder para ponerla, y tengo poder para volverla a tomar. Este mandamiento recibí de mi Padre" (10:18). Es significativo que El tuviera, como ningún otro hombre, el poder para tomar otra vez su vida después de su muerte. Hay por lo menos veinticinco pasajes que afirman que El fué levantado de entre los muertos por su Padre (comp. Hch 2:24). El primer Adán fué una persona que recibió vida, pero el Postrer Adán es Espíritu vivificante (1 Co. 15:45). Por el primer Adán vino la muerte; por el Postrer Adán vino la vida (1 Co. 15:22). Todo este testimonio converge sobre una verdad importante, y es que la muerte, aún cuando era posible dentro de los límites de su humanidad, era totalmente ajena al Hijo de Dios. Se permitió la intrusión de la muerte solamente para que pudiera consumarse la redención. Cuando ese propósito fue realizado, Aquel que es inmortal por su naturaleza volvió a su estado normal. No era posible que El fuera detenido por la muerte (Hch.2:24). Es así el testimonio de las Escrituras que la resurrección de Cristo es razonable.

3. PROFECIAS ACERCA DE LA RESURRECCION. En la profecía del Antiguo Testamento la resurrección de Cristo es anticipada en los Salmos 16 y 118, y ambos pasajes tienen su interpretación en el libro de Los Hechos. En el Salmo 16 David declara: "A Jehová he puesto siempre delante de mí; porque está a mi diestra, no seré conmovido. Se alegró por tanto mi corazón, y se gozó mi alma; mi carne también reposará confiadamente; porque no dejarás mi alma en el Seol, ni permitirás que tu santo vea corrupción" (vs. 8-10). Esta Escritura se aplica a Cristo por el Apóstol Pedro según Los Hechos 2:25-31. Habiendo muerto David, al mirar retrospectivamente de las edades venideras, se reconocerá no referirse a él, Pedro dice, "Pero siendo profeta, y sabiendo que con juramento Dios la había jurado que de su descendencia, en cuanto a la carne, levantaría al Cristo para que se sentase en su trono, viéndolo antes, habló de la resurrección de Cristo, que su alma no fué dejada en el Hades, ni su carne vió corrupción" (Vs. 30-31). En semejante manera, el Salmista declara en el Salmo 118:22-24, "La piedra que desecharon los edificadores ha venido a ser cabeza del ángulo. De parte de Jehová es esto, y es cosa maravillosa a nuestros ojos. Este es el día que hizo Jehová; nos gozaremos y alegraremos en él." Y una vez más el mismo Apóstol, hablando al Sahedrín de los judíos – esa compañia que llevó a cabo la muerte de Cristo – les dijo: "sea notorio a todos vosotros, y a todo el pueblo de Israel, que en el nombre de Jesucristo de Nazaret, a quien vosotros crucificásteis y a quien Dios resucitó de los muertos, por él este hombre está en vuestra presencia sano. Este Jesús es la piedra reprobada por vosotros los edificadores, la cual ha venido a ser cabeza del ángulo" (Hch. 4:10-11). En esta declaración Pedro refiriéndose a estos judíos les dice "vosotros los edificadores," acusándoles como los que crucificaron a Cristo, y declara que Dios le levantó de los muertos. Así pues, la piedra – que es Cristo – que los del Sanhedrín rechazaron mediante la crucifixión, vino a ser por la resurrección que Dios hizo, la Piedra Angular. Esta es obra de Jehová y por tanto es "maravilloso en nuestros ojos". Este día – el día de la resurrección – es "el día que el Señor ha hecho". Es así que el día de la resurrección llega a ser el Día del Señor. El lo ha hecho lo que es, por su resurrección.

En el Nuevo Testamento, la profecía acerca de la resurrección es pronunciada únicamente por Cristo. Ninguno de sus discípulos podía creer que El tenía que morir y resucitar de los muertos. Sus predicciones fueron claras, como las que arriba se citan. La fuerza de la predicción divina se coloca detrás de la doctrina de la resurrección y nunca podría quedarse sin su cumplimiento, porque ninguna palabra de Dios puede fallar.

4. SIETE RAZONES PARA LA RESURRECCION. En el Tomo I se indicó que hay por lo menos catorce razones claras a favor de la muerte de Cristo, y aparentemente hay la mitad de ese número de razones a favor de la resurrección de Cristo. Al nombrar estas, es deseable una anotación completa, aunque sea necesario repetir verdades ya presentadas.

a. POR LO QUE CRISTO ES. En esta conexión, conviene fijar la atención en la verdad sublime que el Salvador quien murió y resucitó es nada menos que un miembro de la Deidad, y como tal, "sus salidas son desde el principio, desde los días de la eternidad (Mi.5:2), el Padre eterno (Is.9:6). Su muerte, por tanto, fue extrínseco a todo lo que corresponde a la Deidad. Una obra muy especial y excepcional era necesaria, que fuera sin precedente en el pasado y que nunca podría suceder otra vez. Está escrito: "sabiendo que Cristo, habiendo resucitado de los muertos, ya no muere; la muerte no se enseñorea más de él" (Ro.6:9); "Jesucristo es el mismo ayer, y hoy, y por los siglos" (He.13:8). Este viaje voluntario a los ámbitos de la muerte – esa muerte que en sí era el juicio divino sobre el pecado (Gn.2:17) – era una demanda inconmensurable sobre cada Persona de la Trinidad. El Padre"dio" y "no conservó para sí" a Su Hijo; El Hijo "sufrió la cruz, menospreciando la vergüenza"; y fue hecho. Por consiguiente el Hijo eterno no querría ni tampoco podría permanecer en la esfera de Su propia maldición y juicio sobre el pecado un momento más del tiempo preciso que fue divinamente determinado como requisito para el cumplimiento a toda satisfacción con respecto al pecado. Este tiempo anticipado en tipo (Jon.1:17; comp. Mt.12:40) y medido en la historia fue "tres días y tres noches". Por tanto, está establecido que la resurrección de Cristo era un requisito por la misma naturaleza del caso, porque, siendo lo que El es, no podía ser detenido por la muerte (Hch.2:24).

b. PARA CUMPLIMIENTO DE LA PROFECIA. Bajo esta división del tema, el curso de razonamiento es, ya que grandes responsabilidades fueron señaladas a Cristo que habían de verificarse después de su muerte, la necesidad le fué impuesta de resucitar de la muerte con el fin de que estas expectaciones fuesen realizadas. La obra que se le fijó llevar a cabo después de su muerte incluye todo lo que está haciendo ahora como Cabeza y Sumo Sacerdote sobre la

Iglesia; pero las profecías se concentran mayormente referente al trono de David y su reinado como Rey. Como en el caso de su encarnación donde, en cada uno de los dos pasajes sobresalientes que atañen a este tema, Cristo, se nos dice, vino a humanarse con el fin de que El pudiera sentarse sobre el trono de David (Is. 9:6-7; Lc. 1:31-33), de manera que en cuanto a su resurrección, está escrito: "Porque no dejarás mi alma en el Seol, ni permitirás que tu santo vea corrupción" (Sal. 16:10). Como se ha indicado ya, esta profecía se refiere a la resurrección de Cristo (comp. Hch. 2:25-31). Así se revela que en el campo de la profecía, el objetivo principal en la resurrección de Cristo era que El pudiera sentarse sobre el trono de David. A David fueron hechas dos revelaciones: (1) que su linaje real sería para siempre y esto en el transcurso del tiempo sería realizado en el Mesías quien reinaría para siempre, y (2) que el Mesías en su muerte sería un sacrificio (Sal. 22:1-21). David razonaba, por el Espíritu, que, si el Mesías había de reinar, era imperativo que El muriese primero y ser levantado para ese fin.

c. PARA QUE FUESE EL DADOR DE VIDA. Según 1 Corintios 15:45, Cristo, en su resurrección, se le declara ser el Espíritu vivificante. En contraste a esto, Adán fué un recipiente de vida. La verdad que el Cristo resucitado es ahora un dador de vida fué considerado con anterioridad. En Juan 20:22 encontramos que Cristo, inmediatamente después de su resurrección, sopló en sus discípulos y les dijo, "Recibid el Espíritu Santo." Esto concuerda con lo que El había prometido, cuando antes de su muerte refiriéndose a su relación al Espíritu Santo, dijo, "porque mora con vosotros, y estará en vosotros."

En el sentido en que el creyente es ahora el recipiente de la vida de resurrección, se nos dice que él posicionalmente fué levantado en la resurrección de Cristo y que es a la vez el poseedor de esa vida. El apóstol Pablo, excribiendo a los Colosenses dice, "fuisteis también resucitados con él" (Col. 2:12) En este pasaje la verdad que se presenta es, que, estando en Cristo por el bautismo con su Espíritu, el creyente participa del valor de la muerte de Cristo y su resurrección tan plenamente como si el creyente mismo hubiera muerto y hubiera resucitado de los muertos. Realmente, la razón central de la muerte y resurrección de Cristo es para que El pudiera ser el substituto de aquellos a quienes El salvaría. Esta es la "operación de Dios" en la cual descansa la fe del creyente en Cristo. Continuando el pensamiento de una co-resurrección con Cristo, el Apóstol también dice, "Si, pues habéis resucitado con Cristo, buscad las cosas de arriba, donde está Cristo sentado a la diestra de Dios. Poned la mira en las cosas de arriba, no en las de la tierra. Porque habéis muerto, y vuestra vida está escondida con Cristo en Dios. Cuando Cristo, vuestra vida, se manifieste, entonces vosotros también seréis manifestados con él en gloria". (Col. 3:1-4). Además de todo esto y como una parte indivisible, permanece la verdad que el cuerpo del creyente aún ha de ser levantado cuando Cristo vuelva (1 Ts. 4:13-18).

d. PARA IMPARTIR PODER. Aquel que dijo, cuando partía de este mundo, "todo poder me es dado," es una fuente constante de vida y poder para el creyente, como la savia es vitalidad para la ramas de la vid. Como el bautismo del Espíritu ha hecho del hijo de Dios un participante en la muerte y en la sepultura de Cristo, así también, Cristo fué levantado para que los salvados en El puedan andar sobre un nuevo principio de vida, es decir, por el poder del Cristo resucitado. De esto está escrito, "¿O no sabéis que todos los que hemos sido bautisados en Cristo Jesús, hemos sido bautizados en su muerte? Porque somos sepultados juntamente con él para muerte por el bautismo, a fin de que como Cristo resucitó de los muertos por la gloria del Padre, así también nosotros andemos en vida nueva" (Ro. 6:3-4). El apóstol testificó de esta verdad, diciendo, "Todo lo puedo en Cristo que me fortalece" (Fil. 4:13); Y Cristo mismo afirmó claramente, diciendo, "porque separados de mí nada podéis hacer" (Jn.15:5).

e. EL SERA CABEZA DE SU CUERPO, LA IGLESIA. Esto es un propósito específico del Padre en levantar a su Hijo de los muertos como está escrito en Efesios 1:20-23: "La cual operó en Cristo, resucitándole de los muertos y sentándole a su diestra en los lugares celesitales, sobre todo principado y autoridad y poder y señorío, y sobre todo nombre que se nombra, no sólo en este siglo, sino también en el venidero; y sometió todas las cosas bajo sus pies, y lo dió por cabeza sobre todas las cosas a la iglesia, la cual es su cuerpo la plenitud de Aquel que todo lo llena en todo." Por este pasaje bíblico se verá que Cristo ha sido exaltado "hasta lo sumo" y siendo elevado, como El lo merecía, sobre todos los principados y potestades y potencias y dominios y todo nombre que es nombrado en este mundo o en aquel que vendrá. Concerniente a esta exaltación también está escrito, "por lo cual Dios también le exaltó hasta lo sumo, y le dió un nombre que es sobre todo nombre, para que en el nombre de Jesús se doble toda rodilla de los que están en los cielos, y en la tierra, y debajo de la tierra; y toda lengua confiese que Jesucristo es el Señor, para gloria de Dios Padre" (Fil. 2:9-11). Sin embargo, la más sublime consumación de autoridad y gloria, como está escrito, es que El es la "Cabeza sobre todas las cosas a la iglesia, la cual es su cuerpo" (Ef. 1:22-23). El es a la Iglesia lo que la cabeza es al cuerpo. La figura sugiere un número de realidades vitales de tal relación.

f. LA RESURRECCION Y LA JUSTIFICACION. La traducción del original de Romanos 4:25 tiene sus complicaciones, la impresión que parece dar aunque no bien definida – es, que Cristo fué entregado a muerte por nuestros pecados, y que fué resucitado con el fin de que los creyentes pudieran ser justificados. Sin embargo, la justificación no depende de la resurrección de Cristo, pero sí de su muerte; pero el texto parece dar una idea diferente. "El cual fué entregado por nuestras transgresiones y resucitado para nuestra justificación." Romanos 3:24 declara que la justificación es, "mediante la redención que es en Cristo Jesús"; y luego "estando ya justificados en su sangre" (Ro. 5:9). El sentido de Romanos 4:25 es, que habiéndose provisto base para justificación por su muerte, el Señor se levantó de la tumba. El Obispo Moule escribe en *La Biblia Cambridge* sobre este versículo:

"Literalmente:por razón de nuestra justificación. La construcción es idéntica (es decir, con la frase anterior 'por razón de nuestras transgresiones'). Esta y el resto de las cláusulas demandan la siguiente exposición: ' El fué levantado, porque nuestra justificación ya había sido consumada;' y no, 'para darnos la justificación,' como muchos interpretan el versículo. El paralelo está completo: 'Nosotros pecamos, por tanto El sufrió: nosotros fuimos justificados, por tanto El se levantó.' – Esta interpretación tiene sus objeciones para algunos que consideran que el pensamiento no es doctrinalmente correcto; siendo que la justificación para cada creyente no comienza cuando Cristo murió, sino cuando uno cree. Pero la respuesta es obvia: el Apóstol está aquí considerando el ideal del asunto; él no se refiere a justificaciones individuales, sino a la obra que logró una vez para siempre la justificación para la Iglesia creyente. Un caso paralelo es la declaración ' Consumado es ' (Jn. 19:30).(Véanse también el lenguage *Ideal* en Juan 8:30; y paralelos instructivos en Hebreos 1:3 y 10:14.). En la Idea Divina cada persona que creyere fué declarado justificado, por medio de una Propiciación ya consumada, cuando Jesús fué resucitado. Su resurrección fué prueba de que fué aceptado como nuestro Substituto, y por tanto nosotros somos aceptados en El. No cabe duda que la otra interpretación es verdad en cuanto al *hecho*: El fué levantado, para que por medio del Evangelio (el cual nunca se hubiera predicado si no fuera por su resurrección), podamos recibir justificación. Pero la construcción en el Griego, y las cláusulas restantes, favorecen lo que aquí se ha dado". – *Romanos,* p. 98.

Para el mismo propósito, F. Godel escribe, "En la misma manera, como Jesús murió por causa de nuestras ofensas, es decir nuestra (merecida) condenación, *El fue levantado porque nuestra justificación* se había consumado. Nuestro pecado le mató; nuestra justificación le levantó otra vez. ¿Cómo es esto? La expiación por nuestras transgresiones habiendo sido consumada una vez por su muerte, y el derecho de la justicia de Dios probado de veras, Dios podía pronunciar absolución colectiva para los creyentes del futuro, y El así lo hizo . . .Mientras que la seguridad permanezca en prisión, la deuda está en pié; el *efecto* inmediato del pago sería su libertad. Con esa semejanza, si Jesús no hubiera sido levantado, seríamos más que ignorantes no sabiendo que nuestra deuda fuese pagada; estaríamos casi seguros de que no hubiese sido pagada. Su resurrección es *prueba* de nuestra justificación, únicamente porque es necesariamente el resultado de ella." *(Romanos,* I, 312, citado por Griffith Thomas, Romanos, I, 187).

g. CRISTO EL DECHADO DE LAS PRIMICIAS. En ningún punto está más claramente indicado que en esta fase de la verdad que una cosa totalmente nueva comenzó por medio de la resurrección de Cristo, y que esa cosa nueva es el dechado de la existencia eternal en gloria del creyente. En la Persona del Cristo resucitado, las huestes angélicas tienen delante de sus ojos la representación de esa compañía innumerable de creyentes glorificados quienes ocuparán las vastas esferas de los cielos. Las Escrituras declaran que estos creyentes serán conformados a la imagen de Cristo. Pues, fue dicho, "Porque a los que antes conoció, también los predestinó para que fuesen hechos conformes a la imagen de su Hijo, para que él sea el primogénito entre muchos hermanos" (Ro.8:29); "Mas nuestra ciudadanía está en los cielos, de donde también esperamos al Salvador, al Señor Jesucristo; el cual transformará el cuerpo de la humillación nuestra, para que sea semejante al cuerpo de la gloria suya, por el poder con el cual puede también sujetar a sí mismo todas las cosas" (Fil.3:20-21); "Amados, ahora somos hijos de Dios, y aún no se ha manifestado lo que hemos de ser . . ." (1 Jn.3:2). El título *Las Primicias* adquiere su significado de esta realidad sublime. La designación aparece en 1 Corintios 15:20,23: "Mas ahora Cristo ha resucitado de los muertos; primicias de los que durmieron es hecho . . .pero cada uno en su debido orden: Cristo, las primicias; luego los que son de Cristo en su venida."

5. TRES NORMAS DE PODER. Las tres dispensaciones – la dispensación del pasado, la presente, y la que ha de venir – cada una por turno sugiere, una norma o medida del poder divino. "Jehová, que te sacó de la tierra de Egipto." (Dt.6:12) es la declaración repetida con frecuencia por parte de Jehová a Israel. La liberación de la esclavitud de Egipto y la división del mar sirven como una indicación del gran poder de Jehová. Así también, el día viene cuando el pueblo Israel, que ahora está esparcido sobre toda la tierra, será reunido en su propia tierra y será bendito en la realización de todos sus pactos. Será entonces, en esa dispensación del futuro, cuando una nueva norma de poder divino será establecido por ese

recogimiento – que en sí será un ministerio angelical – de Israel desde todas las naciones a su propia tierra. Jeremías escribe de ese evento así: "Por tanto, he aquí que vienen días, dice Jehová, en que no dirán más: Vive Jehová que hizo subir a los hijos de Israel de la tierra de Egipto, sino: Vive Jehová que hizo subir y trajo la descendencia de la casa de Israel de tierra del norte, y de todas las tierras a donde yo los había echado; y habitarán en su tierra" (Jer.23:7-8). Y Cristo describió ese evento de la siguiente manera: "Y enviará a sus ángeles con gran voz de trompeta, y juntarán a sus escogidos, de los cuatro vientos, desde un extremo del cielo hasta el otro" (Mt.24:31). Sin embargo, la manifestación suprema de poder divino no consiste en la liberación de Israel de Egipto o en el recogimiento de ese pueblo a su propia tierra; más bien se exhibe en la resurrección de Cristo de los muertos, y esa obra mide el poder de Dios para la presente dispensación. De este poder está escrito en Efesios 1:19-21, "y cuál la supereminente grandeza de su poder para con nosotros los que creemos, según la operación del poder de su fuerza, la cual operó en Cristo resucitándole de los muertos y sentándole a su diestra en los lugares celestiales, sobre todo principado y autoridad y poder y señorío, y sobre todo nombre que se nombra, no sólo en este siglo, sino también en el venidero." De modo que la resurrección de Cristo es la demostración de la "magnitud de su poder". Y este es el poder que está comprometido a favor del creyente.

6. FUE UNA RESURRECCION REAL. Hay muy poca necesidad de señalar el fracaso total de las teorías que los incrédulos han propuesto como una explicación de ese hecho indisputable, que según las Escrituras, Cristo no sólo murió sino que también resucitó. Fue una muerte física completa y una resurrección perfecta. En conexión a esto podría observarse que las ilustraciones comúnmente usadas para representar la resurrección de Cristo tienden a extraviar – como el nacimiento del polluelo, o como cuando revienta la crisálida, o el crecimiento de un bulbo. Sin tener el germen de vida en el huevo no puede reventar, una crisálida no puede soltar su mariposa si no tuviera vida, y un bulbo realmente muerto no puede volver a vivir. Frente a esto, en la tumba no había vida; y es de dudarse que la naturaleza podría producir un símbolo digno de la resurrección de Cristo. Fue Dios el Padre quien levantó a su Hijo de los muertos, aunque también se afirma que el Hijo ejerció su propio poder para volver a tomar su vida otra vez, y eso por el Espíritu eterno. ¿Y cuál sería el propósito de reunir todo el poder infinito de las tres Personas de la divinidad si, por ventura, el Hijo de Dios realmente no hubiera muerto?

7. LA RESURRECCION DE CRISTO ES PARA UN NUEVO ORDEN. Aparte de una investigación cuidadosa de la enseñanza del Nuevo Testamento, sería natural asumir que la resurrección de Cristo fue, como tantas otras experiencias registradas en la Biblia, sólo una reversión de la muerte. Todo lo que se llama resurrección en el Texto Sagrado no fue más que una restauración. El que murió fue vuelto a la misma esfera de existencia que ocupó antes, y, eventualmente murió otra vez. Estos incidentes no tienen paralelo con la resurrección de Cristo. El no volvió al estado de muerte permanente, tampoco en su resurrección era el mismo orden de un Ser de lo que El había sido antes. El no sólo es la incomparable Persona Dios-hombre, pero ha tenido la experiencia de una maravillosa transformación con respecto a la naturaleza, estructura, y mutabilidad del cuerpo en que El murió. Ahora su cuerpo es un "cuerpo glorioso" en naturaleza, un cuerpo de carne y huesos (pero sin sangre) en su estructura, e inmortal y por tanto es inmutable en su continuación. Es un cuerpo adecuado tanto para el cielo como para la eternidad. Hasta aquí ningún otro cuerpo humano ha experimentado tal cambio. De Cristo está escrito, "el único que tiene inmortalidad, que habita en luz inaccesible; a quien ninguno de los hombres ha visto ni puede ver, al cual sea la honra y el imperio sempiterno" (1 Ti.6:16). Es necesario recordar que, a pesar de los términos incorrectos que los hombres usan descuidadamente, la palabra *inmortalidad* se refiere únicamente al cuerpo físico y no al alma. Cristo murió, pero El no vió corrupción (Sal.16:10; Hch.2:27); El pasó de lo mortal a lo inmortal aunque El murió y estuvo en la esfera de la descomposición por tres días y tres noches (véase Jn.11:39). Los creyentes que han muerto han visto corrupción, y todavía han de ser puestos en incorrupción; es decir, todavía no han recibido sus cuerpos de resurrección. Con la misma certidumbre se puede declarar, y sobre la autoridad de la Palabra de Dios, que nadie de toda la humanidad "ha sido puesto en inmortalidad", experiencia que tendrá realidad en el momento de la translación, cuando aquellos que estuvieren vivos, que habrán quedado hasta la venida del Señor (1 Ts.4:17) serán transformados. Sólo Cristo representa ese cambio maravilloso que experimentará el cuerpo físico del creyente; y nada más efectivo podría decirse de ellos con respecto a sus cuerpos que lo que se ha afirmado por el Apóstol al decir, "Mas nuestra ciudadanía está en los cielos, de donde también esperamos al Salvador, al Señor Jesucristo; el cual transformará el cuerpo de la humillación nuestra, para que sea semejante al cuerpo de la gloria suya, por el poder con el cual puede también sujetar a sí mismo todas las cosas" (Fil.3:20-21); "Porque es necesario que esto corruptible se vista de incorrupción, y

esto mortal se vista de inmortalidad" (1 Co.15:53).

Pero mucho depende, realmente, del reconocimiento preciso e inequívoco de la verdad, que en su resurrección, Cristo vino a ser el Ser incomparable, la Cabeza de una raza nueva de la humanidad quienes no sólo participan de su vida de resurrección desde el momento que ellos son salvos, pero están destinados a ser semejante a El, aun con respecto a un cuerpo glorioso – y ser como El es, adaptados a los cielos y a la eternidad.

II. LA POSICION DEL CREYENTE EN CRISTO

En verdad, es de largo alcance lo que abarca e incluye el cambio del estado del creyente que el Apóstol describe con estas palabras, "el cual nos ha librado de la potestad de las tinieblas, y trasladado al reino de su amado Hijo" (Col.1:13). La magnitud de este cambio no se manifiesta en este mundo, pero se manifestará en su realidad final en gloria. En verdad, el individuo que cree pasa por un cambio tan grande que, considerando lo que será su situación final, él no podría estimarse entonces como el ser que antes fue cuando nació de la carne. Por medio de su nacimiento espiritual él ha entrado en la familia de Dios y ocupa el lugar de un hijo adulto; él es transferido de la cabeza caída, que es el primer Adán, a la cabeza exaltada e infinita que es el postrer Adán; es capacitado por medio del mérito imputado de Cristo para ser participante de la herencia de los santos en luz; estando en Cristo, posee toda bendición espiritual y es hecho completo, aún para la satisfacción de Dios; es justificado para siempre; su ciudadanía ha sido cambiada de la tierra a los cielos; será libertado de la naturaleza Adámica; y recibirá un cuerpo glorioso como el cuerpo resucitado de Cristo. Sobre el fundamento de estas transformaciones, se repite que el estado final del hijo de Dios retiene casi nada de su carácter terrenal. Aunque es la misma persona que continúa, todo lo demás es cambiado. Las cosas enumeradas que serán cambiadas, las últimas tres – la entrada a la ciudadanía celestial, el despojamiento de la naturaleza adámica, y el recibimiento del cuerpo glorificado – son las cosas que serán realidad en la venida de Cristo (véanse Ef.5:27; 1 Jn.3:2; Jud.24).

Es mucho pedirle a una persona el declarar lo que será el estado del creyente en gloria; porque, es probable, que "ni la mitad se ha contado jamás." Pero estas glorias han sido enumeradas otra vez, con el fin de que la mente reciba la ayuda en su esfuerzo de reconocer definitivamente y a la perfección infinita que el creyente es una nueva criatura en Cristo Jesús (2 Co.5:17).

Toda la nueva creación hace la unión de dos factores, que son, el

Cristo resucitado, y toda esa compañía de creyentes que son identificados como la verdadera Iglesia que está vitalmente unida a Cristo –que es la nueva humanidad.

1. EL CRISTO RESUCITADO. Con anterioridad se ha procurado aclarar la verdad de que Cristo mismo por medio de su resurrección ha entrado a una nueva esfera de existencia que jamás ha sido vista antes en el universo. Cuando estaba en la tierra y antes de su muerte, El era "Dios manifestado en carne", pero ahora El es Dios manifestado en un cuerpo resucitado de infinita perfección y de gloria. No hay insinuación alguna de que Cristo fuera en ningún sentido una creación de Dios; pero lo que El llegó a ser por medio de la encarnación ha sido "exaltado a lo sumo." El Apóstol Juan había visto al Señor posiblemente en su niñez, en su juventud, en su transfiguración, en su muerte y también en la forma en que El les apareció después de su resurrección durante los cuarenta días que permaneció aquí; pero cuando Juan vio al Cristo glorificado –como se describe en Apocalipsis 1:12-18– él cayó a sus pies como muerto. Esta descripción del Cristo glorificado demanda mucha atención por parte de los suyos, como también, toda referencia en los Evangelios en cuanto a su cuerpo resucitado, porque este cuerpo glorificado es el dechado de ese cuerpo que el creyente poseerá. Es de esa gloria de la que el creyente ha de participar (Col.3:4). Los creyentes no solo se unirán a los seres celestiales, pero serán constitucionalmente adaptados para esa esfera y comunión. Todo esto, como se verá, depende totalmente del Salvador y en lo que El ha sido "hecho" para el creyente –la gran redención por medio de su muerte, la gran transformación por medio de su resurrección, y la participación de su conocimiento que sobrepuja todo exaltación en los cielos. Cristo es ahora el Señor de gloria, la Cabeza por derecho de la nueva humanidad que El está reuniendo para Sí.

2. LA NUEVA HUMANIDAD. Innumerables errores en las enseñanzas teológicas han sido suscitados por no comprender el carácter de la verdadera Iglesia, en la que el creyente es distinto, sin nexo alguno y exaltado en el más alto grado. Ninguna señal distintiva de cualidad en esta eminente humanidad es de mayor gloria que la verdad de que por el bautismo con el Espíritu cada individuo de esta compañía, incluyendo todo el grupo, está unido vitalmente a Cristo en una unión absoluta, y que establece identidad entre Cristo y el creyente y forma la base sobre la cual todo lo que Cristo es puede ser imputado a aquel que está en El. Sin duda, en un orden lógico, el perdón divino y la obra divina de regeneración por medio de la operación del Espíritu sirven para una preparación idónea para este alto estado. La obra generadora del Espíritu es una obra creadora de

Dios; pero lo que se llama una nueva creación es aparentemente lo que resulta de la unión con Cristo, la que se logra por el bautismo con el Espíritu. Ciertos textos del Nuevo Testamento servirán de guía en este importante asunto:

2 Corintios 5:17-18. "De modo que si alguno está en Cristo, nueva criatura es; las cosas viejas pasaron; he aquí todas son hechas nuevas. Y todo esto proviene de Dios, quien nos reconcilió consigo mismo por Cristo, y nos dio el ministerio de la reconciliación."

En este pasaje se sostiene que estar en Cristo es llegar a ser una nueva creación en la cual las cosas viejas –tienen relación a las posición en vez de la experiencia– han pasado, y estas cosas nuevas son, todas ellas, obra de Dios.

Gálatas 3:27,28. "Porque todos los que habéis sido bautizados en Cristo, de Cristo estáis revestidos. Ya no hay judío ni griego; no hay esclavo ni libre; no hay varón ni mujer; porque todos vosotros sois uno en Cristo Jesús."

Así, una vez más, estar unido a Cristo es vestirse de Cristo, y esa relación resulta en una unidad, ya que los que están unidos a Cristo "son una cosa en Cristo Jesús."

Gálatas 6:15. "Porque en Cristo Jesús ni la circuncisión vale nada, ni la incircuncisión, sino una nueva creación."

Se afirma la verdad de que las obras de mérito no tienen ningún valor para el que está en Cristo Jesús. Todo lo que tiene valor –y cuán inconmensurable es su valor– es esa nueva creación que se ha conseguido por una unión vital con el Señor de gloria.

Efesios 4:21-24. "Si en verdad le habéis oído, y habéis sido por él enseñados, conforme a la verdad que está en Jesús. En cuanto a la pasada manera de vivir, despojaos del viejo hombre, que está viciado conforme a los deseos engañosos, y renovaos en el espíritu de vuestra mente, y vestíos del nuevo hombre, creado según Dios en la justicia y santidad de verdad."

Los efesios habían sido enseñados por Cristo (por medio de su Apóstol) acerca de la verdad de la posición en Cristo, la cual es, "Vosotros fuisteis (cuando fuisteis salvados) despojados del viejo hombre." La forma del verbo en el original, coloca el sentido de la acción en un pretérito perfecto. Fuisteis enseñados, dice el Apóstol, la verdad acerca de estar en Cristo y que de igual manera el "hombre viejo" fue desechado. Está a la vista la posición adámica anterior, y con ella sus prácticas corruptas que ya no están en orden. Al mismo tiempo, también, os vestisteis del nuevo hombre –el Postrer Adán– que es según Dios (que responde a sus propósitos eternos) creado en la justicia y santidad de la verdad. Si bien es cierto que este pasaje ofrece un reto al estudiante bíblico para una exposición diligente, su contribución en este caso se ve en la declaración que el creyente ha sido transferido de un Adán a Otro. El término *hombre viejo,* como se usa aquí termina con la salvación, mientras que la carne y la naturaleza continúan (comp. Gá.5:16,17).

Colosenses 3:9,10. "No mintáis los unos a los otros, habiéndoos despojado del viejo hombre con sus hechos, y revestido del nuevo, el cual conforme a la imagen del que lo creó se va renovando hasta el conocimiento pleno."

Sobre este pasaje de igual importancia, el Obispo Moule escribe: *"Despojaos* y *revestíos* puede decirse, significan prácticamente, 'rompisteis la unión con el primer Adán' (de delito y desamparo). 'El hombre viejo' es como decir, el padre del engaño del pecado en todas sus faces; conexión con el 'hombre nuevo' es muerte segura para el hombre viejo, y la conciencia ansiosa halla descanso, de modo que la relación del creyente con Dios queda totalmente alterada, y se le da una fuerza espiritual que no es propia. Por la unión con Cristo los miembros del creyente vienen a ser (y esto se afirma con cuidado y reverencia) como una reproducción de El, el glorioso Arquetipo. Venir a estar 'en El' es pues *'vestirse del Hombre nuevo' (que es El),* participando de Su aceptación y su vida y poder" *(Cambridge Bible for Schools and Colleges*, p. 124).

De los siete pasajes que se han citado arriba, se establece la verdad de que hay una nueva creación que es engendrada directamente por una unión orgánica con Cristo. Se ha efectuado una completa disposición de la existencia anterior en el primer Adán. Se ha terminado por co-crucifixión, co-muerte, co-sepultura con Cristo. De esta terminación está escrito: "¿Cómo viviremos aún en él? (los que hemos muerto al pecado). ¿O no sabéis que todos los que hemos sido bautizados en Cristo Jesús, hemos sido bautizados en su muerte? Porque somos sepultados juntamente con él para muerte por el bautismo, a fin de que como Cristo resucitó de los muertos por la gloria del Padre, así también nosotros andemos en vida nueva" (Ro.6:2-4). En este caso, las palabras de Efesios 4:22 y Colosenses 3:9 –"despojado del viejo hombre"– saltan a la vista nuevamente (comp. Col. 2:12,13,20).

De modo semejante, existe ahora una unión vital y perfecta con Cristo por parte de todos los que están en Cristo. Está escrito: "Si, pues, habéis resucitado con Cristo, buscad las cosas de arriba, donde está Cristo sentado a la diestra de Dios. Poned la mira en las cosas de arriba, no en las de la tierra. Porque habéis muerto, y vuestra vida está escondida con Cristo en Dios. Cuando Cristo, vuestra vida, se manifieste, entonces vosotros también seréis manifestados con él en gloria" (Col.3:1-4). Romanos 6:5 es semejante y dice: "Porque si fuimos plantados juntamente con él en la semejanza de su muerte, así también lo seremos en la de su resurrección." Se le asegura aquí al hijo de Dios que con la misma certidumbre con que él participó en la muerte de Cristo, así también es la seguridad con que participa en la resurrección de Cristo. Es pues, por la resurrección de Cristo que el creyente es hecho digno de entrar en la nueva creación. Cristo no murió, ni resucitó de los muertos para su propio beneficio; sino que fue todo substitucionario y representativo. El creyente verdaderamente fue levantado de los muertos en la resurrección de Cristo. Esta verdad con respecto a la posición del hijo de Dios se afirma en dos pasajes:

(a) Efesios 2:4-6. "Pero Dios, que es rico en misericordia, por su gran amor con que nos amó, aun estando nosotros muertos en pecados, nos dio vida juntamente con Cristo, (por gracia sois salvos), y juntamente con él nos resucitó, y así mismo nos hizo sentar en los lugares celestiales con Cristo Jesús." En ambos sentidos, con respecto a la resurrección y también el estar sentado en los cielos, el creyente está ahora vitalmente unido a Cristo. La palabra *juntamente* usada en el versículo 6 le relaciona a él, no a la comunión de los santos como en 1 Tesalonicenses 4:17, sino a Cristo resucitado y glorificado. La confianza del Apóstol es justificable en pensar que el lector no olvidaría la gloriosa resurrección de Cristo y su exaltación presentadas en los versículos anteriores (1:20-23), y que él entendería hasta cierto grado la realidad celestial y de gloria excedente que pertenece a aquel que por su unión con Cristo, ahora, en la persona de Cristo Jesús, ha sido levantado y está sentado en los cielos, cosa que excede a toda comparación terrenal o celestial (1:21). Estar en Cristo, que es la porción de todos los que han sido salvos, es participar de todo lo que Cristo ha hecho, todo lo que El es, y todo lo que El será perpetuamente.

Se trata de haber muerto en su muerte, haber sido sepultado en su sepultura, haber sido levantado en su resurrección, haber ascendido en su ascensión, y estar sentado con El *ahora* (por el hecho de estar en El) en gloria. Esta es la posicón presente del creyente en Cristo Jesús. Frente a todo esto, y con lo que de ninguna manera debe confundirse, está el hecho de que como real experiencia a todos los que "durmieron en Jesús" les espera la resurrección corporal, una exaltación, y una traslación física y exaltación celestial espera a todos los que "vivimos, que habremos quedado hasta la venida del Señor," siendo la presente una posición inalterable del creyente en Cristo, es la garantía de lo que será una experiencia en el futuro.

(b) "Si, pues, habéis resucitado con Cristo, buscad las cosas de arriba, donde está Cristo sentado a la diestra de Dios. Poned la mira en las cosas de arriba, no en las de la tierra. Porque habéis muerto, y vuestra vida está escondida con Cristo en Dios. Cuando Cristo, vuestra vida, se manifieste, entonces vosotros también seréis manifestados con El en gloria" (Col.3:1-4). Además de la exhortación de vivir de una manera digna, cosa que demanda el pasaje, se revela otra vez el hecho esencial de que el creyente no sólo ha muerto en la muerte de Cristo, pero está realmente levantado en El ahora.

Hablando en sentido general, todo lo que compone la realidad que constituye la salvación –que ya se analizó como la representación de, como mínimo, treintitrés posiciones y posesiones– que contribuye directa o indirectamente al hecho de la nueva creación. Sin embargo, como los pasajes bíblicos citados arriba, demuestran, la nueva creación es específicamente el resultado de la posición del creyente en Cristo. Probablemente no hay palabra bíblica que con más claridad defina el hecho esencial acerca del creyente, que la frase, *en Cristo;* y siendo el creyente la criatura más importante de toda la creación, nunca se ha pronunciado palabra alguna que sea tan profunda en sus implicaciones, o que esté cargada de significados más grandes para la humanidad que la frase, *en Cristo.* Esta frase con sus equivalentes, "en Cristo Jesús, en El, en el Amado, por El, por medio de El, y con El", aparece no menos de 130 veces con respecto a la enseñanza de la gracia en el Nuevo Testamento. Este énfasis sumamente extraordinario sobre una verdad especial nos llama la atención, y su importancia no debe pasarse por alto. Frente al énfasis que se le da a esta verdad en las enseñanzas de la gracia, está el hecho correspondiente de que no hay ninguna insinuación de la posibilidad de una posición en Cristo en cualquier enseñanza de la ley o del reino. La presente posición del creyente en Cristo no se vio ni siquiera en tipo o en profecía. En las edades pasadas era un secreto escondido en la mente y corazón de Dios. Aquel "que nos bendijo" con toda bendición espiritual en los lugares celestiales en Cristo, según nos escogió en El antes de la fundación del mundo, para que fuésemos santos y sin mancha delante de el, en amor habiéndonos predestinado para ser adoptados hijos suyos por medio de Jesucristo, según el puro afecto de su voluntad, para alabanza de la gloria de su gracia, con la cual nos hizo aceptos en el Amado, en quien tenemos redención por su sangre, el perdón de pecados según las riquezas de su gracia, que hizo sobreabundar para con nosotros en toda sabiduría e inteligencia, dándonos a conocer el misterio de su voluntad, según su beneplácito, el cual se había propuesto en sí mismo, de reunir todas las cosas en Cristo, en la dispensación del cumplimiento de los tiempos, así las que están en los cielos, como las que están en la tierra. En él asímismo tuvimos herencia, habiendo sido predestinados conforme al propósito del que hace todas las cosas según el designio de su voluntad, a fin de que seamos para alabanza de su gloria, nosotros los que primeramente esperábamos en Cristo." ¿Quién puede comprender todo el alcance de estas maravillas eternas: Conociendo las limitaciones del corazón humano, en este punto el Apóstol prorrumpe en oración: "Por esta causa también y, habiendo oído de vuestra fe en el Señor Jesús, y de vuestro amor para con todos los santos, no ceso de dar gracias por vosotros, haciendo memoria de vosotros en mis oraciones, para que el Dios de nuestro Señor Jesucristo, el Padre de gloria, os dé espíritu de sabiduría y de revelación el conocimiento de él, alumbrando los ojos de vuestro entendimiento, para que sepáis cuál es la esperanza a que él os ha llamado, y cuáles las riquezas de la gloria de su herencia en los santos. . . "

Habiendo hecho esta petición que el creyente *conozca* por iluminación divina la esperanza de su llamamiento y las riquezas de su gloria de la herencia que Dios tiene ahora en los santos, él continúa orando que ellos también conozcan por la misma revelación divina cuál sea "la supereminente grandeza de su poder para con nosotros los que creemos, según la operación del poder de su fuerza, la cual operó en Cristo, resucitándole de los muertos y sentándole a su diestra en los lugares celestiales, sobre todo principado y autoridad y poder y señorío, y sobre todo nombre que se nombra, no sólo en este siglo, sino también en el venidero; y sometió todas las cosas bajo sus pies, y lo dió por cabeza sobre todas las cosas a la iglesia, la cual es su cuerpo, la plenitud de Aquel que todo lo llena en todo" (Ef. 1:3-12, 15-23). De esta gloriosa relación en Cristo resulta la responsabilidad más natural de andar dignamente de la vocación; pero los asuntos de la vida diaria y el carácter de la conducta que deben estar incluidos, aunque ocupan un lugar importante, se pierden y se olvidan ante la resplandeciente gloria eternal de esa gracia impermutable que ha abierto el camino para que el creyente pueda entrar en la nueva creación en Cristo Jesús. Estar en Cristo es estar en la esfera de su propia Persona infinita, de su poder y gloria. El rodea, protege, separa de todo lo demás, y mora en aquel que está en El. También El suple en Sí mismo *todo* lo que un ser necesitará sea en este tiempo o en la eternidad. La unión que se ha formado en Cristo es más profunda que cualquier otra relación que la mente humana puede jamás concebir. En su oración sacerdotal, en la cual El anticipaba su resurrección y contemplaba la gloria de su obra consumada como si fuera ya un hecho (véase Jn. 17:11), Cristo habló de tres unidades dentro de la esfera de una relación: (1) la unidad con la persona de la bendita Trinidad, (2) la unidad entre las Personas de la Trinidad y todos los creyentes, y (3) la unidad entre los mismos creyentes por el hecho de que ellos están en El. Leemos: "Mas no ruego solamente por éstos, sino también por los que han de creer en mí por la palabra de ellos, para que todos sean uno; como tú, oh Padre, en mí, y yo en tí; que también ellos sean uno en nosotros;. . . .Yo en ellos y tú en mí, para que sean perfectos en unidad" (Jn. 17:20-23). ¿Quién puede sondear las profundidades de la revelación de que el creyente está relacionado a Cristo en el mismo nivel de esa unidad que existe entre el Padre y el Hijo?

Una vez más, como fué dicho anteriormente, Cristo compara la unión que existe entre El y el creyente a la vital relación orgánica que existe entre la vid y sus pámpanos vivos. El pámpano está *en* la vid y la vida de la vid está *en* el pámpano; pero el pámpano no posee vida independiente en sí misma. No puede existir aparte de la vid. El hijo humano puede dejar de depender de sus padres y, en su turno, proveerles y sustentarles; pero el pámpano jamás puede llegar a ser independiente de la vid. En la misma semejanza, el fruto y cada manifestación de vida en el pámpano se debe a la incesante afluencia de la vitalidad de la vid. El fruto es tanto de la vid como es fruto del pámpano (véanse Jn. 15:5; Ro. 7:4; Gá. 5:22-23). Así es con el que está en Cristo. Considerando esa misma realidad de unidad, el apóstol Pablo compara a Cristo a la cabeza y a los creyentes a los miembros del cuerpo. Esta figura tiende a ilustrar la misma relación vital de dependencia. El miembro en el cuerpo participa del mérito y honra de la cabeza, y la vida y poder de la cabeza es impartida al miembro. Esta unidad entre la Cabeza y los miembros es tan perfecta, que es probable que Cristo nunca será visto en gloria aparte de Su cuerpo, y el cuerpo nunca será visto aparte de El (Véase 1 Co. 12:12).

De estos pasajes ilustrativos se observará que la unidad entre Cristo y el creyente tiene dos aspectos: El creyente está en Cristo, y Cristo está en el creyente. El creyente está en Cristo con respecto a posiciones, posesiones, seguridad y asociación; y Cristo está en el creyente dando vida, carácter y poder para su conducta.

Con anterioridad se hizo mención de que la conversación en el Aposento Alto relatada en Juan capítulo 13-16, presenta las enseñanzas de Cristo sobre la gracia, y es el germen de toda la verdad que se halla en las Epístolas, que, en su lugar, contienen la revelación de ese hecho esencial de la nueva creación y su obligación en la vida diaria. La verdad doctrinal de las Epístolas, que concierne a la gracia, se divide también en dos partes – lo que es aquel que es salvo en Cristo, y el carácter y poder de la vida diaria que se experimentará cuando la energía victoriosa es impartida por Cristo que mora en el creyente. En cierto punto en ese discurso en el Aposento Alto, Cristo condensó toda la estructura doctrinal de la gracia en una frase breve. Esta frase es notable porque es la clave a todos los hechos y relaciones bajo la gracia, y también por la sencillez y brevedad del lenguaje: "Vosotros en mí, y yo en vosotros" (Jn. 14:20).

III. DOS CREACIONES REQUIEREN DOS DIAS DE CONMEMORACION

En ningún punto se nota más vivamente la distinción entre el reino de la ley y el reino de la gracia que en el asunto sobre la observancia del séptimo día, y del primer día de la semana; porque estos dos días son símbolos de las dispensaciones a las cuales se relacionan. De la misma manera, el prejuicio religioso personal, que nace de entrenamiento y sentimientos adquiridos en los primeros años, no es más afirmativo que sobre el asunto del sábado. Fue la enseñanza liberal que Cristo presentó sobre la observancia del sábado, más que ningún otro asunto, lo que provocó la ira de los líderes judíos contra Cristo; y, cabe hacer la observación, que no hay ningún tema religioso hoy que saque a luz las convicciones y opiniones personales, como este. La razón es evidente. Son pocos los que realmente han comprendido el carácter exacto y significado de la gracia. Para muchos, el cristianismo es un sistema de obras humanas y formación de carácter de los cuales resultan los méritos. Y la observancia del día sábado presenta oportunidades extraordinarias para el ejercicio de obras meritorias. El asunto es más profundo que la observancia, o la manera de observancia religiosa de un día. Es la cuestón fundamental si la gracia debe reinar suprema en vez de la ley, o si debe mezclarse con la ley.

Las raíces de este problema llegan hasta las partes más profundas de la materia que forma la estructura real de los dos principios opuestos, de pura ley y de pura gracia. Para su solución, el asunto requiere más que una opinión superficial. Realmente el escogimiento de un día particular y la manera de su observancia son una prueba sobre el asunto que dan a conocer el alcance intelectual del individuo para ajustarse a toda la revelación sobre la gracia. Como no puede efectuarse una mezcla natural del reino de la ley y el reino de la gracia, tampoco puede haber una mezcla natural de los elementos que, según las Escrituras, son los rasgos esenciales de diferencias grandes entre estos días. Es una designación inaplicable decir un "sábado cristiano"; y el mismo uso del término indica una falta de atención inexcusable a los términos bíblicos y una libertad de mente y corazón que se presta a sacrificar los tesoros más ricos de la gracia por mezclarlos con la ley. No es un problema de interpretación; el asunto es si el prejuicio o sentimiento personal, o la ignorancia pasarán ciegamente encima del verdadero fundamento de las divisiones correctas de las Escrituras. Estos dos días, típicos de dos principios gubernativos y dos grandes dispensaciones, no tienen ninguna relación. De todo el Decálogo es sólo el cuarto mandamiento sobre el día sábado que *no* aparece en ninguna manera trasmitido en el reino de la gracia, y tampoco se podría. El fracaso de basar la distinción entre estos días que representan dos edades sobre el carácter esencial de sus respectivas relaciones – pura ley o pura gracia – resulta en una confusión de mente casi universal entre creyentes sobre el asunto, y esto, en cambio, provee la oportunidad para los legalistas de ahora para promover sus herejías que en efecto rechazan a Cristo. Una comprensión inteligente de la pura ley aclara la mente, porque su misma contrariedad a la pura gracia asegura una comprensión clara de la gracia. Por otro lado, el enemigo más grande de una comprensión clara de la pura gracia y sus partes concernientes, es la mezcla antibíblica de estos dos principios opuestos. Esta mezcla es perniciosa en cada punto; pero en ningún punto es más destructivo de las distinciones bíblicas que en la confusión de un sábado judaico con el día cristiano – el día del Señor, o sea el domingo. Podría presentarse un extenso estudio sobre las muchas diferencias vitales entre las obligaciones de la ley y las obligaciones bajo la gracia, tales como circuncisión, diezmo y sacrificios; pero no son como la cuestion del sábado. Estas cosas se ajustan por sí solas cuando la gloria de la gracia es comprendida de alguna manera. Para muchos, sin embargo, la cuestión del sábado es la enseñanza esencial de mayores proporciones de su religión. Por tanto, esto demanda consideración especial. Las razones para esta discusión son tres: (1) porque determina vitalmente el concepto del individuo de la gracia y la bendición en ella. (2) también determina necesariamente el carácter de la conducta del creyente como la medida de comprensión de su obligación bíblica a Dios. (3) Es el asunto central de una herejía engañadora. En cuanto a lo que una diligente instancia puede aprovechar, al lector se le pide dejar atrás el prejuicio, y colocarse sobre el inflexible "Así ha dicho Jehová".

Dos aspectos mayores de este tema se consideran aquí: (1) El testimonio bíblico acerca del sábado judaico, y (2) El testimonio bíblico acerca de "el día del Señor."

1. EL TESTIMONIO BIBLICO ACERCA DEL SABADO JUDAICO. Este tema será presentado en las subdivisiones donde el sábado judaico se considera en relación a los varios períodos de tiempo:

a. EL PERIODO DESDE ADAN HASTA MOISES. Hay dos teorías obtenidas acerca de la observancia del sábado durante este período. Están los que contienden que el sábado fué encargado al hombre en el Edén, y los que sostienen que el sábado fué dado a Israel únicamente, por mano de Moisés. La primera teoría ordinariamente se presenta con el plan de aplicar la institución del sábado a *todos* los hombres aún antes que fuese dada la ley, para que la ley del sábado pueda tratarse como una cosa aplicable ahora a *todos* los hombres, aún después de la terminación de la ley de Moisés en la cruz. Esta forma de argumento no se limita sólo a los legalistas del Séptimo Día; se usa por muchos escritores y líderes religiosos que están procurando transferir la autoridad bíblica acerca del sábado judaico a la observancia del día del Señor. Estos, por judaizar el cristianismo, están obscureciendo la verdad acerca de la gracia. Cuando se pretende que el sábado se obtuvo desde Adán hasta Moisés dicen: "El sábado fué santificado por Dios en la creación." Ciertamente, esta santificación está claramente declarada en Génesis 2:1-3: "Fueron, pues, acabados los cielos y la tierra, y todo el ejército de ellos. Y acabó Dios en el día séptimo la obra que hizo; y reposó el día séptimo de toda la obra que hizo. Y bendijo Dios al día séptimo, y lo santificó, porque en él reposó de toda la obra que había hecho en la creación". Cuando se asume que el sábado fue impuesto en el hombre en Edén, se basa sobre la suposición que este pasaje así lo enseña; sin embargo, el pasaje no lo implica necesariamente. Y también debe recordarse que el Libro de Génesis no fué escrito sino hasta en los días de Moisés; y, cuando uno busca evidencias bíblicas acerca de la observancia del séptimo día antes de los días de Moisés, encontrará que no es como otras actividades religiosas, como la oración, la circuncisión (véase Jn. 7:22), y sacrificios, la observancia de tales se registra haberse practicado en ese período. Pero no hay mención de alguna observancia del sábado desde la creación hasta Moisés. Es increíble que esta gran institución del sábado hubiera existido durante todos estos siglos y no se hiciera mención de ella en las Escrituras que tratan de esa época. Las palabras de Job, quien vivió más de quinientos años antes de Moisés, nos ofrece una ilustración. Su experiencia descubre la vida espiritual de un hombre de Dios antes de los días de Moisés, no teniendo él Biblia escrita, y procurando conocer todo su deber para con Dios. Job y sus amigos se refieren a la creación, el diluvio, y muchos detalles de la obligación hacia Dios; pero ni una vez mencionan el sábado. Con todo, es imposible que esta gran institución, con todo lo que contemplaba en cuanto a la relación entre Dios y el hombre, hubiera existido en ese tiempo y no se hubiera mencionado en ninguna porción del argumento del libro de Job.

Hay poca fuerza en el argumento que una semana de siete días era conocida aun en los días de Jacob, y por tanto había un día sábado con que terminaba la semana. La semana de siete días es de manera natural la cuarta parte del mes lunar y no necesariamente demanda un día sábado con significado religioso para su medida. También hay poco peso en la sugerencia de que la historia China insinúa la observancia de un día sagrado en cada semana. Tal argumento, aun si fuera cierto, no podría colocarse frente al testimonio positivo de las Escrituras.

Hay un pasaje que determina esta pregunta fuera de toda discusión. La cita de la confesión de los sacerdotes y Levitas bajo Nehemías fija definitivamente el tiempo de la institución del sábado: "Y sobre el monte de Sinaí descendiste, y hablaste con ellos desde el cielo, y les diste juicios rectos, leyes verdaderas, y estatutos y mandamientos buenos, y les ordenaste el día de reposo (el sábado) santo para ti, y por mano de Moisés tu siervo les prescribiste mandamientos, estatutos y la ley" (Neh. 9:13-14). El sábado, dado a Israel como una *señal* (Ex. 31:12-17), nunca fué dado a los gentiles. No se encuentra ningún registro de que los gentiles hayan reconocido el sábado, sea entre Adán y Moisés, o entre Moisés y Cristo. El sábado es de la ley; pero la ley no comenzó a reinar sino hasta Moisés (Ro.5:12-14). Ezequiel 20:10-12 es igualmente importante en fijar el tiempo exacto cuando el sábado fué prescrito. Leemos: "Los saqué de la tierra de Egipto, y los traje al desierto, y les dí mis estatutos, y les hice conocer mis decretos, por los cuales el hombre que los cumpliere vivirá. Y les dí también mis días de reposo (sábados), para que fuesen por señal entre mí y ellos, para que supiesen que yo soy Jehová que los santifico."

Asimismo, del narrativo histórico dado en Exodo 16, se verá que el día que fue siete días, o una semana completa, previó a ese sábado que, hasta donde registran las Escrituras, primero fué observado por el hombre, no fue guardado como un sábado según la ley de Moisés; porque en ese día, es decir, siete días previos al primer día sábado registrado, los hijos de Israel anduvieron a pie de Elim al desierto de Sin – una distancia de más de treinta y dos kilometros. Se concluye, entonce, que el sábado fué impuesto sobre Israel solamente y como una parte de la ley que fué dada por Moisés.

b. EL PERIODO DE MOISES A CRISTO. El sábado comenzó a observarse por Israel desde cuando fué instituido por Moisés. Fué investido con el carácter de una señal entre Jehová y la nación de Israel, en ningún sentido se extendió a los gentiles. Estos hechos se descubren en los siguientes pasajes: "Habló además Jehová a Moisés, diciendo: Tú hablarás a los hijos de Israel, diciendo: En verdad vosotros guardaréis mis días de reposo; porque es señal entre mí y vosotros por vuestras generaciones, para que sepáis que yo soy Jehová que os santifico. Así que guardaréis mis días de reposo; porque es señal entre mí y vosotros por vuestras generaciones, para que sepáis que yo soy Jehová que os santifico. Así que guardaréis el día de reposo, porque santo es a vosotros; el que lo profanare, de cierto morirá; porque cualquiera que hiciere obra alguna en él, aquella persona será cortada de en medio de su pueblo. Seis días se trabajará, mas el día séptimo es día de reposo consagrado a Jehová; cualquiera que trabaje en el día de reposo, ciertamente morirá. Guardarán, pues, el día de reposo los hijos de Israel, celebrándolo por sus generaciones por pacto perpetuo. Señal es para siempre entre mí y los hijos de Israel; porque en seis días hizo Jehová los cielos y la tierra, y en el séptimo día cesó y reposó". (Ex. 31:12-17). Sólo un prejuicio ciego podría aplicar a éste, o cualquier otro pasaje del Antiguo Testamento acerca del sábado, a los gentiles. El sábado era parte de la ley de Israel, y era la posesión de esa ley que distinguía a esa nación de todos los demás pueblos de la tierra. Es igualmente erróneo insistir que el sábado siempre fué celebrado en el último día de la semana. El sábado, con las excepciones necesarias, era el séptimo en una serie de sietes, de días o de años. Hubo por lo menos quince sábados que tenían fechas fijas en el mes determinado, y esos sábados cayeron en esas fechas sin tomar en cuenta el día de la semana. De Levítico 23:37-38, se ha pretendido por algunos que estos sábados determinados fueron sábados extras que fueron añadidos a los sábados autorizados. Sin embargo, esta pretensión, no lo sostiene Numeros 28:9-10. La comparación de estos importantes pasajes bíblicos revela el hecho de que la palabra *además* de Lev. 23:37-39, no indica *más* sábados, sino más bien se refiere a *ofrendas* adicionales que se hacían además y sobre la medida reglamentada para las ofrendas de los sábados. En un caso, siete sábados fueron contados de la mañana después del sábado, "Y contaréis desde el día que sigue al día de reposo desde el día en que ofrecisteis la gavilla de la ofrenda mecida;" y el día que seguía el último sábado de los siete, era Pentecostés (Lv. 23:15-16). Estos siete sábados, es evidente, vinieron a ser fechas predeterminadas contadas arbitrariamente desde el primer sábado. Así, por consiguiente, el día en que Cristo estuvo en la tumba fué un sábado establecido. Fué el quince de Abib, y por providencia divina esa fecha en ese año cayó en un día sábado. Que este sábado era determinado se prueba por el hecho de que el día anterior "era la preparacióm, es decir, la víspera del día de reposo" (Mr. 15:42), este día se determinaba por la fecha catorce de ese mes

(Exo. 12:2,6). También ciertos días de trabajo fueron días establecidos. El diez del mes (de Abib) cada uno tomaba un cordero por familia, lo guardaban hasta el día catorece de este mes, cuando lo mataban, asaban al fuego la carne y así comían el cordero. Así también, la fiesta de las primicias no podía ser de ninguna manera un sábado, porque esa fecha se había señalado como el principio de la cosecha (Dt. 16:9; véase Lv.23:15). Todas estas obras hubieran sido violaciones directas de la ley del sábado; sin embargo, estas ceremonias fueron señaladas para ciertas fechas predeterminadas, y de vez en cuando inevitablemente han estado en conflicto con los sábados predeterminados. Por todo esto es evidente que el carácter sagrado del día pertenecía a su lugar relativo en una serie de siete días, y no a un día particular de la semana.

Durante el período desde Moisés hasta Cristo cuando el sábado obtuvo bajo la sanción divina esa singularidad de ser un día de descanso físico, como la misma palabra *sábado* indica. Toda la nación de Israel estaba obligada a obedecer la lay, la pena de muerte era el castigo por la violación de ella. No podía encenderse fuego, por preparar alimentos, no se podía viajar, no se permitía comprar o vender, no ninguna carga se podía llevar. Aun la tierra tenía que tener sus sábados (Ex 31:12-17; 35:3; 16:22-26; Neh. 10:31; 13:15-21; Lv. 25:4; 2 Cr. 36:21). La ley del sábado, como toda la ley, fué obedecida tan escasamente que Jehová finalmente tuvo que llevar a la nación al cautiverio con el propósito declarado de permitir a la tierra el gozar de reposo.

Había entre el sábado y la ley una relación recíproca, así como también está colocado en el centro del Decálogo. La manera exacta como se debía observar el sábado se revela solamente en las enseñanzas de Moisés, y como la ley era un pacto basado sobre obras humanas, el sábado era la provisión divina para el descanso bajo ese pacto. El concepto moderno del sábado, aislado de las leyes que lo regían, y adaptado a la dispensación cristiana como el día de actividades religiosas, reuniones públicas, servicio cristiano, y adoración, está totalmente fuera de armonía con todo pasaje bíblico que tiene enseñanza sobre el sábado. Algunos enseñan que, aunque las leyes que gobiernan la manera de observar el sábado han cesado, el reconocimiento del día, sea sábado o domingo, sigue siendo una obligación. El resultado de esa interpretación es la imposición de la observancia de un día sin ninguna instrucción exacta sobre la manera de hacerlo. Esta enseñanza es incompatible y a la vez sin base bíblica. Además, su carácter de incompatibilidad, como no bíblica, alcanza mayores proporciones cuando la celebración del sábado se cambia al domingo, y se impone en los gentiles no convertidos.

El sábado (o día de reposo) era una institución vital bajo el imperio de la ley. Dependía de todo el sistema de la ley para su correcta observancia, y el sistema de la ley dependía de ese día para su cumplimiento normal. El sistema legal en su totalidad o se sostiene firmemente o cae por completo. Durante la edad Mosaica se permitía el funcionamiento no complicado de todo el sistema de la ley; pero esa edad, y todo lo que la caracterizaba, fue suspendida por el reino de la gracia, cuando Cristo murió.

c. EL PERIODO REPRESENTADO POR LOS EVANGELIOS. Mucha confusión acerca del día de reposo se debe a no poder reconocer el carácter especial del período que representan los Evangelios. Debe recordarse que Cristo primero fué un "ministro de la circuncisión"; El fué "hecho bajo la ley"; y vivió y llevó a cabo su obra bajo la ley. La ley no pasó cuando El nació, sino cuando murió. Durante los días de su ministerio, El reconoció, guardó y obligó la observancia del día de reposo como una parte íntegra de todo el sistema Mosaico. Es verdad que El insistió que el sistema Mosaico, y en particular el sábado, sean librados de las enseñanzas incrustradas de los hombres que habían sido sobreimpuestas en la Ley de Moisés. Estas adiciones hechas por los hombres a la ley fueron sostenidas por los judíos como obligatorias y sagradas, como la misma Palabra de Dios. Siendo que El puso a un lado todo eso, menos la Palabra de Dios, a ellos Cristo les parecía como un liberal en el asunto del sábado. También con debido derecho El se llamó "Señor del sábado", que era la verdad, y por virtud de esa posición, tenía autoridad para cambiar el sábado, o, si El hubiera querido, pudiera haberlo anulado para siempre. Uno más grande que Moisés, por quien vino la ley, estaba en medio de ellos. Es bien cierto que El tenía por propósito rescatar el sábado para que no fuese una institución que reduce a la esclavitud sino restaurar sus funciones para el beneficio del hombre. "También les dijo: El día de reposo fue hecho por causa del hombre, y no el hombre por causa del día de reposo" (Mr.2:27). Es decir, el hombre no fue creado para ser sacrificado por un día, sino que el día fue designado para la bendición del hombre.

Antes de Su muerte, el sábado era uno de los asuntos más importantes en la experiencia y ministerio de Cristo. Sin embargo, no sólo es obvio sino sugestivo que El nunca mencionó ese día en su discurso en el Aposento Alto, tampoco hizo mención de ese día siquiera una vez como una obligación en todo su ministerio posterior a su resurrección. Es inconcebible que, siendo el sábado una parte vital al sistema Mosaico, se omitiera de dichas enseñanzas de Cristo que caracterizan grandemente la presente edad, si hubiera sido el propósito de Dios que este día judaico llegara a tener un lugar en el presente reinado de gracia.

También se ha dicho que Cristo extendió la obligación de guardar el sábado a todos los hombres cuando dijo: "El día de reposo fue hecho por causa del hombre, y no el hombre por causa del día de reposo." Este punto en cuestión nos dirige al significado exacto de la palabra *hombre* como se usa aquí. ¿Querría decir Cristo con esta declaración que el sábado judaico fué extendido, por su autoridad, a *todos* los hombres? O, ¿usaría El la palabra *hombre* en su significado más limitado aplicándola únicamente a la nación de Israel? Dos factores determinan la respuesta: (1) El día de reposo nunca se aplica a los gentiles por ningún pasaje bíblico subsiguiente, y (2) la palabra *hombre* se usa en el Antiguo Testamento nada menos que 336 veces cuando se refiere sólo a Israel, y muchas veces en el Nuevo Testamento cuando se refiere a los creyentes. Está escrito: "Cristo es la Cabeza de todo varón"; "A cada uno le es dada la manifestación del Espíritu"; "si sobre este fundamento alguno edificare"; "cada uno recibirá su alabanza"; "a fin de presentar perfecto en Cristo a todo hombre". En todos estos pasajes bíblicos la palabra *hombre,* sólo tiene el significado limitado. Por tanto, es evidente que Cristo dijo, en armonía con toda la Escritura, que el día de reposo (o sábado) fué hecho por Israel; porque no hay ninguna evidencia bíblica de que Cristo haya impuesto jamás el sábado judaico sea a los gentiles o a los creyentes; pero, leal a la ley, El reconoció su lugar importante y la obligación de Israel a ese día hasta que el reino de la ley llegara a su terminación por medio de su muerte.

d. EL PERIODO REPRESENTADO POR LOS HECHOS Y LAS EPISTOLAS. Al considerar la cuestión del sábado, gran importancia se debe atribuir al carácter exacto de esas enseñanzas del Nuevo Testamento que vienen después de la fundación del cristianismo por medio de la muerte y resurrección de Cristo, y por el advenimiento del Espíritu en el día de Pentecostés. Primero debe observarse que la ley, como una regla de conducta, no se aplica ni una vez al creyente, y que estas Escrituras, por una revelación abrumadora, afirman que la ley ha pasado, por medio de la muerte de Cristo. Estas Escrituras afirman que la ley ha cesado, tanto como un medio de justificación y como una regla de vida para el que es justificado (Jn. 1:16-17; Ro. 6:14; 7:1-6; 2 Co. 3:1-18; Ef. 2:15; Col. 2:14; Gá. 3:19-25). Si se sostiene que el Decálogo, donde está solidamente establecido el sábado, no era parte de la ley abolida, y por tanto no se dió por terminado con la muerte de Cristo, tal teoría se refuta completamente por el pasaje en Romanos 7:7-14 donde el décimo manadamiento que toca la codicia se menciona explícitamente como *la ley.* De igual manera, según 2 Corintios 3:7-14, aquello que fue "grabado con letras en piedras"– esto es, el Decálogo, incluyendo el día de reposo– ha sido *quitado* y *abolido.* Como punto siguiente debe observarse que, si un asunto tan importante como fue el sábado bajo la ley, se impone en la Iglesia, es increíble (a) que no hubiera ningún dato de los primitivos cristianos de haber cumplido su obligación respecto al sábado alguna vez, o (b) la necesidad de reconocer que el sábado no estuviese incorporado en alguna parte en las nuevas enseñanzas de la gracia. Mirando estos pasajes en las Escrituras descubrimos:

(1) *El Sábado en el Libro de Los Hechos.* La Palabra sábado (día de reposo) se usa nueve veces en Los Hechos, y en cada lugar donde hace referencia a la observancia de ese día, es únicamente en relación a los judíos incrédulos, quienes, como se espera, perpetuaron– y todavía perpetúan la observancia del día sábado. Ni una sola vez se declara en este libro, ni siquiera se implica, que los creyentes deben guardar el sábado. Leemos que el Apóstol Pablo iba a la sinagoga de los judíos y discutía con ellos cada sábado; pero esto no puede significar nada más que él aprovechaba las reuniones de ellos en ese día para poder predicarles. Esto puede aún ser la experiencia de un misionero a los judíos hoy.

(2) *El Sábado en las Epístolas.* Al abrir las Epístolas, se verá en ellas, como en el libro de Los Hechos, que no se dice que creyente alguno hubiera guardado el día sábado. Es muy probable que algunos en la era temprana de la iglesia fueron atraídos para guardar la ley y se vieron envueltos en asuntos como el guardar el sábado también; pero el Espíritu de Dios ha omitido cada uno de estos incidentes de las páginas de las Escrituras, si es que hubo tales incidentes. De manera que la Palabra Inspirada no revela el problema de un creyente con el sábado judaico, ni aún como un error de conducta; tampoco menciona pecadores como quebrantadores del sábado.

Al hacer un examen del significado de los preceptos y las enseñanzas de las Epístolas, se descubre que la palabra *sábado* se usa una sola vez, las palabras *séptimo día* se mencionan sólo en una página, y el acatamiento legalista de un *día* ocurre una vez. Estos pasajes merecen especial atención: Colosenses 2:16-17. En el contexto de esta porción de la Escritura, el Apóstol amonesta a los creyentes contra cualquier complicidad con la ley, u obras de algún pacto, ya que han sido puestos bajo la gracia. El pasaje declara que ellos han sido hechos "completos" en Cristo, a tal punto que nada podría añadírsele jamás; por tanto, para el que está en Cristo el objetivo de todas las obras meritorias ya ha sido obtenido, y la obligación legal de hacer buenas obras ha sido cumplida para siempre (v.10). Así mismo leemos: "En El también fuisteis circuncidados con circuncisión no hecha a mano, al echar de vosotros el cuerpo pecaminoso carnal, en la circuncisión de Cristo." Por tanto, ya que la carne- la que la ley se propuso controlar— es, a los ojos de Dios, echada fuera, no hay necesidad de la ley. El niño judío fué circuncidado al octavo día, que era el primer día de una nueva semana, después de haberse completado la semana anterior. La circuncisión en el octavo día, o el primer día de una semana nueva, tipificó la liberación de la creación antigua que sería consumada por medio de la resurrección de Cristo de los muertos; porque en esa muerte El llevó sobre sí toda la maldición de la creación antigua. Es por esta razón que al creyente bajo la gracia no se le exije celebrar ningún aspecto de la creación antigua que era representada por el sábado (v. 11). El que es salvo ha sido "sepultado con él por el bautismo en el cual (el bautismo) fuisteis también resucitados con él, mediante la fe en el poder de Dios que le levantó de los muertos." El uso del tiempo *aorista* (pretérito) en conexión con la referencia de una sepultura con El en el bautismo, hace de esa sepultura como una cosa contemporánea con la circuncisión que recién se mencionó. Por tanto es evidente que se tiene en mente el bautismo con el Espíritu que relaciona al creyente de modo vital con Cristo (1 Co. 12:13; véase Gá. 3:27). En ese bautismo, como en ningún otro, el creyente participa de todo lo que Cristo es, y de todo lo que Cristo ha hecho. Participa en la crucifixión de Cristo, su muerte, su sepultura y su resurrección (Ro. 6:1-10). Teniendo sepultada la antigua creación en la tumba de Cristo, el creyente, en ninguna manera está obligado a observar cualquier cosa relacionada a la antigua creación (v.12). Además, el creyente ha sido librado de la ley por una obra grande, enclavando la ley, con sus ordenanzas escritas, en la cruz. Después de esta transición grande, ¿cómo puede ser posible que el hijo de Dios tuviera que tomar en cuenta a la ley en su aplicación antigua (v. 14)? Para aquel que está completo en Cristo, circuncidado en Cristo, sepultado con Cristo, y librado de la autoridad de todas las ordenanzas, el Apóstol escribe: "Por tanto, nadie os juzgue en comida o en bebida, o en cuanto a días de fiesta, luna nueva o días de reposo (sábados), todo lo cual es sombra de lo que ha de venir; pero el cuerpo (la substancia) es de Cristo." Todas estas cosas eran aspectos esenciales de la ley (1 Cr. 23:31; 2 Cr. 2:4; 31:3), y como tales habían de cesar en esta edad presente del castigo de Israel (Os. 2:11), y serán reestablecidas en el reino venidero (Ez. 45:17). Ellas fueron sólo sombras de la Substancia — Cristo. Teniendo la Substancia, el creyente es amonestado a no volver a lo que es sólo sombra. Según esta Escritura, la ley, que incluía el sábado, quedó abolida. Si se objetara que la referencia en este pasaje es de sábados extraceremoniales, no puede sostenerse el argumento; porque la palabra griega usada aquí es σάββατα, que es la misma palabra que se usa invariablemente para designar el sábado ordinario del judío. Es pues, significativo, que en todas las Epístolas donde las obligaciones del creyente bajo la gracia se hallan, el único uso de la palabra *sábado* está donde enfáticamente se prohibe guardarlo, y ahí se presenta en conflicto con los elementos más vitales de la gracia que lo invalidan.

Hebreos 4:4. En este pasaje se encuentra la única referencia al *séptimo día.* en todas las Epístolas. Leemos: "Porque en cierto lugar dijo así del séptimo día: Y reposó Dios de todas sus obras en el séptimo día." Como se vió anteriormente, la ocasión para esta referencia a un séptimo día es explícito en el contexto. En todo el pasaje (4:1-13) se amonesta a los creyentes Hebreos, no sea que, como sus padres no pudieron entrar, en experiencia, al reposo provisto en la obra consumada de Cristo, de quien Josué sólo fué un tipo. En la aplicación de este pasaje, podrá notarse que el reposo bajo Cristo no es por un día en la semana, ni es ese sábado de reposo que viene después de seis días arduos de obras meritorias. Es más bien el reposo permanente de fe en Otro quien, como un Sustituto, ha hecho todas las "obras de Dios". Este reposo bendito es prometido "al que no obra." Tampoco, en ningún sentido puede decirse que es el reposo de la muerte. Mas bien es el reposo de Cristo impartido, la vida de resurrección, y es vida activa incesantemente. La extensión y el carácter de la actividad de la vida nueva en Cristo es una violación a todo mandamiento que prescribe un día sábado de reposo.

Gálatas 4:9-10. En esta parte de la Epístola, el Apóstol reprende a los creyentes de Galacia por observar ciertos *días* que son prestados de la ley, y les dice que por guardar los días legales han salido de la gracia a la ley. "Mas ahora, conociendo a Dios, o más bien, siendo conocidos por Dios, ¿cómo es que os volvéis de nuevo a los débiles y pobres rudimentos, a los cuales os queréis volver a esclavizar? Guardáis los días, los meses, los tiempos y los años." La frase, *los débiles y pobres rudimentos,* es una descripción del carácter de la ley. Como un medio de conseguir conducta moral y espiritual, la ley era "débil" ya que su cumplimiento correcto era imposible "por cuanto era débil por la carne" (Ro. 8:3). Como una fuente de bendición para el alma, la ley era pobre en comparación a las riquezas de la gracia en Cristo Jesús. De esta consideración de los pasajes que describen y determinan la vida del creyente después de la cruz, es de notarse que en estas Escrituras no hay ningún ejemplo de la observancia del sábado por ningún creyente y no hay precepto para ello. En cambio, hay enseñanza sumamente conclusiva sobre la terminación completa de la ley por la muerte de Cristo, y las más fieles amonestaciones por si acaso el creyente llegara a ser engañado por complicidad con la observancia del día sábado.

e. EL SABADO EN LA PROFECIA. El sábado en la profecía tiene dos aspectos distintos: (1) acerca de su suspensión en esta edad del castigo de Israel y (2) acerca de su re- establecimiento cuando haya sido completado el propósito en la Iglesia.

(1) LA CESACION DEL SABADO. En Oseas 2:11 es muy claro que el castigo que caería sobre Israel, que es ahora su experiencia, sería caracterizada por la cesación de *todas* sus fiestas solemnes y de sus sábados: "Haré cesar todo su gozo, sus fiestas, sus nuevas lunas, y sus días de reposo, y todas sus festividades." Tal es el decreto inalterable de Dios, y si una palabra de esta profecía no hubiera tenido cumplimiento, se hubiera probado que El no es verdadero. Estas observancias judaicas que tenían que cesar incluían *todos* sus sábados. Cesaron al principio de esta edad de la gracia, desde el punto de vista de Dios. De otra manera, ¿cuándo se cumpliría esta profecía? Personas que no han sido enseñadas pueden imponer sobre sí una fiesta solemne, o un sábado judaico; pero esto no lograría más que la creación de una conciencia anormal que, sea que acusa o excusa, pero nunca satisface el corazón. Tal es el efecto invariable de una ley impuesta por uno mismo (véase Ro. 2:14-15).

(2) EL RE-ESTABLECIMIENTO DEL SABADO. Al completarse el propósito divino en la Iglesia en el presente, el sábado de Israel será reinstituido. Esto se afirma tanto por la gran tribulación que tiene que anteceder a la gloriosa venida de Cristo, y por la edad del reino que seguirá a esa venida. Acerca de la gran tribulación se nos dice: "Orad pues, que vuestra huida no sea en invierno, ni en día de reposo" (Mt.24:20). Ningún creyente se ha inclinado jamás a elevar esta oración. El tiempo de su cumplimiento no le pertenece, y tampoco tiene él relación alguna al día sábado. Esto será "en los días de angustia de Jacob" y entonces el día de reposo de Israel será observado una vez más. Acerca de la edad del reino leemos: "Y de mes en mes, y de día de reposo en día de reposo, vendrán todos a adorar delante de mi, dijo Jehová" (Is. 66:23); "Así ha dicho Jehová el Señor: La puerta del atrio interior que mira al oriente estará cerrada los seis días de trabajo, y el día de reposo se abrirá; se abrirá también el día de la luna nueva" (Ez. 46:1). Esto está conforme a toda profecía acerca del reino. Será entonces cuando Israel "hará todos sus mandamientos," inclusive el sábado (Dt. 30:8). El día de reposo tendrá que ser re-instituido; porque es un "pacto perpetuo" y una señal entre Jehová e Israel, excepto durante el tiempo que El hará que cese cuando castigue a ese pueblo (Ex. 31:16).

f. EL DIA EXACTO. Ningún fundamento tiene la suposición que una continuación *exacta* de los sábados semanales se está cumpliendo ahora por todos los que están guardando el séptimo día. Debe notarse que: (a) Ningún día es santo en sí. Desde el punto de vista natural, todos los días son iguales y están sujetos a las mismas condiciones físicas. Un día es santo por decreto divino, y ese decreto está sujeto a cambio por mandato de Dios. De ninguna manera cayó ese día siempre en un sábado, y tampoco siempre estaban los días de reposo separados por seis días completos de trabajo. (b) El día de reposo comenzaba y terminaba con la puesta del sol. Esto era suficiente sencillo cuando se trataba de Israel en Palestina con sus pequeños límites geográficos. Sería muy diferente si se tratara de toda la tierra, y como algunos se atreven a asegurar, que aun se incluye el cielo. No sería posible la observancia de un día exacto sobre toda la tierra. Mientras unos están guardando el sábado en un hemisferio, otros estarían guardando el domingo (como día de reposo) en el otro. Suponiendo que dos personas comenzaran en un punto geográfico para ir alrededor de la tierra en direcciones opuestas, y ambos observando cada sábado desde la puesta del sol de un día hasta la del siguiente día, al volver al punto de su partida, uno estaría observando el viernes y el otro el domingo. El asunto de guardar cierto día exacto desde la puesta del sol es todavía más irresoluto muy al Norte. El sol se pone allá una vez cada seis meses. En esa región, para ser Bíblico y exacto, tendría que haber un Sábado de doce meses, y una semana de siete años. (c) El día exacto en el cual Dios terminó la creación y luego descansó es realmente desconocido. El reposó en el séptimo día; pero no podría probarse que la puesta del sol del día Viernes en un punto dado sobre la tierra es la perpetuación de ese momento exacto cuando Dios comenzó a descansar de Su obra de creación. ¿Quién puede trazar el momento, el día, o el año exactos, por el Edén, el diluvio, la esclavitud en Egipto y las edades de ignorancia? Sin embargo, fuera de la seguridad que el sábado en un lado determinado en la tierra es el día exacto en rotación de semanas desde la creación, no hay base para afirmar la consagración del tiempo exacto que debe observarse. Hombres ignorantes con mucha frecuencia son incitados a creer que ellos están realmente celebrando el reposo de Dios en la creación cuando ellos guardan las horas al llegar el día sábado en el lugar donde viven. Será entonces la *manera* de cómo se guarda el día, y no el tiempo exacto. ¿Será el séptimo día, o será el primer día? Tiene que ser el uno o el otro; porque no hay cosa más irrazonable, ilógica y antibíblica que la observancia del séptimo día confundiéndolo con asuntos cristianos tocante al servicio y adoración, que es la práctica de cada sabático; o la observancia del primer día confundiéndolo con el sábado de la ley, que es la presente práctica de la cristiandad. Habría muy poca necesidad de discutir el asunto si las distinciones sencillas entre la ley y la gracia se reconocieran.

2. EL TESTIMONIO BIBLICO SOBRE EL DIA DEL SEÑOR. Aún con una lectura precipitada de esas porciones de la Escritura que regulan la vida cotidiana del creyente se verá que todos los principios fundamentales de la justicia que se hallan en el Decálogo vuelven a enunciarse en las enseñanzas de la gracia, menos el sábado que ni una sola vez se impone en el creyente. Al contrario, como ya se mostró anteriormente, hay amonestación categórica contra el guardar el sábado. Esto, en efecto es una revelación que no debe pasarse por alto. A través de la historia de la Iglesia, se ha observado un nuevo día que invalidó el sábado judaico, y este cambio de días no ha sido contrario a la enseñanza de las Escrituras, como algunos insisten; más bien, ha sido según el plan revelado y propósito de Dios. Para este cambio hay ciertas razones bíblicas:

a. EL SISTEMA MOSAICO HA CESADO. Todo el sistema mosaico, incluyendo su día sábado, cedió al reino de la gracia. A favor de esta verdad importante suficiente prueba se ha presentado ya; pero, a pesar de las declaraciones más claras de la Biblia sobre este tema, hay dos grupos que profesan ser creyentes que evidentemente no reciben este testimonio divino: (a) aquellos que persisten en guardar el séptimo día, y (b) los que guardan el primer día, pero le dan el carácter del sábado judaico, y lo guardan con la autoridad de la ley que fue dada a Israel por Moisés. La posición de estas dos clases deben considerarse separadamente:

Primero, aquellos que persisten en la observancia del séptimo día lo hacen con la afirmación que, aunque la ley pasó con todo su rigor en la muerte de Cristo, el Decálogo no es una parte de la ley y por tanto, ni éste, ni su día sábado han sido abolidos. La respuesta a este astuto argumento es claro y concluyente. No sólo está el Decálogo incluído y sólidamente colocado en la declaración de la ley en el Antiguo Testamento, sino, también en el Nuevo Testamento, el Decálogo, como ya ha sido mostrado, se dice ser claramente "la ley". En Romanos 7:7, el apóstol Pablo describió la tendencia de su propio corazón a pecar. El declara: "Pero yo no conocí el pecado sino por la ley; porque tampoco conociera la codicia, si la ley no dijera: No codiciarás" Así se refiere él a los Diez Mandamientos como "la ley". Además, ahora es imposible que un judío o un gentil guarde la ley ceremonial de Moisés, y así es evidente que las amonestaciones en el Nuevo Testamento contra el guardar la ley no podría ser una amonestación contra la observancia de la ley ceremonial. Para el cumplimiento de la ley ceremonial se requería la presencia de Jehová en el lugar santísimo, un altar, un sacerdocio, y un templo en Jerusalén. Todos estos requisitos para la observancia de la ley ceremonial fueron quitados al principiarse esta edad presente. La Iglesia de Roma, en su esfuerzo de continuar el sistema de la ley, para resolver este problema se propuso crear su propio altar, servicio en el templo, y sacerdocio, y alega que el Señor está presente en la hostia. Las amonestaciones que se hallan bajo la gracia contra guardar la ley son necesariamente aplicables sólo al Decálogo, y no a la ley ceremonial. La ley ceremonial gobernaba la manera precisa cómo observar el sábado y es una cosa muy irrazonable y que causa mucha confusión, cuando se procura ahora guardar el sábado judaico que es parte de la ley ceremonial. La clase de legalistas que tratan ahora de guardar el séptimo día, no teniendo cómo introducir la ley ceremonial usan las características del nuevo día de la gracia. Celebran sus servicios, adoran, y hacen muchas obras religiosas en el séptimo día, que siendo estrictamente un día de reposo, nunca se le determinó que fuera un día de actividad, religiosa o cualquier otra.

Segundo, hay todavía mayor incompatibilidad en la posición de aquellos que sabiendo lo que es el primer día de la semana, pero dan a ese día el carácter del sábado judaico, y guardan ese día sobre la autoridad de la ley de Moisés. No sólo todo el sistema mosaico ha terminado con sus sábados y todo requisito relacionado a ese día, pero no podría haber compatibilidad en prestar aunque fuera sólo uno de los rasgos del sábado judaico. Este error de estar prestando ciertos rasgos del sábado judaico se comete por ambos grupos legalistas. La ley de Moisés nunca fué dada para una observancia parcial. Es una unidad; "Pero sabemos que todo lo que la ley dice, lo dice a los que están bajo la ley"; y, "El hombre que haga estas cosas, vivirá por ellas"; también leemos, "Maldito todo aquel que no permaneciere en todas las cosas escritas en el libro de la ley, para hacerlas." No hay pasaje bíblico que garantice una aceptación parcial de la ley, o un acatamiento parcial del día sábado. La observancia del día con todos sus requisitos debe guardarse *perfectamente,* o *nada.* El más leve reconocimiento del rasgo más pequeño del sábado obliga a la persona que lo intenta, a guardar toda la ley. Por consiguiente el creyente que, mientras guarda el primer día de la semana, lo hace bajo la más pequeña influencia de la ley de Moisés acerca del sábado, está obligado, por la Biblia y por la razón a guardar cada rasgo del sábado judaico, como también todo el sistema mosaico. Por ejemplo, la persona que adapta, aunque sólo fuese un rasgo de la observancia del sábado con la base que está prescrita por la ley, está legalmente obligada por la misma ley del sábado a apedrear hasta matar a la persona que no guarda cualquier rasgo de la ley. Realmente, si él mismo ha sido culpable en observar el primer día de la semana en vez del séptimo, él debe someterse a la pena de muerte, y así vindicar los juicios justos de Dios. Esta pena de muerte es la inflexible provisión que Dios ha hecho en su Palabra para los quebrantadores del sábado.

La herejía original de la iglesia era el intento de mezclar la ley y las enseñanzas de la gracia. Es una de las herejías más destructivas en esta hora presente, y en ningún punto de contacto se cristalizan más claramente los principios opuestos de la ley y la gracia que en la cuestión del día exacto que debe observarse. No hay *sábado cristiano.* El nuevo día que pertenece a la gracia no tiene ninguna relación al sábado. Se debe observar uno u otro de los dos días. Mezclarlos, como hace todo legalista, es, burlarse de la gracia.

b. DIOS HA DESIGNADO UN NUEVO DIA BAJO LA GRACIA. Este nuevo día es también un día especial de la semana y se le ha dado un nombre en concordancia con su carácter. Su designación divina se halla registrada en un mensaje profético: "La piedra que desecharon los edificadores ha venido a ser cabeza del ángulo. De parte de Jehová es esto, y es cosa maravillosa a nuestros ojos. Este es el día que hizo Jehová; nos gozaremos y alegraremos en él" (Sal. 118:22-24). En este pasaje bíblico, la muerte y la resurrección de Cristo sobresalen. El fué esa Piedra rechazada, y Su Padre, mediante la resurrección, le ha hecho Cabeza del Angulo. El Señor tenía determinado el día cuando tendría lugar la resurrección, y ese día por intención divina debía celebrarse con gozo y alegría. El comentario divino sobre este pasaje es dado mediante el apóstol Pedro como está escrito en Los Hechos 4:10-11: "sea notorio a todos vosotros, y a todo el pueblo de Israel, que en el nombre de Jesucristo de Nazaret, a quien vosotros crucificasteis y a quien Dios resucitó de los muertos, por él este hombre está en vuestra presencia sano. Este Jesús es la piedra reprobada por vosotros los edificadores, la cual ha venido a ser cabeza del ángulo." Por tanto el día que el Señor había señalado cuando la Piedra rechazada llegaría a ser Cabeza del Angulo, es el día de su resurrección. Este es "el día que hizo Jehová." Por tanto es el día del Señor. En ese día los hombres deben regocijarse y alegrarse.

El día del Señor de ninguna manera debe confundirse con "el día de Jehová." El día del Señor es el primer día de cada semana, que se observa como una conmemoración de la resurrección de Cristo. El otro es un período profético, que todavía es el futuro, que concierne a Israel y toda la creación.

El primer día del Señor fué el modelo de todos los días del Señor que habían de seguir. Principió "muy temprano en la mañana," cuando el Señor ya resucitado dijo, "salve" (regocijáos)! Continuó con su comunión preciosa, y concluyó con su bendición de paz. Desde esa mañana temprano hasta que clausuró, fué un día de adoración de actividad, y de gozo. En cambio, el sábado, también con significado simbólico, comenzó con la puesta del sol lo que habla de una completa cesación de actividad y de un descanso perfecto.

El creyente tiene un día inmutable. Puede extender su observancia a todos los días, pero él no puede cambiar un día que ha sido señalado por Dios, lo mismo como Israel o cualquier otro, que no pueda cambiar el séptimo día apartado por Dios. Cambiar el primer día a otro quebranta el significado simbólico del día porque representa la verdadera relación bajo la gracia. Esto resultaría en un robo de la gloria que sólo a Cristo pertenece. Esto es uno de los errores cometidos por todos aquellos que persisten en procurar guardar el séptimo día. Los dos días no presentan al creyente ninguna libertad de escoger. La opción entre estos días es muy seria pues tiende a aceptar o a rechazar la relación más vital entre Cristo y el creyente bajo la gracia.

c. EVENTOS IMPORTANTES DESIGNAN UN NUEVO DIA. Comenzando con la resurrección, y lo que le sigue, todo evento escrito en el Nuevo Testamento que tenía algún significado importante cayó en el primer día de la semana, o sea en el día del Señor. Mayor énfasis, mediante los eventos, no podía darse a este día nuevo que lo que se encuentra en las enseñanzas de la gracia, y en adición a ésto está el hecho de que en estos mismos pasajes bíblicos el sábado no se toma en cuenta. Se afirma que no hay ningún mandamiento directo para guardar el día del Señor, pero debe notarse que hay mandamiento explícito *contra* la observancia del día sábado, y que la falta de mandamientos acerca del día del Señor está en conformidad con el carácter del nuevo día, y todo el orden da la gracia que representa y a la cual está relacionado. Los grandes eventos que tuvieron lugar el primer día de la semana son dignos de mención.

En el primer día de la semana Cristo se levantó de los muertos. Su resurrección está vitalmente relacionada a las edades pasadas, al cumplimiento de todas las profecías, al valor de su muerte, a la Iglesia, a Israel, a la creación, a los propósitos de Dios en la gracia que se extiende más allá de las edades venideras, y hasta la gloria eterna de Dios. El cumplimiento de los propósitos relacionados a estas cosas dependía de la salida del Hijo de Dios de aquella tumba. El se levantó de los muertos, y la grandeza de ese evento se entiende por el lugar importante que ocupa en la doctrina cristiana. Si Cristo no se hubiese levantado – por quien todas las cosas fueron creadas, quien es antes de todas las cosas, y por quien todas las cosas subsisten – todo propósito divino y toda bendición hubieran fracasado; aun el universo mismo y el trono de Dios se hubieran disueltos y todo hubiera terminado para siempre. Toda vida, la luz y la esperanza hubieran cesado. La muerte, tinieblas, y desesperación hubieran reinado. Aunque los poderes espirituales de las tinieblas posiblemente hubieran continuado, la última esperanza para un mundo en ruinas se hubiera desvanecido eternamente. Es imposible para la mente humana comprender tales asuntos de tan gran trascendencia que peligraban en el momento cuando Cristo salió de la tumba. Sin embargo en ningún momento estaban en peligro estos asuntos trascendentales. La consumación de su resurrección estaba segura, porque el poder omnipotente estaba empeñado en hacerla realidad. Cada aspecto de la salvación del creyente, su posición y esperanza, dependían de la resurrección de su Señor. Es cierto que mucho dependía de la muerte de Cristo, pero todo el valor de esa muerte se hubiera sacrificado aparte de la resurrección. Cuando Cristo se levantó de los muertos, nació el cristianismo, y la nueva creación comenzó su existencia. No hay nada en el orden antiguo para el creyente. Está en pie sobre la resurrección como su base. Pertenece solamente a la nueva creación. Dios es fiel en todo lo que El ha hecho en Cristo y, según su Palabra, no dejará que el hijo de la nueva creación regrese y celebre el principio de la creación antigua y caída de la cual su hijo ha sido salvado mediante las riquezas infinitas de su gracia. Si los hijos de la gracia persisten en relacionarse a la antigua creación por la observancia del sábado, es una evidencia de que sus conocimientos de la Palabra y de la voluntad de Dios son limitados. Eso significa caer de la gracia.

Puesto que el día de la resurrección de Cristo es el día en el cual se formó la nueva creación, y salió a luz todo lo que viene a formar la vida y esperanza, cristianas entonces, según la Escritura y la misma facultad intelectual, el creyente no puede celebrar otro día que el día del Señor.

En el primer día de la semana Cristo se encontró con sus discípulos en el nuevo poder y comunión de su vida de resurrección.

En el primer día de la semana Cristo simbolizó la nueva comunión de resurrección partiendo el pan con sus discípulos.

En el primer día de la semana El les dio instrucciones a sus discípulos en su nuevo ministerio de resurrección y de la vida para El.

En el primer día de la semana El mandó a sus discípulos a predicar el nuevo mensaje a todo el mundo.

En el primer día de la semana Cristo ascendió al cielo como la "gavilla mecida". En el cumplimiento del tipo en el Antiguo

Testamento y el propósito eterno de Dios, era necesario que El apareciera en el cielo como las arras de la grandiosa cosecha de almas redimidas por El, quienes salieron de la tumba con El para participar de su vida eterna y de su gloria. Asimismo, habiendo consumado el sacrificio por el pecado, El tenía que presentar su propia sangre en el cielo (Lv.16:1-34; He.9:16-28). No habiendo ascendido todavía, El dijo a María, "No me toques, porque aún no he subido a mi Padre; mas vé a mis hermanos, y diles: Subo a mi Padre y a vuestro Padre, a mi Dios y a vuestro Dios" (Jn.20:17). ¡Cuán poco fue entendida entonces la importancia de este mensaje de Cristo! ¡Cuán poco es entendido aún ahora! El hecho de que El ascendió en ese día es evidente; porque El les dijo aquella noche, "Mirad mis manos y mis pies, que yo mismo soy; palpad, y ved" (Lc.24:39). El había ascendido al cielo, cumplió su obra allá, y volvió a la tierra para completar su ministerio después de su resurrección.

En el primer día de la semana El sopló en sus discípulos y les impartió el Espíritu Santo.

En el primer día de la semana descendió el Espíritu sobre sus discípulos para dar comienzo a su ministerio en este mundo que caracteriza esta edad.

En el primer día de la semana el apóstol Pablo predicó a los creyentes reunidos en Troas. El Espíritu de Dios con claridad enfatizó el hecho de que el Apóstol estuvo en Troas siete días. De necesidad, tenía que incluir su estancia en esa ciudad ambos días de la semana, el séptimo y el primero. Estaba en libertad el Apóstol para escoger cualquiera de los dos días para ministrar a los santos reunidos. La Palabra escrita dice: "Y nosotros . . . .nos reunimos con ellos en Troas, donde nos quedamos siete días. El primer día de la semana reunidos los discípulos para partir el pan, Pablo les enseñaba" (Hch. 20:6-7).

El Apóstol mandó a los creyentes de Corinto, "Cada primer día de la semana" "ponga aparte algo, según haya prosperado, guardándolo" (1 Co. 16:2).

d. EL NUEVO DIA TIPIFICA LA NUEVA CREACION.. El rito de la circuncisión, que se efectuaba al octavo día, era una sugestión de la circuncisión espiritual de la carne que Cristo consumó por medio de su muerte y resurrección. El día octavo era el primer día de la semana después de haberse completado la semana. Es pues así una figura del nuevo orden que vino mediante la muerte y resurrección de Cristo. El Apóstol escribe: "En él también fuísteis circuncidados con circuncisión no hecha a mano, al echar de vosotros el cuerpo pecaminoso carnal, en la circuncisión de Cristo" (Col. 2:11). No sólo ha sido juzgada la naturaleza vieja en la crucifixión, muerte y sepultura del Hijo de Dios, y la nueva victoria en la vida de resurrección de Cristo fue hecha posible, pero para el creyente, la antigua creación entró en la tumba y una nueva creación con su poder y gloria celestial salió de ella. La antigua creación fue abolida y con ella el sábado que lo conmemoraba. Sólo una nueva posición en el Cristo resucitado permanece y esto demanda y provee un nuevo día. Ese nuevo día es el octavo, o sea el primer día después de la conclusión de la antigua creación.

e. EL NUEVO DIA ES TIPO DE GRACIA NO MERECIDA. El primer día de la semana es un tipo de las realidades y relaciones que existen bajo la gracia, mientras que el séptimo día es un tipo de las realidades y relaciones bajo la ley. En el séptimo día el hombre descansó de todo su trabajo. Esto está en armonía con la ley del pacto de las obras, que requerían que el hombre hiciese lo bueno para poder recibir la bendición de Dios. Bajo la ley, seis días eran de trabajo fiel siguiéndoles un día de descanso absoluto. Por otra parte, el observar el primer día de la semana es típico de la posición del creyente bajo la gracia no merecida. El comienza con un día de bendiciones antes de hacer obras, y entonces se espera que él viva los siguientes seis día en el poder y bendición que él recibió en ese día. Este es el orden del pacto de la gracia por la fe en el cual toda gracia salvadora es dada primero como un don de Dios, y entonces es seguida por una vida que se vive en el poder de esa nueva relación con Dios. Un día de reposo pertenecía a un pueblo que tenía relación con Dios por las obras que tenín que cumplir. Un día de incesante adoración y servicio pertenece al pueblo relacionado con Dios por la obra consumada de Cristo. El séptimo día era gobernado por una ley rígida e inflexible. El primer día se caracteriza por la latitud y libertad que pertenecen a la gracia. El séptimo día se hacía por la carne. El guardar el primer día se hace por la presencia del Espíritu en el corazón.

f. EL PRIMER DIA SE COMENZO A OBSERVAR CON LA RESURRECCION DE CRISTO. Cierto grupo de sabáticos aseguran que el sábado fué guardado por la iglesia primitiva hasta el día cuando fué cambiado por el Emperador Constantino en el año 321 D.C., o aún más tarde por el Papa de Roma. Esta enseñanza errónea y falsa no tiene ninguna base. El sábado nunca fué cambiado. No se podía cambiar. Un nuevo día y muy diferente en significado, que sólo podía pertenecer a esta edad de la gracia, invalidó el otro. Cuando esta edad presente se termine y la ley empiece a reinar una vez más en la tierra, el sábado se observará otra vez; pero de ninguna manera será el hombre que hará el cambio. Hay evidencias concluyentes de que el primer día de la semana ha sido observado por la iglesia desde el día en que Cristo resucitó. Esta evidencia se encuentra (a) en las Escrituras y (b) en los escritos de los Padres:

Dirigiéndonos a las Epístolas del Nuevo Testamento en donde las condiciones de la vida del creyente bajo la gracia están descritas, se descubre que hay prohibición contra la observancia del sábado, y no hay ningún documento que creyente alguno haya guardado el sábado, aun por error. Por otro lado, hay abundante evidencia, como se ha visto, que el primer día de la semana fué observado en forma consistente con su significado.

El testimonio de los primeros Padres de la Iglesia es también conclusivo.

Eusebio, del año 315 D.C. dice: "Las iglesias en todo el resto del mundo observan la práctiva prevaleciente desde la tradición Apostólica hasta el día de hoy de tal manera que no sería correcto terminar nuestro ayuno en otro día sino en el día de nuestro Salvador. Por esto hubo sínodos y convocaciones de nuestros Obispos sobre este asunto y todo unánimemente delinearon un decreto eclesiástico el cual lo comunicaron a todas las iglesias en todas partes – que el misterio de la resurrección del Señor no deberá celebrarse en otro día sino sólo en el Día del Señor."

Pedro, Obispo de Alejandría, del año 300 D.C. dice: "Guardamos el Día del Señor como un día de gozo por Aquel que resucitó en ese día."

Cipriano, Obispo de Cartago, del año 200 D.C., hablando de los "adoradores del sol" dice: "Aunque observamos el día que ellos observan, pero no desconfiamos que seremos tenidos como paganos."

Clemente de Alejandría, del año 194 D.C. dice: "El antiguo día de descanso ha llegado a ser nada más que un día de trabajo al creyente."

Ireneo, Obispo de León, del año 178 D.C. dice: "El misterio de la resurrección del Señor no debe celebrarse en ningún otro día sino sólo en el Día del Señor."

Bardesanes, del año 180 D.C. dice: "Dondequiera que estemos, todos nosotros somos llamados por ese nombre del Mesías, es decir, cristianos, y en un solo día, que es el primer día de la semana, nos congregamos y en los días señalados nos abstenemos de alimento."

Justino Martir, del año 135 D.C. dice: "Domingo es el día cuando celebramos nuestra asamblea ordinaria, porque es el primer día en el cual Dios hizo un cambio en las tinieblas y en la materia he hizo el mundo, y Jesucristo, nuestro Salvador, en ese mismo día, resucitó de los muertos." "Y en el día Domingo todos los que viven en las ciudades o en los campos se congregan en un lugar y se leen las memorias de los Apóstoles o los escritos de los profetas conforme lo permite el tiempo." "En el Día del Señor todos los creyentes en la ciudad y en el campo se congregan porque es el día de la resurrección del Señor; y entonces leemos los escritos de los Apóstoles y de los profetas. Al concluir esto, el presidente (el ministro que preside) toma la palabra, dirigiéndose a la asamblea exhortándoles a imitar y practicar las cosas que han escuchado, y entonces nos unimos en oración, y después de eso celebramos la Cena del Señor."

Ignacio, Obispo de Antioquía, del año 110 D.C. dice: "Aquellos que antes vivieron en las prácticas antiguas ahora alcanzan una nueva esperanza, ya no más por la observancia del sábado, sino amoldando su vida según el Día del Señor, porque en ese día también nuestras vidas fueron levantadas por medio de El, para ser hallados discípulos de Jesucristo, nuestro único Maestro."

Bernabé, uno de los Padres apostólicos, del año 70 D.C. dice: "Finalmente El dice, 'Vuestros sábados presentes no me son aceptos. Haré un nuevo principio del día octavo, que será el principio de un nuevo orden del mundo" por tanto también nosotros guardamos el Día del Señor con regocijo, el día en que también Jesús resucitó de los muertos."

También el "Didache", manual de enseñanza de los Apóstoles" del año 140, (o, quizás del 70) D.C. dice: "En el Día del Señor congregaos, partid el pan y dad gracias."

Por esta lista ininterrumpida de testimonios la evidencia acerca de la observancia del día del Señor nos lleva hasta los días cuando fué escrito el Nuevo Testamento. Es muy cierto que tanto emperadores como papas han hecho decretos acerca del primer día de la semana. Todo lo que era posible hacer se hizo para perseguir al judío, y para abolir las prácticas judaicas; pero el día de descanso judaico pasó, y el nuevo día vino a existir, no por ningún decreto de hombre, sino por la resurrección de Cristo que trajo todo lo que significa el día del Señor.

g. EL NUEVO DIA HA SIDO BENDECIDO POR DIOS. Los cristianos han observado el día del Señor bajo la evidente bendición de Dios por casi 2000 años. Entre ellos se han encontrado los más devotos creyentes, los mártires, los misioneros, y un sinnúmero de aquellos que hubieran podido pasar por cualquier prueba o persecución con el fin de conocer y hacer la voluntad de Dios. Es una imputación muy seria decir que todos estos fieles y santos han desobedecido, como algunos sabáticos dicen ahora de todos los creyentes que no guardan el sábado, llamándolos "herejes, teniendo la marca de la bestia, y cegados por satanás." El evangelio de la gracia ha sido reemplazado por "otro evangelio" por parte de esta gente, que en efecto quieren decir que sólo los que guardan el sábado serán salvos; y también enseñan que Dios ha "abandonado a su iglesia" y que ella ha sido "abandonada a Satanás, quien la gobierna." A pesar de que Dios ni una sola vez ha impuesto el sábado en la edad de la gracia, ellos hacen del sábado el tema principal de su predicación, y no vacilan en estorbar la obra de todos los que aman y guardan el día del Señor. Junto con el error de predicar la ley en vez del evangelio, estos Sabáticos sostienen y enseñan otras engañosas herejías y doctrinas no bíblicas. Estando en tantos errores acerca de muchas doctrinas fundamentales de la Biblia, no es extraño que ellos persistan en la legalidad del sábado.

Las razones para reconocer el día del Señor, o sea el primer día de la semana, son claras y suficientes para aquellos que desean recibir las enseñanzas de la Palabra de Dios sin prejuicio.

IV. LA TRANSFORMACION FINAL

Como fue dicho arriba, mucho de lo que entra a formar la realidad de la nueva Creación ya es un hecho consumado en el creyente. Cada aspecto de su salvación es una cualidad característica en el nuevo orden en que él está, especialmente en la nueva posición en Cristo. Sin embargo, a lo menos hay tres grandes beneficios que, aunque asegurados por toda la fidelidad de lo infinito, aún son del futuro. Aunque fueron mencionados antes, merecen más atención en estos detalles.

1. LIBERTAD DE LA NATURALEZA PECAMINOSA. Al final de su peregrinación hay para el creyente una libertad de ese conflicto de toda la vida con la naturaleza pecaminosa. Durante la vida habrá sostenido una lucha con el mundo *cosmos* y con Satanás; pero estos son poderes de afuera cuyo ímpetu serán quitados para siempre. La libertad de la naturaleza pecaminosa implica un cambio constitucional, o sea la remoción de un poder interior que ha sido una parte íntegra del creyente todos los días de su vida. El gran Apóstol se incluyó a sí mismo – y esto era una realidad en su vida cuando se hallaba en su desarrollo espiritual más profundo – cuando él dijo, "Porque el deseo de la carne es contra el Espíritu, y el del Espíritu es contra la carne; y estos se oponen entre sí, para que no hagáis lo que quisiereis" (Gá. 5:17). El fin de este conflicto fue anticipado por él cuando escribió como el testimonio concluyente de su vida, "Porque yo ya estoy para ser sacrificado, y el tiempo de mi partida está cercano. He peleado la buena batalla, he acabado la carrera, he guardado la fe. Por lo demás, me está guardada la corona de justicia, la cual me dará el Señor, juez justo, en aquel día; y no sólo a mí, sino también a todos los que aman su venida" (2 Ti. 4:6-8).

2. LA OCUPACION EFECTIVA DE LA CIUDADANIA CELESTIAL. En este aspecto de la libertad cristiana, hay una traslación de esta esfera de embajador, de esta existencia como un extranjero y peregrino, a ese hogar central en gloria que se ha sostenido por derecho y título, aunque sin ocuparlo todavía, desde el momento de la salvación mediante Cristo. No hay ninguna imaginación que pueda pintar, ni lenguaje que pueda describir este cambio maravilloso con su traslado de la tierra al cielo, de un conocimiento parcial a un conocimiento completo, de mirar en un espejo obscuro a contemplarlo cara a cara, de la asociación con una humanidad caída a la comunión con santos glorificados y con los ángeles, de un cuerpo condenado a morir a uno glorioso y eterno, de chozas terrenales a las mansiones que El fué a preparar, y de una existencia que se describe como "ausentes del Señor" a aquella que se caracteriza por su misma presencia inmediata. El profeta de Patmos afirma:

"No se turbe vuestro corazón; creéis en Dios, creed también en mí. En la casa de mi Padre muchas moradas hay; si así no fuera, yo os lo hubiera dicho; Voy pues, a preparar lugar para vosotros. Y si me fuere y os preparare lugar, vendré otra vez, y os tomaré a mi mismo, para que donde yo estoy, vosotros también estéis (Jn. 14:1-3); "Y vi tronos, y se sentaron sobre ellos los que recibieron facultad de juzgar; y vi las almas de los decapitados por causa del testimonio de Jesús y por la palabra de Dios, los que no habían adorado a la bestia ni a su imagen, y que no recibieron la marca en sus frentes ni en sus manos; y vivieron y reinaron con Cristo mil años" (Ap. 20:4); "Después me mostró un río limpio de agua de vida, resplandeciente como cristal, que salía del trono de Dios y del Cordero estará en ella, y sus siervos como cristal, que salía del trono de Dios y del Cordero. En medio de la calle de la ciudad, y a uno y otro lado del río, estaba el árbol de la vida, que produce doce frutos, dando cada mes su fruto; y las hojas del árbol eran para la sanidad de las naciones. Y no habrá más maldición; y el trono de Dios y del Cordero estará en ella, y sus siervos le servirán, y verán su rostro, y su nombre estará en sus frentes" (Ap. 22:1-4).

3. LA POSESION DE UN CUERPO TRANSFORMADO. El tercer rasgo de la salvación que se realizará al final de esta vida y que contribuye a la totalidad de lo que constituye al creyente una nueva creación, es el recibimiento y ocupación de un cuerpo transformado. Con respecto a la parte física o material del creyente, le espera una maravillosa metamorfosis. Aunque hay dos posibilidades delante de él, el fin es el mismo en ambos casos. Puede ser que él vaya por el camino de la muerte y resurrección, o puede ser que sea trasladado;

de cualquier manera una realidad fija le espera. El tendrá un cuerpo semejante al cuerpo glorioso de Cristo (Fil. 3:20-21).

Como ha de esperarse, hay una porción central y completa de la Escritura que enseña un tema tan grande como la resurrección del cuerpo del creyente; y esa porción bíblica se encuentra en 1 Corintios 15:20-23,35-57. En la primera sección – 15:20-23 – la resurrección venidera del cuerpo del creyente se ve en su orden, precedido por la resurrección de Cristo, con el período presente interpuesto entre la primera y la segunda venida, y seguida por la resurrección de toda la humanidad – esta resurrección se llama la resurrección final, o sea, la última en el orden de las resurrecciones (véase Ap. 20:12-15) – y separada de la resurrección del creyente por el reino de Cristo, que continuará hasta que todos los enemigos estén bajo sus pies. Este período está determinado en cuanto a su duración por el testimonio de Apocalipsis 20, siendo el tiempo de mil años (véase 2 P.3:7-10). La Iglesia, habiendo sido resucitada y trasladada, estará reinando juntamente con Cristo.

La segunda parte de este pasaje central presenta los hechos esenciales relacionados a la resurrección de los cuerpos de aquellos que son de Cristo. Si se hace la pregunta: "¿Cómo son levantados los muertos? ¿Con cuál cuerpo vendrán? " (1 Co. 15:35), la respuesta es que, así como hay una gran variedad de formas y de cuerpos en la creación de Dios, no es extraño que Dios dará un cuerpo transformado en la resurrección, o en la traslación. Acerca de la transformación que se realiza por la resurrección, se presentan cuatro contrastes: (a) lo que es sembrado – importante sinónimo de la palabra *sepultado* – en corrupción resucitará en incorrupción; (b) lo que se siembra en debilidad, resucitará en poder; y (d) lo que se siembra en cuerpo natural – adaptado al alma – resucitará cuerpo espiritual, es decir, adaptado al espíritu humano. Este aspecto de la verdad se concluye con la seguridad de las palabras: "Y así como hemos traído la imagen de lo terrenal, traeremos también la imagen de lo celestial" (v.49).

Frente a esto se halla la muy atractiva verdad de que algunos no morirán, o "dormirán", sino que serán trasladados así en vida. Ellos no irán al cielo agobiados y restringidos por este cuerpo de limitaciones. Siendo ellos mortales – vivos en la carne – se vestirán de inmortalidad. El cambio es repentino y completo. Es acto de "en un momento, en un abrir y cerrar de ojos." El decreto y propósito de Dios no puede fracasar: "Porque es necesario que esto corruptible se vista de incorrupción, y esto mortal se vista de inmortalidad." Todo esto y la traslación es mucho mejor que tener que morir primero, según declara el Apóstol cuando dice, "He aquí os digo un misterio: No todos dormiremos pero todos seremos transformados, en un momento, en un abrir y cerrar de ojos, a la final trompeta, y los muertos serán resucitados incorruptibles, y nosotros seremos transformados. Porque es necesario que esto corruptible se vista de incorrupción, y esto mortal se vista de inmortalidad" (1 Co.15:51-53). Aunque Cristo no vio corrupción (Sal. 16:10; Hch.2:27,31), Su presente cuerpo es el paradigma del cuerpo resucitado del creyente. Cabe repetir aquí que la resurrección de Cristo fue muchísimo más que un simple trastrocamiento de la muerte; y realmente tal será el carácter del cuerpo glorificado del creyente. Las Escrituras registran casos de personas muertas que fueron restauradas a la vida para morir otra vez (véanse 2 R. 4:32-35; 13:21; Mt.9:25; Jn.11:43; Hch.9:36-41; 14:19,20). Uno solo necesita recordar los cuatro grandes cambios presentados arriba, según 1 Corintios 15:42-44, para estar seguro que una resurrección diferente en forma espera el cuerpo del hijo de Dios que ha muerto, muy distinta de cualquier restauración que jamás se haya hecho en la historia humana. El cuerpo transformado y resucitado tendrá poder sin límite y gloria infinita, y será eterno en duración.

Todo esto se asegura por las promesas infalibles y por los derechos incomprensibles mediante la identificación con el Salvador glorificado. Estando en Cristo, y por tanto poseyendo todos los valores de su muerte y resurrección tan completamente como dichos valores hubiesen sido poseídos por uno que realmente hubiera muerto en la muerte de Cristo y que realmente se hubiera levantado en su resurrección, no hay nada ilógico en la declaración de que el cuerpo también aun será levantado y cambiado para ser semejante a su cuerpo glorioso(Fil.3:20,21).

El Apóstol escribe en Romanos 8:23 de la "redención de nuestro cuerpo."Esta frase evidentemente encierra la metamorfosis que será lograda , ya por vestirse de lo incorruptible o bien por la inmortalidad. Esta verdad con respecto a la redención del cuerpo va muy paralela a la doctrina de la resurrección, sin embargo esperan el día en que sus cuerpos serán redimidos – de igual manera, los que ahora son resucitados con Cristo, esperan ser cambiados o resucitados.

CONCLUSION

Al concluir esta sexta figura de la relación entre Cristo y la Iglesia, puede decirse que se ha tomado gran espacio para este aspecto de la verdad en vista del hecho que abarca la doctrina de la posición del creyente en Cristo como la nueva Cabeza federal, la doctrina de la resurrección de Cristo, y la doctrina de la resurrección o traslación de todos los que están en Cristo. Estos son grandes y distintivos principios cristianos que lógicamente aparecen en este punto en un sistema ordenado de la teología.

CAPITULO VI

SIETE FIGURAS QUE PRESENTAN LA RELACION DE LA IGLESIA CON CRISTO (VII)

EL ESPOSO Y LA ESPOSA

Esta figura es la última de las siete que nos hablan de la relación entre Cristo y la Iglesia. Desde ciertos puntos de vista es distintiva, y puede desarrollarse notando los siguientes puntos: (1) el tipo en contraste a Israel, (2) es como un bosquejo del amor de Cristo que sobrepuja todo conocimiento, (3) como una garantía de la autoridad del esposo, (4) como una revelación de la posición de la esposa sobre todos los seres creados, (5) como una seguridad de gloria infinita, (6) los tipos de la esposa y, (7) el significado de esta figura.

Es evidente que la mayoría de estas distinciones son anticipaciones de las realidades que se gozarán en las edades venideras. En este respecto esta figura cumple con un propósito específico e introduce contemplaciones en las cuales ningún hombre puede entrar completamente, sea para entenderlas o expresarlas. Este estudio seguirá el orden general de los tópicos indicados arriba.

I. SU CONTRASTE CON ISRAEL

La fuente constante de errores doctrinales mediante una confusión de verdades tocante a Israel con verdades que se refieren a la Iglesia no es menos evidente en esta figura que en los casos anteriores. De una de las inexactitudes de ese infatigable estudiante y letrado, Dr. Ethelberto W. Bullinger – cuyo error, juntamente con otros, él se retractó antes de su muerte – era esa teoría de que Israel es la Esposa de Cristo, mientras que la Iglesia es su cuerpo. Sostenía su teoría con el argumento que la Iglesia no podía ser a la vez dos cosas, el Cuerpo y la Esposa; mientras que, como se ha visto, la Iglesia está relacionada a Cristo por siete simbolismos, todos no sólo son reales, sino que son necesarios, si ha de conocerse la extensión de esta relación. También ya se ha indicado que hay en la relación de Israel a Jehová una verdad que forma un paralelo a lo que pudiera revelarse con respecto a Cristo y la Iglesia. La figura del Esposo y la Esposa no es una excepción. En una nota al pie de la página 200 de su libro *El Príncipe que Vendrá* (segunda edición) él escribió: "En las Escrituras, la Iglesia de esta dispensación está simbolizada como el cuerpo de Cristo, nunca como la Esposa. Desde la conclusión del ministerio de Juan Bautista la Esposa nunca se menciona sino hasta que ella aparece en Apocalipsis (Jn.3:29; Ap.21:2,9). La fuerza de 'sin embargo' en Efesios 5:33 depende del hecho que la Iglesia es el *cuerpo* no la Esposa. La relación terrenal se ajusta de una manera diferente por una norma celestial. El marido y la esposa *no* son un cuerpo, pero Cristo y Su Iglesia sí son un cuerpo, por tanto el hombre debe amar a su esposa 'como a sí mismo'." Cada uno de estos argumentos puede refutarse fácilmente. (1) Si Israel es la Esposa, entonces Israel debe ocupar el cielo en vez de la tierra y sobrepujar a la Iglesia en excelencia, aunque no tenga la estructura doctrinal en que apoyarse, tal como está revelado con respecto a la Nueva Creación, para sostener esa posición superior. (2) No es extraño que no se refiera a la Iglesia con más frecuencia como la Esposa, ya que no llega a ser la Esposa sino hasta que llegue a la gloria; y seguramente no hay pasaje bíblico que presente a Israel como la Esposa, ya sea ahora o en cualquier otra época. (3) Que el esposo y la esposa son "una carne" es la equivalencia – dentro la latitud de un símbolo – de la idea de un cuerpo.

Un paralelo entre la Iglesia como la Esposa, e Israel en su relación a Jehová, se ve en el hecho de que de Israel se dice ser la esposa apóstata de Jehová, que será restaurada en el futuro. Seguramente se obtiene una gran diferencia entre una virgen desposada (2 Co.11:2) y una esposa repudiada. Los pasajes bíblicos que sostienen la verdad de que Israel es la esposa de Jehová son: "Porque tu marido es tu Hacedor; Jehová de los ejércitos es su nombre; y tu Redentor, el Santo de Israel" (Is.54:5); "Dicen: Si alguno dejare a su mujer, y yéndose ésta de él se juntase a otro hombre, ¿volverá a ella más? ¿No será tal tierra del todo amancillada? Tú, pues, has fornicado con muchos amigos; más ¡vuélvete a mí! , dice Jehová. . . Convertíos, hijos rebeldes, dice Jehová, porque yo soy vuestro esposo; y os tomaré uno de cada ciudad, y dos de cada familia, y os introduciré en Sion. . . Pero como la esposa infiel abandona a su compañero, así prevaricasteis contra mí, oh casa de Israel, dice Jehová" (Jer.3:1,14,20); "Porque está escrito: Regocíjate, oh estéril, tú que no das a luz; prorrumpe en júbilo y clama, tú que no tienes dolores de parto; porque más son los hijos de la desolada, que de la que tiene marido" (Gá.4:27).

Se añaden a éstos otros dos pasajes que son demasiado largos para citarlos aquí, que son: Ezequiel 16:1-59 y Oseas 2:1-23. El primer pasaje es el humillante repudio de Jehová a la nación con quien El hizo pacto y a quien ha hecho Suya propia (vs.8,59); sin embargo, Israel será restaurado (vs.60-63). Semejante a éste en Oseas 2:1-23, se describe otra vez el repudio de Israel por parte de Jehová y el profeta es designado para representar en su propio hogar la situación de

Jehová en relación a su esposa apóstata, y como una lección objetiva a Israel. La importancia de estos pasajes no debe menospreciarse. Hay varios pasajes en el Nuevo Testamento que merecen consideración específica:

Juan 3:29. "El que tiene la esposa, es el esposo; más el amigo del esposo, que está a su lado y le oye, se goza grandemente de la voz del esposo; así pues, este mi gozo está cumplido".

Tal es el testimonio de Juan el Bautista, el más grande de todos los profetas y quien tuvo la relación más inmediata a Cristo; sin embargo, renuncia para sí un lugar en relación a la Esposa de Cristo. Lo que él demanda se describe bien por el Dr. Marvin Vincent, de la siguiente manera: "Amigo del esposo. El encargo de la boda. La expresión era propia de Judea, porque en Galilea no se acostumbraba tener a un amigo del esposo en la boda. En Mateo 9:15 leemos '¿Acaso pueden los que están de bodas tener luto entre tanto que el esposo está con ellos?' (véase Mr.2:19). En Judea hubo dos encargados, uno para el novio y otro para la novia. En la boda ellos ofrecían los regalos, servían a la novia y al novio, y los atendían hasta llegar a la cámara matrimonial. Era el deber del amigo del novio presentarle a la novia, después del servicio matrimonial para mantener relaciones propias, y especialmente para defender la buena fama del novio. . . El Bautista se representa a sí mismo como el que mantiene esa relación con Jesús" *(Word Studies in the New Testament,* II, 105-6).

Romanos 7:4. "Así también vosotros, hermanos míos, habéis muerto a la ley mediante el cuerpo de Cristo, para que seáis de otro, del que resucitó de los muertos, a fin de que llevemos fruto para Dios".

Si bien es cierto que el pasaje se refiere sólo al individuo en su primera aplicación, sin embargo, revela la verdad primordial de una unión íntima entre Cristo y los creyentes que integran la Iglesia.

2 Corintios 11:2. "Porque os celo con celo de Dios; pues os he desposado con un solo esposo, para presentaros como una virgen pura a Cristo".

Muchas veces las palabras que los traductores agregan, con la intención de aclarar mejor el pensamiento, sólo debilitan el mensaje del texto. Lo que el Apóstol literalmente dijo es, *que yo pueda presentar una virgen casta a Cristo.* Seguramente él no está pensando en Israel.

Gálatas 4:19-31. En este pasaje el Apóstol trata de diferenciar los hijos de Agar de los hijos de Sara. Los hijos de Sara fueron la ejecución de una promesa y por tanto, libres. Es una verdad que los hijos de Agar no representan ningún propósito más allá de lo que fue dado a Abraham (Gn.17:20), y que los hijos de Israel son del linaje de Sara; pero como una ilustración de dos grupos – uno bajo la ley – y el otro libre de la ley – estas dos mujeres son simbólicas. Se llega a esta conclusión por el hecho de que Agar era una esclava, por tanto, representa a los Israelitas bajo la ley. Sara era libre y representa a aquellos que han sido hechos libres por medio de Cristo (Gá.5:1-4). Israel siempre está bajo la ley cuando Jehová trata con ellos nacionalmente, aun en la edad venidera del reino (véase Dt.30:8). La esposa de un monarca no puede estar sujeta bajo las leyes gubernamentales más que el mismo rey. Hacer de Israel la Esposa es elevar a Agar al puesto que le corresponde a Sara. Sólo la Iglesia ha sido hecha libre de la ley.

Efesios 5:25-33. "Maridos, amad a vuestras mujeres, así como Cristo amó a la iglesia, y se entregó a sí mismo por ella, para santificarla, habiéndola purificado en el lavamiento del agua por la palabra, a fin de presentársela a sí mismo, una Iglesia gloriosa, que no tuviese mancha ni arruga ni cosa semejante, sino que fuese santa y sin mancha. Así también los maridos deben amar a sus mujeres como a sus mismos cuerpos. El que ama a su mujer, a sí mismo se ama. Porque nadie aborreció jamás a su propia carne, sino que la sustenta y la cuida, como también Cristo a la iglesia, porque somos miembros de su cuerpo, de su carne y de sus huesos. Por esto dejará el hombre a su padre y a su madre, y se unirá a su mujer, y los dos serán una sola carne. Grande es este misterio; mas yo digo esto respecto de Cristo y de la iglesia. Por lo demás, cada uno de vosotros ame también a su mujer como a sí mismo; y la mujer respete a su marido".

Indudablemente la discusión sobre la teoría de Israel como la esposa gira alrededor de este pasaje bíblico más que sobre cualquier otro. El Señor Roberto Anderson, citado arriba, afirma que la fuerza de la frase "por lo demás" en Efesios 5:33, depende del hecho de que la Iglesia es el *cuerpo* no la Esposa; pero cada afirmación en este largo contexto se refiere a la relación que existe entre el esposo y la esposa, ilustrando así la unión entre Cristo y la Iglesia. En la introducción del tema, donde es natural que se anuncie el asunto, el mandamiento a los maridos es que amen a sus esposas como Cristo amó a la Iglesia (v.25). Un lector sin prejuicios difícilmente se impresionaría con la pretensión de que este pasaje bíblico se refiere solo a la relación sugerida por la cabeza y el cuerpo. El Dr. C. I. Scofield proporciona una nota que aclara este tema en su *Biblia Anotada*: "Los versículos 30 y 31 son una cita de Gn. 2:23 y 24, y excluyen la interpretación de que la referencia es a la Iglesia meramente como el Cuerpo de Cristo. Eva fue tomada del Cuerpo de Adán, y él pudo decir: 'hueso de mis huesos, y carne de mi carne'; pero ella también era su esposa, y se hallaba unida a él en una relación por la cual dos seres son hechos una sola carne' (Mt.19:5,6), y de este modo Eva es un tipo muy claro de la Iglesia como la esposa de Cristo" (p. 1212). La única referencia en este contexto al cuerpo se presenta con el fin de afirmar el hecho de que como el hombre por su naturaleza – así como todos – ama a su propio cuerpo, de la misma manera debiera amar a su esposa quien ha sido constituida una parte de su carne por la unión matrimonial. Es significativo que expositores de mérito, casi sin excepción, han interpretado este pasaje como un desarrollo muy completo de la verdad que Cristo es el Esposo y la Iglesia es la Esposa.

Apocalipsis 19:7,8. "Gocémonos y alegrémonos y démosle gloria; porque han llegado las bodas del Cordero, y su esposa se ha preparado. Y a ella se le ha concedido que se vista de lino fino, limpio y resplandeciente; porque el lino fino es las acciones justas de los santos".

Esta escena es en los cielos – donde se celebran las bodas. La Esposa por su ministerio de traer las almas a Cristo se ha preparado. Ella está vestida de ropas blancas y es constituida *justa.* Israel, como una nación, nunca es visto en escenas celestiales, y tampoco como un pueblo, es constituido justo, como lo es la Iglesia. Aunque se llama "una nación santa", esa santidad es relativa en vez de ser absoluta.

Apocalipsis 21:1-22:7; Hebreos 12:22-24. Estos extensos pasajes se citan en este punto únicamente para que sus testimonios sean incluidos con respecto a la nueva Jerusalén y sus habitantes. Puesto que esta ciudad maravillosa es la que 'desciende del cielo' – se menciona tres veces (Ap.3:12; 21:2,10) – bien pudiera indicar que la ciudad no es el cielo de donde procede. Sus habitantes están descritos en Hebreos 12:22-24. Entre todos estos hay una innumerable compañía de ángeles, la congregación (Iglesia) de los primogénitos, los espíritus de hombres justos hechos perfectos, con el Padre y el Hijo. Se ve que la ciudad en grado mayor es cosmopolita, y aparentemente se caracteriza más por la Iglesia que por las demás compañías de criaturas indicadas. Se le conoce por la esposa, "la esposa del Cordero". Si el pueblo terrenal está presente es señalado por la frase, "a los espíritus de los justos hechos perfectos".

Mateo 25:1-13. Este contexto familiar que presenta el propio relato de Cristo en cuanto a los juicios sobre Israel bajo la figura de las diez vírgenes, entra directamente bajo la pregunta acerca de Israel como la desposada de Cristo. La escena está en la tierra y el tiempo es en el regreso de su Mesías en poder y grande gloria cuando tomará el trono de David, y conquistará y juzgará a las naciones (Sal.2:7-9; Is. 63:1-6; Mt.25:1-46; Ap. 19:11-16). Será entonces cuando la nación de Israel será juzgada conforme a sus méritos de entrar a su reino del pacto sobre la tierra. Ya que la realización de estas bendiciones del pacto en el reino ha sido sostenida como un incentivo delante del pueblo a través de sus generaciones, es racional creer que todo Israel será levantado y pasará por este gran tribunal de justicia.

El juicio de Israel se revela en muchas profecías en el Antiguo Testamento, especialmente en Ezequiel 20:33-44 y en Malaquías 3:1-6. El primero de estos pasajes anticipa este gran juicio como determinado por Dios e indica que ocurrirá en el mismo desierto en donde Israel fue detenido cuando volvía de Egipto (v. 35). En este juicio Israel será purificado cuando serán purgados los rebeldes (v. 38). El segundo pasaje – anuncia el mismo juicio final, pero declara que sucederá en conexión y en el tiempo del segundo advenimiento de Cristo. Ambas venidas están en perspectiva en este pasaje (Mal. 3:1-6), como en todas las presentaciones en el Antiguo Testamento, y se contemplan como una gran obra divina. Esta profecía prevé a Juan Bautista, y sin embargo, el juicio real acontecerá en el segundo advenimiento (véase Sal.50:1-7; Mal. 4:1,2).

El pasaje central que presenta el juicio sobre Israel es el que vino de los labios de Cristo y se halla en el discurso del Olivet, Mateo 24:37-25:30. Después de predecir la tribulación venidera (24:9-28) que toca a Israel, el Salvador describe su segunda venida con poder y grande gloria (25:29-31). Amonestaciones a Israel siguen a este pasaje y predicciones respecto a su juicio que tendrá lugar cuando el Rey vuelva. El pasaje que relata la parábola de las diez vírgenes (Mt. 25:1-13) comienza con esta declaración: "Entonces el reino de los cielos será semejante a diez vírgenes que tomando sus lámparas, salieron a recibir al esposo" (v. 1). Manuscritos antiguos – especialmente La Vulgata – agrega las palabras *y la desposada.* Es decir, las diez vírgenes salieron a encontrar al esposo y a la esposa. En esa semejanza, el versículo 10 dice, "Pero mientras ellas iban a comprar, vino el esposo; y las que estaban preparadas entraron con él a las bodas; y se cerró la puerta", debiera añadirse, como algunas traducciones correctas lo han hecho, la palabra *fiesta.* Es decir, aquellas que estaban preparadas entraron a la fiesta de las bodas - no a las bodas, que en realidad ya habrían tenido lugar en el cielo (véase la cena de las bodas del Cordero Ap. 19:9). Las palabras del Señor sobre este mismo tema, registradas en Lucas 12:35-36, arrojan luz sobre todo este asunto: "Estén ceñidos vuestros lomos, y vuestras lámparas encendidas; y vosotros sed semejantes a hombres que aguardan a que su señor regrese de las bodas, para que cuando llegue, le abran enseguida".

Que la palabra *virgen* se refiere a Israel no depende sólo de este contexto. Los 144,000 de Apocalipsis 14:1-5 son vírgenes, según el versículo 4, y en Salmo 45:8-17 en donde se presenta el cuadro de un palacio milenial, se hace el anuncio de aquellos que tendrán el derecho de entrar en él. Entre ellos está incluido el Rey, y a su diestra la Reina – la Iglesia – y hablando de la Reina y sus compañeras, el escritor dice: "Con vestidos bordados será llevada al Rey; vírgenes irán en pos de ella, compañeras suyas serán traídas a tí. Serán traídas con alegría y gozo; entrarán en el palacio del rey" (vs. 14,15). Israel se presenta en la parábola de las diez vírgenes como un pueblo sobre la tierra, y que los dignos entrarán en el palacio, de igual manera se ve a Israel en el Salmo 45 – no como la Reina o la desposada – como compañeras o invitadas de honor en el reino. El término *vírgenes* puede aplicarse con propiedad a un pueblo que está ahora bajo castigo por su infidelidad, pero sólo en el sentido que ellos forman un pueblo redimido y están bajo el propósito inalterable de Dios (véase Ro.11:29).

Estos pasajes bíblicos dan evidencias conclusivas de que la Iglesia es la Esposa de Cristo y que Israel tendrá el puesto de honor en el reino como, según Salmo 45:8-17, "compañeras de la desposada".

II. UN DELINEAMIENTO DEL AMOR DE CRISTO QUE EXCEDE A TODO CONOCIMIENTO

El Apóstol oró para que los santos en Efeso pudieran comprender juntamente con los santos cuál sea la anchura, la longitud, la profundidad y la altura, y de conocer el amor de Cristo, que excede a todo conocimiento (Ef. 3:18,19). Era bien claro al Apóstol que sólo por iluminación divina podría alcanzarse tal conocimiento. Como prólogo a esta petición él había solicitado que ellos estuviesen "arraigados y cimentados en amor". El amor en que debieran estar arraigados y fundados no era un amor débil que estos creyentes pudieran experimentar hacia Dios, más bien era el amor de Dios hacia ellos – ese amor que los escogió, que los predestinó, que los adoptó, que los ha hecho aceptos en el Amado, que los ha redimido, que ha provisto una herencia para ellos, que los ha sellado por el Espíritu, que les dio vida, y que los ha levantado y los ha sentado en lugares celestiales en Cristo Jesús. Estar arraigados y cimentados en tal amor es estar con simpatía y con entendimiento en la revelación inmensurable de ese amor. Así que, también, con esta experiencia de un entendimiento en particular del amor de Cristo que excede a todo conocimiento. En verdad es gráfico el lenguaje usado aquí que asigna a este amor particular las dimensiones del espacio – anchura, longitud, profundidad y altura – pero estas son dimensiones infinitas.

Dos veces en Efesios 5 el Apóstol cita el sacrificio infinito de Cristo como la expresión de amor infinito: "Y andad en amor, como también Cristo nos amó, y se entregó a sí mismo por nosotros, ofrenda y sacrificio a Dios en olor fragante" (v.2); "Maridos, amad a vuestras mujeres, así como Cristo amó a la iglesia, y se entregó a sí mismo por ella; para santificarla, habiéndola purificado en el lavamiento del agua por la palabra, a fin de presentársela a sí mismo, una iglesia gloriosa, que no tuviese mancha ni arruga ni cosa semejante, sino que fuese santa y sin mancha" (vs. 25-27). Es el Buen Pastor que da su vida por las ovejas, y es el privilegio de cada creyente tener un sentimiento íntimo de ese amor de Cristo, que es personal y de carácter ilimitado. El Apóstol podía decir, "el cual me amó y se entregó a sí mismo por mí"(Gá.2:20). El apóstol Juan no podía pensar en una distinción más grande que pudiera identificarlo mejor que el discípulo a quien amaba el Señor. Cuando Jesús lloró frente a la tumba de Lázaro, los judíos dijeron, "Mirad cómo le amaba! " (Jn. 11:36). La misma palabra *amados* como se usa frecuentemente en el Nuevo Testamento – como "hermanos amados por el Señor" (2 Ts.2:13), bien podría considerarse como un precepto, como decir, *Sed objetos de Su amor.* Como un hijo en un hogar normal no lleva la responsabilidad de pagar los gastos que su presencia produce sino cumple con su propósito sublime como el objeto del amor de sus padres, así el creyente es el "amado del Señor". Es cierto que este amor "constreñirá" al que es amado así a prestar un servicio de sacrificio y el creyente deberá amar a Aquel que le amó a él y se entregó a sí mismo por él.

Pero tales manifestaciones son sólo como productos o frutos del infinito amor de Cristo – un amor inmutable e infinito; porque "como había amado a los suyos que estaban en el mundo *(cosmos)* los amó hasta el fin" (Jn.13:1); mas en esta relación no existe fin, y por tanto no hay cesación de Su amor. Aquí entra El Cantar de los Cantares de Salomón con su anuncio del amor que existirá por siempre entre Cristo y la Iglesia. Es este amor incomparable del que el hijo de Dios no puede jamás ser separado. El Apóstol escribe: "Por lo cual estoy seguro de que ni la muerte, ni la vida, ni ángeles, ni principados, ni potestades, ni lo presente, ni lo porvenir, ni lo alto, ni lo profundo, ni ninguna otra cosa creada nos podrá separar del amor de Dios, que es en Cristo Jesús Señor nuestro" (Ro.8:38,39).

III. SEGURIDAD DE LA AUTORIDAD DE LA ESPOSA

En este sentido en que otros ciudadanos son súbditos, la esposa del rey no es súbdita del rey. Como sugiere la palabra *consorte* ella es una co-partícipe en su reino. Ninguna responsabilidad real le es asignada a ella, pero permanece el hecho de que ella está co-gobernando, más bien que siendo gobernada. Esta distinción llega a ser trascendental cuando se reconoce en la relación del Rey de reyes y Su Esposa, la Iglesia. Como la designación de Sacerdote y Rey indica que Cristo reinará así como ejercerá las funciones de sacerdote, así el título "real sacerdocio" aplicado a la Iglesia (1 P. 2:9), clasifica al grupo como co-regentes más bien que como súbditos del Rey. El que la Iglesia reinará está claramente anunciado en Apocalipsis 20:4-6: "Y vivieron y reinaron con Cristo mil años. . . sino que serán sacerdotes de Dios y de Cristo, y reinarán con él mil años".

IV. UNA REVELACION DE LA POSICION DE LA ESPOSA SOBRE TODOS LOS SERES CREADOS

La Iglesia como la Esposa del Cordero – la Segunda Persona de la Deidad – alcanza una posición exaltada por virtud de su majestad infinita que no podría alcanzarse por ninguna criatura de ninguna otra manera. El mismo Señor habla de esta elevación sublime cuando dice: "Y si me fuere y os preparare lugar, vendré otra vez, y os tomaré a mí mismo, para que donde yo estoy, vosotros también estéis"(Jn. 14:3); "Padre, aquellos que me has dado, quiero que donde yo estoy, también ellos estén conmigo, para que vean mi gloria que me has dado; porque me has amado desde antes de la fundación del mundo" (Jn.17:24). El lugar al cual El se refiere se ha preparado de manera especial, como si ningún lugar de gloria ya existentes fuese digno de su Esposa. Un momento de meditación sobre la exaltación del Hijo de Dios y la incomparable realidad de ella en relación al tiempo y a la eternidad, a la tierra y al cielo, a los hombres y a los ángeles, que la Iglesia habrá sido llamada de entre los demás y ha sido preparada sin mancha ni arruga ni cualquier cosa semejante, obliga a llegar a la conclusión que la elevación de la Iglesia es, como la de su Esposo, más sublime que los principados y potestades. De su elevación se ha dicho, "la cual operó en Cristo, resucitándole de los muertos y sentándole a su diestra en los lugares celestiales, sobre todo principado y autoridad y poder y señorío y sobre todo nombre que se nombra, no sólo en este siglo, sino también en el venidero" (Ef. 1:20-21).

V. UNA SEGURIDAD DE GLORIA INFINITA

En relación íntima a la posición alta y santa que como Esposa del

Cordero es otorgada a la Iglesia, está la correspondiente verdad de que ella será glorificada con El en Su gloria. Una ojeada a una concordancia completa revelará el hecho de que una gran cantidad de pasajes bíblicos se ocupa en presentar esta gloria venidera. Mas de ciento ochenta veces se usa esta palabra en el Nuevo Testamento, y una porción grande de las referencias tratan de la gloria de Cristo. Debida consideración deberá prestarse a la gloria que El tuvo con el Padre antes que el mundo fuese (Jn. 17:5), la gloria que según testifica Juan, fue manifestada en la encarnación, es a la gloria de la transfiguración, a la gloria de la resurrección, y a la gloria que ahora El tiene en los cielos (Ap.1:13-18). Cuando se calcula toda esta gloria, no será difícil entender por qué El se llama *el Señor de gloria,* o lo que significa la expresión cuando se dice que El vendrá otra vez con poder y grande gloria. Sin embargo, Aquel que es coronado de gloria y de honra está trayendo muchos hijos a esa gloria (He. 2:9-10). La propia petición de Cristo es que los creyentes vean Su gloria (Jn. 17:24); y el Apóstol afirma que ellos participarán de esa gloria, al escribir: "si es que padecemos juntamente con El, para que juntamente con El seamos glorificados" (Ro. 8:17), y "Cuando Cristo, vuestra vida, se manifieste, entonces vosotros también seréis manifestados con El en gloria" (Col. 3:21).

VI. LOS TIPOS DE LA ESPOSA

Sea que se llamen tipos o solamente eventos análogos, es de poca importancia comparado al hecho de que ciertos matrimonios en el Antiguo Testamento son, cuando se contemplan con devoción, casi inagotables símbolos de la unión entre Cristo y la Iglesia. Al discernimiento natural, los resgistros de varias desposadas del Antiguo Testamento son simples narraciones de amor humano; sin embargo, a la mente iluminada –y esto es cierto en cuanto a toda figura simbólica– todas están llenas de significado espiritual. La historia humana, es en sí una belleza; pero sus alcances en sentido figurado, tienden a descubrir las más profundas realidades de la gracia divina como puede verse esa gracia en la unión entre Cristo y Su Iglesia. El gran campo de figuras y su lugar en la revelación divina no puede presentarse aquí, sino que se dejará para ser considerado después. Podrá observarse, sin embargo que un tipo es una anticipación hecha con propósito divino para ilustrar su antitipo. No es la prerrogativa de la figura establecer la verdad; esa función pertenece al antitipo. Por otra parte, el propósito del tipo, es realzar como una ilustración, la fuerza de la verdad que pertenece al antitipo. El Cordero Pascual, como figura, inunda la gracia redentora de Cristo con rico significado, mientras que la misma redención confiere al tipo tesoros de verdad que nunca serían soñados. En su alcance la figura es una profecía del antitipo, y, siendo designado por Dios, no puede valuarse como una simple especulación. Es una característica vital de la inspiración divina. Es claramente divina en su arreglo e intención. Aquel que declara que cierta cosa es un tipo está obligado inmediatamente a demostrar que las semejanzas son más accidentales, que despliegan un propósito divino. En 1 Corintios 10:11 (griego) hay indicación de que hemos de esperar tales comparaciones importantes.

De las varias uniones del Antiguo Testamento que los hombres defienden como tipos de la Iglesia en su unión con Cristo, aquí se considerarán sólo dos detenidamente. Es razonable suponer que cuando se narra el matrimonio de algún hombre del Antiguo Testamento, siendo él mismo un tipo de Cristo, ese matrimonio bien puede tener algún significado típico. Moisés es un tipo de Cristo como libertador; entonces Séfora su esposa, tomada de los gentiles mientras él vivía lejos de sus hermanos, sugiere el llamamiento de la Iglesia durante el período entre los dos advenimientos de Cristo. David es un tipo de Cristo y, de todas las esposas, Abigaíl es la que mejor ilustra la verdadera desposada. Ella abandonó todo para unirse a David. También Booz es un tipo de Cristo como pariente redentor; entonces Rut, la pobre moabita, cuando descubrió que Booz no descansaría sino hasta que concluyera la redención que haría de ella coheredera de toda su posición y sus riquezas, ella se entregó a sí misma como la amada. Salomón también es un tipo de Cristo, y a pesar de su fracaso, tiene el puesto como el hijo de David, a quien se le dará el reino. De todos los matrimonios de Salomón, la sulamita del libro de Cantares es la que mejor expresa su amor para su novio. La "hija" del Salmo 45 no es un tipo, sino más bien una contemplación previa de la Iglesia "Toda gloriosa . . . en su morada" al estar con el Mesías Rey en el palacio milenial. Las dos esposas que merecen atención específica son:

1. EVA. No se trata de indicar aquí el hecho de que Adán es un tipo de Cristo, aunque, aparte de la verdad de que cada uno de ellos es cabeza de una creación de Dios, todo lo demás entre ellos es contraste. Hay tres pasajes que tienen importancia especial, que son, Romanos 5:12-21; 1 Corintios 15:21,22, y 45-49. El primero de estos pasajes bíblicos traza el contraste entre la ruina que vino a la primera creación por el pecado de Adán y la bendición exaltada que viene a la nueva creación por la muerte y resurrección de Cristo, el Postrer Adán. El segundo pasaje – 1 Corintios 15:21,22 – presenta el contraste entre la vida y la muerte. "Porque así como en Adán

todos mueren, también en Cristo todos serán vivificados." Esta es una referencia, evidentemente, a la universalidad de la resurrección como fue anunciada por Cristo en San Juan 5:25-28, ya que en el texto de Corintios el Apóstol presenta seguidamente la sucesión de resurrecciones que incluye a todos los que vivan sobre la tierra. El tercer pasaje, 1 Corintios 15:45-49, hace el contraste del cuerpo presente – adaptado al alma – con el cuerpo glorioso que tendremos – adaptado al espíritu. Lo único que podría decirse del primer Adán es que *recibió* vida, pero el Postrer Adán es la Fuente de toda vida. Las características sobresalientes de este tipo son, (a) la derivación y (b) la identidad.

(a) Eva fue formada de una herida en el costado de Adán cuando éste fue sumergido en un profundo sueño (Gn.2:21,22), que típicamente sugiere el hecho de que la existencia de la Iglesia ha sido hecha posible mediante la sangre de Cristo que fluyó de Su costado en Su muerte. Se llega aquí al punto apropiado para ver el símbolo de la perla como una representación de la Iglesia (Mt.12:45-46). Así como la perla se forma dentro de la concha de la ostra por la agregación – una formación vital de algo que tiene vida – y, probablemente por una herida causada por la presencia de una substancia irritante extraña, así la Iglesia debe su existencia a esa sangre que derramó el Salvador. Así mismo, aunque la perla es formada en una triple obscuridad, la del lodo en que está enterrada la madreperla, la de la concha misma, y la profundidad del mar, sin embargo como ninguna otra joya, cuando se expone a la luz del sol, tiene poder para captar la gloria irisada de esa luz, así como para reflejar su esplendor. Es así como la Iglesia, aunque está formada en las tinieblas del mundo, cuando llegue a la presencia del Señor, reflejará esa incomparable gloria que pertenece sólo a Cristo.

(b) Así como Adán reconoció a Eva como una parte viviente de sí mismo – "hueso de mis huesos, y carne de mi carne' (Gn.2:23) – de esa manera se anticipa la verdad de que la Iglesia está en Cristo y no tiene existencia propia aparte de El. Cada creyente ha llegado a ser un miembro de esta nueva Cabeza y no conoce ninguna identidad aparte de esa relación.

En el libro *The Brides of Scripture* J. Denham Smith escribe:

"Como de paso permitáseme sugerir que el asunto de la unidad de la Iglesia con Cristo encierra las consecuencias más importantes, no sólo en nuestro juicio espiritual, sino también en nuestros sentimientos morales y en la vida exterior; porque a menos que conozcamos lo que somos y lo que tenemos, no podemos saber cómo vivir. Después de todo lo dicho por aquellos que profesan creerlo, con todo, digo, este asunto se ha entendido muy poco.

Supera toda bendición humana y angelical. Ya estaba en el propósito de Dios

antes de todas las dispensaciones y, según parece, continuará cuando las dispensaciones habrán cesado para siempre (Ef.3:21). En su naturaleza la Iglesia es lo que Cristo es. ¿Puede haber alguna cosa más maravillosa? Nos coloca, como San Pablo dice, ' sobre todo principado, y autoridad, poder y señorío, y sobre todo nombre que se nombra, no solo en este siglo, sino también en el venidero. ' Yo se que puede haber cierto interés, y hasta una ansiedad del corazón, de saber algo de lo que será el reino, o de lo que va incluido en la idea de ser la desposada de Cristo. En esto puede haber bastante de la naturaleza humana. En verdad, el reino y la desposada son amados por el Señor Jesucristo – lo que compró con Su muerte. Pero en vista de la unidad de la Iglesia con Cristo, todo lo demás se funde en Cristo mismo; la Iglesia es como Cristo. Nosotros seremos como Eva era en Adán, ambos sin perder su identidad considerados como una persona; de tal manera que aun después de ser tomada de él, y cuando fue levantada con él, el Señor les llamó a ambos por el nombre de Adán, así como de Cristo y Sus miembros se dice ser ' EL CRISTO ', lo que es EL CRISTO MISTICO. Creo que pocos lo ven así, pues el medio de comprensión respecto a esto es estrecho. Lo que deseamos especialmente aquí es que se interprete bien la palabra de verdad. Consideremos un momento este pensamiento maravilloso: lo que somos en ese sentido en El; sí, el ser uno con El por toda la eternidad; consideremos todas esas ricas bendiciones mencionadas en Juan 17 y en Colosenses y en Efesios, que las palabras no pueden describir; y luego pensemos lo que es un reino. Un reino no es uno con el que lo gobierna; pero la Iglesia, siendo como Cristo es, sí es una con Cristo, reinaremos con El sobre Su reino." 3ra.ed., págs.12-13.

2. REBECA. En contraste que Eva provee acerca del origen de la Iglesia y su unión con Cristo, el tipo o figura que se ve en Rebeca presenta el llamamiento divino y la consumación divina de la Iglesia. Isaac es claramente un tipo de Cristo. El representa al unigénito Hijo de Dios (Gn.22:2; He.11:17), el Hijo del amor del Padre quien fue obediente hasta la muerte, a quien el Padre "no escatimó" (Jn.3:16; Ro.8:32), y quien fue recibido de entre los muertos (He.11:19). En otra conexión y totalmente diferente, Isaac es también un tipo de los hijos espirituales de Abraham (Gn.15:5; Gá.4:28,29). El tipo que Rebeca representa puede verse en los siguientes siete detalles.

a. EL PADRE SE RESPONSABILIZA A FAVOR DE SU HIJO. El Padre, representado en figura por Abraham, se propone conseguir una novia para Su Hijo, como en Mateo 22:2, donde leemos que un rey hizo fiesta de bodas para su hijo. Ese poder determinante de Dios se ve en San Juan 6:44, donde está escrito:"Ninguno puede venir a mí, si el Padre que me envió no le trajere; y yo le resucitaré en el día postrero'"

b. EL PADRE ENVIA AL SIERVO DE SU CONFIANZA. En vista del hecho de que ningún nombre del Espíritu Santo se revela en la Biblia, además de los títulos descriptivos, es significativo que el nombre del siervo de Abraham, quien hizo el viaje para conseguir la esposa de Isaac no se menciona en esta ocasión. La responsabilidad señalada a este siervo era de proporciones inmensas. No sólo significaba un viaje peligroso de muchas semanas, sino la gran responsabilidad de conseguir esposa para un príncipe. Si hubiera sido guiado por la sabiduría humana, los resultados, cuando mucho, no podrían haber sido más que accidentales. El siervo de confianza tipifica al Espíritu Santo que está ahora en el mundo, quien con infinita sabiduría está llamando de entre los hombres a la Esposa del Cordero.

c. LA ELECCION SE NOTA EN EL ESCOGIMIENTO DE UNA EN PARTICULAR. Muchas jóvenes salieron para sacar agua (Gn.24:13), pero sólo una es escogida, y fue escogida con todo el respeto a su propia voluntad en el asunto (Gn.24:5-8). No podía haber ningún fracaso en conseguir a Rebeca para ser la esposa de Isaac. Todo el programa de Dios para Israel está involucrado; sin embargo no se le obliga en lo más mínimo y ella es escogida precisamente como había sido la determinación de la voluntad divina.

d. LA FE DE REBECA. La manifestación de la fe de esta joven es similar y casi igual a la fe de Abraham, quien hizo ese mismo viaje cuando Dios le llamó, dejando su tierra natal. Ninguna propuesta de menos atracción podría hacerse que pedirle a una joven abandonar su hogar para nunca volver, e ir con un siervo que ella no conocía, y casarse con un hombre a quien nunca había visto. A ella le fue anunciado un evangelio por el siervo, quien describió al príncipe Isaac con todas sus riquezas. A todo esto ella respondió, "Sí, iré" (Gn.24:58), y estas palabras anticipan el significado de las palabras de Pedro, "a quien amáis sin haberle visto" (1 P.1:8). ¡Qué perfección se revela en Génesis 24:16!

e. LA ANTICIPACION DE LAS RIQUEZAS DE ISAAC. Los adornos de oro (Gn.24:22,30,47) sólo eran una muestra anticipada de las riquezas de Isaac, de cuyas riquezas ella participaría en su totalidad. Así mismo, esas bendiciones del Espíritu que el creyente recibe ahora, se nos dice que son las arras de la gloria que vendrá (2 Co.1:22; Ef.1:14).

f. EL VIAJE. Para cada hijo de Dios hay un camino de peregrinación que debe seguir, que se extiende desde el punto de la fe salvadora en Cristo hasta el momento de su encuentro con El en el aire. La muerte no es la experiencia normal, aunque quizá sea la expresión común y aun universal hasta el presente. La esperanza del creyente es que él pueda encontrarse con su Señor en el aire sin pasar por la muerte (1 Co.15:51,52; 1 Ts.4:13-18). En este camino del peregrino la obra del Espíritu es revelar las cosas de Cristo a los santos que están atentos a Su voz (Jn.16:13-15; 1 Co.2:9-12). Sin duda todo esto fue la experiencia de Rebeca. Largos días y aun semanas fueron necesarias en ese viaje, pero fueron horas maravillosas para la que escuchaba la verdad acerca de su amado que le describía fielmente el siervo.

g. LA UNION. No era una simple casualidad que Isaac estuviese caminando en el campo en meditación, ni que Rebeca levantara los ojos y exclamara, "¿Quién es este varón que viene por el camino hacia nosotros? ", o que el siervo dijera, "Este es mi Señor". Tal será el testimonio culminante del Espíritu al corazón del creyente cuando él vea a su Señor, "Es mi (y tu) Señor" (Gn.24:62-67). Citando una vez más a J. Denham Smith:

"Pero, ¿qué de Isaac? El había estado mientras tanto sólo pasivo – esperando el resultado; como nuestro Señor que vendrá, quien todos estos siglos ha estado en la presencia del Padre esperando el resultado. Cuando el Espíritu (tipificado por Eliezer), quien es el gran recogedor de almas, haya hecho su obra presente, Cristo volverá. Es aquí donde nuestra narración divina se profundiza en interés; porque ' el alba empieza a clarear, y las sombras se ahuyentan. ' Isaac ha venido; está en plena libertad, meditando dulcemente sin la menor preocupación.

No fue en su hogar donde la conoció por primera vez, ni tampoco fue en el hogar que ella había dejado atrás. Su lugar de encuentro fue en la quietud del campo, y en la hora quieta del atardecer – propio para la escena. Isaac venía del pozo Lahai-roi, es decir, ' la presencia de Aquel que vive y ve '. El vino solo, como para disfrutar de un gozo sin perturbación al encontrarse con ella quien, él sabía, había dejado todo por él. El vino al caer de la tarde, cerca de la noche del mundo; pero para ella fue como una mañana de gozo. Ella tenía un velo, con el que se había cubierto –ocultándose de la presencia de Cristo. Ahora ¡contémplese esto! Ella se baja del lomo del camello . Ya se puede entender: ¡No más de ese escabroso camino del desierto! Ya no hay más pasos peligrosos y jornadas cansadas. Ese ansiado momento de descanso y gozo ha llegado. ¡Qué encuentro! ¡Cómo se atrajeron afectuosamente! , pues ahora ' la trajo Isaac a la tienda de su madre Sara, y tomó a Rebeca por mujer, y la amó; y se consoló Isaac después de la muerte de su madre '. ¡Cuán sugestivo es todo esto! Porque ahora es el atardecer del mundo, y nuestra ' noche está avanzada, y se acerca el día '; ' porque ahora está más cerca de nosotros nuestra salvación que cuando creímos ' (Ro. 13:11). Y ¡qué realidad comunica esto a nuestras esperanzas cuando nos damos cuenta de que Aquel que fue una vez nuestro Salvador aquí, vendrá otra vez a nosotros, como El dijo: ' Vendré otra vez y os tomaré a mí mismo, para que donde yo estoy, vosotros también estéis ' (Jn.14:3)! ¡Cuán glorioso será el ser llevados al hogar! Entonces el será visto, no en Su propio hogar, ni tampoco aquí abajo en el desierto donde estamos nosotros ahora, sino en los cielos siderales, como la Estrella de la Mañana, para anunciar el fin de esta larga noche de nuestra separación y muerte. La Estrella de la Mañana es esa lumbrera que siempre precede a la salida del sol; se divisa allá sobre el horizonte, pero no en los altos cielos. Así que de esa manera, el Señor cuando venga descenderá del cielo al aire, y nosotros que estemos vivos y que hayamos quedado, juntamente con aquellos que duermen en Jesús, seremos arrebatados para encontrarle en el aire. De allí El nos llevará a la casa del Padre, y luego volverá con nosotros para gobernar sobre Su reino, y para siempre estaremos con el Señor. Y entonces nosotros también descansaremos de todas las penas, de todo sufrimiento y del pecado; y de nosotros mismos, ya que tenemos en nosotros la maligna raíz del pecado, y este corazón de incredulidad. Descansaremos del último pesar, del último dolor, y de la última tristeza." – *Op. cit.*, págs.36-38.

VII. EL SIGNIFICADO DE LA FIGURA

El simbolismo del Esposo y la Esposa tocante a Cristo en Su relación con la Iglesia nos habla de Su amor eterno que excede a todo conocimiento, de la unidad entre El y la Iglesia, y de la autoridad y posición que serán concedidas a la Iglesia en la edades venideras. Características de la verdad muy importantes son tipificadas en la relación de la esposa que no podrían ser representadas de ninguna otra manera. Mucha bendición divina está determinada para Israel, todo lo cual ha sido predicho en sus pactos y profecías; pero ningún pacto o profecía lleva a esa nación a una ciudadanía celestial o a una unión con Cristo mediante las bodas.

CONCLUSION

En la consumación de este análisis de la doctrina Paulina de la Iglesia – la que justamente aparece como la característica más sobresaliente de la Eclesiología Bíblica – podría reafirmarse que, como ya se ha demostrado, hay, en la familia humana, tres divisiones durante la edad presente: el gentil, el judío y el cristiano. Hay un propósito terrenal claro para el judío que revela al judísmo, y así un claro propósito celestial para los creyentes – es decir, la Iglesia – que revela al cristianismo. La Iglesia está relacionada con Cristo en varias maneras que están compendiadas en siete figuras, de las cuales dos son eminentes, que son: la Nueva Creación cuya Cabeza es el Cristo resucitado, y luego, el Esposo y la Esposa. La Iglesia es una compañía elegida, llamada de entre los judíos y los gentiles, y que estará eternamente con Cristo en Su gloria sublime.

CAPITULO VII

LA IGLESIA ORGANIZADA

La manera en que la gente de todas las generaciones se ha asociado en íntima relación dentro de la iglesia, con sus persecuciones, sus conflictos, y sus beneficios, constituye un capítulo en la historia de los mil novecientos años segundo en importancia sólo al progreso del gobierno sobre la tierra. En realidad ya por el siglo cuarto la iglesia había apropiado los ideales israelitas del Antiguo Testamento, de un mundo conquistado, con el poder del Mesías llegando a ser universal, de tal manera que sus dirigentes soñaron de un gobierno estatal bajo la autoridad de la iglesia; y Roma perpetúa ese ideal hasta el día de hoy. Una modificación de este ideal de autoridad gubernativa se introdujo por el protestantismo en la forma de la teoría postmilenial. Esta teoría propuso un gobierno mundial por la iglesia, pero mediante empeños de influencias espirituales, que después de un milenio de triunfo cristiano sobre las fuerzas malignas concluiría con la venida del Señor. El progreso de una supuesta transformación mundial por la influencia espiritual de la iglesia se ha encontrado con tantos descalabros y ha resultado tan sin base que la idea del postmilenialismo es cosa muerta; no tiene ahora un defensor vivo y sólo quedan indicios de tales nociones en muy escasa literatura que produjo anteriormente. Ese tremendo fracaso de la iglesia para convertir, o siquiera convencer, al mundo, basta para sugerir a la mente cándida que Dios nunca señaló a la igleisa la tarea de salvar al mundo; más bien había de servir como testigo al mundo con el fin de que la compañía elegida pudiera ser sacada de ese mundo. Cierta clase de guía en la iglesia ha manifestado una evidente inconsecuencia al afirmar que Cristo murió sólo por los elegidos y que nadie podría ser salvo fuera de este grupo limitado, pero que la iglesia, de todas maneras, fué comisionada para salvar al mundo hasta el último habitante de la tierra.

No se podrá hacer mucho progreso en el estudio de la Eclesiología a menos que la Iglesia que es un organismo se distinga de la iglesia que es una organización. Un organismo se constituye como tal por el hecho de que posee una sola vida a través de todas sus partes – así como el cuerpo humano – pero una organización bien podría ser solamente una coordinación de partes totalmente independientes pero unidas para una acción. La iglesia organizada está limitada a personas vivas de su generación, sin ninguna fuerza mayor para conseguir la unidad más que artículos acordados sobre ciertos tópicos religiosos y sin la seguridad de que todos los que la integran son salvos, mientras que la Iglesia que es un organismo incluye a todos los creyentes – nada más y nada menos – de todas las generaciones en esta edad presente, y cada uno que es salvo, para siempre es perfeccionado en Cristo. No hay práctica más confusa en el campo general de la Eclesiología que la de aplicar a la iglesia organizada y visible esos pasajes bíblicos que pertenecen a la verdadera Iglesia, la Esposa de Cristo. Esta inexactitud es aparente cuando un pasaje como Efesios 5:25-27 se aplica a la iglesia visible con su enorme porcentaje de personas no regeneradas dentro de su redil. Este error lo cometen fácilmente los que no comprenden el vasto campo de verdad que hay en el Nuevo Testamento con respecto a la Iglesia, el cuerpo de Cristo.

En el Nuevo Testamento se reconoce la iglesia organizada. Una iglesia existía dondequiera que un grupo de creyentes se reunía en los lazos de la comunión espiritual. Esta reunión de los cristianos revela el significado fundamental del nombre *iglesia* con que ellos eran identificados. Los que formaban ese grupo habían sido llamados del mundo. Había en aquel entonces ventajas notables como las hay ahora en la convocación de los creyentes. El escritor a los Hebreos exhorta, "... no dejando de reuniros, como algunos tienen por costumbre" (He.10:25).

Es evidente que el propósito divino incluía algo de organización en las iglesias ya que se dan los nombres de los oficiales y se definen sus deberes. Estos tenían que ser escogidos con gran cuidado dentro de los hermanos de buena reputación en asuntos espirituales. Sin embargo, no tenemos ningún registro de que hayan inscrito a los miembros de ninguna iglesia, tampoco hay un ejemplo en el Nuevo Testamento de una persona que haya solicitado ser miembro de una iglesia local. Por otra parte, membresía en una iglesia, como se entiende ahora, no es prohibida. Naturalmente, mucho depende de las condiciones que existen en cierto tiempo y en cierto lugar; pero el gran énfasis en el tiempo presente sobre la membresía en una iglesia – casi se iguala a la misma salvación – no tiene base bíblica. Afortunadamente, o desafortunadamente, no tenemos ningún dato de una situación en los días de la iglesia apostólica de que los creyentes hayan llegado a ser numerosos en una localidad que haya sido necesario tener más de una asamblea. Esto facilmente podría haber sucedido en Jerusalén donde grandes multitudes fueron salvadas; pero, si hubiera sido necesario tener dos centros de reuniones, no podría pensarse que los creyentes hubieran centralizado sus afectos en su propio grupo, o que hubieran sido censurados por otros por su falta de lealtad si tenían comunión con los del otro lado. La comunión cerrada que excluía a creyentes de la asamblea es ese pecado sectarista que ha sido reservado para los días luminosos del fin de la edad actual.

En sentido general, la verdad acerca de la iglesia organizada puede dividirse en la siguiente manera: (a) la iglesia como una asamblea local, (b) un grupo de iglesias, y (c) la iglesia visible sin referencia a la localidad.

I. LA IGLESIA COMO UNA ASAMBLEA LOCAL

Los escritores teológicos ponen su principal énfasis en sus enseñanzas sobre la iglesia local. Para ellos la iglesia local organizada constituye la mayor parte, si no todo el tema, de la Eclesiología, y con mucha frecuencia exhiben su sectarismo. Hay que reconocer que la iglesia local suple un campo sumamente limitado cuando se compara con la gran realidad de la verdadera Iglesia; pero, no obstante, su carácter restringido, el día de hoy la iglesia local, casi universalmente constituye la suma y la substancia de la Eclesiología de la cristiandad profesante.

En su significado más sencillo, la iglesia local no es más que la asamblea de creyentes profesantes en una localidad. Puede ser sin ninguna pretensión como "la iglesia que está en su casa" (1 Co.16:19), o podría ser la reunión de vastas multitudes en una gran catedral construida para el propósito. Se emplean sencillas designaciones como: "la iglesia que estaba en Jerusalén" (Hch.8:1), "la iglesia en Cencrea" (Ro.16:1), o "la iglesia de los tesalonicenses" (1 Ts.1:1). Una lectura atenta de los pasajes que se refieren a la iglesia local – que son menos de cincuenta por todos – suplirá en gran parte la base legítima para una comprensión correcta de la importancia bíblica de este aspecto de la Eclesiología (comp. Mt.18:17; Hch.8:1,3; 11:22,26; 12:1,5; 14:23,27; 15:3,4,22; 18:22; 20:17,28; Ro.16:1,5; 1 Co.1:2; 4:17; 6:4; 11:18,22; 14:4,5,12,19,23; 16:19; 2 Co.1:1; Fil.4:15; Col:4,15,16; 1 Ts.1:1; 2 Ts.1:1; 1 Ti.5:16; Flm.1:2; Stg.5:14; 3 Jn.1:6,9,10; Ap.2:1,8,12,18; 3:1,7,14).

A este concepto sencillo de la iglesia los hombres han añadido sus tradiciones – parecidas a las que los gobernantes de Israel impusieron sobre el pueblo en el sistema mosaico (comp.

Mt.15:2,3,6; Mr.7:3,5,8,9,13). No importa cuán sencilla haya sido la idea de la iglesia al principio, ahora se ha ampliado para incluir vastas super-organizaciones, y, como en el caso de Roma y el Concilio Federal de Iglesias (Ahora Concilio Nacional de Iglesias, en Los Estados Unidos – *Nota del traductor*), hay una intención declarada para influenciar al gobierno civil.

Las características importantes que pertenecen a la iglesia local pueden contemplarse bajo cinco aspectos: (1) la iglesia y su doctrina, (2) la iglesia y su servicio, (3) la iglesia y su organización, (4) la iglesia y sus ordenanzas, y (5) la iglesia y su orden.

1. LA IGLESIA Y SU DOCTRINA. El desacuerdo sobre doctrina ha sido casi toda la causa de las divisiones sectaristas con sus trágicas falsas representaciones de ese Cuerpo que es uno, del cual Cristo es la cabeza, y que débilmente se refleja en la iglesia visible; y aparte de ese Cuerpo la iglesia visible no tiene ninguna razón de existir. No se podría saber cuánto de toda la confusión sectaria y pecado hubieran sido evitados si se hubiera puesto énfasis principal y claro sobre la doctrina paulina de la verdadera Iglesia. El Nuevo Testamento exhorta a la unidad, a una inquebrantable comunión y al amor fraternal; pero estas cosas han sido descuidadas y rechazadas. La obligación de permanecer en comunión aun cuando se levantan las controversias, se ha abandonado y con frecuencia sobre asuntos sin importancia. Estas diferencias bien podrían haber sido allanadas mediante la oración y con una debida consideración de los derechos de otros; porque todas las separaciones sobre la doctrina se deben a la inconsecuencia de un grupo que piensa tener el derecho de interpretar la Biblia según su propio punto de vista, y que sin embargo, niegan a otros el mismo derecho inherente. Por supuesto que, si se tratara de negar una verdad fundamental, el Nuevo Testamento da las direcciones en el asunto.

Las cuestiones entre los calvinistas y los arminianos en cierto sentido conciernen a factores de importancia sobre la gracia divina; pero los calvinistas están divididos en cuanto a que si hay que usar mucha agua o poca agua para el bautismo, y sobre si cantar salmos o cantar himnos escritos con palabras no directamente de la Biblia, todo esto sin considerar el énfasis que un espíritu sectarista coloca sobre ellos, no debieran ser los motivos de romper la comunión entre los creyentes. Aquellos que promueven tales divisiones cometen el pecado sectarista de dividir el Cuerpo de Cristo. La atrocidad de ese pecado aparecerá cuando los creyentes sean reunidos como un cuerpo en la presencia del Señor donde no se podrá soñar que hayan tales divisiones y donde la mente del creyente estaría concentrada en las cosas que son eternas. Excluir a un creyente porque, según la opinión de alguien, no ha sido bautizado propiamente, o porque él no se limita a los Salmos de David para entonar sus notas de alabanza, sería excluir al ladrón en la cruz que aceptó a Cristo, y hasta donde tenemos la palabra escrita sobre el bautismo, excluir también a los doce apóstoles del Cordero.

No será nada agradable descubrir que mientras se trata de colar el mosquito de cosas de menor importancia en la doctrina, uno se haya tragado el camello de una unidad rota, o mientras se descubre la mota en el ojo de un hermano sobre la manera de practicar la ordenanza, uno ha fallado en echar la viga del propio ojo, que en espíritu negaría a Cristo la contestación de Su oración "que ellos sean una cosa; como tú, oh Padre, en mí, y yo en tí" (Jn.17:21).

Hay un solo conjunto de verdad revelada, que cuando se entiende correctamente enseña un solo sistema de doctrina. Cuando los hombres no están de acuerdo sobre una doctrina es porque uno, o ambos, están equivocados. Frente a esto, Dios ha enviado Su Espíritu en el corazón de los creyentes para guiarlos a toda verdad (Jn.16:13); y si los hombres se hubieran preocupado para conocer la mente del Espíritu acerca de la verdad como está presentada en los oráculos de Dios, no habría sino una sola mente, y esa mente sería la del Espíritu: sin embargo, centenares de sectas contendoras han venido a existir, que en uno u otro grado se caracterizan por la arrogancia o por la satisfacción propia. Es una manifestación de debilidad humana sentir satisfacción en la falta de acuerdo con otros creyentes. Aun los llamados Hermanos Plymouth, un movimiento que comenzó con ideales bíblicos muy altos y con el reconocimiento más completo de los grandes factores que traen la unidad, especialmente del Cuerpo de Cristo que es uno, no se ha podido salvar de muchas tristes divisiones, trayendo tras sí amarguras y conflictos; y tampoco se inclinan estos hermanos a unirse nuevamente cuando reconocen su gran error en las separaciones. La razón para todas las divisiones no se debe a la falta de un claro testimonio en la Biblia, o la falta del ministerio de enseñanza por el Espíritu; ni se debe a la debilidad inherente del hombre; más bien se debe a la falta de espiritualidad entre los del pueblo de Dios – el fracaso en caminar humildemente y en sumisión al Espíritu de Dios ¡Cuan escudriñadoras son las palabras de Filipenses 2:3! – "Nada hagáis por contienda o por vanagloria; antes en humildad estimando cada uno a los demás como superiores a él mismo", y también las palabras de Gálatas 6:1, "considerándote a tí mismo". El verdadero amor fraternal – no da lugar a las separaciones; y cuando los hombres están desunidos y se aseguran a sí mismos de que están contendiendo por una causa justa, debieran contemplar la mayor injusticia del pecado del sectarismo. Los creyentes no fueron designados a la separación, sino para mantener la unidad del Espíritu en el vínculo de la paz (Ef.4:3).

Los himnos de la iglesia generalmente han proclamado la fe del pueblo. Dos hombres escribiendo casi al mismo tiempo han presentado lo que parece ser una contradicción. Sabino Baring Gould (1865) escribió en cuanto a la iglesia:

"Somos sólo un cuerpo
Y uno es el Señor,
Una la esperanza
Y uno nuestro amor."

En 1866 Samuel J. Stone escribió con relación a la misma iglesia:

"Aunque con desdeñosa admiración
Los hombres la contemplan bajo dura opresión,
Por escisiones hecha pedazos,
Por herejías han sido rotos los lazos.. ."

El hecho queda en pie de que ambas declaraciones son la verdad. La verdadera Iglesia no está dividida, tampoco puede dividirse; sin embargo, la iglesia visible ante la manifestación de un ideal de la Biblia, es un esfuerzo arruinado y destrozado.

El remedio para una iglesia dividida no se logra por una sencilla unión de las organizaciones, aunque esa unión daría un aspecto mejor al mundo. El remedio está en la actitud del creyente individual en su amor para todos los demás creyentes, pasando por alto las conexiones eclesiásticas o distinciones de razas. Este es el efecto normal de uno que está caminando en el Espíritu. El Apóstol Juan declara: "Nosotros sabemos que hemos pasado de muerte a vida, en que amamos a los hermanos" (Jn.3:14), y "Amados, amémonos unos a otros; porque el amor es de Dios. Todo aquel que ama, es nacido de Dios, y conoce a Dios. El que no ama, no ha conocido a Dios; porque Dios es amor. En esto se mostró el amor de Dios para con nosotros, en que Dios envió a su Hijo unigénito al mundo, para que vivamos por él. En esto consiste el amor: no en que nosotros hayamos amado a Dios, sino en que el nos amó a nosotros, y envió a su Hijo en propiciación por nuestros pecados" (1 Jn.4:7-10).

2. LA IGLESIA Y SU SERVICIO. Intrínsecamente ninguna responsabilidad o servicio se impone sobre la iglesia. El servicio, como los dones del Espíritu por quien se efectúa el servicio es individual. No es posible que fuera de otra manera. La frase común, "la tarea de la iglesia" es, por tanto, sin fundamento bíblico. Es solamente cuando los individuos sienten la responsabilidad personal y piden el poder divino, cuando se hace la obra cristiana. Por otra

parte, no hay ninguna palabra escrita que por implicación estorbara a los creyentes el asociarse por una causa común que por conveniencia podría considerarse a la luz de un resultado unido. Sobre la misión de la iglesia visible, el Dr. C. I. Scofield escribe: "Mucho se ha dicho sobre la 'misión de la iglesia'. La Iglesia que es su cuerpo tiene por misión edificarse a sí misma hasta que el cuerpo esté completo (Ef.4:11-16; Col.1:19), pero propiamente a la iglesia visible, *como tal*, no se le ha encargado ninguna misión. La comisión de evangelizar al mundo es personal, y no colectiva (Mt.28:16-20; Mr.16:14-16; Lc.24:47,48; Hch.1:8). Hasta donde las Escrituras nos presentan la parte histórica, la obra de evangelización fue hecha por individuos llamados directamente por el Espíritu para esa obra (Hch.8:5,26,27,39; 13:2, etc.). Las iglesias (Fil.4:15) e individuos (Hch.16:14,15; Ro.16:6,23; 2 Ti. 1:16,17) ayudaron en la obra de estos hombres, pero no hay vestigio de una responsabilidad colectiva impuesta sobre la iglesia. Sin duda que el Espíritu puede llamar a una iglesia a 'separar' a individuos para esa obra, como se hizo en Antioquía (Hch.13:1-3)" (Curso Bíblico por Correspondencia, III,431).

3. LA IGLESIA Y SU ORGANIZACION. Existen tres principios generales en un gobierno, sea esto en la iglesia o en el estado. Así en el campo del gobierno de la iglesia hay: (1) gobierno episcopal, que está representado por los episcopales y por los miembros de la denominación conocida como Metodista Episcopal; (2) la forma representativa de gobierno, representado por las iglesias reformadas, que se gobiernan por juntas colegiadas; y (3) la congregacional, clasificación que incluye a todas las iglesias denominacionales e independientes que se rigen directamente por la congregación. Entre estas últimas están las iglesias Congregacionales, las Cristianas y las Bautistas.

Toda autorización para un gobierno en la iglesia debe hallarse en las Espístolas del Nuevo Testamento, y toda regla existente para la iglesia afirmará que su procedimiento es justificado por las Escrituras. Este hecho sirve para enfatizar la verdad de que el gobierno de la iglesia es puramente una conveniencia que sirve para un propósito limitado. El error comienza cuando por la misma dirección de los ministros, los miembros llegan a considerar a la organización o secta ser el factor principal en la vida de la iglesia. Nace la impresión de que la lealtad a una iglesia en particular es de primer orden, que excede en importancia a los asuntos de la sana doctrina, o a la vida consagrada a Cristo. Cada secta insiste en publicar su propia literatura, dirigir sus propias misiones, no proveer a sus miembros ninguna otra información relativa a la obra cristiana dentro o fuera del país, sino la que se relaciona a esa denominación, insiste en educar y conferir las órdenes sagradas a sus propios ministros, y en llamar a sus púlpitos solamente a los que sólo han sido instruidos en las doctrinas que dan al grupo las características distintivas. Fuera de las ventajas limitadas que pueden aseverar que tiene este procedimiento, hay, sin embargo, un desarrollo constante de ese pecado sectarista y una negligencia siempre presente, si no una resistencia, a la verdad gloriosa de la unidad y comunión de un cuerpo, como es el de Cristo.

Una organización es el primer paso de sabiduría para un grupo de personas asociadas entre sí para una causa común; pero una organización es para un propósito, y por tanto, no es el propósito en sí. El sectarismo tiende a descuidar el propósito – lo que da la razón de ser a toda iglesia digna del nombre – y aumentar la organización.

4. LA IGLESIA Y SUS ORDENANZAS. Generalmente se ha convenido que son dos las ordenanzas específicas que se han confiado a los creyentes que mantienen comunión en la iglesia – el bautismo ritual y la cena del Señor.

5. LA IGLESIA Y SU ORDEN. En su Curso por Correspondencia, el Dr. C. I. Scofield escribe en forma extensa sobre las funciones de la iglesia organizada:

"La historia del desarrollo de la iglesia local se conoce por inferencia de los libros de los Hechos y de las Epístolas. Teniendo esto, dos errores de los hombres acerca del orden de la iglesia, son refutados de una vez. El primero de ellos es en cuanto a la noción de que las iglesias apostólicas locales fueron formadas siguiendo la organización de las sinagogas. Sin duda hay ciertas semejanzas que pueden trazarse, así como la sinagoga misma tiene sombras de semejanzas a las prácticas del Israel antiguo. Pero la organización de la sinagoga era bien conocida por la iglesia de Jerusalén, y sin embargo, la iglesia contaba con los miles de creyentes antes que hubiera aun la más rudimentaria organización; cuando al fin, la obra de la administración de la caridad de la iglesia vino a ser una carga superior a la posibilidad de los apóstoles, dijeron: 'Buscad, pues hermanos, de entre vosotros a siete varones de buen testimonio,' etc., no basados sobre una analogía de la sinagoga, sino sobre la razón del asunto (Hch.6:1-4). El segundo error es que Los Hechos y las Epístolas contienen tal doctrina acerca de la organización de la iglesia que se constituye en una regla de obligación, un nuevo y rígido Levítico. Un grupo de creyentes, por ejemplo, declaran que como los discípulos en Troas se reunieron en el primer día, de la semana para partir el pan, es ley que todos los discípulos en todas partes debieran reunirse cada primer día, día del Señor, para ese propósito. ¡Esto es seguramente una amplia generalización de un solo suceso! Lo que parece ser claro al considerar todos los pasajes es que de manera gradual la organización de la iglesia local fue incluyendo ancianos y diáconos. 'Obispos' y 'ancianos' parece ser idénticos (Tit.1:5, comp. v.7). Debe también añadirse que, tanto el servicio de ancianos como el diaconado fueron plurales en las iglesias apostólicas. No tenemos ningún ejemplo de un solo anciano en una iglesia local. Las funciones de los ancianos eran (1) gobernar (1 Ti.3:4,5; 5:17); (2) guardar la verdad revelada de la perversión y del error (Tit.1:9); (3) vigilar la iglesia así como ve el pastor por sus ovejas (Hch.20:28), en donde 'apacentar' literalmente significa 'atender como un pastor' (comp. Jn.21:16; He.13:17; 1 P. 5:2). Los ancianos fueron (1) ordenados (del Griego, *cheirotoneo,* que puede significar, ' crear o nombrar por medio de votación, ' o ' elegir, nombrar, crear, ' *Thayer*) por los apóstoles (Hch.14:23); o (2) ellos recibieron un reconocimiento (u ' ordenación ') por los hombres nombrados por un apóstol (Tit.1:5); o (3) fueron hechos cuidadores por el Espíritu Santo (Hch.20:28), una expresión que no se explica, a menos que esa explicación esté en la frase de Pedro (1 P.5:2), ' cuidando de ella '; en tal caso podría significar que los ancianos de Efeso poseían evidentemente el don de gobernar (l Co. 12:28), y de la calificación que se define después en las Epístolas a Timoteo y a Tito que sin la nota o el nombramiento apostólico ellos ' tomaron ' la responsabilidad de cuidar. Eso, como una interpretación, parece forzada, y se expone a la objeción de que tal práctica llenaría el cuerpo de ancianos de las iglesias de personas agresivas, llenas de amor propio, que buscan honra para sí. Los diáconos parece que tenían la responsabilidad de llenar el oficio de consoladores y los actos de caridad en vez de tener el puesto con los vigilantes y también de haber sido escogidos por los miembros (Hch.6:1-6; 1 Ti.3:8-13). Debe añadirse que el nombramiento a este puesto en la iglesia apostólica se llevaba a cabo por la imposición de manos de los apóstoles (Hch.6:6; 13:3; 2 Ti.1:6) o del presbiterio o cuerpo de ancianos (1 Ti.4:14). Pero, para una correcta comprensión de la iglesia local del Nuevo Testamento, es sumamente importante reconocer la distinción entre *puesto oficial* y *ministerio.* El primero se alcanzaba por nombramiento, pero el ministrar era por el don del Espíritu. Felipe, uno de los siete primeros diáconos de la iglesia en Jerusalén, es una ilustración suficiente para notar esta distinción. Por *oficio* el era diácono; según el *don* él era un evangelista (Hch.6:5; 21:8). Sin duda el nombramiento al desempeño de un puesto para oficiar en la iglesia, toda vez que las iglesias mantenían su espiritualidad, fue hecho en reconocimiento de los dones espirituales y de gracia que había en los nombrados, pero lo principal es que el ministerio en las iglesias del Nuevo Testamento era completamente libre. Los dones permanentes del ministerio están enumerados en Efesios 4:11: ' Y él mismo constituyó a unos, apóstoles; a otros, profetas; a otros, evangelistas; a otros pastores y maestros. ' Estos, debemos observar, no son dones del Espíritu *a los hombres,* como lo es en 1 Corintios 12, sino que son hombres dotados del Espíritu que El da *a la iglesia.* o como un evangelista, o como un pastor y maestro "sobre ' una iglesia local, aunque las iglesias locales recibieron su ministerio (Hch.11:19-28), y en muchos casos continuamente por varios años. La imposición de manos se hacía, ya para impartir dones espirituales (2 Ti.1:6; 1 Ti.4:14), o apartándolos para un puesto oficial (Hch.6:6). También deberá notarse que, como el ministerio era obra del Espíritu y era libre, así también la dirección en cuanto al lugar, el tiempo y método en el servicio se mantuvo bajo la libre autoridad del Espíritu (Hch.13:1-4; 16:6-10). Sólo queda por mencionar que en el Nuevo Testamento no se conoce ningún sacerdocio sino el sacerdocio de todos los creyentes bajo el Sumo Pontífice que es Cristo; no hay un ' clero ' o cuerpo de ministros como un cuerpo distinto de los que son llamados ' laicos '; tampoco se encuentra una clase de hombres apartados para ministrar el bautismo y la Cena del Señor, aunque sin duda estaría dentro de la libertad del Nuevo Testamento señalar a uno o más para estos propósitos." *Op. cit.,* pp. 428-30.

II. UN GRUPO DE IGLESIAS LOCALES

Un número limitado de pasajes del Nuevo Testamento se refiere a iglesias locales (comp. Hch.9:31; 15:41; 16:5; Ro.16:4; 1 Co.11:16; 14:34; 16:1,19,23,24; 12:13; Gá.1:2,22; 1 Ts.2:14; Ap.1:4,11,20; 2:7,11,17,23; 3:6,13,22; 22:16). Sin embargo, en ninguno de estos pasajes se insinúa que estas iglesias estaban confederadas o bajo la autoridad de un gobierno supremo. Por otra parte, no hay ninguna advertencia contra la federación de iglesias, mientras no se interponga o estorbe la dirección inmediata y directa del Espíritu Santo en la iglesia local. Esta dirección divina es una realidad de inestimable valor, con tal que la iglesia quiera aprovecharse de ella; no obstante, con frecuencia, autoridades no espirituales dominan a la iglesia al grado de excluirla de toda experiencia de la dirección del Espíritu. Así como los detalles en la vida del creyente bajo la gracia quedan bajo la dirección del Espíritu (Gá.5:18), de igual manera detalles en la vida de la iglesia reciben la misma benévola libertad.

III. LA IGLESIA VISIBLE SIN REFERENCIA A LA LOCALIDAD.

Esta distinción se presenta por el uso mismo en el Texto Sagrado; sin embargo, no se necesita darle más que una referencia pasajera (comp. Hch.12:1; Ro.16:16; 1 Co.4:17; 7:17; 11:16; 14:33,34; 15:9; 2 Co.11:28; 12:13; Gá.1:13; Fil.3:6; 2 Ts.1:4). Esta es la iglesia que persiguió Saulo, o Pablo. Este es también un tema de profecía (comp. 2 Ts. 2:3; 1 Ti.4:1-3; 2 Ti.3:1-8; 4:3,4; 2 P.2:1-3:8; Ap.2:1:3-22).

LA REGLA DE VIDA PARA EL CREYENTE

CAPITULO VIII

REGLAS DE VIDA EN EL ANTIGUO TESTAMENTO

Bajo esta división de Eclesiología, un acercamiento se hace a lo que generalmente es designado como el aspecto práctico de la verdad revelada. Esto abarca todo el terreno de la conducta humana. El arte de vivir una vida diaria que sea agradable delante de Dios es segundo en importancia sólo a la salvación del alma; sin embargo, fuera de muy pocos teólogos que no pueden ver más allá de la imposición del Decálogo sobre los creyentes perfeccionados en Cristo con la suposición de que ese instrumento prescribe todo el deber de los pueblos de todas las edades, este extenso conjunto de verdad revelada con todas sus obvias distinciones, no se encuentra en las obras de Teología Sistemática. El problema de vivir para Dios no sólo afronta al mismo predicador, sino que es el asunto mayor en la vida de aquellos redimidos a quienes él ministra; sin embargo, hasta donde llegan las instrucciones teológicas, el ministro que se supone estar entrenado comienza su gran responsabilidad completamente sin preparación para cumplir con uno de los principales requisitos. Así como no se puede considerar la economía mosaica ser como la suma y la sustancia de la responsabilidad humana, es igualmente seguro que ninguna otra regla de conducta deberá juzgarse ser la representación de todo el campo de la obligación humana que justamente entra en los estudios de la teología.

Ya que tiene la intención de colocar en orden todo lo que se encuentra en las Escrituras, la Teología Sistemática debiera abarcar en su contemplación las condiciones que existieron en otras edades y en todas las edades – especialmente en la edad de Moisés que ahora ya es del pasado, la edad del reino que está por venir, y la edad presente. Siendo el hombre un ser moral, señalado a vivir su vida delante del Creador infinitamente santo, el problema de la correcta conducta humana siempre ha mantenido un puesto sobresaliente en todas las dispensaciones. Comenzó en el Jardín de Edén, aun antes de la caída, y se intensificó en gran manera por el pecado del hombre. A todos los hombres esta obligación de una conducta correcta es tan real que la mayoría puede reconocer muy poco de cualquier otra obligación y concluye que por sus obras todos se levantarán o caerán delante de Dios. Estar en pie sobre una conducta digna es el principio que rige en el hogar, en la escuela, y en la vida cívica. Los buenos reciben la honra y los malos son disciplinados. Entonces, es natural que un individuo que desde la niñez ha estado sujeto a estos principios de dignidad personal llegue a la conclusión de que la relación del hombre con Dios es también una de mérito. A la luz de esta importante realidad de la responsabilidad moral que es dictada por la conciencia y sostenida por altos ideales, y a la luz de las demandas incesantes sobre la mente y la voluntad del hombre en cada hora de cada día de su vida, la Teología Sistemática no puede ofrecer una excusa válida por la falta de incluir en forma completa el análisis y exposición de este vasto campo de la verdad.

Aunque la santidad del Creador siempre ha hecho sus demandas razonables de la criatura humana, ha habido diferentes situaciones y condiciones las cuales el estudiante debe reconocer. No hay nada más evidente en el Texto Sagrado que el hecho de que Jehová puso demandas sobre la conducta de Israel que El no requirió de las naciones. La Ley de Moisés no fue dada sino después de que la historia humana había recorrido por lo menos 2,500 años (Ro.5:13; Gá.3:19). Está escrito: “Y sobre el monte de Sinaí descendiste, y hablaste con ellos desde el cielo, y les diste juicios rectos, leyes verdaderas, y estatutos y mandamientos buenos, y les ordenaste el día de reposo santo para ti, y por mano de Moisés tu siervo les prescribiste mandamientos, estatutos y la ley” (Neh.9:13-14); “Los saqué de la tierra de Egipto, y los traje al desierto, y les dí mis estatutos, y les hice conocer mis decretos, por los cuales el hombre que los cumpliere vivirá. Y les dí también mis días de reposo, para que fuesen por señal entre mí y ellos, para que supiesen que yo soy Jehová que los santifico” (Ez.20:10-12). De la misma manera, es igualmente evidente que el sistema mosaico ha sido reemplazado por una nueva relación que los creyentes tienen con Cristo y con ella viene una nueva y más alta demanda para la vida diaria (Jn.1:16-17; Ro.6:14; 7:2-6; 2 Co.3:1-18; Gá. 3:19-25; Ef.2:15; Col.2:14); y esta demanda, en su turno, será reemplazada por otra regla de vida del reino que, aunque en sí es volver al principio legal de la edad mosaica del pasado, trasciende a un grado incalculable a los requerimientos del sistema mosaico (Mt.5:19-48). Es pues evidente que hay una variedad de responsabilidades, tanto con respecto al carácter como con el detalle que la santidad de Dios tiene que demandar.

De las tres edades principales – el pasado inmediato, el presente, y el futuro inmediato – el pasado y el futuro no presentan mayores complicaciones; pero la edad presente es compleja ya que la forma de vida que le corresponde es especial, y no consiste en una relación de legalidades, sino más bien, en la posición perfecta del individuo que es salvado en Cristo. El objetivo no es alcanzar un puesto de aceptación delante de Dios, sino adornar la posición ya alcanzada por la fe en Cristo (Tito 2:10). Esta distinción presenta principios y motivos que están tan separados unos de otros como está el este del oeste o como la luz de las tinieblas.

De igual manera, en el propósito de Dios una sola de estas tres economías provee, de manera directa, la capacidad divina por cada demanda que hace del individuo; es decir, no se menciona en dos de estas economías ninguna provisión de capacitación divina para su cumplimiento. Sin embargo, en la economía del presente, tanto las normas sobrenaturales de acción se anuncian como también una completa capacidad por el Espíritu se provee para su cumplimiento.

Poca referencia se ha hecho hasta aquí en esta obra al error esencial de la Teología del Pacto. En este punto se hará mención de ella solamente al tocar su punto de vista sobre la responsabilidad humana delante de Dios. Los términos, *El Pacto de las Obras,* y *el Pacto de la Gracia,* no se hallan en el Texto Sagrado. Si se han de sostener tendrá que ser totalmente aparte de autoridad bíblica. Lo que ha sido conocido por Teología del Pacto se construye sobre estos dos pactos y es, por lo menos, un reconocimiento -- aunque es inadecuado – de la verdad de que la criatura tiene responsabilidad hacia su Creador. Cocceius (1603-1669) es el principal expositor de la Teología del Pacto. "El enseñó que tanto antes de la Caída, como después de ella, la relación entre Dios y el hombre era un pacto. El primer pacto era un 'Pacto de Obras'. Después de la Caída fue sustituido por el 'Pacto de la Gracia', para cumplir la cual la venida de Jesucristo era necesaria" (Enciclopedia Británica, Ed. 14, V, 938). Sobre este invento humano de dos pactos se ha formado la Teología Reformada en gran parte. Contempla la verdad empírica de que Dios puede perdonar pecados únicamente por esa libertad que ha sido asegurada por el sacrificio de su Hijo – que se anticipa en el orden antiguo y se realiza en el nuevo –pero esa teología es completamente inadecuada para discernir los propósitos de las edades, a saber: las diversas relaciones hacia Dios, del judío, como del gentil, y de la Iglesia, con las claras y consecuentes obligaciones humanas que surgen directa e inevitablemente de la naturaleza de cada relación específica para con Dios. Una teología que no se profundiza en las Escrituras más que descubrir que en todas las edades Dios es inmutable en su gracia hacia los pecadores penitentes, y construye la idea de una iglesia universal, que continúa a través de las edades, sobre la única verdad de la gracia inmutable no sólo está descartando vastas esferas de revelación sino que está cosechando la inevitable confusión y la incorrecta dirección que una verdad parcial engendra. El desenvolvimiento de la gracia divina no está sujeta a una sola norma en todas las edades, aunque la idea del Pacto de la teología exigiría eso mismo; y tan seguramente como los tratos de Dios para con los hombres no están sujetos a una sola norma, de la misma manera el campo entero de la correspondiente obligación humana en la vida diaria no se coloca en un molde de idealismo humano.

Estos ligeros indicios preliminares serán considerados más detalladamente en las páginas siguientes. Sin una prolongada consideración de la responsabilidad humana en las edades anteriores, esta tesis se concentrará sobre cuatro economías mayores y sobre las distinciones que deben observarse entre ellas.

I. LA ECONOMIA PRE-MOSAICA

El período pre-mosaico, que se extendió por lo menos 2,500 años, ha sido dividido en (1) una edad de inocencia, (2) una edad en que la conciencia fue el factor dominante con la necesidad inherente de escoger entre lo bueno y lo malo, (3) una edad de obligación al gobierno humano – estas tres edades llegaron a ser no sólo una acumulación, sino que fueron impuestas sobre una sola estirpe racial de la humanidad – y (4) la edad de promesa en la cual una nueva humanidad es introducida con una responsabilidad sobre ellos de permanecer en el lugar de la bendición. La presente consideración es más general, interesándose con las obligaciones morales y religiosas que Dios demandó de los hombres en todo el período entre Adán y Moisés. Cualquier regla divina existente antes de Moisés evidentemente fué retenida en gran parte y a ésta fué "añadida" la Ley de Moisés (Gá. 3:19). Este esquema de construir sobre lo que vino antes es precisamente lo que *no* se hace en esta edad presente, aunque el sistema mosaico con todas sus características unidas será perpetuado, con los cambios y adiciones adecuados, en la edad venidera del reino (véanse Dt. 30:8; Jer. 31:31-33).

La revelación sobre el gobierno divino entre Adán y Moisés, fuera de lo que se pudiera inferir de la narrativa histórica, se restringe a tres pasajes de las Escrituras.

Génesis 18:19. "Porque yo sé que mandará a sus hijos y a su casa después de sí, que guarden el camino de Jehová, haciendo justicia y juicio, para que haga venir Jehová sobre Abraham lo que ha hablado acerca de él."

Este texto implica un entendimiento de la mente y de la voluntad de Dios. Hacer justicia y juicio en guardar "el camino del Señor" indica una gran responsabilidad que penetra en todo departamento de la vida humana. Es evidente que había habido alguna revelación acerca de "el camino de Jehová".

Génesis 26:5. "Por cuanto oyó Abraham mi voz, y guardó mi precepto, mis mandamientos mis estatutos y mis leyes."

Esta mirada retrospectiva hacia la fidelidad de Abraham revela aun más claramente en detalle el entendimiento que Abraham tenía de los requerimientos divinos, y de una manera directa revela que, cualesquiera que hayan sido estos requerimientos o cómo hayan sido descubiertos a los hombres, existía un conocimiento de la voz de Dios, su precepto, sus mandamientos, sus estatutos y sus leyes. Esta lista de las obligaciones humanas no deben ser confundidas con el sistema mosaico que no fué anunciado sino hasta 430 años después (Ex. 12:40-41; Gá. 3:17).

Romanos 5:13. "Pues antes de la ley, había pecado en el mundo; pero donde no hay ley, no se inculpa de pecado."

La declaración es que no podía haber transgresión de la Ley de Moisés antes que la Ley se instituyera. Aquí no se está afirmando que no había demandas divinas antes que el sistema mosaico se pusiera en vigor. Es cierto que los hombres fueron hechos responsables por sus acciones en el período pre-mosáico, porque se ha visto que fué en ese período el juicio más grande de Dios cayó sobre los hombres, por su falta de conformidad a la voluntad justa de Dios.

Es probable que la autoridad divina sobre los hombres antes de Moisés haya sido en su naturaleza una ley inherente, que requiere un reconocimiento por parte del hombre – comoquiera que haya sido revelada – de la responsabilidad inherente que guarda la criatura para con su Creador. Que este universo es de Dios es una verdad principal que no puede menospreciarse. El hombre es una creación de la mano de Dios, no es un creador, tampoco es un rival potencial del Creador. Por derechos que son más equitativos que cualquier otro podría ser, Dios tiene que demandar de la criatura que ésta cumpla con el puesto que fue el propósito para ella en su creación. La rebeldía e injusticia humanas no corresponden a la intención divina. El edicto majestuoso, "Sed santos, porque yo soy santo" se dirige directamente a la responsabilidad inherente y no sobre un código de acción publicado. La obligación inherente difiere del sistema mosaico en que este sistema ha sido copilado en preceptos escritos y es un sistema que promete reconocimiento en la forma de bendiciones que de otra manera no son aprovechables a los que cumplen con sus demandas, mientras que la ley inherente es aquella a la cual la criatura por su creación está inseparablemente relacionada, siendo esencial a la cosa específica que ella es. Es una obligación que descansa sobre todo ser humano en cada edad. A esto se "añadió" el sistema mosaico, y para el creyente ha tenido perfecto cumplimiento en Cristo juntamente con todo requisito que podía haber sido puesto sobre él.

II. LA ECONOMIA MOSAICA

En los capítulos I, III de este tomo se presentaron las características de Israel en su relación a Jehová, donde necesariamente el sistema mosaico recibió alguna consideración. Esa discusión, sin embargo, se presentó por trazar las distinciones entre dos pueblos cada uno de los cuales representa un propósito divino. La presente consideración de la Ley de Moisés es para colocarla en contraste con otras economías divinas, especialmente la de la gracia. Se declara que la Ley que vino por Moisés es provisional y que sirvió su propósito durante el intervalo de 1,500 años que se extendió entre su establecimiento como ley y la muerte de Cristo. Su propósito se define como el del *παιδαγωγός* – uno que disciplina un niño – para llevarnos a Cristo (Gá. 3:24). El propósito inmediato de la Ley de Moisés era proveer a un pueblo redimido, que estaba bajo pactos, con instrucciones divinas para su vida civil, religiosa y moral. Dos verdades son de importancia principal, a saber: (1) que la Ley de Moisés nunca fue dirigida a los gentiles, con excepción de los que llegaron a ser israelitas como prosélitos, y (2) que la Ley de Moisés no podía servir para instituir buenas relaciones entre Israel y Dios. La ley era una instrucción para un pueblo acerca de la voluntad de Dios para los que habían sido elegidos, redimidos, puestos bajo pactos y de este modo estaban básicamente en correcta relación con Dios. En el caso de faltar al cumplimiento de la ley, fueron aceptados los sacrificios como medios de restauración. Así como el creyente puede alcanzar el perdón y la limpieza mediante la confesión de su pecado a Dios (1 Juan 1:9), así los israelitas, tanto individual como nacionalmente, fueron restaurados mediante los sacrificios. Es sumamente importante reconocer el hecho de que un israelita nacía físicamente en una raza elegida, en una nación redimida, y por tanto era un heredero de los pactos eternos. Si bien es cierto que un israelita por su nacimiento físico obtiene todos los privilegios del pueblo escogido, hubo en la ley un elemento de mérito por razón de las bendiciones adquiridas por obedecerla, y juicios cuando no se cumplía fielmente. Este aspecto de mérito se publica a través de la Biblia dondequiera que la ley aparece, pero en ninguna parte se presenta más drásticamente por Moisés que en sus palabras finales a Israel que están escritas en Dt. 28:1-68. Los catorce primeros versículos de este extenso pasaje anuncian la bendición que ellos recibirían por hacer "todos sus mandamientos", y en el resto del contexto - los versículos 15-68 - hay una completa declaración de maldiciones y juicios que caerían sobre aquellos que faltaran en cumplir "todos sus mandamientos". Sin embargo, mucho más importante que las bendiciones inmediatas o maldiciones es la revelación de que los privilegios en el futuro en el reino prometido fueron hechos condicionales sobre su fidelidad al sistema mosaico. Fué predicho por Moisés que toda la nación apostataría (Dt. 4:26-28); pero esta apostasía, aunque en aquel tiempo había bastante, no comprometió a otras generaciones de los israelitas quienes se alinearon hasta cierta medida a la voluntad de Jehová. Por tanto el futuro guarda para todo Israel un juicio, así como sufrieron aquellos que vivieron en la edad pasada. Los pasajes bíblicos que presentan esto deben ser considerados con especial atención (véanse Ez. 20:33-44; Mal. 3:1-6; Mateo 24:37-25:39). Este juicio condiciona esa forma de vida que será recibida en el reino del Mesías (Dn. 12:2; Mt.7:13-14; Lucas 10:25-28; 18:18-21). Es cierto en sentido general de cualquier ley que aquel que la obedece es justificado ante la misma (Ro. 2:13); pero esa forma de justificación que se alcanza sobre la base de una justicia perfecta, estando en Cristo, no puede alcanzarse por ninguna obra (véase Hechos 13:39; Ro. 3:20, 28; 4:5; Gá. 2:16; 3:11). La naturaleza precisa de la salvación que se otorgará a Israel cuando entre a su reino y después que hayan sido echados aquellos que fueron sometidos a los juicios divinos, se describe en Romanos 11:26-27: "y luego todo Israel será salvo, como está escrito: Vendrá de Sion el Libertador, que apartará de Jacob la impiedad. Y este será mi pacto con ellos, cuando yo quite sus pecados."

La palabra *ley,* como se usa en la Biblia, no siempre se refiere al sistema mosaico o a una parte del mismo. Puede observarse que (1) el Decálogo es la ley (véanse Lucas 10:25-28; Ro. 7:7-14); (2) que todo el código que gobernaba a Israel, como está escrito en Exodo, es la ley; (3) que la regla de vida que aún se ha de aplicar en el reino venidero del Mesías es una ley; (4) que cualquier regla de conducta prescrita por los hombres es una ley (1 Ti. 1:8-9; 2 Ti. 2:5; véanse Mateo 20:15; Lucas 20:22); (5) que cualquier principio de acción es una ley y algunas veces es equivalente a poder (Ro. 8:2; 7:21); (6) que toda la voluntad de Dios que alcanza cada detalle de la vida individual de un creyente es la ley de Dios (Ro. 7:22; 8:4); y (7) que la voluntad de Cristo para el creyente es "la ley de Cristo" (véanse Juan 13:34; 15:10; 1 Co. 9:21; Gá. 6:2).

La economía mosaica, que era un sistema completo en sí y que no requería añadiduras con el fin de que pudiera presentar toda la voluntad de Dios para un israelita individual o para la nación entera, se compone de tres partes, las cuales son: (1) los mandamientos, que dirigían asuntos morales (Ex. 20:1-17), (2) los juicios, que regularizaban los asuntos cívicos (Ex. 21:1-24:11), y (3) las ordenanzas, que ordenaban las cosas religiosas (Ex. 24:12-31:18). Es obvio que ambos, los juicios y las ordenanzas cesaron con la terminación de la edad judáica. Sin embargo, hay ideas equivocadas con respecto al Decálogo que exigen nuestra consideración. Se enfatizarán dos características de la verdad acerca del sistema mosaico, y con más especialidad el Decálogo, que son: (1) la relación que la Ley de Moisés sostuvo con el tiempo de su dominio y (2) la aplicación del sistema mosaico.

1. LA RELACION QUE SOSTUVO LA LEY DE MOISES CON EL TIEMPO DE SU DOMINIO. Las Escrituras enseñan que la ley que Moisés dio, que era un pacto de obras, fue dada de Dios al hombre en un tiempo especial. La familia humana ya había caminado delante de Dios sobre la tierra por más de 2,500 años antes que se impusiera la Ley de Moisés. De manera que ha sido demostrado que Dios puede tratar con los hombres en la tierra sin hacer referencia a la Ley de Moisés. La pregunta que viene a propósito ("¿para qué sirve la ley? ") es una pregunta que se propone y se contesta en las Escrituras (Gá. 3:19). A continuación se dice que la ley "fue añadida a causa de las transgresiones". Es decir, fue "añadida" para dar al pecado un carácter acrecentado de transgresión. El pecado siempre había sido malo en sí y ante los ojos de Dios; pero vino a ser *desobediencia* después de haber sido descubiertos los santos mandamientos. El hecho de la naturaleza pecaminosa no se cambia por la introducción de la ley; es el carácter del agravio personal que fue cambiado. Se cambió de pecado no imputado donde no había ley, a pecado que era una rebelión contra el mandamiento de Dios, y que tiene que cosechar todo el castigo acompañante de una ley quebrantada. Los israelitas, a quienes fueron dados los mandamientos, siendo ellos un pueblo escogido y exaltado, fueron constituídos, por la imposición de la ley, un pueblo más responsable delante de Dios; pero ellos fueron totalmente incapaces de guardar la ley. El hecho de que los israelitas recibieron la ley no hizo de ellos un pueblo obediente; más bien probó su pecaminosidad total y su irremediable situación. La ley vino a ser un ministerio de condenación a todo aquel que no pudo cumplirla. No puede decirse tampoco que el haberles dado la ley hubiera resultado en un mejoramiento del corazón, o que hubiera disminuido el poder del pecado; más bien los provocó a pecar. Como dice el Apóstol: "mas el pecado, tomando ocasión por el

mandamiento, produjo en mí toda codicia" (Ro. 7:8). Ninguna duda puede lanzarse acerca del carácter justo de la ley; porque está escrito: "De manera que la ley a la verdad es santa, y el mandamiento santo, justo y bueno. ¿Luego lo que es bueno, vino a ser muerte para mí? En ninguna manera; sino que el pecado, para mostrarse pecado, produjo en mí la muerte por medio de lo que es bueno, a fin de que por el mandamiento el pecado llegase a ser sobremanera pecaminoso" (Ro. 7:12-13). De esta manera se da a conocer el propósito de haber sido dada la ley: "que por el mandamiento el pecado llegase a ser sobremanera pecaminoso."

Aparte del Hombre Cristo Jesús, hubo un fracaso universal en el cumplimiento de la ley. Esto no quiere decir que la ley fuera imperfecta en sí misma. El fracaso universal en no poder guardar la ley es la revelación de la impotencia del hombre bajo el poder del "pecado en la carne". Hay dos pasajes que dan evidencia relativa al fracaso de la ley por causa de la debilidad de la carne a la cual hizo su llamamiento la ley: "Porque lo que era imposible para la ley, por cuanto era débil por la carne" (Ro. 8:3); y, "Mas ahora conociendo a Dios, o más bien, siendo conocidos por Dios, ¿cómo es que os volvéis de nuevo a los débiles y pobres rudimentos, a los cuales os queréis volver a esclavizar? " (Gá. 4:9). La instancia es fuerte: ¿Por qué, después que habéis conocido el poder de Dios mediante el Espíritu, volvéis a una relación a Dios como medio de victoria y bendición, que siempre ha sido, y necesariamente deberá siempre ser, "débil" e inútil? La ley nunca fue dada como un medio de alcanzar la salvación o la justificación: "por las obras de la ley ningún ser humano será justificado delante de él; porque por medio de la ley es el conocimiento del pecado: (Ro. 3:20; comp. Gá. 3:11,24). Aunque fue dada como una regla de conducta para Israel en su tierra, esa ley, por causa del fracaso universal en su cumplimiento, vino a ser para maldición (Gá. 3:10), condenación (2 Co. 3:9), y muerte (Ro. 7:10-11). La ley fue eficaz únicamente cuando guió al transgresor hacia Cristo. Vino a ser un medio de tornar al pueblo hacia Dios buscando su misericordia porque la misericordia está provista en Cristo. La ley fue guía, como "maestra de escuela" (παιδαγωγός), o como instructor de niño, para traer al ofensor a Cristo. Esto se lograba inmediatamente cuando ofrecía las ofrendas por el pecado que habían sido provistas, las cuales eran tipos de Cristo en su muerte; pero esto fue alcanzado más completamente cuando la dispensación misma vino a su fin en la muerte de Cristo. La ley "nada perfeccionó", pero sí, Dios introdujo "una mejor esperanza". La ley fue una "sombra de los bienes venideros" (He. 7:19; 10:1). El reinado de la ley tuvo un período limitado como de unos 1,500 años, o sea, desde Sinaí hasta el Calvario – desde Moisés hasta Cristo. Estos límites están fijos en la Palabra de Dios, sin lugar a equivocación.

a. LA LEY COMENZO A IMPERAR EN EL MONTE SINAI. La ley nunca fue impuesta sobre ningún pueblo o generación antes que fuese dada a Israel de la mano de Moisés. "Llamó Moisés a todo Israel y les dijo: Oye Israel, los estatutos y decretos que yo pronuncio hoy en vuestros oídos; aprendedlos, y guardadlos, para ponerlos por obra. Jehová nuestro Dios hizo pacto con nosotros en Horeb. No con nuestros padres hizo Jehová este pacto, sino con nosotros todos los que estamos aquí hoy vivos" (Dt. 5:1-3). Cuando fue propuesta la Ley, los hijos de Israel deliberadamente abandonaron su posición bajo la gracia de Dios que había sido su relación con El hasta ese día, y se colocaron bajo la Ley. La historia lo describe así: "Y Moisés subió a Dios; y Jehová lo llamó desde el monte, diciendo: Así dirás a la casa de Jacob, y anunciarás a los hijos de Israel: Vosotros visteis lo que hice a los egipcios, y cómo os tomé sobre alas de águilas, y os he traído a mí. Ahora, pues, si diereis oído a mi voz, y guardareis mi pacto, vosotros seréis mi especial tesoro sobre todos los pueblos; porque mía es toda la tierra. Y vosotros me seréis un reino de sacerdotes, y gente santa. Estas son las palabras que dirás a los hijos de Israel. Entonces vino Moisés y llamó a los ancianos del pueblo, y expuso en presencia de ellos todas estas palabras que Jehová le había mandado. Y todo el pueblo respondió a una, y dijeron: Todo lo que Jehová ha dicho, haremos. Y Moisés refirió a Jehová las palabras del pueblo" (Ex. 19:3-8).

Si bien es cierto que Jehová sabía lo que escogería el pueblo, es igualmente seguro que su elección no era de ninguna manera exigida por parte de Dios. La descripción de la relación que ellos habían tenido con Dios hasta ese momento es sumamente tierna y suplicante: "Vosotros visteis lo que hice a los egipcios, y cómo os tomé sobre alas de águilas, y os he traído a mí". Tal es el carácter de la gracia en su pureza. Ella lleva al pecador sobre alas de águilas y lo lleva a Dios. Todo es de Dios. Hasta ese momento habían sido sostenidos en la fidelidad de Jehová a pesar de sus iniquidades; su plan y propósito para ellos había permanecido inmutable. El los había tratado conforme al pacto incondicional de gracia hecha con Abraham. La bendición maravillosa de esa relación de gracia debía de haber sido atractiva a ellos como las riquezas inapreciables de la misericordia infalible de Dios, que en verdad así lo fue. De ninguna manera debía este pueblo haber renunciado de las bendiciones de gracia. Si hubieran dicho ellos, al escuchar la ley imposible, "No podemos hacer ninguna de estas cosas. Anhelamos solamente permanecer en esa ilimitada misericordia de Dios, quien nos ha amado, y nos buscó, y nos ha librado de todos nuestros enemigos, y quien nos llevará hacia sí mismo". Es evidente que tal súplica hubiera alcanzado hasta el corazón de Dios. Y la excelente gloria de su gracia hubiera sido extendida a ellos sin limitaciones; porque, sobre todas las cosas, la gracia es el deleite del corazón de Dios. En vez de alas de águilas por las cuales fueron ellos llevados a Dios, con confianza escogieron ellos un pacto de obras cuando dijeron: "Todo lo que ha dicho Jehová haremos." Se les propuso hacer un escogimiento concreto entre la misericordia de Dios que los había seguido, y un pacto nuevo de obras que era una imposibilidad. Ellos cayeron de la gracia. La experiencia de la nación es una realidad de cada individuo que cae de la gracia en este tiempo presente. Toda bendición de Dios que ha sido experimentada vino únicamente de la misericordia amante de Dios; sin embargo con esa misma arrogante confianza en sí mismo, el individuo vuelve a una dependencia de sus propias obras. Es mucho más razonable y a la vez es una honra para Dios abandonarse totalmente en los brazos eternos de Dios, y reconocer que la seguridad depende sólo de su gracia.

Al haber determinado escoger la ley, el monte donde Dios se reveló vino a ser un espectáculo terrible de lo inaccesible que se hizo el carácter santo de Dios. "Todo el monte Sinaí humeaba, porque Jehová había descendido sobre él en fuego; y el humo subía como el humo de un horno, y todo el monte se estremecía en gran manera. . . Y Jehová dijo a Moisés: Desciende, ordena al pueblo que no traspase los límites para ver a Jehová, porque caerá multitud de ellos" (Ex. 19:18-21). El que los había traído a sí mismo bajo las bendiciones incondicionales de su gracia, ahora tiene que amonestarles no sea que traspasen el límite señalado entre ellos y el Señor a fin de que no mueran. Que la montaña que ardía era una señal de la inaccesibilidad de Dios bajo el nuevo pacto de obras, se declara otra vez en Hebreos 12:18-24. Hablando de la gloria y de la libertad de la gracia, allí dice: "Porque no os habéis acercado al monte que se podía palpar, y que ardía en fuego, a la oscuridad, a las tinieblas y a la tempestad, al sonido de la trompeta, y a la voz que hablaba, la cual los que la oyeron rogaron que no se les hablase más, porque no podían soportar lo que se ordenaba: Si aún una bestia tocare el monte, será apedreada, o pasada con dardo; y tan terrible era lo que se veía, que Moisés dijo: Estoy espantado y temblando; "sino que os habéis acercado al monte de Sion, a la ciudad del Dios vivo, Jerusalén la celestial, a la compañía de muchos millares de ángeles, a la congregación de los primogénitos que están inscritos en los cielos, a Dios el Juez de todos, a los espíritus de los justos hechos perfectos, a Jesús el Mediador del nuevo pacto, y a la sangre rociada que habla mejor que la de Abel." Por este pasaje, se presenta claramente el gran contraste entre la relación del pueblo con Dios bajo el pacto de la ley de las obras y su relación con Dios bajo la gracia. Bajo un pacto de obras, Israel no podía venir a Dios, so pena de muerte, pero bajo la gracia ellos fueron llevados en alas de águilas a Dios; de manera que, bajo la gracia, todos vienen a Dios y a Jesús, y a la bendita asociación y gloria del mismo cielo.

Los hijos de Israel determinadamente escogieron el pacto de las obras, el cual es la ley, como su manera de relacionarse con Dios. De igual manera, cada individuo que está ahora bajo la ley, el mismo escoge colocarse bajo la ley, y esa ley bajo la cual él está es un acto de imposición propia. En cada caso esa clase de relación se sostiene tenazmente a pesar de la instancia de la gracia pura. Si los legalistas tuviesen mentes que comprendiesen y corazones que sintiesen, ellos se darían cuenta de que no hay acceso a Dios por un pacto de obras y por méritos propios. Para aquellos que buscan allegarse a Dios por la ley, El es tan inaccesible como el monte de Sinaí que ardía.

b. EL REINO DE LA LEY SE DIO POR CONCLUIDO CON LA MUERTE DE CRISTO. La veracidad de la declaración de que el reino de la ley terminó con la muerte de Cristo habrá de determinarse por la Palabra de Dios, en vez de las tradiciones y suposiciones de los hombres. La ley, cuando fue dada, fue para un tiempo limitado, o provisional, y fungiría "hasta que viniese la simiente a quien fue hecha la promesa" (Gá. 3:19), y la "simiente" es Cristo (3:16). Este pasaje conclusivo (vv. 22-25) continúa: "Mas la Escritura lo encerró todo bajo pecado, para que la promesa que es por la fe en Jesucristo fuese dada a los creyentes". La distinción entre el judío y el gentil ha sido derribada y *todos* están "bajo pecado". Se ha provisto y se ofrece en Cristo un nuevo acceso y relación con Dios. Esto es por *medio de Cristo* y *en Cristo.* Se alcanza únicamente basándose sobre un principio de fe. Cristo es el objeto de la fe. No es nada menos que la "promesa por la fe en Jesucristo," y es dada a aquellos que creen en El. De modo que el nuevo pacto de gracia mediante la fe en Cristo se pone en contraste con el antiguo pacto de las obras. El pasaje continúa diciendo: "Pero antes que viniese la fe (el nuevo principio de la gracia), nosotros (Pablo aquí habla como judío de su época) estábamos confinados bajo la ley, encerrados para aquella fe que iba a ser revelada. De manera que la ley ha sido nuestro ayo (un guía de niño) para llevarnos a Cristo, a fin de que fuésemos justificados por la fe (el nuevo principio de la gracia). Pero venida la fe, (el nuevo principio de la gracia), ya no estamos bajo ayo" (la ley).

Como norma de una vida santa, la ley presentó la cualidad precisa de vida que convenía a un pueblo que fue escogido por Dios y fue redimido de la esclavitud de Egipto. En la cruz, una redención nueva y perfecta del pecado fue consumada para el judío e igualmente para el gentil. La redención desde Egipto fue un tipo de la redención desde el pecado. Así como la redención desde Egipto creó una demanda para una vida santa correspondiente, así también la redención desde el pecado ha creado la demanda de una vida caracterizada por un andar celestial en comunión con Dios. Una vida está adaptada a las limitaciones del hombre natural; la otra está adaptada a las fuentes inagotables del hombre espiritual. Una es la que enseña la ley; la otra es la que enseña la gracia.

2. LA APLICACION DE LA LEY. La ley fue dada únicamente a los de Israel. Esta declaración no admite discusión cuando se examinan las Escrituras. Unos pocos pasajes de los muchos se dan aquí: "Jesús le respondió: El primer mandamiento de todos es: Oye, Israel; el Señor nuestro Dios, el Señor uno es. Y amarás al Señor tu Dios con todo tu corazón" (Mr. 12:29-30); "Y ¿qué nación hay que tenga estatutos y juicios justos como es toda esta ley que yo pongo hoy delante de vosotros? " (Dt. 4:8); "Llamó Moisés a todo Israel y les dijo: Oye, Israel, los estatutos y decretos que yo pronuncio hoy en vuestros oídos; aprendedlos, y guardadlos, para ponerlos por obra. Jehová nuestro Dios hizo pacto con nosotros en Horeb. No con nuestros padres hizo Jehová este pacto, sino con nosotros todos los que estamos aquí vivos" (Dt. 5:1-3). El mensaje dado desde el monte fue ese gran pacto de las obras de la ley que está contenido en los Diez Mandamientos, que aquí quedan incluidos en los "estatutos y juicios" (Ex. 19:5). Este pacto nunca fue hecho con otra nación o pueblo; porque Dios no ha hecho pacto con ningún otro pueblo sino sólo con Israel." "Jehová me dio las dos tablas de piedra, las tablas del pacto" (Dt. 9:11). Hablando de los pactos con respecto a Israel, dice: "que son israelitas, de los cuales son la adopción, la gloria, el pacto, la promulgación de la ley, el culto y las promesas; de quienes son los patriarcas, y de los cuales, según la carne, vino Cristo, el cual es Dios sobre todas las cosas, bendito por los siglos" (Ro. 9:4-5). Hablando de los gentiles dice: "Por tanto, acordaos de que en otro tiempo vosotros, los gentiles en cuanto a la carne. . . en aquel tiempo estábais sin Cristo, alejados de la ciudadanía de Israel y ajenos a los pactos de la promesa, sin esperanza y sin Dios en el mundo" (Ef. 2:11-12). Está expresamente declarado que los gentiles no tienen esa ley: "Porque cuando los gentiles que no tienen ley, hacen por naturaleza lo que es de la ley, éstos, aunque no tengan ley, son ley para sí mismos" (Ro. 2:14). De acuerdo con esto, Poncio Pilato, un gobernante gentil, negó tener responsabilidad alguna con respecto a la ley de Israel: "Entonces les dijo Pilato: Tomadle vosotros, y

juzgadle según vuestra ley" (Juan 18:31).

Puede concluirse, entonces, que la ley dada por Moisés fue un pacto de obras, que fue "añadida" después de siglos de historia de la raza humana, que su reinado se terminó por la muerte de Cristo, que fue dada únicamente a Israel, y que, ya que nunca fue dada a los gentiles, la única relación que los gentiles pueden sostener con ella es, sin ninguna autoridad divina, imponérsela ellos mismos. Pruebas adicionales de estos hechos acerca de la ley serán presentadas más adelante.

CAPITULO IX

DELINEACION DEL REINO FUTURO

Con aparente descuido de una enorme fuente de verdad concerniente a la edad del reino del futuro, algunos que han escrito sobre doctrinas bíblicas no han podido ver el hecho y la importancia de esa edad. Se ha hecho la suposición de que las características del reino venidero constituyen una fase de bendición reservada para la iglesia visible cuando ella haya logrado la conversión del mundo. Frente a este idealismo está el hecho, el cual es el único que se conforma a la Palabra de Dios, de que el programa del mundo tal como está determinado por Dios, será consumado en la edad venidera, siendo la edad presente solamente una intercalación – un período introducido que es totalmente sin relación con lo que precede o le sigue. La historia terrenal continuará al terminarse esta edad, precisamente donde se descontinuó, cuando en cumplimiento a la expectación del Antiguo Testamento, el reino se había "acercado" por la venida del Mesías de Israel, y cuando los pactos y la gloria terrenal de ese pueblo estaban pendientes. Aun la tribulación que tiene que preceder la venida del Rey (véase Mt. 24:29-30) está en orden de sucesión para completar los 490 años de Daniel, o sean las 70 semanas – de los cuales 483 años, o las 69 semanas, se completaron cuando tuvo lugar la muerte de Cristo. El sistema legal no se vuelve a introducir otra vez al principio de la edad del reino; será más bien una continuación con ciertas adiciones directamente del sistema mosaico, sin hacer referencia a esta edad intercalada, ni sacar contribuciones de ella. El hecho de que todo el Antiguo Testamento al hacer la anticipación de la venida del Mesías podía mezclar los dos advenimientos en una sola representación previa (véanse Is. 61:1-3; Mal. 3:1-6), y aun Gabriel cuando hablaba con María acerca del nacimiento y la misión de Cristo no dio ningún indicio de que habría un intervalo de tiempo entre las características que pertenecen al primer advenimiento y las que pertenecen al segundo advenimiento (Lucas 1:31-33), demuestra la verdad de que el segundo advenimiento es una continuación directa y sin interrupción de lo que fué cumplido en el primer advenimiento con respecto al programa terrenal. Es aquí en este punto donde la palabra de Pedro nos ilumina acerca de la experiencia de los profetas del

Antiguo Testamento. El nos declara la incapacidad de discernir el tiempo que interviene entre los sufrimientos de Cristo (su primer advenimiento) y la gloria que seguirá (en su segunda venida): "Los profetas que profetizaron de la gracia destinada a vosotros, inquirieron y diligentemente indagaron acerca de esta salvación, escudriñando qué persona y qué tiempo indicaba el Espíritu de Cristo que estaba en ellos, el cual anunciaba de antemano los sufrimientos de Cristo, y las glorias que vendrían tras ellos" (1 P. 1:10-11).

En vista de los conceptos falsos que hay con respecto al carácter aislado y sin relación de esta edad presente, se demanda el énfasis más firme sobre esa verdad. No asuma aquel que pretende ser un intérprete del Texto Sagrado que este tema sea de secundaria importancia. De éste depende una correcta comprensión de "la ley y los profetas," y a la vez una comprensión digna de la naturaleza precisa del propósito divino en la edad presente. El postmilenialismo, el amilenialismo, el post-tribulacionalismo, y todo otro sistema de programa mundial puede trazarse directamente a este error colosal. Quizás podrían usarse términos más moderados de una falacia doctrinal que dejara menos destrucción y ruina en su trayecto. A aquellos que han aceptado estos desvíos de la verdad se les llama a hacer frente, si son sinceros, el hecho de que la historia del Antiguo Testamento corre directamente hacia la edad del reino sin el más leve reconocimiento de la edad presente o el propósito de ella, y que la edad presente es, por tanto, totalmente sin asociación con el programa del Antiguo Testamento y en nada contribuye a ese programa. También debe reconocerse que toda Escritura del Antiguo Testamento que declara algo sobre eventos futuros – y estos están en los labios de todo profeta del Antiguo Testamento – demanda, no esta edad, sino el reino que viene por su cumplimiento. Las mixturas y los reconocimientos parciales de la distinción doctrinal que aquí se presenta, ayudan muy poco a la disolución de la espantosa confusión que existe.

Todo este tema preliminar, tiene la intención de preparar el paso para la declaración sencilla de que la Biblia presenta una regla de vida que es completa en sí, que está adaptada y es particular de la edad del reino – todo esto pertenece a la Escatología y ha de recibir un estudio más apropiado en los Capítulos XIII-XXVII de este tomo. Sin embargo, la discusión presente debe continuarse con cierta prolongación para que el carácter de la delineación del reino pueda discernirse.

Un reconocimiento debido del carácter esencial de cada uno de las edades decisivas es la clave para la comprensión del modo exacto de la regla divina para cada edad. La regla de Dios en cada caso está adaptada a las condiciones que existen. Ya que las respectivas características de las edades son muy diferentes, la manera de la regla divina es respectivamente diferente. La práctica de confundir estas tres edades en cuanto a sus características y la manera de la regla divina en cada una es común, y es, sin duda, el error más grande en el cual caen muchos intérpretes devotos de la Biblia. Es quizás más fácil confundir la edad presente con la que le precede inmediatamente, o con la que le seguirá inmediatamente, que confundirla con condiciones que son más remotas, aunque no hay necesidad de que haya confusión alguna sobre estos períodos de tiempos que se siguen el uno al otro inmediatamente pero que son claramente separados, porque se dividen por eventos que cambian las edades. La edad de la Ley de Moisés está separada de la edad presente de gracia por la muerte de Cristo, cuando El llevó sobre sí la maldición de la ley y consumó la obra por la cual el hombre podrá siempre estar delante de Dios justificado, una justificación que él no podía alcanzar por la Ley de Moisés; asimismo por la resurrección de Cristo; la venida del Espíritu; y la dispersión de Israel. La edad de la gracia está separada de la edad del reino por la segunda venida de Cristo a la tierra – ese tiempo cuando El vendrá a quitar la Iglesia, a reinar, a atar a Satanás, a reunir a Israel, a terminar los gobiernos humanos, a levantar la maldición que está sobre la creación, y a hacer que la justicia y la paz cubran la tierra como las aguas cubren el mar. El gobierno divino no podría permanecer lo mismo en la tierra después de esa transformación mundial de las victorias espirituales de la cruz, así como había sido dicho gobierno bajo la Ley de Moisés. De igual manera, el gobierno divino no puede permanecer lo mismo en la tierra después de la transformación mundial de victorias temporales de la segunda venida, así como ha sido bajo el reino de la gracia. Todo esto es conforme a la razón; pero, lo que es de más peso y más obliga a creerla, es que esto es precisamente lo que Dios revela en su Palabra. Hay pues, tres sistemas separados y distintos de gobierno divino que se descubren en las Escrituras, que corresponden a tres edades distintas y separadas para ser gobernadas.

Las enseñanzas del reino se hallan en los Salmos y profecías del Antiguo Testamento que anticipan el reino del Mesías en la tierra, y en las porciones de los Evangelios que tratan del reino. Estas enseñanzas como se hallan en el Antiguo Testamento y en el Nuevo son puramente legales en esencia, tanto por su carácter inherente como por la explícita declaración de la Palabra de Dios. Los requerimientos legales de las enseñanzas del reino son mucho más avanzados tanto en severidad como en detalle que los requerimientos de la Ley de Moisés. Aunque incorporan mucho del sistema mosaico, la enseñanza del reino es un sistema completo y perfecto en sí. Además, esta intensificación de requerimientos legales en la revelación del reino no puede hacer que las enseñanzas de la Ley de Moisés se asemejen más al carácter de las enseñanzas de la gracia. Por el contrario, los separa aun más en dirección opuesta, ya que las enseñanzas del reino aumentan la carga de obras de mérito mucho más de la que impuso la Ley de Moisés. En la ley del reino, la ira se condena en la misma situación donde sólo el homicidio había sido prohibido en la Ley de Moisés, y una sola mirada del ojo se condena donde sólo el adulterio había sido prohibido previamente.

Los pasajes del reino en el Antiguo Testamento se ocupan principalmente con al carácter y la gloria del reino del Mesías, las promesas para Israel de su restauración y su gloria terrenal, las bendiciones universales para los gentiles, y la liberación de la misma creación. Muy poco se revela en las Escrituras del Antiguo Testamento acerca de la responsabilidad del individuo en el reino; más bien es un mensaje global a toda la nación. Evidentemente los detalles acerca de la responsabilidad individual estaban, según la mente del Espíritu, reservadas para ser las enseñanzas del Rey en persona, cuando el reino se hubiese "acercado". En cuanto al reinado del Rey, se descubren dos cosas importantes en las porciones del Antiguo Testamento que tratan del reino: (1) Su reino será de una justicia rígida que saldrá de Jerusalén con juicio rápido sobre el pecador (Is.2:1-4; 11:1-5); y (2) según el nuevo pacto que El hará con su pueblo, El pondrá sus leyes en su mente y las escribirá en su corazón (Jer.31:31-40; He.8:7-12). La escritura de la ley sobre el corazón es una ayuda divina con el fin de guardar la ley del reino, esta capacidad no fue de ninguna manera provista bajo el reino de la Ley de Moisés. Sin embargo, la ley escrita en el corazón, así como será en el reino, no puede compararse con el poder del Espíritu que mora en uno, que es la capacidad divina provista para el creyente bajo la gracia. Bajo el nuevo pacto, Dios quitará para siempre el pecado que la nación ha cometido. Según la revelación, El es libre para hacerlo mediante la sangre de su Hijo quien, como el Cordero de Dios, quitó el pecado del mundo (Mt. 13:44; Ro. 11:26-27).

Las grandes palabras claves bajo el sistema mosaico eran "ley" y "obediencia", las grandes palabras en la edad presente son "cree" y "gracia", mientras que las grandes palabras claves en el reino son "justicia" y "paz". Los siguientes son unas breves selecciones de las Escrituras sacadas del Antiguo Testamento que presentan aspectos del reino:

Isaías 2:1-4. "Lo que vio Isaías hijo de Amoz acerca de Judá y de

Jerusalén. Acontecerá en lo postrero de los tiempos, que será confirmado el monte de la casa de Jehová como cabeza de los montes, y será exaltado sobre los collados, y correrán a él todas las naciones. Y vendrán muchos pueblos, y dirán: Venid, y subamos al monte de Jehová, a la casa del Dios de Jacob; y nos enseñará sus caminos, y caminaremos por sus sendas. Porque de Sion saldrá la ley, y de Jerusalén la palabra de Jehová. Y juzgará entre las naciones, y reprenderá a muchos pueblos; y volverán sus espadas en rejas de arado, y sus lanzas en hoces; no alzará espada nación contra nación, ni se adiestrarán más para la guerra."

Isaías 11:1-5. "Saldrá una vara del tronco de Isaí, y un vástago retoñará de sus raíces. Y reposará sobre él el Espíritu de Jehová; espíritu de sabiduría y de inteligencia, espíritu de consejo y de poder, espíritu de conocimiento y de temor de Jehová. Y le hará entender diligente en el temor de Jehová. No juzgará según la vista de sus ojos, ni argüirá por lo que oigan sus oídos; sino que juzgará con justicia a los pobres, y argüirá con equidad por los mansos de la tierra; y herirá la tierra con la vara de su boca, y con el espíritu de sus labios matará al impío. Y será la justicia cinto de sus lomos, y la fidelidad ceñidor de su cintura."

Jeremías 23:3-8. "Y yo mismo recogeré el remanente de mis ovejas de todas las tierras adonde las eché, y las haré volver a sus moradas; y crecerán y se multiplicarán. Y pondré sobre ellas pastores que las apacienten, y no temerán más, ni se amedrentarán, ni serán menoscabadas, dice Jehová. He aquí que vienen días, dice Jehová, en que levantaré a David renuevo justo, y reinará como Rey, el cual será dichoso, y hará juicio y justicia en la tierra. En sus días será salvo Judá, e Israel habitará confiado; y este será su nombre con el cual le llamarán: JEHOVA, JUSTICIA NUESTRA...y habitarán en su tierra."

Oseas 3:4-5. "Porque muchos días estarán los hijos de Israel sin rey, sin príncipe, sin sacrificio, sin estatua, sin efod y sin terafines. Después volverán los hijos de Israel, y buscarán a Jehová su Dios, y a David su rey; y temerán a Jehová y a su bondad en el fin de los días" (véanse Sal.72:1-20; Is.4:2-6; 9:6-7; 14:1-8; 35:1-10; 52:1-12; 59:20-60:22; 62:1-12; 66:1-24; Jer.31:36-37; 33:1-26; Joel 3:17-21; Amós 9:11-15; Sof.3:14-20; Zac.14:16-21).

Pasando a las Escrituras del Nuevo Testamento que presentan el reino es importante considerar primero una vez más los dos aspectos de la obra y las enseñanzas de Cristo. El fue no sólo un ministro a Israel para confirmar las promesas hechas a los padres, sino también un ministro a los gentiles para que ellos glorifiquen a Dios por su misericordia (Ro. 15:8-9). Estas dos revelaciones sumamente diferentes no están separadas en las Escrituras por bien delineadas divisiones por capítulos y versículos; están entremezcladas en el texto y deberán ser identificadas donde se hallen por el carácter del mensaje y las circunstancias en las cuales se dan. Esto, debe recordarse, es generalmente el método divino de presentar la verdad. Como ilustración: no hay una división de capítulo y versículo en los libros proféticos del Antiguo Testamento entre la porción de las Escrituras que presentan el deber *inmediatos,* de Israel, y la porción de las Escrituras que presentan su obligación *futuras,* en el reino del Mesías. Los profetas, en el proceso de desplegar ambas de estas obligaciones ampliamente diferentes, juntan estos dos mensajes en el texto y los diferentes mensajes se disciernen sólo mediante una observación del carácter de la verdad revelada. Asimismo, en los Evangelios hay, hasta cierto grado, una mezcla de este mensaje del reino y la enseñanza de la gracia. Además, el pueblo recibió estas enseñanzas mientras la Ley de Moisés estaba en completo rigor. En armonía con las demandas de aquella dispensación, muchos reconocimientos del sistema mosaico se hallan incrustados en las enseñanzas de Cristo. Los Evangelios son complicados casi más que cualquier otra porción de las Escrituras, ya que están formados de las enseñanzas de Moisés, de la gracia y del reino.

De una breve consideración de los cuatro Evangelios se llega a la conclusión de que esas enseñanzas de Cristo que confirman los pactos hechos a los padres, o a Israel, se hallan especialmente en los Evangelios Sinópticos, y que las enseñanzas del reino se cristalizan en la primera parte del primer Evangelio. También la posición de esta porción que trata del reino en el contexto de las Escrituras es significativo – siguiendo inmediatamente, tal como se encuentra, al Antiguo Testamento. El Antiguo Testamento se cerró sin la realización de sus grandes esperanzas y sin el cumplimiento de sus magnas profecías. Estas esperanzas estaban basadas sobre pactos de Jehová, los cuales El había hecho con juramento. Estos pactos garantizan a la nación un reino terrenal en su propio país, bajo el reino permanente del Mesías, sentado sobre el trono de su padre David. Ninguna promesa tal se cumplió durante el período del Antiguo Testamento. El reino como se ha provisto por la fidelidad de Jehová fue revelado en el Antiguo Testamento sólo en forma de profecía. Un reino como éste no existía cuando nació Jesucristo. Se declara expresamente que la gran esperanza y consolación de Israel todavía estaba en la expectativa cuando Cristo vino (Lucas 1:31-33; 2:25). Estaban entonces los hijos de Israel en gran parte esparcidos entre las naciones y su tierra estaba bajo la autoridad de Roma. En este punto y en estas circunstancias, un nuevo mensaje se proclamó: "El reino de los cielos se ha acercado." Esto lo anunció el precursor

– Juan Bautista (Mt. 3:1-2), lo proclamaba Cristo (Mt. 4:17) y sus discípulos (Mt.10:5-7). Se prohibió enfáticamente llevar este mensaje al gentil, o aun a un samaritano (Mt. 10:5-6; comp. 15:24). El mensaje, aunque breve, se proclamó con el fin de despertar todos los anhelos nacionales del pueblo a quien se presentó. Los mensajeros no necesitaban entrenamiento analítico para sentir el significado exacto del tema que anunciaban. Para los israelitas conocedores de sus Escrituras, la esperanza del reino había sido su expectativa y su meditación desde su nacimiento. Más tarde, y en contraste con esto, era muy aparente que eran tardos de corazón para entender los hechos nuevos y enseñanzas de la gracia. Aun cuando, después de su resurrección, Cristo había dado por cuarenta días instrucciones sobre las cosas concernientes al reino de Dios, ellos le dijeron: "Señor, ¿restaurarás el reino a Israel en este tiempo? " (Hch.1:6), tampoco habían podido ellos captar el significado de su muerte y el propósito inmediato de la gracia. Por otro lado, no hay indicio de que los mensajeros necesitasen o hubiesen recibido un momento de explicación sobre el significado del mensaje con respecto al evangelio del reino antes de haber sido enviados para proclamarlo. Era evidentemente la esperanza de Israel.

La frase, *el reino de los cielos,* es propio del Evangelio de San Mateo, y se refiere al gobierno de Dios en la tierra. En ese particular, se debe distinguir de lo que se llama el reino de Dios, que es el gobierno de Dios por todos los confines del universo. El uno, en ciertos aspectos, se incluye en el otro, y hay, por tanto, mucho en común en ambos. El gobierno mesiánico de Dios en la tierra era el tema de los profetas; porque los profetas solamente se explayaron sobre los pactos que garantizaban un trono, un Rey, y un reino sobre Israel que ha sido reunido, en esa tierra que se dio a Abraham con juramento. Cristo usó el término, *el reino de los cielos,* para anunciar el hecho de que las bendiciones del reino pactado "se habían acercado". Estas buenas nuevas para esa nación era el "evangelio del reino," y no se debe confundir con el evangelio de la gracia salvadora.

La esperanza nacional estaba concentrada en la genuinidad de las pretensiones tanto del Rey como del precursor. Las evidencias fueron pesadas con sumo cuidado, esto debe creerse, y fueron halladas intachables; pero prevaleció la iniquidad del corazón. Ellos aprisionaron al precursor, a quien más tarde Herodes decapitó y crucificaron al Rey. Ambos, tanto el precursor como el Rey cumplieron profecías acerca de su puesto individual en todo detalle. El precursor era la voz de uno que clamaba en el desierto. El Rey era de la simiente de Abraham, de la tribu de Judá, un hijo de David nacido de una virgen, en Belén de Judá. El vino de Egipto, y fue llamado nazareno. En su nacimiento El fue proclamado, "Rey de los Judíos". En su ministerio público El llevó el mensaje de un Rey. En su entrada a Jerusalén, le aclamaron como Rey de Israel. Cuando compareció ante Pilato, El dijo que era Rey. Y murió bajo la acusación, "ESTE ES JESUS EL REY DE LOS JUDIOS." La corona de espinas no tuvo significado con respecto a su muerte como sacrificio por el pecado: era emblema del escarnio de la nación porque se había proclamado rey. En esta forma ellos, con su hecho, cumplieron exactamente la profecía que el Rey había declarado: "No queremos que éste reine sobre nosotros." No debe haber confusión en este punto. Los gobernantes de la nación que demandaron su muerte no estaban personalmente rechazando un Salvador, como le rechazan hoy los pecadores; ellos estaban rechazando a su Rey. Ellos no dijeron, "No creeremos en el Salvador para la salvación de nuestras almas"; ellos dijeron, "No tenemos más rey que César." El rechazamiento del Rey era conforme al "determinado consejo y anticipado conocimiento de Dios" (Hechos 2:23); porque su rechazamiento y humillación fueron prefigurados en los tipos, y previstos en las profecías del Antiguo Testamento: El era el "Cordero inmolado desde la fundación del mundo." A cada paso en el registro se dice que su rechazamiento y muerte eran el cumplimiento de las Escrituras. Se registra de El en diez y seis pasajes del Nuevo Testamento que, por su rechazamiento y muerte El cumplió las Escrituras del Antiguo Testamento. También se registra de El en nueve pasajes del Nuevo Testamento que El era el cumplimiento de profecías del Antiguo Testamento acerca del Rey.

Entonces, pues, el primer ministerio de Cristo a Israel era ser su Rey. En esto El apareció no como un Salvador personal, sino como su Mesías que se había esperado largo tiempo; no como un Cordero, sino como un León; no como un sacrificio por el cual una Iglesia – la Esposa inmaculada – podría El comprar para Sí mismo de entre todas las naciones, sino como el Hijo de David, con todo derecho al trono de David, sobre Israel, en Jerusalén, en la tierra prometida. En los Evangelios Sinópticos, por tanto, no hay registro de paso alguno hacia la formación de la Iglesia, o una referencia a ese gran propósito, sino hasta que, de Su propia nación, le hace evidente Su rechazamiento como Rey. Según los Evangelios Sinópticos las primeras enseñanzas del Rey eran para esa nación, y no tenían ninguna relación a los grandes resultados que se alcanzarían después mediante Su muerte y resurrección en el llamamiento de su Iglesia de entre todas las naciones de la tierra. Al hacerse realidad su rechazamiento, El comenzó a hablar, con anticipación de su muerte, sobre la formación de su Iglesia, y de su venida otra vez a la tierra.

Asimismo El relacionó al tiempo de su regreso el cumplimiento seguro de cada pacto con Israel.

¿Era entonces, el evangelio del reino, como fue anunciado por Juan, por Cristo, y por sus discípulos un mensaje sincero y verdadero? ¿Quería decir lo que anunciaba el mensaje? ¿Estaría cerca el reino de Israel que se había predicho? Si así es, si hubiesen ellos recibido a su Rey, ¿qué habría sido de los propósitos divinos de la redención que habían de alcanzarse mediante su muerte? Estas preguntas se hacen insistentemente hoy día; pero las respuestas no son difíciles.

Mucho se ha presentado sobre esta importante pregunta en el primer capítulo de este tomo, que no se volverá a mencionar aquí. Sin embargo, el evangelio del reino fue un mensaje sincero y verdadero a Israel. Tratar el asunto de otra manera sería acusar a Dios de astucia y de engaño. Sería a la vez una grave representación falsa de todas las Escrituras relacionadas el aplicar el mensaje y la enseñanza del Rey a los propósitos de Dios en esta edad de la gracia. Toda confusión acerca del mensaje del reino en su relación a la cruz surge por no poder reconocer la distinción importante entre el punto de vista divino y el punto de vista humano. Esto sólo es otra aplicación de la astucia racionalista de colocar el libre albedrío humano contra la soberanía de Dios. En el lado humano, había una decisión bien clara, con poderes no limitados, para escoger o rechazar al Rey. En el lado divino, hubo una oferta genuina del reino en la Persona, presencia y ministerio del Rey; pero tras esto estaba la determinación soberana de Dios que era absoluta. Su escogimiento tendría que ser el desarrollo del propósito eterno de Dios en Cristo, y por ese escogimiento serían considerados culpables. En el lado divino, se dice: "Por esto no podían creer" (Jn.12:39), y en el lado humano se dice: "Sin causa me aborrecieron" (Jn.15:25).

Pasando al Antiguo Testamento, se le presenta al estudiante el problema del ajuste correcto con respecto al tiempo del cumplimiento de dos grandes líneas de profecías acerca de Cristo. Por una parte, fue profetizado que Cristo vendría como un Monarca cuyo reino y gobierno serían para siempre (véanse 2 S.7:16; Sal.72:1-20; 89:35-37; Is.9:6-7). El pensamiento de su muerte es extraño a este grupo de profecías. La función de un rey no es morir – porque se dice " ¡viva para siempre el rey! " Pero, por otro lado, hay profecía igualmente explícita acerca del sacrificio y de la muerte de Cristo como una substitución (Sal.22:1-21; Is.53:1-12). Claro está que estas dos líneas de actividades no podían efectuarse simultáneamente. Cristo no podía ser el Rey irresistible e inmortal y a la vez ser el sacrificio sin resistencia. Era precisamente este elemento de tiempo en el problema que Pedro declaró que no había sido descubierto a los profetas. Añadido a esto está la profecía del Rey de Israel que vendría a ellos en apariencia humilde, cabalgando sobre un asno, sobre un pollino hijo de asna (Zac.9:9; comp.Mt. 21:1-7; Jn.12:12-16). De esta manera se indicó claramente a Israel que el Rey vendría en forma humilde, y ellos no tenían ninguna excusa. Ya que la edad presente de la gracia y su propósito no fueron revelados a los escritores del Antiguo Testamento, el elemento de tiempo que se relaciona a estas dos líneas de profecía no podía ser descubierto. Cuando vino el cumplimiento del tiempo, agradó a Dios presentar a su Rey en cumplimiento de la profecía y conforme a todos sus pactos hechos a Israel. Tanto "por determinado consejo y anticipado conocimiento de Dios," como por libre escogimiento de la nación, el Rey fue rechazado y crucificado. Es evidente, por tanto, que las profecías concernientes al Rey y su reino terrenal permanecen sin su cumplimiento hasta esta hora. No están olvidadas ni abandonadas. Tampoco están recibiendo un cumplimiento *espiritual.* Aún han de tener su cumplimiento cuando el Rey vuelva a la tierra. De igual manera, la misma claridad de luz sobre el propósito divino es revelado por medio de Daniel cuando él predice el orden de los eventos que se cumplirán en el período entre el tiempo en que él vivió y el del reino mesiánico. En esta profecía el quitar "la vida al Mesías" precede al reinado del Rey. De esta manera Dios anticipó lo que se verificaría; pero esto de ninguna manera disminuye el ejercicio de un escogimiento libre por parte de la nación de Israel al rechazar a su Rey. Es pueril defender el argumento de que la cruz de Cristo estaba en peligro hasta que se consumó el escogimiento de Israel tocante al Rey. Aquellos que se valen de argumentos astutos debieran ser más consecuentes al punto de aplicar su racionalismo a todos los grandes asuntos donde la soberanía de Dios y el libre albedrío del hombre hacen el encuentro. El ministerio de Cristo fue genuino. El fue un ministro a la circuncisión para confirmar las promesas hechas a los padres. A la vez El era la puerta abierta a la gracia de Dios para que los gentiles pudieran glorificar a Dios por su misericordia. Aunque era verdadero pecado, su rechazamiento como Rey era el paso necesario en toda la redención, y Dios en su fidelidad aún cumplirá cada pacto relacionado al trono, al Rey, a la nación y a la tierra de Israel. Esto lo cumplirá El cuando el Rey vuelva a la tierra otra vez.

Ha sido necesario bosquejar la relación del pactado reino terrenal a la primera venida de Cristo, para que las enseñanzas de Cristo concernientes al reino puedan verse en su verdadera perspectiva.

Leyendo la primera sección del Evangelio de San Mateo los

capítulos 1-12, donde el evangelio del reino es predicado a Israel, se hallará que precisamente este mensaje del evangelio del reino fue anunciado primeramente por Juan Bautista, de quien se dice: "Pues éste es aquel de quien habló el profeta Isaías, cuando dijo: Voz del que clama en el desierto: Preparad el camino del Señor, enderezad sus sendas" (Mt.3:1-3). Dentro de este contexto donde sólo el evangelio del reino es presentado, confinado completamente por los relatos de estas proclamaciones, está "el Sermón del Monte", que evidentemente es el manifiesto del Rey (Mt. 5:1-7:19). En este manifiesto el Rey declara el carácter esencial del reino, la conducta que se requerirá en el reino y las condiciones de entrada al reino. La regla de vida del reino es puramente legal, tanto en sus cualidades inherentes como por su propia afirmación (Mt.7:12). Es, sin embargo, muy diferente de la ley como la dio Moisés. En las enseñanzas del reino, como se ha dicho, los mandamientos de Moisés se ponen a mayor altura en requerimientos mucho más imposibles con respecto al detalle, y esto no mitiga, sino más bien intensifica su carácter como estrictamente legalista. Cristo no desconoce los principios de la ley en el desenvolvimiento de los requisitos del reino, como tampoco lo hace en su comunicación con Israel, antes de su muerte. Más bien El está presentando un nuevo grado y norma de la ley que está adaptada a las condiciones que existirán en el reino, y que El *contrasta* con la Ley de Moisés. Las grandes palabras del reino –*justicia* y *paz*– predominan, y no se hace nunca una referencia a la salvación o a la gracia. Ni hay la menor referencia a aquellas grandes realidades de relación que pertenecen a la Nueva Creación hecha por Cristo mediante Su muerte y resurrección. Esa completa omisión de una referencia a una característica de la edad presente de gracia es un hecho que debe considerarse cuidadosamente. La exactitud diminuta de la Escritura se ve en el uso que Cristo hace de la frase *mis mandamientos*. Durante los días de Su ministerio a la nación de Israel, El obligaba obediencia a los mandamientos de Moisés, y habló de los principios nuevos que habían de ser aplicados en el reino como "estas mis palabras" y "Yo os digo"; pero en ninguna ocasión usó El el término *mis mandamientos* sino hasta que El lo usó con sus discípulos en el aposento alto, y en la ocasión cuando desarrollaba los nuevos principios que debían de constituir la condición de la vida diaria de aquellos que estarían firmes sobre la resurrección como su fundamento, en la Nueva Creación, y bajo la gracia. Es también significativo que el *primer* uso de la palabra *mandamiento* en este mensaje de gracia es cuando dijo, "Un nuevo mandamiento os doy" (Jn.13:34). Hay, por tanto, una posible limitación que se impone sobre la extensión de la responsabilidad impuesta por Cristo en su gran comisión en que dijo: "enseñándoles que guarden todas las cosas que os he mandado" (Mt.28:20). No cabe dentro de la probabilidad que El haya intentado que la ley de Moisés, los principios que gobiernan en el reino, y las enseñanzas de gracia sean combinados y aplicados a aquellos que reciben el mensaje de la gran comisión. En las enseñanzas del reino, la frase característica es "el que oye estas palabras y las hace" (Mt.7:24), mientras que la frase que caracteriza a la gracia es "oye mi palabra y cree" (Jn.5:24). El carácter esencial de las enseñanzas del reino en contraste con las enseñanzas de Moisés y en contraste con las enseñanzas de la gracia, serán considerados en un capítulo posterior de este tomo.

Hay un sentido en que el reino de Dios, como la autoridad de Dios en los corazones de los individuos, está presente en el mundo hoy. Esto no debe confundirse con el reino Mesiánico que se establecerá sobre una nación, y que se extenderá por medio de ellos a todas las naciones con el Rey gobernando, no en el corazón individual, sino en el trono de David, en la ciudad de Jerusalén. A medida que el Rey se acercaba a su muerte, y el rechazamiento se hacía más evidente, El hacía mención de ese aspecto del gobierno de Dios en el corazón individual que caracterizaría la edad de la gracia que hasta aquí no había sido anunciada. El pasaje siguiente (así como Mt.13:1-52), tomado de las enseñanzas subsiguientes de Cristo como se registra en Lucas, es un ejemplo: "Preguntado por los fariseos, cuándo había de venir el reino de Dios, les respondió y dijo: El reino de Dios no vendrá con advertencia, ni dirán: Helo aquí, o helo allí; porque he aquí, el reino de Dios está entre vosotros" (en medio de vosotros, Lc.17:20,21). En ningún sentido podría decirse con verdad que el reino de Dios estaba *en* los corazones de aquellos fariseos que rechazaban a Cristo. Hubo, sin embargo, un verdadero sentido en que el reino de Dios había de estar, así como ahora, en los corazones de los creyentes individuales; pero la declaración directa de Cristo es para decir que el reino estaba entonces, en la Persona del Rey, en medio de ellos. Así también la frase *el reino de Dios no vendrá con advertencia* anticipa el aspecto presente del gobierno de Dios en el corazón individual; pero después de esto, y según todas las profecías,el reino de los cielos vendrá con advertencia pública. Hay muchas promesas de una tierra transformada, y dicha condición será introducida, no por fuerzas y procesos invisibles, sino mediante el poder y presencia irresistible del Rey que vuelve. Así también podría decirse a Israel:"Se ha acercado a vosotros el reino de Dios" (Lc.10:9). Así como el Rey seguramente estaba delante de la nación, así también el reino seguramente estaba delante de ellos, y ésta fue la instancia del evangelio del reino que se proclamó a los "hijos del reino" solamente. Cuando el Rey fue rechazado, Su reino también fue rechazado. Cuando se rechazó Su reino y su realización se pospuso hasta el regreso del Rey, la aplicación de toda Escritura que determina la vida en el reino fue igualmente pospuesta mientras no vuelva el Rey. Esta demora necesaria se acepta fácilmente con referencia a la gloria terrenal, que es el tema de las enseñanzas del reino del Antiguo Testamento; pero es igualmente cierto que hay necesariamente una demora en la aplicación de todo detalle de la obligación humana relacionada al reino terrenal como se presenta en el Nuevo Testamento.

Las enseñanzas del reino son declaraciones suficientes y completas de todo lo que es necesario que uno sepa acerca de las condiciones para la entrada y la conducta en el reino mesiánico en la tierra. Muchas de las enseñanzas del reino son semejantes a las que se hallan en las enseñanzas de Moisés. También hay mucha semejanza a las enseñanzas de la gracia; pero estas realidades no constituyen a estas enseñanzas un todo indivisible, ni justifican una mezcla imprudente de estos grandes sistemas de gobierno en la tierra. Los elementos caracterizantes de cada período serán aquellos principios que son especialmente aplicables a la dispensación a la cual pertenecen, en vez de los principios en que son semejantes. Las enseñanzas del reino podrán ser identificadas más completamente bajo los contrastes que se presentarán más adelante.

CAPITULO X

LA PRESENTE DISPENSACION DE LA GRACIA

La salvación por gracia que Dios opera para aquellos que creen incluye, entre otras cosas, la colocación de los salvados en la posición de hijos de Dios, ciudadanos del cielo, y miembros de la familia de la casa de Dios; y, por cuanto cada posición requiere una forma de vida correspondiente, es de esperarse que una regla de conducta tan sublime como el mismo cielo será señalada al creyente. Esto es precisamente lo que se halla, porque la gracia no sólo provee una salvación perfecta y eterna seguridad para aquel que cree en Cristo, sino que provee, igualmente, la instrucción para la vida del que ha sido salvo, mientras es guardado por el poder de Dios. Esta instrucción para la vida diaria, se hallará que es una revelación especial que viene de Dios únicamente para el creyente. Como la base de la gracia sola es enteramente separada e independiente de cualquier otra regla de vida que se halla en la Palabra de Dios. Siendo la Biblia el Libro que viene de Dios para todas las gentes de todas las edades, contiene los detalles de la expresión de la voluntad de Dios acerca de la manera de vida de las varias clases de dispensaciones a que pertenecen las gentes en su relación con Dios en los diferentes períodos de tiempo, y bajo los varios pactos correspondientes. Entre estas revelaciones está la regla de conducta para la vida diaria de aquellos que han sido salvos por gracia en esta dispensación que ocupa el tiempo entre la cruz y la segunda venida de Cristo. Esta regla de vida basada en la gracia es completa en sí, y se halla sola en las Escrituras, no tiene ningún vínculo con otra y no tiene complicación. Consiste en las enseñanzas de la gracia.

Todo lector diligente del Nuevo Testamento observará el hecho de que hubo contienda doctrinal desde el comienzo de la dispensación cristiana. Esta controversia era principalmente sobre la cuestión de la gracia o la ley: cuál de las dos provee el principio gubernativo para el control de la conducta cristiana. Aunque el Nuevo Testamento contiene amonestaciones específicas y extensas contra los legalistas y sus enseñanzas, y sus sistemas se prueba que están opuestos a las doctrinas de pura gracia. Sus sucesores de generación en generación hasta el tiempo presente, han buscado siempre desacreditar la gracia de Dios. Sus mensajes, aunque llenos de errores, con frecuencia han exhibido gran celo y sinceridad; pero el celo y la sinceridad, muy deseables cuando son sabiamente dirigidos, fallan completamente ante los ojos de Dios como sustitutos de una presentación consecuente de la verdad. La única esperanza de ser librados de las falsas doctrinas de los maestros legalistas es mediante una consideración sin prejuicio de las revelaciones exactas de las Escrituras. Este examen de la Biblia debe estar libre de seguir ciegamente las enseñanzas de los hombres, y deberá hacerse con un corazón dispuesto a recibir reprensión y corrección de la Palabra de Dios, como también de instrucción en justicia (1 Ti.3:16). Solo para aquel a quien estas enseñanzas son bien claras puede apreciar el valor trascendental de poder entender las enseñanzas de la gracia.

Al presentar esta consideración introductiva de este tema extenso de las enseñanzas de la gracia, es necesario en algunos casos asumir conclusiones cuyas pruebas serán consideradas más adelante en la discusión. Asímismo, para completar las varias líneas de argumentos, la repetición es inevitable en ciertos puntos.

La clasificación de la edad presente como *la edad de la gracia* no implica que la gracia divina no haya tenido manifestaciones en las edades pasadas.Se ha designado esta edad así porque la verdad está ahora revelada que Dios está haciendo una demostración específica y suprema de Su gracia por medio del llamamiento de la Iglesia tanto de entre los judíos como de entre los gentiles. En conexión con esto podrá también verse que los santos del Antiguo Testamento estaban en la relación correcta y aceptable a Dios, pero no podría decirse que ellos hayan estado unidos a esa cabeza federal del Cristo resucitado, ni que sus vidas hayan estado "escondidas con Cristo en Dios" (Col.3:1-3). El Apóstol escribe: "Pero antes que viniese la fe, estábamos confinados bajo la ley, encerrados para aquella fe que iba a ser revelada" (Gá.3:23). En cuanto al estado de los judíos en la antigua dispensación se observa lo siguiente: (a) Ellos nacieron dentro del pacto de relación con Dios en donde no había limitaciones sobre su fe en El ni sobre su comunión con El. Este hecho era en sí una demostración de una gracia sobreabundante. (b) En el caso de faltar al cumplimiento de las obligaciones morales y espirituales que descansaban en ellos por su posición en el pacto, los sacrificios fueron provistos como una base justa para la restauración a sus privilegios en el pacto, lo cual es otra demostración de gracia inmensurable. (c) El judío individual bien podía fallar en su conducta y descuidarse de los sacrificios, y ser al fin desechado de Dios y echado fuera (Gn.17:14; Dt.28:58-61; Mt.10:32,33; 24:50,51; 25:11,12,29,30). (d) La salvación y el perdón nacionales de Israel constituyen una esperanza futura cuyo cumplimiento está prometido cuando salga de Sion el Libertador (Ro.11:26-27). ¿Quién no podría reconocer la gracia eterna de Dios revelada en Isaías 60 :1-62:12 hacia Israel, en todas las edades venideras? Si ha de hallarse alguna claridad con respecto a la diferencia entre los privilegios de Israel bajo el sistema mosaico y los privilegios presentes de la Iglesia, se tiene que hacer una distinción entre la ley como una *regla de vida* la cual nadie pudo cumplir perfectamente, y la ley como un sistema que no sólo expuso las demandas sublimes y santas de la conducta personal, sino también proveyó el perdón divino mediante los sacrificios. La posición final de un judío delante de Dios no estaba basada solamente en la obediencia a la ley, sino que El contemplaba a ese judío a través de los sacrificios que había presentado a su favor.

El pasaje principal que presenta la verdad de que la gracia divina tiene su suprema manifestación en esta edad y mediante la Iglesia se encuentra en Efesios 2:7. Este pasaje notable que completa la revelación exaltada acerca de la Iglesia, dice: "para mostrar en los siglos venideros las abundantes riquezas de su gracia en su bondad para con nosotros en Cristo Jesús." En esta forma se confirma que por medio de la Iglesia las abundantes riquezas de la gracia divina se pondrán por obra como de otra manera no se podría hacer y que serán exhibidas a todo el universo. Sin embargo, aun más importante que todo, es la satisfacción que recibirá Dios en la realización de uno de sus más grandes atributos.

En el capítulo 2 de la Epístola de Pablo a Tito, comenzando con el versículo 11, está escrito: "Porque la gracia de Dios se ha manifestado para salvación a todos los hombres, enseñándonos que, renunciando a la impiedad y a los deseos mundanos, vivamos en este siglo sobria, justa y piadosamente, aguardando la esperanza bienaventurada y la manifestación gloriosa de nuestro gran Dios y Salvador Jesucristo, quien se dio a sí mismo por nosotros para redirmirnos de toda iniquidad y purificar para sí un pueblo propio, celoso de buenas obras. "Dos ministerios de la gracia que son muy diferentes se presentan aquí: Primero, la gracia de Dios que trae salvación se ha manifestado a *todos* los hombres. Esto, está claro, se refiere a esa gracia salvadora de Dios que ha venido al mundo mediante el Señor Jesucristo, y ahora ha de ser proclamada a todos los hombres. Es un mensaje para todos los hombres, porque sus provisiones son universales y su invitación es "a todo aquel". Gracia sobre gracia es derramada, ahora y hasta la consumación de las edades sobre aquellos que creen. Segundo, el pasaje revela, también, que es la misma gracia la que ha traído salvación a todos los hombres, la que nos enseña a *nosotros.* La palabra *nosotros,* se debe observar, no se refiere a la clase más amplia de todos los hombres que se mencionó antes; sino que se refiere sólo a la compañía de aquellos que son salvados. La importancia de esta distinción es evidente; porque, cualquiera que sea la enseñanza que la gracia se propone enseñar, sus enseñanzas se dirigen solamente a aquellos que son salvados por la gracia. Este aspecto calificativo de las enseñanzas de la gracia no se limita a este pasaje, aunque éste sería suficiente; es una característica sobresaliente de todas las enseñanzas sobre la gracia tal como aparecen a través de todo el Nuevo Testamento. Siendo estas enseñanzas dirigidas solamente a los creyentes, de ninguna manera se dieron con la intención de imponerlas en aquel que rechaza a Cristo, o en el mundo que rechaza a Cristo. Este hecho es sumamente importante. La palabra de Dios no llama a aquel que no es salvo para que viva una vida mejor. Hay solamente un asunto en esta dispensación entre Dios y el individuo no regenerado, y eso no es ni el carácter ni la conducta; más bien es el llamamiento personal del evangelio de la gracia de Dios. Antes que el individuo no salvo reciba a Cristo, quien es el don de Dios en la gracia, no es posible tratar de otro asunto. Los hombres podrán moralizarse entre sí mismos, y establecerse gobierno propio sobre principios de la conducta correcta; pero nunca se presenta a Dios en el desenvolvimiento de la gracia como el que busca la *reforma* de los pecadores. Toda palabra acerca de la calidad de vida está reservada para los que ya están en la relación a Dios que El exige en cuanto a la salvación.

Las enseñanzas de la gracia, como se verá, abarcan todas las enseñanzas de las Epístolas, los Hechos, y también ciertas porciones de los Evangelios fuera de sus características históricas. Volviendo al pasaje ya citado de Tito, descubrimos que sólo una parte de toda la instancia de las enseñanzas de la gracia se menciona en esta porción bíblica; pero se le enseña al creyente aquí que debe renunciar a la impiedad y a los deseos mundanos, y vivir en este siglo una vida sobria, justa y piadosa, aguardando la aparición personal de su Señor de los cielos. Este mensaje describe una vida de devoción especial y de dulzura. Es así como Dios "purifica para sí un pueblo propio, celoso de buenas obras."

En toda esta investigación, no debe desviarse la atención de la verdad fundamental, ya enfatizada, de que hay tres edades – la de la ley, la de la gracia y la del reino – que están separadas entre sí por eventos de transformación mundial, y que cada edad presenta ese requerimiento de la conducta humana que está en armonía con la relación precisa entre Dios y los hombres en cada edad. Estas dispensaciones están completas en sí, no necesitan ninguna añadidura, y cada una es tan santa y pura en sí como el Creador quien es el Autor y Diseñador de ellas. Estas disciplinas que regulan la conducta no sólo varían en la dificultad de los requisitos que imponen, sino que también varían en el grado de capacitación que es otorgado en cada una. El sistema mosaico, careciendo de una referencia a una capacitación divina, se dirigió a los recursos limitados del hombre natural y se encerró dentro de esos límites. El sistema del reino, aunque extiende sus demandas más allá de los requerimientos del código mosaico, en los pasajes que tratan de él no hace ninguna referencia a una capacitación divina; sin embargo en otras Escrituras se afirma que la ley del reino estará escrita sobre el corazón, con el fin de ponerla por obra, y el Espíritu Santo será derramado sobre toda carne. Será entonces cuando Israel realmente cumplirá la Ley de Moisés (Dt. 30:8). La dispensación de la gracia presenta ideales totalmente sobrehumanos – que estará en concordancia con la ciudadanía celestial – y con estas normas sobrenaturales de vida provee nada menos que el poder infinito del Espíritu Santo que mora en el corazón, con el fin de que toda la voluntad de Dios – exigente como es – tenga cumplimiento en el hijo de Dios.

Probablemente es porque la Ley de Moisés vino primero en sentido de tiempo y porque estuvo sola sin la posibilidad de complicaciones, que los teólogos le han dado mayor consideración que a los otros dos sistemas juntos. En realidad, los sistemas del reino y de la gracia no son reconocidos separadamente en su carácter, más bien el asunto que presentan ha sido considerado como una extensión o adición al Decálogo original. La Confesión de Fe de Westminster dedica muchas páginas al Decálogo con aplicaciones al creyente, pero no reconoce el carácter distintivo de los preceptos que con tanta claridad son instrucciones dirigidas a los creyentes bajo la gracia.

La misma naturaleza de los preceptos de la gracia excluye la posibilidad de que sean reducidos a un decálogo. En carácter son libres en el sentido de que no son un requisito para hallar aceptación con Dios. Más bien, son direcciones y súplicas divinas dirigidas a personas aceptadas acerca de su manera de vivir delante de Dios. La palabra *ruego* se halla dos veces (Ro. 12:1; Ef. 4:1); no una palabra de mando a uno que sólo es siervo, sino una súplica hecha con cortesía y consideración a un miembro de la casa y de la familia. Estas direcciones consisten en una información y persuasión que se extiende a aquellos que no podrían aprender de otra manera acerca de aquello, que desde el punto de vista celestial, se espera justamente de ellos. En todo esto, hay una diferencia fundamental tanto entre estas enseñanzas y el sistema mosaico que impuso maldición sobre los que no pudieron cumplirlo (Dt. 28:15-68) como entre las enseñanzas de la gracia y los preceptos del reino que mantiene sobre sus súbditos el peligro del fuego del infierno (Mateo 5:22, 29-30). No hay ninguna excusa para no observar la diferencia entre estos sistemas, uno que propone una maldición y otro que propone fuego del infierno y un tercero que declara: "Ahora, pues, ninguna condenación hay para los que están en Cristo Jesús" (Ro. 8:1), que Dios que ya ha justificado no condenará (Ro. 8:33), y que no puede haber ninguna separación del creyente del amor de Dios (Ro. 8:38-39). Sin embargo, hay un precio que el creyente paga cuando no anda como es digno de su vocación celestial. Ese precio que se paga no viene de Dios como un castigo que se impone, sino que es la inevitable pérdida de comunión con Dios, y la pérdida del poder en la vida y en el servicio. La práctica perniciosa de tratar de unir los dos sistemas legales con las enseñanzas de la gracia resulta en una ley sin poder y una gracia ineficaz. El problema del estudiante no es hallar un promedio entre la ley y la gracia, sino más bien el separar estos sistemas con el fin de que cada uno retenga su propia eficiencia. ¿Qué otra interpretación podría darse a Romanos 11:6 sino que estos sistemas diferentes están tan lejos el uno del otro como está el este del oeste? El pasaje dice: "Y si por gracia, ya no es por obras; de otra manera la gracia ya no es gracia. Y si por obras, ya no es gracia; de otra manera la obra ya no es obra." Semejantemente ¿qué significado podría darse a Hebreos 4:9, un versículo que en su contexto declara que el creyente ha cesado de sus propias obras? "Por tanto, queda un reposo para el pueblo de Dios"; o ¿qué significado tendría Romanos 3:31 que declara que todos los requisitos que un Dios santo demanda de su hijo creyente han sido cumplidos por Cristo y eso sobre el principio de la fe en El? La última mitad de la Epístola a los Gálatas es la declaración divina de que el sistema de ley no es el medio de santificación del creyente en la vida cotidiana. El orden que se observa en por lo menos tres Epístolas doctrinales – Romanos, Efesios, Colosenses – es como sigue: primero se afirma la posición exaltada en Cristo únicamente mediante la fe y entonces se insta a caminar en correspondencia a esa posición exaltada. Este arreglo sublime es el inverso de cada fase en el sistema legal.

Las enseñanzas de la gracia no están aisladas en el Texto Sagrado. Los tres sistemas aparecen en los cuatro Evangelios. Las enseñanzas de la gracia se identifican más bien por su carácter intrínseco dondequiera que se hallan. Porciones grandes del Nuevo Testamento son totalmente revelaciones de la doctrina de la gracia. Al estudiante, así como a Timoteo, se le encarga estudiar para ser aprobado de Dios en cuanto a trazar bien la Palabra de verdad.

Un análisis general de las enseñanzas de la gracia puede hacerse bajo dos divisiones: (1) tres características específicas y (2) las relaciones en la gracia.

I. TRES CARACTERISTICAS ESPECIFICAS

Aunque los detalles incluidos en el andar del creyente y su servicio son variados y extensivos, hay tres distinciones importantes: el carácter independiente y sin complicación de las enseñanzas de la gracia, sus sublimes requerimientos y la capacitación divina.

1. EL CARACTER INDEPENDIENTE Y SIN COMPLICACION DE LAS ENSEÑANZAS DE LA GRACIA. Como ya se ha indicado, los principios gubernamentales que pertenecen a esta edad por su naturaleza se distinguen de los dos sistemas legales. Reconocen la verdad fundamental de que Cristo ha muerto, ha resucitado, ha ascendido, y que el Espíritu mora ahora en el corazón de todos los que han creído. Estos eventos de inmenso poder transformador con todo lo que efectúan, a la vez crean una relación completamente nueva entre Dios y el hombre y especialmente entre Dios y los que han sido salvados. El carácter independiente y sin complicación de las enseñanzas de la gracia presenta un llamamiento a todo estudiante sincero para identificar y organizar esa inmensa cantidad de pasajes bíblicos, y aun más, porque ha sido desatendido en el pasado. Aunque hombres de capacidad no han dado la debida atención a estas distinciones, las diferencias aparecen en casi cada precepto que se ofrece bajo cada uno de los sistemas. El valor práctico de un estudio sin prejuicio de estos principios, aislando con cuidado aquello que pertenece a cada sistema, servirá de gran ventaja para los creyentes que, en su mayor parte, han sido guiados a creer que deben observar todos los preceptos y mandamientos que se hallan en la Biblia, pertenezcan a la ley o a la gracia.

2. SUS SUBLIMES REQUERIMIENTOS. No es por demás volver a decir que la norma de conducta prescrita bajo las enseñanzas de la gracia es inmensamente más difícil de mantener que la que la Ley de Moisés prescribe, o la ley del reino. La norma de la gracia es tanto más sublime que aquellas, como el cielo está más alto que la tierra. De igual manera, la capacitación divina provista bajo la gracia es nada menos que el poder infinito del Espíritu que mora en el corazón. Las enseñanzas de la gracia se dirigen únicamente a los que han sido dotados de manera sobrenatural, que han nacido del Espíritu y en quienes mora el Espíritu. Estas enseñanzas son tales que de manera natural pertenecen a un ciudadano del cielo. Ya que la obra salvadora de Dios coloca al creyente en las posiciones celestiales en Cristo, y transfiere su ciudadanía terrenal a la celestial, y es sólo una consecuencia natural que se requiere de el que ande como es digno de un ciudadano del cielo. Es evidente que esta vida tiene que ser sobrenatural. Buscando las Escrituras que revelan la posición y la

responsabilidad del hijo de Dios bajo la gracia, se descubre que se propone una manera de vida sobrehumana. Desde cualquier punto de vista se puede ver este aspecto de las enseñanzas de la gracia. Sólo pocos pasajes serán suficientes para una ilustración: "Refutando argumentos, y toda altivez que se levanta contra el conocimiento de Dios, y llevando cautivo todo pensamiento a la obediencia a Cristo"(2 Co. 10:5); ". . . para que anunciéis las virtudes de aquel que os llamó de las tinieblas a su luz admirable" (I P. 2:9); "dando siempre gracias por todo al Dios y Padre . . . " (Ef. 5:20); " . . . que andéis como es digno de la vocación con que fuisteis llamados" (Ef. 4:1b); "si andamos en luz, como él está en luz" (1 Juan 1:7); "Andad en amor" (Ef. 5:2); Andad en el Espíritu (Gá. 5:16); "no contristéis al Espíritu Santo" (Ef. 4:30); No apaguéis al Espíritu (1 Ts. 5:19). No hay duda acerca del carácter sobrehumano de estos preceptos. ¿Qué recurso humano puede reproducir las mismas virtudes de Cristo? ¿Quién puede dar gracias *siempre* por *todas* las cosas? ¿Quién puede vivir de tal manera que no contriste al Espíritu Santo, ni lo apague? Esta demanda es para una forma sobrehumana de vivir, y los pasajes citados son solamente representativos de todo el carácter de las enseñanzas de la gracia. Estas enseñanzas sobrepujan las normas de la Ley de Moisés en la misma medida que supera lo infinito a lo finito. Cuando Cristo hacía una exposición del carácter sublime de las enseñanzas de la gracia, dijo: "Un mandamiento nuevo os doy: Que os améis unos a otros; como yo os he amado, que también os améis unos a otros"; "Este es mi mandamiento; Que os améis unos a otros, como yo os he amado" (Juan 13:34; 15:12). El nuevo mandamiento es un contraste al antiguo mandamiento de Moisés: "Amarás a tu prójimo como a tí mismo." Estos pasajes bíblicos pueden tomarse como una ilustración adecuada de la diferencia entre las normas de la Ley de Moisés y las normas de la gracia. Bajo el sistema mosaico, el amor a otros tenía por norma el grado en que uno se ama a sí mismo; bajo la gracia deberá ser según el grado en que Cristo ha amado al creyente y se dio a sí mismo por el (1 Juan 3:16). Aun más, las normas de las enseñanzas de la gracia superan a las que las leyes del reino requieren. Ese mismo ejemplo – de amar unos a otros – lo ilustrará. El requisito en el reino en este punto se declara así: "Oísteis que fue dicho: Amarás a tu prójimo, y aborrecerás a tu enemigo. Pero yo os digo: Amad a vuestros enemigos, bendecid a los que os maldicen, haced bien a los que os aborrecen, y orad por los que os ultrajan y os persiguen; para que seáis hijos de vuestro Padre que está en los cielos, que hace salir su sol sobre malos y buenos, y que hace llover sobre justos e injustos. Porque si amáis a los que aman, ¿qué recompensa tendréis? ¿No hacen también lo mismo los publicanos? " (Mt. 5:43-46). Esto significa un adelanto grande sobre la norma del amor que se demanda bajo la Ley de Moisés. En la ley el amor se requería hasta cierto grado limitado; pero nada fue dicho sobre la actitud necesaria hacia el enemigo. El grado de amor que se espera bajo los ideales del reino es solamente lo que podría esperarse razonablemente del corazón que se ha inclinado hacia la ley del reino. No es de compararse a las normas de amor que se proponen bajo la gracia. Primero, hay que considerar que el amor bajo la gracia es el "fruto del Espíritu" (Gá. 5:22). Al sentido literal, "el amor de Dios ha sido derramado (a chorros) en nuestros corazones por (desde) el Espíritu Santo que nos fue dado" (Ro. 5:5). Esto garantiza la reproducción exacta del amor de Cristo en el hijo de Dios – "como yo os he amado". Considérese también, que el amor, como se anticipa en las enseñanzas de la gracia, es el mismo corazón del evangelio y del evangelismo. Esa compasión divina impartida bajo la gracia, que hace que los hombres ganen almas perdidas, es la misma que trajo a Cristo del cielo a la tierra y lo llevó a la cruz a morir. Esa compasión divina por las almas ha sido la fuerza motriz de la obra de traer las almas a Cristo desde el Pentecostés hasta el día de hoy. Fue la experiencia del apóstol Pablo, como se descubre en su testimonio: "Verdad digo en Cristo, no miento, y mi conciencia me da testimonio en el Espíritu Santo, que tengo gran tristeza y continuo dolor en mi corazón. Porque deseara yo mismo ser anatema, separado de Cristo, por amor a mis hermanos, los que son mis parientes según la carne" (Ro. 9:1-3). No había ningún motivo por el cual el apóstol pudiera recibir la maldición y separación de Cristo, tampoco pensaba él que sería posible, pero declaraba que estaba *dispuesto* a serlo. Así, en un hombre que había recibido la obra del Espíritu se reprodujo el amor de Cristo, quien cargó el pecado de otros sobre sí mismo. La verdadera pasión por la salvación de los hombres no es una manifestación de amor que nazca de la naturaleza humana. Ese amor tiene que ser *impartido* de Dios. Por tanto el evangelismo no se espera ni se requiere en la Ley de Moisés ni en la ley del reino.

3. LA CAPACITACION DIVINA. Se ha provisto un poder sobrenatural para la ejecución exacta y perfecta de la regla de vida sobrehumana que existe bajo la gracia. No hay ningún aspecto de las enseñanzas de la gracia que sea más importante que esto, o que tan enfáticamente establece la diferencia entre estas enseñanzas y las de toda otra regla de vida en la Biblia. Bajo la gracia se ha dado a toda persona salvada, el Espíritu Santo de Dios, quien es todopoderoso, quien mora permanentemente en el corazón y es todo-suficiente. La misma revelación respalda abundantemente esta declaración. (Véanse Juan 7:37-39; Ro. 5:5; 8:9; 1 Co. 2:12; 6:19; Gá. 3:2; 1 Ts. 4:8; 1

Juan 3:24; 4:13. Un estudio diligente descubrirá el hecho de que Lucas 11:13; Hechos 5:32; 8:12-17; 19:1-7; Ef. 1:13 no contradicen esta doctrina positiva de las Escrituras), y que se acepta como un hecho en toda enseñanza de la gracia. La forma de vida sobrehumana bajo la gracia no es un mensaje únicamente para algún grupo espiritual que esté incluido en todo el Cuerpo de Cristo; el mensaje se dirige a todos los creyentes por igual. La imposición de esa forma de vida sobrehumana sobre todos los creyentes por igual lleva consigo la revelación de que todos poseen el poder sobrenatural por el cual es posible vivir según las normas sobrehumanas.

Esto, como es evidente, concuerda con las enseñanzas de la Palabra de Dios.

Se destruye el carácter puro de la gracia cuando se hace que la recepción del Espíritu en el corazón individual dependa de cualquier mérito humano, virtud humana, o de cualquier consagración personal. En 1 Corintios 6:19-20 está escrito: "¿O ignoráis que vuestro cuerpo es templo del Espíritu Santo, el cual está en vosotros, el cual tenéis de Dios, y que no sois vuestros? Porque habéis sido comprados por precio; glorificad, pues, a Dios en vuestro cuerpo y en vuestro espíritu, los cuales son de Dios." El elemento de la ley está excluido aquí. Bajo la ley se hubiera escrito: "Glorificad a Dios en vuestro cuerpo y espíritu y llegaréis a ser templos del Espíritu Santo." Bajo la gracia los creyentes *son* templos del Espíritu sin hacer referencia a ningún mérito propio; y esto es cierto en cuanto a todo aspecto de su salvación. El hecho de que ya son templos del Espíritu que mora en ellos es la base de esta instancia para una vida santa. Un estudio de 1 Corintios 5:1-2, 13; 6:1-8 dará evidencia abundante de que la condición de los santos de Corinto era sin ningún mérito cuando el Espíritu dirigió esta instancia a ellos a través del apóstol Pablo. La súplica ferviente es para que su vida diaria concuerde con el hecho maravilloso de que ellos *ya son* templos del Espíritu. Hay una distinción importante que notar entre tener el Espíritu en el corazón y ser lleno del Espíritu. No hay ningún pasaje bíblico que afirme que todos los creyentes estén llenos del Espíritu. El ser lleno del Espíritu, que es el requisito para tener una experiencia de bendición y el ejercicio del poder divino, es un asunto que deberá considerarse totalmente aparte de la revelación sobre la morada del Espíritu.

El hecho de que el Espíritu mora en el corazón de cada creyente es propio de la edad de la gracia. En la dispensación de la ley, para propósitos especiales de Dios, ciertos individuos, en ciertas ocasiones fueron llenos del Espíritu; pero no hay ninguna revelación que declare que *cada* israelita, que estaba bajo la ley, era el templo del

Espíritu. De igual manera, bajo la ley, no había un carácter *permanente* de la relación entre el Espíritu y los individuos sobre quienes El venía (Sal. 51:11). El Espíritu venía sobre ellos, o se iba de ellos, según el propósito soberano de Dios. Bajo la gracia, no sólo se da el Espíritu a *cada* creyente, sino que El nunca se aparta. Esta seguridad está basada sobre la infalible oración de Cristo (Juan 14:16; comp. 1 Juan 2:27). Esto está en conformidad exacta con las condiciones encerradas en el pacto de la gracia. Si mérito humano determinara su presencia en el creyente, entonces, según esa relación, el principio básico de gracia sería invalidado por el principio de obras legales. La entrada del Espíritu en el corazón y su presencia permanente allí, es parte del poder de Dios que salva y guarda por la gracia sola. La revelación del Nuevo Testamento sobre la morada y la permanencia del Espíritu en cada creyente está en completa concordancia con la doctrina de pura gracia.

Cuando se hace un estudio sobre la cuestión de la habilidad que da el poder del Espíritu en la vida individual de los hijos del reino, por las Escrituras se verá que, al principio de ese período por lo menos, el Espíritu vendrá sobre toda carne, y el individuo profetizará, soñará sueños, y verá visiones (Joel 2:28-31; Hechos 2:16-21); pero no hay revelación de que esto sea una presencia y un ministerio permanentes, porque está relacionado a las grandes señales y maravillas en la naturaleza que sucederán en el segundo advenimiento del Mesías. Y, de la misma manera, no hay una revelación acerca del poder del Espíritu de que capacite al individuo en el reino para llevar una conducta digna. Las enseñanzas del reino en las Escrituras no ponen énfasis en la obra del Espíritu. Después de un examen escrupuloso de las Escrituras, parece que cualquier provisión divina que ayuda a llevar la vida diaria, es ajena a todo aspecto de una regla por la ley, sea esa la de Moisés, o la del reino.

Tan vital es el hecho de que el Espíritu habilitador que ahora posee *cada creyente* es parte de la salvación por gracia, que es presentado como una característica fundamental de esta edad. Esta es la dispensación cuando el Espíritu mora en el creyente. Está escrito: "Pero ahora estamos libres de la ley, por haber muerto para aquella en que estábamos sujetos, de modo que sirvamos bajo el régimen nuevo del Espíritu y no bajo el régimen viejo de la letra." (Ro. 7:6). De modo que ese nuevo poder del Espíritu que habilita, caracteriza esta edad, así como "el régimen viejo de la letra" caracterizó la edad que ya pasó. También la circuncisión es ahora "del corazón," en el Espíritu, y no de la letra" (Ro. 2:29), como fue hecho en la carne bajo la ley. Aun más, "el cual asimismo nos hizo ministros competentes de un nuevo pacto, no de la letra, sino del espíritu (Espíritu); porque la letra mata, mas el espíritu (Espíritu) vivifica" (2 Co. 3:6). En este pasaje no se hace referencia a diferentes métodos de interpretación de las Escrituras – espiritualizando o aplicando un método literal; sino que se refiere a dos dispensaciones con diferentes métodos de gobierno divino. "La letra mata" – este es el inevitable ministerio de la ley. "Pero el Espíritu da vida" – vida divina, vitalidad espiritual, energía, y poder están provistos para el creyente bajo la gracia, y de igual manera para todos los que han creído. Así se revela que la bendición de la presencia del Espíritu en el corazón es una característica esencial de esta edad.

Si la manera de vida bajo la gracia es sobrehumana, también la habilidad provista para ella tiene que ser sobrenatural, y es un poder tan sin límite como lo es el poder infinito de Dios. Así como Dios ha propuesto una forma de vida humanamente imposible, El ha provisto, en completa conformidad, el Espíritu que da vida. Demasiado énfasis no puede hacerse sobre el hecho de que, por cuanto Dios ha propuesto una regla de vida imposible, y ha provisto el Espíritu de poder, la responsabilidad del creyente cambia por ello mismo de una *lucha* de la carne a una dependencia del Espíritu. Por tanto, la gracia introduce un problema nuevo para la vida del creyente pues es completamente extraño a todo aspecto de la ley. El problema consiste en una adaptación del corazón a la santa presencia del Espíritu, y de mantener una actitud de dependencia de El sin interrupción. El nuevo principio de ejecución consiste en lograr cosas en la vida diaria y en el servicio del creyente por confiar en el poder de Otro, en vez de confiar en la energía de la carne. La mayor parte de las enseñanzas de las Epístolas consiste en la revelación sobre este problema nuevo de la vida bajo la gracia. No sólo se enseña el principio de fe de manera directa en las Epístolas, sino que se implica y se sobrentiende en cada precepto bajo la gracia. No se omite una revelación exacta del parentesco entre la personalidad del Espíritu y la personalidad del creyente. En la experiencia, el creyente, cuando es poseído por el poder del Espíritu, será consciente únicamente del ejercicio de sus propias facultades. El Espíritu no descubre de manera directa su presencia; su ministerio es revelar y glorificar a Cristo. Sin embargo, su presencia se hará evidente por la victoria que se alcanza, una victoria que no se podría lograr sino por el Espíritu.

De modo que el creyente puede escoger el método de conducta y servicio, sea por el principio de las obras de la ley o por el principio de la gracia que es por la fe y esto es cierto aun tratándose de los asuntos más profundos de la conducta cristiana y del servicio. Si estas demandas que son tan altas como el cielo se emprenden en la energía de la carne, vienen a ser de un carácter puramente legal; si se emprenden en completa confianza en el poder provisto por el Espíritu, son de pura gracia en su carácter. Un método está enteramente dentro del alcance del pacto de la ley, pacto que está basado sobre las obras; el otro está totalmente dentro del alcance de la gracia, pacto que está basado en la fe. De manera que, cuando se intenta cumplir las enseñanzas de la gracia en la energía de la carne, vienen a ser sólo un código legal, cuyas demandas son completamente imposibles de cumplir. ¡Muchísimos creyentes están bajo este aspecto de ley, aun aquellos que en parte acatan los verdaderos preceptos de la gracia!

En las enseñanzas de la gracia en el Nuevo Testamento se dan dos revelaciones inseparables. Cada una es contraparte, complemento, y suplemento de la otra, y se ha hecho una incalculable violencia a todo el propósito revelado de Dios en esta edad cuando uno u otro de estos temas se ha dejado solo. Uno de los temas se encuentra en la colección de pasajes bíblicos que presentan el carácter de la conducta que es digna de aquel que ya es salvo y está seguro en la gracia de Dios; el otro tema se halla en esa colección de pasajes que presentan el hecho de que la vida en la gracia ha de vivirse en dependencia total del poder que suple el Espíritu que mora en el corazón. Esta última colección de pasajes bíblicos incluye todos los detalles e instrucciones para la vida de fe y el andar en el Espíritu. Es una verdad invariable que estas dos revelaciones no podrán ser separadas. De otra manera, por un lado las enseñanzas de la gracia parecerían ser un código imposible de cumplir, por otro lado podría considerarse el andar en el Espíritu sin meta, sin propósito en su procedimiento. En las enseñanzas sobre la gracia en el Nuevo Testamento nunca se separan estos dos aspectos de la verdad. Usando como base el hecho de que la vida de carácter sobrehumano bajo la gracia es una enseñanza que se halla en todos los libros del Nuevo Testamento comenzando con el Evangelio de San Juan, por escasez de espacio sólo citaremos de cada libro un pasaje hasta Colosenses inclusive. Estos pasajes exponen la verdad de que la vida en la gracia se puede vivir solamente por ese poder de Dios que El concede al creyente.

Juan 7:37-39. "En el último y gran día de la fiesta, Jesús se puso en pie y alzó la voz, diciendo: Si alguno tiene sed, venga a mí y beba. El que cree en mí, como dice la Escritura, de su interior correrán ríos de agua viva. Esto dijo del Espíritu que habían de recibir los que creyesen en él; pues aún no había venido el Espíritu Santo, porque Jesús no había sido aún glorificado." En este pasaje se declara que la corriente sobrenatural de ríos de aguas vivas es claramente el resultado de la energía del Espíritu.

Hechos 1:8. "Pero recibiréis poder, cuando haya venido sobre vosotros el Espíritu Santo, y me seréis testigos". La revelación que aquí se hace es que, aparte del poder Espíritu, nadie puede testificar eficazmente acerca de Cristo.

Romanos 6:14; 8:4. "Porque el pecado no se enseñoreará de vosotros; pues no estáis bajo la ley, sino bajo la gracia." Ningún poder fue dado para el cumplimiento de la ley; pero en la gracia ese poder ha sido provisto. "Para que la justicia de la ley se cumpliese en nosotros, que no andamos conforme a la carne, sino conforme al Espíritu." No hay pasaje sobre la enseñanza de la gracia más decisivo que éste. Es evidente que "la justicia de la ley" a que se hace referencia, no es nada menos que toda la voluntad de Dios para su hijo bajo la gracia. Esta voluntad divina tendrá su cumplimiento *en* el creyente, pero nunca *por* el creyente.

1 Corintios 12:4-7. "Ahora bien, hay diversidad de dones, pero el Espíritu es el mismo. Y hay diversidad de ministerios, pero el Señor es el mismo. Y hay diversidad de operaciones, pero Dios que hace todas las cosas en todos, es el mismo. Pero a cada uno (que es creyente) le es dada la manifestación del Espíritu para provecho." Así como todo servicio cristiano es por el ejercicio de un don espiritual, estos dones se manifiestan solamente por el poder de Dios.

2 Corintios 10:3-5. "Pues aunque andamos en la carne, no militamos según la carne; porque las armas de nuestra milicia no son carnales, sino poderosas en Dios para la destrucción de fortalezas, refutando argumentos, y toda altivez que se levanta contra el conocimiento de Dios, y llevando cautivo todo pensamiento a la obediencia a Cristo." La realización de esta vida sobrehumana, el creyente la alcanzará por "las armas poderosas en Dios".

Gálatas 5:16. "Digo pues: Andad en el (por medio del) Espíritu, y no satisfaréis los deseos de la carne (V.H.A.)." Esta promesa tiene un alcance enorme como también es segura.

Efesios 6:10-11. "Por lo demás, hermanos míos, fortaleceos en el Señor, y en el poder de su fuerza. Vestíos de toda la armadura de Dios, para que podáis estar firmes contra las asechanzas del diablo." Una fuerza verdaderamente vencedora no es ninguna otra sino el poder que es impartido por Dios.

Filipenses 2:13. "Porque Dios es el que en vosotros produce así el querer como el hacer, por su buena voluntad." Aquí se ve que el poder divino llega hasta la formación de los deseos del corazón, y habilita para el cumplimiento de esos deseos.

Colosenses 2:6. "Por tanto, de la manera que habéis recibido al Señor Jesucristo, andad en él." En este pasaje bíblico se halla que el mismísimo principio de fe, el único que puede salvar el alma, es el que continúa en operación para que el creyente viva para Dios.

Todo el aspecto de la gracia, que provee una suficiencia sobrenatural para esa conducta sobrehumana y celestial, que también es la vida racional como el servicio del creyente, es compendiado en dos grandes doctrinas del Nuevo Testamento, como sigue:

(1) La vida de manera sobrehumana ha de ser como Cristo. Cristo es el modelo: "Haya, pues, en vosotros este sentir que hubo también en Cristo Jesús" (Fil. 2:5); "pues como él es, así somos nosotros en este mundo" (1 Juan 4:17); "porque también Cristo padeció por nosotros, dejándonos ejemplo, para que sigáis sus pisadas" (1 Pedro 2:21); "Porque para mí el vivir es Cristo" (Fil 1:21); Estar bajo la ley de Cristo (1 Co. 9:21) es tener la demanda de la misma norma de la cual El es modelo. Por tanto el dechado cristiano es sobrehumano y está más allá del poder de los alcances humanos.

(2) El propósito supremo del Espíritu en el corazón es reproducir la semejanza de Cristo en el creyente. La declaración más amplia de la reproducción de Cristo en el creyente se halla en Gálatas 5:22-23: "Mas el fruto del Espíritu es amor, gozo, paz, paciencia, benignidad, bondad, fe, mansedumbre, templanza, (auto-control). Cada palabra que se usa aquí, representa una cualidad de vida sobrehumana. Es una descripción exacta de la vida de Cristo; pero la semejanza de Cristo nunca es alcanzada mediante la energía de la carne. Estas virtudes no se hallan en la naturaleza humana; ellas son "el fruto del Espíritu." Bajo la ley, se requiere ese grado de amor que es posible al hombre natural; bajo la gracia, se manifiesta el amor divino que opera en el corazón por el Espíritu Santo. Esto es cierto tratándose de todas las demandas sobrehumanas bajo la gracia. Son cumplidas en la vida por el Espíritu. Esa norma del cielo requiere: "Regocijaos en el Señor siempre. Otra vez digo: ¡Regocijaos! " (Fil. 4:4). Esto humanamente es imposible, pero el fruto del Espíritu es "gozo", y el Señor oró "para que tengan mi gozo cumplido en sí mismos" (Juan 17:13). La regla de la gracia requiere que "la paz de Dios gobierne vuestros corazones" (Col. 3:15). El hombre nunca ha logrado esto, pero el fruto del Espíritu es "paz", y Cristo dijo: "Mi paz os doy" (Juan 14:27). Las nueve cualidades del fruto del Espíritu representan las expresiones reales de la gracia cristiana, pues, bajo la gracia, se produce este fruto en el corazón y en la vida por el Espíritu (Gá. 5:22-23). Asimismo, el servicio cristiano ha de ser también sobrehumano. Es el resultado de "ríos de agua viva"; "Esto dijo del Espíritu que habían de recibir" (Juan 7:37-39). Es la demostración completa de aquella buena voluntad de Dios, agradable y perfecta" (Ro. 12:2); "porque Dios es el que en vosotros produce así el querer como el hacer por su buena voluntad" (Fil. 2:13). Todo es hecho con poder sobrenatural; porque es el ejercicio de un don

espiritual – una manifestación del Espíritu" (1 Co. 12:7). Así como el carácter cristiano se compone de las manifestaciones de gracia, así también el servicio cristiano es una "gracia" impartida. "Pero a cada uno de nosotros fue dada la gracia conforme a la medida del don de Cristo" (Ef. 4:7); además, "pero a cada uno le es dada la manifestación del Espíritu para provecho" (1 Co. 12:7).

La gracia divina que opera y es impartida por el Espíritu que mora en el corazón, resulta en una manifestación de la misma benignidad de Dios en el corazón del creyente y por medio de el. En ningún sentido podrá decirse que es una *imitación* de la benignidad de Dios; es una *reproducción* por la presencia del Espíritu en el corazón de esa bondad en la vida y en el servicio del creyente. Esta verdad es una de las doctrinas más extensas del Nuevo Testamento (véanse Ro. 12:3-6; 15:15; 1 Co. 1:4; 3:10; 15:10; 2 Co. 1:12; 4:15; 6:1-3; 8:1, 6-7, 9; 9:8, 14; 12:9; Gá. 2:9; Ef. 3:2-8; 4:7, 29; Fil. 1:7; Col. 3:16; 4:6; 2 Ts. 1:12; 2 Ti. 2:1; He. 4:16; 12:15; Stg. 4:6; y 2 P. 3:18).

II. LAS RELACIONES BAJO LA GRACIA

La vida diaria del creyente es una de ajustes de ciertas relaciones particularizadas, y los preceptos de la gracia en su gran parte son las direcciones divinas en cuanto a cómo deben mantenerse estas relaciones. En cada sistema legal hay igual reconocimiento de relaciones. Las características distintivas de la gracia están basadas en las tres verdades que se le ha señalado al creyente mantener, a saber: (1) relaciones con las personas de la deidad; (2) relaciones con el sistema del mundo; y (3) relaciones con otros creyentes quienes son igualmente miembros con él del Cuerpo de Cristo. La importancia relativa de estas tres relaciones por separado puede verse en el hecho de que ellas componen casi todas las porciones exhortatorias – como la mitad – de las Epístolas del Nuevo Testamento. Al considerar el énfasis bíblico, no se ofrece ninguna disculpa por la consideración detallada de los aspectos de esta verdad. Ahora se estudiarán las tres esferas de relaciones mencionadas arriba.

1. RELACIONES HACIA LAS PERSONAS DE LA DEIDAD. Como cosa suprema a todas las demás obligaciones que descansan sobre el creyente son aquellas que debe mantener hacia las personas de la Deidad. Este campo de responsabilidad abarca toda la esfera moral y espiritual, a saber: el vínculo de comunión con estas Personas, el ejercicio de alabanza y oración y toda la esfera de la obediencia a la mente y voluntad de Dios. Siendo ésta la relación primaria otorgada al creyente, el hacer una inducción de todos los pasajes del Nuevo Testamento que tratan de esto sería mucho.

2. LA RELACION HACIA EL *COSMOS*, O SISTEMA MUNDIAL. Se ha afirmado que el creyente no pertenece a este sistema del mundo: Cristo mismo pronunció esta verdad reveladora dos veces en su oración como Sumo Sacerdote (Juan 17:14, 16). Que El, quien no necesita hacer ninguna repetición, mientras hablaba con su Padre, haya dicho las mismas palabras dos veces, constituye un énfasis sobre la cosa mencionada que no debe pasarse por alto. El dijo: " porque no son del mundo *(cosmos)* como tampoco yo soy del mundo." No es posible una separación más completa que esa desunión del mundo así como Cristo está separado de él. El creyente es un ciudadano del cielo – uno que está relacionado al *cosmos* como un embajador, un extraño y un peregrino, y un testigo contra el *cosmos* y su dios. Por tanto se le dan instrucciones completas sobre el conflicto que el deberá de sostener contra Satanás y su sistema mundial. La relación del creyente hacia el mundo se divide en cuatro partes:

a. A SATANAS Y SUS EMISARIOS. En esta relación sólo hay enemistad y conflicto, y siendo el enemigo superior – aun de mayor exaltación que Miguel el arcángel (véase Judas 1:9) – la guerra tiene que sostenerse sobre el principio de la fe que provee al contendiente el poder infinito y los recursos de Dios. En este punto la Escritura está clara: "Por lo demás, hermanos míos, fortaleceos en el Señor, y en el poder de su fuerza. Vestíos de toda la armadura de Dios, para que podáis estar firmes contra las asechanzas del diablo. Porque no tenemos lucha contra sangre y carne, sino contra principados, contra potestades, contra los gobernadores de las tinieblas de este siglo, contra huestes espirituales de maldad en las regiones celestes" (Ef. 6:10-12); "Hijitos vosotros sois de Dios, y los habéis vencido; porque mayor es el que está en vosotros, que el que está en el mundo" (1 Juan 4:4).

b. AL SISTEMA MUNDIAL. Este sistema abarca toda la esfera de la vida humana con sus instituciones, ideales, y proyectos. Acerca de este sistema del mundo se amonesta al creyente en la siguiente manera: "No améis al mundo, ni las cosas que están en el mundo. Si alguno ama al mundo, el amor del Padre no está en él. Porque todo lo que hay en el mundo, los deseos de la carne, los deseos de los ojos, y la vanagloria de la vida, no proviene del Padre, sino del mundo. Y el mundo pasa, y sus deseos; pero el que hace la voluntad de Dios permanece para siempre" (1 Juan 2:15-17). "Y no participéis en las obras infructuosas de las tinieblas, sino más bien reprendedlas" (Ef. 5:11). "Andad sabiamente para con los de afuera, redimiendo el tiempo. Sea vuestra palabra siempre con gracia, sazonada con sal, para que sepáis cómo debéis responder a cada uno" (Col. 4:5-6).

c. A LOS GOBIERNOS HUMANOS. Lo que parece ser una mezcla

extraña se presenta aquí: primero, que el creyente sostiene una guerra contra el mundo, y, segundo, que se le manda al mismo tiempo someterse a los gobiernos del mundo. Es cierto que Satanás controla los gobiernos del mundo (véanse Mateo 4:8-9; Lucas 4:5-7), y que esos gobiernos están bajo la autoridad gentil durante esta edad (véase Lucas 21:24); sin embargo el creyente debe estar sujeto mientras está en este mundo. El gobierno humano es de Dios sólo hasta donde permite su voluntad para realizar su propósito; sin embargo al ciudadano del cielo se le instruye estar en sujeción a los gobiernos: "Sométase toda persona a las autoridades superiores; porque no hay autoridad sino de parte de Dios, y las que hay, por Dios han sido establecidas. De modo que quien se opone a la autoridad, a lo establecido por Dios resiste; y los que resisten, acarrean condenación para sí mismos. Porque los magistrados no están para infundir temor al que hace el bien, sino al malo. ¿Quieres, pues, no temer la autoridad? Haz lo bueno, y tendrás alabanza de ella; porque es servidor de Dios para tu bien. Pero si haces lo malo, teme; porque no en vano lleva la espada, pues es servidor de Dios, vengador para castigar al que hace lo malo. Por lo cual es necesario estarle sujetos, no solamente por razón del castigo, sino también por causa de la conciencia. Pues por esto pagáis también los tributos porque son servidores de Dios que atienden continuamente a esto mismo. Pagad a todos lo que debéis: al que tributo, tributo; al que impuesto, impuesto; al que respeto, respeto; al que honra, honra" (Ro. 13:1-7); "Por causa del Señor someteos a toda institución humana, ya sea al rey, como a superior, ya a los gobernadores, como por él enviados para castigo de los malhechores y alabanza de los que hacen bien. Porque esta es la voluntad de Dios: que haciendo bien, hagáis callar la ignorancia de los hombres insensatos; como libres, pero no como los que tienen la libertad como pretexto para hacer lo malo, sino como siervos de Dios. Honrad a todos. Amad a los hermanos. Temed a Dios. Honrad al rey" (1 Pedro 2:13-17).

d. A LOS NO SALVADOS COMO INDIVIDUOS. La actitud inalterable del creyente es la misma que la de su Señor quien murió por los perdidos. Como El es, así somos nosotros, y por lo tanto debemos mostrar su espíritu en este mundo. El apóstol Pablo hablando de su propia actitud hacia los hombres perdidos, escribió: "Porque el amor de Cristo nos constriñe, pensando esto: que si uno murió por todos, luego todos murieron; (murieron – en el Substituto) . . . De manera que nosotros de aquí en adelante a nadie conocemos según la carne; y aun si a Cristo conocimos según la carne, ya no le conocemos así" (2 Co. 5:14-16). Habiendo contemplado a Cristo como el Cordero de Dios que quita el pecado del mundo, Aquel que murió por todos, y en cuya muerte todos han sido participantes, el apóstol declara: "De manera que nosotros de aquí en adelante a nadie conocemos según la carne." Las distinciones comunes entre los hombres, de entre judío y gentil, el rico y el pobre, el esclavo y el libre, todas están sumergidas en la abrumadora estimación de aquello que ha sido obtenido para todos los hombres mediante la muerte de Cristo. El apóstol los reconoce ahora solamente como hombres por quienes murió Cristo. Este concepto del estado de los no salvados es normal para todos los creyentes, y conduce a un servicio racional, ganando almas para Cristo.

3. LA RELACION HACIA EL CUERPO DE CRISTO. Las Epístolas del Nuevo Testamento descubren la base para una comunión y relación dentro de la compañía de los redimidos que no existe en ninguna otra asociación de personas en este mundo, y esta unión demanda una forma de conducta de conformidad por parte del creyente hacia otros creyentes. Esta relación consta de siete partes:

a. LA RELACION DE UN CRISTIANO HACIA OTROS CRISTIANOS EN GENERAL. Se revela que el principio básico de esta relación es el amor. Está incorporado en el primer mandamiento de Cristo cuando empezó a dar las enseñanzas de la gracia en el aposento alto: "Un mandamiento nuevo os doy; Que os améis unos a otros; como yo os he amado, que también os améis unos a otros. En esto conocerán todos que sois mis discípulos, si tuviereis amor los unos con los otros" (Juan 13:34-35). Esta misma verdad es presentada en muchos pasajes. "Nosotros sabemos que hemos pasado de muerte a vida, en que amamos a los hermanos". (1 Juan 3:14); "De manera que si un miembro padece, todos los miembros se duelen con él, y si un miembro recibe honra, todos los miembros con él se gozan" (1 Co. 12:26); "Y andad en amor, como también Cristo nos amó (Ef. 5:2); "Amados, amémonos unos a otros; porque el amor es de Dios"; "Amados, si Dios nos ha amado así, debemos también nosotros amarnos unos a otros" (1 Juan 4:7, 11); "Permanezca el amor fraternal" (He. 13:1); "el amor sea sin fingimiento" – este es uno de los pasajes sublimes sobre el amor cristiano y el cuidado del uno por el otro. Debiera leerse todo el contexto (Ro. 12:9-16); "Vestíos, pues, como escogidos de Dios, santos y amados, de entrañable misericordia, de benignidad, de humildad, de mansedumbre, de paciencia; soportándoos unos a otros, y perdonándoos unos a otros si alguno tuviere queja contra otro. De la manera que Cristo os perdonó, así también hacedlo vosotros." (Col. 3:12-13); "Finalmente, sed todos de un mismo sentir, compasivos, amándoos fraternalmente, misericordiosos, amigables; no devolviendo mal por mal, ni maldición por maldición, sino por el contrario, bendiciendo, sabiendo que fuisteis llamados para que heredaseis bendición" (1 P. 3:8-9); "Y ante todo, tened entre vosotros ferviente amor; porque el amor cubrirá multitud de pecados. Hospedaos los unos a los otros sin murmuraciones" (1 P. 4:8-9).

El cristiano es llamado a reconocer la unión vital adentro del cual él ha sido conducido por el bautismo con el Espíritu: "Yo pues, preso en el Señor, os ruego que andéis como ès digno de la vocación con que fuisteis llamados, con toda humildad y mansedumbre, soportándoos con paciencia los unos a los otros en amor, solícitos en guardar la unidad del Espíritu en el vínculo de la paz" (Ef. 4:1-3).

Se da también énfasis especial a la bondad cristiana: "Quítense de vosotros toda amargura, enojo, ira, gritería y maledicencia, y toda malicia. Antes sed benignos unos con otros, misericordiosos, perdonándoos unos a otros, como Dios también os perdonó a vosotros en Cristo" (Ef. 4:31-32; "Que ninguno agravie ni engañe en nada a su hermano; porque el Señor es vengador de todo esto, como ya os hemos dicho y testificado". "Pero acerca del amor fraternal, no tenéis necesidad de que os escriba, porque vosotros mismos habéis aprendido de Dios que os améis unos a otros" (1 Ts. 4:6, 9); "Por lo cual, animaos unos a otros, y edificaos unos a otros, así como lo hacéis" (1 Ts. 5:11); "Hermanos, no murmuréis los unos de los otros" (Stg. 4:11).

Los creyentes deben someterse el uno al otro y, en cuanto a honra, preferirse el uno al otro: "Someteos unos a otros en el temor de Dios" (Ef. 5:21); "Nada hagáis por contienda o por vanagloria; antes bien con humildad, estimando cada uno a los demás como superiores a él mismo; no mirando cada uno por lo suyo propio, sino cada cual también por lo de los otros" (Fil. 2:3-4); "Igualmente jóvenes, estad sujetos a los ancianos; y todos, sumisos unos a otros, revestíos de humildad; porque: Dios resiste a los soberbios, y da gracia a los humildes"(1 P. 5:5).

Los dones cristianos deben ser dirigidos especialmente a las necesidades de los hijos de Dios: "Así que, según tengamos oportunidad, hagamos bien a todos, y mayormente a los de la familia de la fe" (Gá. 6:10); "Pero el que tiene bienes de este mundo y ve a su hermano tener necesidad, y cierra contra él su corazón, ¿cómo mora el amor de Dios en él? " (1 Jn. 3:17).

Oración debe ofrecerse por todos los santos: "Orando en todo tiempo con toda oración y súplica en el Espíritu y velando en ello con toda perseverancia y súplica por todos los santos" (Ef.6:18); "Confesaos vuestras ofensas unos a otros, y orad unos por otros, para que seáis sanados" (Stg.5:16).

b. LA RELACION DEL CREYENTE A AQUELLOS QUE ESTAN

EN AUTORIDAD EN LA ASAMBLEA DE LOS CREYENTES. En este asunto importante la Palabra de Dios es explícita y no es necesario hacer ningún comentario: "Acordaos de vuestros pastores, que os hablaron la palabra de Dios; considerad cual haya sido el resultado de su conducta, e imitad su fe" (He.13:7); "Obedeced a vuestros pastores, y sujetaos a ellos; porque ellos velan por vuestras almas, como quienes han de dar cuenta; para que lo hagan con alegría, y no quejándose, porque esto no os es provechoso" (He.13:17); "Os rogamos hermanos, que reconozcáis a los que trabajan entre vosotros, y os presiden en el Señor, y os amonestan; y que los tengáis en mucha estima y amor por causa de su obra. Tened paz entre vosotros" (1 Ts.5:12-13).

c. LA RELACION ENTRE ESPOSOS Y ESPOSAS CREYENTES. La enseñanza de la gracia en este aspecto de la relación cristiana es explícita también: "Maridos, amad a vuestras mujeres, así como Cristo amó a la iglesia, y se entregó a sí mismo por ella"; "Las casadas estén sujetas a sus propios maridos, como al Señor" (Ef.5:25,22; comp. 5:21-33; Col.3:18-19; 1 P.3:1-7).

d. LA RELACION ENTRE PADRES CREYENTES Y LOS HIJOS. "Y vosotros padres, no provoquéis a ira a vuestros hijos, sino criadlos en disciplina y amonestación del Señor." "Hijos, obedeced en el Señor a vuestros padres, porque esto es justo" (Ef.6:4,1; comp.Ef.6:1-4; Col.3:20-21). En este grupo de pasajes bíblicos se verá que los hijos de padres creyentes han de gobernarse como *en el Señor.* Una de las condiciones que caracterizará a los últimos días de esta edad será la desobediencia de los hijos (2 Ti.3:2).

e. LA RELACION ENTRE PATRONES CREYENTES Y SUS EMPLEADOS. "Siervos obedeced en todo a vuestros amos terrenales, no sirviendo al ojo, como los que quieren agradar a los hombres, sino con corazón sincero, temiendo a Dios"; "Amos, haced lo que es justo y recto con vuestros siervos, sabiendo que también vosotros tenéis un Amo en los cielos" (Col. 3:22-4:1; comp. Ef. 6:5-9).

f. LA OBLIGACION DE UN CREYENTE HACIA UN HERMANO QUE ESTA EN EL ERROR. "Hermanos, si alguno fuere sorprendido en alguna falta, vosotros que sois espirituales, restauradle con espíritu de mansedumbre, considerándote a ti mismo, no sea que tú también seas tentado" (Gá. 6:1); "También os rogamos, hermanos, que amonestéis a los ociosos, que alentéis a los de poco ánimo, que sostengáis a los débiles, que seáis pacientes para con todos" (1 Ts. 5:14); "Pero os ordenamos hermanos, en el nombre de nuestro Señor Jesucristo, que os apartéis de todo hermano que ande desordenadamente, y no según la enseñanza que recibisteis de nosotros"; "Porque oímos que algunos de entre vosotros andan desordenadamente, no trabajando en nada, sino entreteniéndose en lo ajeno . . .mas no lo tengáis por enemigo, sino amonestadle como a hermano" (2 Ts. 3:6, 11-15). En ese punto se debe hacer una distinción bien marcada entre un hermano que anda desordenadamente, entreteniéndose en lo ajeno, esquivando un trabajo honrado, y descuidado en asuntos de la conducta cristiana, y de un creyente sincero quien quizás no está de acuerdo con otro sobre asunto de interpretación. Confusión sin fin y contenciones vergonzosas han sido los resultados del ejercicio de una libertad injustificada entre creyentes sinceros que se separan entre sí sobre cuestiones de doctrina de menor importancia. Si alguno abandonara la doctrina verdadera de Cristo (2 Juan 1:9-11), ese tal no tendría ningún derecho de sostener un lugar en una asamblea cristiana; pero los hombres se han dividido sobre asuntos secundarios y han ido al extremo de excluir a creyentes sinceros de entre su comunión con quienes quizás no concuerdan en asuntos de doctrina de menor importancia. Esas separaciones son antibíblicas, son una violación al sublime valor de la unidad del Espíritu, y son extrañas al orden de la gracia. Hay enseñanza bíblica sobre la disciplina cristiana, pero no impone necesariamente la separación como castigo. Al hermano que fuere hallado en alguna falta se le debe restaurar, y sólo aquel que es espiritual debe hacerlo. Esta restauración debe hacerse en el espíritu de mansedumbre considerando su propia debilidad aparte de fuerza que le brinda el poder de Dios. Ningún otro debe tratar de llevar a cabo este servicio. Si el hermano que está en el error tiende a persistir en su falta, es necesario privarle de la comunión con los hermanos hasta que el reconozca el error de su procedimiento. (Sin embargo, hermanos igualmente sinceros no deben romper la comunión espiritual sobre asuntos secundarios.) Para aquellos que están en esas condiciones, escribe el apóstol: "Mas os ruego hermanos, que os fijéis en los que causan divisiones y tropiezos en contra de la doctrina que vosotros habéis aprendido, y que os apartéis de ellos. Porque tales personas no sirven a nuestro Señor Jesucristo, sino a sus propios vientres, y con suaves palabras y lisonjas engañan los corazones de los ingenuos" (Ro. 16:17,18).

g. LA OBLIGACION CRISTIANA HACIA UN HERMANO DEBIL. La conciencia sensible de un hermano débil no debe pasarse por alto. El principio importante es aplicable en muchísimos asuntos de hoy día. Había en el tiempo en que vivió el apóstol un asunto serio sobre comer la carne ofrecida a los ídolos y que después fue puesta en el mercado público para su venta. Había entre los creyentes que tenían poco tiempo de haber sido salvados y sacados de las garras del poder de esa adoración a los ídolos. Había otros que habían llegado a sentir un prejuicio profundo por sus experiencias anteriores con los ídolos que, aunque salvos y libres, no querían ni siquiera tocar ninguna cosa que había tenido alguna relación con un ídolo. Sería natural decir que los primeros debieran saber mejor para no volver a los ídolos, y el segundo grupo debiera abandonar su prejuicio; pero esto no es según la "ley del amor". Está escrito: "Recibid al débil en la fe, pero no para contender sobre opiniones. Porque uno cree que se ha de comer de todo; otro, que es débil, come legumbres. El que come, no menosprecie al que no come, y el que no come, no juzgue al que come; porque Dios le ha recibido ¿Tu quién eres, que juzgas al criado ajeno? Para su propio señor está en pie, o cae; pero estará firme, porque poderoso es el Señor para hacerle estar firme" (Ro. 14:1-4). En este pasaje está claro que también hay instrucciones para el hermano débil para que él no se constituya en juez del creyente quien, a través de los años de entrenamiento y por poseer un conocimiento más profundo de la libertad que hay bajo la gracia, está libre para hacer lo que en sus propias limitaciones no sería capaz de hacer. Es casi imposible encontrar una exhortación más importante para los creyentes de hoy día que ésta. Según la revelación bíblica el remedio está claro: Dios se reserva el derecho de corregir y dirigir la vida de su propio hijo. Mucha crítica nociva podría evitarse si tan solamente aceptaran los creyentes esto y dejaran que Dios haga con su propio hijo lo que es según su propósito. Dios es el amo y ante El solo, el siervo está en pie o cae. El pasaje continúa: "Pero si por causa de la comida tu hermano es contristado, ya no andas conforme al amor. No hagas que por la comida tuya se pierda aquel por quien Cristo murió . . . No destruyas la obra de Dios por causa de la comida. Todas las cosas a la verdad son limpias; pero es malo que el hombre haga tropezar a otros con lo que come. Bueno es no comer carne, ni beber vino, ni nada en que tu hermano tropiece, o se ofenda, o se debilite. ¿Tienes tú fe? Tenla para contigo delante de Dios. Bienaventurado el que no se condena a sí mismo en lo que aprueba. Pero el que duda sobre lo que come, es condenado, porque no lo hace con fe; y todo lo que no proviene de fe, es pecado" (Ro. 14:15-23). "Sobrellevad los unos las cargas de los otros, y cumplid así la ley de Cristo" (Gá. 6:2).

La debida consideración de la conciencia y la libertad de otros se divide en dos partes: Por una parte, que el fuerte se muestre benigno hacia el débil. Por otra, que aquel que es débil desista de juzgar al fuerte. El resultado será una comunión mutua y será poner en ejercicio todas las libertades de la gracia.

CAPITULO XI

CONTRASTES ENTRE LA LEY Y LA GRACIA

El tema sobre la acción y la responsabilidad humanas que, directa o indirectamente ocupa la mayor parte del Texto Sagrado, sea o no atendido de modo general por los teólogos, cuando es considerado cuidadosamente, tiene que ocupar muchas páginas. El aspecto presente del tema, como el que sigue, no puede ser considerado con un grado de perfección sin entrar en una discusión prolongada. Sin duda es una verdad que la confusión, la perplejidad, los conceptos falsos son engendrados tanto por una contemplación parcial de este tema como también puede nacer de una negligencia total.

Habiendo considerado el hecho de que Dios provee diferentes reglas de vida, como está registrado en las Escrituras, cada una adaptándose a su trato con el hombre en el orden de las dispensaciones sucesivas, es importante considerar la gran diferencia que existe entre el principio de la ley y el de la gracia, al aplicarse al gobierno divino sobre el hombre. Aun cuando el propósito de esta sección es para enfatizar el hecho de que los tres sistemas de gobierno divino son substancialmente separados, cada uno de los otros, y que cada uno es totalmente completo y suficiente en sí, no pudiéndose intercambiar entre sí, ni se pueden mezclar, se debe observar que hay campos importantes de interpretación bíblica e instrucciones además del aspecto limitado de verdad que se sugiere por las varias reglas de conducta. Las Escrituras despliegan muchos caminos de la verdad con un desarrollo inquebrantable como es la realidad en el caso de "primero hierba, luego espiga, después grano lleno en la espiga." Las importantes características de esta unidad en las Escrituras son como sigue:

La Revelación acerca de Dios. El se revela primero en el Antiguo Testamento por sus nombres y sus obras, y a esto el Nuevo Testamento añade un énfasis mayor sobre la Trinidad, la revelación de las Personas de la Deidad con el hombre, y los varios aspectos de la gracia que salva. La continuidad del testimonio del Antiguo Testamento acerca de Cristo fue patentizada por El mismo en el camino de Emaús, como está escrito: "Y comenzando desde Moisés, y siguiendo por todos los profetas, les declaraba en todas las Escrituras lo que de él decían" (Lucas 24:27).

La Profecía y su cumplimiento. Cada caso inscrito del cumplimiento de alguna profecía demuestra que cada detalle de lo predicho fue cumplido al pie de la letra.

La Unión entre Tipo y Antitipo. Casi cada verdad importante del Nuevo Testamento fue tipificada y simbolizada en el Antiguo Testamento. Este hecho prueba la simetría de toda la Escritura (véase 1 Co. 10:1-11).

La Revelación acerca de Satanás y la maldad. Igualmente, en los pasajes de revelación sobre esto, la historia bíblica es sin interrupción, con excepción del material nuevo agregado en el desarrollo del mensaje divino.

La Doctrina del Hombre y su Pecado. La manera exacta cómo aplicar el remedio para el pecado varía de dispensación en dispensación; pero no hay ninguna variación en todo el relato de los hechos esenciales del fracaso humano, y el benévolo remedio divino únicamente mediante la sangre.

La Santidad Requerida en la Conducta de los Santos. Aunque hay gran diferencia entre las reglas de conducta que se imponen en las diferentes edades, hay unidad en la revelación de que una vida santa es requerida en cada edad.

La Continuidad de Propósito en el Programa de las Edades. En este aspecto de la verdad deberá observarse que, aunque cada edad posee una característica exclusivamente propia, sin embargo, el propósito divino a través de todas las edades es uno, terminando en la consumación final que Dios ha decretado. Hebreos 1:2 declara esta verdad. Hablando de Dios revelado en el Hijo, y relacionado a El, dice: *por el cual programó las edades* (según el griego).

Tal es la maravillosa unidad de las Escrituras en todas sus partes; pero en ningún sentido son iguales los varios sistemas que reglamentan la conducta humana, y la aplicación exacta de estos sistemas debe considerarse con cuidado en cada punto. Si la verdad para los hijos de Dios que están bajo la gracia es tomada de las enseñanzas de la Ley de Moisés, o del reino, debe hacerse un reconocimiento de que ha sido tomada de un sistema fuera de la gracia, y que se le da solamente una aplicación secundaria. Estos principios o sistemas predominantes difieren en tres cosas específicas: (1) Presentan sistemas completos, independientes, y suficientes del gobierno divino en la tierra. (2) En estos sistemas varía el orden que existe entre la bendición divina y la obligación humana. (3) Estos tres sistemas difieren según el grado de capacitación divina que ha sido provista.

I. SISTEMAS INDEPENDIENTES, SUFICIENTES, Y COMPLETOS DE GOBIERNO DIVINO EN LA TIERRA

Como ya se ha dicho, hay tres de estos sistemas de gobierno divino: (1) las enseñanzas de la Ley de Moisés, (2) las enseñanzas de la gracia, y (3) las enseñanzas del reino. Naturalmente hay aquí un campo de vasta expansión, ya que estos tres sistemas de autoridad ocupan la mayor parte de la Biblia. Aquí se dará sólo un breve repaso del carácter esencial de estos tres sistemas:

1. LAS ENSEÑANZAS DE LA LEY DE MOISES. Esta regla de vida fue revelada por Dios y aceptada por Israel en Sinaí, y en ningún tiempo fue pronunciada a las naciones del mundo. Era una forma especial de gobierno para un pueblo especial, y cumplió con un propósito especial al condenar el fracaso del hombre y en conducirle a Cristo. Todos sus detalles se revelan en los escritos de Moisés; pero la historia de Israel bajo la ley ocupa el resto del Antiguo Testamento, y la mayor parte de los evangelios hasta lo escrito sobre la muerte de Cristo. En las enseñanzas doctrinales del Nuevo Testamento, se adquiere muchísima adicional sobre el carácter y propósito de la Ley de Moisés. Es ahí donde la ley se contempla en contraste con las enseñanzas de la gracia. Es donde también, como se verá más detalladamente en una discusión más adelante, que la ley es allí representada ya sin rigor mediante la muerte de Cristo; y puede también observarse que, después de la muerte de Cristo, en ningún caso se considera que la ley esté en vigencia.

La Ley de Moisés era completa en sí misma. Era suficiente para controlar la conducta de un israelita en toda circunstancia que pudiera surgir. Ninguna otra regla de vida había sido revelada mientras la ley de Moisés estaba en vigor, por tanto Israel no tenía la tentación de complicar el principio de gobierno con cualquier otro. En su relación con Dios, aquella nacion permaneció por mil quinientos años bajo un sistema de pura ley. "Pues la ley por medio de Moisés fue dada, pero la gracia y la verdad vinieron por medio de Jesucristo."

2. LAS ENSEÑANZAS DE LA GRACIA. Así como las enseñanzas de la Ley de Moisés, las enseñanzas de la gracia no han sido aplicadas a los hombres en todas las edades. Estas enseñanzas fueron reveladas por Dios a través de Cristo y sus apostoles. Además, nunca han sido dirigidas al mundo como aplicables a él en esta era presente; más bien son dirigidas a un pueblo especial que está en el mundo, pero no pertenece a este mundo. Estas enseñanzas constituyen la instrucción divina para el ciudadano del cielo y revelan la forma exacta de vida que ese ciudadano debe manifestar aun estando aquí en esta tierra.

La plenitud de detalles sobre la regla de esta vida se halla en porciones de los Evangelios, en porciones del Libro de Los Hechos, y en las Epístolas del Nuevo Testamento. Así como se halla luz en estas porciones del Nuevo Testamento por vía de contraste, acerca del carácter y propósito de la Ley de Moisés, de la misma manera los mismos fundamentos de la gracia y sus relaciones se hallan en los tipos y profecías del Antiguo Testamento. Está revelado que Dios trató con benignidad a la familia humana desde Adán hasta Moisés; pero también está revelado que la forma precisa de gobierno divino que es la enseñanza presente de gracia no se dió a conocer entonces, tampoco fue aplicada a los hombres sino hasta que el reino de la ley había sido dado por concluido en la muerte de Cristo. También ha sido revelado que la muerte de Cristo era el fundamento indispensable para el presente, esa manifestación plena de la superabundante gracia. Por la misma revelación es igualmente seguro que las enseñanzas de la gracia serán aplicables a los hijos de Dios bajo la gracia mientras ellos permanezcan en el mundo. Estos principios, necesariamente, cesarán de ser la regla, cuando el pueblo al cual únicamente son aplicables sea reunido y llevado de la tierra en la venida de Cristo. El período entre la muerte de Cristo y su segunda venida no está caracterizado en las Escrituras como el período cuando el propósito supremo de Dios es gobernar las naciones de la tierra. Más bien se presenta este período como "los tiempos de los gentiles" en todos los asuntos de gobierno humano en la tierra. Tampoco es este el tiempo cuando Dios da cumplimiento a sus pactos inmutables con la nación de Israel. Esa nación se nos dice que está ahora esparcida, despojada, cegada, desgajada, y odiada por todas las naciones, y así permanecerán hasta el fin de la edad. Esta no es la era para salvación de la sociedad; esa gran obra se ve con claridad en el propósito de Dios, pero está reservada para la edad que vendrá después. La edad presente está caracterizada por un énfasis especial en el individuo. La muerte de Cristo, sobre todas las cosas, contempló la necesidad individual del pecador. El evangelio de la gracia, que la muerte de Cristo hizo posible, es una instancia personal al individuo, y la misma fe con que se recibe se ejerce solamente por el individuo. El mensaje de la gracia es de una fe personal, una salvación personal, una investidura personal del Espíritu, un don personal de servicio, y una transformación personal a la imagen de Cristo. La compañía de individuos que se han redimido y transformado así, en las edades venideras serán la suprema manifestación de las riquezas de la gracia de Dios. Con este propósito eterno todo el universo fue creado y todas las edades fueron programadas por Dios. La gloria de esta dispensación se pierde en gran parte cuando el reino de la ley hace intrusión en esta edad que viene después de la muerte de Cristo, o cuando el orden social del reino, prometido para una edad futura, se espera antes del regreso del Rey. La Biblia no ofrece ninguna base para la suposición de que el Señor vendrá a un orden social ya perfeccionado. Cuando venga El reunirá a sí mismo a los salvados, pero a los impíos juzgará en justicia. La gloria trascendente de esta edad es la misma gracia que habrá sido aceptada o rechazada por el individuo.

Las enseñanzas de la gracia son perfectas y suficientes en sí. Proveen instrucción para el hijo de Dios en toda situación que pudiera surgir. No tienen necesidad de ser suplementadas, o aumentadas, añadiéndoles preceptos, sean de la Ley de Moisés o de las enseñanzas del reino.

3. LAS ENSEÑANZAS DEL REINO. Las enseñanzas del reino no han sido aplicadas a los hombres en todas las edades; y aún más, todavía no han sido aplicadas a ningún hombre. Por cuanto anticipan el tiempo cuando Satanás será atado, la tierra purificada, Israel restaurado y el reino personal de Cristo establecido, no pueden ser aplicadas sino hasta cuando llegue el tiempo señalado por Dios, cuando las condiciones mencionadas hayan tenido cumplimiento en la tierra. Las leyes del reino serán dirigidas a Israel, además, a todas las naciones que entren en el reino. Será el primero y único reino universal de justicia y paz en la historia del mundo. Una *nación* se tuvo en vista cuando la ley de Moisés estuvo en vigor en la tierra. Durante la edad de la gracia se tiene en vista al *individuo*. Cuando se establezca el reino en la tierra se tendrá en vista a todo el *orden social* de la humanidad.

No se dice jamás que el reino del Rey será introducido por un proceso gradual de mejoramiento mundial. El reino será introducido repentinamente y con gran violencia. El retorno del Rey para reinar será como una piedra que hiere, y demolerá la estructura de los imperios del mundo, los pulverizará, y los esparcirá como el viento esparce el tamo de la era en el verano (Dn.2:31-45). Satanás y el engaño satánico habrán sido removidos de la tierra, Israel ya habrá realizado la gloria de sus pactos, y la bendición preciosa habrá venido sobre los gentiles, y sobre la misma creación. Ni una sola vez se menciona a la Iglesia en relación a las enseñanzas del reino, ni se aplican esas enseñanzas a ella. Su parte en el reino no es estar bajo el reinado, sino el reinar con Cristo, quien es su cabeza, siendo ella la Esposa del Rey, es su consorte. Ella todavía estará bajo las enseñanzas celestiales de la gracia, y su hogar será en el seno del Esposo en el palacio de marfil del Rey. El Rey reinará con vara de hierro. El pecado y la iniquidad serán reprendidos instantáneamente y serán juzgados en justicia perfecta. Un concepto claro de la gloria del reino se pierde si se confunde con la edad de la gracia que le precede, o con los cielos impecables y la tierra nueva del estado eterno que le seguirá. El reino concluye con una demostración del fracaso del hombre y así añade el último mensaje del testimonio convergente con respecto a la iniquidad del corazón caído, y al hecho de que sólo en la gracia sobreabundante de Dios hay salvación.

Según la clasificación de Dios, sólo hay tres divisiones grandes de la familia humana – "los judíos, los gentiles y la Iglesia de Dios". Cuando se hace mención de ellas en cualquier parte de la Biblia son reconocidos como grandes complementos distintos. Es importante seguir el curso divino acerca de cada división desde el principio hasta el fin. El judío o Israel, comenzó con Abraham, fue favorecido en su relación con Dios sobre todas las naciones de la tierra por mil quinientos años en la tierra prometida. Israel ha sido el objeto de todos los propósitos y pactos de Dios en la tierra. El judío ahora está tan libre de la ley y tan efectivamente cerrado al evangelio de la gracia de Dios como lo son los gentiles. Los israelitas han de heredar todavía las bendiciones ilimitadas de todos los pactos del reino en la tierra. El gentil comenzó con Adán, no recibió ninguna instrucción directa ni pacto de Jehová durante todas las edades pasadas desde Abraham; ahora juntamente con el judío es objeto de la instancia del evangelio de la gracia, y será participante en la gloria del reino que vendrá, cuando la bendición divina sea derramada sobre todos los gentiles (Hch.15:17).

La Iglesia comenzó con la muerte de Cristo y el descenso del Espíritu, es objeto de la atención divina en esta edad, es un pueblo celestial tomado de entre los judíos y gentiles, y reinará con el Rey, como su Esposa, en las edades venideras. Porque hay una enorme diferencia en el carácter de estas edades – de la ley, de la gracia y del reino – y de los pueblos en la tierra – los judíos, los gentiles y la Iglesia – en la relación que mantienen con Dios a través de las edades, es de esperarse que habrá una variación en el gobierno divino según el carácter esencial de las varias edades. Esto no solo es razonable, sino que es también la enseñanza exacta de la Biblia. Porque estos grandes sistemas de gobierno están totalmente separados y son suficientes en sí mismos, y como también hay muchas cosas que son comunes a todos, se presenta aquí una breve comparación de los sistemas.

a. LA SIMILITUD Y LA DISIMILITUD ENTRE LAS ENSEÑANZAS DE LA LEY DE MOISES Y LAS ENSEÑANZAS DE LA GRACIA. En esta discusión, la ley de Moisés se limitará al Decálogo; pues ningún legalista se propone introducir en la gracia los juicios que gobiernan la vida social de Israel, o las ordenanzas que gobernaron los ritos religiosos en el país. Sin embargo, los mandamientos morales del Decálogo están impuestos casi universalmente sobre la iglesia por los legalistas. Para justificar esta imposición, se alega generalmente que aparte de una aplicación directa del Decálogo no habría autoridad divina o gobierno en la tierra. En ningún sentido encierra esta cuestión los asuntos de gobierno del mundo; porque Dios nunca ha dirigido ni las enseñanzas de la ley ni las enseñanzas de la gracia a todo el mundo. El mundo ha prestado ciertos preceptos morales de la Biblia para gobernarse, pero no significa que Dios hubiera aceptado al mundo sobre la base de las enseñanzas de la ley o de las enseñanzas de la gracia. En realidad, el mundo está limitado solamente a la instancia el evangelio de la gracia. Basta que esa instancia sea atendida, el individuo no está bajo la ley ni bajo la gracia, como una regla de vida; sino que está "bajo pecado". El asunto está, pues entre la ley y la gracia como principios que gobiernan la vida del creyente. ¿Deberá el creyente ir al decálogo para tener una base de gobierno divino para su vida diaria? La Escritura contesta esta pregunta con una afirmación positiva: "No estáis bajo la ley, sino bajo la gracia". Si esto es así, ¿se habrán desechado los grandes valores morales del Decálogo? Por supuesto que no; porque se verá que todo precepto moral del Decálogo, con excepción de uno, ha quedado reinstituido con mayor énfasis en las enseñanzas de la gracia. Estos preceptos no vuelven a aparecer bajo la gracia en el carácter y color de la ley, más bien, en el carácter y color de la pura gracia. La siguiente breve comparación demostrará el hecho de que los valores morales de la Ley están reincorporados en las enseñanzas de la gracia.

1. "No tendrás dioses delante de mí."	1. "Nosotros . . . os anunciamos que de estas vanidades os convirtáis al Dios vivo" (Hechos 14:15).
2. "No te harás imagen ni ninguna semejanza. . .No te inclinarás a ellas, ni las honrarás."	2. "Hijitos, guardaos de los ídolos" (1 Juan 5:21).
3. No tomarás el nombre de Jehová tu Dios en vano."	3. "Pero sobre todo hermanos míos, no juréis ni por el cielo, ni por la tierra, ni por ningún otro juramento" (Stg. 5:12).
4. "Acuérdate del día de reposo para santificarlo."	4. Tal mandamiento no se halla en las enseñanzas de la gracia.

5. "Honra a tu padre y a tu madre."	5. "Hijos, obedeced en el Señor a vuestros padres, porque esto es justo." (Ef. 6:1).
6. "No matarás."	6. "Todo aquel que aborrece a su hermano es homicida; y sabéis que ningún homicida tiene vida eterna permanente en él" (1 Juan 3:15).
7. "No cometerás adulterio."	7. "No erréis; ni los fornicarios, ni los idólatras, ni los adúlteros, heredarán el reino de Dios" (1 Co. 6:9-10).
8. "No hurtarás."	8. "No hurte más" (Ef. 4:28).
9. "No hablarás contra tu prójimo falso testimonio."	9. "No mintáis los unos a los otros" (Col. 3:9).
10. "No codiciarás."	10. "Pero . . avaricia ni aun se nombre entre vosotros" (Ef. 5:3).

Es cierto que algunos de los principios de la Ley de Moisés están incluidos bajo la gracia, pero aquellos aspectos de la ley que son extraños a la gracia son omitidos. El mandamiento sobre guardar el séptimo día está totalmente omitido. Esta omisión y la razón de ella se considera extensamente en el capítulo V. Así también se omite la única promesa del Decálogo. Esta promesa se encuentra en conexión con el precepto sobre la obediencia de los hijos. Exodo 20:12 se lee: "Honra a tu padre y a tu madre, para que tus días se alarguen en la tierra que Jehová tu Dios te da." El hecho de que la ley presentaba una promesa a los hijos obedientes se menciona en el Nuevo Testamento (Ef. 6:2), sin ninguna inferencia de que la promesa esté en pie ahora, sino sólo como un recordativo de aquello que existía bajo la ley. Sería cosa difícil para un individuo, o un hijo, miembro de la Iglesia reclamar su derecho a una tierra que Dios ha dado, o demostrar que alguna ley garantiza ahora una vida larga a aquellos que hoy son obedientes a sus padres. Veamos una vez más a Israel y su relación al país como está escrito: "Confía en Jehová, y haz el bien; y habitarás en la tierra, y te apacentarás de la verdad"; "Los justos heredarán la tierra, y vivirán para siempre sobre ella"; "Porque los rectos habitarán la tierra" (Sal. 37:3, 29; Pr. 2:21). Al creyente no se le ha dado ninguna tierra. El es un "extranjero y peregrino" aquí, es un "embajador", un ciudadano del cielo. Si conoce las Escrituras, el no está esperando una vida larga aquí; más bien está esperando el advenimiento de su Señor. No trata de adherirse a esta vida aquí; porque "partir, y estar con Cristo . . . es mucho mejor." La seriedad con que algunas personas aplican a sí mismas una promesa del Antiguo Testamento, que es una imposibilidad bajo la gracia, es una revelación de la escasa atención con que muy frecuentemente se leen y se aplican las Escrituras. Puesto que todo precepto de la ley que es adaptable ha sido instaurado en la gracia, no es necesario violar las Escrituras aplicando forzosamente la ley en la esfera de la gracia. El Decálogo, en sus principios morales, no sólo ha sido instaurado en la gracia, sino que sus principios han sido amplificados grandemente. Esto se ilustra una vez más por el mismo precepto sobre la obediencia de los hijos. En las enseñanzas de la gracia, se considera en forma completa todo el asunto de la obediencia, y se le añade a ello las instrucciones propias para los padres. Bajo las enseñanzas de la gracia, el mensaje del primer mandamiento se repite no menos de cincuenta veces, el segundo doce veces, el tercero cuatro veces, el cuarto (que trata del día sábado) no se menciona ni una vez, el quinto seis veces, el sexto seis veces, el séptimo doce veces, el octavo seis veces, el noveno cuatro veces, y el décimo nueve veces. Y aun más: se debe notar lo que es de suma importancia, a saber, que las enseñanzas de la gracia no sólo son benignas en su carácter, con una naturaleza del mismo cielo, sino que se extienden al grado de cubrir todo lo que pertenece a los asuntos nuevos de la vida y servicio del creyente. Los diez mandamientos no dan el requisito de una vida de oración, no enseñan nada sobre el servicio cristiano, no contienen nada sobre evangelismo, no presentan la obra misionera, no tienen un evangelio que predicar, no tratan de la vida y del andar en el Espíritu, no revelan que Dios es Padre, no enseñan nada de la unión con Cristo, ni sobre la comunión de los santos, nada sobre la esperanza de una salvación, ni la esperanza de un cielo. Si se afirma que tenemos todo esto porque hoy tenemos ambos, la ley y la gracia, a tal afirmación se responde que la ley no tiene nada que añadir a la gracia sino confusión y contradicción, y tenemos en las Escrituras la más firme amonestación contra la mezcla de la ley y la gracia. Unas pocas veces los escritores de las Epístolas hacen referencia a las enseñanzas de la ley en vía de una ilustración. Cuando presentan la obligación bajo la gracia, citan el hecho de que ese mismo principio existía bajo la ley. No hay, sin embargo, ninguna base para mezclar estos dos sistemas de gobierno. La ley de Moisés presenta un pacto de obras que se alcanza mediante las energías de la carne; las enseñanzas de la gracia presenta un pacto de fe que se obtiene mediante la energía del Espíritu.

b. LA SEMEJANZA Y DESEMEJANZA ENTRE LAS ENSEÑANZAS DE LA LEY DE MOISES Y LAS ENSEÑANZAS

DEL REINO. Como se verá con mayor detalle más adelante, estos dos sistemas de gobierno divino son ambos de un carácter y un orden legal. Si esto es así, es de esperarse que habrá muchas cosas en común entre los dos. (1) Son semejantes porque ambos están basados sobre un pacto de obras. (2) Son semejantes porque contienen elementos comunes a ambos. (3) Son desemejantes porque hay ciertos puntos en que difieren.

(1) *Son semejantes porque están basados sobre un Pacto de Obras.* La naturaleza de un pacto basado sobre las obras humanas es evidente. Cualquier promesa que Dios haga bajo tal pacto, tiene por condición la fidelidad del hombre. Cada bendición bajo la ley de Moisés tenía esa condición, y cada bendición en relación al reino se hallará que también tiene semejantes condiciones. Considerando las enseñanzas de Cristo concernientes al reino sobre los aspectos de conducta y obligación personal en él, se hallará que todas las promesas de ese tiempo, hechas al individuo están basadas sobre el mérito humano. Las bendiciones del reino están reservadas para el pobre en espíritu, el manso, el misericordioso, el de corazón puro, y el pacificador. Es un pacto de obras solamente y la palabra enfática es *hacer.* "Haz esto y vivirás" es la promesa más sublime de la ley. Como juzgan los hombres así serán ellos juzgados. Un árbol es aprobado, o es rechazado por sus frutos. Y no todo el que dice Señor, Señor, entrará en el reino de los cielos; sino el que *hace* la voluntad de "mi Padre" que está en los cielos. Así como perdona el individuo, así será él perdonado. No habrá entrada en el reino de los cielos a menos que la justicia personal exceda a la justicia de los escribas y de los fariseos. Interpretar esta justicia que aquí se requiere como la misma que la que es imputada por Dios, es desconocer la enseñanza del contexto; sería introducir un elemento que no se halla ni una sola vez en todo este sistema de gobierno divino. Las enseñanzas del reino en el Sermón del monte concluyen con la parábola de la casa construida sobre la roca. La clave de este mensaje se da en las palabras, "Cualquiera, pues que me oye estas palabras, y las hace."

Al leer la ley de Moisés, descubrimos que no presenta ninguna otra relación con Dios para el individuo sino el mismo pacto de obras. "Acontecerá que si oyeres atentamente la voz de Jehová tu Dios, para guardar y poner por obra todos sus mandamientos que yo te prescribo hoy, (inclusive el decálogo), también Jehová tu Dios te exaltará sobre todas las naciones de la tierra. Y vendrán sobre ti todas estas bendiciones, y te alcanzarán . . . bendito serás tú . . ." (Dt. 28:1-14); Pero acontecerá, si no oyeres la voz de Jehová tu Dios, para procurar cumplir todos sus mandamientos y sus estatutos que yo te intimo hoy, que vendrán sobre ti todas estas maldiciones y te alcanzarán. Maldito serás tú . . . " (Dt. 28:15-68); Honra a tu padre y a tu madre, para que tus días se alarguen en la tierra que Jehová tu Dios te da" (Ex. 20:12); "Todo lo que Jehová ha dicho, haremos" (Ex. 19:8); "Maestro, ¿haciendo qué cosa heredaré la vida eterna? El le dijo: ¿Qué está escrito en la ley? ¿Cómo lees? Aquel respondiendo, dijo: Amarás al Señor tu Dios . . . Y le dijo, Bien has respondido; haz esto, y vivirás" (Lucas 10:25-28). Por estas referencias a la ley de Moisés y la ley del reino, puede notarse que ambos sistemas están basados totalmente sobre un pacto de obras.

(2) *Son Semejantes porque contienen Elementos que se hallan en ambos pactos.* En la ley del reino, la ley de Moisés será establecida e intensificada. "No penséis que he venido para abrogar la ley o los profetas; no he venido para abrogar, sino para cumplir. Porque de cierto os digo que hasta que pasen el cielo y la tierra, ni una jota ni una tilde pasará de la ley, hasta que todo se haya cumplido. De manera que cualquiera que quebrante uno de estos mandamientos muy pequeños, y así enseñe a los hombres, muy pequeño será llamado en el reino de los cielos . . . Oísteis que fue dicho a los antiguos: No matarás . . . pero yo os digo que cualquiera que se enoje contra su hermano, será culpable de juicio . . . Oísteis que fue dicho: No cometerás adulterio: pero yo os digo que cualquiera que mira a una mujer para codiciarla, ya adulteró con ella en su corazón" (Mateo 5:17-28; comp. 31-48; 6:1-18, 25-34). "Así que, todas las cosas que queráis que los hombres hagan con vosotros, así también haced vosotros con ellos; porque esto es la ley y los profetas." (Mateo 7:12).

Por medio de estos pasajes ilustrativos se ve claramente que la ley de Moisés y la ley del reino son semejantes por el hecho de que contienen elementos comunes para ambos.

(3) *Son desemejantes porque existen ciertos puntos en los cuales difieren.* En la ley del reino ciertas cualidades se añaden que no se hallan en la ley de Moisés. Estas nuevas cualidades sólo en parte se pueden mencionar aquí.

Por las Escrituras citadas arriba se revela que la ley es intensificada en las enseñanzas del reino. No se ha omitido ningún elemento de la ley de Moisés. Más bien, a la revelación mosaica se le han añadido las enseñanzas de Cristo sobre el reino referente al matrimonio y el divorcio, sobre el juramento, y sobre las obligaciones personales hacia otros. La ley que demanda "ojo por ojo, y diente por diente" se reeemplaza por una sumisión requerida. Se debe dar la otra mejilla, se debe caminar la segunda milla, y al que pide no se le debe rehusar. Aun a los enemigos se les debe amar. Estas cosas deben hacerse "para que seáis hijos de vuestro Padre que está en los cielos", y son solamente más evidencias de que en hecho y en poder proceden del pacto de las obras. Hay una nueva instancia sobre la sinceridad en cuanto a las limosnas, la oración, y el ayuno. Hay una nueva revelación acerca de la oración; pero es petición para que venga el reino y según las condiciones que estarán en vigor únicamente en el reino. Se da una instrucción especial acerca del uso de las riquezas en el reino y también la hay sobre la ansiedad y preocupación.

c. LA SEMEJANZA Y DESEMEJANZA ENTRE LAS ENSEÑANZAS DE LA GRACIA Y LAS LEYES DEL REINO. A la importancia de considerar sin prejuicios estas porciones bíblicas que descubren todo el campo de comparación entre las enseñanzas de la gracia y las leyes del reino no se le puede dar demasiado énfasis. El tema es muy extenso. Aun cuando debiera extenderse este estudio de contrastes para incluir todas las enseñanzas acerca del reino en los evangelios, el plan será seguir un breve análisis del Manifiesto del Rey que está escrito en Mateo 5-7, y comparar los diferentes preceptos que ahí se revelan con los preceptos dados al creyente bajo la gracia. También será necesario comparar estos preceptos con las enseñanzas del reino del Antiguo Testamento; porque se hallará que las enseñanzas del reino presentados en Mateo 5-7 están en completa concordancia con las predicciones sobre el reino que se hallan en el Antiguo Testamento, pero casi están en desacuerdo total con las enseñanzas de la gracia.

En Lucas 16:16 está escrito: "La Ley y los profetas eran hasta Juan; desde entonces el reino de Dios es anunciado, y todos se esfuerzan por entrar en él." El mensaje de Juan Bautista era una cosa nueva. En ningún sentido era la enseñanza de "la ley y los profetas" como una aplicación directa del sistema mosaico. Sin embargo, sus predicaciones eran de carácter púramente legal. En este concepto se halla una excepción importante en el evangelio según San Juan. En ese Evangelio, de las palabras que caracterizan a todos los dichos de Juan Bautista se seleccionaron las siguientes, "He aquí el Cordero de Dios, que quita el pecado del mundo" (1:29). El evangelio según San Juan tiene por distinción el mensaje de salvación y la gracia por medio de la fe, y la selección de este mensaje de Juan Bautista ilustra con perfección la mente y el propósito del Espíritu en el escogimiento del material para la construcción de ese evangelio de la gracia divina. Esta palabra excepcional de Juan Bautista, ajustada al mensaje de la gracia en el Evangelio según San Juan, no deberá confundirse con sus predicaciones legalistas como se registran en los evangelios sinópticos, donde su verdadero ministerio como precursor es presentado. Lo que el predicó está claramente escrito en Lucas

3:8-14: "Haced, pues, frutos dignos de arrepentimiento . . . Y la gente le preguntaba, diciendo: Entonces, ¿qué haremos? Y respondiendo les dijo: El que tiene dos túnicas, dé al que no tiene; y el que tiene qué comer, haga lo mismo. Vinieron también unos publicanos para ser bautizados, y le dijeron: Maestro, ¿qué haremos? El les dijo: No exijáis más de lo que os está ordenado. También le preguntaron unos soldados diciendo: Y nosotros ¿qué haremos? Y les dijo: No hagáis extorsión a nadie, ni calumniéis; y contentaos con vuestro salario."

En este mensaje es evidente el énfasis intenso que se hace sobre el pacto de las obras meritorias; sin embargo Juan no predicó lo que predicó Moisés o los profetas. La ley y los profetas llegaron *hasta* Juan. Se llega entonces a la conclusión de que la predicación de Juan Bautista era totalmente nueva, y era según la misión de un heraldo del Rey; pero ese mensaje es legalista y no de la gracia. Es un pacto de obras y no uno de fe. También Lucas 16:16 arroja más luz sobre el hecho de que la predicación de Juan tenía que ver con el reino. La regla divina en la tierra que Mateo llama "el reino de los cielos" Lucas lo llama "el reino de Dios." Esto es justificable porque el reino de Dios incluye el reino de los cielos, es decir, el reinado terrenal del Rey. Porque es tan evidente que Mateo y Lucas se refieren a la misma regla divina en la tierra, y con frecuencia comunican el mismo mensaje cuando usan estas dos frases, se llega a la conclusión de que cuando Lucas usa el término, "el reino de Dios", aquí y en otras partes, se refiere a la limitada regla divina en la tierra. De los hombres que entran en ese reino, se dice: "se esfuerzan por entrar en él". El significado literal es procurar entrar con todo vigor. La palabra sugiere un intenso esfuerzo humano, e implica la necesidad de mérito que es un requisito para lograr la entrada al reino. Hay, cuando menos, tres principales distinciones que aparecen cuando se hace un contraste entre las enseñanzas de la gracia y las del reino.

Primero, en el mensaje del reino, la esperanza está principalmente centralizada en el reino de los cielos, y en Marcos y en Lucas, en ese aspecto del reino de Dios que corresponde con el reino de los cielos. Se debe recordar que esto no es el cielo. En esta conexión, es el gobierno del Mesías-Rey en la tierra. Sin embargo, el gobierno más amplio del reino de Dios se menciona una vez (Mateo 6:33), y en un punto cuando todos los intereses divinos están bajo consideración. Tres veces el mensaje del reino sostiene la anticipación del cielo mismo ante sus hijos (Mateo 5:12; 6:20; 7:23). En las enseñanzas de la gracia es el mismo cielo que se contempla, y nunca se hace referencia al reino de los cielos, sino sólo en el sentido de que los santos reinarán con el Rey. Los creyentes por otra parte, con frecuencia se relacionana a la esfera más grande del reino de Dios (véase Juan 3:3).

Segundo, estas dos líneas de enseñanzas pueden identificarse también por las grandes palabras que emplean. Según el Antiguo Testamento como también el Nuevo, las grandes palabras del reino son *justicia* y *paz*. El sermón del monte es la expansión del significado completo de la justicia personal que se requiere en el reino. Las grandes palabras en esta edad son *creer* y *gracia*. Ni una sola vez aparecen estas palabras en conexión con las enseñanzas del reino de Mateo 5-7. La misericordia se despliega en la gracia y no en la justicia.

Tercero, las enseñanzas del reino, como también la ley de Moisés, están basadas sobre un pacto de obras. Las enseñanzas de la gracia, por otro lado, están basadas en un pacto de fe. En un caso, se demanda la justicia; en la otra se provee esa justicia, se atribuye y se imparte por operación interna. Una es de una bendición que se recibe por una vida perfecta, la otra es de una vida que se vive porque se ha recibido ya una bendición perfecta.

Muchas veces se ha hecho la suposición de que durante el reinado del Mesías no habrá pecado en la tierra, así como en los cielos nuevos y la tierra nueva que vendrán después. Todo pasaje bíblico que tiene que ver con el reino da énfasis a las condiciones morales que existirán en el reino. Cuanto Satanás será atado, y habrá juicio inmediato sobre el pecado, las elevadas exigencias morales del reino serán posibles de cumplir; pero habrá iniquidad que juzgar, el enemigo perseguirá, y muchos que habrán profesado fracasarán porque ellos no habrán *hecho* realmente la voluntad del Rey. Tan grande será el avance moral en las condiciones del mundo durante el reino sobre esta presente edad, que la justicia "reinará" entonces, mientras que en el presente la justicia "sufre" (2 Ti. 3:12).

Lo que sigue es una presentación en orden de los diferentes tópicos que se presentan en el Sermón del Monte.

(1) Las Bienaventuranzas. Este mensaje del reino comienza con una lista de las nueve bendiciones que son prometidas y provistas para el hijo fiel del reino (Mateo 5:1-12). Estas bendiciones se alcanzan por medio de méritos. Esto está en un vivo contraste a las bendiciones de la posición sublime del creyente que él alcanza en un instante por medio de Cristo en el momento que él cree.

(a) "Bienaventurados los pobres (humildes) en espíritu: porque de ellos es el reino de los cielos." Así como Cristo declaró del niñito, "de los tales es el reino de los cielos." En la visión en el Antiguo Testamento de la manifestación venidera del Rey, se declara: "Yo habito en la altura y la santidad, y con el quebrantado y humilde de espíritu, para hacer vivir el espíritu de los humildes, y para vivificar el corazón de los quebrantados" (Is. 57:15). Del creyente se dice: "Vestíos, pues, como escogidos de Dios, santos y amados, de entrañable misericordia, de benignidad, de humildad, de mansedumbre, de paciencia" (Co. 3:12). El creyente no se pone estas virtudes para ganar el cielo, mucho menos el reino de los cielos. Los creyentes se visten de ellas porque estos son elementos del carácter de uno que ya ha sido "elegido de Dios, santo y amado." Cristo es el modelo (Fil.2:8), y "Dios resiste a los soberbios, y da gracia a los humildes" (Stg. 4:6). En las enseñanzas de la gracia, "vestíos" no significa pretender, o apropiarse; sino que es la manifestación de la vida regenerada mediante el poder del Espíritu (véanse Ef. 4:24; 6:11; Col. 3:12).

(b) "Bienaventurados los que lloran, porque ellos recibirán consolación." El llanto no pertenece a la Esposa de Cristo. Un mensaje diferente se ha dado a ella: "Regocijaos en el Señor siempre. Otra vez digo: ¡Regocijaos! " "El llanto es la porción de Israel hasta que venga su Rey, y cuando El venga, será para "proclamar el año de la buena voluntad de Jehová, y el día de venganza del Dios nuestro; a consolar a todos los enlutados, a ordenar que a los afligidos de Sion se les dé gloria en lugar de ceniza, óleo de gozo en lugar de luto, manto de alegría en lugar del espíritu angustiado" (Is. 61:2-3; comp. Is. 51:3; 66:13; 35:10; 51:11; Zac. 1:17).

(c) "Bienaventurados los mansos, porque ellos recibirán la tierra por heredad." Bajo la gracia la mansedumbre en el creyente es una obra del Espíritu, y no es recompensada nunca; pero el Rey en sus juicios "juzgará con justicia a los pobres, y argüirá con equidad por los mansos de la tierra" (Is. 11:4; comp. Is. 29:19; Sof. 2:3; Sal. 45:4; 76:9). La tierra será heredada en la era del reino. La gloria del Rey estará aquí en la tierra. No cabe ni en la suposición que el manso esté ahora heredando la tierra, o que ésta fuera una promesa hecha a la Iglesia, a quien no se hace ninguna promesa terrenal. Aquellos que son guardados por el poder de Dios mediante la fe para una salvación que está preparada para ser manifestada en el tiempo postrero, tienen una herencia incorruptible, incontaminada e inmarcesible, reservada en los cielos.

(d) "Bienaventurados los que tienen hambre y sed de justicia, porque ellos serán saciados". El creyente bien puede desear un andar más cerca de Dios, pero ya es "hecho justicia de Dios en el." A distinción de esto, la justicia es una cualidad que se debe *alcanzar* en el reino (Mt. 5:20). "Por amor de Sion no callaré, y por amor de Jerusalén no descansaré, hasta que salga como resplandor su justicia, y su salvación se encienda como una antorcha. Entonces verán las gentes tu justicia, y todos los reyes tu gloria" (Is. 62:1-2; comp. Sal. 72:1-4; 85:10-11, 13: Is. 11:4-5).

(e) "Bienaventurados los misericordiosos, porque ellos alcanzarán misericordia." La condición exacta que se revela en esta promesa debe ser considerada detenidamente; porque en este pasaje, la misericordia que se obtiene de Dios depende del todo del ejercicio de la misericordia de Dios. Esta es la ley en su pureza. Bajo la gracia se le implora al creyente que sea misericordioso, como aquel que ya obtuvo misericordia (Ef. 2:4, 5; Tito 3:5). Dios manifestará su gracia en misericordia hacia la nación de Israel cuando El los reúna en su propia tierra (Ez.39:25); pero al mismo tiempo El tratará con ellos como individuos según la ley: "Mas la misericordia de Jehová es desde la eternidad y hasta la eternidad sobre los que le temen. Y su justicia sobre los hijos de los hijos; sobre los que guardan su pacto, y los que se acuerdan de sus mandamientos para ponerlos por obra" (Sal.103:17,18). "Por lo cual me ha recompensado Jehová conforme a mi justicia; conforme a la limpieza de mis manos delante de su vista. Con el misericordioso te mostrarás misericordioso, y recto para con el hombre íntegro. Limpio te mostrarás para con el limpio, y severo serás para con el perverso" (Sal. 18:24-26). Bajo la gracia El es rico en misericordia, aun cuando "estábamos muertos en pecados".

(f) "Bienaventurados los de limpio corazón porque ellos verán a Dios". Opuesto a esto, bajo la gracia, está escrito: "Pero vemos a Jesús" y "Porque Dios que mandó que de las tinieblas resplandeciese la luz, es el que resplandeció en nuestros corazones, para iluminación del conocimiento de la gloria de Dios en la faz de Jesucristo" (He.2:9; 2 Co.4:6). En Cristo Dios es revelado *ahora* al creyente, mientras que la promesa del reino a los de limpio corazón es que ellos *verán* a Dios. Las promesas del reino continúan: "El que camina en justicia y habla lo recto. . . Tus ojos verán al Rey en su hermosura" (Is.33:15-17). "¿Quién subirá al monte de Jehová? ¿Y quién estará en su lugar santo? El limpio de manos y puro de corazón" (Sal. 24:3, 4).

(g) "Bienaventurados los pacificadores, porque ellos serán llamados hijos de Dios." *Paz* es una de las dos grandes palabras del reino. El Rey, quien es "el Príncipe de Paz," reinará de tal manera que la justicia y la paz cubrirán la tierra como las aguas cubren la faz del abismo (comp. Sal.72:3,7). En este reino se dará distinción especial al que promueva la paz. "Serán llamados hijos de Dios". Bajo la gracia, ninguno es constituido hijo de Dios por obra alguna. "Pues todos sois hijos de Dios por fe en Cristo Jesús" (Gá.3:36).

(h) "Bienaventurados los que padecen persecución por causa de la justicia, porque de ellos es el reino de los cielos." Una vez más, el asunto importante es *la justicia*. Por el contrario, el creyente sufre con Cristo y por Su causa, y su recompensa está en los cielos. "Mas todo esto os harán por causa de mi nombre" (Jn. 15:21). "Y también todos los que quieran vivir piadosamente en Cristo Jesús padecerán persecución"(2 Ti.3:12).

(i) "Bienaventurados sois cuando por mi causa os vituperen y os persigan, y digan toda clase de mal contra vosotros, mintiendo. Gozaos y alegraos, porque vuestro galardón es grande en los cielos; porque así persiguieron a los profetas que fueron antes de vosotros." El creyente es llamado a sufrir por la causa de Cristo: "Porque a vosotros es concedido a causa de Cristo, no sólo que creáis en él, sino también que padezcáis por él (Fil.1:29); "Si sufrimos, también reinaremos con él" (2 Ti.2:12). Deberá notarse que cuando los hijos del reino son comparados a cualquier clase de hombres que sufren, son llevados a los profetas que vivieron antes de ellos, y no a los santos que componen el cuerpo de Cristo.

Al concluir estas observaciones acerca de las nueve bienaventuranzas, no debe perderse de vista el hecho de que en contraste a las nueve bendiciones del reino alcanzadas por un esfuerzo propio, el creyente bajo la gracia tiene la experiencia de nueve bendiciones que se producen en el por el poder directo del Espíritu que mora en él. Una cuidadosa comparación deberá hacerse de las nueve promesas que se hacen bajo el reino, con las nueve bendiciones que están preparadas bajo la gracia. Se verá que todo lo que se *demanda* bajo la ley del reino como una condición para la bendición, bajo la gracia, es *provista* por Dios mismo. Los dos aspectos de la vida que se representan por estos dos grupos de palabras descriptoras son muy significativos. El total de todas las bendiciones en el reino no es de compararse con el superabundante "fruto del Espíritu" – "amor, gozo, paz, tolerancia, benignidad, bondad, fe, mansedumbre, templanza" – control de sí mismo, (Gá.5:22-23). El mismo tiempo del verbo que se usa es importante. Bajo la gracia, el fruto del Espíritu *es*, que indica la presente posesión de la bendición mediante la pura gracia; en cambio bajo el reino, la bendición *será* para aquellos que así lo merezcan por sus obras.

(2) *Las Semejanzas de los Justos en el Reino.* En esta porción de las Escrituras (Mateo 5:13-16) los hijos del reino se comparan a la sal de la tierra, y a la luz del mundo. "Sal", como una figura, no se usa de esta manera en las enseñanzas de Moisés ni en las enseñanzas de la gracia. Sin embargo, el creyente es llamado a ser "luz en el Señor", y se le exhorta a "andar" como hijo de luz (Ef.5:8). Luego leemos: "Porque todos vosotros sois hijos de luz e hijos del día" (1 Ts.5:5). Pero, de Israel acerca de su bendición en el reino que vendrá, se dice:

"Yo Jehová te he llamado en justicia, y te sostendré por la mano; te guardaré y te pondré por pacto al pueblo, por luz de las naciones"; "también te di por luz de las naciones, para que seas mi salvación hasta lo postrero de la tierra"; "Entonces nacerá tu luz como el alba"; "Y andarán las naciones a tu luz, y los reyes al resplandor de tu nacimiento"; "Jehová te será por luz perpetua, y los días de tu luto serán acabados" (Is.42:8; 60:3,20). Aun aparece otro contraste en esta conexión: El creyente es llamado a manifestar a Cristo (1 P. 2:9), pero los hijos del reino son llamados a manifestar sus buenas obras (Mt.5:16).

(3) *Cristo Interpreta la Ley en su Relación al Reino.* Este pasaje bíblico (Mt. 5:17-48) declara que la ley no pasará hasta que haya sido cumplida. Esto tiene que ver con su cumplimiento, porque se añade: "De manera que cualquiera que quebrantare uno de estos mandamientos muy pequeños. . . muy pequeño será llamado en el reino de los cielos". Es la ley de Moisés intensificada. Al hacer esto, Cristo transfiere la obligación del hecho externo a la actitud del corazón. Esto intensifica, en vez de mitigar, su carácter integral. Lleva consigo la más ardiente condenación posible a la ley. El creyente no está bajo la ley. No tiene un altar fuera de Cristo (He.13:10). El altar siempre está relacionado o al sistema mosaico, o al reino venidero y es intensamente legalista en su carácter. Tocante al reino se dice: "sus holocaustos y sus sacrificios serán aceptos sobre mi altar" (Is.56:7; comp. 60:7; Ez.43:13-27; Zac.14:20). El hijo del reino debe ponerse de acuerdo con su adversario pronto, no sea que lo echen en la cárcel donde no hay ninguna posiblidad de misericordia (Mt.5:25,26). Tocante al hijo de Dios se dice, "Si es posible, en cuanto dependa de vosotros, estad en paz con todos los hombres" (Ro.12:17-21). En las enseñanzas del reino se sustituye la alta norma de una generosa sumisión en vez de la equidad exacta de la ley de Moisés (Mt.5:38-48). En lugar del principio de "ojo por ojo y diente por diente", se debe volver la otra mejilla, dejar la capa con la túnica, caminar la segunda milla, no rehusar los bienes de aquel que pide prestado, y amar a los enemigos. El hacer estas cosas no significa una expresión de una alta posición ya recibida en la gracia: sino que se deberá hacer *meritoriamente* para "que seáis hijos de vuestro Padre que está en los cielos." Tales relaciones entre los hombres serán requeridas y practicadas en el tiempo cuando el Rey reinará en justicia y Satanás estará atado. Las enseñanzas de la gracia tocante al homicidio, adulterio, divorcio y el juramento se ven muy claramente en las Escrituras. En esta porción del Sermón del Monte, se impone el castigo extremo de ley sobre todo agravio (5:20-22, 29-30). ¿Estará un hijo de Dios, bajo la gracia, en peligro de juicio o

la terrible pena del fuego del infierno? Por la luz que dan las Escrituras sobre esto no cabe el argumento: "De cierto, de cierto os digo: El que oye mi palabra, y cree al que me envió, tiene vida eterna; y no vendrá a condenación, mas ha pasado de muerte a vida" (Juan 5:24); "Y yo les doy vida eterna; y no perecerán jamás, ni nadie las arrebatará de mi mano" (Juan 10:28); "Ahora, pues, ninguna condenación hay para los que están en Cristo Jesús" (Ro. 8:1). Es cierto que los creyentes serán juzgados por Cristo sobre el carácter de su vida y su servicio, que el Padre castiga a todo aquel que recibe por hijo, y también es cierto que el apóstol Pablo sugirió la posibilidad de visitar cierta iglesia con la vara; pero ¡cuán diferente es todo esto del castigo del fuego del infierno que incondicionalmente se impone sobre los hijos del reino por su pecado! ¡Qué concepto más inadecuado tienen los creyentes del terrible castigo de la ley y el significado de la condenación eterna cuando abandonan la gracia! ¡Cuán precioso es también el hecho de que esa ignorancia de la ley no cambia ese pacto divino y permanente de gracia al cual ha sido traído el creyente mediante la fe en Cristo!

(4) *El Simple Externalismo Reprendido.* En el reino, un espíritu de vana exhibición como el poder que motiva el dar limosna, el hacer oración y la profesión de devoción serán juzgadas instantáneamente (Mt. 6:1-7, 16-18; 7:21-29). Por otro lado, si estas cosas son hechas en secreto, serán recompensadas "públicamente". Tal recompensa no deberá confundirse con los premios por el servicio que son prometidos a los creyentes ante el tribunal de Cristo. Una fidelidad humilde en el reino será reconocido inmediatamente por el Rey.

(5) *La Oración que pide la Venida del Reino, y la Oración en el Reino.* Lo que comúnmente se llama "La Oración del Señor" (el "Padre Nuestro"), pero lo que en realidad es, la oración que el Señor enseñó a sus discípulos cuando contemplaba el reino, no fue pronunciada para que llegara a ser una oración ritual. El dijo (Mt. 6:8-15; 7:7-11): "Vosotros, pues, oraréis así." La oración está relacionada directamente con los asuntos del reino venidero. "Venga tu reino. Hágase tu voluntad, como en el cielo, así también en la tierra." De los grandes temas que se mencionan en esta oración modelo, sólo se toma uno para un comentario especial y énfasis. Esto es como si el Espíritu de Dios tratara de librar al lector de cualquier confusión en este punto. Este comentario amplifica una petición: "Y perdónanos nuestras deudas, como también nosotros perdonamos a nuestros deudores." El comentario divino sobre esto, dice: "Porque si perdonáis a los hombres sus ofensas, os perdonará también a vosotros vuestro Padre celestial; mas si no perdonáis a los hombres sus ofensas, tampoco vuestro Padre os perdonará vuestras ofensas."

Esto, una vez más, es puramente legal. El perdón por parte del creyente es un mandato; pero es un mandato en conformidad con el elevado principio de la gracia: "misericordiosos, perdonándoos unos a otros, como Dios también os perdonó a vosotros en Cristo"; "De la manera que Cristo os perdonó, así también hacedlo vosotros" (Ef. 4:32; Col. 3:13; comp. 1 Juan 1:9). El carácter legal de esta gran oración del reino no se debe perder de vista por razones sentimentales resultados de una enseñanza en la temprana edad.

Se han hecho esfuerzos por relacionar este perdón divino, que está basado sobre la actitud perdonadora del pecador, con el perdón presente del Padre hacia el creyente que está bajo la gracia. Tal interpretación es tan extraña a las relaciones precisas que pertenecen a la gracia, como sería decir que el pasaje enseñara el perdón divino para los no salvados. El presente perdón, para los no salvados como los salvados, es un asunto de pura gracia, y las condiciones divinas que se imponen están en plena armonía con este hecho. En este tiempo, los no salvados son perdonados como una parte de todo lo que se ha consumado en la salvación, basado sobre la única condición de que *crean* (Ef. 4:32), y los salvados son perdonados sobre la condición de que *confiesen* (1 Juan 1:9). Estas dos palabras no representan obras meritorias; representan un sencillo aliño del corazón a aquello que ya ha sido provisto en la gracia de Dios. La cruz ha cambiado las cosas para todos. En el pasaje bajo consideración se presenta un pacto puramente de obras legales. Tal pacto es el fundamento de todas las enseñanzas del reino; pero es totalmente ajena a las enseñanzas de la gracia. Cristo no debe presentarse, como algunos dicen, como un gobernador austero e inflexible. Lo que es realmente una maravilla es que El pueda ser otra cosa diferente. La santidad de Dios no puede inclinarse hacia el pecado con clemencia benigna. Aparte de la cruz, donde ha sido pagado el precio de la redención, no podría haber otra cosa sino el fuego consumidor del juicio; pero, por cuanto Dios en amor infinito ha provisto un Substituto, hay gracia en abundancia. En este tiempo, Dios está tratando con los hombres sobre el fundamento de su gracia como se halla manifestada en Cristo. En la edad venidera sus tratos con los hombres estarán basados sobre una relación muy diferente. En este tiempo el Rey gobernará con vara de hierro. No hay una palabra de la cruz, o de la gracia, en las enseñanzas del reino. Esta oración, por su misma expresión, es una oración que pertenece al reino. Toda la base de la petición en esta oración, como está en Mateo 7:7-11, es la fidelidad del Padre hacia sus hijos en el reino. La base de la petición en la oración durante los días antes de Cristo, o sea bajo Moisés, era la fidelidad de Jehová a sus pactos. La base de la petición en oración bajo la gracia es la presente unión del creyente y su identificación con Cristo. Se ha provisto acceso únicamente mediante Cristo (He. 10:19-20), y la nueva base de ruego en la oración es, en el nombre de Cristo y para su gloria. Mucho después que El enseñó a sus discípulos la forma de la oración del reino, y después que El había comenzado a dar las enseñanzas de pura gracia, dijo: "Hasta ahora nada habéis pedido en mi nombre: pedid, y recibiréis, para que vuestro gozo sea cumplido" (Juan 16:24). La forma de la oración del reino omite toda característica de la nota esencial de la oración general bajo la gracia.

(6) *La Ley que Gobernará las Riquezas en el Reino.* El uso correcto de las riquezas (Mt. 6:19-24), así como bajo la gracia, será recompensada en los cielos, y no habrá término medio: "No podéis servir a Dios y a las riquezas".

(7) *El Cuidado del Padre sobre los Hijos del Reino.* Esta porción de las Escrituras (Mt. 6:25-34) es una de las que sobresalen en dulzura. Así como Dios viste a los lirios del campo, así también vestirá a los que por fe confían en El. Pero los cuidados de Dios aquí son solamente para los que buscan primeramente el reino de Dios y su justicia; mientras que bajo la gracia, sus cuidados son incondicionales; no dependen de obra humana o mérito alguno: "Echando toda vuestra ansiedad sobre él, porque él tiene cuidado de vosotros"; "Por nada estéis afanosos" (1 P. 5:7; Fil. 4:6); El mismo principio de cuidado divino fue presentado bajo la Ley de Moisés, pero en una forma de pura ley: "Echa sobre Jehová tu carga, y él te sustentará; no dejará para siempre caído al justo" (Sal. 55:22).

(8) *Amonestación contra el Juzgar a Otros.* La ley del reino es inflexible (Mateo 7:1-6): "No juzguéis para que no seáis juzgados. Porque con el juicio con que juzgáis, seréis juzgados, y con la medida con que medís, os será medido." El que está bajo la gracia ha pasado de todo juicio, por el hecho de haber aceptado a Cristo quien murió por él (Jn. 5:24). Puede que sea castigado por su Padre, que es una forma de juicio (1 Co. 11:27-32); pero ese juicio nunca se dice que sea el retorno de su pecado sobre su propia cabeza, como se describe en esta porción de la enseñanza del reino.

(9) *Amonestación contra los Falsos Profetas.* "Guardaos de los falsos profetas, que vienen a vosotros con vestidos de ovejas, pero por dentro son lobos rapaces. Por sus frutos los conoceréis" (Mt. 7:15-20). La amonestación aquí es contra los falsos profetas que han de discernirse por la cualidad de su vida. La amonestación a los hijos de Dios bajo la gracia es contra falsos meastros a quienes se deben conocer por su doctrina acerca de Cristo (2 Pedro 2:1; 2 Juan 1:7-11); nunca por su vida; porque por fuera, los falsos maestros se

nos dice que aparentan ser como los "apóstoles de Cristo", pero que en verdad están directamente bajo el poder de Satanás quien también se hace aparecer como un ángel de luz (2 Co. 11:13-15). La personalidad atractiva del falso maestro ofrece un fondo de gran ventaja para hacer atractiva la presentación de su doctrina.

(10) *Tres Declaraciones Determinantes tocante al Reino.* (a) "Porque os digo que si vuestra justicia no fuere mayor que la de los escribas y fariseos, no entraréis en el reino de los cielos" (Mt. 5:20). No es necesario dar una exposición de este pasaje. Es el fundamento de todas las demandas para alcanzar la entrada del creyente en el cielo mediante la obra consumada por Cristo: "nos salvó, no por obras de justicia que nosotros hubiéramos hecho, sino por su misericordia" (Tito 3:5).

(b) "Así que todas las cosas que queráis que los hombres hagan con vosotros, así también haced vosotros con ellos; porque esto es la ley y los profetas" (Mt. 7:12). Este pasaje sirve como una conclusión de toda la instancia de la enseñanza del reino. Es como una clave de todo lo que le antecede. El principio de la ley que se vuelve a pronunciar en este pasaje, no se dice que sea una parte de las enseñanzas de la gracia: más bien es "la ley y los profetas".

(c) "Entrad por la puerta estrecha; porque ancha es la puerta, y espacioso el camino que lleva a la perdición, y muchos son los que entran por ella; porque estrecha es la puerta, y angosto el camino que lleva a la vida, y pocos son los que la hallan" (Mt.7:13-14). Según las condiciones que se establecen en las enseñanzas del reino, se entra a la vida por una fidelidad personal (Mt. 5:29-30; 18:8-9; Lc. 10:25-28). Cuando se declara esta misma exhortación en el evangelio según San Lucas (13:24), comienza con las palabras, "Esforzaos a entrar por la puerta angosta." La palabra *esforzaos* es una traducción de *ἀγωνίζομαι* que significa "agonizar". Sugiere el esfuerzo máximo que ejerce un atleta en una competencia. Esa es la condición humana que caracteriza todos los pasajes tocante al reino que ofrecen entrada a la vida. Un cambio repentino se encuentra al abrir el Evangelio según San Juan. Este evangelio fue escrito para anunciar el mensaje nuevo de gracia, la cual es que por *creer* se obtiene vida eterna. No hay dos palabras en las Escrituras que expresen más elocuentemente las grandes características de relaciones en la ley y la gracia que *agonizar,* y *creer.* La gracia es la revelación del hecho de que Uno agonizó en nuestro lugar, y que la vida se halla "por su nombre", y no por ninguna fidelidad humana o por mérito alguno.

Corre en el mundo un sentimiento peligroso y totalmente sin base que supone que cada enseñanza de Cristo es una obligación aplicarla en esta edad sencillamente porque Cristo la pronunció. Se olvida el hecho de que Cristo, mientras vivía bajo la ley de Moisés, guardándola y aplicándola, también enseñó los principios de su reino futuro, y, al final de su ministerio y en relación a su cruz, también anticipó las enseñanzas de la gracia. Si no se reconocen estas tres divisiones de las enseñanzas de Cristo, no podrá haber sino confusión mental y, como consecuencia, una contradicción de la verdad. Una vez más, vale decir, que no es desrazonable reconocer que estas enseñanzas tocante al reino deberán aplicarse directamente a la edad futura. La Biblia es la única revelación de Dios a todos los pueblos de todas las edades. No es difícil entender que mucho de las Escrituras es aplicable a condiciones que ahora son completamente del pasado; tampoco deberá ser difícil entender que algunas partes de las Escrituras son aplicables totalmente al futuro. ¿De qué otra manera conoceremos lo del futuro? Ciertas revelaciones pertenecen al período de la tribulación que vendrá y en ningún sentido pueden aplicarse al tiempo presente. ¿Quién ha orado jamás que su huída no sea en el día de reposo? Sin embargo Cristo mandó que se orara así (Mt. 24:20).

De igual manera, el uso que se da a la palabra *cualquiera* en Mateo 7:24 no significa que se dirija el mensaje a todas las gentes de todas las épocas. Es más razonable creer que se aplica a la gente que vive en las condiciones del período que describe el pasaje. Cristo usa una expresión que pudiera incluir a todos, cuando dice, "Mas el que perseverare hasta el fin, éste será salvo" (Mt . 24:13); pero nada sería más contradictorio a las enseñanzas de la gracia que ese principio que se presenta en este pasaje. Habrá una salvación en la tribulación para aquellos que soporten las pruebas de entonces hasta el fin. Bajo la gracia, el creyente soporta porque es salvo. Si la palabra *cualquiera* en Mateo 7:24 incluye a los que son salvados por gracia, significa que han sido arrojados al espantoso pacto de las obras que propone ese pasaje, y la gracia queda completamente excluida.

Se llega pues a la conclusión de que las enseñanzas de la ley, las enseñanzas de la gracia, y las enseñanzas del reino son sistemas de reglas divinas, separadas y completas que se adaptan perfectamente a las distintas condiciones en tres grandes dispensaciones. Las enseñanzas de Moisés y las del reino son puramente legales, pero las instrucciones para el creyente de esta dispensación están en conformidad con la pura gracia. Hay muchas cosas en común entre todas estas reglas para la conducta, pero este hecho no justifica la mezcla de ellas. Todo lo que en la ley puede aplicarse a la vida bajo la gracia, se preserva y se vuelve a afirmar en los grandes mandamientos e instancias de la gracia. Quebrantar estos límites es frustrar la gracia, y complicar al individuo con el sistema de la ley de tal manera que se le hace un deudor para hacer toda la ley. La ley no puede ser quebrantada o dividida. Aparece como una unidad. Tratar de cumplir una parte de ella es someterse a todo lo que la ley incluye. Nada puede ser más desrazonable y antibíblico que prestar algunas porciones del sistema de la ley, sea la de Moisés o la del reino, y al mismo tiempo rechazar otras porciones. El que escoge la ley, para ser consecuente debe cumplir toda la ley (Ro. 10:5), y si la quebranta en un punto, es culpable de toda la ley (Stg. 2:10). ¡Cuán preciosas son las riquezas de la gracia en Cristo Jesús! ¡Cuán dulces y propias son, para el hijo de Dios en la gracia, las instancias celestiales de la gracia!

II. EL ORDEN ENTRE LA BENDICION DIVINA Y LA OBLIGACION HUMANA

La segunda distinción principal entre las enseñanzas de la ley y las enseñanzas de la gracia se ve en el orden variante entre la bendición divina y la obligación humana. Esta diferencia salta a la vista cuando se compara el principio de la gracia con el principio de la ley cualquiera que sea la forma de la ley. Esto es igualmente cierto tratándose de la ley de Moisés, la ley del reino, o del concepto más amplio de la ley como la voluntad de Dios revelada en su totalidad cuando se expone en forma legal. Cuando se presenta primero la obligación humana, y se hace que la bendición divina dependa del cumplimiento fiel de esa obligación, es de pura ley y en conformidad a ella. Cuando se presenta primero la bendición divina, y la obligación humana le sigue, es de pura gracia y en conformidad a ella. La diferencia en el orden bajo la ley y la gracia puede notarse en las palabras "haz y vivirás" o "vive y haz." En el caso de la ley, es *hacer* alguna cosa con el fin de llegar a ser alguna cosa. En el caso de la gracia, es *ser hecho* alguna cosa con la idea de hacer alguna cosa. ¿Es el creyente que está bajo la gracia salvado y guardado *por* buenas obras, o es él salvado y guardado *para* buenas obras? La ley dice "si bien hicieres, te bendeciré"; la gracia dice, "te he bendecido, haz pues ahora el bien." Bajo la ley, el hombre vive bien para *llegar a ser* acepto delante de Dios. Bajo la gracia el hombre vive bien, porque es *propio* que viva bien uno que ya ha sido acepto. La ley presenta primero una obra humana que *hacer.* La gracia presenta primero una obra divina que se debe *creer.* La ley comienza con lo que el hombre debe *hacer.* La gracia comienza con lo que Dios ya *ha hecho.* Cada palabra de la ley revelada se constituye en un pacto condicional de obras humanas, mientras que cada palabra de la revelación de la gracia es hecha un pacto incondicional de obras divinas. Las instrucciones dadas a Israel bajo Moisés, y las instrucciones propuestas para el gobierno del reino futuro en la tierra son puramente legales en su carácter. La palabra de despedida de Moisés a Israel escrita en los últimos capítulos de Deuteronomio es la cristalización de toda la ley de Moisés. Un pasaje es el centro de este mensaje: "Acontecerá que si oyeres atentamente la voz de Jehová tu Dios, para guardar y poner por obra todos sus mandamientos que yo te prescribo hoy, también Jehová tu Dios te exaltará sobre todas las naciones de la tierra. Y vendrán sobre ti todas estas bendiciones, y te alcanzarán, si oyeres la voz de Jehová tu Dios. Bendito serás tú . . . Pero acontecerá, si no oyeres la voz de Jehová tu Dios, para procurar cumplir todos sus mandamientos y sus estatutos que yo te intimo hoy, que vendrán sobre ti todas estas maldiciones, y te alcanzarán. Maldito serás tú . . . " (Dt. 28:1-68).

Cada enseñanza del reino que contempla la responsabilidad del individuo, de la misma manera, está basada sobre un pacto de obras humanas, y es, por tanto, en su carácter puramente legal. Esto podrá observarse en todas las enseñanzas del Antiguo Testamento tocante al reino y en las mismas del Nuevo Testamento. La gracia se extiende a la *nación* cuando, aparte de todo mérito, es colocada en su propio país, y restaurada a la bendición divina. Pero el gobierno del Rey estará basado sobre pura ley, y la responsabilidad del *individuo* a ese gobierno tendrá que ser necesariamente en conformidad a la misma. Además de lo que ya ha sido discutido con anterioridad, este hecho no necesita más que una ligera ilustración sacada de las enseñanzas del Nuevo Testamento tocante al reino: "Bienaventurados los mansos, porque ellos recibirán la tierra por heredad"; "Bienaventurados los misericordiosos porque ellos alcanzarán misericordia"; "Porque os digo que si vuestra justicia no fuere mayor que la de los escribas y fariseos, no entraréis en el reino de los cielos"; "Porque si perdonáis a los hombres sus ofensas, os perdonará también a vosotros vuestro Padre celestial; mas si no perdonáis a los hombres sus ofensas tampoco vuestro Padre os perdonará vuestras ofensas"; "No juzguéis, para que no seáis juzgados. Porque con el juicio con que juzgáis, seréis juzgados, y con la medida con que medís, os será medido"; "No todo el que me dice: Señor, Señor, entrará en el reino de los cielos, sino el que hace la voluntad de mi Padre que está en los cielos . . . Cualquiera, pues, que me oye estas palabras, y las hace, le compararé a un hombre prudente. . ."; "Así que, todas las cosas que queráis que los hombres hagan con vosotros, así también haced vosotros con ellos; porque esto es la ley y los profetas"; "Guardaos de los falsos profetas, que vienen a vosotros con vestidos de ovejas, pero por dentro son lobos rapaces. Por sus frutos los conoceréis, ¿Acaso se recogen uvas de los espinos, o higos de los abrojos? ...Así que, por sus frutos los conoceréis." (Mt.5:5,7, 20; 6:14-15; 7:1-2; 21-24; 12,15,16,19). A esto se puede añadir todas las demás enseñanzas del Nuevo Testamento tocante al reino.

Igualmente, las enseñanzas del reino, deberán distinguirse de las enseñanzas de la gracia por el orden que cada regla presenta entre la bendición divina y la obligación humana. La palabra del reino es, Cualquiera, pues que oye mis palabras y las *hace* será bendito (Mateo 7:24). La palabra de la gracia es, El que oye mi palabra, y *cree*, será bendito (Juan 5:24). En las enseñanzas de la gracia la benévola bendición divina siempre precede, y es seguida por la obligación humana. Este es el orden que se mantiene a través de las grandes Epístolas doctrinales del Nuevo Testamento. Por tanto estas Epístolas se dividen en dos partes. En la primera división, las obras grandiosas de Dios por el hombre son descubiertas, mientras que en la segunda división al que es salvado se le insta y se le exhorta a vivir en un plano al cual ha sido traído en la incomparable gracia de Dios. La primera división del libro de Romanos es el desenvolvimiento de esa gracia salvadora de Dios hacia los pecadores, que se extiende a ellos con la única condición de que ellos *crean* (1:16; 3:22, 26; 4:5; 10:4); la segunda división es una instancia para que el hombre salvo tenga una forma de vida diaria, que es "racional" en vista de los resultados que Dios ya ha alcanzado en gracia soberana. Esta instancia se declara en el primer versículo de la segunda sección: "Así que, hermanos, os ruego por las misericordias de Dios que presentéis vuestros cuerpos en sacrificio vivo, santo, agradable a Dios, que es vuestro culto racional" (Ro. 12:1). El libro de Efesios en sus primeros tres capítulos no presenta ningún requisito de la conducta humana; se desarrolla en ellos la gracia maravillosa de Dios, llevando al creyente a posiciones exaltadas en los cielos, que son suyas en Cristo. El primer versículo de la segunda sección es una condensación de todo lo que sigue: "Yo pues, preso en el Señor, os ruego que andéis como es digno de la vocación con que fuisteis llamados" (Ef. 4:1). Igualmente el libro de Colosenses comienza con una porción que carece aun de la apariencia de una instancia en asunto de conducta, pues se ocupa con el desenvolvimiento de la gloria de Cristo y del hecho de una perfecta posición del creyente en El. La segunda porción es una instancia, no para que las obras humanas induzcan a Dios para bendecir al pecador, sino para obras que concuerden con la presente obra de Dios, la unión gloriosa con Cristo: "Si, pues, habéis resucitado con Cristo, buscad las cosas de arriba, donde está Cristo sentado a la diestra de Dios" (Col. 3:1).

Este orden que hay bajo la gracia entre la bendición divina y la obligación humana se encuentra en cada ofrecimiento de la salvación al pecador y en cada propósito que mira hacia la preservación del santo. Siendo esto la base del propósito divino en las edades y la única esperanza del pecador, o del santo, no se debe dudar habiéndose hecho sólo un estudio superficial de las Escrituras. Hay una inmensísima diferencia entre las dos respuestas de Cristo a casi la misma pregunta: "¿haciendo qué cosa heredaré la vida eterna?" Respuesta: "Haz esto y vivirás." Luego: "¿Qué debemos hacer para poner en práctica las obras de Dios? " Respuesta: "Esta es la obra de Dios, que creáis en el que él ha enviado." Una respuesta está relacionada a la ley del reino; la otra está relacionada a la gracia, en donde Cristo se ve como "el pan vivo que descendió del cielo; si alguno comiere de este pan, vivirá para siempre."

Por tanto se llega a la conclusión de que el pecador es salvado por gracia, aparte de toda demanda humana, solamente que reciba esa gracia que Cristo le ofrece, y que el santo es guardado por la gracia *para* buenas obras pero no *por* buenas obras. El Padre justo tiene que insistir en las buenas obras en la vida de su hijo, pero El no hace que estas buenas obras sean la condición de la fidelidad de Dios. Esta es la distinción vital, entonces, entre el orden que relaciona la bendición divina con la obligación humana en los dos sistemas – la ley y la gracia. Uno es un pacto de puras obras; el otro sistema es un pacto de pura gracia. Consideración debiera darse al hecho de recompensas, que se dan en adición a la bendición de la gracia salvadora de Dios, se ofrecen al salvado sobre el principio de mérito; y, por otro lado, a los que estaban bajo la ley, gracia les fue ofrecida, como añadidura a las demandas de la ley, en las provisiones de los sacrificios. En ningún caso estas bendiciones añadidas revelan con exactitud el carácter del pacto: ni por un lado el de la gracia, ni por otro lado el de las obras.

Puesto que el pacto de gracia que está basado sobre la fe humana fue establecido en la promesa hecha a Abraham, el pacto de la ley, que fue hecho cuatrocientos años después, y fue añadido solamente para un propósito temporal, no puede anular el pacto de la gracia. El reinado de la ley, con su pacto de las obras cesó con la muerte de Cristo. Su propósito se había cumplido, y su tiempo señalado había terminado. Así aquel principio de fe que fue anunciado en el pacto con Abraham se pone en vigor una vez más, mediante la muerte de Cristo. De manera que la bendición divina es ahora para aquel que "no obra, sino que cree en aquel que justifica al impío." "Creyó Abraham a Dios, y le fue contado por justicia." "Y no solamente con respecto a él se escribió que le fue contada, sino también con respecto a nosotros a quienes ha de ser contada, esto es a los que creemos en el que levantó de los muertos a Jesús, Señor nuestro, el cual fue entregado por nuestras transgresiones, y resucitado para nuestra justificación" (Ro. 4:3, 5, 23-25). Por esta Escritura se anuncia que el principio por la fe del pacto de Abraham es continuado y es ahora ofrecido mediante el sacrificio de muerte de Cristo. Este hecho vuelve a declararse así: "De modo que los de la fe son bendecidos con el creyente Abraham. Porque todos los que dependen de las obras de la ley están bajo maldición, pues escrito está: Maldito todo aquel que no permaneciese en todas las cosas escritas en el libro de la ley, para hacerlas . . . la ley no es de fe" (Gá. 3:9-12). La ley fue un pacto de obras; pero las obras fueron siempre un fracaso por la debilidad de la carne, y la ley vino a ser entonces, de necesidad, una condenación y maldición. Según ese mismo pasaje la voluntad santa de Dios no es rechazada en la gracia: "Cristo nos redimió de la maldición de la ley, hecho por nosotros maldición" (3:13). Esto, debe observarse, que fue hecho bajo un gran propósito: "para que en Cristo Jesús la bendición de Abraham (aceptación por la justicia imputada por Dios) alcanzase a los gentiles" (3:14).

Después de declarar que ha pasado la ley, sea como una base de la justificación del pecador (Gá. 3:24), o como una regla de vida para el creyente (Gá. 3:25), el apóstol llama a los creyentes de Galacia, librados de la ley, para que consideren el hecho y la fuerza de los dos grandes pactos que jamás pueden coexistir. Por tanto él señala que uno cedió lugar al otro: "Decidme, los que queréis estar bajo la ley (él escribe a creyentes solamente, acerca de la ley como una regla para su vida), ¿no habéis oído la ley? Porque está escrito que Abraham tuvo dos hijos; uno de la esclava, el otro de la libre. Pero el de la esclava nació según la carne; mas el de la libre, por la promesa. Lo cual es una alegoría, pues estas mujeres son los dos pactos (el pacto de las obras que depende de la carne, y el pacto de la fe que depende sólo de Dios); el uno proviene del monte Sinaí, el cual da hijos para esclavitud; éste es Agar (la esclava). Porque Agar es el monte Sinái en Arabia, (donde la Ley de Moisés fue dada), y corresponde a la Jerusalén actual, pues ésta, junto con sus hijos, (Israel) está en esclavitud. Mas la Jerusalén de arriba, la cual es madre de todos nosotros es libre (que Sara tipifica, quien ilustra el principio de la fe que depende de Dios solamente). Porque está escrito: Regocíjate, oh estéril, tú que no das a luz; (que sugiere la completa incapacidad de la carne delante de Dios); Prorrumpe en júbilo y clama, tú que no tienes dolores de parto; Porque más son los hijos de la desolada, que de la que tiene marido (o sea el brazo de la carne del cual uno podría depender). Así que, hermanos, nosotros (creyentes), como Isaac, somos hijos de la promesa (hemos sido salvados por la fe). Pero como entonces el que había nacido según la carne perseguía al que había nacido según el Espíritu, así también ahora. Mas ¿qué dice la Escritura? Echa fuera a la esclava (no sólo el hijo sino todo el principio de obras que ella representa) y a su hijo: porque no heredará el hijo de la esclava con el hijo de la libre. De manera, hermanos, que no somos hijos de la esclava, sino de la libre" (Gá. 4:21-31).

Fue acerca de la promesa del nacimiento sobrenatural de Isaac que Abraham creyó a Dios, y esa creencia le fue contada por justicia. Después, Abraham tornó a la carne en el nacimiento de Ismael (Gé. 16:1-4). Los dos aspectos de este hecho ilustran con toda la perfección de la palabra de Dios, los dos pactos – el de la fe, y el de las obras. El deslizamiento en la fe de Abraham tipifica la intrusión de una edad de ley. Así, también, la relación con Agar representa lo que el hombre puede hacer en su esfuerzo para procurar su aceptación con Dios. La relación sobrenatural con Sara representa lo que Dios puede hacer por aquel que cree. Las maravillas de la gracia se indican por la numerosa descendencia de Sara. No que Israel, su simiente física, sean los hijos de la fe; pero siendo ellos más exaltados que los hijos de Agar, tipifican la excelente victoria de Dios mediante la gracia. No puede haber ninguna mezcla o convenio entre estos dos grandes pactos. "¿Qué dice la Escritura?" debiera poner fin a la discusión. El testimonio es, "Echa fuera a la esclava y a su hijo, porque no heredará el hijo de la esclava con el hijo de la libre." El principio de la ley, que es por las obras, y el principio de la gracia que es por la fe, no pueden cooperar, ni coexistir, sea en la salvación del pecador, o en la regla de vida para el creyente.

El principio de la ley que es por las obras, no se limita a los esfuerzos de la carne por hacer las cosas específicas que se hallan en la Ley de Moisés, o en la ley del reino. Incluye todo esfuerzo de la carne por hacer cualquier cosa , como medio de alcanzar aceptación delante de Dios. Por tanto, cuando se practican las enseñanzas de la gracia con el fin de ser aceptos delante de Dios, esas enseñanzas toman un carácter puramente legalista. De igual manera, cuando los elementos contenidos en la ley que son reestablecidos bajo la gracia se tratan de cumplir en el poder del Espíritu y sobre la base de que la aceptación con Dios es ya alcanzada mediante Cristo, esos preceptos toman un carácter puramente de gracia. Este principio puede extenderse a la esfera más grande de cualquier ley que se impone por hombres, aun aparte de los preceptos bíblicos. En tal caso se podrá ver que el hacer obras buenas cualesquiera que sean con el fin de alcanzar aceptación delante de Dios, es puramente legalista en carácter; en el caso contrario el hacer buenas obras porque uno cree que es acepto mediante Cristo, es de carácter de pura gracia. El legalista podrá penetrar el campo de enseñanzas de la gracia y suponer que está sujeto a toda la Biblia, cuando, en realidad, no tienen ningún concepto de las bendiciones y las relaciones de la gracia. Una persona o escoge aceptar a Cristo con la seguridad de que Cristo es *todo* lo que necesitará para que sea acepto delante de Dios, o escoge depender de lo mejor que él mismo pueda hacer por buenas obras. Esto último es la inclinación normal de la mente natural. La proposición de alcanzar aceptación con Dios por ser bueno, es una cosa agradable al corazón caído como la única cosa lógica que hacer y, aparte de lo que le ha agradado a Dios revelar acerca de la gracia, *es* la única cosa lógica que se debe hacer. Viene, por tanto, a ser una cuestión de creer lo que Dios ha dejado escrito acerca de su Hijo (1 Jn. 5:10).

Puesto que hay tanto engaño en una impostura, la persona más difícil de alcanzar con el evangelio de la gracia divina es aquella que está *procurando* hacer todo lo que un creyente debe hacer, pero que lo hace como un medio de llegar a ser acepto delante de Dios. Su reconocimiento espontáneo del valor de la vida cristiana, su indisputable acogimiento en la comunión de los creyentes, y su sinceridad en todas las actividades cristianas constituyen su obstáculo mayor. Tal persona está en mayor engaño que una persona que no pretende tener relación alguna con Dios. Ambos están destituidos y están perdidos por no creer en Cristo como el Salvador todo-suficiente. Naturalmente, la persona que no tiene una esperanza falsa tiene mayor facilidad de reconocer el hecho de que está perdida, que aquella persona que cree que es un creyente. La ley no puede salvar, y aquel que transforma las enseñanzas de la gracia en un sistema legalista con procurar cumplir con lo escrito para estar bien con Dios, y no ha creído en Cristo, está perdido todavía. Volver a las obras meritorias como base de la salvación, aunque sean esas obras una exacta imitación de una vida cristiana, es estar bajo las obras en relación a Dios, y por tanto es estar bajo condenación; porque por las obras de la ley ninguna carne será justificada delante de El. Volver hacia las obras meritorias como base de guardarse, despues de ser salvo, o usarlas como una regla de vida para los salvados, es regresar a la relación con Dios mediante las obras, de donde uno ha sido salvado. Esto es caer de la gracia, y perder la libertad con la cual Cristo nos ha hecho libres. La base de obras no vale más para guardarnos, que para darnos la salvación. Así como Dios podía proveer para Abraham una simiente bajo un pacto incondicional, de la misma manera, bajo el mismo pacto incondicional, podía garantizar el futuro de esa simiente aun cuando su número excediera al de las estrellas del cielo. Así también, bajo el presente pacto incondicional de la gracia hecho a base de la sangre de Cristo, Dios puede garantizar la futura seguridad de cada hijo suyo bajo la gracia. Por tanto, es de la fe, para que sea por gracia, para que sea segura la promesa (Ro. 4:16).

Finalmente, el pacto de las obras es "echado fuera" porque ha sido cumplido e invalidado por el pacto más completo y más perfecto de la fe. Todo lo que el pacto de las obras contemplaba como un resultado de una lucha de una vida entera, es logrado instantáneamente por el poder de Dios mediante el pacto de la fe. Por la fe en Cristo, el creyente es *hecho* la justicia de Dios en El, y ha sido *aceptado* en el Amado. Esta es una perfecta relación con Dios que jamás podría ser alcanzada por obras humanas, y a la cual obras humanas no pueden añadir absolutamente nada. Estando relacionado a Dios mediante el principio de la fe, todo el objeto de obras legales está más que cumplido. La ley terminó en la muerte de Cristo. La sierva es echada fuera. Cristo es el fin de la ley para justicia a todo aquel que *cree.*

En verdad, ¡es sorprendente la ceguedad del corazón que no ha sido enseñado por la trágica experiencia del fracaso por parte de los innumerables millones que han sido perdidos bajo el pacto de las obras! Sin embargo, los hombres todavía dependen de sus propias obras, para lo moral y religioso, en la esperanza vana de que por medio de ellas podrán ellos ser aceptados por Dios. A los tales, Dios tiene que ser siempre tan inaccesible como la montaña de terrible fuego, trueno, relámpago, y terremoto. Pero para aquel que se dirige a la suficiencia que hay en Cristo, Dios llega a ser el Padre de toda misericordia, y su poder y gracia se mueven a favor de aquel en todo tiempo y en la eternidad. El trono terrible de los santos juicios de Dios viene a ser un trono de gracia infinita. Para aquel que es salvado así, y cuya seguridad está garantizada, el pacto por las obras de la ley no puede aplicarse como una regla de vida; porque ese pacto mira hacia una época de aceptación aún futura, cuando la carne habrá terminado su cometido. Solamente las enseñanzas de la gracia son compatibles para uno que ha sido salvado por gracia. Esas enseñanzas son las únicas que le guían sobre la forma de vida que está en concordancia con su posición presente en la gracia.

La segunda distinción principal entre la regla de la ley y la de la gracia es, entonces, que estos dos sistemas son opuestos en cuanto al orden entre la bendición divina y la obligación humana, y esto es una realidad para cualquier vida o servicio en cualquier forma que se quiera hacer.

III. DIFERENTES GRADOS DE DIFICULTAD Y DIFERENTES GRADOS DE HABILITACION DIVINA

Por cuanto mucho ha sido presentado ya sobre esta fase de la gracia y porque tiene que ser considerado detalladamente bajo Neumatología Vol. VI), no se considerará aquí, sólo cabe decir que esta es una de las características más importantes de todo el sistema de la gracia, y, al mismo tiempo, es una de las más desatendidas. Se le insta al estudiante a repasar lo que ha sido escrito antes sobre este tema, y así a alcanzar el conocimiento de la revelación de que el creyente es llamado a vivir una vida sobrehumana y que se espera que alcance ese fin por la habilitación sobrenatural del poder del Espíritu Santo que mora en él, quien es dado para ese propósito y cuyo ministerio se alcanza mediante el principio de la fe. La completa ausencia de una referencia al Espíritu Santo o a su poder habilitador a favor del individuo caracteriza tanto el sistema mosaico como el sistema del reino. Esta divergencia entre los sistemas legales y el sistema de gracia es la evidencia completa y final de que son completamente diferentes y de que el esfuerzo de combinarlos se hará solamente por aquellos que no observan las cosas más elementales al respecto.

CAPITULO XII

LOS SISTEMAS DE LA LEY Y EL JUDAISMO DESCARTADOS

La ley y la gracia están en oposición en todo punto, por tanto es imposible que ambos coexistan, sea como base de aceptación delante de Dios o como regla de vida. Es, pues, necesario que las Escrituras del Nuevo Testamento que presentan los hechos y alcances de la gracia asuman y enseñen claramente que la ley ha sido descartada. Como consecuencia, no está en vigor en la presente era en ningún sentido. La anulación de la ley en el presente se aplica no sólo a la ley constituida en el sistema mosaico y la ley del reino, sino a toda aplicación posible del principio de ley. El concepto más amplio de la ley, como fue definido anteriormente, se divide en tres partes: (1) las mismas instrucciones escritas para ambos sistemas, el de las enseñanzas de Moisés y el de las enseñanzas del reino; (2) la ley del pacto por las obras en todas sus aplicaciones, que establece las condiciones de bendición y aceptación con Dios basadas sobre un mérito personal; y (3) el principio legal de dependencia de la energía de la carne, en lugar del principio de fe que envuelve una dependencia del poder del Espíritu que mora en el corazón. También se verá que (4) el judaísmo es descartado.

Que la ley, en sus tres más amplios significados, ha sido abrogada, es un hecho fundamental revelado en la economía divina de la gracia. Que la ley ha cesado, aun en su significado más amplio, es una verdad que deberá considerarse sin prejuicios.

I. LAS MISMAS INSTRUCCIONES ESCRITAS, DE LAS ENSEÑANZAS DE LA LEY DE MOISES Y DE LAS DEL REINO, SON DESCARTADAS

Estos mismos mandamientos escritos, tanto de Moisés como del reino, no constituyen una regla de la vida para el creyente que está bajo la gracia así como no pueden considerarse estos sistemas como base de su salvación. Se considerará ahora el retiro completo de la autoridad de estos dos sistemas de ley.

1. EL RETIRO DE LA LEY DE MOISES ES LA ENSEÑANZA EXPLICITA DEL NUEVO TESTAMENTO. Una fase importante y

determinante de esta verdad se halla en la diferéncia que se revela entre el pacto permanente con Abraham de carácter eterno y el pacto de Sinaí de carácter temporal y limitado. El pacto con Abraham anticipó, tanto la simiente a través de Israel, como la simiente espiritual que estaría en relación con Dios sobre el principio de fe. Este pacto, no dependiendo de ninguna condición humana, simplemente declara el invariable propósito de Jehová. Se llevará a cabo por pura gracia, aparte de todo factor humano, y sus cumplimientos son eternos. Por otro lado, el pacto de la ley de Moisés fue temporal, una relación de carácter provisional con Dios, que fue escogida deliberadamente por la nación de Israel, cuya aplicación fue solamente para ellos. Fue designada claramente para gobernar esa nación en su país, y para el tiempo que pudiera transcurrir entre su aceptación de ese pacto, y la venida de la Simiente prometida. La Simiente es Cristo. La venida de Cristo al mundo fue la realización de la esperanza contenida en el pacto con Abraham, y de necesidad, la terminación del reinado provisional de la ley. Está escrito: "Porque no por la ley fue dada a Abraham o a su descendencia la promesa de que sería heredero del mundo, sino por la justicia de la fe. Porque si los que son de la ley son los herederos, vana resulta la fe, y anulada la promesa (del pacto con Abraham). Pues la ley produce ira; pero donde no hay ley, tampoco hay transgresión (aunque sí hay pecado). Por tanto, (la promesa que vino a través de Abraham) es por fe, para que sea por gracia, a fin de que la promesa sea firme para toda su descendencia; no solamente para la que es de la ley (los israelitas creyentes), sino también para la que es de la fe de Abraham, (los gentiles creyentes) el cual es padre de todos nosotros (sobre un principio de fe) . . . Por lo cual, también su fe le fue contada por justicia. Y no solamente con respecto a él se escribió que le fue contada, sino también con respecto a nosotros a quienes ha de ser contada, esto es, a los que creemos en el que levantó de los muertos a Jesús, Señor nuestro" (Ro. 4:13-24). Queda, pues, demostrado que la ley no tiene parte en el procedimiento divino bajo la gracia. También está escrito: La ley "fue añadida . . . hasta que viniese la simiente" (Gá. 3:19); pero cuando vino la Simiente, la autoridad de la ley mosaica quedó innecesaria y tampoco era posible tenerla como un principio de regla divina. El propósito de Dios fue cerrar toda puerta de acceso a El, menos una. Esta verdad se presenta en el siguiente argumento del apóstol: "Mas la Escritura lo encerró todo bajo pecado, (al judío y al gentil) (Gá. 3:22). Esto, como se ha visto, es más que una declaración de que los hombres son pecadores por naturaleza y procedimiento, y por tanto sujetos al desagrado divino; es un decreto universal y judicial que coloca a toda la raza humana absolutamente sin mérito alguno delante de Dios. De esa posición no hay escape alguno sino solamente mediante la pura gracia por parte de Dios. El motivo divino en la sentencia universal que coloca la raza bajo pecado es, según se declara a continuación en el texto: "Para que la promesa que es por la fe en Jesucristo fuese dada a los creyentes" (Gá. 3:22). De este modo el reino provisional de la ley queda completamente anulado, y la bendición divina está ahora concentrada en Cristo como el único objeto de fe, promesa hecha a los que creen. La ley como un principio no se retiene como opción para mantener relación con Dios: "porque no hay otro nombre bajo el cielo, dado a los hombres, en que podamos ser salvos" (Hch. 4:12).

Es importante notar, sin embargo, que, aunque Dios ha dado por concluido el reinado de la ley por la muerte de Cristo, tratándose de la relación de Dios con el hombre, el ser humano es libre para rechazar o tergiversar la verdad de Dios, e imponer sobre sí mismo la obligación a la ley. En tal caso, no significa que Dios acepte, o aun reconozca una imposición al legalismo por voluntad propia del hombre. Dios no podría hacer eso. Pero sí significa que el que se somete al legalismo, si ha de ser consecuente consigo mismo al aceptar una parte de la ley como obligatoria, tendrá que obedecer esa ley en todas sus partes para cumplirla debidamente. La ley era una unidad. El que ofendiere en un punto, se hace culpable de todos; todo lo que la ley dice, lo dice a los que están bajo la ley; y él es deudor para cumplir toda la ley. Cuanto ha sido quitada la ley, estas declaraciones son aplicables solamente a aquel que, sin la sanción divina o el reconocimiento de Dios, ha asumido la obligación de la ley.

Los siguientes pasajes bíblicos descubren el hecho de que la ley nunca fue dada a ningún otro pueblo sino sólo a Israel: "Oye, Israel" (Dt. 5:1); "Que son israelitas, de los cuales son la adopción, la gloria, el pacto, la promulgación de la ley" (Ro. 9:4); "Porque cuando los gentiles que no tienen ley, hacen por naturaleza (procedimiento) lo que es de la ley, éstos, aunque no tengan ley, son ley para sí mismos" (Ro. 2:14); "Entonces les dijo Pilato: Tomadle vosotros, y juzgadle según vuestra ley" (Juan 18:31); "Galión dijo a los judíos: Si fuera algún agravio o algún crimen enorme, o judíos, conforme a derecho yo os toleraría; pero si son cuestiones de palabras, y de nombres, y de vuestra ley, vedlo vosotros; porque yo no quiero ser juez de estas cosas" (Hch. 18:14-15). El capitán del ejército romano escribió de Pablo: "Y hallé que le acusaban por cuestiones de la ley de ellos" (Hch. 25:8); "Pero esto es para que se cumpla la palabra que está escrita en su ley" (de ellos) (Juan 15:25).

En los anales históricos no aparece la apropiación de la ley por parte de los gentiles antes de la muerte de Cristo. Se verá que en la cruz cesó la aplicación divina de la ley aun para los judíos, y todos – tanto judíos como gentiles – quedaron encerrados bajo pecado para ser salvos solamente por gracia. Pero los judíos, por la incredulidad, persisten aún en la observancia de la ley que les fue dada por Dios por mano de Moisés, mientras que los gentiles, porque no han podido reconocer el significado de la muerte de Cristo, y el carácter esencial de la pura gracia, están asumiendo una obligación a la ley. Muchos están haciendo esto, unos como un medio de alcanzar justificación delante de Dios y otros que ya son salvos por la fe en Cristo, como una regla de vida. Estos dos errores – el de los judíos y el de los gentiles – están claramente presentadas en las Escrituras. De Israel se dice: "Y aun hasta el día de hoy, cuando se lee a Moisés, el velo está puesto sobre el corazón de ellos." Pero en el caso del judío individual que recibe a Cristo, se dice: "Pero cuando se conviertan al Señor el velo se quitará" (2 Co. 3:15-16). Considerando a los gentiles, su apropiación de la ley tiene dos aspectos. (1) Con referencia a la certidumbre de los juicios divinos sobre los gentiles antes de la cruz, o durante el período en el cual la ley fue impuesta por Dios sobre Israel, la Biblia dice: "Porque todos los que sin ley han pecado, sin ley también perecerán." Luego se dice acerca de Israel: "y todos los que bajo la ley han pecado, por la ley serán juzgados" (Ro. 2:12). Es imposible creer que esta Escritura ofrezca la oportunidad de escoger entre una justificación por la ley y una justificación que es sólo por la fe. La palabra es conclusiva sobre la forma cómo Dios trata con el hombre en esta era: "ya que por las obras de la ley ningún ser humano será justificado delante de él" (Ro. 3:20). Sin lugar a duda, aquí se hace referencia a las condiciones que existían cuando la ley estaba en vigor. (2) Sobre la apropiación de la ley por los gentiles, se dice: "Porque cuando los gentiles que no tienen ley, hacen por naturaleza (procedimiento) lo que es de la ley, éstos, aunque no tengan ley, son ley para sí mismos, mostrando la obra de la ley escrita en sus corazones dando testimonio su conciencia, y acusándoles o defendiéndoles sus razonamientos" (Ro. 2:14-15). Es así como se revela la anticipación de la apropiación de la ley por los gentiles, y el efecto exacto de la ley sobre ellos. La conciencia es amoldada y se colocan ellos ante una condenación que ellos mismos se han impuesto. Para los tales no hay bendición. Todo lo que una conciencia sujeta a la ley puede hacer es *acusar* o *excusar* por el fracaso. No debe suponerse nunca que por cuanto se someten a sí mismos a una ley con una conciencia desviada, que Dios haya de reconocer a los gentiles como hombres que están bajo la ley. Dios tiene que ser fiel a su propósito eterno como está revelada en su palabra, y los hombres ahora quedan en pie o caen delante de él, sólo sobre la base de su actitud ante su gracia salvadora en Cristo. Aquellos que ahora están perdidos pueden sinceramente suponer que hacen la voluntad de Dios en perpetuar el principio de la ley con su terrible maldición; pero con todo, ellos están perdidos fuera de Cristo. Los que serán juzgados por la ley son los israelitas del tiempo pasado. Los gentiles que ahora practican las cosas contenidas en la ley, no se dice que estén sujetos al juicio divino porque han quebrantado la ley; ellos, por esa ley que se han impuesto, o se acusan o se excusan a sí mismos, según como ellos hayan creado una conciencia concerniente a la ley. La ley puede producir el efecto sólo de desconsuelo, dirección errada, confusión, y una limitación de su propia conciencia.

Primero, los mandamientos del sistema mosaico y sus demandas, y los mandamientos y las demandas de las leyes del reino son de un carácter totalmente legalista, y juntos contienen la declaración escrita de la ley, la cual ley, como se verá, ha sido abrogada durante el presente reinado de la gracia.

Segundo, toda obra humana, aunque sea lo imposible, como las instancias divinas de la gracia, que se hace con la idea de obtener aceptación con Dios, tiene la naturaleza de un pacto legal de obras y por tanto sólo puede pertenecer a la ley. Mediante la obra consumada de Cristo, se asegura perfecta aceptación con Dios; pero esa aceptación solo se experimenta por la fe que no depende de mérito alguno, y descansa en Cristo como el suficiente Salvador. En forma semejante se verá que toda la proposición de una aceptación legal y meritoria con Dios no está en vigor durante el reinado de la gracia.

Tercero, cualquier forma de vida o servicio que se practica con dependencia de la carne, en vez de una dependencia del Espíritu, tiene un carácter legalista y por tanto, ha pasado durante el período presente del reinado de la gracia. Está escrito: "Pero si sois guiados por el Espíritu, no estáis bajo la ley" (Gá. 5:18). La ley recurrió sólo a la carne, y, por tanto, el depender de la carne es volverse a la esfera de la ley.

Aunque la ley ha sido reemplazada por la gracia, puede ser impuesta ahora por uno mismo. Esto puede hacerse tomando como una regla de vida el código escrito de Moisés o del reino. También puede hacerse tornándose a las obras propias como la base de aceptación con Dios. O, puede hacerse, dependiendo de la energía de la carne para el poder que se necesita para vivir agradablemente delante de Dios. Una ley que se impone sobre uno mismo, cualquiera que sea esa ley, no es aceptable a Dios; pero como todo pecado humano, tal imposición puede escogerse por el libre albedrío del hombre, y puede ejercerse en oposición a la voluntad revelada de Dios. En vista de las declaraciones positivas de la Biblia de que la ley ha dejado de estar en vigor, cabe preguntar sobre el significado de ciertos pasajes:

Gálatas 3:23. "Pero antes que viniese la fe, estábamos confinados bajo la ley." En ningún sentido puede esta experiencia ser de los hombres, antes de aceptar a Cristo. El apóstol está hablando aquí como un judío, y de aquellas circunstancias que podían existir sólo para el judío de la iglesia primitiva quien vivió bajo ambas dispensaciones, la de Moisés y la de la gracia. Sin embargo, en el significado más amplio de la ley, ya descrito anteriormente, toda la humanidad fue libertada por la muerte de Cristo de la obligación de las obras meritorias, y de la necesidad de depender de la carne. "Porque todos los que dependen de las obras de la ley están bajo maldición, pues escrito está: Maldito todo aquel que no permaneciere en todas las cosas escritas en el libro de la ley para hacerlas"; "Cristo nos redimió de la maldición de la ley"; Dios enviando a su Hijo . . . condenó al pecado en la carne: para que la justicia de la ley se cumpliese en nosotros " (Gá. 3:10, 13; Ro. 8:3, 4).

1 Corintios 9:20. El apóstol dijo: "Me he hecho . . . a los que están sujetos a la ley como sujeto a la ley, para ganar a los que están sujetos a la ley." Esto es claramente una presentación de todos aquellos quienes se han impuesto sobre sí la ley en cualquier de sus aspectos (véase Gá. 4:21).

Romanos 4:14. "Porque si los que son de la ley son los herederos, vana resulta la fe, y anulada la promesa." Esto is igualmente cierto para toda la humanidad cuando se consideran los aspectos más grandes de la ley; pero también se debe notar que la antigua designación de los judíos como los que están "bajo la ley", en contraste a los gentiles a quienes ninguna ley fue dada jamás, los judíos todavía la tenían en la iglesia primitiva (comp. Ro. 2:23; 4:16).

Romanos 2:13. "Porque no son los oidores de la ley los justos ante Dios, sino los hacedores de la ley serán justificados." Esto es una declaración de un principio intrínseco de la ley. Era un pacto de obras en sentido absoluto. Ahora nadie es justificado por la ley (comp. Ro. 3:20; Gá. 3:11). Nótese también: "Pues en verdad la circuncisión aprovecha, si guardas la ley; pero si eres transgresor de la ley, tu circuncisión viene a ser incircuncisión" (Ro. 2:25). Esto también es un principio que perteneció a la ley. Guardar la ley era un descrédito para Dios, y un insulto a su justicia (comp. Is. 52:5). Ese mismo principio es una amonestación a todos los que intentan guardar la ley, o aun contemplan tal idea (véase también Stg. 2:10).

Romanos 3:31. "¿Luego por la fe invalidamos la ley? En ninguna manera, sino que confirmamos la ley." La ley nunca ha sido cumplida por aquellos que han procurado cumplirla. Sin embargo, es cumplida por aquellos que humildemente reconocen su incapacidad para hacer cosa alguna que agrade a Dios, y quienes se dirigen a Cristo y encuentran amparo en él, quien ha cumplido toda demanda de la ley por ellos. Ellos, y sólo ellos han vindicado la santa ley de Dios.

Romanos 7:16. "Y si lo que no quiero, esto hago, apruebo que la ley es buena." El uso que se le da a la palabra *ley* en todo este contexto (7:15-8:13) es claramente de la esfera más amplia de toda la voluntad de Dios, en vez de los mandamientos limitados de Moisés. Ni una sola vez se menciona a Moisés; sin embargo "la ley de Dios" se menciona tres veces (7:22, 25; 8:7).

La completa cesación del reinado de la ley de Moisés, aun para Israel, mediante la muerte de Cristo, es el testimonio amplio de las Escrituras. Unos pocos pasajes importantes que declaran este hecho de la cesación de la ley se dan a continuación:

Juan 1:16-17. "Porque de su plenitud tomamos todos, y gracia sobre (añadida a) gracia. Pues la ley por medio de Moisés fue dada, pero la gracia y la verdad vinieron por medio de Jesucristo." Según este pasaje, todo el sistema mosaico fue cumplido, suspendido, y terminado en el primer advenimiento de Cristo.

Gálatas 3:19-25. "Entonces, ¿para qué sirve la ley? Fue añadida a causa de las transgresiones, hasta que viniese la simiente a quien fue hecha la promesa . . . para que la promesa que es por la fe en Jesucristo fuese dada a los creyentes. Pero antes que viniese la fe, (nosotros judíos) estábamos confinados bajo la ley, encerrados para aquella fe que iba a ser revelada. De manera que la ley ha sido nuestro ayo (que disciplina niños), para llevarnos a Cristo, a fin de que fuésemos justificados por la fe. Pero venida la fe, ya no estamos bajo ayo" (la ley). Ningún comentario es necesario sobre esta declaración incondicional relativo al aspecto transitorio del sistema mosaico.

Romanos 6:14. "Porque el pecado no se enseñoreará de vosotros; pues no estáis bajo la ley, sino bajo la gracia." Aunque el mensaje directo de este pasaje es sobre la incapacidad que ha sido provista para la vida bajo la gracia, la cual jamás se proveyó bajo la ley, se hace la declaración positiva, "no estáis bajo la ley."

Romanos 7:2-6. "Porque la mujer casada está sujeta por la ley al marido mientras éste vive; pero si el marido muere, ella queda libre de la ley del marido. Así que, si en vida del marido se uniere a otro varón, será llamada adúltera; pero si su marido muriere, es libre de esa ley, de tal manera que si se uniere a otro marido, no será adúltera. Así también vosotros, hermanos míos, habéis muerto a la ley mediante el cuerpo de Cristo, para que seáis de otro, del que resucitó de los muertos, a fin de que llevemos fruto para Dios. Porque mientras estábamos en la carne, las pasiones pecaminosas que eran por la ley obraban en nuestros miembros llevando fruto para muerte. Pero ahora estamos libres de la ley, por haber muerto para aquella en que estábamos sujetos, de modo que sirvamos bajo el régimen nuevo del Espíritu y no bajo el régimen viejo de la letra." Se dan varias revelaciones importantes en este pasaje. La relación de uno que había estado bajo la ley (que era una realidad en el caso del apóstol Pablo) a las enseñanzas de la gracia era como la de una esposa a su segundo esposo. La ley, o la obligación, de la esposa a su esposo termina con la muerte de él. Si ella se casa con un segundo esposo, ella entonces queda bajo una obligación enteramente nueva. La muerte expiatoria de Cristo fue el fin del reinado de la ley, ley que se compara al primer esposo. "Así también vosotros, hermanos míos, habéis muerto a la ley mediante el cuerpo de Cristo, para que seáis de otro, del que resucitó de los muertos, a fin de que llevemos fruto para Dios." Nada puede ser más claro que esto. El creyente está ahora bajo una obligación a Cristo; unido por una ley a Cristo. Sólo necesita cumplir "la ley de Cristo". Sería muy irracional pensar proponer que una mujer tratase de ser obligada a dos maridos a la vez; sin embargo, esta es la ilustración divina del error de entremezclar las enseñanzas de la ley y las enseñanzas de la gracia. Tener más de un esposo en sentido espiritual es ofensivo a Dios. En la nueva unión formada con Cristo, como consecuencia ha de producirse fruto para con Dios. Se refiere aquí al hecho de que la vida del cristiano y su servicio son posibles por el poder de Dios y por tanto son sobrehumanos. Del creyente se dice claramente, no sólo que "está muerto a la ley," sino que es "libre de la ley," y de todo aspecto de la ley, para que sirva en el régimen del Espíritu"; porque las enseñanzas de la gracia tienen el carácter especial de ser cumplidas por el poder que da el Espíritu. El creyente no debe vivir y servir "bajo el régimen viejo "de la letra," que es la ley. Es por la unión vital en el cuerpo de Cristo como un miembro vivo que el creyente es absuelto de toda otra relación y queda centralizado sólo en lo que pertencece a la Cabeza viviente. Es así como se indica positivamente que los principios de la ley y la gracia (que son completamente opuestos) no pueden coexistir como reglas de conducta.

2 Corintios 3:7-13. "Y si el ministerio de muerte grabado con letras en piedras fue con gloria, tanto que los hijos de Israel no pudieron fijar la vista en el rostro de Moisés a causa de la gloria de su

rostro, la cual había de perecer, ¿cómo no será más bien con gloria el ministerio del Espíritu? Porque si el ministerio de condenación fue con gloria, mucho más abundará en gloria el ministerio de justificación. Porque aun lo que fue glorioso, no es glorioso en este respecto, en comparación con la gloria más eminente. Porque si lo que perece tuvo gloria, mucho más glorioso será lo que permanece. Así que, teniendo tal esperanza, usamos de mucha franqueza; y no como Moisés, que ponía un velo sobre su rostro, para que los hijos de Israel no fijaran la vista en el fin de aquello que había de ser abolido." Es la ley que está cristalizada en los Diez Mandamientos que se contempla; porque esa ley, y ninguna otra, es la que "fue escrita y esculpida en piedras." En medio de los contrastes más marcados entre el reino de las enseñanzas de la ley y el de las enseñanzas de la gracia queda declarado que estos mandamientos "habían de perecer" y "ser abolidos". Deberá reconocerse que lo viejo fue abolido para hacer lugar para lo nuevo, que excede mucho más en gloria. Que la ley haya perecido, no es, por tanto, una pérdida; más bien es una ganancia incalculable. Los contrastes incontrovertibles que se presentan en todo este contexto se arreglan aquí en paralelos:

Las Enseñanzas de la Ley	Las Enseñanzas de la Gracia
1. Escritas con tinta.	1. Escritas con el Espíritu del Dios viviente.
2. En tablas de piedra.	2. En tablas de carne del corazón.
3. La letra mata.	3. El Espíritu da vida.
4. El ministerio de muerte.	4. El ministerio del Espíritu.
5. Fue gloriosa.	5. Con la gloria más eminente.
6. Pereció.	6. Permanece.
7. Abolida.	7. Tenemos tal esperanza.

Gálatas 5:18. "Pero si sois guiados por el Espíritu, no estáis bajo la ley." No queda ningún lugar para la ley, y por tanto tampoco hay ocasión para su reconocimiento. El ser guiado por el Espíritu es experimentar una forma de vida que no sólo sobrepuja sino cumple con todos los ideales de la ley.

Efesios 2:15. "Aboliendo en su carne las enemistades, la ley de los mandamientos expresados en ordenanzas."

Colosenses 2:14. "Anulando el acta de los decretos que había contra nosotros, que nos era contraria, quitándola de en medio y clavándola en la cruz."

Juan 15:25. "Pero esto es para que se cumpla la palabra que está escrita en su ley." Esta referencia, que es la única en el discurso en el Aposento Alto que se hace a la Ley de Moisés es muy significativa. Como ya se indicó, Cristo en este discurso ha guiado a sus seguidores más allá de la cruz y desenvuelve ante ellos los mismos fundamentos de las nuevas enseñanzas de la gracia. Estos hombres eran judíos; pero Cristo, en esta enseñanza no les habla como si estuviesen ellos obligados a la ley de Moisés. El dice "en su ley", no dice, en *vuestra ley,* en esta forma él indica que estos judíos quienes habían venido a estar bajo la gracia ya no estaban bajo el régimen de la ley de Moisés. Por esta misma Escritura no sólo se afirma claramente que todo el sistema de la ley ha sido quitado durante la dispensación de la gracia, sino que es notable que la ley, como ley, nunca es aplicada al creyente como un principio gubernativo de su vida bajo la gracia. Esta no es una omisión accidental; es la expresión de la mente y voluntad de Dios.

Se llega, pues, a la conclusión de que la ley de Moisés no fue dada para regir la vida del creyente bajo la gracia. Sin embargo, por otro lado, los principios permanentes de la ley que se adaptan a la gracia son traídos y restablecidos en las enseñanzas de la gracia, no como una ley, sino reformados al modelo de la gracia infinita. Esta gran realidad se ilustra hábilmente en la experiencia de un ciudadano de Estados Unidos que estuvo en Alemania en el comienzo de la primera guerra mundial. Huyendo a través de Holanda, llegó a Inglaterra con las bolsas llenas de monedas de oro de Alemania. Esta moneda, con el cuño alemán, era sin valor como moneda en Inglaterra; pero al fundirse y acuñarse en la casa de moneda de Inglaterra, llevaba entonces todo el valor en ese dominio. Así también el valor intrínseco del oro de la ley es preservado y reaparece con el acuño de las nuevas enseñanzas de la gracia. Al aplicar las enseñanzas de la gracia es lícito hacer notar que cierto principio semejante existía bajo la ley de Moisés, y así se demuestra que el precepto en cuestión representa el carácter inmutable de Dios; pero aplicar las enseñanzas del sistema mosaico a los que están bajo la gracia no sólo no es bíblico sino desrazonable. Por cuanto las dos enseñanzas, tanto la ley de Moisés como las enseñanzas de la gracia son completas en sí mismas, ninguna requiere la adición de la otra, y combinarlas es sacrificar todo lo que es vital en cada una. Por tanto, una gran importancia se deberá dar al positivo e invariable mensaje al creyente que se declara en las palabras, *No estáis bajo la ley, sino bajo la gracia.*

2. EL ERROR DE LA MEZCLA DE LA LEY DEL REINO CON LAS ENSEÑANZAS DE LA GRACIA. Si se acepta que no se ha establecido el reino terrenal mesiánico, con la restauración de Israel a

su país para una completa realización de todos sus pactos, bajo el reinado de Cristo, sentado sobre el trono de David (por ahora no hay ninguna forma visible de ese reino en la tierra según se ve por las condiciones actuales del mundo), entonces se sigue que las leyes y los principios que regirán en el reino, y que sólo podrán aplicarse a las condiciones dentro del reino, Dios todavía no está aplicándolos como régimen para los hombres en la tierra. No es un asunto, como en el caso de la ley de Moisés, de descontinuar aquello que había estado en vigor bajo la sanción de Dios. Más bien es una cuestión sobre si las leyes del reino, que necesariamente tendrán su aplicación en el futuro reino terrenal del Mesías, debieran imponerse ahora sobre los hijos de Dios bajo la gracia. Se necesitan pruebas definidas para establecer el hecho de que sí hay leyes del reino que se presentan en las Escrituras. Estas pruebas ya fueron presentadas. Dejando por sentado que las leyes del reino se encuentran en las Escrituras, ¿se deberán considerar como parte de las instrucciones divinas que rigen ahora la vida diaria del creyente? Seguramente no es más difícil creer que las Escrituras revelan una regla de vida que aún no está en vigor porque pertenece a una edad todavía futura, de lo que es creer que las Escrituras revelan una regla de vida que ya no está en vigor porque perteneció a una edad que ya pasó totalmente. Al considerar el asunto de la aplicación de las leyes del reino al creyente en esta edad, se asumen dos cosas, a saber: (1) que hay un sistema completo de reglas del reino, (2) que estas reglas son estrictamente legales. Estas dos asunciones se basan en pruebas ya dadas. Aunque ciertos asuntos vitales ya fueron mencionados, no deben pasarse por alto en este punto, como sigue:

a. LOS DOS SISTEMAS NO PUEDEN COEXISTIR. Las leyes del reino, por su carácter de ley, presentan aquellos principios de relación con Dios que no pueden coexistir con la relación que hay bajo la gracia. Por tal mezcla de principios opuestos, todo lo que es vital en cada sistema sufre pérdidas. Por una parte, la ley como espada penetrante, que es toda su eficiencia, pierde su agudez por una mezcla con una supuesta lenidad divina; por otra, la verdad tocante a la benignidad absoluta de Dios es falsificada por mercantilizarla, haciendo que dependa de mérito humano, y sujetándola a la persuasión humana. El principio de pura gracia demanda que Dios bajo ningún concepto reconozca mérito humano, y que El invariablemente sea benigno hacia el hombre; por tanto nunca necesita ser persuadido por el hombre. Dios siempre está dispuesto a manifestar su gracia; El busca, atrae, e insta al hombre. Los principios de la ley y la gracia se destruyen mutuamente, y una confusión doctrinal es el resultado de la intrusión de cualquier principio de ley en el reino de la gracia. Cuando la ley es entremetida en esta forma, no sólo se obscurece la clara responsabilidad del creyente bajo la gracia, sino que la inapreciable actitud de Dios en la gracia, que El compró con el costo infinito de la muerte de su Hijo, queda falsamente representada. Porque cuanto la regla del reino es puramente de ley, y porque el creyente no está bajo la ley, en consecuencia no está bajo los preceptos del reino.

b. NO HAY NECESIDAD DE COMBINARLOS. Las leyes del reino no requieren una combinación con las enseñanzas de la gracia, ya que cada punto dentro de esas leyes que podría tener alguna aplicación en el presente está exacta y ampliamente declarada en las enseñanzas de la gracia. No es necesario, entonces, que el creyente asuma cualquier obligación a la ley. Cuando se muestra por la exposición bíblica que las leyes del reino no son aplicables al creyente bajo la gracia, a veces se levanta oposición que tiene por base una instrucción errónea, hábitos de mala interpretación, y prejuicios. El precio de la resistencia a recibir enseñanzas debe pesarse con mucho cuidado; porque el sacrificio de la libertad y bendición que pertenecen a la gracia sin complicación es una pérdida de proporciones incalculables. Cuando se trazan correctamente las Escrituras, se contemplará claramente la verdad de que la gracia reina sin complicación y sin disminución por la ley. La ley del reino es en sí un sistema completo e indivisible. Es por tanto, no bíblico, ilógico e irracional apropiar porciones convenientes y agradables de esta ley, y abandonar el resto. Debe considerarse que, así como en el sistema mosaico, al adoptar algunas porciones de la ley, lógicamente es someterse a todas sus enseñanzas. "Porque de la justicia que es por la ley Moisés escribe así: El hombre que haga estas cosas, vivirá por ellas"; "Maldito todo aquel que no permaneciere en todas las cosas escritas en el libro de la ley, para hacerlas"; "y la ley no es de fe, sino que dice: El que hiciere estas cosas vivirá por ellas" (Ro. 10:5; Gá. 3:10, 12; comp. Lv. 18:5); "Pero sabemos que todo lo que la ley dice, lo dice a los que están bajo la ley" (Ro. 3:19); "Y otra vez testifico a todo hombre que se circuncida, que está obligado a guardar toda la ley" (Gá. 5:3). No sólo hay algunos aspectos de la ley del reino que ningún creyente ha procurado cumplir (comp. Mt. 5:40-42), sino que todo su carácter, siendo legal, está en oposición a la gracia.

La ley de Moisés es correlativa y totalmente dependiente de los sacrificios y ritos provistos para Israel en el país. Las leyes del reino sólo se relacionan a las condiciones del reino futuro que se establecerá en esta tierra bajo el poder y presencia del Rey cuando

Satanás estará atado, la creación libertada, y todos conocerán al Señor desde el más pequeño hasta el más grande. Toda armonía de la verdad es destrozada cuando hay la menor mezcla de los principios de la ley y la gracia. La gracia sola reina ahora mediante Cristo para la gloria de Dios el Padre, el Hijo y el Espíritu Santo.

II. LA ABOLICION DEL PACTO DE LA LEY DE LAS OBRAS

Bajo este concepto de la ley, sus alcances se extiende más allá de lo que realmente está escrito en el sistema mosaico y en la ley del reino, e incluye, también, toda acción humana, sea en conformidad a algún precepto bíblico o no, que se intenta con el fin de conseguir el favor de Dios. La fórmula de la ley es, "Si haces bien, te bendeciré". No importa lo que se quiera hacer como una obligación. Podría ser el más alto ideal de una conducta celestial que pertenece a las enseñanzas de la gracia, o bien podría ser la selección de la acción moral más sencilla en la vida diaria; pero si la intención es conseguir el favor de Dios, tal relación con Dios es impuesta por uno mismo porque rechaza su actitud de gracia para con el hombre, y ese intento es puramente legal tanto en carácter como en resultado. Cabe repetir que el principio básico de la gracia es la realidad de que todas las bendiciones se originan de Dios, y en bondad se ofrecen al hombre. La fórmula de la gracia es, "te he bendecido, por tanto sé bueno." De este modo se revela que lo que mueve a una buena conducta bajo la gracia no es el fin de alcanzar benevolencia de Dios, que existe hacia los salvados como a los que no lo son, en un grado infinito mediante Cristo; más bien es un asunto de acción de acuerdo con esa gracia divina. A los no salvos no se les insta a alcanzar la salvación por una conducta meritoria, o influir en Dios a favor de ellos pidiendo su salvación. Según la Biblia, Dios espera con manos extendidas hacia el pecador, ofreciendo sus más grandes bendiciones en la gracia, y es movido a hacer esto por su amor invariable e infinito, por tanto es un error que un pecador se postre delante de El en una actitud de adulación y ruego, como si esperase mover a Dios para que sea misericordioso y bueno. El mensaje de la gracia es: "Mas a todos los que le recibieron, a los que creen en su nombre, les dio potestad (derecho) de ser hechos hijos de Dios" (Juan 1:12). La eterna gracia salvadora de Dios es ofrecida a todos los que quieran creer. Aun más, los salvados no vuelven a la comunión espiritual después de volver a caer en el pecado porque supliquen el perdón divino; su restauración tiene por condición la confesión. No permanecen en la comunión divina porque ellos busquen o merezcan la luz; ellos tienen la instrucción de "andar en la luz" que les pertence mediante las riquezas de la gracia. En ningún caso se consiguen las bendiciones por méritos humanos, o por ruegos; las bendiciones sólo esperan la fe que quiera apropiársela. Cada don de amor divino es provisto y derramado en pura gracia, y no por necesidad, ni por pago, ni por un reconocimiento de mérito humano. Tales prodigalidades de la gracia producen una obligación sobrehumana para una forma de vida que concuerda con la bendición celestial y posición que la gracia confiere; pero esa bendición y posición celestiales nunca se adquieren aun por una forma de vida sobrehumana.

El carácter determinante de la pura ley se manifiesta por el hecho de que es un pacto de obras en el cual la bendición divina tiene por condición el mérito humano. Ninguna semejanza de este principio se halla bajo la gracia, con excepción de las recompensas que se darán por un servicio fiel de parte de aquellos quienes ya han entrado en cada posición y posesión ya provistas bajo la gracia. De consiguiente, no sólo las reglas escritas de la ley, sino los mismos principios del pacto de las obras de la ley, han sido excluidos en esta edad de la gracia.

III. EL DESECHO DEL PRINCIPIO DE LA LEY DE DEPENDENCIA DE LA ENERGIA DE LA CARNE

La tercera y última importante distinción entre la ley y la gracia se manifiesta en la actitud de un corazón de dependencia que se mantiene en vista de toda obligación hacia Dios cualquiera que sea. La ley siendo un pacto de obras, que no provee la capacidad para su cumplimiento, dirigió sus requerimientos a las limitaciones del hombre natural. No podía esperarse o conseguirse más como réplica a sus mandamientos que lo que el hombre natural podía producir en su ambiente. Los requerimientos que hace la ley están por tanto, en el plano de la limitada capacidad de la carne. Por otra parte, la gracia, siendo un pacto de fe, que provee la capacidad ilimitada del poder del Espíritu que mora en el corazón, dirige su mensaje a los recursos ilimitados del hombre sobrenatural. Los requerimientos que se cumplen bajo la gracia, están, por tanto, en el plano de la capacidad infinita del Espíritu. No hay ningún mandato divino dirigido al no regenerado sobre su vida diara. Se le ofrece solamente el evangelio de la gracia salvadora de Dios. Los únicos mandatos divinos que están en vigor actualmente en el mundo son dirigidos a aquellos que *son* salvos, y estas normas sublimes como el cielo se realizarán sobre el principio de fe hacia la suficiencia del Espíritu en el corazón, y nunca por dependencia de la energía de la carne.

Así se ve que cualquier aspecto de vida o de conducta que se hace dependiendo de la energía de la carne y de su capacidad, es de carácter puramente legal, sea toda la voluntad revelada de Dios, los mandamientos realmente escritos en la ley, las exhortaciones de gracia, o cualquier actividad en que el creyente quiera ocuparse. Depender del brazo de la carne es congruente solamente con pura ley. La dependencia del poder de Dios es requerida bajo la pura gracia. Ya que no hay provisión para la carne en el plan de Dios para una vida bajo la gracia, la ley es desechada.

IV. EL JUDAISMO ES QUITADO

Puesto que casi todas las fases que juntas forman la relación del judío con Dios han sido consideradas separadamente en discusiones anteriores, no hay necesidad de que aquí se hagan extensas declaraciones sobre estos asuntos. Sin embargo, se debe afirmar, que todo el sistema conocido por judaísmo, junto con todas sus partes componentes, en el propósito de Dios, se ha suspendido en toda la edad presente, pero con la firme seguridad de que el sistema judaico en su totalidad (que ha sido interrumpido) se completará por extensión allá en el reino, en la nueva tierra, y seguirá en la eternidad venidera. Así como el judío ha sido quitado de un puesto de privilegio especial que era suyo en el pasado y ha sido colocado en el mismo nivel con el gentil – bajo pecado – el judaísmo ha experimentado una cesación en todas sus fases hasta el momento cuando una vez más comience el programa judaico. El judaísmo será restaurado y completará su curso señalado. ¿Por cuál otro título podrían designarse esos futuros tratos divinos con Israel (después de que la Iglesia sea quitada de la tierra), si no se considera como la continuación del judaísmo? Todo esto es especialmente evidente en que las predicciones acerca del judaísmo no han sido cumplidas en esta edad de la Iglesia pero sí, tendrán cumplimiento en la edad venidera.

El judaísmo tiene su campo de teología con su soteriología (doctrina de salvación) y su escatología. El hecho de que estos factores de un sistema que ocupa las tres cuartas partes del Texto Sagrado no sean reconocidos y que los teólogos han dejado en abandono no significa que no existan, ni es ninguna prueba de que sean sin importancia. Una Teología de Pacto engendra la noción de que sólo hay una soteriología y una escatología, y de que la eclesiología, así como la entienden, se extiende desde el Edén hasta el gran trono blanco. Los insuperables problemas exegéticos que tales suposiciones antojadizas engendran los descartan fácilmente no dándoles ninguna atención. Por otro lado, la Escritura mantiene armonía y su mensaje se esclarece cuando se reconoce que el judaísmo y el cristianismo son dos sistemas establecidos por Dios y se observan sus diferentes caracteres cada sistema siendo completo en sí. No importa cuan ortodoxos pudieran ser en asuntos de inspiración, de la deidad de Cristo, su nacimiento virginal, y la eficacia de su muerte, los teólogos del Pacto no han avanzado en su exposición bíblica. Este gran campo de servicio ha sido y es ocupado por aquellos que distinguen las cosas que difieren, quienes, aunque dan toda su atención a todo lo que ha sido escrito, no están atados por tradiciones teológicas.

El judaísmo no es el capullo que ha florecido en cristianismo. Estos sistemas, sí, tienen aspectos que son comunes a ambos – Dios, la santidad, Satanás, el hombre, el pecado, la redención, la responsabilidad humana, y los asuntos de la eternidad – con todo, ellos introducen vastas diferencias que no pueden unirse. Cada uno propone su base de relación entre Dios y el hombre – el judío por nacimiento físico, el cristiano por nacimiento espiritual; cada uno provee sus instrucciones para la vida de sus adherentes – la ley para Israel, las enseñanzas de la gracia para la Iglesia; cada uno tiene su esfera de existencia – Israel en la tierra por todas las edades venideras, la Iglesia en el cielo. Con el fin de que la Iglesia sea llamada de entre ambos judíos y gentiles, una edad especial y sin relación a otras, ha sido metida en el continuo programa divino para la tierra. Es en este sentido que el judaísmo, que es la porción permanente de la nación de Israel, ha cesado. Cuando la Iglesia haya sido completada y ya haya salido de la tierra, el judaísmo será una vez más la incorporación de todos los propósitos divinos en el mundo.

CONCLUSION

Al traer a su fin la discusión sobre todo el campo de la Eclesiología, puede decirse una vez más que un desarrollo verdadero de este gran tema, si es bíblico, debe construirse sobre la segunda revelación paulina. Como se afirmó al principio de este tratado sobre la Eclesiología, la Reformación recuperó la verdad de la primera revelación del apóstol Pablo, es decir, la justificación por la fe sola, pero no continuó para la restauración de la verdad contenida en la segunda revelación. Es muy posible que los problemas que acompañaban la restauración de la primera revelación, hayan sido de tan enormes alcances y tan revolucionarios como una reacción de las perversiones romanas de la verdad, que era todo lo que podía lograrse en un solo período o por una sola generación. Estudios subsiguientes del Nuevo Testamento desarrollaron el tema casi ilimitado de la segunda revelación. Desafortunadamente, los teólogos no estaban preparados para recibir ninguna otra verdad además de lo alcanzado en la Reforma, y la teología protestante nunca ha recibido la verdad contenida en la segunda revelación, por causa de una extraviada lealtad a la ortodoxia. Se ha pretendido que esta verdad añadida es peligrosa si no se incluyó en las adquisiciones de la Reformación y que debe estar en conflicto con esas adquisiciones. En la temprana historia del protestantismo hubo teólogos que captaron los primeros centellos de la verdad contenida en la segunda revelación, y más luz sigue iluminando esta verdad de manera que hoy existe una gran compañía de estudiantes de doctrina que sostienen y enseñan, juntamente con la primera revelación, los desenvolvimientos divinos concernientes a la Iglesia la cual es el cuerpo de Cristo. Sin embargo, la teología ortodoxa reformada persiste en su reconocimiento original, aislado, y exclusivo de la primera revelación, y continúa rechazando y condenando como intruso y destructivo los grandes hallazgos afirmados por los teólogos que han dedicado años de estudio a la segunda revelación. Tan persistente es esa lealtad que ellos mismos se imponen a la teología limitada de la Reformación que un rompimiento completo de las fuerzas ortodoxas está sucediendo ya. Esta no es una controversia entre contendores heterodoxos y ortodoxos; sino que es totalmente dentro de las filas ortodoxas y es correctamente analizada como una disención entre aquellos que sin una digna investigación de todo lo que está implicado, limitan su teología a la primera revelación paulina y los que contienden fervientemente por la primera revelación, pero además, con profundos estudios e investigaciones, han llegado a la comprensión de la segunda revelación. La segunda revelación con respecto a la Iglesia, si se prosigue su estudio como se merece, dirige con una lógica inexorable a las distinciones bíblicas dispensacionales y generales, como han sido presentadas en este tratado. Un ataque contra estas distinciones no puede sostenerse recurriendo a las creencias de los reformadores y de los primeros teólogos; porque eso es asumir que no puede haber ningún progreso en el conocimiento de la verdad; que la misma luz que cayó sobre los reformadores por la cual ellos salieron de las tinieblas romanistas, no podía caer sobre otros en los años subsiguientes para guiarlos a campos más amplios para comprensión de la inagotable revelación de Dios. Hay una debilidad inherente descubierta en esta actitud. Tiende a esquivar toda responsabilidad en la dirección de avances en la verdad y a deificar las obras literarias de los reformadores o las que han sido escritas por los fundadores de una secta, aparentemente olvidando

Aparte de todos los conceptos falsos y debilidades de los hombres, en que, hasta cierto punto todos participan, con todo, es cierto que en el propósito eterno de Dios, y hecho posible por la muerte, resurrección, y ascensión de Cristo, y por el advenimiento del Espíritu, un pueblo celestial es llamado de entre los hombres para una específica gloria celestial. Este propósito divino no es en ningún sentido la realización de las promesas y pactos hechos a Israel. Cada promesa hecha a Israel tendrá su cumplimiento. Aparte de estas distinciones y anticipaciones no puede haber armonía en la revelación divina. El hecho de que ha habido una negligencia de todo el campo que abarca la segunda revelación de Pablo viene a ser un llamamiento para el estudiante a que avance muy cautelosamente en esta esfera de la verdad que casi es sin límites.

El hecho de que la Iglesia es un misterio – con respecto al tiempo de su llamamiento, la verdad de que ella es el Cuerpo de Cristo, la verdad de que ella es la Esposa de Cristo, y la manera de su salida de este mundo – indica su carácter distintivo como separada de todo lo que vino antes de ella y de lo que seguirá. El apóstol escribe: "Y al que puede confirmaros según mi evangelio y la predicación de Jesucristo, según la revelación del misterio que se ha mantenido oculto desde tiempos eternos, pero que ha sido manifestado ahora, y que por las Escrituras de los profetas, según el mandamiento del Dios eterno, se ha dado a conocer a todas las gentes para que obedezcan a la fe, al único y sabio Dios, sea gloria mediante Jesucristo para siempre. Amén" (Ro. 16:25-27).

ESCATOLOGIA

ESCATOLOGIA

CAPITULO XIII

PROLOGO A LA ESCATOLOGIA

Esta última división principal de la Teología Sistemática trata de las cosas que vendrán y no deberá limitarse sólo a las cosas futuras en cierto tiempo en la historia humana, sino que deberá contemplar todo lo que era futuro en carácter cuando se dió la revelación. La palabra *ahora* representa un tiempo en continuo movimiento y las cosas que en el tiempo presente son futuras todavía pronto habrán pasado a la historia. Una Escatología de mérito debe abarcar toda predicción sea que haya sido cumplida o no en cualquier punto de tiempo. En otras palabras, una verdadera Escatología intenta informar sobre todas las profecías presentadas en la Biblia.

El descuido de los teólogos acerca de las Escrituras proféticas es casi total, con excepción de una investigación limitada del estado intermedio, la resurrección del cuerpo, una ligera referencia a la segunda venida, y de la existencia eterna del hombre. Los escritores teólogos en algunos casos han confesado su escasa preparación para considerar las predicciones bíblicas. El Dr. Charles Hodge, al principio de su tratado sobre el segundo advenimiento *(Systematic Theology,* III, 790) dice: “El tema no puede discutirse adecuadamente sin hacer un examen de todas las enseñanzas proféticas tanto del Antiguo Testamento como del Nuevo. Este trabajo no puede verificarse satisfactoriamente por uno que no se ha especializado en el estudio de las profecías. El autor, sabiendo que carece de las cualidades para tal obra, se ha propuesto limitar por lo general a un estudio histórico de los diferentes esquemas de interpretación de las profecías bíblicas que se relacionan a este tema.” Al mismo estilo, el Dr. B. B. Warfield en un artículo sobre el milenio *(Princeton Theological Review,* 1904, II, 599-617) desarrolla su argumento sobre una idea insostenible de que no hay referencia a tal período en ninguna parte excepto en una porción “muy obscura” como Apocalípsis 20, sin el más mínimo reconocimiento de un reino pactado para Israel con el cumplimiento de cada promesa terrenal. ¿Cuándo, cómo y dónde se cumplirán estos pactos? Para Dr. Warfield la presente bendición de los santos en el cielo es el milenio. Escribe: "Los mil años, pues, comprende toda esta presente dispensación, que se coloca delante de nosotros en su totalidad, pero se contempla ahora no con respecto a lo que está sucediendo en la tierra sino a lo que se goza 'en el Paraíso'" *(Biblical Doctrines,* p. 649). Para él, también el atar y desatar a Satanás es una experiencia presente en progreso concurrentemente: "Pero mientras permanecen los santos en su seguridad, Satanás, aunque está 'atado' respecto a ellos, está suelto respecto al mundo – y eso es lo que significa la declaración en el versículo 3c de que 'debe ser desatado por un poco de tiempo' " (*Ibid.*, p. 656). Según esta idea, Satanás estando atado en relación a los creyentes, no los puede alcanzar. Sin embargo el apóstol declara, "Por lo demás, hermanos míos, fortaleceos en el Señor, y en el poder de su fuerza. Vestíos de toda la armadura de Dios, para que podáis estar firmes contra las asechanzas del diablo. Porque no tenemos lucha contra sangre y carne, sino contra principados, contra potestades, contra los gobernadores de las tinieblas de este siglo, contra huestes espirituales de maldad en las regiones celestes" (Efesios 6:10-12). Es así como aquel que es autoridad máxima en ciertos aspectos teológicos demuestra un descuido incomprensible de las revelaciones proféticas más elementales. Semejantemente, el Dr. R. L. Dabney, el ilustre teólogo del Sur de EE.UU. cuando le preguntó un estudiante sobre si ciertas interpretaciones de profecía eran correctas, contestó, "Probablemente Ud. tiene razón. Yo nunca he considerado tal tema." No es necesario señalar que la actitud de estos y de muchos teólogos más ha sido una barrera insuperable a los llamados *ministros preparados,* que impide cualquier intento por parte de ellos para investigar el campo de la profecía bíblica. Es muy natural inferir que una verdad es de poca importancia si los grandes maestros de la iglesia la pasan por alto. Con todo, aun el mismo maestro refleja su propia instrucción con esa determinación de omitir todo lo que no sea propio de la Reforma. En contraste a esto tenemos la declaración del Dr. I. A. Dorner: "No hay ninguna duda de que las Santas Escrituras contienen una rica abundancia de verdades y vistas que aún no han sido interpretadas y hechas una posesión común de la Iglesia . . . " *(History of Protestant Theology,* II, 4).

Una indiferencia y resistencia tal no tiene justificación a la luz del hecho de que más de una cuarta parte de los libros de la Biblia son manifiestamente proféticos, y, en el mismo texto de todas las Escrituras, por lo menos una quinta parte era predicción cuando se escribió. Una parte de la profecía bíblica ya ha sido cumplida, y se estudiará la distinción entre profecía cumplida y no cumplida aún.

El Salvador, en su discurso en el aposento alto, habiendo

anunciado el ministerio de enseñanza especial del Espíritu Santo en la edad presente, procede a declarar cuáles verdades específicas enseñaría el Espíritu (Juan 16:12-15), y coloca "las cosas que habrán de venir" como el primero de la lista de temas. Sin riesgo alguno se puede decir que ningún maestro moderno de la Biblia, aun cuando fuese un extremista en su énfasis desproporcionado sobre la profecía, jamás colocaría "las cosas que habrán de venir" como cosa primera entre aquellos temas importantes. Muchos teólogos ni aun incluirían este tema. El énfasis supremo que Cristo pone sobre este aspecto de verdad no debe pasarse por alto. Como cosa incidental, Cristo implica en esta declaración que nadie comprenderá la profecía si no es enseñado por el Espíritu Santo. En gran parte esto parece ser una verdad en la experiencia cristiana. También se descubre que el apóstol Pablo enseñó los aspectos más profundos y más complicados de la profecía a sus nuevos convertidos. Esto se demuestra en su ministerio en Tesalónica donde se le permitió estar no más de tres o cuatro semanas y no hay ningún dato de que haya podido regresar. En el breve tiempo de su estancia en aquella ciudad fue confrontado con el paganismo, sin embargo pudo hacer contactos con individuos no sólo conduciéndolos a Cristo sino enseñándoles suficiente verdad para poder escribirles más tarde las dos Epístolas de Tesalonicenses con la espectación de que las entenderían. En la Segunda Epístola, donde se hace mención de "la apostasía", el hombre de pecado quien se sentará en el templo restaurado de los judíos declarándose a sí mismo ser Dios, y la destrucción del hombre de pecado por la gloriosa aparición de Cristo, Pablo declara, "¿No os acordáis que cuando yo estaba todavía con vosotros, os decía esto? " (2 Ts. 2:5). Seguramente no se necesita una evidencia más clara para establecer la verdad de que tanto Cristo como Pablo dieron a la correcta comprensión de la profecía un lugar prominente. Aquí no se concede permiso para que el profesor cometa travesuras en la verdad profética, tampoco se ha dado permiso a los hombres para que hagan caso omiso al campo de la revelación profética.

Es una práctica común de algunos teólogos de afirmar que el milenarismo es una teoría moderna, no recordando que, en su forma restaurada, aun la justificación por la fe es comparativamente una verdad moderna. Tanto la justificación por fe como el milenarismo se enseñan en el Nuevo Testamento y por tanto eran la creencia de la iglesia primitiva. Estas doctrinas, como todas las otras verdades esenciales, quedaron en la obscuridad durante la Edad Media. Los reformadores no restauraron todas las fases de doctrina, y juntamente con la justificación por la fe retuvieron la noción romanista de que la iglesia es el reino, cumplimiento del pacto davídico, y escogido para conquistar el mundo, trayéndolo bajo la autoridad de la iglesia. Esta idea ha prevalecido a pesar del testimonio claro y sin complicación del Nuevo Testamento que esta edad tiene que terminar en una iniquidad sin precedente.

No se puede comprender en todos los detalles exactamente qué está incluído en la profecía sellada, hasta el tiempo del fin como fue anunciado por Daniel, "El respondió: Anda, Daniel pues estas palabras están cerradas y selladas hasta el tiempo del fin" (Dan. 12:9). Sin embargo, es significativo que el conocimiento tocante a la profecía ha sido aumentado en los últimos cincuenta años.

El pretexto de que las porciones proféticas de la Biblia presentan problemas que causan desavenencias entre los hombres no es razón para renunciar a sus demandas. No hay más problemas en la Escatología que en la Soteriología. Lo que ha sucedido es que, debido al lugar principal que se le ha dado a la Soteriología por los reformadores y en las subsiguientes obras escritas de teología, ella ha recibido más consideración que la verdad profética. Desacuerdos tan divergentes como el calvinismo y el arminianismo nunca han sido presentados como una razón para desatender la Soteriología; sin embargo la más mínima desunidad entre los profesores de Escatología se ha considerado como suficiente razón para desatenderla.

En el campo de la profecía, así como en toda la Palabra de Dios, existe la necesidad de estudiar para que uno sea aprobado delante de Dios y no sea avergonzado (2 Ti. 2:15). Lo que se declara en las Escrituras respecto a la profecía es tan creíble como aquellas porciones que son históricas. El lenguaje no es más complejo, ni la verdad es más oculta. Se admite que es más difícil para que una fe débil crea y reciba aquello que sólo es una predicción – especialmente cuando eventos sin precedentes son anticipados – de lo que es que crea y reciba como una verdad lo que ha sucedido seguramente. Claramente, a muchos les hace falta el requisito inevitable de una fe en Dios de que El hará exactamente lo que ha prometido hacer. Jorge N. H. Peters, en la introducción de su obra monumental *The Theocratic Kingdom* (El Reino Teocrático), declara: "La historia de la raza humana, como teólogos reconocidos lo han dicho, es la historia de la comunicación de Dios con el hombre. Es un cumplimiento de revelación; y aun más: es un desenvolvimiento de los caminos de Dios, de completa confirmación del plan de la redención, y un auxilio señalado para interpretarla. Por eso Dios mismo recurre a ella, no como una simple evidencia de la verdad declarada, sino como la única forma por la que nosotros podemos obtener una perfecta y completa vista del propósito divino en relación a la salvación. Sin embargo, para esto necesitamos observar la historia del *pasado, presente* y *futuro.* Lo que pertenece al futuro se tiene que aceptar como predicción, porque debemos tener la confianza de que así como tuvo cumplimiento la Palabra de Dios en el pasado y lo tiene en el presente, cambiándose en realidad histórica, así será con las predicciones y promesa relacionadas al futuro; ellas también se convertirán en verdadera historia. Es *esta fe,* que se apodera del futuro como si fuera ya presente, la que puede formar una unidad incontestable e inequívoca" (I, 13). Es precisamente esta unidad del propósito divino presentada en las Escrituras la que pierden aquellos que tachan todo el campo de profecía. La misma diversidad en exégesis antagónica no sólo es deplorable por su lamentable testimonio al mundo, sino que es una evidencia de que hay algo fundamentalmente equivocado. Se cita a Rothe (Peters, *ibid.*, p. 21) que dice: "Nuestra llave no abre – *se ha perdido la verdadera llave;* y hasta que sea puesta en nuestras manos otra vez, nuestra exposición nunca será un éxito. El sistema de ideas bíblicas *no* es el de nuestras escuelas . . . " Esta es una franca confesión y más de uno afirmaría que hasta que toda la Biblia sea considerada en su unidad no habrá reparación para el fracaso. No es un asunto de barreras imposibles; es sencilla y solamente asunto de prestar atención a las cosas que Dios ha hecho, y eso en lenguaje inteligible. La terminología bíblica es siempre la más sencilla de toda literatura. Donde se emplea simbolismo en el texto, casi sin excepción alguna, se indicará así.

Cualquiera que sea el mensaje profético, depende del lenguaje – términos sencillos del conocimiento de todos – para su presentación, y aquel que cambia esos términos o los tergiversa no logrará más que confusión. El plan de Dios respecto a las cosas futuras ha penetrado la mente de muchos beneméritos letrados cuando ellos se han determinado dejar que la sencilla terminología bíblica sobre la profecía presente el mensaje como naturalmente lo hace. Inmediatamente toda la historia del futuro se esclarece y queda libre de complicaciones. Esto no quiere decir que no se confrontarán situaciones difíciles; pero si se asegura que una aceptación humilde de las declaraciones en su significado natural darán una correcta comprensión en prácticamente todos los aspectos del mensaje profético.

Habiendo mencionado la importancia de dar al lenguaje su significado racional y gramatical en la interpretación bíblica, Jorge N. H. Peters dice:

"Sobre una proposición que ha producido muchos tomos en su discusión, nosotros sencillamente deseamos anunciar nuestra posición, y señalar algunas pocas razones a su favor. Su significado es tan importante, las consecuencias de su adopción son de tanta gravedad, la tendencia que posee de guiar a la verdad y de vindicar la Escritura es de tal valor, que no podemos pasarlo sin dar algunas explicaciones y reflexiones. Sin titubeo nos plantamos sobre la máxima famosa *(Eccl. Polity,* B. 2) del hábil Hooker: ' Sostengo como una regla infalible en las exposiciones de las Sagradas Escrituras, que donde una construcción literal se sostiene, lo más remoto de la letra generalmente es lo peor. No hay cosa más peligrosa que el arte disoluto y engañoso, que cambia el significado de las palabras, como hace la alquimia, o pretende hacer con las substancias metálicas, haciendo de cualquier cosa lo que le place, y al final reduciendo a la nada toda verdad. ' La iglesia primitiva ocupó esta posición, e Ireneo *(Adv. Haer.* 2, C. 27) nos da el sentimiento general cuando (usando el lenguaje de Neander, *Hist. Dogmas* p. 77) ' él dice de las Santas Escrituras: lo que el entendimiento puede usar diariamente, lo que puede saber fácilmente, es aquello que se halla delante de nuestros ojos, sin ambigüedad, literal y claramente en la Santa Escritura. ' Sin embargo mucho de este principio de interpretación fue subvertido, como lo confirma la historia, durante los siglos posteriores (no sin protestas), sin embargo se volvió a recobrar en la Reforma. Sobre esto mismo (en su obra, *Table Talk,* ' Tocante a la palabra de Dios ', 11) Lutero dice: Yo he fundado mi predicación sobre el sentido literal de la palabra; el que quiera puede seguirme, el que no, puede quedarse. ' En confirmación de un curso tal, puede decirse: Si Dios verdaderamente tenía el plan de hacer conocer su voluntad al hombre, la consecuencia de eso nosotros *en conformidad* con las reglas bien conocidas del lenguaje. El tiene que *adaptarse a nuestra manera* de comunicar pensamientos e ideas. Si Dios dio sus palabras para ser entendidas, es natural que El tiene que emplear el lenguaje para transmitir el sentido designado, de acuerdo con las reglas gramaticales establecidas, que controlan el lenguaje; y que, en vez de buscar un sentido que las palabras mismas no contienen, nosotros debemos obtener principalmente el sentido que las palabras obviamente abarcan, dejando campo necesario para la existencia de lenguaje figurado cuando así lo indica el contexto, según el fin, o la construcción del pasaje. Por ' literal ', damos a entender la interpretación gramatical de la Escritura." – *Ibid.*, p.47.

Ya que la predicción constituye una gran parte del Texto Sagrado y también que el predicador es llamado a declarar todo el consejo de Dios, no hay forma de escapar de la responsabilidad de conocer e interpretar las Escrituras proféticas. Aquel que esquiva este gran tema desde el púlpito en el cumplimiento de su ministerio deberá preguntarse cuál es su relación al Espíritu Santo, en vista de la verdad confirmada por Cristo de que el Espíritu tiene por enseñanza primaria "y os hará saber las cosas que habrán de venir" (Juan 16:13). El pastor y maestro es un especialista en el conocimiento de la Palabra de Dios, y no hay ninguna insinuación de que esté excluída de su responsabilidad la exposición de la profecía. Timoteo debía de hacerse reconocer como "buen ministro de Jesucristo" teniendo cuidado de recordar a los hermanos ciertas predicciones (véase 1 Ti. 4:1-6).

No hay otra manera apropiada de entender los Evangelios

Sinópticos que la de verlos como el cumplimiento de la predicción del Antiguo Testamento tocante al Mesías. De la misma manera, el libro de Apocalípsis es la terminal donde, como las líneas principales que llegan a una estación central, los caminos reales de la profecía bíblica llegan a su conclusión. La Biblia presupone que el lector, cuando llega al último libro de la Biblia, tendrá en mente todo lo que antecede; y de igual manera, estos caminos reales de profecía son incompletos mientras no se hayan trazado hasta su fin en ese libro profético incomparable. Esto sirve para enfatizar la verdad de que toda la Biblia en todas sus partes es un mensaje correlativo e interdependiente, y que el estudiante que no tiene una comprensión tan clara de la profecía como de los otros aspectos de la revelación, carece de las cualidades necesarias para interpretar la Palabra de Dios.

El conocimiento de profecía bíblica afecta toda la vida cristiana y el servicio. Por ello el creyente llega a conocer la fidelidad de Dios a su palabra. Es indudablemente el deseo de Dios que los suyos que están en el mundo conozcan lo que El hará. El dijo, "¿Encubriré yo a Abraham lo que voy a hacer? " (Gn. 18:17). Esta declaración es una buena representación de su actitud hacia todos los hombres que son salvos. Abraham, aunque era el amigo de Dios, no estaba tan cerca del corazón de Dios como aquellos quienes son componentes de su casa y familia y quienes son miembros del Cuerpo de su Hijo (véanse 2 Cr. 20:7; Is. 41:8; Stg. 2:23). Muchas obras que los cristianos hacen no se emprenderían si se conociera mejor el programa de Dios y sus aspectos futuros. El no ha dado ninguna comisión de convertir al mundo, y empresas basadas sobre ese género de idealismo no tienen Su autorización. Además, el conocimiento de la profecía produce equilibrio al creyente en tiempos de crisis, como también consuelo en tiempos de tristeza. El apóstol, habiendo declarado la verdad de que Cristo volvería, continúa diciendo: "Por tanto, alentaos los unos a los otros con estas palabras" (1 Ts. 4:18). Todas las partes de la Biblia producen un efecto de santificación (Juan 17:17), pero ninguna cosa más que el reconocimiento del hecho de que Cristo, como lo prometió, puede volver en cualquier momento. Una expectación como ésa, viene a ser una esperanza purificadora. El apóstol Juan escribe: "Y todo aquel que tiene esperanza en él, se purifica a sí mismo, así como él es puro" (1 Juan 3:3).

Finalmente, las Escrituras presentan un solo sistema de verdad. Puede ser que los hombres no lo comprendan, y los que no están de acuerdo sobre la interpretación pueden estar equivocados, estén de éste, o de aquel lado de la controversia; pero ambos no pueden estar en lo correcto. La Palabra de Dios no se presta para dar apoyo al mismo tiempo a los esquemas de interpretación postmilenial, amilenial y premilenial. Toca al estudiante pesar estas pretensiones y convencerse de cuál es la interpretación bíblica. Esta obra teológica es definitivamente premilenial y se presentarán pruebas irrefutables para sostener esta posición a medida que se avanza en el estudio de Escatología.

El futuro es sólo una parte del plan de Dios, y sólo El conoce todo lo que encierra. La porción de su conocimiento que El desea que los hombres posean se presenta en el Texto Sagrado y en ninguna otra parte. Las opiniones de los hombres tienen valor toda vez que estén en conformidad a las Escrituras. El canon hermenéutico de los reformadores era éste: "interpretar e ilustrar Escritura por Escritura" (*Historia de la Doctrina,* Hagenbach, Tomo 2, sec. 240, citado por Peters, *ibid.* p. 112). Ninguna influencia es más extensiva que la de los credos; sin embargo estos credos no pretenden invalidar la Palabra de Dios. En el campo de los credos declara Peters: "Credos, etc. reconociendo su valor en muchos respectos, sólo pueden, cuando más, dar su testimonio como testigos de la verdad; y sólo pueden testificar de ella lo que los autores mismos han visto y han experimentado. Si ellos profesan dar evidencia a favor de la Biblia, o declarar lo que enseña la Biblia, tal evidencia o declaración sólo es correcta, compatible, y disponible cuando *coincide* con las Santas Escrituras. Por tanto, el conocimiento del carácter satisfactorio de las declaraciones confesionales, es asequible solamente cuando se ponen a la prueba crucial tales declaraciones, es decir, por la Palabra de Dios. Es una mala indicación cuando, en cualquier tiempo, los hombres exaltan de tal manera sus confesiones que impelen a las Escrituras a un puesto de importancia secundaria, ilustrado en una época, cuando, como dijo Tulloch (*Leaders of the Refor.*, p. 87): "La Escritura como un testimonio desapareció detrás de la Confesión de Augsburgo" (*Ibid.*, p. 124). Peters también cita a Alberto Barnes en su comentario sobre Efesios 2:20, que dijo: "Aprendemos 'que las tradiciones de los hombres no tienen autoridad en la Iglesia, y no forman parte del fundamento; que ninguna cosa debe reconocerse como parte fundamental del sistema cristiano, o algo que ciñe la conciencia, que no se halle en "los profetas y apóstoles"; es decir, como significa aquí, en las Santas Escrituras. Ni los decretos de concilios; ni las ordenanzas de sínodos; ni las "normas" de doctrinas; ni credo o confesión, se insistirá como una autoridad en la formación de la opinión de los hombres. Pueden ser de valor para algunos propósitos, pero no para esto; pueden consultarse como partes interesantes de la historia, pero no para formar la fe de los creyentes; pueden usarse para *expresar* la creencia de la iglesia, pero no *formarla.* Lo que está basado sobre la autoridad de los apóstoles y profetas es cierto y será siempre cierto, y sólo cierto; lo que pudiera hallarse en otra parte puede que tenga valor y que sea verdadero, como que no lo sea, pero de todas maneras, no se podrá usar como un control de la fe de los hombres" *(Ibid.,* p. 126). Melanchthon en su *Apología* dirigida a la Universidad de París declara: "Yo pienso que aquí está la suma de la controversia. Y hoy les pregunto a Vds. mis maestros, ¿ha sido dada la Escritura en tal forma que *su significado indubitable* puede recogerse sin exposición de Concilios, de los padres, y de las escuelas, sí o no? Si Vds. niegan que el significado de la Escritura se puede discernir certeramente en sí misma, sin comentarios, no entiendo *por qué* se haya dado la Escritura, si el Espíritu Santo no tenía voluntad de definir con certidumbre lo que él quería que nosotros creyéramos. ¿Por qué nos invitan los apóstoles a estudiar las Escrituras, si su significado es incierto? ¿Por qué desean los padres hacer que los creamos no más allá de lo que establecen sus declaraciones por los testimonios de la Escritura? También, ¿por qué los antiguos concilios no decretaron nada sin la Escritura, y de esta manera nosotros distinguimos entre concilios verdaderos y falsos, en que los primeros concuerdan con pura Escritura, mientras que los otros son contrarios a la Escritura? . . . Puesto que la palabra de Dios debe ser la roca sobre la cual descansa el alma, pregunto, ¿qué puede el alma comprender de ella si no hay certidumbre en cuanto a cuál sea la mente del Espíritu de Dios? " (citado por Peters, *ibid.,* p. 125). A todo esto habrá cierta concordia general por las mentes devotas; sin embargo permanece una disposición esclavizada por parte de muchos de sentirse angustiados por las incertidumbres cuando son dejados solos con la Palabra de Dios.

La Escatología en su alcance general se considerará ahora bajo las siguientes divisiones: (1) características generales, (2) los siete principales caminos de la profecía, (3) los grandes temas proféticos del Antiguo Testamento, (4) los grandes temas proféticos del Nuevo Testamento, (5) eventos predichos en su orden, (6) los juicios, y (7) el modo de existencia eterna.

DISTINTIVOS GENERALES DE ESCATOLOGIA

CAPITULO XIV

UN BREVE ESCRUTINIO DE LA HISTORIA DEL MILENIALISMO

Ciertas consideraciones, más o menos no relacionadas, forman parte de una preparación correcta para el estudio de la Escatología. Estas serán mencionadas bajo el título de este capítulo y en el siguiente intitulado *El Concepto Bíblico de la Profecía.*

El milenialismo, que viene del griego *χίλιοι*, a través del latín, *millenarius*, que significa 'mil', se refiere en un sentido general a la doctrina del milenio, o sea, la edad del reino que tendrá lugar, y como lo declara la *Enciclopedia Británica*(14 edición, s. v.), es la "creencia de que Cristo volverá para reinar por mil años. . .." Una característica distintiva de esta doctrina es que El volverá *antes* de los mil años y por tanto caracterizará esos años por Su presencia personal y por el ejercicio de la autoridad que le pertenece, consiguiendo y sustentando todas las bendiciones en la tierra que están atribuidas a ese período. El término *milenialismo* ha sido reemplazado por *premilenialismo*; y naturalmente, por cuanto el premilenialismo es confrontado ahora por el postmilenialismo (solo en su literatura) y por el amilenialismo (y ninguno de estos dos sistemas opuestos podría caracterizarse por el uso de la palabra *Milenialismo*), se implica mucho más en ese término que sencillamente mil años. Son mil años los que se dice se interpondrán entre la primera y la segunda resurrección de los seres humanos (Ap.20:4-6); estas resurrecciones se mencionan en 1 Corintios 15:23-26 mediante estas frases: "luego los que son de Cristo en Su venida" y "luego el fin" (la resurrección). En el pasaje en Corintios, como en el de Apocalipsis 20:4-6, estas resurrecciones están separadas por un período de reinado, cuando Cristo, según el pasaje de Corintios, antes de entregar el reino a Su Padre, suprimirá todo dominio y toda autoridad, y potencia, y pondrá a todos los enemigos debajo de sus pies: aun la muerte el "posterior enemigo", será destruido y eso, evidentemente, por la resurrección de todos los que hayan vivido y muerto (Jn. 5:25-29; Ap. 20:12-15). En estos mil años no sólo se completan estas transformaciones, que evidentemente alcanzan hasta las regiones angelicales, sino que todo pacto terrenal con Israel será cumplido, es decir, todos los pactos que pertenecen al reino mesiánico. Ha sido la práctica de los opositores del milenialismo contender que el milenialismo está basado en Apocalipsis 20:4-6 y que si este pasaje puede interpretarse como perteneciente al pasado, o como estando cumpliéndose ahora, toda la estructura del milenialismo queda disuelta. Verdaderamente grande es la falta de comprensión de la verdad que tal noción descubre; y si ellos emprendieran una exposición suficiente para confrontar el problema, llegarían a comprender la carga que ellos mismos se imponen. Toda la esperanza en el Antiguo Testamento está implicada, con su reino terrenal, la gloria de Israel, y la promesa de que el Mesías se sentará sobre el trono de David en Jerusalén. Cuando se aplican estos puntos a la Iglesia, como sucede con mucha frecuencia, no hay ni tan solo una semejanza accidental sobre la cual basar esa aplicación. Cabe muy bien hacer una vez más la declaración de que tal incongruencia en doctrina que se desarrolla al confundir el judaísmo con el cristianismo, puede existir únicamente por la falta de considerar los asuntos implicados. Esto no es acusar a los opositores de fraudulencia, sino llamar la atención a su omisión, como se señaló previamente, del estudio de estos grandes temas. Se expone claramente esta omisión en el hecho de que esas escuelas de interpretación nunca han producido una literatura constructiva concerniente a la profecía. La historia del milenialismo puede considerarse bajo siete períodos generales de tiempo.

I. EL PERIODO PRESENTADO EN EL ANTIGUO TESTAMENTO

En el capítulo III de este tomo se ha delineado ampliamente un contraste entre Israel y la Iglesia. En esa discusión se ha hecho claro que Israel y su reino, con su Mesías sobre el trono de David en Jerusalén, es la esperanza que caracteriza al Antiguo Testamento. En este punto basta una sola referencia a todo lo que ha sido presentado; pero el estudiante no debe, por falta de aplicación, dejar de convencerse de la realidad de que un reino terrenal y literal es la esperanza razonable de Israel como nación. La palabra milenio es un término que no se encuentra en el Antiguo Testamento. El tiempo de la duración del reino venidero no se conoció sino hasta que se dio la revelación del Nuevo Testamento.

II. EL REINO MESIANICO FUE OFRECIDO A ISRAEL EN EL PRIMER ADVENIMIENTO

Una vez más por falta de espacio y porque se desea evitar la repetición, se insta al estudiante a que consulte la consideración anterior de este tema en Eclesiología. No podrían emplearse términos más exactos que los que fueron usados para relatar el ministerio de Cristo como dirigido exclusivamente a Israel y tocante a su reino, es decir, que "está cerca". La evidencia es completa sobre el hecho de que el reino de Israel le fue ofrecido a esa nación por Cristo en Su primer advenimiento.

III. EL REINO RECHAZADO Y POSPUESTO

Esta verdad, como la anterior, ha tenido una demostración detallada de su veracidad en la misma sección citada arriba. El descuido en reconocer que el reino mesiánico fue rechazado y pospuesto es lo que ha hecho que el curso de las disertaciones de muchos teólogos conduzca a la confusión. Los teólogos, por haber errado en este punto, han relacionado el reino al primer advenimiento en vez de relacionarlo al segundo, y a la dispersión de Israel en vez de su recogimiento. Los errores doctrinales que se engendran por este falso concepto son incalculables. Estos errores no solo tuercen el verdadero objetivo del primer advenimiento – el llamamiento para la formación de la Iglesia – sino también errores que pretenden substituir por un reino humano, idealista, espiritual (idea desconocida en ambos Testamentos) el reino extensamente descrito en la Palabra de Dios. Este supuesto reino espiritual asume que los judíos y, necesariamente, sus profetas inspirados estaban equivocados al esperar un reino literal; y que Cristo los reprendió por una ambición indigna. La idea de que hubo tal error por parte de los judíos, o que Cristo los haya reprendido, no tiene ninguna base bíblica. Al contrario, Cristo, después de su muerte y resurrección y en los cuarenta días de ministerio enseñando a Sus discípulos tocante al reino de Dios (Hch. 1:7) contestó la pregunta "¿restaurarás el reino a Israel en este tiempo? ", diciendo: "No os toca a vosotros saber los tiempos o las sazones que el Padre puso en su sola potestad" (Hch.1:6,7; véase 1 Ts.5:1,2). No hay aquí ninguna reprensión para estos discípulos judíos porque volvieron a la esperanza nacional de Israel. Esa esperanza será cumplida en los tiempos y las sazones de Dios. Estos discípulos, sin embargo, tuvieron que aprender que se había introducido una nueva empresa. Sobre esa nueva empresa Cristo continuó diciendo: "Pero recibiréis poder, cuando haya venido sobre vosotros el Espíritu Santo, y me seréis testigos en Jerusalén, en toda Judea, en Samaria, y hasta lo último de la tierra" (Hch.1:8). Este programa de testimonio terminará cuando venga Cristo, pues el pasaje continúa diciendo, "Y habiendo dicho estas cosas, viéndolo ellos, fue alzado, y le recibió una nube que le ocultó de sus ojos. Y estando ellos con los ojos puestos en el cielo, entre tanto que El se iba, he aquí se pusieron junto a ellos dos varones con vestiduras blancas, los cuales también les dijeron: Varones galileos, ¿por qué estáis mirando al cielo? Este mismo Jesús que ha sido tomado de vosotros al cielo, así vendrá como le habéis visto ir al cielo" (Hch.1:9-11).

No parece razonable que sistemas de teología, comentarios, historias de doctrinas, obras sobre la vida de Cristo, y hasta algunas obras exegéticas trataran de perpetuar las teorías de Roma y de Whitby tocante al reino, Sólo el poder restrictivo de la tradición y esa cualidad humana de adherirse a una idea religiosa – que ciertamente es buena en su lugar – son la causa de esta tendencia. Un método de interpretación que es libre para espiritualizar o pasar por alto revelaciones importantes de doctrina ha abierto el camino para que otros nieguen la autoridad de las Escrituras. No importa cuán sinceros sean, están a un paso de la perversión de la verdad y hasta de su negación. No parece ser un problema de erudición. El problema es romper con el idealismo de orden romanista, que ha venido de generación en generación, y la falta de voluntad de trasmitir sólo aquello que los apóstoles y los primeros padres declararon. El hecho de que la mayoría ha seguido este curso, aunque sea impresionante hasta donde su impacto llega, finalmente no es ninguna prueba.

IV. CREENCIAS MILENIALES SOSTENIDAS POR LA IGLESIA PRIMITIVA

Hay por lo menos dos líneas de pruebas que sostienen la afirmación de que la iglesia primitiva mantuvo la creencia milenial. Primero, el hecho de que toda la Biblia armoniza únicamente por la interpretación milenial. Esta declaración dogmática ya fue confirmada en previas porciones de esta obra, y será defendida en la consideración de la Escatología. Resulta que la iglesia primitiva sostuvo la idea milenial porque creyó la Biblia y mantuvo la correcta interpretación – correcta, porque su doctrina la recibieron de los mismos apóstoles que, bajo la dirección de Dios, escribieron el Nuevo Testamento. Segundo, el hecho de que en muchos pasajes la creencia de la iglesia primitiva revelaba directa o indirectamente ser milenialista. Es oportuno citar ahora dos pasajes notables:

Hechos 15:1-29. Este pasaje informa de la ocasión cuando se convocó el primer concilio de la iglesia, y sus decisiones. El problema ante la asamblea, que era de carácter judío, fue creado por el hecho de que este nuevo mensaje evangélico había saltado todos los límites y llegado hasta los gentiles con el mismo poder y bendición que había derramado sobre los judíos creyentes. Ese paso lo puso completamente fuera de los límites del judaísmo. A la luz de la separación de Israel de los gentiles – un asunto determinado por Dios mismo con respecto a su nación escogida – para este extraño abandono de una de las características más fundamentales del judaísmo, hubo necesidad de hallar una solución, por evidencia de autoridad divina. Se tiene que contestar la pregunta sobre qué había sucedido con los pactos divinos tocante a la nación santa. Siguiendo el testimonio de Pedro, Bernabé y Pablo, en el que ellos afirmaron que con el mismo poder pentecostal el evangelio estaba alcanzando a los gentiles, así como había alcanzado a los judíos, Jacobo declara lo que evidentemente era la respuesta al problema y la que más tarde fue aceptada por toda la iglesia. El dijo: "Y cuando ellos callaron, Jacobo respondió diciendo: Varones hermanos, oídme. Simón ha contado cómo Dios visitó por primera vez a los gentiles, para tomar de ellos pueblo para su nombre. Y con esto concuerdan las palabras de los profetas, como está escrito: Después de esto volveré y reedificaré el tabernáculo de David, que está caído; y repararé sus ruinas, y lo volveré a levantar, para que el resto de los hombres busque al Señor, y todos los gentiles, sobre los cuales es invocado mi nombre, dice el Señor, que hace conocer todo esto desde tiempos antiguos" (Hch.15:13-18).

El orden de verdad que esta declaración presenta no debe desatenderse. Se ha inaugurado una nueva obra divina. Dios está visitando a los gentiles para tomar de entre ellos un pueblo para su nombre. Que esto incluye a *todos* los gentiles está revelado; también se sobreentiende que los judíos tendrán parte en esto, basado en la idea de que las bendiciones de Dios siempre se han extendido primero a ese pueblo, y realmente esto ya era un hecho. El nuevo propósito divino es el llamamiento, de entre judíos y gentiles, de una compañía escogida especialmente para Su gloria (véase Ef. 3:6). "Después de esto", afirma Jacobo, volverá el Señor y edificará otra vez el tabernáculo de David – la línea real de David – y según el pacto hecho con David (véase 2 S. 7:1-17) será establecido. Las bendiciones del reino serán cumplidas entonces para Israel ya para aquellos de entre los gentiles sobre quienes es invocado el nombre divino. Mucho de lo que había sido predicho declara la parte que los gentiles tendrán en el reino terrenal. Todo esto, lejos de ser accidental, Dios lo sabía – aunque no había sido revelado a los hombres – desde la fundación del mundo. El asunto aquí es que la primitiva iglesia (la judía) descubría el nuevo propósito divino y reconocía la posposición del reino terrenal. Este contexto descubre el hecho de que los gentiles dentro de la Iglesia no están bajo la ley mosaica. El documento de los descubrimientos del concilio están en el Texto Sagrado, no para poner al descubierto los errores imaginados de los que concurrieron al concilio, sino para servir como un desarrollo constructivo del plan de Dios. De esto puede verse que la iglesia, en su primer concilio, adoptó una creencia milenialista de que Cristo regresaría antes de los mil años de reinado.

Romanos 9-11. Estos tres capítulos de Romanos son necesarios en el argumento que se presenta en esta Epístola para definir todos los alcances de la presente salvación bajo la gracia, que llega igualmente al judío y al gentil (véase 3:9; 10:12). Esta misma pregunta – que en verdad es grande en el concepto del judío o de cualquiera que ha reconocido los linderos del judaísmo tal como se presenta en el Antiguo Testamento – es ésta: ¿Qué ha sucedido con los pactos hechos con Israel y sustentados por juramentos? Esta Epístola tiene que contestar la pregunta, con el fin de que el propósito presente de Dios no se confunda con el propósito terrenal que se expresa en todos los procedimientos de Dios con Israel. Una cosa es bien clara, a saber, que los pactos con los judíos *no* están cumpliéndose en esta edad presente. Entonces ¿qué ha sucedido con estos pactos? Los hombres que no tienen la Biblia y que no poseen ningún conocimiento de las Escrituras, en las que los propósitos y las promesas de Jehová están escritos, podrían, aun estando con los ojos vendados, arriesgar la conjetura de que Dios ha cambiado de intención y ha retraído sus promesas de un reino terrenal para un pueblo terrenal que ha escogido, o podría decir que Israel no tenía realmente tales promesas, porque todo lo que ha sido afirmado en este respecto está sujeto a una interpretación espiritual para ser cumplida en lo que se está desarrollando ahora en el mundo. Tales conjeturas no sólo hacen caso omiso de las Escrituras, sino deshonran a Dios.

Un análisis de Romanos 9-11 no puede considerarse aquí. Citamos la conclusión del Apóstol y esa deberá ser la palabra decisiva para una persona devota y dócil. El capítulo 11 comienza con la pregunta, "¿Ha desechado Dios a su pueblo? " La respuesta inspirada es, "En ninguna manera". Esto no indica ni que Israel haya sido abandonado, ni que se haya hecho equivocación con respecto a sus pactos, ni que estos pactos tengan su realización en forma espiritual por la Iglesia. Tales ideas, cuando se promueven, prueban la falta de comprensión de estos capítulos determinantes o de su relación a toda la Epístola. Al final del capítulo, que es el fin del argumento, el Apóstol afirma que una ceguedad ha sido impuesta sobre Israel como una nación, que sirve de juicio sobre ellos, juicio que continuará *hasta* que la Iglesia sea completada, cuando "haya entrado la plenitud de los gentiles" (11:25; véase Ef. 1:22,23). Será entonces cuando vendrá de Sion el Libertador." Todo esto es según los pactos hechos con Israel y sucederá cuando Jehová "quite sus pecados" (11:26,27). Será así como "todo Israel" será salvo. No es necesario decir que "la plenitud de los gentiles" y "todo Israel" son referencias a pueblos muy diferentes, ni afirmar que hay tiempos y sazones para cada uno. Una afirmación muy positiva se hace en el versículo 29 con el designio de que los dones y el llamamiento de Dios respecto a Israel sean irrevocables por parte de El.

Nuevamente queda demostrado de esta manera, en armonía con todo el Sagrado Texto, que la iglesia primitiva sostuvo el punto de vista milenial. El que protesta esta aserción está obligado a disponer de esta Escritura importante y dar a la Biblia entera un arreglo conforme a su esquema. La iglesia moderna no está en posición – aun cuando posea gran erudición – para repudiar lo que la iglesia primitiva creyó, que fue recibido de los apóstoles de quienes se tiene que depender para toda revelación sobre estos asuntos, y lo que es tan evidente que toda la Biblia le concede su unánime sostén.

V. LA ESPERANZA MILENIAL CONTINUO HASTA LA APOSTASIA ROMANA

Juntamente con la justificación por la fe y casi cualquier otra doctrina vital, la esperanza de un milenio se perdió en la Edad Media. Es evidente que los padres de la iglesia primitiva lo sostuvieron sin lugar a duda. De una gran cantidad de testimonio no se necesita citar sino uno aquí, el de Justino Mártir. Este testimonio, como muchos otros, siendo tan directo y de tan grandes alcances, ha sido atacado por los oponentes del milenialismo, algo así como los fementidos suelen atacar la misma Palabra de Dios. La declaración de Justino, presentada por Jorge N. H. Peters, se reproduce en su totalidad:

"Nuestra doctrina (del reino) es trazada desde los apóstoles mismos *continuamente* viendo que (Prop. 72, Obs. 3, nota 1) los padres primitivos, que presentaron puntos de vista mileniales, vieron y conversaron con los apóstoles o los ancianos que les siguieron. Tan extensamente y en forma tan general se perpetuó el milenialismo, que Justino Mártir *afirma positivamente que todos los ortodoxos* lo adoptaron y lo sostuvieron. El lenguaje de Justino es explícito (Diálogo con Trifo, sec. 2); porque después de declarar la doctrina del milenio, afirma: ' Ha sido *completamente demostrado* que así sucederá. Pero también, por otra parte he hecho entender, que muchos – es decir, aquellos de esa raza de cristianos que *no siguen una doctrina recta y pura, no lo reconocen. Porque te* he demostrado que en verdad estos son *llamados* cristianos; pero son ateístas y herejes profanos, porque en todas las cosas enseñan lo que es blasfemo, impío, y lo que no es bueno, ' y luego añade: ' Pero yo y todos aquellos cristianos *que son ortodoxos en todas las cosas* conocemos que habrá una resurrección de la carne, que habrá mil años en la ciudad de Jerusalén, construida, adornada y ensanchada, según Ezequiel, Isaías y otros profetas lo han prometido. Porque Isaías acerca de estos mil años, dijo (cpa. 65:17), ' Porque he aquí que yo crearé nuevos cielos y nueva tierra; y de lo primero no habrá memoria, ni más vendrá al pensamiento. Mas os gozaréis para siempre en las cosas que yo he creado porque he aquí que yo traigo a Jerusalén alegría, y a su pueblo gozo. Además, hay un hombre cuyo nombre es *Juan, siendo uno de los doce apóstoles de Cristo, en aquella* revelación que le fue mostrada a él, profetizó que aquellos que creen en nuestro Cristo cumplirán mil años en Jerusalén; y *después de eso* en una palabra, la eterna resurrección general, y el último juicio de todos juntos. De esto mismo también *habló nuestro Señor*, cuando dijo, que allá ni se casarán ni serán dados en matrimonio sino serán semejantes a los ángeles, siendo hechos los hijos de la resurrección de Dios." – *The Theocratic Kingdom.*

A través de los tiempos siempre ha habido hombres, como los que Justino Mártir menciona en sus días, quienes se oponen a la enseñanza clara de la Biblia sobre el milenio. Las negaciones modernas se mueven en una de tres direcciones. Ellos dan escasa importancia a las Escrituras que presentan este tema; dan escasa importancia al mismo tema; o desprecian la erudición de aquellos que defienden el milenarismo. Algunos escritores modernos carecen del conocimiento de que el milenarismo o premilenialismo era la creencia de la iglesia primitiva casi en forma universal, o de la extensión de esa convicción en todos los siglos cuando se recibió alguna verdad. Casi no es digno de un erudito afirmar que esto es un alejamiento moderno, o, si se sostuvo en los primeros siglos, que se consideraba como una herejía. Se ha admitido que se había "perdido", juntamente con otras verdades vitales, desde el final del tercer siglo y los siguientes, y que permanecieron escondidas hasta la Reforma. El milenio, así como otras verdades, ha tenido que ser descubierto y volver a instituirse, y todo esto requiere mucho tiempo y estudio. En vista de la gran importancia de la actitud de la iglesia primitiva sobre este tema, una vez más parece conveniente citar de la voluminosa obra de Peters sobre las creencias conocidas de los primeros padres.

"*Obs.* 13. Por cuanto muchos de nuestros opositores, para poder hacer una impresión errónea en aquellos que no conocen la Historia Eclesiástica, *a propósito mezclan los padres que vinieron después con los primitivos* (como si fueran *contemporáneos),* es conveniente pues dar en orden cronológico a los padres, para que el lector común pueda ver *por sí mismo* cuándo vivieron, y así *formar su propio juicio* sobre la posición de ellos en la historia. Esto decide la cuestión de la *prioridad,* y también aquello de la introducción *después* de las influencias opuestas. Por tanto, nosotros mencionaremos aquellos que se *nombran claramente* por ambos, tanto los antiguos como los modernos.

1. Defensores pre-milenarios del primer siglo.

a. (1) Andrés, (2) Pedro, (3) Felipe, (4) Tomás, (5) Santiago, (6) Juan, (7) Mateo, (8) Aristío, (9) Juan el presbítero – todos estos vivieron entre los años 1 a 100 D. C.; se supone que Juan (según Mosheim, etc.) murió por el año 100 D. C. Todos estos son citados por Papías, quien, según Ireneo, fue uno de los que oyeron a Juan, y amigo íntimo de Policarpo. Juan también se menciona claramente por Justino. Bien, esta referencia a los apóstoles *concuerda* con los hechos que hemos comprobado: (a) que los discípulos de Jesús sostuvieron el punto de vista judaico acerca del reino mesiánico en la primera parte del primer siglo, y (b) que, en vez de rechazarlo, lo unieron con el segundo advenimiento. Luego (10) Clemente de Roma (Fil. 4:3), que vivió en los años 40 a 100 D. C. aproximadamente. (Su milenarismo de lo poco que queda, es evidente cuando consideramos tres puntos específicos: (a) ' predicando *la venida* de Cristo '; (b) reprendiendo a los burladores sobre la alegación de *la tardanza de esa venida,* y expresando la esperanza de *'que El vendrá pronto y no tardará;' (c) y ocupando la postura milenial de* 'esperar cada hora el reino de Dios.' Tales sentimientos sólo concuerdan con los puntos de vista que entonces prevalecían en cuanto al milenio; si estaban en oposición a esos puntos de vista, como algunos ansiosamente afirman porque no nos han llegado detalles de las opiniones sobre la escatología, ¿cómo podía él, cuando las ideas judaicas le rodeaban, emplear un lenguaje adaptado *pre-eminentemente* para confirmar el milenialismo, a menos que estuviera de acuerdo con ello?) (11) *Bernabé,* entre los años 40-100 D. C. (Si la epístola es de Bernabé quien estuvo con Pablo, o de algún otro, no importa viendo que todos admiten que era pre-milenial y que la epístola fue escrita *en una era temprana,* y *tiene que ser* indicativa del punto de vista sostenido entonces). (12) *Hermas,* entre los años 40-150 D. C. (Damos una fecha bastante larga para acomodar la disputa tocante a Hermas quien es el autor de el *Pastor.* Algunos quienes no aceptan el milenio creen que él es el que se menciona en Ro. 16:14; otros creen que fue otro Hermas de fecha más tarde, quien escribió por el año 150 D. C. Todos están de acuerdo de que él creía en el milenio, y su lugar en cuanto al tiempo probablemente se decide por nuestras preferencias doctrinales). (13) *Ignacio,* obispo de Antioquía, murió bajo el gobierno de Trajano en los años 50-115 D. C. aproximadamente (algunos dan 107 D. C. como fecha de su muerte). (Sus referencias, en los breves fragmentos, a *"los últimos tiempos"* y la exhortación en aquellos tiempos de *"esperar a El",* está en correspondencia con nuestra doctrina). (14) Policarpo, obispo de Esmirna, un discípulo del apóstol Juan, quien vivió aproximadamente en los años 70-167 D. C. (En vista de su asociación con los de creencias milenarias, y en las pocas líneas que él escribió, el hecho de que coloca el reino de los santos *después* de la venida de Cristo Jesús y la resurrección de los santos, el Dr. Bennet y otros dicen que él era milenarista. (15) Papías, el obispo de Hierápolis, vivió entre los años 80-163. Sus obras escritas vienen principalmente a través de un enemigo – Eusebio – pero todos conceden que él creía en el milenio, y declaran que fue *el discípulo y seguidor de San Juan,* y el compañero de Policarpo). Estos, pues, son los nombres de los que sostenían el milenialismo – nombres que se tienen en alta estima porque aquellos hombres tuvieron fe y sus obras proclamaron el Cristo, hasta morir por él.

b. En el lado opuesto al anterior, *ni un solo nombre* puede presentarse, que (1) pudiera ser citado como positivamente opuesto a nosotros, o (2) que pudiera ser citado como uno que enseña, en alguna forma o algún sentido, la doctrina de nuestros opositores.

2. *Los Defensores del Milenialismo del Segundo Siglo.*

a. (1) *Potinus,* un mártir que murió a la edad de 99 años (en el año 177 D. C. según Mosheim, Tomo 1, p. 120), es decir, entre los años 87-177 D. C. Su creencia en el milenio se hace evidente en las iglesias de Lyon y de Viena, donde él presidió, pues ellas eran milenarias, ya que Ireneo, su socio y sucesor, describe la uniformidad de la fe, *Adv. Haeres.,* 50, 1.10) (2) *Justino Mártir* vivió aproximadamente entre 100-168 D. C. (aunque otros, como Shimeall, dan los años 89 a 165 D. C.) . . . Semisch (según la enciclopedia de Herzog) expresa su opinión sobre ello (el texto disputado de la presentación de Justino sobre el Milenio): "La creencia en el milenio fue constituida en el segundo siglo *tan decididamente como un artículo de fe* que Justino lo sostuvo como un criterio de *perfecta ortodoxia* ' . . . (3) *Melitón, el obispo de Sardis, como en los años 100-170 D. C., se preservan de él solo unos pocos fragmentos. (Shimeall, en su Respuesta* (Reply) dice, *'Jerónimo y Genadio* ambos afirman que él era abiertamente uno que creía en el milenio. ') (4) *Hegisippo,* vivió entre los años 130-190 D. C. (Neander, en su *Historia General de la Iglesia,* Tomo 2, pp. 430, 432, lo designa como ' un maestro de la iglesia de origen judío con poderosas impresiones judías ', y un defensor del concepto de un ' milenio sensual '). (5) *Tacio,* entre los años 130-190 D. C. (El fue convertido bajo Justino, y es designado por Neander como ' su discípulo '). (6) *Ireneo,* un mártir (Mosheim, en su *Historia de la Iglesia,* Tomo 1, Edic. Amer., nota, p. 120, dice, ' nacido e instruido en Asia Menor, bajo Policarpo y Papías ', debe por tanto ser), como de 140–202 D.C. (Nosotros con frecuencia y en gran parte citamos de él) (7) *Las iglesias de Lyon y de Vienna,* en una carta de 177 D. C. (la que algunos atribuyen a Ireneo y otros a un cristiano de Lyon – autor desconocido) contiene trazos claros de milenialismo en una alusión que se hace a una primera resurrección, o resurrección anterior. (8) *Tertuliano,* como en 150-220 D. C. (Damos sus interpretaciones con frecuencia). (9) *Hipólito,* entre los años 160-240 D. C. (El fue un discípulo de Ireneo, y, según Focio, se inclinó ampliamente a Ireneo en su obra contra las herejías, y en su comentario sobre Daniel, fijó el fin de la dispensación cinco siglos después del nacimiento de Cristo). (1) *Apolinario,* obispo de Hierápolis, vivió entre 150-200 D. C. (Lo reconocemos como de nuestra opinión, y lo admite Hagenbach, en su *Historia de Doctrinas,* Sec. 139). Casi cada testigo ha sido un mártir.

b. Pero en el lado contrario *ni un solo escritor* puede presentarse, ni un solo nombre puede mencionarse como citado por alguien, quienes se hayan opuesto al Milenio en este siglo, a menos que aceptemos a Clemente Alejandrino (véase 3); mucho menos de alguien que hubiera enseñado la interpretación de Whitby. Ahora debe el estudiante reflexionar: aquí hay *dos siglos* (a menos que aceptemos la excepción presentada al final del segundo siglo), en el cual realmente no hay una oposición clara contra nuestra doctrina, más bien se sostuvo por *los mismos hombres,* guiadores, y eminentísimos, *por quienes trazamos la historia de la iglesia.* ¿Cuál debe ser nuestra conclusión? (1) Que la común fe de la Iglesia fue milenial, y (2) que tal generalidad y unidad de creencia podía haber sido introducida – como demuestra nuestro argumento por pasos lógicos – por los fundadores de la iglesia cristiana y los ancianos nombrados por ellos.

3. *Defensores Pre-milenarios del Tercer Siglo.*

a. (1) *Cipriano,* aproximadamente de 200-258 D. C. (El admiró mucho a Tertuliano y lo imitó. Citamos a él sobre lo inmediato del advenimiento, el sabatismo, etc. Shedd, en su *Historia de Doctrina,* Tomo 2, p. 394, escribe que "Cipriano mantiene la teoría milenial con su misma sencillez y moderación"). (2) *Comodiano,* entre 200-270 D. C. (El fue un resuelto defensor del Milenio. Compárese con la obra de Clark, *Literatura Sagrada, Historia General Cristiana* por Neander, Tomo 2, p. 448 – quien lo censura en la siguiente manera: "El espíritu cristiano, sin embargo, en estas amonestaciones, que de otro modo son pruebas de un vivo celo por la buena moral, se interrumpe por un elemento sensual y judío, un milenialismo craso; por ejemplo, cuando se afirma que los señores altivos del mundo en el milenio serán la servidumbre de los santos". Neander pasa por alto la manera como una temprana piedad pueril pudiera contemplar el Sal. 149:5-9; Is. 60:6-10; Mi. 7:16, 17, y pasajes afines). (3) *Nepos,* obispo de Arsinoe, como de 230-280 D. C. (Jerónimo, Whitby, Shedd, etc., lo consideran como un milenialista declarado). (4) *Coración,* entre los años 230-280 D. C. (Siempre se le coloca junto con Nepos por varios escritores, comp. la *Historia de la Doctrina de Hagenbach). (5) Victorino,* como de los años 240-303 D. C. (Se le ha reconocido por Jerónimo como adepto de Nepos y los milenialistas, *de Viris III.,* c. 74). (6) *Metodio,* obispo de Olimpo, como en 250-311 D. C. (De quien, Neander, en *Hist. General de la Iglesia,* Tomo 2, p. 496 – dice que 'se inclinaba abiertamente al milenialismo.' Esto lo admiten Whitby, Hagenbach y otros. (7) *Lactancio,* (aunque la mayor parte de sus obras se produjeron en el siguiente siglo, pero siendo contemporáneo con los milenialistas por largo tiempo en este siglo, lo incluimos con ellos), entre los años 240-330 D. C. (Lo citamos, aunque Jerónimo ridiculiza su milenialismo. El profesor Stuart lo llama, 'un milenialista celoso'). Otros, a quienes nos inclinamos a considerarlos como defensores del Milenio, debido a su asociación constante con los milenialistas, etc., los omitimos, porque lo que nos ha quedado de sus escritos y las declaraciones que tenemos son insuficientes para dar una opinión clara y decidida.

b. En este siglo, por primera vez, a menos que exceptuemos a Clemente Alejandrino, venimos a encontrarnos con opositores de nuestra doctrina. Todo escritor, desde los primeros períodos hasta el presente, que han entrado en la lista de nuestros oponentes, sólo ha encontrado estos antagonistas. Nosotros los presentamos en su orden cronológico, cuando abiertamente se declararon ser los adversarios. Son cuatro, pero tres de ellos fueron poderosos dañadores, y rápidamente lograron adherentes (Comp. Prop. 76). El primero en su orden fue (1) *Cayo* (o *Gayo),* a quien supone Kurtz (en su *Hist. Eclesiástica,* haber escrito como en 210 D. C. o, como dice Shedd *(Hist. de Doctrina),* en el principio del tercer siglo. (Mucho de lo que se alega que él dijo nos llega de fuentes acerbas de la crítica anti-milenialista, y debe aceptarse de conformidad a esas fuentes. (2) *Clemente Alejandrino* quien fue el sucesor de Pantaeno, (según Kurtz, murió en 101 D. C.) como preceptor en la escuela catequista de Alejandría, ejerció una influencia poderosa (sobre Orígenes y otros) como profesor durante los años 193-220 D. C. (Se convirtió bajo Pantaeno, después de haberse dedicado a la filosofía pagana, y solamente durante la última parte de su vida hizo discípulos, quienes formaron en gran parte la subsecuente interpretación de la Iglesia). (3) *Orígenes,* aproximadamente en los años 185-254 D. C. . . . *"Orígenes la atacó ferozmente* (la doctrina Milenial); *porque para su filosofía era repugnante;* y por el sistema bíblico de interpretación que él descubrió, él dio *una dirección diferente* a aquellos textos bíblicos en los cuales confiaban los defensores de la doctrina' (Mosheim, *Com. de los Primeros tres siglos,* Tomo 2, sec. 38) . . . (4) *Dionisio,* como en los años 190-265 D. C. (véase la Sig. Prop.) No hay duda de que otros fueron en gran parte inducidos a aceptar la enseñanza anti-milenial (viendo qué fuerte oposición se levantó en el cuarto siglo), pero estos son *los campeones* mencionados como enemigos directamente al milenialismo. Ahora queda para el estudiante pesar cautelosamente este dato histórico, y verá que la historia de la Iglesia indudablemente *sella nuestra fe como la creencia prevaleciente,* porque lo más que se puede decir respecto a la oposición es, que en los últimos años del segundo siglo se levantaron hombres que comenzaron un antagonismo definidamente presentado y promovido en el tercer siglo, y que culminó en el cuarto y en los siguientes siglos. Por tanto, nuestra proposición queda *abundantemente confirmada* por la posición doctrinal de la Iglesia primitiva; en verdad así es – si es conclusiva la línea de nuestro argumento respecto a la *creencia apostólica* de que permaneció invariable tocante al reino – la *misma posición* que la Iglesia *debe ocupar* en su introducción. Por tanto, no es ni lógico ni bíblico, que los hombres procuren debilitar el testimonio de aquellos padres, ni que traten de disculparlos, considerándolos ignorantes, supersticiosos, sensuales, etc., de esta manera trazando la Iglesia, que fue establecida por hombres inspirados y por sus sucesores escogidos, a través de creyentes ignorantes, supersticiosos y sensuales, hasta que los eruditos, ilustrados y espirituales como Clemente, Gayo, Orígenes, y Dionisio aparecieron y trajeron luz que ' la conciencia de la Iglesia' apreció" – *Reino Teocrático, I, 480, 494-97, 500 (Theocratic Kingdom, I).*

Se agrega a esto la admisión de Daniel Whitby (1638-1726), un teólogo inglés quien, casi como nadie más, se opuso al punto de vista milenario. Peters lo cita en su libro *Tratado sobre la Tradición* (Treatise on Tradition) como sigue:

"La doctrina del Milenio, o el reinado de los santos en la tierra por mil años, se rechaza ahora por todos los católicos romanos, y por la mayoría de los protestantes; sin embargo fue aceptada entre *los mejores cristianos, por doscientos cincuenta años, como una tradición apostólica;* y, como tal, fue entregada por *muchos* padres del segundo y tercer siglos, quienes hablaban de ella como la tradición *de nuestro Señor y de sus apóstoles,* y de *todos los antiguos* que vivieron antes que ellos; quienes nos la repiten en las *mismas palabras* en que fue dada, *las Escrituras,* como fueron interpretadas entonces; y dicen que *fue aceptada por todos los cristianos que eran verdaderamente ortodoxos '.* ' Fue recibida no sólo en las partes orientales de la Iglesia, por Papías (en Frigia), Justino (en Palestina), sino por Ireneo (en Galia), Nepos (en Egipto), Apolinario, Metodio (en el Oeste y en el Sur), Cipriano, Victorino (en Alemania), por Tertuliano (en Africa), Lactancio (en Italia), y Severo, y por el Concilio de Nicea ' (en 323 D. C. aprox.). Hasta en su *Tratado sobre el Milenio* en el cual procura hacer a un lado la antigua fe, sustituyéndola por ' *una nueva hipótesis* ', reconoce, según Justino e Ireneo, que había 'tres clases de hombres' (cap. 1, p. 61): (1) *Los herejes,* que niegan la resurrección del cuerpo en el milenio. (2) *El verdaderamente ortodoxo,* que afirma tanto la resurrección como el reino de Cristo en la tierra. (3) *Los creyentes,* que consintieron con los justos, pero procuraron alegorizar y convertir en metáforas todas las Escrituras presentadas como las propias para el reino de Cristo, y quienes tenían sentimientos que más bien *concordaban* con aquellos herejes que negaban *el reino de Cristo en la tierra* en vez de con aquellos que sostenían una ortodoxia verdadera." – *Ibid.,* pgs. 482-83.

La Biblia en sus predicciones universalmente anticipa el retorno de Cristo *antes* del reino y cuando se agrega este maravillosos testimonio de los padres primitivos, no hay sino una sola conclusión tocante a la prioridad, el honor, y dignidad que pertenece al milenarismo. Los postmilenialistas y amilenialistas se jactarían del principio de su historia si pudieran exponer aunque fuera sólo una porción de tal evidencia para sustentar sus contenciones.

En vista del testimonio de los primitivos padres – Bernabé, Clemente, Hermas, Policarpo, Ignacio, Papías, Justino Mártir, Ireneo, Tertuliano, Cipriano, Lactancio, y 318 obispos de todas partes de la tierra que declararon su creencia en el Concilio de Nicea – quienes dieron apoyo directo a la fe milenaria, también conviene anotar el reconocimiento de historiadores ilustres del lugar que mantuvo el milenio en la iglesia primitiva. La siguiente lista, con sus declaraciones, ha sido tomada del folleto, *La Historia de la Doctrina del Regreso de Nuestro Señor,* por el Dr. I. M. Haldeman:

"Eusebio, el primitivo historiador de la Iglesia, admite que la mayoría de los eclesiásticos de su tiempo eran milenarios. Es decir, ellos creían en la venida de Cristo antes del milenio. Gieseler, ' Historia de la Iglesia ', Tomo I, p. 166, dice ' el milenialismo vino a ser la creencia general del tiempo y casi sin oposición, sino sólo la que presentaron los gnósticos '. El Dr. Horacio Bonar dice, en su obra ' Lindes Proféticos ', ' El milenialismo prevaleció universalmente durante los primeros tres siglos. Esto ahora es un hecho histórico confirmado y presupone que el milenio era un artículo del credo apostólico '. Müncher dice en *Historia de la Doctrina Cristiana,* Tomo II, p. 415: ' Cuan extensamente prevaleció el milenialismo en los primeros tres siglos aparece de esto; que fue recibido universalmente por casi todos los maestros '. W. Chillingworth dice: ' Cualquier doctrina creída o enseñada por los padres más eminentes de cualquier época de la iglesia, y sin la oposición o condenación por ninguno de sus contemporáneos, debe ser juzgados como doctrina universal de la iglesia de aquellos días. Pero la doctrina del milenio fue creída, y enseñada por los padres más eminentes de la era después de los apóstoles, y en esa época no se le opuso ni se condenó por ninguno, por tanto, era la doctrina universal de aquellos tiempos '. Stackhouse, en su libro, ' El Cuerpo Completo de la Divinidad ', dice: ' La doctrina fue una vez la opinión de todos los cristianos ortodoxos '. El obispo Tomás Newton dice: ' La doctrina se creyó en forma general en los tres primeros siglos que eran los más puros '. Mosheim, Tomo I., p. 185, de su ' Historia Eclesiástica ' dice: ' Que el Salvador reinará mil años entre los hombres antes del fin del mundo, había sido la creencia de muchos en el siglo anterior (es decir, el segundo), sin ofender a nadie '. . . . Neander, el historiador eminente, dice en su *Historia de la Iglesia,* Tomo I, p. 650; ' Muchos cristianos captaron una imagen que llegó a ellos de los judíos, y que parecía adaptarse a la presente situación de ellos. La idea de un reino milenario que establecería el Mesías en la tierra al concluirse todo el curso terrenal de esta edad – cuando todos los justos de todos los tiempos vivirían juntos en Santa Comunión . . . ' Gibbon, el autor de aquella inmensa obra, ' La Decadencia y Caída del Imperio Romano ', no puede acusarse de estar en simpatía con el cristianismo . . . En el primer tómo de su obra, p. 532, él escribe: ' Se creía universalmente que el fin del mundo estaba cerca. El acercamiento inmediato de ese evento maravilloso había sido predicho por los apóstoles. Su tradición se preservó por primitivos discípulos, y aquellos que entendieron los discursos de Cristo mismo en sentido literal fueron obligados a esperar la segunda y gloriosa venida del Hijo del Hombre antes que se extinguiera totalmente aquella generación. ' Y ahora tômese nota de lo que dice: ' Mientras este error se permitió existir en la iglesia, para un propósito sabio, produjo los efectos más saludables en la fe y en la práctica de los creyentes quienes vivieron en la espantosa expectación de aquel momento.' . . .' La antigua y popular, ' – tómese nota, *la antigua y popular* –' La antigua doctrina popular del milenio tenía una íntima conexión con la segunda venida de Cristo: Así como la obra de la creación fue terminada en seis días, su duración en su condición actual, según la tradición, se fijó para seis mil años. Usando la misma analogía se infirió que este largo período de labor y contención, que ahora casi ya había transcurrido, sería sucedido por un descanso gozoso de mil años, y que Cristo con sus santos triunfantes y los elegidos que habían escapado de la muerte, o que habían sido maravillosamente vueltos a la vida, reinarían sobre la tierra hasta el tiempo señalado para la última resurrección general. ' ' La seguridad de tal milenio . . . se inculcó cautelosamente por una sucesión de padres desde Justino Mártir e Ireneo, quienes conversaron con los discípulos inmediatos de los apóstoles, hasta llegar a Lactancio, quien fue un preceptor del hijo de Constantino. Parece haber sido el sentimiento predominante de los creyentes ortodoxos, y . . .parece que se adapta tan bien a los deseos y temores de la humanidad que sin duda contribuyó a un grado muy notable al progreso de la fe cristiana. ' . . .' Pero cuando casi estaba completo el edificio de la iglesia, se dejó a un lado el apoyo temporal. La doctrina del reino de Cristo sobre la tierra se anunció al principio como una alegoría profunda, se consideró gradualmente como una opinión dudosa e inútil, y finalmente fue rechazada como una invención absurda de la herejía y el fanatismo. ' Kitto, en su enciclopedia de ' Literatura Bíblica ', bajo el artículo ' Milenio ', declara que la doctrina milenial prevaleció generalmente en el siglo segundo, y que recibió de Orígenes el primer golpe que lo hizo titubear, seguido por Agustín, Jerónimo, y otros en el siglo cuarto. En la ' Enciclopedia Británica ' bajo el artículo ' Milenio ' el escritor, nada menos que el distinguido letrado Adolfo Harnack, D.D., profesor de Historia Cristiana en la Universidad de Giessen, Alemania, dice: "Esta doctrina del segundo advenimiento de Cristo y del reino apareció tan temprano que cabe preguntar si no debiera considerarse como una parte esencial a la religión cristiana. ' Sheldon en ' Historia de la Iglesia ' Tomo I., p. 145, cap. 6, testifica que ' el premilenialismo era la doctrina de los cristianos en los primeros dos siglos. Los padres esperaban que se levantara y reinara el anti-cristo, y encontrara su destrucción en la venida personal del Señor. Después de eso el reino de Cristo se establecería por mil años sobre la tierra. ' Crippen en su ' Historia de la Doctrina ' p. 231, sec. 12, dice: ' Los padres primitivos vivieron en la expectación del pronto regreso del Señor '; en la página 232 dice: ' Ellos distinguen entre una primera resurrección de los santos y una segunda resurrección general. Suponían que ellas estarían separadas por un período de mil años, durante el cual Cristo reinaría sobre los santos en Jerusalén. '...' Mientras alternativamente se perseguía a la iglesia y el imperio romano lo toleraba con desdén, la creencia en el regreso inmediato de Cristo y su reino milenario se mantenía muy extensamente. '...' Cuando la iglesia fue reconocida y patronizada por el estado, el nuevo orden de las cosas parecía tan deseable que la conclusión de la dispensación dejó de esperarse o desearse.' Smith en su 'Historia del Nuevo Testamento', p. 273, dice: 'Inmediatamente después del triunfo de Constantino, el cristianismo habiendo llegado a ser dominante y próspero, los cristianos comenzaron a perder su vívida expectación del pronto regreso del Señor, y comenzaron a buscar la supremacía temporal del cristianismo como un cumplimiento del reino prometido de Cristo en la tierra' "–págs. 14-20, 24.

VI. EL MILENARISMO COMENZO A RESTAURARSE EN LA REFORMA

Todo el carácter del testimonio bíblico fue cambiado por influencias gnósticas y alejandrinas, y, juntamente con toda verdad vital, la iglesia perdió su concepto de la esperanza purificadora del regreso de Cristo, y finalmente bajo Constantino, se cambió el programa divino de un Señor que vuelve, por una iglesia de conquista mundial. Sobre esto, el Dr. James H. Brookes *(Maranatha,* p. 536) cita a Bengel quien dice: "Cuando el cristianismo llegó a ser un poder mundial por Constantino, la esperanza del futuro fue debilitada por el gozo del éxito del presente". Igualmente, Auberlen *(Daniel,* p. 375) dice esto: "El milenarismo desapareció *en proporción* al avance del catolicismo papal. El papado, tomó para sí, *como un robo,* aquella gloria que es un objeto de esperanza y que se alcanza solamente por la obediencia y la humildad de la cruz. Cuando la Iglesia llegó a ser una ramera, dejó de ser una novia que sale al encuentro de su novio; y *de esta manera desapareció el milenarismo.* Esta es la verdad profunda que está al fondo de la interpretación protestante anti-papista del Apocalípsis" (ambas referencias son citadas por Peters, *op. cit.* I., 499).

No se requiere aquí un repaso de los siglos "obscuros" de la Iglesia de Roma ni de la Reforma. Basta con decir que habiendo sido libertado repentinamente de una esclavitud mental y espiritual y en peligro del martirio, los reformadores exploraban inseguros en asuntos de doctrina, teniendo una completa revelación divina que redescubrir y organizar en un sistema. El progreso maravilloso y los alcances de los reformadores se descubre en sus obras teológicas, y en las obras literarias de las siguientes generaciones. Unos de estos guiadores adoptaron la interpretación milenaria y otros no. Cualquiera que haya sido la creencia de los reformadores, ellos no aceptaron la interpretación de Whitby. En su doctrina ellos eran seguidores de Agustín y no dieron apoyo a la idea de un milenio antes del segundo advenimiento. Lutero escribió: *"Esto no es cierto y realmente es una artimaña del diablo,* que se haga creer a la gente *que todo el mundo llegará a ser cristiano.* Es una obra del diablo, para obscurecer la sana doctrina e impedir que se entienda . . . Por tanto *no se puede asentir* que todo el mundo, y toda la humanidad creerá en Cristo; porque tenemos que cargar continuamente la sagrada cruz, que los que persiguen a los santos están en *la mayoría" (Lutero,* por Walch, Tomo 2, págs. 1082-83, citado por Peters, *ibid.,* III, 175). En otra obra Lutero escribió, "Creo que todas las señales que han de preceder a los últimos días ya aparecieron. No debemos pensar que esté remoto el advenimiento de Cristo; miremos hacia arriba, con cabezas levantadas; esperemos la venida de nuestro Redentor con ansiedad y con una mente feliz" (citado por Haldeman, *op. cit.,* p. 27). Calvino también dice: *"Por tanto, no hay ninguna razón por qué una persona debiera esperar la conversión del mundo* porque en el transcurso del tiempo – cuando ya sea muy tarde, y no será de ninguna ventaja para ellos, contemplarán al que traspasaron" *(Comentario* sobre Mateo 24:30, citado por Peters, *loc. cit.).* También Calvino declara en el tercer libro de sus *Institutos,* capítulo 25, "La Escritura uniformemente nos manda que contemplemos con esperanza la venida de Cristo." A esto se puede añadir el testimonio de Juan Knox: "El Señor Jesús volverá, y su regreso será con prontitud. El propósito no es otro sino reformar la faz de toda la tierra, lo que nunca se ha hecho ni lo será sino hasta que el Rey y Juez justo se manifieste para la restauración de todas las cosas." Las palabras de Latimer son semejantes: "Todos aquellos hombres de excelencia y erudición a quienes, sin duda alguna, Dios los ha enviado al mundo en estos últimos días para dar amonestación al mundo, quienes estudiando las Escrituras hallan que los últimos días no pueden estar lejos. Por ventura acontezca en mi tiempo, anciano como soy, o durante la vida de mis hijos" (las 3 citas arriba son hechas por Haldeman, *loc. cit.).* La actitud de los reformadores se refleja en la Confesión de Augsburgo. Como una condenación de las creencias de los anabaptistas, esta confesión en su artículo diecisiete dice: "Debe haber condenación para aquellos que propagan opiniones de judíos, que, *antes de la resurrección de los muertos,* los píos ocuparán el reino del mundo, los impíos serán reprimidos dondequiera" (Müller, *Libros de Símbolos,* p. 43, citado por Peters, *loc. cit.).*

No se hizo una investigación de la verdad profética sino hasta más tarde, y, no apareciendo, en gran parte, en las obras teológicas de los reformadores esa verdad – juntamente con otras enseñanzas importantes, especialmente la eclesiología de San Pablo – no se le ha dado el detenido estudio que merece por su importancia, así como todos los descubrimientos después, en los sistemas de teología que están basados sobre la Reforma.

Se exhorta al estudiante a tener en mente los hechos relacionados a la Reforma y la enorme tarea puesto sobre los reformadores, y a recordar que los hombres de entonces, como ahora, por varias razones casi nunca son de una sola opinión hasta el último detalle. El estudio profético tuvo sus aficionados como también tuvo sus enemigos así como ahora. Sin embargo, todo esto no cambia ni una sola palabra de la revelación. Y, aunque fuera cierto que nadie ha entendido el Sagrado Texto, ese Libro permanece en su pureza y es un llamamiento al alma que es consagrada.

VII. EL MILENARISMO DESPUES DE LA REFORMA

La historia del milenarismo después de la Reforma es un trabajo de los historiadores. Desafortunadamente, las historias eclesiásticas que existen, en su mayor parte, fueron escritas por hombres entrenados en la interpretación de Whitby, y los hechos esenciales del milenarismo han sido omitidos o relatados falsamente; esto es cierto especialmente en la forma que estos historiadores presentan las creencias de la iglesia en los primeros dos siglos.

Al considerar los puntos de vista de teólogos protestantes de los tiempos cercanos a la reforma, conviene tomar nota por lo menos de un estadounidense prominente, Cotton Mather (1663-1728), hijo de Increase Mather (1639-1723), quien, a su vez fue hijo de Richard Mather (1596-1669). Estos tres hombres fueron clérigos de Nueva Inglaterra (New England) de la denominación Congregacional. Tanto Increase Mather (el sexto presidente de la universidad de Harvard) y Cotton Mather podrían ser citados como milenarios bien informados. Una cita de Cotton Mather posiblemente es suficiente:

> "Es bien conocido, que en las primeras épocas de los tiempos primitivos los fieles creyeron, en un sentido literal, en la ' segunda venida ' del Señor Jesucristo, y el levantamiento y el reinado de los santos con El, mil años *antes* ' que los demás muertos vivan otra vez ', no obstante, es una doctrina que algunos años después ha sido considerada como herejía; sin embargo en los días de Ireneo, *fue aceptada sin controversia por todos menos aquellos que entonces eran considerados herejes.* De Justino Mártir es evidente que la doctrina del milenio en sus días fue aceptada *entre todos los cristianos ortodoxos.* Tampoco se comenzó a dudar del reino de nuestro Señor, sino *hasta* que el reino del Anticristo comenzó a avanzar y tomar considerables dimensiones, y *entonces* cayó principalmente bajo los reproches *de tales hombres* que querían negar la autoridad divina del libro de Apocalipsis, y de la Segunda Epístola de San Pedro. Sólo *uno que desconoce* la antigüedad no encuentra ni admite que los antiguos

generalmente fueron de la persuasión (milenaria). Sin embargo, por fin vinieron los hombres que no sólo hicieron a un lado las expresiones moderadas de Jerónimo, uno de los primeros anti-milenarios, sino también persiguieron con violencia la verdad del milenio como una herejía perversa. De modo que el misterio de la "manifestación del Señor en su reino" *quedó sepultado* en las tinieblas del papado hasta que la luz del reino produjo nuevo albor. Entrando el Anti-cristo en la última mitad del período que se le ha señalado, y ahora dentro de los últimos siete años, cuando las cosas están cerca de su cumplimiento, *hombres piadosos y doctos en gran número,* vienen de todas partes a recibir, explicar, y sostener *la antigua fe* tocante al milenio." - Citado por Peters, *ibid.,* I, 541-42.

Es significativo que Cotton Mather testificara que "hombres doctos y piadosos, en gran número, vinieron a recibir, y explicar, y sostener la antigua fe tocante al milenio" – dando a entender lo que sostuvo la iglesia primitiva. Tales declaraciones, sirve, a lo menos, para silenciar esa forma de conocimientos escasos que sostiene que las interpretaciones premilenarias son descubrimientos recientes.

Después de la reforma, el pensamiento teológico se divide en tres las ideas tocante al milenio.

1. LA TEORIA DE WHITBY. Este concepto fue originado por Daniel Whitby (1638-1726), un teólogo inglés cuya creencia nunca ha podido librarse de la acusación de ser sociniana. Whitby contendía que el milenio sería del futuro, pero que sería establecido en la tierra por los agentes evangélicos que ya están en acción. Es así como llegó él a ser el que dio origen a lo que se conoce por postmilenialismo –es decir, la creencia de que el segundo advenimiento tendrá lugar después del milenio establecido por el hombre. Esta teoría fue acogida por los teólogos y ha sido proclamada en teologías y sermones hasta hace pocos años. No se puede negar que la teoría de Whitby está ahora muerta. Existe sólo en la poca literatura que creó y no tiene ninguna voz viva para defenderla. Sin duda el énfasis sobre el estudio de la Biblia en el siglo presente ha servido para dejar descubierto el carácter no bíblico de este sistema. Los defensores no han sido capaces de aceptar el reto de presentar un pasaje bíblico que enseñe un milenio antes de la venida de Cristo, o que enseñe un advenimiento de Cristo después del milenio. Ha sido característica de los teólogos que siguen a Whitby denunciar el premilenialismo con gran celo y sin embargo confesar que nunca han hecho el estudio concienzudo que el tema demanda.

2. ANTIMILENIALISMO. Esta teoría extraña, cuyo origen está en esa noción romana de que la iglesia es el reino, arguye que lo que sea el milenio se está experimentando en esta edad presente. Aboga por la interpretación del libro de Apocalipsis como una descripción, o descripciones variadas de esta edad de la iglesia. Al principio de esta

séptima división principal de la teología se hizo referencia al hecho de que el Dr. B. B. Warfield aceptó la idea romanista, que es común a todos los que defienden la teoría amilenial (de que no hay milenio). Su gran conocimiento y erudición en otros campos de la verdad le han dado a él una influencia sobre muchos que no hacen un estudio mayor de lo que aparentemente ha hecho el Dr. Warfield (véase "El Milenio y el Apocalipsis", *The Princeton Theological Review,* 1904, II, 599-617). En su esfuerzo, no envidiable, de colocar todos los eventos que se anticipan en el Apocalipsis en la historia de la era presente, los amilenialistas se entregan a una forma de especulación casi insuperable. Abandonan el razonamiento y la sana interpretación con un solo objetivo en mente, es decir, colocar χίλιοι (mil) años —que se repite seis veces en Apocalipsis, el capítulo 20— en el pasado y por tanto ya no es un evento que se anticipa en el futuro. La violencia que impone esta interpretación sobre toda la revelación profética es tal que nadie lo propondría excepto aquellos quienes por falta de atención, no parecen saber lo que hacen. Por otro lado no se debe acusar al mileniarismo o premilenialismo de abandonarse en cosas caprichosas cuando declara las cosas futuras presentadas en la Biblia en el sentido exacto y literal como las describe la Biblia. La interpretación literal no es de compararse con los caprichos de esa opinión romanista (el amilenialismo) que se propone colocar todo el Apocalipsis, capítulos 6-20, en la edad presente de la iglesia. En pura fantasía de la imaginación este método excede al ruselismo, el eddyismo, y adventismo del séptimo día, porque se abandona el sencillo significado gramatical del lenguaje, y términos sencillos son desviados de su curso y terminan diciendo cualquier cosa que el intérprete desee. Para sostener que la mayor parte del Apocalipsis tiene cumplimiento en la era presente, habrá necesidad de sostener que Satanás está atado ahora. Esto es precisamente lo que afirma el Dr. Warfield *(loc. cit.),* como lo hacen otros amilenialistas. Enseñan que la primera resurrección ya quedó en la historia. La bestia fue Nerón, porque el valor numérico de las letras hebreas con que se escribe *Nerón-César* hace un total de 666. Pero Satanás no está atado, porque el anda rodeando como un león rugiente buscando a quien devorar, y porque todos los creyentes luchan contra principados y potestades (Ef. 6:10-17). La primera resurrección todavía no ha acontecido, porque tiene que ser acompañada por la traslación de los santos vivientes (1 Ts. 4:16-17). Nerón tampoco es la bestia, el hombre de pecado, porque ese individuo será destruido en la gloriosa aparición de Cristo (2 Ts. 2:8-10). Además de esto está el hecho de que la bestia con el falso profeta serán lanzados al lago de fuego. Nerón no fue destruido por la gloriosa aparición de Cristo, tampoco hay autoridad bíblica para sostener que el fue lanzado al lago de fuego. El, con todos los malvados muertos, serán lanzados a ese lago en el juicio final (Ap. 20:12-15). A más de esto ¿qué puede decirse de los sellos, las trompetas, las copas de ira, los siete juicios, los cuatro jinetes, la guerra en el cielo, las actividades de Satanás y de sus ángeles limitados a la tierra, los 144,000 testigos, los dos testigos, la destrucción de Babilonia eclesiástica y la destrucción de la Babilonia política? Asimismo, si todo el Apocalipsis, los capítulos 6-20, se cumple en la edad presente, ¿cuándo se cumplirá la tribulación sin igual profetizada por Cristo (Mt. 24:9-29), y por Daniel (Dn. 12:1), y por Jeremías (Jer. 30:5-7)? Las conjeturas de un hombre pueden ser tan buenas como las de otro concerniente a estos asuntos tan extensos, y sería de provecho si todos examinaran las Escrituras antes de lanzar una opinión. Como se dijo antes, el único objetivo de toda esta tergiversación del libro consumador de la Biblia es evitar la perspectiva de mil años del glorioso y justo reinado de Cristo en la tierra. Los pocos escritores amileniales, sin ninguna excepción tratan de renunciar de las seis referencias a los mil años con este propósito en mente, y entre ellos uno, que es profesor del Nuevo Testamento en un seminario renombrado, cierra su argumento pretendiendo haber hecho un buen trabajo y diciendo "gracias a Dios" por la "eliminación hecha."

3. PREMILENIALISMO. Los que sostienen el premilenialismo nunca se han organizado ni han procurado desplegar su influencia. No forman una denominación sectaria, sino que están esparcidos en todas las iglesias protestantes. Ellos no practican la separación de entre sus hermanos, tampoco han mantenido escuelas separadas. Sin embargo, en los Estados Unidos y Canadá hay como cincuenta institutos bíblicos que sin excepción son premilenialistas. En los últimos años se han establecido seminarios teológicos con todas las cualidades necesarias y enseñan la teología desde el punto de vista premilenial de las Escrituras. Además de esto hay un sinnúmero de iglesias tanto independientes como denominacionales que sostienen únicamente un testimonio premilenial. Se han establecido conferencias bíblicas, y cursos de estudio bíblico por todas partes, y en su mayoría sostienen la interpretación premilenial. Las grandes misiones de fe son premileniales así como los miles de misioneros que han enviado. Los grandes periódicos religiosos –grandes en el sentido de circulación e influencia– son claramente premilenialistas, así como todos los evangelistas, casi sin excepción. Aparentemente la siguiente división en el cuerpo ortodoxo de los creyentes no se hará por esas diferencias teológicas que han separado a las denominaciones, sino más bien sobre la interpretación dispensacional

y premilenial de la Biblia. Después de la primera gran conferencia bíblica y profética que se celebró en la ciudad de Nueva York en 1878, el Dr. C. A. Briggs de *Union Seminary* de Nueva York, lanzó una amonestación a los premilenialistas que si deseaban preservar su posición eclesiástica deberían abandonar esas conferencias de estudio bíblico. Escribió lo siguiente: "De ellos mismos depende totalmente lo que traerá el futuro. Si ellos *abandonan* su organización, *deshacen* su comité, *paran* las conferencias bíblicas y proféticas, no dudamos que pronto habrá calma otra vez, y podrán estar sin perturbaciones en sus relaciones eclesiásticas; *pero si* están determinados a proseguir con su movimiento agresivo, no podrán culpar a nadie más que a sí mismos *si la tempestad se convierte en un torbellino que los obligará a retirarse de las iglesias ortodoxas, y formar otra secta herética*" (citado por Peters, *op. cit.*, I, 481). También en este tiempo presente, hay en todas partes un sentimiento semejante, apenas disimulado en el cual todos los liberales unidos se proponen a sacar de las denominaciones a todos aquellos que insisten en enseñar la segunda venida y sus doctrinas relacionadas.

En la Proposición 78 de *The Theocratic Kingdom* (El Reino Teocrático) una obra colosal, publicada en 1884, insuperable tanto en extensión como en erudición, George N.H. Peters da una lista de nombres de ministros prominentes en el mundo en su tiempo, con referencia al país y denominación, quienes eran premilenialistas. En los Estados Unidos dentro de once denominaciones él da los nombres de 360, un gran número de los cuales fueron obispos, o doctores en divinidad. Muchísimos expositores venerados de los Estados Unidos y Canadá, editores, y predicadores han sido incluidos en esta lista. También, no menos de 470 bien conocidos ministros y escritores en Europa han sido mencionados por nombre. Esta lista de predicadores y escritores parecen ser los nombres de aquellos quienes han permanecido por causa de sus obras heroicas. Sería una satisfacción reproducir estas listas si hubiera espacio. Quince hombres que han emprendido un comentario de todo el Texto Sagrado (sea del Antiguo o Nuevo Testamento, o de los dos) también han sido incluidos. Estas listas lo integran los hombres de máxima autoridad —Bengel, Olshausen, Gill, Stier, Alford, Lange, Meyer, Starke, Fausset del Comentario llamado *Jamieson, Fausset, and Brown,* Jones, y Nast. A lo menos cincuentinueve escritores son nombrados que produjeron exposiciones clásicas de porciones más pequeñas de las Escrituras. Este grupo incluye a Keach, Bonar, Tait, Ryle, Seiss, Cumming, Fry, MacIntosh, Wells, Demarest, Delitzsch, Ebrard, Mede, Goodwin, Elliott, Cunningham, Darby y sus asociados.

Los escritores y maestros que no se han informado de la historia o la literatura del premilenialismo –y de esos hay muchos– tienden a repudiar el milenialismo con desprecio afirmando que es una idea moderna, e infamándolo como una herejía, mientras que algunos de aquellos que no siguen la interpretación milenial tienen suficiente información y son sinceros en reconocer que "hombres que son reconocidos por su piadosa devoción como por su alta reputación de erudición" sostienen la fe premilenial. A la luz de la evidente verdad de que el milenialismo ha producido los grandes misioneros, los grandes evangelistas, y un sinnúmero de ilustres expositores, la acusación de que es una herejía tiene que venir de la ignorancia o de la mala voluntad. Es muy significativo que, aunque algunos se han ido al extremo, los premilenialistas que han sido enseñados no sólo son sanos en doctrina sino que tienen conocimiento de su responsabilidad de testificar del evangelio como Dios nos lo ha mandado. Es igualmente significativo que todo incrédulo y todo hereje a través de toda la era de la iglesia ha sido antimilenialista.

Deberá observarse que las listas citadas arriba representan condiciones que existieron hace sesenta años y que la idea premilenial de las Escrituras ha hecho su más grande progreso desde esa fecha y ha producido sus más grandes predicadores y maestros, y ha sacado a luz su más grande literatura, y ha multiplicado sus seguidores en grandes números. Lo que enseña el premilenialismo será el tema de las siguientes páginas.

CAPITULO XV

EL CONCEPTO BIBLICO DE LA PROFECIA

En la esfera de la profecía, se contempla con claridad la habilidad divina como algo que transciende las limitaciones humanas. Dios parece tener deleite en poder predecir el futuro; por lo menos es evidente que ese poder se usa para despertar la mente humana a las maravillas de su existencia. Aparte de la revelación divina, el hombre no puede saber los sucesos de un día. Dios conoce el fin desde el principio, "que hace conocer todo esto desde tiempos antiguos" (Hch. 15:18). "Conocidas son a Dios desde el siglo todas sus obras" (Hch. 15:18, revisión de 1909). Mediante la revelación divina se alivia la limitación humana. Es una ventaja inmensurable para el ser humano tener información acerca del futuro. Parece que los hombres quisieran apoderarse de cada palabra divina de predicción y no sólo estudiar su significado sino gloriarse en la luz adicional que provee. Sin embargo las Escrituras proféticas han sido abandonadas más que cualquier otra porción del Sagrado Texto, y ese estímulo –entre las mayores influencias bíblicas– que es destinado para los creyentes, les ha sido negado por aquellos que han sido señalados a predicar y enseñar todo el consejo de Dios. El predicador que resuelta y firmemente evita temas proféticos está cometiendo un mal cuyos cálculos sólo pueden medirse en el cielo. Lo mismo se puede decir de las obras de teología que no hacen un esfuerzo digno para explicar esa vasta porción de la Palabra de Dios, y de esta manera ejercen influencia sobre el estudiante para que siga el mismo curso.

El concepto bíblico de la profecía puede considerarse bajo seis temas: (1) el profeta, (2) el mensaje del profeta, (3) el poder del profeta, (4) la selección de los profetas, (5) el cumplimiento de la profecía, y (6) la historia de la profecía.

I. EL PROFETA

En concepto general, el profeta era uno que hablaba el mensaje de Dios. El era la voz de Dios al pueblo. En sentido contrario estaba el sacerdote que se presentaba a Dios a favor del pueblo. Estos dos juntos definen en tipo dos aspectos de la mediación de Cristo; porque El fue Profeta y Sacerdote en el sentido final de esos términos. En el sentido bíblico la profecía puede significar predecir o predicar. Mucho de lo que pronunció el profeta no era de naturaleza de predicción; pero declaró la verdad que Dios le había dado. Su mensaje fue sustentado por "Jehová ha dicho así" una frase del Antiguo Testamento. El profeta del Antiguo Testamento debe observarse que fue identificado familiarmente como "el hombre de Dios." Antiguamente fue conocido como "el vidente", pero finalmente, como "el profeta" (comp. 1 Sam. 9:8-9). El profeta fue un patriota y un reformador, uno que buscaba el avivamiento en medio de un pueblo escogido. Su ministerio era una necesidad en tiempos de decadencia espiritual, y sus mismas amonestaciones inevitablemente llegaron a tener el carácter de predicciones.

Hay base para un profundo interés en el ministerio del profeta y también en la manera en que él recibió su mensaje de Dios. Los profetas del Antiguo Testamento han hecho énfasis en la forma en que recibieron su mensaje. Había, como siempre, una gran variedad en el método divino de revelar la mente y la voluntad de Dios al profeta. A estos hombres de Dios se les otorgó poder sobrenatural para ver y oír. Ellos vieron palabras (comp. Is. 2:1). El mensaje no era propio de ellos (comp. Jer. 23:16; Ez. 13:2). Ardía como fuego dentro de su corazón (Jer. 20:9; Ez. 3:1-27). Sin embargo, nunca se sacrificó el elemento personal (Jer. 15:16; 20:7; Ez. 3:3).

El profeta del Nuevo Testamento se distingue del profeta del Antiguo Testamento, en dos sentidos: primero, vivieron en diferentes dispensaciones, y, segundo, el del Nuevo Testamento se dedicaba más a la predicación. El ministerio del profeta del Nuevo Testamento se describe así: "Pero el que profetiza habla a los hombres para edificación, exhortación y consolación" (1 Co. 14:3). El servicio que se ha señalado al profeta del Nuevo Testamento es de gran importancia. Es mencionado entre los dones en Efesios 4:11 y, juntamente con Cristo y los apóstoles, forma el fundamento sobre el cual está edificada la Iglesia (Ef. 2:20). Es bien claro que después de la muerte de Cristo, la referencia al profeta no es a uno del Antiguo Testamento, sino a uno del Nuevo Testamento, el que es igualmente llamado de Dios y honrado a la altura del profeta del tiempo antiguo.

II. EL MENSAJE DEL PROFETA

Como se insinuó arriba, el profeta del Antiguo Testamento habló conforme Dios le inspiraba (2 P. 1:21). Del mensaje del profeta del Antiguo Testamento escribe el Dr. C. I. Scofield:

"Hablando entonces, en forma general, la profecía que *predice* se ocupa con el cumplimiento de los pactos de Palestina y de David; y también el pacto con

Abraham tiene su respectivo lugar. Las potencias gentiles se mencionan según su relación con Israel, pero la profecía *no se ocupa* de la historia mundial de los gentiles, excepto en Daniel, Abdías, Jonás y Nahum. Daniel, como se verá, tiene un carácter especial.

Las predicciones acerca de la restauración de la cautividad al final de los setenta años, deben distinguirse de aquellas que tratan de la restauración de la presente dispersión en todo el mundo. El contexto es siempre bien claro. El pacto de Palestina (Dt.28:1-30:9) es el molde de profecía para predecir en su sentido amplio – la desobediencia nacional – la dispersión mundial, el arrepentimiento, el regreso del Señor, el recogimiento de Israel y el establecimiento del reino, la conversión y la bendición de Israel, y el juicio de los opresores de Israel. Las llaves que abren el significado de la profecía son: *los dos advenimientos del Mesías,* el advenimiento para sufrir (Gn. 3:15; Hch. 1:9), y el advenimiento para reinar (Dt. 30:3; Hch. 1:9-11; la doctrina del *remanente* (Is. 10:20, refs.), la doctrina *del día del Señor* (Is.2:10-20; Ap. 19:11-21), y la doctrina del *reino* (Gn. 1:26-28; Zac. 12:8, nota; Lc. 1:31-33; 1 Co. 15:28, nota). Los capítulos que forman el eje, considerando la profecía en su totalidad, son: Deuteronomio 28, 29 y 30; Salmo 2; Daniel 2 y 7. La profecía debe tomarse en toda su extensión para determinar el significado de un pasaje en particular (2 P. 1:20)."– *Biblia Anotada de Scofield,* p. 686, 687.

III. EL PODER DEL PROFETA

Aunque el poder sobre la vida y la muerte fue dado a los reyes o ellos la usurparon, y aunque podrían destruir a cualquier profeta, sin embargo, el profeta dictaba a los reyes y no se apartó de su posición como la voz de Dios al rey en el trono. El poder divino descansó sobre el profeta, poder que reconocieron los hombres y que Dios protegió. Sobre esta característica pueden estudiarse los siguientes pasajes para su consideración: Números 11:25,29; 24:2; 2 Reyes 2:15; 3:15; 1 Crónicas 12:18; 2 Crónicas 24:20; Isaías 11:2; 42:1; 61:1; Ezequiel 1:3; 3:14,22; 11:5; Joel 2:28,29.

IV. LA SELECCION DE LOS PROFETAS

Dios escogió a quien quiso para el oficio profético, ejerciendo completa soberanía y elección. Hubo veces cuando ni ellos mismos simpatizaban con sus mensajes (Saúl, 1 S. 10:11; 19:24; Balaam, Nú. 23:5-10; Caifás, Jn. 11:51). Aunque los profetas del Antiguo Testamento fueron tomados de distintas profesiones de la vida, fueron apoyados por Dios para declarar lo que El se proponía decir. Hasta donde la historia registra, ellos fueron profetas para toda la vida. Los dones y los llamamientos de Dios son sin arrepentimiento.

V. EL CUMPLIMIENTO DE LA PROFECIA

El cumplimiento de la profecía es una prueba de que su origen y su carácter son divinos. Jehová declaró: "Y si dijeres en tu corazón: ¿Cómo conoceremos la palabra que Jehová no ha hablado? ; si el profeta hablare en nombre de Jehová, y no se cumpliere lo que dijo, ni aconteciere, es palabra que Jehová no ha hablado; con presunción la habló el tal profeta; no tengas temor de el" (Dt. 18:21,22). El Nuevo Testamento afirma constantemente que los eventos sucedieron "para que se cumpliese lo que dijo el Señor por medio del profeta", y cada referencia que así declara sirve para enfatizar la integridad de las palabras del profeta verdadero.

Un estudio digno de la profecía y su cumplimiento no deja lugar para la incredulidad. En vano trata el escéptico de sostener que las predicciones fueron solamente conjeturas afortunadas.

VI. LA HISTORIA DE LA PROFECIA

En gran parte la historia de la profecía es el cumplimiento de los tres pactos, a saber, el Abrahámico, el Palestino y el Davídico. También incluye la realización de dos propósitos divinos, es decir, el propósito terrenal concentrado en Israel, y la consumación del mismo según Salmo 2:6, y el propósito celestial concentrado en la Iglesia y consumado según Hebreos 2:10. Aquí se declara con completa seguridad que así como las profecías ahora cumplidas lo fueron en su significado natural, literal, y gramatical, de la misma manera todas las que restan – que trascienden hasta las edades eternas – serán cumplidas en la forma natural, literal y gramatical como lo denotan las predicciones. En justicia, nadie podría pensar que la profecía ahora cumplida no haya seguido el método literal hasta el último detalle. Por tanto, es irrazonable e increíble la suposición que hacen algunos para mitigar un tanto la incredulidad, que las predicciones aún no cumplidas serán realizadas solo en una forma espiritual. Deben observarse ciertas divisiones generales de la historia profética.

1. CUATRO PROFETAS QUE SIRVEN DE MARCO DE LOS SUCESOS. Con la venida del reino terrenal mesiánico en el panorama como el último objetivo en la tierra, son cuatro los profetas que miden el espacio de tiempo desde el comienzo de la nación judía hasta la consumación de esa venida. Esos profetas son:

a. ABRAHAM. Dios no rehusó comunicar a Abraham lo que estaba por hacer (Gn. 18:17). El futuro de la posteridad de Abraham hasta el tiempo de Moisés, o hasta su liberación de Egipto, le fue descubierto. Está escrito: "Entonces Jehová dijo a Abraham: Ten por cierto que tu descendencia morará en tierra ajena, y será esclava allí, y será oprimida cuatrocientos años. Mas también a la nación a la cual servirán, juzgaré yo; y después de esto saldrán con gran riqueza" (Gn. 15:13,14). Indudablemente Abraham informó a su posteridad de todas estas cosas. Además de esto están las promesas firmes dentro del pacto con Abraham de las bendiciones finales para sus descendientes en la tierra, es decir, Abraham vio e informó a otros del período desde sus días hasta los de Moisés, y luego perdió de vista el hilo de eventos hasta el tiempo cuando se establecería el reino de bendiciones en la tierra.

b. MOISES. Como uno de los más grandes de todos los profetas humanos (véase Dt. 34:10-12), Moisés vio el período desde sus propios días a través del tiempo que Israel continuaría en la tierra – mil años – y hasta el tiempo de la cautividad. Más allá de eso, él sólo contempló la venida del reino de bendiciones. Por tanto, Moisés vio hasta los días de Daniel.

c. DANIEL. A Daniel le fue dada la visión de los dominios gentiles. El tiempo medido desde el fin del edicto para la reconstrucción de Jerusalén hasta el reino de justicia, él declaró que serían 70 semanas, o sean 490 años. Sesenta y nueve de los sietes, o sea 483 años, mediría el tiempo desde el edicto hasta cuando "se quitara la vida al Mesías"; queda, pues, un grupo de siete, o sea, siete años, que Israel experimentará en su historia terrenal antes que se establezca el reino de justicia en la tierra (Dn. 9:24-27). Como un secreto sagrado, que no había sido revelado a los hombres, cuando se quitó la vida al Mesías", o sea la muerte de Cristo, Dios comenzó la realización de su propósito celestial, y durante ese tiempo (así como ahora) toda historia claramente judía está suspendida, y tanto judíos como gentiles han quedado en el mismo nivel, en donde ambos están "bajo pecado" (Ro. 3:9), igualmente sujetos al mismo mensaje de la gracia salvadora (Ro. 10:12). Muchas de las Escrituras que presentan este programa de eventos – sea directa o indirectamente – anticipa que los restantes siete años, que son claramente la conclusión de los 490 años del programa de Israel, que vio el profeta Daniel, seguirán su curso como la gran tribulación, inmediatamente después de completarse el llamamiento de la Iglesia, y en el momento cuando sea quitada de la tierra. Ese será el "tiempo de angustia para Jacob" Jer. 30:7). Daniel contempló desde sus días hasta el primer advenimiento del Mesías (Dn. 2:44,45; 7:13,14; 9:27). Sería de gran valor si el espacio nos permitiera citar en este punto del comentario del Sr. Roberto Anderson sobre el libro de Daniel, *El Príncipe que Vendrá*. Se sugiere a todo estudiante de la profecía que haga un estudio diligente de esa obra.

d. CRISTO. Comenzando en donde terminó la primera parte de la visión de Daniel, es decir, con quitar "la vida al Mesías", el Señor

Jesucristo —el último y el más grande de todos los profetas— pronunció predicciones tocante a una edad no prevista la que intervendría entre su primera y su segunda venidas (Mt.13:1-50; 24:3-8). También dio el hilo ininterrumpido de eventos venideros que conducen al reino terrenal —el arrebatamiento de la Iglesia (Jn. 14:1-3), la tribulación sin precedentes (Mt. 24:21,22), la predicación del evangelio del reino (Mt. 24:14), la venida del desolador (Mt. 24:15), la gloriosa aparición del Mesías (Mt.24:27), el recogimiento de Israel (Mt.24:27), el juicio de Israel (Mt. 24:37-25:30), y el juicio de las naciones (Mt. 25:31-46). Así pues, como el último de los profetas, Cristo completa la conexión de esa historia previamente sostenida por Abraham, Moisés, y Daniel, y la trae a consumación que vieron estos tres hombres de Dios.

El período entre Adán y Abraham presenta un solo profeta, es decir, Enoc, séptimo desde Adán, y no se registra su predicción sino hasta en el penúltimo libro de la Biblia. Ahí está escrito: "De éstos también profetizó Enoc, séptimo desde Adán, diciendo: He aquí vino el Señor con sus santas decenas de millares, para hacer juicio contra todos, y dejar convictos a todos los impíos de todas sus obras impías que han hecho impíamente, y de todas las cosas duras que los pecadores impíos han hablado contra él" (Judas 14,15). También el período del reino en la tierra será caracterizado por la profecía (vea Jl. 2:28,29; Hch. 2:16-18).

2. JUAN EL BAUTISTA. De todos los profetas ninguno declaró con mayor insistencia la venida del reino mesiánico como Juan el Bautista. Esto era de esperarse porque el cumplió la predicción de Isaías 40:3-5, que dice: "Voz que clama en el desierto: Preparad camino a Jehová; enderezad calzada en la soledad a nuestro Dios. Todo valle sea alzado, y bájese todo monte y collado; y lo torcido se enderece, y lo áspero se allane. Y se manifestará la gloria de Jehová, y toda carne juntamente la verá porque la boca de Jehová ha hablado". Este pasaje está relacionado a los dos versículos que preceden, que restringen su aplicación a Israel y a su esperanza mesiánica. Los términos *mi pueblo* y *Jerusalén* como se usan en el Antiguo Testamento, no pueden considerarse como dirigidos directamente a la Iglesia. Estos versículos restrictivos dicen: "Consolaos, consolaos, pueblo mío, dice vuestro Dios. Hablad al corazón de Jerusalén; decidle a voces que su tiempo es ya cumplido, que su pecado es perdonado; que doble ha recibido de la mano de Jehová por todos sus pecados" (Is. 40:1,2). Es la milicia de Israel que se consumará y son sus maldades las que serán perdonadas. Los pecados de los que componen la Iglesia han sido de tal manera tratados que cada uno de los creyentes ha sido justificado (Ro.8:30), está fuera de

condenación (Ro.8:1), y en una posición de paz para con Dios (Ro.5:1), El heraldo anuncia la aparición inmediata del Mesías, viniendo a Israel, y es declarado no otro más que Jehová, cuyo camino ha de ser preparado y cuya senda ha de ser enderezada. La persona que ocupará el trono de David es teantrópica (Dios-Hombre). Su reino es también teantrópico, que será literal y glorioso. Lo que anticipa al Antiguo Testamento muchas veces es pasado por alto aun por los milenarios. Esa proclamación anuncia que Dios se sentará sobre el trono de David y que la autoridad de ese reino venidero será exaltada a un grado inefable. Juan vino como heraldo de Dios mismo. No puede haber servicio más grande ni honra más sublime otorgada a un hombre. Toda Escritura que presenta la unión hipostática de las dos naturalezas en Cristo se evidencia aquí; porque fue la segunda Persona de la Deidad la que tomó forma humana en la encarnación. Fue la misma Persona que ascendió al cielo, llevando consigo su humanidad glorificada. Es esa misma Persona quien al volver aparecerá como El es, el Dios-Hombre. Esa misma Persona que, como Dios-Hombre, el legítimo heredero de David, y Dios el Hijo, que se sentará en el trono de David para siempre. Aunque es igualmente cierto que esta Persona teantrópica es la Cabeza y el Esposo de la Iglesia, el énfasis descansa en este punto sobre el hecho de que el que ocupará el trono de David tanto como Hijo de Dios y como Hijo de David, y se enfatiza a la vez la verdad de que el ministerio de Juan se caracterizó con una inconmensurable dignidad y responsabilidad. Convergen en el mensaje de Juan el propósito terrenal del Creador y el anuncio de la ejecución de los pactos que Jehová mismo ha confirmado con su juramento. Nadie debe considerar ese juramento sin reflexión. Algunos pecados son más viles que otros, y no sería trabajo difícil demostrar cuán terrible crimen se comete contra el Soberano Dios cuando su juramento tocante a la colocación de Su Hijo en el trono de David es desechado como una cosa absurda. La esperanza que mantenía David se revela en 2 Samuel 7:18-29; Salmo 89:20-37; Hechos 2:30. El último de estos pasajes dice: "Pero siendo profeta, y sabiendo que con juramento Dios le había jurado que de su descendencia en cuanto a la carne, levantaría al Cristo para que se sentase en su trono." Esta serie de pasajes produce gran admiración y una persona devota se detiene a considerar la verdad de que el trono de David en ningún sentido deshonrará la Deidad, más bien, la Deidad exaltará ese trono a la altura de las glorias del cielo. Entonces y solo entonces, será contestada la oración, "Venga tu reino. Hágase tu voluntad, como en el cielo, así también en la tierra" (Mt. 6:10).

Juan viene a ser un problema para aquellos que se oponen al milenarismo. Bajo un concepto erróneo del reino – al cual es extraño el ministerio de Juan – los defensores de un reino espiritual o los que niegan totalmente el reino, son constreñidos a desconocer la importancia del servicio de Juan. Algunos han ido hasta el extremo de decir que Juan estaba equivocado, que no tuvo ninguna revelación de Dios y que sólo fue guiado por su propio entendimiento. Es pues evidente que si Juan tuvo una revelación y habló con autoridad divina, los que se oponen a un reino mesiánico literal, el que anunció Juan, están tristemente equivocados. En esta controversia ellos tienen que apocar el testimonio de Juan, o ser ellos hallados interpretando siniestramente la verdad de Dios. Solo se necesitan unos momentos de reflexión para reconocer la importancia de este gran profeta –"sí, y más que profeta" (Mt. 11:9). El fue lleno del Espíritu desde su nacimiento (Lc. 1:15).

Fue engendrado por un acto extraordinario de Dios (Lc.1:18, 36-37). Fue un testigo de la luz, enviado de Dios, "a fin de que todos creyesen por él" (Jn.1:6-7). El fue el mensajero enviado como el heraldo del Rey eterno. Sin embargo, no hay otro curso abierto para los teólogos empeñados a sostener la idea de Whitby, o a aquellos que están encasquetados a las ambiciones imperiales de Roma sino el de desacreditar al tal.

Cristo pone en contraste a su precursor con todos los hombres que vinieron antes y con aquellos que vendrían después. El dijo, "Porque éste es de quien está escrito: He aquí, yo envío mi mensajero delante de tu faz, el cual preparará tu camino delante de ti. De cierto os digo: Entre los que nacen de mujer no se ha levantado otro mayor que Juan el Bautista; pero el más pequeño en el reino de los cielos, mayor es que él" (Mt.11:10-11). En todas las generaciones precedentes ninguno más grande que Juan se levantó jamás, y sin embargo, en el reino, el más pequeño (se puede traducir: *uno que es menor*) en el reino es mayor que él. Es cierto que en la Iglesia el que es menor es exaltado a una posición superior a la que le fue dada a Juan, por esa maravillosa salvación completa por gracia. Esta verdad, escasamente comprendida por muchos, ha hecho que algunos supongan que la Iglesia es el reino al cual se refirió Cristo. Sin embargo, no importa lo que incidentalmente sea cierto tocante a la más alta posición del creyente, estando en Cristo, todavía es cierto que Cristo no está aquí, ni en otra parte, confundiendo a la Iglesia – no anunciada todavía – con el reino terrenal. El que es menor en el reino – tan grande es esa clase de posición – es mayor que Juan. Sin embargo, si se permitiera la interpretación de que "cualquier predicador en la iglesia sabe más del reino que lo que sabía Juan," cabe hacer la pregunta, ¿por qué teólogos sabios, con ese conocimiento superior descubren varias clases de reinos? ¿Por qué es que carece la uniformidad entre ellos?

A lo menos Juan fue librado de una confusión de ideas. Queda pues en pie su mensaje sencillo, hasta que se inventen teorías más recomendables que las que ofrecen los defensores antimilenarios.

En cuanto a la declaración de Cristo en el siguiente versículo, acerca de aquellos que actuán violentamente durante el breve período entre el ministerio de Juan y el momento en el cual habló Cristo, el Dr. C.I. Scofield dice: "Se ha discutido mucho si la "violencia" mencionada en este pasaje es externa, tal como se manifestó contra el reino en la persona de Juan el Bautista y Jesús; o si, considerando la oposición de los escribas y fariseos, la idea es que sólo los de firme resolución se esforzarían por entrar en el reino. Ambas ideas son ciertas. El Rey y sus heraldos sufrieron violencia, y éste es el más grande e importante significado del pasaje; pero también es cierto que algunos estaban llegando a ser, de manera resuelta, sus discípulos. Comp. Lc.16:16." (*Ibid.*, p.970).

Queda por contemplar que el ministerio de Juan sirvió como la consumación del orden del Antiguo Testamento. Cristo dijo: "Porque todos los profetas y la ley profetizaron hasta Juan" (Mt.11:13), y esto está en armonía con el hecho evidente de que Juan vio el reino, que fue el tema de la predicación de Juan, de Cristo, y de los discípulos hasta que el Mesías fue rechazado y se pospuso su reino. El reino era la esperanza nacional y ningún otro objetivo había sido introducido. Por tanto, no era posible que algún programa nuevo, no anunciado, fuera el tema de esa predicación para toda la nación. El encarcelamiento del precursor (comp. Mt.11:2), la decapitación de este mismo precursor (Mt.14:10), y la crucifixión del mismo Rey sirven como evidencias finales de que el reino fue rechazado. Violencia mayor no pudo haberse hecho a esta oferta de bendición. Juan, sin embargo, no tuvo el mismo conocimiento sin límite que Cristo tenía de la verdad no revelada, de que un nuevo propósito divino se introducía por el rechazamiento, el que se edificaría sobre ese mismo fundamento, y entonces, cuando el nuevo propósito se hubiese completado, el reino se establecería para siempre. Juan, estando en la prisión, pregunta, "¿Eres tú aquel que había de venir, o esperaremos a otro? " (Mt.11:3). Quizás estaba sencillamente averiguando por qué no se había encargado con toda su devoción y sinceridad. Es aquí donde se hace fácil suponer otra vez que todo el programa de Juan había sido una aventura sin autorización, es decir, si se hace caso omiso de los hechos; pero cuando se estudian los hechos debidamente, se tendrá que ver que Juan actuó precisamente como se le señaló por Dios, para dar un anuncio genuino de la presencia del Rey y su reino, y que él no podía saber que el reino sería pospuesto, por la misma autoridad divina que lo había diseñado.

Aparte de la única declaración de Juan el Bautista – que se encuentra en Juan 1:29 (véanse también los vss.16-17) que tiene su lugar peculiar en ese evangelio – la predicación del precursor se expresa en las palabras: "En aquellos días vino Juan el Bautista predicando en el desierto de Judea, y diciendo: Arrepentíos, porque el reino de los cielos se ha acercado" (Mt.3:1-2). Esto, también, fue el primer mensaje de Cristo (Mt.4:17; comp. Ro.15:8), y el de sus discípulos (Mt.10:6-7). El mensaje anunciaba lo que era entonces un proyecto nuevo, que toda la nación ciertamente anticipaba, pero sin precedente en los tiempos anteriores. Llamaba al arrepentimiento que había sido prenunciado mucho tiempo antes, que aún será la experiencia de la nación (véanse Dt.4:29-30; 30:1-3; Is.61:2-3; Os.3:4-5; 14:7; Zac.12:10-13:1; Mal. 3:7; Mt.24:30). En conformidad a los requerimientos del reino, el mensaje del precursor trataba de las obras humanas, un retorno por parte del pueblo del pacto a una vida correcta delante de Dios. El estudiante debe leer Lucas 3:1-18 con atención, porque el pasaje es la sustancia del mensaje de Juan y vindica la aserción de que el mensaje de Juan no era un llamamiento a la fe en un Salvador crucificado, sino más bien para corregir la vida diaria por parte de aquellos que debieran de estar preparados para la venida de su Rey. Lucas 3:1-18 no registra las palabras de un celador equivocado, sino que transmiten la *voz de uno que clama en el desierto, Preparad el camino del Señor.*

3. LOS PROFETAS FALSOS. Además de lo escrito en el Antiguo Testamento acerca de los falsos profetas, se anticipa en el Nuevo Testamento que aparecerán falsos profetas en los últimos días de la Iglesia y en la tribulación. En esta conexión deberán considerarse los siguientes pasajes bíblicos: Mateo 7:15; 24:11, 24; Marcos 13:22; Hechos 16:16; 1 Corintios 14:29; 2 Pedro 2:1; 1 Juan 4:1; Apocalipsis 16:13; 19:20; 20:10. Los espíritus malos siempre han tratado de imitar la obra del verdadero profeta. Estas limitaciones han encontrado expresión mediante los adivinos y mediums (véanse Lv.19:26; 20:6,27; Dt.18:10-11; 1 S.28:9; Is.8:19).

4. UNA CLASIFICACION DE LAS PROFECIAS ESCRITAS EN EL ANTIGUO TESTAMENTO.

a. PROFECIAS ANTES DEL EXILIO

(1) A Nínive
  Jonás – 862 A.C.
(2) A las Diez Tribus
  Amós – 787 A.C.
  Oseas – 785-725 A.C.

Abdías – 887 A.C.
Joel – 800 A.C.

(3) A Judá
Isaías – 760-698 A.C.
Miqueas – 750-710 A.C.
Nahum – 713 A.C.
Habacuc – 626 A.C.
Sofonías – 630 A.C.
Jeremías – 629 A.C.

b. LOS PROFETAS DEL EXILIO

Ezequiel – 595-574 A.C.
Daniel – 607-534 A.C.

c. LOS PROFETAS DESPUES DEL EXILIO

Hageo – 520 A.C.
Zacarías – 520 A.C.
Malaquías – 397 A.C.

LOS PRINCIPALES CAMINOS DE LA PROFECIA

CAPITULO XVI

PROFECIA CONCERNIENTE AL SEÑOR JESUCRISTO

La importancia del último libro de la Biblia – el Apocalipsis – en relación a toda profecía bíblica no puede ser exagerada. Este libro siempre presupone el estudio de todo lo que le antecede. Sin esa preparación para su estudio, el libro quedará sellado, no por Dios, sino por la ignorancia humana. Para su interpretación se han hecho unas conjeturas lamentables, y los escritores así como los maestros generalmente se disculpan por la suposición de que el libro es oculto, visionario, e imposible de conocer. Por el contrario, el libro no puede ser oculto puesto que es una *revelación*. No está sellado (véase 22:10; comp. Dn. 12:9), porque no hay otro caso de un libro de la Biblia que se pronuncie una bendición para los que lo leen y para quienes lo escuchan – y por supuesto, es natural pensar que lo entienden. Es una revelación que fue dada a el Señor Jesucristo – no se dio primero a Juan – y era para ser enseñada a sus "siervos". Los creyentes son llamados *siervos* aquí, y si se rinden al Espíritu, El les enseña acerca de las cosas "que habrán de venir" (Jn. 16:13). Juan es llamado a "ver" y "oír" para que él pueda escribir para beneficio de los siervos. De los cientos de exposiciones escritas probablemente no hay dos que estén de acuerdo en todo punto. Esto se debe en gran parte a la ilimitada extensión del libro en su relación a toda la profecía. Sin embargo, las obras de estos autores se dividen en dos grandes clasificaciones, a saber, la de los *preteristas*, es decir, los que creen que los capítulos 4 al 20 ya se cumplieron o están cumpliéndose en la era presente, y la de los *futuristas* quienes creen que estos capítulos se cumplirán en el futuro. En los últimos cincuenta años se ha visto un aumento notable de esfuerzos para hacer una exposición de Apocalipsis, y casi todos éstos han presentado una interpretación futurista. El libro en 1:1 dice, "la declaró". Los símbolos que se emplean deben considerarse a la luz de su uso en otras partes de la Biblia. Las señales y los símbolos están claramente designados, y sólo lo que ha sido designado como tal puede emplearse figuradamente. Los esfuerzos de los postmilenarios y amilenarios de colocar estas descripciones de los eventos de cambios mundiales descritos en los capítulos 4 al 20 en la historia de la era presente, son indignos de hombres que, tocante a otras porciones de la Biblia y en el interés de la exactitud, demandan que cada palabra de la Escritura tenga su significado completo, razonable y gramatical. Las invenciones y las imaginaciones humanas se someten a un estiramiento ilimitado cuando se trata de colocar en esta era los sellos, las trompetas, las copas, la atadura de Satanás, las resurrecciones, la primera y la segunda, la bestia y el falso profeta. Sin embargo, cuando a las palabras proféticas de la Biblia, y especialmente el Apocalipsis, se les da su significado razonable y gramatical, todo el mensaje culminante del libro se convierte en una profecía de los juicios de Dios que vendrán sobre la tierra y sobre un mundo que rechaza a Cristo. La interpretación futurista reconoce tres series de "cosas" (1:19) – "cosas que has visto" (1:1-18), "las que son" (caps. 2 y 3),"las que han de ser después de éstas" (cps. 4 al 22). Igualmente, esta interpretación reconoce cuatro períodos de tiempo, que son: (1) la era presente de la Iglesia (cps. 2 y 3), (2) la gran tribulación (6:1-19:6), (3) el reinado de Cristo con Su Esposa (19:7-20:15), y (4) el estado eterno (21:1-22:7). De esta manera también se indican varias divisiones estructurales: (1) introducción, salutación y visión (1:1-20), (2) la Iglesia en la tierra (2:1-3:22), (3) la Iglesia en los cielos y con los mensajeros de Israel sellados en la tierra (4:1-5:14), (4) la gran tribulación (6:1-19:6), (5) el Rey que viene, su Esposa y su reino (19:7-20:15), (6) los cielos nuevos y la tierra nueva (21:1-22:7) y (7) la última instancia y la promesa (22:8-21).

Según su propia afirmación, el Apocalipsis es una profecía (1:3). Entonces se debe aplicar al libro la ley fundamental para la interpretación de la profecía. Esta ley se describe en 2 Pedro 1:20 así: "Entendiendo primero esto, que ninguna profecía de la Escritura es de interpretación privada." Ninguna Escritura debe interpretarse sola o dentro de sí misma, sino más bien, en completa armonía con todo el resto de la Escritura. Muchas obras escritas sobre Apocalipsis han fracasado en este punto. No se ha hecho en ellas ningún esfuerzo siquiera para poner en armonía un solo texto con el mismo libro en que se encuentra, mucho menos con toda la Biblia. El libro de Apocalipsis es como una terminal de *todos* los grandes caminos de la profecía que corren a través de todas las Escrituras. Así como Génesis, ciertamente, es el libro de orígenes y principios, el Apocalipsis es el libro de terminaciones y fines. Uno comienza con la eterna felicidad que más tarde se pierde; el otro concluye con la felicidad eterna recobrada. Uno comienza con el árbol de la vida; el otro concluye con el árbol de la vida. El uno contempla la primera creación arruinada, el otro cierra con una nueva creación en su deslumbrante gloria. Uno introduce al hombre, a Satanás, y el pecado, el otro determina el destino del hombre rebelde, de Satanás y del pecado. Uno anticipa y profetiza, el otro presenta la realización y cumplimientos de las profecías del Génesis: realiza y expone la consumación de todas las profecías de la Palabra de Dios. El Apocalipsis no sólo necesita estas profecías para su correcta comprensión, sino que estas profecías necesitan el Apocalipsis para su consumación. Por tanto, el tratar de interpretar el Apocalipsis dentro de sí mismo conduce al doble y colosal error que necesariamente es el resultado al omitir tal necesidad.

Hay una ventaja peculiar, especialmente para el aficionado, en el método del estudio profético que prosigue un tema de predicción desde su principio hasta su fin. Solamente los conocedores maduros en el vasto campo de la profecía podrán mantener en mente todos los caminos al tratar de trazar el desenvolvimiento del maravilloso programa de Dios. Por tanto, el primer avance para el estudio de la profecía será trazar brevemente y en su carácter respectivo ciertos caminos principales de la profecía, y en este capítulo se considera el camino profético tocante al Señor Jesucristo.

Este es el tema más sublime de la Biblia y es también el tema central de la profecía. "Porque el testimonio de Jesús es el espíritu de la profecía" (Ap. 19:10; comp. Ef. 1:9,10; 1 P. 1:10-12). Estas son palabras dichas a Juan por una voz celestial; y con ellas se incluye una palabra de reprensión con el fin de que Juan no adorara al que le hablaba, porque tanto él como Juan tienen la misma comisión divina de dar testimonio tocante a Jesús. No se contempla el testimonio propio de Cristo para consigo mismo; es el testimonio objetivo acerca de Jesús en el cual seres celestiales pueden ser participantes como "consiervos" y "hermanos". La declaración, "el testimonio de Jesús es el espíritu de la profecía" no significa que toda predicción tenga que ver directamente con la segunda Persona de la Deidad; pero sí declara que todo el programa de Dios se mueve en una dirección para llevar a su plenitud la exaltación y gloria de Cristo según el plan determinado. El estudio más extenso de Cristología se reserva para el siguiente volumen. Aquí solamente se puede dar un bosquejo de la extensa cantidad de predicción. Cristo en todas estas anticipaciones se presenta en su carácter peculiar teantrópico (Dios-Hombre). Sin embargo, el hijo humano de una mujer es, Emanuel – "Dios con nosotros". Un niño es nacido y un Hijo es dado. Su reino será como un hijo de David; sin embargo El es el gobernante teocrático del universo.

Puesto que el último libro de la Biblia es una *revelación* dada a

Jesucristo para ser manifestada a sus siervos, es razonable esperar que cada tema de predicción tocante a Cristo que todavía era futura cuando se escribió el libro será consumada en ese libro; y así es.

En el primer capítulo de Apocalipsis, como una salutación, hay una referencia a Cristo como "el que es, y que era y que ha de venir". Como Profeta, El *era;* como Sacerdote, El *es;* y como Rey, El *ha de venir*". Tal interpretación de estos aspectos del ministerio de Cristo se reconocerá como exacta por todos los que han hecho algún estudio de la Cristología bíblica.

Mucho, aunque no todo lo que se predice de Cristo, puede reunirse bajo tres encabezamientos, es decir, los tres puestos que El tiene, que son: Profeta, Sacerdote y Rey. Se observará que cada uno de estos puestos, contempla su carácter de teantrópico. A esto se agregarán las dos líneas más generales de predicción: la de la simiente y la de sus dos advenimientos.

I. PROFETA

Por razón de repetición de citas dadas en pasajes subsiguientes, el pasaje cumbre tocante a Cristo como Profeta tiene que ser el que se halla en Deuteronomio 18:15,18,19, que dice: "Profeta de en medio de tí, de tus hermanos, como yo, te levantará Jehová tu Dios; a él oiréis. . . Profeta les levantaré de en medio de sus hermanos, como tú; y pondré mis palabras en su boca, y él les hablará todo lo que yo le mandare. Mas a caulquiera que no oyere mis palabras que él hablare en mi nombre, yo le pediré cuenta." Es a esta esperanza que Felipe se refiere, como está escrito en Juan 1:45: "Felipe halló a Natanael le dijo: Hemos hallado a aquel de quien habló Moisés en la ley, así como los profetas: a Jesús, el hijo de José, de Nazaret." Pedro cita esta profecía en su segundo sermón que quedó escrito (Hch. 3:22,23), y Esteban declara en su último mensaje antes de su martirio, lo siguiente: "Este Moisés es el que dijo a los hijos de Israel: Profeta os levantará el Señor vuestro Dios de entre vuestros hermanos, como a mí; a él oiréis" (Hch.7:37). De igual manera, es también claro que Cristo aprobó la relación de un medianero que pertenece a un profeta. El pronunció el mensaje de Otro en vez de hablar por sí mismo. Como está escrito: "Jesús les respondió y dijo: Mi doctrina no es mía, sino de aquel que me envió" (Jn.7:16); "Porque yo no he hablado por mi propia cuenta; el Padre que me envió, él me dio mandamiento de lo que he de decir, y de lo que he de hablar. Y se que su mandamiento es vida eterna. Así pues, lo que yo hablo, lo hablo como el Padre me lo ha dicho" (12:49,50); "El que no me ama, no guarda mis palabras; y la palabra que habéis oído no es mía, sino del Padre que me envió" (14:24); "Porque las palabras que me diste, les he dado" (17:8).

Cristo, en el ejercicio de su ministerio profético, suplió las dos funciones, *predicaba* y *predecía.* Como un predicador, sus predicaciones se hallan en los cuatro Evangelios, especialmente sus principales discursos. Sus predicciones fueron: (1) Su propia muerte, sepultura, resurrección, ascensión, del advenimiento del Espíritu, y de su segunda venida; (2) el principio, carácter, curso, y fin de la presente era; (3) la Iglesia, surgimiento, carácter, seguridad, arrebatamiento y su destino; (4) la gran tribulación, el hombre de pecado, la venida de falsos cristos, y los juicios aún futuros; (5) el reino mesiánico y (6) el estado eterno de todos los hombres.

II. SACERDOTE

Las previas presentaciones del ministerio sacerdotal de Cristo se dan más en tipos que en profecías. Deben reconocerse dos tipos especialmente: el de Aarón (Ex. 28:1) y el de Melquisedec (Gn. 14:18). Cristo cumplió el tipo que se ve en Aarón solamente en la presentación del sacrificio. El se ofreció a sí mismo sin mancha a Dios (He. 9:14). En el tipo que Melquisedec proporciona se representa a Cristo como un Rey-Sacerdote que permanece para siempre. La profecía tocante al sacerdocio de Cristo tiene relación al tipo que se anticipó en Melquisedec. El Salmo 110 es una predicción del Mesías que dice: "Jehová dijo a mi Señor: Siéntate a mi diestra, hasta que ponga a tus enemigos por estrado de tus pies. Jehová enviará desde Sion la vara de tu poder; domina en medio de tus enemigos. Tu pueblo se te ofrecerá voluntariamente en el día de tu poder, en la hermosura de tu santidad. Desde el seno de la aurora tienes tú el rocío de tu juventud. Juró Jehová, y no se arrepentirá: Tú eres sacerdote para siempre, según el orden de Melquisedec" (vs. 1-4; comp. He. 5:6). Así como un sacerdote ofrecía sacrificios, así Cristo se ofreció a sí mismo a Dios *una vez para siempre* (He. 9:26). Un sacerdote ofrecía intercesión y oraciones, así también Cristo no cesa de hacer intercesión (He. 7:25; Jn. 17:1-26; Ro. 8:34).

III. R E Y

Este curso de profecía comienza con el pacto que Jehová hizo con David (2 S. 7:1-17), y siendo una parte importante de toda la expectación del reino, es una de las profecías más extensas de la Biblia. La presente confusión de ideas con respecto a todo el plan y propósito de Dios se debe al hecho de que buenos hombres no han dado la debida consideración al significado, alcance y fin del pacto davídico. Los hombres a veces han procurado espiritualizar el pacto con Abraham, pero el pacto con David no permite esa posibilidad. Concierne al trono de David, en la tierra, en Jerusalén, con el Mesías sentado en ese trono y reinando sobre Israel y sobre todo el mundo para siempre. Hay sólo una manera de tratar con una predicción que es tan literal y tan clara, cuando las declaraciones tan llanas no son aceptables, y es, naturalmente, pasarla por alto. Este es el trato que la mayoría de los teólogos han dado a este gran pacto. Entre las seis referencias en Apocalipsis 20 sobre el período de mil años está la declaración de que los que participarán en la primera resurrección (la Iglesia) son aquellos que vivirán y reinarán con Cristo por mil años. Esta enunciación relaciona ese período de mil años al reinado de Cristo como Rey. Todo este contexto tocante a los mil años en los cuales los santos serán participantes en el reino de Cristo es antecedido por la descripción de su segundo advenimiento, donde se afirma que su regreso será con poder y gran gloria, y que vendrá como un conquistador sobre las naciones de la tierra. En su regreso El tendrá cuatro títulos, y uno de ellos – que es el último mencionado – es "REY DE REYES Y SEÑOR DE SEÑORES". El Amilenialista (que no cree en el milenio) con sus siniestras interpretaciones del período de mil años se supone que está tratando aquí con una fase insignificante de revelación, que se considera libre para descartarla totalmente, y hasta justificado en dar gracias a Dios por desecharla. Pero todo el programa del reino está unido con el regreso del Rey, el cumplimiento del pacto con David, la gloria de Israel, y las bendiciones para los gentiles y para toda la tierra. Esto explica la enorme cantidad de material sobre este asunto en la predicción del Antiguo Testamento. El capítulo 20 de Apocalipsis, lejos de estar solo como una declaración obscura que puede desarreglarse y tergiversarse voluntariamente, no es sino uno de muchos pasajes que tienen que ver con el reino. El pasaje revela que los santos participarán en el reino de Cristo y que el reinado mismo durará por mil años. Es pertinente averiguar qué lenguaje podría Dios usar fuera del que usó si, como un caso hipotético, El deseara decir que Su Hijo, el Hijo de David, se sentará en el trono de David y reinará en la casa de Jacob por siempre (Is. 9:7; Lc. 1:33; Hch. 2:29-31), con un carácter específico de medianero en ese reino por mil años (1 Co. 15:24-28; Ap. 20:6). El evitar esta cuestión no indica integridad. Aun cuando se probara que cierto edificio no tiene mil años, como se suponía, ese descubrimiento no erradicaría el edificio; y aunque el amilenario pudiera demostrar – cosa que no puede hacer, que no hay ninguna referencia a un reino en Apocalipsis

20:1-8, no por ello él podría quitar el testimonio divino que afirma que el Rey reinará para siempre, sentado en el trono de David. En otras palabras, los mil años, el aspecto medianero del reinado de Cristo en sí sólo es un detalle de la verdad inmensurable de que El reinará en el trono de David para siempre (2 S. 7:16; Sal. 89:35,36; Lc. 1:31-33; 1 Ti. 1:17; Ap. 11:15). Además, podría hacerse la pregunta, ¿Por qué fue necesario que Cristo naciera de la casa y familia de David? El amilenario no tiene respuesta a tal pregunta.

Puesto que el linaje de David, con su relación al reino terrenal constituye uno de los caminos de profecía que se estudiará más adelante no se continuará con más detalles aquí.

IV. LA SIMIENTE

Como está escrito en Génesis 3:15, Dios dijo que habría una simiente de la mujer. Aun cuando esa palabra profética podía haber tenido su cumplimiento en la primera generación que naciera, su consumación, según el plan de Dios, vendría a realizarse cuando menos, después de cuatro mil años de historia humana. Es así como se traza el linaje de la simiente que se predijo, y se traza fielmente a través de las genealogías que han quedado escritas en la Biblia. Se les da importancia especial a cinco hombres en esta línea: (1) Abraham, a quien se le prometió una simiente gloriosa; (2) Isaac, quien es un tipo de Cristo y un alejamiento definitivo de la línea de Ismael; (3) Jacob, el progenitor de las doce tribus, en quien se alejó de Esaú el linaje de la simiente; (4) Judá, el escogido de los doce hijos de Jacob por medio de quien vendría el Mesías – Jacob en su profecía dijo en cuanto a Judá, "No se quitará el cetro de Judá, ni el legislador de entre sus pies, hasta que venga Siloh; y a él se congregarán los pueblos" (Gn.49:10); y (5) David, a quien Jehová hizo juramento de un pacto en cuanto a un reino eterno, un trono para siempre, y un linaje real sin fin (2 S. 7:16; Sal.89:20-37; Jer.33:17). Cada cosa que Jehová ha anticipado tocante a la simiente ha sido cumplida literalmente y a la perfección. "El celo de Jehová de los ejércitos hará esto" (Is. 9:7), y "Dice el Señor que hace conocer todo esto desde tiempos antiguos" (Hch.15:18).

V. LOS DOS ADVENIMIENTOS

El Antiguo Testamento desde el principio hasta el fin se concentra en aquel que vendrá. En algunas profecías El es presentado como el cordero manso para el sacrificio, mientras que en otras El es presentado como el león conquistador. El primer ejemplo de la presciencia del Antiguo Testamento es el Cordero que sufre (Gn.3:15), mientras que en el segundo le presenta como el León de la tribu de Judá. La profecía en los labios de Jacob, ya citada, anticipa un cetro real sin interrupción que continúa en el linaje de Judá hasta que venga Siloh, esa venida cuando los pueblos se congregarán a El, lo que no hicieron en Su primera venida. Sin embargo, uno de los factores más determinantes para una comprensión correcta de la profecía del Antiguo Testamento es reconocer la verdad de que a nadie en ese vasto período desde Adán hasta Cristo no se insinuó ninguna revelación tocante al hecho de que había dos advenimientos de Cristo. Moisés dijo con respecto al recogimiento futuro de Israel que acontecería cuando volvería Jehová – "y volverá a recogerte de entre todos los pueblos a donde te hubiere esparcido Jehová tu Dios" (Dt.30:3); pero no parece haberse concentrado atención alguna en esta promesa, con esa claridad que ahora tiene a la luz de subsiguientes revelaciones.

Con anterioridad se ha llamado atención al hecho de que, como está revelado en 1 Pedro 1:10,11, los profetas de la antigüedad no pudieron descubrir el lapso de tiempo que intervendría entre los sufrimientos de Cristo y la gloria que vendría después. Esto es inevitable, debido a la verdad de que la edad presente era un secreto divino, o misterio (Mt.13:11; Ef.3:1-6), no revelado en el Antiguo Testamento. Hay evidencias claras en muchos pasajes de las Sagradas Escrituras de que el propósito divino para esta edad fue intencionalmente reservado. Aquí citamos tres de ellos:

Isaías 61:1-3. "El Espíritu de Jehová el Señor está sobre mí, porque me ungió Jehová; me ha enviado a predicar buenas nuevas a los abatidos, a vendar a los quebrantados de corazón, a publicar libertad a los cautivos, y a los presos apertura de la cárcel; a proclamar el año de la buena voluntad de Jehová, y el día de venganza del Dios nuestro; a consolar a todos los enlutados, a ordenar que a los afligidos de Sion se les dé gloria en lugar de ceniza, óleo de gozo en lugar de luto, manto de alegría en lugar de espíritu angustiado; y serán llamados árboles de justicia, y plantío de Jehová, para gloria suya."

Se ha de recordar, que este pasaje es el texto que Cristo seleccionó para su lectura en la sinagoga de Nazaret (Lc. 4:18, 19), y El leyó sólo hasta "a proclamar el año de la buena voluntad de Jehová" inclusive, que se separa sólo por una coma de lo que sigue. Lo que sigue en el contexto, evidentemente pertenece al segundo advenimiento. El podía decir en cuanto a lo que había leído, "Hoy se ha cumplido esta Escritura delante de vosotros" (Lc. 4:21); pero en ningún sentido ha tenido cumplimiento esa porción profética de Isaías que El no leyó.

Malaquías 3:1. "He aquí, yo envío mi mensajero, el cual preparará el camino delante de mí; y vendrá súbitamente a su templo el Señor a quien vosotros buscáis y el ángel de pacto, a quien deseáis vosotros. He aquí viene, ha dicho Jehová de los ejércitos."

Las primeras cláusulas de este pasaje claramente hablan de la venida de Juan el Bautista y por tanto, tienen relación al primer advenimiento (comp. Mt.11:10; Mr.1:2; Lc.7:27), pero el resto, que continúa hasta el versículo 6, es del segundo advenimiento.

Lucas 1:30-33. "Entonces el ángel le dijo: María, no temas, porque has hallado gracia delante de Dios. Y ahora, concebirás en tu vientre, y darás a luz un hijo, y llamarás su nombre JESUS. Este será grande, y será llamado hijo del Altísimo; y el Señor Dios le dará el trono de David su padre; y reinará sobre la casa de Jacob para siempre, y su reino no tendrá fin."

Aun al ángel Gabriel no se le permite – en tiempo tan avanzado como el nacimiento de Cristo – descubrir a María el hecho de los dos advenimientos; sin embargo, esos advenimientos ahora se contemplan con toda claridad. El Salvador fue llamado *Jesús*, El fue grande, y fue llamado el Hijo del Altísimo; pero el tomar el trono de David, su padre, y su reino sobre la casa de Jacob para siempre, espera su regreso. Se deben considerar las dos venidas separadamente porque cada una presenta una línea de profecía específica y extensa.

1. EL PRIMER ADVENIMIENTO. Las Escrituras que anticipan su nacimiento físico presentan la primera venida de Cristo. Una virgen concebiría y daría a luz un Hijo quien sería Emanuel (Is.7:14); un niño nacería, quien es Dios fuerte, y sobre su hombro descansaría el principado (Is.9:6,7); ese niño nacería en Belén (Mi.5:2); y todo el linaje de la simiente desde Adán hasta Cristo era una expectativa del nacimiento físico y la primera venida del Redentor. Todo sacrificio del Antiguo Testamento anuncia en tipo la primera venida dando su propósito específico como algo que tendría realidad en la muerte y resurrección del Hijo de Dios. Las grandes profecías que presentaron Su muerte (Gn.3:15; Sal. 22:1-21; Is. 52:13-53:12), en la misma manera Su resurrección (Sal. 16:1-11; 22:22-31;118:22-24), estos pasajes predicen su primera venida.

La predicción que señala hacia el primer advenimiento no es difícil identificarla por la facilidad con que se une a la historia. Más de trescientas diferentes profecías han sido identificadas que pertenecen al primer advenimiento, y éstas, sin excepción, siguen el plan de un cumplimiento literal. Por tanto, es razonable esperar que el programa aún futuro del segundo advenimiento – mucho mayor en su extensión – tendrá su cumplimiento en la misma manera. Esta es una conclusión natural especialmente porque, como se prevé en el Antiguo Testamento, las características que componen los dos advenimientos están unidos en una sola historia. El sostener un cumplimiento literal de las cosas que pronostican el primer advenimiento – y esta es una interpretación inevitable – pero al mismo tiempo mantener un concepto de espiritualización de las características que pronostican el segundo advenimiento, no es sino una violencia contra el Texto Sagrado.

La la lìnea primer advenimiento puede trazarse así: Génesis 3:15; 12:3; 17:19; 24:60; 28:14; 49:10; 2 Samuel 7:16; Salmo 2:2; 16:10; 22:1-18; Isaías 7:13,14; 9:6; 28:16; 42:1-7; 49:1-6; 50:5-7; 52:13-53:12; 61:1; Daniel 9:25,26; Oseas 2:23; Miqueas 5:2; Hageo 2:7; Zacarías 9:9; 11:11-13; 13:7; Malaquías 3:1,2; Mateo 1:1,23; 2:1-6; 4:15,16; 12:18-21; 21:1-5,42; 26:31;27:9,10,34,35,50; 28:5,6; Hechos 1:9.

2. EL SEGUNDO ADVENIMIENTO. Aquí como se indicó anteriormente, es importante observar que no hay en el Antiguo Testamento una consideración separada de cada advenimiento, aunque los eventos relacionados a cada uno nunca se confunden. No hay una indicación de que uno está separado del otro en relación al tiempo de su acontecimiento. Como en el Salmo 2, el Mesías primero se ve ante las naciones y sus reyes, como el que sería rechazado, una actitud que pertenece al primer advenimiento y las relaciones que se derivaron de él. Después, como se indica en los versículos 6-9, El toma su trono, y se convierte en el Monarca conquistador de toda la tierra. El resto del Salmo regresa a la relación del primer advenimiento y se exhorta a los reyes y gobernantes a hacer la paz con el Hijo *antes* que se inflame de pronto su ira. Desde la primera profecía mesiánica en Génesis hasta el tiempo de su rechazamiento oficial por Israel, que fue cumplido en Su crucifixión, los dos advenimientos deben distinguirse totalmente por el carácter de los eventos que se presentan en cada uno. Esa distinción, no importa cuán perplejo haya sido a los profetas de la antigüedad, a quienes ambos advenimientos eran futuros, no es difícil hacerla aun cuando los eventos de los dos advenimientos se presentan juntos en un contexto, porque el primero es el que ha sido cumplido y el segundo es todavía futuro. Esta luz adicional en el Nuevo Testamento es suficiente para que los hombres no tengan ninguna excusa en este tiempo para no distinguir estas dos grandes divisiones de la profecía.

Los dos advenimientos se implican en cada uno de los dos grandes pactos – el pacto con Abraham y el que se hizo con David. En ambos se halla la promesa de un linaje y el nacimiento de un hijo. En el caso de Abraham, el nacimiento de un hijo es con el fin de que haya una simiente, tanto física (Gn.13:16) como espiritual (Gn.15:5) – la última llega a ser en virtud de la muerte de Cristo en su primera venida. A David se le promete el nacimiento de un hijo con el fin de que no faltara uno que se sentara en el trono de David para siempre (Jer.33:17).

La Biblia enseña que el Señor Jesucristo volverá a esta tierra (Zac.14:4), personalmente (Ap.19:11-16; Mt.25:31), y que vendrá en las nubes del cielo (Mt.24:30; Hch.1:11; Ap.1:7). No debiera ser difícil creer el testimonio de estas Escrituras, porque Dios lo ha prometido y porque el que se fue en las nubes del cielo había pasado cuarenta días en la tierra en Su cuerpo glorificado, el cuerpo de la resurrección.

El tema general tocante al regreso de Cristo tiene la distinción singular de ser la primera profecía pronunciada por un hombre (Judas 14,15) y el último mensaje de Cristo al ascender, como también es la última palabra de la Biblia (Ap.22:20,21). Así también el tema de la segunda venida de Cristo es singular porque ocupa una parte más grande del texto de las Escrituras que cualquier otra doctrina, y es el tema de profecía que sobresale tanto en el Antiguo como en el Nuevo Testamento. Realmente, toda otra profecía, en gran parte, contribuye a un fin sublime, la completa presentación de este evento culminante – la segunda venida de Cristo. El camino de profecía tocante al segundo advenimiento sigue una línea, como mínimo, de cuarenta y cuatro predicciones principales, comenzando con la primera mención directa en Deuterononio 30:3 y continuando hasta su última palabra, que es la última promesa de la Biblia. Esta lista de pasajes que viene a continuación, no incluye las Escrituras que presentan la venida de Cristo para tomar a su Iglesia, Su Esposa, para sí mismo; pasajes que no forman parte de su gloriosa aparición, o sea, su segunda venida.

Según lo que se anticipa en el vasto conjunto de predicciones, como mínimo hay siete acciones consumadas en el segundo advenimiento:

(a) Cristo mismo regresa, así como se fue, en las nubes del cielo y con poder y gran gloria.

(b) Cristo toma el trono de David, su padre, que es el trono de Su gloria, y reina para siempre.

(c) Cristo viene, no a un mundo convertido, sino a la tierra en rebelión contra Jehová y contra su Mesías, y la conquista con la potencia de su poder infinito.

(d) A la venida de Cristo, juicio caerá sobre Israel, sobre las naciones, sobre Satanás y sobre el hombre de pecado.

(e) La venida de Cristo será acompañada con una convulsión de la naturaleza, y Cristo la librará de la maldición.

(f) La venida de Cristo producirá el arrepentimiento de Israel que ha sido antiguamente profetizado y le traerá la salvación.

(g) A su venida Cristo establecerá su reino de justicia y paz, con Israel convertido reunido en su propio país, unido, y bendecido bajo "su Rey" y con los gentiles, como un pueblo subordinado, participando en ese reino.

Cualquiera que sea el curso que el lector siga, se encarga al estudiante a considerar con atención este conjunto completo de pasajes. Hay un sinnúmero de referencias secundarias a este maravilloso evento que no están incluidas en esta lista. Los pasajes principales son: Deuteronomio 30:3; Salmo 2:1-9; 24:1-10; 50:1-5; 96:10-13; 110:1; Isaías 9:7; 11:10-12; 63:1-6; Ezequiel 37:21-22; Daniel 2:44-45; 7:13-14; Oseas 3:4-5; Miqueas 4:7; Zacarías 2:10-12; 6:12-13; 12:10; 13:6; Mateo 19:28; 23:39; 24:27-31; 25:6, 31-46; Marcos 15:24-27; Lucas 12:35-40; 17:24-36; 18:8; 21:25-28;24:25-26; Hechos 1:10-11; 15:16-18; Romanos 11:25-26; 2 Tesalonicenses 2:8; 1 Timoteo 6:14-15; Santiago 5:7-8; 2 Pedro 3:3-4; Judas 14-15; Apocalipsis 1:7-8; 2:25-28; 16:15; 19:11-21; 20:4-6; 22:20.

Se abre un estudio provechoso y casi interminable cuando se consideran los detalles de ambos eventos, comparando uno con otro. Como una sencilla insinuación tocante a esta investigación, se notará que (1) Cristo, en su primer advenimiento vino para redimirnos del pecado, lo que demandó su muerte, su resurrección, y su presente ministerio en el cielo; en su segunda venida El viene "sin relación al pecado" a una consumación de la salvación de la Iglesia (1 P.1:5) y a la inauguración de la salvación para Israel (Ro.11:26-27). (2) En su primera venida Cristo vino "manso y humilde" con respecto a su nacimiento, vida, y muerte; en su segunda venida él viene con poder y gran gloria. (3) En su primera venida él fue rechazado por los hombres; pero en su segunda venida él, como el Rey de reyes y Señor de señores, es el juez y gobernador de los hombres. (4) En su primera venida, Cristo proveyó salvación para judíos y gentiles individualmente; en su segunda venida él viene a juzgar tanto a judíos como a gentiles. (5) En su primera venida Cristo sólo juzgó (Col.2:15) y resistió a Satanás; pero en su segunda venida él atará a Satanás y conquistará las fuerzas del maligno (comp. 1 Co.15:25-28).

En un artículo contribuido a *The Sunday School Times,* Diciembre 6, 1941, Frederick G. Taylor, D.D.S. escribe de manera convincente sobre las dos venidas. A continuación se presenta una porción de esa tesis:

"En Apocalipsis 19:10 leemos, ' el testimonio de Jesús es el espíritu de la profecía, ' y entendemos que esto significa que ser un testigo de él y tocante a él era la función y misión especial de todos los profetas y todas las profecías. Al hacer un examen diligente de las Escrituras del Antiguo Testamento nos hallamos confrontados con dos líneas de profecías distintas, separadas y en contraste. En la primera línea, los profetas profetizaron acerca de un Mesías quien haría su aparición en el mundo como la ' simiente ' de la mujer. Según Isaías él nacería de una virgen (Is.7:14). El profeta Miqueas escribió que el lugar de su nacimiento sería Belén de Judá (Mi.5:2). Fue predicho que el crecería ' cual renuevo ', y sin ' parecer . . .ni hermosura . . .sin atractivo ' en lo natural, pero que sería ' despreciado y desechado entre los hombres; varón de dolores, experimentado en quebranto '; que sería ' herido . . .por nuestras rebeliones ' y que ' el pecado de todos nosotros ' sería puesto sobre él (Is.53:2-6); santos hombres de Dios, que escribieron según fueron guiados por el Espíritu Santo, declaron que sería el placer de Jehová ' molerlo ' y ' quebrantarlo ' y hacer que pusiera ' su vida en expiación ' (v.10). Los profetas predijeron que él sería traicionado por "el hombre de mi paz, en quien yo confiaba ' (Sal.41:9) y vendido por ' treinta piezas de plata ' (Zac.11:12-13); que él estaría sujeto a ' injurias y . . .esputos" (Is.50:6); que sus vestidos se repartirían entre sus enemigos, y por su ropa echarían suertes (Sal.22:18). Según el profeta, sus manos y sus pies serían traspasados (Sal.22:16); la muerte por crucifixión se profetiza claramente en el Salmo 22. El sufriría con malhechores, pero ' su sepultura ' sería con los ricos . . .en su muerte ' (Is.53:9). Los profetas enfatizaron el hecho de que su alma no sería dejada en el Seol, tampoco se permitiría que su cuerpo viese corrupción (Sal.16:10). Al contrario, él sería levantado de entre los muertos, y, finalmente, la profecía declara que cuando hubiese resucitado él ascendería ' a lo alto ' donde él recibiría ' dones para los hombres (Sal.68:18).

Frente a esta primera línea de profecías, la Biblia presenta un segundo grupo, mucho más extenso, escritas por los mismos ' santos hombres de Dios ' relacionados a la misma persona bendita. En este segundo grupo se describe a Cristo en su carácter real, como ' el León de la tribu de Judá '; como el poderoso Rey que quebrantará a las naciones ' con vara de hierro ' y ' como vasija de alfarero los desmenuzará ' (Sal.2:9). Tocante a su venida leemos: ' He aquí con las nubes del cielo venía uno como un hijo de hombre. . . y le fue dado dominio, gloria y reino, para que todos los pueblos, naciones y lenguas le sirvieran ' (Dn.7:13,14; véase también Hch.1:9-11). Ese tiempo especial cuando El se ha de manifestar se caracteriza por los profetas como ' día de ira aquel día, día de angustia y de aprieto, día de alboroto y de asolamiento, día de tiniebla y de obscuridad, día de nublado y de entenebrecimiento ' (Sof.1:15; véase también Mt.24:21,22).

En este tiempo habrá diez reinos gobernados por diez reyes, los que darán su poder a un superhombre, quien por un tiempo ejercerá una dictadura mundial (Dn. 7), ' Porque he aquí que en aquellos días, y en aquel tiempo. . . reuniré a todas las naciones, y las haré descender al valle de Josafat, y allí entraré en juicio con ellas a causa de mi pueblo, y de Israel mi heredad, a quien ellas esparcieron entre las naciones ' (Jl. 3:1). Entonces se proclamará el reto de Dios: ' Proclamad esto entre las naciones, proclamad guerra, despertad a los valientes, acérquense, vengan todos los hombres de guerra. Forjad espadas de vuestros azadones, lanzas de vuestras hoces; diga el débil: Fuerte soy. Juntaos y venid, naciones todas de alrededor, y congregaos ' (Jl. 3:9-11). Esta es la hora cuando ' Jehová sera la esperanza de su pueblo, y la fortaleza de los hijos de Israel ' (Jl.3:16).' La altivez de los ojos del hombre será abatida. . . y Jehová solo será exaltado en aquel día '

(Is.2:11). Cuando este poderoso conquistador descienda a través de las nubes a la tierra, ' se afirmarán sus pies en aquel día sobre el monte de los Olivos, que está en frente de Jerusalén al oriente ' (Zac.14:4). Las señales de los clavos todavía serán visibles en sus manos, y los judíos ' mirarán a mí, a quien traspasaron, y llorarán como se llora por hijo unigénito, afligiéndose por él como quien se aflige por el primogénito ' (Zac.12:10). Después de eso, ' Jehová será rey sobre toda la tierra. En aquel día Jehová será uno, y uno su nombre ' (Zac. 14:9).

Entonces ellos ' volverán sus espadas en rejas de arado, y sus lanzas en hoces; no alzará espada nación contra nación, ni se adiestrarán más para la guerra" (Is.2:4). ' Y se sentará cada uno debajo de su vid y debajo de su higuera, y no habrá quien los amedrente" (Mi.4:4).' En lugar de la zarza crecerá ciprés, y en lugar de la ortiga crecerá arrayán ' (Is.55:13). ' Porque la tierra será llena del conocimiento de Jehová como las aguas cubren la mar' (Is. 11:9). ' Juzgará con justicia a los pobres ' (Is.11:4). ' Y todos los que sobrevivieren de las naciones que vinieron contra Jerusalén subirán de año en año para adorar al rey ' (Zac.14:16).

¿Pero cómo pueden reconciliarse estas dos líneas de profecías del Antiguo Testamento que son diferentes y aparentemente, opuestas? La respuesta es sencilla. Las profecías del primer grupo fueron cumplidas literalmente y minuciosamente en el primer advenimiento de Cristo hace mil novecientos años. Las profecías del segundo grupo tendrán igualmente su cumplimiento literal y minucioso en su segundo advenimiento. Aquí, pues, está el verdadero bálsamo para los corazones dolientes de hoy día. Antes de los acontecimientos de ese juicio terrible relacionado con la aparición visible de Cristo en su segunda venida, la ' esposa de Cristo ' (que son los verdaderos creyentes) será ' arrebatada ' y llevada a estar para siempre con el Señor (1 Tes.4:17). ' Por tanto, alentaos los unos a los otros con estas palabras ', escribe el apóstol Pablo (1 Tes.4:18). ' Por tanto, hermanos, tened paciencia hasta la venida del Señor. . . afirmad vuestros corazones; porque la venida del Señor se acerca ', dice Santiago (Stg.5:7,8). Y el mismo Señor dijo: ' Ciertamente vengo en breve ', y el corazón de Juan responde como un eco, ' Amén; sí, ven, Señor Jesús '(Ap.22:20)." – pág.990.

CAPITULO XVII

PROFECIAS TOCANTE A LOS PACTOS DE ISRAEL

La incapacidad de los creyentes de entender las profecías, casi sin excepción, puede atribuirse a un concepto falso de alguna verdad esencial, o por no poder darse cuenta de su potencia y su valor práctico. En este respecto, la razón principal por la cual muchos no tienen la capacidad de seguir las grandes predicciones divinas es su descuido de no dar a la nación de Israel el lugar y la importancia que Dios, en su soberanía, ha señalado para esa nación. Esta omisión es la causa de una gran parte de la confusión mental referente a los temas proféticos. La soberana elección de una nación, la de Israel, – algunas veces llamada la "escogida" (comp. Mt.24:22,24,31) – es un hecho revelado que aparentemente las naciones gentiles no pueden percibir como una realidad. Sin embargo, es la actitud de las naciones gentiles hacia la nación escogida de Dios lo que forma la base sobre la cual es determinado el destino de las naciones (Mt.25:31-46). La elección de Israel se enfatiza continuamente a través de las Escrituras. Moisés dijo, "Porque tu eres pueblo santo para Jehová tu Dios; Jehová tu Dios te ha escogido para serle un pueblo especial, más que todos los pueblos que están sobre la tierra. No por ser vosotros más que todos los pueblos os ha querido Jehová y os ha escogido, pues vosotros erais el más insignificante de todos los pueblos; sino por cuanto Jehová os amó, y quiso guardar el juramento que juró a vuestros padres, os ha sacado Jehová con mano poderosa, y os ha rescatado de servidumbre, de la mano de Faraón rey de Egipto" (Dt.7:6-8); "Porque eres pueblo santo a Jehová tu Dios, y Jehová te ha escogido para que le seas un pueblo único de entre todos los pueblos que están sobre la tierra" (Dt.14:2). Jehová ha amado a Israel con un amor eterno (Jer.31:3), y sus dones y su llamamiento tocante a ese pueblo son irrevocables (Ro.11:29). De acuerdo con el propósito eterno, ellos serán reunidos, restaurados, y preservados para siempre (comp. Is.66:22; Jer.31:36-37; Mt.24:34). Cuando se llega a comprender que Dios tiene una nación escogida a la cual ha hecho pactos irrevocables, pactos que son eternos en carácter, la mente estará preparada para seguir el plan divino para este pueblo durante el tiempo y en la eternidad. Otro medio de clarificación de la mente consiste en separar en el pensamiento a los judíos, los gentiles, y la Iglesia de Dios (1 Co.10:32; comp. Ef.2:11 y Col.2:11). Estas tres clases de divisiones humanas deben trazarse desde el principio de cada una a través del tiempo y hacia la eternidad. Aparte del llamamiento de judíos y de gentiles individualmente de su estado original para formar la Iglesia, estos grupos nunca pierden su identidad, ni tampoco sumergen su identidad en otra cosa. Israel nunca ha sido la Iglesia, no es la Iglesia de ahora, ni nunca será la Iglesia.

Hay una forma de teología, llamada la Teología del Pacto, que trata de enhebrar todos los propósitos de Jehová y sus obras sobre su atributo de gracia, pero no puede evitar la confusión mental en asuntos relacionados a sus variados objetivos. La Teología del Pacto, para mantenerse consecuente con su premisa, que es obra del hombre, afirma sus invenciones tocante a una iglesia en el Antiguo Testamento que, según observan, es parte integral de la Iglesia del Nuevo Testamento, y la base de sus afirmaciones es que, por cuanto la gracia de Dios es un atributo invariable las consecuencias alcanzadas deben ser la realización de un solo ideal establecido. La teoría del Pacto retiene a la nación de Israel hasta el tiempo de la muerte de Cristo. Se considera que la Iglesia es un remanente espiritual dentro de Israel a quien todas las bendiciones del Antiguo Testamento son dadas y a la nación, como tal, se le permite heredar las maldiciones.

Con relación a la identidad de Israel, el Dr. C. I. Scofield escribe:

"Capítulos 11 y 12 de Génesis señalan un cambio muy importante en cuanto a la manera en que Dios trata al hombre. Hasta este punto la historia del libro de Génesis ha incluido a toda la raza adámica. No ha habido ninguna diferencia entre judío y gentil; todos los seres humanos han sido una sola cosa en el ' primer Adán '. Pero desde este punto en adelante, en la historia de las Escrituras, la humanidad debe considerarse como un río inmenso del cual Dios ha separado, en el llamamiento de Abraham y la formación del pueblo israelita, un pequeño arroyo por medio del cual El pueda purificar el río mismo. Israel fue escogido para ser en medio de la idolatría universal un testigo de la unidad de Dios (Dt.6:4; Is. 43:10-12); para servir como un ejemplo de la bendición de servir al Dios verdadero (Dt.33:26-29); para recibir y preservar las revelaciones divinas (Ro.3:1,2; Dt. 4:5-8); para traer al Mesías a este mundo (Gn.3:15; 21:12; 28:10,14; 49:10; 2 S. 7:16,17; Is.4:3,4; Mt.1:1).

El lector de la Biblia debe tener muy presente: (1) que desde Génesis 12 hasta Mateo 12:45 las Escrituras tratan principalmente de Israel, del pequeño arroyo y no del gran río gentil, aunque vez tras vez salta a la vista la universalidad del propósito final de Dios (por ej.: Gn.12:3; Is.2:2,4; 5:26; 9:1,2; 11:10-12; 42:1-6; 49:6,12; 52:15; 54:2; 55:5; 60:3,5,11-16; 61:6,9; 62:2; 66:12,18,19; Jer.16:19; Jl.3:910; Mal.1:11; Ro.9,10,11; Gá.3:8-14); (2) que la raza humana,que de aquí en adelante se llama gentil para distinguirla de Israel, continúa bajo los pactos con Adán y Noé, y que para esta raza la dispensación de la Conciencia y la del Gobierno Humano siguen vigentes. La historia moral del mundo gentil se narra en Romanos 1:21-32, y su responsabilidad moral, en Romanos 2:1-16. La conciencia nunca absuelve al pecador; lo único que hace es ' acusarle ' o ' excusarle '. Cuando los gentiles llegan a tener conocimiento de la ley, ésta es para ellos, como lo es para Israel, un ' ministerio de condenación ', una ' maldición ' (Ro.3:19,20; 7:9,10; 2 Co.3:7; Gá.3:10). Una responsabilidad completamente nueva se produce cuando el judío o el gentil recibe el conocimiento del Evangelio (Jn.3:18,19,36; 15:22-24; 16:9; 1 Jn.5:9-12)." - *Biblia Anotada de Scofield, p. 18.*

Este pueblo a veces es identificado como *judío,* que lo relaciona a uno de sus antepasados, a Judá; a veces *Jacob,* por este título se contempla a toda la posteridad de un antepasado común, Jacob; y algunas veces se le conoce por *Israel.* El último de los sobrenombres es el que siempre se usa cuando se trata de señalar a un grupo espiritual dentro de toda la nación (comp. Is.9:8); sin embargo, este nombre puede usarse para todos los descendientes de Jacob. Algunas veces se emplea para distinguir a las diez tribus que se apartaron bajo Jeroboam, es decir, el reino del Norte, Efraín con Samaria como su capital.. Las Diez tribus fueron llevadas al exilio en 722 A. C, y de ese exilio la mayoría no ha regresado. También son conocidos como "los desterrados de Israel", distinguiéndose así de los "dispersos de Judá". Todavía se dará cuenta de las diez tribus, y toda la nación será reunida (Is.11:11-13; Jer.23:5-8; Ez.37:11-24). Es evidente que los juicios divinos caerán sobre este pueblo y muchos de ellos serán "purgados" (Ez.20:37,38), y luego todo Israel (la porción aceptada por Dios) será salvo" (Ro.11:26,27). El hecho de que la Biblia reconoce a Israel dentro de la misma nación – que algunas veces es llamado "el remanente" – término que los teólogos del Pacto han tomado como base para su contención de que la Iglesia es el Israel verdadero del Antiguo Testamento. No podemos decir que el Texto Sagrado sostiene esta idea. Es cierto que los gentiles llegan a ser hijos de Abraham en el sentido de que han nacido de Dios sobre el principio de la fe de Abraham (Gn.15:6; Ro.4:12); pero la salvación por la fe no introduce a un gentil en la nación de los judíos, no obstante el hecho de que en esta era, la fe sí introduce al judío o al gentil en la Iglesia. La distinción esencial entre la nación y un verdadero Israel dentro de la nación la declaró Cristo cuando dijo a los judíos: "Se que sois descendientes de Abraham; pero procuráis matarme, porque mi palabra no halla cabida en vosotros. Yo hablo lo que he visto cerca del Padre; y vosotros hacéis lo que habéis oído cerca de vuestro padre. Respondieron y le dijeron: Nuestro padre es Abraham. Jesús les dijo: Si fueseis hijos de Abraham, las obras de Abraham haríais" (Jn.8:37-39). En esta declaración Cristo reconoce que los judíos son simiente de Abraham; pero, a la vez dice: "Si fueseis hijos de Abraham, las obras de Abraham haríais". Es evidente que el apóstol se refería a los verdaderos israelitas, que son salvados como se salvan los gentiles, cuando dijo: "Y a todos los que anden conforme a esta regla, paz y misericordia sea a ellos, y al Israel de Dios" (Gá. 6:16).

La nación judaica es el centro de todas las cosas relacionadas a la tierra. La Iglesia es un elemento extraño a la tierra y se relaciona a ella solamente como un pueblo que le testifica. Los de la Iglesia son extranjeros y peregrinos, embajadores cuya ciudadanía está en los cielos. Moisés dijo: "Cuando el Altísimo hizo heredar a las naciones, cuando hizo dividir a los hijos de los hombres, estableció los límites de los pueblos según el número de los hijos de Israel" (Dt.32:8). Esta gran declaración coloca a Israel como el centro de todos los propósitos de Dios para la tierra. Es posible que Jehová castigue a Su pueblo y aun que use a las naciones para ese fin, pero invariablemente ha de caer un juicio sobre aquellas naciones que afligen a Israel, a pesar de que Dios las usa, ellas lo hacen por pura malicia. "A los que te maldijeren, maldeciré" (Gn.12:3) nunca ha dejado de tener su cumplimiento, y jamás dejará de cumplirse así hasta el fin de la historia humana sobre la tierra.

En cuanto al curso de los pactos de Israel se continuará su estudio en dos líneas: (1) los cuatro principales pactos aplicados y (2) las siete características distintivas.

I. LOS CUATRO PRINCIPALES PACTOS

Los principales pactos que Jehová ha hecho con Su pueblo escogido son cuatro: (1) el pacto concertado con Abraham, (2) El pacto dado por medio de Moisés, (3) el pacto hecho con David, y (4) el nuevo pacto que aún se ha de hacer en el reino mesiánico.

1. EL PACTO CONCERTADO CON ABRAHAM. En su totalidad, el pacto con Abraham (véase Gn. 12:1-3; 13:14-17; 15:4-21; 17:1-8; 22:17,18) incluye varias características y es incondicional en todas sus partes, tratándose solamente de lo que Jehová hará a favor de Abraham y mediante él. Siendo un pacto incondicional, es imposible que el hombre lo pueda quebrantar. El pacto se vuelve a declarar a Isaac (Gn.26:3-5), y a Jacob (Gn.35:10-12); pero siempre se dice que es en cumplimiento al pacto hecho con Abraham. Este pacto se extiende hasta la eternidad, siendo de eterna duración. Las características de este pacto son:

(a) "Y haré de ti una nación grande", característica que se cumple en la posteridad de Ismael, de Isaac, y en las simientes espirituales de Abraham.

(b) "Y te bendeciré", que se cumple tanto con riquezas terrenales como con celestiales.

(c) "Y engrandeceré tu nombre", y no hay nombre más venerado, fuera del nombre de Cristo, que el de Abraham.

(d) "Y serás bendición". Esta bendición se extiende a la simiente física de Abraham mediante Isaac y Jacob y también a los gentiles (Gá.3:13,14).

(e) "Bendeciré a los que te bendijeren, y a los que te maldijeren, maldeciré", que, como se indicó con anterioridad, es el principio permanente de Dios en conexión con Israel sobre el cual El trata con las naciones gentiles como tales (Dt.30:7); Is.14:1,2; Zac.14:1-3; Mt. 25:31-46).

(f) "Y serán benditas en tí todas las familias de la tierra", promesa que mira hacia la simiente, que es Cristo, y contempla todo lo que Cristo es o será a toda la tierra.

(g) "A tu descendencia daré esta tierra", un territorio que es mucho más grande que el que ocupó Israel cuando salió de Egipto. La extensión de esa tierra es "desde el río de Egipto hasta el río grande, el río Eufrates" (Gn.15:18).

2. EL PACTO QUE FUE DADO POR MEDIO DE MOISES. El pacto de la ley vino por Moisés (Jn. 1:17; Ex.20:1-31:18), y fue dado por Jehová como una bendición condicional a aquellos que guardaron la ley de Moisés. Fue hecho en Sinaí donde Jehová dijo: "Ahora pues, si diereis oído a mi voz, y guardareis mi pacto, vosotros seréis mi especial tesoro sobre todos los pueblos; porque mía es toda la tierra. Y vosotros me seréis un reino de sacerdotes y gente santa" (Ex.19:5,6). Tanto las bendiciones como las maldiciones relacionadas a este pacto están declaradas en detalle en Deuteronomio 28:1-68. Este pacto es una regla de vida, dirigida a un pueblo que por nacimiento físico está relacionado a Dios por medio de un pacto. Este pacto que gobierna la vida, siendo condicional, ha sido quebrantado por los hombres y será anulado por el nuevo pacto que se considerará más adelante.

3. EL PACTO QUE FUE HECHO CON DAVID. Este pacto (2 S. 7:11-16), al igual que el pacto concertado con Abraham, es incondicional y eterno en su duración. Garantiza (1) una casa o línea segura de los hijos de David – un rey que se siente sin cesar en el trono de David (la necesidad de castigo puede ser la causa que el trono quede desocupado; pero nunca faltará uno con el derecho de sentarse en ese trono – 2 S. 7:14,15; Sal. 89:30-33; Jer. 33:17. El pacto nunca puede ser abrogado, porque Jehová ha hecho juramento; (2) un trono, el trono terrenal de David que continúa para siempre; y (3) un reino para siempre.

4. EL NUEVO PACTO QUE SERA HECHO EN EL REINO MESIANICO. El antiguo pacto que era para regir la vida, Jehová lo hizo cuando sacó de la mano a Israel de Egipto. Ese pacto fue quebrantado, aun cuando el Señor fue como un esposo para esa nación. Cuando entren a su reino El hará un nuevo pacto con la nación que regirá su vida en el reino (Jer.31:31-34).

Estos cuatro pactos han sido tratados brevemente en esta oportunidad en vista de que se tratarán más detalladamente las características que encierran bajo las siete divisiones generales de profecía, que son: (1) una nación para siempre, (2) una tierra para siempre, (3) un Rey para siempre, (4) un trono para siempre, (5) un reino para siempre, (6) un pacto nuevo, y (7) bendiciones permanentes.

II. SIETE CARACTERISTICAS

La colocación de los muchos y variados privilegios de Israel en siete divisiones generales servirá como un medio por el cual estos beneficios divinos podrán clasificarse de una manera más general. Se ruega al estudiante observar el carácter literal y físico de estas predicciones, y ver cuán imposible es, dentro los límites de la razón, dar a estas profecías una interpretación espiritual. La primera vuelta errada que se dé a este camino que traza las glorias venideras de Israel es querer malinterpretar el significado de las palabras que se emplean, y además de ese error, el método pernicioso de pasar totalmente por alto estas Escrituras. Ha sido la experiencia de muchos que ese campo de complejidad ha desaparecido cuando se ha tomado el lenguaje en su significado normal, gramatical y natural — que Israel no es en este tiempo la Iglesia, ni tampoco el reino es la Iglesia; Sion es Jerusalén y no el cielo y el trono de David es exactamente lo que David creyó que era, una institución terrenal, que nunca ha estado en el cielo y ni llegará a estar allí.

1. UNA NACION PARA SIEMPRE. Sin hacer referencia en este punto a la comunicación de Dios con el individuo dentro de la nación israelita, se verá que hay una doctrina positiva que se encuentra en la Palabra de Dios que afirma, sin condiciones humanas que la modifiquen, que esa nación sagrada y escogida de Dios será preservada como tal para siempre. De modo que están proyectados más allá de los mil años del reino y aun hasta la eternidad venidera. Así como sus pactos respecto al país son permanentes, de consiguiente, este pueblo también como una nación deberá heredar y habitar la nueva tierra que será hecha (Is.65:17; 66:22; He.1:10-12; 2

P. 3:4-14; Ap.20:11; 21:1). En ciertas Escrituras se declara el carácter permanente de esta nación: "Y estableceré mi pacto entre mí y tí, y tu descendencia después de tí en sus generaciones, por pacto perpetuo, para ser tu Dios, y el de tu descendencia después de tí. Y te daré a tí, y a tu descendencia después de tí, la tierra en que moras, toda la tierra de Canaán en heredad perpetua; y seré el Dios de ellos" (Gn.17:7,8); "Porque como los cielos nuevos y la nueva tierra que yo hago permanecerán delante de mí, dice Jehová, así permanecerá vuestra descendencia y vuestro nombre" (Is.66:22); "Así ha dicho Jehová que da el sol para luz del día, las leyes de la luna y de las estrellas para luz de la noche, que parte el mar, y braman sus ondas; Jehová de los ejércitos es su nombre: Si faltaren estas leyes delante de mí, dice Jehová, también la descendencia de Israel faltará para no ser nación delante de mí eternamente. Así ha dicho Jehová: Si los cielos arriba se pueden medir, y explorarse abajo los fundamentos de la tierra, también yo desecharé toda la descendencia de Israel por todo lo que hicieron, dice Jehová" (Jer.31:35-37).

La preservación de esta nación en esta era de su esparcimiento fue prometida por Cristo según relata Mateo 24:34, "De cierto os digo, que no pasará esta generación hasta que todo esto acontezca". La palabra griega *γενεά* traducida aquí *generación* ya que ninguno de los eventos mencionados en la profecía anterior ha acontecido, necesariamente se tiene que dar al término su significado de primer orden, es decir, *raza, género, familia, linaje, casta.* La nación se preservará para siempre; de no ser así, el lenguaje no expresaría el pensamiento. No importa si los judíos modernos y los predicadores modernos afirman que Dios ha desechado a su pueblo terrenal. La respuesta a la pregunta en Romanos 11:1, "¿Ha desechado Dios a su pueblo?" se contesta dogmáticamente por inspiración, "En ninguna manera." Todo el capítulo 11 de Romanos se dedica a probar que Israel nunca será desechado, sino que será restaurado a las bendiciones de sus pactos. El Dr. C. I. Scofield ha hecho un bosquejo de este capítulo en su *Biblia Anotada.* El tema de este capítulo es que Israel no ha sido desechado para siempre. (1) La salvación de Pablo indica que todavía existe un remanente fiel (v. 1). (2) Esto se prueba también por medio de la enseñanza acerca del remanente fiel (vs. 2-6). (3) La presente incredulidad de la nación judía fue prevista (vs. 7-10). (4) La incredulidad de Israel ha venido a ser la oportunidad de los gentiles (vs. 11-25). (5) Israel ha sido quebrado del buen olivo, que es Cristo (vs. 17-22). (6) Los israelitas serán injertados de nuevo (vs. 23,24). (7) El Libertador prometido vendrá de Sion y la nación será salva (vs. 25-29). Que el cristiano hereda en el tiempo presente las promesas distintivas que Dios ha hecho a los judíos, no se enseña en las Escrituras. El cristiano pertenece a la simiente celestial de Abraham (Gn. 15:5,6; Gá. 3:29) y participa de las bendiciones espirituales del pacto concertado con Abraham (Gn. 15:18, nota); pero Israel, como nación, mantiene siempre su propio lugar y todavía ha de contemplar su más grande exaltación como el pueblo terrenal de Dios. Véase "Israel" (Gn.12:2; Ro.11:26); "Reino" (Gn.1:26-28; Zac.12:8. P. 1161).

La completa revelación de la verdad de que Dios ha hecho la elección de una nación y del amor eterno que lo impulsó están incluidos en este tema. Las palabras de Moisés con claridad presentan estos hechos maravillosos – la elección de una nación que no está basada en ninguna otra razón más que en el amor de Jehová para ese pueblo. Moisés escribió: "Porque tú eres pueblo santo para Jehová tu Dios; Jehová tu Dios te ha escogido para serle un pueblo especial, más que todos los pueblos que están sobre la tierra. No por ser vosotros más que todos los pueblos os ha querido Jehová y os ha escogido, pues vosotros erais el más insignificante de todos los pueblos; sino por cuanto Jehová os amó, y quiso guardar el juramento que juró a vuestros padres, os ha sacado Jehová con mano poderosa, y os ha rescatado de servidumbre, de la mano de Faraón rey de Egipto" (Dt.7:6-8). Que Jehová ama a Israel con "amor eterno" se afirma en Jeremías 31:3. Un amor eterno incluye un amor desde la eternidad pasada y se extiende hacia la eternidad venidera. Es así como es amada esta nación a pesar de su iniquidad y sus múltiples rechazamientos de Jehová. Ese amor eterno todavía prevalece y este pueblo indigno heredará todo lo que Jehová ha determinado. Como en toda elección divina, no puede suponerse ningún mérito humano como base para las acciones de Dios. Lo que Dios hace en la realización de su propósito se debe a Su amor. Le causa satisfacción en sí. Un amor eterno requiere una realidad eterna que responde a todas sus demandas.

2. UNA TIERRA PARA SIEMPRE. Lo que comunmente se denomina el Pacto Palestino es la declaración repetida frecuentemente por Jehová, totalmente incondicional, de que la tierra prometida a Abraham – "A tu descendencia daré esta tierra, desde el río de Egipto hasta el río grande, el río Eufrates" (Gn.15:18) – sería posesión de Abraham para siempre. Es pues, otorgada a Abraham personalmente y viene a ser legítima heredad para su posteridad. ¿Sobre qué otra base podría clasificarse como la tierra "prometida"?

En Deuteronomio, capítulos 28 al 30, Jehová ha dejado un registro de lo que justamente podría considerarse el Pacto Palestino.

Esto, como se ha visto, se ha anunciado con anticipación en el pacto con Abraham. El Pacto Palestino se divide en varias partes:

a. LA NACION DESARRAIGADA DE LA TIERRA POR SU INFIDELIDAD. La profecía respecto a la tenencia de la tierra por Israel anticipa tres distintos desposeimientos de la tierra (véase Gn.15:13,14,16; Jer. 25:11,12; Dt. 28:63-68 con 30:1-3), y tres restauraciones (véase Gn.15:14; y comp. con Jos. 1:2-7; Dn.9:2 con Jer. 25:11,12; Dt. 30:3; Jer.23:5-8; Ez. 37:21-25; Hch.15:14-17). Los tres desposeimientos han sido cumplidos, así también las dos primeras restauraciones. La restauración final que espera la nación está todavía en el futuro.

b. UN ARREPENTIMIENTO FUTURO DE ISRAEL. El arrepentimiento final de Israel está anunciado en toda la Biblia. Debe distinguirse éste de sus sufrimientos que han sido de larga duración y que no lo han conducido al arrepentimiento. Deuteronomio 28:63-68 prevé sus sufrimientos, mientras que 30:1-3 prevé su arrepentimiento. Se describe como un pueblo que está de luto, y esta experiencia será suya cuando reconozca a su verdadero Mesías en el día de Su regreso (véase Is.61:2,3; Zac.12:10; Mt.5:4; 24:30). El llamamiento a este arrepentimiento nacional era la esencia del mensaje del precursor, y el mismo tema fue presentado por Cristo y sus discípulos – "Arrepentíos; porque el reino de los cielos se ha acercado". Mantuvieron su actitud de rechazamiento. Ni se arrepintieron ni recibieron al Rey. Sin embargo, la profecía anticipa el tiempo cuando nacionalmente se volverán al Mesías y le darán una feliz recepción, predicción que tendrá su cumplimiento en el futuro.

c. EL REGRESO DEL MESIAS. De una manera especial las Escrituras declaran la posesión final de esa tierra, la que acontecerá en la segunda venida de Cristo. Moisés, describiendo el retorno final de Israel a su tierra, escribió: "Entonces Jehová hará volver a tus cautivos, y tendrá misericordia de tí, y volverá a recogerte de entre todos los pueblos a donde te hubiere esparcido Jehová tu Dios. Aun cuando tus desterrados estuvieron en las partes más lejanas que hay debajo del cielo, de allí te recogerá Jehová tu Dios, y de allá te tomará; y te hará volver Jehová tu Dios a la tierra que heredaron tus padres, y será tuya; y te hará bien, y te multiplicará más que a tus padres. Y circuncidará Jehová tu Dios tu corazón, y el corazón de tu descendencia, para que ames a Jehová tu Dios con todo tu corazón y con toda tu alma, a fin de que vivas" (Dt.30:3-6). Es así como se afirma que Jehová mismo colocará a Israel en su país, y esto acontecerá cuando El "vuelva". Naturalmente, un regreso implica una previa presencia. En Hechos 15:16-18 se hace referencia a ese mismo regreso de Cristo y los eventos que lo acompañarán: "Después de esto volveré y reedificaré el tabernáculo de David, que está caído; y repararé sus ruinas, y lo volveré a levantar, para que el resto de los hombres busque al Señor, y todos los gentiles, sobre los cuales es invocado mi nombre, dice el Señor, que hace conocer todo esto desde los tiempos antiguos." A esto puede agregarse el testimonio del extenso pasaje de Amós 9:9-15.

d. LA RESTAURACION DE ISRAEL A SU TIERRA. Verdaderamente, muchísimas veces ha declarado el Espíritu Santo esa verdad de que Israel volverá a su propia tierra. Este evento, pues, viene a ser uno de los principales temas de la profecía. En Deuteronomio 30:5, citado arriba, hay una declaración de que esta nación será traída a la tierra que poseyeron sus padres; pero, según el contexto, esto ocurrirá después que ellos hayan sido "esparcidos" entre todos los pueblos de la tierra, así como están ahora, y serán restaurados, como queda dicho, cuando vuelva el Señor. Isaías en profecía dice: "Asimismo acontecerá en aquel tiempo, que Jehová alzará otra vez su mano para recobrar el remanente de su pueblo que aún quede en Asiria, Egipto, Patros, Etiopía, Elam, Sinar y Amat, y en las costas del mar. Y levantará pendón a las naciones, y juntará los desterrados de Israel, y reunirá los esparcidos de Judá de los cuatro confines de la tierra" (11:11,12). Este segundo recogimiento de Israel como lo describe Isaías, está en contraste con la remoción de ese pueblo de Egipto cuando entraron en la tierra de Canaán bajo Josué, es decir, es otra ocasión posterior. La manifestación del poder divino demostrada en la colocación de Israel en su tierra por última vez sobrepujará en gran manera la manifestación de poder que acompañó la remoción de Israel desde Egipto y la colocación en la tierra efectuada bajo Josué. Sobre este contraste escribe Jeremías: "He aquí que vienen días, dice Jehová, en que levantaré a David renuevo justo, y reinará como Rey, el cual será dichoso, y hará juicio y justicia en la tierra. En sus días será salvo Judá, e Israel habitará confiado; y este será su nombre con el cual le llamarán: JEHOVA, JUSTICIA NUESTRA. Por tanto, he aquí que vienen días, dice Jehová, en que no dirán más: Vive Jehová que hizo subir a los hijos de Israel de la tierra de Egipto, sino: Vive Jehová que hizo subir y trajo la descendencia de la casa de Israel de tierra del norte, y de todas las tierras a donde yo los había echado; y habitarán en su tierra" (23:5-8).

Una vez más deberá notarse, que este gran evento cuando Israel será restaurado, está relacionado con el segundo advenimiento y el tiempo cuando Cristo vendrá a reinar. De sumo interés es la propia descripción de Cristo del recogimiento de Israel. El dice que los ángeles cumplirán ese ministerio y que lo harán en relación a su segunda venida. El dijo: "E inmediatamente después de la tribulación de aquellos días, el sol se obscurecerá, y la luna no dará su resplandor, y las estrellas caerán del cielo, y las potencias de los cielos serán conmovidas. Entonces aparecerá la señal del Hijo del hombre en el cielo; y entonces lamentarán todas las tribus de la tierra, y verán al Hijo del Hombre viniendo sobre las nubes del cielo, con poder y gran gloria, y enviará sus ángeles con voz de trompeta, y juntarán a sus escogidos, de los cuatro vientos, desde un extremo del cielo hasta el otro" (Mt.24:29-31). Aquí, como en todo el discurso de los Olivos, el "Escogido" es Israel.

El no poder reconocer que hay dos elecciones – la de Israel como una nación y la de la Iglesia como individuos – ha sido la causa por la cual algunos han creído que, así como en Mateo 24:21-22 hay una compañía escogida que se ve en la tribulación, por tanto la Iglesia pasará por la tribulación. Las palabras de Moisés, como se hallan en Deuteronomio 4:25-40, son bien claras tocante al pecado de Israel, su esparcimiento, la terminación de su centro nacional, la tribulación, su arrepentimiento, y la bendición final en la realización de los pactos por la fidelidad de Jehová (véase Ez. 37:21-28).

Ningún título de propiedad hecha por los hombres podría ser más explícito que la promesa que Jehová hizo a Abraham tocante a la tierra de Canaán. En conformidad a ello está escrito: "desde el río de Egipto hasta el río grande, el río Eufrates"; "a tu descendencia daré esta tierra"; "y te daré a ti"; "para darte a heredar esta tierra"; "Y te daré a ti, y a tu descendencia después de ti, la tierra en que moras, toda la tierra de Canaán en heredad perpetua: "porque a ti y a tu descendencia daré todas estas tierras"; "la tierra en que estás acostado te la daré a ti y a tu descendencia"; "la tierra que he dado a Abraham y a Isaac, la daré a ti, y a tu descendencia después de ti daré la tierra." Isaac habló de este pacto cuando envió a Jacob a la casa de Labán (Gn. 28:1-4), "Y el Dios omnipotente te bendiga, y te haga fructificar y te multiplique, hasta llegar a ser multitud de pueblos; y te dé la bendición de Abraham, y a tu descendencia contigo, para que heredes la tierra en que moras, que Dios dio a Abraham" (28:3-4). Ningún lenguaje serviría en una transacción legal si este pacto no tuviera validez.

Una objeción que se presenta en contra de la posesión literal de la tierra es, que si fue dada a Abraham, Isaac y Jacob, como también a sus descendientes, estos deberán ser resucitados y por la resurrección venir a la realización de este pacto. Es así como se introduce el tema de la resurrección de Israel y el lugar que ellos ocuparán después de ser levantados. A este problema se dará la debida atención más adelante.

e. LA CONVERSION DE ISRAEL COMO UNA NACION. De todas las múltiples referencias en las Escrituras al recogimiento final de Israel, apenas hay uno que omite la verdad adicional de que en ese tiempo, la nación será conducida a buenas relaciones con Jehová. Como un fondo para esto, debe recordarse que esta es una nación redimida y tiene relación con Jehová por pacto hecho. Dios dio a ellos no solamente su Palabra, sino también los sacrificios por los cuales pueden ellos ser restaurados constantemente para mantener relaciones correctas con El. Su pecado y su rechazamiento de Dios es de tal naturaleza que sólo la gracia infinita puede traerlos otra vez a una comunión inviolada con su Dios. Aparece aquí otra distinción entre las dos elecciones divinas. De la elección de la Iglesia que es individual, ninguno podrá perderse jamás. Por otro lado, la nación escogida será purgada y de entre ellos serán quitados todos los ofensores. Zacarías hablando de esto (13:8-9) declara que sólo una tercera parte será librada al pasar por el fuego y será refinada, mientras que dos terceras partes serán destruidas y morirán. Los principales pasajes que definen los juicios de Israel son: Ezequiel 20:33-44, Malaquías 3:1-6, y Mateo 24:37-25:30. Su Mesías es su Juez y esto será realidad cuando El vuelva. La porción de Israel que será refinada y purificada será salvada, y esa compañía limitada constituye lo que Romanos 11:26-27 llama "todo Israel". El pasaje dice: "Y luego todo Israel será salvo, como está escrito: Vendrá de Sion el Libertador, que apartará de Jacob la impiedad. Y este será mi pacto con ellos, cuando yo quite sus pecados". Es significativo que los israelitas del orden antiguo contemplaron la vida eterna como una *herencia* en vez de una posesión presente (véanse Mateo 7:13-14; Lucas 10:25-28; 18:18-22).

Se debe observar una distinción aun más importante, es decir, que la era presente es una grandiosa excepción de todas las verdades, tanto para judíos como para gentiles. El Evangelio se ha de predicar a ambos y, sin ninguna referencia a posición alguna en el pasado ni a promesas. Estos pueblos se encuentran cara a cara con la gloria de las realidades celestiales. Toda ventaja del judío como toda desventaja del gentil son hechas a un lado con el fin de lograrse el propósito celestial. La situación mundial que se establecerá en la tribulación venidera no es un encadenamiento, o una continuación, o desarrollo que procede de la era presente; más bien está unida directamente a la edad mosaica que se cerró con la muerte de Cristo. Aparentemente esto es la razón por qué el imperio Romano – el reino de hierro – tendrá que ser revivificado y así completar lo que fue predicho de él (véanse Dn. 2:40-45; 7:7-14). No importa lo que la historia cristiana deje relatado para el beneficio de una era futura, desde el punto de vista religioso, político, o racial, realmente será como si la presente era nunca hubiera existido. Al quitar completamente el orden de la historia terrenal de esta era, se revela que la tribulación sigue directamente a la muerte de Cristo. Israel recibe su petición inmediatamente, "Su sangre sea sobre nosotros, y sobre nuestros hijos" (Mt. 27:25), el Rey vuelve, los gentiles son juzgados, y la ira de Dios cae sobre el mundo que rechaza a Cristo. Seguramente, según esta consideración de la historia mundial en su continuidad, no puede haber Iglesia que entre en la tribulación. Ella es tan extraña a las cosas que seguirán su historia en la tierra, como lo fue a aquello que le precedió. Una gran potencia se añade a todo el programa de Israel en su recogimiento, arrepentimiento, restauración, salvación, y la realización de sus pactos, cuando, por la apropiada eliminación de la era presente, éstos se les ve continuando directamente después del rechazamiento de su Rey. La era presente es un período de prueba para la nación de Israel, y es una demostración del poder de Jehová y de su propósito de preservarlos hasta la gloria venidera; pero nada se ha añadido o se ha cumplido en esta era de todas las cosas que pertenecen a la relación de Israel con su Dios.

Romanos 11:26-27 es el pasaje central que revela la conversión futura de Israel. A este cabe añadir Deuteronomio 30:4-8; Salmo 80:3, 7, 17-19; Isaías 66:8; Jeremías 23:5-6; Ezequiel 11:19-20. La forma de vida que el pueblo de Israel vivirá en la era de su reino es evidencia definitiva de un cambio de corazón para todos ellos "desde el más pequeño de ellos hasta el más grande". Esa forma de vida está descrita en Deuteronomio 30:4-8; Jeremías 31:31-34; Mateo 5:1-7:29.

f. JUICIO SOBRE LOS OPRESORES DE ISRAEL. Una anticipación de los juicios que caerán sobre los opresores de Israel comenzó con un anuncio al principio de la historia de ese pueblo. Dios dijo a Abraham, "y a los que te maldijeren maldeciré" (Gn. 12:3). La historia ratifica esto en el presente momento, quiera sacarse de la historia *sagrada* o *profana.* Sin embargo, la declaración tocante a los juicios sobre los enemigos de Israel encuentra su completa expresión solamente cuando las naciones, un día, estén delante del glorioso trono de Cristo, y declare El a los que estén a su izquierda, "Apartaos de mí, malditos, al fuego eterno preparado para el diablo y sus ángeles" (Mateo 25:41). La base de este juicio es el trato que se dará a los israelitas a quienes Cristo identifica como "mis hermanos". La pregunta es: ¿Quiénes entre los gentiles son considerados dignos de entrar en el reino de Israel? Para los gentiles quienes en esta era especial de relaciones con Dios, se han forjado una noción de superioridad, y en este sentido rechazan la Palabra de

Dios, la idea de esa profecía no es agradable. No obstante, está escrito, "Y los tomarán los pueblos, y los traerán a su lugar; y la casa de Israel los poseerá por siervos y criadas en la tierra de Jehová; y cautivarán a los que los cautivaron, y señorearán sobre los que los oprimieron. Y en el día que Jehová te dé reposo de tu trabajo y de tu temor, y de la dura servidumbre en que te hicieron servir . . . " (Is. 14:2-3); "Y extranjeros edificarán tus muros, y sus reyes te servirán; porque en mi ira te castigué, mas en mi buena voluntad tendré de ti misericordia. Tus puertas estarán de continuo abiertas; no se cerrarán de día ni de noche, para que a ti sean traídas las riquezas de las naciones, y conducidos a ti sus reyes. Porque la nación o el reino que no te sirviere perecerá, y del todo será asolado" (Is. 60:10-12).

g. LA NACION ENTONCES SERA BENDECIDA. Una gran parte de la verdad tocante a las bendiciones futuras de Israel fue considerada anteriormente. Lo que se desea contemplar aquí especialmente es el hecho de que todas las bendiciones y las riquezas de la nación, tanto temporales como espirituales, serán su porción cuando entre a la tierra. Este es el centro de las profecías del Antiguo Testamento. Israel, aparte de esta tierra, nunca será bendecida (véanse Sal. 72:1-20; Is. 60:1-22; 62:1-12; 65:17-25; 66:10-14; Ez. 37:21-28).

3. UN REY PARA SIEMPRE. Además de lo que ya ha sido escrito sobre este tema, basta decir que el pacto con David proveyó una interminable ocupación del trono de David. Su trono está establecido eternamente (2 S. 7:16), Su descendencia será para siempre (Sal. 89:36), no faltará a David varón que se siente sobre el trono (Jer. 33:17). El linaje de los reyes continuó a través de quinientos años; después de eso, hubo en cada generación uno con el derecho de sentarse en ese trono. Cristo, en su tiempo, tenía el derecho de poseer ese trono, y El, desde entonces y para siempre cumple la promesa hecha a David.

4. UN TRONO PARA SIEMPRE. Además del primer pacto con David, hay otros tres pasajes que anuncian el carácter eterno del trono de David: "Su descendencia será para siempre, y su trono como el sol delante de mí. Como la luna será firme para siempre, y como un testigo fiel en el cielo" (Sal. 89:36-37); "Porque un niño nos es nacido, hijo nos es dado, y el principado sobre su hombro; y se llamará su nombre Admirable, Consejero, Dios fuerte Padre eterno, Príncipe de paz. Lo dilatado de su imperio y la paz no tendrán límite, sobre el trono de David y sobre su reino, disponiéndolo y confirmándolo en juicio y en justicia desde ahora y para siempre. El celo de Jehová de los ejércitos hará esto" (Is. 9:6-7); "Y ahora, concebirás en tu vientre, y darás a luz un hijo, y llamarás su nombre

JESUS. Este será grande, y será llamado Hijo del Altísimo; y el Señor Dios le dará el trono de David su padre" (Lucas 1:31-32). Aquí cabe la observación de que David mismo creyó que esta promesa fue hecha para un trono en la tierra, trono que no estaría colocado en el cielo entonces ni nunca. Los que se inclinan a interpretar estas profecías en sentido espiritual tienen que reconocer que David las entendió en sentido literal. Tales intérpretes espiritualizadores hallarán que es muy difícil encontrar un punto donde el trono literal y terrenal prometido a David llegara a significar un trono espiritual en el cielo. No se prometió a David un trono celestial y espiritual; aquel que quiere sostener que el trono de David es un gobierno celestial, está bajo la obligación de señalar el tiempo y las circunstancias, cuándo, y dónde, ese gran cambio fue introducido.

5. UN REINO PARA SIEMPRE. Según el uso de las Escrituras, el Rey, su trono, y su reino son inseparables. El reinado del Rey, sin embargo, se ejerce sobre un reino teocrático. Su gobernante será Emanuel – "Dios con nosotros" (Is. 7:14). El será el nacido de una virgen, el encarnado Hijo de Dios (Mi. 5:2). El será el legítimo heredero del trono de David. (Is. 11:1-5; Jer. 23:5; Ez. 34:23; Oseas 3:4-5). El reino será celestial en su carácter porque manifestará el gobierno del cielo sobre la tierra y también las demandas celestiales (Is. 2:4; 11:4-5; Jer. 33:14-17; Os. 2:18). Este reino será en la tierra (Sal. 2:8; Is. 11:9; 42:4; Jer. 23:5; Zac. 14:9). Estará centralizado en Jerusalén (Is. 2:1-3; 62:1-7; Zac. 8:20-23; Lucas 21:24). Este reino será sobre Israel ya recogido y arrepentido (Dt. 30:3-6; Is. 11:11-12; 14:1-3; 60:1-22; Jer. 23:6-8; Mi. 4:6-8). El reino del Mesías incluirá a los gentiles (Sal. 72:11, 17; 86:9; Is. 45:6; Dn. 7:13-14; Mi. 4:2; Zac. 8:22; Amós 9:12). Ese reino será establecido por virtud del Rey que habrá regresado (Dt. 30:3; Sal. 50:3-5; 96:13; Zac. 2:10-12; Mal. 3:1-4).

Puesto que las tres características, es decir, el Rey, su trono, y su reino, entran en el pacto con David, y es tan evidente que son no sólo literales en carácter sino también eternas, es importante notar la impiedad de aquellos que descartan ese pacto. Sobre esto George N. H. Peters hace la siguiente declaración:

"Vemos el *error fatal* de estos sistemas de teología bíblica y sistemática, que *descartan totalmente el pacto davídico.* Probablemente el pacto con Abraham recibe una escasa mención; el de David no es considerado, no obstante está tan *firmemente confirmado* como lo puede hacer el lenguaje humano; y estos dos prácticamente han sido desechados sustituyéndolos por las teorías más elaboradas tocante a los pactos de la gracia (como si no hubiesen tales pactos – que fueron hechos alguna vez en las edades de la eternidad, etc.). Como resultado consecuente, siendo estos pactos considerados (especialmente el de David) más o menos innecesarios para el desarrollo de la doctrina, aparece *un sistema parcial, defectuoso* y sin unidad; y, además, una gran porción de la Escritura que presenta estos pactos, especialmente la profecía o se pasa por alto sin su debida incorporación, o se espiritualiza de tal manera que se ajusta en la hipótesis. ¿A quién debemos este alejamiento tan grande de la norma bíblica? ¿Debe esto extrañarnos cuando mucho del testimonio de la Biblia es descartado, que los hombres de hoy temen adoptar su lenguaje tocante a los pactos; que la teología de los padres de los primeros años es hecho a un lado como demasiado ' carnal '; y que la doctrina del reino está cubierta con un montón de andrajos, la acumulación de la obra de los filósofos alejandrinos, monjes, maestros papistas, místicos, etc., quienes no pudieron hacer armonizar estos pactos con sus sistemas? ¿Acaso no es también cierto, que si un hombre presentara el pacto davídico y los pasajes bíblicos que se relacionan a él y a la esperanza del mundo contenida en él, casi a cualquier congregación en todo el país, habiendo tanta ignorancia en cuanto a la materia, que sería considerado como escaso de juicio en su creencia y de una inteligencia débil? ¿Qué ha motivado este cambio, y quiénes son los responsables? Repitamos: es un *defecto fundamental* en cualquier sistema que profesa ser bíblico, cuando pretende dar una exhibición de las doctrinas de Dios y de Cristo sin incorporar como sus *raíces vivientes* aquellos benditos y preciosos ' pactos de promesa '. En vez de erigir nuevos fundamentos y construir sobre ellos, tenemos *ya* esos fundamentos puestos y construidos sobre la Palabra" – *Theocratic Kingdom* (Reino Teocrático). I, 338.

6. UN NUEVO PACTO. Se hace referencia aquí al nuevo pacto que se hará con Israel y no al nuevo pacto que está vigente ahora en la Iglesia. Todos los pactos incondicionales – el de Abraham, de Palestina y el de David – por cuanto descansan en la fidelidad de Dios son inquebrantables por los hombres, y de ninguna manera dependen de la infidelidad de los hombres. Estos pactos permanecen para siempre. Sin embargo, Jehová hizo un pacto condicional con Israel cuando los tomó de la mano para sacarlos de Egipto (Ex. 19:5; Dt. 29:1). Ese pacto tenía relación a la vida diaria y a la conducta de Israel. Cuando Jehová traiga a Israel de todas las naciones para llevarlos a su reino de gloria, El hará un nuevo pacto con ellos – no para reemplazar ningún pacto incondicional, sino para reemplazar el pacto de la ley que ellos han quebrantado. El nuevo pacto se describe de la siguiente manera; "He aquí que vienen días, dice Jehová, en los cuales haré nuevo pacto con la casa de Israel y con la casa de Judá. No como el pacto que hice con sus padres el día que tomé su mano para sacarlos de la tierra de Egipto; porque ellos invalidaron mi pacto, aunque fui yo un marido para ellos, dice Jehová. Pero este es el pacto que haré con la casa de Israel después de aquellos días, dice Jehová: Daré mi ley en su mente, y la escribiré en su corazón; y yo seré a ellos por Dios, y ellos me serán por pueblo. Y no enseñará más ninguno a su prójimo, ni ninguno a su hermano, diciendo: Conoce a Jehová; porque todos me conocerán, desde el más pequeño de ellos hasta el más grande, dice Jehová; porque perdonaré la maldad de

ellos, y no me acordaré más de su pecado" (Jer. 31:31-34). Si se consideran las cuatro bendiciones que este pacto promete, se verá que éstas – y aun mucho más – son las posesiones presentes de aquellos que integran la Iglesia.

7. BENDICIONES PERMANENTES. Toda promesa que se halla en los pactos de Jehová, inclusive aquellas que se mencionan en el nuevo pacto, constituirán las bendiciones de Israel para siempre. Isaías dice, "Entonces los ojos de los ciegos serán abiertos, y los oídos de los sordos se abrirán. Entonces el cojo saltará como un ciervo, y cantará la lengua del mudo; porque aguas serán cavadas en el desierto, y torrentes en la soledad. El lugar seco se convertirá en estanque, y el sequedal en manaderos de aguas; en la morada de chacales, en su guarida, será lugar de cañas y juncos. Y habrá allí calzada y camino, y será llamado Camino de Santidad; no pasará inmundo por él, sino que él mismo estará con ellos; el que anduviere en este camino, por torpe que sea, no se extraviará. No habrá allí leon, ni fiera subirá por él, ni allí se hallará, para que caminen los redimidos. Y los redimidos de Jehová volverán, y vendrán a Sion con alegría; y gozo perpetuo será sobre sus cabezas; y tendrán gozo y alegría, y huirán la tristeza y el gemido" (35:5-10). Pero no hay bendición de mayores alcances o más completa que la seguridad de Jehová que se repite con frecuencia, "y yo seré a ellos por Dios" (Jer. 31:33; Ez. 37:27; Zac. 8:8; Ap. 21:3), y ellos serán su pueblo. Esta promesa sugiere que en el reino mesiánico Israel tendrá una relación con Jehová de inquebrantable comunión, como aquella que fue concedida a Adán en el Edén antes de la caída.

Como se dijo anteriormente, cuando se hace referencia al reino de los cielos, se tiene en perspectiva la autoridad de Dios en la tierra. Así se observa un contraste bien marcado con el reino de Dios que incluye su autoridad en todo el universo y sobre todos los seres que están sujetos a El. Necesariamente tiene que haber mucho en común entre estas esferas de autoridad, hecho que explica la reciprocidad que existe entre estos términos; lo que en Mateo se anuncia del reino de los cielos, y sólo Mateo emplea ese término, en Marcos y en Lucas se presenta como el reino de Dios. Este intercambio se ha hecho como base de la suposición de que estos términos son idénticos en su representación. La diferencia entre estas esferas de autoridad no se descubrirá dentro de la extensión de sus semejanzas, sino más bien en la extensión de los casos en que difieren. El reino de los cielos, puesto que abarca la autoridad de Dios en la tierra, está sujeto a una variedad de modos de su manifestación en la historia de Israel y en la historia del mundo. (1) La teocracia del Antiguo Testamento era una forma de autoridad divina en la tierra, y por tanto es un aspecto del reino de los cielos. (2) El pacto con David es el reino de los cielos en forma de pacto. (3) La profecía concerniente al alcance y el carácter del reino de los cielos es esa autoridad en forma profética. (4) El anuncio que Juan Bautista hizo de ese reino(Mateo 3:1-2), que Cristo anunció (Mateo 4:17), y que anunciaron sus discípulos (Mateo 10:5-7) era el ofrecimiento del reino de los cielos. (5) El subsiguiente rechazamiento del reino de los cielos y su posposición vino a constituirse en una fase de ese reino. (6) La era presente, aunque totalmente sin comparación con lo que le precedió o con lo que le seguirá, incluye, sin embargo, una forma de autoridad de Dios en la tierra. El propósito de la era presente es la realización de aquellas características que se denominan *misterios*, es decir, propósitos de Dios hasta aquí no revelados. En este tiempo Dios está ejerciendo su autoridad en la tierra hasta el grado necesario para realizar todo cuanto abarcan estos misterios. De manera que esta edad presente viene a ser el reino de los cielos en su forma misteriosa, (véase Mateo 13:11). Al mismo tiempo hay otras verdades que son: que el gobierno es dado a los gentiles hasta que su época sea cumplida (Lucas 21:24), que Satanás ejerce una gran autoridad sobre los reinos de este mundo (Mateo 4:8-9; Lucas 4:5-7), que las autoridades que existen "por Dios han sido establecidas" (Ro. 13:1). En último análisis, dentro de la jurisdicción de la autoridad no hay nada que no esté dentro de la voluntad permisiva de Dios. (7) La forma final del reino de los cielos será la que se instaurará en su completa manifestación en la tierra y en conformidad con todo lo que Dios ha hablado. Lo que esa forma final será se descubre en las predicciones, pactos y promesas de Dios, y todo esto deberá considerarse con la debida atención. Nadie puede afirmar que el reino de los cielos en su forma presente o en el tiempo pretérito está libre de los elementos malos los que jamás pueden ser parte del reino de Dios. Hasta los mismos hijos del reino serán echados fuera (véanse Mateo 8:12; 24:50-51; 25:28-30), y todas las cosas que ofenden serán quitadas, lo que relaciona esto a la forma presente del reino de los cielos. También la forma final de ese reino no estará libre de las cosas que son malas. En este punto, las condiciones que prevalecerán en el reino de los cielos frecuentemente son confundidas con las condiciones que aún existirán en el estado eterno. Cuando el Rey esté sentado en el trono entonces habrá ocasión para que El juzgue la maldad (Is. 11:3-4). Habrá quienes vituperarán y perseguirán (Mateo 5:11). Durante todo su reino milenario, Cristo estará sometiendo al dominio a los enemigos (véase 1 Co. 15:24-25). Al final de esa edad, bajo la influencia de Satanás quien será desatado por un poco de tiempo, habrá un levantamiento por parte de aquellos quienes habrán mantenido una sujeción superficial al Rey (Ap. 20:1-9). Pero ninguna de estas características podría tener lugar en el reino de Dios. La presencia de las imperfecciones en la forma final del reino de los cielos no debe obscurecer la gloriosa verdad de que, por cuanto Cristo se colocará en el trono y Satanás será atado, justicia y paz cubrirán entonces toda la tierra, como las aguas cubren la mar.

Por parte de algunos escritores se ha sostenido una constante disposición de conferir a los santos del Antiguo Testamento las mismas posiciones, cualidades y derechos como los que pertencen a los creyentes que integran la Iglesia; y hay otra disposición más reciente de llevar las mismas realidades que pertenecen a los salvos de esta edad a la edad del reino sin hacer distinción entre judíos y gentiles. Todos estos intentos son en gran parte el resultado de simple razonamiento humano. Se evitan tales suposiciones cuando se reconoce que solamente a la iglesia ha sido asignada la posición y gloria celestiales. Sólo de ella se ha dicho que cada uno de sus miembros, que componen el Cuerpo de Cristo, es hecho digno de ser participante de la herencia de los santos en luz. Lo que integra el propósito terrenal de Dios, aunque es de un carácter que sobrepuja el conocimiento, será precisamente lo que las Escrituras declaran concerniente a las edades, del pasado y del futuro.

Se admite que la autoridad de Dios sobre la tierra en las edades pasadas no se llama explícitamente *el reino de los cielos.* Realmente, este término no ha sido usado sino hasta en la edad presente tocante a la autoridad de Dios en la tierra. Los contrastes entre la forma presente del reino de los cielos y de la que es futura son numerosos. Para todos es muy evidente que la forma presente abarca una vasta esfera de profesión como también las realidades más sublimes que pueden hallarse en la Iglesia verdadera. Es de esta forma presente del reino de los cielos que la cizaña será recogida (Mateo 13:30), los peces malos serán echados fuera (Mateo 13:48), y algunos de los mismos hijos del reino serán echados fuera (Mateo 8:12; 24:50-51; 25:12, 28-30). Se entra al reino de Dios por el nuevo nacimiento (Juan 3:5), y de ese reino nadie será separado (Ro. 8:38-39).

CAPITULO XVIII

PROFECIA CONCERNIENTE A LOS GENTILES

Aunque ha sido desatendida casi más que cualquier otra, la profecía concerniente a los gentiles es una de las vías más extensas; es tan esencial para una comprensión correcta de la Escritura profética como cualquier otra, y en la historia humana aparece más temprano que la que fue ya considerada. Como los otros principales caminos concerniente a las criaturas de Dios, el camino respecto a los gentiles se extiende hasta la eternidad venidera. Sólo el camino de la historia y profecía tocante a los ángeles supera la que se relaciona a los gentiles en su vasta extensión.

La predicción tocante al gentil comenzó con la representación que hizo Noé del carácter y destino de sus tres hijos. Lo que está escrito dice, "Y despertó Noé de su embriaguez, y supo lo que le había hecho su hijo más joven, y dijo: Maldito sea Canaán; siervo de siervos será a sus hermanos. Dijo más: Bendito por Jehová mi Dios sea Sem, y sea Canaán su siervo. Engrandezca Dios a Jafet, y habite en las tiendas de Sem, y sea Canaán su siervo" (Gn. 9:24-27). Esta predicción que es casi sin límite con sus tres divisiones de la humanidad –Cam, padre de un pueblo inferior y servil, Sem con su relación especial para con Dios, y Jafet que recoge todo lo que resta– pertenece a otra ciencia y no a la teología. Basta decir que la predicción ha sido cumplida y se está cumpliendo aunque se multiplique la familia humana y aunque se extienda hasta los milenios.

De las tres divisiones de la humanidad que da el apóstol Pablo, que son: los judíos, los gentiles, y la Iglesia de Dios (1 Co. 10:32), la primera y la tercera representan los dos principales propósitos de Dios: el propósito terrenal se concentra en el judío y el propósito celestial se concentra en la Iglesia. Aunque eran evidentes desde el principio de la historia de la humanidad, y aunque con privilegios como individuos para responder al mensaje de la gracia salvadora y para ser incluidos en la Iglesia, y aunque algunos de ellos serán participantes con Israel de ese reino de gloria sin fin, los gentiles no representan ningún propósito divino específico e independiente; sin embargo su identidad distintiva como gentiles se preserva y su futuro puede trazarse hasta la eternidad. Las numerosas predicciones concerniente a los gentiles están esparcidas en toda la Biblia; pero a Daniel se dio un panorama completo de la historia de los gentiles, comenzando con la cautividad de los judíos y continuando hasta la edad del reino. El período entre la cautividad y la segunda venida de Cristo es llamado por El "los tiempos de los gentiles", y su identificación especial es el hecho de que a través de su duración Jerusalén será hollada por los gentiles. El pasaje dice así: "Y caerán a filo de espada, y serán llevados cautivos a todas las naciones; y Jerusalén será hollada por los gentiles, hasta que los tiempos de los gentiles se cumplan" (Lucas 21:24). No es solamente una selección fortuita de Jerusalén como el lugar de esta señal profética que ha sido hecha por Cristo –cosa que podría suceder a cualquier ciudad. La importancia se ve en el carácter singular de Jerusalén que la hace única de entre todas las ciudades de la tierra. Es el centro nacional del pueblo escogido y eterno. Es la ciudad del gran Rey, el tema de predicciones maravillosas el sitio del trono eterno de David, y el centro del gobierno de Dios en el reino del milenio que vendrá. De Jerusalén vendrán las leyes que gobernarán toda la tierra (Is. 2:1-3). La declaración fue hecha por Cristo que mientras el propósito de Dios con Israel permanece en suspenso, se permitirá que Jerusalén sea hollada por los gentiles; pero cuando Jehová una vez más reclame su derecho sobre la ciudad de Jerusalén, los gentiles no sólo serán echados de la ciudad, sino que todo el período de los gentiles vendrá a su fin. Los gentiles jamás han considerado a Jerusalén como el centro de los gobiernos del mundo. Para ellos esa ciudad no significa más que cualquier otra del pasado. Los imperios mundiales han tenido su centro en Babilonia, Persia, Grecia, y Roma; para un dominio mundial Roma aún será restaurada –continuación del dominio que existía cuando la era presente se introdujo. Hablando con exactitud, esta época de la Iglesia no es parte del desenvolvimiento de los tiempos de los gentiles; pero después consideraremos más de esto.

Aunque realmente los tiempos de los gentiles habían comenzado, a Daniel, en su larga vida, fue dada la experiencia de tres visiones de vasto alcance de esos tiempos. Aparte de ciertas amonestaciones que habían sido dadas, para el judío con conocimiento de estas cosas, el futuro consistía en la continuación de los eventos en progreso hacia la realización de toda su gloria terrenal como se anticipó en sus pactos y promesas; por tanto, aparte de una clara revelación divina, la intrusión de un período gentil bien podría crear sólo perplejidad. En los tiempos de los gentiles se debe contestar la pregunta sobre lo que haya sido hecho del programa divino revelado tocante a Israel y de todo el mundo por medio de ese pueblo. La pregunta no se contesta haciendo la implicación de que Dios ha cambiado su pensamiento tocante a Israel. Sus pactos, siendo incondicionales y eternos, son inmutables. Sin embargo, el derecho de Dios de demorar su cumplimiento fue reservado en los intereses de la corrección (2 S. 7:14; Sal. 89:30-37). Daniel, quien según la providencia de Dios fue colocado en altos puestos gubernativos en el dominio gentil, que ocupó por más de setenta años, estaba especialmente preparado para recibir y transmitir la Palabra de Dios respecto al curso y fin de aquellos tiempos de los gentiles que comenzaron con su cautividad en Babilonia. Le fue permitido ver desde sus propios días hasta que fuese cortado el Mesías y a los tiempos cuando el Mesías tomaría su trono eterno (2:44-45; 7:13-14), y todo pacto tendría su cumplimiento. Así describe Daniel los tiempos de los gentiles que se introducían como una intercalación al programa profetizado de Israel. En tiempos posteriores y después de la muerte de Cristo, cuando una Iglesia como intercalación es añadida a estos tiempos de los gentiles, el anuncio acerca de ella lo insinuó Cristo pero su completa revelación fue dada al apóstol Pablo. No obstante, ni la primera vez que se hizo a un lado el programa de Israel para dar lugar a los tiempos de los gentiles, ni la segunda vez que se hizo a un lado los tiempos de los gentiles para dar lugar a la era de la Iglesia, no ha podido echar ninguna sombra sobre la certidumbre de que Dios en su fidelidad cumplirá cada pacto de promesa que El hizo a su pueblo escogido.

Por tres grandes visiones, las cuales fueron amplificadas por otras visiones de menor magnitud, Daniel pudo contemplar con anticipación los tiempos de los gentiles que ya habían comenzado y que, fuera de la revelación de Dios, tiene que causar perplejidad al judío quien tenía delante de sus ojos los pactos y las promesas hechas a Israel. Naturalmente se presenta la pregunta, por el hecho de que el programa de Israel ha sido hecho a un lado y en su lugar ha venido la intrusión del dominio gentil, pues ¿qué ha sucedido con el favor invariable y eterno de Dios sobre Israel? En las tres principales visiones, Daniel contempló los tiempos de los gentiles hasta su consumación y la realización final del reino del Mesías y el cumplimiento de cada promesa a Israel. Sin embargo, hay que dar énfasis al hecho de que Daniel no pudo ver la intercalación del período de la Iglesia que se interpondría entre los dos advenimientos de Cristo –un período, como ya se dijo, que es una intrusión en los tiempos de los gentiles, pero que no se caracteriza como una extensión de los tiempos de los gentiles; más bien debe verse como una demora adicional para la realización del gran propósito divino para con Israel. Es así, cuando la era de la Iglesia con sus características sin precedentes se introduce más tarde, su explicación es dada, tanto por el concilio de la iglesia en Jerusalén (Hechos 15:13-18) como por el apóstol Pablo en Romanos, capítulos 9-11 (véase 11:25-27), como una demora en el programa de Israel. Es importante señalar aquí, como se hará más ampliamente cuando se considere la tercera visión principal de Daniel, que la era de la Iglesia, aunque sin relación a los tiempos de los gentiles, no es el fin de los tiempos de los gentiles. Esos tiempos se extienden atrás hasta seiscientos años antes de la era de la Iglesia, y ellos serán renovados y volverán a aparecer por un período de siete años después de esa era. No es posible hacer demasiado énfasis sobre la verdad de que el propósito de Dios se concentra en el judío, y que, aparte de la interrupción del período de los gentiles que también es interrumpida por la era de la Iglesia, no habría sino solamente el desarrollo y desenvolvimiento para dar cumplimiento a cada pacto de Israel. Estas interrrupciones o intercalaciones, no comprometen en ninguna forma el propósito primario para con Israel en la tierra. Una demora que se presenta en la Escritura se explica con cuidado, no debe interpretarse como una abolición del propósito original. Cabe hacer la advertencia aquí de que ninguna promesa divina hecha al pueblo escogido puede faltar a su cumplimiento (Ro. 11:29). He aquí un sumario: (1) el programa original terrenal es de Israel, un programa que nunca puede abandonarse; (2) hay una intercalación de los tiempos de los gentiles que viene al tiempo en que también sirve como castigo para Israel; y (3) hay también la intercalación de la era de la Iglesia en los tiempos de los gentiles, y por tanto, es intercalación igualmente en los tiempos y sazones de los judíos. Daniel fue escogido por Dios para explicar la intrusión de los tiempos de los gentiles en el calendario de Israel, así como Cristo y Pablo explican la intrusión de la edad de la Iglesia en los tiempos de los gentiles como en los de los judíos. El apóstol presenta su explanación en Romanos capítulos 9-11; y el primer concilio eclesiástico se convocó en Jerusalén para definir este mismo asunto (Hechos 15:13-18). Ahora se considerarán las tres revelaciones dadas a Daniel separadamente y en el orden en que sucedieron. Daniel, capítulo 2.

Daniel, capítulo 2. Esta revelación que fue dada en la forma de la interpretación del sueño de Nabucodonosor, prevé todo el curso de los tiempos de los gentiles y es una presentación de ese período en su aspecto humano. En el sueño del rey se contempla una gran imagen con una cabeza de oro, hombros de plata, muslos de bronce, y piernas de hierro que terminan con pies y dedos de hierro mezclado con barro. Que estas secciones de la imagen representan aspectos del dominio gentil no es un asunto de especulación humana. Daniel así interpreta el sueño. El dice así:

"Este es el sueño; también la interpretación de él diremos en presencia del rey. Tú, oh rey, eres rey de reyes; porque el Dios del cielo te ha dado reino, poder, fuerza y majestad. Y donde quiera que habitan hijos de hombres, bestias del campo y aves del cielo, él los ha entregado en tu mano, y te ha dado el dominio sobre todo; tú eres aquella cabeza de oro. Y después de ti se levantará otro reino inferior al tuyo; y luego un tercer reino de bronce, el cual dominará sobre toda la tierra. Y el cuarto reino será fuerte como hierro; y como el hierro desmenuza y rompe todas las cosas, desmenuzará y quebrantará todo. Y lo que viste de los pies y los dedos, en parte de barro cocido de alfarero y en parte de hierro, será un reino dividido; mas habrá en él algo de la fuerza del hierro, así como viste hierro mezclado con barro cocido. Y por ser los dedos de los pies en parte de hierro y en parte de barro cocido, el reino será en parte fuerte, y en parte frágil. Así como viste el hierro mezclado con barro, se mezclará por medio de alianzas humanas; pero no se unirán el uno con el otro, como el hierro no se mezcla con el barro" – 2:36-43.

Se observará que este vasto programa es traído a su fin por el Dios del cielo al establecer un reino que nunca será destruido – uno que será establecido por el impacto irresistible del regreso glorioso de Cristo quien es comparado a una piedra desmenuzadora en su venida (véanse Sal.2:7-9; Is.63:1-6; Ap.19:11-16). Referente a esto, dice el profeta: "Y en los días de estos reyes el Dios del cielo levantará un reino que no será jamás destruido, ni será el reino dejado a otro pueblo; desmenuzará y consumirá a todos estos reinos, pero él permanecerá para siempre, de la manera que viste que del monte fue cortada una piedra, no con mano, la cual desmenuzó el hierro, el bronce, el barro, la plata y el oro. El gran Dios ha mostrado al rey lo que ha de acontecer en lo por venir; y el sueño es verdadero, y fiel su interpretación" (2:44-45).

El cumplimiento histórico de aquello de que era estríctamente predicción en los tiempos de Daniel no puede dudarse. Cinco imperios mundiales en sucesión son previstos – cuatro de éstos están representados por las porciones de la imagen, y el quinto imperio es aquel que se levantará sobre las ruinas de los cuatro al caer los juicios de Dios. El quinto se distingue como el que será establecido por el Dios del cielo, y es eterno en su duración. El primero, Babilonia como la cabeza de oro, había alcanzado el zenit de su poderío cuando Daniel dio su interpretación. El segundo fue Media-Persia, en cuyo reino vivió y participó también Daniel. El tercer imperio fue Grecia, bajo Alejandro, y el cuarto fue el de Roma, el cual estaba en su desarrollo cumbre cuando Cristo estuvo en la tierra. Es este reino de hierro que aparece en su forma final en pies de hierro y de barro. Será en la edad que representan los pies de hierro y de barro cuando la piedra desmenuzadora dará el golpe. Así como cada metal en la imagen representa un aspecto de la autoridad humana, y el hierro representa a Roma, así el barro del alfarero habla de un elemento sin fuerza inherente que será introducido en la última forma del gobierno gentil. Esto propiamente se reconoce como el elemento de la democracia. Así como los dos elementos, el hierro y el barro, no pueden mezclarse, así las dos formas de gobierno, la autocracia y la democracia, no pueden unirse – sin embargo, aun ahora el mundo está contemplando las llamadas democracias bajo el poder de dictadores, que parece ser una contradicción. Cuando aparece en el panorama la última forma del imperio de hierro, será cuando se hará un esfuerzo para mezclar el barro con el hierro. Todo esto es la interpretación inspirada del profeta Daniel.

Se observará en el diagrama de los imperios gentiles que provee la imagen, en vista de que la forma final de Roma no ha sido alcanzada todavía, que hay un período de tiempo muy extenso entre aquella época de Roma en los días de Cristo y ese día futuro cuando será un estado de mezcla. Todos los imperios que le antecedieron, juntos no ocuparon sino sólo un poco más de seiscientos años. Se encuentra la explicación en la verdad de que, cuando se quitaría la vida al Mesías, o sea la muerte de Cristo, comenzaría una edad no observada por ningún profeta, que ha sido lanzada en este calendario de los gentiles. Por cuanto esta edad intercalada es completamente sin relación alguna a ninguna otra antes o después de ella –y esta es una verdad de trascendental importancia en la comprensión de la palabra profética de la Biblia– se sigue que es tiempo que ha sido quitado del programa gentil. Aquello que había sido determinado para Roma, y que fue interrumpido por la edad de la Iglesia, aún será consumado cuando el llamamiento de la Iglesia sea consumado y ella sea quitada de esta tierra. El aspecto de Roma que representan los pies y los dedos será de corta duración y el desenvolvimiento de todo el imperio de hierro no será de más duración que los imperios que le precedieron. Será como si los pies de la imagen fueran quitados y movidos a una gran distancia de las piernas de hierro; sin embargo, cuando se considera el carácter intercalado de esta edad, se observa que la historia del dominio de hierro queda consumada perfectamente como si nunca se hubiera hecho la intrusión de la edad de la Iglesia. Así pues, como se prevé en el programa gentil, no hay una extensión desproporcionada de las piernas de hierro para cubrir un período de dos mil años, sino que las piernas de hierro se unen de manera directa y natural en los pies de hierro y de barro. A pesar de la intrusión de la edad de la Iglesia, no hay más desarreglo del predicho imperio romano, de lo que hubo en el de Babilonia, Media-Persia, o Grecia.

A pesar de los sueños de los ambiciosos, no puede haber un imperio mundial dentro del período representado por el imperio de hierro. Desde el punto de vista gentil, Roma continúa su desarrollo, y será destrozado su imperio por la segunda venida de Cristo cuando El establecerá su reino.

El capítulo segundo de Daniel es uno de los pasajes más importantes de toda profecía bíblica, y debe considerarse desde el punto de vista del tiempo en que fue escrito. En ese tiempo era evidente el imperio de Babilonia; los de Media-Persia, Grecia, y Roma eran predicciones. Todo esto ha venido a ser historia verídica en el presente –con excepción del hierro y barro que representan aspectos de Roma, que aún no han principiado a aparecer, tampoco pueden, sino hasta que sea quitada la Iglesia. Considerando, pues, el curso de los tiempos de los gentiles, contemplado en sus limitaciones, ya llega a su fin. Es un programa unido e interdependiente o acumulativo en carácter; porque cuando la Piedra hiere los pies de la imagen, causa que la imagen sea pulverizada. De esto el profeta afirma: "Estabas mirando, hasta que una piedra fue cortada, no con mano, e hirió a la imagen en sus pies de hierro y de barro cocido, y los desmenuzó. Entonces fueron desmenuzados también el hierro, el barro cocido, el bronce, la plata y el oro, y fueron como tamo de las eras del verano, y se los llevó el viento sin que de ellos quedara rastro alguno. Mas la piedra que hirió a la imagen fue hecha un gran monte que llenó toda la tierra" (2:34-35; véase vs. 44-45). Este reino como deberá recordarse, es aquel y único reino del milenio, que le sucederá el reino eternal del Mesías, que constituye el retorno del propósito primario de Jehová para con Israel y el cumplimiento de todos sus pactos.

Daniel, capítulo 7. Hay abundante razón para declarar nuevamente, con diferentes detalles, la misma sucesión de potencias mundiales de los gentiles. El capítulo 7 vuelve a declarar en orden lo del capítulo 2, pero desde el punto de vista divino y en un programa que es maravilloso en sí y una intrusión reconocida en los pactos provistos para Israel. El énfasis divino que se añade es sumamente revelador y propio. Un período de unos cincuenta años había transcurrido desde que se había escrito la visión que se describe en el capítulo 2. El profeta es ya de edad avanzada y madurado por medio siglo de servicio como gobernante o secretario de estado. En un sueño recibió su segunda revelación la cual fué interpretada por un mensajero angelical (véase 7:16). En esta visión los cuatro vientos del cielo combatían en el gran mar. Indudablemente se refiere al Mar Mediterráneo, a las playas del cual se han colocado estos reinos; pero, de manera específica, se hace referencia aquí a las naciones simbolizadas por el mar (véase Ap. 13:1). De este mar salen cuatro bestias. La estimación humana de estos reinos en sucesión era representada por el resplandor deslumbrante y la autoridad que la gran imagen figuraba; la estimación divina es de bestias feroces, ego-céntricos, quienes reinaban por la fuerza cruel. Debe notarse que las naciones gentiles siempre han escogido bestias y aves rapaces para sus insignias heráldicas. Sin embargo, no importa cual sea su caracterización, el orden es el mismo y el fin ha sido determinado desde el principio.

De esta sucesión de bestias, el Dr. H. A. Ironside escribe:

"En las visiones dadas a Daniel se le concedió ver el curso de cada uno de estos imperios que representan estas bestias salvajes. Es decir, cada bestia en su carácter salvaje pinta las características sobresalientes de toda la historia del imperio que representa. Por ejemplo, todo el curso de Babilonia se revela en el león con alas, las que después fueron cortadas, se le dio un corazón de hombre, y se hizo que se parara recto. Luego viene todo el curso de Media y Persia y está figurado en la visión por el oso con tres costillas en su boca, y que estaba levantado en un lado. Toda la historia del imperio de Grecia y sus cuatro divisiones se presentan en las cuatro cabezas del leopardo con alas. Y el curso del imperio romano que continúa hasta el tiempo del fin (esta condición aún no se ha alcanzado) está descrito en la figura de la bestia, espantosa y terrible, con sus grandes dientes de hierro y los diez cuernos. Es importante ver esto. Algunos suponen que, así como pasó el imperio romano de la escena, también ha pasado todo lo que está relacionado a esta bestia romana, de modo que ya no nos interesa a nosotros que vivimos en la dispensación del evangelio; pero lo contrario es la verdad. Pero veamos ahora por un momento al versículo 17. Allí leemos que las cuatro bestias serán ' cuatro reyes que se levantarán en la tierra '. El contexto lo hace claro, sin embargo, que el ángel no quiso decir cuatro reyes individuales; pues en la profecía bíblica la palabra ' rey ' muy frecuentemente se usa para indicar ' reino '. En el versículo 23 leemos; ' La cuarta bestia será un cuarto *reino* en la tierra '. Necesariamente este principio tiene que aplicarse a cada bestia; aunque, por otro lado, se debe notar que en conexión con cada una de ellas un rey se hace prominente y en cada caso, menos el último, es aquel bajo quien el reino primero adquiere la dignidad de un gran poderío mundial. Por ejemplo, Nabucodonosor aparece ante nosotros como el que claramente representa a Babilonia; tal como se le dijo a él en el capítulo dos, ' tú eres aquella cabeza de oro '. Pero el león con alas representa la gloria y la degradación del imperio caldeo. Sus alas fueron cortadas, perdió su corazón de león, y le fue dado en su lugar el corazón débil del hombre. Ciro el Grande es la figura predominante cuando consideramos a Media-Persia. El fue quien destruyó las principales ciudades de Babilonia, que las tres costillas en la boca del osos parecen representar. El leopardo claramente señala a Alejandro el Grande; las cuatro alas hablan de la increíble velocidad de sus conquistas. Pero las cuatro cabezas representan las cuatro divisiones de sus dominios por sus cuatro principales generales después de su muerte. Pero ningún potentado en el pasado compendía en sí mismo la autoridad romana. Miramos hacia el futuro por uno que se levantará para cumplir esto –que será ' la bestia ' descrita en el Apocalipsis, capítulo 13, quien obtendrá dominio sobre Europa poco antes del establecimiento del reino del Hijo del Hombre, cuando toda autoridad, poder y

gloria se culminará en nuestro Señor Jesucristo. - *(Lectures on Daniel,* pp. 118-20).''

Después de dar todo lo que compone esta visión (7:1-14), se da la interpretación por el ángel mensajero (vss. 17-28). Toda alma reverente no haría otra cosa sino dedicarse al estudio de estos versículos con toda atención y profundo respeto. Este descubrimiento no es la opinión de hombre, sino la sabiduría infalible de Dios.

Estas bestias son cuatro reinos (véase v. 17) en el sentido bíblico de que un reino está incorporado en su rey. Daniel dijo a Nabucodonosor, "tú eres aquella cabeza de oro" (2:38). A Darío podía haberle dicho, *Tu eres aquellos hombros de plata.* A Alejandro podía haberle dicho, *Tu eres esos muslos de bronce.* A César como rey sobre Roma antes de la muerte de Cristo podía haberle dicho, *Tú eres esas piernas de hierro;* y al hombre de pecado, que aún ha de ser el gobernante supremo sobre la ultima forma del imperio romano, Daniel podía haberle dicho, *Tu eres esos pies de hierro mezclado con barro cocido.*

Así como la imagen tenía diez dedos en los pies, así también hay diez cuernos o reyes quienes juntos declaran la última forma de la cuarta bestia. Entre estos un "cuerno pequeño" –que será tratado en el siguiente capítulo– o sea el hombre de pecado, hace su aparición. El es el que hace guerra contra los santos (Israel) y los vence hasta la venida del Anciano de días. Entonces, con esa certidumbre que pertenece a la infinidad, los santos (Israel) tomarán el reino y lo poseerán para siempre. Es propio hacer referencia en este punto a las varias descripciones dadas en la Biblia de esta misma gran consumación de iniquidad que se encabecerá en el hombre de pecado, y la destrucción de ese gobernante y toda la estructura gentil por Cristo en su segundo advenimiento. Estúdiense los siguientes pasajes: Salmo 2:1-12; Isaías 63:1-6; Mateo 25:31-46; 2 Tesalonicenses 2:1-12; Apocalipsis 13:1-18; 17:1-18:24; 19:11-21. Cada uno de estos pasajes hace una contribución vital a toda la revelación bíblica de aquellas cosas que seguramente acontecerán sobre la tierra.

Daniel Capítulo 9. Así como Daniel, capítulo 2 hace saber anticipadamente la verdad tocante al poder imponente y el esplendor de los dominios gentiles que habían de aparecer desde Babilonia hasta el regreso glorioso de Cristo, con detalles específicos acerca de la manera como esta vasta porción de la historia de la tierra terminará, y, así como el capítulo siete da a conocer con anticipación el mismo orden de los reinos pero con énfasis en el carácter impío e inhumano de estos imperios y con nuevos detalles acerca del fin cuando el Mesías establecerá su reino eterno, así el capítulo noveno, que describe la tercera visión principal tocante al programa gentil, entra en detalles respecto a ambos advenimientos, el primero y el segundo, y se empeña en medir el tiempo que tardará la dominación gentil. Una vez más, la interpretación es angélica y por tanto no sujeta a duda. Leyendo una parte de Jeremías –libro escrito en el tiempo de la cautividad– Daniel aprendió que Jehová había determinado setenta años para la desolación de Jerusalén (Dn. 9:2; véase Jer. 25:11-12) –la desolación que entonces era vigente por la cautividad que trajo a Daniel mismo a la esclavitud. Al notar que los setenta años que habían sido predichos estaban por cumplirse, él se dedicó a una oración específica, confesando sus propios pecados y los pecados de su pueblo. Mientras él oraba, le apareció el ángel Gabriel con la información que constituye la visión del capítulo nueve. En esta visión las declaraciones son directas; no hay simbolismos de una imagen o de bestias y por tanto no se necesita interpretación, aunque la visión debe armonizar con aquellas que son presentadas en los capítulos 2 y 7. Las palabras, como toda profecía clara, deberán tomarse en su significado natural, así como aceptó Daniel la profecía de Jeremías de los setenta años como realmente setenta años. La traducción de la palabra hebrea *heptad,* que sólo significa un grupo de siete de cualquier cosa, por la palabra *semanas* conduce a conclusiones erróneas. En este caso, la historia misma provee la interpretación, y, como se verá, estos son años en vez de semanas. Setenta años de cautividad había sido predicho y se había cumplido por los cautivos. Este período al finalizarse tenía que ver la libertad de los esclavos y su regreso a Jerusalén; pero el ángel afirma que, comenzando con esta libertad, comienza un nuevo período profético que es de 70 sietes de años, o sean 490 en total. En este período toda profecía concerniente a Israel tiene que ser cumplida, hasta concluir la transgresión de Israel (véase Ro. 11:26-27) y la unción del Santísimo. Esta profecía dice: "Setenta semanas están determinadas sobre tu pueblo y sobre tu santa ciudad, para terminar la prevaricación, y poner fin al pecado, y expiar la iniquidad, para traer la justicia perdurable, y sellar la visión y la profecía, y ungir al Santo de los santos". (9:24).

Acerca de la medida exacta del tiempo indicado por Daniel, el Dr. Henry C. Thiessen escribe *(Biblioteca Sacra,* 1935, XCII, 47-48):

"Sir Robert Anderson prueba que el año lunisolar era el sistema que se usaba en los tiempos bíblicos, tanto en Babilonia como en Jerusalén. El prueba esto por las Escrituras y por autoridades en astronomía *(Daniel en el Foso de los*

Críticos, pp. 117-23). Basándose sobre la información que Sir Robert el Astrónomo Real le concedió, señala el 1 de Nisán al 14 de marzo, 445 A. C. como el tiempo cuando se decretó la reconstrucción de Jerusalén. Basado sobre datos cronológicos que suplen los Evangelios, él señala el 10 de Nisán, al 6 de Abril, 32 D. C. fecha en que Cristo entró en Jerusalén montado sobre un pollino de asna. Este es el domingo antes de la Pascua de ese año. ' *El intervalo* (entre estos dos términos), Sir Robert dice, *contenía exactamente 173, 880 días, o sean siete veces sesenta y nueve de años proféticos de 360 días,* los primeros sesenta y nueve semanas de la profecía de Gabriel ' *(The Coming Prince,* pp. 123-29) (El Príncipe que Viene). Al computar el tiempo desde el 14 de marzo, 445 A. C. al 6 de abril del año 32 D. C. él usa el lenguaje siguiente: ' El período de intervalo fue de 476 años y 24 días (los días eran inclusivemente considerados, como requería el lenguaje profético y en concordancia a la práctica judía). Pero 476 veces 365 resulta en 173,740 días; añadiéndoles (del 14 de marzo al 6 de abril inclusive) 24 días, y añadiendo 116 días por los años bisiestos, hay un total de 173,880 días. Y 69 semanas de años proféticos de 360 días (o 69 multiplicado por 7 por 360) es igual a 173, 880 días. ' Véase Lucas 19:42. La computación cautelosa del tiempo que cubren estas semanas tiene toda la apariencia de exactitud y por tanto por su propio peso se considera como la verdadera. Hace que la semana sesenta y nueve termine el Domingo de Ramos, y así está en armonía con la declaración de Daniel de que se quitaría la vida al Mesías *después* de estas semanas."

De esta manera se descubre que los tiempos de los gentiles transcurren 560 años –70 de los de la cautividad, y 490 más hasta el regreso para la completa realización de las promesas judaicas.

El período de 490 años, que se extiende desde el fin de la cautividad al cumplimiento completo de la predicción judaica y el fin del tiempo de los gentiles, está subdividido en tres divisiones, que son: (1) desde del edicto que concluye los 70 años que Jeremías predijo a la restauración y reconstrucción de Jerusalén, que se ha dicho ser 7 sietes, o sean 49 años; (2) un período de 62 semanas, o sean 434 años, que está marcado, con respecto a su fin, por la crucifixión de Cristo; y (3) un período de la semana, o sean 7 años, que tiene que venir después de la crucifixión. En esos siete años llenos de acontecimientos todo lo que queda por cumplirse de los 490 años, tanto con respecto al fin de los tiempos de los gentiles como hacer venir las bendiciones de Israel tiene que ser cumplido a saber: la transgresión de Israel será concluida, se llegará al fin del pecado, una reconciliación por la muerte de Cristo se habrá introducido, toda visión y profecía habrá quedado sellada por su cumplimiento, y el Santísimo habrá sido ungido. El último período de 7 años es llamado propiamente la *septuagésima semana de Daniel,* y aún no ha sido cumplido.

Al reconocer el punto de tiempo cuando este período de siete años –que es de mucha importancia– llegue a ser historia, es necesario observar una vez más que la edad de la Iglesia es de un carácter sin relación a otras, pues es una intercalación entre la muerte de Cristo y la salida de la Iglesia de la tierra. Esta edad de la Iglesia, es preciso volver a decirlo, está tan perfectamente aislada del resto de la historia humana que no recoge nada hacia sí de lo que le antecede, ni tampoco contribuye nada a lo que le sigue. Si no se reconoce esta edad como aparte, desunida, segregada, no se puede trazar los períodos de tiempos divinos tal como están revelados; porque, como se ha indicado claramente en el desarrollo de los 490 años de Daniel para los judíos y los 560 años para los gentiles, en el registro divino no entra la edad de la gracia que es imprevisto e impredicho, como se manifiesta en la Iglesia.

La septuagésima semana de los tiempos de los gentiles, según toda profecía tocante a ello, es un período de vital importancia y cargado de eventos asombrosos. Desde el punto de vista de predicción, tanto gentil como judío, hay una continuidad o una sucesión sin interrupción entre los 483 años que se cumplieron en la muerte de Cristo y los 7 años que aún tienen que tener su curso. Esta continuidad será en gran parte gubernativo y político. En muchos asuntos –como sociales, económicos, educacionales, y materiales– el mundo habrá hecho su progreso durante la edad de la Iglesia; pero, así como en los 483 años, en los últimos siete años Dios tratará con autoridades gentiles y no con la Iglesia. En la continuación de la cuenta que Dios lleva, los pies de hierro y de barro cocido están adheridos y su representación sigue el período que representa las piernas de hierro sin interrupción alguna. De la misma manera, la semana septuagésima de Daniel está en un orden de sucesión de las 69 que transcurrieron anteriormente y completa aquello que pertenece a los 69. Aunque transcurren 2,000 años por medio, la continuidad profética ve solamente las realidades gentiles representadas por una imagen no amputada, y la historia judía de 490 años sin interrupción. Como se indicó anteriormente, aunque los pies de la imagen son removidos de las piernas de hierro por 2,000 años, y una obra nueva de Dios sigue su curso en ese intervalo, la Piedra Heridora se nos dice que destruirá aquello que representa la imagen, es decir, el dominio gentil, y no tiene el propósito de servir como un juicio sobre la Iglesia a las condiciones del mundo en su época. En semejante manera, lo que constituyó el carácter de los 483 años volverá a revivir y ser consumado en los últimos 7 del total de los 490. Si la Iglesia estaba en los 483 años, entonces lógico sería esperar que estuviera también en los 7 años finales; pero porque ella no estuvo durante los 483 años, tampoco podrá estar en los últimos 7, y ningún pasaje bíblico enseña una relación de la Iglesia a los 7 años de tribulación. Solamente cuando los estudiosos no toman nota del carácter distintivo y sin relación de la edad de la Iglesia y no comprenden la perfección esencial de la Iglesia en Cristo, sólo entonces se atreverán a afirmar que la Iglesia entrará en cualquier momento en la gran tribulación. El aspecto del tiempo entre el fin de los 70 años de cautividad que relata Jeremías y cuando es quitada la vida al Mesías está descrito en Daniel 9:25-26, "Sabe, pues, y entiende, que desde la salida de la orden para restaurar y edificar a Jerusalén hasta el Mesías Príncipe, habrá siete semanas, y sesenta y dos semanas; se volverá a edificar la plaza y el muro en tiempos angustiosos. Y después de las sesenta y dos semanas se quitará la vida al Mesías, mas no por sí . . . " Conforme a las medidas de Dios el período de 490 años tiene su distintivo. Hubo un período semejante antes de los setenta años de cautividad de que habló Jeremías, cuyo espacio de tiempo estaba relacionado al reino de los hijos de David y terminó con la cautividad. Sin embargo, los 490 años que habían de seguir a la cautividad eran de un carácter diferente. En este tiempo, Jerusalén sería reedificada; se quitaría la vida al Mesías en sacrificio; la ciudad y el santuario serían destruídos, como sucedió en el año 70 D. C.; y el pueblo del príncipe (véanse Lucas 19:44; 21:20-24; Mateo 24:2; 1 Reyes 9:8; Sal. 79:1; Is. 64:11) haría esta obra de destrucción –es decir, los romanos. El príncipe mismo no aparece sino hasta después de la experiencia definida como "y su fin será con inundación, y hasta el fin de la guerra durarán las devastaciones" (v. 26); esto evidentemente se refiere al tiempo presente y puede decirse que es lo más cerca que un profeta de la antigüedad pudo llegar para la anticipación de esta edad (véase 1 P. 1:10-11). Es entonces, al final, cuando el príncipe mismo vendrá, y su iniquidad se ve en el hecho de que, habiendo hecho un pacto con Israel para estos siete años de sucesos extraordinarios, él rompe el pacto cuando se habrá cumplido la mitad, o sea al final de tres años y medio. Entonces él entrará en el lugar santísimo (véanse Mateo 24:15; 2 Ts. 2:3-4), de donde se desparramarán las abominaciones. Es evidente que el "cuerno pequeño" de Daniel 8:9 es Antíoco Epífanes de Siria, quien fue uno de los cuatro gobernantes a quienes fue dividido el imperio griego. El es un tipo bien claro del "cuerno pequeño" –el hombre de pecado– de los últimos días. Así como Antíoco Epífanes profanó el templo, así hará el último "cuerno pequeño". Esta porción de la profecía concluye con estas palabras, "y el pueblo de un príncipe que ha de venir destruirá la ciudad y el santuario, y su fin será con inundación, y hasta el fin de la guerra durarán las devastaciones. Y por otra semana confirmará el pacto con muchos; a la mitad de la semana hará cesar el sacrificio y la ofrenda. Después con la muchedumbre de las abominaciones vendrá el desolador, hasta que venga la consumación, y lo que está determinado se derrame sobre el desolador" (vv. 26-27).

Mientras que las visiones secundarias de Daniel, los capítulos 8-11, tienen que ver con el desarrollo y conflictos del segundo y tercer imperios mundiales –los cuales eran totalmente proféticos en los días de Daniel– las tres principales visiones de los tiempos de los gentiles están llenas de rasgos importantes de revelación e incluyen muchísimos detalles. Los muchos buenos libros que han sido escritos como exposiciones de estas visiones, pueden ser estudiados con mucho provecho. El programa gentil ocupa un puesto muy grande en las Escrituras proféticas. Es notable, sin embargo, que las múltiples revelaciones no tratan tanto de la historia primitiva de los tiempos de los gentiles, como de los tiempos finales; tampoco enfatizan eventos relacionados al primer advenimiento, porque esa venida muy poco tuvo que ver con los gentiles como tales. El primer advenimiento era para Israel. "A lo suyo vino, y los suyos no le recibieron" (Juan 1:11). Los juicios sobre los gentiles están relacionados al segundo advenimiento, y su historia se revela al final de su programa.

Muy poco verdadero entendimiento se tendrá de la profecía si no se reconoce que el propósito de Dios para esta tierra gira alrededor de Israel. No importa lo que intervenga, este programa comienza y termina con Israel. Se experimentan dos intercalaciones. La primera corresponde a los tiempos de los gentiles, que comenzaron con la cautividad babilónica y sirve como un castigo sobre Israel y al mismo tiempo, es un plan definido de Dios para con los gentiles, basado sobre el cual serán juzgadas como naciones. Con respecto al tiempo, los tiempos de los gentiles se miden precisamente 560 años pero están interrumpidos por la segunda intercalación, que es la edad de la Iglesia, que se extiende desde la muerte de Cristo hasta cuando la Iglesia sea quitada de la tierra; el hecho de que esta edad no tiene tiempo señalado, hace que sea imposible poner fechas a todo lo que sigue. Aún habrá siete años del tiempo de los gentiles después que la Iglesia haya sido quitada de la tierra. Sin embargo, por cuanto el programa de Israel es el incompleto, tanto la intercalación de los tiempos de los gentiles como la de la Iglesia dentro de los tiempos gentiles, son considerados como brechas en el programa judío profetizado. Aunque la Iglesia aparece en el tiempo de los gentiles, siempre es considerado como una demora del importante y final propósito de Dios para con Israel (Hch. 15:13-18; Ro. 9:1-11:36). Realmente, será tan definida la forma en que concluirán los tiempos de los gentiles que se deberán considerar ciertos pasajes en particular.

Salmo 2:1-12. Este pasaje presenta un tiempo cuando las naciones se amotinarán y los pueblos pensarán cosas vanas, los reyes se levantarán y los gobernantes consultarán unidos contra Jehová y contra su Mesías, procurando echar fuera todo reconocimiento y refrenamiento de Dios; y sin embargo en medio de esa abierta resistencia, Jehová colocará a su Rey, el Mesías, sobre el trono de David en Jerusalén (v. 6). Será entonces cuando el Mesías declarará: "Yo publicaré el decreto; Jehová me ha dicho: Mi hijo eres tú; Yo te engendré hoy. Pídeme, y te daré por herencia las naciones, y como posesión tuya los confines de la tierra. Los quebrantarás con vara de hierro; como vasija de alfarero los desmenuzarás" (vs. 7-9). Así será la derrota aplastante de la autoridad gentil.

Isaías 63:1-6. En esta anticipación de los juicios del Mesías sobre los gentiles, El se compara a uno que saca el jugo de la uva en un lagar; sus vestidos están manchados con la sangre de sus enemigos y los embriaga con su furor. El derriba por tierra la fuerza de ellos. Este está declarado ser "el día de la venganza". Es la respuesta de Dios a un mundo que rechaza a Cristo.

Apocalipsis 19:15. "De su boca sale una espada aguda, para herir con ella a las naciones, y él las regirá con vara de hierro; y él pisa el lagar del vino del furor y de la ira del Dios Todopoderoso."

En esta declaración consumadora tocante al segundo advenimiento, tanto la vara de hierro del Salmo 2:9 como el vino del lagar de Jehová en Isaías 63:3-6 vuelven a declararse. Todo lo que está dicho aquí –que es tan evidente la relación que tiene al segundo advenimiento– confirma la conclusión de que tanto el Salmo 2 como Isaías 63 son descripciones de ese advenimiento.

Apocalipsis 6:1-19:21. Este largo pasaje de las Escrituras no podría entenderse de otra manera sino como un detalle de cómo Dios tratará finalmente a las naciones gentiles. Aunque tendrá que caer juicio sobre Israel, esos juicios no son los que se enfatizan aquí. Ese pueblo se contempla bajo amparo y protección, como ha sido prometido a su favor (véase Jer. 30:7); y no se hace referencia a la Iglesia en la tierra en ninguna de estas escenas, porque ella será salvada –no mientras estuviera pasando por la tribulación, como es la suerte de Israel, sino será guardada de la tribulación, no teniendo parte en ella (véase Ap. 3:10). Juan experimenta lo que será la experiencia de la Iglesia. En toda la descripción que él da, él no se encuentra en la tribulación, sino que es un testigo de las cosas tanto en el cielo como en la tierra. De manera que la Iglesia será guardada de la tribulación y sin embargo verá exactamente lo que Juan vio y oirá lo que él oyó. Los sellos, las trompetas, las copas, y los ayes son aspectos progresivos de los juicios de Dios que caerán sobre los pueblos gentiles como su castigo –no sobre judíos o cristianos.

Mateo 25:31-46. En este pasaje el mismo Rey a quien se ha dado este juicio y todos los juicios, declara la conclusión de los tiempos de los gentiles, la responsabilidad de ellos y sus juicios. Después de la completa sujeción de las naciones, como está descrito en los pasajes ya citados, ocurre esta escena de su comparecencia ante el trono de gloria de Cristo –el trono de David en la tierra. Allí serán juzgados según el trato que ellos hayan dado a Israel, a quienes Cristo identifica como "mis hermanos". Se recordará, sin embargo, no sólo que Israel es el escogido de Jehová a quien El ama con un amor eterno, sino que esta escena aparece al final de la tribulación cuando Israel habrá sufrido sus últimas y más devastadoras pruebas a mano de los gentiles. Será entonces cuando las naciones de la tierra estarán divididas sobre la cuestión de los judíos, es decir, después de que se haya predicado el evangelio del reino en toda la tierra habitada por los 144,000 misioneros judíos (véanse Mt. 24:14; Ap. 7). Esta importante base de juicio nacional fue anticipada y preanunciada por Jehová a Abraham cuando Jehová declaró, "Bendeciré a los que te bendijeren, y a los que te maldijeren maldeciré" (Gn. 12:3). En ningún punto se notará más positivamente la presunción y arrogancia gentil que en su resentimiento y orgullo contra el propósito revelado de Dios respecto a Israel. Este resentimiento y orgullo del gentil los reprueba el apóstol Pablo en Romanos 11:13-24. En la gracia, los gentiles, como ramas silvestres han sido injertadas en el olivo contra la naturaleza. De este lugar privilegiado pueden ser desgajadas. El volver a injertar a Israel, como ramas naturales, no sólo no ofrece ninguna dificultad, sino es seguramente el plan de Dios.

Es así como están medidos los tiempos de los gentiles, anticipados sus imperios sucesivos, y decretados los juicios finales de Dios que caerán sobre ellos. Con la certidumbre de la infinidad, Jehová vuelve hacia Israel y todos sus pactos les son cumplidos cuando la hora de su castigo llega a su fin. Ningún otro dominio mundial puede entremeterse, no importa cuales sean los sueños de los hombres. En el juicio de las naciones el futuro de las que estén a la izquierda no está delineado, porque no hay nada que delinear; pero el futuro de las que estén a la derecha se delínea a través del reino de Cristo, y aun aparecen en relación a la ciudad de Dios (véase Ap. 21:24-26).

CAPITULO XIX

PROFECIA TOCANTE A SATANAS, LA MALDAD Y EL HOMBRE DE PECADO

Toda la doctrina del pecado está vitalmente relacionada a la persona de Satanás quien le dio origen y al hombre de pecado como la manifestación final del pecado. En otras largas discusiones anteriores acerca del pecado, se ha afirmado que la maldad no comenzó en el jardín de Eden, sino en el cielo y como un repudio directo de Dios por parte del ángel de más alta posición. De igual manera, la idea de que la maldad podría terminarse en cualquier momento cuando los pecadores se unan hacia ese fin no tiene fundamento bíblico. La revelación no sólo traza la maldad hacia las edades pasadas y hacia el mismo cielo, sino que declara la forma exacta en que se terminará el pecado en las edades venideras. El fin del pecado no se logrará por ningún esfuerzo humano, más bien será por el poder directo de Dios y estará acompañado por los justos juicios sobre él. Seguirá hasta el tiempo señalado por Dios y terminará en la forma que Dios tiene determinada. Si se pregunta, ¿por qué Dios no da fin inmediatamente a una cosa que es tan aborrecible para él? También se podría preguntar, ¿por qué permitió Dios el pecado en primer lugar? Habiéndole permitido por razones dignas de él que están en armonía con su carácter santo, y siendo libre de toda responsabilidad con respecto a las manifestaciones del pecado, la medida completa de su desarrollo es un requisito para que sea juzgado por todo lo que es, según la valuación divina. Jehová dijo a Abraham, "Aun no ha llegado a su colmo la maldad del amorreo hasta aquí" (Gn. 15:16); la misma cosa se podría decir del sistema del mundo *(cosmos)*, "La iniquidad del mundo *(cosmos)*, no ha llegado a su colmo". La importancia al estudiante del conocimiento del futuro de Satanás, la maldad, y del hombre de pecado es ampliamente visible.

I. SATANAS

A la revelación de Dios respecto a la carrera de Satanás, incluyendo todo su futuro, se le ha dado una extensa consideración en el estudio denominado Angeleología. Aquí sólo se necesitará dar la más breve referencia a la profecía tocante a Satanás. Esa línea de predicciones comenzó con la declaración de Génesis 3:15. En esa predicción se afirmó que cuando Cristo hiriera la cabeza de Satanás, éste heriría el calcañar de Cristo. Esta profecía que trata de la herida a la cabeza de Satanás es una anticipación de ese juicio que Cristo logró contra Satanás mediante la muerte en la cruz (véanse Jn. 16:11; Col. 2:14-15), y la ejecución final de ese juicio que fue determinado desde el principio. Hay un orden que está revelado: (1) Que Satanás sería juzgado así en la cruz. (2) Que será echado del cielo en su derrota en la guerra entre ángeles, que será en el futuro (Ap. 12:7-12). (3) Que él será echado en el abismo y estará sellado por mil años (Ap. 20:1-3). (4) Que él será desatado por un poco de tiempo para la consumación de su iniquidad (Ap. 20:3, 7-9). (5) Que él será echado en el lago de fuego (Ap. 20:10). Cambios a este orden de eventos no tienen ninguna posibilidad. Cuando Dios predijo que la cabeza de Satanás sería herida, esa profecía tuvo un cumplimiento perfecto. Asimismo, cuando Dios predice, como lo ha hecho, que Satanás será echado en el lago de fuego no es con una condición provisional de que tal vez se presente otra influencia para derrotar ese propósito. Nada podría ser más seguro del hecho de que Satanás irá a la eterna condenación prescrita para él.

II. LA MALDAD

La maldad, también sigue un programa determinado. No se vencerá gradualmente por una reformación humana. Las características esenciales de su desenvolvimiento son: (1) Para Israel, su transgresión terminará cuando vuelva su Mesías y la nación entre a su reino (Dn. 9:24; Ro. 11:26-27). (2) Cualquiera maldad manifiesta, que hubiere en el reino, será juzgada instantáneamente por el Rey (Is. 11:3-4). (3) La maldad será desvanecida para siempre del nuevo cielo y la nueva tierra, porque en ellos morará la justicia (2 P. 3:13; Ap. 21:27).

III. EL HOMBRE DE PECADO

Las Escrituras anticipan la venida de un superhombre a quien Satanás pondrá para servir como el impostor del Rey de reyes y Señor de señores. La profecía anticipa la venida de un falso Cristo extraordinario entre los muchos que han sido predichos. De Daniel 7:1-8 se aprende que esta persona será el gobernante de naciones confederadas, y de Apocalipsis 13:2 se aprende que recibirá su poder y autoridad directamente de Satanás (véase Lc. 4:5-7). Varias identificaciones bien claras se dan de este gobernante: (1) a la mitad de la gran tribulación se le verá estar parado "en el lugar santo", según la profecía citada de Daniel por Cristo (Mt. 24:15; y nótese el contexto), y "que se sienta en el templo de Dios como Dios" (sin duda será un templo judío restaurado) como fue predicho por Pablo (2 Ts. 2:1-12). (2) Tendrá una herida de muerte y sin embargo sigue viviendo (Ap. 13:3). (3) Estará acompañado por un falso profeta que hará milagros (Ap. 13:11-18; 19:20). (4) Y es identificado en las Escrituras por la blasfema usurpación de deidad para sí dando de esta manera expresión a la máxima pasión de Satanás que se revela en sus propias palabras, "seré como el Altísimo" (Is. 14:14). Este poderoso gobernante aparece especialmente en el Apocalipsis, los capítulos 13-19. Ezequiel lo ve como "el príncipe de Tiro" (Ez. 28:1-10; comp. los siguientes vs. que presentan a Satanás –28:11-18). Daniel lo ve como "el cuerno pequeño", "el príncipe" inícuo, el "rey" voluntarioso, y el consumador de "los tiempos de los gentiles" (Dn. 7:8; 9:24-27; 11:36-45). Cristo lo mira como "la abominación desoladora de que habló el profeta Daniel", y uno que viene "en su propio nombre" (Mt. 24:15; Jn. 5:43). Pablo lo mira como el "hombre de pecado" (2 Ts. 2:1-12). Juan lo mira como el primer jinete montado en un caballo blanco, y la "bestia" que subía "del mar" (Ap. 6:2; 13:1-8).

Esta enorme cantidad de predicciones coloca a este hombre que vendrá, con referencia a su aparición, en el tiempo de la segunda venida de Cristo. Esa persona siniestra se dice que será destruida con la venida de Cristo (2 Ts. 2:8), y entonces será lanzado al lago de fuego (Ap. 19:20). La importancia que Dios señala para esta persona se manifiesta en todas partes de su Palabra. Cuatro principales pasajes combinados dan una descripción de esta persona.

Ezequiel 28:1-10. "Vino a mí palabra de Jehová, diciendo: Hijo de hombre, dí al príncipe de Tiro: Así ha dicho Jehová el Señor; Por cuanto se enalteció tu corazón, y dijiste: Yo soy un dios, en el trono de Dios estoy sentado en medio de los mares (siendo tú hombre y no Dios), y has puesto tu corazón como corazón de Dios; he aquí que tú eres más sabio que Daniel; no hay secreto que te sea oculto. Con tu sabiduría y con tu prudencia has acumulado riquezas, y has adquirido oro y plata en tus tesoros. Con la grandeza de tu sabiduría en tus contrataciones has multiplicado tus riquezas; y a causa de tus riquezas se ha enaltecido tu corazón. Por tanto, así ha dicho Jehová el Señor: Por cuanto pusiste tu corazón como corazón de Dios, por tanto, he aquí yo traigo sobre ti extranjeros, los fuertes de las naciones, que desenvainarán sus espadas contra la hermosura de tu sabiduría, mancharán tu esplendor. Al sepulcro te harán descender, y morirás con la muerte de los que mueren en medio de los mares. ¿Hablarás delante del que te mate, diciendo: Yo soy Dios? Tú, hombre eres, y no Dios, en la mano de tu matador. De muerte de incircuncisos morirás por mano de extranjeros; porque yo he hablado, dice Jehová el Señor".

El título por el cual se da a conocer al hombre de pecado en esta Escritura es "el príncipe de Tiro". Si se tomara aisladamente, este pasaje podría asignarse a un rey pagano quien, como muchos reyes, han pretendido ser Dios; pero cuando se relaciona por título al "rey de Tiro" en los versículos 11-18 –cuya identidad satánica ha sido completamente demostrada– se ve que este personaje está relacionado a Satanás así como un príncipe está relacionado a un rey. En ninguna parte de las Santas Escrituras se enfatiza más la importancia de este individuo que en este pasaje. No sólo aparece él en un registro que, en lo que concierne a Satanás, va hacia atrás a un pasado incalculado cuando Satanás fue creado como un ángel no caído y como el guarda del mismo trono de Dios, sino que el registro tocante al hombre de pecado precede en el contexto el registro de la persona de Satanás. Más identificación se proporciona por la pretensión de esta persona de ser Dios. Esta es la marca principal por la que está caracterizada en todas partes. Aunque él pretenda ser Dios, según esta Escritura, sólo es un hombre. Y la prueba de este hecho se revela cuando él es llevado a juicio.

Daniel 9:27. "Y por otra semana confirmará el pacto con muchos; a la mitad de la semana hará cesar el sacrificio y la ofrenda. Después con la muchedumbre de las abominaciones vendrá el desolador, hasta que venga la consumación, y lo que está determinado se derrame sobre el desolador."

De este pasaje y concerniente al antecedente del sujeto del verbo *"confirmará"* como se usa en el texto, el Dr. H. C. Thiessen escribe:

"Si las sesenta y nueve semanas nos llevan hasta la cruz de Cristo, entonces la semana setenta tiene que venir después de la cruz. Pero primeramente notamos aquí que hay un intervalo entre la semana sesenta y nueve y la setenta. Tregelles dice: Al ser quitado el Mesías, termina el reconocimiento; entonces viene el intervalo, y después corre el tiempo por una semana 'al final' *(Observaciones sobre el libro de Daniel,* p. 110). Durante este intervalo 'el pueblo de un príncipe que ha de venir destruirá la ciudad y el santuario; y a su fin será con inundación, y hasta el fin de la guerra durarán las devastaciones' (Dn. 9:26). Esto señala definitivamente a la venida de los romanos bajo Tito y la destrucción de Jerusalén y del templo por ellos, que sucedió en el año 70 D. C. Tocante a las palabras 'y su fin será con inundación, y hasta el fin de la guerra durarán las devastaciones', Ironside dice: 'Estas palabras brevemente describen la historia de Palestina desde la entrada del ejército romano bajo Tito hasta el tiempo presente. En una forma total, tanto Jerusalén como Palestina han sido holladas por todas las naciones, y así continuará, 'hasta que sean cumplidos los tiempos de los gentiles' *(Discursos sobre el libro de Daniel.* 167). Entonces notamos que la ciudad y el santuario serán destruidos por *el pueblo* del príncipe que vendrá, no por el mismo príncipe. Como hemos visto este *pueblo* son los romanos, quienes cumplieron esta profecía en el año 70 D. C. El príncipe sale al frente en el versículo 27. El versículo dice así: 'Y por una semana confirmará el pacto con muchos; a la mitad de la semana hará cesar el sacrificio y la ofrenda. Después con la muchedumbre de las abominaciones vendrá el desolador, hasta que venga la consumación, y lo que está determinado se derrame sobre el desolador. ' Sin embargo, hay una considerable diferencia de opinión sobre cuál es el antecedente del sujeto del verbo ' confirmará '. La mayoría de los expositores piensan que se refiere al ' Ungido ' (Mesías) en la primera parte del versículo 26; algunos toman el sujeto como neutro, y lo interpretan como refiriéndose a la ' semana ', como si la ' semana ' confirmara el pacto con muchos. Pero, diríamos, ¿cómo puede ser una referencia a Cristo cuando acabamos de ser presentados al príncipe romano? Parece ser necesario hacer que el sujeto del verbo sea este príncipe. Además, ¿cuándo hizo Cristo un pacto firme con muchos judíos por una semana? ¿y cómo podría decirse de él que ' a la mitad de la semana ' él hizo que ' cesara el sacrificio y la ofrenda ' cuando los sacrificios del templo continuaron como por unos cuarenta años después de la muerte de Cristo? Sería absurdo decir que el sujeto sea la ' semana '. ¿Cómo puede una ' semana ' hacer un pacto firme y luego quebrantarlo a la mitad de la misma? Es mucho más natural creer que el sujeto es el príncipe mencionado en la última parte del v. 26, es decir, el príncipe romano; sin embargo, no es Vespasiano, el emperador romano del año 69 al 79 D. C., tampoco es su hijo, su sucesor, Tito, quien gobernó del año 79 al 81. Ninguno de estos hizo ni quebrantó tal pacto con los judíos; y Tito vivió sólo dos años después de subir al trono. La referencia es a un príncipe romano que vendrá después del largo intervalo de la última mitad del versículo 26, que ya duró más de 1900 años; y la última semana todavía está en el futuro. Tregelles entiende que el sujeto del verbo ' confirmará ' del v. 27 es el ' Príncipe que ha de venir" del v. 26, y dice: ' El príncipe que ha de venir es la última cabeza del poder romano, la persona tocante a quien Daniel había recibido tantas instrucciones previas' " *(op. cit.* 105). –*Biblioteca Sacra,* 1935, XCII, 48-50.

Cuando los discípulos de Cristo le pidieron una señal del fin del siglo (Mt. 24:3), se hacía referencia al tiempo que entonces estaba en progreso, es decir, ése que fue previsto por Daniel, la edad de los gentiles que son 560 años. No podían hacer alusión a la presente edad de la Iglesia, tocante a la cual nada se había revelado en ese tiempo. Se pedía, entonces, la señal para indicar el fin de los tiempos de los gentiles, o para ser más específico, los siete años que restan que se experimentarán al final de la edad de la Iglesia. La señal que Cristo reveló es aquella de "la abominación desoladora de que habló el profeta Daniel", que estaría en el lugar santo (Mt. 24:15). Este es el reconocimiento propio de Cristo y su interpretación de Daniel 9:26-27, que es el pasaje bajo consideración. Esta referencia por parte de Cristo respecto al hombre de pecado, sirve como una introducción a su propia descripción de la gran tribulación (véase Mt. 24:21-22), que, como se ha visto, es la septuagésima semana de Daniel –los últimos siete años de los tiempos de los gentiles. De esta manera, una vez más, este personaje siniestro, en relación al tiempo de su aparecimiento, se coloca dentro de esa hora futura de prueba que vendrá sobre la tierra.

2 Tesalonicenses 2:4-10. "El cual se opone y se levanta contra todo lo que se llama Dios o es objeto de culto; tanto que se sienta en el templo de Dios como Dios, haciéndose pasar por Dios. ¿No os acordáis que cuando yo estaba todavía con vosotros, os decía esto? Y ahora vosotros sabéis lo que le detiene, a fin de que a su debido tiempo se manifieste. Porque ya está en acción el misterio de la iniquidad; sólo que hay quien al presente lo detiene, hasta que él a su vez sea quitado de en medio. Y entonces se manifestará aquel inicuo, a quien el Señor matará con el espíritu de su boca, y destruirá con el resplandor de su venida; inicuo cuyo advenimiento es por obra de Satanás, con gran poder y señales y prodigios mentirosos, y con todo engaño de iniquidad para los que se pierden, por cuanto no recibieron el amor de la verdad para ser salvos."

Este pasaje de especial revelación fue escrito por el apóstol Pablo y en ella se han hecho muy importantes descubrimientos. (1) El día del Señor (no "el día de Cristo", como erróneamente se vierte en algunas versiones), El día del Señor no puede acontecer antes que se revele el hombre de pecado (v. 3). Debe recordarse que el día del Señor se refiere a ese largo período de mil años que está predicho. (2) El hombre de pecado se proclama a si mismo ser Dios. (3) Se sienta en el templo (v. 4) –evidentemente será un templo judío restaurado. (4) El podrá revelarse sólo cuando llegue el tiempo señalado por Dios (v. 6). (5) Será destruido por Cristo en su gloriosa aparición. (6) El tendrá el poder de Satanás (v. 9). (7) El engañará a todos los que "no recibieron el amor de la verdad". Sobre los tales "Dios les envía un poder engañoso" para que lo que ha estado cubierto y oculto en el corazón inicuo se manifieste abiertamente.

Apocalipsis 13:1-8. "Me paré sobre la arena del mar, y vi subir del mar una bestia que tenía siete cabezas y diez cuernos; y en sus cuernos diez diademas; y sobre sus cabezas, un nombre blasfemo. Y la bestia que vi era semejante a un leopardo, y sus pies como de oso, y su boca como boca de León. Y el dragón le dio su poder y trono y gran autoridad. Vi una de sus cabezas como herida de muerte, pero su herida mortal fue sanada; y se maravilló toda la tierra en pos de la bestia, y adoraron al dragón que había dado autoridad a la bestia, y adoraron a la bestia, diciendo: ¿Quién como la bestia, y quién podrá luchar con ella? También se le dio boca que hablaba grandes cosas y blasfemias; y se le dio autoridad para actuar cuarentidós meses. Y abrió su boca en blasfemias contra Dios, para blasfemar de su nombre, de su tabernáculo, y de los que moran en el cielo. Y se le permitió hacer guerra contra los santos, y vencerlos. También se le dio autoridad sobre toda tribu, pueblo, lengua y nación. Y la adoraron todos los moradores de la tierra cuyos nombres no estaban escritos en el libro de la vida del Cordero que fue inmolado desde el principio del mundo."

Este pasaje debiera extenderse hasta incluir todo el resto del Apocalipsis, hasta 20:10, porque se ve la carrera del hombre de pecado desde 13:1 hasta 20:10. Aquí está identificado como la primera bestia, o la bestia que sale del mar. No es posible introducir un extenso análisis de todo el contexto. El inmenso alcance de estas verdades hace un reto al estudiante para que efectúe una completa investigación.

Aquí, como en Daniel 2:38, el rey y el reino se consideran como idénticos. En lo que toca al emperador, el imperio romano ha desaparecido; pero cuando reviva (pues así ha de suceder) al final de los tiempos de los gentiles, ese imperio volverá a reunirse como antes, y ha de reunir las principales características de los tres imperios que le precedieron, es decir, Babilonia, Medo-Persia, y Grecia, tal como fue al principio. Esto se simboliza por la descripción del imperio romano revivido en este pasaje del Apocalipsis. Estos versículos (13:2-3) aquí debieran compararse con Daniel 7:1-8. El último emperador –la bestia– sostiene un dominio universal sobre todos, con excepción de aquellos cuyos nombres están escritos en el libro del Cordero. Una vez más el emperador es identificado por sus blasfemias. El continúa por cuarentidós meses, que es la última mitad de los siete años. El persigue a los santos, es decir, a Israel (véase Dn.7:21,22), va acompañado por una segunda bestia que sale de la tierra (Ap.13:11-18), un falso profeta , o sea el anticristo, que debe ser diferenciado de los muchos "anticristos" (1 Jn.2:18) y del "espíritu del anticristo" (1 Jn.4:3). Esta segunda bestia evidentemente es la última cabeza sobre una iglesia apóstata. La segunda bestia hace que sea adorada la primera bestia. El hace una imagen de la primera bestia, y hace que la imagen viva y hable. La muerte es el castigo por no adorar a la primera bestia. De manera que los tiempos de los gentiles comenzaron con una imagen y concluirán con otra imagen. Estas dos bestias serán echadas en vida al lago de fuego cuando venga Cristo (Ap.19:20), donde Satanás será echado al final de la edad del reino (Ap.2:10).

En conclusión puede decirse que un gobernante mundial poderoso se levantará cuyo dominio universal será sobre el imperio romano restablecido y esto sucederá durante los siete años que restan de los tiempos de los gentiles. Recibirá poder de Satanás (véase Lc.4:5-6), será apoyado y promovido por un falso profeta, y estos tres, Satanás y las dos bestias, forman una trinidad de iniquidad que parece ser una satánica falsificación de la Trinidad de la Deidad. La destrucción de las dos bestias en el segundo advenimiento de Cristo y la colocación final de Satanás al mismo lago de fuego constituirán la consumación de la iniquidad en la tierra. Entonces, en la tierra nueva y el cielo nuevo morará la justicia.

CAPITULO XX

PROFECIA TOCANTE AL CURSO Y FIN DE LA CRISTIANDAD APOSTATA

La edad presente intercalada en los tiempos de los gentiles comienza con la muerte de Cristo. Este evento fue calculado con exactitud en la profecía y se cumplió en la historia 553 años después del comienzo de la cautividad babilónica, y termina 7 años antes que terminen los tiempos de los gentiles. No tiene ninguna relación a todo lo que le antecede ni lo que le sigue. La edad presente tiene un carácter distinto y tiene un propósito especial. Este carácter y este propósito no se hallan presentes en ninguna forma en las edades pasadas ni en las futuras. Como anteriormente se afirmó enfáticamente, el reconocimiento de las características esenciales de esta edad es el primer paso en la correcta comprensión de toda profecía bíblica. En esta edad, cuando tanto el programa gentil como el judío están interrumpidos, el evangelio de la gracia divina deberá predicarse a toda criatura. Se ha creado una ciudadanía celestial. Se está reuniendo la esposa de Cristo. Los pasajes bíblicos que revelan el propósito de Dios para los judíos y los gentiles no incluyen ni siquiera un ligero indicio de que los judíos o los gentiles, considerados nacionalmente, sean destinados para la gloria celestial. Así como el evangelio ha sido predicado a las multitudes – la vasta mayoría de ellos no lo han recibido – y las normas sublimes de la vida dirigidas solamente a los creyentes han sido enfatizadas, se ha creado un producto secundario que incorpora una compañía innumerable que encuentra contentamiento en adoptar ciertos ideales cristianos pero que jamás han recibido a Cristo como su Salvador personal. Muchos de este número se han hecho miembros de iglesias protestantes, o han sido criados en un ambiente romanista, o simplemente se han suscrito a conceptos cristianos de carácter elemental. Esta gran compañía, inclusive la verdadera Iglesia, se denomina *Cristiandad.* Como aquella "multitud mezclada" que seguía el campamento de Israel, de igual manera la Iglesia es acompañada por muchos que sólo respetan un ideal, pero no conocen el poder transformador de Dios en la salvación. La profecía que predice reconoce el futuro de esta compañía que no posee la naturaleza divina.

Toda esta edad con sus principales características es prevista por Cristo y está registrada en San Mateo, el capítulo 13. Así también, la historia de la Iglesia en la tierra se traza en siete grados de desarrollo, o aspectos, por medio de siete cartas escritas a siete iglesias en Asia (Ap. caps.2 y 3). Según la palabra de Cristo en Mateo, capítulo 13, tres características particulares son prominentes a través de la edad presente, que son: (1) lo que es bueno, está representado por el trigo, la harina, la perla de gran precio y los peces buenos; (2) Israel está representado por el tesoro escondido en un campo, o sea el mundo *o cosmos*; (3) lo malo está representado por la cizaña, las aves del cielo, la levadura, y los malos peces que serán echados fuera. La actividad divina se ve en la siembra de la semilla del evangelio. Esta actividad da por resultado que sólo la cuarta parte del trigo nazca y dé fruto. Las otras tres porciones representan sólo una profesión de los que fueron movidos superficialmente, pero no fueron salvos. Otras Escrituras indican que esta compañía profesante va en aumento conforme se acerca el fin de la edad. La época de estancamiento intelectual llamada la edad media está descrita en las cartas a las iglesias de Pérgamo y de Tiatira, mientras que la apostasía final dentro de la cristiandad se anticipa en la carta a Laodicea. A esta última compañía el Señor glorificado dice: "Pero por cuanto eres tibio y no frío ni caliente, te vomitaré de mi boca" (Ap.3:16).

Parece que todo lo que Dios ha encargado al hombre sigue el mismo curso de decadencia. Esto fue cierto con respecto a Israel, también está declarado que la autoridad gentil que comenzó como el oro y terminará como el hierro y el barro. Esta condición es tiambién cierta en cuanto a la iglesia profesante. La levadura en acción en la harina pura simboliza el poder penetrante de ciertas formas de iniquidad dentro de la misma Iglesia verdadera. La levadura es universalmente un emblema de la corrupción operando artificiosamente. Significa simple *formalismo* (Mt.23:14,16,23-28); *incredulidad* (Mt.22:23-29); y *mundanalidad* (Mt.22:16-21; Mr.3:6; 1 Co.5:6-8). La compañía elegida de verdaderos creyentes es siempre asechada con tendencias al formalismo, incredulidad y mundanalidad. Esta condición, como está predicho, ha continuado a través de la edad. En 2 Tesalonicenses 2:3 se declara: "Nadie os engañe en ninguna manera; porque (ese día –el día del Señor) no vendrá sin que antes venga la apostasía." Aquí se habla de una apostasía diferente de cualquiera otra. Nótese el artículo definido "la". Precede al día de Jehová y, evidentemente es la forma final de una unión religiosa y una profesión que habrá en la tribulación después que la verdadera Iglesia haya sido quitada de la tierra. Varios otros pasajes señalan la maldad que existirá en los días finales de la

Iglesia y antes que esa compañía sea quitada –1 Timoteo 4:1; 2 Timoteo 3:1-5,13; 4:3,4; 2 Pedro 3:3,4.

La cristiandad extiende su influencia aun a los gobiernos; los cuales serán juzgados por sus vanas profesiones. Aunque esto sea inexplicable a la mente finita, sin embargo, es seguro que Dios traerá a cada presunción perversa, que El haya permitido a Sus criaturas, a una prueba experimental, con el fin de que todos sean juzgados como un hecho y no sólo como una intención. Aun el propósito de la iglesia romana para ganar ascendencia política se le permite llegar a fruición por un breve período antes del juicio que vendrá sobre ella.

Por el regreso de Cristo en poder y gran gloria, los gobiernos y las autoridades políticas de los gentiles serán desmenuzados como el polvo y el viento los llevará como al tamo de las eras del verano (Dn.2:35); pero antes de esto y como está escrito en Apocalipsis 17, la iglesia profesante será destruida por la autoridad política de los gentiles. Es probable que, cuando la verdadera Iglesia sea quitada, toda la cristiandad profesante se unirá bajo la autoridad de Roma. Esto no es difícil de creer a la luz de las presentes tendencias hacia la unión de las iglesias y la inclinación a tomar las formas romanas. Una iglesia compuesta exclusivamente de personas no regeneradas, así como tiene que ser la iglesia que es dejada, no sólo no tendrá convicciones doctrinales, sino que caerá en la trampa de la noción de que la iglesia puede gobernar mejor al mundo. El capítulo 17 de Apocalipsis describe la ascendencia final a un poder gubernativo por parte de la iglesia de Roma, y los juicios que tendrán que caer sobre ella. Sobre este capítulo se presenta aquí una extensa cita del Dr. Ford C. Ottman, como sigue:

"La mujer mencionada en este capítulo es un sistema eclesiástico apóstata, esto no puede tener ninguna posibilidad de contradicción. Sea porque ella representa la iglesia papal –como muchos sostienen– o todo el conjunto de una cristiandad profesante después de que se haya quitado la verdadera Iglesia de la tierra, es un asunto discutible. Pero que ella representa a una de estas dos es positivamente seguro. No hay ninguna posibilidad de identificarla con la mujer del capítulo 12; porque esa mujer, como ya se demostró, representa a Israel, la madre de Cristo según la carne, y no puede representar a *ninguna otra*. La mujer de este capítulo no tiene relación maternal a Cristo, sino la de una novia, aunque falsa, ella pretende ser la *la novia de Cristo* ; pero ella ha caído de su condición de pureza y ha venido a ser una ramera. Tal condición seguramente se manifestará en la iglesia apóstata antecediendo brevemente al regreso de nuestro Señor con la verdadera Iglesia. Las indicaciones son tales que señalan de una manera más clara el sistema eclesiástico que hoy se conoce como la iglesia papal. El romanismo estará en existencia en ese tiempo; pero será más terriblemente apóstata de lo que jamás ha sido. Las bien definidas marcas dadas aquí son tales que en una manera general han caracterizado al romanismo a través de todo el tiempo de su historia. La mujer está sentada sobre una ' bestia escarlata '. Sin duda alguna esta bestia es la primera bestia del Apocalipsis, y su identidad es bien clara en todo el pasaje. La escarlata es el símbolo de la gloria del mundo. Está caracterizada como la única gloria que posee la bestia. El hecho de que la mujer *está sentada* sobre la bestia muestra claramente que ella tiene el control. Si ella representa la gloria papal –esto parece ser lo más factible en todo el pasaje– entonces lo que ha sido el sueño del pasado por largo tiempo se encuentra aquí realizado completamente.El la tiene no solo autoridad eclesiástica, sino también temporal. Sus vestidos de púrpura y escarlata son símbolos de realeza y gloria terrenal. También está ataviada literalmente *adornada con oro*, piedras preciosas y perlas. Estos son símbolos de verdad divina; pero aquí se ven solamente como un adorno externo y carecen de una realidad interna correspondiente. Tiene en su mano una copa de oro llena de las abominaciones y de las inmundicias de su fornicación. Una sola mirada a las páginas de la historia basta para ver cómo la introducción de estas abominaciones ha sido la marca de la iglesia romana en cada etapa de su historia. Realmente las doctrinas fundamentales de la iglesia romana no sólo se oponen al cristianismo evangélico, sino que son abominaciones de la peor clase, y corresponden exactamente con las prácticas paganas e idólatras de donde fueron obtenidas. Además, la mujer está caracterizada por un nombre que tiene escrito en la frente: '*Misterio: BABILONIA LA GRANDE, LA MADRE DE LAS RAMERAS Y DE LAS ABOMINACIONES DE LA TIERRA.* ' La palabra Babilonia significa *confusión*. El romanismo no sólo se caracteriza por las abominaciones, sino por el misterio. Todo el sistema está oculto en una intrincada confusión. Tanto el misterio como la abominación están manifiestos en enseñanzas tales como, los sacerdotes humanos, que actúan como medianeros entre Dios y el hombre; la regeneración bautismal; el celibato del sacerdote teúrgico; la doctrina del purgatorio; las apariciones de deidades y santos; la adoración de éstos y de la madre virgen; confesión auricular y la absolución sacerdotal. Ella lleva el nombre *misterio* pero lo lleva escrito en su frente, para que todos lo puedan ver. Por el misterio de sus actividades ella ha mantenido en cautividad a los supersticiosos. Un poco de poder mágico sacerdotal, y he aquí, el pan y el vino de la eucaristía que son transubstanciados en el cuerpo y en la sangre de Cristo. Tales extravagancias son misteriosas y sin significado; como el constante persignarse, y el culto que se le rinde a la cruz; el volverse hacia el oriente para adorar; la colocación de las luces a los lados del altar, pero no en el centro; y el uso del incienso. Es cierto que todos estos son misterios y que fácilmente pueden trazarse a su origen pagano. El uso del agua bendita, la exhibición de comedias misteriosas, y de cargar las imágenes en las procesiones, de igual manera se originó del paganismo, y todos son designios sacerdotales para atraer el ojo, mientras que el corazón permanece intacto.

La gran doctrina central del romanismo es una salvación por las obras y sufrimientos de uno mismo mediante la penitencia. Alcanzar el cielo por una torre construida con sus propias manos fue el intento de aquella compañía que apareció primero en los campos de Sinar. Dios en juicio confundió sus lenguas, y la palabra "Babel" o "Babilonia' define el juicio que cae sobre todo esfuerzo desde entonces, de procurar alcanzar el cielo por las obras, sean estas hechas por los hombres de la iglesia romana, o de cualquier otro sistema eclesiástico. La iglesia romanista es la ilustración más conspicua del esfuerzo de reedificar la antigua torre de Babel, y la constante manifestación de la confusión en su sistema es el resultado de ese intento. Esta es la razón por qué el misterio del romanismo se ha marcado como la Babilonia. Pero es "Babilonia, el Misterio." Es la maldad antigua, pero no tan abierta y directamente como lo fue en Sinar. Lo que caracteriza a la mujer está tan claro que aun los mismos romanistas están obligados a aceptar la aplicación. ' Vi a la mujer ebria de la sangre de los santos, y de la sangre de los mártires de Jesús; y cuando la vi, quedé asombrado con gran asombro. ' Seguramente nadie puede dejar de ver la fuerza de la expresión al tener delante de sí los extensos datos históricos sangrientos del romanismo: ' ebria de la sangre de los santos, y de la sangre de los mártires de Jesús. ' Esto siempre ha sido la característica de Roma, cuando no ha estado bajo restricción de una autoridad temporal como está ahora, pero que Roma tenga toda libertad para poner en práctica lo que sus doctrinas enseñan; y se pondrán en acción una vez más las mismas violentas y fanáticas persecuciones como las de antaño. Roma, necesariamente tiene que ser intolerante. Ella pretende ser la novia de Cristo, y por tanto, la señora del mundo. Como si estuviera inconsciente de su infidelidad a Cristo, ella ha llegado a ser un enorme sistema de un poder que aumenta continuamente y de una influencia mundial, y cuando la verdadera Iglesia de Cristo sea llamada de este mundo, este sistema misterioso, quizá reunirá a su lado todo el resto de la masa apóstata de la cristiandad y se encontrará entonces en completo control del poder imperial de los últimos días. Así Roma, dirigida por Satanás, y bajo su energía, logrará tener control por un período breve, y después, como está predicho aquí, será destruida. El apóstol interpreta para nosotros el misterio de la mujer y la bestia que la lleva. La bestia está identificada por las siete cabezas y diez cuernos. En todo el Apocalipsis sólo hay una bestia política. Esta bestia política es todo el imperio romano o la cabeza imperial de ese imperio, y el contexto tiene que determinar a cuál de los dos se refiere. Por ejemplo, es obvio que la cabeza imperial es aquel que es echado vivo en el lago de fuego.En cada caso el contexto es suficientemente claro para que no cometamos ningún error. No es difícil entender la expresión: ' La bestia que has visto, era, y no es; y está para subir del abismo é ir a perdición. ' Esta declaración es aplicable igualmente a todo el imperio romano, como a su cabeza imperial. El gobierno de la mujer, como bien se ha dicho, necesariamente destruirá la naturaleza de la bestia mientras permanezca. Esta explicación ha sido dada, y algunos la aceptan como suficientemente satisfactoria. La Roma pagana en forma restaurada es brutal en carácter; mientras que el papado romano, cualquiera que sea su carácter en el fondo, siempre retiene su forma *humana.* Por tanto, cuando la mujer se sienta en la bestia, durante el período de su gobierno, cesará su apariencia bestial. La visión de Juan se refiere al tiempo futuro cuando la mujer está gobernando. El gobierno eclesiástico, con la autoridad temporal sujeta a él, durante ese tiempo privará a la bestia de poder, y esto justifica la expresión, ' la bestia que era, y no es. ' Su existencia en forma brutal continuará hasta que esté bajo el control eclesiástico de la mujer, de manera que durante el tiempo de su gobierno puede decirse de la bestia, ' no es '. La destrucción de la mujer antecede al avivamiento del imperio en su forma bestial, y se habla de éste como el que se levanta del abismo y entra en la destrucción. Sin embargo, hay otra vista que bien podría tomarse como igualmente satisfactoria, si no lo es más. La bestia, debe recordarse, o bien es el imperio romano, o la persona que es la cabeza. Por supuesto nosotros sabemos que hubo un tiempo cuando ese imperio existió. En el tiempo presente no existe ese imperio, pero después que sea quitada la Iglesia, se restaurará bajo la energía satánica, y por tanto se puede hablar de él, como el que se levanta del abismo, y posteriormente va a la destrucción. Esta representación puede aplicarse, o al imperio mismo, o al que lo encabeza. Es una opinión general que las siete cabezas representan las siete colinas de Roma, y este punto de vista se sostiene por la declaración de que ' las siete cabezas son siete montes, sobre los cuales se sienta la mujer '. También se interpretan como ' siete reyes ', de los cuales cinco habían caído, uno existía cuando escribió el apóstol, y otro que vendrá en un período futuro. Además, se identifica a la bestia aquí con *una de sus cabezas.* Esto es un hecho importante que considerar. No se presentan las cabezas en el cuadro con el fin de transmitir la idea de que la bestia tuvo siete cabezas al mismo tiempo. La verdad es que esa bestia nunca tuvo las siete cabezas al mismo tiempo. Aunque se habla de ella como si tuviera siete cabezas, sin embargo es una bestia de una sola cabeza, y las cabezas se mencionan aquí para su interpretación que ha sido dada por Dios cuando Juan declara que estas cabezas son, o siete montes, o siete reyes. Las siete cabezas no son sincrónicas, sino consecutivas. Son reyes, y vienen uno tras otro. Antes del tiempo de Juan ya habían caído cinco. Uno que existía cuando él escribió, y el séptimo era del futuro. A continuación se declara que la bestia es una *octava* cabeza y sin embargo es uno de los siete. De esto ya fue dada una explicación . Roma declinó y cayó bajo la sexta forma del imperio. Bajo la *séptima* forma será restaurada. El que hará esa restauración será la séptima cabeza. Recibirá una herida de muerte que después sanará, él volverá al poder como la *octava* cabeza. Así, pues, es fácil ver como ' la bestia que era, y no es, es también el octavo; y *es de entre los siete,* '. . . ' Y la mujer que has visto es la gran ciudad que reina sobre los reyes de la tierra. ' La gran ciudad es Roma. No solamente Roma pagana, sino también Roma papal, que de ese sitio literal de Roma ejercerá la supremacía de que se habla aquí sobre los reyes de la tierra." *(Unfolding of the Ages,* –ps. 378-84).

"Después de esto" es la frase con que comienza el capítulo 18 de Apocalipsis, indicando así que la destrucción de la Babilonia eclesiástica, como está descrita en el capítulo 17, es seguida inmediatamente por la destrucción de Babilonia política. El Dr. C. I. Scofield en sus notas sobre Isaías, capítulo 13 escribe en su *Biblia Anotada:*

"La referencia no es tocante a Babilonia, *la ciudad,* como puede verse en el contexto. Es importante notar el significado de este nombre cuando se usa simbólicamente. ' Babilonia ' es la forma griega. En el original hebreo del A. T. la palabra es simplemente Babel, cuyo significado es *confusión,* y es en este sentido que la palabra se usa simbólicamente. (1) En los profetas, cuando no se significa la ciudad misma la referencia es acerca de la ' confusión ' en la que todo el orden social del mundo ha caído bajo el dominio mundial de los gentiles. (Véase ' los tiempos de los gentiles ', Lc. 21:24; Ap. 16:14). Is. 13:14 presenta la descripción divina de la conmoción de los belicosos poderes gentiles. El orden *divino* de los eventos futuros se halla en Is. 11. Israel estará en su propia tierra como el centro del gobierno divino sobre el mundo y como el medio de las bendiciones divinas, y los gentiles serán bendecidos en unión de Israel. Aparte de esto todo lo demás es, desde el punto de vista político, una mera ' Babel '. (2) En Ap. 14:8-11; 16:19, es el sistema mundial de los gentiles lo que se tiene en vista en relación con la batalla de Armagedón (Ap. 16:14; 19:21), mientras que Ap. 17 se refiere al cristianismo apóstata que es destruido por las naciones (Ap. 17:16) bajo la dirección de la Bestia (Dn. 7:8; Ap. 19:20) y del falso profeta. En Isaías, la

Babilonia política es el objeto de la revelación. Literalmente el texto se refiere a la ciudad que en aquel tiempo estaba en existencia, y simbólicamente, a los tiempos de los gentiles. En el Apocalipsis, tanto la Babilonia simbólico-política como la Babilonia simbólico-religiosa se tienen en vista, porque ambas son semejantes bajo la tiranía de la Bestia. La Babilonia religiosa es destruida por la Babilonia política (Ap. 17:16), y la Babilonia política por la manifestación del Señor en gloria (Ap. 19:19-21). Que Babilonia, *la ciudad,* no será reedificada se hace claro en Is. 13:19-22; Jer. 51:24-26, 62-64. Con la expresión ' la Babilonia política ' se da a entender el sistema mundial de los gentiles . . . Debe añadirse que en el simbolismo de las Escrituras, Egipto representa el mundo como tal; Babilonia, el mundo de la religión falsa y del poder corrupto; y Nínive, el orgullo, la gloria arrogante de este mundo. " —página 699.

El Dr. Scofield en su análisis de este capítulo de Isaías también declara, "Los versículos 12-16 miran hacia los futuros juicios apocalípticos (Ap. 6-13). Los versículos 17-22 contemplan tanto el futuro lejano como el cercano. Ellos predicen la destrucción de la ciudad literal de Babilonia que en ese entonces se hallaba en existencia, con la declaración adicional de que una vez destruida, esta ciudad no volvería jamás a reedificarse (comp. Jer. 51:61-64). Todo esto se ha cumplido ya literalmente. Pero el lugar que esta predicción ocupa en el gran conjunto de profecías que señalan hacia la destrucción tanto de la Babilonia política como de la Babilonia eclesiástica en el tiempo de la Bestia, muestra que la destrucción de la ciudad literal de Babilonia es un tipo de la destrucción mayor que habrá de venir a las Babilonias ya mencionadas" *(Ibid.,* 700). En forma semejante, el Dr. Scofield, refiriéndose a Apocalipsis 17 y 18 dice: "El nombre Babilonia, ' confusión ', se usa varias veces en los Profetas en sentido simbólico (véase Is. 13:1, nota). El Apocalipsis habla de dos Babilonias: la Babilonia eclesiástica, que es el cristianismo apóstata bajo el dominio del Papado, y la Babilonia política, o sea la confederación imperial de la Bestia, la forma final del poder mundial de los gentiles. La Babilonia eclesiástica es "la gran ramera" (Ap. 17:1), y ella es destruida por la Babilonia política (Ap. 17:15-18), con el fin de que la Bestia pueda ser el único objeto de adoración (2 Ts. 2:3, 4; Ap. 13:15). El poder de la Babilonia política es destruido por el Señor cuando El venga en gloria. La idea de que Babilonia será reedificada literalmente en el sitio de la antigua Babilonia se halla en conflicto con Is. 13:19-22. Pero el lenguaje de Ap. 18 (por ej. vs. 10, 16, 18) parece fuera de duda identificar "Babilonia", la "ciudad" de lujo y comercio extraordinarios, con "Babilonia" el centro eclesiástico, es decir, Roma. Los mismos reyes que odian la Babilonia eclesiástica, deploran la destrucción de la Babilonia comercial" *(Ibid.,* pág. 1303).

No hay nada más fundamental respecto a la voluntad de Dios para esta tierra que el hecho de que Israel, su nación elegida, estará en paz en su propia tierra. Los gentiles están relacionados con esta situación solamente como aquellos que derivan una ventaja secundaria de los beneficios de Dios para Israel. A través de la apostasía de Israel que fue predicha y estaba completamente dentro del plan de Dios (comp. Dt. 4:26-28; 30:18-19; Is. 1:2) y por medio del castigo que cayó sobre esta nación, un período de tiempos de los gentiles se entremetió y estos tiempos –tema de mucha predicción– tienen que cumplir su curso determinado, y recibir aquellos juicios de Dios que pertenecen a un mundo que rechaza a Cristo. Todo el juicio divino sobre Israel y sobre las naciones, y sobre los ángeles –con el fin de que la iniquidad sea eliminada para siempre– tendrá su consideración más amplia en el capítulo XXVI. La destrucción de la confusión religiosa como de la política (Babilonia) –la que inevitablemente existe, estando Israel fuera de su tierra y sin bendición– como se ha dicho, está descrito en muchos pasajes bíblicos y en cada descripción los juicios de los gentiles terminan con el establecimiento del reino de Israel con el gobierno divino que por último regirá sobre la tierra. La revelación tocante a la destrucción venidera de la Babilonia religiosa ha producido poco desacuerdo por parte de los expositores; pero maestros igualmente sinceros están en desacuerdo tocante a la destrucción de la Babilonia política. Algunos sostienen que la ciudad antigua de Babilonia tiene que ser reedificada para que sea destruida como un cumplimiento literal de ciertas profecías. A esa contención puede contestarse que el texto en Apocalipsis, capítulo 18, usa la figura de la ciudad que era un tipo de la Babilonia mundial, tanto con respecto a la corrupción como al juicio divino. No importa cuán imponente parezca la suposición de una Babilonia restaurada, la destrucción de una sola ciudad no respondería a las exigencias de un juicio tan grande como la destrucción de todo el sistema *cosmos* mundial. El tema de los juicios de los gentiles es de interés inmediato, porque los ciudadanos de la tierra están viviendo en condiciones que presagian estas destrucciones venideras.

CAPITULO XXI

PROFECIA TOCANTE A LA GRAN TRIBULACION

I. LA DOCTRINA EN GENERAL

Respecto a la gran tribulación, inevitablemente mucho se ha escrito ya en las páginas anteriores. Se ha dicho que es la septuagésima semana de siete años que fue predicho por Daniel; que concluye los tiempos de los gentiles y en ella se cumplirán los juicios de los gentiles; que será caracterizada por el reinado de la bestia, el hombre de pecado; que será el tiempo de angustia para Jacob; que no tiene relación alguna con la Iglesia; y que terminará con la gloriosa aparición de Cristo. Tal serie de características relacionadas establece la verdad de que este breve período es incomparable en su significado y en sus realidades. La transición de los tiempos de los gentiles, incluyendo la destrucción completa de sus instituciones, sus gobiernos, y la realización de sus juicios, hasta el establecimiento del reino de justicia y paz del Mesías,es el climax de toda previa historia humana. Es la consumación del propósito divino para la tierra. Es la derrota y destrucción de todas las fuerzas de maldad en esta esfera y tal derrota será seguida inmediatamente por la destrucción de todas las fuerzas de maldad en las esferas angélicas (1 Co. 15:25-26). El hecho de que tantos eventos se verificarán en un período de siete años, y realmente un poco menos (comp. Mt. 24:21-22), realza la importancia de ese período como de mayores eventos que cualquier otro período conocido en la historia y en la profecía. Al estudiante se le anima a hacer un estudio minucioso de las Escrituras que revelan (1) el hecho de este período (nótese Dt. 4:29-30; Sal. 2:1-10; Jer. 30:4-7; Dn. 9:27; 12:1; Mt. 24:9-28; 2 Ts. 2:8-12; Ap. 3:10; 7:13-14; 11:1-19:6), (2) Los juicios que tendrán que caer entonces sobre las naciones (nótense Sal. 2:1-10; Is. 63:1-6; Mt. 25:31-46), (3) los juicios sobre Israel, o los sufrimientos y la salvación de la nación que vendrán entonces (nótense Is. 63:1; Ez. 20:33-44; Mal. 3:1-6; Mt. 24:32-25:30).

Como se ha indicado previamente, el libro de Apocalipsis es la consumación de toda profecía bíblica y es de suma importancia el hecho de que casi la mitad de ese libro se dedica a la descripción de la última mitad de la septuagésima semana de Daniel, o sea el período de la gran tribulación, y que casi las dos terceras partes del libro se dedican a los eventos que acontecen dentro de los siete años de la duración de ese período. Realmente se necesita una imaginación ingeniosa para poder colocar en la historia pasada los juicios profetizados en los capítulos 6-19 del Apocalipsis. Unos pocos escritores han intentado hacer este ajuste en detalles. La mayoría prefiere permanecer en el campo de las generalidades indefinidas, y excusan su propia incertidumbre al decir que el Apocalipsis está encubierto y obscuro. Todos los escritores sobre este libro que quieren formar un ejercicio predilecto, o forzar una interpretación, se forjan para sí suficiente libertad para sus teorías enfatizando el supuesto misterio que esconde su mensaje. Mas sin embargo el libro es una *revelación.*

Por su exactitud y claridad, se incorpora aquí la siguiente cita extensa del Dr. Henry C. Thiessen en su artículo en la revista *Bibliotheca Sacra:*

"Cuando hablamos del ' Período de la Tribulación ' damos a entender más que sólo tribulación. Las Escrituras nos dicen que ' Es necesario que a través de muchas tribulaciones entremos en el reino de Dios ' (Hch. 14:22), y ' en el mundo tendréis aflicción ' (Jn. 16:33). Estas tribulaciones pueden ser motivadas por calamidades nacionales (Hch. 11:27-30), o por la persecución de hombres malvados (2 Ti. 3:12; Mt. 13:12); pueden venir por pecado en el creyente (1 Ti. 5:23-25; 2 S. 12:10), por la manifestación de la vida natural (Job 42:1-6; He. 12:10; 2 Co. 12:7; Jn. 15:2), o para el propósito soberano de Dios para su propia gloria (Jn. 9:1-3). En contraste con estas aflicciones personales, el período de la Tribulación es un tiempo definido durante el cual el mundo experimentará una tribulación sin precedente. Como veremos, este período está directamente relacionado con la segunda venida de Cristo.

1. *Ese Período como un Hecho.* Haciendo un examen cuidadoso de las Escrituras se descubre el hecho de que habrá un *período* definido de tribulación. Tales referencias como Romanos 2:9; 2 Tesalonicenses 1:6; Apocalipsis 2:22, hablan de una tribulación que vendrá como un castigo por el pecado, pero no lo relacionan definitivamente con el período de la tribulación. Sólo se pueden presentar algunas de las evidencias. En Daniel 12:1 leemos: ' En aquel tiempo se levantará Miguel, el gran príncipe que está de parte de los hijos de tu pueblo; y será tiempo de angustia, cual nunca fue desde que hubo gente hasta entonces; pero en aquel tiempo será libertado tu pueblo, todos los que se hallen escritos en el libro. ' Nótese la expresión ' tiempo de angustia '. En Jeremías 30:7-9 leemos: ' ¡Ah, cuán grande es aquel día! tanto, que no hay otro semejante a él; tiempo de angustia para Jacob; pero de ella será librado. En aquel día, dice Jehová de los ejércitos, yo quebraré su yugo de tu cuello, y romperé tus coyundas, y extranjeros no lo volverán más a poner en servidumbre, sino que servirán a Jehová su Dios y a David su rey, a quien yo les levantaré. ' En el versículo 7 vemos la misma expresión que encontramos en Daniel 12:1, ' tiempo de angustia '. El Nuevo Testamento enseña también la venida de un tiempo de tribulación. Jesús dijo: ' Porque habrá entonces gran tribulación, cual no la ha habido desde el principio del mundo hasta ahora, ni la habrá . . . E

inmediatamente después de la tribulación de aquellos días, el sol se oscurecerá, y la luna no dará su resplandor, y las estrellas caerán del cielo, y las potencias de los cielos serán conmovidas. Entonces aparecerá la señal del Hijo del Hombre en el cielo; y entonces lamentarán todas las tribus de la tierra, y verán al Hijo del Hombre viniendo sobre las nubes del cielo, con poder y gran gloria. ' (Mt. 24:21, 29-30). Si combinamos la declaración del versículo 29, ' inmediatamente después de la tribulación de aquellos días ', con las palabras de Marcos 13:24, ' Pero en aquellos días, después de aquella tribulación ', vemos que nuestro Señor está hablando de un *período* de tribulación. En Mateo 24:22, El dice que ' aquellos días ' serán acortados. El Cristo ascendido dice a la iglesia en Filadelfia: ' Por cuanto has guardado la palabra de mi paciencia, yo también te guardaré de la hora de la prueba que ha de venir sobre el mundo entero, para probar a los que moran sobre la tierra ' (Ap. 3:10). La palabra ' hora ' indica que el Señor está hablando de un *período* de prueba. Moffatt correctamente indica que este versículo se refiere al futuro. El dice: ' El período inminente τοῦ πειρασμοῦ se refiere a los días quebrantados, los cuales en esquemas escatológicos, habrían de proclamar el regreso del Mesías. Después, este período se define específicamente como un tiempo de seducción para adoración imperial (comp. 13:14-17; 7:2; con Daniel 12:1, LXX) ' *(Expositor's Greek Testament, in loc.).* Alford usa lenguaje semejante. El dice: ' El tiempo determinado de la dura prueba, τοῦ πειρασμοῦ de la bien conocida y señalada tentación . . . El tiempo referido es el que está profetizado en Mateo 24:21 y s.s., es decir esa gran prueba que acontecerá antes de la segunda venida del Señor. Como tal se conecta inmediatamente con ἔρχομαι ταχύ que sigue ' *(Greek Testament, in loc.).* En Apocalipsis 7:14 se hace referencia al mismo período, donde la traducción correcta dice: ' Estos son los que han salido de la gran tribulación ' (lit. la tribulación la grande). El griego tiene el artículo y debiera aparecer en la traducción. Moffatt, acerca de esta frase, dice: ' Esta gran angustia claramente es el período de persecución y martirio (6:11) predicho (véase Mate 24:21, y Daniel 12:1) que anunciará la catástrofe final. Hermas todavía lo esperaba *(Vis.* ii, 2.7, iv. 2.5, 3.6) ' *(Op. cit., in loc.).* Charles dice que esta tribulación singular ' es la última y la tribulación final que experimentará la presente generación. Comp. Daniel 12:1; Marcos 13:19. . . . Es muy erróneo interpretarlo como la tribulación general que los fieles encuentran en el mundo. Esta gran tribulación todavía es del futuro. Consiste primero y especialmente en la manifestación real de los poderes satánicos sobre la tierra, y sólo en un sentido secundario en los males sociales y cósmicos ' *(The Revelation of St. John,* in the I.C.C. series, *in loc.).* Cosa extraña que Alford mirara en este versículo la ' suma de todas las pruebas de los santos de Dios, vista por el Anciano como una cosa ya completa, y designada por este nombre enfático y general: q.d. 'toda esa tribulación' " *(Op. cit., in loc.).* Pero él admite que otros han ' explicado las palabras con relación a ese último grandioso día que será para prueba de los santos antes de la venida del Señor ' *(Ibid.).* El lenguaje está tan claro que no parece necesario refutar la interpretación de Alford. Ni es necesario multiplicar referencias, para mostrar que ese período está profetizado en las Escrituras.

2. *La Naturaleza del Período.* Una vez más no es posible presentar toda la evidencia. Todo lo que podemos hacer es mostrar un bosquejo comprensivo del carácter de este período. En términos generales, será un período durante el cual Dios hablará a las naciones de la tierra ' en su furor, y los turbará con su ira ' (Sal. 2:5). Ellos han consultado unidos contra Jehová y contra su ungido; mataron al Hijo de Dios (Sal. 2:1-4; Hch. 4:25-28). El visitará con juicio sobre

ellos y aún ha de colocar a su Rey sobre Sion, su santo monte (Sal. 2:6-12). Isaías 24 da una vívida descripción de esta catástrofe mundial que vendrá. Es la hora de la prueba que vendrá sobre el mundo entero, para probar a los que moran sobre la tierra (Ap. 3:10). Los interpretadores futuristas sostienen que Apocalipsis 6-19 trata sobre este período. Al asumir que ésta es la presentación verdadera, encontramos en estos capítulos un cuadro negro de ese período de la tribulación. Llegamos a conocer que habrá un mundo federado, es decir, que el antiguo imperio romano será restaurado, con un gobernante a la cabeza vigorizado por Satanás. Diez reyes gobernarán bajo él. Será un gobierno despótico. Ap. 13:1-10; 17:1-18; 19:17-21; comp. con Dn. 2:40-45; 7:23-27. La iglesia federada tendrá una influencia poderosa sobre este gobierno al principio, es decir la esposa falsa de Cristo, la madre de las rameras; pero después de cierto tiempo el emperador prohibirá toda otra adoración, se presentará a sí mismo como dios, y demandará que el mundo le adore. Los diez reyes bajo el emperador se volverán contra el sistema religioso federado y lo destruirán, y la bestia que sale de la tierra inducirá al mundo para que adore al emperador. Los que se opongan serán perseguidos y matados, o se les impedirá toda forma de comercio y se verán forzados a huir para librarse. Ap. 17:1-17; 13:11-18; 2 Ts. 2:3-12. Al mismo tiempo Israel habrá regresado en grandes números a Palestina, habrá reconstruido el templo en Jerusalén, y por un tratado con el emperador mundial habrá obtenido permiso para restaurar su adoración en el templo, inclusive las ofrendas de sacrificios y oblaciones (Ez. 37:7-14; Dn. 9:27). Pero el período mostrará ser el ' tiempo de angustia para Jacob ' (Jer. 30:7; Dn. 12:1, 9-13). El emperador romperá el pacto con Israel, evitará los sacrificios y oblaciones, y levantará una estatua de sí mismo en el templo (Dn. 9:27; 11:31; 12:11; Mt. 24:15-31; 2 Ts. 2:4; Ap. 13:14, 15). Un remanente será sellado antes que estos tiempos dificultosos lleguen a su clímax y será preservado en ellos (Ap. 7:1-8; 14:1-9). Satanás mismo instigará la más cruel persecución contra la mujer y el resto de su simiente, es decir, Israel, pero Dios intervendrá providencialmente a favor de su pueblo (Ap. 12:13-17). Las naciones norteñas, representadas como Gog y Magog, se reunirán contra Jerusalén (Ez. 38; 39); y cuando el conflicto alcance su altura Cristo repentinamente aparecerá, derrotará a la bestia y el falso profeta con sus ejércitos, y librará a su pueblo (Zac. 14:1-9; Ap. 19:17-21). El espíritu de gracia y de súplica será derramado sobre Israel, y ellos reconocerán y lamentarán por su Mesías (Zac. 12:8-14). Las condiciones económicas tendrán una parte importante en ese período. En los últimos días las riquezas habrán aumentado grandemente, pero también así será la injusticia y la pobreza consecuente (Stg. 5:1-6). La sumisión al emperador mundial y su adoración será la condición para poder comprar y vender (Ap. 13:16-18). Una gran ciudad comercial (?) se edificará en el Eufrates, y será que cuando comience a gozar de sus riquezas Dios repentinamente la destruirá (Ap. 18:1-24). En conexión con la apertura de los sellos, el sonar de las trompetas, y cuando las copas de ira sean derramadas, Dios visitará con juicio sobre el mundo que rechaza a Cristo y a Dios. Pero, a pesar de lo calamitoso de esos días, habrá un remanente de Israel que será testigo (Is. 66:19; Zac. 8:13; Mt. 24:14; Ap. 7:1-8), y multitudes serán convertidas (Ap. 7:9-17). –1935, XCII, 40-45."

II. LA IGLESIA Y LA TRIBULACION

En este punto se debe considerar los desacuerdos que existen entre los premilenarios de igual sinceridad sobre si la Iglesia entrará o pasará por la gran tribulación. Se está creando una extensa literatura mientras se discute este problema, y será de provecho al estudiante leer con atención. En esta obra se sostiene que la Iglesia nunca entrará o pasará por la tribulación, y esto por ciertas razones, que son las siguientes:

1. LA NATURALEZA DE LA TRIBULACION. Anteriormente se presentó la base para demostrar que el período de la tribulación, que se experimentará en el mundo, será la conclusión de una sucesión de años profetizados, los cuales todos deben verificarse entre el tiempo desde que Israel fue arrancado de su tierra, que aconteció cuando Babilonia los llevó en cautividad y el regreso final de ese pueblo a su tierra para la completa realización de sus bendiciones pactados bajo el reino del Mesías. Con excepción de la edad intercalada de la Iglesia, este período mide exactamente 560 años consecutivos, que se ha dividido en intervalos, que son: los 70 años de la cautividad babilónica como se predijo por Jeremías (Jer. 25:11-12), 49 años en los cuales Jerusalén sería reconstruida (Dn. 9:25), 434 años hasta que el Mesías sea quitado (Dn. 9:26), y 7 años en los cuales el pacto entre el príncipe y el pueblo será confirmado. Esta es la medida exacta de los tiempos de los gentiles, aunque estos años están igualmente llenos de eventos que pertenecen a Israel. En los últimos 7 años el último emperador romano –la bestia– se levantará, y los tiempos de los gentiles terminarán con la gloriosa aparición del Mesías. Todo lo que pertenece a los tiempos de los gentiles comenzó con la cautividad babilónica y, aparte de la edad intercalada de la Iglesia, será restaurado y consumado en los 7 años futuros. La conclusión es, por tanto, que solamente si se encontrara a la Iglesia como parte de los tiempos de los gentiles antes que el Mesías fuese quitado podría decirse que ella estará presente en los 7 años de consumación. Solamente la forma más ciega de la Teología del Pacto podría desconocer las abundantes evidencias en las Escrituras de que la Iglesia no está en los 483 años de Daniel, o en cualquiera de los períodos históricos del Antiguo Testamento. Aquellos que quisieran introducir a la Iglesia en los siete últimos años de los tiempos de los gentiles son culpables de la introducción de un elemento en ese período que no cabe en ese tiempo porque no estará en la tierra durante esos años de eventos que consumará ese período. Como una confirmación de estas distinciones, puede afirmarse otra vez que ningún pasaje del Nuevo Testamento requiere que la Iglesia sea colocada en ese período, tampoco hay Escritura del Nuevo Testamento que amoneste a la Iglesia tocante a la tribulación como si estuviera en peligro de ella.

Además, el propósito de la gran tribulación es totalmente

extrínseco a la Iglesia. Ese período está declarado ser para los juicios finales de Dios sobre un mundo que rechaza a Dios y a Cristo. Será el fin del sistema *cosmos.* Aun más, la Iglesia no es parte del *cosmos* (comp. Jn. 15:18-19; 17:14, 16; 1 Jn. 5:19), ni será traído a juicio de condenación (Jn. 5:24; Ro. 8:1). Ella será juzgada pero en relación a recompensas que pertenecen a los que fueron fieles, pero este juicio no será en la tierra sino en el cielo, y seguramente no es parte de la tribulación terrenal. Exigir que los creyentes tengan que experimentar el terrible juicio y la destrucción que tiene que caer sobre los incrédulos, es hacer violencia a toda característica de la gracia redentora de Dios.

2. LA NATURALEZA DE LA IGLESIA. Una comprensión correcta de la naturaleza de la Iglesia es mucho más concluyente que todo otro argumento para determinar la cuestión que se trata. Que ella no puede participar en la gran tribulación ha quedado establecido finalmente para todos los que comprenden la verdad esencial de la relación del creyente individual con Dios. No sólo es la Iglesia un producto específico de esta edad sin ninguna relación con ninguna otra edad, sino que cada creyente es acepto perfectamente ahora y para siempre delante de Dios basado sobre su posición en Cristo, la justicia de Dios le es imputada, y siendo salvo de este mundo *cosmos,* ya no pertenece a este mundo así como Cristo no es de este mundo (Jn. 15:18-19; 17:14, 16). La tribulación venidera es el juicio de este mundo. Israel tiene parte en ella porque aun no es salvado (Ro. 11:26), y es del mundo (comp. Mt. 13:44). El creyente, siendo lo que es en Cristo, justamente no puede tener lugar en los juicios de este mundo *(cosmos)* así como tampoco Cristo o cualquier ángel no caído. Tras de esas teorías que afirman que la Iglesia pasará por la tribulación está la herejía arminiana de que el creyente contribuye algo a su aceptación delante de Dios, y, si no fue cumplido en esta responsabilidad, será purgado y purificado por los sufrimientos que proporciona la tribulación. Hay cierta verdad que corresponde a la fidelidad personal del creyente; pero esto, como se ha visto, tiene su consumación delante de Cristo en su trono de juicio en el cielo. En cuanto a alguna condenación, u otro juicio, el creyente está completamente libre para siempre sobre la base justísima de que un Substituto llevó la condenación y juicio y ha provisto una posición perfecta delante de Dios. Está totalmente demostrado por las Escrituras que el creyente ha sido libertado de todos los juicios de condenación (Jn. 3:18; 5:24; Ro. 5:1; 8:1, 33-34; 1 Co. 11:31-32). En general, aquellos que sostienen que la Iglesia experimentará la tribulación afirman que todos los creyentes –espirituales y no espirituales– entrarán en ese período de sufrimiento, aunque hay

otros que creen en un arrebatamiento parcial, es decir que la Iglesia será dividida, y los espirituales que siempre incluyen a aquellos que sostienen esta idea, irán directamente al cielo, mientras que los que no son espirituales sufrirán por sus pecados en la tribulación. Esto se constituye en un purgatorio protestante. La respuesta a todos estos conceptos es el reconocimiento de la verdad de que, cuando los miembros de esta raza pecadora van al cielo no es sobre la base de su propio mérito, sino solamente por el mérito de Cristo. Hay que recordar que cada creyente ya está perfectamente justificado para siempre (Ro. 5:1; 8:30, 33-34) y todo esto dentro de los límites de la justicia divina (Ro. 3:26). De modo que la contención de que la Iglesia pasará por la tribulación viene a ser un insulto a la gracia inconmensurable de Dios en Cristo, como también una incredulidad hacia ella. El suponer, como algunos quieren afirmar, que la gran tribulación se exagera considerablemente con respecto a sus sufrimientos, viene a ser una contradicción directa a las palabras de Cristo, nada menos. Porque él dijo: "Porque habrá entonces gran tribulación, cual no la ha habido desde el principio del mundo hasta ahora, ni la habrá. Y si aquellos días no fuesen acortados, nadie sería salvo; mas por causa de los escogidos, aquellos días serán acortados" (Mt. 24:21-22). Lo que Cristo declara ser supremo e incomparable no es ninguna exageración de los hechos (comp. Daniel 12:1).

Aquellos que enseñan que la Iglesia —o una parte de ella— entrará en la gran tribulación, que declaren cómo los que son vestidos con la justicia de Dios, justificados eternamente, y completamente rescatados del mundo *(cosmos)*, pueden, según algún razonamiento o revelación, ser echados en esos últimos juicios que caerán sobre un mundo *(cosmos)* gobernado por Satanás que rechaza a Cristo.

3. ¿DEBERA LA ULTIMA GENERACION DE LA IGLESIA SUFRIR DE MANERA ESPECIAL? Aquellos que contemplan la idea de que la Iglesia experimentará la gran tribulación tienen que armonizar esto con el hecho de que hay más de setenta y cinco generaciones que componen esa compañía, y todas menos la presente han entrado en gloria sin los beneficios supuestos de una experiencia de purificación. ¿Por qué, entonces, debe la última generación sufrir aquello del cual la vasta mayoría ha sido librada? En este punto se ha presentado un argumento aparentemente plausible, es decir, que así como la Iglesia ha sufrido martirio en ciertos períodos de su historia debe esperarse que vuelva a sufrir así al final de la edad; pero tras esta pretensión se halla la falta de no reconocer que los sufrimientos del pasado se debieron a los ataques de hombres malvados contra la Iglesia, mientras que la gran tribulación son los juicios de Dios sobre los inicuos. Creyentes completamente

justificados no conviene que estén entre los malos que están destinados para condenación eterna.

4. EL TESTIMONIO DE LAS ESCRITURAS. La Biblia está lejos de guardar silencio sobre este tema importante; sin embargo, no hay más necesidad de que la Palabra de Dios declare específicamente que la Iglesia no está en la gran tribulación, que la que hay de que declare que la Iglesia no está en la cautividad babilónica, aunque en un texto está claramente declarado que la Iglesia no tendrá parte en esa prueba. Se alcanzan evidencias bíblicas de lo que puede deducirse. Como se ha dicho, ningún pasaje bíblico insinúa que la Iglesia vaya a pasar por la tribulación, ni se amonesta a la Iglesia como si estuviera en peligro de una prueba tan grande. Ciertos aspectos de esta fase del tema debieran considerarse separadamente.

a. LA INMINENCIA DEL REGRESO DE CRISTO. Sea la venida de Cristo a la tierra en gloria cuando Israel será librado, o aquella venida en el aire para recibir a su esposa, la venida es inminente. La Escritura que se dirige a Israel en la tribulación, tiempo que es terminado por el gloriosos regreso de Cristo como su Juez y Libertador, amonesta a ese pueblo a *velar,* porque él vendrá entonces "como ladrón en la noche" (comp. Mateo 24:32-25:13; 1 Ts. 5:1-8; 2 P. 3:8, 10). Ante esto, a la Iglesia se le instruye a *esperar* y estar en *la expectativa* de su regreso por ella (1 Ts. 1:9-10; Tito 2:13; He. 9:28). En ambos casos el tiempo del regreso de Cristo no se anuncia y por tanto es inminente, dentro del período al cual cada evento pertenece. El regreso de Cristo no era inminente en los días del Antiguo Testamento; ni la gloriosa aparición es inminente sino hasta en la tribulación (2 Ts. 2:3).

El regreso inminente de Cristo para recibir a su Iglesia se mantiene ante cada creyente como una "esperanza bienaventurada". Está escrito: "No se turbe vuestro corazón; creéis en Dios, creed también en mí. En la casa de mi Padre muchas moradas hay; si así no fuera, yo os lo hubiera dicho; voy, pues, a preparar lugar para vosotros. Y si me fuere y os preparare lugar, vendré otra vez, y os tomaré a mí mismo, para que donde yo estoy, vosotros también estéis" (Juan 14:1-3). El hecho de que no hay ninguna fecha en este pasaje, del mensaje dirigido a los once en el aposento alto, hace que se extienda esta promesa a todas las subsiguientes generaciones hasta que El venga. También está escrito, "Porque la gracia de Dios se ha manifestado para salvación a todos los hombres, enseñándonos que, renunciando a la impiedad y a los deseos mundanos, vivamos en este siglo sobria, justa y piadosamente, aguardando la esperanza bienaventurada y la manifestación gloriosa de nuestro gran Dios y Salvador Jesucristo" (Tito 2:11-13). Aquí, como en el pasaje arriba, la promesa se extiende a todas las generaciones hasta que El venga. En una forma semejante se ha declarado, "Porque ellos mismos cuentan de nosotros la manera en que nos recibisteis, y cómo os convertisteis de los ídolos a Dios, para servir al Dios vivo y verdadero, y esperar de los cielos a su Hijo, al cual resucitó de los muertos, a Jesús, quien nos libra de la ira venidera" (1 Ts. 1:9-10). En este pasaje el hecho importante que quedó revelado es que estaba en el propósito de Dios que la primera generación de cristianos fueron designados no para esperar la tribulación o la muerte, sino la venida inminente de Cristo. También está escrito, "Amados, ahora somos hijos de Dios y aún no se ha manifestado lo que hemos de ser; pero sabemos que cuando él se manifieste, seremos semejantes a él, porque le veremos tal como él es. Y todo aquel que tiene esta esperanza en él, se purifica a sí mismo, así como él es puro" (1 Jn. 3:2-3). Esta esperanza purificadora era para aquellos de los primeros días de la Iglesia una realidad tal como lo ha sido para todas las generaciones subsiguientes. La fuerza de este argumento es ineludible. La tribulación no es la esperanza de la venida del Señor; la tribulación no *"está cerca"*, pero sí "el Señor está cerca" (Fil. 4:5). El apóstol Pablo usando tres veces al pronombre *nosotros,* más dos veces que está incluido en la primera persona plural del verbo, se colocó a sí mismo entre aquellos que fueron movidos por la esperanza del regreso de Cristo (comp. 1 Co. 15:51-52; 1 Ts. 4:15-17).

b. LA ANTICIPACION DEL ELEMENTO DEL TIEMPO. Deberá reconocerse que no podía hacerse predicciones de eventos dentro de esta edad, sin ocultar un ligero indicio de que el elemento del tiempo intervendría. El problema no ha sido engendrado por el hombre; es cosa totalmente de Dios. Por tanto, así como otros problemas de semejante naturaleza, se resuelve sólo en la mente de Dios. Las dos cosas son ciertas: el Señor siempre ha estado cerca, sin embargo se han predicho ciertos tiempos y eventos. Pedro tendría que envejecer y morir (Jn. 21:18). El hombre noble tardaría largo tiempo en un país lejano (Lc. 19:11 y ss.); la enseñanza principal de esa parábola es el requerimiento de que el servicio continúe y no tanto que el tiempo interviene. El evangelio se ha de predicar en todo el mundo; pero si se hubiera mandado que se convirtiera a todas las naciones, el caso hubiera sido diferente. Cada generación nueva avanza el esfuerzo de evangelización que en sí no tiene fin. Se terminará cuando el Señor vuelva, y porque no se ha revelado una meta por alcanzar, la terminación por su regreso podría ser en cualquier tiempo y por tanto, es pendiente. El carácter conclusivo de este argumento particular es esa verdad de que a los mismos hombres a quienes fue descubierto que habría tiempos y eventos relacionados a esta edad, ellos son los que en sus escritos declaran que el regreso de Cristo es inminente.

c. EL ASPECTO DISPENSACIONAL. La interpretación de las Escrituras como la presentan aquellos que enseñan que la Iglesia entrará o pasará por la tribulación está sujeta a errores que pueden ser trazados a la falta de discernir las distinciones dispensacionales, como también poder discernir la verdadera naturaleza de la Iglesia, o de la tribulación. Un escritor construye su argumento sobre la declaración de que por causa de los escogidos, aquellos días de la tribulación serán acortados (Mt. 24:22). A ese individuo no se le ocurre que hay dos compañías elegidas, que son Israel y la Iglesia, y que el contexto de Mateo donde aparece esa declaración trata únicamente de Israel. La evidencia de esto se encuentra en la verdad de que la Iglesia nunca es aborrecida de todas las gentes" (Mt. 24:9), ni sus miembros, los miembros del Cuerpo de Cristo, "unos a otros se aborrecerán" (1), ni se relacionarán nunca al "día de descanso" (sábado), ni orarán jamás que su "huida no sea en el invierno" (v. 20).

d. EL PASAJE PRINCIPAL. Apocalipsis 3:10 es el pasaje determinante, que es un discurso del Cristo glorificado a la iglesia de Filadelfia. El Señor dice, "Por cuanto has guardado la palabra de mi paciencia, yo también te guardaré de la hora de la prueba que ha de venir sobre el mundo entero, para probar a los que moran sobre la tierra". Es de acuerdo general que Filadelfia representa la verdadera Iglesia que ha continuado desde el principio y continuará hasta que sea quitada por traslación. También se admite que la "hora de la prueba" se refiere a la gran tribulación. Aquellos que relacionan a la Iglesia con la gran tribulación interpretan este pasaje como una garantía de que la Iglesia será preservada mientras pasa a través de la tribulación. Aquellos que se oponen a esta interpretación afirman que la Iglesia será guardada de esa hora. Esto viene a ser un estudio de los vocablos del original griego. Sobre este pasaje, el Dr. Henry C. Thiessen, cuyos profundos conocimientos del idioma griego son reconocidos, dice:

"Considerando entonces que la iglesia de Filadelfia representa la iglesia misionera y que la 'hora de la prueba' se refiere a la futura tribulación, nos es necesario examinar las palabras: 'te guardaré de la hora de la prueba'. Muy especialmente deseamos conocer el significado del verbo 'guardaré' (τηρήσω) y de la preposición 'de' (ἐκ)- Alford dice sobre la preposición ἐκ' que significa 'desde dentro: pero si por inmunidad de algo, o por ser traído ilesamente a través de algo, la preposición no define esto claramente'. El continúa diciendo que la distinción que Duesterdieck, y otros, tratan de colocar entre τηρεῖν ἐκ y τηρεῖν ἀπό es insostenible porque, como él mismo dice que no es fácil ver que en Juan 17:15 ('sino que los guardes del mal'), donde encontramos el primer vocablo, y en Santiago 1:27 ('y guardarse sin mancha del mundo'), donde encontramos el segundo, "el primero implica pasar por el mal sin daño alguno, mientras que el segundo significa una perfecta inmunidad del mal". El añade: 'Podemos conceder esto ultimo: pero, ¿no será igualmente cierto en el otro caso? ' Es así como él señala que gramaticalmente los dos términos pueden tener el mismo significado, de manera que Apocalipsis 3:10 puede significar, no "pasar por el mal sin sufrir daño alguno', sino 'tener una inmunidad perfecta del mal'. La preferencia de Alford por el primer significado de estas dos alternativas nada tiene que ver con la gramática de la declaración *(Testamento Griego, in loc.)*. Moffatt explica de una manera semejante los términos. El dice: 'Por la gramática es imposible y por el sentido es difícil decidir si τηρεῖν ἐκ significa sufrir con paciencia (un sentido parcial como en Juan 17:15) o una inmunidad absoluta (comp. 2 P. 2:9), salir sano y salvo de la prueba o escapar de ella completamente (gracias al oportuno advenimiento de Cristo, v. 11)'. Podemos decir que la aceptación de Moffatt de la primera interpretación no anula su declaración de que la gramática del texto permite el segundo sentido *(Expositor's Greek Testament, in loc.)*. Otros hombres doctos dicen la misma cosa tocante al uso de la preposición εκ- Buttmann-Thayer dicen que εκ y απο 'con frecuencia sirven para denotar una y la misma relación'. Ellos dan Juan 17:15; Hechos 15:29; Apocalipsis 3:10 como ejemplos de este uso *(Gramática Griega del Nuevo Testamento*, p. 326 y s.) Abbott duda 'si en la LXX y en Juan ἐκ siempre implica existencia previa en males de los cuales uno es librado cuando se usa con σώξω y τηρέω' *(Johannine Grammar,* p. 251 y s. Debo esta nota al Dr. A. T. Robertson). Westcott dice sobre el primero de estas dos frases que "no implica necesariamente que sea una realidad aquello de lo cual uno es libertado (comp. 2 Co. 1:10), aunque eso sucede muy comúnmente (Juan 12:27)' *(Espístola a los Hebreos,* p. 128). Cosa semejante leemos en 1 Tesalonicenses 1:10, que Jesús nos libra "de (ἐκ) la ira que vendrá." Esto difícilmente puede significar que es una protección en ella; tiene que significar ser eximido de ella.

Con esta aclaración, se ha demostrado suficientemente que el lenguaje de Apocalipsis 3:10 permite la interpretación de que a la Iglesia se le ha dado la promesa de ser eximida totalmente de la hora de la prueba; verdaderamente esto parece ser el significado. El Dr. Moorehead no da una explicación satisfactoria. El dice: 'El significado natural y obvio es el ser protegidos en medio de la prueba mundial, y no significa ser exentos de la ira por arrebatamiento al cielo. La preposición 'fuera de' (ἐκ) significa esto exactamente, y no un arrebatamiento antes que comience la prueba' *(Studies in the Book of Revelation,* p. 55). Sobre Juan 17:15, él dice: "Nadie puede equivocarse sobre lo que el Señor quiso decir en su oración: Sus discípulos tenían que permanecer en el mundo, pero él pide que sean guardados del mal, o del maligno quien es dios del mundo. Así que, precisamente en Apocalipsis 3:10, los santos de Filadelfia estarán en la prueba, pero protegidos en ella' *(Ibid.)*. Pero Plummer explica más satisfactoriamente Juan 17:15 que Moorehead o Moffatt (arriba): 'Así como los discípulos viven y se mueven *en* Cristo, así también el maligno es aquel *fuera de quien* (ἐκ) él pide que sean guardados' *(Cambridge Greek Testament, Gospel of John, in loc.)*. Además, debemos notar que la promesa no es sencillamente de ser guardados de la *prueba,* sino de la *hora* de la prueba, es decir, de ser exentos del período de prueba, y no solamente de la prueba durante ese período. Y finalmente, cuando hubiera sido tan fácil escribir ἐν τῇ ὥρᾳ si el escritor hubiera querido decir protección *en* esa hora; ¿por qué tenía que escribir ἐκ τῆς ὥρας como lo hizo? Esto, seguramente no puede ser un accidente.

Por tanto concluimos que tenemos una promesa en este texto de que toda la Iglesia será quitada antes que comience la hora de la prueba, y no simplemente una protección en ella. Es extraño que haya intérpretes que en un instante explican Apocalipsis 3:10 como si enseñara que la Iglesia pasará sin daño por la tribulación, y a renglón seguido explican que las persecuciones y los martirios en el Apocalipsis serán sufridos por la Iglesia. Si quieren ser consecuentes deben buscar otra solución al problema." – *Ibid.*, págs.201-3.

e. LOS VEINTICUATRO ANCIANOS. Dios, con el deseo de informar a los santos tocante al futuro (comp. Gn. 18:17; Juan 16:13), lo que es el motivo que El tiene, al dar todas las Escrituras proféticas, llama a Juan al cielo (Ap. 4:1) y le hace ver y oír lo que será la experiencia de la Iglesia en el cielo y lo que acontecerá en la tierra durante el período de los últimos siete años proféticos. El propósito de descubrir esto a Juan es para que él escriba estas cosas, con el fin de transmitir la información a todos los creyentes (Ap. 1:1-2, 19). Juan ve a veinticuatro ancianos en el cielo –aun antes que comience la tribulación. Es pertinente averiguar la identidad de ellos.

Siguiendo la interpretación futurista de Apocalipsis 4:1 hasta el fin del libro –esa interpretación que es la única que es defendible o está en armonía con toda la profecía bíblica– se concluye que las palabras *μετὰ ταῦτα* que se usan dos veces en Ap.4:1, marcan un cambio en el mensaje de este libro desde la historia de la Iglesia en la tierra, como se descubre en los capítulos 2-3, a aquello que seguirá inmediatamente esa historia terrenal. Estos ancianos deben distinguirse de los "cuatro seres vivientes", de los ángeles, y de la "gran multitud" que, como se declara, salió de la gran tribulación. Ford C. Ottman escribe: "Debiera haber muy poca discusión sobre la identificación de estos ancianos coronados. Ellos constituyen la unidad del sacerdocio real profetizado así de Israel como de la Iglesia. Aquí son vistos en una compañía redimida y *glorificada.* El profeta Daniel tiene una visión del tiempo cuando el Hijo de Hombre viene para tomar su reino, y en esa visión tronos son colocados, pero sin quienes los ocupen. La verdad es, que en los días de Daniel, aunque esos tronos estaban establecidos estaban vacantes. Ahora hemos llegado al tiempo del cumplimiento de la profecía de Daniel, y los tronos están ocupados" *(Unfolding of the Ages,* p. 109). Esta, realmente, es la identificación que se hace de estos ancianos por la mayoría de los expositores dignos. Por tanto, se llega a la conclusión de que los veinticuatro ancianos representan a los santos de la tierra que están en el cielo. Su alabanza los identifica y los revela cuando ellos cantan: "y cantaban un nuevo cántico, diciendo: Digno eres de tomar el libro y de abrir sus sellos; porque tú fuiste inmolado, y con tu sangre nos has redimido para Dios, de todo linaje y lengua y pueblo y nación; y nos has hecho para nuestro Dios reyes y sacerdotes, y reinaremos sobre la tierra" (Ap. 5:9-10). Su propia declaración indica que ellos representan una inmensa multitud y que están en el cielo unicamente por virtud de la sangre redentora de Cristo. La presencia de esta compañía en el cielo antes de la tribulación señala claramente la verdad de que ellos han sido arrebatados al cielo antes del principio de la hora de la prueba.

f. EL QUE DETIENE ES QUITADO. Otro pasaje bíblico concluyente se halla en 2 Tesalonicenses 2:6-7: "Y ahora vosotros sabéis lo que detiene, a fin de que a su debido tiempo se manifieste. Porque ya está en acción el misterio de la iniquidad; sólo que hay quien al presente lo detiene, hasta que él a su vez sea quitado de en medio". El contexto trata del hombre de pecado, de la iniquidad que él promueve, y de su destrucción por el espíritu de la boca de Cristo que vendrá. La verdad central del pasaje en discusión es que, aunque Satanás hubiera consumado mucho ha su programa inícuo para este mundo *(cosmos),* y hubiera traído ya su último gobernante humano, sin embargo hay uno que impide, y éste impedirá con el fin de que el programa de Satanás se desenvuelva y se complete en el tiempo señalado únicamente por Dios. El propósito de esta edad no es el desarrollo de la iniquidad; más bien es el tiempo en que los hombres son llamados para la formación de la Iglesia; y la empresa de Satanás tendrá tiempo determinado para su fin en el momento que Dios concluya su propósito principal para esta edad. El programa de Satanás sólo es permitido por Dios y tiene que sujetarse a lo que Dios hace. Con el debido reconocimiento de las diferentes opiniones que existen, aquel que detiene es el Espíritu Santo. Para ejecutar todo lo que había de efectuarse, es necesario que el que detiene sea un miembro de la Deidad. Aun una contemplación fortuita del poder que se requiere convencerá una mente imparcial de esta necesidad; y, siendo el Espíritu Santo el Ejecutor activo de la Deidad en el mundo durante esta edad, es razonable concluir que El es el que detiene. Indudablemente su refrenamiento opera tanto directamente como mediante la Iglesia en la cual El mora. Cuando su obra de reunir la Iglesia sea completada –que para eso El vino al mundo– El, es decir, el Espíritu, el que detiene, será quitado de este mundo como residente aquí y volverá a asumir su posición como omnipresente sin residencia en la tierra. El correcto entendimiento de esta Escritura importante depende del reconocimiento de la distinción que debe observarse entre la relación del Espíritu con el mundo como un residente en él, o como el omnipresente. El que siempre había sido omnipresente vino a ser residente en el día del Pentecostés; ahora él es residente pero volverá a la sola omnipresencia al completar esa obra que vino a hacer en el día de Pentecostés. Se afirma claramente también que el creyente nunca puede ser separado del Espíritu Santo. La oración de Cristo que no puede ser pronunciada sin recibir respuesta, pidió que el Espíritu permaneciera con el creyente para siempre (Juan 14:16); de manera que, cuando el Espíritu, el que detiene, sea "quitado", la Iglesia necesariamente tendrá que ser quitada con él. No puede suceder lo contrario; el hombre de pecado es el principal personaje de la gran tribulación, y no podía aparecer sino hasta después de ser quitado el Detenedor y juntamente con El la Iglesia. La Iglesia no será despojada del Espíritu Santo y dejada para sufrir en el mundo.

La traslación de la Iglesia de este mundo está íntimamente relacionada con el hecho de que se necesita tiempo entre el arrebatamiento y el regreso de Cristo en gloria, para que los eventos señalados sean realizados. Todos los expositores bíblicos, que hacen un estudio de estas cosas, están de acuerdo de que la Iglesia tiene que ser arrebatada para encontrar a Cristo antes que ella pueda regresar con él en gloria. (véase Ap. 19:11-16). Aquellos que enseñan que la Iglesia pasará por la tribulación están de acuerdo de que así tiene que ser trasladada la Iglesia; pero para proteger una teoría, ellos declaran que la Iglesia es arrebatada para encontrar al Señor y entonces vuelve inmediatamente con El a la tierra. Pero antes que ella regrese, como se indicará después, tiene que pasar por el juicio para recibir sus recompensas, realizar nupcias con el Cordero, y participar en la cena de bodas (Ap.19:1-10). La teoría del arrebatamiento después de la tribulación tiene que omitir estos grandes eventos o sostener que se efectúan instantáneamente.

Se llega a la conclusión, entonces, de toda evidencia posible, de que la Iglesia no entrará ni pasará por la gran tribulación porque no es posible.

"Bien pudiera ser cuando el día amanezca
Y el sol otra vez en el cielo aparezca
Que al mundo ya resplandeciente gloria,
Jesús por los suyos vendrá.

También puede ser que cual orbe de día
Flamee la tarde o la noche sombria
En luz eternal porque al mundo con gloria
Jesús por los suyos vendrá.

Los santos del cielo descienden y cantan
Con ángeles mil que Señor acompañan,
Pues ya con poder majestad y gran gloria
Jesús por los suyos vendrá.

Del mundo salir; Oh que gozo sería!
Sin lagrimas, muerte, temor o agonía,
Así puede ser, pues al mundo con gloria
Jesús por los suyos vendrá."

CAPITULO XXII

PROFECIA TOCANTE A LA IGLESIA

Es necesario distinguir la profecía respecto a la verdadera Iglesia de la que corresponde a la iglesia final apóstata – que ya ha sido considerada. La primera predicción con relación a la verdadera Iglesia fue pronunciada por Cristo, y se encuentra escrita en Mateo 16:18. El dijo: "Y yo también te digo, que tú eres Pedro, y sobre esta roca edificaré mi iglesia; y las puertas del Hades no prevalecerán contra ella." En esta declaración Cristo no sólo implica que su Iglesia aún no existía, sino que El con su poder la construiría y que las puertas del infierno no prevalecerían contra ella. Ningún recurso humano podría proteger esta compañía contra los daños que Satanás podría infligir; sin embargo, según esta predicción, la Iglesia permanecerá en su perfección delante de Dios para siempre. Esto se asegura por su posición en Cristo. El curso de la Iglesia sobre la tierra está trazada en los Hechos y en las Epístolas, y la historia de su peregrinaje terrenal se cierra en Apocalipsis 3:22. Desde Apocalipsis 4:1, como ya se ha dicho, la Iglesia se encuentra en el cielo; y, después de su juicio con referencia a sus recompensas y de las bodas del Cordero, ella se contempla volviendo a la tierra con Cristo (véanse 1 Ts. 3:13; Judas 1:14; Ap.19:11-16), y reinando con El en la tierra (Ap.20:4-6). Es entonces cuando ella será identificada como la novia, esposa del Cordero. Se le ha dado a la Iglesia un día que celebrar – *el día del Señor,* que es el primer día de la semana – y un día de triunfo – el día de Cristo.

De siete características principales, las cuales forman el tema de la profecía tocante a las experiencias futuras de la Iglesia, cuatro de ellas (los números dos al cinco como aparecen aquí) tendrán cumplimiento dentro del día de Cristo. Esos siete eventos son: (1) los últimos días de la Iglesia, (2) la resurrección de los cuerpos de los santos, (3) la traslación de los santos que estén vivos, (4) el trono de juicio de Cristo, (5) las bodas del Cordero, (6) el regreso de la Iglesia con Cristo, y (7) el reinado de la Iglesia con Cristo.

I. LOS ULTIMOS DIAS DE LA IGLESIA

Una vez más, se advierte que debe hacerse distinción entre los "últimos días" de Israel – los días de su reino de gloria en la tierra (véase Is.2:1-5) – y los "últimos días" de la Iglesia, que son días malos y de apostasía (véase 2 Ti.3:1-5). Asimismo, se debe hacer diferencia entre los "últimos días" para Israel y la Iglesia, y "el día postrero", que, en relación a la Iglesia, es el día de la resurrección de aquellos que murieron en Cristo (comp. Jn.6:39-40, 44, 54). Un gran número de pasajes bíblicos trata de los últimos días de la Iglesia. La referencia está limitada a un tiempo dentro de la edad presente, pero a su parte final. Aunque este breve período precede inmediatamente a la gran tribulación y en cierto modo es una preparación para ella, estos dos tiempos de apostasía y confusión – aunque son incomparables en la historia – ambos están totalmente separados. Aquellas Escrituras que presentan los úlimos días de la Iglesia no toman en consideración las condiciones políticas o mundiales sino únicamente a la Iglesia misma. Estos pasajes bíblicos describen a los hombres como apóstatas de la fe (1 Ti.4:1-2). Habrá una manifestación de características que pertenecen a los hombres no regenerados, aunque tendrán "una apariencia de piedad" (véase 2 Ti.3:1-5). La indicacion es que, habiendo negado el poder de la sangre de Cristo (comp. 2 Ti.3:5 con Ro.1:16; 1 Co. 1:23-24; 2 Ti.4:2-4), los dirigentes en esta forma de justicia serán hombres no regenerados de quienes nada más espiritual que esto podría proceder (comp. 1 Co.2:14). Los siguientes pasajes son una lista parcial de los que presentan la verdad respecto a los últimos días de la Iglesia: 1 Timoteo 4:1-3; 2 Timoteo 3:1-5; 4:3-4; Santiago 5:1-8; 2 P.2:1-22; 3:3-6; Judas 1:1-25.

II. LA RESURRECCION DE LOS CUERPOS DE LOS SANTOS

Todo el programa de la resurrección como lo presenta la Biblia, es un tema principal de la profecía y con respecto a él la teología ha mantenido un silencio sorprendente. Se ha hecho un pequeño reconocimiento de la resurrección de los cuerpos de los santos, pero los teólogos, hablando en sentido general, han desatendido la resurrección de Cristo casi totalmente. También ha sido enseñado por estos buenos hombres que hay una resurrección general para todos a la vez. Juan 5:25-29 informa que Cristo dijo que la resurrección es universal. El no indica que habrá un intervalo de tiempo entre la resurrección de las dos clases que El menciona, tampoco insinúa que no habrá un tiempo de por medio. La *hora* que El declaró "viene, y ahora es" ya se extendió más allá de los mil novecientos años, y no hay nada que impida para que El añada otros mil años si así quisiera hacerlo. Las enseñanzas germinales de Cristo generalmente se desarrollan en las Epístolas y en el Apocalipsis. En concordancia a eso, en 1 Corintios 15:20-26 se afirma una vez más el carácter universal de la resurrección, pero con una verdad adicional de que hay compañías en la resurrección con intervalos de tiempo entre ellas. Cristo es el primer resucitado como primicias de los muertos; entonces los que son de Cristo en su venida, que significa que cuando menos, intervendrán unos mil novecientos años; y finalmente viene el fin del programa de la resurrección, con un milenio entre ellas, cuando toda autoridad contraria será destruida para siempre (véase Ap.20:1-6, 12-15).

Tocante a la resurrección de los cuerpos de los creyentes, no hay Escritura más clara que 1 Corintios 15:42-50 y 1 Tesalonicenses 4:13-18. En estos contextos encontramos que se tocará la trompeta de Dios, la cual levantará los cuerpos de los santos y llamará a los santos vivientes para encontrar al Señor en el aire. Esta trompeta de Dios es designada en 1 Corintios 15:52 como *la final trompeta.* Ha de observarse que no hay ninguna conexión entre la séptima y final trompeta de Apocalipsis y la final trompeta de la Iglesia, como si Dios estuviera limitado a una serie de trompetas. Aquellos que relacionan la final trompeta para los creyentes con la final trompeta de la tribulación no sólo obligan a la Iglesia entrar en la tribulación, donde ninguna Escritura la coloca, sino que ponen en la séptima trompeta de la tribulación una misión que ni remotamente se relaciona a ella en el texto del Apocalipsis.

III. LA TRASLACION DE LOS SANTOS VIVIENTES

Aunque hay desacuerdo sobre *cuándo* serán trasladados los santos vivientes, hay unidad de pensamiento entre los expositores piadosos sobre la verdad de que los santos vivientes serán trasladados al cielo sin la experiencia de la muerte y la resurrección. Cristo da a entender exactamente esto cuando dijo, "Y todo aquel que vive y cree en mí, no morirá eternamente" (Jn.11:26). Esta declaración está en contraste al concepto expresado en el versículo anterior, que dice, "el que cree en mí, aunque esté muerto, vivirá." Sin embargo, las dos revelaciones más detalladas se encuentran en los dos pasajes citados arriba – 1 Corintios 15:51 y 1 Tesalonicenses 4:13-18. El primero dice que un secreto de Dios es revelado cuando escribe el apóstol, "No todos dormiremos"; y el segundo dice, "Luego nosotros los que vivimos, los que hayamos quedado, seremos arrebatados juntamente con ellos en las nubes para recibir al Señor en el aire."

Una línea de profecías tocante a la resurrección y la traslación de los santos comienza con Juan 5:25-29 y termina con varios pasajes del Apocalipsis (comp. Jn.5:25-29 con 14:1-3; Ro.8:19-23; 1 Co.1:8; 15:20-28, 51-57; 2 Co.5:1-9; Fil.3:11, 20-21; 1 Ts.4:13-18; 2 Ts.2:1; He.9:28 y los pasajes en el Apocalipsis).

IV. EL TRIBUNAL DE CRISTO

Entre todos los juicios por considerar está aquel de especial importancia para los creyentes, cuando estarán ante el tribunal de Cristo y serán juzgados según el servicio que hayan suministrado. Sobre el pasaje principal, 2 Corintios 5:10, el Dr. C.I. Scofield escribe: "Es el juicio de las obras del creyente, y no de sus pecados, lo que se discute aquí. Estos han sido ya expiados y Dios nunca más se acordará de ellos (He.10:17); pero toda *obra* tiene que llegar a juicio (Mt.12:36; Ro.14:10; Gá.6:7; Ef.6:8; Col.3:24-25). El resultado será "recompensa." o pérdida (de la recompensa), "él empero será salvo" (1 Co.3:11-15). Este juicio ocurrirá en la venida del Señor (Mt.16:27; Lc.14:14; 1 Co.4:5; 2 Ti.4:8; Ap.22:12). Jud. 6, nota; Ap. 20:12, nota.) *Biblia Anotada de Scofield*, p. 1190).

V. LAS BODAS DEL CORDERO

Bajo Eclesiología quedó establecida la verdad de que la Iglesia es la novia de Cristo. Es una verdad que ella se unirá en bodas con Cristo y que habrá una cena de las bodas cuando a la Iglesia se le dará la bienvenida en el cielo. En Apocalipsis 19:7-8 se da una declaración tocante a esto, "Gocémonos y alegrémonos y démosle gloria; porque han llegado las bodas del Cordero, y su esposa se ha preparado. Y a ella se le ha concedido que se vista de lino fino, limpio y resplandeciente; porque el lino fino es las acciones justas de los santos." En este pasaje se han de reconocer dos verdades además del hecho central de que habrá bodas en el cielo: primero, estas bodas preceden el glorioso regreso de Cristo, evento descrito después en los versículos 11-16; y, segundo, la novia se habrá preparado. Esto parece ser un reconocimiento de la consumación del ministerio del evangelio que ha sido encargado a los creyentes (2 Co.5:19-20). Sus esfuerzos para ganar almas habrán hecho mucho en reunir a los que forman la compañía elegida.

VI. EL REGRESO DE LA IGLESIA CON CRISTO

Aparte de la revelación, nada se sabría de las maravillosas hazañas futuras de la Iglesia. El predicho regreso de la Iglesia con Cristo se halla escrito con certidumbre sin complicaciones en varios pasajes:

"Cuando Cristo, vuestra vida, se manifieste, entonces vosotros también seréis manifestados con él en gloria" (Col. 3:4); "Para que sean afirmados vuestros corazones, irreprensibles en santidad delante de Dios nuestro Padre, en la venida de nuestro Señor Jesucristo con todos sus santos" (1 Ts.3:13); "De estos también profetizó Enoc, séptimo desde Adán, diciendo: He aquí, vino el Señor con sus santas decenas de millares" (Jud.14); "Y a ella se le ha concedido que se vista de lino fino, limpio y resplandeciente; porque el lino fino es las acciones justas de los santos. . .Y los ejércitos celestiales, vestidos de lino finísimo, blanco y limpio, le seguían en caballos blancos" (Ap.19:8,14).

VII. EL REINADO DE LA IGLESIA CON CRISTO

La actividad futura de la Iglesia, después de su regreso con Cristo a la tierra, es también un asunto de revelación divina. Así como la novia de un rey no es ningún súbdito del rey, sino que es consorte suya en su reino; así también la Iglesia participará del reino de Cristo. El ministerio de rey y sacerdote en combinación pertenecen solamente a Cristo y a su Iglesia. Al antiguo Israel se le dio la oportunidad de esta posición (Ex.19:5-6), pero fracasó. Ese llamamiento sublime ha sido extendido a la Iglesia y mediante la perfección que la gracia infinita ha obtenido no puede haber ningún fracaso de este propósito divino. Está escrito, "y nos hizo reyes y sacerdotes para Dios, su Padre; a él sea gloria e imperio por los siglos de los siglos. Amén" (Ap.1:6); "Los veinticuatro ancianos se postran delante del que está sentado en el trono, y adoran al que vive por los siglos de los siglos, y echan sus coronas delante del trono" (4:10); "y vivieron y reinaron con Cristo mil años" (20:4).

No hay insinuación en estas Escrituras de que la Iglesia no posea y goce de un hogar en el cielo. Ella va dondequiera que vaya el Cordero, y no hay razón alguna para creer que El en este tiempo de sus juicios angélicos (comp. 1 Co.15:25-26) esté limitado a la tierra. De igual manera, así como Cristo continuará reinando para siempre, es de aceptarse que la Iglesia, su novia, continuará reinando con El para siempre.

CONCLUSION

Las grandes caminos de la profecía, como han sido trazados en esta sección de la Escatología, explican en gran parte los temas proféticos de la Biblia. Inevitablemente estos temas tienen que aparecer nuevamente hasta cierto punto, en las otras consideraciones de profecía que han de seguir. Una repetición no será en vano si por ello el estudiante se familiariza con estas líneas de la verdad.

CAPITULO XXIII

PRINCIPALES TEMAS DE LAS PROFECIAS DEL ANTIGUO TESTAMENTO

El Antiguo Testamento es un libro caracterizado por el gran alcance de sus predicciones, la mayor parte de las cuales no había sido cumplida cuando se completó el libro. Aunque el designio de la profecía del Antiguo Testamento alcanza hasta los múltiples detalles, el estudio presentado puede proseguirse bajo siete temas principales, los cuales son: (1) profecías respecto a los gentiles, (2) profecías respecto a los primeros años de la historia de Israel, (3) profecías respecto a la nación de Israel, (4) profecías respecto a las dispersiones y recogimientos de Israel, (5) profecías respecto al advenimiento del Mesías, (6) profecías respecto a la gran tribulación, y (7) profecías respecto al Dia de Jehová y al reino mesiánico. Al intentar la consideración de estos temas, es inevitable la repetición de algunas verdades proféticas ya presentadas.

I. PROFECIAS RESPECTO A LOS GENTILES

El tema general de la predicción que trata de los gentiles se subdivide en siete partes.

1. LA PRIMERA PREDICCION RESPECTO A LOS GENTILES. Una profecía de gran alcance fue dada a Noé con respecto al carácter que sería exhibido por cada uno de sus tres hijos como progenitores de las razas que volverían a poblar la tierra (Gn.9:25-27), cuya anticipación ha sido cumplida hasta ahora.

2. LOS JUICIOS SOBRE LAS NACIONES ADYACENTES A ISRAEL. Mucho de lo correspondiente a esta verdad ha sido cumplido. Estas predicciones están presentadas en varias porciones del Antiguo Testamento, por ejemplo: Babilonia y Caldea (Is.13:1-22; 14:18-27; Jer.50:1-51:64), Moab, (Is.15:1-9; 16:1-14; Jer.48:1-47), Damasco (Is.17: 1-14; Jer.49:23-27), Egipto (Is. 19:1-25; Jer.46:2-28), Filistea y Tiro (Is.23:1-18; Jer.47:1-7), Edom (Jer.49:7-22), Amón Jer.49:1-6), Elam (Jer.49:34-39).

3. LOS TIEMPOS DE LOS GENTILES. En contraste a los *tiempos y las sazones,* término que se refiere a las relaciones de Dios con Israel (comp. Hch.1:7; 1 Ts.5:1), está la frase *los tiempos de los*

gentiles, que se refiere a cómo Dios trata con los gentiles. Esta última frase fue introducida por Cristo (Lc.21:24) y mide el tiempo en el cual Jerusalén estará bajo el dominio de los gentiles. Con anterioridad se hizo notar que los tiempos de los gentiles están medidos para que continúen aproximadamente 560 años. Los eventos que pertenecen a este período ocupan mucha profecía, cubriendo tanto su curso como su fin. Sin embargo, este período está interrumpido por la edad intercalada de la Iglesia, edad que, siendo indefinida con respecto a su duración, sirve para introducir una incertidumbre en cuanto a la fecha de cuándo terminarán los tiempos de los gentiles. No obstante, está claro que los tiempos de los gentiles han sido ya cumplidos, con excepción de los siete años que serán experimentados inmediatamente después de que sea quitada la Iglesia, evento que cierra esta edad intercalada.

4. LAS SUCESIONES DE LAS MONARQUIAS. Una vez más solo se hará una referencia momentánea sobre un tema que ha sido ya considerado detalladamente. Daniel previó cuatro imperios mundiales, que son: Babilonia, Medo-Persia, Grecia, y Roma. Estos, como previó el profeta, dominarían los tiempos de los gentiles y vendrían a terminar con la venida gloriosa de Cristo, cuando el reino mesiánico invalide toda ley y autoridad humana. En el plan de Dios esta autoridad romana iba a ser interrumpida al introducirse la edad presente. Indudablemente los elementos del gobierno romano están esparcidos sobre la tierra en esta edad; sin embargo, ese mismo imperio volverá a existir y a ser un poder activo, y completará su curso prescrito durante los siete años que restan. Así como la edad presente no fue prevista, las predicciones del Antiguo Testamento que presentan al último de las cuatro monarquías deberán interpretarse a la luz de las revelaciones subsiguientes.

5. EL JUICIO DE LAS NACIONES GENTILES. Aun cuando este asombroso evento es extendido en su importancia inconmensurable en el Nuevo Testamento, está anticipado completamente en el Antiguo Testamento (véanse Sal.2:1-10; Is.63:1-6; Jl.3:2-16; Sof.3:8; Zac.14:1-3).

6. LAS NACIONES GENTILES Y EL LAGO DE FUEGO. La destrucción de las naciones gentiles que se opongan también está anunciada en el Antiguo Testamento; pero Cristo mismo, su Juez, ha declarado su verdadero destino (Mt.25:41). Siendo personas no regeneradas, están sujetas a la condenación eterna (Jn.3:18) y al juicio; pero en relación a Israel, como un asunto inmediato, las naciones opositoras, en la ocasión de su juicio, serán enviadas al lago de fuego.

7. LAS NACIONES GENTILES Y EL REINO. Mucha profecía del

Antiguo Testamento anuncia la participación que los gentiles tendrán en el reino de Israel (comp. Is.11:10; 42:1,6,22; los capítulos 60, 62,y 63). Ya se ha dicho que los gentiles estarán subordinados a Israel y le servirán (comp. Is.14:1,2; 60:12; 61:5). Revelación recibida después (Mt.25:31-34) afirma la entrada de los gentiles en el reino por la misma autoridad del Rey y como ha sido predeterminado por el Padre desde la fundación del mundo.

II. PROFECIA RESPECTO A LOS PRIMEROS AÑOS DE LA HISTORIA DE ISRAEL

La historia primitiva de Israel, tanto en la tierra como en cautividad, presenta un grupo de eventos que serán hallados como temas de predicción. Casi todas estas han sido cumplidas en una forma literal. Estas características están escritas en el Pentateuco y en los libros históricos del Antiguo Testamento. La larga lista incluye: la esclavitud de Israel en Egipto y su liberación (Gn.15:13,14), el carácter y el destino de los hijos de Jacob (Gn.49:1-28), Israel en la tierra después de la esclavitud egipcia (Dt.28:1-62, 63-67; vea también Sal.106:1-48; Dt.30:1-3; Lev.26:3-46; Neh.1:8; Jer.9:16; 18:15-17; Ez.12:14-15; 20:23; 22:15; Stg.1:1).

III. PROFECIAS RESPECTO A LA NACION DE ISRAEL

Comenzando con el pacto con Abraham (Gn.12:1-3; 13:14-17; 15:1-7; 17:1-8) y continuando a través del Antiguo Testamento, hay predicción tocante al pueblo terrenal escogido por Dios. A ellos se les ha prometido que tendrán: una entidad nacional (Jer.31:36), un país (Gn.13:15), un trono (2 S.7:16; Sal.89:36), un Rey (Jer.33:21), y un reino (Dn. 7:14). Todas estas bendiciones de Dios tienen una duración sin fin; sin embargo, se ha hecho la reservación por la cual estas bendiciones pueden ser interrumpidas como castigo sobre la nación, aunque jamás podrán ser abrogadas. La importancia del pueblo escogido en el plan de Dios, y la extensión de las Escrituras que narran su pasado, su presente y su futuro, son bien claras cuando se ve que todas las Escrituras desde Génesis 12:1 hasta el fin de Malaquías se relacionan a ellos directamente o de modo indirecto. Con respecto a su futuro, este pueblo, según la profecía, ocuparán el primer lugar entre todas las naciones de la tierra, plantados en su país para siempre bajo el reino benévolo del Hijo magno de David, sentado sobre el trono de David.

IV. PROFECIAS EN CUANTO A LAS DISPERSIONES Y RECOGIMIENTOS DE ISRAEL

Como se indicó anteriormente, habría tres dispersiones de Israel de su patria y tres regresos a ella. Esa nación está ahora en su tercera dispersión y está esperando su tercer regreso. El reino del Norte, o sean, las diez tribus de Israel, conforme a la profecía, fueron llevadas de su patria por la cautividad asiria, como un castigo por sus pecados, y fueron esparcidas entre todas las naciones de la tierra, y después el reino del Sur corrió la misma suerte. Son muchas las profecías que presentan esta dispersión final (comp. Lv.26:32-39; Dt.28:63-68; Sal.44:11; Neh.1:8; Jer.9:16; 18:15-17; Ez. 12:14,15; Stg.1:1).

Bajo ninguna circunstancia puede Israel perder su identidad nacional, aunque haya sufrido una dispersión por siglos (Jer.31:36; Mt.24:34). Ellos rehusaron la oferta divina y la provisión para su recogimiento y un reino de gloria que hizo su Mesías en su primera venida (Mt.23:37-39); y, así como en Cades Barnea, en donde se les prolongó su experiencia en el desierto (Nm.14:1-45), su castigo ha sido continuado, y continuará hasta que El venga otra vez. Entonces El recogerá a su pueblo en su propia patria y hará que ellos entren a disfrutar la gloria y bendiciones de cada pacto de promesa que Jehová tiene para ellos (Dt.30:1-10; Is.11:11,12; Jer.23:3-8; Ez.37:21-25; Mt.24:31).

V. PROFECIAS RESPECTO AL ADVENIMIENTO DEL MESIAS

Según 1 Pedro 1:10,11 se nota claramente que los profetas del Antiguo Testamento no pudieron distinguir entre los dos advenimientos del Mesías. Tan completamente secreta era la edad presente en los designios de Dios que los profetas no pudieron distinguir los eventos que fueron cumplidos en su primer advenimiento de los que se cumplirán en su segundo advenimiento. Con respecto al tiempo de su cumplimiento Isaías 61:1,2 es una buena ilustración de esto.

Cuando Cristo leyó este pasaje en la sinagoga de Nazaret, El dejó de leer precisamente cuando había concluido con lo que describía aquellas características que fueron predichas para su primer advenimiento (Lc.4:18-21), sin hacer mención del resto de las características que se cumplirán cuando El vuelva otra vez. De manera análoga, el ángel Gabriel, anticipando el ministerio de Cristo, habló de lo que pertenecía a la primera venida y lo que pertenecía a la segunda, como si fuera una sola ocasión (Lc.1:31-33). Según las profecías del Antiguo Testamento, Cristo había de venir como manso Cordero de sacrificio (Is. 53:1-12) y como el glorioso León conquistador de la tribu de Judá (Is.11:1-12; Jer.23:5-6). Al considerar estas dos líneas divergentes de predicciones, no debe asombrarnos que hubiera perplejidad en la mente de los profetas del Antiguo Testamento acerca del "punto de tiempo" cuando todo esto sería cumplido.

La profecía estipuló que el Mesías tenía que ser de la tribu de Judá (Gn.49:10), de la casa de David (Is.11:1; Jer.33:21), nacer de una virgen (Is.7:14), en Belén de Judea (Mi.5:2), que tenía que ser un sacrificio en la muerte (Is.53:1-12), por crucifixión (Sal.22:1-21), ser levantado de entre los muertos (Sal.16:8-11) y venir a la tierra la segunda vez (Dt.30:3) en las nubes del cielo (Dn.7:13). Jesús de Nazaret ha cumplido y cumplirá todo requisito de profecía tocante al Mesías.

VI. PROFECIA RESPECTO A LA GRAN TRIBULACION

La profecía del Antiguo Testamento anticipa un tiempo de tribulación sin precedente en la tierra (Dt.4:29-30; Sal.2:5; Is.26:16-20; Jer.30:4-7; Dn.12:1). Al ser quitada la Iglesia antes que comience este período, la representación humana en la tierra se reduce una vez más a solamente judíos y gentiles. Este período completa los tiempos de los gentiles, porque será cuando se desarrollará la última forma del gobierno imperial que se indica por los pies y dedos de los pies de la imagen de Nabucodonosor. Será el tiempo de disolución de todas las instituciones gentiles (Ap.17-18), y el juicio y la disposición de los gentiles (Mt.25:31-46). Igualmente será la consumación de las aflicciones de Israel, la hora de sus juicios (Ez.20:33-44; Mt.24:37-25:30), terminando con el regreso de su Mesías.

VII. PROFECIA RESPECTO AL DIA DE JEHOVA Y AL REINO MESIANICO

La extensión del período que comienza con el regreso del Señor "como ladrón en la noche" y termina cuando pasen el cielo y la tierra del presente (comp.2 P.3:8-10), incluye el reino glorioso de Cristo sobre la tierra cuando todos los pactos sean cumplidos para con Israel, y cuando Cristo, habiendo suprimido toda autoridad humana, también suprimirá toda rebelión angélica contra Dios (1 Co.15:25-26).

Con respecto a la cantidad de Escrituras sobre este tema, no hay en el Antiguo Testamento otro tema profético comparable al reino mesiánico. Más allá de todos los castigos profetizados que caerán sobre Israel, está la gloria que será suya cuando sean recogidos a su patria, con inmensas bendiciones espirituales en el glorioso reino de su Mesías-Rey. Esta visión fue dada a todos los profetas, y así como Israel fue quitada de su patria y se le hizo sufrir durante todos esos siglos en cumplimiento cierto y literal de la profecía, así también será segura y literal su restauración a las bendiciones maravillosas en una tierra redimida y glorificada (Is.11:1-16; 12:1-6; 24:22-27:13; 35:1-10; 52:1-12; 54:1-55:13; 59:20-66:24; Jer.23:3-8; 31:1-40; 32:37-41; 33:1-26; Ez.34:11-31; 36:32-38; 37:1-28; 40:1-48:35; Dn.2:44-45; 7:14; Os.3:4-5; 13:9-14:9; Joel 2:28-3:21; Amós 9:11-15; Sof.3:14-20; Zac.8:1-23; 14:9-21).

CONCLUSION

Aun cuando los grandes temas proféticos sean presentados en un libro de texto, no hay ninguna cosa, tratándose del progreso del estudiante, que pudiera sustituir la lectura y los estudios incansables de las páginas de las Sagradas Escrituras.

CAPITULO XXIV

LOS TEMAS DE MAXIMA IMPORTANCIA EN EL NUEVO TESTAMENTO

El Antiguo Testamento llega a su fin sin realizar la presencia del Mesías, o el reino de Israel; el Nuevo Testamento comienza con la aparición del Rey y la oferta a Israel de su reino que fue ofrecido mucho antes (comp. Mateo 1:1; 2:1-2; 4:17; Ro. 15:8). Esos mismos libros declaran el rechazo del Rey y su reino (Mateo 23:37-38), e indican que todos los propósitos de Dios serán cumplidos sin faltar ninguno cuando vuelva el Rey. En el Nuevo Testamento se introducen nuevos temas de profecía además de la continuación y consumación de los temas del Antiguo Testamento. Los temas de máxima importancia en el Nuevo Testamento son: (1) la nueva era, (2) el nuevo propósito de Dios, (3) la nación de Israel, (4) los gentiles, (5) la gran tribulación, (6) Satanás y las fuerzas del mal, (7) la segunda venida de Cristo, (8) el reino mesiánico, y (9) el estado eterno.

I. LA NUEVA ERA

Con anterioridad fue dicho que la presente dispensación, que ya se ha extendido casi dos mil años, y que está entre los dos advenimientos de Cristo, nunca fue anticipada por ninguna profecía del Antiguo Testamento. También, por razón de haber sido mencionada como un "misterio" (Mateo 13:11), se ha dicho que es uno de los secretos escondidos en los consejos de Dios hasta que llegó el tiempo de su revelación; porque la palabra "misterio" se usa en el Nuevo Testamento de algo que no ha sido revelado todavía (véanse Ro. 11:25; 2 Ts. 2:7; Col. 1:27; Ef. 3:1-6; 5:25-32; 1 Co. 15:51). La frase "el reino de los cielos" se refiere a toda autoridad de Dios que El manifiesta en cualquier tiempo en la tierra. Por cuanto esa autoridad está limitada a la tierra tiene que distinguirse de "el reino de Dios", que abarca no sólo lo que es bueno dentro de la esfera del reino de los cielos, sino todo lo que está en los cielos y en todo el universo que está sujeto a Dios. Es verdad que el reino milenial de Cristo sobre la tierra que ha sido profetizado por siglos es la forma final del reino de los cielos y aquello que fue previsto por todos los profetas y que fue anunciado por Cristo durante su ministerio terrenal, pero la presente dispensación, es esa forma de autoridad divina en la tierra en la cual Dios gobierna en el sentido de que El está convirtiendo en realidad aquellas cosas que están consideradas como "misterios" y por tanto esta dispensación correctamente se llama "los misterios del reino de los cielos" (Mateo 13:11), o sea el reino en su forma misteriosa. Los primeros doce capítulos del evangelio de San Mateo presentan a Cristo como el Mesías de Israel y registran la primera indicación de su rechazamiento por la nación. Siguiendo estas indicaciones de su rechazamiento, como está escrito en capítulo 13, El anuncia por medio de siete parábolas las características de la nueva era e indica su carácter al principio, durante su curso, y lo que será en su fin. Al principio del capítulo 13, la esfera del propósito divino deja de enfocar sobre la nación de Israel para incluir a todo el mundo, e Israel se ve solamente como un "tesoro" escondido en un campo (13:44). La semilla del evangelio se siembra en el mundo y la siega es el llamamiento de aquellos que han de creer. Estos serán recibidos y preservados como hijos de Dios, mientras que aquellos que no creen serán rechazados y juzgados. Desde el principio se dijo que esta nueva era sería mala (Gá. 1:4), y su curso está caracterizado por un desarrollo paralelo de lo bueno y de lo malo (Mateo 13:24-30, 36-43). Sus "últimos días" y el carácter malo de ellos se encuentra en uno de los más extensivos grupos de pasajes del Nuevo Testamento (2 Ts. 2:1-12; 1 Ti. 4:1-3; 2 Ti. 3:1-5; Stg. 5:1-10; 2 P. 2:1-3:8; Judas 1:1-23; Ap. 3:14-22). En ningún sentido predice la Biblia un mundo convertido en esta dispensación (Mateo 13:1-50; 24:38-39; 2 Ti. 3:13), pero sí anticipa la perfecta realización del propósito de Dios.

II. EL NUEVO PROPOSITO DIVINO

El Nuevo Testamento presenta a la Iglesia como una nueva clasificación de la humanidad además de los judíos y de los gentiles que se ven en todo el Antiguo Testamento (1 Co. 10:32). Por la palabra *iglesia* (nótese su primer uso –Mateo 16:18) se hace referencia a todos aquellos, de todo linaje y tribu, que en esta edad nacen de nuevo, y así, por recibir la nueva vida de resurrección de Cristo y por ser bautizados con el Espíritu, están en Cristo, formando con El la nueva creación. En este grupo tanto judíos como gentiles son reunidos (Ef. 3:1-6) mediante la predicación del evangelio de la gracia divina. Esta compañía de redimidos está ahora relacionada con Cristo como sus ovejas (Juan 10:6-16), como los "pámpanos de la vid" (Juan 15:1-6), como las piedras en un edificio (Ef. 2:19-22), como un reino de sacerdotes (1 P. 2:5; He. 8:1), como la nueva creación (2 Co. 5:17), como el cuerpo (Ef. 1:22-23; 3:6), y estarán en relación con él en el cielo como su esposa (Ap. 19:7-8; 21:9). Cuando se complete el propósito de Dios de llamar a los que formarán su Iglesia, vendrá Cristo a recibir a los suyos (Juan 14:1-3; 1 Ts. 4:13-17). Los que hayan muerto serán levantados (1 Co. 15:23; 1 Ts. 4:13-17), y los que estén vivos serán trasladados (1 Co. 15:51; 1 Ts. 4:13-17), y todos, sea por resurrección o por traslación recibirán un cuerpo nuevo como el cuerpo glorioso de El (Fil. 3:21).

La profecía del Nuevo Testamento lleva la Iglesia a través de todas las experiencias de peregrinación sobre la tierra (Ap. 2:1-3:22), la contempla cuando es recibida en el cielo en la venida del Señor, y la ve al regresar con El para reinar con El en la tierra (Ap. 19:14; 20:6).

III. LA NACION DE ISRAEL

El Nuevo Testamento continúa la historia de Israel donde lo deja el Antiguo Testamento –un pueblo desorganizado y esparcido parcialmente, con una porción de ellos viviendo en su patria pero sin el derecho o el título de ese país. En sentido nacional, en esta dispensación ellos han sido desechados; pero como individuos ellos están en el mismo plano con los gentiles delante de Dios (Ro. 3:9; 10:12) –aunque anteriormente fueron diferentes (comp. Ro. 9:4-5 con Ef. 2:11-12)– y están sujetos a la misma oferta de la salvación únicamente por gracia. En su comienzo se predijo que, a través de esta dispensaicón, Israel la nación estaría *escondida* (Mt. 13:44); *ciega* (Ro. 11:25); *desgajada* (Ro. 11:17); *sin su centro nacional* (Lucas 21:24); y *esparcida* (Mt. 10:6; Stg. 1:1); que en la tribulación ellos serán *aborrecidos* (Mt. 24:9); y en el reino serán *recogidos* (Mt. 24:31); y serán *salvos* (Ro. 11:26). Cristo predijo que la ira de Dios caería sobre ellos y que su ciudad amada sería destruida (Lucas 21:20-24), profecía que fue cumplida en el año 70 D. C. cuando Tito sitió la ciudad. Igualmente, Cristo predijo los sufrimientos de la tribulación (Mt. 24:9-26), los juicios que los zarandearán como preparativo para entrar en su reino de gloria (Mt. 24:37-25:30; véase también Ez. 20:38), cuando Cristo ocupe el trono de David (Mt. 25:31; véanse también Lucas 1:21-33; Hechos 15:16-17), cuando las bendiciones de Israel serán realidad bajo el pacto davídico. El apóstol Pablo profetizó la conversión nacional de Israel (Ro. 11:26-27), y el apóstol Juan profetizó el lugar de ellos en la tribulación (Ap. 7:4-17; 12:13-17) y su reino venidero en la tierra (Ap. 20:4-6).

IV. LOS GENTILES

Mucho ha sido ya presentado con anterioridad respecto a la historia de los gentiles y de su profecía. Se hizo ver que profecía tocante a los gentiles cae dentro de un período que Cristo designó como "los tiempos de los gentiles" (Lucas 21:24). Este período comenzó con la dispersión por Babilonia y continúa con sus imperios mundiales sucesivos y los juicios finales hasta llegar a su conclusión con el regreso glorioso de Cristo (Dn. 2:44- 45). Los tiempos de los gentiles se interrumpen por la edad de la Iglesia que se intercala, y continúa por siete años después que la edad de la Iglesia llega a su fin. Las naciones gentiles serán juzgadas; unas entrarán en el reino y otras serán echadas en el lago de fuego (Mateo 25:31-47).

V. LA GRAN TRIBULACION

El Nuevo Testamento, no sólo es explícito sino extensivo al continuar con mayores detalles las predicciones del Antiguo Testamento acerca de la gran tribulación. Cristo habló de ese tiempo en relación a Israel (Mt. 24:9-26), el apóstol Pablo escribe de ella en su relación a las fuerzas malignas (2 Ts. 2:1-12), mientras que el apóstol Juan escribe detalladamente el tremendo programa de Dios que será realizado en aquellos días (Ap. 3:10; 6:1-19:6). En este breve período que probablemente durará no más de siete años (Dn. 9:27; y serán acortados un poco, Mateo 24:22), juicios serán cumplidos en la tierra, las fuerzas del mal primero serán soltadas y entonces exterminadas, también la Babilonia eclesiástica y política serán destruidas.

VI. SATANAS Y LAS FUERZAS DEL MAL

La profecía tocante a Satanás comienza en el Antiguo Testamento (Ez. 28:11-19; Is. 14:12-17) y concluye con su expulsión del cielo cuando será limitado a estar en la tierra (Ap. 12:7-12), y atado y encerrado en el abismo (Ap. 20:1-3); después de ser desatado del abismo por un poco de tiempo, y dirigir la última rebelión contra la autoridad de Dios (Ap. 20:7-9), recibirá su condenación final en el lago de fuego (Ap. 20:10). La profecía tocante a Satanás está estrechamente relacionada con la del hombre de pecado, cuya profecía también comienza en el Antiguo Testamento (Ez. 28:1-10; Dn. 7:8; 9:24-27; 11:36-45) e incluye la profecía por Cristo en el que se señala la venida de ese inicuo como una indicación a Israel de que se acerca el fin de la edad (Mt. 24:15). También el apóstol Pablo lo ve proféticamente profanando el templo restaurado, declarándose a sí mismo ser Dios, y luego destruído con la gloriosa aparición de Cristo (2 Ts. 2:1-12), mientras que el apóstol Juan lo ve en su poder gubernativo y en su condenación final (Ap. 13:1-10; 19:20; 20:10).

VII. LA SEGUNDA VENIDA DE CRISTO

Este es el tema supremo de toda profecía; fue el pensamiento de la primera predicción por el hombre (Judas 1:14-15), y es el último mensaje de la Biblia (Ap. 22:20). Es la característica dominante de toda profecía del Antiguo Testamento tocante al día de Jehová, y de igual manera, es el tema principal de la profecía del Nuevo Testamento. Comenzando en conexión con la primera evidencia del rechazamiento de Israel a los derechos de Cristo como el Mesías, este gran evento lo mantuvo Cristo en sus labios continuamente (Mateo 23:37-25:46; Marcos 13:1-37; Lucas 21:5-38). También el apóstol Pablo le da énfasis (Ro. 11:26; 1 Ts. 3:13; 5:1-4; 2 Ts. 1:7-2:12), lo mismo Santiago (5:1-8), Pedro (2 P. 2:1-3:18), Judas (1:14-15), y Juan en el Apocalipsis.

VIII. EL REINO MESIANICO

Continuando con este tema importante del Antiguo Testamento, el Nuevo Testamento, una vez más, añade muchos detalles. Las enseñanzas de Cristo sobre el reino, mensaje dirigido a Israel, escrito en los evangelios sinópticos, describen el carácter y la gloria de esa edad venidera, mientras que el apóstol Juan revela que su duración será de un período de mil años (Ap. 20:4, 6).

IX. EL ESTADO ETERNO

Así como el Antiguo Testamento entra en la eternidad pasada y descubre el origen de todas las cosas, así el Nuevo Testamento penetra en el futuro y descubre la consumación de las cosas del presente con la revelación respecto a lo que será en la eternidad venidera. El destino de los hombres, tanto de salvados como de perdidos, el destino de los ángeles, tanto de caídos como de no caídos, y el cumplimiento de todo pacto de Dios hecho con su nación elegida están declarados en el Nuevo Testamento.

CONCLUSION

Las profecías del Nuevo Testamento aparecen en detalle en todo el estudio de Escatología.

CAPITULO XXV

EVENTOS PROFETIZADOS EN SU ORDEN

Es de mucho provecho tener una clara comprensión del orden correcto de esos eventos que componen los principales asuntos de profecía. Se ha visto que es sumamente ventajoso para el estudiante memorizar la siguiente lista de cuarenta y cinco eventos y llegar a familiarizarse también con las Escrituras que se citan con cada uno. Estos eventos en su orden cronológico son:

I. LA PROFECIA DE NOE TOCANTE A SUS HIJOS

Esa profecía de largo alcance (Gn. 9:25-27) es sobrenatural en todo respecto puesto que Noé no podía tener conocimiento del futuro del cual él habló. Toda la declaración ha sido verificada y cumplida por toda la historia subsiguiente.

II. LA ESCLAVITUD DE ISRAEL EN EGIPTO

A Abraham fue dada la revelación en cuanto a la esclavitud en Egipto (Gn. 15:13-14). Este informe fue dado por Abraham y por ello él es considerado un profeta. Esto también fue, como es toda profecía, un mensaje sobrenatural, tanto en la recepción por Abraham como la anticipación de su cumplimiento literal.

III. EL FUTURO DE LOS HIJOS DE JACOB

Un campo de estudio sin límite está comprimido en la profecía de Jacob en cuanto a cada uno de sus hijos; y, aun cuando todo esto ha sido verificado, la profecía tendrá más confirmación en el desarrollo del propósito de Dios para con Israel. De especial importancia son las palabras referente a Judá y José. En relación a Judá, la anticipación mesiánica se anuncia por las palabras, "no será quitado el cetro de Judá, ni el legislador de entre sus pies, hasta que venga Siloh; y a él se congregarán los pueblos" (Gn. 49:10). En la predicción respecto a José se hace la misma anticipación tocante a un Salvador (v. 24) retrocediendo hasta Jacob como el patriarca progenitor.

IV. ISRAEL EN SU TIERRA

Moisés anticipadamente vio que Israel entraría en esa tierra (Dt.4:14-30; 31:14-23), como también Abraham (Gn.15:13-14). Los libros históricos del Antiguo Testamento registran el cumplimiento de esta profecía.

V. LAS CAUTIVIDADES DE ISRAEL

Para Israel se predijo tres desposeimientos de su patria y tres restauraciones –(a) la esclavitud en Egipto (Gn. 15:13-14), (b) las cautividades por Babilonia y por Asiria (Jer. 25:11-12), y (c) su esparcimiento entre todas las naciones, donde ese pueblo estará hasta el final de esta edad (Dt. 28:63-68; comp. Dt. 30:1-3; Lv. 26:3-46; Neh. 1:8; Sal. 106:1-48; Jer. 9:16; 18:15-17; Ez. 12:14-15; 20:23; 22:15; Stg. 1:1).

VI. JUICIOS CAERAN SOBRE NACIONES CIRCUNVECINAS

Desde el llamamiento de Abraham hasta la muerte de Cristo, las naciones gentiles están evidentes en los registros de Dios, únicamente cuando tienen algún contacto directa o indirectamente con Israel. La enemistad de las naciones contra Israel siempre les ha atraído los juicios de Dios. Muchos de estos juicios ya fueron cumplidos. Las naciones mencionadas en esta línea de profecías son: (a) Babilonia (comp. Is. 13:1-22; 14:18-27; Jer. 50:1-51:64); (b) Moab (comp. Is. 15:1-9; 16:1-14; Jer. 48:1-47); (c) Damasco (comp. Is. 17:1-14; Jer. 49:23-27); (d) Egipto (comp. Is. 19:1-25; Jer. 46:2-28); (e) Tiro (comp. Is. 23:1-18; Jer. 47:1-7); (f) Amón (comp. Jer. 49:1-6); (g) Edom (comp. Jer. 49:7-22); (h) Elam (comp. Jer. 49:34-39).

VII. UNA RESTAURACION PARCIAL

Se debe hacer una distinción clara entre la restauración parcial de Israel a su patria bajo Esdras y Nehemías, y la restauración final y completa que acontecerá cuando vuelva el Mesías. La restauración parcial se anticipa en Isaías 44:28, Jeremías 25:11-12, y Daniel 9:2.

VIII. LA VENIDA Y EL MINISTERIO DE JUAN EL BAUTISTA

Como se indicó anteriormente, la venida y el ministerio de Juan el Bautista tiene gran importancia. El tenía un mensaje y un ministerio preparativo para el Mesías. A causa del rechazamiento del Rey y la posposición del reino, el ministerio de Juan no logró su objetivo, aunque habrá otro ministerio semejante antes del segundo advenimiento. Tocante al ministerio de Juan, los profetas hablaron con certidumbre (comp. Is. 40:3-5; Mal. 4:5-6; véase Lucas 1:5-25).

IX. EL NACIMIENTO DE CRISTO

Un extenso número de pasajes proféticos de las Escrituras anticipa la vida de Cristo sobre la tierra. Aquí solamente citaremos una parte muy limitada. El primero de estos es tocante a su nacimiento (véase Gn. 3:15; Is. 7:14; 9:6; Lucas 1:31-35).

X. LAS FUNCIONES SOLEMNES DE CRISTO

Entre las características de revelación de mayores consecuencias tocante a Cristo están sus funciones –como Profeta, Sacerdote, y Rey– y estas revelaciones se hallan en muchas profecías.

1. PROFETA. En Deuteronomio 18:15-19 se anticipa el ministerio profético de Cristo –un ministerio que se deberá reconocer en sus más amplios alcances, porque El predicó y preanunció (comp. Juan 1:1-2, 45; 7:16; 8:28; 12:49-50; 14:10, 24; 17:8; Hechos 3:22-23; 7:37).

2. SACERDOTE. Es en conexión con el oficio de sacerdote que Cristo ejerce donde los tipos sirven como predicciones. Tanto Aarón como Melquisedec son sombras que preanuncian el sacerdote final, es decir, Cristo (comp. Sal. 110:4; Zac. 6:12-13; y mucho de la Epístola a los Hebros).

3. REY. En la esfera de su función como Rey, se multiplican las predicciones con respecto a Cristo. Otras porciones ya mencionadas en esta obra han dado enfasis a este hecho (comp. 2 S. 7:16; Sal. 2:6-10; 72:1-19; Is. 9:6-7; Zac. 9:9; Mateo 21:1-9; 27:11; Lucas 1:32-33).

XI. LOS MINISTERIOS DE CRISTO

Además de las funciones solemnes de Cristo, la profecía prevé los ministerios de Cristo (comp. Is. 49:1-7; 61:1-3).

XII. LA MUERTE DE CRISTO

La muerte de Cristo, tanto por tipo como por profecía fue anticipada extensamente en las Escrituras. Fue profetizada directamente (Sal. 22:1-21; Is. 52:13-53:12). Fue profetizada por Cristo mismo (comp. Mt. 16:21; Mr. 8:31; Lucas 9:22; 18:31-34; Juan 12:32-33).

XIII. LA SEPULTURA DE CRISTO

Así como la sepultura de Cristo tiene un lugar importante en la declaración del evangelio (comp. 1 Co. 15:1-4) y la santificación del creyente (véase Ro. 6:1-10), de igual manera también en sombra se anticipa por el macho cabrío para Azazel como tipo y es profetizada directamento por Isaías en 53:9 (comp. Mateo 27:57-60).

XIV. LA RESURRECCION DE CRISTO

Una vez más hay múltiples tipos y profecías que anticipan la resurrección de Cristo (comp. Lv. 14:4 en adelante; Sal. 16:8-11 con Hechos 2:25-31; Sal. 22:22 con He. 2:12; Sal. 118:22-24 con Hechos 4:10-11). También está escrito lo que Cristo mismo esperaba (comp. Mt. 12:28-40; 16:21; 17:9, 23; 27:63; Mr. 8:31; 9:9, 31; 10:34; 14:58; Lc. 9:22, 18:33; Juan 2:19-22).

XV. LA ASCENSION DE CRISTO

La única profecía directa de la ascensión la pronunció Cristo mismo como está escrito en Juan 20:17, "Jesús le dijo: No me toques, porque aún no he subido a mi Padre; mas vé a mis hermanos, y diles: Subo a mi Padre y a vuestro Padre, a mi Dios y a vuestro Dios" (comp. Sal.24). La ascensión se ve en tipo en la gavilla mecida (Lv.23:9-12). El Cristo resucitado y ascendido a los cielos es constituído como las primicias de todos los creyentes que aún han de ser resucitados y, como El es, aparecerán en los cielos con cuerpos glorificados. Aquella gavilla representativa se mecía en "la mañana después del día de descanso", es decir, el día de la resurrección, o sea el primer día de la semana.

XVI. LA ERA PRESENTE

Se recordará que previamente se hizo énfasis sobre la verdad de que esta era no fue prevista. La era fue anunciada por Cristo anticipadamente, según Mateo, capítulo 13, y su carácter se ve en varias declaraciones que anticipan su curso y su fin (Mt. 24:4-8; Gá. 1:4; 2 Ti. 4:10). La era tiene un significado especial para los judíos (comp. Mt. 23:37-39; Ro. 11:20; Stg. 1:1), para los gentiles (comp.

Lucas 21:24), y para la Iglesia (comp. Mt. 16:18; Hechos 15:13-14; Ro. 11:25).

XVII. EL DIA DEL PENTECOSTES

El Pentecostés se anticipa típicamente en los panes de ofrenda mecida de Levítico 23:15-21. Debe notarse que los panes mecidos fueron presentados exactamente cincuenta días después de la gavilla mecida, que marca precisamente el período entre la primera ascensión de Cristo (Juan 20:17) y el Pentecostés. De manera que, por tipo, la Iglesia – representada por los panes– se ve que origina en el Pentecostés y no en el Antiguo Testamento o al final del período que cubre el libro de los Hechos. Cristo pronunció la predicción directa tocante al Pentecostés (Juan 14:16-17, 26; 15:26; 16:7-15). Naturalmente, ninguna levadura –que es símbolo de lo malo– se halla en la gavilla mecida que prevé a Cristo en su ascensión; pero sí en los panes se halla levadura, porque aun los mejores creyentes son imperfectos en sí.

XVIII. LA IGLESIA

Muchos detalles de la Iglesia respecto a su principio, su carácter, su curso, y su fin en la tierra se halla en el Nuevo Testamento; pero una profecía específica pronunciada por Cristo se halla escrita en Mateo 16:18, "Y yo también te digo, que tú eres Pedro, y sobre esta roca edificaré mi iglesia; y las puertas del Hades no prevalecerán contra ella".

LA DESTRUCCION DE JERUSALEN

Así también, una declaración importante hecha por Cristo prevé la destrucción de Jerusalén. Esta profecía está escrita en Lucas 21:20-24, y fue cumplida en el año 70 D. C. (comp. Mateo 24:2; Marcos 13:1-2).

XX. LOS ULTIMOS DIAS DE LA IGLESIA

Sobre este período especial, se comenzó con anterioridad. El carácter general de estos días –que siempre deberá disociarse de los últimos días de Israel (comp. Hechos 2:17)– está descrito en un conjunto de pasajes definidos de las Escrituras (véanse 1 Ti . 4:1-3; 2 Ti. 3:1-5; Stg. 5:1-10; 2 P. 2:1 y ss.; Judas 1:1-25; Ap. 3:14-22).

XXI. LA PRIMERA RESURRECCION

Tres diferentes resurrecciones se mencionan en 1 Corintios 15:20-24, y dos en Juan 5:25-29 y Apocalipsis 20:4-6. Cuando se indican tres se refieren a la de Cristo, de los creyentes, y de los no salvados. Entre la resurrección de Cristo y la de los creyentes, interviene obviamente la era presente. Entre la resurrección de los creyentes y el fin o la última resurrección, que pertenece a los no salvados, está el reinado milenial de Cristo (véase 1 Co. 15:24-26). Las dos resurrecciones de la humanidad se llaman la primera y la segunda (comp. Ap. 20:4-6; Fil. 3:11; 1 Ts. 4:13-18).

XXII. EL ARREBATAMIENTO DE LOS SANTOS VIVOS

La resurrección de los cuerpos de los creyentes está intimamente relacionada en tiempo y circunstancia con la traslación, sin muerte, de los santos vivos. El apóstol después de haber descrito detenidamente la resurrección de los cuerpos de los creyentes que han muerto (1 Co. 15:35-50), procede a declarar un misterio, o un secreto sagrado no revelado hasta aquí (1 Co. 15:51-57), es decir, que "No todos dormiremos", pero con cambios importantes que suceden en un momento, hijos de Dios, en su cuerpo, salen al encuentro de su Señor en el aire (véanse Juan 14:1-3; 1 Co. 15:51-52; 1 Ts. 4:13-18; 2 Ts. 2:1; He. 9:28).

XXIII. LA IGLESIA EN EL CIELO

Porque el libro del Apocalipsis es casi totalmente profético, y porque traza anticipadamente no sólo toda la historia terrenal de la Iglesia (los capítulos 2-3), sino también aquello que seguirá (4:1 y ss.), es de esperarse que la identificación de la Iglesia en el cielo será indicada claramente en aquello que sigue la descripción de su vida aquí en la tierra. La experiencia de Juan como precursor o representativo de la Iglesia es en gran parte aquello que aún ha de experimentar la Iglesia; por tanto, cuando él fue arrebatado a través de una puerta al cielo (4:1), en esa misma manera puede entenderse que la Iglesia será arrebatada cuando sus días de peregrinación sobre la tierra sean cumplidos. Es también significativo que los veinticuatro ancianos aparecen en el cielo inmediatamente después que la iglesia ha sido quitada de la tierra. Estos ancianos, como ya fue indicado, son aquellos que, según su canto (5:9-10), son los que han venido de la tierra, de cada linaje, lengua, pueblo, y nación quienes han sido redimidos para Dios por la sangre del Cordero. Ninguna otra identificación puede hallarse para esta compañía además de que ellos son una figura de la Iglesia en el cielo. Siendo de toda nación, no podría ser de una nación, de Israel, ni de los santos de la tribulación que aún no ha comenzado (véase 7:14). Aquellos que sostienen que la Iglesia entra o pasa por la gran tribulación tienen un problema en identificar a los veinticuatro ancianos, y también en descubrir una indicación en el Apocalipsis del traslado de la Iglesia de la tierra después de 4:1. Como se indica en 19:7-9, la Iglesia está en el cielo para la cena de las bodas, y está allá arriba antes que el Señor regrese en poder y gloria; pero en ningún pasaje subsiguiente a 4:1 se da indicio alguno respecto al traslado de la Iglesia de la tierra.

XXIV. LOS GALARDONES DE LOS CREYENTES

Muchos pasajes bíblicos sostienen la verdad de que los creyentes fieles recibirán premios por su servicio mientras están en el mundo (1 Co. 3:12-15; 9:16-27; 2 Co. 5:9-11; Ap. 3:11; 22:12). Estas recompensas serán entregadas por Cristo en su tribunal en el cielo y después de haber sido recibido el creyente en el cielo.

XXV. LAS BODAS DEL CORDERO

Como un interludio entre la lista de juicios que se recuentan en Apocalipsis los capítulos 17 y 18 y la descripción de la gloriosa venida de Cristo presentada en el capítulo 19, está la declaración de que las bodas del Cordero han venido, evento acompañado por la cena de las bodas (19:7-9). Hay un orden cronológico que se observa, porque las bodas y la cena ocurren en el cielo antes que regrese el Rey. En esta conexión, Cristo arroja luz sobre el orden de eventos por una palabra que habló a Israel, según Lucas 12:35-36, "Estén ceñidos vuestros lomos, y vuestras lámparas encendidas; y vosotros sed semejantes a hombres que aguardan a que su señor regrese de las bodas, para que cuando llegue y llame, le abran en seguida". Israel siempre está en la tierra, y el regreso de Cristo es a su pueblo terrenal acompañado por su esposa. En este punto se llama la atención para que se haga distinción entre la cena de bodas que es en el cielo y se celebra *antes* que Cristo regrese, y la fiesta de bodas (Mateo 25:10; Lucas 12:37) que se verifica en la tierra *después* de su regreso.

XXVI. LA GRAN TRIBULACION COMO TAL

Hay varios aspectos distintivos que son parte de la gran tribulación que pertenecen a los principales eventos proféticos en esta lista. Mucho se ha escrito ya tocante a este breve período de siete años. Su duración está determinada por la profecía de la semana setenta de Daniel. Mucha Escritura describe su carácter (véanse Dt. 4:29-30; Sal. 2:5; Jer. 30:4-7; Dn. 12:1; Mateo 24:9-28; 2 Ts. 2:8-12; Ap. 3:10; 7:13-14; 11:1-19:6). Está fuera de todo cálculo humano el despliegue de obras divinas que han de consumarse en ese breve período. Es el tiempo de los sufrimientos más severos de Israel, y la hora de la terminación de los tiempos de los gentiles y de sus instituciones. En este período se hará una demostración de la perversidad humana sin restricciones. Será una completa manifestación de la falsedad de pretensiones humanas respecto al supuesto carácter humano y su grado de excelencia aparte de Dios.

XXVII. LA APARICION DEL HOMBRE DE PECADO

Para una discusión más extensa sobre este tema, se sugiere al estudiante referirse a las primeras páginas de esta obra. La aparición de esta persona, su carrera, y su fin se presentan con claridad en las porciones proféticas de la Biblia (véanse Ez. 28:1-10; Dn. 7:8; 9:27; 11:36-45; Mateo 24:15; Juan 5:43; 2 Ts. 2:1-12; Ap. 6:2; 13:1-9; 19:19-20; 20:10).

XVIII. LOS SUFRIMIENTOS FINALES DE ISRAEL

Aunque todo el período de su ausencia de su país, que se extiende desde las cautividades hasta la segunda venida de Cristo, se caracteriza por sufrimientos, Israel entrará en su última y más amarga prueba cuando esté en la tribulación. Ninguna carne, dijo Cristo, podría soportar toda la duración de ese tiempo; "mas por causa de los escogidos, aquellos días serán acortados" (véanse Dt. 28:63-68; Jer. 30:4-7; Mateo 24:21-27).

XXIX. LA DESTRUCCION DE BABILONIA ECLESIASTICA

La iglesia federada que estará bajo la dirección de Roma, después de alcanzar súbitamente un gran poder en la tierra, será destruída por los poderes políticos y comerciales del mundo. La destrucción está descrita en el capítulo 17 de Apocalipsis.

XXX. LA BATALLA DEL ARMAGEDON

De este evento especial, el Dr. C. I. Scofield escribe: "Armagedón (el antiguo monte y valle de Megido, al oeste del Jordán en el llano de Jezreel) es el lugar señalado para el principio de la gran batalla en la cual el Señor, al venir en gloria, librará al remanente fiel de los judíos, sitiado por el poder mundial de los gentiles bajo la dirección de la Bestia y el Falso Profeta (Ap. 16:13-16; Zac. 12:1-9). Aparentemente las huestes sitiadoras, cuyo acercamiento a Jerusalén se describe en Is. 10:28-32, alarmadas por las señales que preceden la venida del Señor (Mt. 24:29, 30), han retrocedido hasta Megido, después de los eventos de Zac. 14:2, y allí comienza su destrucción, que es consumada en Moab y en los llanos de Idumea (Is. 63:1-6). Esta batalla es el primer evento en "el día de Jehová" (Is. 2:12, refs.), y el cumplimiento de la profecía de Dan. 2:35 en cuanto a "la piedra cortada no por mano". *(Biblia Anotada de Scofield,* p. 1305).

XXXI. LA DESTRUCCION DE BABILONIA POLITICA Y COMERCIAL

La destrucción de la Babilonia política y comercial es la terminación de todo el sistema *(cosmos)* mundial. Es muy evidente que su fin se efectuará por un poder divino así como la ejecución de esos juicios que han sido determinados. Este gran evento está muy relacionado con el segundo advenimiento de Cristo y es el primero de los juicios del día de Jehová. El carácter maravilloso de este juicio consumador trasciende toda comprensión humana. La descripción del evento se halla en los capítulos 18 y 19 del Apocalipsis.

XXXII. EL DIA DEL SEÑOR EN SI

El período prolongado de mil años, hablando en sentido general, comienza con la segunda venida de Cristo y los juicios que acompañan su venida, y termina cuando el presente cielo y la tierra actual pasarán. Para Israel la segunda venida de Cristo será como "ladrón en la noche" (comp. Mt. 24:42-44; 1 Ts. 5:4; 2 P. 3:10). Por tanto, es digno de especial consideración que Pedro, habiéndose referido a la verdad de que un día con el Señor es como mil años y mil años como un día, continúe diciendo, "Pero el día del Señor vendrá como ladrón en la noche", y dentro de ese mismo día prolongado y como su fin "los cielos pasarán con grande estruendo, y los elementos ardiendo serán deshechos, y la tierra y las obras que en ella hay serán quemadas" (2 P. 3:10). El día del Señor se caracteriza por el reino de Cristo sobre Israel y el mundo, sentado en el trono de David en Jerusalén acompañado de su esposa, la Iglesia. En ese tiempo los creyentes no sólo participarán en el reino de Cristo y en el juicio de la humanidad (1 Co. 6:2), sino también en el juicio de los ángeles (1 Co. 6:3). El juicio de los angeles continuará a través de los mil años (1 Co. 15:25-26).

XXXIII. LA SEGUNDA VENIDA DE CRISTO

Cristo, en su segunda venida, acompañado por la Iglesia (Ap. 19:11-16), para Israel será su Juez (Ez. 20:33-44), su Libertador, el Cumplidor de todos sus pactos, y será su Salvador (Is. 63:1, 4; Ro. 11:26-27); y para los gentiles será la piedra que quebranta y el que da fin a toda su autoridad con sus instituciones, y será su Juez (Sal. 2:7-9; 96:13; 98:9; Is. 63:1-6; Dn. 2:44-45; Mateo 24:29-30; 2 Ts. 1:7-10; Ap. 19:11-16).

XXXIV. SATANAS ATADO Y ENCARCELADO

En Apocalipsis, capítulo 20, se da una profecía bien clara de que Satanás será atado y encerrado en el abismo. Las guerras cesarán en la tierra, en parte porque Satanás hará sido sacado, pero más directamente la justicia y la paz cubrirán la tierra porque el Mesías será Rey sobre todas las naciones.

XXXV. EL RECOGIMIENTO Y JUICIO DEL PESAROSO ISRAEL

El pesar es la expresión normal del arrepentimiento; juntamente con el arrepentimiento futuro de Israel viene su pesar (Is. 61:2-3; Mateo 5:4; 24:30). Israel será recogido de todas las naciones y será llevado a su propia tierra (comp. Dt. 30:1-8; Is. 11:11-12; Jer. 23:7-8; Ez. 37:21-28; Mateo 23:37; 24:31). De manera que también Israel será juzgado. Hay dos pasajes principales que anuncian el juicio futuro de Israel, y son: Ezequiel 20:33-44 y Mateo 24:37-25:30. Igualmente, una resurrección espera a Israel (comp. Ez. 37:1-14; Dn. 12:1-3), pero parece que no hay ninguna revelación del tiempo exacto cuando esto sucederá. El pasaje en Daniel relaciona esta resurrección a la gran tribulación. El pasaje en Ezequiel, si se interpreta como una resurrección corporal, es bien claro, según todo el contexto, una parte de la restauración de Israel a su propio país. Es digno de especial consideración que no todo Israel entrará en el reino. Así como a cinco de las diez vírgenes no les es permitido entrar a la fiesta de bodas en la tierra (véase Mateo 25:10), así una parte de Israel será rechazada. La esperanza del reino ha sido mantenida ante la nación por todas sus generaciones, y parece razonable suponer que los juicios de Israel incluirán a aquellos que serán levantados de entre los muertos, y muchos de estos heredarán la vida eterna en el reino. Es significativa la promesa hecha a Daniel, "Y tú irás hasta el fin, y reposarás, y te levantarás para recibir tu heredad al fin de los días" (12:13).

XXXVI. EL JUICIO DE LAS NACIONES

Inmediatamente después del juicio de Israel, será el juicio de las naciones (por lo menos así parece señalar el contexto de Mateo 24:37-25:46). Ese juicio, como se ha visto, termina toda autoridad de los gentiles, y la base será el tratamiento que habrá recibido Israel de las naciones (comp. Mateo 25:31-46 con Gn. 12:1-3; véanse también Joel 3:2-16; Sal. 96:13; 98:9).

XXXVII. VIDA HUMANA EN EL REINO TERRENAL

Un buen grupo de pasajes proféticos indica que habrá vida humana en el reino. La vida eterna habrá sido heredada y el Espíritu habrá sido derramado sobre toda carne. Será el tiempo de la gloria de Israel, y, juntamente con Israel algunos de los gentiles serán bendecidos (comp. Is. 11:10; Mateo 25:34); pero los gentiles tendrán que servir a Israel (comp. Is. 14:1-2; 60:12; 61:5). La nación dividida llegará a ser una sola (Ez. 37:22). La vida será tranquila (véanse Is. 11:6-9; 65:18-25; Jer. 31:31-33). El Rey reinará en justicia (véanse Is. 66:1-19; Mateo 5:1-7:29). También la creación será restaurada a la bendición de Edén (Ro. 8:18-23).

XXXVIII. SATANAS DESATADO Y LA ULTIMA REBELION

Dentro de un solo capítulo (Ap. 20) se halla la revelación que afirma que Satanás será desatado por un poco de tiempo de su prisión de mil años. Una simple especulación sobre por qué es desatado no tiene objeto alguno. Aparentemente completa la base sobre la cual el juicio divino contra ese gran ángel se habrá de imponer. Sin embargo, deberá verse, que las guerras que cesaron cuando él estuvo atado vuelven a surgir, y los que han vivido en la paz y gloria del reino son engañados, así como lo han sido las gentes de esta edad; y a esa guerra que vendrá se le dará fin únicamente por una destrucción sobrenatural de aquellos ejércitos.

XXXIX. LA SENTENCIA DE SATANAS

Como una consumación de la carrera de Satanás, él será echado en el lago de fuego para que permanezca allí para siempre (Ap. 20:10). El fue juzgado en la cruz (Juan 16:11), y será echado fuera del cielo (Ap. 12:7-12) y será arrojado al abismo (Ap. 20:1-3) antes de la sentencia final. La sentencia que caerá sobre Satanás no podrá ser anulada. El no puede ser redimido.

XL. LA TIERRA ACTUAL Y LOS CIELOS PASARAN

Sobre este tema importantísimo se deberán considerar ciertos pasajes: Isaías 65:17; 66:22; Hebreos 1:10-12; 2 Pedro 3:3-13; Apocalipsis 20:11; 21:1.

XLI. EL JUICIO DEL GRAN TRONO BLANCO

Un juicio final espera a todos aquellos de todas las edades que no hayan sido salvos. Con este fin serán levantados de la tumba después del período del milenio. Serán juzgados según hayan sido sus obras y entonces serán llevados al lago de fuego, que es la muerte segunda (véanse Ap. 20:12-15; 21:8; 22:10-15).

XLII. EL DESTINO DE LOS INICUOS

No puede restarse el horror del destino de los no salvados. (Ap. 20:14-15). Cristo mismo habló más de esto que de cualquier otro. Aunque no hay ninguna mentalidad que lo comprenda, la revelación permanece inmutable para siempre. Cuando se contempla lo terrible que es, la invitación del evangelio por el cual uno puede ser salvado de ese destino, viene a ser más clara y dulce. Los hombres no tienen por qué ser perdidos. Cristo murió por ellos.

XLIII. LA CREACION DE UN NUEVO CIELO Y UNA NUEVA TIERRA

De todas las obras finales de Dios, ninguna podría sobrepujar la creación de un cielo nuevo y de una tierra nueva. La Escritura que describe este glorioso evento fue citada arriba en relación al tiempo cuando pasarán la tierra y los cielos actuales (XL). Aunque sólo los ángeles pudieron ser los testigos de la creación del orden presente, todos los seres vivientes contemplarán el acto final de creación.

XLIV. EL DESTINO DE LOS SALVADOS

Entre aquellos que gozarán favores eternos con Dios se encuentran los ciudadanos de esta tierra cuyo destino es entrar en la eternidad como habitantes de ella (comp. Ap. 21:3-4; Is. 66:22), y los ciudadanos celestiales cuyo destino es ocupar el nuevo cielo (comp. He. 12:22-24; Ap. 21:9-22:7; Juan 14:1-3).

XLV. EL DIA DE DIOS

El Día del Señor que termina con la conclusión de los mil años y la desaparición de los actuales cielos y la presente tierra (2 Pedro 3:10) se diferencia de la eternidad que vendrá que es designado como *el Día de Dios* (comp. 2 P. 3:12 con 1 Co. 15:28).

CONCLUSION

Unicamente los eventos principales se han incluido en esta lista. Un sinnúmero de eventos de menor importancia –todos ellos temas de profecías– debiera tener su plena y digna consideración.

CAPITULO XXVI

LOS JUICIOS

De ocho juicios que se anuncian en la Biblia, uno ya es completamente del pasado, dos pertenecen al tiempo presente, y cinco son todavía del futuro. Los cinco que son del futuro son temas de profecías no cumplidas. Para poder apreciar todo el campo del juicio bajo esta división general, aquellos juicios que no tienen carácter de predicción se incluirán en esta tesis; y los dos que pertenecen al tiempo presente, por razón de estar relacionados entre sí, serán considerados juntos. Los teólogos en general, porque sólo reconocen un *juicio final,* se han expuesto a la sospecha de que ellos no han sido estudiantes concienzudos del texto sagrado, por tanto no son dignos de confianza. Sostenemos que hay varios juicios que están bien separados con respecto al tiempo, tema, personas a ser juzgadas y circunstancias. El campo de verdad que presenta estos juicios no sólo es de gran amplitud sino que es libre de complicaciones. Estos juicios son:

I. LOS JUICIOS DE DIOS MEDIANTE LA CRUZ

Tres aspectos del juicio divino, ya indicados bajo Soteriología, fueron alcanzados por la muerte de Cristo en la cruz. Estos son: (1) el juicio del pecado del mundo, (2) el juicio de la naturaleza pecaminosa del creyente, y (3) el juicio sobre Satanás. Estos, como se verá, fueron alcanzados por Cristo cuando El murió.

1. EL JUICIO DEL PECADO DEL MUNDO. Muy a pesar de las objeciones que algunos teólogos presentan por defender su teoría, el Nuevo Testamento afirma con una certidumbre incontrovertible que Cristo murió por el pecado del mundo (véanse Juan 1:29; 3:16; He. 2:9; 1 Juan 2:2). Es cierto que Cristo tenía por lo menos catorce objetivos en su muerte, y entre estos tenía un designio específico tocante a los pecados de los elegidos, o de aquellos que habían de creer (véanse Juan 10:11; Ef. 5:25-27; 1 Juan 2:2); pero al incluir los pecados de los elegidos como una clase especial, no excluye la verdad

esencial de que en su muerte El tenía un propósito que abarca al mundo entero. Aun cuando la mente finita no pueda comprenderlo totalmente, el mensaje se debe recibir, como está declarado en la Palabra de Dios, que afirma que completo perdón y libertad de la pena del pecado se ha conseguido perfectamente para todos aquellos que creen. Sin discutir nuevamente las implicaciones teológicas de esta declaración, puede indicarse que este es un juicio de Dios por el pecado que cae sobre Otro, quien lleva la culpa como un substituto. En este juicio demandas sin restricciones son impuestas y se sufren a una perfección infinita.

2. EL JUICIO DE LA NATURALEZA PECAMINOSA DEL CREYENTE. La evidencia es conclusiva de que este juicio importante no se extiende a los no regenerados, puesto que ninguna Escritura lo relaciona a ellos. El valor para el creyente del resultado de este juicio de Dios que es suficiente y final sobre la naturaleza pecaminosa (véase Ro. 6:1-6), es de alcances insondables. Ese valor no logra ningún cambio en la presente potencia vital de esa naturaleza. Este juicio consiste más bien en una cuenta divina que responde a toda objeción moral que la naturaleza pecaminosa podría imponer sobre el Espíritu Santo que mora en el corazón y así impedir su control de esa naturaleza. Es así como está involucrada toda la posibilidad del poder vencedor del Espíritu en la vida del creyente. Dios no tiene intención de que los no salvados tengan el poder para vivir santamente en su condición perdida –porque no tienen el Espíritu (véase Judas 1:19)– por tanto no hay ni provisión ni promesa que pudiera extender el valor de ese juicio más allá de los límites de aquellos que son salvos. No puede dudarse que la muerte de Cristo por la naturaleza pecaminosa del creyente es una forma de juicio divino (comp. Ro. 6:1-10; Gá. 5:24; Ef. 4:22-24; Col.3:9-10).

3. EL JUICIO DE SATANAS MEDIANTE LA CRUZ. La relación entre Dios y los ángeles, para la mente humana es incomprensible, porque esto se ha revelado sólo parcialmente. La relación entre Cristo y Satanás está igualmente encubierto. Aunque es vasto en sus alcances, se logra alguna luz sobre las relaciones que existen entre Cristo y los ángeles en el primer evangelio de Génesis 3:15, la tentación en el desierto (Lucas 4:1-13), la guerra en el cielo (Ap. 12:7-12), los mil años de reinado en los cuales los poderes angélicos son subyugados (1 Co. 15:25-26), pero muy especialmente del juicio efectuado por Cristo sobre Satanás en conexión con la cruz (Juan 12:31; 14:30; 16:11; Col. 2:14:15).

Es así como se descubre que la cruz de Cristo en sus tres extensos alcances es uno de los más grandes, si no el más grande de los juicios de Dios.

II. EL JUICIO PROPIO DEL CREYENTE Y LOS JUICIOS DE DIOS PARA CORRECCION

Bajo este encabezamiento general hay dos juicios distintos, y, como se dijo anteriormente, se contemplan juntos por ser interdependientes. El hijo que vive en la casa del Padre y con la familia debe comprender que Dios es un disciplinador perfecto. El tiene que castigar la desobediencia a su manera y en su propio tiempo. El pasaje central concerniente a la disciplina del Padre es Hebreos 12:3-15. En este contexto está declarado que todo hijo en la casa del Padre está sujeto a castigo conforme exija la ocasión. El versículo 6 se refiere a los castigos y a los azotes. Estos deben diferenciarse bien. Los azotes tienen por meta vencer la voluntad humana una vez por todas, y cuando la voluntad está rendida no hay necesidad de más azote. Por otro lado, el castigo puede ser repetido muchas veces y puede ser administrado con el fin de que el creyente sea fortalecido, o, para prevenirle para que no vaya por caminos pecaminosos. Es posible que un buen hombre por la disciplina llegue a ser un hombre mejor. Cristo dijo: "Todo aquel que lleva fruto, lo limpiará, para que lleve más fruto" (Jn.15:2). Pero del castigo que es para corregir un mal, está escrito de aquellos que participan de la cena del Señor indignamente, "por lo cual hay muchos enfermos y debilitados entre vosotros, y muchos duermen" (1 Co.11:30). Inmediatamente después de esta declaración y muy relacionada a ella, está la verdad adicional de que el creyente puede evitar el castigo por una obra inicua, confesándola a Dios; tal confesión es un juicio de sí mismo, o juicio propio. Si no se hace la confesión, necesariamente habrá castigo. El pasaje dice, "Si, pues, nos examinásemos a nosotros mismos, no seríamos juzgados; mas siendo juzgados, somos castigados por el Señor, para que no seamos condenados con el mundo" (1 Co.11:31-32).

Es en este pasaje donde aparecen dos aspectos de juicio con uno dependiendo del otro. Primero, el creyente debe confesar a Dios todo pecado de su conocimiento; y, segundo, el Padre conforme a su criterio, puede castigar a su hijo cuando éste rehusa confesar (véase 1 Jn.1:9). La provisión divina es benigna hasta un grado infinito. Cuando el creyente ha pecado, Dios espera que ese pecado sea confesado. Si se abstiene de esa confesión, Dios, en su tiempo oportuno y a su manera, tiene que corregir a su hijo.

III. EL JUICIO DE LAS OBRAS DEL CREYENTE

Debido a la infinita fidelidad de Dios, que está basada sobre provisiones infinitas, el creyente no puede ser traído a juicio respecto a pecados que Cristo llevó sobre sí mismo (véanse Jn.3:18; 5:24; Ro.8:1), pero la verdad permanece de que el creyente será traído a juicio tocante a su servicio a Dios, es decir, el uso que ha dado a sus potencias redimidas después de haber sido salvado. Este juicio tiene por fin proveer recompensas adecuadas para aquellos que han servido con fidelidad. Esta forma de juicio, en relación a los creyentes que no han sido fieles, hace que las obras que ellos hicieron sean quemadas, pero con la seguridad de que, a pesar de quemarse las obras, el creyente será salvado. El permanece salvo, puesto que su salvación no descansa de ninguna manera en sus obras, sino en los méritos de Cristo quien nunca cambia, quien es el mismo ayer, hoy, y por los siglos (He.13:8).

La doctrina de las recompensas, que ha sido considerada ampliamente en otra parte de esta teología, debe considerarse como una doctrina esencial que acompaña la doctrina de la gracia redentora. Por cuanto no se le permite al salvado contribuir al fundamento de su aceptación, se hace evidente que su servicio no puede ser atribuído como precio de su salvación; por tanto, su servicio más bien tendrá recompensas, como un reconocimiento por parte de Dios del sacrificio y servicio rendidos. Este juicio se efectuará en βῆμα, que es "el tribunal de Cristo" (2 Co.5:10). La Escritura que presenta esta forma de juicio puede considerarse en parte.

1 Corintios 3:9-15. "Porque nosotros somos colaboradores de Dios, y vosotros sois labranza de Dios, edificio de Dios. Conforme a la gracia de Dios que me ha sido dada, yo como perito arquitecto puse el fundamento, y otro edifica encima; pero cada uno mire cómo sobreedifica. Porque nadie puede poner otro fundamento que el que está puesto, el cual es Jesucristo. Y si sobre este fundamento alguno edificare oro, plata, piedras preciosas, madera, heno hojarasca, la obra de cada uno se hará manifiesta; porque el día la declarará, pues por el fuego será revelada; y la obra de cada uno cuál sea, el fuego la probará. Si permaneciere la obra de alguno que sobreedificó, recibirá recompensa. Si la obra de alguno se quemare, él sufrirá pérdida, no obstante él mismo será salvo, aunque así como por fuego."

En este pasaje, el creyente, que una vez por todas ha sido fundado sobre la Roca, Cristo Jesús, se nos dice que él edifica sobre esa Roca ya sea con materiales que son quemados por el fuego, o con materiales que son purificados por el fuego. Aquí no se hace ninguna referencia a "construcción del carácter" porque el carácter cristiano, en la dispensación de la gracia, se produce en el hijo de Dios como fruto del Espíritu que mora en él (Gá.5:22-23). Lo que se contempla son las obras o el servicio del creyente que él está construyendo. Estas son las obras, las cuales Dios preparó de antemano para que anduviésemos en ellas (Ef.2:10).

1 Corintios 9:27. "Sino que golpeo mi cuerpo, y lo pongo en servidumbre, no sea que habiendo sido heraldo para otros, yo mismo venga a ser eliminado."

Despúes de haber considerado con atención la verdad sobre las recompensas que están guardadas para los creyentes que son fieles y que han dado testimonio de su servicio a Cristo (vs.16-26), el apóstol expresa un temor que su propio servicio fuese ἀδόκιμος – desaprobado. El significado exacto de ἀδόκιμος es *desaprobado* y no *desechado*. Esta es la forma negativa, y su forma positiva se encuentra traducida correctamente en 2 Timoteo 2:15, "Porcura con diligencia presentarte a Dios aprobado (δόκιμος)." La reprobación que el apóstol temía no era otra sino el quemar de las obras indignas en el servicio (véase 2 Co.5:11).

2 Corintios 5:9-10. "Por tanto procuramos también, o ausentes o presentes, serle agradables. Porque es necesario que todos nosotros comparezcamos ante el tribunal de Cristo, para que cada uno reciba según lo que haya hecho mientras estaba en el cuerpo, sea bueno o sea malo."

Aquí, así como se insinuó antes, la palabra βῆμα se traduce "tribunal" y se declara definidamente que todos los creyentes tienen que comparecer ante el tribunal de Cristo (véase Ro.14:10). El juicio se verifica en el cielo y no se trata de averiguar si el creyente entrará en el cielo, o si permanecerá en el cielo.

No es posible dar demasiado énfasis al hecho de que este juicio no tiene relación con el problema del pecado, porque tiene por objeto conceder los galardones más bien que rechazar el incumplimiento de uno; y se afirma claramente en 1 Corintios 4:5 que, a pesar de todo fracaso, cada uno (creyente) recibirá su alabanza de Dios. Pasajes bíblicos adicionales que presentan este juicio en particular son: Romanos 14:10; Efesios 6:8; 2 Timoteo 4:8; Apocalipsis 22:12.

IV. EL JUICIO DE ISRAEL

En el orden en que ocurrirán los futuros juicios, el juicio de Israel es el siguiente. Se verificará en conexión con la segunda venida de Cristo. Que el juicio de Israel precede el juicio de las naciones se indica por el hecho de que estos juicios aparecen en ese orden en el discurso del Monte de los Olivos (Mt.24:1-25:46); sin embargo, ambos de estos grandes juicios están relacionados a la segunda venida y acontecerán al final de la tribulación. Muy al contrario a la experiencia concedida para la Iglesia (véase Jn.5:24), Israel la Nación, tendrá que ser juzgada, y es razonable creer que ese juicio incluirá a todo miembro de esa nación quienes en el pasado vivieron bajo los pactos y las promesas. Por tanto se hace necesaria una resurrección de esas generaciones de Israel y tiene que preceder a su juicio. El glorioso reino mesiánico ha sido la esperanza de los santos del Antiguo Testamento, y en conformidad a esta esperanza ordenaron su vida. En el mismo contexto inmediato en el cual se promete una resurrección del pueblo de Daniel, a Daniel mismo se le dijo que él reposaría y se levantaría para recibir su heredad al fin de los días (Dn.12:13). De aquellos que serán levantados él dice, "Y muchos de los que duermen en el polvo de la tierra serán despertados, unos para vida eterna, y otros para vergüenza y confusión perpetua. Los entendidos resplandecerán como el resplandor del firmamento; y los que enseñan la justicia a la multitud, como las estrellas a perpetua eternidad" (Dn.12:2-3). Algunos, en los días de Daniel, como en todas las generaciones de Israel, están inscritos en el libro. Malaquías al hablar del Israel de sus días, habló igualmente de todas las generaciones de Israel, diciendo: "Entonces los que temían a Jehová hablaron cada uno a su compañero; y Jehova escuchó y oyó, y fue escrito libro de memoria delante de él para los que temen a Jehová, y para los que piensan en su nombre. Y serán para mí especial tesoro, ha dicho Jehová de los ejércitos, en el día en que yo actúe; y los perdonaré, como el hombre que perdona a su hijo que le sirve. Entonces os volveréis, y discerniréis la diferencia entre el justo y el malo, entre el que sirve a Dios y el que no le sirve" (Mal.3:16-18; comp. Dn.12:1). Habrá recompensas para ellos cuando vuelvan, palabra que anticipa el recogimiento de Israel.

Son tres los principales pasajes que presentan el juicio futuro de Israel, y son los siguientes:

Ezequiel 20:33-44. Esta porción bíblica debiera leerse en este momento. Aquí se dará solamente una parte de esta profecía, "Vivo yo, dice Jehová el Señor, que con mano fuerte y brazo extendido, y enojo derramado, he de reinar sobre vosotros; y os sacaré de entre los pueblos, y os reuniré de las tierras en que estáis esparcidos, con mano fuerte y brazo extendido, y enojo derramado; y os traeré al desierto de los pueblos, y allí litigaré con vosotros cara a cara. Como litigué con vuestros padres en el desierto de la tierra de Egipto, así litigaré con vosotros, dice Jehová el Señor. Os haré pasar bajo la vara, y os haré entrar en los vínculos del pacto; y apartaré de entre vosotros a los rebeldes, y a los que se rebelaron contra mí; de la tierra de sus peregrinaciones los sacaré, mas a la tierra de Israel no entrarán; y sabréis que yo soy Jehová" (vs.33-38). En este pasaje se revela que este juicio se efectuará en "el desierto de los pueblos" – parece evidente que será en el lugar donde Jehová litigó con los padres cuando salieron de Egipto. Este juicio se hará "cara a cara" y resultará en una separación de los rebeldes y los transgresores del resto de la congregación de Israel. Estos, se nos dice, no entrarán en la tierra de Israel. Este anuncio de un juicio que sobrevendrá no sólo es una profecía que se cumplirá cuando Israel vuelva a su patria, sino que concierne aquella generación a quien Ezequiel escribía, y todas las generaciones de ese pueblo. Por tanto, se llega a la conclusión de que este juicio no se limita solamente a la última generación que esté en la tierra cuando este juicio se haga realidad.

Malaquías 3:2-6. "Y quién podrá soportar el tiempo de su venida? ¿o quién podrá estar en pie cuando él se manifieste? Porque él es como fuego purificador, y como jabón de lavadores. Y se sentará para afinar y limpiar la plata; porque limpiará a los hijos de Leví, los afinará como a oro y como a plata, y traerán a Jehová ofrenda en justicia. Y será grata a Jehová la ofrenda de Judá y de Jerusalén, como en los días pasados, y como en los años antiguos. Y vendré a vosotros para juicio; y seré pronto testigo contra los hechiceros y adúlteros, contra los que juran mentira, y los que defraudan en su salario al jornalero, a la viuda y al huérfano, y los que hacen injusticia al extranjero, no teniendo temor de mí, dice Jehová de los ejércitos. Porque yo Jehová no cambio; por esto, hijos de Jacob, no habéis sido consumidos."

En Malaquías 3:1 hay una diferencia entre "mi mensajero", que es Juan el Bautista, y "el ángel del pacto," que es Cristo el Mesías. La pregunta, "¿Y quién podrá soportar el tiempo de su venida?" no se refiere a Juan, sino a Cristo, y, aunque el profeta no pudo distinguir entre el primero y segundo advenimientos, el pasaje describe el juicio final de Israel que acontecerá cuando vuelva el Rey.

Mateo 24:37-25:30. Todo este contexto, que es demasiado largo para citarlo aquí debiera leerse en este instante, teniendo en mente (1) que es un discurso dirigido a Israel, (2) que, hasta 25:13, el pasaje es una amonestación a esa nación del carácter inesperado del regreso de su Mesías; un pasaje que, como otros muchos, tendrán su aplicación primaria en los días de la gran tribulación. En 24:33 se declara que Israel puede ser despertado a la expectativa "cuando veáis todas estas cosas." Ciertas Escrituras se relacionan a eventos que son totalmente del pasado, mientras que otras Escrituras – y ésta es una de ellas – se relacionan totalmente a eventos del futuro. El día cuando estas cosas comiencen a suceder (véanse Mr.13:28-29; Lc.21:29-31), Israel aceptará estas palabras directas de instrucción y se les incumbirá obedecerlas.

La parábola del amo de casa (Mt.24:45-51) afirma que los siervos serán juzgados conforme a su fidelidad; y los infieles, lejos de ser admitidos a la gracia y presencia de su Señor, serán castigados duramente, "su parte será con los hipócritas; allí será el lloro y el crujir de dientes."

La parábola de las vírgenes es semejante (Mt.25:1-13); enseña la importancia de la preparación y el regreso repentino del Rey. A Israel se le advierte que debe *velar*. En páginas anteriores se han indicado ciertas características de este pasaje. Las vírgenes representan a Israel (comp. Sal.45:8-15); según algunos manuscritos griegos, cuyo valor no puede dudarse, estas vírgenes salen a encontrar al Esposo y la Esposa (véase Lc.12:35-36). El evento es el regreso del Mesías a la tierra, y le toca a Israel darle la bienvenida, y entrar con El y con su esposa a la fiesta de bodas aquí en la tierra (comp.25:10). Está claramente declarado que a una gran parte de las vírgenes se les rehusará la entrada a la celebración, que equivale a no poder entrar en el reino. Por esto se les exhorta a velar (25:13).

Además, y finalmente, la entrada de Israel en su reino depende del uso correcto de sus talentos (Mt.25:14-30). En esta parábola el dictamen es seguro. Está escrito que Cristo dijo: "Porque al que tiene, le será dado, y tendrá más; y al que no tiene, aun lo que tiene le será quitado. Y al siervo inútil echadle en las tinieblas de afuera; allí será el lloro y el crujir de dientes" (vs.29-30).

Si no hubiera ninguna otra evidencia que pudiera demostrar que Mateo 24:37-25:30 se refiere a Israel, bien podría mostrarse por dos hechos; que la Iglesia no será juzgada, y que las naciones serán juzgadas separadamente, (no con Israel) según el contexto que viene a continuación (comp.Mt.25:31-46). Si nunca se juzga a la Iglesia, y si las naciones no son juzgadas sino hasta después del juicio que está escrito en Mateo 24:37-25:30, se hace evidente que este juicio antecendente debe ser de Israel (véase Sal. 50:1-7). Puede decirse que la porción de Israel representada por las cinco vírgenes prudentes – aquellos que son aprobados por este juicio nacional – vienen a ser la representación de esa nación – aquellos que son señalados para entrar al reino. Se refiere a éstos en Romanos 11:26-27, "Y luego todo Israel será salvo, como está escrito: Vendrá de Sion el Libertador, que apartará de Jacob la impiedad. Y este será mi pacto con ellos, cuando yo quite sus pecados."

V. EL JUICIO DE LAS NACIONES

El período designado como "los tiempos de los gentiles", tiempos que, con la intercalación de la edad de la Iglesia, se extiende desde la cautividad babilónica hasta la conclusión de la gran tribulación, termina con juicio sobre las naciones. A distinción de otros juicios que son regresivos para incluir a generaciones pasadas, este juicio cae solamente sobre la generación existente de los gentiles en la tierra. Esto es un arreglo equitativo porque los que están implicados serán juzgados conforme al tratamiento que hayan dado a Israel durante los siete años de la tribulación. Solamente una generación estará implicada. Dios ha juzgado naciones individuales en el pasado por motivo de su tratamiento a Israel, y nunca ha dejado de ser una verdad que una maldición ha caído sobre aquellas naciones que han maldecido a Israel, y una bendición ha venido sobre aquellas naciones que han bendecido a Israel (véase Gn.12:3); pero una maldición específica o una bendición específica espera a las naciones (o sean los gentiles) que en la gran tribulación hayan maldecido, o hayan bendecido a Israel. De igual manera, el juicio de una generación de los gentiles no sustituye el juicio final ante el gran trono blanco de todas las naciones y pueblos de todas las edades quienes han rechazado los consejos de Dios. Así que, de igual manera, cuando en el juicio de las naciones algunos serán echados en el lago de fuego (véase Mt.25:41), no es necesario concluir que van a la condenación únicamente por su manera de tratar a Israel en la tribulación; más bien, así como todos aquellos que rechazaron a Cristo, serán consignados al lago de fuego. El momento de esa consignación probablemente será en la conclusión del milenio y entre todos los demás ante el gran trono blanco (comp. Ap.20:11-15; Mt.13:30).

La base del juicio de las naciones se reconocerá unicamente al reconocer que Israel, como una nación, es escogida por Dios sobre todas las naciones de la tierra. Por este pueblo escogido Dios tiene un amor y un propósito, y estos son inmutables e imperecederos. No es posible alcanzar una correcta comprensión del programa divino para la tierra a menos que se reconozca el favor soberano de Dios hacia Israel. Si se reconoce ese favor soberano, habrá muy poca dificultad sobre el asunto por el cual las naciones son juzgadas al final de la tribulación.

El juicio de las naciones incluye no sólo su presencia ante el Rey en su trono (Mt.25:31-32), sino también la derrota de esas naciones cuando se levanten en oposición a Dios. La completa subyugación de todas las naciones por el Mesías que vuelve está profetizada en varios pasajes de las Escrituras (véanse Sal.2:1-10; Is. 63:1-6; 2 Ts.1:7-10; Ap.19:11-21). Estas naciones que han sido vencidas por el regreso de Cristo todas estarán ante su trono de gloria con el más profundo silencio, y es ahí donde recibirán la sentencia respecto a su destino señalado por Dios. Dos pasajes extensos describen ese día incomparable, cuando las naciones serán juzgadas, Joel 3:9-16, y Mateo 25:31-46. Joel presenta a Jehová como el Juez de las naciones, y también como la esperanza de Israel en esa hora. Mateo contiene la propia predicción del Rey, en la cual El describe la reunión de las naciones delante de El, la base de su juicio (la forma cómo trataron a los hermanos de Cristo, es decir, a Israel), y el veredicto que invita a algunos a entrar en el reino, preparado para ellos por el Padre, y a otros despide para el lago de fuego.

VI. EL JUICIO DE LOS ANGELES

Cristo, habiendo vencido a las naciones al regresar a la tierra, entonces emprenderá la obra estupenda de subyugar a los poderes angelicales, y esto se extenderá en toda la duración del reino milenario. Está predicho que antes del fin, o la resurrección final de los muertos inicuos, Cristo tendrá que derrotar todo poder y toda autoridad. El pasaje dice: "Luego el fin, cuando entregue el reino al Dios y Padre, cuando haya suprimido todo dominio, toda autoridad y potencia. Porque preciso es que él reine hasta que haya puesto a todos sus enemigos debajo de sus pies. Y el postrer enemigo que será destruido es la muerte" (1 Co.15:24-26). Satanás, que es el superior de los ángeles caídos, tendrá que ser consignado al lago de fuego con todos sus ángeles, y esto será después de los mil años en el abismo, y después de la última rebelión (Mt.25:41; Ap. 20:7-10). Es así como las actividades de Cristo al subyugar a los ángeles, que se ha extendido por mil años, las consumará antes de la creación de los cielos nuevos y la tierra nueva. Tanto Pedro como Judas se refieren al juicio de los ángeles y especialmente de aquellos que han sido reservados en cadenas de obscuridad hasta el día de ser juzgados: "Porque si Dios no perdonó a los ángeles que pecaron, sino que arrojándolos al infierno los entregó a prisiones de oscuridad, para ser reservados al juicio" (2 P.2:4); "Y a los ángeles que no guardaron su dignidad, sino que abandonaron su propia morada, los ha guardado bajo oscuridad, en prisiones eternas, para el juicio del gran día" (Jud.6).

VII. EL JUICIO DEL GRAN TRONO BLANCO

Este juicio final, la consumación del juicio de la cruz y el juicio de todos los que no son redimidos, sucederá al terminar el milenio. Ellos serán levantados para ese juicio, y serán juzgados según hayan sido sus obras. Estas obras están escritas en los libros de Dios, los cuales serán abiertos en ese juicio. También estará ahí el libro de la vida, pero probablemente con la idea de demostrar que no se han cometido errores y que los que están congregados delante del gran trono blanco no han recibido el don de Dios, que es la vida eterna. La terrible condenación que les espera es incomprensible; pero es la última palabra de Dios respecto al pecado y toda injusticia. En vista de la tendencia general de confundir el juicio de las naciones con el del gran trono blanco, se deberá observar las distinciones entre ellos. En el juicio de las naciones habrá tres clases presentes: "ovejas", "cabritos" y los "hermanos" de Cristo, mientras que ante el gran trono blanco solamente hay una clase: los inicuos muertos. En el primer caso la escena es en la tierra, mientras que en el otro, es en el espacio. En el primer caso es el tratamiento del judío el asunto principal, mientras que en el otro son las malas obras de aquellos que son juzgados. En el primer, algunos entran en el reino en su comienzo y algunos van al lago de fuego, en el otro caso, todos van al lago de fuego.

CONCLUSION

Con lo que queda dicho arriba se notará que la afirmación teológica de que hay un solo juicio general es un gran error; y también se reconocerá que todo el tema del juicio divino no sólo es de alcances muy grandes, sino que es importante para una correcta comprensión de toda la profecía.

CAPITULO XXVII

EL ESTADO ETERNO

Ese aspecto de la profecía que descubre el estado futuro de los hombres puede considerarse bajo varias divisiones generales, que son: (1) el estado intermedio, (2) Las criaturas de Dios que entrarán a esa condición eterna de vida, (3) las varias esferas de existencia, (4) las teorías que tratan de una existencia futura, (5) la nueva tierra, (6) el infierno, y (7) el cielo.

I. EL ESTADO INTERMEDIO

El término *estado intermedio* según el uso teológico, se refiere a la manera de la existencia del alma y espíritu humanos en ese intervalo entre la muerte y la resurrección. Con excepción de la traslación de algunos de los santos, la muerte y la resurrección son universales; y, como la muerte nunca se representa como una condición inconsciente, las almas y los espíritus de todos los hombres, por cuanto continúan siendo conscientes, están sujetos a localidad y condiciones. Esto, así como en todos los problemas de una existencia futura, es inútil entrar en especulación. Unicamente la Palabra de Dios puede conceder enseñanza autoritativa. Hay tres divisiones claras de este tema: (a) dos palabras importantes de localidad, (b) la doctrina del sueño, y (c) un cuerpo intermedio.

1. DOS PALABRAS IMPORTANTES DE LOCALIDAD. La palabra *Seol* del Antiguo Testamento, y la palabra *Hades* del Nuevo Testamento son idénticas; ambas se refieren al lugar a donde van los que mueren. Estas palabras con frecuencia se usan como equivalentes al sepulcro, algunas veces como el lugar donde se espera la resurrección del cuerpo, y algunas veces se usan para describir el destino eterno de los hombres. Para el hombre natural que no recibe ninguna revelación de Dios, *seol* y *hades* no son más que el sepulcro, lugar que, hasta donde alcanza la observación humana, termina la vida; pero el Seol es un lugar de tristeza y dolor (véase 2 S.22:6; Sal.18:5; 116:3). Es el lugar a donde van los inicuos (Sal.9:17) y un lugar donde están conscientes (Is.14:9-11; Ez.32:21; Jonás 2:2). Pues también el rico estaba en el Hades y poseía todas sus facultades (Lc.16:23). Con respecto al Hades antes y después de la ascensión de Cristo, el Dr. C. I. Scofield escribe lo siguiente:

"*Hades antes de la ascensión de Cristo.* Los pasajes donde la palabra ocurre hacen claro que el hades se dividía antes en dos partes, una para los perdidos y otra para los salvos. La primera de estas divisiones se llamaba 'el Paraíso' y 'el seno de Abraham'. Ambos nombres tienen su origen en el Talmud, pero Cristo los adopta en Lucas 16:22; 23:43. Los bienaventurados estaban con Abraham, eran conscientes de su estado y recibían consolación (Lc.16:25). El malhechor creyente recibió la promesa de que él iba a estar con Cristo, en aquel mismo día, en 'el paraíso'. Los perdidos se hallaban separados de los salvos por 'una gran sima' (Lc.16:26). El hombre representativo de los perdidos que están actualmente en el hades, es el rico mencionado en Lucas 16:19-31. El estaba vivo, consciente, en pleno uso de sus falcultades y memoria, y en medio de tormentos.

El Hades después de la ascensión de Cristo. En lo que toca a los perdidos, las Escrituras no revelan que haya habido algún cambio en su condición o lugar en el más allá. Cuando se efectúe el juicio del gran trono blanco, el Hades entregará a los muertos y ellos serán juzgados y lanzados al lago de fuego (Ap.20:13,14). Pero sí se ha efectuado un cambio que afecta al paraíso. Pablo "fue arrebatado hasta el tercer cielo. . . al Paraíso" (2 Co.12:1-4). El paraíso, por lo tanto, está ahora en la presencia inmediata de Dios. Se cree que Efesios 4:8-10 indica el tiempo cuando dicho cambio tuvo lugar. 'Subiendo a lo alto, llevó multitud de cautivos' (V.M.). A continuación se añade que El había descendido previamente 'a las partes inferiores de la tierra'; es decir, a la división del hades llamada el paraíso. Durante la presente era de la Iglesia los salvos que parten de este mundo están ausentes del cuerpo y 'presentes con el Señor'. Tanto los impíos que se hallan en el hades como los justos que están con el Señor, han de experimentar un día de resurrección (Job 19:25; 1 Co.15:52)."—*Biblia Anotada de Scofield, ps. 1056 y 57.*

2. LA DOCTRINA DEL SUEÑO. En el Nuevo Testamento se usa la palabra *sueño* para indicar lo blando que es la muerte del creyente. Cristo empleó ese término en el caso de Lázaro (Jn.11:11-13), y también lo usó el apóstol Pablo (1 Co.15:51). Algunos han confundido el hecho de que el cuerpo duerme con la noción de que el alma duerme. No hay ningún fundamento en la Palabra de Dios para sostener ese supuesto sueño del alma. Por otra parte, con términos que no pueden confundirse está declarado que aquellos que mueren, siguen siendo conscientes y, en el caso de los creyentes, que ellos pasan a la presencia del Señor. Cristo dijo al ladrón en la cruz: "De cierto te digo que hoy estarás conmigo en el paraíso" (Lc.23:43), y el apóstol hablando de la muerte del creyente, dijo: "teniendo deseo de partir y estar con Cristo, lo cual es muchísimo mejor" (Fil.1:23), y "Así que vivimos confiados siempre, y sabiendo que entre tanto que estamos en el cuerpo, estamos ausentes del Señor (porque por fe andamos, no por vista); pero confiamos, y más quisiéramos estar ausentes del cuerpo, y presentes al Señor" (2 Co.5:6-8).

3. CUERPO DURANTE EL INTERMEDIO. En 2 Corintios 5:1-5 se hace una declaración de que, "si nuestra morada terrestre, este

tabernáculo, se deshiciere, tenemos de Dios un edificio, una casa no hecha de manos, eterna, en los cielos", y que el espíritu humano ansiosamente desea no ser desnudado o separado del cuerpo, sino revestido; y para esto se provee un "cuerpo en los cielos", eterno con respecto a sus cualidades como todo cuerpo celestial tiene que ser, que le espera al creyente que muere. De manera que el no estará desvestido o sin cuerpo entre la muerte y la resurrección de ese cuerpo original que saldrá del sepulcro. El cuerpo "en los cielos" no podría ser el cuerpo que sale del sepulcro, ni podría el cuerpo del sepulcro servir como cuerpo durante el intermedio, pues el deseo del creyente de no ser desnudado o estar sin cuerpo no podría satisfacerse.

II. LAS CRIATURAS DE DIOS QUE ENTRAN AL ESTADO ETERNO

Las criaturas de Dios están sujetas a cuatro clasificaciones: los ángeles, los gentiles, los judíos, y los cristianos; hay ciertas distinciones bien definidas que deben observarse entre los angeles, entre los gentiles, y entre los judíos. Puesto que ninguna criatura de Dios cesará de existir, aunque algunos experimentarán la segunda muerte, que es el lago de fuego, todas estas criaturas seguirán existiendo en la eternidad venidera. Hay por lo menos doce divisiones o clases de seres que se deben de considerar, y son: (1) los ángeles no caídos, (2) los ángeles caídos, (3) los gentiles salvos, (4) los gentiles no salvos, (5) los gentiles del reino, (6) los gentiles excluidos del reino, (7) los judíos en el reino, (8) los judíos excluidos del reino, (9) los judíos salvos por haber entrado en la Iglesia, (10) los judíos condenados por haber rechazado el evangelio, (11) los no salvos en sentido general, y (12) los cristianos. Como hay distinciones importantes que trazar entre estos diferentes grupos de las criaturas de Dios, cada uno será considerado separadamente.

1. LOS ANGELES NO CAIDOS. Los ángeles no caídos son aquellos que mantuvieron su primer estado. Estos son tan santos como cuando fueron creados, y este estado, es evidente que lo mantendrán a través de toda la eternidad venidera. Esta compañía incluye vastos imperios de seres que están ocupados en interminable adoración de su Creador. Que ellos permanecerán para siempre es seguro, no sólo porque tienen una naturaleza imperecedera, sino por el hecho de que se indica su presencia en las escenas que caracterizan la eternidad venidera. Los ángeles serán ángeles para siempre.

2.LOS ANGELES CAIDOS. Este grupo de seres se conoce más comúnmente por la designación de "Satanás y sus ángeles"

(Ap.12:9). Bajo la Angeleología se ha escrito mucho acerca de toda esta compañía. Es posible que sean una tercera parte de los seres angelicales (Ap.12:4). Estos están identificados con Satanás en sus actividades presentes y serán participantes de la condenación que le espera a él. Ese destino está sellado. Para siempre estarán ellos con Satanás en el lago de fuego (Ap.20:10), y el hecho de que serán atormentados para siempre indica que no cesarán de tener una existencia consciente (véase Mt.25:41).

3. LOS GENTILES SALVADOS. Sea cual fuese el estado eterno de patriarcas como Adán, Enoc, Noé, Job y Melquisedec, que están clasificados como de la estirpe original perpetuada por los gentiles, una compañía de gentiles muy diferente es llamada de entre ellos que son salvados por la gracia de Dios a una semejanza eterna con Cristo, y están destinados a ser participantes de su gloria para siempre.

4. LOS GENTILES NO SALVADOS. Una compañía innumerable de gentiles de todas las edades pasadas, por la muerte se han ido a un estado de eterna separación de Dios, esperando la resurrección de sus cuerpos (Jn.5:25-29), y el juicio del gran trono blanco, de donde pasarán al lago de fuego, que es la muerte segunda (Ap.20:14,15) —un estado de vida consciente que jamás terminará.

5. LOS GENTILES DEL REINO. Aquellos gentiles de la última generación que vendrá ante el trono de gloria de Cristo al final de la tribulación, será un grupo especial y distinguido, y su recibimiento en el reino terrenal estará basado sobre su servicio a Israel. El Rey dijo que este reino es uno que fue preparado para estos gentiles desde la fundación del mundo. Es, pues, un propósito que se origina en la eternidad pasada y que se espera continuará en la eternidad que vendrá. Es evidente que es el privilegio de estos gentiles continuar con Israel en la nueva tierra bajo el reino eterno del Mesías. Tocante a los gentiles, está escrito con relación a la ciudad eterna que habrá: "Y las naciones que hubieren sido salvas andarán a la luz de ella; y los reyes de la tierra traerán su gloria y honor a ella. Sus puertas nunca serán cerradas de día, pues allí no habrá noche. Y llevarán la gloria y la honra de las naciones a ella" (Ap.21:24-26). Este mismo grupo de gentiles se ve en relación al reino eterno en Hechos 15:17, en donde se describen como "y todos los gentiles (es decir, ese grupo especial), sobre los cuales es invocado mi nombre." Aquellos gentiles que pertenecen a una generación (la del tiempo de la segunda venida) y que entran en el reino de Israel continuando con él para siempre, se distinguirán de aquellos gentiles que, a través de esta edad, son llamados y salvos para entrar a la gloria celestial.

6. LOS GENTILES EXCLUIDOS DEL REINO. Es bien cierto que muchos gentiles de todas las generaciones han ido a eterna

condenación, sin embargo hay una maldición especial impuesta sobre la última generación que durante la gran tribulación se habrá negado servir a Israel. Estos serán de las naciones que estarán a la izquierda del Rey y serán lanzados al lago de fuego (Mt.25:41-46).

7. LOS JUDIOS EN EL REINO. Como fue indicado anteriormente, Israel en todas sus generaciones –excluyendo a aquellos que han entrado en el privilegio sublime de la edad presente de gracia– vendrá a juicio y unos irán a la vida eterna y otros para vergüenza y confusión perpetua (comp. Dn.12:2; Ez.20:33-44; Mt.24:37-25:30). La porción de este pueblo que está destinada a entrar en el reino vendrá a ser el "todo Israel" que "será salvo" (Is.31:1) cuando el Libertador salga de Sion conforme al pacto inalterable de Dios (Ro.11:26,27,29). Estos, como todas las criaturas de Dios, tienen su trayecto trazado hacia la eternidad venidera; porque el reino "es dominio eterno" (Dn. 7:13,14). Una gracia inmensa de Dios vendrá sobre aquellos que entren en la tierra (Ex.20:44; Ro.11:27).

8. LOS JUDIOS EXCLUIDOS DEL REINO. El juicio sobre Israel que ya fue citado, resulta en el rechazamiento de una porción de Israel, simbolizada por las cinco vírgenes insensatas (comp. Ez.20:33-44; Mt. 25:1-13). Ciertas escrituras indican el destino de esta compañía. Ezequiel dice: "Mas a la tierra de Israel no entrarán" (20:38); Mateo informa que Cristo dijo: "Vendrá el señor de aquel siervo en día que éste no espera, y a la hora que no sabe, y lo castigará duramente, y pondrá su parte con los hipócritas; allí será el lloro y el crujir de dientes. . . ; pero mientras ellas iban a comprar, vino el esposo; y las que estaban preparadas entraron con el a las bodas; y se cerró la puerta. Después vinieron también las otras vírgenes, diciendo: ¡Señor, señor, ábrenos! Mas él respondiendo, dijo: De cierto os digo, que no os conozco" (Mt.24:50,51; 25:10-12); "Porque al que tiene, le será dado, y tendrá más; y al que no tiene, aun lo que tiene le será quitado. Y al siervo inútil echadle en las tinieblas de afuera; allí será el lloro y el crujir de dientes" (Mt.25:29,30). Sea cual fuese este estado que se describe aquí, tiene un carácter permanente.

9. LOS JUDIOS SALVADOS POR ENTRAR EN LA IGLESIA. Dentro de esta edad presente no existe ninguna diferencia entre judío y gentil, sea con respecto a su condición perdida –pues ambos están *bajo pecado*– (Ro.3:8), o los requisitos para ser salvos (Ro.10:12), o la perfección de la salvación de los que creen, puesto que todos, juntamente con los gentiles, son un Cuerpo en Cristo Jesús (Ef.2:14-17). En la presente edad toda la familia humana, tanto judíos como gentiles, están colocados sobre un terreno especial para

que sean objetos de la gracia divina. Ya que el propósito supremo de Dios en esta edad es llamar de entre la humanidad a los que formarán su Iglesia, por tanto sólo hay un mensaje que predicar a todos los hombres, a saber, una salvación para entrar en la gloria celestial por medio de la fe en Cristo. En todas las generaciones de esta edad, ha habido algunos judíos que han creído en Cristo Tal vez la proporción de la población es de un judío por cada noventa y nueve gentiles los que tienen representación en la Iglesia. Por nueve años después del Pentecostés la Iglesia era exclusivamente judía. Así como sucede entre los gentiles, también los judíos que han creído han sido completamente cambiados con respecto a su estado. Como hijos de Dios, ellos han sido colocados sobre un terreno nuevo, donde no hay ni judío ni gentil, pero donde Cristo es todo y en todos (Gá.3:26-28); Col.3:11). Los judíos que son salvos en esta edad no están destinados para un reino terrenal, sino que irán a la gloria sublime con Cristo y serán como Cristo.

10. LOS JUDIOS CONDENADOS POR RECHAZAR EL EVANGELIO. Así como es cierto que los judíos para ser salvos en esta edad sólo tienen el evangelio que es por la fe en Cristo, así también es cierto que los judíos de esta edad que rechazan el evangelio están sujetos a la misma condenación determinada para los que rechazan a Cristo. No se les ha dado la facultad de elegir si quieren ser salvos para entrar a la gloria celestial, o entrar al reino terrenal. El juicio que descansa sobre aquellos que desechan la gracia divina no se limita para los gentiles solamente, sino que es para todos los hombres (Jn.3:18; 8:24).

11. LOS NO SALVOS EN SENTIDO GENERAL. Muchas de las Escrituras en el Nuevo Testamento contemplan a todos los no salvos en una categoría y sin reconocer las diferentes clases que fueron mencionadas arriba. Estos son los perdidos por quienes Cristo murió, y sin embargo quedan excluidos de la gloria de los redimidos. El estado de ellos será una perdición eterna. Este tema, que aún será examinado, es necesariamente la contraparte de la gracia redentora de Dios.

12. LOS CRISTIANOS. Esta compañía –compuesta de judíos y gentiles que son salvos y están seguros en Cristo– nunca es dividida en el propósito divino. Ellos son un cuerpo y todo ardid de Satanás se manifiesta para tergiversar ante el mundo una manifestación externa de esta unidad. Todas las divisiones sectarias de la Iglesia, como la teoría de un arrebatamiento parcial, son una violencia contra esta unidad y son señaladas por el Apóstol como el pecado fundamental que causa la carnalidad (1 Co.3:1-4; Jn.17:21-23; Ef.4:1-4). Cada creyente dentro de la Iglesia es perfeccionado por su

presente posición en Cristo; es así como él es acepto (Ef.1:6), y es así, y sólo así como él puede entrar en el cielo. Toda la idea de que algunos creyentes, por un mérito supuesto, son mejores que otros creyentes es un insulto a esa gracia que salva perfectamente a los perdidos, sobre la única condición de la fe en Cristo, aparte de todas las obras.

III. DIFERENTES ESFERAS DE EXISTENCIA

Basando su opinión sobre las Escrituras que sólo presentan dos clases de seres humanos –los salvos y los no salvos– muchos han llegado a la conclusión de que sólo habrá dos esferas de existencia en la eternidad, es decir: el infierno y el cielo. Sin embargo, en muchos pasajes bíblicos (comp. Is.65:17; 66:22; He.1:10-14; Ap.20:11; 21:1-4) está declarado que habrá una nueva tierra como también un cielo nuevo, y que Israel, el pueblo terrenal, permanecerá para siempre en la tierra glorificada que habrá (Is.66:22; Jer.31:36,37), y que el reino de David, que es terrenal, y que estará centralizado en Jerusalén, continuará para siempre jamás (comp. Is.9:6,7; Dn.7:14; Lc.1:31-33; Ap.11:15). La gloria de la tierra eterna, aparentemente se describe en las palabras: "Y oí una gran voz del cielo que decía: He aquí el tabernáculo de Dios con los hombres, y él morará con ellos; y ellos serán su pueblo, y Dios mismo estará con ellos como su Dios. Enjugará Dios toda lágrima de los ojos de ellos; y ya no habrá muerte, ni habrá más llanto, ni clamor, ni dolor; porque las primeras cosas pasaron" (Ap.21:3-4). Al entendimiento humano, estando acostumbrado a la corrupción que hay en la tierra, le es difícil comprender la idea de una nueva tierra "donde mora la justicia" (comp. 2 P. 3:13) –una tierra tan pura y santa, y tan apropiada para ser la residencia de Dios, así como lo es el cielo.

Además de estas dos esferas de habitaciones, el cielo nuevo y la tierra nueva, hay una ciudad que se menciona tres veces que desciende del cielo, de Dios (Ap.3:12; 21:2,10). La conclusión natural es que de alguna manera esta ciudad es separada y no es parte del cielo nuevo, de donde desciende. La descripción de esta ciudad, que se identifica como "la novia, la esposa del Cordero", se halla en Apocalipsis 21:10-22:7. Ninguna gloria podría ser más sublime, y es posible que ésta sea la gloria del mismo cielo. Hebreos 12:22-24 revela quiénes tienen derecho a esta ciudad. El pasaje dice: "Sino que os habéis acercado al monte de Dios, a la ciudad del Dios vivo, Jerusalén la celestial, a la compañía de muchos millares de ángeles, a la congregación de los primogénitos que están inscritos en los cielos, a Dios el Juez de todos, a los espíritus de los justos hechos perfectos, a

Jesús el mediador del nuevo pacto, y a la sangre rociada que habla mejor que la de Abel." Se notará que esta descripción concuerda con la descripción de la ciudad descrita en Apocalipsis 21:10-22:7. Dios estará allí, Cristo estará allí, los ángeles estarán allí, la Iglesia estará allí, y los "espíritus de los justos hechos perfectos" –según Hebreos– y las doce tribus de Israel –según Apocalipsis– estarán allí. La expresión "los espíritus de los justos hechos perfectos" es posible que se refiera a santos de otras dispensaciones u otras edades y no de la edad presente.

Aún queda un lugar de existencia eterna que el apóstol Juan llama "fuera" y "el lago de fuego" (Ap.20:15; 22:15; Mt.25:41,46; Ap.21:8,27; 22:11).

IV. TEORIAS CONCERNIENTES A LA EXISTENCIA FUTURA

La especulación humana tocante a la existencia del hombre después de la muerte es natural, y es tan antigua como la misma raza. Sobre este asunto, sin embargo, los hombres se inclinan a desconocer la revelación divina más que en cualquier otro tema. Acerca de la existencia futura de los perdidos, hombres que ordinariamente se dirigen a la Palabra de Dios, con frecuencia, por falta de comprensión de la doctrina, abandonan la Palabra e injustificadamente introducen sus opiniones inútiles. Hay ciertas teorías que han sido propuestas que exigen refutación.

1. LA MUERTE ES CESACION DE LA EXISTENCIA. Este aspecto de animalidad se ha sostenido por los ateos, a pesar del deseo natural por una existencia continua por parte de todos los hombres. La Biblia consecuente y universalmente afirma la existencia sin fin de todos los seres creados.

2. LA TRANSMIGRACION DEL ALMA. La idea de que el alma pasa de una encarnación a otra ha sido sostenida por algunos hombres en todas las generaciones. No se necesita argüir que no hay fundamento para tal creencia, sea bíblico o cualquier otro. Aunque es la creencia del nativo de la India, Max Müller declara que no hay vestigios de ella (*metempsícosis*) en los Vedas: "No hay vestigio en la Veda de metempsicosis, o sea la *transmigración* de las almas de los humanos a los cuerpos de animales, que generalmente se supone es una característica distintiva de la religión de la India" (*Chips,* I, 44, citado en *New Standard Dictionary,* 1913 ed., *s.v.* 'transmigration').

3. INMORTALIDAD CONDICIONAL. En parte, la idea procede de la Biblia, pues se reconoce la inmortalidad, pero esta teoría, que abraza la noción ateista de la cesación de la existencia al morir para

los que no han nacido de nuevo tiene su origen en la mente humana. La teoría asevera que, aparte del don de Dios que es la vida eterna, los hombres no son superiores a los animales y son como los animales que terminan su existencia al morir. Niega lo que dice la Palabra de Dios acerca de la subsistencia sin fin de todos los seres racionales, y algunas veces incluye en su campo de errores el sueño del alma en el sepulcro entre la muerte y la resurrección. Ante la clara enseñanza de la Biblia, de que los no regenerados serán levantados de la muerte (Dn. 12:2; Juan 5:25; Ap. 20:12-15), algunos de los que sostienen esta teoría modifican sus opiniones hasta contender que los no salvos, cuando sean levantados, serán aniquilados, y que tal es el significado de la muerte segunda (Ap. 20:14-15; 21:8). Pero la muerte segunda es sólo una continuación de la muerte espiritual –la separación entre el alma humana y Dios. Cuando se comparan Apocalipsis 19:20 con 20:10 se nota que los ocupantes del lago de fuego continúan siendo conscientes y se observa que los términos la *muerte segunda* y *el lago de fuego* son idénticos (Ap. 20:14-15). El Dr. B. B. Warfield escribe en *The New Schaff Herzog Encyclopedia of Religious Knowledge,* (I, 183 ff.) lo siguiente:

"*Definición y clasificación de teorías.* El aniquilamiento es ' un término que señala con amplitud un gran conjunto de teorías que unidas sostienen que los seres humanos, al morir, dejan de existir totalmente. ' Estas teorías se dividen lógicamente en tres clases, según sus ideas: unas sostienen que todas las almas, siendo mortales, dejan de existir al morir; otras, que las almas, siendo naturalmente mortales, solamente que reciben de Dios la inmortalidad persisten con vida; y otras que, aunque las almas por naturaleza son inmortales, siguen existiendo a menos que sean destruidas por una fuerza que opera sobre ellas desde afuera, y que las almas inicuas son destruidas de esta manera. Estas tres clases de teorías por conveniencia podrían llamarse, respectivamente: (1) simple mortalidad, (2) inmortalidad condicional, y (3) puro aniquilamiento.

1. *Simple Mortalidad.* La contención común de las teorías que forman la primera de estas clases, es que la vida humana está unida al organismo, y por tanto, que el hombre entero deja de existir con la disolución del organismo. Generalmente la base de esta contención, o es materialista, o es panteísta, o por lo menos panteíza (e. g. realista); en el primer caso el alma se conceptúa como una simple función de la materia organizada, y necesariamente cesa de existir con la disolución del organismo; en el siguiente caso no es más que una manifestación individualizada de una entidad mucho más extensiva, en el que vuelve a sumergirse con la disolución del organismo en conexión con el cual se realiza la individualización. Sin embargo, rara vez, la contención en discusión se basa en la noción de que el alma, aunque es una entidad espiritual distinta del cuerpo material, es incapaz de mantener su existencia aparte del cuerpo. La promesa de la vida eterna es un elemento tan esencial del cristianismo que teorías como éstas no pueden medrar en un ambiente cristiano . . .

2. *Inmortalidad Condicional.* La clase de teorías en las cuales se hace la designación ' inmortalidad condicional ' es justamente aplicable, concuerda con las teorías de simple mortalidad en la enseñanza de la muerte natural del hombre

en su totalidad, pero difiere de aquellas al mantener que esto mortal puede sobrevestirse de inmortalidad, y que tal es el caso muchas veces. La inmortalidad en su opinión es un don de Dios, conferido en aquellos que han entrado en una comunión viviente con El . Muchos teorizantes de esta clase francamente abrazan la doctrina materialista del alma, y niegan que es una entidad distinta; por tanto, ellos enseñan que el alma necesariamente muere con el cuerpo, e identifican la vida después de la muerte con la resurrección, que conciben como esencialmente una recreación del hombre. Si todos los hombres están sujetos a esta resurrección recreativa es un asunto disputable entre ellos mismos. Algunos lo niegan, y por tanto, afirman que el inicuo perece finalmente al morir, y que sólo los hijos de Dios alcanzan la resurrección. La mayor parte, sin embargo, enseña una resurrección para todos, y una ' muerte segunda ', la que es la aniquilación del inicuo . . .

3. *Puro Aniquilamiento.* Sin embargo, al hablar de la extinción, ya nos estamos pasando más allá de los límites del ' condicionalismo ' en su pureza y simplicidad y entramos en el terreno del puro aniquilamiento. Sea porque pensemos de esta extinción como el resultado del castigo, o, como una muerte gradual de la personalidad bajo los efectos debilitantes del pecado, ya no estamos contemplando al alma como naturalmente mortal y que necesita de un don de gracia para mantenerla en existencia, sino como naturalmente inmortal y sufriendo destrucción en las manos de un poder enemigo. Y esto viene a ser aun más aparente cuando la presunta mortalidad del alma no está basada en su naturaleza sino en su pecaminosidad; de modo que la teoría no trata con las almas, como tales, sino con almas pecaminosas, y es cuestión de una salvación por un don de la gracia para vida eterna, o de ser dejada a los efectos desintegrantes del pecado. El punto de distinción entre las teorías, con más o menos estabilidad y sinceridad reconocen lo que se llama ' la inmortalidad natural del alma ', y por tanto, no se sujetan a la tentación de pensar que el alma deja su existencia en la muerte (o en cualquier tiempo), mas sin embargo enseñan que el castigo verdadero que se aplica o se sufre por los inicuos resulta en la extinción de la vida."

4. UNIVERSALISMO. Los universalistas afirman que todos los hombres están perdidos por el pecado, pero que la muerte de Cristo es eficaz para todos los hombres y que todos los hombres serán salvos sin que el elemento de una fe personal participe. Un esfuerzo para hacer frente a este error ha sido hecho por los Redencionistas Limitados, quienes sostienen que Cristo murió solamente por los elegidos, o aquellos que habían de ser salvos. La corrección más clara del error, sin embargo, es la verdad de que la salvación no puede aplicarse a nadie, a menos que la acepte personalmente. Sea cual fuere el caso, no puede ser despreciada la Biblia cuando enseña tan claramente que vastas multitudes se perderán eternamente.

El credo fundamental del Universalismo es un solo atributo divino de amor. Su creencia se declara en sus tres artículos originales de fe, que son: "Artículo I. Creemos que las Santas Escrituras del Antiguo y del Nuevo Testamentos contienen la revelación del carácter de Dios y del deber, interés y del destino final de la humanidad. Articulo II.

Creemos que hay un solo Dios, cuya naturaleza es amor, revelado en uno, el Señor Jesucristo, y por un Espíritu Santo de gracia, quien finalmente restaurará toda la familia humana a santidad y felicidad. Articulo III. Creemos que la santidad y la felicidad verdadera están inseparablemente unidas, y que los creyentes deben con esmero mantener orden y practicar las buenas obras; porque estas cosas son buenas y provechosas para todos los hombres" *(Encyclopaedia Britannica,* 14th ed., XXII 861). En su convención general en Boston, en 1899 adoptaron el siguiente credo de cinco puntos: "1. La paternidad universal de Dios; 2. La autoridad espiritual y dirección de su Hijo, Jesucristo; 3. La Biblia, digna de confianza porque contiene una revelación de Dios; 4. La certidumbre de justa retribución por los pecados; 5. La armonía final de todas las almas con Dios" *(Ibid).*

Se debe observar que hay una diferencia entre los Universalistas y el Universalismo; el primero se refiere a una secta moderna y el segundo es una creencia de ciertos individuos; y hay muchos que creen, desde los días de Orígenes hasta hoy, que al fin todos serán salvos.

5. LA TEORIA DE RESTITUCION O DE RECONCILIACION. Esta teoría, como el Universalismo, implica que todos los hombres están perdidos por el pecado, pero que, en algún punto de tiempo y lugar, todos los hombres se reconciliarán con Dios –hasta los ángeles caídos, y aun Satanás. Para sostener esta teoría dependen principalmente de Filipenses 2:10-11: "Para que en el nombre de Jesús se doble toda rodilla de los que están en los cielos, y en la tierra, y debajo de la tierra; y toda lengua confiese que Jesucristo es el Señor, para gloria de Dios Padre". El pasaje enseña que la *autoridad* de Cristo será reconocida por todos los seres, pero de ninguna manera indica que todos los hombres serán salvos porque reconocen su autoridad. También se ofrece Colosenses 1:20 como prueba. La frase, "reconciliar consigo todas las cosas", se refiere a una clasificación más amplia de *cosas,* y esto es significativo; hasta donde incluya a seres vivientes creados –es decir, ángeles caídos y hombres no nacidos de nuevo– estos, como dice Filipenses 2:10-11. vuelven a estar bajo la autoridad divina. Esta restauración de autoridad divina por Cristo se enseña en 1 Corintios 15:25-28. La rebelión y la anarquía del universo serán dominados tanto por el juicio de las naciones (Sal. 2:8, 9; Mateo 25:31-46) como por el reinado milenario de Cristo (1 Cor. 15:25-28). El pasaje en Hechos 3:21: "A quien de cierto es necesario que el cielo reciba hasta los tiempos de la restauración de todas las cosas, de que habló Dios por boca de sus santos profetas que han sido desde tiempo antiguo",

debe limitarse a las cosas de las cuales hablaron los profetas, cosas que tienen que ver con el futuro de Israel. Sin embargo, si estas Escrituras que afirman la restauración de una autoridad divina, se interpretaran, como asegurando la salvación para todos los seres tanto en el cielo como en la tierra, la inmensa porción de la Palabra de Dios que con positiva claridad declara que la condición perdida del hombre tiene un carácter eterno, sería contradicha.

Van Oosterzee hace una declaración serena de la doctrina de la restitución en su *Christian Dogmatics* (II, 807-0), se cita aquí una porción, la cual es lo siguiente:

"En el futuro muy distante contemplamos la nueva Jerusalén, poblada con ciudadanos redimidos, y oímos la palabra del que está sentado en el trono: ' He aquí yo hago nuevas todas las cosas ' (Ap. 21:5). Pero, ¿es por ello que esperaremos la restauración de todas las cosas, en el sentido de que aun el reino de las tinieblas se fundirá con el bienaventurado reino de Dios? Así como es difícil evitar esta pregunta, puede igualmente sorprendernos muy poco que ha sido contestada, casi en cada generación, por uno u otro en sentido afirmativo. Desde Orígenes hasta un buen número de distinguidos cristianos de nuestra era, vemos la doctrina del Apokatastasis confesada con convicción interna, con celo, y dentro de su propio corazón muchos escuchan una voz que aboga a favor de la expectación de una final bendición general para todos. La idea de una perdición absolutamente sin fin tiene en sí para nuestros sentimientos naturales algo que es indescriptiblemente austero, y realmente parece ser absolutamente irreconciliable con todo lo que creemos acerca del amor redentor de Dios. Si por una parte creemos, que Dios realmente desea la salvación de *todos,* y por otra parte, que su gracia es absolutamente capaz de triunfar sobre la resistencia del pecado, viene a ser casi inconcebible para nosotros que un triste Dualismo fuera el fin de la historia del mundo. También en la esfera de la Teología del reino la mente pensativa se esfuerza por una unidad, que parece ser asequible unicamente cuando finalmente la enorme y extensa creación de Dios contiene sólo criaturas bienaventuradas. Además, no puede negarse que las Escrituras del Nuevo Testamento, especialmente aquellas porciones de Pablo y de Juan (Ro. 5:18; 11:32; 1 Co. 15:21, 22, 28; Fil. 2:10, 11; Ap. 5:13, 14), contienen por lo menos algunas insinuaciones solitarias, por las cuales una esperanza silenciosa es despertada y abrigada sobre este punto. Hasta uno puede preguntar si no es la única terminación en conexión con la cual el plan divino es completamente realizado tocante al mundo y la salvación; y sobre todos estos fundamentos, uno casi se siente justificado al borrar, de sobre la puerta del lugar de angustia, la terrible inscripción, ' Toda esperanza está perdida para vosotros que entráis aquí '; y sustituirla por el coro jubiloso de un gozo deleitoso, ' Allen Sündern soll vergeben, und die Hölle nicht mehr sein. ' (' Todos los pecadores serán perdonados, y el infierno no existirá más. ') Casi sin contradicción alguna, esta última vista del mundo parece ser la más atractiva y estética. Sin embargo, sea porque se considere la más moral y por tanto tiene que ser la última palabra de la teología cristiana, es asunto aparte. Cuando miramos el otro lado, en sí es un hecho, en nuestra estimación, no de poca significación, que la iglesia cristiana de todas las edades decididamente ha rechazado la doctrina del Apokatastasis, aun cuando se le presentó en los colores más atractivos. Parecía como si la iglesia instintivamente sentía que, en principio, no tomaba en cuenta suficientemente la santidad y la justicia inflexible de Dios, ni la más profunda solemnidad de la proclamación del evangelio, ni de la manera en que la Biblia entera considera la conexión entre la vida presente y la futura; y aparte de su carácter peligroso, hay algo en la aparente facilidad de esta solución que despierta una sospecha involuntaria. No nos toca a nosotros atribuir la más alta autoridad a nuestro raciocinio, ni a nuestros sentimientos. Si queremos constituirnos árbitros para sostener nuestro principio tocante a este asunto, cuanto más ejercemos nuestro juicio, sin la Palabra de Dios, tanto más corremos el riesgo de perder la imparcialidad. Frente a las únicas indicaciones de la palabra que parecen favorecer el Apokatastasis, están las otras, y éstas más numerosas, como ya se observó con anterioridad, que conducen a la conclusión opuesta; aun aquellas indicaciones, al ser examinadas con mayor cuidado consideradas en su conexión con todo lo que trata la doctrina de la gracia redentora, pierden, por lo menos en parte, la fuerza que se les ha atribuido. Mientras tengan las Escrituras el derecho de expresar su voz en la decisión, declaraciones como las de Mateo 25:10, 41, 46; Marcos 9:44-48; Lucas 16:26; Ap. 14:11, y otros más, arrojan una carga pesada en la balanza; pero los principios de la Hermenéutica enseñan que lugares ambiguos y obscuros tienen que ser explicados a la luz de los lugares claros y no ambiguos, y no lo contrario. Aun si sólo tuviéramos las palabras de Cristo tocante al pecado contra el Espíritu Santo (Mateo 12:32 y pasajes paralelos), la eternidad del castigo, por esa palabra, en principio estaría ya decidido; a menos que, sin razón alguna, se afirme que este pecado nunca se cometió y también nunca será cometido. Pero aun cuando se considerara atentamente la naturaleza del caso, casi es imposible pensar en la conversión –y sin ésta es evidente que la salvación no es conceptible– en conexión con un antagonista como el que se describe en 2 Ts. 2 o en Ap. 13; y así, también por él habría necesidad de hacer una excepción al reglamento deseable, a menos que se escogiera suponer una *aniquilación,* en el sentido propio de la palabra, de este poder hostil. Tal aniquilación del incurable mal, confesamos de buena gana, nos sería sumamente aceptable, a *nosotros* si pudiéramos dar a nuestros pensamientos la más suprema autoridad en esta esfera. Porque es sumamente difícil conceptuar una existencia sin fin en conexión con uno que está completamente separado de Dios, la fuente de vida, pues de acuerdo con esto la Escritura ha descrito esta condición como ' la muerte segunda ' (Ap. 20:14). Sin embargo, por otra parte, sentimos que una aniquilación tal sería una gran diminución de los sufrimientos, de la cual, precisamente este personaje ha sido perentoriamente separado (Ap. 6:16; 14:11). Venimos, pues, al punto donde la cuestión del principio que tiene que dar el último peso decisivo a la balanza para nuestras consideraciones; y entonces podemos y tenemos que (aun cuando el resultado estuviera en contra de nosotros mismos) únicamente doblegarnos ante la palabra escrita de Aquel que no puede mentir, y darle a El toda honra con la obediencia de la fe. Desde este punto de vista (y en nuestro concepto, esto es lo único digno de confianza) después de haber mencionado todo lo que está a favor y en contra tocante a este asunto –y en esto estamos siguiendo los pasos de un predecesor capaz (Martensen) – no podemos cerrar la discusión doctrinal dejando una duda, puesto que los argumentos a favor y en contra, por lo menos, según la Palabra de Dios, *no* son iguales. Aun pensamos que es peligroso desear ser más sabio, más justo, o más misericordioso que el que es Infinito, quien tiene la eternidad delante de si para su justificación. Tener el concepto de una separación eterna es difícil; pero el concepto de una salvación absolutamente universal, que hace que la historia del reino de Dios termine en una especie de proceso natural, no es en sí menos peligroso, por lo menos para el que realmente cree en el misterio de la libertad, conferida por el Creador sobre la criatura. Esta libertad encierra en sí misma la terrible posibilidad de una resistencia interminable, que igualmente se castiga a sí mismo perpetuamente. El que está completamente penetrado en la verdad, con un sentido de la sobresaliente gloria de la revelación de la salvación que Cristo da, y de la culpabilidad absoluta de su rechazamiento obstinado, considerará, por lo menos, este asunto varias veces antes de hablar de la idea de una retribución interminable como una cosa absolutamente irreconciliable con la idea de un amor eternamente santo. ' El pensamiento de una eterna perdición hasta cierto punto es necesario, porque en la eternidad no puede haber santificación forzada del ser personal, y en la eternidad no habrá impiedad bendecida ' (Nitzsch). Si todavía queda para nosotros un problema de cómo Dios puede traer a la existencia una criatura que será infeliz para siempre, ésta sólo es otra forma de la cuestión ya considerada, de cómo, bajo el gobierno de un Dios Todopoderoso y santo, el pecado y la muerte pudieran venir al mundo y reinar, con todas las inevitables consecuencias. Tanto una pregunta como la otra ofrecen muy poco para una perfecta solución; pero nuestra ciencia es solamente una ciencia de fe, plenamente consciente, no solamente de la base en que descansa, sino también de los límites impuestos en ella. Aunque no podría reprimir el *más profundo* deseo, la esperanza latente de que algún día al fin, en el lugar de eterna retribución, quizá salga la estrella de la esperanza; sin embargo no podría conferir sobre nadie el derecho, en oposición a la Escritura, para proclamarla como una esperanza cierta, sí, es decir, hacer de ello el punto de comienzo y el fundamento de todo un sistema teológico, que en el transcurso del tiempo puede ser destinado a ser derribado por el soplo de la terrible realidad. Desconfiamos de todo modo de considerar la doctrina de la salvación, que en su fundamento no hace justicia a la seriedad del concepto de un eterno *Demasiado Tarde,* y de la santidad de una gracia que es verdaderamente inagotable, pero tampoco puede ser burlada. La Doctrina cristiana no tiene que ver con ningún otro pensamiento de Dios sino aquellos que han sido revelados por él mismo; y, tocante a todo lo obscuro que todavía queda, para su consuelo, recurre a la esperanza del vidente, ' No habrá allí más noche ' (Ap.22:5)."

Con todos los demás de esta creencia, los que creen en la restitución tienen por fundamento el sentimiento humano y su raciocinio mucho más que la Palabra de Dios.

6. EL PURGATORIO DE ROMA. La iglesia de Roma ha concebido y propaga la idea de que la muerte de Cristo es una satisfacción por los pecados cometidos antes del bautismo, pero si los bautizados llegaran a pecar, tienen que pagar esos pecados en un purgatorio antes de poder ser admitidos en la presencia de Dios. Esta teoría fomenta dos cosas: oraciones por los muertos, y grandes contribuciones a la iglesia por ofrecer esas oraciones. La doctrina de que Cristo es la propiciación por los pecados del creyente (1 Juan 2:2) y que por ello el creyente es perdonado y limpiado a base de la confesión del pecado delante de Dios (véase 1 Juan 1:9) es negada por Roma.

7. NIRVANA. Este término, el significado del cual es extinguido así como se apaga una lámpara; refleja la creencia del Brahmanismo y del Budismo igualmente, las cuales enseñan que la parte inmaterial del hombre es absorbida en lo divino y que esto puede comenzar en esta vida, renunciando a todos los deseos personales.

Como una conclusión a la discusión de estas teorías respecto a la existencia futura, podrá verse que la verdadera doctrina bíblica se ha buscado, ha sido hallada y defendida por los teólogos conservadores de las generaciones pasadas. Enseñan, con respecto a la clasificación de los perdidos y de los salvados, que los perdidos están sellados en su condenación si mueren sin Cristo, y que los salvos están seguros bajo las provisiones divinas desde el momento que ellos creen.

V. LA TIERRA NUEVA

La noticia de que habrá una tierra nueva, fue anticipada por el Espíritu cuando él escribió por medio de Isaías: "Porque he aquí que yo crearé nuevos cielos y nueva tierra; y de lo primero no habrá memoria, ni más vendrá al pensamiento" (Is. 65:17); "Porque como los cielos nuevos y la nueva tierra que yo hago permanecerán delante de mí, dice Jehová, así permanecerá vuestra descendencia y vuestro nombre" (66:22). Esta verdad vuelve a ser declarada en 2 Pedro 3:7-8: "pero los cielos y la tierra que existen ahora, están reservados por la misma palabra, guardados para el fuego en el día del juicio y de la perdición de los hombres impíos. Mas, oh amados, no ignoréis esto: que para con el Señor un día es como mil años, y mil años como un día"; y en Apocalipsis 21:1-3: "Vi un cielo nuevo y una tierra nueva; porque el primer cielo y la primera tierra pasaron, y el mar ya no existía más. Y yo Juan vi la santa ciudad, la nueva Jerusalén, descender del cielo, de Dios, dispuesta como una esposa ataviada para su marido. Y oí una gran voz del cielo que decía: He aquí el tabernáculo de Dios con los hombres, y él morará con ellos; y ellos serán su pueblo, y Dios mismo estará con ellos como su Dios". En el versículo 4 de este mismo pasaje se dice que Dios enjugará toda lágrima de los ojos de ellos; y ya no habrá muerte, ni habrá llanto, ni clamor, ni dolor; porque las primeras cosas pasaron. La tristeza, el llanto, y el dolor nunca pertenecieron al cielo; por tanto, la referencia es a la tierra, a una tierra nueva. El mismo pasaje declara que Dios hará su tabernáculo con los hombres. Esto no se refiere al cielo porque él siempre ha tenido su habitación en el cielo. La nueva tierra será tan propia para la morada de su presencia así como lo ha sido el cielo.

Es imperativo que haya una nueva tierra de eterna duración

porque Dios ha hecho la promesa a Israel de una eterna posesión de la tierra (Dt. 30:1-10).

El profeta Isaías continúa diciendo que la tierra nueva y el cielo nuevo excederán la tierra y el cielo del presente, de tal manera que nunca más vendrán al pensamiento (Is. 65:17).

VI. LA DOCTRINA DEL INFIERNO

Mentes sin debida instrucción se rebelan contra la doctrina de eterna perdición, y entre más compasivos son por naturaleza, más se rebelan; sin embargo, la doctrina no trae su origen del raciocinio humano ni de la compasión humana. Aquí, al teólogo, como siempre, se le requiere descubrir y defender lo que Dios ha revelado. Lo que se afirma en la Biblia está en consonancia con el raciocinio sublime de Dios. La raíz del problema de toda especulación humana consiste en el hecho de que el hombre no conoce ni el significado del pecado ni de la santidad, y estos dos factores son casi todo lo que se implica en esta discusión. La respuesta de la santidad infinita al pecado es la perdición y la retribución. Esto encierra un misterio insoluble. Mucho ha sido ya escrito sobre esto. Mientras se mantenga la distinción entre lo que es infinito y lo que es finito, Deuteronomio 29:29 responderá: "Las cosas secretas pertenecen a Jehová nuestro Dios; mas las reveladas son para nosotros y para nuestros hijos para siempre, para que cumplamos todas las palabras de esta ley." De ninguna manera revela el hombre más efectivamente su pequeñez que cuando él muestra sorpresa acerca del hecho de que hay realidades en el universo que él no puede comprender. El hecho de que Dios, siendo soberano y santo, permitiera el pecado en el universo, Aquel que odia el pecado hasta un grado infinito, considerando el daño que causa el pecado a un sinnúmero de multitudes de seres —tanto a ángeles como a hombres— a quienes ama con el amor de un Creador, y el hecho de que el pecado demanda de Dios el sacrificio más grande que él pudiera hacer, todo esto sólo tiende a engrandecer el misterio que esto encierra. El problema, si es que haya pasado por la mente de Dios, fue resuelto completamente antes de toda la creación, y le conviene al hombre confiar en Dios, sin reserva. En Job hubo una característica sumamente rara en que, aunque él no podía entender los caminos de Dios, no "atribuyó a Dios despropósito alguno" (Job. 1:22). Cristo, después de expresar el sumo clamor de su humanidad: "Dios mío, Dios mío, ¿por qué me has desamparado? ", añadió las palabras, "pero tú eres santo" (Sal. 22:1-3). Para conocer de alguna manera completa la medida del misterio del mal en el universo de Dios, uno debe entender: (1) precisamente lo que el mal significaba para Dios en las edades ocultas del pasado antes que hubiese cosa creada. ¿Era entonces el mal una realidad estupenda, aun cuando sólo era una potencialidad que requería su plena manifestación para que fuese juzgado y echado fuera para siempre? ¿Será la condenación de multitudes de hombres y de ángeles una característica esencial en la solución final del problema? Asimismo, uno debe conocer: (2) que el presente desarrollo de este problema es la mejor solución que la infinidad puede proyectar –saber que la presente solución es obra de Dios y es completamente libre de incidentes perniciosos o accidentes. De igual manera debe saber: (3) que el fin justificará los medios. Dios habrá hecho lo correcto y será justificado y glorificado para siempre. Es una realidad bien manifiesta que ningún ser finito puede alcanzar tal conocimiento. Cuando la criatura conozca el carácter maligno del pecado así como lo conoce Dios y la perfección de santidad que el pecado ultraja, entonces puede colocarse en juez y determinar si la eterna retribución de los hombres y de los ángeles está en armonía con el carácter de Dios. Se hace, pues, claro que ninguna criatura está en posición de negar la justicia de la eterna perdición, o reconvenir al Creador por lo que El hace.

Al intentar escribir una declaración con la amplitud necesaria de la doctrina más solemne de la Biblia, la palabra *retribución* se escoge en vez del término más común *castigo,* pues este implica disciplina y reformación, idea totalmente ausente del conjunto de verdad que descubre el último tratamiento divino con aquellos que se pierden eternamente. Se reconoce que en su significado primario y más amplio, el término *retribuir* se usó para indicar cualquier galardón bueno o malo. La palabra se usa en la consideración de esta doctrina del infierno únicamente cuando se hace referencia a la perdición eterna de los perdidos. Hasta donde el lenguaje puede usarse para expresar la verdad, se hace el esfuerzo por declarar lo que afirma la Escritura, es decir, que para aquellos que parten de esta vida –vida que es probatoria en carácter– no hay ninguna base para la esperanza de que alguna gracia divina les sea extendida en una existencia futura. Tal caso no debe considerarse como sin precedente. Innumerables legiones de ángeles han pecado y para ellos no hay la más mínima insinuación en la Biblia que extienda a ellos un rayo de esperanza. Por el decreto divino estos ángeles ya han sido consignados al lago de fuego, no bajo una posible condición provisional de que esta sentencia pudiera ser evitada si, mientras tanto, ellos se arrepintiesen; pero están arbitraria e irrevocablemente consignados a la retribución sin ningún recurso. Puesto que Dios ha dicho, sin ninguna condición, que los ángeles caídos serán echados al lago de fuego, él se encontraría mentiroso si el destino de los ángeles caídos fuese otro. De igual manera, hay también el caso de los gentiles desde Adán hasta Moisés, quienes en gran parte están bien descritos en Romanos 1:18-32 como aquellos que voluntariamente rechazaron a Dios, y de quienes tres veces en este contexto se dice que Dios los entregó para que hicieran cosas pecaminosas. En Efesios 2:12 se describe su condición perdida, como sigue: "En aquel tiempo estabais sin Cristo, alejados de la ciudadanía de Israel y ajenos a los pactos de la promesa, sin esperanza y sin Dios en el mundo." Términos más decisivos no podrían emplearse que aquellos que describen a los hombres, *sin Cristo, sin promesa, sin Dios,* y *sin esperanza.* Se deberá observar que el pasaje tiene aplicación a la condición de los gentiles a quienes Pablo escribía y que ellos fueron salvados de esa condición, pero también es una descripción exacta de los gentiles en las edades pasadas. Los judíos se sostuvieron por virtud de los pactos y promesas divinas, con el remedio asequible por los sacrificios de los animales. Es bien claro que durante el período desde Adán hasta Moisés la familia humana, en algunos casos, mantuvo un acercamiento a Dios por los sacrificios, pero en este respecto, en sentido general, ellos no quisieron mantener a Dios en sus pensamientos, y esto condujo al juicio del diluvio, y de abandonarlos a su propia iniquidad. Una vez más, esto es lo que registra Romanos, el capítulo 1.

El resultado de una investigación imparcial de la verdad que Dios ha revelado respecto a los ángeles caídos, y de los gentiles que han rechazado a Dios en las edades pasadas, será una convicción de que, la maravilla de todo esto es, no que los pecadores se pierdan, sino que su salvación sea posible. En conexión con esto se debe notar que la muerte de Cristo por el mundo no sirve como un remedio parcial y base de una esperanza remota de que todas las almas serán salvas; más bien, esa muerte viene a ser la base de una condenación mayor sobre los que rechazan al Salvador. Su injusticia inherente se aumenta por el pecado inconmensurable de rechazar el remedio provisto por el amor infinito. Nada, sino la gracia infinita, hecha posible mediante un sacrificio infinito, puede salvar a los perdidos. Sin embargo, la opinión humana siempre se mantiene entremetiéndose en esferas de las cuales nada sabe; insistiendo en que los perdidos, si es que realmente se pierden, pudieran salvarse de cualquiera de las muchas maneras posibles. Se necesita enfatizar fuertemente la verdad de que la retribución eterna, no sólo es una doctrina que se sostiene completamente por la Biblia, sino que no solicita de la corroboración de otras fuentes. No invita de la mente humana ninguna opinión; además, se presenta tan claramente en las Escrituras, en todos sus detalles, como es posible que el lenguaje exprese las ideas. Que los hombres pretendan negar lo que Dios claramente ha declarado no trae ninguna ventaja. Para ellos sería mejor conformar su mente y ajustar sus acciones a la revelación que Dios les ha dado.

Así como el cielo es un *lugar* y no simplemente un estado mental, de igual manera los reprobados van a un *lugar*. Se indica esta verdad por las palabras *hades* (Mateo 11:23; 16:18; Lucas 10:15; 16:23; Ap. 1:18; 20:13-14) y *gehenna* (infierno) (Mateo 5:22, 29:30; 10:28; Santiago 3:6), un lugar de "tormento" (Lucas 16:28). Que es una situación de indescriptible sufrimiento está indicado por los términos figurados que se usan para describir los padecimientos: "fuego eterno" (Mateo 25:41); "donde el gusano de ellos no muere, y el fuego nunca se apaga" (Marcos 9:44); "en el lago que arde con fuego y azufre" (Ap. 21:8); "el pozo del abismo" (Ap. 9:2); "las tinieblas de afuera", un lugar de "lloro y el crujir de dientes" (Mateo 8:12); "fuego que nunca se apagará" (Lucas 3:17); "el horno de fuego" (Mateo 13:42); "La oscuridad de las tinieblas" (Judas 1:13), "y el humo de su tormento sube por los siglos de los siglos. Y no tienen reposo de día ni de noche" (Ap. 14:11). En estos casos el lenguaje figurado no es ninguna licencia para modificar el pensamiento que expresa la figura. En estos pasajes más bien debe reconocerse que el lenguaje figurado sólo es un débil intento de declarar con la palabra aquello que está más allá de la facultad del lenguaje para describirlo. Es cierto que una figura retórica no es una demostración completa de la verdad *(theologia symbolica non est demonstrativa);* pero la idea de una retribución eterna no podía presentarse de otra manera a la mente humana. También conviene notar que casi todas estas expresiones salieron de los labios de Cristo. De cuánto se ha revelado de este lugar de retribución, casi solo El lo ha descubierto. Es como si no se pudiera depender de un autor humano para pronunciar *todo* lo que es esta verdad terrible.

La segunda reacción de una mente humana que es sincera, es decir, después de aceptar la indisputable verdad de que la retribución es verdaderamente un lugar de sufrimiento, es abrigar la esperanza de que esta calamidad del perdido no es eterna, o para siempre. Es natural que la mente quiera adherirse a dicha esperanza, y algunos hombres se han ido a extremos en sus esfuerzos para interpretar las Escrituras de tal modo que la idea de una retribución eterna sea excluida. Se han publicado traducciones inadecuadas, si no hipócritas, que ningún erudito en griego apoyaría, con el único propósito en mente de borrar de la Palabra de Dios el carácter eterno de estos terribles sufrimientos. El hecho de que muchos carecen de conocimiento explica por qué se inclinan a aceptar tales interpretaciones de las Escrituras. Sólo aquellos que no han sido bien informados atenderán a la voz del hombre que no es erudito, y no darán mérito al hecho de que los grandes eruditos del griego de todas las generaciones, quienes han dado a la Iglesia la verdadera traducción e interpretación del texto griego original, no han modificado el carácter eterno de la retribución. Ignorar el texto griego no es censurable, pero no respetar la voz de los traductores dignos sí es reprensible. Se ha dicho que en Inglaterra, en la mañana cuando la Versión Revisada de las Escrituras se puso a la venta, un hombre llegó a una librería preguntando por "esa nueva Biblia que no habla del infierno"; pero se llevó un chasco, porque los Revisores –y posiblemente no podrían hallarse mejores eruditos– no habían quitado ni la idea de la retribución, ni su carácter eterno en la versión que habían preparado. La controversia se concentra sobre dos palabras griegas que son: *αἰών* y *αἰώνιος*. No es el caso de introducir aquí un estudio de estos vocablos. Basta con decir que estas palabras en algunos casos expresan la idea de tiempo y sus limitaciones; pero en la mayoría de los casos cuando la idea de duración está incluida, expresan idea de eternidad. *αἰών* se usa refiriéndose a Cristo (véase 1 Ti. 1:17; Ap. 1:18). *αἰώνιος* también se usa refiriéndose a las personas de la Deidad (He. 9:14), y es el término que se emplea para describir la vida eterna que ha recibido el creyente, (véanse todos los textos sobre este tema) y las bendiciones sin fin para los redimidos. Si la palabra se limita en sentido de tiempo, al hablar del estado futuro de los perdidos, entonces es también necesario limitarla tocante al estado futuro de los salvos. Con un solo pasaje se demuestra la verdad de que la palabra *αἰώνιος* significa una condición perpetua tanto para un grupo como para el otro: "E irán estos al castigo eterno, y los justos a la vida eterna". La verdad de que los sufrimientos son sin fin se afirma por las palabras de Cristo, "y el fuego nunca se apaga". La condición de los perdidos es vivir bajo la ira de Dios que *permanece* sobre ellos (Juan 3:36). Así está escrito de aquellos que adoran a la bestia, "y el humo de su tormento sube por los siglos de los siglos" (Ap. 14:11). Es verdad que la ira puede ser quitada en esta vida por creer en Cristo; pero no se encuentra tal promesa dirigida a los perdidos después de su muerte. Su estado se describe como la *muerte segunda,* y de ella no se ofrece jamás ningún alivio. Aquellos que se forman la esperanza de que habrá alguna manera de alcanzar la salvación después de la muerte, lo hacen sin ninguna sílaba de autoridad de la Biblia y en completa contradicción de lo que Dios ha escrito.

Sin embargo, el error más engañoso respecto a la retribución es aquel que se basa ciegamente en uno de los atributos de Dios, es decir, su amor, y desconoce los atributos de santidad, rectitud, y justicia, y el control supremo que estos atributos ejercen sobre el amor de Dios. Si en este punto pudiéramos inventar una palabra, podríamos llamar *Misericordistas* a aquellos que limitan su visión del amor de Dios. Así que, los misericordistas podrían clasificarse como aquellos de todos los credos y sin credos que creen que la retribución eterna es cosa imposible puesto que Dios es amor. Estos, realmente, no comprenden el evangelio por el cual se salvan los pecadores. Se supone que Dios es generoso y que El perdona pecados como un acto de clemencia o benignidad, que siendo El un ser soberano puede perdonar a quien El quiere y cuando El quiere. Este sofisma es la base de casi todo pensamiento opuesto a la doctrina de la eterna retribución. Se da por sentado que, por cuanto Dios es amor, su afecto hacia sus criaturas le impulsará a rescatarlos del sufrimiento. Si la Biblia dice que El no rescatará a los reprobados y que su estado es eterno, entonces la Biblia queda rechazada y Dios mismo queda clasificado como uno a quien no se puede defender. Muchos son los esfuerzos hechos por aquellos que no entienden nada del verdadero carácter de Dios para librarle de una reputación indeseable que El adquiriría si en compasión, El no rescata de la retribución eterna a todos los seres. Tal es la confusión doctrinal que surge cuando una verdad se enfatiza sin considerar las otras verdades que la modifican. Dios es santidad y rectitud, así como es amor. Es la santidad de su persona y la rectitud de su gobierno que le impiden mostrar una sencilla generosidad, lo que haría del pecado una cosa leve. La verdad es que el pecado es suficientemente pecaminoso para que requiera retribución eterna como su castigo divino. En este punto no cabe argumento. La Palabra de Dios debe permanecer firme, y se debe recordar al hombre que hay dos cosas involucradas, que son, el pecado, y la santidad, de cuyos significados profundos él nada sabe. Siendo *absoluta,* la santidad divina no puede ser cambiada o alterada en lo más mínimo. Esta verdad es la clave de todo el problema que la idea de la retribución engendra. Si Di os pudiera perdonar un pecado de una persona sólo como un acto de bondad, El comprometería su propia santidad que demanda juicio sobre el pecado, y El mismo necesitaría ser salvado por la injusticia que habría hecho. Por una bondad supuesta, El habría establecido un principio por el cual El podría perdonar todo pecado humano como un acto de clemencia divina, y por tanto, la muerte de Cristo sería superflua. Esta verdad no puede pasarse por alto si se desea una comprensión de la doctrina de retribución eterna. Se repite la declaración de que, si Dios pudiera salvar un alma de un pecado por mera generosidad, El podría salvar todas las almas del pecado por su generosidad, y la muerte de Cristo vendría a ser el despropósito mayor de Dios. Es el hecho de la inflexible santidad divina que demanda, o la retribución para el pecador, o la muerte de Cristo en su lugar. Dios es amor, y ese amor lo ha demostrado al dar a su Hijo para que los hombres puedan ser salvos; pero el amor y la misericordia no pasaron por alto las demandas de la santidad para salvar a los pecadores; ellos pagaron cada una de sus demandas. La conclusión de este asunto es que Dios, por razón de su santidad, no puede salvar al perdido a menos que las demandas de su santidad sean satisfechas a favor del pecador, tal como son satisfechas en la muerte de Cristo; y el no ser salvo, o quedarse fuera de la gracia de Dios que es en Cristo, es tener el destino de la eterna retribución. Es imposible para Dios hacer más, pues ha provisto una salvación perfecta, que ha sido provista con un costo infinito. Cuando el amor paga un precio tal para que un pecador sea salvo y la santidad permanezca inmaculada, no conviene que hombres finitos se entremetan en estas realidades inmutables. Los que se indignan por la idea de una eterna retribución en realidad, se resienten por la santidad divina. Sin embargo, el mensaje de la gracia de Dios a los hombres pecadores no es simplemente una proclamación de condenación eterna; más bien es para que el más pecador sea salvo mediante el Salvador que el amor infinito ha provisto.

VII. LA DOCTRINA DEL CIELO

Al contemplar el cielo como tema general, conviene observar que la Biblia emplea el término en varias maneras. (1) *El reino de los cielos* es un título que es peculiaridad del evangelio de San Mateo, y, como se ha demostrado, se refiere al gobierno de Dios en la tierra; y aunque se ve en varios aspectos tocante a su preparación y anticipación, se refiere específicamente al reino Mesiánico que fue ofrecido, y también rechazado, y pospuesto en la primera venida de Cristo, pero será establecido sobre toda la tierra en su segundo advenimiento. (2) *Los lugares celestiales* es una designación especial hallada en la Epístola a los Efesios, y se refiere a la presente esfera de asociación que el creyente goza con Cristo. (3) *Cielo* es un término que en sentido general denota la morada de la Deidad, de los ángeles, y de los redimidos que están con el Señor y lo estarán para siempre. (4) Se deben identificar tres cielos distintos. El primero es la atmósfera que está en contorno de la tierra, donde se mantienen las aves del cielo y las nubes del cielo; el segundo se refiere al espacio que ocupan los astros y estrellas, que es también la morada de los ángeles; y el tercer cielo se refiere a los dominios celestiales donde reina la gloria incomprensible. Aun este último cielo, así como la tierra y todas sus partes componentes, será reemplazado por un cielo nuevo de excelsa gloria (véase Is. 65:17).

Ningún vestigio de información digno de confianza tocante al cielo puede conseguirse que no deriva de la Palabra de Dios. Como una cosa incidental, la influencia de la Biblia en los pueblos civilizados está demostrada, porque la idea y creencia en el cielo es casi universal. A la par de esto está el hecho de que hay una duda general tocante al infierno; sin embargo la Biblia no sostiene un tema más que el otro. La explicación de esta situación es el hecho de que uno es atractivo, mientras que el otro no lo es. Asimismo, también queda comprobado el descuido de la inmensa porción de la raza de sujetarse a la Biblia; pero los deseos y las opiniones humanas nunca han sido los que determinan la existencia sea del cielo o del infierno.

La revelación con respecto al cielo puede dividirse o clasificarse en la forma siguiente:

1. LOS TESTIGOS INFORMADOS. El reto constante de la incredulidad ha sido que un verdadero conocimiento del cielo no es asequible puesto que nadie ha regresado desde ese lugar para dar un testimonio digno de confianza tocante a él; sin embargo hay tres testigos, y cada uno es capaz de expresar conocimientos propios respecto al cielo. Estos testigos son:

a. CRISTO. El es quien salió del cielo y quien siempre había residido en el cielo. El pudo hablar no sólo por una omnisciencia inagotable, sino siendo El verdaderamente Dios, no podría alucinar o cometer error. Cristo habló, más que cualquier otro, de la existencia futura de ambos, del perdido y del salvado. Se llega pues a la conclusión de que el lugar de donde El vino, era mucho más real para El que la tierra a la cual vino, si es que hubiera realidades no propias, como el Creador de ellas. El afirmó que iba a preparar un *lugar,* no simplemente un estado de existencia. Para el Hijo de Dios el cielo es un lugar, y un lugar que no podía ser más real.

b. PABLO. En 2 Corintios 12:1-9 relata el apóstol una experiencia que ocurrió en su propia vida, dice: "hace catorce años." Aunque comienza en la tercera persona, el hecho de que se refiere a sí mismo se establece cuando más tarde se aplica la experiencia a sí mismo. Se expresa incertidumbre, al decir, "si en el cuerpo, o fuera del cuerpo"; pero no hay ninguna incertidumbre en cuanto al hecho de que fue su propia experiencia, ni de que durante esa experiencia él fue arrebatado al paraíso, que es el tercer cielo. Claramente se afirma que le fue concedido una entrada real en el tercer cielo, o paraíso. Asimismo, aquella experiencia cuando fue apedreado en Listra, a la cual indudablemente se refiere aquí, presenta evidencia de que el apóstol murió así como muere todo mártir, que fue al cielo, y que volvió a su cuerpo otra vez y al servicio que se le había encomendado. Cuando los airados judíos de Listra lo apedrearon, éstos no contemplaban otro propósito sino el de dar muerte a su víctima. Ese acto lo hicieron en una forma completamente satisfactoria para aquellos judíos, y cuando ellos sacaron aquel cuerpo sin vida fuera de la ciudad, se fueron, seguros de que él estaba muerto. No se puede dudar, de que él estaba muerto, puesto que el martirio por apedreamiento, una forma común de ejecutar entre los judíos, y bajo ciertas condiciones, fue ordenado por Dios; probablemente no dejó ni hueso entero ni órgano vital sin ser mutilado. Es pues convincente la evidencia de que el apóstol sí murió, y como todo creyente, entró a la presencia de su Señor. Es evidente que fue recibido allá, pero también se le solicitó volver a su cuerpo y su ministerio terrenal. El sacrificio que ese regreso significaba bajo tales circunstancias ninguna mente lo puede comprender. Para que volvieran su alma y su espíritu a su cuerpo significaba un maravilloso milagro de sanidad; porque la narración asegura que, "se levantó y entró en la ciudad; y al día siguiente salió con Bernabé para Derbe" (Hechos 14:20). Como cosa extraña, le fue prohibido al apóstol relatar lo que vio y oyó en el cielo; y para asegurar su adhesión a la prohibición le fue dada una espina en la carne sin esperanza de que fuese quitada, pero sí gracia suficiente le es concedida para poder soportarla. Es después de esa experiencia de entrar en el cielo que él escribe: "Así que vivimos confiados siempre, y sabiendo que entre tanto que estamos en el cuerpo, estamos ausentes del Señor: (porque por fe andamos, no por vista); pero confiamos, y más quisiéramos estar ausentes del cuerpo, y presentes al Señor" (2 Co. 5:6-8); "Porque de ambas cosas estoy puesto en estrecho, teniendo deseo de partir y estar con Cristo, lo cual es muchísimo mejor" (Fil. 1:23). Estas son las palabras de un testigo con experiencia.

c. JUAN. El apóstol Juan recibió una cita divina para una entrada en el cielo, y de ver y oír todo lo que la Iglesia verá y oirá cuando sea trasladada al cielo. Lo que fue descubierto a Juan incluye todos los eventos de la tribulación, las bodas del Cordero, los juicios de Dios, el extenso Día del Señor, y el estado eterno. Juan recibió la visión con el mandamiento específico de que escribiera estas revelaciones para animación de los santos. De manera que también Juan vino a ser un testigo de experiencia respecto al cielo; a la luz del testimonio de Cristo, de Pablo y de Juan, no podría decirse con verdad que nadie ha regresado del cielo para declararnos la verdad tocante al lugar celestial.

El hecho de que se impuso una prohibición en el apóstol Pablo para que no declarara lo que él habia visto y oído y de que al apóstol Juan le fue dado mandamiento de publicar la revelación que recibió, esta diferencia puede explicarse en que la experiencia concedida al apóstol Pablo era la del creyente que pasa de esta esfera por la muerte, mientras que la experiencia del apóstol Juan representa toda la Iglesia en el arrebatamiento y más allá. La segunda revelación podía publicarse para animación de los santos, pero la primera era necesario mantenerla como un secreto, para evitar la insoportable tentación de dejar este mundo de pruebas, infligiéndose uno mismo la muerte.

2. EL ESTADO FUTURO DE LOS REDIMIDOS. Claramente se afirma que el cielo es muchísimo mejor que la tierra (Fil.1:23). Es en el cielo en donde el hijo de Dios será conformado a la imagen de Cristo (Ro.8:29; Fil.3:20,21; 1 Jn.3:1-3), donde él conocerá así como Dios conoce ahora, y donde los creyentes estarán reunidos con el Señor (1 Ts.4:16,17). En realidad, Dios está ahora creando un nuevo orden de seres del material humano, tanto de judíos como de gentiles. Los que componen esa nueva creación retendrán muy poca semejanza a lo que fueron antes. Su ciudadanía habrá sido cambiada, sus cuerpos habrán sido transformados, todo su ser habrá sido conformado a Cristo, los que hoy están unidos a Cristo estarán con Cristo en gloria para siempre. Porque están en Cristo ahora, son participantes de lo que El es, y siendo la esposa de Cristo serán participantes con El en todas las cosas, así como una esposa entra en la posición y posesión de su esposo.

3. EL CIELO LA MORADA ADECUADA DE DIOS Y SU PUEBLO. El cielo es también el hogar apropiado de Cristo, del Espíritu, de la Iglesia, de los primogénitos y de los espíritus de los justos hechos perfectos (He.12:22-24).

4. ALGUNAS CARACTERISTICAS ESENCIALES DEL CIELO. Algunas de las características respecto al cielo han sido reveladas y pueden ser declaradas más satisfactoriamente usando las palabras de la Biblia.

a. UNA VIDA ABUNDANTE. "Porque el ejercicio corporal para poco es provechoso, pero la piedad para todo aprovecha, pues tiene promesa de esta vida presente, y de la venidera" (1 Ti.4:8).

b. DESCANSO. "Oí una voz que desde el cielo me decía: Escribe: Bienaventurados de aquí en adelante los muertos que mueren en el Señor. Sí, dice el Espíritu, descansarán de sus trabajos, porque sus obras con ellos siguen" (Ap.14:13).

c. CONOCIMIENTO. "El amor nunca deja de ser; pero las profecías se han de acabar, y cesarán las lengas, y la ciencia acabará.

Porque en parte conocemos, y en parte profetizamos; más cuando venga lo perfecto, entonces lo que es en parte se acabará" (1 Co.13:8-10).

d. SANTIDAD. "No entrará en ella ninguna cosa inmunda, o que hace abominación y mentira, sino solamente los que están inscritos en el libro de la vida del Cordero" (Ap.21:27).

e. SERVICIO. "Y no habrá más maldición; y el trono de Dios y del Cordero estará en ella, y sus siervos le servirán" (Ap.22:3).

f. ADORACION. "Después de esto oí una gran voz de gran multitud en el cielo, que decía: ¡Aleluya! Salvación y honra y gloria y poder son del Señor Dios nuestro" (Ap.19:1).

g. GLORIA. "Porque esta leve tribulación momentánea produce en nosotros un cada vez más excelente y eterno peso de gloria"(2 Co.4:17); "Cuando Cristo, vuestra vida, se manifieste, entonces vosotros también seréis manifestados con él en gloria (Col.3:4).

Se debe tener presente la verdad de que el cielo y el infierno se logran por un simple accidente. Con el fin de inculcar la responsabilidad humana, se presentan en las Escrituras como dependientes de la voluntad humana. Esta verdad se afirma en pasajes como: "Ven. Y el que tiene sed, venga; y el que quiera, tome del agua de la vida gratuitamente" y, "no queréis venir a mí para que tengáis vida." El hecho que hay dos destinos en tan marcado contraste para los seres humanos se presenta en conformidad con el punto de vista del hombre y esto representa la más grande de todas las responsabilidades humanas.

5. EL TERCER CIELO. Las Escrituras indican que hay tres cielos. No se hace referencia al primer cielo ni al segundo, como tales, pero sí se hace referencia al tercer cielo (2 Co.12:2), y no puede haber un tercer cielo sin que haya un primer cielo y un segundo cielo.

Evidentemente el primer cielo es la atmósfera que circunda la tierra, porque se hace referencia a las "aves del cielo" (Mt.8:20; 13:32), y a "las nubes del cielo" (Mt.24:30; 26:64).

El segundo cielo es evidentemente los espacios astrales, porque las Escrituras hacen referencia a "las estrellas del cielo" (Gn.26:4; Ap.6:13).

Por medio de la creación del hombre y de la mujer, con instrucciones de multiplicarse y henchir la tierra, Dios ha poblado la tierra que tiene conexión con el primer cielo. Por el acto de creación en el cual vinieron a la existencia los ángeles, Dios pobló el segundo cielo. Parece pues, que ellos hacen su morada en las estrellas del cielo. Cristo, al dejar el tercer cielo, que era su morada, vino a ser poco menor que los ángeles (Sal.8:5), y, al volver de esta esfera al cielo, El pasó a través de la esfera de los principados y potestades (Ef.1:21).

Así parece que los ángeles ocupan una morada entre la tierra y el tercer cielo.

Nunca se ha revelado el lugar del tercer cielo, pero es el hogar del Padre, del Hijo y del Espíritu Santo, y nunca ha sido habitado por ninguna criatura sino hasta esta edad presente. Cuando un creyente muere, va directamente para estar con Cristo (2 Co.5:8; Fil.1:23) y por tanto, hace su morada en esa esfera. Así serán llevados todos los creyentes dentro de ese lugar de gloria en la venida del Señor, y en este tiempo presente se está poblando el tercer cielo. La salvación consiste en adaptar individuos para esa esfera celestial. El Apóstol escribe en Colosenses 1:12: "Con gozo dando gracias al Padre que nos hizo aptos para participar de la herencia de los santos en luz," y todos los creyentes han venido a ser hijos legítimos de Dios: "Porque a los que antes conoció, también los predestinó para que fuesen hechos conformes a la imagen de su Hijo, para que él sea el primogénito entre muchos hermanos" (Ro.8:29).

CONCLUSION

Con ciertas restricciones en los detalles, el campo de la verdad que justamente abarca la Escatología se ha considerado. Valiéndonos de la convicción de que lo que en la Biblia fue predicción cuando fue escrita pertenece a esta tesis, se ha hecho un esfuerzo por poner en orden y sistematizar el gran conjunto de verdad. Aún permanece como una cosa verdadera que, aunque la mente humana sin ninguna ayuda puede entender la historia, únicamente los que personalmente son enseñados por Dios pueden dar una respuesta inteligente a la revelación profética (véase Jn.16:13); y este principio prevalece a través de la extensión de toda verdad espiritual y hace posible su comprensión (véase 1 Co.2:14).

Con esta conclusión del Volumen IV, las siete divisiones principales de la Teología Sistemática quedan completadas. Se ha hecho la presentación acostumbrada de la Persona y obra de Cristo y de la Persona y obra del Espíritu Santo. Sin embargo, puesto que estas dos Personas de la Deidad ocupan un lugar tan grande en el plan y propósito de Dios, el estudiante debe considerar a cada Persona y su obra de manera separada e individual; mayormente porque Ellas son la fuente y el recurso, el alfa y la omega de la vida, el servicio y el destino cristianos. Un tratamiento tal puede dar la esperanza de reunir en forma sistemática y unida ese gran conjunto de pasajes bíblicos que descubren en su plenitud la realidad incomprensible tanto del Hijo como del Espíritu. Por tanto, el Volumen V se dedicará al estudio de Cristología y el Volumen VI a la Neumatología. Aun cuando el campo de la verdad generalmente incluida en un sistema de Teología ha sido presentado, todavía quedan más de sesenta doctrinas vitales que no están directa o indirectamente incluidas en un tratado de teología.

VOLUMEN V
CRISTOLOGIA

CRISTOLOGIA

CAPITULO I

EL CRISTO PRE-ENCARNADO, HIJO DE DIOS

Introducción

La cristología (χριστός λόγος), a la cual dedicamos todo este volumen, es la doctrina con respecto al Señor Jesucristo. Al intentar escribir sobre su adorable Persona y sus incomprensibles realizaciones – las cuales, cuando estén cabalmente cumplidas, habrán perfeccionado la Redención, habrán ejercido el atributo de la gracia con infinita satisfacción y manifestado al Dios invisible para todas las criaturas, y habrán sometido al universo rebelde en el cual se ha permitido el pecado para demostrar su extraordinaria pecaminosidad – las limitaciones de la mente finita, que está debilitada por una percepción defectuosa, son completamente manifiestas.

Samuel Medley expresó este sentimiento de restricción cuando cantó:

> "¡Oh! que pudieran mis labios
> de mi Salvador cantar
> la incomparable excelencia,
> y hasta el cielo remontar.
> Con Gabriel competirían
> en música celestial."

Carlos Wesley siente la misma inhabilidad que expresa así:

> "¡Oh! que tuviera lenguas mil
> para al Señor cantar;
> las glorias de mi Dios y Rey,
> los triunfos de su amor."

De este Ser incomparable se ha dicho que "En el principio era el Verbo, y el Verbo era con Dios, y el Verbo era Dios. Este era en el principio con Dios." Sin embargo, ese mismo Ser, que de esa manera ocupaba el más alto sitial de Deidad en compañía con el Padre y el Espíritu ". . . fue hecho carne, y habitó entre nosotros . . ." El, que ha existido desde la eternidad y que existirá por toda la eternidad, nació de una mujer y murió en una cruz. El, que según la mente del Espíritu es Admirable, fue escupido por los hombres. El, que por la misma mente es Consejero, fue rechazado por los hombres. El, que es el Dios Todopoderoso, fue crucificado en la más abyecta debilidad. El, que es el P a d r e eterno, llega a ser el H i j o que aprende la obediencia por medio de los sufrimientos que experimentó. El, que es el Príncipe de paz, tuvo que pisar el lagar de la fiereza y de la ira del Dios Todopoderoso. Porque el "día de venganza" está todavía en su corazón, y El regirá a las naciones con vara de hierro, y serán quebrantadas como vaso de alfarero. El, que dijo: " . . .estoy entre vosotros como el que sirve", dijo también: "No penséis que he venido para traer paz a la tierra; no he venido para traer paz, sino espada". El, que es el puro Amante del galanteo en el *Cantar de los Cantares,* es el mismo Rey de gloria, poderoso en batalla. El, que es el Hacedor de todas las cosas, ocupó la cuna de un niño. El, que es santo, inocente, sin mancha, apartado de los pecadores, fue hecho pecado a favor de otros. El, que es el Pan de vida, padeció hambre. El, que es el Dador del agua sobrenatural de la vida, estuvo sediento. El, que es el Don de vida que Dios le ofrece al mundo perdido, tuvo que morir. El, que estuvo muerto, vive para siempre jamás.

La actividad de la vida de Cristo y su influencia, tal como se descubren en el Texto Sagrado, son suficientes para comprender las cosas finitas y las infinitas, de Dios y del hombre, del Creador y de la criatura, las del cielo y las de la tierra, las del tiempo y las de la eternidad, las de la vida y las de la muerte, las supremas, las de la gloria celestial y las del sacrificio y del sufrimiento en este mundo. No se puede hallar mayor amplitud de realidades que las que encontramos cuando predicamos sobre la Persona que a la vez es el mismo Dios y el mismo hombre. Se pudiera averiguar cómo pudo Dios nacer en forma humana, y morir; cómo pudo Dios crecer en sabiduría y en estatura; cómo pudo Dios ser tentado; cómo pudo Dios estar sujeto a la ley; cómo pudo Dios sentir la necesidad de la oración; cómo se le pudo dar a El algo que no fuere antes suyo; o cómo pudo El ser exaltado más de lo que fue antes. Asimismo se pudiera averiguar cómo un hombre visible, plenamente identificado en la tierra, pudo sanar toda clase de enfermedades mediante su autoridad; cómo pudo El calmar las ondas con el mandato de su palabra; cómo pudo El tener completo dominio sobre las esferas angelicales; cómo pudo estar asociado con el Padre y con el Espíritu mediante majestuosos atributos de gloria celestial; cómo pudo El mantener sus títulos, sus maravillosos atributos y la verdadera adoración que le corresponde a la Deidad. La respuesta se halla en la verdad revelada de que este Ser, como ningún otro ha podido ser jamás, es tanto Dios como hombre, y es, sin embargo, una Persona adorable. Nadie debe sorprenderse por el hecho de que este Ser es diferente y, por cuanto no tiene paralelo en la historia del universo, es incomprensible a las mentes finitas. Si El hubiera sido solamente hombre, aunque hubiera sido el más grande de todos, sus compañeros hubieran tenido alguna sospecha de El, pero El es, sobre todo, el Dios de la eternidad; y por causa de este aspecto de su incomparable Persona, la mente humana no puede sondear las inmensurables profundidades de su Ser, ni escalar sus alturas sin límite.

Un incontable número de hombres devotos, y aun aquellos que no reconocen verdaderamente la autoridad divina, han competido unos con otros en el esfuerzo de definir o circunscribir la Persona de Cristo. La cristología se propone explicar a esta Persona que no tiene rival; pero la verdadera cristología, a diferencia del tratamiento esforzado impuesto en la teología propiamente dicha, debe extenderse a la vida y a las actividades de Cristo, y sobre todo a la Redención que El consumó, y a su eterno poder y a su magnífica gloria.

No presentamos ninguna excusa por la reconsideración de una tesis relacionada con verdades que ya han sido tratadas como tales. Estas han aparecido en su orden adecuado en el curso del sistema completo de doctrina. Hay provecho, suficiente para justificar el esfuerzo, en reunir las partes más notables de la revelación divina con respecto a la Persona y la obra de la segunda Persona de la Trinidad en una disertación continua – como también lo hay en la amplia consideración de la Persona y obra de la tercera Persona de la Trinidad. Si ampliáramos estos temas hasta incorporar la historia de las doctrinas, el asunto general trascendería en gran manera al plan de esta obra. Por tanto, los aspectos históricos en esta parte, como en toda la obra, se eliminan, con la esperanza de que se tomen en cuenta en otra disciplina del curso de estudios que tome el estudiante, es decir, en la historia de la doctrina cristiana.

La división más amplia y común de la cristología tiene dos partes: La Persona de Cristo y su obra. La parte que estudia la obra de Cristo se circunscribe generalmente a la Redención que El realizó, y no incluye otros aspectos notables, como su vida sobre la tierra, sus enseñanzas, la manifestación de sus atributos divinos, sus oficios de profeta, sacerdote y rey ni sus relaciones con los seres angelicales. Tomando en cuenta esta consideración más amplia de la cristología, sugiero una división en siete partes: (1) El Cristo pre-encarnado (cap.I); (2) el Cristo encarnado (caps.II-VIII); (3) sufrimientos y muerte del Cristo encarnado (cap.IX); (4) la resurrección del Cristo encarnado (cap.X); (5) la ascensión y el ministerio actual del Cristo encarnado (cap. XI); (6) la segunda venida y el reino del Cristo encarnado (caps.XII, XIII); y (7) el reino eterno del Cristo encarnado (cap.XV).

Una estimación verdadera y digna de la Persona de Cristo es el fundamento conveniente de la cristología. El cálculo precipitado o la valoración de Cristo que no va más allá de la afirmación de que El comenzó con el nacimiento humano, vivió 33 años en la tierra, murió crucificado, resucitó y ascendió a los cielos, es, a la luz de la historia humana que nos ofrecen los Evangelios, la deducción natural. No es la menos desproporcionada, sin embargo, y, por tanto, es peligrosa. El efecto perjudicial de esta comprensión tan restringida de Cristo se siente, no sólo en el campo de la verdad relacionada con los asuntos temporales y mundanos; también envuelve el propio reconocimiento que el hombre le haga a Dios como Creador. No se pueden estimar los efectos que pudiera causar la gravedad de este error en ambos campos. Hay una diferencia verdaderamente grande entre la afirmación de que Cristo fue un hombre altamente dotado y divinamente favorecido, que comenzó a existir cuando nació de una mujer, y la otra afirmación que sostiene que El es una Persona de la Trinidad eterna que se encarnó en forma humana. La disposición natural de la mente humana a pensar que Cristo fue un hombre poseído de extraordinarios elementos divinos, entra mucho, tal vez en forma inconsciente, en el pensamiento religioso moderno. Afirmar que Cristo es Dios, en el más aboluto sentido de la palabra, y que a través de la encarnación, un miembro de la Trinidad adorable entró en la familia humana y se hizo parte de ella, es una proposición completamente diferente. La cuestión sobre quién es Jesucristo llega a ser fundamental en la cristología. Si El es el mismo Dios, como realmente lo es, entonces, su nacimiento, su vida terrenal, sus enseñanzas, su muerte, su resurrección, su oficio actual en el cielo y su regreso adquieren proporciones de inmensidad e infinidad. Por otra parte, si la cristología ha de ocuparse sencillamente de un hombre, aunque ese hombre hubiera sido verdaderamente exaltado y favorecido por Dios, todos los asuntos relacionados con él no serían sino detalles de la exaltación humana.

Es esencial, por tanto, antes de poder realizar cualquier investigación valedera de las grandes realidades que entran en la empresa divina por medio de Jesucristo, que la mente y el corazón del estudiante estén convencidos de que *Cristo es Dios*. Deben estar dominados por ese pensamiento. La declaración absoluta y dogmática de que Cristo es Dios es la premisa básica en toda lógica con respecto a la Persona y a la obra de Cristo. Sin el completo reconocimiento de su Deidad, todos los asuntos de la cristología errarán en forma funesta. Tal como sucede en gran número y una gran variedad de temas, la única fuente en la cual podemos obtener información con respecto a la Persona y a la obra de Cristo es el Texto Sagrado. En ese Texto, Dios nos ha hablado lo relativo a la Deidad y a la eterna existencia de su Hijo; y además, esto no ha sido en modo limitado, sino en todo aspecto y cada vez que el asunto aparece en la Palabra de Dios; y no sólo en un pasaje, cuando se explica apropiadamente, se implica a la vez la verdad contraria. Los que han cuestionado la verdad de que Cristo es Dios, han hecho eso, ya sea porque tienen una comprensión limitada de lo que está escrito o por su desenfrenado rechazamiento de la revelación que es la más indudable y la más clara de todas las revelaciones. Para el teólogo, cuya tarea es la de descubrir, arreglar y defender la verdad que Dios ha hablado, el señalamiento relativo a la absoluta Deidad de Cristo es verdaderamente sencillo. El encuentro de la doctrina de la humanidad de Cristo con la doctrina de su Deidad crea un problema que demanda la más exacta y cuidadosa consideración; no obstante, la doctrina de la Deidad de Cristo, cuando se estudia aparte, no tiene complicaciones.

La revelación divina con respecto a la preexistencia de Cristo se puede dividir en siete partes: (1) Cristo es Dios; en consecuencia, El es preexistente; (2) Cristo es el Creador; por tanto, El es preexistente; (3) Cristo es una de los Otorgantes del pacto anterior a la existencia del tiempo; así que El es preexistente; (4) la previsión que hay del Mesías en el Antiguo Testamento es una previsión de Jehová Dios, luego El es preexistente; (5) el Angel de Jehová en el Antiguo Testamento es Cristo, de donde se deduce que El es preexistente; (6) hay afirmaciones bíblicas indirectas que afirman la preexistencia de Cristo; y (7) la Biblia tiene muchas afirmaciones directas que declaran que Cristo es preexistente.

I. LA DEIDAD DE CRISTO

Las evidencias que demuestran la preexistencia de Cristo, cuando se trata de la verdad de que El es Dios, tal como se indica en la división anotada, no tienen ninguna complicación. Siendo Dios, El ha existido desde la eternidad y es el mismo ayer, y hoy, y por los siglos. Para el creyente en Cristo que tiene mente espiritual, el procedimiento que trata de probar la Deidad de Cristo es redundante. Para el que no es creyente, sin embargo, la reconsideración de la abrumadora evidencia que hay sobre el particular, le será siempre muy provechosa, si por ventura tiene suficiente sinceridad para aceptarle. Tal afirmación de la Deidad de Cristo es indispensable en cualquier intento de formular una cristología verdadera. El argumento que se escoja tiene que ser claro, es decir, que a medida que verifique la Deidad de Cristo afirme tanto su preexistencia como su eterna existencia. En esta forma queda refutada la afirmación arriana, que sostiene que Cristo sí fue preexistente, pero que fue una Criatura de Dios y, por tanto, no es igual a Dios. La *Confesión de fe de Westminster* declara con respecto a Dios:

> "Hay sólo un Dios viviente y verdadero, que es infinito en su Ser y perfección, el más puro Espíritu, invisible, que no tiene cuerpo, ni partes, ni pasiones; que es inmutable, inmenso, eterno, incomprensible, todopoderoso, omnisapiente, santísimo, absolutamente libre y completamente absoluto, que hace todas las cosas según el consejo de su propia voluntad inmutable y justa, para su gloria; que es amantísimo, bondadoso, misericordioso, paciente, abundante en bondad y verdad; que perdona la iniquidad, la transgresión y el pecado; que es galardonador de los que diligentemente lo buscan; y que, por otra parte, es justísimo y terrible en sus juicios, que odia el pecado y que, por ningún motivo, dará por inocente al culpable. Dios tiene la vida, la gloria, la bondad y la bendición, en Sí y por Sí mismo; El es por Sí solo suficiente, y no tiene ninguna necesidad de las criaturas que ha hecho, ni de derivar de ellas ninguna clase de gloria, sino que manifiesta su gloria en ellas, por ellas, para ellas y sobre ellas: El es la única fuente de existencia, de Quien son todas las cosas, por Quien son y a Quien pertenecen; y El tiene el más soberano dominio sobre todas ellas, para hacer por medio de ellas, para ellas y sobre ellas, lo que a El le plazca. A su vista, todas las cosas están abiertas y manifiestas; su conocimiento es infinito, infalible e independiente de las criaturas, y nada es para El contingente ni incierto. El es absolutamente santo en todos sus consejos, en todas sus obras, en todos sus mandamientos. A El le deben adoración, servicio y obediencia, los ángeles, los hombres y todas las criaturas; y El se complace en exigírselos . . ."

Es probable que no se haya hecho otra declaración tan amplia con respecto a Dios como ésta; sin embargo, esta infinidad de Ser es la que predica la Escritura con respecto a Cristo. No hay nada que sea cierto con respecto a Dios, que no sea cierto con respecto a Cristo en el mismo grado de infinita perfección. Es verdad que El tomó forma humana, y que por ello surgen importantes problemas relacionados con su personalidad, que a la vez fue de Dios y de hombre. Hemos considerado estos problemas en la teología propiamente dicha, y los volveremos a considerar cuando estudiemos la encarnación y la vida terrenal del Salvador. El asunto fundamental es que Cristo es Dios. Ya se ha probado también esta verdad, pero la demostraremos de nuevo. No se le impone al estudiante que pase en estas pruebas sin que haya logrado una profunda convicción con respecto a la Deidad de Cristo. Si él vacila en esta verdad fundamental, no debe recorrer ni un paso más a través de los argumentos e intentos de explicación hasta que haya adquirido definitivamente dicha convicción, pues aparte de ella, no puede haber ningún progreso verdadero. Por otra parte, si tal convicción no se logra, el estudiante permanece fundamentalmente equivocado y pudiera, por cause de esa anormal incredulidad y falta de responsabilidad hacia las Escrituras, no servir para ningún propósito digno como exponente del Texto Sagrado. El mismo Señor Jesucristo declaró: "El que no honra al Hijo, no honra al Padre que le envió" (Jn.5:23). El Hijo recibe deshonra cuando se le asigna un lugar inferior al del Padre. Este deshonor para el Hijo desagrada al Padre; y el ministerio cristiano, aunque sea sincero, es verdaderamente vano cuando se desarrolla con el conocimiento de que Dios está desagradado. La Deidad del Padre es admitida universalmente, y también se admite del mismo modo la Deidad del Espíritu; pero se le hace el desafío a la Deidad de Cristo.

La duda sobre la Deidad de Cristo no se hubiera presentado si el Hijo no se hubiera encarnado. El hecho de que El entró en la esfera humana es el que ha promovido la incredulidad. Por esto, es necesario que se dé el testimonio exacto de la Palabra de Dios con toda su autoridad. Pero, como si el Autor divino hubiera previsto que habría la tentación de la incredulidad por causa de la incomprensión de esta Persona que es a la vez Dios y hombre, se ha provisto la más fuerte evidencia con respecto a la Deidad de Cristo. Las Escrituras son muy claras y conclusivas en sus afirmaciones con respecto a la Deidad de Cristo, y en la misma forma con respecto a su humanidad. Su humanidad se revela por el método natural de atribuirle títulos humanos, atributos humanos, acciones humanas y relaciones humanas. Similarmente, su Divinidad se revela, atribuyéndole títulos divinos, atributos divinos, acciones divinas y relaciones divinas.

1. LOS NOMBRES DIVINOS. Los nombres que se hallan en la Biblia – especialmente los que se aplican a las divinas Personas – no son simplemente títulos vacíos. Ellos definen y determinan a la persona a la cual se aplican. El nombre *Jesús* es aquél con el cual se designa al Señor humanamente, pero también envuelve todo el propósito redentor de su encarnación (comp. Mt.1:21). Títulos similares como "El hijo del hombre", El hijo de María, "El hijo de Abraham", "El hijo de David", afirman su linaje y sus relaciones humanas. De la misma manera, los nombres "Verbo" o *Logos*, "Dios", "Señor", "Dios Todopoderoso", "Padre eterno", "Emanuel", "Hijo de Dios", indican su Deidad. Entre estos nombres, algunos son determinantes en sus implicaciones.

a. *NOMBRES QUE INDICAN RELACION ETERNA*. *Logos* (λόγος). Así como el lenguaje expresa el pensamiento, así Cristo es la

Expresión, el Revelador, el Manifestador de Dios. El término *Logos* – usado solamente por el apóstol Juan, como nombre de la Apóstol Juan, como nombre de la Segunda Persona de la Trinidad – indica el carácter eterno de Cristo. Como *Logos*, El era en el principio, El era con Dios, y El era Dios (Jn.1:1). El, además, se hizo carne (Jn.1:14), y por tanto, es – según sus funciones divinas – la manifestación de Dios al hombre (comp. Jn.1:18). En su manifestación, no sólo estuvo en El todo lo que puede revelarse con respecto a Dios – "...en él habita corporalmente toda la plentitud (*πλήρωμα*) de la Deidad" (Col.2:9); sino también toda la competencia de Dios – que excede a todo entendimiento verdaderamente – residía en El. No se puede hacer una declaración más enérgica sobre la Deidad de Cristo que la que se expresa con el cognomento *Logos*. Sin el uso de este título específico el apóstol Pablo escribió también, tanto en *Colosenses* como en *Hebreos,* de la misma preexistencia de Cristo; y con respecto al origen de este título y al hecho de que el apóstol Juan lo emplea sin ninguna explicación – lo cual sugiere que había entendimiento general de su significado – pueden hallarse explicaciones en diversas obras.

El obispo Light, por ejemplo, en su comentario sobre *Colosenses,* capítulo 1, versículos 15 y siguientes, explica el significado de *Logos* y su uso en el Texto Sagrado:

"Como la idea del *Logos* es la base fundamental de este pasaje, aunque el mismo término no aparece, es necesario dar alguna explicación sobre este término a manera de prefacio. La expresión λόγος, que denota a la vez *razón* y *palabra*, era un término filosófico adoptado por el judaísmos alejandrino, antes del tiempo en que Pablo escribió, para expresar la *manifestación* del Dios invisible, el Ser absoluto, en la creación y en el gobierno del mundo. Incluía todos los modos por medio de los cuales Dios se hace conocer a los hombres. Como *razón* suya, significaba su propósito o designio; como *palabra* suya, se refería a su revelación. No necesitamos detenernos a averiguar si este λόγος se concebía como la energía divina personificada, o si tal concepción tenía alguna forma más concreta. Espero ofrecer un informe más completo sobre esto en un volumen posterior. Para la comprensión de lo que sigue, es suficiente decir que los maestros cristianos, cuando adoptaron este término, lo exaltaron y fijaron su significado de tal modo que tuviera dos ideas precisas: (1) *El Verbo es una Persona divina,* ὁ λόγος ἦν πρὸς τὸν θεὸν καὶ θεὸς ἦν ὁ λόγος; ; (2) *El Verbo se encarnó en Jesucristo,* ὁ λογος σὰρξ ἐγένεσ. Es obvio que estas dos proposiciones tienen que alterar materialmente el significado de todos los términos subordinados, relacionados con la Deidad del λόγος; y que por tanto, su uso en los escritores alejandrinos, como Filón, no puede tomarse como definidor, aunque puede servir para ilustrar su significado en San Pablo y en San Juan. Con estas precauciones, la fraseología alejandrina aportaría importante ayuda, como una preparación providencial para la enseñanza del Evangelio, para la comprensión de los escritos apostólicos."(Octava edición, págs. 141 y 142.)

Hijo Unigénito [μονογενής] –Juan 1:14 y 18–. Este título, que es uno de los más elevados que jamás se haya empleado, tiene una significación de relación eterna entre el Padre y el Hijo. R. Govett dice en su *Exposición sobre el Evangelio de Juan (Exposition of the Gospel of St. John):*

"Esta gloria correspondía al *Unigénito del Padre.* Estas palabras, por tanto, refutan las ideas de algunos hombres de *esclarecida inteligencia,* según las cuales hubo muchas emanaciones similares procedentes de Dios. ¡No! El es el Hijo *unigénito.* El está relacionado con el Padre en la misma forma como el hijo con su padre terreno. El no ha sido *declarado el unigénito,* sino que *es* el Unigénito, participante en forma total de la Divinidad del Padre. Pero, siendo así ¿no se introduce otra dificultad? Si El es el unigénito Hijo de Dios, procedente del Padre, ¿no se implica en ello que El no es eterno, sino que tuvo un principio después del Padre? En este punto hay dos errores que buscan infiltrarse. Primero: Jesucristo es Dios, por tanto, no es Hijo de Dios. Con esto surge el triteísmo o doctrina de los tres Dioses. Segundo: Jesucristo es Hijo, por tanto, no es Dios. En este error incurre el arrianismo. Nosotros damos testimonio, por lo contrario, con la Escritura, de que Jesucristo es el eterno Hijo de Dios, y que es Dios. Los *decretos eternos* envuelven tantas dificultades como el *Hijo eterno.* La eternidad introduce dificultades más allá de nuestra línea de sondeo. Jesús es el *unigénito Hijo,* a diferencia de muchos *hijos* llamados así en *sentido figurado: hijos de Dios.* Los ángeles son hijos de Dios por derecho de creación; pero de ninguna manera son hijos en el mismo sentido en que lo es Cristo. El es el *Unico.* En otro sentido, los que nacen de nuevo por la obra del Espíritu Santo llegan a ser *hijos adoptivos* de Dios. Pero ellos comienzan a ser, después de haber sido hombres. Cristo es el Hijo de Dios desde la eternidad. Aún más: para establecer este asunto claramente, el Espíritu de Dios agrega que Cristo es *el Unigénito del Padre,* que se distingue de El eternamente y que fue enviado por el Padre. Jesús usa esta expresión con referencia a Sí mismo (Jn.3:16-18). Por tanto, estas palabras han de tomarse en el sentido más elevado que sea posible. Mientras más sublime sea la persona de Cristo, mayor será la gloria de Dios por habernos dado el Regalo de Su Hijo" (Vol. I, págs. 23, 24).

Imagen [εἰκών]Colosenses 1:15. La palabra *imagen* connota más que el simple parecido. Indica que hay un prototipo, y que la imagen es la realidad revelada de dicho prototipo. Dean Alford escribe lo siguiente sobre este tema:

. . . "la imagen del Dios invisible –el adjetivo *invisible* es de suprema importancia para el entendimiento de esta expresión. El mismo hecho es el fundamento de todo (Fil.2:6 y sig.). Aquí se presenta aquella parte del hecho que indica que *el Hijo subsistió en forma de Dios,* con lo cual se indica que El es la manifestación *visible* de lo que es *invisible:* la *palabra* del silencio eterno, el resplandor de la gloria que ninguna criatura puede tener, la *señal* expresa de aquella Persona que es intransferiblemente de Dios; en pocas palabras, el Declarador del Padre, a Quien nadie ha visto. Así que, en tanto que el adjetivo *invisible* incluye, no solo la *invisibilidad,* sino también la *incomunicabilidad* de Dios, el sustantivo *imagen* no tiene que restringirse al Cristo corporalmente visible en la encarnación, sino que debe hacerlo comprender –preexistente y encarnado– como la manifestación de Dios, tanto en su Persona como en su obra. Es obvio que en esta expresión, el Apóstol llega muy cerca de la doctrina alejandrina del *Logos* o *Verbo*. Podemos ver cuán cerca llegó en el siguiente extracto de Filón: 'Así como aquellos que no pueden mirar el Sol, miran la luz opuesta a el como si fuera el Sol, y a las fases cambiantes de la Luna como si fueran el Sol, así los hombres comprenden la imagen de Dios, su Angel, el Verbo, como si fuera Dios.' En efecto, San Pablo, y posteriormente San Juan, adoptan un lenguaje de este tipo hasta donde puede representar la verdad divina, rescatándolo así de la posibilidad de que fuera usado para servir al error" *New Testament for English Readers-,* Nueva Ed. p. 446).

Imagen exacta [χαρακτήρ] –Hebreos 1:3. M.R. Vincent afirma: "Aquí se entiende que el Ser esencial de Dios se estampa en forma distintiva en Cristo, llegando a ser así una expresión definida y característica de su Persona, de tal modo que El tiene la impresión exacta de la naturaleza divina y de su carácter" *(Word Studies in the New Testament,* Vol. IV, p. 383).

Primogénito [πρωτότοκος]. Este título indica que Cristo es el Primero, el Anciano, en relación con toda la creación; no la primera criatura, sino el que fue antes de todas las cosas y que es causa de ellas (comp. Col.1:16). El Dr. John F. Walvoord escribe con respecto a este título:

"Hay dos referencias en el Nuevo Testamento en las cuales este término no se refiere a Cristo (He.11:28; 12:23), y siete en que se usa como uno de sus títulos. Si examinamos estas referencias, descubriremos que tienen un uso triforme: a) Antes de la creación (Ro.8:29; Col.1:15). Como 'Primogénito de toda creación', este título se usa obviamente para indicar que Cristo existe antes que toda criatura, y por tanto, es eterna e independientemente existente. b) Primogénito de María (Mt.1:25; Lc.2:7; He. 1:6). En este caso se refiere concretamente al hecho de que Cristo fue el primer hijo de María en contraste con la declaración de que El es el Hijo eterno de Dios. Así que, este término se usa para indicar tanto a la Persona pre-encarnada como a la Persona encarnada. c) Primogénito en la resurrección (Col.1:18; Ap.1:5). El significado, en este caso, es que Cristo es el primero que se levantó de entre los muertos, y, por tanto, El es el 'primogénito de entre los muertos' (Col.1:18). En relación con la eternidad de Cristo, este título es otra de las pruebas de que El tiene existencia propia, de que es el Dios increado del cual se nos habla en Romanos 8:29 y Colosenses 1:15, y de que, en vista de su Persona eterna, tiene también el honor de ser el primero que se levanta de entre los muertos a la vida"-*(Outline of Christology,* Obra inédita, ps. 5,6).

La consideración de estas designaciones de Cristo no puede hacer otra cosa que impresionar a la mente devota con la verdad de que el Señor Jesucristo ha existido como Dios a través de toda la eternidad y de que existirá eternamente.

b. NOMBRES QUE INDICAN FUNDAMENTALMENTE DEIDAD. *Dios.* Aunque en unos pocos casos, el nombre *Dios* se usa con significado inferior, se reconoce casi universalmente como un nombre que indica Deidad. Cuando se aplica a Cristo, lo cual sucede muchas veces, declara que El es de la Divinidad y, por tanto, ha existido desde la eternidad. El uso de esta designación para Cristo comienza en el Antiguo Testamento y continúa a través de todo el Nuevo. Se puede citar abundante evidencia para probar que Isaías 40:3 es una predicción del ministerio de Cristo en su primera venida, de la cual fue heraldo Juan. Así dice el pasaje: "Voz que clama en el desierto: Preparad camino a Jehová; enderezad calzada en la soledad a nuestro Dios". En esta Escritura, el Espíritu Santo afirma que el Mesías o Cristo es tanto Jehová como *Elohim.* En la misma manera, el mismo profeta escribe por inspiración de Dios con respecto a Cristo: "Porque un niño nos es nacido, hijo nos es dado, y el principado sobre su hombro; y se llamará su nombre Admirable, Consejero, Dios fuerte, Padre eterno, Príncipe de paz. Lo dilatado de su imperio y la paz no tendrán límite, sobre el trono de David y sobre su reino, disponiéndolo y confirmándolo en juicio y en justicia desde ahora y para siempre. El celo de Jehová de los ejércitos hará esto" (Is.9:6,7). Cristo es el único Miembro de la Divinidad de Quien se podía decir que nacería y que se sentaría sobre el trono de David. Así, también, Isaías declara que habría de venir Uno que se llamaría Emanuel, y dice que nacería de una virgen (Is.7:14). Mateo dice que el nombre *Emanuel* significa "Dios con nosotros" (Mt.1:23). Este título significa mucho más que el hecho de que Dios está presente con su pueblo; es decir, en virtud de la encarnación, Dios ha llegado a ser parte de la familia humana. Lucas nos informa que un ángel, refiriéndose a Cristo dijo que Juan haría que muchos se conviertan al Señor Dios de ellos (Lc.1:16), es decir, que se vuelvan al Mesías. De este modo, pues, frente a toda la revelación relativa a la humanidad de Cristo en el Nuevo Testamento, está la revelación, en el mismo Testamento, de la verdad de su absoluta Deidad, lo cual se hace mediante la aplicación del nombre *Dios* a Jesús en forma repetida.

Como ya se ha dicho, el apóstol Juan, cuando introduce a Cristo como tema fundamental de su Evangelio, afirma que el *Logos* es Dios, y afirma a la vez que el mismo *logos* –que es Dios– fue el que creó todas las cosas. Cuando Tomás vio las heridas del Salvador, dijo: *¡Señor mío, y Dios mío!* (Jn.20:28). Si tal declaración no hubiese sido correcta, entonces hubiera sido idolatría digna de reprensión por parte de Cristo; El, sin embargo, no reprendió a Tomás por haberlo reconocido como Señor y Dios, sino por haber sido necesaria tanta demostración para que el discípulo creyera lo que es cierto con respecto a su Señor. Por cuanto eso es tan cierto como el hecho de que Cristo ha de venir otra vez, El lleva el título de *"gran Dios y Salvador"* (Tit.2:13). Fue el mismo Dios quien derramó su sangre para comprar la Iglesia (comp. Hch.20:28). En el libro de Hebreos se cita –claramente refiriéndose a Cristo– el mensaje del Salmo 45:6, en el cual se afirma: "Tu trono, oh Dios, por el siglo del siglo." Así pues, se dice que Cristo es Dios en los términos más enérgicos; y la razón nos confirma que, si El es Dios, existió desde la eternidad. El es "el verdadero Dios", "el Dios bendito por los siglos", y "el Dios que es sobre todas las cosas".

Jehová. Finalmente, debe observarse que la más elevada de todas las referencias a la Deidad, la que se expresa con el nombre *Jehová,* se le aplica a Cristo libre y constantemente. Con respecto al carácter de exaltación que tiene ese nombre, dice la Palabra de Dios: "Yo Jehová; este es mi nombre; y a otro no daré mi gloria, ni mi alabanza a esculturas" (Is.42:8). El nombre Jehová es propio para una sola Persona; no se le puede aplicar correctamente a otra. Otros títulos de Deidad, tales como *Elohim,* sí implican cierta correspondencia con otras Personas, pero el de Jehová no. "Y conozco que tu nombre es Jehová; Tú solo Altísimo sobre toda la tierra" (Sal.83:18). Jehová es el que habla en Zacarías 12:10, sin embargo, sólo a Cristo se puede identificar como el que fue traspasado. Así dice el profeta: "Y derramaré sobre la casa de David, y sobre los moradores de Jerusalén, espíritu de gracia y de oración; y mirarán a quien traspasaron, y llorarán como se llora por hijo unigénito, afligiéndose por él como quien se aflige por el primogénito". Parece que Juan estuviera pensando en esta Escritura cuando dijo: "He aquí que viene con las nubes, y todo ojo le verá, y los que le traspasaron; y todos los linajes de la tierra harán lamentación por él" (Ap.1:7). Por el hecho de que Jeremías tenía en mente tanto la Deidad como la humanidad de Cristo, como en Jeremías 23:5,6, hay evidencia cierta de que se refiere a Cristo, cuando escribe: "He aquí que vienen días, dice Jehová, en que levantaré a David renuevo justo, y reinará como Rey, el cual será dichoso, y hará juicio y justicia en la tierra. En sus días será salvo Judá, e Israel habitará confiado; y este será su nombre con el cual le llamarán: *Jehová, justicia nuestra.*" Es Cristo el que ha sido hecho *justificación* a favor del creyente en El (1 Co.1:30; 2 Co.5:21). En Salmo 68:18 aparece otra vez el nombre Jehová: "Subiste a lo alto, cautivaste la cautividad, tomaste dones para los hombres, y también para los rebeldes, para que habite entre ellos JAH DIOS". Y esta es la misma Escritura que cita el Apóstol en Efesios 4:8-10, donde se refiere definidamente a Cristo. En Hebreos 1:10 y siguientes, se cita el Salmo 102, que nombra a Jehová por lo menos ocho veces. La cita se relaciona con Cristo: "Y: Tú, oh Señor, en el principio fundaste la tierra, y los cielos son obra de tus manos." Así también en Isaías 8:13,14 se dice que El es la *piedra para tropezar:* "A Jehová de los ejércitos, a él santificad; sea él vuestro temor, y él sea vuestro miedo. Entonces él será por santuario; pero a las dos casas de Israel, por piedra para tropezar, y por tropezadero para caer, y por lazo y por red al morador de Jerusalén." Pedro escribe con respecto a esta profecía que se refería a Cristo: "Para vosotros, pues, los que creéis, él es precioso; pero para los que no creen, la piedra que los edificadores desecharon, ha venido a ser la cabeza del ángulo; y: Piedra de tropiezo, y roca que hace caer, porque tropiezan en la palabra, siendo desobedientes; a lo cual fueron también destinados" (1 P. 2:7,8).

Sobre la relación de Isaías 6:1-13 con Juan 12:41, escribe el Dr. William Cooke:

"En Juan 12:41, el Evangelista, hablando de Cristo, dice: "Isaías dijo esto cuando vio su gloria, y habló acerca de él". Lo que habló Isaías se encuentra en el versículo anterior, y en el capítulo 6 de Isaías. El Evangelista afirma que Isaías vio la gloria de Cristo en su visión. Y el capítulo 6 de Isaías nos narra una sublime manifestación en la cual los serafines, con las caras cubiertas, rendían alabanza ante su grandiosa majestad. Pero el Evangelista está hablando de Cristo, en su estado humilde y encarnado, a quien el profeta identifica, en su gloria preexistente, con JEHOVA, y a quien los serafines adoran con el nombre de 'Jehová de los ejércitos.' El pasaje es tan importante y sublime que no se puede omitir: 'En el año que murió el rey Uzías vi yo al Señor sentado sobre un trono alto y sublime, y sus faldas llenaban el templo. Y el uno al otro daba voces, diciendo: Santo, Santo, Santo, Jehová de los ejércitos; toda la tierra está llena de su gloria.' La evidencia de que a Cristo se le llama Jehová en este pasaje es tan brillante que no puede rechazarse, y la autoridad es tan sagrada que no puede impugnarse. Ahora, recuerde el lector la declaración a que nos condujo la Palabra de Dios de que "Aquel cuyo nombre es Jehová es Altísimo sobre toda la tierra"; y compare esta afirmación con el hecho que tenemos delante, que el nombre *Jehová* y sus diversas combinaciones: *Jehová Dios, Jehová justicia nuestra* y *Jehová de los ejércitos*, se aplican al Señor Jesucristo. Entonces tendrá una demostración completa de la propia Deidad de Cristo.

En el Nuevo Testamento, que fue escrito en griego, el nombre Jehová, que es hebreo, no aparece. No lo utilizan ni los evangelistas ni los apóstoles; ni en relación con el Padre, ni con el Hijo, ni con el Espíritu. En realidad, se había dejado de pronunciar ese nombre. Los únicos que lo pronunciaban eran los sumos sacerdotes del templo. En la *Septuaginta* se usa la palabra κύριος, SEÑOR, en vez de Jehová, y así lo hicieron los escritores del Nuevo Testamento. Cuando ellos citan el Antiguo Testamento, usan la palabra κύριος, SEÑOR, en vez de Jehová, cada vez que aparece dicho nombre, sea que se aplique al Padre o al Hijo, o al Espíritu; y en realidad, en sus propios escritos aplican constantemente esta palabra a la Deidad en cualquiera de las tres Personas. La palabra Señor, en su sentido radical, significa existencia, como la palabra Jehová; y aunque la costumbre no la ha separado solamente para Dios, debe entenderse, sin embargo, cuando se le aplica a Dios, con el mismo sentido que tiene el nombre Jehová.

Esto no se discute en absoluto con respecto al Padre; pero como hemos indicado ampliamente que la palabra Jehová, con todas sus implicaciones, se aplica a Cristo, entonces necesariamente ha de aplicársele la palabra κύριος, SEÑOR, en su sentido más elevado –como sustituto de Jehová, en el mismo sentido en que se le aplica al Padre y, por tanto a El en una multitud de ejemplos.Los numerosos pasajes del Antiguo Testamento, citados por los apóstoles y aplicados por ellos a Cristo, establecen tan firmemente este asunto que dejan probado que los nombres *Jehová* y *Señor* son intercambiables; y la palabra *Señor* se le aplica al Redentor alrededor de mil veces en el Nuevo Testamento. Algunas veces se usan ciertas *perífrasis,* tanto en el Antiguo como en el Nuevo Testamento, que expresan la misma idea del nombre Jehová; es decir, se usan varias palabras que explican su significado. Daremos unos pocos ejemplos para aclarar el asunto: 'Oyeme, Jacob, y tú, Israel, a quien llamé: Yo mismo, yo el primero, yo también el postrero' (Is.48:12). Otro ejemplo: '¿Quién llama las generaciones desde el principio? Yo Jehová, el primero, y yo mismo con los postreros' (Is.41:4). Y uno más: 'Así dice Jehová Rey de Israel, y su Redentor, Jehová de los ejércitos: Yo soy el primero, y yo el postrero, y fuera de mí no hay Dios' (Is.44:6). Se deduce de estos pasajes que los términos 'EL PRIMERO Y EL POSTRERO' son sencillamente títulos de la Deidad que explican el nombre Jehová, y expresan que El es eterno en existencia e inmutable en su naturaleza. Ahora bien, estos títulos divinos se le atribuyen también al Señor y Salvador nuestro: "Yo soy el Alfa y la Omega, el principio y el fin, el primero y el último" (Ap.22:13). "Yo Jesús he enviado mi angel para daros testimonio de estas cosas en las iglesias" (v. 16). 'Yo soy el Alfa y la Omega, principio y fin, dice el Señor, el que es y que era y que ha de venir, el Todopoderoso. . . Cuando le ví, caí como muerto a sus pies. Y él puso su diestra sobre mí, diciéndome: No temas; Yo soy el primero y el último; y el que vivo, y estuve muerto; más he aquí que vivo por los siglos de los siglos, amén' (Ap.1:8,17,18). Los pasajes de Apocalipsis 22:13,16; 1:17,18 se refieren muy claramente a Jesús; y tanto el contexto como la identidad de la fraseología de Apocalipsis 1:8, llevan a la conclusión de que también se refiere a El. Puesto que "El primero y el último ' es una perífrasis del nombre Jehová en el Antiguo Testamento, y también se le aplica a Cristo en el Nuevo, esto constituye una prueba adicional de la Deidad de Cristo. En estos textos que acabamos de citar se introducen otros términos que expresan el mismo significado. Se le llama Alfa y Omega. Alfa es la primera letra del Alfabeto griego, y Omega es la última. Con ello se quiere dar a entender que El es el origen y el objeto de todas las cosas. A El se le llama 'EL QUE ES Y QUE ERA Y QUE HA DE VENIR". Y ésta no es otra cosa que una perífrasis de Jehová; otra manera de expresar su naturaleza eterna e inmutable. También se le llama el "TODOPODEROSO', palabra que por sí misma es un calificativo, en el más alto sentido, de Dios, y que se le ha aplicado a El. La palabra *Todopoderoso* [παντοκράτωρ] se usa frecuentemente, y significa siempre, como dice Schleusner, ' El Ser Omnipotente que tiene todas las cosas en su poder, y por cuya voluntad y complacencia fueron creadas todas las cosas, y de quien dependen'. Y este nombre es propio solamente de Dios *(est nomen soli Deo propium).* El siguiente pasaje ilustra y confirma este concepto: "Grandes y maravillosas son tus obras, Señor Dios Todopoderoso; justos y verdaderos son tus caminos, Rey de los santos. ¿Quién no te temerá, o Señor, y glorificará tu nombre? pues sólo tu eres santo" (Ap.15:3,4).

Se puede decir mucho, también, sobre los títulos *Jehová, Dios del templo* y *Jehová, Dios del sábado* y su aplicación a Cristo. Para el judío, el Templo era más grande que todo lo demás, excepto Uno que era el que moraba en el Templo. Malaquías declaró que Jehová vendría a su Templo (Mal.3:1), y Cristo cumplió esa predicción. El dijo del Templo: "Mi casa es casa de oración; mas vosotros la habéis hecho cueva de ladrones." El Templo no podía ser casa de Cristo a menos que sea cierto que Cristo es Jehová. De la misma manera, el sábado era el día de Jehová. El lo estableció, y debía ser honrado por medio de él; pero Cristo se presentó a sí mismo como *Señor del sábado*. El sábado era también el día de Jehová en el sentido de que llegó a ser suyo por ser el que siguió a los seis días de la creación. Así, cuando Cristo se proclamó como Señor del sábado, asumió el puesto de Creador de todas las cosas.

Se puede decir, sin embargo, mucho más del nombre de Cristo. La salvación es por su nombre (comp. Hch.4:12); y todas las convocaciones del pueblo de Dios eran dedicadas a su nombre, que es el nombre de Dios.

Queda demostrado que todo nombre divino se le atribuye tanto al Hijo como al Padre con entera libertad. Si estos títulos no confirman la Deidad del Hijo, sinceramente, tampoco confirman la Deidad del Padre. Puesto que estos nombres declaran que Cristo es Dios, se deduce que El existió como Dios antes de la encarnación.

2. LA EVIDENCIA DE LOS ATRIBUTOS. La evidencia que procede de los atributos de Cristo es igualmente conclusiva en el sentido de que Cristo es Dios. Solo necesitamos indicar una parte de este material.

Eternidad. Debe hacerse la distinción entre aquello que es amplio e indefinido con respecto a tiempo y lo que es eterno en sentido absoluto. Han podido señalarse millones de edades, pero no hay ninguna multiplicación de edades que pueda calificarse como eternidad. Se dice de Cristo que ". . . sus salidas son desde el principio, desde los días de la eternidad" (Miq.5:2). En nuestra lengua, las palabras "en el principio" sirven para comenzar tanto el libro de *Génesis* como el *Evangelio de Juan*. Génesis relata el origen de las cosas materiales; Juan hace hincapié, en grado sumo de expresión, en la declaración de lo que es eterno. En el principio que precede a todos los actos creadores *era* el *Logos*. No es que comienza a ser, sino que era tan antiguo y completamente suficiente como es ahora. Hemos identificado a este *Logos* que *era* como el Señor Jesucristo. Y Juan lo introduce a El como el tema central de su Evangelio. Y también mediante la aplicación del nombre de Jehová "Yo soy" (Jn.8:58), Cristo afirma de Sí mismo que El es Jehová, y no podía El hacer ninguna afirmación más enérgica con respecto a su eternidad que la de declarar suyo el nombre Jehová. Ninguna criatura puede tener evidencia conclusiva de la verdad de que El es Jehová. De modo que, El tiene que dar testimonio de Sí mismo, y ese testimonio podía ser, y en efecto así fue, confirmado por el Padre y por el Espíritu Santo. El testimonio propio de Cristo con respecto a Sí mismo queda confirmado por su intachable carácter. En esto, El no se engañó ni lo hizo por ignorancia. Similarmente y por la autoridad de la inspiración del Espíritu Santo, Isaías dice que Cristo es el Padre eterno, declaración que quedaría mejor traducida si fuera *Padre de la eternidad.* El apóstol afirma que ". . . El es antes de todas las cosas, y todas las cosas en él subsisten" (Col.1:17). El, que existió antes que nada fuese creado, es, por necesidad, increado y eterno. Juan afirma de Cristo que El es "El primero y el último". Esta es una de las más vigorosas declaraciones de Jehová con respecto a Sí mismo (comp. Is.41:4; 44:6; 48:12). Todas las edades pasadas y todas las futuras se incluyen en esta declaración. ¿Cómo podía el Salvador ser realmente la Fuente de la vida eterna para todos los que creen en El, si El mismo no es eterno? Con relación a su principio humano, es verdad que El está relacionado con el tiempo, pero su humanidad no tendrá fin.

Inmutabilidad. La inmutabilidad de la Deidad también se le atribuye a Cristo. Cuando Jehová anuncia: ". . . yo Jehová no cambio" (Mal.3:6), está afirmando eso solamente con respecto a todo lo que pertenece a la Divinidad. Todo lo demás está sujeto a cambio. Es sumamente significativo, por tanto, que se haya escrito con respecto a Cristo: "Ellos perecerán, más tú permaneces: y todos ellos se envejecerán como una vestidura, y como un vestido los envolverás, y serán mudados; pero tú eres el mismo, y tus años no acabarán. . . Jesucristo es el mismo ayer, y hoy, y por los siglos" (He.1:11,12; 13:8).

Omnipotencia. El *Todopoderoso* es un calificativo que sólo viene a la Deidad. De Cristo se dice, sin embargo, que El tiene "el poder con el cual puede también sujetar a sí mismo todas las cosas" (Fil. 3:21), y que, al fin de mil años de conquista sobre todos los seres angélicos, se hará "que todas las cosas le estén sujetas" (1 Co.15: 28). No hay ninguna necesidad de hacer referencia al poder que El desplegó cuando estuvo sobre la tierra, si se recuerda que de El se dice en repetidas oportunidades que es el Creador de todas las cosas.

Omnisciencia. De nuevo estamos ante otro de los atributos que sólo le corresponden a la Deidad; y en muchos ejemplos, tanto directa como indirectamente, se predice que esta competencia ilimitada le corresponde al Señor Jesucristo. En muchos pasajes del Antiguo Testamento se descubre que la omnisciencia es característica de la

Deidad. "Porque sólo tú conoces el corazón de todos los hijos de los hombres" (1 R.8:39). "Yo Jehová, que escudriño la mente, que pruebo el corazón, para dar a cada uno según su camino" (Jer. 17:10; comp. 11:20; 20:12). Se dice de Cristo que El conoció la mente y los pensamientos de todos los hombres. El no necesitaba que ningún hombre le dijera qué era lo que había en el hombre. ". . . él sabía lo que había en el hombre". No hay contradicción de esta gran verdad en la siguiente afirmación de Cristo, que la hizo con respecto a Sí mismo: "Pero de aquel día y de la hora nadie sabe, ni aun los ángeles que están en el cielo, ni el Hijo, sino el Padre" (Mr.13:32). Estaba dentro del reino de acción de esa Persona que es Dios, y a la vez es hombre, saber esto, en tanto que es Dios; sin embargo, no podía saberlo, en tanto que es hombre. Está fuera de la comprensión humana el saber cómo pudo El a la vez saber y no saber, pero eso no es imposible para Dios. Es probable, sin embargo, que el Señor haya empleado cierta manera de hablar que es común en la Palabra de Dios. Pablo, por ejemplo, les dijo a los corintios: "Pues me propuse no saber entre vosotros cosa alguna sino a Jesucristo, y a éste crucificado" (1 Co.2:2). Cristo hubiera podido hablar de la misma manera. En esta declaración a los corintios, el Apóstol les dice que está determinado a limitar su mensaje a un solo tema. En realidad, eso no quiere decir que él quería pasar por alto todo lo demás que había aprendido. Fácilmente puede comprenderse que eso no era lo que quería decir. Y Dios no tiene el propósito de revelar el día ni la hora del regreso de Cristo. Cristo, hablando desde la gloria, dijo: ". . . y todas las iglesias sabrán que yo soy el que escudriño la mente y el corazón; y os daré a cada uno según vuestras obras" (Ap.2:23). ¡Cuán conclusivos con respecto a la omnisciencia de Cristo son los versículos que hallamos en Juan 10:15 y Mateo 11:27. Este último dice: "Todas las cosas me fueron entregadas por mi Padre; y nadie conoce al Hijo sino al Padre, ni al Padre conoce alguno, sino el Hijo, y aquel a quien el Hijo lo quiera revelar."

Omnipresencia. Está escrito con respecto a Jehová: "Pero ¿es verdad que Dios morará sobre la tierra? He aquí que los cielos, los cielos de los cielos, no te pueden contener; ¿cuánto menos esta casa que yo he edificado? " (1 R. 8:27); "Soy yo Dios de cerca solamente, dice Jehová, y no Dios desde muy lejos? ¿Se ocultará alguno, dice Jehová, en escondrijos que yo no lo vea? ¿No lleno yo, dice Jehová, al cielo y la tierra? " (Jer. 23:23, 24). Del mismo modo, Cristo se presenta a Sí mismo como Uno que está presente dondequiera que dos o tres estén congregados en su nombre, y que está con todos sus testigos hasta la consumación de los siglos. Igualmente prometió que El, junto con el Padre, vendrían y harían morada en todos los que lo aman a El (Jn. 14:23).

Se puede decir que los atributos de amor, santidad, justicia y verdad, todos infinitos, se le atribuyen tan definidamente a Cristo como al Padre. Todo atributo divino de Cristo es una evidencia indisputable de que Cristo es Dios y de que, por tanto, ha existido desde la eternidad.

3. LA EVIDENCIA DE SUS OBRAS PODEROSAS. Este aspecto de la prueba con respecto a la Deidad y a la preexistencia de Cristo, no necesita incluir los milagros que realizó mientras estuvo en la tierra. En páginas posteriores los trataremos. Extraordinarias obras, tales que el hombre ni siquiera puede comprender, se le atribuyen a Cristo. He aquí algunas:

Creación. Aunque, según la Biblia, la obra de la creación se le atribuye a cada una de las Personas de la Divinidad, eso no disminuye el alcance de la obra en el caso de ninguno de ellos. Algunos han sostenido que Juan 1:3 afirma que el Padre creó por medio del Hijo como Agente y, por tanto, el Hijo no es la Causa original de la creación. Sobre esta importante distinción escribe el doctor William Cooke:

"Para neutralizar la fuerza de este argumento que defiende la Deidad del Salvador –que El creó el Universo–, se ha alegado que nuestra traducción en Juan 1:3, 'Todas las cosas por él fueron hechas', es demasiado vigorosa en relación con el original, y que la preposición griega διά denota más propiamente el instrumento a través del cual se hace alguna cosa que el *agente* directo que la ejecuta; que, por tanto, aunque Cristo pudo ser la Causa *instrumental,* no pudo ser la Causa *eficiente;* y para apoyar este punto de vista se cita el siguiente pasaje: '. . . por quien asimismo hizo el universo' (He. 1:2). Pero esta crítica no puede resistir la prueba del análisis; porque, en primer lugar, διά, con el genitivo se usa evidentemente en muchos pasajes para indicar la causa eficiente. Así, por ejemplo, se aplica al Padre, cuya eficiencia nadie disputa. Leemos los siguiente: "Fiel es Dios, por el cual(δι᾽ οὗ) fuisteis llamados a la comunión con su Hijo Jesucristo" (1Co.1:9). (Compárense también Romanos 11:36; Hebreos 2:10, donde la palabra διά se refiere al Padre como Agente directo.) Si dicha palabra denota la eficiencia procedente del Padre, tenemos que admitir que denota lo mismo cuando se refiere al Hijo, a menos que estemos predispuestos a violar los principios generales del lenguaje con el objeto de sostener un sistema decadente. Pero debemos señalar que la palabra διά no es la única preposición que se emplea con referencia a la operación del poder del Salvador. También se usa la preposición ἐν, la cual también expresa la eficiencia inmediata del agente. Tomemos por ejemplo Colosenses 1:16: 'Porque en él fueron creadas todas las cosas.' En tanto que se refiere al Padre como Agente, no excluye al Hijo de la misma condición, sino que denota que son Agentes unidos, pues la obra de la creación se atribuye eficientemente a las tres Personas de la gloriosa Trinidad; y el pasaje, tal vez, implica que el Hijo, como Agente, estuvo manifestado especialmente en esta obra en alguna manera inefable" (*Op.cit.,*págs.107-108).

Dejando ya a un lado la verdad de que la creación es en todas partes una obra netamente divina, conviene recordar que hay cuatro declaraciones directas en el Nuevo Testamento que afirman que Cristo creó todas las cosas. Son las siguientes: (1) "Todas las cosas por él fueron hechas, y sin él nada de lo que ha sido hecho, fue hecho" (Jn. 1:3). En el sentido positivo, todas las cosas fueron hechas por El; y en el sentido negativo, sin El no fue hecho nada. (2) "En el mundo estaba, y el mundo por él fue hecho; pero el mundo no le conoció" (Jn. 1:10). Aquí se declara una relación extraña: El estaba en el mundo que El mismo creó. (3) "Porque en él fueron creadas todas las cosas, las que hay en los cielos y las que hay en la tierra, visibles e invisibles; sean tronos, sean dominios, sean principados, sean potestades; todo fue creado por medio de él y para él" (Col.1:16). Aquí se nos dice que Cristo es, no solamente el Creador, sino el Objeto de toda creación. Todo fue creado por El y para El. 4) "Y: Tú, oh Señor, en el principio fundaste la tierra, y los cielos son obra de tus manos" (He.1:10). Este pasaje sirve para sellar todos los anteriores, y a la luz de estas Escrituras, nadie podría sinceramente negar que Cristo es el Creador de todas las cosas. Si El crea, El es Dios; si El es Dios, El ha existido como Dios eternamente.

Preservación. El que creó este vasto universo, lo sustenta también y lo preserva. Todo esto se le atribuye a Cristo. En *Hebreos* 1:3 se nos dice que Cristo "sustenta todas las cosas con la palabra de su poder". Similarmente, el Apóstol afirma en Colosenses 1:17: "Y él es antes de todas las cosas, y todas las cosas en él subsisten." Así que está escrito que todo el sistema ilimitado de mundos se mantiene unido sólo por el poder del Salvador de la humanidad, Aquel que fue criado en los brazos de una madre humana.

Perdón de pecados. Nadie en la tierra tiene autoridad ni derecho de perdonar pecados. Nadie pudiera perdonarlos, excepto Aquel contra Quien todos han pecado. Cuando Cristo perdonó pecados (El los perdonó verdaderamente), no estaba ejerciendo una prerrogativa humana. Es Jehová el que borra las rebeliones; y de Cristo se dice: "A éste, Dios ha exaltado con su diestra por Príncipe y Salvador, para dar a Israel arrepentimiento y perdón de pecados" (Hch. 5:31). El Apóstol escribe: "Soportándoos unos a otros, y perdonándoos unos a otros si alguno tuviere queja del otro. De la manera que Cristo os perdonó, así también hacedlo vosotros" (Co. 3:13). Puesto que nadie que no sea Dios puede perdonar pecados, queda demostrado concluyentemente que, puesto que Cristo perdonó pecados, El es Dios; y puesto que es Dios, es eterno.

La resurrección. Cristo se dio a Sí mismo el exaltado título divino de *La Resurrección y la Vida.* Pero es Dios el que levanta los muertos; por tanto, Cristo se proclamó Dios. Está escrito: "De cierto,

Espíritu deben ser reverenciados más que el Hijo. Todo lo que es de cierto os digo: El que oye mi palabra, y cree al que me envió, tiene vida eterna; y no vendrá a condenación, mas ha pasado de muerte a vida. De cierto, de cierto os digo: Viene la hora, y ahora es, cuando los muertos oirán la voz del Hijo de Dios; y los que la oyeren vivirán. Porque como el Padre tiene vida en sí mismo, así también ha dado al Hijo el tener vida en sí mismo; y también le dio autoridad de hacer juicio, por cuanto es el Hijo del Hombre. No os maravilléis de esto; porque vendrá hora cuando todos los que están en los sepulcros oirán su voz; y los que hicieron lo bueno, saldrán a resurrección de vida; mas los que hicieron lo malo, a resurrección de condenación" (Jn. 5:24-29). "Porque por cuanto la muerte entró por un hombre, también por un hombre la resurrección de los muertos" (1 Co. 15:21).

Todo el juicio. En vista de la verdad de que sentarse en juicio es la más alta función de un gobernante, es significativo que la Biblia diga que todo el juicio se le ha entregado al Hijo. Para tal ejercicio de autoridad y poder, el Juez tiene que conocer los secretos de todos los corazones y la historia de toda criatura. Tiene que ser el Justo que mantiene todas las normas de su justo gobierno. En el Salmo 9:7, 8 se dice con respecto a Jehová: "Pero Jehová permanecerá para siempre; Ha dispuesto su trono para juicio. El juzgará al mundo con justicia, y a los pueblos con rectitud". Se dice, sin embargo, en el Nuevo Testamento que " . . . el Padre a nadie juzga, sino que todo el juicio dio al Hijo" (Jn. 5:22). Y también se dice que "Por cuanto ha establecido un día en el cual juzgará al mundo con justicia, por aquel varón a quien designó, dando fe a todos con haberle levantado de los muertos" (Hch. 17:31). De conformidad con esta gran revelación, descubrimos que el juicio de las naciones ha de realizarlo el Rey que se sienta sobre el trono de David (comp. Sal. 2:7-9; Is. 63:1-6; Mt. 25:31-46; 2 Ts. 1:7-10; Ap. 19:15), que ha de juzgar a Israel (comp. 2 Co. 15:25, 26). Puesto que El es Dios y todo el juicio se le ha encomendado a El, El es el que se sienta en el gran trono blanco para juzgar a los muertos malvados (Ap. 20:12-15). La Esposa de Cristo, como es natural, también se sentará a juzgar con El.

Las obras poderosas de Cristo, sus nombres y sus atributos indican que Cristo es Dios, y si es Dios, es eterno.

4. LA RELACION TRINA. Como una evidencia adicional que prueba la Deidad de Cristo, se debe observar que, en toda revelación con respecto a la relación trina del Hijo, El ocupa un lugar de cualidad esencial con el Padre y con el Espíritu. Al Hijo se le atribuyen la misma adoración, el mismo honor y la misma gloria que al Padre y al Espíritu. No hay base para suponer que el Padre o el

cierto del Padre y del Espíritu en esta relación es igualmente cierto en todo sentido del Hijo. Este es el testimonio de las Escrituras con respecto al Hijo, a pesar de la inmensurable condescendencia del Hijo en la encarnación, y a pesar de la realidad de que El continuará encarnado en forma humana por toda la eternidad. La humanidad de Cristo, tal como ha sido considerada, aunque perfecta, tiene las limitaciones de lo que es humano; pero su humanidad no restringe en ningún sentido su Deidad. El sigue siendo lo que es; es decir, no un Dios *mutilado* por la carne, sino un Dios *manifestado* en carne. El hecho de que Cristo debe ser adorado, el cual se basa en la autoridad del Sagrado Texto inspirado, indica que El está íntimamente relacionado con la Divinidad. El aceptó la adoración de los hombres, y debemos adorarlo tanto como al Padre y como al Espíritu. El le preguntó a un joven rico que lo trató de "Maestro bueno": "¿Por qué me llamas bueno? " Todo el significado de esta cuestión depende de aquella parte de la pregunta que El haya expresado con más énfasis. Evidentemente, Cristo no dijo: "¿Por qué me llamas *bueno?* "; sino "*¿Por qué* me llamas bueno? " De este modo, El pudo sondear, hasta donde esto era factible, en qué estima tenía este dirigente al Señor. Aquí no hay ninguna base que apoye la afirmación del unitarianismo en el sentido de que Cristo no creía en su propia Deidad. Aquellos que piensan más en función de la humanidad de Cristo, naturalmente se contraen a lo que parece ser la adoración de un hombre. La corrección de esta falsa comprensión sólo puede producirse cuando se fija la atención en la verdad perfectamente establecida de que El es Dios.

Para los que creen el testimonio de la Biblia con respecto al modo trino de la Existencia divina, no puede haber duda de que Cristo es la segunda Persona de esta Trinidad; ni puede haber tampoco duda razonable con respecto a si la segunda Persona es igual, en todo aspecto a la Primera o a la Tercera.

Para concluir esta parte que trata de la Deidad de Cristo, se puede reafirmar la prueba en sus cuatro partes: Los nombres de Cristo, sus atributos, sus poderosas obras y el hecho de que El es de la Trinidad, establecen la verdad de que *Cristo es Dios,* y puesto que El es Dios, ha existido eternamente.

II. CRISTO Y LA CREACION

La verdad de que Cristo es el Creador logra tanto como valor evidente con respecto a la Deidad de Cristo, que vuelve a aparecer en esta discusión. Ya hemos anotado la creación entre sus obras poderosas. En este tema la vamos a introducir como una de las grandes pruebas de la preexistencia de Cristo. Ya hemos citado los cuatro grandes pasajes bíblicos que presentan a Cristo como Creador. En esta parte de la tesis desarrollaremos sólo uno de ellos.

El acto creador es en sí mismo una realización incomparable. Para la creación de las cosas materiales, Dios ordenó que se produjeran de la nada. Tal declaración está muy lejos de la idea de que la nada ha producido algo. Es obvio que de la nada, nada puede surgir por sí mismo. La declaración bíblica significa, más bien, que de los infinitos recursos de Dios se produjeron todas las cosas. El es la fuente de todo lo que existe. La voluntad de Dios, que es autónoma, es la causa del universo material, tal como lo afirma Pablo en Romanos 11:36: "Porque de él, y por él, y para él, son todas las cosas. A él sea la gloria por los siglos". En esta Escritura, la creación se predica de Dios; pero, en Colosenses 1:16, 17, se afirma en los mismos términos generales que todas las cosas fueron hechas por Cristo y para El, que El es antes de todas las cosas y que todas las cosas subsisten por El. Este es un pronunciamiento solamente razonable cuando se entiende que Cristo es Dios. El poder de crear –ya sea la producción del universo, o de una nueva creación, o de nuevos cielos, o de nueva tierra– le corresponde solamente a Dios, y se predica por igual de cada una de las tres Personas de la Divinidad. Es cierto que si Cristo es Dios, El puede crear todas las cosas. Sin embargo, lo que nos preocupa en esta parte del tema es que, puesto que se afirma que Cristo ha creado todas las cosas, por razonamiento preciso, el no puede ser otro sino Dios.

El pasaje que hemos de considerar ahora es Colosenses 1:15-19. Habiendo declarado que la Redención fue provista por la sangre de Cristo, y por ese medio, la remisión de pecados (Col. 1:14), el Apóstol entra a darnos una amplia descripción reveladora del Hijo, que es el que así redime. Este texto debe compararse con Hebreos 1:2-12 del cual se distingue en que afirma la Deidad del Hijo sin hacer referencia directa a su humanidad. Los versículos de Colosenses 1:15-19 los consideraremos separadamente.

Versículo 15. "El es la imagen del Dios invisible, el primogénito de toda creación."

Ya hemos considerado los dos títulos eternos que se emplean en este versículo. Se puede agregar que afirmar, como el Apóstol lo afirma, que Cristo es la έικών o imagen de Dios es equivalente a la afirmación de Juan con respecto al *Logos;* es decir, que El no es solamente la manifestación de Dios, sino que El también es Dios. No se pudiera hacer una declaración más grande con respecto a Cristo que la de este versículo de Colosenses, en la cual se nos dice que El es la exacta imagen de Dios. En Hebreos 1:3 se declara también que Cristo es el resplandor de la gloria del Padre y que toda la plenitud πλήρωμα está en El.

Versículo 16. "Porque en él fueron creadas todas las cosas, las que hay en los cielos y las que hay en la tierra, visibles e invisibles; sean tronos, sean dominios, sean principados, sean potestades; todo fue creado por medio de él y para él."

En este versículo se da la razón por la cual se le asigna a Cristo el título que se halla en el versículo 15, es decir el de Primogénito de toda criatura". Como esta designación coloca a Cristo, en punto a tiempo, antes de la creación, El tiene que haber existido antes de todas las cosas. Este pasaje, como lo señala el obispo Lightfoot, no enseña que Cristo fue creado antes que las otras creaciones; afirma, por lo contrario, "la absoluta preexistencia del Hijo" (Ob. cit., pág. 144). Con respecto a esta revelación que presenta a Cristo como la Causa de todas las cosas –muy lejos de la idea de que El mismo es una de las cosas creadas– e incluye cosas celestiales y terrenales, visibles e invisibles, es de esperarse que los eruditos de todos los tiempos hayan escrito ampliamente. En este versículo se debiera seguir la exégesis precisa; para el propósito que se tiene en el presente tratado, no obstante, es suficiente afirmar, lo que ya se ha afirmado, que el texto predica que Cristo es el origen de todas las cosas. Todos los que no están prejuiciados con respecto a la preexistencia de Cristo y al hecho de que El es el Creador, refutan la sugestión de que Cristo fue simplemente un Agente por medio del cual Dios hizo la creación. Si nos basamos en la regla bien comprobada de que la repetición de alguna verdad en el Texto Sagrado tiene el objeto de hacer hincapié en dicha verdad, es sumamente significativo el hecho de que la expresión "en El fueron creadas todas las cosas" se repite dos veces en este mismo versículo. La enumeración de las cosas que fueron creadas por Cristo alcanza las esferas celestiales. Hay cosas visibles e invisibles en los cielos, y hay cosas visibles e invisibles –como las almas de los hombres– en la tierra. En efecto, aunque las cosas mundanas se mencionan solamente por la relación que tienen con las cosas que están en la tierra, en este caso se tienen principalmente en consideración las cosas que están en los cielos. Probablemente se conserva una proporción apropiada con respecto a la importancia relativa de estas dos clases de cosas. No es que hay desprecio por las cosas mundanas, sino que las cosas celestiales son mucho más amplias. Así se acentúa la sobresaliente obra creadora del Hijo de Dios. Si esta fuera la única referencia bíblica a la obra creadora de Cristo, naturalmente permanecería por sí sola; pero, como ya se ha dicho, la misma revelación ocurre en otras partes de la Escritura en forma notable (Jn. 1:3, 10; 1 Co. 8:6; Ef. 3:9; He. 1:10).

La enumeración de cosas se restringe a las celestiales. El pasaje de Hebreos 1:10 le atribuye a Cristo el haber puesto el fundamento de la tierra. Dicho de otro modo, lo primero en la estimación divina no son las cosas materiales, sino las criaturas vivientes; y las criaturas vivientes del cielo parece que tienen más importancia que las criaturas vivientes de la tierra. En este sentido se debe observar lo relativo a los juicios de Cristo sobre todas las criaturas vivientes. El tiempo que se le asigna a cada uno de los dos juicios –el de las de la tierra y el de las del cielo– es muy desigual. El juicio de los pueblos de la tierra –tanto judíos como gentiles– es, cuando más, un asunto de un día o pocos días, mientras que el juicio de los seres angelicales, según 1 Corintios 15:24-26, puede requerir todo el período milenario.

El Apóstol se refirió dos veces a la clasificación de los seres celestiales. En Efesios 1:21, él revela que cuando Cristo ascendió al cielo, fue exaltado a la diestra del Padre "sobre todo principado y autoridad y poder y señorío". Esta clasificación en cuatro categorías no es exactamente idéntica con la de Colosenses 1:16, lo cual sugiere que la clasificación en cualquiera de los dos pasajes es parcial, y que los aspectos que se mencionan sólo obedecen a un propósito general. El mismo apóstol menciona los grupos angelicales cuando declara que Cristo dominará sobre todos sus enemigos (1 Co. 15:24-26). En este pasaje habla de dominio, autoridad y potencia, y da a entender que estos son enemigos que Cristo va a poner debajo de sus pies. Entre estos enemigos está la muerte –el cual es impersonal y de ninguna manera puede clasificarse con criaturas responsables. Es verdaderamente amplia la consideración de los enemigos del reino de Dios.

La afirmación de suprema importancia en Colosenses 1:16 está en la repetición: "todo fue creado por medio de él". El fue el que realizó el acto, y el objetivo fue el de glorificarlo a El. Cristo es la *finalidad* de la creación. La creación se hizo para El. En este sentido, hay dos pasajes en Apocalipsis que amplían esta verdad. "Y el ángel que vi en pie sobre el mar y sobre la tierra, levantó su mano al cielo, y juró por el que vive por los siglos de los siglos, que creó el cielo y las cosas que están en él, y la tierra y las cosas que están en ella, y el mar y las cosas que están en él, que el tiempo no sería más" (Ap. 10:5, 6). "Señor, digno eres de recibir la gloria y la honra y el poder; porque tú creaste todas las cosas, y por tu voluntad existen y fueron creadas" (Ap. 4:11).

Versículo 17. "Y él es antes de todas las cosas, y todas las cosas en él subsisten". Esta porción del contexto agrega la importante revelación de que todas las cosas subsisten mediante la aplicación directa e incesante del poder de Cristo. Literalmente significa que *se mantienen juntas* por el poder de Cristo. Otra vez se puede comparar esta verdad con la de Hebreos 1:3, que dice: "... y quien sustenta todas las cosas con la palabra de su poder ..." Lo que se nos revela aquí es que Cristo, quien creó todas las cosas, las sostiene incesantemente.

Versículo 18. "Y él es la cabeza del cuerpo que es la iglesia, él que es el principio, el primogénito de entre los muertos, para que en todo tenga la preeminencia."

Cristo no es solamente la Cabeza de toda creación, sino que también es la Cabeza de la nueva Creación: la Iglesia. Con respecto a la Iglesia, Cristo es su principio y el primogénito de los muertos. 1 Corintios 15:20, 23 proclama que Cristo es las Primicias de los que durmieron. Y Apocalipsis 3:14 afirma que El es "el principio de la creación de Dios". Esta es sin duda una referencia a la Nueva Creación de la cual Es es parte. Por causa de todo esto, suya es la preeminencia. La preeminencia es de Aquel que creó todas las cosas, y que sostiene su creación, y que es Cabeza de toda creación.

Versículo 10. "Por cuanto agradó al Padre que en él habitase toda la plenitud."

La preeminencia debe dársele al Hijo, de acuerdo con el designio y el propósito del Padre. En el Hijo habita toda la πλήρωμα de la Deidad (Col. 2:9). Así se cumple el propósito del Padre y a la vez es glorificado en el Hijo.

La revelación de que Cristo creó todas las cosas sostiene ampliamente la afirmación de que Cristo preexistió.

III. EL PACTO DE ANTES DEL PRINCIPIO DE LOS SIGLOS

Los expositores no se han puesto de acuerdo sobre la naturaleza exacta del pacto que se menciona en Tito 1:2, que dice: "En la esperanza de la vida eterna, la cual Dios, que no miente, prometió desde antes del principio de los siglos". Algunos creen que se refiere al acuerdo entre las tres Personas de la Trinidad, que adoptaron y prepararon el plan de la Redención, y que le asigna a cada Uno su parte en esta empresa. Para otros, este texto no indica sino que Dios tenía conocimiento previo con respecto a la promesa que el Evangelio proclamaría. Sobre este último punto de vista escribe el Dean Alford:

"La solución del problema de que no se hizo ninguna promesa realmente hasta que existió la raza del hombre, puede hallarse al recordar que este versículo, como el de 2 Timoteo 1:9, son de estructura mixta; es decir, que se componen de la promesa real hecha en el debido tiempo y el propósito divino del cual depende la promesa, el cual se fijó desde la eternidad. Así como se dice que Dios nos ha dado su gracia en Cristo desde los tiempos de los siglos, lo cual significa que el don se realizó como resultado de un propósito divino establecido desde la eternidad, así en este caso se dice que El prometió vida eterna desde antes del principio de los siglos, con lo cual se quiere decir que la promesa es el resultado del propósito establecido desde la eternidad" (*Op.cit.,* Vol.II, pág. 580).

Sobre el tema general del pacto anterior al principio de los siglos, el doctor A. A. Hodge presenta siete puntos:

"Primero, tal como se demuestra en el capítulo XXII –de su obra–, tal pacto se implica virtualmente en la existencia de un plan eterno de salvación formado mutuamente por las tres Personas, y para ser ejecutado por Ellas. Segundo, se implica necesariamente que Cristo representó a sus escogidos en ese pacto, de acuerdo con la doctrina de la soberana elección personal de la gracia y de la salvación. Cristo dice con respecto a sus hijos: '. . . tuyos eran, y me los diste, y han guardado tu palabra . . . a los que me diste, yo los guardé . . . ' (Jn. 17:6, 12). Tercero, las Escrituras declaran la existencia de la promesa y las condiciones de tal pacto, y la relación que hay entre ellas (Is. 53:10, 11). Cuarto, las Escrituras afirman expresamente la existencia de dicho pacto (Is. 52:6; Sal. 89:3). Quinto, Cristo se refirió constantemente a una comisión que El había recibido del Padre (Jn. 10:18; Lc. 22:29). Sexto, Cristo afirma que hay una recompensa que está condicionada al cumplimiento de esta comisión (Jn. 17:4). Séptimo, Cristo afirma constantemente que su pueblo y la gloria que espera se los da el Padre como recompensa (Jn. 17:6, 9, 24; Fil.2:6-11)" (*Outlines of Theology,* pág. 371).

Es cierto que el Dios trino existió desde la eternidad, que todas las cosas estaban predeterminadas, y que existió un acuerdo entre las Personas de la Trinidad, con respecto a la parte que cada cual ejecutaría. Si el Dios trino existió desde la eternidad, la segunda Persona naturalmente existió también, y puesto que esa Persona es Cristo, El existió eternamente.

IV. EL MESIAS DEL ANTIGUO TESTAMENTO

Lo que a menudo se pasa por alto es el hecho de que el Mesías predicho en el Antiguo Testamento es el mismo Jehová, según se declara repetidamente. También debe observarse que, dentro del misterio de la Trinidad, Jehová y el Mesías son dos Personas separadas. En Salmo 2:2 se dice que los reyes y los príncipes de la tierra "consultarán unidos contra Jehová y contra su ungido" (Es mejor traducir la palabra *ungido* como *Mesías*). Aunque la mente finita vacila por la carencia de habilidad para entender lo que aquí se declara, hay muchos pasajes de interpretación incuestionable en los cuales se dice que el Mesías es Jehová. En efecto, esto es cierto en la mayor parte de las predicciones mesiánicas. Algunas de éstas pueden indicarse muy bien.

Deuteronomio 30:3. "Entonces Jehová hará volver a tus cautivos, y tendrá misericordia de ti, y volverá a recogerte de entre todos los pueblos adonde te hubiere esparcido Jehová tu Dios."

En este pasaje, que es el primero que menciona la segunda venida, el que proclama que ha de volver es el mismo Jehová *Elohim;* pero claro que El no puede volver, pues no ha estado aquí antes. Eso es verdad sólo de Cristo, Quien sí ha estado aquí y se fue y regresará. Cuando El vuelva recogerá a Israel y reinará sobre la tierra. Aquí la interpretación no es opcional. El único en el cual se cumple esta descripción es Cristo, y aquí está plenamente identificado con el nombre Jehová *Elohim.*

Jer.33:14-17. "He aquí vienen días, dice Jehová, en que yo confirmaré la buena palabra que he hablado a la casa de Israel y a la casa de Judá. En aquellos días y en aquel tiempo haré brotar a David un Renuevo de justicia, y hará juicio y justicia en la tierra. En aquellos días Judá será salvo, y Jerusalén habitará segura, y se le llamará: Jehová, justicia nuestra. Porque así ha dicho Jehová: No faltará a David varón que se siente sobre el trono de la casa de Israel."

Se puede ver en esta profecía que el Renuevo o Hijo de David, cumplirá la promesa de que a David nunca le faltará alguien que se siente sobre el trono. La línea de herederos legítimos del reino continuó desde David hasta Cristo, pero no se ha necesitado que se levante otro rey, ni será necesario. Del reino de Cristo se dice que es "dominio eterno" (Dn.7:14); que El ha de reinar por los siglos (Ap.11:15). En la anunciación del nacimiento del Mesías, el ángel le dijo a María que su Hijo sería llamado "Hijo del Altísimo"; y que "el Señor Dios le dará el trono de David su padre; y reinará sobre la casa de Jacob para siempre" (Lc.1:31-35). Este Hijo, puesto que no tiene padre humano, es el Hijo de Dios. Así queda demostrado concluyentemente que Cristo es Jehová.

Isaías 9:6-7. "Porque un niño nos es nacido, hijo nos es dado, y el principado sobre su hombro; y se llamará su nombre Admirable, Consejero, Dios fuerte, Padre eterno, Príncipe de paz. Lo dilatado de su imperio y la paz no tendrán límite, sobre el trono de David y sobre su reino, disponiéndolo y confirmándolo en juicio y en justicia desde ahora y para siempre. El celo de Jehová de los ejércitos hará esto."

Se le atribuyen aquí títulos incomparables a la única Persona que no tiene igual ni en el cielo ni en la tierra, en el cual se combinan tanto la humanidad de un niño engendrado como la Deidad de un Hijo dado. Se dice de El que es Admirable, Consejero, Dios fuerte, Padre eterno, y Príncipe de paz; sin embargo, Este es – Jehová – que se ha de sentar sobre el trono de David. Todo lo que puede atribuírsele a Jehová *Elohim* se le puede atribuir también directamente a Cristo; por tanto, Cristo es Jehová.

Zacarías 9:9. "Alégrate mucho, hija de Sion; da voces de Júbilo, hija de Jerusalén; he aquí tu rey vendrá a ti, justo y salvador, humilde, y cabalgando sobre un asno, sobre un pollino hijo de asna."

En el cumplimiento de esta predicción, según se nos narra en Mateo 21:1-14 y Juan 12:12-15, se proclama que Cristo es el Hijo de David que viene en el nombre del Señor (Jehová); y que entró en el Templo y echó fuera a los que vendían y compraban, y les dijo que "Mi casa, casa de oración será llamada; mas vosotros la habéis hecho cueva de ladrones." Malaquías predijo que Jehová vendría a su Templo. De modo que el Templo era el de Jehová; por tanto, Cristo afirmó que El es Jehová al llamar al Templo "mi casa". Así que Zacarías 9:9 es una predicción mesiánica que dice que el Mesías es Jehová, y Cristo cumplió esa profecía. Se llega, pues, a la conclusión de que Cristo es Jehová.

Zacarías 1:4,9,16. "No seáis como vuestros padres, a los cuales clamaron los primeros profetas, diciendo: Así ha dicho Jehová de los ejércitos: Volveos ahora de vuestros malos caminos y de vuestras malas obras; y no atendieron, ni me escucharon, dice Jehová . . .Entonces dije: ¿Qué son éstos, señor mío? Y me dijo el ángel que hablaba conmigo: Yo te enseñaré lo que son éstos . . .Por tanto, así ha dicho Jehová: Yo me he vuelto a Jerusalén con misericordia; en ella será edificada mi casa, dice Jehová de los ejércitos, y la plomada será tendida sobre Jerusalén."

Las predicciones de la Biblia sólo saben de un Rey, de un trono, y de un Hijo de David que reinará en el trono de David para siempre. Ese Cristo es el Rey y, por tanto, queda demostrado otra vez que es el Mesías. Pero Zacarías declara que el Mesías Rey no es otro sino el mismo Jehová. El ha de ser adorado, porque El es Jehová.

Isaías 40:1-3. "Consolaos, consolaos, pueblo mío, dice vuestro Dios. Hablad al corazón de Jerusalén; decidle a voces que su tiempo es ya cumplido, que su pecado es perdonado; que doble ha recibido de la mano de Jehová por todos sus pecados. Voz que clama en el desierto: Preparad camino a Jehová; enderezad calzada en la soledad a nuestro Dios."

En Juan el Bautista se cumplió la predicción de que el que preparó el camino para la venida del Mesías fue una voz en el desierto. El mismo dijo que él era esa voz (Jn. 1:22-23; Mt. 3:3; Mr. 1:3; Lc.

3:4-6). No importa que, por causa de que el Rey fue rechazado, el cabal cumplimiento de esta profecía se haya demorado hasta la segunda venida de Cristo. Juan fue la voz que preparó el camino para el Mesías, y la profecía de Isaías sostiene que esa voz debía preparar el camino para Jehová.

Jeremías 23:5-6. "He aquí que vienen días, dice Jehová, en que levantaré a David renuevo justo, y reinará como Rey, el cual será dichoso, y hará juicio y justicia en la tierra. En sus días será salvo Judá, e Israel habitará confiado; y este será su nombre con el cual le llamarán: *Jehová, justicia nuestra*".

El Rey que habría de reinar y prosperar es el Mesías, el Hijo de David. El será el que hará juicio y justicia sobre la *tierra*. El será el que salvará tanto a Judá como a Israel (comp.Is.63:1; Ro.11:26-27). Y a El se le dará el nombre de JEHOVA, JUSTICIA NUESTRA, no como título insignificante, sino porque El es Jehová.

Aunque solamente hemos introducido aquí una selección limitada de pasajes, se ve que siempre se declara que el Mesías es Jehová, y, puesto que El es Jehová, ha existido eternamente.

V. EL ANGEL DE JEHOVA

Una de las pruebas más convincentes e indiscutibles de que Cristo preexistió, se halla en la verdad de que El es el Angel de Jehová, cuyas diversas apariciones se relatan en el Antiguo Testamento. Sobre esta doctrina, el doctor John F. Walvoord ha escrito un análisis que merece incluirse en este texto:

"*Definición.* Se entiende por teofanía una manifestación de Dios en forma corporal y visible antes de la encarnación. Usualmente se restringe el término *teofanía* a las apariciones de Dios en forma humana o angélica. Otras manifestaciones de la gloria de Dios no se consideran teofanías. Las teofanías son principalmente apariciones del Angel de Jehová, el cual es muy distinto de los seres angélicos.

El Angel de Jehová se identifica con Jehová. El estudio de los pasajes que se refieren al Angel de Jehová en el Antiguo Testamento revela que dicho Angel se identifica frecuentemente con el mismo Jehová. Cuando el Angel de Jehová habló a Agar (Gn. 16:7-13), se identificó con Jehová (versículo 13). El relato del sacrificio de Isaac (Gn. 22:11-18) confirma la misma identificación del Angel de Jehová con el mismo Jehová. Los siguientes pasajes confirman la misma verdad: Gn. 31:11-13; 48:15, 16; 45:5; Ex. 3:1 y siguientes; Hch. 7:30-35; Ex. 13:21; 14:19; Jue. 6:11-23; 13:9-20.

El Angel de Jehová como Persona distinta de Jehová. En tanto que muchos pasajes identifican al Angel de Jehová con el mismo Jehová, otro número de pasajes, casi iguales en número, distinguen al Angel de Jehová como una Persona distinta. En Génesis 24:7 se dice, por ejemplo, que Jehová había prometido enviar 'su ángel'. El siervo de Abraham da testimonio de este realidad en

Génesis 24:40. Moisés habla de que Jehová envió su ángel a sacarlos de Egipto (Nm. 20:16). Un claro ejemplo se halla en Zacarías 1:12, 13, donde el Angel del Señor le habla a Jehová: 'Respondió el ángel de Jehová y dijo: Oh, Jehová de los ejércitos, ¿hasta cuándo no tendrás piedad de Jerusalén, y de las ciudades de Judá, con las cuales has estado airado por espacio de setenta años? Y Jehová respondió buenas palabras, palabras consoladores, al ángel que hablaba conmigo.' Otros pasajes hacen una distinción semejante (Ex. 23:20; 32:34; 1 Cr. 21:15-18; Is. 63:9; Dn. 3:25-28). Hay pasajes que afirman la Deidad del Angel de Jehová, pero que no lo identifican con Jehová, ni lo distinguen de El (Jue. 2:1-5; 2 R. 19:35).

El Angel de Jehová es la segunda Persona de la Trinidad. Para la mente natural, la aparente disparidad de la terminología y el uso del nombre *Angel de Jehová* es irreconciliable. La dificultad se resuelve fácilmente cuando uno comprende que Cristo es el Angel de Jehová. Como tal, Cristo es Jehová, y al mismo tiempo es una persona distinta de la Trinidad, es decir, la segunda Persona. Así, cuando el Angel de Jehová se identifica como Jehová, es una declaración de su Deidad. Cuando se distingue de Jehová, es una distinción del Padre. Esta solución se conserva acorde con la doctrina de la Trinidad según se revela en las Escrituras. Si aceptamos que el Angel de Jehová es Dios, es un problema relativamente menor probar que El es la segunda Persona, no el Padre ni el Espíritu Santo.

Hay cuatro clases de evidencia para probar que Cristo es el Angel de Jehová: a) *La segunda Persona es el Dios visible del Nuevo Testamento.* Cuando acudimos al Nuevo Testamento, descubrimos que la segunda Persona es el Dios encarnado, que posee cuerpo humano y es visible para todos. Mientras que la voz del Padre se oye desde el cielo, y al Espíritu Santo se le ve descender en forma de una paloma, Cristo, la segunda Persona, es la Manifestación completa de Dios en forma visible. Sería lógico que la misma Persona de la Trinidad que es visible en el Nuevo Testamento hubiera sido la Persona escogida para que apareciera en la forma de Angel de Jehová en el Antiguo Testamento. b) *El Angel de Jehová del Antiguo Testamento no aparece después de la encarnación de Cristo.* El Angel de Jehová es sumamente activo en todo el período del Antiguo Testamento; aparece a mucha gente, ampliamente separada en cuanto a tiempo y espacio. En el Nuevo Testamento, aunque hay referencias a ángeles como tales, no hay ni un ejemplo en el cual aparezca el Angel de Jehová. Naturalmente se deduce que El se aparece como el Cristo encarnado. c) *Tanto el Angel de Jehová como Cristo son enviados por el Padre.* El Antiguo Testamento revela que el Angel de Jehová era enviado por Jehová para revelar la verdad, para dirigir a Israel, y para defenderlo y juzgarlo. En el Nuevo Testamento, Cristo es enviado por Dios para revelar a Dios en carne, para revelar la verdad y para que fuera el Salvador. En la naturaleza de la Trinidad, el Padre es el que envía al Hijo y al Espíritu Santo. La primera Persona nunca se envía a Sí misma. El carácter similar del ministerio del Angel de Jehová con el de Cristo sirven para identificarlos. d) *El Angel de Jehová no pudiera ser el Padre ni el Espíritu Santo.* Según el procedimiento de eliminación, se puede demostrar que el Angel de Jehová es la segunda Persona. Según Juan 1:18, *A Dios nadie le vio jamás; el unigénito Hijo, que está en el seno del Padre, él le ha dado a conocer.* Este versículo afirma, en efecto, que solamente Cristo ha sido visible a los hombres, puesto que nadie puede ver a Dios el Padre ni al Espíritu Santo en su gloria. Como el Angel de Jehová es el Enviado, no podría ser el Padre, la primera Persona. Como el Angel de Jehová es Dios en forma corporal, no podía ser el Espíritu Santo, puesto que en el Espíritu Santo está siempre el atributo de la inmaterialidad, y su ministerio no se caracteriza nunca por los atributos físicos. No hay ni una razón válida que niegue que el Angel de Jehová es la segunda Persona, pues todo hecho conocido señala su identificación con Cristo en el Nuevo Testamento.

Otras apariciones de Cristo en las cuales no se presentó como Angel de Jehová. En el Antiguo Testamento se halla un número de apariciones de Cristo, en las cuales no se presenta como el Angel de Jehová. En Génesis 18:1-33, Jehová se apareció como un hombre, acompañado por otros dos hombres que son probablemente ángeles. La experiencia en la cual Jacob luchó con Dios envuelve, con toda probabilidad, la aparición de Cristo en forma de hombre (Gn. 32:24-32). La aparición de Dios a los ancianos de Israel se puede calificar, tal vez, como una aparición de Cristo (Ex. 24:9-11). La nube del Señor, la gloria del Señor (Ex. 40:38), y la *columna de nube* (Ex. 33:9-23) son también formas en que Cristo apareció en el Antiguo Testamento. Es muy probable que toda visión de Dios, manifestada en forma corporal, se pueda identificar con el Señor Jesucristo (Jos. 5:13-15; Ez. 1:1-28; Dn. 10:1-21).

Las teofanías como pruebas de la preexistencia de Cristo. Las teofanías del Antiguo Testamento, que son manifestaciones de Cristo, la segunda Persona, en forma visible, constituyen un argumento de la *preexistencia* de Cristo en la historia, en contraste con la declaración directa de su preexistencia en el Nuevo Testamento. La abundante evidencia en el Antiguo Testamento con respecto al ministerio vital de Cristo en el Nuevo y su evidente relación con muchas escenas de la revelación en el Antiguo Testamento son prueba convincente de su preexistencia. El examen del carácter de su ministerio como Angel de Jehová, y de sus manifestaciones en otras formas, no sólo revela su preexistencia, sino que también demanda el reconocimiento de su Deidad. Como Angel de Jehová, El es Dios, y aunque la revelación de El en el Antiguo Testamento se dedica algunas veces a su inherente gloria, sin embargo, durante su vida terrenal después de la encarnación es una demostración de sus atributos que son los atributos de Dios" (*Op. cit.,* págs. 6-8).

VI. INFERENCIAS INDIRECTAS DE LA BIBLIA SOBRE LA PREEXISTENCIA DE CRISTO

Hay muchas expresiones en el Nuevo Testamento que sugieren la preexistencia de Cristo. El dice de Sí mismo que fue enviado al mundo (Jn. 17:18); está escrito que El se hizo carne (Jn. 1:14); que El participó de carne y sangre (He. 2:14); que se halló en la condición de hombre (Fil. 2:8); que El dijo: *Yo soy de arriba* (Jn. 8:23); y también dijo: *Tampoco yo soy del mundo* (Jn. 17:14); El afirmó que había descendido del cielo (Jn. 3:13). También son dignas de escudriñar las siguientes Escrituras: Juan 1:15, 18, 30; 3:16, 17, 31; 6:33, 42, 50, 51, 57, 58; 7:29; 8:23, 42; 9:39.

VII. AFIRMACIONES BIBLICAS DIRECTAS SOBRE LA PREEXISTENCIA DE CRISTO

La evidencia final que daremos sobre la preexistencia de Cristo es la directa y positiva. La Palabra de Dios afirma su preexistencia en términos que no pueden ser cuestionados por ninguna persona devota. Algunos pasajes que vamos a anotar a continuación ya los hemos utilizado en un volumen anterior.

Juan 1:1-4. "En el principio era el Verbo, y el Verbo era con Dios, y el Verbo era Dios. Este era en el principio con Dios. Todas las cosas por él fueron hechas, y sin él nada de lo que ha sido hecho, fue hecho. En él estaba la vida, y la vida era la luz de los hombres . . . Y aquel Verbo fue hecho carne, y habitó entre nosotros (y vimos su gloria, gloria como del unigénito del Padre), lleno de gracia y de verdad."

Aquí no sólo se presenta a Cristo como Creador, sino que, hasta donde la lengua puede expresar el pensamiento, se declara que ha existido desde la eternidad. En ese principio que precedió a toda creación, cuando el universo –tal como pudo haber estado– estaba habitado sólo por el Dios trino, existió el *Logos,* es decir, desde la eternidad. Por causa de un profundo misterio que no alcanzamos a comprender, el *Logos* a la vez estaba con Dios como Persona que puede distinguirse de El y era Dios. El no es otro, sino el mismo Dios.

Juan 6:33, 38, 41, 50-51, 58, 62. En estos siete versículos, que no necesitamos copiar, Cristo hace siete veces la declaración de que El vino del cielo (Jn. 3:13, 31). La revelación más amplia de Juan 6:62 es concluyente: "¿Pues qué, si viereis al Hijo del Hombre subir adonde estaba primero? " Sólo la más obstinada incredulidad puede rechazar esta revelación de verdad divina tan incontestablemente como se establece en estas siete declaraciones del mismo Cristo. La invención sociniana de que Cristo subió al cielo un poco después de su nacimiento para recibir instrucciones en las cosas celestiales, y que de allá volvió, es, tal vez una buena explicación, o pudiera ser, si hubiera algún vestigio de verdad en que pudiera basarse. La mente devota se rebela, y tiene que averiguar por qué es necesario hacer cualquier esfuerzo para salvar a un Cristo tan humanizado a fin de que su existencia deje de ser en cualquier momento. El vino del cielo, donde ha tenido eternamente su morada con Dios. Toda la Escritura sostiene firmemente esta declaración.

Juan 8:58-59. "Jesús les dijo: De cierto, de cierto os digo: Antes que Abraham fuese, yo soy. Tomaron entonces piedras para arrojárselas; pero Jesús se escondió y salió del templo; y atravesando por en medio de ellos, se fue."

El siguiente es el comentario del Dean Alford sobre este pasaje:

"Como Lucas lo hace notar, toda explicación desprejuiciada de estas palabras tiene que reconocer en ellas una declaración de la preexistencia esencial de Cristo. Todas aquellas interpretaciones tales como la de que antes que A b r a m llegara a ser Abraham, es decir, antes que llegara a ser padre de muchas naciones

(Socinio y sus seguidores), y la que dice que significa: *Fui predeterminado, prometido por Dios* (Grocio y los intérpretes de Socinio), son apenas mejores que los *sofismas deshonestos.* La distinción entre *fuese* y *soy* es sumamente importante. El presente, *Yo soy,* expresa la existencia esencial (Col. 1:17), y nuestro Señor lo empleó a menudo para afirmar su Ser divino. En este versículo *El se refirió a su Divinidad. Los judíos entendieron eso, y por esa causa se manifestaron contra El*. . . Había probablemente algunas piedras (para construcción) en la parte de afuera del atrio del Templo, donde parece que Cristo pronunció estas palabras. La razón por la cual los judíos hicieron eso (versículo 39) la dan ellos mismos en una ocasión semejante (Jn. 10:33): 'porque tú, siendo hombre, te haces Dios' "(Ob. cit., Vol. I, pág. 547).

Juan 17:5. "Ahora pues, Padre, glorifícame tú para contigo, con aquella gloria que tuve contigo antes que el mundo fuese."

Las circunstancias particulares en las cuales el Salvador se dirige al Padre antes de su regreso al cielo –circunstancias completamente exentas de cualquier comunicación con los hombres y caracterizadas por ese alto grado de verdad que tiene que lograrse cuando conversan dos Personas de la Divinidad– hacen que esta referencia de Cristo a su preexistencia en el cielo sea de solemne importancia. En realidad, sólo aquellos que carecen de capacidad para respetar a Dios pueden ponerla en tela de juicio. R. Govett señala, en su *Exposición del Evangelio de San Juan (Exposition of the Gospel of St. John),* lo siguiente, con respecto a este pasaje:

"Como resultado de tal glorificación para el Padre, El pide su propia glorificación. Y la que pide es una forma especial de glorificación: que el Padre le devolviera la gloria divina que tenía antes de hacerse hombre. Aquí El da testimonio de su preexistencia, de su morada con el Padre y de su gloria divina, antes que comenzara la creación. Como dijo Pablo: 'Cristo Jesús . . . siendo en forma de Dios, no estimó el ser igual a Dios como cosa a que aferrarse, sino que se despojó a sí mismo, y se hizo hombre. La parte más amarga de esa humillación –la muerte de cruz– está a la puerta; pero, después de ella, El prevé el paso tan perfecto a través de las tinieblas, que el Padre va a estar obligado a exaltarlo como su Hijo sobre todas las criaturas. Esto aparece también en Hebreos 1. Jesús, por su generación eterna, *fue el Hijo;* en un sentido en que no habría justificación para aplicarles ese nombre a los ángeles. Pero Pablo va más allá al decir que, por la perfección de su servicio durante la encarnación, El volvió a ganar el puesto de superioridad sobre los ángeles. A El se lo saluda otra vez como *el Hijo,* por haberlo levantado el Padre de entre los muertos (He. 1:5). Esa es una condición que ningún ángel ha podido lograrla mediante la obediencia. Los ángeles que no han caído sólo cumplen la obra que se les ha demandado mediante la obediencia, nada más. Ellos no son siervos misteriosos del Altísimo que reclaman recompensa por sus merecimientos. Ni Dios ni su Hijo comenzaron a ser. El mundo sí comenzó. Hubo incontables edades antes que el mundo fuera creado. Por otra parte, el Padre, al hablar del Hijo, después de su obra en la tierra, confiesa su Divinidad; y le asigna el reino como resultado de su perfecto amor y de su justicia, y por haber aborrecido la maldad (He. 1:8, 9). Hay, pues, tres aspectos en el asunto que se presenta en este versículo: 1) Jesús, como Hijo, tenía gloria con el Padre antes de la creación. 2) El se despojó de esa gloria para convertirse en Siervo. 3) El ha vivido en la tierra de tal modo que el Padre ha sido glorificado, y que El puede reclamar la gloria en el día postrero, cuando el Altísimo le asigne a cada uno la recompensa por sus obras.

De ninguna manera. La gloria tenía que comenzar en el acto. 'Ahora, pues, Padre, glorifícame tú para contigo' –es decir, *junto a ti*–. La gloria de Jesús había de comenzar inmediatamente después de su ascensión a la presencia del Padre; y se le había de restaurar la misma gloria divina de que disfrutaba antes de su nacimiento humano. ¿Quién que sea meramente hombre puede decir de sí tales cosas con verdad? ¿Quién pudiera afirmar tales presunciones sin incurrir en blasfemia? ¿Quién se atrevería a ser objeto del disgusto eterno del Padre? Pero la expresión 'aquella gloria que tuve contigo antes que el mundo fuese', ¿no puede significar simplemente que Cristo recibía la gloria en las determinaciones del Padre, antes que Cristo llegara a existir? Así hablan algunos cuya meta es la de oponerse a la del Padre; la de disminuir hasta donde puedan el honor que las Escrituras le dan al Hijo. Debemos estar alerta dondequiera que hallemos esta enseñanza. Tenemos que decirle: ¡No! Primeramente, si Jesús fue solamente hombre, ¿cómo pudo El saber cuál era la gloria a que estaba destinado, antes que existiera la creación? En segundo lugar, esto no era nada peculiar para El. Dios había destinado también una gloria especial para Abraham, David y otros. En tercer lugar, el sentido de las palabras implica que Jesús no solamente existió antes de la creación, sino que moraba con gloria en la presencia del Padre. En cuarto lugar, esto es lo mismo que afirman otros pasajes bíblicos, especialmente el *Evangelio de Juan* y sus epístolas. . . . 'el Verbo era Dios. Este era en el principio con Dios." Suya era la gloria antes de la creación, pues El creó todo; y la causa tiene que existir antes que el efecto; aunque la gloria del Creador tiene que ser infinitamente sobre toda criatura. Y otra vez: '¿Pues qué, si viereis al Hijo del Hombre subir adonde estaba primero? ' . . . 'Antes que Abraham fuese, yo soy' . . . 'el cual, siendo en forma de Dios, . . . se despojó a sí mismo' (Fil. 2). 'El que no tiene al Hijo de Dios no tiene la vida . . . Cualquiera que se extravía, y no persevera en la doctrina de Cristo, no tiene a Dios' (2 Jn. 9). Observemos cómo el uso del pronombre *nosotros* por parte de Cristo, en su oración intercesora, coloca a Cristo en igual nivel con el Padre (Jn. 17:11, 21,22). El Objeto de adoración y el Dador de la vida es el Hijo" (Vol.II, págs. 284-286).

Filipenses 2:6. "El cual, siendo en forma de Dios, no estimó el ser igual a Dios como cosa a que aferrarse."

Para hacer hincapié sobre el testimonio de este pasaje, utilizaremos un amplio comentario que sobre él escribió el doctor John Hutchinson (*Lectures on St. Paul's Epistle to the Philippians,*

"Este pasaje es de una dificultad no común. Las controversias han girado en torno a él en todos los tiempos. Los años no bastarán probablemente para que podamos dominar su completo significado. Casi cada una de las palabras de estos versículos ha servido de campo de batalla. Por tanto, cierto sentido de confusión puede establecerse en la mente al tratar de estudiar este tema. Mientras más tratamos de estudiarlo, sin embargo, su impresión de grandeza crece sobremanera. Este es el tema de toda la Escritura. Su enseñanza es el punto de desafío para todos los corazones humildes y creyentes. No obstante, la exposición de este pasaje tiene que ser débil, pues lo que ha de ser expuesto *hace que la inspiración sea pobre y las palabras insuficientes;* es decir, trasciende a todo pensamiento mortal. Tenemos que contentarnos con el sencillo esfuerzo de extraer el significado de las palabras para colocarlo bajo una luz más clara. En la elección de los términos empleados, descubrimos que el Apóstol escribió como si hubiera sido con la punta de un diamante. Bien lo ha expresado Farrar *(Messages of the Books-,* pág. 299): 'Las principales verdades de la más profunda cristología no hubieran podido expresarse en forma más grandiosa y a la vez más concisa que la empleada en este sumarísimo compendio de la humillación de Cristo, paso a paso, desde las infinitas alturas hasta el más profundo abismo de humillación personal, y luego vuelve a ascender hasta la suprema e inimaginable exaltación de dominio.' O pudiéramos utilizar las palabras de Daillé, el digno teólogo francés reformado del siglo XVII: 'El significado es tan noble y tan bien establecido que uno no pudiera imaginarse nada más poderoso; el Apóstol abate aquí todo lo que el infierno ha inventado contra el fundamento sagrado e inviolable de nuestra fe.' O, yendo mucho más atrás en la literatura de la iglesia, es digno de notar cómo, en los muy notables sermones de Crisóstomo, se usa este pasaje, en sus partes varias, como un arma por medio de la cual todas las herejías de su tiempo se vuelven añicos.

Debemos recordar, sin embargo, a través de toda nuestra exposición, que el apóstol no tiene en ningún sentido el propósito de formular la doctrina de la Divinidad y la humanidad de nuestro Señor, ni de su obra expiatoria y mediadora, ni de su gloria, ni de su dominio. En realidad, él logra todo eso. No obstante, su objetivo directo e inmediato era simplemente el de reforzar e ilustrar las palabras precedentes: 'No mirando cada uno por lo suyo propio, sino cada cual también por lo de los otros.' Para hacer hincapié en este deber cristiano, él utiliza las misteriosas verdades sublimemente profundas que allí se enseñan con respecto a Cristo. 'El cual', es decir, Aquel que ahora adoramos como eterno Hijo del eterno Padre, y como Jesucristo, el Hijo del Hombre. Pero las necesidades del contexto en que se halla esta expresión, hacen que se refiera a Cristo cuando estaba en el seno del Padre, antes de su encarnación. 'Siendo en forma de Dios.' El gerundio *siendo* se utiliza para hacer hincapié, y significa *subsistiendo con, existiendo para comenzar con* (Webster y Wilkinson); o como se lee al margen de la Versión Revisada, 'siendo originalmente.' Este gerundio hace hincapié en la realidad de su existencia, no necesariamente en la realidad de su eterna preexistencia, aunque ésta se incluye también en realidad en la cláusula total. Se describe a Cristo como existente 'en forma de Dios.' La palabra "forma" es notable en conexión con esto. No significa realmente *figura* o *mera semblanza,* por una parte; y por la otra, tampoco significa exactamente *naturaleza o esencia.* Más bien se esconde entre esos dos significados. Representa el real carácter específico, aquél que manifiesta la naturaleza esencial. Por supuesto, esta palabra, cuando se aplica al Señor, envuelve su posesión de los atributos divinos, pues, como dice Crisóstomo, 'No es posible ser de una esencia y tener la forma de otra,' y además, está en oposición a la 'forma de siervo,' y como esta última significa una verdadera condición confirmada, así también la primera. Nuestra pasaje, entonces es idéntico con las palabras insondablemente grandiosas y, sin embargo, sencillas con que comienza el cuarto Evangelio: 'En el principio era el Verbo, y el Verbo era con Dios, y el Verbo era Dios. Este era en el principio con Dios.' La elección de la palabra 'forma' es aún más significativa. Ella dirige nuestros pensamientos especialmente, no a la naturaleza divina en sí misma, sino a la infinita majestad y a la gloria que le pertenece. Nadie ha expresado esto mejor que Daillé: 'Ser en forma de Dios significa, no solamente ser Rey, poseer majestad y poder, sino también tener la insignia de la realeza, el séquito y el equipo de la corte . . . Así eran los romanos que podemos decir que tenían la forma de cónsul. Poseían el equipo y la pompa que las leyes y las costumbres de aquella gente reservaba para los que ejercían este oficio: la púrpura, la silla de marfil, los doce lictores con sus segures y sus varas, y cosas por el estilo. Entonces, cuando el Apóstol dice que nuestro Señor, antes de tomar nuestra naturaleza, era en forma de Dios, no solamente quiere decir que El era Dios, y que tenía la verdadera naturaleza de la Divinidad; sino mucho más todavía, que El poseyó la gloria, y disfrutó de toda la dignidad, la majestad y la grandeza que se le deben tributar a su santo nombre. Esto es precisamente lo que el Señor quiere decir en *San Juan,* cuando se refiere a la gloria que tuvo *con el Padre antes que el mundo fuese.* A todo esto renunció Cristo en su humillación. El no podía despojarse de sus perfecciones esenciales, porque, en realidad, una de estas perfecciones es la misma inmutabilidad."

Al concluir la discusión sobre la exaltada declaración de este versículo, vamos a citar la paráfrasis que el obispo Lightfoot hace de los versículos 5 al 11 del mismo capítulo:

"Reflejen en sus mentes la mente de Cristo Jesús. Sean humildes, como El fue también humilde. Habiendo existido El antes que el universo, en la eterna Divinidad, no se apegó, sin embargo, con avidez a las prerrogativas de su divina majestad, no demostró ambiciosamente su igualdad con Dios; sino que se despojó de las glorias del cielo, y tomó naturaleza de siervo, asumió la semejanza de los hombres. Y esto no fue todo. Habiendo aparecido así entre los hombres en forma de hombre, se humilló aún más, y siguió en obediencia aun hasta la muerte. Y tampoco murió de muerte común: El fue crucificado como el más perverso malhechor. Pero así como fue su humillación, así también fue su exaltación. Dios lo elevó a suma exaltación, y le dio un título y una dignidad superiores a todo título y a toda dignidad. Porque al nombre majestuoso de Jesús, todas las cosas creadas en el cielo y en la tierra y debajo de la tierra le rendirán homenaje, y ante El se postrarán; y toda lengua declarará que Jesucristo es el Señor, con alabanza y acción de gracias; y en El y por El han de glorificar a Dios el Padre" *(Epístola a los Filipenses,* pág.110).

CONCLUSION

Los argumentos que prueban la preexistencia de Cristo son concluyentes, y hay toda clase de razones para atribuirle al Señor Jesucristo todo lo que le pertenece en la Deidad. No aceptar esto es quitarle a El la adoración y el honor que justamente le corresponden.

CAPITULO II

INTRODUCCION A LA DOCTRINA DEL CRISTO ENCARNADO

I. LA DOCTRINA EN GENERAL

Siguiendo una consideración ordenada de la cristología, el próximo tema –verdaderamente extenso– es el de la encarnación. Este tema incluye las predicciones del Antiguo Testamento, el nacimiento de Cristo, y su vida y ministerio sobre la tierra. Aunque la doctrina de la encarnación trasciende a todo lo que Cristo ha de ser y hacer en la eternidad, no está en el plan de este estudio el pasar de su vida y ministerio. Lo relacionado con su muerte y todo lo que viene después de ella queda reservado para otros capítulos de esta misma tesis. La importancia que se le da a esta parte de la cristología, desde el punto de vista divino, se puede apreciar en el hecho de que casi la mitad del Nuevo Testamento –los cuatro Evangelios– se dedican a su vida y ministerio, y eso sin decir nada de las predicciones del Antiguo Testamento con respecto a su vida y a su obra. Las Escrituras, como lo hemos visto, no subestiman la importancia de la preexistencia de Cristo, ni los otros aspectos de la cristología: su muerte, su resurrección, su ministerio actual, su segunda venida; pero el asunto de los tres años y medio de ministerio terrenal como Hijo encarnado de Dios se trata de una manera que pudiera parecer desproporcionada. Hay que reconocer esta insistencia divina y debe reflejarse en la cristología. Los Evangelios sinópticos nos presentan al Cristo histórico, y Juan también nos lo presenta; pero mientras Mateo y Lucas informan sobre su nacimiento humano y sobre la humanidad del Salvador, Juan, en su Evangelio, presenta a Uno de la Divinidad trina que se introduce en la esfera humana y, por tanto, tiene que desarrollar un cuerpo de verdad más amplio con respecto a la encarnación. Con referencia a la explicación de Juan sobre la venida de Cristo al mundo, el Dr. B.B. Warfield escribe con cierta amplitud lo siguiente, en la – *International Standard Bible Encyclopaedia,* Vol. IV, pgs. 2343 y 2344:

"Juan nos dice que este Verbo, eterno en subsistencia, el eterno Compañero de Dios, el mismo eterno Dios, el que 'fue hecho carne', fue Jesucristo (1

Jn.4:2). 'Y aquel Verbo fue hecho carne' (Jn.1:14), dice él. Los términos que él emplea en estas expresiones no se refieren a sustancia, sino a personalidad. No quieren decir que la sustancia de Dios se trasmitió a la sustancia que llamamos *carne*. *El Verbo* es un nombre personal del Dios eterno; la palabra *carne* se utiliza para designar apropiadamente a la humanidad en su integridad, con las implicaciones de dependencia y debilidad. El significado, pues, es simplemente Aquel que se ha descrito como Dios eterno, mediante un acto voluntario en el tiempo, se hace hombre. La naturaleza exacta del acto mediante el cual se hizo hombre no se explica dentro de la declaración; era asunto de conocimiento común entre el escritor y los lectores. El lenguaje que se emplea sólo indica que fue un acto definido, y que significó un cambio en la vida histórica del Dios eterno, a quien se llama en este pasaje *el Verbo.* Todo el hincapié se hace en la naturaleza de este cambio histórico. El se hizo *carne.* Es decir, entró en un modo de existencia en el cual las experiencias que les corresponden a los seres humanos serían también suyas. La dependencia y la debilidad que constituyen la idea misma de *carne* cuando se coloca esta idea en contraste con la idea de Dios, entrarían a la experiencia personal de Dios. Y precisamente, por el hecho de que éstas son las connotaciones de la palabra *carne* Juan elige dicho término, en vez de utilizar el término *hombre,* que es sencillamente más denominativo. Lo que él quiere decirnos es simplemente que el Dios eterno se hizo hombre. Pero prefiere decirlo en un lenguaje que hace más prominente el significado de lo que es hacerse hombre. El contraste entre el Verbo como Dios eterno y la naturaleza humana que El asumió al hacerse carne es el punto capital de la declaración. Si el Evangelista hubiera dicho –como lo dijo en 1 Juan 4:2– que el Verbo *'ha venido en carne'*, hubiera hecho el especial hincapié en la continuidad a través del cambio. Cuando él dice que *'el Verbo fue hecho carne'*, aunque indica, por supuesto, la continuidad del sujeto personal, lo que resulta más prominente es la realidad de que el Verbo asumió plenamente la humanidad. . . El Evangelista no deja, sin embargo, a la mera sugestión la verdad de que, al hacerse carne, el Verbo no dejaba de ser lo que era antes de entrar en esta nueva esfera de experiencias. La gloria del Verbo no se extinguió, en opinión del autor, por haberse hecho carne, pues nos da a entender a la vez que *El trajo consigo nubes de gloria.* 'Y aquel Verbo fue hecho carne' , dice él, e inmediatamente agrega: ' y habitó entre nosotros (y vimos su gloria, gloria como del unigénito del Padre), lleno de gracia y de verdad' (Jn.1:14).

El lenguaje está adornado con reminiscencias del Tabernáculo, en el cual moraba la gloria –*Shekinah*– de Dios. La carne de nuestro Señor se convirtió, cuando la tomó el Verbo, en el Templo de Dios sobre la tierra (Jn.2:19), y la gloria del Señor llenó la casa del Señor. Juan nos dice expresamente que esta gloria fue visible, y que fue precisamente la apropiada para el Hijo de Dios como tal. 'Y vimos su gloria' , dice él; no la conjeturamos, ni inferimos que la tenía, sino que la percibimos. Estaba a la vista y era el objeto real de observación. Evidentemente Jesucristo era más que un hombre; evidentemente era Dios. Juan nos dice que la gloria que se observaba en El era 'gloria como del unigénito del Padre' . Era única. No se podía ver nada como ella en otra persona, ni se había visto. Y su carácter de única consistía precisamente en que estaba en consonancia con la gloria que debía tener el único Hijo de Dios, el Enviado del Padre. Los hombres reconocieron esta gloria, pero no pudieron reconocer que Jesucristo era Hijo de Dios. Cuando este único Hijo de Dios se describe luego ' lleno de gracia y de verdad' , no se debe suponer que, mediante esta descripción, se han agotado los elementos de su gloria manifestada (comp. 2:11).

Ciertos detalles de ella se han apartado para mencionarlos particularmente. La gloria visible del Verbo encarnado era tal como la que debía de manifestar naturalmente el Hijo de Dios, el Enviado del Padre, que era lleno de gracia y de verdad. Juan agrega, al fin de su exposición, esta notable afirmación: 'A Dios nadie le vio jamás; el unigénito Hijo, que está en el seno del Padre, él le ha dado a conocer.' Esto lo hace con el objeto de que no falte nada en la declaración de todo lo que al Verbo como tal en su nueva esfera de existencia, y en su completa manifestación a través del velo de su carne. Al Verbo encarnado se le llama aquí *el unigénito Hijo.* Esta expresión, en una nota marginal de uno de los originales se lee: *Dios unigénito.* La ausencia del artículo en esta designación se debe indudablemente al paralelismo de la expresión con la palabra *Dios,* la cual encabeza la cláusula correspondiente. La omisión del artículo tiene el efecto de hacer hincapié en la cualidad, y no simplemente en la individualidad, de la persona que designa. El adjetivo *unigénito* tiene la idea, no de derivación ni de subordinación, sino de unicidad y consustancialidad: Jesús es todo lo que es Dios, El es el Unico que puede serlo. De este *Dios unigénito* se declara que *está* no que *estaba*; no ha abandonado su condición atrás en la encarnación, sino que continúa ininterrumpida e inmodificada, en el seno del Padre —el significado de esta expresión es, más bien, *dentro del seno* del Padre—; es decir, El continúa en la más íntima y completa comunión con el Padre. Aunque ahora está encarnado, todavía está con Dios, en el sentido completo de relación externa que se indica en Juan 1:1. Como esto es verdad, El no sólo ha visto a Dios, sino que esta relación es mucho más profunda y, por tanto, El es capaz de interpretar a Dios para los hombres. Aunque nadie ha visto jamás a Dios, el que ha visto a Jesucristo el unigénito de Dios, ha visto al Padre (comp. Jn.14:9; 12:45). En esta notable declaración se afirma, de la manera más directa, la completa Deidad del Verbo encarnado, y la continuidad de su Deidad en la vida encarnada. De este modo, El se eleva a ser la absoluta Revelación de Dios para el hombre.

Esta declaración condensada de toda la doctrina de la encarnación es solamente el prólogo de un tratado histórico. El tratado histórico que presenta este prólogo, naturalmente, está escrito desde el punto de vista que se presenta en éste. Su objeto es el de presentar a Jesucristo en su manifestación histórica, obviamente, como el Hijo de Dios venido en carne. 'Estas se han escrito, —dice el Evangelista— para que creáis que Jesús es el Cristo, el Hijo de Dios' (20:31); que a Jesús, Quien vino como Hombre (1:30), se le conoció cabalmente su origen humano (7:27); que El mismo confesó que era hombre (8:40); que, sin embargo, no solamente fue el Mesías, el enviado de Dios, el Cumplidor de todas las promesas divinas, sino también el mismo Dios, el Unigénito de Dios que, por el hecho de morar en el seno del Padre, es su único intérprete. Desde el principio del Evangelio se persigue este propósito: presentar a Jesús como nunca antes, como verdadero hombre que se manifiesta, igualmente, como verdadero Dios, hasta que a sus seguidores se les quita el velo que les cubría los ojos, y entonces lo reconocen como Señor y Dios (20:28). Pero, aunque el principal propósito del Evangelio es el de demostrar la Divinidad del Hombre Jesús, su calidad de hombre no queda a oscuras. Se insiste en la Divinidad del Hombre Jesús, pero su calidad de hombre se presenta en forma tan prominente como en cualquiera otra porción del Nuevo Testamento. Ni hay tampoco ningún borrón de su humillación durante la vida terrenal. Para el Hijo del Hombre, descender del cielo era una humillación (3:13), y la misión que El vino a cumplir fue una misión de contienda y conflicto, de sufrimiento y muerte. El trajo su gloria consigo (1:14); pero la gloria que tuvo en la tierra (17:22) no era toda la gloria que había tenido con el Padre antes que existiera el mundo. En este caso también, la gloria de lo celestial es una y la gloria de lo terrenal, otra. Juan no tiene ninguna dificultad en presentar la vida de nuestro Señor sobre la tierra como la vida del Dios hecho carne; ni en insistir a la vez en la gloria que le corresponde a El como Dios y en la humillación que le produjo la encarnación. En forma muy clara, él le atribuye a Cristo una vida doble, y también le atribuye sin ninguna dificultad todos los poderes y modos de la actividad propia de la Deidad, por una parte; y por otra, las actividades propias de una naturaleza humana sin pecado (8:46; comp. 14:30; 1 Jn.3:5). En un sentido verdadero, el retrato que Juan nos presenta de nuestro Señor en su prólogo del Evangelio, es un drama del Dios Hombre."

Ninguna mente humana puede comprender la significación del suceso y de las consecuencias de la encarnación. El hecho de que una Persona de la Divinidad se hubiera hecho parte de la familia humana –en la esfera de su propia creación– con el propósito de mantenerse en esa forma, aunque glorificado, por toda la eternidad, tiene que continuar siendo un misterio absoluto para las criaturas del mundo. Cualquier clase de luz que ilumine este problema se halla en la revelación divina, la cual descubre las ventajas de la Redención tanto para Dios como para el hombre. Por medio de la mediación del Dios hecho hombre, el corazón de Dios se siente satisfecho, por el ejercicio de su gracia, y los hijos de los hombres se hacen hijos de Dios y herederos suyos eternamente.

Proseguiremos con el análisis de la verdad relativa al Cristo encarnado, de la cual hemos visto un anticipo, según las siguientes divisiones principales: 1) La expectación del Antiguo Testamento con respecto al Cristo encarnado; 2) El nacimiento y la niñez del Cristo encarnado; 3) El bautismo del Cristo encarnado; 4) La tentación del Cristo encarnado; 5) La transfiguración del Cristo encarnado; 6) Las enseñanzas del Cristo encarnado; y 7) Los milagros del Cristo encarnado.

II. LAS PREDICCIONES DEL ANTIGUO TESTAMENTO

Aunque, como ya se ha visto, el Cristo pre-encarnado aparece como Angel de Jehová en el Antiguo Testamento, sin embargo, su vida terrenal también está prevista, tanto en tipos como en profecías. Para el estudiante de la Escritura de la antigua era, hubo suficientes predicciones con respecto al Cristo encarnado, por medio de las cuales se puede lograr una amplia comprensión en lo relativo a su parentesco, a su nacimiento, a su vida, a su muerte, a su resurrección y a su segunda venida. En ese tiempo, como ahora, era asunto de creer la interpretación natural de lo que estaba escrito. Se pudiera estructurar una cristología bastante completa basada solamente en el Antiguo Testamento. Este hecho sirve de efectiva contradicción contra la persistente acusación de que el Antiguo Testamento carece de verdad vital. Con el abundante material que proveen ambos Testamentos, que está muy bien entrelazado y se caracteriza por la mutua dependencia, es muy poco lo que se logra al separar lo que se halla en el Antiguo Testamento; el buen estudiante, sin embargo, pudiera enriquecer sus conocimientos mediante el estudio de la cristología del Antiguo Testamento. Bien podemos considerar por separado los tipos y las profecías.

1. LOS TIPOS. El doctor John F. Walvoord, en sus notas inéditas de cristología, ha logrado sacar una lista de los principales tipos de Cristo, en la cual aparecen 41 tipos bien definidos. (Esta lista aparece, aunque sin comentarios, en el índice de la *Biblia anotada de Scofield).* Insertamos aquí la lista completa de Walvoord, la cual debe estudiarse con sumo cuidado:

"1. *Aarón:* como Sacerdote (Ex. 28:1; Lv. 8:12). 2. *Abel:* Cristo como Pastor (Gn. 4:2). 3. *Madera de acacia:* la humanidad de Cristo y su origen *como raíz de tierra seca* (Ex. 26:15; Is. 53:2). 4. *Adán:* Cristo Cabeza de la nueva creación, así como Adán lo es de la antigua creación (Gn. 5:1; Ro. 5:14; 1 Co. 15:22). 5. *El altar de bronce:* tipo de la cruz sobre la cual fue ofrecido Cristo (Ex. 27:1). 6. *El altar del incienso:* tipo de Cristo como Intercesor, a través del cual suben a la presencia de Dios nuestras oraciones y alabanzas (Ex. 30:1; Jn. 17:1-26; He. 7:25; Ap. 8:3, 4). 7. *El arca del pacto:* (Ex. 25:10; comp. Biblia anotada de Scofield, pág. 96, Nota No. 1). 8. *Arca de Noé:* tipo de Cristo como salvación del juicio (Gn. 6:14; He. 11:7). 9. *Gracia y Ataduras:* (Zac. 11:7; comp. Biblia anotada de Scofield, pág. 936, Nota No. 1). 10. *Benjamín:* (Gn. 35:18; 43:34). a. *Benoni:* hijo de tristeza para la madre. b. *Benjamín:* hijo de mi mano derecha para el padre (véase Biblia anotada de Scofield, pág. 48, nota No. 3; pág. 58, nota No. 1). 11. *Las dos avecillas:* (Lv. 14:4). a. *El ave muerta:* la muerte de Cristo. b. *El ave viva mojada en sangre:* la resurrección de Cristo. 12. *La sangre de la expiación:* (Lv. 17:11; véase Biblia anotada de Scofield, pág. 142, nota No. 1; pág. 143, nota No. 1). 13. *El holocausto:* (Lv. 1:3; véase Biblia anotada de Scofield, pág. 120). a. *El buey:* el Siervo paciente y sufrido. b. *La oveja o el cordero:* rendimiento sin resistencia a la muerte de cruz (Jn. 1:29; Is. 53:7). c. *El macho cabrío:* representa a Cristo como sustituto del pecador. d. *Tórtolas o palominos:* la triste inocencia y la pobreza del Hijo de Dios. 14. *El candelero de oro:* tipo de Cristo, nuestra Luz (Ex. 25:31; comp. Jn. 1:4; Is. 11:2; He. 1:9). 15. *El fruto de la Tierra Prometida:* tipo del Cristo resucitado y glorificado (Jos. 5:11; comp. Biblia anotada de Scofield, pág. 244, nota No. 2). 16. *David como rey:* (1 Cr. 17:7). David, primero como pastor, luego como rey (comp. Biblia anotada de Scofield, págs. 441, 442, nota No. 2). 17. *Las tres primeras fiestas de Jehová:* (Lv. 23:1-14). a. *La pascua:* Cristo nuestro Redentor (Ex. 12:11; 1 Co. 5:7). b. *El pan sin levadura:* el andar santo del creyente con Cristo (1 Co. 5:6-8; 2 Co. 7:1; Gá. 5:7-9). c. *Las primicias:* la resurrección de Cristo (1 Co. 15:23). 18. *Puerta:* sólo una puerta para el Tabernáculo (Ex. 27:16; Jn. 10:7). 19. *Los dos machos cabríos:* (Lv. 26:5-10). a. *El macho cabrío sacrificado:* tipo de la muerte de Cristo que satisface todas las demandas de la justicia de Dios (Ro. 3:24-26). b. *El macho cabrío que escapa:* tipo del Señor Jesucristo que lleva nuestros pecados lejos de Dios (He. 9:26; Ro. 8:33, 34; comp. Biblia anotada de

Scofield, pág. 140, nota No. 1). 20. *Isaac:* (Gn. 21:3; 22:9; 24:1). a. *Como obediente hasta la muerte:* (Gn. 22:9). b. *Como novio de la novia que se busca:* (Gn. 24; comp. Biblia anotada de Scofield, pág. 33, nota No. 1; pág. 35, nota No. 1). 21. *José:* (Gn. 27:2). (Comp. Biblia anotada de Scofield, pág. 50, nota No. 2). 22. *Josué:* (Jos. 1:1). Este nombre significa *Jehová Salvador* (comp. Biblia anotada de Scofield, pág. 240, nota No. 1). 23. *El pariente redentor:* (Lv. 25:49; Is. 59:20; Rt. 2:1; 3:10-18; 4:1-10; comp. Biblia anotada de Scofield, pág. 153, nota No. 1; pág. 736, nota No. 1). 24. *La fuente:* representa a Cristo que limpia de la contaminación (Ex. 30:18; Jn. 13:2-10; Ef. 5:25-27; 1 Jn. 1:9). 25. *Luz:* tipo de Cristo, la Luz del mundo (Gn. 1:16; 1 Jn. 1:5). 26 *Maná:* tipo de Cristo como Pan de vida que descendió del cielo (Ex. 16:35; Jos. 5:11; comp. Biblia anotada de Scofield, pág. 86, nota No. 1; pág. 244, nota No. 2). 27. *La oblación:* simboliza la perfecta humanidad de Cristo probada por medio de los sufrimientos (Lc. 2:1) comp. Biblia anotada de Scofield, pág. 121, nota No. 4). 28. *Melquisedec:* tipo de Cristo como Rey y Sacerdote resucitado (Gn. 14:18; Sal. 110:4; He. 6:20; 7:23, 24; comp. Biblia anotada de Scofield, pág. 21, nota No. 1). 29 *Moisés:* tipo de Cristo como Libertador y Profeta (Ex. 2:2; comp. Biblia anotada de Scofield, pág. 68, nota No. 1). *El nazareo:* significa la separación completa para Dios (Nm. 6:2; comp. Biblia anotada de Scofield, pág. 164, nota No. 2). 31. *La ofrenda de la paz:* simboliza a Cristo que fue hecho paz, proclamó la paz y es nuestra paz (Lv. 3:1; Col. 1:20; Ef. 2:14, 17; comp. Biblia anotada de Scofield, pág. 122, nota No. 4). 32. *El carnero:* tipo de Cristo como Sustituto nuestro (Gn. 22:9; Lv. 16:3; He. 10:5-10). 33. *La vaca alazana:* simboliza el sacrificio de Cristo como base para la limpieza del creyente en El (Nm. 19:2; 1 Jn. 1:7, 9; comp. Biblia anotada de Scofield, pág. 181, nota No. 1). 34. *Roca:* es tipo del Cristo herido para hacer posible el derramamiento del Espíritu (Ex. 17:6; Nm. 20:8; Mt. 21:44; 1 P. 2:8; 1 Co. 10:4; comp. Biblia anotada de Scofield, pág. 182, nota No. 1). 35. *La vara de Aarón:* es tipo de la resurrección de Cristo (Nm. 17:8). 36. *La serpiente de bronce:* tipo de Cristo que fue hecho pecado por nosotros (Nm. 21:9; Jn. 3:14). 37. *El pan de la proposición:* tipo de Cristo como Pan de la vida (Ex. 25:30; comp. Biblia anotada de Scofield, pág. 96, nota No. 2). 38. *La expiación:* tipo del Cristo que toma el lugar del pecador (Lv. 4:3; comp. Biblia anotada de Scofield, pág. 123, nota No. 1). *La ofrenda de olor grato:* tipo de Cristo en sus perfecciones que ofrece sus méritos por nosotros (Lv. 1:9; comp. Biblia anotada de Scofield, pág. 121, nota No. 3). 40. *Ofrenda por el pecado:* la expiación de Cristo por el daño del pecado (Lv. 5:6; 7:1-7; Sal. 51:4). 41. El velo del *Tabernáculo:* tipo del cuerpo de Cristo, a través del cual tenemos acceso a Dios (Ex. 26:31; Mt. 26:26; 27:50; He. 10:20; comp. Biblia anotada de Scofield, pág. 98, nota No. 2)"—Págs. 9-11 del manuscrito inédito de Walvoord.

2. LAS PROFECIAS. Otra vez incorporamos en este texto la admirable enumeración de las profecías del Antiguo Testamento con respecto a Cristo, la cual se encuentra también en las notas inéditas del doctor Walvoord sobre cristología:

"*Introducción.* La palabra *Mesías* es una forma modificada de la traducción griega del hebreo o arameo *Mashiah;* la palabra griega equivalente es *Cristos.* El significado etimológico de esta palabra es *el ungido,* y se les aplicaba como adjetivo a los sacerdotes del Antiguo Testamento (Lv. 4:3, 5, 16; 6:22), y como sustantivo a los reyes (comp. los casos de Saúl, 1 S. 24:6, 10; de David, 2 S.

19:21; 23:1; de Sedequías Lm. 4:20). Recomiendo el estudio de la palabra *Mesías* en la *Enciclopedia bíblica internacional (International Standard Bible Encyclopaedia).*

Dos clases de profecías mesiánicas pueden observarse particularmente en el Antiguo Testamento:

1)Profecías generales: solamente el Mesías podía cumplir el lenguaje de éstas. Ilustr. 1 S. 2:35.

2)Profecías personales: éstas están relacionadas con el Mesías mediante términos específicos. Ilustr. Is. 7:14 (Emanuel)..

Ambas clases de profecías mesiánicas son genuinas y contribuyen vitalmente a la suma total de la doctrina. Naturalmente, cuando la profecía se relaciona con el Mesías por medio de algún término específico, el carácter de dicha profecía se puede establecer más fácilmente.

Podemos observar cuatro importantes características en las profecías mesiánicas:

1)La profecía fue escrita a propósito en lenguaje oscuro. Si examinamos la profecía mesiánica, descubriremos que fue dada en lenguaje oscuro tal que sólo los creyentes en Cristo que están guiados por el Espíritu Santo pueden descubrir que son genuinas predicciones mesiánicas. Este aspecto, por supuesto, se puede notar en la mayor parte de las profecías sobre cualquier tema. Todo el contenido de la Escritura es de tal naturaleza que requiere iluminación espiritual para entenderlo.

2) La profecía fue dada frecuentemente en lenguaje figurado. Aunque el lenguaje figurado no es necesariamente incierto en su significado, sin embargo, las profecías del Mesías están cubiertas de una vestidura idiomática que requiere interpretación. Se dice de Cristo, por ejemplo, que es *'una vara del tronco de Isaí'*, y que es como un *'vástago'* que *'retoñará de sus raíces'* (Is. 11:1).

3) En la profecía, los sucesos futuros aparecen como pasados o presentes. Como en todas las profecías, las predicciones mesiánicas aparecen como explicaciones de hechos pasados. Las grandes profecías del capítulo 53 de Isaías, por ejemplo, están, en su mayor parte, en pretérito indefinido. El hebreo utiliza frecuentemente el tiempo perfecto de los verbos en la profecía. Según la *Gramática hebrea* de A. B. Davidson, 'Este uso es muy común en el lenguaje elevado de los profetas, cuya fe e imaginación proyectan tan vívidamente los eventos ante ellos que los ven como si ya se hubieran realizado. Esto es parte del propóstio. de Dios, y por tanto, para la visión clara de los profetas, los eventos son tan reales como si se hubieran cumplido. Este es el llamado *tiempo profético perfecto'* (págs. 156, 157). Así que el uso del tiempo perfecto en el Antiguo Testamento solamente concibe el evento como cierto en cuanto a su consumación, sin especificar si es pasado, presente o futuro.

4) La profecía no aparece verticalmente, sino horizontalmente. Aunque el orden de los eventos proféticos se revela generalmente en las Escrituras, la profecía no incluye necesariamente todos los pasos intermedios entre los grandes eventos que prevé. Los grandes picos montañosos de la profecía se revelan sin tomar en cuenta los amplios valles que hay entre las montañas. En consecuencia, la profecía del Antiguo Testamento salta a menudo de los sufrimientos de Cristo a su gloria, sin tener en cuenta el tiempo que transcurre entre los dos aspectos. No es común que los grandes períodos de tiempo separen profecías que están estrechamente relacionadas (comp. Is. 61:1, 2; Lc. 4:18, 19). (Págs. 11, 12 de las notas inéditas de Walvoord.)"

Una teología del Antiguo Testamento que se considere completa tiene que incluir su teología propiamente dicha, su doctrina de los ángeles, su antropología, su doctrina con respecto a Espíritu y su cristología. No existe una obra que cumpla a cabalidad dichos requisitos. El mundo teológico ha esperado durante mucho tiempo su aparición. El valor de una obra teológica de tal naturaleza, además de la verdad efectiva que desarrolle, consiste en que demuestra el alcance de la verdad otorgada a los santos del Antiguo Testamento, por una parte; y por otra, en que realza la estima y la veneración que merece el Antiguo Testamento y que muchas veces se le niega.

CAPITULO III

EL NACIMIENTO Y LA INFANCIA DEL CRISTO ENCARNADO

Llamamos otra vez la atención a la distinción entre el nacimiento de Cristo y su encarnación. El nacimiento no es sino un incidente propio de todo lo relacionado con la encarnación. La encarnación –esa estupenda empresa de Dios– comprende el advenimiento de la segunda Persona de la Divinidad para entrar en la familia humana, con el propósito de una eterna participación con ella. Este advenimiento es una de las siete empresas más grandes en la historia del universo: la creación de los ángeles; la creación de las cosas materiales, incluyendo la vida sobre la tierra; la encarnación; la muerte del Encarnado; la resurrección del Encarnado; su retorno en gloria; y la creación de los nuevos cielos y de la nueva tierra. La enormidad del significado de la encarnación no pudiera comprenderla ningún entendimiento humano. Esa comprensión le corresponde al cielo, aunque el propósito redentor de la gracia provee cierta luz con respecto a ella. De otro modo sería inexplicable.

I. EL NACIMIENTO

Admitiendo que era propósito divino que la segunda Persona de la Trinidad entrara al reino humano para hacerse verdadero hombre, ¿Por cuál método podría lograr mejor ese fin? El tenía que tener su propio espíritu humano, su propia alma, su propio cuerpo; pero esto no hubiera sido posible si El se hubiera posesionado o apropiado de algún ser humano existente. Ese método no hubiera sido más que una morada. Por otra parte, el no podía aparecer sencillamente entre los hombres, como uno de ellos, pero sin origen humano natural. En ese caso no se pudiera establecer su verdadera humanidad ni su relación justa con las gentes de la tierra. Se hizo, pues, indispensable que al entrar un miembro de la Trinidad en la familia humana, entrara como todos los demás. Mediante ese procedimiento, nadie podría cuestionar la genuinidad de su humanidad ni la permanencia de ella. Es cierto que, por causa de su Deidad inmutable, El no podía ser hijo de un padre humano. Si El hubiera nacido de padre y madre humanos, no hubiera habido nada para identificar su humanidad como justa propiedad de su Deidad. Por otra parte, si El no hubiera aparecido con ningún parentesco humano, no hubiera habido base legítima para probar el hecho de su humanidad. El arreglo divinamente preparado según el cual El debía ser engendrado por el Espíritu Santo y nacer de una mujer es la solución perfecta de este problema. Las cavilaciones con respecto a si la madre podía impartirle una naturaleza humana completa y perpetuar así el linaje de la raza, quedan resueltas por el testimonio de las Escrituras con respecto a la verdad de que El, aunque fue engendrado por el Espíritu Santo, poseyó naturaleza humana completa: espíritu, alma y cuerpo. El es de la descendencia de Abraham, de la tribu de Judá, y Heredero del trono de David. A estas evidencias de su completa humanidad podemos agregar las genealogías que señalan su origen humano desde Abraham y Adán. Este perfecto parentesco humano le era indispensable si El, como Mediador, había de realizar la obra de la Redención. El tenía que ser del linaje de Adán y tener el más claro título de Cumplidor del pacto hecho a Abraham, el cual estipula que todas las naciones de la tierra han de ser bendecidas a través de la descendencia de Abraham. Para que esta única Persona pudiera sentarse en el trono de David, tenía que estar en la línea directa de David y ser heredero legítimo del trono. Según esto, y de acuerdo con la fidelidad de Dios, al hacerse hombre la segunda Persona, le nace a la raza de Adán y se convierte en legítimo Cumplidor de los pactos, al nacer del linaje de Israel, de la descendencia de Abraham, de la tribu de Judá y de la línea regia de David.

Al presentar a esta incomparable Persona que es Dios y hombre, las Escrituras afirman, mediante otra clase de testimonio incontrovertible, que, en la encarnación, esta Persona retuvo su Deidad sin mengua e intachable. Con respecto a la presencia de la Deidad en esta Persona única, se puede observar que, puesto que una persona –divina o humana– no puede dividirse, crecer, ni decrecer, no podía haber mengua en la presencia divina. La Deidad, o está presente o no lo está en absoluto –sólo por el hecho de que El es Omnipresente. Afirmar que Cristo es Dios es afirmar que todo lo de Dios está en Cristo, y las Escrituras dan testimonio de esta sublime verdad: "Por cuanto agradó al Padre que en él habitase toda plenitud" (Co. 1:19); "Porque en él habita corporalmente toda la plenitud de la Deidad" (Col. 2:9). Por tanto, es cierto que, desde el momento en que Cristo se hizo el Hombre Dios –ya fuera en el nacimiento o antes de él– su Deidad, sin mengua, estaba en El, no como una Persona de la Divinidad mora ahora en el creyente en Cristo, sino presente en el sentido de que la Deidad era el rasgo esencial de esa Persona. Como los demás hombres son seres tripartitos –cuerpo, alma y espíritu– esta incomparable Persona es de cuatro esencias: Divinidad, cuerpo humano, alma humana, y espíritu humano. Como Persona de la Divinidad, puede localizarse y mantener una identidad de existencia; es decir, la segunda Persona de la Divinidad está dondequiera que esté esta Persona única que es el Dios Hombre. Durante 33 años, El estuvo aquí en la tierra; desde entonces ha estado sentado a la diestra del Padre celestial en la gloria. Esa incomparable Persona volverá a la tierra y reinará. Para acomodarnos al punto de vista humano que insiste en las cosas materiales, también se implica que dondequiera que esté su humanidad está su Deidad. En cambio, la verdadera consideración debiera ser si dondequiera que su Deidad determine estar, tiene que estar necesariamente su humanidad. Aunque así se reconoce la verdadera y perfecta humanidad de la segunda Persona, adquirida por medio del nacimiento virginal, sin embargo, el primer factor en este Dios Hombre, en este Cristo de Dios, es su Deidad sin mengua e inalterable.

Similarmente, a pesar del hecho de que la segunda Persona entró en una raza en la cual todos sin excepción están arruinados por el pecado, con excepción de esa segunda Persona, sin embargo, la Deidad no recibe daño por causa de este parentesco. Ya que la pecaminosidad de la humanidad es universal, es natural suponer que es un aspecto integral del ser humano. Debe recordarse, sin embargo, que el pecado se introdujo en aquellos que fueron creados sin mancha de pecado. Por tanto, no debiera juzgarse increíble que se levantara otro Adán que no tuviera mancha, y que Este, siendo el mismo Dios, no pudiera caer jamás en el pecado. La humanidad de Cristo presenta ciertos paralelos, y también ciertos contrastes, cuando se compara con la humanidad de Adán antes de la caída.

En primer lugar, hay que hacer una distinción importante en la manera como estos dos Adanes entraron en su carrera humana. El primer Adán fue creado directamente por Dios y, por tanto, estaba dotado de una existencia libre del pecado inherente en la misma creación. Le estaba garantizada la calidad de impecable al primer Adán sobre la base de la verdad de que Dios no hubiera creado a un ser pecaminoso. En forma distinta a ésta, el último Adán entró en la raza humana mediante el nacimiento, sin embargo, entró protegido del virus del pecado que la raza había heredado, mediante una intervención divina especial. Aquí hay que valorar dos factores: 1) con respecto a la generación de la humanidad de esta Persona que es el Hombre Dios, se debe notar que el que lo engendró es también un Miembro de la Trinidad, y que, por tanto, lo que le comunicó o impartió mediante el engendramiento procede de una fuente libre de pecado. Fue una obra del Espíritu la de engendrar la humanidad de Cristo. 2) Esto es muy diferente a engendrar la Divinidad de Cristo. Muy a menudo se piensa que Cristo recibió su Deidad del Padre divino, y su humanidad de su madre humana; pero El nunca fue engendrado en el aspecto divino, ni fue en ningún sentido un producto procedente de otro. El mismo era Deidad, y lo que El había sido siempre fue lo que se unió en identificación eterna con la humanidad. La obra de engendramiento del Espíritu Santo es un misterio; la obra de engendramiento de un padre humano tampoco está libre de algo misterioso. El que crea todas las cosas hace que una virgen conciba y dé a luz un Hijo. Este acto creador tiene el propósito de poder asegurar la humanidad de Cristo. Se deduce, entonces, que cualquiera que haya sido la parte de este único Hijo que ha sido engendrada por el Espíritu Santo tiene que estar tan limpia de pecado como el Creador que la produjo. Se levanta una dificultad en algunas mentes por el hecho de que la madre misma reconoció su necesidad de un Salvador (Lucas 1:47). Aunque se declara en Hebreos 4:15 que el Señor Jesucristo tuvo una naturaleza libre de pecado, el versículo central que afirma esta verdad es el de Lucas 1:35, el cual cita las palabras del ángel a María: "Respondiendo el ángel, le dijo: El Espíritu Santo vendrá sobre ti, y el poder del Altísimo te cubrirá con su sombra; por lo cual también el Santo Ser que nacerá, será llamado Hijo de Dios." Ya se le había dicho a María (versículo 31) que ella daría a luz un hijo. En esta afirmación no se implica ningún procedimiento natural. Pero cuando se le dice a ella que será engendrado por el Espíritu Santo, también se le dice que el niño que nacerá será santo e Hijo legítimo de Dios. La naturaleza caída de la madre queda divinamente excluida. Este es el significado de la seguridad que se le da de que el hijo que iba a dar a luz sería santo. Hay que tener mucho cuidado en la consideración de esta verdad, para no tomar la impresión de que Dios, que no es humano, no podía engendrar la humanidad de Cristo. El que creó al primer Adán puede crear la humanidad del segundo Adán. En este acto, el Espíritu Santo no se presenta tanto como Progenitor, sino como Creador. La condición no caída, que se garantizó en el caso del primer Adán mediante la directa creación del santo Dios, en el caso del último Adán se garantiza mediante la verdad revelada de que El fue engendrado por el Espíritu Santo, el cual tomó control divino de aquello con que la mujer pudiera contribuir.

En segundo lugar, otra diferencia igualmente importante entre la humanidad no caída de Adán y la de Cristo consiste en que el primer Adán permaneció solo, sin relación con ningún otro, en tanto que la humanidad de Cristo fue y está indisolublemente unida con la

Deidad. Es verdad que una humanidad sin apoyo, tal como la de Adán, podía pecar; al contrario, en el caso del Dios-Hombre, los rasgos humanos que no tenían relación con aspectos morales – tales como cansancio, hambre, sed – los podía experimentar, pero es igualmente cierto que lo que hiciera la humanidad de Cristo lo hacía también su Divinidad. Puesto que Dios no puede comprometerse con el mal, la capacidad normal de la humanidad caída para pecar, tal como dicha humanidad estaba representada en Cristo, no podía jamás ejercitarse ni en el más leve grado. Una naturaleza humana no caída que esté unida a Dios no puede pecar, puesto que Dios no puede pecar. Algunos teólogos han quedado satisfechos con el argumento más débil de que Cristo, por causa de su sabiduría y de su fuerza divina, *no pecaría*, y no alegan una mayor seguridad sobre la impecabilidad de Cristo. Esta posición pasa por alto la verdad de que Dios *no puede pecar.* Decir que Dios no puede pecar no es despojarlo de ninguno de sus atributos divinos ni de su competencia. El pecado es aquella práctica maldita que ha arruinado la creación de Dios, pero no puede arruinar a Dios. Los que afirman que Cristo pudo haber pecado tienen que afirmar, o que Cristo no es Dios o que Dios puede ser arruinado por el pecado. Puesto que cualquier posición que sostenga el cristiano la obtiene mediante su posición en el Cristo resucitado, correrían un serio riesgo los que sostienen la posición de que el último Adán hubiera podido caer como cayó el primer Adán. Si Cristo pudo haber pecado en la tierra, El pudo haber pecado en el cielo. El es el mismo ayer, y hoy, y por los siglos. Si El puede pecar ahora, no hay seguridad definitiva de que no pecará algún día y de esa manera arruinar toda esperanza humana en la Redención. Tales conclusiones son un insulto contra Dios, y no pueden tolerarlas los que se inclinan en adoración ante el Cristo de Dios.

A Cristo se le puede dar el título de Sobrenatural, pues no sólo fue sobrenatural en su existencia divina original, sino también en la combinación de la Deidad y la humanidad sin pecado en una Persona que es absolutamente nueva, de la cual emerge tanto la Divinidad como la humanidad. Las dos naturalezas se combinan en una Persona. El ya no es Dios solamente, ni es hombre solamente. En El, las dos naturalezas están combinadas en una sola Persona. Pero El no es dos personas; es Una. El es el Dios Hombre o el Hombre Dios: el Primero, el Ultimo, el Unico de esta clase en el cielo y en la tierra. La Deidad no ha tomado en este caso una relación vaga, indeterminada o equívoca con la humanidad. En Cristo, la Deidad y la humanidad se unen en una Persona como se unen lo inmaterial y lo material en un ser humano. Las dos naturalezas de Cristo se pueden considerar separadamente, pero no se pueden separar.

Escribiendo sobre las características peculiares de esta Persona única, y sobre la manera como se presenta en las Escrituras, el doctor B. B. Warfield escribe:

"La doctrina de las dos naturalezas de Cristo no es solamente la síntesis de las enseñanzas del Nuevo Testamento, sino también la concepción que sustenta vigorosamente cada uno de los escritos del Nuevo Testamento; no sólo es la enseñanza general del Nuevo Testamento, sino de cada una de sus partes. Históricamente, esto significa que la doctrina de las dos naturalezas de Cristo no sólo ha sido la presuposición invariable de toda la doctrina de la iglesia desde la era apostólica, sino que todas las enseñanzas de la era apostólica descansan en esa presuposición universal. Cuando comienza la literatura cristiana, ésta es ya la asunción de toda la iglesia. Si deseamos traducir esto en términos de una cronología positiva, lo que debemos decir es que antes de comenzar la sexta década del primer siglo —porque suponemos que la *Primera Epístola a los Tesalonicenses* tuvo que haberse escrito alrededor del año 52 d. de J. C.—, la doctrina de las dos naturalezas de Cristo estaba ya firmemente establecida como fundamento universal de todo el pensamiento cristiano con respecto a Cristo. Esta afirmación que es sólo en el aspecto cronológico dificilmente le hace justicia al caso. Lo que se debe decir con insistencia es que no hay literatura cristiana que no se base, como sobre un fundamento que ya está firmemente establecido, en la doctrina de las dos naturalezas de Cristo. Hasta donde puede dar testimonio la literatura cristiana, no ha habido nunca ninguna otra doctrina reconocida por la iglesia. Esta literatura se inició alrededor de unos 20 años después de la muerte de Cristo; y, por supuesto, ya que ella no crea esta fe, sino que la refleja, tiene un valor retrospectivo como testimonio de la fe de los cristianos . . . Así llegamos finalmente al asunto que nos preocupa. El Cristo de las dos naturalezas es la síntesis de toda la masa de datos bíblicos con respecto a Cristo. La doctrina de las dos naturalezas de Cristo sustenta vigorosamente todos los escritos del Nuevo Testamento, y la autoridad combinada de todos los primitivos seguidores de Cristo que han dejado testimonio escrito de su fe, nos la recomienda así. Esta es la única doctrina de Cristo que podemos distinguir que está en la base de nuestros documentos formales de la tradición no escrita; ésta es la fe original de la comunidad cristiana. Es la única alternativa que nos queda: tenemos que escoger entre el Cristo de las dos naturalezas y el Cristo mítico. Porque, en tanto que es cierto que *Jesús vivió,* en tanto que es cierto que el Jesús que vivió es la Persona de la cual se nos da testimonio de que vivió, también se nos da el testimonio de que El, siendo de origen celestial y superior a los ángeles, había venido a la tierra a cumplir una misión de misericordia, a buscar y a salvar lo que se había perdido, y que, después de dar su vida en rescate por muchos, habría de volver otra vez en las nubes del cielo para juzgar al mundo. Nunca vivió otro Jesús como éste. No hay duda de que vivió como hombre, y de que su vida estuvo adornada con todas las características bondadosas de un hombre de Dios. Pero a El no se lo puede despojar de sus atributos divinos. Ya nos hemos referido a la grosera contradicción que hay en suponer que un hombre como El pudo haber conservado ese fino sabor de humildad hacia Dios que lo caracterizó durante toda su vida manifiesta, y sin embargo, imaginarnos a ese mismo hombre como un ser exaltado en cuya presunta personalidad vivió El hasta el fin de su vida terrenal. El toque que hizo posible que El se presentara como Asociado de Dios hubiera sido anulado por la humildad de corazón y por la conducta que caracterizaron todas sus relaciones con Dios.

Nuestros modernos filántropos, por supuesto, colorean la contradicción sicológica; pero ellos no pueden impedir el reconocimiento del contraste de rasgos que tiene que atribuírsele a algún Jesús de Quien –aun dentro de sus postulados– se puede realmente creer que haya existido. Por ejemplo, H. Werner –*Neue Kirchliche Zeitschrift,* mayo de 1911, pág. 389– exclama: El era al mismo tiempo humilde y orgulloso, de mente aguda y de mente débil, de vista clara y de vista ciega, de mente sobria y fanático, de un profundo conocimiento de los hombres y sin conocimiento de sí mismo, claro en su visión de lo presente y lleno de sueños fantásticos con respecto a lo futuro. Su vida fue, como lo dijo muy agudamente Lipsio, *una tragedia de fanatismo.'* Ante este rompecabezas de la manifestación de su vida, escribe Adolf Harnack: 'Solo uno que haya tenido una experiencia de parentesco con él pudiera profundizar en esto. Un profeta, pudiera, tal vez, hacer el intento de levantar el velo; por tanto, tenemos que conformarnos con sólo afirmar que el Jesús que enseñó que el hombre debe conocerse a sí mismo y que enseñó la humildad, se dio, sin embargo, a sí mismo el nombre de Hijo de Dios, y lo consideró como nombre que sólo a él le conviene'." –*Christology and Criticism*–, págs. 285, 286; 303, 304.

II. LA INFANCIA DE JESUS

Por cuanto Lucas estaba determinado a escribir sobre la humanidad de Cristo, nos dejó el más completo informe del nacimiento y de la infancia del Señor, aunque Mateo, que se había propuesto escribir sobre el linaje real de El, también registra, de acuerdo con todo aquello que se relaciona con el Rey, su nacimiento, su parentesco, su nombre; y también la protección divina de que fue objeto. Como Lucas traza la genealogía desde Adán –la cabeza de la raza humana–, así Mateo la traza desde Abraham y a través de David; y las Escrituras tienen mucho cuidado al establecer que tanto María como José, el padre adoptivo, son del linaje de David. Puesto que Marcos se dedica a establecer la calidad de siervo de Cristo, no incluye ninguna genealogía; y Juan tiene en mente la presentación de un retrato de la Deidad del Salvador. Del eterno *Logos* no hay genealogía. Las dos genealogías de que hablamos –importantes *per se*– constituyen un estudio en sí mismas.

Se señalaban tres eventos en la vida de un niño varón en Israel: la *circuncisión,* que se realizaba a los ocho días del nacimiento (Lv. 12:3), la *presentación,* a la edad de 40 días (Lv. 12:4-7), y la *confirmación,* a la edad de 12 años (Ex. 34:23; 23:17) –y el niño varón comenzaba a ser enumerado a partir de los 12 años. En el caso del niño varón escogido para el servicio público, había un reconocimiento y una consagración cuando comenzaba dicho servicio, pero esto no sucedía antes de que el hombre tuviera por lo menos 30 años de edad (Nm. 4:3). En lo que se refiere a la observancia de los tres eventos, la ley que los exigía se cumplía perfectamente. En relación con el cuarto, Cristo, siendo de edad de

30 años, se apartó y se consagró por medio del bautismo. De esto se dirá más en el siguiente capítulo.

Por el lado humano, "... el niño crecía y se fortalecía, y se llenaba de sabiduría; y la gracia de Dios era sobre él" (Lc. 2:40). "Y Jesús crecía en sabiduría y en estatura, y en gracia para con Dios y los hombres" (Lc. 5:52). Cada fase de estas declaraciones es reveladora. Registran el desarrollo de Uno que es muy diferente de lo que es normal en la infancia. Lo que lo diferencia a El de todos los demás es el hecho de que El no cometió nunca ni el más leve pecado. El llegó a la madurez y a su ministerio público, sin haber realizado ni siquiera pensado lo que fuera indigno de Dios. El fue a la cruz como el Cordero de Dios, sin mancha, santo, inocente y apartado de los pecadores. Su manera de aparecer en el Templo a los 12 años de edad, confirma el carácter distintivo del niño Jesús. Sin embargo, a pesar de su pureza e impecabilidad con que se apartó El tan completamente de todos los hombres para Dios, la Biblia dice que estuvo "sujeto" a sus padres legales. Con esta escasa información tenemos que juzgar todo lo que ocurrió durante sus primeros 30 años; pero es suficiente, y fue planeada cuidadosamente para que sepamos lo concerniente a su niñez, su adolescencia y su juventud. María tenía realmente muchas cosas en las cuales meditar y muchas cosas para guardar en su corazón.

Así entró a la familia humana el Dios-Hombre. Su advenimiento –la importancia del cual sobrepasa a nuestros conocimientos– había sido predicho a través de las Sagradas Escrituras por todos los profetas y videntes. La expectativa por El se encuentra desde el *proto-Evangelio* de *Génesis* 3:15 hasta su regreso a la tierra en gloria. El es la bendición para todas las naciones en la promesa de Dios a Abraham, el *Siloh* de la tribu de Judá, el Rey eterno del trono de David, y el Hijo de la virgen previsto por Isaías. La mayor preocupación de cada uno de los dos pasajes que predicen su nacimiento es la de establecer que El debía nacer del linaje de David, y sentarse en el trono de David para siempre (Is. 9:6, 7; Lc. 1:31-33). De estos dos grandes propósitos –el uno para la tierra, centrado en Israel, y el otro para el cielo, centrado en la Iglesia– Cristo es el Ejecutor y Consumador. Cuando sea el Ocupante eterno del trono de David, toda la tierra será llena de su gloria. Como Cordero cuya sangre de Redención fue derramada, y que se levantó de entre los muertos. El llegó a ser el Primogénito de muchos hermanos, los cuales forman una compañía que El conduce a la gloria del cielo. El llegó a ser Hijo en cinco sentidos distintos: Hijo de Adán, Hijo de Abraham, Hijo de David, Hijo de María, e Hijo de Dios. Del mismo modo, Cristo fue el Prometido de Jehová en cuatro aspectos diferentes. Sobre esta verdad ha escrito el Dr. C. I. Scofield:

"(1) 'El renuevo de Jehová' (Is. 4:2), es decir el carácter de Cristo como 'Emanuel' (Is. 7:14), que habrá de manifestarse plenamente al pueblo de Israel, ya restaurado y convertido, después del regreso del Señor en gloria (Mt. 25:31); (2) el 'renuevo de David' (Is. 11:1; Jer. 23:5; 33:15), esto es, el Mesías, 'del linaje de David según la carne' (Ro. 1:3), manifestado en su gloria terrenal como Rey de reyes y Señor de señores; (3) el 'Siervo, el Renuevo de Jehová' (Zac. 3:8), la humillación y obediencia del Mesías hasta la muerte, según Is. 52:13-15; 53:1-12; Fil. 2:5-8; (4) 'el varón cuyo nombre es el Renuevo' (Zac. 6:12, 13), es decir, su carácter como el Hijo del hombre, 'el postrer Adán', 'el segundo hombre' (1 Co. 15:45-47), quien reinará como Sacerdote y Rey sobre la tierra, o sea en el dominio que el primer Adán recibió y perdió. Mateo es el Evangelio del 'Renuevo de David' ; Marcos, del 'Siervo, el Renuevo de Jehová' ; Lucas, del 'varón cuyo nombre es el Renuevo' ; Juan, del 'Renuevo de Jehová' " (*Biblia Anotada de Scofield,* pág. 691).

Por medio de su advenimiento al mundo, Cristo llegó a ser el Cumplidor de todos los propósitos divinos y de todas las esperanzas del Antiguo Testamento, y la respuesta a la necesidad del mundo perdido.

CAPITULO IV

EL BAUTISMO DEL CRISTO ENCARNADO

Esta parte de la discusión general sobre la vida y el ministerio del Hijo encarnado de Dios se centra sobre el evento específico del bautismo. En el Volumen VII de esta obra, consideraremos la doctrina del agua o bautismo ritual en su relación con judíos y cristianos. Por ahora, sólo vamos a considerar un bautismo particular: el de Cristo. No hay aspecto de la vida de Cristo sobre la tierra que haya sido tan mal comprendido como el bautismo. Esta mala comprensión se evidencia por la amplia variedad de significados más o menos contradictorios o de modos de practicarlo. Es obvio que, aunque todos estos significados y modos pudieran ser inciertos, cualquiera de ellos pudiera también ser verdadero. A la luz de esta confusión de ideas que prevalece y de la manera dogmática en que se expresan las teorías, es necesario tener el mayor cuidado con el fin de que este asunto sea estudiado en forma desprejuiciada. No podemos introducir aquí una investigación completa, ni abrigamos el deseo de engendrar más contienda entre aquellos que, sobre todas las cosas, no cambiarían su manera de pensar ante el mundo incrédulo. Las cuestiones generales que deben contestarse son: 1) ¿Por quién fue bautizado Cristo? 2) ¿Por qué razón fue El bautizado? 3) ¿De qué modo fue bautizado? 4) ¿Es el bautismo de Cristo un ejemplo para los seguidores suyos de esta era? 5) ¿Qué otros bautismos experimentó Cristo?

I. EL BAUTISTA

No es cosa insignificante la consideración de la persona a la cual se le asignó la tarea de bautizar al Dios Hombre, una de las Personas de la Trinidad ante el cual los ángeles se inclinan en adoración incesante, el cual es Creador de todas las cosas, por Quien todas las cosas fueron creadas y en Quien subsisten, el eterno Gobernante del universo, el Redentor del mundo perdido, y el Juez final de toda la creación de Dios, incluyendo tanto a los ángeles como a los hombres. Más tarde se nos revela que el mismo Señor bautizó con Espíritu Santo y fuego. Aunque algunos pueden cuestionar el hecho mismo de que El tuviera que ser bautizado, sin embargo fue bautizado tanto en agua como por medio de los sufrimientos de la muerte (comp. Mt. 20:20-23 con Mt. 26:42 y Jn. 18:11). Para Juan, el más alto honor que se le concedió fue el de bautizar al Salvador, y de Juan se declara que él fue el último profeta del antiguo orden (Mt. 11:13), y que él es el mayor de todos los nacidos de mujeres (Mt. 11:11), y que fue el mensajero del Señor, divinamente escogido –el heraldo que fue enviado especialmente a anunciar el advenimiento del Mesías, el cual es Jehová . Isaías predijo con respecto a Juan: "Voz que clama en el desierto: Preparad camino a Jehová; enderezad calzada en la soledad a nuestro Dios. Todo valle sea alzado, y bájese todo monte y collado; y lo torcido se enderece, y lo áspero se allane. Y se manifestará la gloria de Jehová, y toda carne justamente la verá; porque la boca de Jehová ha hablado" (Is. 40:3-5). Malaquías anunció también en nombre de Jehová: "He aquí, yo envío mi mensajero, el cual preparará el camino delante de mí." A esto sigue la predicción del mensaje de Juan, el carácter del cual está completamente de acuerdo con el que se registra en la predicación de Juan –esta comparación no se debe pasar por alto– pues relaciona el ministerio de Juan, en lo principal, con el sistema de méritos de Moisés y en ningún sentido con el sistema de gracia que se hizo efectivo por medio de la muerte y de la resurrección de Cristo .El hecho de la elección de Juan para que fuera el mensajero de Jehová y el heraldo de Cristo es una responsabilidad que excede en mucho a cualquier otra que se le haya encomendado a hombre alguno. A Juan se le encomendó divinamente la tarea de *preparar el camino* del Mesías-Jehová (comp. Mr. 1:2; Hch. 19:4), y la de hacer que Cristo "fuese manifestado a Israel." El explicó: " . . . por eso vine yo bautizando en agua" (Jn. 1:31). Con respecto a esto, el mensaje del ángel a Zacarías, el padre de Juan, relacionado con el nacimiento y el ministerio de éste, que se encuentra en Lucas 1:13-17, es muy revelador: "Pero el ángel le dijo: Zacarías, no temas; porque tu oración ha sido oída, y tu mujer Elisabeth te dará a luz un hijo, y llamarás su nombre Juan. Y tendrás gozo y alegría, y muchos se regocijarán de su nacimiento; porque será grande delante de Dios. No beberá vino ni sidra, y será lleno del Espíritu Santo, aun desde el vientre de su madre. Y hará que muchos de los hijos de Israel se conviertan al Señor Dios de ellos. E irá delante de él con el espíritu y el poder de Elías, para hacer volver los corazones de los padres a los hijos, y de los rebeldes a la prudencia de los justos, para preparar al Señor un pueblo bien dispuesto." Aquí conviene recordar que Juan tuvo una larga entrevista con los sacerdotes y levitas que fueron enviados a preguntarle quién podría ser él: "Este es el testimonio de Juan, cuando los judíos enviaron de Jerusalén sacerdotes y levitas para que le preguntasen: ¿Tú, quién eres? Confesó, y no negó, sino confesó: Yo no soy el Cristo. Y le preguntaron: ¿Qué pues? ¿Eres tú Elías? Dijo: No soy. ¿Eres tú el profeta? Y respondió: No. Le dijeron: ¿Pues quién eres? para que demos respuesta a los que nos enviaron. ¿Qué dices de ti mismo? Dijo: Yo soy la voz de uno que clama en el desierto: Enderezad el camino del Señor, como dijo el profeta Isaías. Y los que habían sido enviados eran de los fariseos. Y le preguntaron, y le dijeron: ¿Por qué, pues, bautizas, si tú no eres el Cristo, ni Elías, ni el profeta? Juan les respondió diciendo: Yo bautizo con agua; mas en medio de vosotros está uno a quien vosotros no conocéis. Este es el que viene después de mí, el que es antes de mí, del cual yo no soy digno de desatar la correa del calzado. Estas cosas sucedieron en Betábara, al otro lado del Jordán, donde Juan estaba bautizando" (Jn. 1:19-28). Este pasaje es importante por varias revelaciones que en él se registran; pero no hay ninguna tan significativa como el hecho de que el bautismo de los profetas era completamente reconocido y estaba establecido en las mentes de las autoridades como un procedimiento correcto, y también el hecho de que el Mesías bautizaría cuando viniera. En relación con esto es sumamente necesario considerar que los discípulos del Mesías también bautizaban. Sobre este particular se escribe posteriormente: "Después de esto, vino Jesús con sus discípulos a la tierra de Judea, y estuvo allí con ellos, y bautizaba" (3:22). Sin embargo, en Juan 4:1-3 se nos dice que Cristo no bautizaba: "Cuando, pues, el Señor entendió que los fariseos habían oído decir: Jesús hace y bautiza más discípulos que Juan (aunque Jesús no bautizaba, sino sus discípulos), salió de Judea, y se fue otra vez a Galilea." La reacción desfavorable de los fariseos contra el bautismo que practicaban los discípulos de Cristo indica aquello que era generalmente reconocido por la ley de los judíos con respecto a la práctica del bautismo.

Es probable que el bautismo de Juan servía como sello de su predicación reformadora. La revelación del Mesías la cumplió Juan cuando dijo: "He aquí el Cordero de Dios que quita el pecado del mundo" (Jn. 1:29). Del mismo modo, el bautismo extraordinario que él le administró a Cristo sirvió para indicar que Jesús era el Mesías. A pesar de que Juan estaba debidamente consciente de que él había sido elegido divinamente para esa misión –pues él mismo dijo: "Yo soy la voz de uno que clama en el desierto: Enderezad el camino del Señor, como dijo el profeta Isaías"– sin embargo, trató de evadir la responsabilidad de bautizar a Cristo. Esto se halla escrito en el Evangelio: "Entonces Jesús vino de Galilea a Juan al Jordán, para ser bautizado por él. Mas Juan se le oponía, diciendo: Yo necesito ser bautizado por tí, ¿y tú vienes a mí? Pero Jesús le respondió: Deja ahora, porque así conviene que cumplamos toda justicia. Entonces le dejó" (Mt. 3:13-15). Gregory Thaumaturgus (Vol. X, pgs. 1184 y 1185) nos explica la vacilación de Juan y la firme responsabilidad de Cristo. Tomaremos esta cita tal como la tomó J.W. Dale en su obra *Johannic Baptism,* pgs. 405,406):

"¿Cómo podré tocar tu cabeza inmaculada? ¿Cómo podré extender mi mano derecha sobre Ti que has extendido los cielos como una cortina y que has afirmado la tierra sobre las aguas? ¿Cómo podré extender mis dedos serviles sobre tu divina cabeza? ¿Cómo podré lavar al que es sin mancha y sin pecado? ¿Cómo encender al que es la Luz? ¿Cómo puedo orar por Tí, que recibes las oraciones de aquellos que ni siquiera te conocen? Al bautizar a otros los bautizo en tu nombre, para que ellos puedan creer que tú vienes en gloria; pero, al bautizarte a Tí, ¿a quién mencionaré? ¿En nombre de quién te bautizo? ¿En nombre del Padre? Pero tú tienes en Tí todo lo del Padre. ¿O en el nombre del Hijo? Pero no hay otro fuera de Tí, que por naturaleza sea Hijo de Dios. ¿O en el nombre del Espíritu Santo? Pero El está absolutamente en Tí, pues es de la misma naturaleza, de la misma voluntad, de la misma mente, tiene el mismo poder, el mismo honor, y recibe contigo la adoración de todos. Por tanto, si a Tí te place, oh Señor, bautízame a mí que soy el Bautista. Tú me hiciste nacer, haz que nazca de nuevo. Extiende tu venerable mano derecha, la cual has preparado para tí mismo, y coróname con el toque de tu mano como heraldo de tu reino, para que como heraldo coronado, pueda yo predicarles a los pecadores, exclamando ante ellos: *He aquí el Cordero de Dios que quita el pecado del mundo. . .* Y podemos oír lo que Cristo contesta: *Es necesario que yo sea bautizado ahora con este bautismo, y que luego, yo confiera a los hombres el bautismo de la Trinidad. Préstame tu mano derecha oh bautista, para este servicio. . . Toma mi cabeza que recibe la adoración de los serafines. Bautízame, así como yo he de bautizar a todos los que creen en mí (δι' ὕδατος καὶ πνεύματος καὶ πυρὸς)* con agua, con Espíritu y con fuego; (ὕδατι) con agua, que es capaz de lavar la suciedad del pecado; (πνεύματι) con el Espíritu, que puede hacer que lo terreno se haga espiritual; (πυρὶ) con fuego, que consume por naturaleza las impurezas de las transgresiones. Habiendo oído el Bautista estas cosas, extendió su diestra temblorosa, y bautizó al Señor."

No debe pasarse por alto que Juan era hijo del sacerdote Zacarías, de la clase de Abías, y que la madre de Juan era descendiente de Aarón directamente (Lc.1:5). Juan era, por tanto, sacerdote por derecho propio, aunque no existe ninguna prueba de que él haya sido consagrado para el oficio sacerdotal, ni de que lo haya sido. El era legalmente sacerdote del mismo modo como lo fueron los grandes profetas del Antiguo Testamento, lo cual tiene gran significado en relación con el ministerio del bautismo. Por un hombre así, tan especial, escogido y provisto por Dios, fue bautizado Cristo.

II. LA NECESIDAD DEL BAUTISMO

Con respecto al bautismo de Cristo, se han inventado ciertas teorías; pero cualquier teoría está condenada al fracaso, si no explica la idea principal que Cristo expresó cuando dijo: ". . . Así conviene que cumplamos toda justicia" (Mt.3:15). Se pueden mencionar brevemente estas teorías.

Primeramente, se afirma que Cristo recibió el bautismo de Juan, que era un bautismo de arrepentimiento para remisión de pecados. Los que afirman esto no niegan la verdad de que Cristo fue sin pecado en grado absoluto y que, por tanto, no necesitaba arrepentimiento ni remisión de pecados. Lo que afirman es que, en alguna manera que no está claramente definida, y hasta cierto punto, Cristo, mediante el bautismo se estaba identificando con los pecadores, o que estaba tomando el lugar de ellos, como lo tomaría posteriormente en la muerte expiatoria. Ya hemos señalado que la obra redentora y expiatoria de Cristo se restringió a sus sufrimientos y a su muerte de Cruz. Sobre esta teoría, y en defensa de ella, escribe Dean Alford:

> "¿Por qué hubo de acudir nuestro Señor, que *fue sin pecado,* al *bautismo de arrepentimiento?* Porque El *'fue hecho pecado por nosotros.'* Por lo cual sufrió también la maldición de la ley. Le tocó a El, *'siendo en semejanza de carne de pecado,'* pasar por los ritos y las purificaciones señaladas y correspondientes a esa carne. No es más extraño lo de su bautismo que lo relacionado con el hecho de que El celebraba la pascua todos los años. Tanto el primer rito como el segundo correspondían a los pecadores, y El *'fue contado con los pecadores.'* Las palabras proféticas del Salmo 40:12 se refieren a la Persona de nuestro Señor, e indican, por una parte su impecabilidad, y por otra, la más terrible clase de pecados que El tomó sobre sí. No puedo imaginarme que nuestro Señor buscó el bautismo solamente *por rendirle honor a Juan,* ni tampoco *porque sabía que ésa sería una ocasión propicia para el reconocimiento divino de su calidad de Mesías,* y por tanto, era algo predeterminado por Dios: El lo buscó *bona fide,* con la disposición de llevar las enfermedades y sufrir los dolores de la humanidad, y comenzando así el triple bautismo de agua, fuego y sangre. Dos de esas partes ya se estaban cumpliendo; y la tercera es aquella de la cual El habla en Lucas 12:50, y también el apóstol amado en 1 Juan 5:8. Este bautismo era el acto final de obediencia a la ley que hacía nuestro Señor, era un acto de sumisión legal en su vida, que hasta ese momento había sido oculta, era el cumplimiento de toda justicia. Así que fue su *solemne inauguración y la unción para la vida más elevada de mediación satisfactoria,* la cual comenzó en ese momento (comp. Ro.1:3,4), *se cumplió principalmente* durante los treinta años que precedieron al ministerio del Señor."–*New Testament for English Readers, Vol. I p. 16, sobre Mt.3:13.*

Esta interpretación del bautismo de Cristo, aunque la sostienen la mayoría de los que creen que el bautismo es un símbolo de la sepultura y resurrección de Cristo, no es la que sostienen las Escrituras. La debilidad del argumento de Dean Alford se hace evidente cuando él compara el bautismo de Cristo con su participación en la fiesta de la pascua, y cuando declara que, tanto el bautismo como la pascua, les conciernen a los pecadores. Con respecto a la pascua, se puede decir que era solamente una ceremonia que se celebraba para conmemorar aquel día cuando Dios pasó por las moradas de su pueblo en Egipto y lo salvó de la muerte. La pascua no tenía ningún significado directo con respecto al pecado de las generaciones futuras que pudieran celebrar dicha fiesta. Los que participaron en esta fiesta, en las generaciones posteriores, no la relacionaban con sus propios pecados ni esperaban que Dios, por el hecho de celebrar la pascua, pasara por alto sus pecados. De manera que todo este argumento puede clasificarse como una teoría vigorosamente establecida, pero no probada. Debemos recordar que la primera parte del ministerio de Crsito estuvo completamente confinada a la nación de Israel (Mt.10:6;15:24; Ro.15:8), y que El entró a la realidad de la cruz y consumó esa obra cuando ya había sido rechazado por la nación. Es claro que la cruz reconoce la necesidad de todo el mundo así como reconoce la necesidad de Israel (Jn.3:16; He.2:9; 1 Jn.2:2). La teoría de que acabamos de hablar puede incorporar el cumplimiento de toda justicia sólo en forma indirecta e insatisfactoria. Lo que Cristo hizo en su bautismo estaba necesariamente relacionado con su ministerio para con Israel y tiene que ver con aquello que, para Israel, era el cumplimiento de toda justicia.

En segundo lugar, se afirma que Cristo, mediante su bautismo, fue apartado para el ministerio mesiánico. En relación con esto, se sugiere que, puesto que el reino en el cual ha de reinar el Mesías se caracterizará por una justicia perdurable (Dn.9:24), hay cierta referencia a este hecho en las palabras de Cristo a Juan con respecto a cumplir toda justicia. Esta teoría es débil, especialmente por el hecho de que no hay ninguna relación real entre las dos referencias a la justicia, ni hay base bíblica sobre la cual pueda descansar esta teoría.

En tercer lugar, se ha sugerido la hipótesis de que Cristo, en su bautismo, se hizo solidario con el remanente fiel que reaccionó favorablemente ante la predicación de Juan. Otra vez tenemos que decir que no hay base bien definida para suponer que el hacer Cristo esto estaba cumpliendo toda justicia.

En cuarto lugar, se señala que tanto el bautismo como la transfiguración y el cumplimiento futuro de que Cristo se sentará sobre el trono de David (comp. Mt.3:16,17; 17:5; Sal.2:6,7) se caracterizan por una voz procedente del cielo. Se cree que dicha voz ha de oírse otra vez como confirmación divina. Se hace notar del mismo modo que la voz que se oyó en la transfiguración fue evidentemente una confirmación del ministerio profético de Cristo.

Esto se afirma en razón de que, en todos los tres casos, la voz termina con las palabras: "A El oíd." Así se relaciona el bautismo con el oficio sacerdotal, y la voz que habla es una confirmación de la elección de Cristo para Sacerdote. Es cierto que el ejercicio de su ministerio de Sacerdote no comenzó hasta que El se ofreció a Sí mismo sin mancha a Dios, y que el ejercicio final de su ministerio de Sacerdote y Rey, que será según el orden de Melquisedec, se cumplirá en el reino milenario. Es razonable, sin embargo, que Cristo, habiendo llegado a la edad señalada de 30 años, hubiera sido consagrado como Sacerdote. Es significativo que cuando Cristo llega a bautizarse, se declara: "Jesús mismo al comenzar su ministerio era como de treinta años" (Lc.3:23). Este detalle no carece de significado. Al estudiar la ley mosaica descubrimos que el varón que iba a entrar en el sacerdocio no podía ser elegido para ese oficio hasta que cumpliera 30 años de edad (Nm. 4:3), y si agregamos el hecho de que no había otra clase de ministerio público al cual se entraba de acuerdo con alguna prescripción de límite de edad, se puede deducir que el bautismo de Jesús tuvo que ver con su consagración para el oficio sacerdotal. Es necesario recordar que Cristo fue de la tribu de Judá y que, según la ley de Moisés, ningún sacerdote podía proceder naturalmente de Judá; sin embargo, nadie discute el hecho de que Cristo es Sacerdote tanto en la forma simbolizada por Aarón como en el orden de Melquisedec.

En los capítulos 5 al 10 de la *Epístola a los Hebreos* hay una confirmación de la verdad de que Cristo es Sacerdote. Por ejemplo, en Hebreos 7:14-17 leemos: "Porque manifiesto es que nuestro Señor vino de la tribu de Judá, de la cual nada habló Moisés tocante al sacerdocio. Y esto es aun más manifiesto, si a semejanza de Melquisedec se levanta un sacerdote distinto, no constituido conforme a la ley del mandamiento acerca de la descendencia, sino según el poder de una vida indestructible. Pues se da testimonio de él: Tú eres sacerdote para siempre, según el orden de Melquisedec." Así se reconoce divinamente que el sacerdocio de Cristo fue de carácter excepcional. No sólo por el hecho de que El procede de Judá, sino porque sigue la similitud con Melquisedec, el cual no fue del linaje de Aarón, ni siquiera perteneció a Israel. Puesto que el sacerdocio de Cristo es completamente excepcional, se podía esperar que su consagración fuese excepcional; y realmente, lo fue. Fue realizada por Juan, el cual no sólo superó al sumo sacerdote en que fue divinamente elegido, sino que superó a todos los profetas del Antiguo Testamento en autoridad y en reconocimiento divino. En efecto, una de las comisiones que Dios le encomendó a Juan fue la de presentar al Mesías como Profeta, Sacerdote y Rey. Sólo nos queda insistir en la verdad de que según la ley mosaica, que fue decretada por el mismo Dios, y la cual se le enseñaba a la gente para que le rindieran honor, todo sacerdote tenía que ser ordenado. Y a Cristo, puesto que era sacerdote, no se le concedió excepción con respecto a la ordenación. Su cumplimiento de lo que estaba divinamente establecido en la ley constituye el cumplimiento de toda justicia. "La justicia de la ley" (comp. Ro.2:26; 8:4) es una expresión que no significa otra cosa que el cumplimiento de la ley de una manera perfecta.

Se puede concluir, entonces, que Cristo, aunque era de la tribu de Judá y, por tanto, no debía ser reconocido como sacerdote por ningún sumo sacerdote, es sin embargo, el Sacerdote consumado; y que El, mediante el cumplimiento de la ley que Jehová había establecido, fue ordenado para el oficio sacerdotal. Al hacer El esto, puesto que su vida terrenal se sometió a la ley y la cumplió perfectamente, cumplió toda justicia en el sentido de que fue debidamente separado para el ministerio sacerdotal. El, que fue descalificado según las leyes impuestas sobre el sumo sacerdote en cuanto a quién podría ser ordenado para el sacerdocio, fue ordenado por la elección del mismo Dios como Sacerdote y Profeta. Cristo dijo de sí mismo: ". . . ¿un profeta? . . y más que profeta. . . Entre los que nacen de mujer no se ha levantado otro mayor que Juan el Bautista" (Mt.11:9,11). No se podía hacer nada más vital para preparar el camino del Mesías-Jehová (comp. Is. 40:3; Jn.1:23) que realizar la dedicación del Sacerdote que es sobre todos los sacerdotes.

III. EL MODO DEL BAUTISMO

En esta parte del asunto que nos preocupa haremos el intento de determinar la manera en que Cristo fue bautizado. Con esto no queremos promover una discusión en relación con el modo propio del bautismo cristiano; porque no concebimos que exista relación directa entre el bautismo de Cristo y el bautismo del creyente en El. Hay también una amplia diferencia entre lo que se llama *el bautismo de Juan* y el bautismo del Mesías realizado por Juan. Aunque Cristo fue bautizado por Juan, sin embargo, ese no era su bautismo común y corriente, el cual era un bautismo de arrepentimiento para perdón de pecados. No se podía exigir que el Mesías preparara para su ministerio por medio de un bautismo que era para pecadores. Como ya se ha demostrado, todo intento de identificar al Mesías con el pecado del pueblo por el hecho del bautismo corre el riesgo de deshonrar la gloria del Señor, y no tiene apoyo bíblico. La penitencia del pecador no es la manera de "cumplir toda justicia." Lo que envuelve algo absurdo tiene que ser juzgado como incierto. El "arrepentimiento", "frutos dignos de arrepentimiento" y "remisión de pecados", aunque son expresiones que indican el fundamento del bautismo de Juan, son completamente extrañas a la Persona de nuestro Señor. El nunca pecó, por tanto, nunca tuvo que arrepentirse ni dar frutos dignos de arrepentimiento. ¿Se debiera afirmar que el bautismo de Cristo fue solamente formal y no sustancial? Se debe recordar que no existió alguna clase de bautismo separado de la sustancia. Es claro que el bautismo de Juan no era el bautismo cristiano; de otro modo el Apóstol no hubiera bautizado a doce discípulos de Juan (Hch.19:4,5). Y todavía es más claro que el bautismo de Cristo, tal como lo realizó Juan, no era el bautismo cristiano. La regla tantas veces repetida de que *hay que seguir el ejemplo de Cristo* es infundada y peligrosa. Los cristianos pueden seguir a Cristo en asuntos morales y espirituales, pero no en actos oficiales. Y el bautismo de Cristo no envolvió ningún principio moral. Era el cumplimiento de una obligación que le correspondía a El particularmente. La ley que engendró esta obligación no pudiera aplicarse al creyente en Cristo de la presente era. La regla familiar que muchas veces se repite, sin embargo, generalmente sólo significa que el cristiano debe someterse a la misma forma de bautismo a la cual supuestamente se sometió Cristo. Pero, ¿de qué modo fue bautizado Cristo? Esta es una cuestión nueva. Y si la controversia sobre ella no ha logrado revelar nunca nada, ninguna evidencia ni cantidad de evidencias podrá revelarla. Que Cristo fue sumergido en el río del Jordán es solamente una suposición, puesto que, en ninguna parte de las Escrituras se dice inequívocamente que El fue sumergido. Si esa declaración estuviera en la Biblia, más de las tres cuartas partes de la iglesia –entre las cuales se encuentra la mayor parte de los grandes eruditos bíblicos– estarían en abierta oposición contra ella. John Goff nos informa sobre un incidente interesante en *Cómo fue bautizado Cristo y por qué* (How Was Jesus Baptized and Why?), pgs. 1,2. Se refiere a un notable abogado que afirmaba que Cristo fue sumergido en el río Jordán. Se le preguntó a este abogado que, si hubiera habido en el tiempo de Juan alguna ley que prohibiera el baustismo por inmersión, si él como abogado pudiera condenar a Juan, basado en evidencia existente, por haber bautizado a Cristo por inmersión. El abogado supuso que eso sería fácil; pero cuando sometió la cuestión al ácido de la prueba indisputable, descubrió que la evidencia era menos que circunstancial. Los que arguyen con toda sinceridad que Cristo fue sumergido en el Jordán se basan en dos posibles indicios: en la evidencia filológica y en la explicación inspirada del bautismo de Cristo o sea la evidencia exegética.

1. LA EVIDENCIA FILOLOGICA. Este argumento sostiene que la forma en que Cristo fue bautizado se debe determinar por el significado de la palabra Βαπτίζω. Esta palabra se encuentra 80 veces en el Nuevo Testamento, y 20 de esas veces, por lo menos, se refiere a situaciones en las cuales no indica sumersión física ni envolvimiento. Por tanto, la afirmación dogmática de que esta palabra, donquiera que se halla en el Nuevo Testamento, significa "sumergir o zambullir" queda sujeta a duda. Hay una enseñanza más precisa que se halla en el hecho de que tanto la palabra *βαπτίζω* como *βάπτω*, que es de la misma familia, tienen un significado primario y uno secundario. Βάπτω sólo ocurre tres veces: dos veces tiene el significado primario, que es el de *sumergir* (Lc.16:24; Jn.13:26), y una vez, el significado secundario (Ap.19:13). Esta misma situación se describe más definidamente en Isaías 63:3. Cuando tiene significado secundario, desaparece la sumersión física, pues en ese caso la palabra *βάπτω* se usa en relación con algún objeto, como la ropa de Cristo, de la cual se dice que ha sido teñida o manchada de algún modo. Similarmente, la palabra *βαπτίζω* ocurre con su significado primario que es el de sumergir, es decir, el de despedir con un solo movimiento que no le concede a lo sumergido la fuerza para levantarse del estado de sumersión (lo cual es también cierto en el caso de la palabra *βαπτίζω*).

También aparece con un significado secundario el cual implica que el objeto ha sido sumergido por algún poder o influencia, o por algún agente que lo bautiza. Los que sostienen que el bautismo ritual exige que el bautizado sea completamente envuelto en agua, basados en el significado primario de la palabra *βαπτίζω* , arguyen que Cristo fue bautizado en esa forma. Sin embargo, los sacerdotes del orden antiguo eran rociados con agua y ungidos con aceite cuando iban a entrar al oficio sacerdotal. El aceite es símbolo del Espíritu Santo. Puesto que el significado de la palabra *βαπτίζω* es el de que la influencia del agente que bautiza asegura un cambio completo de condición, así Cristo, mediante el bautismo formal con agua fue completamente cambiado hasta ser constituido Sacerdote según los requisitos de la ley mosaica.

Se debe recordar que la presente discusión se concreta a la forma del bautismo de Cristo. Todavía nos queda por demostrar, hasta donde sea posible, que Cristo entró a su oficio sacerdotal en la forma prescrita por la ley de Moisés. Según ese requisito, El fue apartado mediante la administración del agua y la unción del Espíritu, cuando Este descendió sobre El en forma de paloma. Como estos dos aspectos concuerdan con las demandas de la ley, ellos constituyen el cumplimiento de toda justicia. De los cuatro primeros datos que encontramos sobre la vida terrenal de Cristo –la circuncisión al octavo día; la presentación a los 40 días; la confirmación en el templo a los 12 años; y la consagración, en caso de entrar al sacerdocio, a los treinta años de edad–, cada uno de ellos es un cumplimiento definido de la ley mosaica. La consagración que debía ocurrir a los 30 años estaba tan prescrita como la circuncisión para el octavo día; y Cristo cumplió toda justicia al ser circuncidado al octavo día.

Si es cierto que el bautismo de Cristo fue su introducción formal en el oficio sacerdotal, sólo nos falta descubrir de qué modo eran consagrados los sacerdotes en el sistema mosaico; porque su bautismo, si cumplió toda justicia, no podía basarse en las demandas específicas de la ley. Aunque en Exodo 28:1-29:37; Levítico 8:1-9:24; Números 8:5-26 se prescriben todos los requisitos para la entrada al sacerdocio, casi todas esas porciones de la Escritura se aplican al problema de introducir a hombres pecadores en el oficio santo. Ninguno de esos aspectos era muy apropiado para el Hijo de Dios que fue sin pecado. En efecto, sólo la dedicación por medio del bautismo y la unción con el aceite (Ex. 29:4, 7) podían aplicársele a Cristo. Con respecto a la aplicación ceremonial del agua –que en el Antiguo Testamento era por rociamiento y no por inmersión– sólo la idea de un apartamiento formal se halla en el bautismo de Cristo, y esa idea no tiene relación con la limpieza. Así como el sacerdote del Antiguo Testamento era ungido con aceite que era símbolo del Espíritu Santo, Cristo fue ungido con el mismo Espíritu Santo. Debe recordarse que estos contrastes y similitudes los estamos estableciendo entre los sacerdotes del Antiguo Testamento y Cristo; y que hay otro grupo de contrastes y diferencias completamente diferente entre los sacerdotes del Antiguo Testamento y los creyentes en Cristo que también son sacerdotes de Dios. Es de suma importancia reconocer que, puesto que el bautismo de Cristo tenía que ver sólo con la única Persona que no cometió pecado –con el Mesías-Jehová– que es el eterno Sacerdote divino, procedente, no del linaje de Aarón, sino de la tribu de Judá, que es Ministro, no de un pueblo descarriado, sino para un pueblo descarriado, tiene que clasificarse y catalogarse por causa de sus características especiales, como un acto oficial que no podía ser un cumplimiento en todo aspecto de la ley establecida para los hombres pecadores que entraban al sacerdocio, ni un modelo para el creyente-sacerdote de Cristo que vendría después de El. Ningún bautismo anterior o posterior podía cumplir el propósito que cumplió el bautismo de Cristo. Aunque reservamos una discusión más completa sobre el significado de la palabra *βαπτίζω* para el capítulo en el cual trataremos el bautismo de los creyentes en Cristo, sin embargo, podemos reafirmar ahora que no hay nada en el significado de la palabra que se usa en el Nuevo Testamento con respecto al bautismo de Cristo, ni en los requisitos de la ley que El cumplió, que haga necesaria la doctrina de que Cristo fue sumergido en el agua. En realidad, tal clase de bautismo hubiera sido una violación de la ley.

2. LA EVIDENCIA EXEGETICA. En esta parte específica del tema general del bautismo de Cristo, se incluye indirectamente todo el ministerio de bautismo de Juan; esto por el hecho de que el bautismo de Cristo ocurrió, en lo que se refiere a ubicación y a rasgos más notables, en la mitad de ese ministerio. Los hechos relativos al bautismo de Juan, con los cuales se relaciona el bautismo de Cristo, se hallan en los siguientes pasajes:

Mateo 3:1, 2. "En aquellos días vino Juan el Bautista predicando en el desierto de Judea, y diciendo: Arrepentíos, porque el reino de los cielos se ha acercado."

Aunque a través de la historia judía son muchos los que han podido administrar el bautismo, sólo a uno se lo ha llamado *el Bautista,* en parte indudablemente por el gran número de personas que acudió a él para recibir el bautismo, pero especialmente por causa de haber sido elegido divinamente para que cumpliera la misión de bautizar a Cristo.

Mateo 3:11. "Yo a la verdad os bautizo en agua para arrepentimiento (comp. Mr. 1:7, 8; Lc. 3:16; Jn. 1:33).

En este pasaje, como en otro de los que están anotados para la comparación, la preposición *ἐν* se refiere al instrumento agente con el cual se realiza el bautismo (se justifica la traducción en diversas versiones *con agua).* El establecimiento de la relación del creyente en Cristo con el bautismo del Espíritu Santo es también un bautismo que Cristo realiza como Instrumento agente. Hay cierto grupo que forzaría la traducción de *ἐν πνεύματι* y *ἐν ὕδατι* de tal manera que resultara completamente similar en forma, al traducir "en Espíritu" y "en agua"; pero la gran mayoría de eruditos sostienen que la traducción correcta debe ser "con Espíritu" y "con agua", respectivamente.

Mateo 3:6. "Y eran bautizados por él en el Jordán, confesando sus pecados."

Marcos 1:4, 5. "Bautizaba Juan en el desierto, y predicaba el bautismo de arrepentimiento para perdón de pecados. Y salían a él toda la provincia de Judea, y todos los de Jerusalén; y eran bautizados por él en el río Jordán, confesando sus pecados."

Lucas 3:3. "Y él fue por toda la región contigua al Jordán, predicando el bautismo del arrepentimiento para perdón de pecados."

Juan 3:22, 23. "Después de esto, vino Jesús con sus discípulos a la tierra de Judea, y estuvo allí con ellos, y bautizaba. Juan bautizaba también en Enón, junto a Salim, porque había allí muchas aguas; y venían, y eran bautizados."

Juan 10:40. "Y se fue de nuevo al otro lado del Jordán, al lugar donde primero había estado bautizando Juan; y se quedó allí."

En todos estos pasajes se usa uniformemente la preposición ἐν (hay dos pasajes que usan otra palabra) con el significado del *lugar en que se encontraba* Juan. Con referencia a la localidad, *Marcos 1:5* no es ninguna excepción. Juan bautizaba *en el Jordán* –un sitio geográfico– y *no dentro del Jordán.*

Marcos 1:9. "Aconteció en aquellos días, que Jesús vino de Nazaret de Galilea, y fue bautizado por Juan en el Jordán."

Este es el único pasaje en que a primera vista, y por el hecho de que se emplea la preposición εἰς parece indicar que el bautismo era realmente dentro de las aguas del Jordán. Si el pasaje se traduce en esa forma, o contradice o se aparta del significado de todos los otros pasajes que, como ya quedó indicado, se refieren al Jordán como una específica localidad geográfica. El Jordán o el río Jordán, es sin embargo, el sitio donde Juan bautizaba, y no el agua en la cual él bautizaba. Este último pasaje, por tanto, exige cuidadosa consideración. Todo parece indicar que la oración "y fue bautizado por Juan en el Jordán", puede cambiar su orden sintáctico sin perder el significado correcto. Es correcto considerarla como una expresión que está entre paréntesis, y que puede introducirse tanto al fin como en la mitad de la misma declaración. Así la lectura pudiera ser la siguiente: "... Jesús vino de Galilea al –dirección– Jordán –localidad–, y fue bautizado por Juan." Con un arreglo sintáctico como éste, que se justifica perfectamente, este versículo concuerda con todos los demás pasajes similares, y no introduce ninguna idea nueva de aquí en adelante en el Nuevo Testamento. Mateo 3:13 es de interés particular sobre este punto. Dice así: "Entonces Jesús vino de Galilea a Juan al Jordán, para ser bautizado por él." ...ἐπί *al* Jordán, πρός *a* Juan. Naturalmente que para los que piensan que la palabra *Jordán* significa agua y no localidad, y que el verbo *bautizar* se refiere necesariamente a la inmersión, la discusión ya está cerrada y sellada; pero ese cierre y ese sello no tienen base sobre la cual puedan descansar. El término *Jordán* que incluye el agua, los bancos adjuntos y el territorio adyacente, no significa solamente agua, según el uso que se le da en el Nuevo Testamento, y la presencia del verbo *bautizar* tampoco tiene ninguna fuerza que exija que al término

Jordán se le dé el significado de agua. Sin embargo, se afirma que Cristo fue bautizado por Juan en una localidad que se llama el Jordán. Todo lo demás, relacionado con la proximidad al agua y con el modo preciso empleado para el bautismo hay que determinarlo por otros métodos.

Con respecto al pasaje en cuestión, el Dr. Dale toma la siguiente cita del profesor R. Wilson, profesor de literatura sagrada en el Royal College de Belfast:

> "La preposición εἰς con una palabra que *supuestamente* significa el elemento con que se bautiza, forma parte del régimen de βαπτίζω en una sola oportunidad. La única excepción a la que me refiero se halla en Marcos 1:9: "... y fue bautizado por Juan en el Jordán." Se ha hecho mucho hincapié en el sentido de que esta construcción sintáctica indica necesariamente que nuestro bendito Señor fue sumergido en el río de Israel . . . No estamos, sin embargo, dispuestos a rendirnos ante nuestros oponentes por el solo hecho de que aparece la preposición εἰς en este importante testimonio. Sustentados por la autoridad del uso que le da el Nuevo Testamento, sostenemos que en numerosas construcciones sintácticas, algunas de las cuales están estrechamente relacionadas con el ejemplo que nos ocupa, la preposición εἰς se emplea sin que el verbo con el cual está relacionada indique movimiento, en los cuales sería completamente incompatible con la sintaxis la traduccíñ *dentro de.* Bruder, en su *Concordancia* del *Nuevo Testamento Griego,* enumera no menos de 65 ejemplos de esta construcción" (Ob. cit., pág. 380).

Y el Dr. Dale agrega que el interpretar que Marcos 1:9 indica la inmersión en el río Jordán, hay que asumir seis cuestiones que él enumera como sigue:

> "Hay escritores que han afirmado, basados simplemente en la yuxtaposición de palabras, que *Jesús fue sumergido en el Jordán.* Esta afirmación no puede hacerse sin asumir un puñado de cuestiones: 1. Que la preposición εἰς, en este caso, significa *dentro de,* mientras que en cualquier otro caso significa *en* —localidad. 2. Que el nombre *Jordán,* significa *agua* en este único caso, mientras que en cualquiera otra parte significa *localidad.* 3. Que la expresión εἰς Ἰορδάνην es un complemento del verbo βαπτίζω la cual es una asunción basada en la anterior asunción de que dicha expresión se refiere al agua, la cual descansa sobre otra asunción: la de que la proximidad de una palabra a otra la convierte en complemento de esa otra. 4. Que el verbo βαπτίζω se emplea, en este caso, en el sentido primario y literal, en tanto que en otras partes se utiliza en su sentido secundario y figurado. 5. Que el verbo βαπτίζω significa *sumergir* en este versículo, mientras que en otros, y en cualquier parte, no tiene este significado. 6. Que Marcos, al reseñar el mismo suceso que relata Mateo, nos ofrece una presentación completamente diferente de su colega evangelista, en tanto que el lenguaje de Mateo permite la más absoluta unidad de interpretación" *(Ibid.,* pág. 384).

IV. EL BAUTISMO DE CRISTO Y EL BAUTISMO CRISTIANO

Para los lectores que dependen de la traducción inglesa

denominada Versión Revisada, hay cierta confusión que tiene su origen en las diversas traducciones de cuatro preposiciones empleadas en el texto original. Son las siguientes:

ἐν. A esta palabra se le da una gran variedad de significados. Como ya se ha dicho, no es necesario traducirla *en (dentro de)*. En el Nuevo Testamento se emplea 330 veces en las cuales se tradujo, en la Versión Revisada, *en* (lugar), *sobre* o *con*. Juan bautizó *en* (lugar) el Jordán, y Cristo bautizó *con* el Espíritu Santo. Del mismo modo, la Versión Autorizada traduce uniformemente la expresión *ἐν ὕδατι*, *con* agua, y no *en* agua.

ἀπό. A esta preposición se le dan por lo menos dos significados en el Nuevo Testamento. Se traduce 330 veces mediante la palabra *de* (sentido de procedencia). Cuando Jesús fue bautizado "subió luego del agua" (Mt. 3:16), es decir *procedente de donde estaba el agua.*

εἰς. A esta palabra se le han dado por lo menos 65 significados diferentes. Se traduce 538 veces mediante la palabra *a* (con el sentido de *hacia,* de dirección). Por tanto, tal como ocurre en Hechos 8:38, la expresión "descendieron ambos al agua" podría traducirse igualmente *descendieron ambos hacia el agua.*

ἐκ. Esta palabra tiene 24 significados. Se traduce *de* (sentido de procedencia) 168 veces. Así que *Hechos 8:39* se pudiera leer también: "Y cuando salieron del agua" (como en efecto se lee en nuestra versión castellana Reina-Valera, nota del traductor), y no "Y cuando salieron fuera del agua" *(come up out of),* como aparece en la versión inglesa. Así que, cualquier argumento con respecto a la forma de bautismo que se base en las preposiciones, es insustancial. Juan bautizaba en –lugar– el Jordán, y los que se bautizaban bajaban al –hacia– agua, y salían del –procedentes del– agua. El hecho de que algunos traductores les dan a las preposiciones significados que implican la forma de bautismo no ofrece ningún apoyo, a menos que se demuestre que alguna de esas traducciones es inspirada en sí misma como la versión original griega.

Aparte de cualquier consideración sobre la forma en que Cristo fue bautizado, es cierto que el suyo no fue el bautismo cristiano. Si admitimos que el bautismo cristiano representa la crucifixión, la muerte, la sepultura y la resurrección, no hubiera habido sentido en el hecho de que Cristo hubiera ordenado que los cristianos cumplieran lo que El iba a cumplir esencialmente. Declarar que El estaba actuando de ese modo es sustituir la ausencia de intimación bíblica por la imaginación humana. Similarmente, si aceptamos que el bautismo cristiano es una señal y un sello de la presencia y de la obra del Espíritu Santo en el creyente en Cristo, eso es igualmente extraño a cualquier aspecto del programa de Cristo. Sin embargo, si tuviéramos que emplear la imaginación donde la Escritura no dice las cosas directamente, el hecho de que Cristo recibió el Espíritu sin medida en el tiempo cuando fue bautizado podría indicar que ése es el significado de *su* bautismo. Como ya se ha señalado, los cristianos seguimos a Cristo en lo moral y no en asuntos oficiales; y el bautismo de Cristo fue un acto oficial. Se ha señalado también que su bautismo fue diferente, en su significado y en su propósito, del bautismo común y corriente de Juan. Se puede demostrar igualmente que el bautismo de Cristo es diferente del bautismo usual de los cristianos.

V. OTROS BAUTISMOS

En su significado secundario –que se emplea ampliamente en el Nuevo Testamento– la palabra Βαπτίζω significa que el agente que bautiza produce un cambio completo de condición. Había un bautismo *para* arrepentimiento, un bautismo *para* perdón de pecados, y un bautismo *en* el nombre de Moisés. Hay un bautismo *en* el nombre del Padre, del Hijo y del Espíritu Santo, un bautismo *en* ese estado de alto privilegio que se les concede a aquellos que reciben el Espíritu Santo con todos sus beneficios, y un bautismo *en* Cristo por el Espíritu Santo. Tanto en la era mosaica como en la cristiana hay un bautismo que se realiza simbólicamente por medio del agua –no *en* el agua, ni *dentro del* agua, sino en aquello que es el objetivo establecido para determinado bautismo. En este sentido secundario de la palabra Βαπτίζω, que es sumamente amplio – y que nunca debe interpretarse como una inmersión momentánea en algún elemento físico envolvente– experimentó Cristo otros dos bautismos. Son los siguientes:

1. EL BAUTISMO DEL ESPIRITU SANTO. Con respecto a este bautismo se nos dice en Juan 1:32, 33: "También dio Juan testimonio, diciendo: Vi al Espíritu que descendía del cielo como paloma, y permaneció sobre él. Y yo no le conocía; pero el que me envió a bautizar con agua, aquél me dijo: Sobre quien veas descender el Espíritu y que permanece sobre él, ése es el que bautiza con el Espíritu Santo."

Si se objeta que en este pasaje no se dice que lo sucedido fue un bautismo, se puede replicar que ninguna Escritura describe en forma más clara y completa lo que constituye un bautismo. Realmente es poco lo que se requiere para que un evento tan parecido en forma como éste reciba el nombre de bautismo de tal modo que pueda ser reconocido como tal. Sobre el tema del bautismo de Cristo con el Espíritu Santo –el cual no debe confundirse con ninguna otra clase de bautismo con el Espíritu– escribe el Dr. J. W. Dale en su obra *El bautismo de Cristo y el bautismo patrístico (Christic and Patristic Baptism* , pags. 32, 33):

"Se han suministrado evidencias hasta lo excesivo para probar que existieron bautismos en los cuales no se halla el hecho del elemento envolvente, ni siquiera puede concebirse racionalmente. El uso en tales circunstancias se basa en la similitud de condición con la que se produce en una clase de cuerpos que pueden ser llenados u ocupados de tal modo que reciben las cualidades del elemento envolvente. Por tanto, este descenso del Espíritu Santo y su morada en el Señor se llama un bautismo, y no por cualquier posible envolvimiento irracional externo.

Las Escrituras dan abundantes testimonios de que todo el Ser de 'el Cristo ' estuvo de ahí en adelante bajo la influencia de esa unción: 1. A través de la declaración del heraldo (Jn. 3:34), quien dijo: "Dios no *–le–* da el Espíritu por medida", y también mediante la declaración posterior: 'Jesús, lleno del Espíritu Santo.' No se nos deja a nosotros la deducción de que ese Don tendría una influencia directora, sino que Juan declara expresamente: 'Porque el que Dios envió, las palabras de Dios habla; pues Dios no *–le–* da el Espíritu por medida. ' 2. Este Don era tan ilimitado en cuanto a tiempo como lo era con respecto a la medida: 'Vi al Espíritu que descendía del cielo como paloma, y permaneció sobre él" (Jn. 1:32). 3. Dirigido por esta Influencia, El predicó: 'El Espíritu del Señor está sobre mí, por cuanto me ha ungido para dar buenas nuevas a los pobres;. . . A predicar el año agradable del Señor . . . Y comenzó a decirles: Hoy se ha cumplido esta Escritura delante de vosotros" (Lc. 4:18-21). 'Dios ungió con el Espíritu Santo y con poder a Jesús de Nazaret" (Hch. 10:38). 4. Sus milagros fueron realizados mediante este poder: "Pero si yo por (*ἐν*) el Espíritu de Dios echo fuera los demonios, ciertamente ha llegado a vosotros el reino de Dios" (Mt. 16:28). La ofrenda de Sí mismo como Cordero de Dios la hizo Cristo mediante el Espíritu: ' . . . Cristo, el cual mediante el Espíritu eterno se ofreció a sí mismo sin mancha a Dios' (He. 9:14). Se nos dice que el Salvador, inmediatamente después del bautismo, estaba lleno del Espíritu Santo, lo cual es evidencia concluyente de la influencia permanente y directora del bautismo espiritual: 'Jesús, lleno del Espíritu Santo, volvió del Jordán, y fue llevado por (*ἐν*) el Espíritu al desierto" (Lc. 4:1). Y cuando El volvió del desierto, regresó investido con toda la energía del Espíritu divino: 'Y Jesús volvió en el poder del Espíritu a Galilea" (Lc. 4:14).

2. EL BAUTISMO DE LA COPA. "Entonces Jesús respondiendo, dijo: No sabéis lo que pedís. ¿Podéis beber del vaso que yo he de beber, y ser bautizados con el bautismo con que yo soy bautizado? Y ellos le dijeron: Podemos" (Mt. 20:22).

"Entonces Jesús les dijo: No sabéis lo que pedís. ¿Podéis beber del vaso que yo bebo, o ser bautizado con el bautismo con que yo soy bautizado? Ellos dijeron: Podemos. Jesús les dijo: A la verdad, del vaso que yo bebo, beberéis, y con el bautismo con que yo soy bautizado, seréis bautizados" (Mr. 10:38, 39).

"De un bautismo tengo que ser bautizado: y ¡cómo me angustio hasta que se cumpla! (Lc. 12:50).

Es cierto que el simple uso figurado indica que el vaso –que en realidad se refiere a una bebida amarga que contiene– es un agente de bautismo. El Salvador no quería decir que El iba a ser bautizado en una copa o vaso o dentro del cáliz, sino que el vaso lo iba a bautizar. Este no es un bautismo excepcional, pues no está fuera de la categoría de los usuales bautismos bíblicos. En realidad, así como el bautismo de Cristo por el Espíritu, es fundamental en su carácter y revela la misma esencia de todos los bautismos del Nuevo Testamento, es decir, el de llevar al sujeto a la condición de bautizado por medio de un agente que bautiza, ya sea el Espíritu Santo, un vaso, una nube, el océano o el agua. El agente que bautiza no es el bautismo, así como la cuerda que utiliza el verdugo para ahorcar al condenado no es la muerte. La cuerda puede conducir a la muerte, pero no es la muerte. Hay consenso general en que esta referencia de Cristo al vaso con que había de ser bautizado era una referencia a su pena de muerte. Este vaso lo tomaría de la mano de su Padre. Se nos dice: "Jesús entonces dijo a Pedro: Mete tu espada en la vaina; la copa que el Padre me ha dado, ¿no la he de beber? " (Jn. 18:11). También se nos dice que El oró: "Padre mío, si es posible, pase de mí esta copa; pero no sea como yo quiero, sino como tú . . . Padre mío, si no puede pasar de mí esta copa sin que yo la beba, hágase tu voluntad" (Mt. 26:39-42; comp. Mr. 14:36; Lc. 22:42). Aunque hubiera simpatía humana para El, era imposible que otro tomara este vaso, aunque tuviera que experimentar la muerte física. Como recuerdo, tomamos la copa que contiene el símbolo de la sangre que Cristo derramó, sangre que derramó cuando tomó el vaso de su pena de muerte, el Justo por los injustos. El contenido de este vaso servía para bautizar al Hijo de Dios en la muerte.

Así que, en conclusión, podemos afirmar que Cristo se sometió a tres clases de bautismo:

Primero, fue bautizado por medio del agua simbólica, según las condiciones prescritas en la ley de Moisés, como un acto oficial de separación para el oficio sacerdotal, oficio que prefiguraba el cumplimiento de la gran ofrenda sacerdotal de Sí mismo a Dios, sin mancha. No hay ningún documento que afirme que El fue bautizado *dentro del* agua. El bautismo lo situó a El en la posición de Sacerdote conforme a la ley. Decir: *en el agua,* es muy diferente a decir: *en el sacerdocio.* El agua es el agente del bautismo y no el elemento que se recibe. Por tanto, la forma del bautismo de Cristo no se determina por medio de ninguna afirmación dogmática de que El fue sumergido momentáneamente en el agua. El fue bautizado por medio del agua en la perpetuidad eterna de su oficio sacerdotal. Importa poco si el agua es poca o mucha. Lo que importa –de acuerdo con todas las referencias del Texto Sagrado– es que el agua sea el elemento agente, o sea aquél por medio del cual se realiza el bautismo, y que éste no se exalte al lugar que le corresponde al elemento que se recibe. Este tiene que ser el concepto bíblico, pues el texto de las Escrituras declara que Cristo fue bautizado *en* –para estar dentro de– su oficio sacerdotal *en* –lugar– el Jordán. No declara que fue sumergido momentáneamente en el Jordán. La supuesta inmersión en el Jordán no podía hacer nada por sí misma en lo que respecta a una condición completamente cambiada para el bautizado. Sin embargo, si el agua la aplicaba un bautista debidamente calificado, y según lo que prescribe la ley, se convierte en factor integral que aseguraba el bautismo de Cristo en el oficio sacerdotal. No se puede hacer que las preposiciones griegas que se usan en el relato signifiquen que Cristo fue bautizado tanto *dentro del* agua como para estar *dentro del* oficio sacerdotal.

Segunda, Cristo fue bautizado por el Espíritu Santo. El texto no afirma que fue bautizado en el Espíritu Santo ni dentro del Espíritu Santo. El Espíritu fue el Elemento agente del bautismo. Este fue un bautismo en el estado dentro del cual Cristo vivió y sirvió, con respecto a su humanidad; porque El realizó todas sus obras por el poder del Espíritu, y a El se le dio el Espíritu sin medida (Jn. 3:34).

Tercero, Cristo fue bautizado en el estado de muerte mediante un vaso que contenía la sentencia de muerte. El no fue bautizado *dentro del* vaso, sino *por medio del* vaso. El fue bautizado en la muerte. Esto era lo único que podía servir de perfecta Redención, perfecta reconciliación, perfecta propiciación.

CAPITULO V

LA TENTACION DEL CRISTO ENCARNADO

I. TRES FACTORES FUNDAMENTALES

Como introducción esencial al estudio del complicado tema de la tentación de Cristo, se nos presentan a la consideración tres aspectos fundamentales que sirven para calificar esta verdad. Son los siguientes: 1) El significado de la palabra πειράζω, que generalmente se tradujo mediante el verbo *tentar;* 2) el sentido en el cual Dios puede ser tentado; y 3) la verdad de que la tentación de Cristo fue en la esfera de su humanidad y no en la esfera de su Deidad.

1. EL SIGNIFICADO DE LA PALABRA πειράζω. Esta palabra, que aparece alrededor de 50 veces en el Texto Sagrado, tiene la idea de probar o someter a prueba. Realmente tiene dos significados: el de probar con el propósito de fortalecer la virtud, y el de solicitar que se practique el mal. De esta última clase de tentación se puede decir que no puede proceder de Dios, sino que tiene que surgir ya sea de individuos de naturaleza caída o de la instigación de Satanás. Santiago hace una afirmación positiva con respecto a esto cuando dice: "Cuando alguno es tentado, no diga que es tentado de parte de Dios; porque Dios no puede ser tentado por el mal, ni él tienta a nadie; sino que cada uno es tentado, cuando de su propia concupiscencia es atraído y seducido" (Stg. 1:13, 14). En lo que respecta a la primera clase –la prueba con el propósito de fortalecer la virtud– un buen ejemplo es la experiencia de Abraham cuando ofreció a Isaac en ofrenda a Dios. El mandato a Abraham para que se detuviera vino directamente del cielo, y reconoció que no había nada en Abraham que necesitara corrección. Termina con estas palabras: ". . . ya conozco que temes a Dios, por cuanto no me rehusaste tu hijo, tu único" (Gn. 22:12). Al cristiano se le ordena que se pruebe a sí mismo para que descubra si está en fe. Sus pruebas deben basarse en el hecho de que Cristo está en él (2 Co. 13:5). En vista de la verdad de que Dios no le pide a ningún hombre que haga el mal, la oración "Y no nos metas en tentación, más líbranos del mal" (Mt. 6:13), debe interpretarse con el sentido de que el que ora desea ser librado de la prueba; pero si, según la gran sabiduría de Dios, debe sufrirla, entonces, que Dios lo libre del mal de la indocilidad y de la

infidelidad. La espina que el apóstol Pablo tenía en la carne se convirtió en una prueba que no podía quitársele. El escribió sobre esto: "Pues vosotros sabéis que a causa de una enfermedad del cuerpo os anuncié el evangelio al principio; y no me despreciasteis ni desechasteis por la prueba que tenía en mi cuerpo, antes bien me recibisteis como a un ángel de Dios, como a Cristo Jesús" (Gá. 4:13, 14). Santiago también escribió: "Hermanos míos, tened por sumo gozo cuando os halléis en diversas pruebas, . . . Bienaventurado el varón que soporta la tentación; porque cuando haya resistido la prueba, recibirá la corona de vida, que Dios ha prometido a los que le aman" (Stg. 1:2, 12). El Cristo glorificado, de igual modo, dice que la tribulación es una hora de prueba que ha de venir sobre el mundo entero y de la cual será librada la Iglesia (Ap. 3:10). Los cristianos se encuentran ahora mismo en diversas pruebas, las cuales les engendran aflicciones (1 P. 1:6), y sin embargo, la tentación no puede ser más grande que la que los cristianos puedan soportar con la ayuda de Dios. Sobre este particular leemos: "No os ha sobrevenido ninguna tentación que no sea humana; pero fiel es Dios, que no os dejará ser tentados más de lo que podéis resistir, sino que dará también juntamente con la tentación la salida, para que podáis soportar" (1 Co. 10:13). Los santos del antiguo tiempo fueron probados (comp. He. 11:37).

2. DIOS PUEDE SER PROBADO. Unas 27 veces por lo menos se dice que Dios ha sido probado o que puede ser probado. Pero todas éstas deben considerarse a la luz de la verdad de que Dios no puede ser tentado a hacer el mal y de que El no tienta tampoco a ningún hombre (Stg. 1:13-15). Estas pruebas a la Divinidad se extienden a cada una de las tres Personas de la bendita Trinidad. Cuando se quería imponer la ley mosaica sobre los creyentes en Cristo, se nos dice del Padre: "Ahora, pues, ¿por qué tentáis a Dios, poniendo sobre la cerviz de los discípulos un yugo que ni nuestros padres ni nosotros hemos podido llevar? " (Hch. 15:10). Para aquellos que, tal vez por ignorancia, enseñan que el sistema de Moisés es regla de vida para el creyente perfeccionado en Cristo, la advertencia de esta Escritura debiera ser efectiva. No hay elementos de Piedad en el hecho de imponer el sistema mosaico sobre la Iglesia; por lo contrario, es peligroso y es una terrible provocación contra Dios. Es significativo que, de todas las maldades en las cuales pudieran caer los cristianos por descuido, éste es el único crimen contra Dios que se menciona, mediante el cual los creyentes en Cristo lo prueban. Así también, el Espíritu puede ser probado. En esta clase de prueba hay cierta similitud con la anterior, pues sólo hay un hecho que se registra como prueba para el Espíritu. Esta prueba está constituida

por una falsedad pronunciada por dos cristianos primitivos, y Pedro declaró que dicha falsedad era contra el Espíritu Santo. Está escrito: "Entonces Pedro le dijo: Dime, ¿vendisteis en tanto la heredad? Y ella dijo: Sí, en tanto. Y Pedro le dijo: ¿Por qué convinisteis en tentar el Espíritu del Señor? He aquí a la puerta los pies de los que han sepultado a tu marido, y te sacarán a ti. Al instante ella cayó a los pies de él, y expiró; y cuando entraron los jóvenes, la hallaron muerta; y la sacaron, y la sepultaron junto a su marido" (Hch. 5:8-10). Hay más pasajes escriturarios que se refieren a la tentación de Cristo el Hijo de Dios –comp. Lc. 4:1-13; He. 2:18; 4:15. La discusión de estos pasajes la dejamos para la siguiente sección.

3. CRISTO FUE TENTADO. Cuando dijimos que las pruebas que experimentó Cristo le sucedieron en la esfera de su humanidad y no en la esfera de su Divinidad, no sólo nos referíamos a la firme verdad de que El, siendo Dios, no puede ser tentado a hacer lo malo, sino a todo el problema que se puede extender hasta lo infinito, concerniente a las relaciones de las dos naturalezas de nuestro Señor. Hay consenso general en que, si Cristo hubiera pecado, la caída hubiera surgido totalmente de su naturaleza humana; pero en toda esta discusión con respecto a su impecabilidad, muy a menudo se pasa por alto la verdad de que Cristo fue absolutamente libre de la naturaleza de pecado y de todo lo que pueda generar el pecado. Algunos teólogos, tal como muchos filósofos paganos pudieran hacerlo, han basado sus especulaciones en el reconocimiento de las limitaciones del hombre caído. Se arguye que ningún hombre está libre de pecado y, puesto que Cristo fue hombre, El fue tentado a hacer el mal en la misma forma como los demás hombres. El obispo Martensen, en un discurso sobre el problema de la relación personal de Cristo con el pecado, escribe:

"El hecho de que el segundo Adán experimentó toda clase de tentaciones –seducciones a pecar, amenazas y torturas de cuerpo y de mente– debe explicarse sobre la base, no solamente de su libertad moral, ni de la calidad de progreso que había en su naturaleza, sino combinando estos dos factores. Las proposiciones *potuit non peccare,* es decir, *era posible que El no pecara,* y *non potuit peccare,* esto es, *era imposible que El pecara,* en vez de ser distintas o estar en contraste, puede decirse que se incluyen y se presuponen la una a la otra. La primera, que significa que la impecabilidad fue solamente una posibilidad para Cristo, implica que El experimentó la tentación como un poder real; porque, aunque le vino de afuera, si no era simplemente una simulación, tenía que estimular algún sentimiento correspondiente dentro de El, por medio del cual solamente El hubiera podido realmente ser tentado. Y como el contraste entre lo cósmico y lo sagrado –lo natural y lo espiritual– era necesario en el segundo Adán para poder tener una doble influencia sobre la voluntad –ya que el segundo Adán no puede considerarse monotelita, lo cual, en efecto, sería considerarlo monofisista, pero *bi-telita*– el mismo principio que hizo posible la caída del primer Adán tiene que haber estado activo en El. La posibilidad de pecado existió en el segundo Adán; pero esta posibilidad nunca se volvió activa, nunca se convirtió en realidad. La garantía de esto no fue la fuerza de la virtud de la inocencia, la cual se hace incierta y dudosa con la sola idea de la tentación, y la cual depende de la prueba; ni en la fuerza de la naturaleza divina en tanto que ella es distinta de la naturaleza humana, ni de la humana en tanto que es distinta de la divina; sino en virtud de la unión indisoluble de las dos naturalezas en El; ese vínculo que realmente hubiera podido someterse a grandes tensiones y ser sacudido aparentemente hasta lo sumo y hasta el mayor contraste de las dos naturalezas, pero que no podía romperse nunca. Esto es lo que se expresa en la segunda proposición: *non potuit peccare,* a saber, *era imposible que El pecara.* Aunque la tentación misma y el conflicto contra ella no fueron solamente aparentes, sino reales y severamente formales, el resultado no hubiera podido ser nunca dudoso, pues el vínculo entre la naturaleza divina y la humana, que hubiera podido ser riguroso en la criatura, era indisoluble en El, que es el Mediador entre el Padre y todas las criaturas. Este lazo sólo puede romperse cuando la relación de lo divino y lo humano es solamente relativa o representativa, pero nunca cuando es esencial y modelo como lo es en el caso de Cristo, en quien estaban comprendidas todas las determinaciones del Padre desde antes de la creación del mundo." – *Christian Dogmatics*, págs. 284, 285.

El Dr. Martensen, como muchos teólogos prominentes, mantiene en esta declaración una consideración muy alta para la Persona del Dios Hombre; pero implica que Cristo sufrió aquellas tentaciones que corresponden a la naturaleza caída. Aún más, Cristo no hubiera podido poseer la naturaleza pecaminosa sin haber participado de la caída, puesto que tal naturaleza no corresponde a la humanidad no caída. Naturalmente, los únicos ejemplos de esta forma de existencia humana son el de Adán antes de la caída y el de Cristo. Si Cristo mismo hubiera sido un Ser caído, no hubiera podido ser el Pariente no implicado que redime, como se exigía. Tal vez en este punto, algunos no caen en la cuenta de que la obra salvadora de Cristo se extiende tanto a la naturaleza de pecado de aquellos que salva como a sus transgresiones individuales. Si el mismo Cristo hubiera sido un Hombre caído, hubiera necesitado ser salvo, y no hubiera podido salvarse a Sí mismo ni a otros. Por otra parte, si El no fue un ser caído, sino el Dios Hombre en su Ser, entonces no tuvo incitaciones a hacer el mal de aquellas que surgen de la naturaleza pecaminosa. De El se predica la santidad divina intrínseca (Lc. 1:35). Ya lo hemos afirmado en páginas anteriores y lo repetimos aquí: Cristo fue impecable según se expresa en la preposición latina *non potuit peccare;* es decir, era *imposible* que El pecara. Lo que crea la duda en muchas mentes devotas es el hecho de que, tal como se ilustra por medio de Adán, un ser humano no caído puede pecar. Lo que es verdaderamente trágico, en este sentido, es que no se reconozca que el primer Adán estuvo sin apoyo en la hora de la prueba, mientras que el último Adán, aunque también poseyó la naturaleza humana no caída —como bien lo afirma el Dr. Martensen— por causa de "la unión indisoluble de la naturaleza divina con la humana", era incapaz de hacer lo que, de otro modo, hubiera hecho, si su naturaleza humana hubiera actuado independientemente; pero esta desunión de las dos naturalezas no podía ocurrir jamás Y el caso de Adán difiere aun de el de cualquier hombre caído. Mientras el hombre caído es absolutamente inclinado al pecado, tanto el Adán no caído como la humanidad de Cristo no tenían ese ímpetu hacia el pecado. El Adán no caído hubiera podido evadir fácilmente la acción que realizó. Puesto que este lazo de unión que ata las dos naturalezas de Cristo —porque El es una sola Persona— es tan completo, la humanidad de Cristo no podía pecar. Si su humanidad pecara, pecaría Dios. Cuando se reconoce la absoluta Deidad de Cristo, no hay lógica que sea más inexorable que ésta. Aunque la humanidad no caída que carecía de apoyo podía pecar, la Persona del Dios Hombre, aunque en ella se incorpora la naturaleza humana no caída, es incapaz de pecar. El argumento que sostiene que Cristo *pudo haber pecado,* pero *no pecó,* es completamente diferente de aquel que afirma que Cristo *no podía pecar.* El primer argumento, o niega la Deidad de Cristo o deshonra a Dios con la aseveración calumniosa de que el mismo Dios es capaz de pecar. Otra vez tenemos que declarar que los rasgos humanos de Cristo que no envuelven asuntos morales no pudieran presentarse como prueba libremente. Con ciertas reservas se pudiera admitir la idea de que El fue a la vez omnipotente e impotente, ominisciente e ignorante, infinito y finito, ilimitado y limitado; pero no pudiera concederse jamás que El fue a la vez pecable e impecable. No hay elementos que deshonren a Dios en la debilidad humana, ni en el dolor humano, ni en el hambre humana, ni en la sed humana, ni en las limitaciones humanas, con respecto a las diversas capacidades humanas; hasta la muerte pudiera admitirse, si tal muerte la sufre por otros y no por Sí mismo.

De lo anterior se puede deducir que cualquier clase de pruebas que le haya venido a Cristo no era tal que hallara su expresión en su naturaleza pecaminosa ni a través de ella. Sin embargo, El fue probado y tentado, y no cometió pecado. En cuanto al hombre caído, sus tentaciones pueden surgir del mundo, de la carne o del diablo; pero la prueba que sirve para desarrollar y establecer la virtud procede usualmente de Dios. El mundo no tiene derechos sobre Aquel que pudo decir: " . . . tampoco yo soy del mundo" (Jn. 17:14, 16), y la carne, que fue concebida como naturaleza caída, tampoco estaba latente en el Hijo de Dios. El dijo con respecto a Satanás: " . . . viene el príncipe de este mundo, y él nada tiene en mí" (Jn.

14:30). Así como es imposible atacar a una ciudad inconquistable, así es imposible asaltar a la persona que es Dios Hombre y que es impecable. Cristo fue tentado, no para probar su impecabilidad para Sí mismo o para el Padre, sino a favor de todos los que han sido llamados a confiar en El. Así como Dios puede ser tentado, así Cristo podía ser tentado. Está escrito: "Por qué me tentáis, hipócritas?" (Mt. 22:18; comp. Mr. 12:15; Lc. 20:23; Jn. 8:6). Los siguientes son los principales pasajes que se refieren a la tentación de Cristo:

Lucas 4:1-13 (comp. Mt. 4:1-11; Mr. 1:12, 13). "Jesús, lleno del Espíritu Santo, volvió del Jordán, y fue llevado por el Espíritu al desierto por cuarenta días, y era tentado por el diablo. Y no comió nada en aquellos días, pasados los cuales, tuvo hambre. Entonces el diablo le dijo: Si eres Hijo de Dios, dí a esta piedra que se convierta en pan. Jesús, respondiéndole, dijo: Escrito está: No sólo de pan vivirá el hombre, sino de toda la palabra de Dios. Y le llevó el diablo a un alto monte, y le mostró en un momento todos los reinos de la tierra. Y le dijo el diablo: A ti te daré toda esta potestad, y la gloria de ellos; porque a mí me ha sido entregada, y a quien quiero la doy. Si tú postrado me adorares, todos serán tuyos. Respondiendo Jesús, le dijo: Vete de mí, Satanás, porque escrito está: Al Señor tu Dios adorarás, y a él solo servirás. Y le llevó a Jerusalén, y le puso sobre el pináculo del templo, y le dijo: Si eres Hijo de Dios, échate de aquí abajo; porque escrito está: A sus ángeles mandará acerca de ti, que te guarden; y, En las manos te sostendrán, para que no tropieces con tu pie en piedra. Respondiendo Jesús, le dijo: Dicho está: No tentarás al Señor tu Dios. Y cuando el diablo hubo acabado toda tentación, se apartó de él por un tiempo."

Al entrar en la investigación de los tres pasajes que relatan las tentaciones de Cristo, el de Lucas y otros dos, es bueno recordar las verdades de que estas tentaciones estaban fuera del rango de aquellos factores de la vida humana que eran resultado de la caída, y que estas tentaciones fueron dirigidas solamente a su humanidad. La triforme tentación de Cristo que nos narra la porción citada indica el hecho de su tentación, y lo que está envuelto en ese hecho es la relación dentro de El de sus dos naturalezas, su relación con el Padre y su relación con el Espíritu. Hay también una revelación definida de su relación con Satanás. Los tres Evangelios sinópticos declaran que, después del bautismo, Cristo fue llevado por el Espíritu al desierto, y que allá fue tentado y probado por Satanás. El relato afirma que, durante la tentación, Satanás llevó a Cristo tanto a las altas montañas como al pináculo del Templo. Posteriormente tendremos que considerar por qué fue tentado así Cristo. El punto que nos interesa aquí es el hecho de que Cristo, absolutamente sometido al Espíritu Santo, fue conducido a propósito a la esfera del poder de Satanás. El por qué de dicha tentación puede ser un problema que está muy lejos de la comprensión humana. Sería un verdadero descuido no notar que aquí, como en otras situaciones en la vida terrenal de Cristo, hay aspectos que corresponden al reino de la relación que existe entre Dios y los espíritus angélicos, con respecto a la cual los seres humanos no tienen otro conocimiento que no sea el que procede de algunos indicios que revela la Biblia. El relato de esta tentación –el cual es inmensurable en sus alcances– podemos dividirlo en dos partes: 1) La relación de Cristo con el Espíritu Santo, y 2) la tentación de la humanidad de Cristo por parte de Satanás.

II. LA RELACION DE CRISTO CON EL ESPIRITU SANTO

Aunque este tema específico se presentará más detalladamente cuando estudiemos la doctrina del Espíritu Santo, sin embargo, demanda aunque sea una breve consideración en esta oportunidad. Otra vez debemos recalcar que el hecho de que Cristo dependiera del Espíritu Santo estaba dentro de la esfera de su humanidad. Con respecto a su Deidad, no había razón para que El dependiera ni del Padre ni del Espíritu. Y, aunque El hubiera podido satisfacer sus propias necesidades en forma tan completa como lo hizo el Espíritu, ese arreglo le hubiera quitado a El la posición que ocupan todos los creyentes cristianos, para los cuales su vida es el modelo. Los cristianos no pueden confiar en ningún recurso que está en ellos; así ellos están entregados, como lo estuvo Cristo, al poder capacitador del Espíritu. En el Nuevo Testamento se afirma que Cristo – desde su concepción, que fue por obra y gracia del Espíritu Santo, hasta su muerte, que fue por el mismo Espíritu eterno – vivió y obró basado en el principio de dependencia de Otro. Ningún estudiante que sea atento puede pasar por alto esta verdad (comp. Mt.12:28; Mr.1:12; Lc.4:14; Jn.3:34). La verdad de que Cristo – con el propósito de poder demostrar la efectividad de la vida que se vive completamente en relación con el Espíritu Santo – dependía del Espíritu no debe permitir que dejemos de reconocer la Deidad absoluta del Salvador. La propia autoridad de Cristo sobre el Espíritu, en otras esferas de relación, y según las eternas determinaciones de Dios, se puede descubrir en la misma declaración de Cristo: "...si no me fuere el Consolador no vendría a vosotros; más si me fuere, os lo enviaré" (Jn.16:7).

III. LA TENTACION DE CRISTO POR PARTE DE SATANAS

Para esta triforme tentación, se declara que Cristo fue llevado por el Espíritu al desierto, con el objetivo expreso de que El debía ser tentado por Satanás. No es poca la importancia que reviste esta revelación, pues implica que la tentación no se originó en Satanás, aunque se puede creer que fue sumamente agradable para el poderoso ángel. Un paralelo de esta tentación se halla en la experiencia de Job (Job 1:6-2:8). En este caso Job es tentado por Satanás por completa instigación de Jehová (comp. Job 1:8; 2:3). El Sagrado Texto no indica que Cristo actuó por su propia cuenta para ir al desierto, ni afirma tampoco que El fue forzado a hacer eso contra su voluntad. El estaba "lleno del Espíritu Santo" y, como le sucede a cualquier individuo que recibe esa bendición se complacía en cumplir todos los propósitos de Dios en hacer su voluntad. Según Lucas Cristo fue una Persona madura tanto física como espiritualmente. Así, el combate se hace decisivo en todo concepto y, de la manera más evidente, alcanza hasta las ocultas esferas de relación entre Cristo y los ángeles caídos. De poco valor es la especulación sobre la razón por la cual se tenía que ordenar y ejecutar divinamente esta tentación. Realmente se relaciona con la humanidad del Salvador y su valor, en lo que concierne a los hombres, está en que demuestra la absoluta impecabilidad del Hijo de Dios. La construcción gramatical del relato de la tentación sustenta la idea de que esta tentación continuó inexorablemente durante todos los cuarenta días, aunque sólo se registran tres clases de tentación, las cuales, evidentemente, ocurrieron al fin del período. Cuando Cristo hubo ayunado los cuarenta días, tuvo hambre, y ese hecho se convirtió en base para la primera de las tres tentaciones que se nos relatan.

Realmente, Satanás no le dio origen a nada. Aquí, como en cualquier otro caso, sólo se realiza el soberano propósito de Dios. Con esto no estamos diciendo que Satanás no se imagina, como sucede en el caso del hombre descarriado, que él está haciendo todo lo que ocurre mediante sus propios esfuerzos. La tentación de la humanidad de Cristo le asegura al creyente en El demasiado valor, por lo cual no puede pensar que la originó Satanás. De tres distintas maneras buscó Satanás persuadir al último Adán para que abrazara la filosofía de la independencia de Dios, la cual él mismo proclamó para sí un poco después de haber sido creado, y la cual impuso con éxito sobre el primer Adán. El objetivo real era claro: ¿Se rendiría la humanidad de Cristo ante la incitación a actuar independientemente de Dios, cuando se le ofrecieran como soborno (comp. Mt.4:8) todos los reinos del mundo, los cuales tendrán que ser de El, y los recibirá de mano del Padre, al fin? (comp. Sal.2:7-9; 1 Co.15:24-28; Ap.11:15; 19:16). Como un pacto de voluntad propia, el Hijo de Dios había dicho cuando estaba a punto de entrar a este mundo y con respecto a su humanidad (lo cual es evidente por el hecho de que se dirige a Dios y no al Padre): "Por lo cual, entrando en el mundo dice: Sacrificio y ofrenda no quisiste; mas me preparaste cuerpo. Holocaustos y expiaciones por el pecado no te agradaron. Entonces dije: He aquí que vengo, oh Dios, para hacer tu voluntad, como en el rollo del libro está escrito de mí" (He.10:5-7). Así que la actitud reconocida del Hijo de Dios, aun antes de entrar en el mundo, era la de hacer la voluntad de Dios. Hacer esa voluntad es la más alta y más grande realización de cualquier criatura, sea ángel o sea hombre. El, que es el Dechado supremo y eterno, tiene que ser el ejemplo infinitamente perfecto de la más alta responsabilidad del hombre.

Al considerar las tres tentaciones por separado descubrimos que 1) la proposición de que El proveyera pan para su propia hambre, mediante la conversión de piedras en pan, le llegó al mismo centro de lo que es característico del humano. El hombre depende de Dios. Está escrito: "Abres tu mano, y colmas de bendición a todo ser viviente" (Sal. 145:16). Para Cristo, emplear su poder divino de creación con el propósito de satisfacer su propia necesidad humana, hubiera sido lo mismo que olvidar la esfera de las limitaciones humanas, en la cual Dios quería que El estuviera. De ese modo, El hubiera atendido sobrenaturalmente sus propias necesidades humanas, pero no hubiera sido tentado en todo como son tentados los hombres. Los hombres tienen que confiar en Dios, sin tener ningún poder creador para lograr alivio. 2) La segunda tentación, ya mencionada, de que Satanás le daría todos los reinos del mundo si en cambio de ello el Dios-Hombre le rendía adoración, proponía del mismo modo el abandono del cumplimiento de la voluntad y del plan divinos para seguir obstinadamente la vía opuesta; pero esta tentación llega hasta las esferas angelicales, en las cuales puede que no entre completamente la comprensión humana. Comparativamente, no es difícil pensar en que la autoridad de Satanás sobre el *cosmos* (la cual ejerce con el permiso divino) le sea entregada a Cristo. Ese acto tiene que cumplirse en su debido tiempo. Pero considerar la audacia, la insolencia, y el insulto contra Dios, que representaba la sugestión de que el Hijo de Dios adorara a su propia criatura, y que es el supremo enemigo de Dios, es lo más inaudito que puede haber en el mundo: la maldad que ello envuelve solo puede medirse en los reinos celestiales. 3) La última prueba que registra Lucas, tenía el propósito de que Cristo, mediante el inútil ejercicio de su poder divino (ya que El tenía el derecho a ejercerlo, por ser el Dios-Hombre), hiciera algo para su propia gloria, que no estuviera incluido en la voluntad de Dios para El.

En todas estas tentaciones, Cristo salió victorioso, y sin embargo, permaneció completamente en la esfera de los recursos humanos. El maligno le presentó el desafío mediante las palabras: "Si eres Hijo de Dios". Esto se convirtió en una tentación definida para la humanidad de Cristo, por el hecho de que proponía el uso de los poderes que le corresponden a la Deidad. El venció en la misma forma como muchos hombres pueden vencer –por medio de la Palabra de Dios, la cual debe estimarse como la revelación de la voluntad divina a la cual debe someterse el hombre. El no someterse a esa voluntad, tal como el mismo Cristo lo declaró, es *tentar al Señor tu Dios* (Mt.4:7).

Hebreos 4:15. "Porque no tenemos un sumo sacerdote que no pueda compadecerse de nuestras debilidades, sino uno que fue tentado en todo según nuestra semejanza, pero sin pecado."

Como Sumo Sacerdote, y en el sentido de que El es el arquetipo del sumo sacerdote –el Sumo Sacerdote, con respecto al cual todos los demás sumos sacerdotes no eran sino sombras– Cristo es, sin embargo, capaz de simpatizar con los hijos de Dios que son tentados del mismo modo. El fue tentado en todo, como son tentados ellos –pero sin pecado. El sufrió todas las tentaciones, menos las que surgen de la naturaleza pecaminosa. Ya hemos demostrado que Cristo no podía tener naturaleza pecaminosa, ni podía pecar. Este pasaje no solamente afirma que Cristo, que fue tentado en todos los puntos en que puede ser tentado el hombre, no pecó. Declara también que El no experimentó tentaciones de las que surgen de la naturaleza humana. Como Pariente redentor, El no podía estar envuelto en la calamidad de la cual debía redimir. El no hubiera podido ser el Cordero Santo y sin mancha de Dios que exige la Redención, si hubiera poseído la más leve mancha de pecado. Su ministerio es el de ser el Sumo Sacerdote simpatizante y misericordioso, y no el de participar en aquello que causa la desgracia. El dijo de Sí mismo: ". . . viene el príncipe de este mundo, y él nada tiene en mí" (Jn.14:30). Esta declaración, según lo que sigue, es una referencia a su muerte y al hecho de que El, en ningún sentido, merecía la muerte. La muerte, que es la condena legal contra el pecado, no tenía ningún derecho legal sobre El. Cuando El murió, cumplió un acto voluntario de obediencia a la voluntad de su Padre. El punto que sobresale en este aspecto del tema es que Cristo fue tentado en todo, dentro de la esfera de aquello que no está relacionado con la caída, y que esta tentación incluyó la experiencia de las enfermedades y de las limitaciones humanas.

Hebreos 2:17,18. "Por lo cual tenía que ser en todo semejante a sus hermanos, para venir a ser misericordioso y fiel sumo sacerdote en lo que a Dios se refiere, para expiar los pecados del pueblo. Pues en cuanto él mismo padeció siendo tentado, es poderoso para socorrer a los que son tentados."

En este pasaje, lo prominente es la suprema grandeza de la misericordia de Cristo. Es la misma misericordia del Dios de toda gracia que, habiendo sido tentado en su condición de hombre, puede también ayudar a los que son tentados. Esta es otra de las facultades del Salvador.

Así se ha demostrado que Cristo fue tentado en este mundo, y lo cierto es que los hombres no saben nada del sufrimiento que soportó su carácter santo. El escritor de la *Epístola a los Hebreos,* habiendo presentado el informe de las tentaciones de Cristo, concluye el tema de la siguiente manera: "Considerad a aquel que sufrió tal contradicción de pecadores contra sí mismo, para que vuestro ánimo no se canse hasta desmayar. Porque aún no habéis resistido hasta la sangre, combatiendo contra el pecado" (He.12:3,4). Se implica, pues, que la tentación que experimentó Cristo exigió una resistencia hasta la sangre. Esto puede referirse a la experiencia que El tuvo en el huerto de Getsemí, experiencia en la cual nadie estuvo con El.

El no fue tentado con el propósito de establecer si caería en la tentación, sino con el fin de demostrarles a los que tienen dudas que El no podía caer en tentación.

CAPITULO VI

LA TRANSFIGURACION DEL CRISTO ENCARNADO

Un evento maravillosamente espectacular –sin embargo, más significativo que espectacular– ocurrió en el monte de la Transfiguración. Para los teólogos que niegan toda la edad milenaria, o para aquellos que han tratado de identificarla con un período pasado, o para aquellos que arguyen que no habrá tal clase de era en el programa de Dios, la transfiguración casi no tiene ningún significado. Neander, en su obra *History of the Planting of the Christian Church (Historia de la Implantación de la Iglesia Cristiana),* vol. I, p. 376, da la siguiente razón para la cual se debe rechazar como espuria la *Segunda Epístola de Pedro:* "Pero ciertamente no es natural suponer que uno de los apóstoles seleccionara y presentara, de toda la vida de Cristo, de la cual ellos fueron testigos oculares, este hecho aislado (2 P. 1:16 y sig.), el cual estaba relacionado en forma menos esencial con lo que fue el punto central y el objeto de su aparición" (citado por Peters en *Theocratic Kingdom,* Vol. II, p. 559). De igual manera, los proponentes de la Iglesia del Reino o de la Teología del Pacto se basan en el hecho de que en la transfiguración están presentes los santos del Antiguo Testamento –Moisés y Elías– con los discípulos –Pedro, Juan y Jacobo– los cuales llegaron a ser después apóstoles de la Iglesia. La idea de lo que para algunos es la transfiguración es que ésta es una miniatura de la Iglesia en el cielo. El Dr. Charles Hodge, representante de esta escuela teológica, dice: "La transfiguración fue un tipo y una señal de la gloria de la segunda venida". *Systematic Theology*- Tomo III, p. 796. Este no es sino un reconocimiento parcial de lo que Pedro declara que es la transfiguración, es decir, una visión previa del reino que Cristo ha de establecer sobre la tierra. A menos que la transfiguración se considere sobre la base de toda la revelación del Antiguo Testamento con respecto al reino davídico terrenal, no lograremos una comprensión verdadera de este evento principal en la vida de Cristo. Solamente el partidario del traslado de la Iglesia antes del reino milenario puede darle explicación completa y digna a este cuadro específico. Como se verá, esta manifestación de la gloria del reino terrenal está muy lejos de ser de poca importancia. Seguiremos, pues, con la discusión de este tema.

La palabra *transfigurar* [μεταμορφόομαι] sólo se usa cuatro veces en el Nuevo Testamento (comp. Mt.17:2; Mr.9:2; Ro.12:2; 2 Co.3:18), y tiene un significado que es peculiar y distintivo cuando se usa en contraste con *μετασχηματίζω*, que se traduce *transformar* (comp. Fil. 3:21, donde se nos dice que el Señor transformará el cuerpo del creyente en El). Es evidente que una cosa es transformada por influencias que proceden de afuera, mientras que una cosa es transfigurada por el resplandor de la luz o de la vitalidad que está dentro de ella. La gloria esencial de Cristo estaba cubierta con un velo mientras El estuvo sobre la tierra, pero en el momento de la transfiguración se permitió que su gloria intrínseca *(Shekinah)* brillara. El no solamente estaba tomando una gloria, o manifestando un resplandor de una gloria externa que le vino. Esa gloria era la suya propia, originada en El y que emanaba de El. Esta es la verdad que les otorga tanta importancia a los dos pasajes en los cuales se relaciona la transfiguración con los creyentes en Cristo: Romanos 12:2; 2 Corintios 3:18. El creyente en Cristo está sujeto no solamente a la transformación, sino también a la transfiguración. La divina Presencia que está dentro de él es una luz, y ésta ha de tener su fulgor normal y ha de obrar grandes cambios en el corazón en el cual mora esa naturaleza.

I. LA IMPORTANCIA

La estimación divina con respecto a la importancia de la transfiguración es evidente por el hecho de que se describe largamente en cada uno de los Evangelios sinópticos: Mateo 16:27-17:13; Marcos 9:1-13; Lucas 9:27-36. El cuadro entero solo se puede entender cuando se comparan diligentemente los tres relatos. Por todo, se dedican 38 versículos del Texto Sagrado a la descripción de este evento; hay que agregar, además, los tres versículos de 2 Pedro 1:16-18, porción de la cual se nos revela la interpretación. También es significativo el hecho de que sólo los tres Evangelios sinópticos registran el evento: los cuales tratan ampliamente los aspectos del ministerio de Cristo mientras estuvo en la tierra. Y es significativo también que Juan no lo registra, pues él se ocupa esencialmente de establecer la verdad que corresponde a la presente edad de la Iglesia, la cual no estaba prevista con claridad. No es necesario, sin embargo, que se haga el reconocimiento de que esta distinción es válida y vital, pues es desconocida para los intérpretes y los maestros de la escuela de la Iglesia del Reino. A pesar de las divisiones de los capítulos, que a menudo están desconectados de la continuidad del contexto, se nota que cada relato de la transfiguración se encuentra después de una declaración de Cristo con respecto a su segunda venida. El documento declara que El dijo que el Hijo del Hombre vendría "en la gloria de su Padre con los santos ángeles" (Mr.8:38), o "en la gloria de su Padre con sus ángeles" (Mt.16:27), o "en su gloria, y en la del Padre, y de los santos ángles" (Lc.9:26). Para la mente judía, la venida en gloria estaba inevitablemente relacionada con Daniel 7:13,14. A esta revelación de su regreso agrega el Señor: "De cierto os digo que hay algunos de los que están aquí, que no gustarán la muerte, hasta que hayan visto al Hijo del Hombre viniendo en su reino" (Mt.16:28; Mr.9:1; Lc.9:27). El traslado de la Iglesia no podría dar cumplimiento a las promesas relacionadas con la segunda venida de Cristo a la tierra. Tanto en los Evangelios sinópticos como en el profeta Daniel, esta venida es hasta la tierra, con gran poder y gran gloria. No se relaciona con el cielo, sino con el reino que ha de establecerse en la tierra cuando aparezca el Hijo del Hombre. Aunque transcurre aproximadamente una semana desde el día cuando el Señor dijo esas palabras hasta la transfiguración, todos los evangelistas tienen el cuidado de relacionarla con la promesa de que algunos de los doce —Pedro, Jacobo y Juan fueron escogidos posteriormente para subir al monte— no gustarían la muerte, hasta que hubieran visto al Hijo del Hombre viniendo en su reino. Todos los doce experimentaron la muerte en el tiempo de su propia generación, y han pasado 70 generaciones completas, y sin embargo, todavía se demora la real venida. Es evidente, por tanto, que la promesa de que algunos de ellos no gustarían la muerte, se cumplió en el tiempo de su propia generación. Es evidente también que Pedro —el principal de los que tuvieron el privilegio de subir al monte— relaciona la transfiguración con esta promesa; es decir, la transfiguración, según Pedro, era el cumplimiento de esa promesa. La transfiguración no es la aparición final y real de Cristo en la gloria de su Padre, y en la de los ángeles, pero es una representación previa de algo que ha de verse y de lo cual podrán dar testimonio los *testigos oculares*. Fue una representación momentánea de lo que constituirá el reino y su gloria cuando se establezcan sobre la tierra. La presencia de los ángeles y los estupendos eventos que transformarán el mundo y que acompañarán a la segunda venida de Cristo cuando sea real no se incluyen en esta previsión; pero ciertamente estaban presentes en la forma en que se requerían para la realización del propósito divino en la transformación.

II. LA RAZON

Todo el suceso de la transfiguración como uno de los aspectos de la venida de Cristo exige explicación sobre la razón por la cual tuvo que haberse introducido esta innovación peculiar en un programa que, de otra manera, fuera del elemento milagroso, se caracterizó por condiciones que están dentro del rango de las actividades humanas. Sólo el *pre-milenarista* tiene una solución adecuada para este problema. Podemos considerar la respuesta en dos partes, a saber: (1) La necesidad inmediata, y (2) la necesidad para toda la era.

1. LA NECESIDAD INMEDIATA. Dos pasajes importantes que contienen prohibiciones sirven para indicarnos la necesidad inmediata de la transfiguración. Estos son los de Mateo 16:20 y 17:9, en los cuales leemos: "Entonces mandó a sus discípulos que a nadie dijesen que él era Jesús el Cristo... Cuando descendieron del monte, Jesús les mandó, diciendo: No digáis a nadie la visión, hasta que el Hijo del Hombre resucite de los muertos." Debe recordarse que el cognomento *el Cristo* del Nuevo Testamento es equivalente al nombre *Mesías* del Antiguo Testamento. Es decir, cuando en el Nuevo Testamento se tienen en mente los aspectos mesiánicos del ministerio de Cristo, siempre se r e l a c i o n a n con El mediante el nombre *Cristo,* y no mediante el nombre *Jesús,* el cual se relaciona con su condición de Salvador, ni mediante el nombre *Señor* el cual sirve para establecer su Deidad esencial. En el momento anterior al mandato de que no se le dijera a ninguno que El era el Cristo, está el primer anuncio particular con respecto a la Iglesia y la entrega de las llaves del reino de los cielos a Pedro. Hasta ese momento los discípulos, junto con Juan y Cristo, habían estado presentando el mensaje mesiánico con respecto al Rey y a su reino, y diciendo que "se ha acercado" en la Persona del Rey (Mt.3:1,2; 4:17; 10:5-42). Por causa de la ejecución de Juan el Bautista y de la evidente falta de voluntad por parte del pueblo –especialmente por parte de los gobernantes– para recibir al Mesías (comp. Mt.11:20-26; 16:13,14), el mensaje del reino llegó a su conclusión; sin embargo, el plan de la Redención –el nuevo tema de infinita gracia– no estaba establecido, ni podía estarlo, hasta que fuera derramada su sangre. Puesto que el rechazamiento de Cristo ya se había efectuado y había sido reconocido divinamente, ya no había que hacer ninguna oferta con respecto a su calidad de Mesías hasta que se cumpliera su obra de Redención. El Dr. C.I. Scofield dice sobre este punto:

> "Los discípulos habían estado proclamando a Jesús como el Cristo, es decir, el Rey del reino prometido a los judíos, según el pacto, y que en aquellos días se había 'acercado.' La Iglesia, al contrario, debe edificarse sobre el testimonio de Cristo, como Aquel que fue crucificado, que resucitó de entre los muertos, ascendió a los cielos y fue hecho 'cabeza sobre todas las cosas a la iglesia' (Ef.1:20-23). El primer testimonio había llegado a su fin, y para el nuevo

testimonio no era tiempo todavía, porque la sangre del nuevo pacto no se había aún derramada; pero el Señor comienza a revelar su muerte y resurrección (v.21). Este es un momento decisivo y de gran significado en el ministerio de Cristo" (*Biblia Anotada de Scofield,* p. 982).

Es significativo que, después de lo que dijo Cristo en Mateo 16:20, Mateo nos dice: "Desde entonces comenzó Jesús a declarar a sus discípulos que le era necesario ir a Jerusalén y padecer mucho de los ancianos, de los principales sacerdotes y de los escribas; y ser muerto, y resucitar al tercer día (16:21). A la luz de la posposición del reino, que era la esperanza de los judíos, y que hasta ese momento era el único pensamiento de los discípulos (comp. Mr. 9:10; Hch. 1:6,7), era esencial verificar la promesa de tal reino, y dar así la completa certidumbre de su cumplimiento final; y eso fue precisamente lo que hizo la transfiguración. Se escogieron tres testigos oculares para que vieran al Hijo del Hombre viniendo en la gloria de su reino (Mt.17:1). Para Pedro, Jacobo y Juan –dos de los cuales estaban escogidos para que fueran escritores del texto del Nuevo Testamento– y posteriormente para Pablo, en Arabia, tenía que darse información importante con respecto a la certeza del reino venidero, una información que estuviera relacionada con la era de la gracia. En el tiempo en que sucedió, los discípulos no entendieron el significado de la transfiguración, pero el hecho de que aconteció les sirvió muy bien para resolver los problemas que surgían con motivo de la inauguración del programa divino para el llamamiento de la Iglesia (comp. Hch.15:13-18; 2 P. 1:16-17). Por el mandato que dio de que no se anunciara más su carácter mesiánico, el Señor no sólo retiró todo el plan de la proclamación del reino, en el cual habían estado empeñados El, los discípulos suyos y Juan el Bautista hasta ese momento; sino que también se manifestó a sí mismo como el que había de ser crucificado. Si alguna base quedaba sobre la cual pudiera descansar la esperanza del reino –que era tan vital en las promesas y en los pactos judíos– tendría que ser una demostración vívida que sirviera en los días de transición que seguirían como evidencia de que las inquebrantables promesas de Dios a Israel no podían quebrantarse, y de que, en consecuencia, jamás se quebrantarán.

Aparte de esta demostración hubiera sido natural que los discípulos hubieran llegado a la conclusión que Dios había quebrantado sus pactos con Israel –como bien lo demuestran las actuales incomprensiones de los teólogos de la Iglesia del Reino– y que debían de abandonar su esperanza nacional. En este caso, la transfiguración sirve para cumplir el propósito de Dios de conservar la esperanza de los judíos en el reino, aunque la realidad se posponga para después que transcurra otra era. En la declaración de Pedro se ve que la transfiguración tuvo el efecto a que estaba destinada en los discípulos (2 P.1:16-18). Estrechamente relacionada con la prohibición que hallamos en Mateo 16:20 –de que no se predicase más el mensaje del Mesías– está la prohibición de Mateo 17:9, que dice: "Cuando descendieron del monte, Jesús les mandó, diciendo: No digáis a nadie la visión, hasta que el Hijo del Hombre resucite de los muertos." A esto agrega Marcos: "Y guardaron la palabra entre sí, discutiendo qué sería aquello de resucitar de los muertos." El hecho de que ellos razonaron con respecto a lo que pudiera significar esta referencia a la resurrección pone de manifiesto la falta de preparación de los discípulos para todo lo que pronto iba a acontecer. Como ya se ha indicado, la fuerza doctrinal de la transfiguración no se puede entender cabalmente sino hasta después de la muerte y resurrección de Cristo. Esa fue la razón del mandato de que se diera el informe de la transfiguración hasta que El se hubiera levantado de los muertos. Haber publicado la transfiguración del Señor antes de su muerte y su resurrección, hubiera sido equivalente a la continuación del mensaje del reino, puesto que eso era lo que proclamaba la transfiguración; y, como ya se ha dicho, era necesario retirar ese mensaje.

2. LA NECESIDAD PARA TODA LA ERA. Lo que haya sido necesario para salvar a los discípulos de la idea de que Dios ha abrogado todo su programa del reino terrenal, aunque Cristo nació para cumplir esos planes (comp. Is. 9:6,7; Lc. 1:31-33), eso mismo es necesario para todas las generaciones de la Iglesia, de tal modo que éstas puedan interpretar inteligentemente la presente edad en su relación con los inmutables propósitos de Dios para esta tierra. La conclusión a la cual se llegó en el primer concilio de la iglesia (Hch.15:13-18) y el orden de los hechos que se establecen en la *Epístola a los Romanos* (cps. 9-11), los cuales son una explicación del Apóstol sobre la relación de los pactos inmutables que Dios le hizo a Israel con la presente era de gracia, de la cual tratan los primeros ocho capítulos de dicha epístola, demuestran cuán perfectamente entendió la iglesia primitiva la verdad prenunciada en la transfiguración. El hecho de que los reformadores no se volvieron a las conclusiones de la iglesia primitiva es el que ha dado origen a las diversas formas de teología contrarias a la Escritura.

III. LA REALIDAD

Casi no hay necesidad de dedicar espacio a la consideración de la dudosa teoría de que la transfiguración fue solamente una visión o un sueño. Es verdad que Lucas afirma que los tres discípulos estaban "rendidos de sueño"; sin embargo, continúa diciendo que, cuando ellos vieron lo que el autor escribe, permanecían "despiertos" (Lc.9:32).

El Texto Sagrado nos presenta este evento como un hecho histórico. Estos hombres estaban de pie, y luego cayeron sobre sus rostros ante la presencia de la gloria. Hubiera sido verdaderamente extraño que los tres hombres hubieran soñado lo mismo y que Pedro les hubiera hablado a sus compañeros estando dormido. Juan dice con respecto a la transfiguración: "Y vimos su gloria" (Jn.1:14); Pedro se refiere a la gloria calificándola de "magnífica gloria" (2 P. 1:16-18). Pedro dice de los tres: " . . . habiendo visto con nuestros propios ojos su majestad." Todo esto no se refiere a sueños, sino a la realidad. La Biblia declara: "Y se transfiguró delante de ellos" (Mr.9:2).

IV. UNA REPRESENTACION DEL REINO

Los que confunden el reino con la Iglesia han afirmado que la transfiguración fue una representación anticipada del cielo. Es verdad que habrá gloria en el cielo y que Cristo será el centro de esa gloria. Por ello Juan –que había visto su gloria en la transfiguración y en las apariciones después de la resurreccción– al verla también en forma celestial, allí de igual modo cae como muerto a sus pies (Ap.1:17). Como ya se ha indicado, las Escrituras declaran que la transfiguración fue una manifestación anticipada de la venida del Hijo del Hombre en su reino. En todas partes de la Escritura leemos que la segunda venida de Cristo será con gloria incomparable (Dn.7:13,14; Mt.24:30; 2 Ts.1: 9). Esa es la gloria terrenal del Rey.

George N. H. Peters ha escrito, en su tratado sobre la transfiguración, en forma concluyente, lo que sigue:

> "La transfiguración, que sigue al anuncio de que ' algunos ' verían antes de morir 'al Hijo del Hombre viniendo en su Reino' , *es una representación del Reino* en algunos aspectos, a saber: *en la gloria de ' el Cristo ' o Rey, en la presencia de los santos muertos y trasladados –quienes aparecieron "rodeados de gloria ' (c.9:31)–* y en el hecho de que los hombres mortales son testigos de esa *gloria.* Fue una demostración temporal, una manifestación externa o revelación de la majestad y de la gloria *que le corresponde* a Jesús, cuando venga *en su segunda venida y en* su Reino con sus santos para reinar sobre las naciones. Es evidente que ésta es la idea correcta que corresponde a la asombrosa declaración de Pedro: El dice: *' Porque no os hemos dado a conocer el poder y la venida de nuestro Señor Jesucristo siguiendo fábulas artificiosas* –como muchos alegan ahora– *sino como habiendo visto con nuestros propios ojos su majestad* ', etc. Hay que notar que él llama a la transfiguración *' la venida de nuestro Señor Jesucristo* ', con lo cual identifica la transfiguración con lo que leemos en Mateo

16:27, 28. De esta manera, él está enlazándola indiscutiblemente con el futuro advenimiento de Cristo, que será una sorprendente manifestación de gloria que será revelada –esto lo confirma Pedro al introducir esta referencia para probar que Cristo volverá así otra vez, y al relacionar dicha venida con *'el reino eterno de nuestro Señor y Salvador Jesucristo '* (2 P. 1:11) y con la venida de *"cielos nuevos y tierra nueva"* (2 P. 3:4, 13), de acuerdo con la promesa profética. (Véanse también las referencias a dicha venida en la *Primera Epístola de Pedro*). Estudiaremos estos diversos aspectos.

Lo primero y lo supremo que se nos presenta es la transfiguración de Jesús, que lo cambió en forma tal que ' . . . *resplandeció su rostro como el sol, y sus vestidos se hicieron blancos como la luz'* (Mateo); *'Y sus vestidos se volvieron resplandecientes muy blancos, como la nieve, tanto que ningún lavador en la tierra los puede hacer tan blancos'* (Marcos); *'la apariencia de su rostro se hizo otra, y su vestido blanco y resplandeciente"* (Lucas). He aquí al *Rey teocrático* iluminado de luz y gloria, con su rostro radiante con resplandor como el del sol y sus vestidos deslumbrantes de blancura. Así aparecerá el poderoso Cristo cuando venga a restablecer la teocracia. Luego tenemos que estudiar a *los dos varones '* (Lc. 9:30): Moisés y Elías, quienes aparecieron también *rodeados de gloria'*. La venida de Cristo y su reino se mencionan en relación con la venida de los santos, sus hermanos, los coherederos con El de la misma gloria. Por tanto, para dar la representación de su venida –de su apariencia cuando venga– y de su Reino, era *sumamente necesaria* –para completar el cuadro– *la presencia de los santos entre los cuales están representados los muertos y los glorificados.* Esto se cumplió. Y en vista de que en la segunda venida de Cristo, los santos serán de dos clases, es decir, los muertos resucitados y los vivos trasladados, se escogió a Moisés y a Elías con el propósito de que representaran a los dos grupos –que forman uno solo– que aparecerán entonces con Cristo, *'rodeados de gloria '*. Moisés representa a los santos muertos en Cristo que serán glorificados con El. Y así como Moisés habló con el Salvador, los santos estarán también en contacto con El. Tanto Moisés como Elías estaban 'rodeados de gloria', lo cual parece indicar que la glorificación del cuerpo será igual para los dos grupos. Elías representa a la otra parte que, como él, no morirá, sino que será trasladada sin experimentar el poder de la muerte. Estos dos grupos de cristianos, los muertos en Cristo y los vivos que serán glorificados en la segunda venida de Jesús, son los que se nos presentan gráficamente en 1 Corintios 15:51, 52 y 1 Tesalonicenses 4:15-17. Esos no sólo ven su gloria, sino que participan de ella (1 Jn. 3:2; Fil. 3:21, etc.), pues se dice de ellos: *Cuando Cristo, vuestra vida, se manifieste, entonces vosotros también seréis manifestados con él en gloria'* (Col. 3:4). Pero además de esto, tenemos que estudiar los anuncios proféticos, y para completar la representación de la transfiguración, a las tres personas, Pedro, Jacobo y Juan, que no se manifestaron en gloria, sino como los seres mortales que moran en esta tierra, pero que vieron al Cristo glorificado y a sus asociados, y que quedaron tan profundamente impresionados con la magnífica gloria que se les reveló, que a través de Pedro, su vocero, hicieron esta declaración: *'Señor, bueno es para nosotros que estemos aquí'*. Así, habiendo esta voluntad de recibirlo en su segunda venida, cuando Cristo, 'el Cristo', venga en su gloria y con sus hermanos reunidos y glorificados, *entonces* la nación judía perdonada y los gentiles, tal como lo vemos en las maravillosas predicciones de las Escrituras, se alegrarán y se regocijarán en la maravillosa gloria que se manifestará.

En la transfiguración, Jesús aparece *personalmente* en su aspecto real, los santos se presentan *personalmente* en su gloria, los discípulos admiran *personalmente* el asombroso esplendor y la 'majestad' de la escena. En la transfiguración, Jesús es ' el que ha de venir' (una frase muy bien entendida por los judíos), tal como ha de manifestarse 'en su Reino' ; los santos son las ' primicias ' que, como 'reyes y sacerdotes' , según está predicho, reinarán con Cristo en su Reino; y los hombres mortales son los servidores y súbditos –como lo indica la misma propuesta de edificar tres tiendas– que aceptan alegremente esta gloria y están dispuestos a morar bajo este resplandor. La conversación que se refería a la muerte de Cristo que se aproximaba en Jerusalén, indica que ésta era una asunción temporal de esta gloria, que fuera, si podemos expresarlo así, como un contrapeso de aquello que parecía terminar virtualmente –para los judíos– la esperanza cariñosamente abrigada de que Jesús tuviera la calidad de Mesías, y como una *prueba más directa* de que el pacto y las profecías *todavía se cumplirían.* La voz del Padre, que lo reconoce amorosamente –el cual, en contestación a la oración, había producido este cambio sobrenatural en el Hijo de David– como el Mesías y le reconoce el poder que se le ha concedido, *une todo en una recepción de gloria formal y real,* la cual, así representada, caracterizará al Hijo de David y Señor cuando venga a restaurar el trono y el Reino, y cuando reine realmente y en verdad *el Cristo manifestado.* La presencia del Padre y alguna clase de reconocimiento, o confesión o aquiescencia era indispensable para que se cumplieran los requisitos de la predicción concerniente a la segunda venida del Mesías en su Reino (véase, por ejemplo, Dn. 7; Sal. 2, etc.). Y *así resulta perfecta* la representación de la posición *real teocrática de Jesús.* Ciertamente, cuando consideramos *cuántos aspectos* se hallan en la transfiguración, *cómo* demuestra en la forma más eficaz al *'Cristo' ; cómo* provee evidencia adicional sobre la manera final o procedimiento del plan de la Redención, sería una necedad atribuir todo esto, comprimido en pocas palabras, a la capacidad natural descriptiva de 'hombres sin letras y del vulgo' , o imaginar que es un asunto trivial, sin importancia y que no es digno de considerarlo con especial atención. Al considerar la transfiguración en la forma como la hemos estudiado, a la luz de la prominente doctrina del Reino, resulta ser *preeminentemente, una confirmación divina de la calidad del reinado teocrático de Jesús, de la gloria de sus santos, y de la felicidad de las naciones que serán testigos de ello:* un hecho tan *sorprendente y corroborativo* de la Redención final de los santos y de la raza, que Pedro lo utiliza *para probar en forma grandiosa* que Jesús vendrá para completar esta salvación tan grande." –*Theocratic Kingdom*–, Vol. II, págs. 559-561.

V. LA CONFIRMACION DIVINA

Queda por indicar, aunque muchas veces se pasa por alto, que hay un profundo significado en las palabras –registradas diligentemente por cada uno de los tres evangelistas– "a él oíd". Fuera del testimonio divino, o respuesta del Padre, que se registra en Juan 12:28, hay tres aprobaciones divinas de Cristo. Ya hemos dedicado el espacio suficiente a demostrar que el bautismo de Cristo sirvió para consagrar al Señor para el oficio sacerdotal, y que en este acto, El fue reconocido con complacencia por parte del Padre. Cuando el Rey vuelva y esté sentado por orden de su Padre en el trono de David en Sion (Jerusalén –comp. Sal. 2:2–), se puede deducir que entonces habrá la misma confirmación divina para el Rey: "Mi hijo eres tú; yo te engendré hoy" (Sal. 2:7). Así, también, en la transfiguración, a El se lo reconoce como el Profeta de Jehová. Tal es el significado de las palabras *"a él oíd"*. En la misma transfiguración, el Señor habló proféticamente de su futura venida en gloria. La prohibición que el hizo en la transfiguración reúne todo lo que El había dicho antes, y todo lo que diría mientras estuviera en la tierra (comp. Mt. 23:38-25:46), y todo lo que diga desde la gloria, que, por ello, sea por todas las naciones en todos los tiempos.

Para concluir este estudio de la transfiguración, observemos otra vez que este hecho sólo tiene un significado fundamental. Representa el poder y la venida de Cristo en su reino, los aspectos específicos y las clasificaciones de los hombres en el reino, y en ninguna manera está relacionado, según el Texto Sagrado, con la Iglesia ni con la gloria del cielo. La Iglesia participará con Cristo en la gloria del reino terrenal, tal como Moisés y Elías lo representaron en la transfiguración, pero este hecho no debe confundirse con la excelente gloria que le corresponde a la Esposa de Cristo en el esplendor de los cielos.

CAPITULO VII

LAS ENSEÑANZAS DEL CRISTO ENCARNADO

A través de la Biblia, el profeta gana su título mediante la profecía o la predicación. Cristo fue Profeta en ambos aspectos. El fue Aquel de quien habló Moisés (Dt. 18:15, 18, 19; Jn. 1:21), y nadie cumplió nunca en la forma más completa todo lo que corresponde al servicio perfecto de profeta como lo hizo el Cristo de Dios. El enseñó, aplicó la Palabra de Dios, y a la vez realizaba obras poderosas; y El también pronunció predicciones más directas y determinantes que cualquier profeta que haya andado sobre esta tierra. En verdad, las profecías de Cristo debieran estudiarse detenidamente. Todo estudiante de escatología debiera estudiarlas, recordando que éstas son las palabras infalibles del Hijo de Dios. También es importante observar que en los Evangelios no está escrito hasta el más mínimo detalle de lo que Cristo dijo durante su ministerio. Lo que está escrito se puede leer en tantas horas como años duró su ministerio. Sobre este particular escribió Juan: "Y hay también otras muchas cosas que hizo Jesús, las cuales si se escribieran una por una, pienso que ni aun en el mundo cabrían los libros que se habrían de escribir" (Jn. 21:25). Lo que se presenta en el Sagrado Texto, sin embargo, ha sido seleccionado por el Espíritu Santo con esa sabiduría divina y con esa perfección que caracteriza a todas las obras de Dios. Estos relatos escogidos sirven para decir todo lo que Dios tenía en su propósito para revelar a las generaciones sucesivas, y son, por tanto, todo lo que se necesita para que tengamos un entendimiento cabal de cada uno de los aspectos de la verdad que corresponde al contenido de los cuatro Evangelios. Mateo, guiado por el Espíritu, seleccionó aquellos contenidos que presentan a Cristo como Rey de los judíos. Marcos, guiado por el mismo Espíritu, seleccionó aquello que presenta a Cristo como el Siervo de Jehová. Lucas fue dirigido por el Espíritu a presentar a Cristo desde el punto de vista humano, mientras que Juan, guiado por la misma Influencia retrata a Cristo desde el punto de vista de su Deidad esencial. Es probable que ningún escritor no inspirado que hubiera tenido que narrar esta biografía al fin del ministerio de Cristo –incluyendo su nacimiento sobrenatural, su infancia, sus enseñanzas, sus obras poderosas, su muerte y su resurrección– hubiera podido comprimirla dentro de los límites a los cuales lo sometieron los cuatro escritores sagrados. En esto se ve la evidencia de la obra de la mano divina, la mano del Autor de estos documentos maravillosos e inapreciables. Aunque hay mucho contenido de verdad vital en los fragmentos de conversación que se registran en las breves declaraciones de otras partes del Nuevo Testamento (comp. Hch. 20:35; 1 Ts. 4:15-17; 1 Jn. 1:5), y particularmente en las declaraciones relacionadas con eventos celestiales sucedidos después de la ascensión del Señor, que se registran en el *Apocalipsis* (capítulos 1-3 y 22), sin embargo, las enseñanzas fundamentales del Señor Jesucristo se hallan en sus tres principales discursos –el Sermón del Monte, el discurso del monte de los Olivos y el discurso del Aposento Alto. En la consideración del ministerio de Cristo seguiremos el siguiente plan: 1) los tres principales discursos por separado, 2) las parábolas, y 3) las conversaciones.

I. LOS PRINCIPALES DISCURSOS DE JESUS

Antes de intentar cualquier clase de examen de estos discursos por separado, es bueno observar que ellos presentan el asunto que tratan de la manera más amplia posible. Este hecho no sólo ha sido muchas veces subestimado, sino que sólo puede explicarse cuando se reconocen las distinciones entre las diversas edades bíblicas. Si los eruditos críticos afirman que es posible que haya habido dos personas que escribieron el libro del profeta Isaías, basados en la diferencia de estilo y de asunto general que hay en las dos partes, habría una prueba mucho más concluyente de que por lo menos hubo tres Cristos, según las evidencias de los tres discursos. Parece que no se le ocurre a cierto grupo de teólogos que estos discursos no sólo introducen principios que, desde el punto de vista doctrinal son irreconciliables, sino que también fueron dirigidos a diversas clases de personas que se relacionan con Dios y con Cristo en forma diferente. No se necesita ningún argumento con respecto a la variada caracterización de los discursos. Sólo sugerimos que se estudien atentamente, comparándolos. Si se ha realizado realmente tal estudio hasta un grado razonable de amplitud, no habrá problema para aceptar como ciertas las distinciones que se indican en esta tesis. Estos discursos representan la doctrina que Cristo enseñó. Al estudiarlos, descubriremos que el Hijo de Dios se refirió a cada una de las partes principales de la teología sistemática, pero en una forma aún más frecuente que lo que generalmente reconocemos. El hecho de que gran parte de sus enseñanzas están expresadas en forma narrativa y simplificadas hasta el último grado ha llevado a muchos a suponer falsamente que Cristo no enseñó doctrina, que la presentación de la doctrina les correspondió a los posteriores escritores del Nuevo Testamento –especialmente a Pablo. Las declaraciones doctrinales de Cristo fueron presentadas a menudo en forma de principio, los cuales fueron ampliados más tarde por los escritores sagrados. Sin embargo, le corresponde al estudiante serio el estudiar con la mejor diligencia las enseñanzas reales del Hijo de Dios. La intención de esta tesis es la de escudriñar ampliamente todo lo que envuelven dichas enseñanzas.

1. EL SERMON DEL MONTE. Ya hemos introducido una consideración bastante extensa sobre este discurso cuando estudiamos la doctrina de la Iglesia. Otra vez queremos llevar al estudiante al mismo tema. Sin embargo, el esfuerzo sería en gran manera incompleto si intentáramos en este caso establecer el tema general de las enseñanzas de Cristo sin volver a referirnos a este gran discurso. El estudio que los escritores pasados y presentes han hecho de este discurso revela a menudo la amplitud de su comprensión con respecto al programa de Dios para la presente era de gracia. Aparentemente, la raíz de la dificultad se halla en el hecho de que no reconocen cuáles son las aplicaciones esencialmente primarias, y cuáles las secundarias, de esta enseñanza. Cuando se le aplica a la Escritura la significación primaria, generalmente se hace eso sobre la base de la suposición de que la Iglesia es el reino y, por tanto, los pasajes que están relacionados con el reino también se le dirigen a ella. Se debe afirmar dogmáticamente, en este punto, que los que sostienen ese punto de vista, o bien han dejado de reconocer el carácter abrumador y desesperante de la ley a la cual se refiere este discurso y de la cual ha sido salvo el cristiano (Ro. 6:14; Gá. 5:1), o no han comprendido la presente posición y perfección que es el estado real de todo creyente en Cristo. Aparentemente, los dos grandes sistemas –el de la ley y el de la gracia– se hacen tan confusos que no pudiera haber ningún orden posible de pensamiento. Las distorsiones de la revelación divina se deben, según parece, a la adherencia servil a la interpretación tradicional, y no a ninguna investigación personal desprejuiciada de los problemas que entran en este asunto. Junto con esta inatención del carácter exacto de la doctrina, está a menudo la ciega asunción de que el estudiante que observa el carácter manifiesto de este discurso y, por tanto, no le puede aplicar a la Iglesia sus verdades en forma primaria, está dándose las manos de perfecto acuerdo con la crítica destructiva que niega osadamente toda la Escritura. Aplicar este discurso en forma primaria a la Iglesia significa aceptar que fue hecho, palabra por palabra, para que sirva de regla de fe prescrita para el hijo de Dios en la era de la gracia. Cuando se le aplica a la Iglesia en forma

secundaria, significa que se pueden deducir de dicho discurso lecciones y principios, pero que, como regla de vida, fue dirigido a los judíos antes de la cruz y a los judíos del reino venidero; por tanto, no está actualmente en efecto. En este sentido no está por demás recalcar definidamente que todo el discurso presenta una regla cabal de conducta y que no está sujeto al método destructivo de interpretación que acepta una parte de él y rechaza el otro. Si el cristiano cree que es salvo del fuego del infierno mediante la inconmensurable gracia de Dios, tendrá que reconocer que esas advertencias no tienen relación con él –las advertencias con respecto al infierno, expresadas tres veces en el sermón (Mt. 5:22, 29, 30)– pero el cristiano tiene que observar también que él no tiene relación primaria con ningún sistema que en cualquiera de sus partes pudiera, en cualquier lugar y bajo cualesquiera circunstancias, exponerlo al peligro del infierno del fuego. Si hay algunas partes de este discurso que son bondadosas en carácter, como se verá más tarde, estos se hallan también en el sistema de la gracia, y no es necesario que uno asuma la posición inconsecuente de seleccionar o rechazar a voluntad partes de lo que es una unidad en sí y, por tanto, permanece o cae en conjunto. Precisamente, esta imposible libertad de aceptar una parte y rechazar la otra es la que ha impedido que una gran compañía de hombres lleguen a un claro entendimiento de las más elementales distinciones entre los dos sistemas –la ley y la gracia– que son principios que gobiernan la vida diaria.

La Biblia provee tres reglas completas y completamente independientes para la conducta humana – una para la era pasada (no hay necesidad de registrar tales reglas que eran buenas para la gente que vivió antes que fuese escrita la Biblia), la cual se conoce con el nombre de Ley Mosaica, y que se concreta en el Decálogo; una para la era futura del reino, que se concreta en el Sermón del Monte; y una para la presente era, que aparece en el *Evangelio de San Juan,* en los *Hechos,* y en las *Epístolas* del Nuevo Testamento. La Biblia es el Libro de Dios para todas las edades; por tanto, no debe ser difícil reconocer que hay porciones de ella que corresponden a la edad futura como hay las que corresponden a la edad pasada. Un momento de reflexión convencería a cualquier mente desprejuiciada de que ha habido eventos transformadores que sirven como líneas de división entre las condiciones que se dieron en la edad mosaica y las que prevalecen en la era presente. "Pues la ley por medio de Moisés fue dada, pero la gracia y la verdad vinieron por medio de Jesucristo" (no por su nacimiento, sino por su muerte). La relación de Dios con sus santos no puede ser la misma después de la muerte de Cristo, de su resurrección de su ascención, de la venida del Espíritu Santo, de la colocación de judíos y gentiles por igual bajo la maldición del pecado, de la inauguración del sistema según el cual el más grande de todos los pecadores puede ser justificado para siempre mediante la justicia, con la única condición de que lo único que haga sea creer en Cristo. Esa relación tampoco puede ser igual a la presente, en la era venidera, después que la Iglesia sea trasladada al cielo, que se produzca la gloriosa aparición de Cristo que viene a reinar en la tierra, que haya el juicio y la restauración de Israel, que se verifique el juicio de las naciones, que finalicen todas las instituciones humanas y que Satanás sea atado. Todo esto es evidente; sin embargo, hay algunos que rehuyen estas distinciones, dominados por la impresión de que, si se despojan de la maldición de la ley y de los peligros del reino del infierno de fuego, están perdiendo un inapreciable tesoro. No es que se desea la maldición de la ley ni el infierno del fuego, pero hay algunos aspectos de estos sistemas que son más atractivos, los cuales son aceptados, mientras que los indeseables son rechazados. Debemos volver a repetir que ninguno de estos elementos atractivos se ha perdido, puesto que se han incorporado al sistema de gracia y, por ello, les corresponden a todos aquellos que han sido perfeccionados para siempre en Cristo Jesús.

Así que queda muy bien establecido que el Sermón del Monte, tanto por la colocación que tiene en el contexto como por el carácter de su contenido es de aplicación primaria – como lo demostraremos en forma más completa – a la futura edad del reino. Fue dirigido precisamente a la gente que el Señor tenía delante y tenía que ver con los requisitos de preparación por parte de ellos, para que pudieran ser admitidos en ese reino de los cielos que se había "acercado". Del mismo modo queda aclarado el punto sobre cuál es la forma de vida que se exigirá en el reino a los que hayan entrado en él. Este análisis lo haremos teniendo en cuenta tres divisiones principales: (1) La colocación del discurso en el contexto, (2) su carácter distintivo, y (3) la demora de su cumplimiento.

a. LA COLOCACION DEL DISCURSO EN SU CONTEXTO. Como el Antiguo Testamento termina sin que se hayan cumplido las predicciones con respecto al Rey-Mesías de Israel, el *Evangelio de Mateo,* que es la introducción del Nuevo Testamento y el lazo de unión entre los dos Testamentos, comienza con el anuncio de la presencia del Mesías entre su pueblo. El cumple todos los requisitos profetizados: es de la tribu de Judá, de la casa de David, nació de una virgen en Belén de Judea. El llegó preciso en el "cumplimiento del tiempo", es decir, en el tiempo que Dios había escogido. El heraldo que estaba predicho le precedió, y se anuncia que el reino que se describe en el Antiguo Testamento y que prevén los profetas a través de las Escrituras "se ha acercado." Sin embargo, este acercamiento dependía de la elección del pueblo, de que la gente recibiera al Rey. En este aspecto de la elección hay un gran contraste entre este reino electivo y la segunda venida de Cristo, cuando el reino se establecerá sin la intervención de las determinaciones humanas, aunque El habrá obrado en los corazones de su pueblo terrenal, no solamente para que lo reciban como los hermanos de José recibieron a éste en Egipto, sino también para que le permitan entrar en su tierra, la tierra prometida, y establecer allí el eterno reino de gozo y felicidad. El hecho importante que deben entender todos los que quieran comprender los Evangelios sinópticos, especialmente el *Evangelio de Mateo,* es que a Israel se le ofreció el reino en la primera venida de Cristo, dejándoles la libertad de recibirlo o rechazarlo. Si el "determinado consejo" de Dios hubiera sido el de que la nación entrara en el reino prometido (Hch. 2:23), el pueblo judío lo hubiera aceptado (tal como lo aceptará con la dirección de la soberana mano de Jehová). Pero el "determinado consejo" de Dios con respecto a la primera venida de Cristo era que El debía ser rechazado y condenado a muerte, y que el reino debía posponerse hasta que se cumpliera la imprevista edad de la Iglesia, la cual debía intercalarse antes del reino. Los que no distinguen el propósito que Dios tiene para el reino israelita, o que suponen que toda la expectativa del Antiguo Testamento se cumple en la Iglesia, no son muy dados a la exposición del *Evangelio de Mateo,* por el hecho de que su teoría les engendra problemas insuperables. A estos señores no se los puede catalogar como buenos expositores de ninguno de los dos Testamentos.

El *Evangelio de Mateo* comienza con una introducción sobre el Cristo, primero como Hijo de David, y luego, como Hijo de Abraham. Aunque este orden es contrario a lo que podría ser el orden natural, se conforma al plan del *Evangelio de Mateo,* el cual presenta primero al Rey como Hijo de David, el Consumador del pacto davídico, el Mesías de Israel; y posteriormente indica las bendiciones universales que se relacionan con la muerte y la resurrección de Cristo, el Cumplidor del pacto que Dios le hizo a Abraham. En este Evangelio se registra el nacimiento de Cristo como cumplimiento de muchas profecías, el hecho de que El fue bautizado a los treinta años de edad, que fue lleno del Espíritu Santo sin medida, que su humanidad fue tentada por Satanás, y que El mismo comienza a predicar con sus discípulos que ha escogido, el mensaje que su heraldo había predicado —"Arrepentíos, porque el reino de los cielos se ha acercado" (comp. Mt. 3:1, 2; 4:17; 10:5-7). El les encomienda a sus discípulos que solamente le prediquen este mensaje al pueblo de Israel. Esta prohibición es de vital importancia, puesto que en todas las instrucciones que El dio con respecto a la predicación del reino (comp. Mt. 10), eso es lo primero que les dice. Por ejemplo: "A estos doce envió Jesús, y les dio instrucciones, diciendo: Por camino de gentiles no vayáis, y en ciudad de samaritanos no entréis, sino id antes a las ovejas perdidas de la casa de Israel. Y yendo, predicad, diciendo: El reino de los cielos se ha acercado" (Mt. 10:5-7). Después de esto, para restringir su propio ministerio en ese tiempo a esa sola nación, dijo: "No soy enviado sino a las ovejas perdidas de la casa de Israel" (Mt. 15:24). El apóstol Pablo revela su claro entendimiento de este ministerio israelita específico que ha de venir después de la edad de la gracia, cuando dijo: "Pues os digo, que Cristo Jesús vino a ser siervo de la circuncisión para mostrar la verdad de Dios, para confirmar las promesas hechas a los padres, y para que los gentiles glorifiquen a Dios por su misericordia" (Ro. 15:8, 9). Aparte del reconocimiento de la distinción de las eras bíblicas en este punto, sólo puede haber muy poco entendimiento de estas imperativas discriminaciones. Aquí debe notar el estudiante que, así como hubo durante un tiempo un propósito limitado a los israelitas en el ministerio de Cristo, así también hubo, al mismo tiempo, un mensaje peculiar y apropiado para los israelitas que fue el que predicaron Juan, Cristo y sus discípulos. Si se estudia cuidadosamente este mensaje no puede confundirse con el mensaje de gracia que habría de proclamarse en el mundo entero, el cual se hizo posible y fue autorizado exclusivamente por la provisión divina a través de la muerte y la resurrección de Cristo. Es extraño en verdad que algunos hombres que han ganado honores como teólogos de primera clase, no pueden ver la diferencia entre la proclamación de un reino terrenal, mensaje que se dirigía a una nación elegida para que fuera establecida sobre bases legales, y la proclamación del mensaje de gracia que corresponde por igual a judíos y gentiles como individuos, sobre la base igualitaria de que todos son pecadores, y que ofrece, mediante la gracia soberana de Dios, que todo aquel que cree en Cristo será hecho participante de la herencia de los santos en luz. Es una seria esclavitud doctrinal el someterse a la teoria de un solo pacto con su supuesto propósito divino de tal modo que estas inmensurables disimilitudes tengan que borrarse mediante generalidades insignificantes.

Durante los tres años y medio de ministerio de Cristo, El tuvo siempre en mente las principales edades que hemos mencionado: la edad mosaica, que terminó con la muerte de Cristo; la edad del reino futuro, que era la esperanza normal de cualquier judío culto, pero que, por haber sido pospuesta, se iniciará de nuevo con su segunda venida; y la presente edad, que no estaba prevista y que comenzó con su muerte y terminará con su regreso. Cristo vivió en la era mosaica y, por tanto, se conformó a ella y apoyó sus requerimientos. El dijo que el reino se había "acercado", y dio instrucciones sobre su carácter y anunció las condiciones para poder entrar en él. De igual modo, mientras crecía el rechazamiento contra El como Rey, El mismo predijo la presente era, y enseñó explícitamente lo relativo a sus relaciones y doctrinas. La exactitud de este breve análisis del ministerio total de Cristo no necesita más defensa en este momento.

Con respecto al momento en que se produjo el Sermón del Monte, podemos ver que fue dado en todo el apogeo de la proclamación del reino y como uno de los aspectos principales de esa proclamación, que fue la que ocupó primero el ministerio de Cristo sobre la tierra. Ese sermón constituía el edicto autorizado del Rey relativo al carácter del reino, a sus requerimientos y a las condiciones para poder entrar en él. Tenía que restringirse solamente a los judíos, pues solamente a ellos les correspondía, y tenía que ser de carácter legal —aunque sumamente superior al sistema mosaico (Mt. 5:21-48)— pues Moisés había predicho el carácter legal de ese reino, cuando dijo: "Y tú volverás, y oirás la voz de Jehová, y pondrás por obra todos sus mandamientos que yo te ordeno hoy" (Dt. 3:8; comp. Jer. 31:31-34). El asunto general del Sermón del Monte no solamente sustenta el argumento de que es de carácter legal, sino que también afirma que tal mensaje corresponde al reino, tal como lo indica claramente el contexto en el cual se halla. Tomando en cuenta (1) que el ministerio de Cristo en su primera parte se limitó a Israel y al reino prometido, (2) que su carácter es legal y concuerda con las predicciones sobre este respecto, (3) que mediante el asunto general, este sermón se relaciona con el reino, y (4) que todo lo que antecede y lo que sigue al Sermón del Monte forma un contexto que, en todo sentido corresponde al reino, sería sumamente difícil relacionar esta gran norma de vida con cualquiera otra edad que no sea el reino mesiánico de Cristo en la tierra. Este sermón no tiene más relación con la Iglesia que la que tiene el reino davídico, mesiánico. Los que aplican este sermón a la Iglesia parece que no están enterados de los problemas que surgen por esa aplicación. Algunos de estos problemas se estudiarán a medida que avance este estudio.

b. CARACTER DISTINTIVO. Aunque ya hemos tratado ampliamente este asunto cuando se estudió en la doctrina de la Iglesia, el análisis de este discurso constituye un tema de tanta importancia que debe considerarse aquí lo más ampliamente que nos sea posible. Este discurso es una declaración formal de Cristo —a diferencia de muchas de sus enseñanzas que aparecen en diversas conversaciones. No gana nada la noción moderna de que este sermón es una compilación de "dichos aislados que Jesús presentó en diversas ocasiones a diferentes clases de personas" (Martin Dibelius, –*The Sermon on the Mount*–, pág. 105). Se quiere desacreditar la afirmación tan clara de que Cristo habló todas estas palabras en una sola ocasión, y asignarle a Mateo y no a Cristo la responsabilidad de la fuerza acumulativa. El sermón fue dirigido a sus discípulos, evidentemente como una instrucción detallada para aquellos que servían como predicadores del mensaje del reino. El discurso finaliza con estas palabras: "Y cuando terminó Jesús estas palabras, la gente se admiraba de su doctrina; porque les enseñaba como quien tiene autoridad, y no como los escribas" (Mt. 7:28, 29), lo cual indica que la multitud estaba presente y que las oyó, aunque eran para los discípulos (5:1). Aunque estos discípulos iban a entrar pronto a la Iglesia y a la era de la gracia, sin embargo, se las dirigió a ellos como para justificar que la oferta del reino a Israel era de buena fe. Cristo sabía bien que estos hombres no entrarían al reino, sino que, cuando se cumpliera cabalmente el rechazamiento de El, serían salvos en la Iglesia. Y el sabía también que el reino iba a ser rechazado y, por tanto, pospuesto hasta su segunda venida. No es poca la ventaja que hay en tener en cuenta el hecho de que éste fue un discurso del Maestro de los maestros, y de que fue dirigido a sus discípulos. Sobre el carácter general del discurso y sobre sus implicaciones nos dice el Dr. C. I. Scofield:

> "Habiendo anunciado que el reino de los cielos se había acercado, el Rey declara, en Mt. 5-7, los principios del reino. El Sermón del Monte puede aplicarse de dos maneras: (1)Literalmente se refiere al reino. En este sentido provee la constitución divina para el gobierno justo de este mundo. Cuando quiera que el reino de los cielos se establezca sobre la teirra, lo será en conformidad a esta constitución que puede considerarse como una explicación de la palabra 'justicia', según el uso que de este término hacen los profetas en su descripción del reino (ej. Is. 11:4, 5; 32:1; Dn. 9:24). En este sentido el Sermón del Monte es pura ley y en él la ofensa se transfiere del mero acto externo al móvil que lo produce (Mt. 5:21, 22, 27, 28). Este es el motivo más profundo por el cual los judíos rechazaron el reino. Ellos habían reducido la 'justicia' al mero ritualismo, y el concepto antiguotestamentario del reino a sólo un asunto de esplendor y poder externos. Nunca se les reprendió por esperar un reino visible y poderoso; pero las palabras de los profetas debieron haberles preparado para esperar también que sólo los humildes y pobres en espíritu podrían participar en dicho reino (Is. 11:4). El Salmo 72, que era universalmente recibido entre los judíos como una descripción del reino, abunda en esta verdad. Por estas razones, el Sermón del Monte no presenta en su aplicación primaria ni el privilegio ni el deber de la Iglesia. Estos se hallan en las Epístolas. Bajo la ley del reino, por ejemplo, ninguno puede esperar perdón si primero no ha perdonado (Mt. 6:12, 14, 15). Bajo la gracia, se le exhorta al cristiano a perdonar a su hermano en la fe porque él ya ha recibido de Cristo el perdón de sus pecados (Ef. 4:30-32).

Pero el Sermón del Monte tiene una hermosa aplicación moral para el cristiano. Es siempre la verdad que los pobres en espíritu y no los soberbios son bienaventurados; que los que lloran por causa de sus pecados y se humillan por la conciencia de su propia maldad, tendrán hambre y sed de justicia, y que los que tienen esta hambre serán saciados. Los misericordiosos son 'bienaventurados', los puros de corazón 'verán a Dios.' Estos principios aparecen de nuevo, fundamentalmente,en las Epístolas"*(Biblia Anotada de Scofield,* págs. 959, 960).

Mateo 5:3-12. Este sermón comienza con la proclamación de las bienaventuranzas de aquellos cuyo mérito personal cumple ciertos requisitos. Para los pobres en espíritu se hace la promesa del reino de los cielos; es decir, el reino davídico, mesiánico, terrenal y milenario. Al mundo tiene que venirle un gran cambio para que los humildes reciban el honor y posean el reino. Los principios de autoridad humana no prevalecerán en el reino, cuando éste dice: "Mi mano hizo todas estas cosas, y así todas estas cosas fueron, dice Jehová; pero miraré a aquel que es pobre y humilde de espíritu, y que tiembla a mi palabra" (Is. 66:2). Los que lloran serán consolados. Esta es, sin duda, una constante provisión para toda esa gloriosa era; pero es especialmente efectiva para el pueblo de Israel, el cual, al entrar salvo en el reino, se habrá librado del llanto de la tribulación. El mismo Rey, cuando venga en su segunda venida, ha de "consolar a los enlutados". A El le toca "ordenar que a los afligidos de Sion se les dé gloria en lugar de ceniza, . . . manto de alegría en lugar del espíritu angustiado" (Is. 61:2, 3). Este gemido es el que describe Cristo cuando habla personalmente de su segunda venida: "Entonces aparecerá la señal del Hijo del Hombre en el cielo; y entonces lamentarán todas las tribus de la tierra, y verán al Hijo del Hombre viniendo sobre las nubes del cielo, con poder y gran gloria" (Mt. 24:30). De los mansos, Cristo dijo que "Ellos recibirán la tierra por heredad". Otra vez notamos que esto es muy diferente de las condiciones actuales del mundo. Los pobres de espíritu y los mansos serán los exaltados para que ejerzan la autoridad sobre los hombres, pero tal galardón no le corresponde al cristiano pues éste no tiene derecho a la ciudadanía terrena. Sería repugnante que a los cristianos que repiten el Decálogo y las Bienaventuranzas, y se los aplican a sí mismos, les correspondiera esta otra declaración: " . . . la tierra que Jehová tu Dios te da" (Ex. 20:12), o que les tocara defender su título terrenal. El creyente en Cristo que tiene buenos conocimientos bíblicos no está esperando una larga vida; sino esperando a su Señor que viene de los cielos. No está esperando una tierra, ni un lugar sobre la tierra; él es ciudadano del cielo. Sólo a los judíos les corresponde la promesa que encontramos en el Salmo 37:3, donde leemos: "Confía en Jehová, y haz el bien; y habitarás en la tierra, y te apacentarás de la verdad". Los israelitas mansos son los que han de heredar la tierra. El hambre y la sed de justicia serán experiencias de aquellos que entran al reino, en cuyos corazones el Señor habrá escrito su ley (Dt. 30:6; Jer. 31:33). Esa hambre y esa sed serán mitigadas. Esta es la tranquilidad que se les promete a los hijos del Rey. La proclamación de que los misericordiosos alcanzarán misericordia introduce en el discurso uno de los más grandes contrastes entre los principios de gobierno de la ley y la gracia. La persistente determinación de retener la aplicación de esta parte del discurso para el cristiano, junto con la de Mateo 6:12, produce mayor confusión entre los creyentes en Cristo que cualquier otra parte de la Escritura que se aplique mal. La declaración de que los misericordiosos alcanzarán misericordia requiere un ajuste laborioso para que cuadre en la relación de gracia con Dios. De modo que no hay que incluirla en el sistema de gracia. Corresponde a una era en que la bienaventuranza que expresa claramente sea perfectamente verdadera. La diferencia es verdaderamente grande entre la concepción de la misericordia meritoria del individuo y las palabras relativas a la misericordia que se les dirigen a los cristianos de esta era: "Pero Dios, que es rico en misericordia, por su gran amor con que nos amó, aun estando nosotros muertos en pecados, nos dio vida juntamente con Cristo" (Ef. 2:4, 5). La misericordia inmerecida y sin límites todavía será de Israel en el día de su salvación (Sal. 103:8-11). Es verdad que el limpio de corazón es el que siempre ve a Dios; y puesto que la paz y la justicia serán los caracteres esenciales de la vida en el reino, los pacificadores y los que sufren persecución —antes del reino o en su transcurso— por causa de la justicia, recibirán su recompensa. El registro de la recompensa que cada uno merece se lleva en el cielo (comp. Mal. 3:16, 17).

Mateo 5:13-16. Esta segunda parte del discurso se refiere a los santos del reino, los que son dignos de entrar en él por cuanto son "la sal de la tierra" y "la luz del mundo." Todo esto es sumamente revelador pues indica la responsabilidad que los hombres han de asumir en la era venidera. Nadie podrá negar que los creyentes en Cristo de esta era tienen obligaciones similares, pero el hecho de que haya paralelo en las obligaciones no sitúa a los cristianos en el reino que le corresponde a Israel, ni sitúa tampoco a Israel como nación dentro de la Iglesia.

Mateo 5:17-48. La porción siguiente debe clasificarse como una de las más determinantes de este gran discurso. Revela el apoyo que Cristo dio a la ley en su tiempo y en efecto, y presenta el aspecto legal de los requisitos del reino bajo la más brillante luz. Esta porción debe estudiarse con el mayor cuidado, y sus aspectos drásticos deben tomarse en serio. Para los que comprenden muy poco de "la gracia y la verdad" que vinieron por medio de Jesucristo, que sólo han pensado que ellos están bajo la ley, naturalmente, no se los puede eximir de la obligación de cumplir todos estos requisitos, puesto que han aceptado para sí ese "yugo de esclavitud", y, puesto que tienen una mente legalista, fácilmente califican de crítica destructiva cualquier opinión que considere que en la gracia no estamos obligados a cumplir ni estos ni otros requisitos. No se puede garantizar la pureza de doctrina por el solo hecho de seguir la tradición, ya sea la de la iglesia protestante o la de la iglesia de Roma; y los hábitos de interpretación por sí solos no son guía segura. Todas estas declaraciones legales de Cristo eran de carácter divino y estaban en vigor en el tiempo en que fueron pronunciadas; pero el hijo de Dios en esta era de gracia ha sido salvo de todo este sistema de méritos. El creyente en Cristo es libre de la ley y está muerto a ella (Ro. 7:4, 6). El apóstol Pablo, al defender las posiciones y los *privilegios de la gracia, no sólo afirma que la ley "perece" (2 Co.* 3:11; Gá. 3:23-25), sino que declara que el cristiano no está bajo la ley (Ro. 6:14). Argüir que los cristianos están bajo la obligación de la ley por el solo hecho de que Cristo la impuso sobre los judíos, a los cuales correspondía solamente, y eso antes de la muerte de El, es contradecir directamente las enseñanzas de la gracia con respecto a la libertad de la ley, tal como lo confirman las citas anotadas. Esta parte del discurso comienza con la afirmación de que *El había venido a cumplir la ley y los profetas.* Es decir, El cumple todo lo que se le había asignado en el Antiguo Testamento. E. Schuyler English, en su libro *Studies in the Gospel According to Matthew,* pág. 50, afirma: "No pensemos que El vino a destruir la ley. El se sometió a la ley (Gá. 4:4); El obedeció la ley (1 P. 2:21); en El se cumplieron todos los tipos de la ley (He. 9:11-28); El tomó por nosotros la maldición de la ley (Gá. 3:13); y nos redimió de la posición de siervos de la ley para hacernos hijos de Dios (Gá. 4:5)". Se ve que es evidente según Deuteronomio 30:8, donde leemos: "Y tú volverás, y oirás la voz de Jehová, y pondrás por obra todos sus mandamientos que yo te ordeno hoy", que la norma del reino es el sistema mosaico, tal como Cristo lo indicó (Mt. 5:21-44), pero que con El se hace mucho más exigente. La permanencia de los hombres se medirá según su adherencia personal a la ley que entonces estará en vigor. No es un pequeño rasgo del reino el que alguno sea llamado "grande" (Mt. 5:19; 11:11). La declaración con respecto a la grandeza humana está seguida de las siguientes palabras: "Porque os digo que si vuestra justicia no fuere mayor que la de los escribas y fariseos, no entraréis en el reino de los cielos" (Mt. 5:20), y aquí ciertamente sólo se tiene en cuenta la rectitud personal. Aquí no se hace referencia a la justicia que es contada por la fe, ni tampoco se hace referencia a ella en ninguna otra parte del sermón. La justicia de los santos del reino en el régimen del Mesías será sumamente superior a la de los escribas y los fariseos. En realidad se exige esa calidad personal y ese mérito incluso para poder entrar al reino. Habrá muchos judíos que no serán considerados dignos de entrar al reino, y entre ellos habrá judíos de la era pasada, que resucitarán para ese juicio (comp. Dn. 12:1-3), y también de la generación que esté viviendo en ese tiempo. Está en orden que volvamos a recordar aquí que al creyente en Cristo de esta edad se le ha provisto la justicia que es un don de Dios que se hizo posible mediante los aspectos de olor suave de la muerte de Cristo y sobre la base de la posición del creyente en Cristo. Del cristiano se dice: "Pero cuando se manifestó la bondad de Dios nuestro Salvador, y su amor para con los hombres, nos salvó, no por obras de justicia que nosotros hubiéramos hecho, sino por su misericordia, por el lavamiento de la regeneración y por la renovación en el Espíritu Santo" (Tit. 3:4, 5). Tan amplias diferencias no deben desatenderse como se hace a menudo. Continuando con el hincapié que El hace sobre la ley, Cristo pasa a afirmar que la ley del reino, aunque no introduce nuevos aspectos de regulación, sin embargo, extiende la obligación aún más allá del hecho, es decir, al motivo. La expresión "Oísteis que fue dicho" –es decir, que lo dijo Moisés– antecede a esta otra: "Pero yo os digo" –esa es la exigencia del reino. Y así se presentan los contrastes en Mateo 5:21-44. Los escribas y los fariseos eran celosos con respecto a la ley de su época; pero se exigirá una justicia mayor y más perfecta que la de ellos a los que quieran entrar en el reino. La antigua prohibición de no matar, so pena de ser culpado del juicio, se aplica aun a los que enojan contra el hermano sin causa. El que le dice a su hermano: "fatuo", queda expuesto al infierno del fuego. La más horrible amenaza pesa sobre el que no se pone de acuerdo con su adversario pronto. La pena no es menos dura que la de ser echado en la cárcel sin socorro y sin misericordia.

El juicio que cae sobre el adúltero se le impone sin gracia de ninguna clase, y eso sólo por mirar a una mujer para codiciarla. El miembro que sirve de ocasión para caer debe ser cortado en vez de que todo el cuerpo sea echado al infierno del fuego. El divorcio se restringe a una sola causa: la infidelidad conyugal. Las comunicaciones tienen que estar exentas de juramento. Si alguno obliga a otro a caminar una milla con una carga, el cargado debe estar dispuesto a caminar dos. El que está bajo este régimen debe estar dispuesto a dar donativos a todo el que le pida, y a prestar sin esperar la devolución. Debe aprender a amar a los enemigos, bendecir a los que lo maldicen, hacerles bien a los que lo aborrecen y orar por los que lo persiguen. Todo esto es requisito indispensable por cuanto representa el carácter del Padre. Un momento de reflexión nos convence de inmediato de que tales normas corresponden a otro orden social diferente del nuestro. Están designadas para el día cuando el Rey reine sentado en su trono terrenal, y cuando Satanás esté en el abismo. Sobre el reino del Rey, escribe Isaías:

"Y reposará sobre él el Espíritu de Jehová; espíritu de sabiduría y de inteligencia, espíritu de consejo y de poder, espíritu de conocimiento y de temor de Jehová. Y le hará entender diligente en el temor de Jehová. No juzgará según la vista de sus ojos, ni argüirá por lo que oigan sus oídos; sino que juzgará con justicia a los pobres, y argüirá con equidad por los mansos de la tierra; y herirá la tierra con la vara de su boca, y con el espíritu de sus labios matará al impío. Y será la justicia cinto de sus lomos, y la fidelidad ceñidor de su cintura" (Is.11:2-5).

Solamente los que no disciernen estas verdades creen que es su deber sostener estos requisitos e imponerlos sobre aquellos que han sido perfeccionados eternamente en Cristo. Aun aquellos que se aplican sinceramente a sí mismos estos requisitos, y que se los aplican a otros, fallan absolutamente en el cumplimiento de ellos. La superabundante gracia de Dios para el presente tiempo no sólo perdona al que quebranta la ley; también lo salva de cualquier obligación a un sistema de méritos, y lo capacita para que ande dignamente en la posición que le corresponde en Cristo Jesús. Entonces, ¿qué es lo que Pablo quiere decir cuando declara: "Estad, pues, firmes en la libertad con que Cristo nos hizo libres, y no estéis otra vez sujetos al yugo de esclavitud" (Gá. 5:1; comp. Hch. 15:10; Col. 2:8)? ¿Quién, que no sea el arminiano más lleno de prejuicios, puede incorporar en este sistema de doctrina la triple advertencia contra el infierno del fuego que se halla en esta porción de Mateo? El creyente en Cristo "no vendrá a condenación" (Jn. 5:24); los seguidores de El "no perecerán jamás" (Jn. 10:28); "ninguna condenación hay para los que están en Cristo Jesús" (Ro. 8:1). Si las advertencias con respecto al infierno del fuego no cuadran en el sistema de gracia —y realmente no cuadran— es porque todo el programa de relaciones y conducta del reino es muy diferente de lo que corresponde a la gracia. La regla de vida del reino es una extensión del sistema mosaico con una dirección más drástica de su ley; no es una modificación de la ley en la dirección de la gracia. Decir que aceptamos el Sermón del Monte como regla para nuestras vidas, como algunos lo dicen, pero a la vez omitir aquellas porciones que amenazan con el infierno del fuego, equivale a despreciar la verdad revelada con respecto a la ley, es decir, que el que acepte una pequeña parte de ella está obligado a cumplirla toda (comp. Gá. 5:3; Stg. 2:10).

Mateo 6:1-18. Esta, que es la segunda parte del sermón, se relaciona solamente con la simulación en las limosnas, las oraciones y el ayuno. En toda la mitad de esta porción relativa a la oración se encuentra el llamado "Padre Nuestro". Esta oración se convierte de una vez en la porción más difícil de este discurso para los que no aceptan que este sermón se refiere al sistema del reino. En efecto, así como en *Mateo 5:20* se proclaman los términos de admisión en el reino para los judíos, así en la oración del Señor se prescribe la petición de que venga el reino a la tierra: "Venga tu reino. Hágase tu voluntad, como en el cielo, así también en la tierra". Es probable que de los muchos que repiten estas palabras sean muy pocos los que entienden el gran alcance de su significado. Todas las mentes no pueden entender este tema tan amplio; y es probable que cuando se repite esta oración, exprese más bien el deseo personal en relación con la concepción que tenga el individuo de su propia necesidad. Esto es cierto especialmente para aquellos que no entienden lo que significa en las Escrituras la palabra *reino.* El reino vendrá, y la voluntad del Padre se hará en la tierra como se cumple en el cielo, sólo en virtud del regreso del Mesías. El punto de dificultad en esta oración no es, sin embargo, la petición a favor del reino terrenal, el cual vendrá con la segunda venida de Cristo, y se había "acercado" cuando el Señor pronunció la oración ante los discípulos; sino en la petición: "Y perdónanos nuestras deudas, así como nosotros perdonamos a nuestros deudores". Esta es la única parte de la oración que el Señor toma para hacer posteriormente una explicación. Evidentemente El sabía que era necesaria la elucidación de esa parte, para evitar la mala interpretación. Tal como está esta petición –a pesar del comentario aclaratorio que el Señor agregó– habría mucha desatención para todo lo que sostiene el Señor, y alguna determinación a someter esta condición legal a alguna conformidad con el sistema de gracia. He aquí el comentario del Señor: "Porque si perdonáis a los hombres sus ofensas, os perdonará también a vosotros vuestro Padre celestial; mas si no perdonáis a los hombres sus ofensas, tampoco vuestro Padre os perdonará vuestras ofensas" (6:14, 15). No se puede hacer otra cosa que reconocer que esta petición –que significa lo que Cristo dijo que significa– se opone diametralmente al principio ideal de la gracia que se establece en Efesios 4:32, donde leemos: "Antes sed benignos unos con otros, misericordiosos, perdonándoos unos a otros, como Dios también os perdonó a vosotros en Cristo". De esa misma calidad es la declaración que encontramos en Colosenses 3:13:

"Soportándoos unos a otros, y perdonándoos unos a otros si alguno tuviere queja contra otro. De la manera que Cristo os perdonó, así también hacedlo vosotros". La verdad de que Dios es "rico en misericordia", aun cuando nosotros estábamos "muertos en pecados", es una verdad de la cual debe ser celoso el hijo de Dios con gran pasión del alma. Toda su esperanza depende de esa gran verdad. Triste, realmente, es que los cristianos crean que el Sermón del Monte representa el más alto llamado a la Iglesia, e intenten modificar el carácter de la gracia soberana, a fin de que pueda conformarse con el sistema de méritos. Cuando se reconoce que esta petición, y toda esta oración, están incluidas en el manifiesto del reino, y además, que constituyen un ruego de que venga el reino, todas las dificultades desaparecen. A este carácter conclusivo de la oración podemos agregar el hecho de que ella no se hace *en el nombre de Cristo.* La oración de los cristianos se basa en un fundamento nuevo e infinitamente más elevado que el fundamento que haya tenido en cualquier otra época o relación. En sus últimas palabras a sus discípulos, Cristo les presentó la nueva base de la oración: "en mi nombre". (Jn. 14:14); y declaró que, hasta ese momento, la oración no se había hecho en su nombre (Jn. 16:24). Aquí decimos otra vez que el hijo de Dios bien puede estar celoso con gran pasión por causa de la nueva fórmula de acercamiento a Dios en oración. Cuando el Señor dijo: "Hasta ahora nada habéis pedido en mi nombre", se refirió a todas las oraciones que se habían hecho antes de ese momento, incluyendo el "Padre Nuestro". No hay posible punto de comparación entre el sistema antiguo y la nueva base para la oración que se ofrece al creyente en Cristo.

Mateo 6:19-24. La devoción a Dios es el tema que se discute en esta parte del discurso. Los tesoros pueden hacerse en el cielo en el sentido de que el registro de la fidelidad se lleva allí (comp. Mal. 3:16). En esto hay algo similar a la relación que hay en la gracia.

Mateo 6:25-34. Lo que sigue en el discurso es profundamente devoto, y sobrepasa a cualquier cosa que se halla en la presentación del sistema mosaico del Antiguo Testamento. Para los que creen que en Mateo 6:19-34 se encuentra una verdad tan rica y confortante que tiene que afirmarse que les corresponde a los cristianos, se puede volver a decir que toda la Escritura es útil, y según eso, aunque este material se enseña también en el sistema de gracia, se puede emplear directamente del sermón de nuestro Señor, dándole una aplicación secundaria. Pero permanece el hecho de que estas verdades corresponden al discurso en el cual se hallan. No es justo ni recomendable que los creyentes en Cristo tomen para sí las ricas bendiciones que le corresponden a Israel, y que a la vez rechacen las penas y maldiciones que corresponden a ese pueblo.

Mateo 7:1-6. No se halla nada más drásticamente legal o que se base en el mérito humano que las enseñanzas que se hallan en esta parte del sermón. Aquí está escrito: "No juzguéis, para que no seáis juzgados. Porque con el juicio con que juzgáis, seréis juzgados, y con la medida con que medís, os será medido" (vs. 1, 2). Esta es una dura censura para aquellos que quieren juzgar a los demás, mientras que descuidan juzgarse a sí mismos.

Mateo 7:7-11. Vuelve Cristo al tema de la oración, a dar la seguridad de que Dios oye la oración y la contesta; de que Dios según su infinita bondad está más dispuesto a dar buenas dádivas a los que le piden, que lo dispuestos que están los padres terrenales a darles a sus hijos lo que ellos les piden.

Mateo 7:12-14. En esta parte se les recuerda a los de Israel que para entrar al reino se exige una justicia superior. El tiempo para entrar al reino y para que se produzca el juicio es "aquel día" (el que está profetizado). La ética común de los hombres morales se prociama en la llamada "Regla de Oro", la cual no pasa de los propios intereses humanos. Esta regla era una norma para "los justos" del Antiguo Testamento. La entrada "por la puerta estrecha" se garantiza mediante esa fidelidad, medida según el interés personal propio. También hay una *puerta ancha* que lleva a la perdición, como hay una *puerta estrecha* que lleva a la vida. En este caso no se presenta la "vida" como una posesión actual de los judíos, en la forma como la *vida* es posesión del cristiano (comp. Jn. 3:36; 10:28; Ro. 6:23; 1 Jn. 5:12), sino como una esperanza, una herencia que ha de recibirse (comp. Lc. 10:25-28; 18:18). La vida, en cuanto se relaciona con el reino, está al fin del camino que conduce a él. La nación de Israel, a la cual se dirigen estas palabras, tiene que presentarse a un juicio final, en el cual algunos entrarán en el reino y otros no entrarán (comp. Ez. 20:33, 34; Mt. 24:37-25:30). El *camino ancho* y el *camino angosto* se refieren a la obra externa de mérito personal y de justicia; y esto es completamente diferente de la salvación, la cual provee una justificación eterna y perfecta basada en la aceptación de "el Amado". El cristiano ha sido salvo mediante un acto de fe, y no mediante una inexorable perseverancia en el camino estrecho. Lucas también informa que Cristo dijo eso – talvez en otra ocasión – cuando afirma que Cristo dijo: "Esforzaos", en griego es *ἀγωνίζομαι*, que se pudiera traducir *agonizar.* El que tiene que hacer esto es porque no ha hallado reposo en la obra de Cristo (comp. He.4:9); la base de la esperanza de entrar en el reino de los cielos es el mérito personal.

Mateo 7:15-20, 21-29. Esta parte presenta dos advertencias con las cuales termina el discurso. La primera es contra los falsos profetas, y señala el método por el cual pueden ponerse al descubierto. La segunda es contra los que sólo profesan y rinden culto de labios, y dicen: "Señor, Señor; pero no hacen la voluntad del Padre. El sólo invocar el nombre del Señor (comp. Ro.10:13), o el hacer obras maravillosas en su nombre no es suficiente. La misma drástica demanda la vuelve a hacer Cristo, en relación con la misma situación, en la parábola de las diez vírgenes. A aquellas que se quedaron fuera de las bodas (comp. Mt.25:10) les dirá el Señor: "De cierto os digo, que no os conozco" (25:12). La vida que se ofrece a los que guardan estas cosas que Cristo dijo – que se establecen en este sermón y cuando el reino objetivo se presenta ante Israel, ya fuera para los días del ministerio de Cristo en la tierra o para cuando el Rey vuelva – se edifica sobre una roca; pero esto es solamente asunto de mérito individual. Es para el que "las hace", y no para "el que cree". La gente que oyó estas palabras se admiraba de su doctrina, "porque les enseñaba como quien tiene autoridad, y no como los escribas". La autoridad que tenía era la del soberano Dios y Rey. El discurso respira por todas partes las palabras "os digo" que sobre la ley de Moisés y en ella estaba aquello de lo cual ninguna otra persona hubiera querido declarar. El Originador de todas las cosas – mayor que Moisés y Autor de lo que Moisés dijo – no tuvo la oportunidad de referirse a ningún otro sino a Sí mismo. Lo que El proclamó debía ser sencillo, por cuanto El lo dijo. Ningún hombre habló jamás como este Hombre.

La conclusión que procede del análisis de este discurso es que es un pronunciamiento directo y oficial del mismo Rey, sobre el modo de vida que será básico para la admisión en el reino de los cielos, y que ha de practicarse en el reino. Este discurso se relaciona con la ley de Moisés y con los profetas, y no se introduce en las esferas desconocidas de la gracia soberana. Cuando se estudia, teniendo en mente esta interpretación, el Sermón del Monte se nos presenta lleno de significado y libre de problemas insuperables. Hay que tener en mente, sin embargo, que no hay propósito divino de establecer tal reino terrenal en esta era. La oferta del reino y de todas las situaciones y enseñanzas relacionadas con él fue suspendida durante esta era, y se renovará cuando la Iglesia sea trasladada y vuelva el Rey con poder y gran gloria.

Habiendo presentado este resumen del Sermón del Monte, limitado en alguna forma, nos queda por investigar lo que se excluye de ese discurso. En este aspecto se revela la inatención de algunos. Se descubrirá que los elementos más vitales de la relación del creyente en Cristo con las Personas de la Divinidad – relaciones que se establecen en el discurso del Aposento Alto – no aparecen en este discurso; pero el aspecto desanimador se descubre cuando muchos abrazan un sistema que exige el cumplimiento de requisitos de Méritos superiores, y parece que no reconocen que las inapreciables cosas que pertenecen tanto al perfecto estado como a la eterna seguridad en Cristo se omiten en él. Un gran aprecio por aquellas cosas de las cuales depende la realidad cristiana sería, por lo menos, razonable y natural.

Hay en el Sermón del Monte el reconocimiento del Padre y del Mesías Hijo, pero no se halla allí ninguna referencia al Espíritu Santo, cuya morada y ministerio sin límites es un factor muy grande en esta edad de la Iglesia. No hay referencia allí a la muerte de Cristo, ni a los valores de la redención, ni de la reconciliación, ni de la propiciación. No hay regeneración ni mención a la fe como principio o camino a la gracia salvadora de Dios. Hay una referencia a la fe como principio de vida (Mt.6:25-34); pero esto no está relacionado de ninguna manera con la salvación del pecado. La gran verdad de la nueva criatura, lograda y garantizada por medio de la resurrección de Cristo está completamente ausente del discurso. La expresión *en Cristo,* con su infinito significado relativo a posiciones y posesiones en forma indicada, aunque ocupa más de 100 versículos. No se sugiere ningún poder capacitador por medio del cual puedan realizarse estas demandas tanto en carácter como en conducta. El sermón representa una responsabilidad humana. La gran palabra *justificación* no sería posible introducirla en él, ni se halla allí la justicia que le es contada al pecador por el hecho de la justificación. ¡Cuán lejos de la verdadera justificación está la mera justicia de los hombres que es mayor que la de los escribas y los fariseos (Mt.5:20)! ¡Cuán lejos está esa justicia del "don de la justicia" (Ro.5:17)! Así también es grande la diferencia que hay entre los que están en peligro del infierno del fuego (Mt.5:22,29,30) y los que son justificados mediante el principio de una justicia divina que es perfecta, que no han hecho nada sino creer en Jesús, aunque sean impíos (Ro.3:26; 4:5). Y otra vez debiéramos notar la diferencia entre los que obtienen misericordia, siendo misericordiosos (Mt.5:7), y los que han hallado la misericordia eterna, aun cuando estaban muertos en pecados (Ef.2:4,5); y también entre los que esperan ser perdonados porque ellos perdonan a sus deudores (Mt.6:12-15) y los que han sido perdonados por el amor de Cristo(Ef.4:32; Col.3:13). Y otra vez tenemos que considerar la diferencia entre los que siguen un camino – directo y angosto – con la esperanza de hallar la vida al fin del sendero (Mt.7:14), y aquellos a los cuales se les ha dado vida eterna como una posesión presente (Jn.3:36; Ro.6:23; 1 Jn.5:11-12).

Finalmente, la situación en la cual algunos oyen que el Señor dice: "Nunca os conocí; apartaos de mí, hacedores de maldad" (Mt.7:23), está sumamente lejos de la seguridad de que los que confían en Cristo "no perecerán jamás" (Jn.10:28; Ro.8:1). Con estos y muchos otros contrastes a la vista, no podemos estar de acuerdo con lo que dice el profesor Martin Dibelius en su libro *El Sermón del Monte,* en el cual dice: "El Sermón del Monte no es el único programa de conducta cristiana en el Nuevo Testamento. El Nuevo Testamento contiene muchas otras declaraciones de la misma clase, especialmente las instrucciones a los discípulos, los bien conocidos símiles y las parábolas, y las admoniciones que se hallan en las Epístolas. Pero el Sermón del Monte eclipsa todas las demás y, por tanto, tiene especial valor simbólico como la gran proclamación de la nueva justicia" (pags. 105-106). Aparentemente, el profesor Dibelius no carece de apreciación en lo relativo a las altas normas morales que se establecen en el Sermón del Monte; pero sí carece, sin embargo, de entendimiento de aquello que entra en la empresa divina total de la gracia salvadora. Tampoco distingue el profesor, y muchos otros teólogos de su clase, entre el propósito terrenal de Dios para los judíos, el cual se consuma en el reino davídico, mesiánico, que se llama reino de los cielos, y el propósito celestial de Dios que se consuma en la Iglesia y en su destino que es el cielo.

c. LA DEMORA EN LA APLICACION DEL REINO. Nada nuevo se introduce en esta división de la discusión. Se ha demostrado repetidas veces en las páginas anteriores que, tan cierto como el hecho de que el reino fue pospuesto así es cierto que todo lo que le corresponde a dicho reino fue pospuesto hasta que la presente edad intercalar e imprevista cumpla su curso. La regla de vida propuesta para el gobierno del reino fue pospuesta, en lo que se refiere a su aplicación. Todo lo que entra en el hecho general de la demora del reino, así como las objeciones que se levantan contra esta doctrina, lo hemos considerado ampliamente cuando estudiamos la doctrina de la Iglesia. Es suficiente ahora decir que las exigencias del reino presuponen que el reino esté presente. El orden social que está prescrito para este reino terrenal tiene que ser tal que se haga posible su práctica en aquella forma superior de vida. El mismo Rey tiene que estar presente y reinando. Satanás tendrá que ser atado, y la ley de Dios tiene que estar escrita en los corazones. Todo Israel tendrá que conocer al Señor, desde el más pequeño hasta el más grande (Jer.31:31-34).

2. EL DISCURSO DEL MONTE DE LOS OLIVOS. El segundo gran discurso de Cristo lo pronunció sólo dos días antes de la crucifixión. Este límite de tiempo está claramente indicado en las

palabras que están inmediatamente después del discurso: "Cuando hubo acabado Jesús todas estas palabras, dijo a sus discípulos: Sabéis que dentro de dos días se celebra la pascua, y el Hijo del Hombre será entregado para ser crucificado" (Mt.26:1-2). Este discurso, como el que se conoce con el nombre de Sermón del Monte, fue dirigido a Israel. El lamento de Cristo sobre Jerusalén fue la introducción de este discurso del Monte de los Olivos. Ese lamento se registra de la siguiente manera: " ¡Jerusalén, Jerusalén, que matas a los profetas, y apedreas a los que te son enviados! ¡Cuántas veces quise juntar a tus hijos, como la gallina junta sus polluelos debajo de las alas, y no quisiste! He aquí vuestra casa os es dejada desierta. Porque os digo que desde ahora no me veréis, hasta que digáis: Bendito el que viene en el nombre del Señor" (Mt.23:37-39). Este lamento había sido precedido por la drástica condena de los escribas y los fariseos (Mt.23:1-36). Como en el caso del Sermón del Monte, este discurso se presenta a los discípulos *privadamente,* y estos 12 discípulos reciben un trato de Judíos y de representantes de la nación. Se les habla como si ellos, como los judíos que estaban delante de ellos, fueran a participar en los eventos que describe el discurso. Este discurso tiene la naturaleza de una despedida de la nación de Israel. Su propósito no es el de condenar a esa gente, ni el de instruir a los que vivían entonces, con enseñanzas más avanzadas que las que escribieron los autores del texto del Nuevo Testamento, sino el de instruir a los que han de vivir en el tiempo del fin – al cual tiempo se refiere – cuando se aplicarán estas revelaciones e instrucciones. Es razonable creer que Dios, que proveyó estas enseñanzas, las presente ante la atención de aquellos a los cuales corresponden, para el día de su prueba. Los judíos, en la tribulación, se aprovecharán en gran manera de estas palabras, y las reconocerán como palabras de su Mesías Rey. El Rey habla, pero casi sin el uso del pronombre de primera persona. Más bien usa la forma pronominal de tercera persona cuando se refiere a Sí mismo, y se designa con los nombres de "el Cristo", "el Esposo", "el Hijo del Hombre" y "el Rey". Son pocas las porciones del Nuevo Testamento que colocan los eventos en el más completo orden cronológico como sucede en este discurso. Este hecho es una verdad esencial que determina en mucho la correcta interpretación. Lo que corresponde a la edad de la Iglesia solamente se menciona en una parte que se puede clasificar como introductoria. Se ve que el discurso propiamente dicho comienza con la descripción de la Gran Tribulación, y ofrece exhortaciones y advertencias para los judíos de ese tiempo. El discurso concluye con una enumeración de los juicios que caerán primero sobre Israel, y luego, sobre las naciones. Estos juicios los determina el mismo Rey, y ocurren cuando termina la tribulación y el Rey vuelve a la tierra. Como la Iglesia no está directamente presente en el *Evangelio de Mateo,* con excepción de la implicación de su presencia en el capítulo 13, y de la predicción de su existencia en el versículo 18 del capítulo 16, así – y aun en forma más absoluta – no está ni siquiera remotamente presente en este discurso de despedida dirigido a Israel. Dos días más tarde – en el discurso del Aposento Alto, que se estudiará después – el Señor les dio el mensaje de despedida a sus discípulos, ya no en su condición de judíos, sino en su condición de personas lavadas por la Palabra de Dios (Jn.13:10; 15:3), los cuales ya no estaban clasificados en el sistema de la ley mosaica (Jn.15:25).

La amplia diferencia que existe entre el discurso del Monte de los Olivos y el Sermón del Monte casi no necesita elucidación. Aunque ambos fueron presentados por el Mesías a la nación de Israel, casi no tienen nada en común. El Sermón del Monte presenta la responsabilidad del individuo judío con respecto a la entrada en el reino mesiánico y a la vida en él. El segundo se dirige a toda la nación y le advierte sobre los sufrimientos que experimentará en la tribulación, y le da las más explícitas instrucciones y predicciones con respecto al lugar que la nación tendrá que ocupar en los días en los cuales el mundo verá más eventos que nunca antes, es decir, los días que corresponden a la septuagésima semana de las predichas por Daniel (comp. Dn.9:25-27; con Mt.24:15). Esos días de insuperable tribulación están determinados para el tiempo futuro, y con ellos vendrá el derrocamiento final de todos los gobiernos y las instituciones gentiles. Israel tendrá que ser juzgado también, y la tierra tendrá que ser cambiada de su condición presente de mundo – *cosmos,* gobernado por los hombres y regido por Satanás, a la condición de reino de los cielos, y entonces la justicia y la paz cubrirán la tierra como cubren el mar las aguas. Era razonable, y debe apreciarse en gran manera, el hecho de que Cristo haya dado estas instrucciones explícitas a su nación amada, antes de su partida, con respecto a aquellos días incomparables. Para aquellos que no entienden estas predicciones y, por tanto, no tienen interés en ellas, este discurso no representa más que algunas explicaciones por parte del Salvador sin propósito definido y sin utilidad. El estudiante digno, sin embargo, entra a la consideración de estas declaraciones de largo alcance con suma atención.

Casi no parece necesario, a la luz de lo que ya se ha estudiado en la escatología, volver a afirmar la verdad de que en el orden de los eventos – todos arreglados cuidadosamente por el Espíritu Santo, y que deben ser cuidadosamente observados por los estudiantes – el traslado de la Iglesia sucede antes de la septuagésima semana de la juntar a tus hijos" revela que no solamente habla a Israel, sino que se profecía de Daniel, y que la Iglesia, por tanto, no estará en la tierra en ninguna de estas situaciones.

Es probable que ningún cuerpo de profecías en toda la Biblia esté más definidamente relacionado con toda la profecía bíblica que este discurso. Casi cada declaración puede tomarse por separado como punto inicial desde el cual se pueden investigar muchas profecías en su orden. No podía ser de otra manera, pues ésta es la última profecía por parte del Mesías Rey, cerca de la hora de su partida de este mundo. Como ya lo hemos dicho a menudo en esta obra, Dios tiene un propósito biforme, a saber: uno para la tierra, el cual se centra en su pueblo terrenal, y uno para el cielo, el cual se centra en su pueblo celestial. Debía esperarse, por tanto, que Cristo, que es el Consumador de ambos propósitos, presentara dos mensajes de despedida: uno para cada uno de estos pueblos. Este es exactamente el orden de la verdad que se encuentra en los discursos no se mezcla de tal modo que se confundan las dos despedidas. El discurso que se dirige a Israel – que es el que estamos estudiando – se aparta por completo de cualquier referencia a la Iglesia; y el que se dirige a la Iglesia – el cual consideraremos en la próxima parte de este capítulo – se aparta completamente de cualquier complicación con Israel y su reino. El análisis del discurso del Monte de los Olivos puede emprenderse de la siguiente manera:

Mateo 23:37-39. "¡Jerusalén, Jerusalén, que matas a los profetas, y apedreas a los que te son enviados! ¡Cuántas veces quise juntar a tus hijos, como la gallina junta sus polluelos debajo de las alas, y no quisiste! He aquí vuestra casa os es dejada desierta. Porque os digo que desde ahora no me veréis, hasta que digáis: Bendito el que viene en el nombre del Señor."

Desde el punto de vista de su inclusividad, sólo hay unas pocas declaraciones proféticas más amplias que ésta. Se puede reducir a unas pocas expresiones significativas: "Jerusalén", "quise juntar a tus hijos", "no quisiste", "vuestra casa os es dejada desierta", "desde ahora no me veréis, hasta que digáis: Bendito el que viene en el nombre del Señor". El discurso lo dirige a los hijos de Jerusalén, que, en ese momento, representan a la nación de Israel. Como ya lo indicamos, todo el discurso – excepto la pequeña porción que está en el capítulo 23 – desde *Mateo 24:4* en adelante, aunque se presentó directamente a los discípulos, que todavía se clasificaban como judíos y representaban al pueblo que tendrá que pasar por las experiencias que se describen en el discurso, realmente se dirige a toda la nación de Israel, especialmente a aquellos que tendrán que soportar las tribulaciones que allí se describen. La expresión "Quise refiere al cumplimiento de profecías relativas a la reunión final de Israel en su propia tierra. Para el cumplimiento de este propósito del reino, Cristo va a congregar a Israel. Esto quedó indicado en los mensajes del reino que él presentó en su primera venida. El propósito se ejecutará perfectamente en su segunda venida. El declara en relación con su segunda venida: "Y enviará sus ángeles con gran voz de trompeta, y juntarán a sus escogidos, de los cuatro vientos, desde un extremo del cielo hasta el otro" (Mt.24:31). Sobre este mismo evento dice Jeremías: "Por tanto, he aquí que vienen días, dice Jehová, en que no dirán más: Vive Jehová que hizo subir a los hijos de Israel de la tierra de Egipto, sino: Vive Jehová que hizo subir y trajo la descendencia de la casa de Israel de tierra del norte, y de todas las tierras adonde yo los había echado; y habitarán en su tierra" (Jer. 23:7, 8). El hecho de que Cristo le dice a Israel: "no quisiste", significa que Cristo se identifica a Sí mismo como el Rey del reino rechazado. Y esta declaración coloca la responsabilidad sobre la nación. Más tarde, y en armonía con este anuncio de que ellos rechazaron a su Mesías, ellos mismos dicen: "Su sangre sea sobre nosotros, y sobre nuestros hijos" (Mt.27:25). La expresión "vuestra casa" es una referencia a la casa de Israel que se había convertido en centro del linaje real de David. En Hechos 15:16, a esta casa se la llama "el tabernáculo de David". He aquí el contenido del pasaje: "Después de esto volveré y reedificaré el tabernáculo de David, que está caído; y repararé sus ruinas, y lo volveré a levantar." El término "desierta" es una de las varias palabras que se usan para describir la situación de Israel en el mundo a través de la presente era (comp. "expatriados de la dispersión" – Is.18:2,7; Stg.1:1; 1 P.1:1 – "su exclusión", en el sentido de abandono temporal – Ro.11:15 – "ramas. . .desgajadas" – Ro.11:17 – gente afligida con ceguera – comp.Is.6:9; Ro.11:25 – "aborrecidos" –Mt. 24:9). La declaración "no me veréis" es una afirmación que predice su ausencia total de la relación con Israel "hasta" que El vuelva, cuando "todo ojo le verá" (Ap. 1:7), "y verán al Hijo del Hombre viniendo sobre las nubes del cielo, con poder y gran gloria" (Mt. 24:30). Israel dirá entonces: "Bendito el que viene en el nombre del Señor." ¡Cuán grande es la fidelidad de Jehová para con Israel! Isaías registra el mensaje de Jehová para ese pueblo tal como será en el tiempo de su restauración final:

"Por amor de Sion no callaré, y por amor de Jerusalén no descansaré, hasta que salga como resplandor su justicia, y su salvación se encienda como una antorcha. Entonces verán las gentes tu justicia, y todos los reyes tu gloria; y te será puesto un nombre nuevo, que la boca de Jehová nombrará. Y serás corona de gloria en la mano de Jehová, y diadema de reino en la mano del Dios tuyo. Nunca más te llamarán Desamparada, ni tu tierra se dirá más Desolada; sino que serás llamada Hefzi-bá, y tu tierra, Beula; porque el amor de Jehová estará en ti, y tu tierra será desposada. Pues como el joven se desposa con la virgen, se desposarán contigo tus hijos; y como el gozo del esposo con la esposa, así se gozará contigo el Dios tuyo. Sobre tus muros, oh Jerusalén, he puesto guardas; todo el día y toda la noche no callarán jamás. Los que os acordáis de Jehová, no reposéis, ni le deis tregua, hasta que restablezca a Jerusalén, y la ponga por alabanza en la tierra" (Is. 62:1-7).

Mateo 24:1-3. "Cuando Jesús salió del templo y se iba, se acercaron sus discípulos para mostrarle los edificios del templo. Respondiendo él, les dijo: ¿Veis todo esto? De cierto os digo, que no quedará aquí piedra sobre piedra, que no sea derribada. Y estando él sentado en el Monte de los Olivos, los discípulos se le acercaron aparte, diciendo: Dinos, ¿cuándo serán estas cosas, y qué señal habrá de tu venida, y del fin del siglo? "

En estos versículos se establece un breve intermedio que tiene que ver con una profecía ya cumplida, es decir, la destrucción de Jerusalén. Los discípulos le llamaron la atención a Cristo sobre el tamaño y la magnificencia del Templo. Posiblemente El no había manifestado la admiración usual de los judíos ni la sorpresa por las grandes piedras (comp. Mr. 13:1; Lc. 21:5). Pero ellos casi no caían en la cuenta de que Aquel a Quien estaban hablando era el que había hecho todas las cosas materiales por la palabra de su poder. Cristo predijo, sin embargo, que estas piedras serían derrumbadas. Esto mismo había sido predicho antes (comp. Jer. 9:11; 26:18; Mi. 3:12). Esta declaración con respecto a la destrucción del Templo, la cual sólo podría hacerla el judío más pesimista, incitó a los discípulos a hacer tres preguntas, las respuestas de las cuales constituyen todo este discurso. Ellos dijeron: "Dinos, ¿cuándo serán estas cosas, y qué señal habrá de tu venida, y del fin del mundo? " (versículo 3). La respuesta para la primera pregunta, que relaciona con la destrucción de Jerusalén, no la incluye Mateo en su relato; pero se encuentra en *Lucas 21:20-24,* que a la letra dice: "Pero cuando viereis a Jerusalén rodeada de ejércitos, sabed entonces que su destrucción ha llegado. Entonces los que estén en Judea, huyan a los montes; y los que en medio de ella, váyanse; y los que estén en los campos, no entren en ella. Porque estos son días de retribución, para que se cumplan todas las cosas que están escritas. Mas ¡ay de las que estén encintas, y de las que críen en aquellos días! porque habrá gran calamidad en la tierra, e ira sobre este pueblo. Y caerán a filo de espada, y serán llevados cautivos a todas las naciones; y Jerusalén será hollada por los gentiles, hasta que los tiempos de los gentiles se cumplan." Todos sabemos muy bien que todo esto se cumplió en el año 70 de nuestra era, cuando Tito tomó la ciudad. Es necesario advertir, sin embargo, que hay que tener cuidado de no confundir la fraseología del relato de Lucas con la fraseología del relato de Mateo (24:16-20), porque entonces se puede afirmar que estos dos relatos son paralelos por causa de su similitud. No son paralelos. En el relato de Lucas, Cristo describe las condiciones y da instrucciones a los judíos con respecto al tiempo cuando sucedería la destrucción de Jerusalén. El relato de Mateo informa las condiciones y las oportunas instrucciones para los judíos que, en su orden, les toque vivir cuando sobrevenga la tribulación, que será cuando se aproxime la venida del Rey. La cuidadosa comparación de estas dos partes de la Escritura comprobará que esta afirmación es cierta. En este punto tiene su origen la teoría errónea de que la segunda venida de Cristo se cumplió en la destrucción de Jerusalén. La segunda pregunta de los discípulos, y la tercera, es decir: "¿Qué señal habrá de tu venida, y –qué señal habrá– del fin del siglo –mundo? ", las contesta Cristo en orden inverso. Los discípulos no sabían nada sobre el orden de los eventos. Cristo corrigió el orden en que ellos hicieron las preguntas, al contestar la última en primer lugar, y dejar la que se relaciona con su venida para el fin.

Aquí es sumamente necesario detenernos a considerar el significado de la palabra "siglo", en vista de que ellos pidieron una señal de su fin. Como ya se indicó, parece que debiera incluirse la palabra *señal* en su última pregunta. El término *siglo* es traducción del griego *αἰών*, que significa *era* o período de tiempo. La pregunta era con respecto a una señal de la era en que ellos estaban viviendo. Aunque Cristo había dado algunos indicios que Mateo los registra en el capítulo 13, ellos no sabían nada de la presente edad de la Iglesia (comp. Hch. 1:6, 7) y, por tanto, no podían haber sabido nada con respecto al fin. Ellos estaban viviendo en la edad mosaica, cuya última parte había predicho Daniel que continuaría durante 490 años. El predijo también que los últimos 7 años de este período –la septuagésima semana de la profecía de Daniel– serían el tiempo del trastorno más grande, en el cual se incluiría la Gran Tribulación y la presencia del hombre de pecado a quien Cristo le dio el nombre de "la abominación desoladora de que habló el profeta Daniel" (Mt. 24:15; comp. Dn. 9:26, 27). En otras palabras, la Gran Tribulación y el hombre de pecado corresponden a la era mosaica, que es una época pasada, y que está completamente desconectada de la presente edad de la Iglesia. El hombre de pecado no estará "en el lugar santo" al fin de la Iglesia; pero es al fin de esa era, en efecto, cuando los discípulos hicieron la pregunta. El hombre de pecado estará en el lugar santo durante la tribulación (Mt. 25:15; 2 Ts. 2:3, 4).

Mateo 24:4-8. "Respondiendo Jesús, le dijo: Mirad que nadie os engañe. Porque vendrán muchos en mi nombre, diciendo: Yo soy el Cristo; y a muchos engañarán. Y oiréis de guerras y rumores de guerras; mirad que no os turbéis, porque es necesario que todo esto acontezca; pero aún no es el fin. Porque se levantará nación contra nación, y reino contra reino; y habrá pestes, y hambres, y terremotos en diferentes lugares. Y todo esto será principio de dolores."

Antes de contestar la pregunta con respecto a la señal del fin del siglo, Cristo ofrece un comentario general sobre el tiempo que intermedia antes que la era judía llegue a su fin definitivo. En este punto era necesario que los discípulos y todos los demás pusieran especial atención a las palabras de Cristo, a fin de evitar el surgimiento de engaños. A pesar de los falsos cristos y de las muchas guerras, los santos instruidos en la Palabra de Dios no pueden engañarse. Estos eventos –falsos cristos, guerras, hambres, pestilencias y terremotos– no constituyen una señal del fin de la era judía. Este es el significado de las palabras de Cristo: "pero aún no es el fin", o más literalmente, *no es todavía el fin.* Las naciones se levantan contra las naciones, y los reinos contra los reinos. Como siempre, después de eso surgen las hambres y las pestilencias. Ninguna de éstas constituye nunca una señal del fin de la era judía, aunque pueden tener, y realmente tienen significado con respecto a esta era en que ocurren. Son características de la edad imprevista, intercalar. Las características de esta era las llama Cristo "principio de dolores." La palabra *dolores* se puede traducir *angustias,* que es un mejor significado, y se refiere a las angustias del parto o la desesperación. Estas condiciones, entonces, son las que corresponden a esta era, y, aunque pueden crecer en intensidad, son los dolores preliminares del parto, y deben distinguirse de los atroces dolores del verdadero momento de dar a luz. El dolor del acto de alumbramiento es el que se refiere a la verdadera tribulación, y las características que apresuran esta era son "el principio de dolores." La verdad importante que revela Cristo es que "el principio de dolores" no es el dolor en su plenitud, el cual corresponde a la experiencia de Israel y a su antigua era, en la cual aparece la abominación desoladora o el desolador.

Mateo 24:9-28. "Entonces os entregarán a tribulación, y os matarán, y seréis aborrecidos de todas las gentes por causa de mi nombre. Muchos tropezarán entonces, y se entregarán unos a otros, y unos a otros se aborrecerán. Y muchos falsos profetas se levantarán, y engañarán a muchos; y por haberse multiplicado la maldad, el amor de muchos se enfriará. Mas el que persevere hasta el fin, éste será salvo. Y será predicado este evangelio del reino en todo el mundo, para testimonio a todas las naciones; y entonces vendrá el fin. Por tanto, cuando veáis en el lugar santo la abominación desoladora de que habló el profeta Daniel (el que lee, entienda), entonces los que estén en Judea, huyan a los montes. El que esté en la azotea, no descienda para tomar algo de su casa; y el que esté en el campo, no vuelva atrás para tomar su capa. Mas ¡ay de las que estén encintas, y de las que críen en aquellos días! Orad, pues, que vuestra huida no sea en invierno ni en día de reposo; porque habrá entonces gran tribulación, cual no la ha habido desde el principio del mundo hasta ahora, ni la habrá. Y si aquellos días no fuesen acortados, nadie sería salvo; mas por causa de los escogidos, aquellos días serán acortados. Entonces, si alguno os dijere: Mirad, aquí está el Cristo, o mirad, allí está, no lo creáis. Porque se levantarán falsos Cristos, y falsos profetas, y harán grandes señales y prodigios, de tal manera que engañarán, si fuere posible, aun a los escogidos. Ya os lo he dicho antes. Así, que, si os dijeren: Mirad, está en el desierto, no salgáis; o mirad, está en los aposentos, no lo creáis. Porque como el relámpago que sale del oriente y se muestra hasta el occidente, así será también la venida del Hijo del Hombre. Porque dondequiera que estuviere el cuerpo muerto, allí se juntarán las águilas."

Esta extensa porción de la Escritura presenta el propio mensaje de Cristo a Israel con respecto a la Gran Tribulación. Así como el versículo 8, con su referencia a los dolores, termina su breve cuadro de esta presente edad intermedia, el versículo 9 comienza con la palabra *entonces,* que marca el tiempo de la agonía y de la angustia del alumbramiento. Este adverbio de tiempo ocurre varias veces a través del contexto y sirve para fijar el tiempo de cumplimiento de todo lo que está predicho para que suceda dentro de los límites de esta tribulación sin precedentes que habrá sobre la tierra. Es el mismo tiempo al cual se refiere el versículo 21: "Porque habrá entonces gran tribulación." Vemos que a este contexto le sigue otra expresión de tiempo en el versículo 29: "E inmediatamente después de la tribulación de aquellos días." Así se determinan los límites de este contexto. El estudiante debe tener en mente la verdad de que la tribulación se describe en varios pasajes de ambos Testamentos. Se pueden descubrir tres distintos propósitos divinos en este tiempo de tribulación. Los pasajes a los cuales nos vamos a referir son de gran importancia, pero no podemos copiarlos por entero. Primeramente, es el tiempo de "angustia para Jacob." Habrá juicios especiales y finales que caerán sobre el pueblo escogido, los cuales han sido predichos hace mucho tiempo, y con los cuales terminarán las prolongadas aflicciones de este pueblo (Jer. 25:29-38; 30:4-7; Ez. 30:3; Dn. 12:1; Am. 5:18-20; Abd. 1:15-21; Sof. 1:7-18: Zac. 12:1-14; 14:1-3; Mal. 4:1-4; Mt. 24:9-31; Ap. 7:13, 14). En segundo lugar, este período será un tiempo cuando el juicio caerá sobre las naciones gentiles y sobre los pecadores de toda la tierra (Job 21:30; Sal. 2:5; Is. 2:10-22; 13:9-16; 24:21-23; 26:20, 21; 34:1-9; 63:1-6;

66:15-24; Jer. 25:29-38; Ez. 30:3; Jl. 3:9-21; Zac. 12:1-14; Mt. 25:31-46; 2 Ts. 2:3-12; Ap. 3:10; 11:1-18:24). En tercer lugar, este tiempo también se caracteriza por la aparición y el dominio del hombre de pecado cuya obra, y el tiempo en el cual aparece, no pueden comenzar hasta que sea removido "lo que lo detiene" (2 Ts. 2:6-10). Este tiempo terminará con el regreso de Cristo, que es su venida con "poder y gran gloria" (2 Ts. 2:8). Este hombre de pecado que dominará al mundo es la manifestación de los últimos esfuerzos de Satanás, según la presente libertad que tiene de oponerse a Dios y de intentar su propia exaltación sobre el Altísimo. Lo que Dios se ha complacido en revelarnos con respecto a este tiempo de tribulación está comprendido en estas y en otras Escrituras similares, y debe estudiarse con suma atención. Esta es tarea razonable de todo estudiante. Realmente hay una gran solemnidad en las palabras de Cristo sobre este importante tema.

Esta porción del discurso del Monte de los Olivos comienza con un consejo específico a Israel con respecto a su destino en ese tiempo de aflicción. En el versículo 9 podemos determinar con seguridad que solamente a Israel se le dirige todo lo que hay en este contexto. Esa era la única gente que sería odiada por todas las naciones, y aunque el mundo no puede analizar sus propias pasiones, este odio es su resentimiento contra un pueblo que ha sido elegido por Dios, el cual ha continuado como una herencia desde los primeros días de la historia de Israel. Ese odio es literalmente "por causa de mi nombre"; por cuanto el nombre de El ha estado sobre este pueblo desde el principio. Ellos tendrían que ser entregados a tribulación, afligidos, llevados a la muerte y aborrecidos. Como resultado de esto, muchos de los de Israel se ofenderán y se traicionarán unos a otros. Muchos israelitas serán engañados por falsos profetas, y la multiplicación de la maldad hará que la caridad de muchos mengüe. En ese tiempo, sin embargo, habrá salvación al fin de la tribulación. La referencia a la salvación que se halla en este caso tiene que ver con lo prometido a Israel en Romanos 11:26, 27, donde leemos: "Y luego todo Israel será salvo, como está escrito: Vendrá de Sion el Libertador, que apartará de Jacob la impiedad. Y este será mi pacto con ellos, cuando yo quite sus pecados." En este discurso no hay referencia a la salvación del creyente en Cristo, que es por gracia de Dios y por fe del creyente, y que es la que se obtiene en la edad presente. Si así fuera, tendríamos que leer: *el que sea salvo perseverará hasta el fin.* Se da la seguridad de que el fin de esta era vendrá cuando sea "predicado este evangelio en todo el mundo", por testimonio a sus habitantes. Surge una confusión inmensurable cuando se intenta aplicar este versículo a las condiciones del mundo presente. Los creyentes en Cristo, en esta era, tienen la comisión de evangelizar a todas las naciones, y esto debe repetirse a todas las generaciones; pero la venida de Cristo a recibir su Esposa no se ha demorado ni se demorará nunca hasta que se haya evangelizado el mundo totalmente. El Evangelio al cual se refiere este pasaje se distingue perfectamente como el Evangelio del reino, y fue el que ocupó la primera parte del ministerio de Cristo. Hasta ese momento, ése era el único Evangelio que conocían los discípulos. Este Evangelio lo volverán a predicar los 144.000 que serán sellados, de los cuales se nos habla en Apocalipsis 7:1-8, y los demás testigos que Dios quiera elegir para ese servicio durante la Gran Tribulación. Es razonable que el mensaje que sirvió para preparar el reino mesiánico en los primeros días, antes que el Mesías y su reino fueran rechazados, se renueve y se predique antes de su segunda venida, cuando el reino se establecerá con el poder de Dios y no habrá rechazamiento para el Rey.

No hay necesidad de volver otra vez a discutir la diferencia que hay entre el Evangelio del reino, que anunciará una vez más que el Rey "se ha acercado", y el Evangelio de la gracia de Dios, que ofrece eterna salvación en la gloria a individuos tanto judíos como gentiles, con la sola condición de que depositen su fe en Cristo. Es reprensible el hecho de sacar este versículo del lugar en que está incrustado en la propia descripción que hace Cristo de la tribulación, y luego sacar de él la conclusión de que Cristo no puede venir por su Iglesia hasta que el Evangelio de la gracia se predique en todo el mundo. Cuando se complete este testimonio del reino, dice Cristo que vendrá el fin. Se refiere al fin de la era judía, y a una parte diferida de esa era. Sobre este fin era que preguntaban los discípulos. Habiéndoles declarado el programa de la proclamación del reino, Cristo pasa a revelarles la señal del fin de la era. Esto lo declara en el versículo 15, y no es otra cosa que la aparición del hombre de pecado que está predicho desde hace mucho tiempo. Aparecerá en el Templo judío que habrá sido restaurado. Cristo mismo miró retrospectivamente hacia la profecía de Daniel con respecto al desolador (Dn. 9:26, 27). El apóstol Pablo describe más tarde el mismo evento de la siguiente manera: "Nadie os engañe en ninguna manera; porque no vendrá sin que antes venga la apostasía, y se manifieste el hombre de pecado, el hijo de perdición, el cual se opone y se levanta contra todo lo que se llama Dios o es objeto de culto; tanto que se sienta en el templo de Dios como Dios, haciéndose pasar por Dios (2 Ts. 2:3, 4). El Templo será el lugar provisto por los judíos incrédulos, cuando el hombre de pecado les dé libertad para adorar como ellos quieran en su propia tierra, durante 7 años. Este pacto será quebrantado en la mitad de los 7 años (comp. la predicción de Daniel y las de Juan en el *Apocalipsis).*

La presencia del desolador en el lugar santo es la identificación que se da de él en toda la Palabra de Dios. El asume que es Dios (comp. Ez. 28:1-10). Puesto que su aparición en el lugar santo exige un lugar tan conspicuo en las Escrituras proféticas, no es extraño que Cristo le dé el carácter de una señal para la nación de Israel en aquel día final de la parte de su era que está diferida.

Siguiendo la revelación sobre la señal del fin del siglo, Cristo da instrucciones específicas con respecto a la acción inmediata de todos los que observen esta señal. Estas instrucciones, como ya se ha dicho, aunque son similares a las que da Lucas con respecto a la destrucción de Jerusalén, son, sin embargo, muy diferentes. En cada caso se adaptan a la crisis que se presenta. Debemos notar en el relato de Mateo una instrucción particular, a saber: "Orad, pues, que vuestra huida no sea en invierno ni en día de reposo" (24:20). En este versículo se halla una evidencia de que la era judía volverá a restaurarse, puesto que el sábado estará otra vez en vigor. Estas son peticiones extrañas, si correspondieran a la presente era. Pero nadie hace esta clase de oración, ni siquiera el más confuso oponente al sistema de eras bíblicas. Otra vez aparece el hecho de que estos mismos individuos se ofenden si se les dijera que los de esta edad tenemos que orar: "Perdónanos nuestras deudas, como también nosotros perdonamos a nuestros deudores."

La declaración de los versículos 21 y 22, como la de Daniel 12:1 debe hacer callar a los partidarios del traslado de la Iglesia después de la tribulación, los cuales, al defender su teoría de que la Iglesia pasa por la Gran Tribulación, buscan suavizar el carácter aterrador de aquellos días. Afirmar, como algunos lo afirman, que el terror de ese período ya esta "vencido" es desafiar lo que el mismo Cristo dijo –y lo que dijo el Espíritu Santo por medio del profeta Daniel– en el sentido de que nunca ha habido ni habrá una experiencia humana semejante a la de esos días, de sufrimiento para Israel y para el mundo. Para Israel, el pueblo de Dios, aquellos días tienen que ser acortados; de otro modo ninguna carne sería salva. Dios tiene dos pueblos elegidos: Israel y la Iglesia. Esta Escritura, y todo el contexto en que se encuentra, se refiere al pueblo elegido de Israel.

En los versículos 23-28 se renuevan las instrucciones, especialmente con respecto a la manera de descubrir las afirmaciones de los cristos falsos. Aunque muchos pueden venir procedentes del desierto – como vino Juan el Bautista – o aparecer en la cámara secreta, o envueltos en misterios ocultos, ninguno puede imitar la manera real del regreso de Cristo, la cual será como el relámpago que sale del oriente y se muestra hasta el occidente. La venida de Cristo, según se describe en Apocalipsis 19:11-16 (comp. Sal.2:7-9; Is.

63.1-6; 2 Ts.1:7-10), coincide con una gran mortandad, y se invitará a las aves de los cielos para que coman carne de hombres y de bestias. Es probable que la declaración: "Porque dondequiera que estuviere el cuerpo muerto, allí se juntarán las águilas (Mt.24:28), sea una referencia al aspecto de la mortandad que habrá cuando Cristo vuelva, la cual se describe en Apocalipsis 19:17-21.

Mateo 24:29-31. "Inmediatamente después de la tribulación de aquellos días, el sol se oscurecerá, y la luna no dará su resplandor, y las estrellas caerán del cielo, y las potencias de los cielos serán conmovidas. Entonces aparecerá la señal del Hijo del Hombre en el cielo; y entonces lamentarán todas las tribus de la tierra, y verán al Hijo del Hombre viniendo sobre las nubes del cielo, con poder y gran gloria. Y enviará sus ángeles con gran voz de trompeta, y juntarán a sus escogidos, de los cuatro vientos, desde un extremo del cielo hasta el otro."

No se pudiera indicar una división más explícita de tiempo que la que se expresa con las palabras con las cuales comienza esta sección del discurso: "Inmediatamente después de la tribulación de aquellos días." Puesto que la tribulación termina con la venida de Cristo, y finaliza cuando Cristo destruya al hombre de pecado (comp. 2 Ts. 2:8), con el choque de los ejércitos que representan a todas las naciones de la tierra (Sal. 2:7-9; Is. 63:1-6; 2 Ts. 1:7-10; Ap. 19:11-21), con el enjuiciamiento de Israel (Ex. 20:33, 34; Mt. 24:37-25:30), y con el enjuiciamiento de las naciones (Mt. 25:31-46), es probable que la expresión "la tribulación de aquellos días" se refiera a la angustia particular y a la tribulación de Israel que habrá sido consumada, y no a estos eventos que acabamos de mencionar los cuales se cumplirán completamente en la septuagésima semana de Daniel. En este punto, cualquiera que sea el momento en que ocurra, se produce una convulsión de la naturaleza que alcanza hasta las estrellas de los cielos. Aparece, entonces, "la señal del Hijo del Hombre." Hay que recordar que ésta es la respuesta a la segunda pregunta que hicieron los discípulos, que en el nuevo orden en que las colocó el Señor es la última de las tres que debía contestar. No hay ninguna indicación en cuanto a cuál será dicha señal. Los hombres han hecho sus conjeturas, pero Cristo no dijo la naturaleza de la señal, y debemos respetar muy bien su silencio. El dice, sin embargo, que habrá una señal y que aparecerá. Será de tal naturaleza que todos reconocerán su significado, especialmente Israel; porque cuando ellos la vean, todas las tribus –que significa toda la casa de Israel (comp. Mt. 23:39) se lamentarán. Verán al que rechazaron, viniendo en las nubes con poder y gran gloria. Ese es el momento en que ellos reconocerán a su Mesías. Así como los hermanos de José cayeron ante él, cuando él les reveló su identidad, en la misma manera reconocerá Israel a su Mesías. La señal será digna, como una de las más grandes de todas las manifestaciones divinas, y su efecto será completo. Algunos creen que esta señal será una poderosa demostración del símbolo tradicional de la cruz. Vale la pena notar que Zacarías, cuando habló del regreso de Cristo, declaró: "Y derramaré sobre la casa de David, y sobre los moradores de Jerusalén, espíritu de gracia y de oración; y mirarán a mí, a quien traspasaron, y llorarán como se llora por hijo unigénito, afligiéndose por él como quien se aflige por el primogénito" (12:10). La designación "las tribus de la tierra" corresponde, en el uso escriturario, solamente a Israel, aunque Zacarías llama a este mismo pueblo "la casa de David". Esta es otra evidencia de que el discurso del Monte de los Olivos era para Israel. En este mismo tiempo, Israel será también recogido por última vez en su propia tierra. Sobre este recogimiento han hablado los profetas, y el evento no puede fallar, pues la boca de Jehová es la que lo ha dicho. Sin embargo, esa reunión será de carácter sobrenatural. En este discurso se nos dice que será realizada mediante el servicio de los ángeles. Fue grande y maravillosa la demostración de poder divino cuando sacó a los hijos de Israel de Egipto. Jehová ha recurrido a menudo cuando quiere impresionar a la gente con su poder. El dijo: "Yo soy Jehová tu Dios, que te saqué de la tierra de Egipto". Jeremías afirma, por el Espíritu, que la reunión final de Israel en su propia tierra será una manifestación de poder aun más grande de poder divino que la que se produjo para la liberación de Egipto, tan realmente grande que no habrá comparación entre la liberación de Egipto y este gran evento de la reunión final. Jeremías dice: "Por tanto, he aquí que vienen días, dice Jehová, en que no dirán más: Vive Jehová que hizo subir a los hijos de Israel de la tierra de Egipto, sino: Vive Jehová que hizo subir y trajo la descendencia de la casa de Israel de tierra del norte, y de todas las tierras adonde yo los había echado; y habitarán en su tierra" (23:7, 8).

Mateo 24:32-36. "De la higuera aprended la parábola: Cuando ya su rama está tierna, y brotan las hojas, sabéis que el verano está cerca. Así también vosotros, cuando veáis todas estas cosas, conoced que está cerca, a las puertas. De cierto os digo, que no pasará esta generación hasta que todo esto acontezca. El cielo y la tierra pasarán, pero mis palabras no pasarán. Pero del día y la hora nadie sabe, ni aun los ángeles de los cielos, sino sólo mi Padre."

Habiendo declarado la *manera* de su venida, Cristo vuelve a hablar sobre la *certeza* de ella. La higuera ofrece una ilustración. El verano está evidentemente cercano cuando aparecen sus tiernas hojas. Es cierto, sin duda, que en otras Escrituras, la higuera representa a la nación de Israel (Mt. 21:18-20), pero éste no es el significado de ese símbolo en este discurso. Cuando las cosas de las cuales había hablado Cristo, entre las cuales había incluido los dolores de parto, se pueden aceptar como cierto que El está cercano a las puertas. Cuando llegue esa hora, estas palabras serán de gran valor y bendición para aquellas personas a las cuales se dirigieron; y esa misma gente, Israel, no pasará hasta que todas estas cosas concernientes a ellos se hayan cumplido. Aun el cielo y la tierra pueden pasar –y en efecto pasarán– pero la promesa de Cristo a Israel, hecha en esta forma, no pasará. La palabra *γενεά*, que se tradujo *generación,* se refiere a toda la raza o linaje de Israel, y no se restringe en este caso a cierto pueblo que vive sobre la tierra. El comentario de Dean Alford sobre esta porción de la Escritura aclara el asunto:

"Con respecto a la parábola –hay una referencia a *la higuera seca que el Señor maldijo,* y que simboliza al pueblo judío en su infertilidad judicial– la presentación de una higuera que sale de la sequedad del invierno simboliza el *futuro renacimiento* de esa raza que el Señor declara que no pasará (versículo 34) hasta que se haya cumplido tal reavivamiento. Este tiene que ser el verdadero significado de este versículo, si tomamos en cuenta que él forma la conclusión de la parábola y que se une al versículo siguiente por medio de la expresión 'no pasará *esta generación'*. Al buscar el cumplimiento final de esta parábola, no podemos *volvernos* a la destrucción de Jerusalén para aplicarle estas palabras. Como este es uno de los puntos en los cuales los intérpretes racionalistas insisten más para probar que la profecía ha fracasado, me he esforzado con todo sacrificio para demostrar, en mi *Nuevo Testamento Griego,* que la palabra que aquí se traduce como *generación* tiene el significado de *raza,* o *familia de pueblo.* En todos los lugares en que se cita, esta palabra tiene necesariamente esa significación. Teniendo esto como cierto, el significado es más pleno, e implica que el carácter de la generación *se imprime sobre la raza,* tal como sucede en este versículo. El uso repetido del verbo pasar (que se encuentra en los versículos 34 y 35) debiera evitar que los comentaristas se equivoquen al imaginar que se refiere a la generación que estaba viviendo en ese entonces, ya que el versículo siguiente lleva la profecía hasta el fin de todas las cosas, y que, en efecto, los apóstoles y los antiguos cristianos *continuaron esperando la venida del Señor, aun después que había pasado esa generación.* Pero, como bien lo dice Stier, *hay hombres tan necios que dicen que el cielo y la tierra nunca pasarán, pero que las palabras de Cristo pasan* con el correr del tiempo –esto, por supuesto, no se ha probado todavía" –*New Testament for English Readers,* Vol.I, pág.169.

El Dr. C. I. Scofield escribe sobre Mateo 24:34:

"Gr. *geneá.* Según todos los léxicos, la definición primaria de este término es ' raza, clase, familia, linaje, progenie.' No cabe duda que la palabra se usa aquí en este sentido, porque ninguna de 'estas cosas' , es decir, la predicación mundial del reino, la gran tribulación, el regreso visible del Señor en gloria y la reunión de los electos, ocurrió en la destrucción de Jerusalén, en 70 D. C. La promesa es, por lo tanto, que la generación –la nación o familia de Israel– sería preservada hasta que 'estas cosas' tuvieran lugar; una promesa que se ha cumplido de manera maravillosa hasta el día presente" (*Biblia Anotada de Scofield,* pág. 994).

Otra vez, la certidumbre con respecto al regreso de Cristo es la incertidumbre con respecto al *tiempo* de su venida. Del día y de la hora no hay hombre que sepa, ni tampoco hay ángel que sepa. Todo esto, hay que recordarlo, pertenece al glorioso regreso de Cristo a la tierra, y por tanto, concierne solamente a Israel, al Israel que esté en ese tiempo en la tierra en vísperas de entrar al reino terrenal. El elemento de incertidumbre con respecto al regreso de Cristo se indica también en aquellas Escrituras que prometen la primera parte de su venida, que será hasta el aire para recibir a su Esposa, la Iglesia, las cuales Escrituras les han dicho a los cristianos de todas las generaciones que *esperen* a su Señor (comp. Ro. 8:19; 1 Ts. 1:10; Stg. 5:7). Debemos, pues, notar que la incertidumbre con respecto al tiempo caracteriza a estos dos eventos; pero esta verdad no es suficiente para probar que los dos eventos constituyen uno solo. La Iglesia espera al Esposo y su traslado al cielo, mientras que Israel, en el día del glorioso retorno de Cristo, *esperará* ese glorioso regreso de su Mesías y la realización de su reino terrenal.

"*Mateo 24:37-25:13.* Mas como en los días de Noé, así será la venida del Hijo del Hombre. Porque como en los días antes del diluvio estaban comiendo y bebiendo, casándose y dando en casamiento, hasta el día en que Noé entró en el arca, y no entendieron hasta que vino el diluvio y se los llevó a todos, así será también la venida del Hijo del Hombre. Entonces estarán dos en el campo; el uno será tomado, y el otro será dejado. Dos mujeres estarán moliendo en un molino; la una será tomada, y la otra será dejada. Velad, pues, porque no sabéis a qué hora ha de venir vuestro Señor. Pero sabed esto, que si el padre de familia supiese a qué hora el ladrón habría de venir, velaría, y no dejaría minar su casa. Por tanto, también vosotros estad preparados; porque el Hijo del Hombre vendrá a la hora que no pensáis. ¿Quién es, pues, el siervo fiel y prudente, al cual puso su señor sobre su casa para que le dé el alimento a tiempo? Bienaventurado aquel siervo al cual, cuando su señor venga, le halle haciendo así. De cierto os digo que sobre todos sus bienes le pondrá. Pero si aquel siervo malo dijere en su corazón: Mi señor tarda en venir; y comenzare a golpear a sus consiervos, y aun a comer y a beber con los borrachos, vendrá el señor de aquel siervo en día que éste no espera, y a la hora que no sabe, y lo castigará duramente, y pondrá su parte con los hipócritas; allí será el lloro y el crujir de dientes. Entonces el reino de los cielos será semejante a diez vírgenes que tomando sus lámparas, salieron a recibir al esposo. Cinco de ellas eran prudentes y cinco insensatas. Las insensatas, tomando sus lámparas, no tomaron consigo aceite; mas las prudentes tomaron aceite en sus vasijas, juntamente con sus lámparas. Y tardándose el esposo, cabecearon todas y se durmieron. Y a la medianoche se oyó un clamor: ¡Aquí viene el esposo; salid a recibirle! Entonces todas aquellas vírgenes se levantaron, y arreglaron sus lámparas. Y las insensatas dijeron a las prudentes: Dadnos de vuestro aceite; porque nuestras lámparas se apagan. Mas las prudentes respondieron diciendo: Para que no nos falte a nosotras y a vosotras, id más bien a los que venden, y comprad para vosotras mismas. Pero mientras ellas iban a comprar, vino el esposo; y las que estaban preparadas entraron con él a las bodas; y se cerró la puerta. Después vinieron también las otras vírgenes, diciendo: ¡Señor, señor, ábrenos! Mas él, respondiendo, dijo: De cierto os digo, que no os conozco. Velad, pues, porque no sabéis el día ni la hora en que el Hijo del Hombre ha de venir."

Aunque esta amplia porción del discurso se puede ver desde diversos ángulos, el objetivo es el de exhortar a Israel a que se prepare para la venida de su Mesías Rey. En la parábola del siervo fiel y el siervo malo, El mismo se compara con el señor de la casa (24:45-51). En la parábola de las vírgenes, El es el Esposo –no significa que Israel es la Prometida de la cual El es el Prometido; sino que el matrimonio ya se ha celebrado en el cielo (Ap. 19:7, 8)– que vuelve con su Esposa a su reino terrenal. Así que será saludado como el Esposo. Solamente en un caso, el que tenemos delante, el cual tiene su advertencia propia, es cierto que algunos de ellos están preparados para el regreso del Señor, su Rey. En Mateo 24:37-39 se citan hechos históricos como ejemplo de la falta de preparación. Como en los días de Noé, así será cuando Cristo vuelva. Algunos expositores han hecho esfuerzos para demostrar que la maldad que practicaron los antediluvianos volverá a repetirse en los días precedentes al regreso de Cristo. Hay muchas Escrituras que afirman que hubo maldad antes del diluvio y que habrá también antes de la venida de Cristo; pero este pasaje no acusa de otra cosa a los antediluvianos que no sea de la falta de preparación y de la incredulidad ante las advertencias que se les dieron. En la misma manera y con el mismo propósito, las declaraciones de Mateo 24:40-42 constituyen la verdad de que, por falta de preparación, donde dos puedan estar juntos –sea en el campo o moliendo en un molino– el uno será tomado, y el otro será dejado. Aquí hay otra vez un paralelo entre la experiencia de la gente en el tiempo del traslado de la Iglesia y la experiencia de Israel en el tiempo del regreso de Cristo, pero con los más vigorosos contrastes. En el caso del traslado de la Iglesia, los que sean verdaderamente salvos serán llevados al cielo sin excepción, y los no salvos, los cuales solo profesaron externamente, serán dejados para los juicios inminentes que en seguida se producirán sobre la tierra. El argumento que sostiene que en el tiempo del traslado sólo habrá el arrebatamiento parcial de aquellos creyentes en Cristo que son más espirituales, y que los cristianos infieles se quedarán para la supuesta disciplina de la tribulación es una teoría que deshonra inmensamente la gracia de Dios. Dios tiene su propio modo de tratar con los cristianos infieles; pero ninguno que sea salvo por Cristo y esté firme en los méritos de Cristo –como lo están todos los que creen en El– puede quedarse para someterse a ese purgatorio protestante. Los que sostienen esa teoría no caen en la cuenta de que los que son completamente salvos, son perfectamente salvos en Cristo y por medio de El. Si los cristianos fueran a ser admitidos o rechazados en la gloria de los cielos en base de su dignidad, todos, sin excepción, serían rechazados. La salvación por medio de la fe no es un programa según el cual solamente la gente buena puede llegar al cielo. Cualquiera puede inventar un plan por el cual pueda llegar la gente buena al cielo –si hubiera tal posibilidad en el mundo. Es diferente, en realidad, inventar un plan según el cual los pecadores indignos, que merecen la condenación, tal como somos todos, pudieran llegar al cielo. Dios ha ejecutado ese plan a un costo infinito, y todos los que creen en ese plan son libres para siempre de la condenación y del juicio.

El pasaje que hemos venido considerando está contra todo lo que hemos dicho de los cristianos, en el sentido de que los que son tomados, son tomados para el juicio, y los que son dejados, se quedan para que entren al reino de las bendiciones. A la luz de esta verdad, se le dice al judío de ese tiempo que debe velar, "porque no sabéis a qué hora ha de venir vuestro Señor." Esta no es una instrucción para los judíos dentro de esta era de gracia; estos están afuera, a merced del Evangelio de la divina gracia. Estas son palabras que se dirigen a los judíos que han de vivir en un período que se puede definir con respecto al tiempo y a las circunstancias en las siguientes palabras: "cuando veáis todas estas cosas, conoced que está cerca, a las puertas" (24:33). La misma verdad con respecto a la falta de preparación se vuelve a recalcar en la ilustración del "padre de familia" (vs. 43, 44). Este, si hubiera sabido a qué hora habría de venir el ladrón, no hubiera dejado minar su casa. Luego viene la amonestación: "Por tanto, también vosotros estad preparados; porque el Hijo del Hombre vendrá a la hora que no pensáis" (v. 44). En los versículos 45-51 se vuelve a insistir en la falta de preparación. La parábola del siervo fiel que, cuando viene su señor, lo halla actuando con fidelidad, y el siervo malo que actúa incorrectamente tiene el propósito de urgir a Israel para que esté vigilante y preparado. El señor del siervo malo llega en un tiempo inesperado. La pena para este siervo se establece claramente: "vendrá el señor de aquel siervo en día que éste no espera, y a la hora que no sabe, y lo castigará duramente, y pondrá su parte con los hipócritas; allí será el lloro y el crujir de dientes" (vs. 50, 51). Los judíos son siervos en su relación con Jehová. No se pudieran imponer estos juicios sobre nadie, sea judío o gentil, que haya creído en Cristo en esta era de gracia. Esta es la sentencia que le espera a todo judío infiel que no esté preparado.

Continuando el mismo tema de la necesidad de velar (comp. Mt. 25:13), la nación, en la hora de recibir los juicios en la segunda venida de Cristo en gloria, y cuando el reino terrenal esté a punto de establecerse, se compara con diez vírgenes de las cuales cinco son prudentes y cinco insensatas. La sabiduría de las prudentes se demuestra en que ellas tomaron aceite, que es el símbolo de la espiritualidad, en sus vasijas, mientras que la imprudencia de las insensatas se ve en el hecho de que ellas no tomaron suficiente aceite. Esta parábola ha estado sometida a una gran variedad de interpretaciones. Acuden a ella los que quieren dividir a los hijos de Dios en dos partes con referencia a su relación y a su permanencia delante del Señor. No hay, sin embargo, sino un cuerpo de creyentes (Ef. 4:4). Esta parábola se cumplirá en el tiempo de la gloriosa venida de Cristo a la tierra. El Rey regresa a la tierra con su esposa, con la cual ha contraído matrimonio en el cielo, y después que han celebrado las bodas del Cordero en el cielo. Sobre estas bodas del Cordero está escrito: "Gocémonos y alegrémonos y démosle gloria; porque han llegado las bodas del Cordero, y su esposa se ha preparado. Y a ella se le ha concedido que se vista de lino fino, limpio y resplandeciente; porque el lino fino es las acciones justas de los santos" (Ap. 19:7, 8). Y en perfecto orden cronológico, vemos que el Rey retorna a la tierra después de las bodas (Ap. 19:11-16). Cristo declaró con respecto a este retorno a la tierra lo que encontramos en Lucas 12:35, 36: "Estén ceñidos vuestros lomos, y vuestras lámparas encendidas; y vosotros sed semejantes a hombres que aguardan a que su señor regrese de las bodas, para que cuando llegue y llame, le abran en seguida." La misma figura de la lámpara encendida se usa en Mateo y también con respecto al mismo tema de la preparación para el regreso del Rey. De este pasaje se deduce ciertamente que Cristo no viene a celebrar las bodas, sino que viene de las bodas. Israel, aquí en la tierra, esperará el retorno del Esposo con su Esposa (comp. Ap. 19:11-16). Algunos manuscritos antiguos le agregan a Mateo 25:1 algo que ciertamente se sostiene a través de todas las Escrituras proféticas, es decir, que las vírgenes (Israel) salen a encontrar al Esposo "y a la Esposa." La recepción en la tierra se celebrará mediante una fiesta matrimonial. La entrada a esa fiesta equivaldrá, para los judíos que estén en la tierra, a la entrada en el reino mesiánico. (Se advierte que el texto de la Versión Autorizada en inglés necesita revisarse hasta el punto de agregarle la palabra *feast* –fiesta– después de la palabra *"marriage"* –matrimonio. Todas las versiones revisadas y modernas corrigen esta traducción). Este es un cambio muy importante en la traducción, y evita el error –basado durante largo tiempo en la Versión Autorizada– de que Cristo viene, según esta parábola, *a* sus bodas, cuando en realidad, como ya se ha dicho, se afirma en Lucas 12:35, 36, que El viene *de* sus bodas. El objetivo de esta parábola es otra vez el de hacer hincapié en la necesidad de velar para estar completamente preparado para la venida del Mesías. De nuevo hay que decir que aquellos que quedan excluidos no representan al verdadero creyente en Cristo de esta edad de gracia. A estos creyentes no les pudiera decir Cristo: "No os conozco" (Mt. 25:12). Cristo, al describir esta misma situación y este mismo tiempo dice: "No todo el que me dice: Señor, Señor, entrará en el reino de los cielos, sino el que hace la voluntad de mi Padre que está en los cielos. Muchos me dirán en aquel día: Señor, Señor, ¿no profetizamos en tu nombre, y en tu nombre echamos fuera demonios, .y en tu nombre hicimos muchos milagros? Y entonces les declararé: Nunca os conocí; apartaos de mí, hacedores de maldad" (Mt. 7:21-23). Tan importante es realmente la escena milenaria en el palacio del Rey (comp. Ez. 40:1-48:35) que la lista de invitados se da en el libro de los Salmos. Allí se nos dice:

> "Mirra, áloe y casia exhalan todos tus vestidos; desde palacios de marfil te recrean. Hijas de reyes están entre tus ilustres; está la reina a tu diestra con oro de Ofir. Oye, hija, y mira, e inclina tu oído; olvida tu pueblo, y la casa de tu padre; y deseará el rey tu hermosura; e inclínate a él, porque él es tu señor. Y las hijas de Tiro vendrán con presentes; implorarán tu favor los ricos del pueblo. Toda gloriosa es la hija del rey en su morada; de brocado de oro es su vestido. Con vestidos bordados será llevada al rey; vírgenes irán en pos de ella, compañeras suyas serán traídas a ti. Serán traídas con alegría y gozo; entrarán en el palacio del rey. En lugar de tus padres serán tus hijos, a quienes harás príncipes en toda la tierra. Haré perpetua la memoria de tu nombre en todas las generaciones, por lo cual te alabarán los pueblos eternamente y para siempre" (Sal. 45:8-17).

En esta vívida descripción del palacio y de los que han de estar presentes se nombran (1) el Rey con vestidos que exhalan mirra, áloes y casia; (2) las hijas de los reyes, entre las mujeres honorables que están presentes; sobre todo (3) la reina, que está a la diestra con oro de Ofir. La Reina es la Iglesia, y el Esposo es el Cordero (comp. Ap. 19:8, 9). Se le dirige un discurso a la reina, en los versículos 10, 11, a la cual se le da el título de *hija.* Este discurso se renueva en los versículos 13 y 14, donde bien pudiéramos leer: *la hija que es la esposa del Rey.* (4) Las vírgenes van en pos de la Esposa, pero no son la Esposa. Las vírgenes entrarán en el palacio del Rey, pero según la parábola que encontramos en Mateo 25:1-13, algunas que salieron a encontrar al Esposo y a su Esposa no entran, por no tener la clase de preparación que se les exige. Otra vez se nos revela aquí que, en la aparición gloriosa de Cristo, Israel será juzgado, y muchos que han escogido el camino ancho que conduce a la muerte no pueden entrar en el reino; mientras que muchos que han escogido el camino estrecho que lleva a la vida entrarán en él (comp. Mt. 7:13, 14; 19:28, 29). Concluimos, entonces, que como el *Evangelio de Mateo* se dirige extensamente a Israel –y particularmente, el discurso del Monte de los Olivos– y puesto que no hay mensaje en este discurso relacionado con los gentiles hasta Mateo 25:31, y aun los versículos 31 al 46 del capítulo 25 están allí a favor de Israel; lo que se trata en este extenso tema es lo relativo al juicio futuro a que será sometido Israel. Esta es la porción que encontramos desde Mateo 24:37 hasta 25:30. Concluimos también que la parábola de las vírgenes representa solamente ese juicio para Israel. Ellos son los siervos que siguen al esposo y que entran al palacio; pero Israel no es la Esposa.

Mateo 25:14-30. No necesitamos copiar esta parábola extensa en forma completa. La lección de los talentos, como el caso de otras porciones de este discurso, atañe a las relaciones de Israel con su Rey. Cuando El venga, ellos tienen que estar velando y listos para satisfacer las demandas de El. La referencia anterior a los días de Noé, la división de los dos que trabajan juntos, la lección del padre de familia, el siervo fiel y el siervo malo, la parábola de las vírgenes; todo sirve para hacer hincapié en la necesidad de *velar* con respecto a la venida del Mesías. No se puede pasar por alto tan grande énfasis que se hace sobre este asunto. En la parábola de las diez vírgenes, y similarmente en la de los dos siervos, están representados los elementos de valor moral y espiritual – como ciertas obras que se exigen para poder entrar en el reino (comp. Mt.5:1-7:29; 19:28-30; siervo fiel, cuando regrese el Rey, debe hallarse atendiendo la casa, y las vírgenes prudentes deben tener aceite en sus lámparas. No hay ningún aspecto nuevo que se introduce en esta parte, pues sólo se promete que habrá reconocimiento para aquellos que hayan usado bien los talentos que se les encomendaron. No hay ninguna parte de la Escritura que se relacione directamente con Israel en la cual se presente con más vigor la necesidad del mérito individual, como base para la aceptación ante Dios, como la parábola de los talentos. Es completamente diferente, en realidad, del modo de gracia divina que se otorga gratuitamente al pecador que no la merece. La gracia divina no se parece en nada a lo que le sucede al hombre que recibió un solo talento y no lo utilizó (comp. Mt.24:50-51). Sobre el hombre que recibió un solo talento está escrito: "Por tanto, debías haber dado mi dinero a los banqueros, y al venir yo, hubiera recibido lo que es mío con los intereses. Quitadle, pues, el talento, y dadlo al que tiene diez talentos. Porque al que tiene, le será dado, y tendrá más; y al que no tiene, aun lo que tiene le será quitado. Y al siervo inútil echadle en las tinieblas de afuera; allí será el lloro y el crujir de dientes" (Mt.25:27-30).

Un notable cambio de tema se nota al fin de la parábola de los talentos. Cristo vuelve a hablar de los juicios a los cuales serán sometidos los gentiles. Todo el discurso, hasta este momento, concierne a un pueblo bien definido al cual se le han encomendado ciertas responsabilidades de mérito, y este pueblo ha de ser juzgado en base a que el Mesías que viene le va a pedir cuentas sobre esas responsabilidades. La primaria demanda que se les hace es que deben ser hallados velando con toda fidelidad en la forma en que se les ha indicado. A través de todo el discurso queda demostrado que el pueblo al cual se dirige es Israel. Como ya se indicó, este discurso es el último mensaje del Mesías a su pueblo terrenal, el cual está relacionado con Dios según un plan de méritos (comp. Ex.19:4-8). El hecho de que el Señor, en este momento, cambie el rumbo de su discurso hacia los gentiles, indica que en la parte anterior del mismo, El había estado tratando solamente con respecto a aquellos que no son gentiles, es decir, con respecto a Israel.

Mateo 25:31-46. "Cuando el Hijo del Hombre venga en su gloria, y todos los santos ángeles con él, entonces se sentará en su trono de gloria, y serán reunidas delante de él todas las naciones; y apartará los unos de los otros, como aparta el pastor las ovejas de los cabritos. Y pondrá las ovejas a su derecha, y los cabritos a su izquierda. Entonces el Rey dirá a los de su derecha: Venid, benditos de mi Padre, heredad el reino preparado para vosotros desde la fundación del mundo. Porque tuve hambre, y me disteis de comer; tuve sed, y me disteis de beber; fue forastero, y me recogisteis; estuve desnudo, y me cubristeis; enfermo, y me visitasteis; en la cárcel, y vinisteis a mí. Entonces los justos le responderán diciendo: Señor, ¿cuándo te vimos hambriento, y te sustentamos, o sediento, y te dimos de beber? ¿Y cuándo te vimos forastero, y te recogimos, o desnudo y te cubrimos? ¿O cuándo te vimos enfermo, o en la cárcel, y vinimos a ti? Y respondiendo el Rey, les dirá: De cierto os digo que en cuanto lo hicisteis a uno de estos mis hermanos más pequeños, a mí lo hicisteis. Entonces dirá también a los de la izquierda: Apartaos de mí, malditos al fuego eterno preparado para el diablo y sus ángeles. Porque tuve hambre, y no me disteis de comer; tuve sed, y no me disteis de beber; fui forastero, y no me recogisteis; estuve desnudo, y no me cubristeis; enfermo, y en la cárcel, y no me visitasteis. Entonces también ellos le responderán diciendo: Señor, ¿cuándo te vimos hambriento, sediento, forastero, desnudo, enfermo, o en la cárcel, y no te servimos? Entonces les responderá diciendo: De cierto os digo que en cuanto no lo hicisteis a uno de estos más pequeños, tampoco a mí lo hicisteis. E irán éstos al castigo eterno, y los justos a la vida eterna."

Como ya lo anotamos, este discurso cambia abruptamente su tema al comenzar el versículo 31. Todavía está hablando de los juicios que serán ejecutados cuando vuelva el Mesías; pero el discurso cambia del juicio a que será sometido Israel al juicio ante el cual tendrán que comparecer las naciones. En cada caso, el juicio está estrechamente relacionado con la gloriosa aparición de Cristo. Los juicios que le han de caer a Israel se registran en Mateo 24:37-25:30, y preceden a la segunda venida de Cristo con poder y gran gloria (24:29-31); y la descripcion del juicio que les corresponde a las naciones gentiles comienza con estas palabras: "Cuando el Hijo del Hombre venga en su gloria, y todos los santos ángeles con él, entonces se sentará en su trono de gloria, y serán reunidas delante de él todas las naciones; y apartará los unos de los otros, como aparta el pastor las ovejas de los cabritos" (vs.31-32). Así se descubre que estos dos juicios se producen simultáneamente, inmediatamente después que El regrese a la tierra. En caso de que haya algún orden de precedencia, probablemente tendría que estar en conformidad con el orden en que aparecen dichos juicios en este discurso. Casi no hay necesidad de llamarles la atención a aquellos que son fieles al significado del Texto Sagrado sobre la amplia diferencia que hay entre el juicio a que serán sometidas las naciones y el juicio del gran trono blanco (Ap.20:11-15). Muchos, sin embargo, no se han dado cuenta de estas distinciones y, por tanto, suponen que las dos son descripciones variadas del único día final de juicio. El primero sucede al comienzo del reino milenario de Cristo; el segundo, al terminar. El uno se relaciona con las naciones; el otro, con los muertos impíos de toda la historia humana. El uno divide las naciones: unas entran el reino y otras van al lago de fuego; el otro envía a todos los que serán juzgados al lago de fuego.

Según el orden de los eventos, en la profecía bíblica, cuando el Rey vuelva, primero recibe las naciones de mano del Padre. Luego El, por Sí mismo, vence a las naciones, que se hallarán en una abierta rebelión. Este es el cuadro profético que nos presenta el Salmo 2. Su contenido es el siguiente:

"¿Por qué se amotinan las gentes, y los pueblos piensan cosas vanas? Se levantarán los reyes de la tierra, y príncipes consultarán unidos contra Jehová y contra su ungido, diciendo: rompamos sus ligaduras, y echemos de nosotros sus cuerdas. El que mora en los cielos se reirá; El Señor se burlará de ellos. Luego hablará a ellos en su furor, y los turbará con su ira. Pero yo he puesto mi rey sobre Sion, mi santo monte. Yo publicaré el decreto; Jehová me ha dicho: Mi hijo eres tú; yo te engendré hoy. Pídeme, y te daré por herencia las naciones, y como posesión tuya los confines de la tierra. Los quebrantarás con vara de hierro; como vasija de alfarero los desmenuzarás" (versículos 1-9).

Los primeros tres versículos presentan la descripción de la actitud de todas las naciones. (Nota del Traductor: En inglés, en la Versión Autorizada, en vez de la palabra "gentes" –versículo 1– aparece la palabra *heathen* –paganos– pero equivale a la palabra *gentiles* en el Nuevo Testamento.) Esta actitud de las naciones será contra Jehová y contra su Mesías. Los reyes y gobernantes de la tierra serán los que estarán dirigiendo a sus naciones en esta rebelión. En otra parte de la Escritura –Ap. 16:13, 14– donde también se describe esta situación, se dice que estos reyes estarán poseídos por el demonio. La actitud de Jehová se registra en los versículos 4 al 5 del Salmo, y la declaración de El es la siguiente, que se encuentra en el versículo 6: "Pero yo he puesto mi rey sobre Sion, mi santo monte." Según el uso de los términos en el Antiguo Testamento, el santo monte es el sitio del trono y Sion es Jerusalén. El trono será el de David, sobre el cual tendrá que reinar el Mesías desde Jerusalén. Toda la Escritura armoniza con esta gran expectación. En los versículos 7 al 9, habla el Mesías Rey. El da el decreto de que Jehová lo ha reconocido como rey sobre todas las cosas; por eso, Dios le ha dicho también a El: "Pídeme, y te daré por herencia las naciones." Esta no será la primera vez que el Padre le haya dado una parte de la humanidad al Hijo. Una vez, cuando oró al Padre, El designó a los creyentes cristianos con el distintivo "los hombres que del mundo me diste." Muchas veces se enseña, sin embargo, que el método por el cual el Rey conquistará a estas naciones será mediante una conquista pacífica y misionera. Antes, por el contrario, El las quebrantará con vara de hierro, y las desmenuzará como se desmenuza la vasija que hace el alfarero. Este sometimiento violento de las naciones, cuando venga el Rey, se describe muchas veces en las predicciones de la Palabra de Dios. No hay ninguna que sea tan vívida como la de Isaías 63:1-6, donde leemos:

> "¿Quién es este que viene de Edom, de Bosra, con vestidos rojos? ¿éste hermoso en su vestido, que marcha en la grandeza de su poder? Yo, el que hablo en justicia, grande para salvar. ¿Por qué es rojo tu vestido, y tus ropas como del que ha pisado en lagar? He pisado yo solo el lagar, y de los pueblos nadie había conmigo; los pisé con mi ira, y los hollé con mi furor; y su sangre salpicó mis vestidos, y manché todas mis ropas. Porque el día de la venganza está en mi corazón, y el año de mis redimidos ha llegado. Miré, y no había quien ayudara, y me maravillé que no hubiera quien sustentase; y me salvó mi brazo, y me sostuvo mi ira. Y con mi ira hollé los pueblos, y los embriagué en mi furor, y derramé en tierra su sangre."

En relación con esto, deben estudiarse cuidadosamente las porciones de 2 Tesalonicenses 1:7-10 y Apocalipsis 19:11-21. En el versículo 15 de este último pasaje, se nota que hay relación tanto con el Salmo 2 como con Isaías 63:1-6. Este es el versículo: "De su boca sale una espada aguda, para herir con ella a las naciones, y él las regirá con vara de hierro; y él pisa el lagar del vino del furor y de la ira del Dios Todopoderoso."

Esta violenta subyugación de las naciones, que sucederá cuando el Rey regrese, constituye la preparación para que podamos apreciar la descripción de la escena que se presenta en Mateo 25:31-46. En esta escena, esas mismas naciones rebeldes, y sus reyes y gobernantes que habían estado movidos por el demonio, aparecen en terrible silencio delante del Rey, el cual está sentado en su trono de gloria. Toda la resistencia habrá sido derrotada y disuelta. Las armas de la guerra, de las cuales habían dependido tanto, habrán sido abandonadas. Todos están allí en silencio solemne, esperando el veredicto del Rey. Cuando El lo ordene, las naciones señaladas como naciones *ovejas* se colocarán a la derecha, y las naciones señaladas como pueblos *cabritos,* a la izquierda. No habrá duda ni vacilación. Sólo habrá un temor: el de que puedan desagradar al Monarca que las ha conquistado. No hay cuadro que puede describir mejor la completa derrota y la subyugación de estas naciones que hacía tan poco tiempo estaban desafiando a Jehová y a su Mesías, diciendo: "Rompamos sus ligaduras, y echemos de nosotros sus cuerdas." El único asunto que ellos tendrán en sus mentes en ese momento será la clase de disposición que el Rey quiere que ellos tengan. A los que estarán a su derecha, el Rey les dirá: "Venid, benditos de mi Padre, heredad el reino preparado para vosotros desde la fundación del mundo." En este punto entran las malas interpretaciones con una interminable confusión de ideas. No hay ninguna razón para darle otro significado a la palabra *reino* en este pasaje que no sea el que se le da en todo el *Evangelio de Mateo.* Este es el reino terrenal, mesianico, milenario de Israel, al cual, según la autoridad de un gran cuerpo de predicciones del Antiguo Testamento, han de entrar los gentiles y en el cual han de sostenerse como subordinados, pues esa es la condición que se les asigna (comp. Sal. 72:8-11; Is. 14:1, 2; 60:3, 5, 12; 62:2). La razón que tiene establecida Cristo para recibir a estas naciones ovejas en el reino es sumamente clara. En ellos se ha operado algo que les asegura la divina aprobación y la bendición. No es asunto de otorgarles la gracia divina, sino de recompensar el mérito. Esas naciones han provisto alimento, agüa, hospedaje, vestido y comodidad al Rey. El detalle notable en esto es que ellas mismas no se dan cuenta que hayan realizado esos servicios. La primera palabra con la cual se rompe el terrible silencio es ¿cuándo . . .? Del mismo modo, a los que estarán a la izquierda, el Rey los enviará al lago de fuego, preparado para el diablo y para sus ángeles, y por la misma razón, pero a la inversa: ellos no proveyeron alimento, ni agua, ni hospedaje, ni vestido, ni comodidad para el Rey. Ellos, a su vez, también estarán igualmente inconscientes de esa omisión por parte de ellos; y también romperán su silencio con la pregunta ¿cuándo . . .? Todo esto constituye un desafío para el estudiante aprovechado. ¿Hay algún asunto en este mundo, de importancia tan grande que determine el destino de las naciones, y que, sin embargo, las naciones no lo sepan ni lo reconozcan cuando estén en la presencia del Rey? Tal problema lo presente en este contexto el mismo Rey, y no debe pasarlo por alto ninguna mente sincera. En este punto, no importa cuál sea el método de interpretación que se emplee. El problema, tal como se presenta, demanda solución de todas las escuelas de interpretación. Los que afirman que esta escena representa el juicio para los salvos y los no salvos en el fin del mundo, encuentran que es sumamente difícil identificar al tercer grupo, el cual es distinguido por el Rey con el nombre de "mis hermanos más pequeños". ¿Si las naciones ovejas son personas salvas de todas las generaciones, quienes son estos "hermanos"? Si los "hermanos" son los salvos que constituyen la Iglesia, ¿quiénes son las naciones ovejas? ¿Cómo podría la Iglesia ser así rechazada por el hecho de no tener el mérito que le sirva de base para ser aceptada por Dios, cuando los creyentes en Cristo han sido aceptos en el Amado? ¿Cómo pudieran los componentes de la Iglesia entrar en el reino en calidad de súbditos del Rey, cuando ella es la Esposa que se sienta y reina con El. Del mismo modo, la Iglesia nunca ha sido lanzada para sus sostenimiento físico y comodidad a la merced del *cosmos.* A ella se le ha prometido y se le ha cumplido lo siguiente: "Mi Dios, pues, suplirá todo lo que os falta conforme a sus riquezas en gloria en Cristo Jesús" (Fil.4:19). Cualquier interpretación que coloque a la Iglesia ya sea en la condición de "mis hermanos", o en la condición de las naciones ovejas, resulta imposible desde cualquier punto de vista.

La respuesta del Rey a la pregunta *¿cuando?* es la que debe satisfacer al estudiante del texto, y la que satisfará a las naciones cuando estén delante de El. Lo que aquellas multitudes pueden entender, también puede entenderlo la persona común de hoy, si se acerca a la consideración con una mente desprejuiciada con respecto al significado que implica. El Rey dirá: ". . .en cuanto lo hicisteis a uno de estos mis hermanos más pequeños, a mí lo hicisteis". ¿Quiénes son, pues, estos que aquí se llaman "mis hermanos"? Según cierta teología del pacto, que sólo reconoce dos clases de hombres en el estado futuro – los salvos y los perdidos – y solamente dos lugares – el cielo y el infierno – ha surgido un problema insuperable para poder explicar este tercer grupo al cual identifica el Rey con el distintivo de "mis hermanos". Estos teólogos afirman que los salvos de todas las edades estarán a la derecha, y los perdidos, a la izquierda. Además, según esta enseñanza, no pudiera haber otra clase; sin embargo, el Rey señala una tercera clase. Hay dos grupos que pudiéramos identificar como hermanos de Cristo. (1) Los cristianos son coherederos con Cristo (Ro.8:17); ellos son los "muchos hermanos" a los cuales El se les revela como el Primogénito (Ro.9:29). Sin embargo, como ya lo hemos indicado, ninguno de los rasgos de esta descripción les corresponde a los cristianos. Por otra parte, (2) Israel, en su época, se sostuvo delante de Dios sobre una base de mérito, y todavía permanece sobre ella, en tanto que en esta era, la nación ha sido abandonada a merced del mundo o *cosmos.* Aquellos que, en la próxima tribulación, hayan sufrido por el amor de Cristo (Mt.24:9) son sus hermanos en la carne. El reino que viene le corresponde a Israel, y conviene observar que, puesto que ciertos pueblos gentiles van a tomar parte en el reino de Israel, esos son los pueblos que, por haber mostrado simpatía hacia el pueblo de Dios, serían elegidos por Dios para entrar en el reino. Este no es un simple accidente, pues en el pacto de Dios con Abraham aparecen las palabras *benditas* y *malditas,* con respecto a la actitud de los gentiles hacia la descendencia de Abraham según la carne (Gn.12:1-3), y son las mismas palabras que aparecen cuando las naciones gentiles llegan ante Dios para ser juzgadas con respecto a su trato para con el pueblo elegido de Dios. En Génesis está escrito: "Bendeciré a los que te bendijeren"; y en la descripción del juicio de las naciones se dice: "Venid, benditos de mi Padre." En Génesis se dice: " . . .a los que te maldijeren maldeciré"; mientras que en el juicio se declara: "Apartaos de mí, malditos, al fuego eterno . . ." Pero, ¿por qué? Solamente, *en cuanto lo hicisteis,* o en cuanto *no lo hicisteis a uno de estos mis hermanos.* Por cuanto las naciones existen sin ponerle atención a la Palabra de Dios, no se han dado cuenta de que Israel tiene un lugar privilegiado en los planes de Dios. Tampoco aceptan esta verdad cuando se les presenta. A ningún otro pueblo le ha dicho Jehová: "Porque tú eres pueblo santo para Jehová tu Dios; Jehová tu Dios te ha escogido para serle un pueblo especial, más que todos los pueblos que están sobre la tierra. No por ser vosotros más que todos los pueblos os ha querido Jehová y os ha escogido, pues vosotros erais el más insignificante de todos los pueblos; sino por cuanto Jehová os amó, y quiso guardar el juramento que juró a vuestros padres, os ha sacado Jehová con mano poderosa, y os ha rescatado de servidumbre, de la mano de Faraón rey de Egipto" (Dt.7:6-8). A este mismo pueblo le dijo El: "Con amor eterno te he amado" (Jer.31:3). Dios los cuida a ellos como a la niña de sus ojos, y los tiene grabados en las palmas de sus manos. Con respecto al carácter inmutable de la devoción de Jehová para Israel, está escrito: "Porque irrevocables son los dones y el llamamiento de Dios" (Ro.11:29). Todo esto es cierto, sea que las naciones lo acepten o no. Ya se les han dado a esas naciones las advertencias y los consejos respectivos. ¿Qué palabras más vigorosas se les pueden pronunciar que las que se encuentran en la parte final del Salmo 2? Estas son las palabras: "Ahora, pues, oh reyes, sed prudentes; admitid amonestación, jueces de la tierra. Servid a Jehová con temor, y alegraos con temblor. Honrad al Hijo, para que no se enoje, y perezcáis en el camino; pues se inflama de pronto su ira" (vs.10-12). Puesto que este juicio de las naciones ha de efectuarse al fin de la Gran Tribulación, se relacionará directamente con la generación que aflija a Israel durante el tiempo de la angustia para Jacob. Aunque actualmente sufre a manos de varias naciones gentiles, todavía no hay una situación sobre la cual pueda basarse el juicio contra las naciones, tal como la que habrá para que sean juzgadas en aquel día venidero. A algunos les parecen sumamente extremos estos veredictos contra las naciones, especialmente el que ha de pronunciarse contra los que están a la izquierda. Es probable, sin embargo, que su destino de fuego eterno les corresponda por causa de su estado de perdición, pero que el momento para lanzarlas al sitio que les corresponde se haya diferido hasta la hora que se describe en Apocalipsis 20:11-15 (comp. Mt.13:30). El puesto que han de ocupar las naciones ovejas en el reino, se les ha preparado y designado desde antes de la fundación del mundo, lo cual indica que es una elección definida de la soberanía de Dios. Lo que El ha determinado y declarado no puede fallar jamás.

En conclusión, podemos volver a decir que éste fue el mensaje de despedida del Rey Mesías para Israel. En sus primeras partes se registra la propia descripción de El con respecto a la tribulación. La severidad del discurso se afirma y se descubre la señal del fin de la parte de la era judía que está diferida. Luego viene la descripción del retorno del Rey a establecer su reino. A esto se agregan las largas y fieles advertencias al pueblo, con el fin de que puedan estar preparadas para el día "cuando veáis todas estas cosas," que es el que indica la cercanía del fin. Israel será sometido a juicio en base a su fidelidad, buena conducta y actitud de vigilancia con respecto a la venida del Señor. La nación tendrá que ser juzgada también como vindicación del derecho soberano de Jehová, y de su propósito de exaltar a la nación elegida sobre todas las naciones de la tierra, y para demostrarles a esas naciones su resentimiento por los sufrimientos a que ellas han sometido al pueblo amado de Dios.

3. EL DISCURSO DEL APOSENTO ALTO. El tercero y último de

los discursos de Cristo se encuentra en los capítulos 13 al 17 de San Juan, y aunque lo presentó a los discípulos como los otros dos, éste tiene un carácter más distintivo y un propósito más determinado que los otros dos que ya hemos considerado. El estudiante atento, que discierne, debe estar enterado al estudiar esta porción, de que está frente a una doctrina que le corresponde solamente a la Iglesia en la era presente, y de que, a diferencia del Sermón del Monte y del sermón del Monte de los Olivos que miran hacia lo establecido en el Antiguo Testamento, este discurso mira a las siguientes partes del Nuevo Testamento, las cuales no estaban escritas todavía. Este discurso, que algunos han llamado conversación, es el campo donde se siembran todas las enseñanzas de la gracia, y en él se confirma que en ninguna otra parte de las Escrituras que se pudiera decir que contienen doctrina cristriana complicada se anuncia con más claridad que en ésta. En vista del hábito que tienen algunos teólogos de llamar a toda la Biblia *doctrina cristiana,* volvemos a recalcar que en esta obra de teología, todo lo que corresponde al carácter cristiano se distingue de lo que corresponde al judaísmo, y se coloca dentro del propósito de Dios para la presente era, es decir, dentro del llamamiento tanto de judíos como de gentiles para que sean transformados por la gracia redentora, y se constituyan en el Cuerpo y Esposa de Cristo. La verdad relacionada con la Iglesia, ese pueblo celestial, se halla en porciones posteriores del Nuevo Testamento, o dicho más definidamente, en todo aquello que viene después de los Evangelios sinópticos. Como este pueblo celestial debe distinguirse de todas las otras gentes que existen sobre la tierra, por medio de diferencias que son inmensurables, debe esperarse que haya un cuerpo de revelación específicamente dirigido a ese pueblo y designado para él. Existe ese cuerpo de verdad, y su primer pronunciamiento lo hizo el mismo Cristo en el Aposento Alto. El discurso del Aposento Alto es, por tanto, la voz de Cristo, y es el fundamento en el cual se basan las posiciones, las posesiones y los privilegios del cristiano. Llamamos la atención otra vez a la gran diferencia que hay entre los tres discursos de nuestro Señor –tan grandes en verdad que casi no pueden atribuírseles al mismo orador; aunque el Sermón del Monte y el discurso del Monte de los Olivos, puesto que ambos se relacionan directa o indirectamente con el reino mesiánico que ha de venir, tienen mucho en común. Hay que notar, en cambio, que no hay ningún vínculo de verdad que una a los dos discursos que hemos estudiado con el discurso del Aposento Alto. Estas amplias declaraciones deben ser investigadas por todo estudiante. Y tenemos toda confianza en que en la identificación del carácter variado de estos discursos está el recurso para poder llegar al fundamento de la correcta interpretación del Texto Sagrado. Es especialmente cierto que, si comprendemos exactamente las enseñanzas de Cristo en el Aposento Alto, podemos enterarnos cabalmente de lo que es puramente cristiano en su carácter.

Volvemos a llamar la atención de igual modo, al hecho de que hubo una transición que evidentemente fue de unos dos o tres días entre el discurso del Monte de los Olivos, que fue dirigido a los discípulos en su condición de representantes del judaísmo, y el discurso del Aposento Alto, que se les dirigió a estos mismos hombres, pero no ya en su condición de personas regidas por la ley judía (comp. Jn.15:25), sino en su condición de personas *lavadas* por la Palabra que el Señor les había hablado (Jn.13:10; 15:3). Y no se podía indicar una transformación más grande que la que afirmó Cristo de ellos cuando dijo: "... no son del mundo o *cosmos*, como tampoco yo soy del mundo" (Jn. 14:14,16), y "Como tú me enviaste al mundo, así yo los he enviado al mundo o *cosmos* (Jn.17:8). Para este momento, los discípulos se hallan vitalmente relacionados con Cristo, como lo indican estas palabras: "... vosotros en mí, y yo en vosotros" (Jn.14:20). Ya ellos, pues, forman una unidad comparable solamente a la que existe entre el Padre y el Hijo. Con respecto a esta unidad dijo Cristo: "para que todos sean uno; como tú, Padre, en mí, y yo en tí, que también ellos sean uno en nosotros: para que el mundo crea que tú me enviaste. La gloria que me diste, yo les he dado, para que sean uno, así como nosotros somos uno. Yo en ellos, y tú en mí, para que sean perfectos en unidad, para que el mundo conozca que tú me enviaste, y que los has amado a ellos como también a mí me has amado" (Jn.17:23). A estos mismos hombres les fue entregado todo el cuerpo de doctrina, y de ahí en adelante ellos fundaron sus relaciones en torno a la Jefatura de Aquel que murió por ellos, y con quien ellos se levantaron a vida nueva. El tiempo para llevar a efecto lo dicho en este discurso está establecido claramente: debía ponerse en efecto inmediatamente después de la muerte, resurrección y ascensión de Cristo; y después de la venida del Espíritu Santo el día de Pentecostés (comp. Jn.13:19; 14:20,25; 16:8,13). En otras palabras, estos eventos que transformarían la era, se establecieron antes que la era fuera inaugurada. Los hombres tendrían que esperar la manifestación del plan de Dios. Cristo les dijo que ellos llegarían al conocimiento de la verdad y comprenderían su relación cuando viniera el Espíritu (comp. 13:7; 16:12-15; 17:13,14,16). No se había introducido esa clase de doctrina nunca antes en el mundo. Es extraña a todas las Escrituras que antes fueron escritas. Se presentan por lo menos siete principales doctrinas en el discurso. No están enfocadas en forma sistemática y ordenada. Más bien siguen el método de una conversación natural, tal como la que había caracterizado sin duda alguna todas las conversaciones de estos hombres en los años precedentes. La informalidad se demuestra en el hecho de que Cristo volvió a hablar de los mismos asuntos varias veces. El se refirió tres veces a la oración, y al nuevo ministerio del Espíritu Santo, por lo menos cinco veces. Generalmente, los expositores de este discurso incluyen en él la oración intercesora que se encuentra en el capítulo 17. El versículo 13 de este capítulo relaciona esa oración con el discurso: "Pero ahora voy a tí; y hablo esto en el mundo, para que tengan mi gozo cumplido en sí mismos." No podemos entrar aquí en una exposición completa de todo lo que presenta este discurso.

Como ya se ha dicho, el discurso abraza todo lo relacionado con el fundamento de lo que corresponde a la vida cristiana y al servicio cristiano. Su consideración más completa tiene que colocarse en otra parte de esta obra de teología. Hay que notar también que hay una pequeña referencia en esta porción de la Escritura al camino de la salvación y a la base sobre la cual ésta descansa. En los primeros 12 capítulos de Juan se declara el Evangelio de la divina gracia para los perdidos. Comenzando en el capítulo 13, se presenta la verdad que es aplicable solamente a los que son salvos. Aun en Juan 16:7-11, donde se define la obra del Espíritu para los inconversos, no hay un mensaje directo para ellos, sino un mensaje a los creyentes en Cristo, sobre el inconmensurable valor de dar el testimonio cristiano y de efectuar actividades para la salvación de las almas. Los siguientes son los temas principales que se incluyen en este discurso, y que son muy vitales para la vida y para el servicio cristianos: (a) Una nueva relación con Dios por medio de Cristo, (b) limpieza y comunión ininterrumpida, (c) la permanencia en Cristo para poder dar frutos, (d) una nueva relación con el Espíritu Santo, (e) una nueva relación entre los creyentes en Cristo, (f) una nueva base para la oración, y (g) una nueva esperanza.

a. UNA NUEVA RELACION CON DIOS. En las Epístolas, especialmente en *Romanos,* el acto supremo de Dios que consuma todas sus poderosas obras para la salvación del creyente en Cristo es la justificación; una justificación que es el reconocimiento por parte de Dios de la perfección que el creyente en Cristo halla en su Salvador, lo cual se hace correctamente posible sólo por causa de la verdad de que el salvo en Cristo está tan vital y eternamente unido con El que participa real y completamente de lo que es Cristo. Cristo, digámoslo así, es la Justicia de Dios. Estar en Cristo es, entonces, la más grande realidad que puede caracterizar al ser humano. Como la raza es una raza caída por causa del lugar que le corresponde en torno a la jefatura del primer Adán caído, el creyente en Cristo, que se ha trasladado del estado caído del primer Adán al estado del último Adán, es justo, por cuanto Cristo es la misma encarnación de la justicia de Dios. Tan cierto como el hombre, por causa de su nacimiento físico, se hace participante de la condición a que Adán llegó por causa de la caída, de igual modo es cierto que el creyente en Cristo, por causa de su nuevo nacimiento y de su unión con Cristo mediante el bautismo del Espíritu, participa de lo que es Cristo, y en ello se incluye la justicia de Dios. Ya estudiamos, en una consideración anterior, ésta que es la más grande de todas las realidades, en forma completa; confiamos que el estudiante tenga esa consideración en mente. Así que la justificación no hace justo al creyente en Cristo, sino que es el reconocimiento divino o la proclamación del hecho de que el creyente en Cristo es justo. Así que subsiste la fórmula enunciada, que es esta: *El creyente en Cristo es justo porque está en Cristo, y es justificado porque es justo.* Dios no podría ser justo, y a la vez dejar de justificar a aquel que, por estar en Cristo, ha sido hecho justicia de Dios. Lo que se dice que es la nueva creación es aquella entidad que se forma mediante la unión del Cristo resucitado con aquel que está en El. El término *Iglesia* se aplica al Cuerpo, que a la vez es la Esposa de Cristo. La Iglesia es la compañía de creyentes en Cristo, en aquel aspecto en que se distinguen de la Cabeza, o sea del Esposo; pero la nueva creación no permite esa división. En la nueva creación se incorpora el Cristo resucitado y todo lo que está en El. Está escrito: "De modo que si alguno está en Cristo, nueva criatura es; las cosas viejas pasaron; he aquí todas son hechas nuevas" (2 Co.5:17). "Pues todos sois hijos de Dios por la fe en Cristo Jesús; porque todos los que habéis sido bautizados en Cristo, de Cristo estáis vestidos. Ya no hay judío ni griego; no hay esclavo ni libre; no hay varón ni mujer; porque todos vosotros sois uno en Cristo Jesús" (Gá.3:26-28). "Porque en Cristo Jesús ni la circuncisión vale nada, ni la incircuncisión, sino una nueva creación" (Gá.6:15). Surge un gran error cuando se cree que todo esto fue igualmente cierto en el caso de los santos del Antiguo Testamento en su día. No pudo haber habido santos perfectos, con respecto a su posición, mientras no hubo Cristo resucitado que pudiera ser la fuente de aquella justicia que Dios le cuenta al pecador. Por otra parte, no hay cristiano en la presente edad que no haya sido perfeccionado por causa de su posición en Cristo; no hay cristiano, por tanto, que no sea justificado para siempre.

En esta verdad que excede a todo entendimiento se basa todo lo que nos revela el Nuevo Testamento. Para cualquier observador, por más casual que sea, tiene que ser obvio que tal relación no se contempló en el Antiguo Testamento, ni en los Evangelios sinópticos, ni aun en el *Evangelio de Juan,* hasta este momento en que se da el discurso del Aposento Alto. Como ya lo hemos dicho, los primeros 12 capítulos de *Juan* –con excepción del relato de la discusión de Cristo con los judíos– presentan el Evangelio de la salvación por gracia. Sin embargo, la expresión *en Cristo* no aparece en este Evangelio ni en niguna parte del Texto Sagrado hasta que llegamos al discurso del Aposento Alto. Allí sí se nos dice que el creyente cristiano está *en Cristo.* La primera mención sobre esta unión vital y orgánica de Cristo y el que cree en El se halla en Juan 14:20. Allí leemos: "En aquel día vosotros conoceréis que yo estoy en mi Padre, y vosotros en mí, y yo en vosotros." Aun el conocimiento de esta unión maravillosa se pospone hasta "aquel día" que, según el contexto, es el día de Pentecostés, el día del advenimiento del Espíritu Santo al mundo. No hay ninguna revelación más profunda con respecto a esta relación que la que se expresa en estas palabras: "vosotros en mí, y yo en vosotros". Bien se ha dicho que toda la revelación de la gracia está comprimida en esta relación bipartita. Estas son obras inmensurables que realiza el Espíritu Santo. El estar en Cristo es una relación consumada por el bautismo del Espíritu Santo; el tener a Cristo morando en la vida es una relación operada por el poder regenerador del Espíritu. Esta unión vital con Cristo no se anuncia sólo para los judíos que eran discípulos de El, sino para todos aquellos que el Padre le ha dado al Hijo. Esta es la primera vez en la historia humana en que esta estupenda verdad llega a real existencia. La verdad concerniente a la unión vital con Cristo y todo lo que esa unión garantiza, la vuelve a repetir el Señor en Juan 15:2, donde se nos dice que el pámpano (rama) está en Cristo (comp. Jn.17:21-23).

De la misma manera, Cristo declara que el creyente en El es sacado del *cosmos,* y que queda tan desconectado de ese sistema como el mismo Cristo. El declara: "Si el mundo os aborrece, sabed que a mí me ha aborrecido antes que a vosotros. Si fuerais del mundo, el mundo amaría lo suyo; pero porque no sois del mundo, antes yo os elegí del mundo, por eso el mundo os aborrece" (Jn.15:18-19). "Estas cosas os he hablado para que en mí tengáis paz. En el mundo tendréis aflicción; pero confiad, yo he vencido al mundo" (16:33). "Yo les he dado tu palabra; y el mundo los aborreció, porque no son del mundo, como tampoco yo soy del mundo . . .Como tú me enviaste al mundo, así yo los he enviado al mundo" (17:14,18). Nunca se había predicado a Israel esa clase de relación con Dios (comp. Ro.9:4-5), y jamás se les había predicado eso a los gentiles (comp. Ef.2:11-12). Es sumamente significativa la inclusión que el

Señor hace en esta oración, en el versículo 20: "Mas no ruego solamente por éstos, sino también por los que han de creer en mí por la palabra de ellos." Así se garantiza que los que han creído por medio del mensaje de los discípulos son igualmente participantes de todo lo que revela esta inmensurable oración. Pero es igualmente significativo que Cristo no oró por los santos de la era judía. Alguien diría que, puesto que esos santos estaban muertos, no habría razón para orar por ellos; pero, a esto contestamos que realmente había una completa generación de judíos que estaba viviendo en ese mismo momento, y esa generación tenía el mismo derecho de participar en las oraciones de Cristo como las que habían desaparecido. Pero El no oró por los santos que se encontraban en el judaísmo. El oró por aquellos que creerían. Los santos del Antiguo Testamento no están relacionados con Dios en base a la fe en el Salvador. La oración se restringe claramente a los que sean salvos solamente por gracia en esta edad. De esta oración se deduce que se ha introducido en el mundo una obra divina completamente nueva. El objetivo de esta obra es el de llamar a una compañía de santos, cada uno de los cuales tendría que ser perfeccionado para siempre, en Cristo, y cada uno de los cuales lograría esa posición exaltada por el solo hecho de creer en Cristo. Si comparamos las antiguas relaciones del hombre con Dios, ésta es completamente nueva – aun para los mismos discípulos – y con la introducción de esta verdad en la forma en que se presenta en este discurso, queda el camino expedito para el desarrollo más amplio de este tema que se hará en las Epístolas del Nuevo Testamento.

Ni siquiera las Escrituras que ya hemos estudiado con relación a la manifestación de la edad milenaria, dan la menor idea en lo relativo a la nueva criatura que pueda haber en ese tiempo sobre la tierra. Debe llamarnos la atención el título con el cual se identifica a los creyentes en Cristo, por parte del Hijo, cuando El le habla de ellos al Padre. Dentro de esa íntima comunión, ¿con qué nombre deben distinguirse? Es probable que cuando el Señor hablaba a los suyos con respecto a ellos mismos, El adaptaba su lenguaje a las concepciones restringidas de ellos; pero cuando le habla al Padre con respecto a los que creen en El, los identifica mediante un título que sólo se logra mediante esta suprema asociación celestial – un término común al Padre y al Hijo desde la eternidad, puesto que su identidad ha sido determinada, y ellos han sido escogidos *en El* desde antes de la fundación del mundo (comp. Ef.1:4). Si esta denominación es en alguna forma una descripción del carácter de ellos o de su posición, tiene que referirse al rasgo más exaltado de esta empresa divina. En esta oración, el Salvador se refiere a los creyentes en El siete veces, utilizando siempre el mismo cognomento y, por tanto, tal título tiene que considerarse como una de las más altas designaciones para los cristianos, en el cielo y en la tierra. Cuando El se refiere a ellos, aunque usa diversas formas, los considera como "los hombres que del mundo me diste." Puesto que nunca se había sugerido tal clasificación para ninguna clase de gente en este mundo, y puesto que esa denominación es completamente extraña a los posteriores grupos que están predichos en las profecías, se debe aceptar que la presente edad, con respecto a la cual habla el Señor en este discurso, no es solamente alta como los cielos en lo relativo al propósito divino, sino que contempla un pueblo celestial que es, por causa de la exaltación y de transformación divinas, completamente diferente de todos los pueblos que han existido o que han de existir sobre la tierra.

b. LIMPIEZA Y COMUNION ININTERRUMPIDA. En el orden en que Cristo enfocó los temas que trata en el discurso, el primero es el relativo a la limpieza del creyente en Cristo y a la comunión ininterrumpida con el Padre y con el Hijo. No se debe confundir esta doctrina con la de la salvación de los perdidos, la cual afirma que hay una completa remoción de toda clase de condenación, tanto en el tiempo como eternamente, para todo aquel que cree. Como ya lo hemos dicho a menudo, las personas a las cuales se dirige este discurso se consideran limpias por la Palabra que Cristo les habló, y aceptas a Dios por cuanto están en Cristo. Pero, puesto que el pecado continúa hasta cierto grado en la vida del cristiano, es necesaria una constante remoción de las impurezas. Esta no es una renovación para la salvación, sino una limpieza con la finalidad de que no haya impedimento para la comunión con el Padre y con el Hijo. El apóstol Juan, cuando se refirió a esta purificación, afirmó en su *Primera Epístola:* "Este es el mensaje que hemos oído de él, y os anunciamos: Dios es luz, y no hay ningunas tinieblas en él. Si decimos que tenemos comunión con él, y andamos en tinieblas, mentimos, y no practicamos la verdad; pero si andamos en luz, como él está en luz, tenemos comunión unos con otros, y la sangre de Jesucristo su Hijo nos limpia de todo pecado" (1:5-7). El punto que hay que considerar aquí es que este mensaje con respecto a la sangre de Jesucristo, su Hijo, que nos limpia de todo pecado, es un mensaje del cual declara Juan "que hemos oído de él". Es probable que el Señor habló a menudo a sus discípulos sobre este tema, pero es notable que lo colocó en primer lugar en el orden de verdad que plantea en el Aposento Alto. Y es muy probable que Juan, cuando dijo que esta verdad se la había oído directamente al Señor, estaba pensando en lo que sucedió en el Aposento Alto. Habiendo amado a los suyos que estaban en el *cosmos* con amor eterno, y sabiendo la verdad de que El había venido de Dios y pronto iba a regresar a Dios,

Cristo se quitó su manto y, tomando una toalla, se la ciñó – ése era el signo distintivo del siervo – y habiendo puesto agua en una vasija, comenzó a lavarles los pies a los discípulos y a limpiárselos con la toalla que tenía ceñida. El contraste es en verdad grande entre ésta, que pudiéramos llamar una miniatura de una escena más grande, y la realidad – cuando El se levantó de la comunión celestial, se ciñó con la humanidad y, mediante el derramamiento de su sangre, proveyó perfecta salvación y limpieza para todo aquel que cree. La escena grande se compara con un baño entero, como aquel que recibía el antiguo sacerdote cuando iba a entrar al lugar santísimo; la escena pequeña se compara con el lavamiento parcial que necesitaba el sacerdote personalmente en la fuente de bronce, antes de cualquier oficio que realizara en el Templo. El lavamiento que Cristo realizó en el Aposento Alto fue parcial, es decir, un lavamiento para aquellos que El mismo declaró que estaban limpios. El sacerdote del Antiguo Testamento es un tipo del cristiano del Nuevo Testamento. El cristiano ha recibido todo el lavamiento de la regeneración por la Palabra de Dios, pero siempre necesita la limpieza de las impurezas que adquiere por su contacto con este mundo. La sangre de Jesucristo, el Hijo de Dios, es la que realiza esta limpieza de todo pecado (1 Jn. 1:7), y "Si confesamos nuestros pecados, él es fiel y justo para perdonar nuestros pecados, y limpiarnos de toda maldad" (1 Jn. 1:9). Esta es la verdad básica que está demostrando Cristo al lavarles los pies a los discípulos. Claro que El señaló una aplicación en lo que respecta a la necesidad de la humanidad y el servicio que deben ser mutuos entre los discípulos; pero dijo, además, a Pedro: "Lo que yo hago, tú no lo comprendes ahora; mas lo entenderás después." Claramente indican estas palabras que hay un significado mucho más profundo en el acto del lavamiento que el que ellos pudieron entender en ese tiempo.

Debe recordarse que Pedro y los demás discípulos no entendían que Cristo iba a morir, ni podían entender ninguna cosa que estuviera basada en su muerte. Esto lo sabrían después que hubiera ocurrido la muerte del Señor. Era la sangre de Jesucristo, el Hijo de Dios, que limpia de todo pecado, la que está representada en el lavamiento simbólico de los pies. Esto no podían saberlo ellos hasta que realmente fuera derramada la sangre del Salvador. La conversación del Señor con Simón Pedro ilumina esta verdad para todos los creyentes en Cristo, como se la iluminó a Pedro. La pregunta de Pedro, "Señor, ¿tú me lavas los pies?" es el reconocimiento por parte de este discípulo de la inconsecuencia de ese acto con lo que él tenía en su corazón cuando había confesado recientemente: "Tú eres el Cristo, el Hijo del Dios viviente" (Mt. 16:16). Para Pedro, estaba muy lejos de ser razonable que Cristo le lavara los pies. Cuando se le dijo que el lavamiento tenía un significado oculto, Pedro declaró: "No me lavarás los pies jamás." Esta protesta logró sacar de Cristo las palabras que revelaron el significado de ese lavamiento especial: "Si no te lavare, no tendrás parte conmigo." Necesitamos entender las palabras de esta declaración de Cristo. La palabra *lavar* –griego νίπτω– se usa ocho veces en este contexto, y solamente se refiere a un lavamiento parcial, tal como el que Cristo estaba realizando. Las palabras *no* –tendrás– *parte* –griego οὐκ μέρος– significa *no* –tener– *comunión normal,* y llegaron a lo más profundo del corazón de Pedro, como lo indica su cambio total de actitud cuando dijo: "Señor, no sólo mis pies, sino también las manos y la cabeza." A lo cual respondió el Señor: "El que está lavado, no necesita sino lavarse los pies, pues está todo limpio; y vosotros limpios estáis, aunque no todos" (Jn. 13:10). En este versículo, la palabra que se usó en griego no fue νίπτω, sino λούω, la cual indica un baño completo. Y se refiere a algo que ya ha sucedido completamente, tal como la obra que se cumple en los creyentes en Cristo cuando llegan a ser salvos. No hay necesidad de otro lavamiento total de esa naturaleza; pero sí se necesita el lavamiento parcial de las impurezas del pecado en la vida del creyente en Cristo. No sólo debe quitarse el pecado si uno desea disfrutar la comunión con el Señor, sino que Cristo es el único que puede limpiarlo. Es posible que un discípulo le sirva a otro con humildad; esa fue la aplicación que el Señor le dio en ese momento a su acto ejemplar. Nos parece necesario señalar que todo lo que se indica mediante el lavamiento de los pies de los discípulos era totalmente desconocido en el Antiguo Testamento y para los judíos. El remedio para los pecados de los santos del Antiguo Testamento eran los sacrificios. El cristiano tiene una cura para el pecado constante e instantáneamente, la cual se basa en la fe en la sangre de Cristo. Esta cura se logra mediante la confesión del pecado. Esta es una nueva doctrina.

c. LA MORADA EN CRISTO PARA PODER PRODUCIR FRUTO. Lo que se conoce con el nombre de vida espiritual (1 Co. 2:15) es el resultado o producto de la energía sin interrupciones del Espíritu que mora en el creyente en Cristo (Fil. 2:13). El Espíritu obra en relación con dos principales realidades: la supresión del mal en la vida y la expresión de lo que es bueno. Aunque la vida es de gran valor en sí misma cuando vence el mal, no es espiritual en el sentido completo de la palabra por ese solo hecho. Ese logro es negativo. También requiere la potencia positiva de las virtudes divinas las cuales se mantienen por capacitación divina. El creyente en Cristo no debe medir su espiritualidad solamente mediante el reconocimiento de las cosas que ya no practica; la vida espiritual se mide mejor por medio de las cosas que practica el creyente y que honran a Dios. En la división anterior de esta tesis discutimos la remoción de las impurezas. Esa discusión hubiéramos podido extenderla hasta el control de aquellas tendencias de la vida que engendran la mala conducta. En esta sección se establece que la producción del fruto, la oración efectiva y el gozo celestial son resultados de la morada en Cristo. La verdad que presentamos en la división anterior se nos revela en *Juan 13:1-10,* y representa el aspecto negativo de la espiritualidad; en tanto que la verdad que se establece en la alegoría de la vid y las ramas representa la espiritualidad positiva. La alegoría de la vid y sus ramas es fácilmente mal interpretada en su calidad de ilustración de una realidad espiritual. Los arminianos han sacado de esta figura la noción de que representa el estado de los salvos y el de los no salvos, es decir, los hombres son salvos en tanto que estén en Cristo, y son perdidos en tanto que dejen de estar en Cristo. Casi no entienden lo que significa la unión del creyente en Cristo con Dios y con su Hijo. Difícilmente podría enseñar esta parábola la idea de que el creyente en Cristo se pierde cuando deja de producir fruto. En el mismo comienzo de este pasaje se habla de una rama que está en El y que no lleva fruto, con lo cual se nos indica que puede haber una rama en El que no sea fructífera. La experiencia humana –aun la del arminiano salvo– demuestra que esto es posible. Este pensamiento de estar en Cristo no sugiere la idea de permanecer en la condición de salvo, sino que indica un estado de comunión ininterrumpida con Cristo para aquel que, mediante la gracia infinita de Dios, ha entrado en unión inmutable con El. Esta verdad la establece Cristo totalmente, y la encontramos en *Juan 15:10:* "Si guardareis mis mandamientos, permaneceréis en mi amor; así como yo he guardado los mandamientos de mi Padre, y permanezco en su amor." Es cierto que la permanencia de Cristo en el amor del Padre no tenía por finalidad la conservación de su estado de salvo, sino que se pudiera cumplir entre Ellos una comunión ininterrumpida. El siempre hizo la voluntad de su Padre y por ello, siempre permaneció en el amor del Padre. Pero ése no fue un intento para poder mantener su condición de Hijo. Así el creyente obediente mora en el amor de Cristo y, por esa razón, hay una afluencia ininterrumpida de vitalidad espiritual procedente de Cristo la cual, como la savia de la vid, produce la fructificación. En el versículo 2 se nos dice que los que están en Cristo y no producen fruto serán quitados de su lugar. El Padre se reserva el derecho de llevarlos al cielo. En este punto, el arminiano protesta, diciendo que la rama que no produce frutos no tiene derecho de entrar al cielo. Así olvidan la verdad básica de que ninguna persona entra al cielo mediante su mérito personal, sino que, si entra, se debe al hecho de que Dios le adjudica el mérito de su Hijo. Dios sabe cómo tratar correcta y justamente con las ramas que no producen fruto, y, ¿cuál es el cristiano que es capaz de afirmar que él da fruto hasta el punto en que puede complacer completamente a Dios? No todo creyente en Cristo que muere le sucede eso por causa de no fructificar. Dios se reserva esta forma de corrección para aplicarla según su justicia, y es fiel hasta el punto de advertir con respecto a lo que pudiera ocurrir.

Las ramas que están en Cristo, y producen fruto, son limpiadas para que produzcan más. De este modo, las dos clases de personas que están en Cristo –los que dan fruto y los que no lo dan– quedan bajo el cuidado inmediato del Padre que es el Labrador. El creyente en Cristo, por no ajustarse a la voluntad de El, dentro de la esfera de su testimonio público, puede ser "echado fuera como pámpano" y "se secará." Sus compañeros rechazan su profesión, y su vitalidad espiritual mengua. Esta figura que simboliza la desaprobación de los hombres es muy vigorosa. Es cierto, sin embargo, que los hombres repudian las presunciones del creyente en Cristo cuya vida diaria llega a ser algo horrendo para los demás. Esa es realmente la justificación por medio de las obras a la cual se refiere Santiago cuando escribe: "Así también la fe, si no tiene obras, es muerta en sí misma. Pero alguno dirá: Tú tienes fe, y yo tengo obras. Muéstrame tu fe sin tus obras, y yo te mostraré mi fe por mis obras . . . ¿No fue justificado por las obras Abraham nuestro padre, cuando ofreció a su hijo Isaac sobre el altar? ¿No ves que la fe actuó juntamente con sus obras, y que la fe se perfeccionó por las obras? Y se cumplió la Escritura que dice: Abraham creyó a Dios, y le fue contado por justicia, y fue llamado amigo de Dios. Vosotros veis, pues, que el hombre es justificado por las obras, y no solamente por la fe" (Stg. 2:17, 18; 21-24). Es cierto que solamente la fe justifica al hombre ante Dios (comp. Ro. 5:1), y que solamente las obras justifican al hombre delante de sus semejantes; de modo que lo que corona toda esta presente obra divina de la salvación por la gracia es la justificación por la fe delante de Dios. Incidentalmente se incluyen en el discurso las instrucciones sobre cómo la rama puede ser fructífera para la gloria de Dios; pero el objetivo que se tiene en mente con la figura de la vid y sus ramas es el de demostrar la posibilidad de producir fruto. Una vida fructífera es aquella que le rinde honor y gloria a Dios, y que es útil. Casi no hay necesidad de señalar el carácter absolutamente nuevo de este cuerpo de verdad. Ningún santo del antiguo tiempo, bajo ningunas circunstancias, tuvo una posición perfecta en Cristo, y aparte de esta posición perfecta, no se hallaría ningún uso correcto para esta alegoría. Los santos del antiguo tiempo no tenían ninguna unión vital con Cristo, por lo cual no podían mantener ninguna comunión vital con El.

d. UNA NUEVA RELACION CON EL ESPIRITU SANTO. Si alguno de los temas de este discurso puede considerarse dominante, ése es el anuncio que hizo Cristo sobre la venida del Espíritu Santo al mundo para continuar el ministerio de El, en calidad de παράκλητος a través de toda esta era. Durante tres años y medio, Cristo había sido completamente suficiente para sus discípulos. El estaba a punto de retirarse, pero ellos no iban a quedar desatendidos. Vendría otro παράκλητος el día de Pentecostés. El nuevo Abogado iba a ser para los hombres más de lo que fue la presencia corporal de Cristo. Era mejor que Cristo se marchara y que viniera el Espíritu. Esta enseñanza de que la presente provisión, según la cual la tercera Persona de la Trinidad mora en cada creyente en Cristo es ventajosa, exije nuestra reflexión. El Cristo que estuvo con ellos durante los tres años y medio no podía estar en todos los lugares al mismo tiempo. Cuando Lázaro enfermó, Cristo estaba lejos de Betania, a una distancia de dos días de camino. En la relación presente entre el Epíritu y el creyente en Cristo no hay separación, ni hay oportunidad de compartirlo con otros, ni de esperar momentos disponibles para la comunicación. El Espíritu que mora en el cristiano es su herencia inapreciable para todo momento de la vida cristiana. El hecho de que Cristo estaba considerando en este discurso cierto tiempo y ciertas condiciones que se iban a hacer posibles mediante la muerte, la resurrección y la ascensión de El mismo, y mediante el advenimiento del Espíritu Santo el memorable día de Pentecostés, se recalca especialmente con las siguientes palabras: "Y cuando él venga." En estas palabras se incluía el ministerio del Espíritu Santo, tanto en relación con el inconverso (comp. Jn. 16:8) como en relación con la enseñanza de toda la verdad para los salvos (comp. 16:13). Teológicamente es correcto decir que el Espíritu Santo fue enviado al mundo tanto por el Padre (comp. 14:16, 26) como por el Hijo (comp. 16:7). Este pasaje relativo al Espíritu Santo registra la verdad central relacionada con su Persona y obra en esta era.

Juan 14:16, 17. "Y yo rogaré al Padre, y os dará otro Consolador, para que esté con vosotros para siempre: el Espíritu de verdad, al cual el mundo no puede recibir, porque no le ve, ni le conoce; pero vosotros le conocéis, porque mora con vosotros, y estará en vosotros."

La promesa de Cristo —"Yo rogaré al Padre, y os dará otro

Consolador" (παράκλητος)–bien puede colocarse en contraste con las palabras del mismo Señor que se registran en Lucas 11:13: "Pues si vosotros, siendo malos, sabéis dar buenas dádivas a vuestros hijos, ¿cuánto más vuestro Padre celestial dará el Espíritu Santo a los que se lo pidan? ." Esta garantía la pronunció Cristo durante la primera parte de su ministerio; pero como era una innovación tan grande en relación con las provisiones de los tiempos del Antiguo Testamento, a las cuales solamente estaban acostumbrados los discípulos, evidentemente nunca les penetró esa verdad. Después que el ministerio del Señor ha concluido cabalmente, y antes de partir de este mundo, El les declara que va a orar al Padre para que les envíe la presencia del Espíritu, ya que ellos no habían cumplido en hacer esa oración. Las provisiones que Cristo incluye en la oración son más extensas y prevén por lo menos dos grandes realidades que caracterizan esta era: (1) Que el Espíritu les sería dado, en su calidad de Persona para que morara en cada uno de los once hombres que estaban presentes. Ellos, según la costumbre del Antiguo Testamento, pensaban que el Espíritu se otorgaba solamente para propósitos específicos, según la soberana voluntad de Dios. El hecho de que el Espíritu podía dársele a todos los hombres de fe y sin excepción era totalmente nuevo para ellos. Así se introdujo uno de los más grandes rasgos de la era que pronto iba a comenzar –un rasgo que muchas veces los teólogos pasan por alto: que el Espíritu Santo se le da a todos los creyentes en Cristo, desde el más pequeño hasta el más grande. Aunque el hecho de la morada del Espíritu en el creyente en Cristo se recalca constantemente en las Epístolas del Nuevo Testamento, en esa ocasión lo anunciaba Cristo por primera vez. (2) El segundo rasgo que caracteriza la era cristiana es la verdad de que el Espíritu que mora en el hijo de Dios es un hecho inmutable. Cristo pidió que el Espíritu pudiera morar en sus creyentes para siempre; y esa oración fue contestada tan ciertamente como la misma oración para que viniera el Espíritu. Así que está garantizado que el Espíritu mora en el creyente cristiano, y que está en su corazón para siempre. Esta misma verdad la vuelve a afirmar Juan en su *Primera Epístola:* "Pero la unción que vosotros recibisteis de él permanece en vosotros" (2:27). Se observará que esta doctrina es determinante en la seguridad de los que son salvos. El cristiano puede contristar al Espíritu, pero no puede apartarlo, aunque esté contristado; puede apagarlo (en el sentido de restringir su influencia), pero el Espíritu nunca saldrá del corazón al cual ha entrado para morar.

Juan 16:7-11. "Pero yo os digo la verdad: Os conviene que yo me vaya; porque si no me fuere, el Consolador no vendría a vosotros; mas si me fuere, os lo enviaré. Y cuando él venga, convencerá al mundo de pecado, de justicia y de juicio. De pecado, por cuanto no creen en mí; de justicia, por cuanto voy al Padre, y no me veréis más; y de juicio, por cuanto el príncipe de este mundo ha sido ya juzgado."

Dos veces en este discurso se refiere Cristo al mundo *(cosmos)* en su relación con el Espíritu Santo. En la porción que acabamos de considerar, El dice con respecto al Espíritu: ". . . al cual el mundo no puede recibir, porque no le ve, ni le conoce." En la porción que consideramos ahora se nos dice que el Espíritu, al venir al mundo, iluminará (ἐλέγχω), no con respecto a todo posible tema, sino con respecto al pecado, a la justicia y al juicio. Estos son los grandes temas del Evangelio de la gracia de Dios, todos los cuales están más allá del entendimiento del hombre no regenerado y, por tanto, tiene que revelársele en forma especial y sobrenatural. Como ya lo hemos dicho, el que no es salvo no ve ni conoce al Espíritu. El apóstol Pablo dice: "Pero el hombre natural no percibe las cosas que son del Espíritu de Dios, porque para él son locura, y no las puede entender, porque se han de discernir espiritualmente" (1 Co. 2:14). Y además: "Pero si nuestro evangelio está aún encubierto, entre los que se pierden está encubierto; en los cuales el dios de este siglo cegó el entendimiento de los incrédulos, para que no les resplandezca la luz del evangelio de la gloria de Cristo, el cual es la imagen de Dios" (2 Co. 4:2, 4). La noción arminiana de que los hombres son capaces en todas partes de creer en Cristo y de recibirlo como Salvador, por el hecho de que hay una supuesta gracia común, queda rechazada por ésta y por otras Escrituras. La persona no regenerada no puede realizar una aceptación inteligente de Cristo como Salvador, mientras no se haya realizado en su corazón esta obra preliminar del Espíritu. Es sumamente impresionante, y debe llamarles la atención a todos los que creen en el ministerio de ganar almas, el hecho de que Cristo introduce este tema específico en sus enseñanzas con respecto al ministerio del Espíritu en esta era. El discurso no se dirige a inconversos; es solamente para los salvos, y sirve para llamarles la atención en cuanto a la provisión divina vital, aparte de la cual no se puede realmente cumplir ningún ministerio de ganar almas para Cristo. Tiene que realizarse una obra preliminar en el corazón de aquellos que no son salvos, antes que pueden entrar por elección propia en una relación de salvación en Cristo. Esa obra preliminar no es parte de su salvación, sino la preparación indispensable para llegar a ella. Así también escribe el Apóstol: "Y a los que predestinó, a éstos también llamó" (Ro. 8:30). Y Cristo anunció: "Ninguno puede venir a mí, si el Padre que me envió no le trajere" (Jn. 6:44). Esta obra de iluminación del Espíritu Santo para los no salvos está completamente regida por la soberanía divina, y es el medio por el cual Dios llama a su pueblo elegido. Esa compañía se determina, no mediante una supuesta redención limitada en la cual se diga que Cristo murió por todos aquellos que van a ser salvos, sino mediante este llamamiento eficaz y soberano.

Esta obra del Espíritu en el inconverso se limita a la convicción sobre tres aspectos: "De pecado, por cuanto no creen en mí; de justicia, por cuanto voy al Padre, y no me veréis más; y de juicio, por cuanto el príncipe de este mundo ha sido ya juzgado."

Con respecto al pecado, debe notarse que el Espíritu no le recuerda al no convertido todos sus pecados, con la totalidad de los cuales cargó Cristo; sino que más bien le produce una convicción de un nuevo pecado que por sí solo garantiza la condenación. Sobre esta misma distinción dijo Cristo: "El que en él cree, no es condenado; pero el que no cree, ya ha sido condenado, porque no ha creído en el nombre del unigénito Hijo de Dios" (Jn. 3:18). Sería dificil, en realidad, mediante sermones o llamamientos, hacer que la persona no regenerada se de cuenta del gran poder de condenación que hay en la actitud de no creer que Cristo es el Salvador; sin embargo, ése es el entendimiento esencial que tiene que tener el que no es salvo para poder hacer la decisión de recibir a Cristo. De igual manera, los no salvos tienen que entender que Dios sólo puede aceptarlos mediante el Salvador invisible, que ahora está a la diestra del Padre en las alturas. Los sermones y los llamamientos no pueden crear esta comprensión en el corazón; sin embargo, tal comprensión es esencial si se ha de vencer el endurecimiento que opera Satanás en los corazones. En tercer lugar, el Espíritu ilumina con respecto al juicio. Esta no es una referencia al juicio que ha de venir, sino a un juicio que ya sucedió. Es el juicio que le corresponde al pecador, y que cayó sobre el Señor Jesucristo, Quien se ofreció como Sustituto por él. Otra vez tenemos que decir que los sermones y los llamamientos son vanos en cuanto a crear una comprensión en la mente de la persona no regenerada que está cegada por Satanás, con respecto a estos valores inmensurables que ya se han logrado para ella. De ese modo, las personas no salvas, según el plan divino de provisión, no sólo llegarán a la comprensión de estas realidades que son esenciales para hacer la elección correcta, sino que se les provee algo en lo cual deben creer con respecto a Cristo y a la obra salvadora que El realizó por los perdidos. Toda obra que se realice para la salvación de las almas se enfrenta a esta inhabilidad humana, causada por el endurecimiento que causa Satanás en las mentes de los pecadores (2 Co. 4:3, 4). Los que le sirven al Señor en el ministerio de la evangelización harían bien en detenerse y hacer en sus convicciones los ajustes necesarios con respecto a esta revelación. Tanto el sermón como los métodos deben conformarse a esta gran realidad. Se comprende la gran importancia de esta verdad en el hecho de que Cristo la incluyó en su discurso del Aposento Alto.

Juan 16:12-15. "Aún tengo muchas cosas que deciros, pero ahora no las podéis sobrellevar. Pero cuando venga el Espíritu de verdad, él os guiará a toda la verdad; porque no hablará por su propia cuenta, sino que hablará todo lo que oyere, y os hará saber las cosas que habrán de venir. El me glorificará; porque tomará de lo mío, y os lo hará saber. Todo lo que tiene el Padre es mío; por eso dije que tomará de lo mío, y os lo hará saber."

Como en el caso del pasaje anterior –que indica el tiempo de la aplicación mediante las palabras "cuando él venga"– se descubrió la obra del Espíritu mediante la cual les lleva la verdad a los no salvos, esta porción –cuya aplicación está indicada para el mismo tiempo, y que sigue inmediatamente en el contexto– describe la obra del Espíritu Santo mediante la cual comunica la verdad a los salvos. Es cierto que la provisión de Cristo con respecto a los escritos del Nuevo Testamento se indica en esta Escritura; pero ni Lucas, que escribió su Evangelio y los *Hechos,* ni Pablo, que escribió la mayor parte de las Epístolas del Nuevo Testamento, estaban presentes cuando el Señor dijo estas palabras. En *Juan 17:20,* se dice claramente que Cristo tiene en mente a todos los creyentes cristianos de esta era. Los discípulos habían estado en intimidad con El, como alumnos suyos durante tres años y medio. Ellos habían oído toda su predicación y su enseñanza y habían conversado con El, como solamente pueden conversar las personas que han estado juntas durante varios años. La introducción de ellos a esta verdad se extendió, aunque consecuentemente con la expectación que ellos tenían del reino de Cristo; sin embargo, El declara que todavía tiene muchas cosas que decirles. En general, ese es el desafío con el cual se enfrenta todo hijo de Dios. Aunque hayamos obtenido altos logros en el conocimiento de la Palabra de Dios, es cierto que El tiene todavía muchas cosas que revelarnos. Debemos recordar que, hasta ese momento, no creían que Cristo iba a morir y a levantarse de entre los muertos. Por tanto,ellos no podían recibir ninguna enseñanza que se basara en su muerte ni en su resurrección. Si se eliminara toda la doctrina que se relaciona con la muerte y la resurrección de Cristo, sería muy poco lo que quedaría en el sentido cristiano más exacto. Como lo indican los Evangelios sinópticos, Cristo había estado sumamente ocupado con los rasgos que corresponden al reino terrenal de Israel. Con ese cuerpo de verdad, los discípulos, como todos los judíos instruidos, estaban muy familiarizados. Como no creían que El moriría, ni que se levantaría de entre los muertos, era imperativo que ellos lo vieran morir y que lo saludaran después de la resurrección. Ellos no sólo se enteraron así de su muerte y de su resurrección, sino que, mediante la ayuda del Espíritu, comenzaron a entender algo con respecto al significado de estos eventos que habían de trasformar esta era. No mucho tiempo antes de la muerte de Cristo, Pedro lo había reprendido por haber predicho su propia muerte; sin embargo, fue el mismo Pedro quien, solamente 50 días después de la resurrección, predicó el más grande de todos los sermones –desde el punto de vista de los resultados– que jamás hayan predicado los hombres. Así se hace evidente que Pedro avanzó rápidamente en el conocimiento de la verdad que le enseñaba el Espíritu Santo. Es posible avanzar en la verdad que Cristo presenta a estos discípulos, y a todos los creyentes en El, en este pasaje que estamos considerando. Aquí se nos dice que este nuevo arreglo quedaría establecido al venir el Espíritu Santo. No sólo moraría el Espíritu en cada creyente cristiano, como se afirma en Juan 14:16, 17, y declinaría hablar de Sí mismo como Originador del mensaje, sino que El oiría el mensaje de otra Persona, y lo enseñaría a aquel en quien mora y a quien sirve. La identificación de Aquel que da origen al mensaje no señala a otra Persona que no sea Cristo. El dijo: "Aún tengo muchas cosas que deciros." Así se nos revela que, en el proceso de la instrucción divina, Cristo le da origen al mensaje que necesita el individuo cristiano y se lo envía; esto es lo que el Espíritu oye de Cristo y lo lleva a la mente y al corazón del cristiano en el cual mora. El Espíritu puede escoger a un maestro humano, o una página impresa, o cualquier otro medio, para hacer que el mensaje llegue a la atención de aquel cristiano al cual le corresponde. La manifestación que Cristo hizo de este nuevo arreglo divino, tal como se establece en este contexto, es sumamente importante para el cristiano. Mediante este procedimiento, el cristiano avanza sin interrupción y con progreso ilimitado en el conocimiento de la verdad de Dios. Los principales rasgos de este método divino de instrucción son, como se dijo antes; primero, que el Espíritu está siempre presente hasta en el más pequeño de todos los salvos; segundo, que el mismo Salvador es el Maestro que prepara la lección que necesita el alumno, y anuncia para cada uno cuál es la próxima verdad que El quiere que comprenda; y tercero, el Espíritu, desde esta incomparable posición de ventaja, como Persona que mora en el cristiano, oye esta verdad y la pasa a su mente y a su corazón. De lo más consecuente con esta verdad es el hecho de que la posición del Espíritu como Morador en el cristiano le concede a El autoridad sobre todas las fibras del entendimiento humano. En efecto, El está allí en una posición que le permite crear entendimiento. Es significativo que, como ya se dijo, El obra así en la consciencia interna de los no salvos para iluminarlos, y que también enseña, desde adentro, a los que son salvos, los cuales están bien relacionados con El. Este acercamiento sin límites del Espíritu al entendimiento y a las emociones de los humanos no debe confundirse con la influencia limitada que puede ejercer un ser humano sobre otro. Una persona puede influir en el pensamiento de otra, pero no puede crear el pensamiento ni el entendimiento que promueve.

Un segundo aspecto de este ministerio de enseñanza de Cristo se revela en la calidad inmensurable del cuerpo de verdad que el Espíritu le hace conocer al creyente cristiano. Además de la declaración general de que el Espíritu guiaría a los cristianos "a toda la verdad", el primer tema específico que Cristo dice que el Espíritu le ha de indicar al creyente es el relativo a "las cosas que habrán de venir." Aunque los maestros humanos, al preparar el orden en que la verdad de Dios debe ser comprendida, difícilmente colocarían en primer lugar la profecía, la verdad es que Cristo le dio a ese tema tal distinción, y con la implicación de que, aparte del ministerio de enseñanza del Espíritu en el corazón, será muy poco el conocimiento que pueda lograr con respecto al vasto campo de la profecía. La relación que puedan tener los cristianos que confiesan que no tienen ningún interés en las profecías bíblicas con el Espíritu Santo, tienen que determinarla otras personas. Cristo afirma que cualquiera que sea enseñado por el Espíritu Santo llegará al entendimiento correcto de la profecía. Lo que sigue en el programa divino abarca todo el campo de verdad relativo al Padre, al Hijo y a todas las cosas relacionadas con Ellos. "El me glorificará." Mediante la realidad que expresan estas palabras, el cristiano puede juzgar por sí mismo sus propios logros en las cosas de Cristo, "porque tomará de lo mío, y os lo hará saber." Los límites del conocimiento humano se ven sumamente reducidos cuando se compara con las cosas del Padre y del Hijo. ¿Qué más se podría agregar a lo que expresan las palabras "toda la verdad"? Este mismo hecho de que el Espíritu Santo enseña al creyente en el cual mora lo toma el apóstol Pablo para una amplia consideración en 1 Corintios 2:9-33, donde, después de haber afirmado que el Espíritu es el gran Maestro, él distingue tres clases de gente, las cuales se dividen según su relación con la Palabra de Dios —el hombre natural, no regenerado (ψυχικός), que se describe en el capítulo 2, versículo 14; el hombre espiritual (πνευματικός) que es el cristiano que discierne todas las cosas (2:15); y el hombre carnal (σαρκικός), que es el creyente que no recibe la vianda de la Palabra de Dios, sino solamente la leche (3:1-3). Se descubre en este pasaje que el ministerio de enseñanza del Espíritu Santo es imposible en aquellos que no son salvos, que no tiene ningún impedimento en aquellos que están en relación correcta con El, y que es grandemente impedido en aquellos que viven carnalmente. El estudiante debe observar en particular el hecho de que las grandes verdades relacionadas con la presencia y la obra del Espíritu en el mundo y en el creyente cristiano fueron anunciadas por Cristo, antes de su muerte en la cruz.

e. UNA NUEVA RELACION ENTRE LOS CREYENTES EN CRISTO. La mente devota tiene que asombrarse y maravillarse al contemplar el misterio inefable de la unidad en la bendita Trinidad. Pero, se nos dice que, en contestación a la oración de Cristo, los creyentes cristianos han de relacionarse unos con otros con una unidad solamente comparable a la unidad que hay entre el Padre y el Hijo. Cuando una verdad se establece dos veces en la Escritura, ello revela su importancia (comp. Jn. 17:14, 16; Gá. 1:8, 9). Si el hincapié se hiciera tres veces, se consideraría exagerado; pero cuando se presenta cuatro veces en el mismo contexto, eso significa que su importancia sobrepasa a todas las medidas humanas. Parecería también que, cuando el Hijo le habla al Padre, todas las repeticiones son superfluas; sin embargo, en su oración de sumo Sacerdote, Cristo ora cuatro veces por esta unidad, para que Dios la opere en los creyentes cristianos. En Jn. 17:11 se dice que El pidió: "... para que sean uno, así como nosotros." En los versículos 21-23, El repite la misma petición tres veces: "para que todos sean uno; como tú, oh Padre, en mí, y yo en ti"; "... que también ellos sean uno en nosotros"; y "... para que sean perfectos en unidad." Ninguna mente humana puede comprender la importancia de esta petición que el Hijo le elevó cuatro veces al Padre. La unidad que se desea es aquella que solamente el Padre puede realizar; porque Cristo no le pide solamente al Padre que se realice esa unidad, sino que también indica cuál debe ser su carácter divino: así como el Padre está unido con el Hijo, y el Hijo con el Padre. Así deben estar los cristianos unidos los unos con los otros, de tal modo que dejen asombrados a los hombres. Además de la unidad con la Divinidad y de la unidad de los creyentes en Cristo entre sí, este pasaje –Juan 17:21-23– presenta una tercera clase de unión: la que existe entre las Personas de la Divinidad y los creyentes. Ya hemos llamado la atención sobre este particular; sin embargo, la unidad de los creyentes ha sido creada en virtud de su posición y, por consiguiente, tanto la unidad entre los cristianos como la unidad entre las Personas de la Divinidad y los mismos cristianos es lo que pide el Señor en su oración. La noción moderna de que lo que Cristo estaba pidiendo era que se unieran orgánicamente en una todas las denominaciones que existen en este tiempo remoto, y en países que en ese entonces eran desconocidos, es completamente irrazonable y absurda. Esa teoría cree que es deber de todas las sectas unirse, y así ayudar a que sea contestada la oración de Cristo. Pero, como ya lo indicamos, esta unidad se busca desde arriba, desde la diestra del Padre, con lo cual se indica que es una obra divina. Esa obra produce una unidad tan orgánica y vital como la que hay entre el Padre y el Hijo. La respuesta de esta oración comenzó a manifestarse el día de Pentecostés, cuando los creyentes cristianos fueron bautizados por el Espíritu en un solo Cuerpo, y sigue manifestándose constantemente cada vez que se salva un alma y se une al cuerpo de Cristo por el mismo bautismo del Espíritu. La verdad determinante que debe reconocerse aquí es que dicha unidad que Dios efectúa existe como respuesta a la oración de Cristo, y que es de tal naturaleza, en cuanto a realidad vital y nobleza celestial, que el mismo Salvador la clasifica, por su magnitud, junto a las excelencias de los dominios celestiales. Aunque esta verdad con respecto a la unidad de los cristianos sobrepasa a todo entendimiento, sin embargo, puede concedérsele alguna respuesta parcial, lo que es mucho más recomendable que el descuido completo con respecto a ella, o la oposición violenta contra la unidad cuando surge este tema en los centros que están comprometidos en algún programa que excluye a otros creyentes cristianos de su propia comunión.

El apóstol Pablo asume la alta responsabilidad de ampliar, por el Espíritu, este tema que se anuncia en el mensaje del Aposento Alto, cuando escribe: "Yo pues, preso en el Señor, os ruego que andéis como es digno de la vocación con que fuisteis llamados, con toda humildad y mansedumbre, soportándoos con paciencia los unos a los otros en amor, solícitos a guardar la unidad del Espíritu en el vínculo de la paz" (Ef. 4:1-3). Habiendo declarado Pablo, en los capítulos 1-3 de su Epístola, las altas posiciones y posesiones del que está en Cristo, es sumamente necesario, para que no se llene de orgullo, que él le ruegue a ese que está en Cristo que recuerde el deber de ser humilde y manso; y le ruega, también en vista de esta verdadera unidad realizada por Dios, que sepa soportar y perdonar a los demás, y manifestarles el amor cristiano, para que de esa manera, todos los cristianos estén "solícitos a guardar la unidad del Espíritu en el vínculo de la paz." Debemos observar que esta unidad ya ha sido realizada por el Espíritu, y que no es una unidad que se forma cuando los cristianos son fieles el uno al otro. Guardar la unidad que engendra el Espíritu, cuando une a todos los miembros del Cuerpo de Cristo, es una acción completamente diferente del intento que hacen los cristianos para formar una unión de buena comunión entre sí, que sea más que la apariencia externa. Que esta unidad se realiza divinamente y que existe lo demuestran los siete factores cardinales que entran en ella. Estos siete factores los revela el apóstol Pablo, cuando dice: "un cuerpo, y un Espíritu, como fuisteis también llamados en una misma esperanza de vuestra vocación; un Señor, una fe, un bautismo, un Dios y Padre de todos, el cual es sobre todos, y por todos, y en todos" (Ef. 4:4-6). Esta Escritura insiste en la palabra *un:* un cuerpo, un Espíritu que mora, un llamamiento, un Señor, un cuerpo de verdad, un bautismo mediante el cual se forma la unidad, y un Dios y Padre. A la luz de esta declaración, la unidad debe mantenerse. Así también, a la luz de la oración que repitió el Señor cuatro veces para que existiera esta unidad, quebrantarla sería un pecado inmensurable contra la obra de Dios y contra el corazón de Cristo. Esta unidad, sin embargo, se rompe exteriormente cuando existen divisiones sectarias, e internamente cuando las divisiones son alimentadas y acariciadas por los cristianos. Cuando el mismo apóstol se dispuso a corregir los errores que existían en la iglesia de Corinto, los cuales se descubren en la *Primera Espístola a los Corintios,* antes que todo, él menciona las divisiones que había entre ellos, aun antes de mencionar la inmoralidad y la deshonra que le causaban a Dios cuando iban ante los impíos para que les administraran justicia. El primer mandamiento de Cristo, dado en el mensaje del Aposento Alto, es el de que los cristianos se amen los unos a los otros (Jn. 13:34, 35). Por este amor que se manifiesten los cristianos entre sí, han de reconocer los hombres que son discípulos de Cristo. Similarmente, en la oración que El hizo por la unidad (Jn. 17:21-23), Cristo dijo que por medio de esta unidad por la cual El estaba orando, el mundo llegaría a creer lo relativo a El. Casi no se le ha concedido al mundo esa oportunidad en esta era, desde los primeros días de la Iglesia. Y es muy poca la esperanza de que cambie esta situación que se caracteriza por el sectarismo, y que no muestra aparente disposición a juzgar esta falta y a renunciar a este gran crimen contra Dios.

Es claro, pues, que existe una unidad que obra Dios, y que los hombres, por tanto, no tienen que formarla. Queda igualmente claro que los creyentes en Cristo deben mantener esta unidad realizada divinamente. Los cristianos cumplen esto cuando se estiman perfectamente los unos a los otros, a pesar de las distinciones de clase y de los prejuicios que surgen. El único que puede evaluar el extendimiento del pecado contra El, que causan los sectarios, es el mismo Dios. Es un pecado tan grande que no puede jamás ser perdonado ni aceptado, sino que el Nuevo Testamento lo condena sin reservas. La corrección no estriba en la mera organización ni en la unión de movimientos o masas, aunque estos pudieran ayudar en el aspecto de la apariencia externa. El mandato de guardar la unidad del Espíritu, así como el de que los cristianos se aman entre sí, es personal en su manifestación, y se cumple cuando el creyente en Cristo reconoce a los demás cristianos y les manifiesta el amor cristiano.

f. UNA NUEVA BASE PARA LA ORACION. El carácter único del discurso del Aposento Alto se manifiesta especialmente en una nueva revelación con respecto a la oración. El pensamiento, aunque sea momentáneo, sobre la nueva relación que hay entre las Personas de la Divinidad y el creyente en Cristo, nos sugiere de una vez la necesidad, que surge de esa relación, de una realidad completamente nueva en la oración. En otras palabras, la oración, que es uno de los rasgos característicos de esta era —aunque los teólogos la toman muy poco en consideración— es, sin embargo, de suma importancia, y es imperativo que se reconozca esto, en vista de que hay que comprender todo lo relativo a la oración. El hecho de que Cristo vuelve a este tema cinco veces en su discurso indica, no sólo el significado general de la oración, sino también su nueva base (comp. Jn. 14:12-14; 15:7, 16; 16:23, 24, 26).

Puesto que no hay cristología que sea completa sin el ministerio de la oración en la vida de Cristo, debemos ponerle atención a este insinuante tema. Como la humanidad de Cristo es el ideal divino en la esfera humana, era esencial que el Salvador cumpliera lo que es el más alto servicio del hombre en la esfera de la oración. Naturalmente, los objetos de la oración de Cristo trascendieron el campo de la oración del cristiano, pero su respeto a la oración debe ser ejemplo para todos los que le siguen. Está escrito que en una ocasión, "Aconteció que estaba Jesús orando en un lugar, y cuando terminó, uno de sus discípulos le dijo: Señor, enséñanos a orar, como también Juan enseñó a sus discípulos" (Lc. 11:1). Al descubrir que el Señor estaba orando, los discípulos quedaron impresionados con la completa devoción a que El se entregaba en el ejercicio de la oración, y puede que hayan razonado que, si El que era perfecto necesitaba orar, cuánto más necesitaban orar los hombres como ellos. De ahí nació la petición: "Señor, enséñanos a orar." El vigor de esta petición se sacrifica cuando se supone que lo que ellos le pedían era que les enseñara *cómo* orar. El problema no es el de un nuevo método, sino el de atender realmente este ministerio sin límites. Fuera de su oración de sumo Sacerdote que se encuentra en el capítulo 17 de *San Juan,* hay solo pequeñas anotaciones, si las comparamos con ésta, en las cuales se indica aquello que entró en las oraciones del Salvador; sin embargo, El oró a menudo toda la noche, y otras veces se levantó mucho tiempo antes de amanecer el día para poder dedicarse a la oración. La vida interna de cada persona se manifiesta en esa oración privada que cada cual practica. Si tuviéramos un relato con respecto a las extensas oraciones de Cristo, sería una revelación verdaderamente rica.

Durante su ministerio terrenal, Cristo enseñó mucho con respecto a la oración, antes de llegar al Aposento Alto. Sus instrucciones se relacionaban ampliamente con la edad de la ley, pues ésta duró hasta la hora de su muerte. El también previó el ejercicio de la oración en el reino venidero. Estas instrucciones sobre la oración, correspondientes tanto a la era pasada como al reino futuro, merecen cuidadoso estudio; pero en el Aposento Alto se introdujeron una base y una manera completamente nuevas para la oración. Y eso era sumamente necesario. A través de la muerte y de la resurrección de Cristo, y de la nueva relación que iba a efectuar el Espíritu Santo después de su advenimiento en el día de Pentecostés se iban a establecer nuevos privilegios y nuevas responsabilidades que determinarían una forma y un carácter completamente nuevos para la oración. La presente ventaja inmensurable es que los que son salvos, por estar unidos al Señor como miembros de su Cuerpo –todos los que creen en El están unidos– están en una posición privilegiada: ellos oran en el nombre de Cristo. A los discípulos se les recuerda –y a todos los demás que lean el relato sobre las palabras de Cristo–: "Hasta ahora nada habéis pedido en mi nombre." Puesto que la nueva base para la oración provee acceso a los recursos ilimitados de Aquel que es infinito, el nuevo llamamiento que condiciona esta posibilidad inmensurable es importante en sumo grado, y llega a hacer que el cristiano entre en estas provisiones infinitas. De las cinco referencias de Cristo a la oración en este discurso, tres son de mayor importancia.

Juan 14:12-14. "De cierto, de cierto os digo: El que en mí cree, las obras que yo hago, él las hará también; y aun mayores hará, porque yo voy al Padre. Y todo lo que pidiereis al Padre en mi nombre, lo haré, para que el Padre sea glorificado en el Hijo. Si algo pidiereis en mi nombre, yo lo haré."

Es bueno que observemos que este pasaje introductorio establece, en primer lugar, la verdad de que la relación del creyente con Cristo es la de una sociedad. Se le ha dado comienzo a una empresa en la cual entra el hijo de Dios, que tenga que vivir en esta era, y en la cual se incorpora su servicio. Tales declaraciones como "nosotros, colaboradores suyos" (2 Co. 6:1), y "Fiel es Dios, por el cual fuisteis llamados a la comunión con su Hijo Jesucristo nuestro Señor" (1 Co. 1:9), sirven para ampliar esta idea de sociedad. Por causa de la verdad de que existe este interés unido se le ordena al cristiano que esté "creciendo en la obra del Señor siempre"; porque precisamente en esta empresa divina es en la que debemos estar "firmes." En ella deben participar todos los que están dentro de sus límites. Solamente así podemos aplicar las siguientes significativas palabras de Cristo: "las obras que yo hago, él las hará también." Los grandes deberes, hablando generalmente, serán cumplidos por esta asociación que se ha formado. Cristo no le cede de ninguna manera a otro la responsabilidad de la realización cabal de estas grandes obras. Dos veces, en este pasaje (vs. 13, 14), El afirma: "lo haré." Sin embargo, así como es cierto que Cristo se reserva para Sí el cumplimiento real de las obras, así también es cierto que El le asigna al creyente-socio el servicio de la oración. El declara: "Si algo pidiereis . . . yo lo haré." Ese es el arreglo divino en el cual se implica que el creyente-socio cumpla el servicio específico que le corresponde, de pedir; y si no lo cumple, puede que no se haga aquello que de otra manera se realizaría.

La nueva base de la oración se ve en la verdad de que su eficacia depende de que la oración se haga en el nombre de Cristo. Ya que todo depende del poder de ese nombre, a todo cristiano le corresponde entender qué es lo que incluye esta nueva base de la oración. Incluye por lo menos dos relaciones vitales: (1) que el creyente, que está en Cristo, tiene que orar siempre desde esa posición. El puede hacer una oración que en sí misma sea indigna; pero aun así, no puede orar fuera de su posición en Cristo. La voz de la oración del cristiano la oye el Padre como si fuera la voz de su propio Hijo. Y sabemos que las oraciones de El fueron todas contestadas. Como al creyente cristiano se le adjudica la justicia por el hecho de que está en Cristo (Ro.3:22; 2 Co.5:21), y es acepto por cuanto está en el Amado (Ef.1:6), y Dios lo ama como ama a su Hijo (Jn.17:23); del mismo modo, Dios lo oye, como oye a Cristo, por cuanto está en Cristo. (2) También se reconoce que el cristiano, por cuanto es socio de Cristo, puede esperar que su oración, si es impulsada por el Espíritu, sea formulada por el mismo Cristo. Es como si el mismo Cristo elevare la oración; y eso garantiza la respuesta. La amplitud de la promesa "Si algo pidiereis en mi nombre, yo lo haré", solamente se puede garantizar cuando la oración es tal como si fuera Cristo quien la presenta al Padre. La respuesta a esa oración está garantizada directa y específicamente por el amor de Cristo. La reconocida inhabilidad del creyente en Cristo para discernir cuáles son los motivos aceptables en la oración queda dominada, en este arreglo divino, por el ministerio del Espíritu Santo. Este ministerio del Espíritu se le otorga al cristiano en otras

Escrituras del Nuevo Testamento, que son igualmente aplicables al hijo de Dios en esta era. El apóstol Pablo declara: "Y de igual manera el Espíritu nos ayuda en nuestra debilidad; pues qué hemos de pedir como conviene, no lo sabemos, pero el Espíritu mismo intercede por nosotros con gemidos indecibles. Mas el que escudriña los corazones sabe cuál es la intención del Espíritu, porque conforme a la voluntad de Dios intercede por los santos" (Ro.8:26-27). Y el mismo apóstol exhorta a los cristianos a que estén "orando en todo tiempo con toda oración y súplica en el Espíritu, y velando en ello con toda perseverancia y súplica por todos los santos" (Ef.6:18). Judas habla también del alto privilegio de estar siempre "orando en el Espíritu Santo" (Jud.1:20). Por tanto, tenemos que concluir que la oración es el supremo servicio del creyente cristiano en la presente sociedad que tiene con Cristo, y que hasta cierto grado, la oración sirve para medir la amplitud de las realizaciones que deben efectuarse mediante esta nueva asociación de Cristo con los cristianos. Es cierto también que se ha provisto una nueva base para la oración que no se puede comparar en su efectividad con ninguna otra base que haya tenido la oración.

Juan 15:7. "Si permanecéis en mí, y mis palabras permanecen en vosotros, pedid todo lo que queréis, y os será hecho."

Esta, que es la segunda gran enseñanza que Cristo presentó sobre la oración en el discurso del Aposento Alto, ofrece la misma posibilidad ilimitada. La expresión "pedid todo lo que queréis" no tiene límites. Sin embargo, la forma que toma la oración, en esta condición no restringida, incluye dos condiciones: "Si permanecéis en mí, y mis palabras permanecen en vosotros." Tener las palabras de Cristo en el corazón es estar informado sobre lo que constituye su voluntad, o sea, aquello que en otra parte El llama "mis mandamientos" (v.10). Aquello que constituye su voluntad tiene que comprenderse antes que pueda ponerse en práctica. Por otra parte, morar en Cristo no es asunto de mantener la *unión* con Cristo, según el versículo 10, sino más bien de mantener la *comunión* con El por medio de la obediencia. Habiendo comprendido su voluntad es esencial obedecerla. Así llega a ser asunto de hallar la voluntad de Dios y ponerla en práctica. Juan nos llama la atención, en su *Primera Epístola,* a la falta de confianza en Dios que surge en el corazón del cristiano cuando éste conscientemente no hace la voluntad de Cristo: "Pues si nuestro corazón nos reprende, mayor que nuestro corazón es Dios, y él sabe todas las cosas. Amados, si nuestro corazón nos reprende, confianza tenemos en Dios; y cualquiera cosa que pidiéremos la recibiremos de él, porque guardamos sus mandamientos, y hacemos las cosas que son agradables delante de él" (1 Jn.3:20-22).

Juan 16:23-24. "En aquel día no me preguntaréis nada. De cierto, de cierto os digo, que todo cuanto pidiereis al Padre en mi nombre, os lo dará. Hasta ahora nada habéis pedido en mi nombre; pedid, y recibiréis, para que vuestro gozo sea cumplido."

Además del alcance ilimitado de la oración que afirma este pasaje, aquí se revela el orden de la oración, y se da una declaración final sobre el gran privilegio de orar en el nombre de Cristo. La importante declaración "hasta ahora nada habéis pedido en mi nombre", es una clara manifestación de un hecho que, de otra manera, pudiera fácilmente pasar inadvertido. La base de la oración en el nombre de Cristo es estrictamente una nueva administración divina, y todas las antiguas oraciones, cualquiera que haya sido su base, carecen de ella. En esta declaración, que incluye todas las oraciones del Antiguo Testamento y también el llamado "Padre Nuestro" – con las cuales estaban familiarizados los discípulos – se afirma la diferencia. También se distingue esta enseñanza de Cristo en que afirma que la oración no debe dirigirse a la segunda Persona de la Trinidad. Esto es razonable en vista de la verdad de que Cristo está en sociedad con el cristiano en la práctica de la oración y, por tanto, no es la Persona a la cual debe dirigirse la oración. Similarmente, el Espíritu Santo le ayuda al Hijo de Dios en la oración y, por tanto, no es a El a Quien se debe orar. El orden correcto de la oración consiste en dirigir la oración al Padre, en el nombre del Hijo, y mediante el auxilio y el poder del Espíritu Santo.

En conclusión, debemos hacer hincapié en que el más grande servicio de todos los creyentes en Cristo es el ejercicio de la oración, en el nombre del Hijo, y mediante el poder del Espíritu Santo.

g. LA PROMESA DEL REGRESO. "No se turbe vuestro corazón; creéis en Dios, creed también en mí. En la casa de mi Padre muchas moradas hay; si así no fuera, yo os lo hubiera dicho; voy, pues, a preparar lugar para vosotros. Y si me fuere y os preparare lugar, vendré otra vez, y os tomaré a mí mismo, para que donde yo estoy, vosotros también estéis" (Jn.14:1-3).

En el Volumen IV, le hemos recordado al estudiante que hay una amplia diferencia entre los dos grandes eventos que, aunque no están en ningún modo relacionados, cada uno de ellos recibe el nombre de *venida de Cristo.* La primera venida de Cristo en el orden cronológico es aquella para la cual no hay señales determinadas, ni tiempo establecido, ni en relación profética; en ella, Cristo vendrá hasta el aire a llevar su Iglesia, su Cuerpo, su Esposa, consigo. Ese evento, que puede ocurrir en cualquier momento, indica la terminación de esta peregrinación de la Iglesia en la tierra. Al ser removida la Iglesia, queda claro el camino para la conclusión de aquella parte de la era mosaica que está representada en la septuagésima semana de Daniel, y que todavía aguarda su cumplimiento. El período de la septuagésima semana de Daniel es claramente el tiempo de los juicios de Jehová sobre la tierra y del cumplimiento de todos los pactos de Dios con su pueblo terrenal, Israel. Esto nos lleva directamente a la verdadera segunda venida de Cristo, que es su gloriosa aparición aquí mismo en la tierra. Este evento constituye el tema principal de las profecías del Antiguo Testamento, y se continúa en los Evangelios sinópticos y en otras porciones del Nuevo Testamento. Pero, solamente al fin del ministerio de Cristo, como lo indica el discurso del Aposento Alto, se introduce el tema del primero de estos dos eventos – que corresponde solamente a la Iglesia. Puesto que este evento es sumamente importante en la experiencia futura de la Iglesia, era de esperarse que Cristo lo previera en este discurso. Así lo hizo en *Juan 14:1-3.* Los pasajes que se relacionan con el primero de estos dos eventos (en su orden cronológico) se distinguen principalmente por el hecho de que en ellos el movimiento es desde la tierra hacia el cielo (comp. Jn.14:1-3; 1 Ts.4:16-17); mientras que el movimiento en el segundo evento es desde el cielo hacia la tierra (comp. Mt.24:30; 2 Ts.1:7-9; Ap.19:11-16). Con esta distinción general en mente, no deben entenderse mal las palabras de Cristo que aparecen en el discurso del Aposento Alto. El dijo: "Vendré otra vez, y os tomaré a mí mismo." Tal como se revela en 1 Tesalonicenses 4:13-18, El sólo viene hasta el aire para tomar a sus creyentes a Sí mismo (comp. 2 Ts.2:1).

Es razonable que este estupendo evento, que se relaciona con cada uno de los cristianos de esta era, tenga como introducción una revelación del mismo Cristo; y también es razonable que, como ese evento concierne solamente a aquellos que constituyen la Esposa, Cristo no mencionara a ese grupo hasta el momento en que le dirige este mensaje en el Aposento Alto. Realmente se revela mucho en las Escrituras con respecto a lo general de la segunda venida de Cristo a la tierra, para entenderse con su pueblo, Israel; pero su llamamiento a la Esposa, la Iglesia, no se había previsto hasta este momento cuando les habla a los creyentes en El sobre este particular. En otras partes de este discurso, Cristo se refiere a la relación que mantendrá con ellos después de su ascensión, y les asegura que vendrá otra vez a ellos (comp. Jn.14:18,28; 16:16,19,22); pero la declaración más importante y clara sobre el traslado de la Iglesia es la que encontramos en el pasaje que estamos considerando.

CONCLUSION

Además de los siete temas principales del discurso del Aposento Alto, que son los que hemos estudiado, es importante notar que casi todas las doctrinas importantes de la teología están incluidas directa o indirectamente en estos cinco capítulos breves de *Juan*: (1) La verdad de que las Escrituras son inspiradas: "porque las palabras que me diste, les he dado"; "tu palabra es verdad" (Jn. 17:8, 14, 17); (2) la revelación con respecto a la Divinidad, porque en esta porción son más evidentes que en ninguna otra parte de la Biblia las actividades personales e individuales de las tres Personas de la Trinidad; (3) con respecto a los ángeles sólo hay una referencia pasajera relativa a Satanás (algunas versiones como la Versión Revisada en inglés traducen en Juan 17:15: " . . . que los guardes del *malo"); (4) con respecto al hombre y su pecado, se dice que los que no son salvos pueden ser iluminados por el Espíritu con respecto al pecado, a la justicia y al juicio; y en cuanto a los salvos, todo el mensaje se refiere a su limpieza (Jn. 13:1-20; 15:1-10); (5) por la misma razón de que el discurso se presentó a los salvos, sólo hay en él un poco con respecto al camino de la salvación (comp. Jn. 14:6; 16:8-11); (6) en ninguna otra parte de la Escritura se hace tanto hincapié en la doctrina de un Cuerpo, como base de toda la revelación con respecto a la Iglesia (comp. Jn. 13:34, 35; 14:20; 17:11, 21-23); (7) sobre los eventos futuros relacionados directamente con la Iglesia, es decir, sobre el traslado de ella al cielo, allí se encuentra el anuncio por primera vez (Jn. 14:1-3). Así como el Sermón del Monte se relaciona con el Antiguo Testamento, el discurso del Aposento Alto se relaciona con las Epístolas del Nuevo Testamento. Es imperativo que el estudiante realice un estudio profundo de este discurso, especialmente por el hecho de que se relaciona con las Epístolas del Nuevo Testamento.

II. PARABOLAS

Se pueden establecer contrastes entre los tipos del Antiguo Testamento y las parábolas de los Evangelios sinópticos, y sin embargo, la interpretación que se hace de las dos partes no es muy satisfactoria, y a veces es negligente. Las parábolas contienen en sí mismas los aspectos de verdad que ellas mismas representan, mientras que los tipos dependen para su significado de una relación combinada con aquello que simbolizan. Así que la doctrina esencial no la establece clara y finalmente el tipo, pero la verdad que se encuentra en las parábolas es suficiente por sí misma. Las parábolas de los

Evangelios sinópticos conciernen en alto grado a Israel, mientras que los tipos se relacionan con una gran variedad de temas. Durante casi un siglo ha habido una obra clásica sobre las parábolas del Nuevo Testamento, a saber *Notas sobre las parábolas de nuestro Señor (Notes on the Parables of Our Lord),* por Richard C. Trench; sin embargo, aunque Trench fue un gran erudito en el campo de las lenguas originales de la Biblia, fue muy poca la comprensión que tuvo de las distinciones de las eras bíblicas, y aparte de esta distinción es muy poco el progreso que se puede lograr en la interpretación correcta de las parábolas. Al concluir su discusión sobre las características que distinguen una parábola, el arzobispo Trench hace el siguiente resumen: "Para resumir, la parábola difiere de la fábula, porque se mueve en un mundo espiritual y nunca traspasa el orden natural de las cosas –difiere del mito en que éste último tiene una mezcla inconsciente del significado profundo con la apariencia externa del símbolo, los cuales permanecen separados y son separables en la parábola–; del proverbio se diferencia por el hecho de que la parábola es más amplia, y en que la parábola no es figurada en forma accidental u ocasional, sino por necesidad; y de la alegoría, porque, aunque compara una cosa *con* otra, al mismo tiempo las conserva separadas, la una interna y la otra externa, sin transferir, como lo hace la alegoría, propiedades, cualidades y relaciones de lo uno a lo otro" (Novena edición, págs. 15, 16).

Es evidente que el Señor empleó parábolas en sus enseñanzas. En términos modernos diríamos que el usó ampliamente las ilustraciones. El no usó las ilustraciones solamente para iluminar la verdad a fin de que la entendieran aquellos a quienes la presentó, sino que las parábolas que El empleó se han convertido en ilustraciones divinamente escogidas y provistas de la verdad para todas las generaciones subsiguientes. Sin embargo, en relación con Israel, los discípulos le hicieron esta pregunta al Señor: "¿Por qué les hablas por parábolas? " (Mt. 13:10). A lo cual Cristo contestó:

> "Porque a vosotros os es dado saber los misterios del reino de los cielos; mas a a ellos no les es dado. Porque a cualquiera que tiene, se le dará, y tendrá más; pero al que no tiene, aun lo que tiene le será quitado. Por eso les hablo por parábolas: porque viendo no ven, y oyendo no oyen, ni entienden. De manera que se cumple en ellos la profecía de Isaías, que dijo: De oído oiréis, y no entenderéis; y viendo veréis, y no percibiréis. Porque el corazón de este pueblo se ha engrosado, y con los oídos oyen pesadamente, y han cerrado sus ojos; para que no vean con los ojos, y oigan con los oídos, y con el corazón entiendan, y se conviertan, y yo los sane. Pero bienaventurados vuestros ojos, porque ven; y vuestros oídos, porque oyen. Porque de cierto os digo, que muchos profetas y justos desearon ver lo que veis, y no lo vieron; y oír lo que oís,y no lo oyeron" (Mt. 13:11-17).

En esta Escritura se revela que Cristo no solamente previó el endurecimiento de Israel, el cual ha durado toda la presente era (comp. Ro. 11:25; 2 Co. 3:13-16), sino que también, a propósito, reveló su significado mediante el uso de parábolas para que ellos no entendieran. Por otra parte, dentro del plan perfecto de Dios, se sostiene que Israel es responsable de oír y hacer todo lo que el Señor le dice, ya sea directamente o por medio de parábolas. Puesto que la primera parte del ministerio de Cristo es para Israel, lo cual es evidente, y se relaciona con todo lo concerniente al reino terrenal, era de esperarse que las parábolas presentaran la verdad relativa al reino, en forma amplia. No es pequeña la dificultad a que se enfrentan muchos expositores cuando enseñan la verdad del endurecimiento impuesto divinamente a Israel: el impedimento judicial para que no comprendan la verdad vital. Tales dificultades, aunque complejas, se relacionan con el método divino mediante el cual Dios trata con su pueblo escogido, y se puede clarificar cuando se discierne bien el propósito divino para esta era. El encubrimiento de la verdad del reino no merma en ninguna manera su importancia, ni provee una excusa para que se confundan los estudiantes – como sucede a menudo – con respecto a estos temas. Las parábolas de Cristo se pueden dividir en dos clases: (1) las relativas al reino mesiánico y (2) las de carácter general.

1. LAS MESIANICAS. No se ha hallado una clasificación de mayor valor, de las parábolas relativas al reino mesiánico, que la de J.G. Princell, un teólogo bien dotado y bíblicamente informado. A continuación se incluye su clasificación:

Primero, cinco parábolas concernientes a la posposición del reino: (a) Lucas 12:35-40; (b) Lucas 12:42-48; comp. Mateo 24:45-51; (c) Lucas 19:11-27; comp. Mateo 25:14-30; (d) Lucas 21:29-33; comp. Mateo 24:32-35; Marcos 13:28-31;(e) Marcos 13:34-37.

Segundo, cinco parábolas con respecto a la preparación para el reino venidero en los tiempos que anteceden: (a) Marcos 4:26-29; (b) Marcos 4:30-32; comp. Mateo 13:31,32; Lucas 13:18,19; (c) Mateo 13:33; comp. Lucas 13:20,21; (d) Mateo 13:44; (e) Mateo 13:45,46.

Tercero, seis parábolas concernientes al establecimiento del reino, a quiénes entrarán en él, y a quién será el Elemento gobernante en él: (a) Lucas 14:16-24; (b) Mateo 22:2-14; (c) Mateo 18:23-35; (d) Mateo 20:1-16; (e) Mateo 21:28-32; (f) Mateo 21:33-34; comp. Marcos 12:1-12; Lucas 20:9-18.

Cuarto, tres parábolas con respecto a la limpieza, la separación y el juicio: (a) Mateo 25:1-13; (b) Mateo 25:14-30; (c) Mateo 25:31-46.

Quinto, dos parábolas relativas a la separación final de buenos y malos: (a) Mateo 13:24-30, 36-43; (b) Mateo 13:47-50 (Manuscrito inédito).

2. LAS GENERALES. Se pueden clasificar como sigue: La del acreedor y los dos deudores (Lc.7:41-50); la del buen samaritano (Lc.10:30-37); la del rico insensato (Lc.12:16-34); la de la higuera estéril (Lc.13:6-9); la de la torre que necesitaba presupuesto (Lc.14:34-35; Mt.5:13; Mr. 9:50; la de lo perdido y hallado (Lc.15:1-32), la del mayordomo injusto (Lc.16:1-13), la del servicio (Lc.17:7-10; la del juez injusto (Lc.18:1-8); y la del fariseo y el publicano (Lc.18:9-14).

III. ENSEÑANZAS ESPECIALES

En las enseñanzas especiales del Señor, es decir, aquellas que aparecen desconectadas, se establecen verdades muy vitales. Las más importantes son: los grandes mandamientos (Mr.12:28-34); la moneda del tributo (Mr.12:13-17); la advertencia con respecto al infierno (Mr.9:42-50); la ley del divorcio (Mr.10:1-12); la advertencia con respecto a las riquezas (Mr.10:23-31); la revelación que hace Cristo de sí mismo en Nazaret (Lc.4:16-30); la oración (Lc.11:1-13); la levadura de los fariseos (Lc.12:1-15); el rico y Lázaro (Lc.16:19-34); las instrucciones con respecto al perdón (Lc.17:1-6; comp. Mt.18:21-35); enseñanza sobre la vida eterna (Jn.3:1-21); el agua de vida (Jn.4:1-45); enseñanzas generales para los judíos (Jn.5:17-47); El Pan de Vida (Jn.6:1-71); la Luz del mundo (Jn.8:1-59); el buen Pastor (Jn.10:1-39); enseñanza especial a Andrés y Felipe (Jn. 12:23-50).

IV. CONVERSACIONES

Debe tomarse en cuenta que algunas de las declaraciones más importantes de Cristo fueron hechas en conversaciones con individuos. Estas son: Conversación con el abogado (Lc.10:25-37); conversación con el joven rico (Lc.18:18-30; comp. Mt.19:16-22; Mr. 10:17-22); conversación con los judíos con respecto al tributo (Lc.20:19-26; comp. Mt.22:15-22; Mr.12:13-17); conversación con respecto a su propia autoridad (Lc.20:1-8; comp. Mt.21:23-27; Mr.11:27-33); conversación sobre el Hijo de David (Lc.20:39-47; comp. Mt.22:41-46; Mr.12:35-37); conversación con Nicodemo (Jn.3:1-21); conversación con la mujer samaritana (Jn.4:1-45); conversación con los judíos (Jn.7:1-8:59); conversación con el hombre que nació ciego (Jn.9:1-39); conversación con Judas (Jn.12:1-11; 13:27); conversación con Pilato (Jn.18:28-38; comp. Mt.27:1-14; Mr.15:1-5; Lc.23:1-7,13-16).

CAPITULO VIII

LOS MILAGROS DEL CRISTO ENCARNADO

Los que están compenetrados con recursos sobrenaturales deben manifestar poder sobrenatural. El cristiano, que está directamente relacionado con Dios –en él mora el Espíritu, el cual lo guía, y Dios le da el poder– no debe estar desacostumbrado a las manifestaciones y a las experiencias sobrenaturales en su vida diaria. Puesto que lo sobrenatural no sigue ningunas leyes definidas de procedimiento, hay más posibilidad de lo milagroso en el cristiano que en la naturaleza, en la cual resulta inexplicable. El milagro, sin embargo, según el significado estricto de la palabra, es alguna realización especial que está fuera de todas las leyes conocidas tanto de la experiencia como de la naturaleza. La Biblia descorre el velo, y descubre la verdad con respecto al Dios viviente y todopoderoso, y también con respecto a todo un imperio de seres angélicos –buenos y malos– que tienen recursos y capacidades que, en el caso de Dios alcanzan hasta lo infinito, y en el caso de los ángeles trascienden todas las limitaciones humanas. No son pequeños los engaños –"prodigios mentirosos"– que ha hecho Satanás en el tiempo pasado y, según la profecía, todavía aparecerán más de estas maravillas satánicas (2 Ts.2:9; comp. Hch.16:16; Ap.13:1-18). La cesación de señales y maravillas después de la primera generación de la Iglesia ha dado ocasión a manifestaciones falsas. Esta cesación no se debe a la falta de fe ni de fidelidad. Los más grandes santos de esta era, aunque han sido como Abraham o como Daniel, no han realizado obras prodigiosas. La creencia común de que todas las manifestaciones sobrenaturales provienen de Dios le da a Satanás la oportunidad de confirmar en las mentes de muchos los errores de doctrina. Sin excepción alguna, las manifestaciones de poder sobrenatural que hoy afirman ser divinas sirven para sostener la falsedad o la doctrina incompleta. Como ejemplo de esto, tales manifestaciones como las que han sido publicadas se producen entre gentes que no reciben la suficiente verdad con respecto a la gracia salvadora y, por tanto, no llegan a creer que al ser salvos lo son para siempre, y esa limitación de la doctrina le quita tanta vitalidad al Evangelio que lo convierte en "otro evangelio". Estas falsas comprensiones de la doctrina quedan, sin embargo, selladas en las mentes de muchos que suponen que esas manifestaciones son de Dios, aunque realmente sólo sirven para apoyar la perversión de la doctrina.

La misma Biblia es un libro sobrenatural, y registra manifestaciones sobrenaturales sin necesidad de vacilación ni defensa. Todo lo relativo a los milagros que presenta la Biblia se puede dividir de la manera siguiente: (1) milagros que corresponden a la era del Antiguo Testamento; (2) milagros realizados por Cristo y por sus discípulos; éstos los realizaron por la autoridad que El les dio (Mt.10:1), y en su nombre, tal como se les ordenó la predicación del reino (Mt.10:7,8; Lc.10:17-19); y (3) milagros realizados por varios hombres de la iglesia primitiva, después de la muerte de Cristo y del día de Pentecostés. Nos concretaremos solamente a los milagros realizados por Cristo.

Sobre los milagros del Antiguo Testamento se puede decir de paso que, en propósito, se relacionan íntimamente con los que Cristo realizó, de tal modo que sirvieron como señal de la presencia divina, como una confirmación de la verdad de Dios, con la cual dichos milagros estaban relacionados. Los milagros del Antiguo Testamento se concentran en su mayoría en torno a dos épocas en las cuales se estaba estableciendo un nuevo orden divino. La gran mayoría de los hombres de Dios del Antiguo Testamento no realizaron milagros ni obras prodigiosas: Noé, Job, Abraham, David, Daniel. Pero a Moisés se le dio el poder de hacer señales y milagros, con el fin de que pudiera librar a Israel de la esclavitud de Egipto, y llegar a ser su dirigente divinamente reconocido. El efecto del milagro del mar Rojo se puede considerar en el terrible y grande hecho que Jehová ejecutó contra los egipcios; y el pueblo temió a Jehová, y creyeron a Jehová y a Moisés su siervo" (Ex.14:31). Más tarde se presentó otra necesidad de lo sobrenatural, en el tiempo de la apostasía de Israel, la cual, según el profeta Elías incluyó a todo el pueblo, con excepción de El (1 R.19:10). Los milagros que realizó Elías fueron continuados por Eliseo. En efecto, como Eliseo le pidió a Elías que le concediera una doble porción de su espíritu, los milagros que se relatan de Eliseo son dobles en número de los que hizo Elías. Así se le volvió a recordar al pueblo lo de Dios, tanto a la generación a la cual sirvieron Elías y Eliseo como a las subsiguientes generaciones. Esos milagros, como todas las maravillas de Dios *fueron hechos una sola vez para que se pueda creer siempre en ellos.* ¡Cuán estupenda es la tarea de confirmar el testimonio divino, de autenticar el mensaje de Dios como palabra del cielo! El corazón del hombre caído, que está dominado por Satanás, difícilmente puede creer aunque hable un ángel desde el cielo.

Ha habido mucha controversia con respecto a los milagros que realizaron los hombres de la iglesia primitiva. No en el sentido de que no se crea que ellos realizaron tales milagros, sino en el sentido de que los hombres no están de acuerdo en cuanto a si cesaron en los primeros tiempos de la iglesia. Algunos están dispuestos a afirmar que la discontinuidad de los milagros se debe a la falta de fe, y que si tuviéramos una fe como la que ellos ejercieron, estas manifestaciones volverían a producirse automáticamente. Contra esta posición está el hecho de que los hombres de Dios que han sido más santos, más espirituales y más bendecidos en todas las generaciones no han realizado ninguna obra de poder sobrenatural. Este es un hecho universal, y sólo la ignorancia se opondría a este hecho evidente. Las llamadas manifestaciones de hablar en lenguas, y los supuestos dones de sanidad, han aparecido constantemente, y se afirma que son el sello divino de la doctrina. Pero esto no es completamente cierto ni está conforme con la Biblia. Ninguno de los cultos que sostienen estas doctrinas le reconoce suficiente virtud al Evangelio de la divina gracia, como para creer que el que es salvo se identifica con Cristo, por gracia, de tal modo que está seguro para siempre. Satanás está siempre activo en inventos, estrategias y prodigios mentirosos; y no hay mayor engaño – él engaña a todo el mundo – que el de sellar una doctrina falsa o incompleta con una manifestación milagrosa, aparentemente divina.

Otros creen que Dios se complació en suspender las obras sobrenaturales tan pronto como se completaron los libros del Nuevo Testamento, y que Dios no tiene el propósito de que toda esta era se caracterice por los milagros, sino el de que las obras poderosas de Dios las realice el Espíritu Santo y las manifieste en los creyentes cristianos, con la finalidad de que estos vivan y sirvan incesantemente por medio de este poder que mora en ellos. Los no regenerados no están llamados a creer algunas de estas obras divinas, pero sí están llamados a creer la Palabra de Dios. Esta importante distinción con respecto al objeto de la fe la reconoció el mismo Cristo, cuando dijo: "Creedme que yo soy en el Padre, y el Padre en mí; de otra manera, creedme por las mismas obras" (Jn.14:11). Pudiera ser más evidente que el poder iluminador del Espíritu Santo en el corazón del no regenerado, cuando va acompañado de la proclamación del Evangelio, es más ventajoso que las manifestaciones sobrenaturales. El milagro puede incitar la admiración, la discusión, la curiosidad; pero no tendría el poder de engendrar en el corazón la convicción de pecado, ni de justicia, ni de juicio, ni pudiera crear la sed interna del Agua de vida, aparte de la cual no hay apropiación inteligente y personal de Cristo el Salvador. Pudiera ser fácil creer que los evangelizadores que van a dar el mensaje a los no evangelizados se beneficiarían en su obra por medio de manifestaciones sobrenaturales; pero la obra que debe operarse en el corazón impío, ya sea pagano o civilizado, si ha de llegar al cambio completo que solamente la gracia puede garantizar, no sería posible por medio de señales y prodigios, sino por el poder iluminador del Espíritu. Algunos creen que Lázaro se levantó de entre los muertos; otros no lo creen. El milagro de ver la regeneración de una vida es la confirmación más grande del mensaje que proclama el evangelizador.

Entrando específicamente en los milagros que Cristo realizó, se puede afirmar que tenían el propósito de sustentar sus afirmaciones de que El era Jehová, el Dios Hombre, el Mesías de Israel, y de ofrecer la confirmación divina de sus enseñanzas. Los milagros que realizó Cristo fueron en grado amplio, si no totalmente, una manifestación vital del ministerio de su reino. Los milagros, las señales y las maravillas fueron evidentemente las credenciales de los que predicaron el Evangelio del reino. El les ordenó a sus discípulos que fueran a predicar el reino de los cielos que se había "acercado", y que debían cumplir estos mandamientos: "Sanad enfermos, limpiad leprosos, resucitad muertos, echad fuera demonios" (Mt. 10:7, 8). El profeta Joel predice lo sobrenatural en relación con la venida del reino. El dice: "Después de esto derramaré mi Espíritu sobre toda carne, y profetizarán vuestros hijos y vuestras hijas; vuestros ancianos soñarán sueños, y vuestros jóvenes verán visiones. Y también sobre los siervos y sobre las siervas derramaré mi Espíritu en aquellos días. Y daré prodigios en el cielo y en la tierra, sangre, y fuego, y columnas de humo. El sol se convertirá en tinieblas, y la luna en sangre, antes que venga el día grande y espantoso de Jehová. Y todo aquel que invocare el nombre de Jehová será salvo . . ." (Jl. 2:28-32; comp. Hch. 2:16-21). Es claro que los milagros de Cristo sugieren este poder espiritual. La sanidad de los enfermos sugiere su poder para limpiar del pecado; la alimentación de la multitud sugiere su poder y habilidad para cuidar a los suyos; la resurrección de los muertos nos indica el poder que El tiene para levantar a todos cuando El mismo lo determine.

Los milagros de Cristo son dignos de Dios tanto en su excelencia como en su alcance. En esto son completamente diferentes de las invenciones humanas que se hallan en los libros apócrifos. Los que se registran en el *Evangelium Infantiae* no solamente son absurdos, sino también incapaces de cualquier clase de verdad correspondiente. Como los milagros que hizo Cristo indican la presencia del Dios omnipotente, era de esperarse que la oposición de Satanás se manifestara contra estas obras poderosas para desacreditarlas. Esa es la oposición que ha vociferado la incredulidad a través de las generaciones. Puesto que Cristo vino al mundo identificado como Jehová, estas obras poderosas prueban su identidad, pues son completamente consecuentes con su Persona divina. A todo estudiante de mente seria se le exije esta consideración sobre el poder sobrenatural de Cristo. Estas obras deben contemplarse a la luz de todo lo que ellas demuestran, y el resultado de esa contemplación debiera ser un culto cabal y una verdadera adoración para Cristo. Nicodemo dio un frágil, aunque verdadero testimonio, cuando dijo: "Rabí, sabemos que has venido de Dios como maestro; porque nadie puede hacer estas señales que tú haces, si no está Dios con él" (Jn. 3:2). Mediante este reconocimiento, que era cierto hasta donde lo hizo Nicodemo, Cristo lo guió a un correcto entendimiento de su calidad de Salvador –"para que todo aquel que en él cree, no se pierda, mas tenga vida eterna"– y creer en Cristo para la salvación eterna es sumamente más importante que impresionarse con las obras poderosas, aunque esas obras demuestren el origen divino de Cristo. En la obra *Notes on the Miracles of Our Lord (Notas sobre los milagros de nuestro Señor),* R. C. Trench ha hecho valiosas distinciones con respecto a los diferentes términos que se usan para indicar las obras sobrenaturales. Reproducimos parte de esta obra a continuación.

"En la discusión en la cual vamos a entrar, los nombres tienen muchos significados. Como consecuencia del hecho de que vamos a tratar sobre cosas que son significativas en diversas maneras, debemos saber que esas cosas deben tener diversos nombres, por el hecho de que ninguno de ellos agota su significado. Cada uno de estos nombres representa una parte de las cualidades esenciales, se refiere a un solo aspecto; y no obtendremos ninguna comprensión adecuada, como la que deseamos, mediante la contemplación exclusivamente de uno cualquiera de estos nombres, sino de todos en conjunto. Así, lo que nosotros llamamos comunmente *milagros,* en las Sagradas Escrituras se llama 'prodigios', 'señales', 'poderes', o sencillamente, 'obras.' Se les da estos títulos, además de otros que raras veces ocurren, y que fácilmente se pueden colocar en cualquiera de estas clases. Me conformo con decir unas pocas palabras sobre cada una de estas clases, antes de intentar el avance sobre el tema.

Tomaremos primero la palabra *'prodigio'*, en la cual el asombro que produce la obra sobre el que la observa se transfiera a la misma obra, y a menudo lo describen en forma gráfica los evangelistas, cuando se refieren a los milagros de nuestro Señor (Mr. 2:12; 4:41; 6:51; 8:37; Hch. 3:10, 11). De una vez descubrimos que esta palabra se refiere a la apariencia externa. El significado ético del milagro se perdería completamente si el asombro o la sorpresa fuera *lo único* que surgiera, pues el mismo efecto pudieran producirlo un millar de causas más significativas. En realidad, no es algo poco notable, sino más bien una de las características singulares de los milagros del Nuevo Testamento, que esta palabra *prodigios* nunca se aplica a dichos milagros sino en relación con otros nombres. Siempre se dice: 'señales *y* prodigios', o 'señales', o 'poder' solamente; pero nunca, 'prodigios' solamente. Esto no quiere decir que el milagro, considerado simplemente como una maravilla, como un evento sorprendente, que los que lo ven no pueden reducirlo a ninguna ley conocida, sea considerado como tal, sin su significado y su propósito; aquel propósito que es el que debiera sobresalir poderosamente para distinguirse de los meros sueños y de la existencia sujeta a los sentidos, y que, sin embargo, puede que no sea un incentivo para lo espiritual en el hombre, y que, sin embargo, debiera servirle de llamada para que abra sus ojos al llamamiento espiritual que está a punto de dirigírsele. Pero el milagro, además de ser un 'prodigio', es también una 'señal', un signo y una indicación de una presencia cercana de Dios y de una obra suya. En esta palabra, la finalidad ética y el propósito del milagro se manifiestan en forma *más* prominente, en tanto que en la palabra 'prodigio' se manifiestan en forma *mucho menos* prominente. Son señales y promesas de algo que es más que la misma señal (Is. 7:11; 38:7). Las señales son de valor, no tanto por cuanto son señales, sino por lo que indican con respecto a la gracia y al poder del que las hace, o la relación que él tiene con el mundo superior. A menudo son como el sello del poder que se le concede a la persona que las realiza (' . . . ayudándoles el Señor y confirmando la palabra con las señales que la seguían.' Mr. 16:20; Hch. 14:3; He. 2:4). También sirven para legitimar los hechos, por medio de los cuales el que realiza las señales afirma que es mensajero de Dios. Continuamente hallamos que esta palabra se usa con significados como éstos: '¿Qué señal nos muestras?' (Jn. 2:18). Esta fue la pregunta que le hicieron los judíos cuando querían que el Señor justificara las cosas que estaba haciendo, al indicar que El tenía autoridad especial sobre ellos. Otra vez le dijeron: 'Maestro, deseamos ver de ti señal' (Mt. 12:38). 'Le pidieron que les mostrase señal del cielo' (Mt. 16:1). Pablo dijo de sí mismo que él tenía 'las señales de apóstol' (2 Co. 2:12), en otras palabras, las características que lo distinguían como tal. Así también, en el Antiguo Testamento, cuando Dios envía a Moisés a librar a Israel, El le provee dos señales. Le advierte que Faraón le pedirá que confirme la legitimidad de su misión, que muestre las credenciales que comprueban que él es embajador de Dios, y lo equipa con los poderes que le permitan justificarse como tal, los cuales, en otras palabras, serían 'señales' (Ex. 7:9, 10). El le 'dio una señal' al profeta que envió a protestar contra el culto falso de Jeroboam (1 R. 13:3). Al mismo tiempo, sería bueno observar aquí que la 'señal' no es necesariamente un milagro, aunque sólo en calidad de milagro entra en esta discusión. Muchos asuntos comunes, por ejemplo, cualquier evento o incidente previsto, pueden servirle de señal a la mente que cree en las señales, como sello de la verdad que se ha dejado que dependa de dicho suceso. Así los ángeles les dieron a los pastores la 'señal' de que hallarían al niño envuelto en pañales (Lc. 2:12). Samuel le dio a Saúl tres 'señales' de que Dios lo había escogido verdaderamente para que fuera rey sobre Israel, y sólo la última de las tres está vinculada con algo sobrenatural (1 S. 10:1-9). El profeta le dio a Elí la muerte de sus dos hijos como 'señal' de que su amenaza se cumpliría (1 S. 2:34). Dios le dio a Gedeón, en el campo de los madianitas, una señal de que ganaría la victoria (Jue. 7:9-15), aunque las palabras no aparecen en el relato. También es posible que algún hombre, dominado por una vigorosa convicción de que la mano de Dios lo guía, establezca tal y tal eventos contingentes como señal para sí, con la intención de que, si el evento resulta tal como se espera, la persona lo aceptará como una señal o como una intimación de parte de Dios, sobre lo que El quiere que el hombre haga. Los ejemplos de esta clase no son escasos en las Escrituras (Gn. 24:16; Jue. 6:36-40; 1 S. 14:8-13).

Frecuentemente, también, los *milagros* se llaman "poderes", "obras poderosas' de Dios. Como en los términos 'prodigio' y 'milagro', el efecto se transfiere a la causa y le da su nombre, así, en aquellas palabras, la causa pasa al efecto y le da su nombre. El 'poder' reside originalmente en el mensajero divino (Hch. 6:8, 10; Ro. 15:9); es un poder con el cual Dios ha equipado al mismo mensajero. La gente se refería a Cristo, en el sentido más alto de la palabra, cuando decía en forma blasfema, con respecto a Simón el mago: 'Este es el gran poder de Dios' (Hch. 8:10). Pero por una fácil transición, la palabra llegó a significar la magia y los exorcismos de este poder. La palabra 'poderes' (en plural) también se utiliza (Mr. 6:14). Hay que tener en cuenta que hay casos que, en otras versiones, se tradujeron con la palabra 'poderes', pero en la versión Reina-Valera revisada en 1960, la traducción es 'milagros' (Mt. 7:22; 11:20; Lc. 10:13). Se usan más comúnmente las palabras 'maravillas', 'prodigios' y 'milagros' (Hch. 2:22; 19:11; 1 Co. 12:10, 28; Gá. 3:5; He. 2:4). En el uso de cualquiera de estos nombres, siempre se pierde algo de la fuerza expresiva de la palabra; pero sirven para señalar los nuevos poderes que han llegado al mundo y que actualmente obran en él.

Los términos 'maravillas, prodigios y señales', cuyo significado hemos tratado de desentrañar hasta este momento, aparecen juntos en dos casos (Hch. 2:22; 2 Co. 2:12), aunque en cada caso aparecen en distinto orden. (En otras versiones aparecen también las mismas palabras en *2 Tesalonicenses 2:9;* pero en la Reina-Valera revisada en 1960 aparecen las palabras 'poder y señales y prodigios mentirosos'). Todas estas palabras, como ya quedó indicado en el caso de los términos 'prodigios' y 'señales', son más bien, palabras descriptivas de diversos aspectos de una misma clase de obras, y no de diferentes clases de obras. Un ejemplo de uno de los milagros de nuestro Señor, puede indicarnos cómo pueden usarse a la vez todas estas palabras. La curación del paralítico, por ejemplo (Mr. 2:1-12), fue un prodigio todos los que la vieron 'se asombraron'; fue la manifestación de un *poder,* porque el hombre, al oír la palabra de Cristo '. . . se levantó en seguida, y tomando su lecho, salió delante de todos'; y fue una *señal,* porque les sirvió de indicio de que un gran hombre se había levantado entre ellos. Y este milagro tenía su relación con un hecho superior al cual le sirvió de señal y de sello (1 Ro. 13:3; 2 R. 1:10); y se realizó para que ellos supieran 'que el Hijo del Hombre tiene potestad en la tierra para perdonar pecados.'

Hay, además, otro término eminentemente significativo que utiliza Juan para designar los milagros. Es la palabra 'obras' (5:36; 7:21; 10:25, 32, 38; 14:11, 12; 15:24; véase también Mt. 11:2). Para Juan, lo prodigioso es solamente la forma natural de obrar Aquél en Quien mora toda la plenitud de Dios. El tiene que producir, por necesidad de su Ser superior, obras mayores que las que producen los hombres. Esas obras son la periferia de aquel círculo en el cual El es el Centro. El milagro por excelencia es el de la encarnación; todo lo demás, por decirlo así, sigue naturalmente su curso. No es extraño que Aquél cuyo nombre es Admirable (Is. 9:6) haga obras maravillosas. Lo extraño sería que no las hiciera. El Sol que está en el espacio es una maravilla; pero no por el hecho de que, siendo sol, irradie sus influencias de luz y calor. Los milagros de Cristo son el fruto que produce el Arbol divino, según su especie, y, con un profundo sentido de verdad, pudieran llamarse 'obras' de Cristo, sin más agregados ni explicaciones" (*Segunda Edición Americana,* págs.9-14).

CONCLUSION

Al concluir esta consideración sobre el Hijo encarnado de Dios, y su vida y sus enseñanzas que dio cuando estuvo en la tierra, volvemos a decir que, en vista del hecho de que su ministerio terrenal ocupa casi las dos quintas partes del Nuevo Testamento, es conveniente que toda cristología que sea fiel al Documento Divino le conceda a este cuerpo importante de verdad la extensa consideración que le corresponde. El Cristo que vino es la Manifestación de Dios a las mentes limitadas de los hombres pecadores. El es Dios manifestado en carne, la plenitud de la Divinidad corporalmente; no obstante, El es Dios.

CAPITULO IX

SUFRIMIENTOS Y MUERTE DEL CRISTO ENCARNADO

Todo lo que puede saberse con respecto a los sufrimientos eficaces y al sacrificio de Cristo, el Hijo de Dios, se encuentra en la revelación que a Dios le plugo dar a los hombres. Por tanto, la teología sobre la muerte de Cristo se origina completamente en las Escrituras de verdad y depende totalmente de ellas. Ya hemos presentado los aspectos distintivos de la doctrina de la muerte de Cristo en el Volumen III de esta obra, en el cual se estudió la doctrina de la salvación. La presente discusión la dedicaremos al análisis del Texto Sagrado del cual se deriva toda comprensión correcta. Ya hemos indicado las catorce realizaciones de carácter estupendo que Cristo realizó por medio de su muerte. La suma de ellas demuestra que este gran evento es el centro de toda la doctrina cristiana. Puesto que no puede haber relación salvadora con Dios fuera de la Redención que Cristo realizó, su muerte se convierte en base de casi todos los aspectos de la verdad cristiana. De acuerdo con lo dicho, el presente enfoque de este gran tema no estará relacionado con los aspectos de doctrina, como en el tercer volumen, sino con el orden en que ésta se halla en la revelación progresiva de toda la Biblia. Las partes de este estudio son las siguientes: 1) Tipos de la muerte de Cristo; 2) predicciones sobre la muerte de Cristo; 3) declaración histórica de la muerte de Cristo en los Evangelios sinópticos; 4) la muerte de Cristo según el *Evangelio de San Juan;* 5) la muerte de Cristo según el testimonio de Pablo; 6) la muerte de Cristo según el testimonio de Pedro; y 7) la muerte de Cristo según la *Epístola a los Hebreos.*

I. TIPOS DE LA MUERTE DE CRISTO

Ya se ha hecho referencia, en el capítulo II de este volumen, a los tipos de Cristo en general. Esta consideración ha de restringirse a los tipos de la muerte de Cristo. Podemos identificar por lo menos 16; y haremos lo mejor posible para tratarlos brevemente.

Aarón (Ex. 28:1; Lv. 8:12). El sacerdocio de Cristo fue previsto en dos tipos: el de Aarón y el de Melquisedec. Aarón fue un tipo que simbolizaba la ofrenda de Sí mismo que Cristo ofrecería sin mancha a Dios. En este sentido, Cristo fue tanto el Cordero del sacrificio como el Sacerdote que ofreció la ofrenda (comp. Jn. 10:17). Así toda la verdad con respecto a la muerte de Cristo y al derramamiento de su sangre estaba simbolizado en el prototipo que fue Aarón. Melquisedec, sin embargo, es un tipo de la resurrección de Cristo y de su continuidad para siempre en la gloria.

El altar de bronce (Ex. 27:1). Puesto que los sacrificios del Antiguo Testamento se ofrecían en el altar de bronce, ese altar vino a ser un tipo o una predicción típica de la cruz sobre la cual murió Cristo. El, que fue el Sacrificio sin mancha, fue el Justo que se ofreció por los injustos.

Las dos avecillas (Lv. 14:4). Como en el ejemplo de los dos machos cabríos, los dos animales forman un solo símbolo. Una de las dos avecillas muere, lo cual representa el sacrificio de muerte de Cristo; la otra avecilla que se sumerje en la sangre de la avecilla degollada, y luego se deja en libertad, representa a Cristo en su resurrección, cuando tomó su propia sangre y la presentó en el cielo a favor de aquellos por los cuales murió. Habiendo cumplido la obra redentora que realizó mediante su muerte, se levantó de entre los muertos. La muerte ya no tiene derecho sobre El (Ro. 4:25).

La sangre de la expiación (Lv. 17:11). No hay tipo de Cristo que esté más cargado de significado, excepto el del cordero, que el de la sangre de la expiación que se derramaba sobre el altar. Sobre esto escribe el Dr. C. I. Scofield, al hacer un comentario sobre Levítico 17:11:

> "(1) El valor de la 'vida' es la medida del valor de la 'sangre.' Esto da a la sangre de Cristo un valor inapreciable. El Dios-Hombre dio su vida cuando su sangre fue derramada. 'Porque la sangre de los toros y de los machos cabríos no puede quitar los pecados' (He.10:4). (2) Lo que es eficaz no es la sangre en las venas de la víctima, sino la sangre *sobre el altar.* La Escritura no dice nada acerca de una salvación por medio de la imitación o la influencia de la vida de Cristo, sino solamente acerca de la salvación por medio de aquella vida que fue entregada en la cruz. Aquí se explica el significado de todo sacrificio. En cada sacrificio la sentencia de la ley se ejecutaba sobre el substituto del ofensor, y cada sacrificio señalaba hacia la muerte de Cristo, la cual es la única que vindicó la justicia que Dios manifestó al pasar por alto los pecados de aquellos cuyos sacrificios eran un tipo de la muerte del Señor Jesús" (Ro. 3:24, 25; Ex. 29:36, refs.). *Biblia Anotada de Scofield,* págs. 142, 143).

Las ofrendas de olor suave (Lv. 1:1-3,17). Las cinco ofrendas de los primeros cinco capítulos de *Levítico,* simbolizan en la forma más amplia la obra que realizaría Cristo mediante su muerte. Las primeras tres –el holocausto, la oblación y la ofrenda de la paz– simbolizan la muerte de Cristo. Ella satisfizo al Padre –le llegó a El como olor suave. El holocausto, que es la primera, simboliza la ofrenda que Cristo hizo de Sí mismo sin mancha a Dios, y como Sustituto del que cree en El. Este ya no necesita obediencia ni justicia propias para presentarse ante Dios; porque Cristo es en Sí mismo tanto obediencia como justicia, y El las presentó al Padre en favor de los pecadores. Aquí se incluye, además de la remisión de pecados, la provisión de todo lo necesario, que el pecador tiene que lograr si ha de ser acepto delante de Dios, lo cual fue cumplido por Cristo en su muerte, y se hizo posible para todos los que creen en El. Así que la salvación le asegura al creyente mucho más que la simple cancelación de los pecados: le provee los méritos que demandan el cielo y la santidad. Todos los detalles de la ofrenda del holocausto se encuentran en Levítico 1:3-17. La segunda ofrenda, que es la de la oblación se describe en Levítico 2:1-16, y representa la perfección de Cristo, en Quien halla contentamiento el Padre, y cuya plenitud de perfección se le adjudica al Hijo de Dios (Jn. 1:16; Col. 2:9, 10). La ofrenda de la paz, que es la tercera, simboliza la verdad de que Cristo hizo la paz entre el cristiano y Dios por medio de su muerte expiatoria. Esta ofrenda no exalta el hecho de que El llevó nuestros pecados, sino que, más bien simboliza el resultado de ese hecho, que fue el de una relación de paz entre Dios y el que cree en Cristo (comp. Ro. 5:1).

Las ofrendas que no eran de olor suave (Lv. 4:1-5:19). Los cristianos conocen generalmente mejor las verdades representadas por las ofrendas que no eran de olor suave, puesto que éstas simbolizan la completa libertad divina para perdonar pecados, y, como ya se ha indicado, el Evangelio que predica la gran mayoría –si no el que se predica universalmente– ofrece a los que no están salvos algo más que la remisión divina de los pecados. Esto, en realidad, no debe considerarse como algo sin importancia –la remisión de pecados– pero la provisión divina a través de la muerte de Cristo, por la cual se les adjudica a los que creen todos los méritos del Hijo de Dios, es de un valor mucho más alto, inmensurable. Así se reconoce, y el pecador recibe así la bendición que le corresponde en Cristo; este beneficio ilimitado es, sin embargo, un mensaje tan bueno para el que no está salvo como la misma remisión de los pecados. Esa es una parte vital de las Buenas Nuevas, es decir, del Evangelio. Es cierto que, para que algunos sean salvos, basta presentarles el mensaje de las provisiones divinas; pero también es cierto, y se puede demostrar experimentalmente, que muchos más pueden salvarse cuando se les presenta toda la verdad simbolizada en las cinco ofrendas –las ofrendas de olor suave, y las que no eran de olor suave, que simbolizan diversos aspectos de la muerte de Cristo.

El macho cabrío como ofrenda (Lv. 1:10). Entre los diversos animales que podían presentarse para el sacrificio, el macho cabrío tenía especial significación. Ese animal es símbolo de lo que Dios rechaza (Mt. 25:33). El macho cabrío representa a Cristo en el momento de ser contado con los transgresores (comp. Is. 53:12); en el momento en que se hizo pecado y maldición de Dios por los pecadores.

Los dos machos cabríos (Lv. 16:5). El gran día de la expiación, el sacerdote ofrecía la ofrenda de un becerro por sus propios pecados. Este sacrificio simboliza al Salvador. Esa ofrenda era sumamente esencial para la preparación del sumo sacerdote, a fin de que pudiera ejercer ese día el servicio para el cual había sido escogido. Así que el sumo sacerdote, en este caso, es un tipo de Cristo. Se seleccionaban dos machos cabríos de los cuales uno tenía que morir. La sangre del que era sacrificado la llevaba el sumo sacerdote al lugar santísimo. Este acto simboliza la muerte de Cristo y la presentación de su sangre en el cielo en calidad de remedio provisto por Dios para los pecados del pueblo. Sobre el segundo macho cabrío, el sacerdote colocaba sus manos. Este ceremonia simboliza la transferencia de la culpa del pecado a un sustituto. Este animal era enviado al desierto. Este era un símbolo del olvido; así estaba prevista la perfecta disposición de Cristo a llevar sobre Sí los pecados en su muerte y sepultura (comp. Ro. 6:2, 3; 1 Co. 15:3, 4).

El pariente cercano redentor (Lv. 25:49; Is. 59:20). Ya nos hemos referido en esta obra al pariente cercano que podía redimir. Ese pariente es un símbolo de Cristo el Redentor, y sustenta la verdad de que solamente El puede redimir. El estaba libre de cualquier participación en la calamidad de la cual tenía que librar a otros; El perteneció a una familia humana por medio de la encarnación; El podía pagar el precio de la Redención –que no era otro que el derramamiento de la sangre del Hijo de Dios– y El estaba dispuesto a redimir. Cristo es el perfecto Redentor en todo aspecto.

El cordero (Is. 53:7; Jn. 1:29). El cordero sin mancha y sin contaminación es el tipo de Cristo que más emplea el Espíritu Santo a través de la Palabra de Dios. Este tipo es inagotable en todo su simbolismo con respecto a la muerte expiatoria y sustitutiva de Cristo.

La fuente de bronce (Ex. 30:18). A todo sacerdote se le exigía que se purificara en la fuente de bronce, antes de realizar cualquier servicio. ¡Cuán grande es la importancia de que el cristiano sacerdote se purifique constantemente en esta era, para que su vida y su testimonio sean efectivos! La fuente de bronce del Antiguo Testamento simboliza la sangre de Cristo que limpia constantemente de todo pecado (comp. 1 Jn. 1:7, 9).

La pascua (Ex. 12:11). La pascua es un tipo de Cristo en el cual se simbolizan ilimitadas riquezas de verdad. El cordero tenía que ser sin mancha, y se probaba con respecto a su idoneidad; su sangre tenía que ser derramada y aplicada. La tantas veces repetida celebración de la pascua era solamente una conmemoración. No proveía nada de salvación ni de seguridad para los que la practicaban.

La vaca alazana (Nm. 19:2). Esta vaca alazana simboliza una provisión peculiar que habría en aquello que simbolizaba. Así como las cenizas de la vaca se preservaban, y llegaron a ser un estatuto perpetuo de limpieza, la sangre de Cristo es el agente eterno de limpieza para las necesidades diarias del creyente en El (1 Jn. 1:9).

La peña (Ex. 17:6; Nm. 20:8). Sobre este tipo, que es sumamente amplio, escribe el Dr. Scofield:

"La roca es un tipo de la vida que se recibe por medio del Espíritu, por gracia: (1) Cristo La Roca (1 Co. 10:4). (2) El pueblo era completamente indigno del favor de Dios (Ex. 17:2; Ef. 2:1-6). (3) Características de la vida que se recibe por gracia: (a) gratuita (Jn. 4:10; Ro. 6:23; Ef. 2:8); (b) abundante (Ro. 5:20; Sal. 105:41; Jn. 3:16); (c) accesible (Ro. 10:8); (d) lo único que el pueblo tenía que hacer era recibir o tomar (Is. 55:1). La representación de la muerte de Cristo en la roca herida contempla el derramamiento del Espíritu Santo como un resultado de la redención consumada, más bien que el hecho de nuestra *culpabilidad* delante de Dios. Es el lado positivo de Juan 3:16 lo que se representa aquí. Las palabras que dicen 'no se pierda', señalan hacia la sangre expiatoria; la expresión 'mas tenga vida eterna' indica la vida concedida al creyente en Cristo Jesús" (*Biblia Anotada de Scofield*, págs.86,87).

Isaac (Gn. 22:2). Isaac, cuando fue ofrecido sobre el altar, representa a Cristo en muchos aspectos específicos de su muerte. El símbolo se hace más vigoroso por el hecho de que Abraham representa a Dios el Padre en el acto de ofrecer a su Hijo (Gn. 22:2; Ro. 8:32). Isaac representa al Cristo, que fue obediente hasta la muerte. El carnero que estaba trabado en el zarzal es símbolo del tema de la sustitución que siempre reaparece (Gn. 22:13).

José (Gn. 37:20-27). Esta es solamente una parte de un amplio simbolismo de Cristo representado en la vida de José. Esta parte representa un aspecto de su muerte. Así como José fue rechazado por sus hermanos, y le hicieron ellos toda clase de vejámenes, pero no lo mataron, así también Cristo fue rechazado, pero no murió a manos de los gobernantes de su pueblo.

II. PREDICCIONES SOBRE LA MUERTE DE CRISTO

En cuanto a extensión, las predicciones sobre la muerte de Cristo ocupan el segundo lugar. El primer lugar lo ocupan las profecías relativas a la primera y a la segunda venidas de Cristo. Para los fines de este estudio, las profecías de la muerte de Cristo las podemos dividir en cuatro partes, a saber: 1) La principal predicción histórica; 2) la principal predicción doctrinal; 3) varias predicciones menores; y 4) la declaración propia de Cristo.

1. LA PRINCIPAL PREDICCION HISTORICA. Solamente los prejuicios ciegos, ya sean los que dominan a los judíos o a los gentiles incrédulos, pueden negar que el *Salmo 22* es una predicción sobre la escena de la crucifixión. La primera parte de este salmo –versículos 1-21– es evidentemente un relato de lo que Cristo habló con el Padre durante las seis horas de sufrimiento en la cruz. Como se verá, ninguna de las palabras de este pasaje extenso la pronuncia otra persona que no sea Cristo mismo; ni las palabras se dirigen a ninguna otra persona que no sea Aquella a la cual se dirigen las palabras del versículo primero: "Dios mío". A las siete declaraciones muy estimadas que Cristo pronunció en la cruz, que son las que registran los Evangelios, hay que agregar estos 21 versículos con su inmensurable riqueza de revelación. Todas estas palabras procedieron de los labios del Salvador moribundo. Este salmo fue escrito mil años antes de la muerte de Cristo y, aunque describe vívidamente una muerte por crucifixión, fue escrito muchos siglos antes que cualquier mente humana hubiera concebido esa clase de martirio. El salmo comienza dirigiéndose a Dios, y preguntando por qué el que habla ha sido abandonado por Dios. Este clamor, a pesar de las limitaciones que implica, relativas a la comprensión, surgió de la humanidad del Salvador. Esta verdad se hace evidente por el hecho de que El se dirige a *Dios* en vez de dirigirse al *Padre.* Como ya lo hemos observado, la primera Persona es el Dios de la humanidad de Cristo; pero no es el Dios de su Deidad, ni el de la segunda Persona. Más tarde, en el mismo salmo, El declara: "Sobre ti fui echado desde antes de nacer; desde el vientre de mi madre, tú eres mi Dios" (v. 10). Habiendo pronunciado esta plegaria inicial, de una vez defiende a Dios con estas palabras: "Pero tú eres santo". Esta es una expresión de completa confianza y de esperanza en medio de tal abandono. Realmente, ¿por qué fue El abandonado? El no había hecho ningún mal durante los años que vivió sobre la tierra; el Padre había manifestado su complacencia por la vida terrenal de su Hijo. El Sufrido *había sido hecho* ofrenda por el pecado, y éste es tan horroroso que el Padre aparta su rostro de él. El Texto Sagrado registra la experiencia de otros dos hombres que defendieron a Dios en tiempo de grandes pruebas: Job (Job 1:21; 2:10); y la mujer sunamita (2 R. 4:26).

Si se quiere una comprensión clara de la obra redentora que Cristo realizó en la cruz, es necesario reconocer el hecho de su humanidad y de sus limitaciones reales. Como Dios estaba reconciliando en Cristo al mundo consigo mismo, Cristo, que también es Dios, sabía el perfecto significado de sus propis sufrimientos y de su muerte; pero como El era el Cordero de Dios, aprendió a obedecer la voluntad del Padre en relación con aquellas cosas que hasta ese momento no se conocían. No podemos entender cómo pudo existir una actitud realmente contradictoria hacia un mismo asunto. El aspecto inexplicable de este hecho, sin embargo, no va contra su realidad; ni se debiera permitir que se modifique ni siquiera en el menor grado la fe de que, por un lado, la humanidad de Cristo estuvo sujeta a las normales limitaciones humanas, y por el otro, su Deidad que se caracteriza por la omnisciencia y la omnipotencia estaba libre de limitaciones. Es un error grave el suponer que, por causa de su Deidad, El estaba exento de problemas humanos; e igualmente es un error sostener que, por causa de la presencia de la humanidad en El, su Deidad fue restringida en algún sentido.

Según los versículos 4 y 5 del salmo que estamos estudiando, Cristo le dice a Dios que El es el primero y el único individuo en toda la historia humana que ha puesto su confianza en Jehová sin recibir ninguna respuesta positiva. Los dos mil años que casi han pasado a la historia no han cambiado este hecho: Cristo es el único que, habiendo puesto toda su confianza en Jehová, tuvo que sufrir el abandono. Esta estupenda verdad solo sirve para aumentar el problema inicial: *¿Por qué* tenía que ser abandonado Cristo? No es difícil hallar la razón por la cual el pecador pudiera ser abandonado por parte de Jehová; pero, en el caso de Cristo, El es el único en Quien el Padre tiene complacencia. El es el Hijo de Dios, santo, sin mancha y sin contaminación. La respuesta para nuestra pregunta sólo se halla en el hecho de que El fue el Sustituto de otros que no tenía ni tienen mérito delante de Dios.

En los versículos 6 al 8, Cristo hace un recuento sobre el absoluto abandono en que lo dejan los que ven su crucifixión. Para ellos, El es "gusano, y no hombre". Lo que habrían de decir exactamente sus torturadores está predicho en el versículo 8: "Se encomendó a Jehová; líbrele él; sálvele, puesto que en él se complacía". En ningún caso de la historia humana llegaron a yuxtaponerse tan perfectamente la soberanía de Dios y la libertad humana como en la crucifixión de Cristo. No podía haber duda de que la muerte de Cristo fue determinada desde la eternidad, tanto con respecto al hecho mismo como en lo relativo al modo de realizarlo. El debía ser ejecutado "por manos de inicuos" (Hch. 2:23). Estaban predichos en el Salmo 22, con mil años de anticipación, los medios que emplearían los inicuos (versículos 16-18) y las mismas palabras que ellos dirían (versículo 8); sin embargo, ellos cumplieron en la forma más libre lo que para ellos eran las inclinaciones de su propia voluntad. Aunque este crimen estaba previsto divinamente desde la eternidad, a los asesinos se los declaró culpables: el mismo Salvador oró para que Dios los perdonara. Si no hubiera habido este crimen de crucifixión, aparentemente no hubiera habido redención de ningún pecado. El hecho de que el Salvador declara en el versículo 15: "Y me has puesto en el polvo de la muerte" (se refería a Jehová), no disminuye el problema de sus sufrimientos y muerte. El culpa a Dios, a Quien está hablando, de su muerte. E incluye también una inculpación contra los malignos que lo había "rodeado", de los cuales dice: "Horadaron mis manos y mis pies". Así resulta cierto que El murió en manos de su Padre (comp. Ro. 3:25; 8:32; Jn. 1:29; 3:16), pero también resulta cierto que murió en manos de los hombres. Estos no podían hacer otra cosa que cometer un trágico crimen. Así que no les debemos las gracias por haber tomado parte en esta muerte en la cual obtenemos nosotros la ventaja. Por otra parte, el Padre fue el que realizó la reconciliación por medio del sacrificio de su Hijo. A El le debemos, por tanto, honor y gloria y acción de gracias para siempre.

2. LA PRINCIPAL PREDICCION DOCTRINAL. El tema precedente demuestra que difícilmente puede eliminarse el elemento doctrinal de cualquier consideración sobre la muerte de Cristo. Sin embargo, la predicción que se encuentra en Isaías 52:13-53:12, aunque es una declaración de hechos, es característicamente doctrinal, y desde ese punto de vista, el enfoque es inagotable. Tenemos delante otra vez la humanidad de Cristo en su relación con la muerte expiatoria de El. Según la declaración inicial, El es *el Siervo de Jehová (52:13),* el cual, por haberse encomendado a la voluntad de Jehová, sería prudente en todas las cosas, especialmente en su muerte a favor de otros. La recompensa que recibiría por esta actitud sería la de ser engrandecido y exaltado. En la *Epístola a los Filipenses (2:6-11)* se nos dice que el que se humilló a Sí mismo hasta la muerte, fue también exaltado por Dios hasta lo sumo. En su humanidad, El se hizo a Sí mismo un sacrificio ignominioso, y su rostro se desfiguró hasta el punto de perder el parecido (52:14); sin embargo, el Afligido asombrará a muchas naciones, y los reyes cerrarán la boca ante El (52:15). El capítulo 53 comienza con este desafío: "¿Quién ha creído a nuestro anuncio?" De una vez descubrimos que ésta es una visión en lontananza de aquel tiempo cuando el valor de la muerte de Cristo para la salvación de los hombres dependa de la respuesta de fe que se dé al mensaje del Evangelio. No se dice a menudo en el Antiguo Testamento que los hombres tenían que creer algo (comp. Gn. 15:6); más bien se les

ordena que cumplan la ley de Dios. El capítulo 53 de Isaías es una declaración de lo que Cristo realizaría en su muerte y de los beneficios que por medio de ella quedarían garantizados. Allí no hay instrucciones para la acción humana ni para la fidelidad. "El brazo de Jehová" no se revela sino a los que creen el anuncio del Evangelio. Esta expresión "el brazo de Jehová" es sugestiva, si se compara con Salmo 8:3, donde leemos: "Cuando veo tus cielos, obra de tus dedos, la luna y las estrellas que tú formaste." En uno de los casos, la creación del sistema solar se compara con la obra de los dedos de Dios; pero en el otro, la salvación del alma requiere la intervención del poderoso brazo de Jehová. Sólo mediante el ejercicio de ese supremo poder podía realizarse. El Todopoderoso no podía confrontarse con un esfuerzo más grande que el que realizó para la salvación de las almas de los hombres. Para poder salvar al pecador, El tomó su lugar y cumplió la más perfecta clase de sustitución. Este es el tema dominante en todo este pasaje. En él leemos: "Despreciado y desechado entre los hombres, varón de dolores, experimentado en quebranto; y como que escondimos de él el rostro, fue menospreciado, y no lo estimamos. Ciertamente llevó él nuestras enfermedades, y sufrió nuestros dolores; y nosotros le tuvimos por azotado, por herido de Dios y abatido. Mas él herido fue por nuestras rebeliones, molido por nuestros pecados; el castigo de nuestra paz fue sobre él, y por su llaga fuimos nosotros curados. Todos nosotros nos descarriamos como ovejas, cada cual se apartó por su camino; mas Jehová cargó en él el pecado de todos nosotros . . . por la rebelión de mi pueblo fue herido . . . Cuando haya puesto su vida en expiación por el pecado . . . y llevará las iniquidades de ellos . . . habiendo él llevado el pecado de muchos" (Is. 53:3-12). Es muy poco lo que nos extraña que el sumo sacerdote haya dicho con respecto a la muerte de Cristo: "Vosotros no sabéis nada; ni pensáis que nos conviene que un hombre muera por el pueblo, y no que toda la nación perezca" (Jn. 11:49, 50). Y el Espíritu Santo agrega las siguientes palabras explicativas: "Esto no lo dijo por sí mismo, sino que como era el sumo sacerdote aquel año, profetizó que Jesús había de morir por la nación" (versículo 51). Más tarde se nos informa lo mismo con respecto a Caifás: "Era Caifás el que había dado el consejo a los judíos, de que convenía que un solo hombre muriese por el pueblo" (18:14). El gran gozo que fue puesto delante de El, por el cual sufrió la cruz y despreció la vergüenza (comp. He. 12:2), se predice en las palabras con las cuales termina la predicción doctrinal de Isaías: " . . . verá linaje, vivirá por largos días, y la voluntad de Jehová será en su mano prosperada . . . Por tanto, yo le daré parte con los grandes, y con los fuertes repartirá despojos; por cuanto derramó su vida hasta la muerte, y fue contado con los pecadores, habiendo él llevado el pecado de muchos, y orado por los transgresores" (Is. 53:10, 12).

3. PREDICCIONES MENORES. Tomaremos en cuenta solamente algunas de las breves predicciones del Antiguo Testamento que anuncian la muerte de Cristo.

Génesis 3:15. "Y pondré enemistad entre ti y la mujer, y entre tu simiente y la simiente suya; ésta te herirá en la cabeza, y tú le herirás en el calcañar."

Esta proclamación es notable no solamente por el mensaje directo que contiene, sino por haberse pronunciado al comienzo de la historia humana. Es un anuncio divino, muy aparte de los agentes humanos, y se relaciona solamente con un aspecto de la muerte de Cristo, es decir, la relación de ella con Satanás, y por medio de él, con todos los ángeles caídos. En este versículo se nos presenta la gran crisis de la cruz en lo que atañe a Satanás; Cristo debía herir a Satanás en la cabeza, y éste a su vez le heriría a Cristo el calcañar. De este modo se nos manifiesta que la muerte de Cristo fue un atentado de Satanás contra el Hijo de Dios, hasta un grado no revelado y según la voluntad permisiva de Dios. El triunfo de Cristo es seguro, como una herida en la cabeza de Satanás, lo cual simboliza su destrucción; mientras que la herida en el calcañar no es más que una injuria.

Isaías 50:6. "Di mi cuerpo a los heridores, y mis mejillas a los que me mesaban la barba; no escondí mi rostro de injurias y de esputos."

Los detalles de esta profecía son tan específicos que es imposible aplicarlos mal. En el versículo que precede a éste, el que sufre da el testimonio siguiente: "Jehová el Señor me abrió el oído", lo cual se refiere, sin duda, al sello que se le colocaba al esclavo voluntario (comp. Ex. 21:1-6; Sal. 40:6, y todos los pasajes que tratan sobre la obediencia de Cristo a la voluntad del Padre). Luego agrega: "y yo no fui rebelde, ni me volví atrás." Esta obediencia lo condujo a estos sufrimientos y a la muerte.

Zacarías 12:10; 13:6, 7. "Y derramaré sobre la casa de David, y sobre los moradores de Jerusalén, espíritu de gracia y de oración; y mirarán a mí, a quien traspasaron, y llorarán como se llora por hijo unigénito, afligiéndose por él como quien se aflige por el primogénito . . . Y le preguntarán: ¿Qué heridas son estas en tus manos? Y él responderá: Con ellas fui herido en casa de mis amigos. Levántate, oh espada, contra el pastor, y contra el hombre compañero mío, dice Jehová de los ejércitos. Hiere al pastor, y serán dispersadas las ovejas; y haré volver mi mano contra los pequeñitos."

El llanto futuro de Israel, por causa de su participación en la crucifixión de Cristo, ocupa amplio lugar en la profecía (comp. Is.

61:2, 3; Mt. 24:30). Esta predicción afirma que su llanto será por causa de que ellos lo horadaron en la crucifixión. Cuando El venga otra vez, Israel lo reconocerá por medio de las marcas de las heridas. El Dr. A. C. Gaebelein, en su obra *Estudios Sobre Zacarías (Studies in Zechariah),* páginas 121 y 124, dice lo siguiente sobre el particular:

"El llanto que allí se describe es universal. Todas las familias llorarán: familia por familia aparte, y las esposas aparte. Tal llanto y lamento no se ha visto nunca sobre la tierra, ni se verá después. Pero, ¿por qué llorar y lamentar? ¿No debiera, más bien, haber gozo y fiesta, alegría y aleluyas? Las aleluyas vendrán durante todo el milenio, pero al comienzo habrá llanto nacional por parte de Israel. El llanto es por causa de que Jehová aparece en su gloria, y ellos lo pueden ver. El tan esperado Mesías aparece al fin, y El es Jehová . . . Todavía nos queda otro pasaje que está estrechamente relacionado con Aquél que fue herido, del cual se nos habla en el capítulo 12 de Zacarías. Este pasaje es Apocalipsis 1:7: 'He aquí que viene con las nubes, y todo ojo le verá, y los que le traspasaron; y todos los linajes de la tierra harán lamentación por él. Sí, amén.' Este pasaje se corresponde con el que estamos estudiando del profeta Zacarías. Las tribus que se mencionan en *Apocalipsis* son las mismas que se mencionan en *Zacarías,* y la lamentación de que nos habla *Apocalipsis* es el mismo lloro a que se refiere el capítulo 12 de *Zacarías.* Ellos verán la señal del Hijo del Hombre en los cielos; y habrá un alegre clamor: *'Bendito el que viene en el nombre del Señor', este es nuestro Dios, lo hemos esperado.* Entonces ven a una Persona en las nubes: es el Hijo del Hombre. Otra vez lo miran, y descubren que sus manos, y sus pies, y su costado tiene las señales de las heridas. ¿Quién puede ser Este que viene en la gloria de los cielos, con las manos y los pies y el costado señalados por las heridas, y con poder y gran gloria? La verdad que tantas veces han negado los ilumina en ese momento: Este es Jesús de Nazaret, el Rey de los judíos, el Rechazado, el que sufrió la muerte vergonzosa sobre el monte, cuyas manos y pies fueron heridos, y de cuyo amante costado la lanza romana extrajo sangre y agua. He aquí a Jehová-Jesús, el Herido: helo ahí otra vez."

A esto agrega el Dr. H. A. Ironside, en sus *Notas Sobre los Profetas Menores (Notes on the Minor Prophets),* págs. 406, 407:

"La palabra *mirar* pudiera traducirse también *contemplar.* Este acto implica una sincera atención, mirar con detenimiento, de tal modo que cada rasgo de su rostro pueda imprimirse en las almas. Su semblante que una vez estuvo desfigurado, las marcas de las heridas en las manos y en el costado, todo los impresionará. Cuando ellos comprendan que el que fue despreciado como malhechor y blasfemo era realmente el Señor de la gloria, su pesar y arrepentimiento serán sin límites. En el Nuevo Testamento tenemos dos cuadros de esta escena: Tomás el apóstol, llamado Dídimo (el gemelo), creyó cuando vio al Señor. En el remanente de Judá, el otro gemelo –si se me permite decir así– se aparecerá con la misma incredulidad, hasta que las señales de la lanza y de los clavos lo convenzan. En Saulo de Tarso tenemos también un símbolo preeminente del mismo remanente: odiaba a Jesús, seguía su propio camino; perseguía celosamente a todos los que amaban el nombre de Cristo, hasta el día cuando fue sorprendido por un resplandor de luz del cielo. Ese día, sus ojos,

ciegos con la gloria terrenal, se asomaron al lugar santísimo; y allí, sentado en el mismo trono de Dios, ¡él contempló al Nazareno! Así llegó a ser un abortivo, es decir, nacido en el reconocimiento de Cristo antes del tiempo cuando, mediante una visión similar, el remanente judío llegue a exclamar: 'Señor, ¿qué quieres que yo haga? ' "

Aunque estas referencias a la muerte de Cristo serán retrospectivas, cuando se les presenten a Israel en los últimos tiempos; sin embargo, servirán para indicarles que estos aspectos – el reconocimiento, el llanto, la herida del Pastor y el esparcimiento de las ovejas (comp. Mt.26:31) – estaban previstos muchos siglos antes de la muerte de Cristo.

4. LAS PREDICCIONES DE CRISTO. Aunque Cristo anunció repetidamente la muerte que le venía (Mt.16:21; 17:22-23; 20:17-19; 26:12,28,31; Mr.9:32-34; 14:8,24,27; Lc.9:22,44,45; 18:31-34; 22:20; Jn.2:19-21; 10:17,18; 12:7), este asunto nunca llegó a la consciencia de los discípulos. Indudablemente se les impidió que lo entendieran; pero una razón más profunda que explica esta incapacidad de entender es el hecho de que hasta el tiempo de su muerte, y aún después (comp. Hch.1:6-7), tanto los discípulos como todos los otros que lo habían seguido, tenían concentrados sus pensamientos en la esperanza de la realización del reino mesiánico y terrenal que hacía tiempo estaba predicho. Aunque estos hombres predicaron constantemente durante tres años y medio con la dirección y autoridad de Cristo, no hubieran podido predicar el Evangelio basado en la muerte y la resurrección del Señor. De esos eventos – tan básicos para el Evangelio de la divina gracia – ellos no sabían nada. Este hecho es la respuesta final para aquellos que – a menudo sin pensarlo seriamente – han supuesto que el Evangelio de gracia que se basa en la muerte de Cristo y en su resurrección, no solamente fue el mensaje que predicaron los 12 discípulos durante el ministerio terrenal del Señor, sino que los santos del Antiguo Testamento también participaron de este mensaje. El hecho de que el mismo Cristo previó su muerte y su resurrección, mientras que al mismo tiempo anunciaba que el reino se había acercado, no nos concede la autoridad para afirmar que el Evangelio de la gracia y el reino mesiánico son la misma cosa. Por el contrario, así se nos revela que Cristo, con su infinita claridad, indicó las distinciones entre estas dos realidades, aunque por la misma naturaleza del caso, El no podía proclamar estas distinciones antes de su muerte (comp. Mt.23:38-25:46; Jn.14:1-3). En realidad El les predijo su venida y su reino a Pedro, Jacobo y Juan en el monte de la transfiguración. El modo como Cristo introdujo el tema de su segunda venida es un

estudio de vital importancia que muchas veces se ha descuidado. Es interesante cómo lo introdujo antes de su muerte y de su resurrección, y también después. El Evangelio del reino – que no se relacionaba con su muerte y su resurrección – de repente quedó incompleto por causa de la muerte del Rey. No es función de un rey la de morir. *¡Viva el rey!* Sin embargo, el mismo hecho de la muerte y resurrección de Cristo se convirtió en el fundamento de un nuevo mensaje de gracia soberana, aparte de todas las obras humanas meritorias, y es el motivo para el llamamiento de un pueblo celestial. Tiene que llegar la hora cuando el número de componentes de la Iglesia se completará, y entonces será removida de la tierra. Entonces, sin falta, Dios volverá a continuar el programa que quedó incompleto con respecto al reino de Cristo sobre Israel aquí en la tierra, lo cual no sucederá en virtud de la muerte del Señor, sino en virtud del poder y de la segunda venida del Rey. Cristo predijo tanto su muerte como su segunda venida, y todo lo que ha de suceder cuando El regrese.

III. LA MUERTE DE CRISTO EN LOS EVANGELIOS SINOPTICOS

Como puede deducirse de lo dicho, los Evangelios sinópticos, puesto que se preocupan sobre todo del mensaje de Cristo, no presentan su muerte y su resurrección sino como hechos históricos. Ellos sí registran la predicción de Cristo con respecto a su muerte, y también, la institución de la Cena del Señor en memoria de esa muerte. Estos Evangelios relatan la vida y las acciones de Cristo y de sus discípulos, en los días cuando no se creía en la muerte de Cristo, y por tanto, esa muerte no podía entrar en la comprensión doctrinal de sus seguidores. El Evangelio de Juan es diferente en todo esto, como podremos observarlo en la siguiente división de este capítulo. Aunque el testimonio de la Escritura, en el *Salmo 22*, se relaciona con los pensamientos y las palabras de Cristo mientras estuvo crucificado, y se concreta a ellos, los Evangelios, incluso el *Evangelio de Juan,* nos narran los hechos históricos en los cuales se incluye lo que dijo e hizo mucha gente. La narración es verdadera: es del Espíritu Santo. El arresto, la pasión, el desprecio y la crucifixión se nos narran en términos de perfecta exactitud. La muerte de Cristo, que es central en estos cuatro documentos infalibles. Tan ciertamente como se proveyó un cuerpo para el mayor de todos los sacrificios (He.10:5), y tan ciertamente como todos los símbolos y profecías predecían que la sangre tendría que ser derramada realmente para que pudiera ser eficaz, del mismo modo, los relatos sagrados de los Evangelios dan testimonio final de que aquello que exigía el corazón de Dios, que los ángeles demandaban, que los hombres necesitaban, fue consumado perfectamente en los sufrimientos y muerte de Cristo. Siendo así, estos documentos históricos tienen importancia suma, pues dejan de ser simples relatos de hechos inmediatos relacionados con la vida y la muerte de un hombre, aunque hubiera sido el más grande de todos. El estudio de estas crónicas inspiradas por Dios tiene que servir para el gran propósito de un completo entendimiento, y una respuesta del corazón al sacrificio divino y supremo (comp. Gá.6:14).

IV. LA MUERTE DE CRISTO EN EL EVANGELIO DE JUAN Y EN SUS OTROS LIBROS

Esta división de nuestro tema podemos subdividirla en tres partes: (a) la muerte de Cristo en el *Evangelio de Juan;* (2) la muerte de Cristo en las Epístolas de Juan; y (3) la muerte de Cristo en *Apocalipsis.*

1.LA MUERTE DE CRISTO EN EL *EVANGELIO DE JUAN.* Todo estudiante que esté atento a las realidades sagradas reconoce el peculiar carácter espiritual de los escritos de Juan, en su informe con respecto a la muerte y la resurrección de Cristo. Aun su narración histórica de los eventos, así como todo su Evangelio, escruta las profundidades inmensurables de la divina gracia. Sin incluir su crónica histórica de los eventos de la cruz, hay siete pasajes importantes y consecutivos que debemos considerar en este Evangelio.

Juan 1:29. "El siguiente día vio Juan a Jesús que venía a él, y dijo: He aquí el Cordero de Dios, que quita el pecado del mundo."

En dos declaraciones de Juan el Bautista, registradas por el apóstol Juan, aquél logra extenderse hasta las venideras glorias de la divina gracia, que se harían posibles por medio de la muerte y de la resurrección de Cristo. Puesto que la predicación de Juan el Bautista, tal como lo indican los Evangelios sinópticos, era tan drásticamente legal, y claramente un llamamiento al sistema de méritos, su reconocimiento del fundamento y del hecho de la relación de gracia, que solamente se encuentra en el *Evangelio de Juan,* es muy significativo. Todo el pasaje que hallamos en Juan 1:15-34 constituye una rara manifestación de una visión de gracia que se le concedió de cierto modo a Juan el Bautista. Sólo dos de las declaraciones del Bautista pueden estudiarse aquí. La primera es la antes citada de Juan 1:29. El gran precursor – a quien evidentemente no se le concedió entender que el reino mesiánico que él anunciaba iba a ser rechazado y pospuesto, y que entre tanto se iba a realizar un nuevo programa celestial – anunció, por inspiración del Espíritu Santo, las inconmensurables declaraciones de la divina gracia. Claro que Juan el Bautista no podía dejar de comprender algo del significado del título "Cordero de Dios", que él mismo empleó, y que implica una muerte expiatoria. El anuncio de la seguridad de que El quitaría los pecados del mundo era una realización cuyas medidas traspasaban los límites de su propia nación y de la esperanza que se tenía en el Mesías. Algo que iba a afectar a todo el mundo o *cosmos* no podía ser mal interpretado. Pero, ¿no habrían profetizado a menudo los profetas cosas que estaban fuera de su propio entendimiento? En efecto, ¿no está esta proclamación fuera de toda comprensión humana? Se afirma que el Cordero de Dios quita el pecado del mundo. En esto no hay referencia al pueblo elegido, en lo tocante a esta era; cualquier otro lenguaje no serviría para la expresión de esta verdad. La Iglesia es una compañía sacada del mundo o *cosmos,* que, por tanto, no se puede confundir con el *cosmos.* La afirmación de que Cristo sólo pudo tener un objetivo en su muerte ha conducido a errores funestos. Su muerte sirvió a la vez de juicio para los ángeles, de juicio específico para los pecados pasados y futuros de Israel, de fin de la ley y de base para la purificación que procede del cielo. Sin embargo, la cuestión relacionada con la forma en que El "quita el pecado" del mundo conviene considerarla en este momento. Sería una contradicción indefensa de las subsiguientes doctrinas del Nuevo Testamento afirmar que la muerte de Cristo quita el pecado del mundo de tal modo que el individuo no regenerado no tiene que presentarse a juicio. Del mismo modo, las Escrituras subsiguientes enseñan que Dios ha obrado a favor del pecador de tres maneras: en lo que respecta al poder del pecado para esclavizar, Cristo ha provisto el rescate; en lo relativo a su efecto sobre el pecador, Cristo ha obrado la reconciliación con Dios; y en cuanto el pecado afecta a Dios, Cristo ha realizado la propiciación. Estas tres realizaciones –Redención, reconciliación y propiciación– no son obras que Dios hace *si* uno cree; sino que ya han sido consumadas y constituyen precisamente aquello que el pecador tiene que creer. Cristo quita el pecado del mundo, en el sentido de que, mediante esa triforme obra que realizó en la cruz, eliminó todo inconveniente que impedía que Dios pudiera salvar hasta el más vil de todos los pecadores. A El le ha placido, sin embargo, que el pecador haga la decisión personal de aceptar a Cristo en su condición de Salvador, como condición al más vil de todos los pecadores. A El le ha placido, sin embargo, que el pecador haga la perfecta base para la salvación, los hombres no se salvan por medio de ella, a menos que crean en la obra de Cristo.

Del mismo modo, afirmar que los hombres *tienen que* ser salvos, por el solo hecho de que Cristo murió por ellos, es un grave error. Las Escrituras enseñan que Cristo hizo una obra completamente perfecta para todo el mundo o *cosmos;* pero las mismas Escrituras afirman que grandes multitudes que están en el cosmos se perderán para siempre (comp. Jn.1:29; 3:16; He.2:9; 1 Jn.2:2). Estos no son problemas que le corresponden solamente a un sistema de teología; sino que le corresponden a todo exégeta que acepte las palabras de la Escritura en su significado corriente (comp. 2 Co.4:2). Por medio de la muerte de Cristo, Dios se ha enfrentado con el problema del pecado humano de tal modo que el cosmos quedó en una relación completamente diferente con El. La familia humana se reconcilia con El, no en el sentido de que *ya sea salva,* sino en el sentido de que *puede ser salva* (2 Co.5:19). La puerta de la prisión, que Satanás no abriría, ha sido abierta para todos (Is.61:1; Col.2:14,15).

Juan el Bautista anunció, del mismo modo, los inmensurables resultados de la divina gracia, cuando dijo: "Porque de su plenitud tomamos todos, y gracia sobre gracia. Pues la ley por Moisés fue dada, pero la gracia y la verdad vinieron por medio de Jesucristo" (Jn.1:16,17). Mediante la muerte de Cristo —no mediante su nacimiento— se garantiza una nueva realidad que él llama "la gracia y la verdad". Esta nueva realidad se sobrepone o sustituye al sistema mosaico. Gracia sobre gracia, o gracia agregada a la gracia, es la que realiza para el creyente cristiano, nada menos que la experiencia de la *πλήρωμα* de Cristo, que alcanza para todos los que aprovechan estas provisiones. No se halla ninguna declaración tan amplia sobre las obras ilimitadas de la gracia divina. La *πλήρωμα* de la Divinidad es la que Dios otorga a todos los salvos (comp. Col.1:19; 2:9,10). Lo que haya comprendido Juan el Bautista con respecto a esto es asunto secundario. Lo cierto es que él declaró por el Espíritu, la base esencial, el alcance y la consumación de la divina gracia.

Juan 3:14. "Y como Moisés levantó la serpiente en el desierto, así es necesario que el Hijo del Hombre sea levantado."

A Nicodemo se le presentó la más vívida significación de la muerte de Cristo, con sus valores esenciales, sea que la haya comprendido o no, mediante la referencia a la serpiente de bronce que fue levantada en el desierto (Nm.21:8,9). La serpiente es un símbolo del pecado, mientras que el bronce lo es del juicio. La vara en la cual fue levantada la serpiente es un símbolo de la cruz en la cual Cristo fue hecho pecado, u ofrenda por el pecado de aquellos por los cuales murió. Debe notarse también que los que eran mordidos por las serpientes en el desierto sólo tenían que mirar a la serpiente de metal para poder vivir. Así que hay vida cuando se mira con fe al crucificado. De ahí procede la doctrina esencial del Nuevo

Testamento de que la salvación, con todas sus provisiones, se obtiene solamente por la fe –esa misma fe en la cual insistió Cristo cuando le dijo a Nicodemo: "para que todo aquel que en él cree, no se pierda, mas tenga vida eterna" (Jn.3:15; comp. vs.16-21). En esta declaración a Nicodemo, Cristo reconoce que, por causa del amor infinito de Dios, El dio a su Hijo unigénito como ofrenda por el pecado del hombre, y para que se hiciera posible que todo el que cree pueda obtener completa sanidad de las heridas del pecado. En realidad, es tan importante esta condición –de que la aceptación o el rechazamiento del hombre en la presencia de Dios dependen de que crea o no crea– que Cristo dijo: "El que en él cree, no es condenado; pero el que no cree, ya ha sido condenado, porque no ha creído en el nombre del unigénito Hijo de Dios" (Jn.3:18). Sobre este pasaje escribe Erling C. Olsen:

"Jesucristo no vino al mundo a condenarlo; el mundo ya estaba condenado. El Evangelio se predica a los hombres que están condenados por causa de su pecado. Por tanto, el Evangelio se ofrece al pecador en calidad de remedio para sus pecados. Podemos dejar a los paganos que nunca han oído nada con respecto a Cristo, con toda confianza en las manos del Dios del universo que hace bien todas las cosas. Pero esta porción de las Escrituras enseña que, sin tomar en cuenta el carácter o la falta de carácter que posea el individuo, si éste ha oído el mensaje del unigénito Hijo de Dios y no ha querido creer en El, sin duda será condenado por Dios, por cuanto ha culpado a Dios de ser mentiroso. Sería pura presunción nuestra decirle a cualquier hombre que él es pecador y que marcha al infierno. Esa persona pudiera decirnos: ¿Quién te puso por juez? Pero nuestro Señor dijo del hombre que *no cree* en el nombre del unigénito Hijo de Dios, que 'ya ha sido condenado,' es decir, juzgado. Si esta expresión tiene algún significado, su significado es que cualquier hombre que no crea en el nombre del unigénito Hijo de Dios ya ha sido juzgado, y la sentencia es la condenación. Algunos tienen la idea de que los hombres están en libertad bajo fianza, y que Dios está haciendo un registro de las vidas de los hombres, y que algún día tendremos que presentarnos ante su gran trono de juicio, donde El examinará nuestras vidas y determinará si hemos de ser condenados o absueltos. Pero esa idea no les vino a las mentes de los hombres procedente de la lectura de la Biblia. Ni siquiera una leve sugestión de esa clase se encuentra en el Libro. Nuestro Señor dijo que el hombre ya ha sido condenado, 'porque no ha creído en el nombre del unigénito Hijo de Dios.' Pero también dijo: 'El que en El cree, no es condenado. . . ' Las dos declaraciones son notables por su absoluta seguridad. Permítaseme ilustrar este asunto mediante una referencia personal. Yo creo en el nombre del Hijo de Dios. Creo que Jesucristo nació de una virgen; que sufrió bajo el poder de Poncio Pilato; que fue crucificado; que fue sepultado; y que se levantó de entre los muertos al tercer día. Creo que El murió por mi pecado, que me ha quitado ese pecado mediante su muerte. Creo lo que Dios dice cuando su Palabra declara: 'El que tiene al Hijo, tiene la vida. . . ' Así que tengo la vida eterna. No estoy condenado. Este hecho, sin embargo, no es el resultado de algo que yo haya hecho, sino del hecho de que he creído en Dios. Esta realidad no depende, ni de la manera más leve, de nada que yo haya hecho ni que haga alguna vez. Este asunto depende de la fe en el Hijo de Dios. No podía ser de otra

manera, por cuanto todo hombre, en su estado natural, ya está condenado. El hombre es pecador; está perdido en su pecado; ante la vista de Dios está absolutamente condenado. Sus labios están cerrados, su cabeza inclinada, y su conciencia lo hace sentirse convicto. ¿Cómo puede, pues, el hombre salvarse a sí mismo?" - *Walks with Our Lord Through John's Gospel- (Pasos con nuestro Señor en el Evangelio de Juan),*

Juan 6:51. "Yo soy el pan vivo que descendió del cielo; si alguno comiere de este pan, vivirá para siempre; y el pan que yo daré es mi carne, la cual yo daré por la vida del mundo."

El misterio de la conversión del pan en vida física, cuando el cuerpo humano lo consume y lo asimila, simboliza el misterio mucho más grande: que para aquellos que reciben a Cristo, El se les convierte en vida eterna. Dios envió el maná del cielo; y de Cristo se dijo: "Este es el pan que desciende del cielo, para que el que de él come, no muera" (6:50). En cuanto al maná dice: "Vuestros padres comieron", y aunque los sostuvo un tiempo, todos están muertos (6:49). En cambio el Pan que desciende del cielo, Cristo, si alguno participa de El, obtiene vida eterna. "Este es el pan que descendió del cielo; no como vuestros padres comieron el maná, y murieron; el que come de este pan, vivirá eternamente" (6:58). La enseñanza principal de esta figura es que su carne tenía que ser sacrificada y su sangre derramada, para que El pudiera convertirse en ese alimento espiritual que es la vida eterna. "Jesús les dijo: De cierto, de cierto os digo: Si no coméis la carne del Hijo del Hombre, y bebéis su sangre, no tenéis vida en vosotros. El que come mi carne y bebe mi sangre, tiene vida eterna; y yo le resucitaré en el día postrero. Porque mi carne es verdadera comida, y mi sangre es verdadera bebida. El que come mi carne y bebe mi sangre, en mí permanece, y yo en él. Como me envió el Padre viviente, y yo vivo por el Padre, así mismo el que me come, él también vivirá por mí" (vs. 53-57).

Juan 10:11. "Yo soy el buen pastor; el buen pastor su vida da por las ovejas."

En ésta, que es otra predicción de su muerte, Cristo indica que la entrega de su propia vida proveerá vida eterna para aquellos que llegarán a ser suyos por medio de la fe. Por eso dice: "Yo he venido para que tengan vida, y para que la tengan en abundancia" (10:1); y cuando les habló a los judíos les declaró: "Pero vosotros no creéis, porque no sois de mis ovejas, como os he dicho. Mis ovejas oyen mi voz, y yo las conozco, y me siguen, y yo les doy vida eterna; y no perecerán jamás, ni nadie las arrebatará de mi mano. Mi Padre que me las dio, es mayor que todos, y nadie las puede arrebatar de la mano de mi Padre. Yo y el Padre uno somos" (vs. 26-30).

Juan 11:49-52. "Entonces Caifás, uno de ellos, sumo sacerdote aquel año, les dijo: Vosotros no sabéis nada; ni pensáis que nos conviene que un hombre muera por el pueblo, y no que toda la nación perezca. Esto no lo dijo por sí mismo, sino como era el sumo sacerdote aquel año, profetizó que Jesús había de morir por la nación; y no solamente por la nación, sino también para congregar en uno a los hijos de Dios que estaban dispersos" (comp. Jn.18:14).

En este momento, Dios introduce, por el Espíritu Santo, la más sorprendente declaración; y utiliza los servicios de un sumo sacerdote reacio y antipático para que haga el anuncio. El pasaje aclara que la declaración no tuvo su origen en Caifás, sino que fue un pronunciamiento de Dios que tiene profundo significado. En primer lugar, notemos que los gobernantes judíos, incluso Caifás, no tenían conocimiento con respecto a lo que Dios exigía, ni de lo que estaba a punto de cumplirse. En segundo lugar, observemos que se dijo que un hombre debía de morir por el pueblo. Esta declaración se justificaba, pues era una referencia a Isaías 53:8: "Por la rebelión de mi pueblo fue herido"; aunque se duda que Caifás haya pensado antes en esa verdad. En tercer lugar, él predijo que Jesús moriría por la nación de Israel; y por esa nación específicamente murió El. Cristo, en su muerte, no solamente llevó los pecados de su pueblo que había vivido en las generaciones pasadas, el cual dependía solamente de los sacrificios de animales para la limpieza del pecado; sino que preparó la base sobre la cual algunos miembros de esa raza junto con los gentiles podrían ser salvos en esta era, y sobre la cual "todo Israel" será salvo (Ro.11:26,27). Esta profecía de Caifás no impidió en nada que los gobernantes judíos y el mismo Caifás consumaran la crucifixión de Cristo. Fue muy poca la impresión que hizo en el sumo sacerdote, según se desprende de Mateo 26:57-68. Sobre esta importante declaración de Caifás escribe H.A.W. Meyer:

"En los versículos 51 y 52 Juan aclara que Caifás no dijo esto por determinación propia, sino que con estas portentosas palabras –pronunciadas en virtud de haberle correspondido a él el oficio de sumo sacerdote ese año– involuntariamente anunció una profecía. En el antiguo tiempo, los sumos sacerdotes israelitas se sometían al oráculo divino, como órgano de la revelación de las decisiones divinas, el cual se les aplicaba por medio de la consulta de Urim y Tumim (Ex.28:30; Nm.27:21). Este modo de consultar desapareció posteriormente (Josefo, *Antigüedades Judaicas,* Vol. III, pgs. 8,9), a medida que la dignidad del sumo sacerdote en general fue decayendo gradualmente; sin embargo, en la era profética todavía se halla la creencia en el don profético del sumo sacerdote (Os.3:4). Al mismo tiempo, según Josefo (*Ibid.,* Vol.VI, pgs.6,3), aparece en forma distinta la idea de que el sumo sacerdote es el portador del oráculo, y según Filón *(De Creatione Principium,* Vol. II, p. 367), por lo menos el *verdadero sacerdote* es profeta, y consecuentemente esa es una relación ideal. Según esto, por cuanto estaba íntimamente relacionado con esa venerable reminiscencia que todavía no se había extinguido, y con la estima que todavía existía para el oficio del sumo sacerdote, era natural y obvio que Juan, después de reflexionar piadosamente sobre esas notables palabras que eran las más apropiadas con respecto a la muerte expiatoria de Jesús, hallara que ellas eran una manifestación de un decreto divino –puesto que fueron expresadas sin conocimiento ni voluntad propios– y que no eran de ningún modo una "ironía sagrada" (Ebrard). Además, el *año* extraordinario en el cual el que habló estaba investido del sagrado oficio involucra la determinación del juicio; puesto que si eso era así en cualquier tiempo, tenía que serlo con toda seguridad en ese año, en el cual Dios se proponía llevar a efecto el cumplimiento de su santo consejo, por medio de la muerte expiatoria de su Hijo. Por ello, la revelación por órgano del sumo sacerdote parecía concebible. Cristo tenía que morir *para beneficio* de su nación; porque por medio de su muerte expiatoria, los judíos, para los cuales fue designada la salvación en primer lugar (Jn.4:22), llegarían a ser participantes de la salvación eterna por medio de la fe. Pero el objetivo de la muerte de Cristo abarcaba a muchos más, además de los judíos: 'No *solamente* por la *nación,* sino también *para congregar en uno a los hijos de Dios.'* Estos son *los gentiles,* los que crean en El, y por tanto se hagan participantes de la expiación, hijos de Dios (Jn.1:12). La expresión es *profética* y, tal como en Juan 10:16, profética, según el punto de vista de la predestinación del Nuevo Testamento" (*Commentary on the New Testament*).

Juan 12:24. "De cierto, de cierto os digo, que si el grano de trigo no cae en la tierra y muere, queda solo; pero si muere, lleva mucho fruto."

En este pasaje se anuncia un principio que, aunque opera a través de la naturaleza en general, es evidente especialmente en la muerte y en la resurrección de Cristo, en el beneficio que logra para otros. La vida se multiplica por medio de la muerte (comp. 1 Co.15:36). El mismo Cristo declaró que este principio se aplica a los hombres, pues continuó diciendo: "El que ama su vida, la perderá; y el que aborrece su vida en este mundo, para vida eterna la guardará" (Jn.12:25). Por medio de su muerte Cristo entró en la gran esfera del sacrificio. Dean Alford nos llama la atención sobre este particualar: La voluntad divina, que ha fijado las leyes de la glorificación del Hijo del Hombre, de tal modo que haya analogía entre ellas; por ejemplo, en los dos casos, el crecimiento se produce *por medio de la muerte.* El simbolismo en este caso tiene su base en el capítulo 6, donde se presenta a Cristo como el *Pan de vida.* El grano de trigo se queda solo, sin comunicar su vida, vive dentro de sus propios límites, su vida no se trasmite" -*New Testament for English Readers,* Vol. I, p. 572. R. Govett agrega a esto:

"El se compara con el grano de trigo que tiene que morir antes de aparecer en forma nueva, y asociar a otros granos consigo. Cuando el Hijo de Dios se levántó de entre los muertos y ascendió al cielo, unió consigo mismo tanto a los judíos como a los gentiles, los cuales llegan a ser de un mismo espíritu con El. De ese modo, su expiación y su justicia pueden ser nuestras. Cuando el grano está en el granero tiene vida, pero es una sola vida y está limitada. Si ha de extenderse, tiene que morir y tomar una forma nueva. Cristo tenía que morir, entonces, y ser sepultado; como el grano de trigo, que brota de la tierra con una nueva forma, y con muchos granos que se le unen. De este modo, El les estaba revelando a sus perseguidores, si ellos hubieran tenido entendimiento para comprender esto, que sus esperanzas eran falsas. Ellos se resintieron por causa del éxito de Jesús en la vida, y pensaron impedirle ese éxito condenándolo a muerte. *¡Matémoslo, y ahí terminará todo!* Y así lo hicieron; pero pronto descubrieron que sus discípulos se habían multiplicado por millares, y llenaron a Jerusalén y toda la tierra: no, también llenaron las tierras gentiles con su doctrina. Entonces nuestro Señor sabe los consejos de su Padre, cuyos caminos no son nuestros caminos. Su plan era la muerte y la resurrección de Cristo. Y como era el plan para Cristo, así lo es para todos los miembros de Cristo. Conocemos muy bien este punto de vista que resumimos en el antiguo dicho: 'La sangre de los mártires es la semilla de la Iglesia"-*Exposition of the Gospel of St. John-* Vol. II, pgs. 69,70.

Juan 15:13. "Nadie tiene mayor amor que éste, que uno ponga su vida por sus amigos."

En esta declaración, Cristo no sólo predice su muerte (comp. Jn.10:17,18), sino que también revela la verdad con respecto a su devoción hacia cada uno de los que están incluidos en su sacrificio, especialmente hacia aquellos que habrían de creer en El. ¡Cuán amplios son los objetivos de su muerte! Aunque esa muerte es efectiva en aspectos inmensurables, también tiene su íntimo carácter personal. A este carácter tiene que responder el individuo. Y por lo menos uno ha respondido, según el informe que nos presenta el Nuevo Testamento. Se trata del gran apóstol Pablo, quien dijo: "el cual me amó y se entregó a sí mismo por mí" (Gá.2:20), y ". . . lejos esté de mí gloriarme, sino en la cruz de nuestro Señor Jesucristo, por quien el mundo me es crucificado a mí, y yo al mundo" (Gá.6:14). De este modo la muerte de Cristo comprende a la vez los amplios aspectos que llegan hasta los más remotos límites de la creación, y es el gozo y la esperanza hasta para el más inmerecedor de todos los que creen en El.

2. LA MUERTE DE CRISTO EN LAS EPISTOLAS DE JUAN. No se halla ninguna referencia directa a la muerte de Cristo en la *Segunda Epístola de Juan,* ni en la *Tercera.* La *Primera Epístola* nos presenta cuatro enseñanzas importantes sobre este tema:

1 Juan 1:7. "Pero si andamos en luz, como él está en luz, tenemos comunión unos con otros, y la sangre de Jesucristo su Hijo nos limpia de todo pecado."

En esta Escritura se considera que la sangre de Cristo que fue derramada, está disponible para el beneficio constante de aquellos que "andamos en luz." Como ya lo hemos visto, este aspecto de la verdad está simbolizado por el sacrificio de la vaca alazana (comp.

Nm. 19). Así como las cenizas de la vaca se conservaban en señal de perpetua limpieza, así el creyente en Cristo, por medio de la confesión personal a Dios, recibe perdón y limpieza (1 Jn.1:9). El Dr. C.I. Scofield declara qué es lo que significa *andar en la luz,* en su comentario sobre este pasaje, que citamos a continuación:

"'Mas todas las cosas . . son manifestadas por la luz' (Ef.5:13). La presencia de Dios despierta la conciencia en cuanto a la realidad de la naturaleza pecaminosa (v.8, 'pecado'), y de los pecados en la vida diaria (vs. 9,10). La sangre de Jesucristo es la provisión divina para ambos males. Andar en la luz es vivir en comunión con el Padre y con el Hijo. El pecado interrumpe esta comunión, pero la confesión del mismo la restaura. La confesión inmediata del pecado evita que la comunión con Dios sea interrumpida" *(Biblia Anotada de Scofield,* p. 1277).

Permanece, pues, la verdad de que el pecado es siempre pecaminoso, aunque sea el creyente en Cristo quien lo cometa, y que la sangre que Cristo derramó está siempre a la disposición para limpiar perfectamente.

1 Juan 2:2. "Y él es la propiciación por nuestros pecados; y no solamente por los nuestros, sino también por los de todo el mundo."

Con respecto a las exigencias imperativas que, de otro modo, la santidad ultrajada de Dios tendría que imponer sobre los pecadores, la muerte judicial de Cristo por ellos hace que Dios les sea propicio. La propiciación por parte de Dios no significa salvación para los pecadores, sino que asegura la posibilidad de la salvación. Por cuanto Dios es propicio, el pecador puede ser salvo por medio de las condiciones que puede dictar un Dios que ha sido propiciado. El pecador no está llamado a persuadir a Dios por medio de lágrimas y súplicas, ni a influir en El para que esté bien dispuesto. Todo eso es lo que ha hecho la muerte de Cristo con perfección infinita. El pecador sólo tiene que creer; y mediante ese acto, él pone su confianza en lo que Dios ha provisto. De la misma manera, cuando el cristiano peca, su restauración a la comunión divina queda condicionada a la misma verdad: la de que Dios le es propicio por causa de la muerte de Cristo. El pasaje que estamos considerando establece una verdad primaria con respecto a los pecados de los cristianos, la cual resulta ser secundaria con respecto a los pecados de los que no son salvos. Antes de esta afirmación de que Dios nos es propicio, con respecto a *nuestros pecados,* el apóstol Juan había presentado dos grandes preguntas, y sus respectivas respuestas: (1) ¿Cuál es el efecto del pecado sobre el cristiano que lo comete? La respuesta, que se ofrece a través de toda la Epístola y especialmente en el capítulo primero, es que se pierde la comunión con el Padre y con el Hijo, y también toda bendición y todo poder espirituales. (2) ¿Qué efecto tiene el pecado del cristiano con respecto a Dios? Este es un problema sumamente vital, pues determina todo lo relativo al carácter inmutable de la salvación del creyente en Cristo. La respuesta que da el racionalismo superficial, que arguye que, por cuanto Dios es santo, el cristiano que peca deja de ser hijo de Dios, está completamente equivocada, pues pasa por alto el actual ministerio de Cristo en el cielo, que es el de ser nuestro Abogado. Esta es una provisión clara y suficiente. El Abogado es Cristo, y El está allí para hacer constar que El llevó nuestros pecados sobre Sí en la cruz. La defensa que El nos hace es tan absolutamente perfecta con respecto a su equidad, que en este servicio, El gana un título que no se le otorga por ningún otro concepto: "Jesucristo el justo" (Jn. 2:1). Esta perfecta defensa en la cual El suplica que se aplique su obra consumada en la cruz viene a ser, pues, la base de la propiciación. El mismo es nuestra propiciación. Todo esto se menciona en el versículo que sigue, que es el que estamos considerando. No habría esperanza para ningún pecador –ni para el salvo ni para el perdido– fuera de la muerte de Cristo; pero, al abrigo de esta provisión, la propiciación divina es infinitamente real, inmutable y efectiva para el hombre.

1 Juan 3:16. "En esto hemos conocido el amor, en que él puso su vida por nosotros; también nosotros debemos poner nuestras vidas por los hermanos."

Otra vez se dice que se manifiesta el inmensurable amor de Dios a favor de aquellos que han sido heridos por el pecado. Otra vez se decreta y se demuestra por medio de la muerte de Cristo. Sería realmente inútil tratar de descubrir o comprender este amor de Dios que se expresó en la cruz y que sobrepasa todo entendimiento. En ninguna otra parte puede haber otra manifestación como ésta, aunque el cuidado del Padre por los suyos es impulsado por su amor a ellos. "Conocer el amor de Cristo" (Ef.3:19) es algo que todo fiel cristiano debiera tratar de lograr.

1 Juan 4:10. "En esto consiste el amor: no en que nosotros hayamos amado a Dios, sino en que él nos amó a nosotros, y envió a su Hijo en propiciación por nuestros pecados."

3. LA MUERTE DE CRISTO EN APOCALIPSIS. El *Apocalipsis,* que mira hacia los días finales del juicio de Dios para los pecadores, y que registra su triunfo final sobre toda clase de mal, también mira retrospectivamente hacia la muerte de Cristo, en cuatro pasajes sumamente significativos.

Apocalipsis 1:5. "Al que nos amó, y nos lavó de nuestros pecados con su sangre." El eterno carácter de Cristo como Jehová ya ha sido afirmado en estas palabras: "del que es, y que era y que ha de venir" (vs. 4). El es "el testigo fiel," no solamente con respecto al carácter de Dios, sino también con respecto a la pecaminosidad del hombre, y a la Redención que para él se ha perfeccionado por medio de la sangre de Cristo que derramó en la cruz. Para los que creemos realmente en la Redención por medio de Su sangre, este pasaje es un magnífico cofre lleno de joyas celestiales. El es el "que nos amó", ¡qué maravillosa verdad es esta que se recalca tantas veces en las Escrituras! El es el "que nos lavó de nuestros pecados," y para cumplir esta acción, derramó su propia sangre.

Apocalipsis 5:9. "Y cantaban un nuevo cántico, diciendo: Digno eres de tomar el libro y de abrir sus sellos; porque tú fuiste inmolado, y con tu sangre nos has redimido para Dios, de todo linaje y lengua y pueblo y nación."

El nuevo cántico es la adoración al Cordero en el cielo, y sólo lo cantan aquellos que han sido redimidos por su sangre, de todos los pueblos de la tierra. El canto de triunfo, no solamente reconoce que Cristo fue inmolado, sino que también les recuerda a los cantantes que su aceptación ante Dios y su derecho a ocupar las mansiones celestiales se logró solamente por medio de la sangre de Cristo. Aunque un himno religioso moderno predice que algún día será cambiada la vergonzosa cruz por una corona, y aunque las multitudes que no se detienen a considerar lo que cantan prestan su voz para cantar esa idea que no tiene base bíblica, lo cierto es que los redimidos, en el cielo, reconocerán que su derecho a estar en la gloria es un privilegio que se les ha concedido únicamente por medio de la sangre de Cristo, y no hay en la Biblia ninguna indicación de que ellos puedan tener en sus labios otra clase de canto. Los que cantan el himno de la redención nunca podrán llegar a las mansiones celestiales por sus propios méritos. Igualmente es firme la verdad de que solamente los redimidos, los que se amparan en los méritos de Cristo, estarán en la gloria. Son vanos todos los sueños de los que rechazan a Cristo, y esperan ser recibidos en la gloria por el amor de Dios, sin la Redención.

Apocalipsis 7:14. "Yo le dije: Señor, tú lo sabes. Y él me dijo: Estos son los que han salido de la gran tribulación, y han lavado sus ropas, y las han emblanquecido en la sangre del Cordero."

Los que, por la gracia de Dios, han logrado llegar a la gloria no serán identificados por sus obras, ni por sus sufrimientos, ni por sus méritos personales; sino por el hecho de haber lavado sus ropas, y de haberlas emblanquecido en la sangre del Cordero. Esta es una figura en la cual se presenta la purificación de una cualidad tan alta como los cielos. Se considera que es una metáfora, pero no por ello deja de ser significativa; así que hay en ella realidad sin límites. Su significado es que solamente la sangre de Cristo es el medio divinamente provisto para la purificación del alma y del espíritu. La purificación depende tanto de la sangre de Cristo que se puede decir que la realiza directamente esa sangre (comp. 1 Jn. 1:7).

Apocalipsis 13:8. Y la adoraron todos los moradores de la tierra cuyos nombres no estaban escritos en el libro de la vida del Cordero que fue inmolado desde el principio del mundo."

Este pasaje, aunque es tan vitalmente importante como 1 Pedro 1:19, 20, nos crea una dificultad. ¿Por qué debe creárnosla? No debiera. ¿Por qué no podía Dios prever la más grande de todas sus realizaciones desde la eternidad? Antes de la revelación de que el sacrificio del Cordero había sido previsto, está la otra revelación, a modo de explicación; es decir, la de que Dios había previsto también el mal por el cual tendría que morir el Cordero. El hecho que así se establece, de que el pecado ha estado en la previsión divina del mismo modo como ha estado el propósito de la Redención, no es una forma de dualismo, pues el pecado es algo que solamente se prevé, y que no está activo, ni en conflicto con ninguna otra realidad. El pasaje, sin embargo, explica que la presencia del pecado en el mundo no es un hecho fortuito que no estaba previsto. Por causa de la obra inmensurable que Cristo realizó mediante su muerte, cuando los valores de esa muerte hayan cumplido los fines propuestos, el hecho del pecado será retrospectivo. El mismo Dios afirma que, en lo que respecta a su actitud hacia él, ni siquiera se acordará más del pecado (comp. Is. 43:25). Por causa de lo indefinido de la construcción griega en *Apocalipsis 13:8,* algunos afirman que los aspectos eternos que se mencionan en este pasaje se refieren a las cosas que están escritas en "el libro de la vida." Dean Alford dice lo siguiente con respecto a esta combinación de palabras:

> "La expresión que *fue inmolado* puede traducirse también *que fue escrito.* Muchos prefieren esta última traducción. Pero la otra es mucho más obvia y natural. Y si no hubiera sido por la dificultad para la comprensión que aparentemente se presenta, nunca se hubiera recurrido a la otra. La dificultad de la expresión es solamente aparente. En 1 Pedro 1:19, 20 se nos dice lo mismo en forma más amplia. Se nos dice que la muerte de Cristo, que fue destinada desde antes de la fundación del mundo, estaba en los eternos consejos de Dios, para Quien el principio y el fin son una misma realidad. De Wette cita *Apocalipsis 17:8*, como pasaje importante para decidir esta cuestión. Por supuesto, donde solamente se expresa el hecho de que algunos están inscritos en el libro de la vida desde la fundación del mundo, no se debe introducir otro elemento; pero no por ello hay que deducir que donde se introducen otros elementos, como sucede en este caso, solo debe entenderse aquello que esos elementos introducen" (*Op.cit.*).

Así se ve que en los escritos del apóstol Juan hay una gran riqueza de significado de la muerte de Cristo. Casi no hay significado particular de la muerte de Cristo que no se encuentre en estas porciones; sin embargo, el argumento doctrinal del apóstol Pablo lleva este testimonio aún más adelante, a una amplitud inmensurable.

V. LA MUERTE DE CRISTO EN LOS ESCRITOS DE PABLO

En los escritos del gran apóstol Pablo, la muerte de Cristo puede clasificarse como uno de sus cuatro temas principales que son: la muerte de Cristo en sus aplicaciones y realizaciones; la resurrección de Cristo como base de la nueva creación, y sus relaciones correspondientes a Israel y al mundo o *cosmos;* Cristo en sus múltiples relaciones con la Iglesia; y la andanza, la guerra y el testimonio del creyente cristiano en la era presente. Tres de estos temas de Pablo no corresponden a esta tesis. Aunque la evidencia preponderante señala que Pablo es el autor de la *Epístola a los Hebreos,* es mejor reservar ese libro para considerarlo posteriormente de manera especial. En las otras 13 obras de Pablo, cuya paternidad está comprobada, se menciona la muerte de Cristo, con excepción de *2 Tesalonicenses* y *Filemón.* Este evento es la base de todo lo que perdura en el tiempo y en la eternidad, en todo el sistema teológico de Pablo. Puesto que en los escritos de Pablo –sin incluir los *Hebreos*– hay más de 30 referencias a la muerte de Cristo, lo mejor sería considerarlas tal como aparecen en los libros por separado.

1. LA MUERTE DE CRISTO EN ROMANOS. La *Epístola de Pablo a los Romanos* establece el mismo corazón del Evangelio de la divina gracia sobre el hecho de la muerte y la resurrección de Cristo.

Romanos 3:23-26. "Por cuanto todos pecaron, y están destituidos de la gloria de Dios, siendo justificados gratuitamente por su gracia, mediante la redención que es en Cristo Jesús, a quien Dios puso como propiciación por medio de la fe en su sangre, para manifestar su justicia, a causa de haber pasado por alto, en su paciencia, los pecados pasados, con la mira de manifestar en este tiempo su justicia, a fin de que el sea el justo, y el que justifica al que es de la fe de Jesús."

Habiendo pronunciado Pablo, con esa autoridad divina que confiere la inspiración, esa famosa declaración: "Por cuanto todos pecaron, y están destituidos de la gloria de Dios"; pasa inmediatamente a describir la empresa divina de la salvación final y completa, de un modo que sin duda es la proclamación más amplia y perfecta de esa obra de Dios. Antes de esta afirmación, el Apóstol había presentado un amplio cuadro de la ruina absoluta de la humanidad, tal como lo ve Dios. En los versículos 21 y 22 aparece también aquella justicia que Dios adjudica –tema que ya había introducido en los versículos 16 y 17 del capítulo uno– la cual se dice que está a la disposición sin ninguna otra condición aparte de la fe personal en Jesucristo el Salvador. Así se introduce la más grande de todas las realizaciones divinas que entran en la salvación de gracia. Tanto el perdón de pecados como el don de la vida eterna son factores importantes en la salvación; pero, puesto que la *Epístola a los Romanos* es la Carta Magna del Evangelio de gracia, y puesto que la epístola presenta la verdad de la justicia que se adjudica por parte de Dios, como su revelación suprema, se deduce que el hecho de la justicia que se adjudica –"el don de la justicia" (Ro. 5:17)– es la revelación central del Evangelio. El hecho de que esa verdad no ha sido exaltada, y de que a menudo ni siquiera se menciona en la predicación del Evangelio no le quita el valor a lo que hemos dicho. Esta investidura de justicia se asegura apropiadamente por medio de dos operaciones divinas: (a) Una en la cual –tal como se previó en las ofrendas de olor suave– Cristo se ofrece a Sí mismo, por medio de su muerte, sin mancha a Dios, y al hacer así, libra al pecador, y coloca legalmente a su disposición todo lo que es el Hijo de Dios. (b) Otra según la cual, en el momento en que cree la persona incrédula, es investida y equipada con la *πλήρωμα* (plenitud) de Cristo (comp. Jn. 1:16), que no es menos que la *πλήρωμα* de la Divinidad (comp. Col. 1:19; 2:9, 10). La persona que llega a ser salva, inmediatamente queda apta "para participar de la herencia de los santos en luz" (Col. 1:12). Esta riqueza inmensurable se aplica a través de la nueva unión que se establece entre Cristo y el que cree en El. Al llegar el cristiano a estar en Cristo por medio de la obra del bautismo del Espíritu Santo, y al ser así miembro del cuerpo de Cristo, instantánea y automáticamente llega a ser lo que Cristo es. Entonces Dios ve al creyente en Cristo a través de su Hijo, y como parte de El. No existe nada que sea superior a esa exaltación. Esta es la *πλήρωμα* de la Divinidad adjudicada al que cree en Cristo como Salvador. Romanos 3:24 comienza con una nueva revelación: "siendo justificados". No es que aspiramos o que esperamos ser justificados; sino que ya hemos sido justificados. Nunca se le podrá presentar un desafío más grande a la convicción humana que el de que reconozca la verdad de que la justificación absoluta e inmutable de Dios es la posición presente de todo el que es salvo. Tal como lo hemos demostrado, la justificación, en la forma como se presenta en *Romanos,* no es el hecho de que Dios le adjudica justicia al pecador, sino más bien el reconocimiento de que tal justicia le ha sido adjudicada. Así que el creyente es justo porque está en Cristo, pero divinamente se lo declara justificado inmutablemente por cuanto es justo. La palabra que sigue es el adverbio de modo "gratuitamente" (3:24). La palabra griega es *δωρεάν*, que todos estarían de acuerdo en que la mejor traducción sería *sin causa* (comp. el original griego de Jn. 15:25; Gá. 2:21). La idea no es la de que Dios justifica de una manera libre y generosa, sino más bien, la de que El no halla motivo ni causa de justificación en el mismo ser del creyente en Cristo, así como no había causa en Cristo para el odio que se levantó contra El. La respuesta a la pregunta de cómo el pecador que no tiene méritos puede, por simple fe en Cristo, llegar a ser justificado inmutablemente, se declara inmediatamente en las palabras que siguen: "por su gracia". Los límites de la divina gracia, puesto que es la obra de Dios con el propósito de satisfacer el amor infinito, y puesto que el amor está en libertad de actuar por causa de la muerte de Cristo a favor del pecador, no pueden ser otros que los de la *πλήρωμα* de Cristo. Esta plenitud es la que Dios reconoce mediante el decreto que proclama que el que es salvo también es justificado inmutablemente, por el solo hecho de la fe en el Salvador. Si se levanta otra pregunta sobre cuánta de esa gracia que sobrepasa todo entendimiento se le puede aplicar al pecador sin que quede comprometida la santidad de Dios, en el sentido de pasar por alto el pecado, el mismo texto provee de nuevo la respuesta: "mediante la redención que es en Cristo Jesús." Así, si el orden de esta doctrina que se encuentra comprimida en el versículo 24, se siguiera hacia atrás, se vería que, por causa de la muerte de Cristo que satisface las santas demandas de Dios contra el pecador, la gracia de Dios –la expresión sin restricciones de su infinito amor– se derrama sobre los que creen y que el amor no se detendrá hasta que se haya cumplido la concesión de la *πλήρωμα* de Cristo, que en sí misma es la *πλήρωμα* de la Divinidad. Puesto que, de ese modo, el creyente en Cristo recibe la investidura de todo lo que exige la santidad infinita, Dios, aparte de cualquier mérito o demérito que pueda tener el creyente, proclama que el que recibe esta investidura es justificado para siempre. En el versículo 26 se agrega una garantía más. Allí se afirma que Dios es *justo* cuando justifica de ese modo al pecador impío, por el solo hecho de creer en Jesús. En esta transacción, Dios no está traficando a base de presunciones o ficciones. Los impíos son justificados (Ro. 4:5) sin necesidad de promover una supuesta lenidad divina y sin comprometer el carácter divino. ¡Cuán grande, en verdad, es la Redención que es en Cristo Jesús, en su obra hacia el pecador que no tiene ningunos méritos! Debemos repetir a menudo que esa exaltada posición de justificación inmutable es un llamamiento a vivir de un modo alto como los cielos en nuestra vida diaria. Esto no significa que el pecador pueda *lograr* o *mantener*, por medio de sus méritos, esa posición tan elevada, sino que él debe vivir de tal modo que no *profane* aquello que Dios ha realizado por medio de la fe sencilla en Jesús.

Romanos 4:25: "El cual fue entregado por nuestras transgresiones, y resucitado para nuestra justificación."

En estas palabras se ven dos importantes aspectos de la doctrina de la muerte de Cristo: "el cual fue entregado por nuestras transgresiones": que Cristo fue un sacrificio por autoridad divina, y que ese sacrificio se realizó por los pecados de los hombres. No hay verdades más fundamentales relacionadas con la muerte de Cristo como estas dos. La palabra *παραδίδωμι,* que se tradujo *entregado,* se usa para indicar la acción de poner preso a alguno o de llevarlo ante la justicia (comp. Mt. 4:12; 10:17, 19, 21), y es el término común con el cual se describe la traición de que fue víctima Cristo (comp. Mt. 10:4; 17:22; Jn. 6:64, 71). El hecho de que El fue entregado indica aquel aspecto según el cual la muerte de Cristo fue a la vez una acción de Dios y una obra de los hombres perversos. En un aspecto es cierto que nadie le quitó la vida al Señor (Jn. 10:18).

Romanos 5:6-10. "Porque Cristo, cuando aún éramos débiles, a su tiempo murió por los impíos. Ciertamente, apenas morirá alguno por un justo; con todo, pudiera ser que alguno osara morir por el bueno. Mas Dios muestra su amor para con nosotros, en que siendo aún pecadores, Cristo murió por nosotros. Pues mucho más, estando ya justificados en su sangre, por él seremos salvos de la ira. Porque si siendo enemigos, fuimos reconciliados con Dios por la muerte de su Hijo, mucho más, estando reconciliados, seremos salvos por su vida."

Aquí se nos presenta el amor de Cristo hacia los perdidos. El murió por los "débiles", por los "impíos", por los "enemigos". Estas tres palabras son, en verdad, la descripción de un cuadro muy oscuro del hombre que todavía no es salvo. Estas no son resoluciones injustas como piensan algunos hombres, sino la exactitud infinita de un expediente inspirado. Puesto que estas palabras representan lo que Dios estima con respecto a los que todavía no son salvos, la acusación que se les hace parece muy aumentada; sin embargo, aunque el hombre representa una indignidad inmensurable ante Dios, el Salvador murió por él, y así se demuestra en gran manera el amor de Dios. En esto "Dios muestra su amor." Desde el punto de vista de la competencia humana es cierto que "Nadie tiene mayor amor que éste, que uno ponga su vida por sus enemigos" (Jn. 15:13); pero, desde el punto de vista de la competencia divina, el amor se expresa así: "Siendo aún pecadores –no santos: "impíos", no piadosos; "enemigos", no amigos– Cristo murió por nosotros." También es cierto, como lo revela la última parte de este pasaje, que siendo justificados y reconciliados –lo primero, se dice que sucede por la sangre de Cristo; y lo segundo, por su muerte– hay una actitud divina "mucho más" inclinada hacia el pecador que la que existía antes. Permanece, sin embargo, el hecho de que el mensaje fundamental que nos presenta este pasaje es el de que el amor de Dios que sobrepasa todo entendimiento, hacia el pecador que, tal como Dios lo ve, no tiene ningunos méritos, no tiene límites.

Romanos 6:3-6, 10. "¿O no sabéis que todos los que hemos sido bautizados en Cristo Jesús, hemos sido bautizados en su muerte? Porque somos sepultados juntamente con él para muerte por el bautismo, a fin de que como Cristo resucitó de los muertos por la gloria del Padre, así también nosotros andemos en vida nueva. Porque si fuimos plantados juntamente con él en la semejanza de su muerte, así también lo seremos en la de su resurrección; sabiendo esto, que nuestro viejo hombre fue crucificado juntamente con él, para que el cuerpo del pecado sea destruido, a fin de que no sirvamos más al pecado . . . Porque en cuanto murió, al pecado murió una vez por todas; mas en cuanto vive, para Dios vive."

Se han dado varias interpretaciones falsas de esta porción de las Escrituras. Algunos dicen que el propósito de este pasaje es establecer la supuesta importancia de algún modo de bautismo ritual. Otros creen que éste es un mandamiento para que el cristiano viva crucificado con Cristo. Estos no disciernen que la crucifixión a la cual se refiere este pasaje es aquella que ya realizó Cristo, en la cual el creyente tomó parte. El contexto de este pasaje establece que la crucifixión, la muerte, la sepultura y la resurrección de Cristo son todas obras realizadas a favor del creyente en Cristo. (Este divino aspecto de la muerte de Cristo se presenta en Romanos 3:21-5:21). El pasaje que estamos estudiando no es, pues, para la justificación de los que no son salvos; sino para la santificación de los salvos, en su vida diaria. La muerte, sepultura y resurrección de Cristo son el mismo centro del Evangelio, que es para los incrédulos, para que ellos crean, tal como se ha indicado en 1 Corintios 15:1-4. Pero el creyente en Cristo, que confía en la obra que Cristo realizó, puede comprender cómo se puede aplicar esa obra a su propio corazón y a su propia fe. Con esta consciencia es capaz de andar de acuerdo con un nuevo principio para la vida diaria, es decir, con el poder del Espíritu que mora en él. Reconociendo que está crucificado con El (hecho que, de paso, ningún símbolo de bautismo ritual puede representar), que ha muerto con El, que ha sido sepultado con El, y que ha resucitado con El; el cristiano se halla basado en la resurrección, el Espíritu mora en El, y no solamente se dice con lógica que, por causa de su posición exaltada, vive para Dios, sino que está completamente equipado para vivir de ese modo. La naturaleza pecaminosa, aunque todavía está viva y activa, queda juzgada por el hecho de que Cristo murió a esa naturaleza (16:10), y, por cuanto el juicio no es un hecho experimental en la historia del cristiano, el Espíritu queda completamente libre para dirigir esa naturaleza pecaminosa que, de otra manera, sería activa. La parte del creyente en Cristo es la de *considerarse* muerto al pecado y *no* dejar que *reine* (6:11, 12). *Considerarse* muerto al pecado es contar con que es real la completa identificación con Cristo en su crucifixión, muerte, sepultura y resurrección. *No dejar que reine* el pecado es depender del Espíritu que mora en el cristiano para que lo libere de la naturaleza de pecado. Eso, en realidad, es andar conforme a un nuevo principio para la vida diaria. Estas provisiones se obtienen por medio de la gracia; y nunca fueron provistas en el sistema mosaico. Por tanto, el apóstol escribe: "Porque el pecado no se enseñoreará de vosotros; pues no estáis bajo la ley, sino bajo la gracia" (Ro. 6:14).

Romanos 7:4-6. "Así también vosotros, hermanos míos, habéis muerto a la ley mediante el cuerpo de Cristo, para que seáis de otro, del que resucitó de los muertos, a fin de que llevemos fruto para Dios. Porque mientras estábamos en la carne, las pasiones pecaminosas que eran por la ley obraban en nuestros miembros llevando fruto para muerte. Pero ahora estamos libres de la ley, por haber muerto para aquella en que estábamos sujetos, de modo que sirvamos bajo el régimen nuevo del Espíritu y no bajo el régimen viejo de la letra."

En este pasaje, como en el de Gálatas 3:13, se nos habla de un resultado de la muerte de Cristo: su eficacia para terminar, para el creyente en Cristo, todo el sistema de méritos. Por medio del sacrificio del cuerpo de Cristo, toda la ley, en lo que ella servía como base de aceptación ante Dios o como norma de vida, quedó abolida. A partir de la muerte de Cristo, la salvación es por gracia, sin obras (comp. Tito 3:5); y la aceptación del creyente en Cristo ante Dios, que fue perfeccionada infinitamente, se debe completamente a la posición del creyente en Cristo (Ef. 1:6; He. 10:14), y no a ninguna cosa que haya en el creyente. Otra vez el aspecto de ofrenda de olor suave de la muerte de Cristo es la base sobre la cual se provee el mérito de Cristo para todos aquellos que no tienen méritos y a ellos se los exonera de tener que presentar tales méritos. Al terminar la obligación de ganar méritos, el que es salvo ha llegado a una perfecta libertad (comp. Gá. 5:1), y no tiene ninguna otra responsabilidad fuera de la de andar dignamente, conforme a la condición en la cual lo ha colocado la infinita gracia. De este modo, pues, por medio de la muerte de Cristo se ha perfeccionado para nosotros una liberación completa del sistema de méritos.

Romanos 8:3, 4. "Porque lo que era imposible para la ley, por cuanto era débil por la carne, Dios, enviando a su Hijo en semejanza de carne de pecado y a causa del pecado, condenó el pecado en la carne; para que la justicia de la ley se cumpliese en nosotros, que no andamos conforme a la carne, sino conforme al Espíritu."

Esta es una de las tres referencias, vitalmente importantes, con respecto a la muerte de Cristo, que se hallan en este capítulo. Esta, que es la primera de las tres, se refiere a la muerte de Cristo en su relación con la naturaleza del pecado, tal como la consideramos en el capítulo 6 de Romanos. La ley estaba dirigida a la misma naturaleza de pecado, que está en la carne; por tanto, la ley fracasó por causa de que "era débil por la carne" con la cual se relacionaba; pero Cristo, mediante su muerte a la naturaleza de pecado, condenó, o juzgó completamente esa naturaleza, con la finalidad de que el Espíritu quedara libre para dirigirla. Cuando el creyente en Cristo está así asistido y capacitado por el Espíritu, la ley –que en este caso se refiere a toda la voluntad de Dios para el cristiano– la cumple el Espíritu *en* el creyente. Nunca se dice que es el creyente el que ha de cumplirla. La única condición que se impone es la de que el creyente en Cristo dependa siempre del Espíritu (comp. Ro. 8:4; Gá. 5:16, 17). Esta es una verdad que, como la que se refiere a la muerte de Cristo por el creyente cristiano, éste debe reconocerla como verdadera. No es algo que se consigue mediante peticiones u oraciones. La naturaleza del pecado ha sido juzgada; el Espíritu mora en el que recibe a Cristo; la única responsabilidad humana es la de confiar en el Espíritu.

Romanos 8:32. "El que no escatimó ni a su propio Hijo, sino que lo entregó por todos nosotros, ¿cómo no nos dará también con él todas las cosas? "

En el símbolo del Antiguo Testamento, Abraham fue llamado (Gn. 22:1-14), a ofrecer *su hijo* (22:2), y en el último momento escatimó la prueba; pero en el cumplimiento del símbolo, Dios el Padre "no escatimó a su propio Hijo", y de esta manera se revela otra vez que el amor de Dios hacia los pecadores se manifiesta por medio de su Hijo (Jn. 3:16; Ro. 5:6-11; 2 Co. 9:15; 1 Jn. 3:16). Con un Don tan grande como el Hijo, que ya ha sido entregado, hay la seguridad más absoluta de que, junto con ese Regalo, el Padre nos dará todas las cosas. La esperanza con respecto a las cosas de menor importancia debiera estar libre de dudas y de vacilación. El Apóstol pudo decir que nada "nos podrá separar del amor de Dios, que es en Cristo Jesús Señor nuestro" (Ro. 8:39).

Romanos 8:34. "¿Quién es el que condenará? Cristo es el que murió; más aun, el que también resucitó, el que además está a la diestra de Dios, el que también intercede por nosotros."

El carácter absolutamente sustitutivo de la muerte de Cristo es el mensaje de la parte de este versículo que se relaciona con el tema. El tema predominante de todo el capítulo 8 se anuncia en el primer versículo: "Ahora, pues, ninguna condenación hay para los que están en Cristo Jesús." Los versículos 28 y 29 confirman sencillamente esa declaración introductoria. Se dice que la justificación (v. 30) es para todos los que son llamados, lo cual se basa en la verdad de que los mismos han sido justificados; por tanto, Dios no expondrá cargos contra sus elegidos que El mismo ha declarado justos para siempre. El puede corregir o disciplinar a quienes así ha recibido, pero no hay condenación para ellos, puesto que están justificados por los méritos de Uno que nunca falla, que es la Justicia de Dios, y que "ha sido hecho" para ellos justificación (1 Co.1:30). "¿Quién es el que condenará? " es la pregunta directa. Y la respuesta es que, para todos los que creen en Cristo, el poder condenador del pecado ha sido quebrantado, porque Cristo lo llevó sobre Sí en su muerte. La claridad en la doctrina de la salvación es imposible aparte de esta verdad básica: que el pecado ya ha sido castigado en el Sustituto. A menudo, la impresión que dejan algunos predicadores es la de que Dios hará algo, si el pecador lo urge y lo conmueve por medio de lágrimas de arrepentimiento; pero, puesto que Cristo murió, no queda nada que el pecador tenga que hacer, fuera de creer ese mensaje; ni queda nada que el cristiano tenga que hacer cuando cae en pecado, fuera de confesarlo.

2. LA MUERTE DE CRISTO EN LAS EPISTOLAS A LOS CORINTIOS. *1 Corintios 1:18, 22-24.* "Porque la palabra de la cruz es locura a los que se pierden; pero a los que se salvan, esto es, a nosotros, es poder de Dios .... Porque los judíos piden señales, y los griegos buscan sabiduría; pero nosotros predicamos a Cristo crucificado, para los judíos ciertamente tropezadero, y para los gentiles locura; mas para los llamados, así judíos como griegos, Cristo poder de Dios, y sabiduría de Dios."

La predicación de la cruz es el método que Dios ha escogido para llegar hasta los perdidos con el mismo mensaje de la infinita gracia. La cruz, sin embargo, tiene una relación diferente en alguna forma con el judío de la que tiene con el gentil. Aunque la cruz ha resultado ser tropezadero para los judíos (comp. Ro. 9:30-33), y para los gentiles, locura –el esfuerzo más serio que hacen para explicar lo de la cruz, por causa de su endurecimiento espiritual, está tan lejos de la cruz que comparativamente es una locura– sin embargo es una perfecta demostración de la sabiduría y del poder de Dios. En la manifestación del plan de la Redención, Dios ha obrado de acuerdo con un plan infinito, y ha revelado las inescrutables profundidades de su sabiduría y de su prudencia (Ef. 1:8). En 1 Corintios 1:23, 24, se declara que la gran transacción del sacrificio de Cristo es la manifestación del poder y de la sabiduría divinos. Tal como lo revela la Escritura, el más grande problema con que haya tenido que enfrentarse el Todopoderoso no fue el de la creación, el cual se compara en el Salmo 8:3 con la obra que se hace con los dedos; sino el de la Redención del alma perdida, que, según Isaías 53:1, exigió la intervención del poderoso brazo de Jehová. Su *sabiduría* se descubre en que, al resolver el problema, Dios continúa siendo justo, entre tanto que, de acuerdo con la compasión de su corazón, El es el que justifica al impío. Su *poder* queda en libertad de actuar en favor de todos aquellos que aceptan a Cristo el Salvador, y al quedar así libre, no se detendrá hasta que haya satisfecho su inmensurable amor: El presentará al salvo en la gloria, conforme a la imagen de su Hijo. Dios quedó satisfecho con el pago que Cristo hizo; y en El, el único que es digno, tenemos perfecta Redención, es decir, el perdón de los pecados –que no es en realidad un perdón parcial, en el cual no habría manifestación de la infinita gracia, sino un perdón tan completo que dura para siempre, que es una gloria permanente para Dios. De esta manera, el creyente en Cristo, es aceptado eternamente en la familia de los redimidos. No obstante, en esa relación de familia, necesitará de vez en cuando el perdón, en el sentido de ser restaurado; no de ser restaurado en la familia de redimidos, sino en la comunión del Padre y del Hijo (1 Jn. 1:9).

1 Corintios 5:7. "Limpiaos, pues, de la vieja levadura, para que seáis nueva masa, sin levadura como sois; porque nuestra pascua, que es Cristo, ya fue sacrificada por nosotros."

No hay abandono de cualquier cosa contraria a la santidad o a la voluntad de Dios, que sea demasiado grande para el creyente cristiano, a la luz del sacrificio que Cristo realizó por él. El mal, que es como la levadura, debe ser limpiado de la vida del cristiano, tal como se prohibía en las ofrendas simbólicas del Antiguo Testamento. En el contexto de este pasaje se presenta el gran aspecto de la muerte de Cristo según el cual El se entrega voluntariamente para servir como Cordero de la pascua. De la misma manera, en 1 Corintios 6:20, se hace referencia a la muerte de Cristo como rescate del juicio divino que, de otro modo, tendría que caer sobre todos los que han pecado.

1 Corintios 8:11. "Y por el conocimiento tuyo, se perderá el hermano débil por quien Cristo murió."

Además de las repetidas referencias a la muerte de Cristo a favor de otros, este pasaje impone sobre aquellos que, por el conocimiento de la verdad, son fuertes, la obligación de tener cuidado de los que son débiles. En este sentido, se entiende que el hermano débil reconoce el conocimiento superior del fuerte, y que ha tenido buenos motivos que lo han llevado a obrar incorrectamente. Sin embargo, los hechos pueden señalar, más bien, que este pasaje trata del verdadero valor del alma, de acuerdo con la inmensurable verdad de que Cristo murió por ella (comp. 2 Co. 5:13-16).

1 Corintios 15:3. "Porque primeramente os he enseñado lo que asimismo recibí: Que Cristo murió por nuestros pecados, conforme a las Escrituras."

Cualquiera que lea con meditación las Escrituras tiene que quedar profundamente impresionado con las multiformes garantías que se dan en ellas de que Cristo murió a favor de otros o en su lugar. Casi es imposible evitar la repetición de tal verdad al escribir estas páginas. En consecuencia, permítaseme decir que este versículo es directo y conclusivo, y está relacionado con el Evangelio del cual es el corazón mismo. La sabiduría de este mundo ha agotado su campo limitado de especulaciones, pero hasta ahora no ha logrado descubrir una explicación adecuada para las palabras "Cristo murió por nuestros pecados", una explicación que satisfaga la afirmación del texto. Lo único que ha podido decir es que El murió de una muerte que es la que justamente le corresponde a todo pecador. La gran predicción de Isaías 53:5, 6 tiene que aceptarse como explicación de todo lo que logró la muerte de Cristo a favor de los perdidos. En el Nuevo Testamento no se introduce ninguna idea nueva.

2 Corintios 5:14-21. "Porque el amor de Cristo nos constriñe, pensando esto: que si uno murió por todos, luego todos murieron; y por todos murió, para que los que viven, ya no vivan para sí, sino para aquel que murió y resucitó por ellos. De manera que nosotros de aquí en adelante a nadie conocemos según la carne; y aun si a Cristo conocimos según la carne, ya no lo conocemos así. De modo que si alguno está en Cristo, nueva criatura es; las cosas viejas pasaron; he aquí todas son hechas nuevas. Y todo esto proviene de Dios, quien nos reconcilió consigo mismo por Cristo, y nos dio el ministerio de la reconciliación; que Dios estaba en Cristo reconciliando consigo al mundo, no tomándoles en cuenta a los hombres sus pecados, y nos encargó a nosotros la palabra de la reconciliación. Así que somos embajadores en nombre de Cristo, como si Dios rogase por medio de nosotros; os rogamos en nombre de Cristo: Reconciliaos con Dios. Al que no conoció pecado, por nosotros lo hizo pecado, para que nosotros fuésemos hechos justicia de Dios en él."

En esta gran declaración se introducen tres aspectos de la muerte de Cristo: (a) la muerte de Cristo por el mundo; (b) el testimonio de ese hecho; y (c) los infinitos resultados de salvación para los que creen en el testimonio con respecto a la completa suficiencia de su muerte. El alcance de la muerte de Cristo se expresa en estas palabras: "Si uno murió por todos, luego todos murieron"; es decir, aquellos por los cuales El murió, murieron en el sentido legal juntamente con El. Dean Alford expresa este asunto de la siguiente manera: "Esto era cierto, *objetivamente;* pero no lo era *subjetivamente,* hasta que esa muerte al pecado y a sí mismo se realizara en cada uno (comp. Ro. 8:8 y siguientes). (Nota. En la Versión Autorizada en inglés, la expresión "luego todos murieron" se tradujo "luego todos fueron muertos" –"then were all dead"– lo cual no es aceptable, pues tanto en la construcción original como en el contexto el significado es el de que "Uno murió por todos, y por tanto, todos murieron con El." Es decir, si Uno recibe la muerte que les correspondía a *todos,* que les tocaba a *todos, entonces todos* murieron en El y con El) –Ob. cit., en la misma parte.

Lo que Cristo resolvió hacer con respecto al pecador lo realizó a la perfección. Como puede verse en los versículos 18 y 19, El realizó a favor de ellos una completa obra de reconciliación. Su posición ante Dios se cambia vitalmente, pues son aquellos por los cuales Cristo murió. Dios quedó satisfecho con la obra que Cristo realizó, y la acepta como solución para el problema del pecado y del juicio que él demanda. Ahora bien, el hecho de que el pecador crea en esta provisión y la reciba, o que no la crea ni la reciba, ya es cuestión completamente diferente. Con la finalidad de que el que no es salvo pueda creer, el mensaje de la reconciliación se encomendó a embajadores que vayan por todas partes a rogarles a los que no han sido salvos que se reconcilien con Dios. No es una apreciación meramente sentimental la que constriñe e impele al mensajero del Evangelio. Es, más bien, el reconocimiento de la verdad de que, en principio, los beneficios de la muerte de Cristo son para todos. "Pensando esto", llegamos a comprender esa verdad. El versículo 15 tiene carácter de paréntesis y, por tanto, el efecto del hecho de que Cristo murió por todos no se describe hasta el versículo 16: "De manera que nosotros de aquí en adelante a nadie conocemos según la carne." Resulta que el ganador de almas, a quien lo mueve la muerte de Cristo por todos, ya no distingue entre ricos y pobres, esclavos ni libres, blancos ni negros; en vez de eso, él ve que cada una de esas personas es un alma por la cual Cristo murió. La distinción más grande que podría dársele a cualquier ser humano se le dio a todo ser humano: esta distinción consiste en que el Rey de la gloria murió por el hombre en la cruz. La estima que uno tenga del valor de la muerte de Cristo, si realmente lo ha experimentado, se determina específicamente por la obra del Espíritu Santo en el corazón del testigo. Mediante la obra del Espíritu Santo, que mora en el cristano, el amor de Dios hacia los perdidos se derrama abundantemente (comp. Ro. 5:5), pues el fruto del Espíritu es amor (Gá. 5:22; comp. Jn. 17:26). El amor hacia las almas perdidas no es de carácter humano; no es parte del ser humano que ha caído –aun a aquellos que son salvos les es imposible ese ejercicio. Ese amor sólo se experimenta cuando el Espíritu Santo lo produce internamente en el creyente cristiano. Cuando alguno recibe esta energía dinámica, inmediatamente dará su testimonio "a tiempo y fuera de tiempo" (2 Ti. 4:2). En el pasaje que estamos estudiando se vuelve a hacer hincapié en la verdad de que mediante la muerte sustitutiva de Cristo se le asegura al creyente en El la misma justicia de Dios, y de que esa justicia se logra precisamente mediante la participación del creyente en ese Cuerpo del cual el Cristo resucitado es la Cabeza. Por tanto, el mismo Apóstol afirma: "De modo que si alguno está en Cristo, nueva criatura es; las cosas viejas pasaron; he aquí todas son hechas nuevas. Y todo esto proviene de Dios" (vs. 17, 18); y también: "Al que no conoció pecado, por nosotros lo hizo pecado, para que nosotros fuésemos hechos justicia de Dios en él" (v. 21).

2 Corintios 8:9. "Porque ya conocéis la gracia de nuestro Señor Jesucristo, que por amor a vosotros se hizo pobre, siendo rico, para que vosotros con su pobreza fueseis enriquecidos."

En el pasaje que antecede, el Apóstol urge a los cristianos de Corinto a que su vida sea un sacrificio personal para Cristo. Y en este versículo les presenta a Cristo como el ejemplo supremo de sacrificio. Los hombres no pueden comprender cuán grandes son las riquezas de El, ni cuán profunda fue la pobreza a que El descendió; ni tampoco son capaces de estimar cuán grandes son las riquezas que El provee para todos los salvos. Como ya lo indicamos, Juan escribe también sobre la misma verdad, y en relación con el mismo tema de la generosidad: "En esto hemos conocido el amor, en que él puso su vida por nosotros; también nosotros debemos poner nuestras vidas por los hermanos. Pero el que tiene bienes de este mundo y ve a su hermano tener necesidad, y cierra contra él su corazón, ¿cómo mora el amor de Dios en él?" (1 Jn. 3:16, 17).

3. LA MUERTE DE CRISTO EN GALATAS. *Gálatas 1:4.* "El cual se dio a sí mismo por nuestros pecados para librarnos del presente siglo malo, conforme a la voluntad de nuestro Dios y Padre."

"El cual se dio a sí mismo por nuestros pecados", y lo hizo así, no solamente con el propósito de llevar sobre Sí la culpa del pecado, sino también "para librarnos del presente siglo malo", que no es otro que el día del sistema del mundo o *cosmos*. Por medio de la muerte de Cristo, los que creen en El son librados del poder de las tinieblas y trasladados al reino del amado Hijo de Dios (Col. 1:13). La importancia de esta Escritura que declara que el cristiano es librado del sistema satánico es evidente; sin embargo, se enseña, además, que el creyente cristiano llega a ser un participante legal del reino eterno de Cristo. En otra parte de la Escritura se nos dice que el creyente es ciudadano del cielo (Fil. 3:20).

Gálatas 2:20; 6:14. "Con Cristo estoy juntamente crucificado, y ya no vivo yo, mas vive Cristo en mí; y lo que ahora vivo en la carne, lo vivo en la fe del Hijo de Dios, el cual me amó y se entregó a sí mismo por mí . . . Pero lejos esté de mí gloriarme, sino en la cruz de nuestro Señor Jesucristo, por quien el mundo me es crucificado a mí, y yo al mundo."

En este testimonio, el Apóstol hace hincapié en el elemento personal de la muerte de Cristo que une a cada pecador con su Salvador individualmente. Además de la verdad reiterada constantemente de que Cristo murió por otros y no por El mismo, Pablo nos habla de la habilidad normal, pero no común, de reaccionar con aprecio para el hecho de la muerte expiatoria de Cristo. Todos los que desean glorificar a su Señor deben buscar que ésa sea la actitud de su corazón. Por otra parte, esta realidad en la experiencia del Apóstol tiene que aparecer aquí a manera de contraste, y como reprensión para la gran compañía de creyentes cristianos. ¡Cuán grande es la obligación que tenemos de darle gracias a Dios y de glorificarlo por la obra que Cristo realizó en la cruz!

Gálatas 3:13; 4:4, 5. "Cristo nos redimió de la maldición de la ley, hecho por nosotros maldición (porque está escrito: Maldito todo el que es colgado en un madero) . . . Pero cuando vino el cumplimiento del tiempo, Dios envió a su Hijo, nacido de mujer y nacido bajo la ley, para que redimiese a los que estaban bajo la ley, a fin de que recibiésemos la adopción de hijos."

Tal como en *Romanos 7:4-6,* en este pasaje de *Gálatas* se nos presenta el hecho de que la muerte de Cristo es la garantía de nuestra liberación de todo el sistema de méritos: ya sea de los méritos correspondientes al sistema mosaico o de los méritos inherentes a la obligación de la criatura para con el Creador. El sistema mosaico no les correspondió nunca a los gentiles y, por tanto, tampoco les correspondía a los gálatas; pero ellos, como creyentes gentiles, habían sido llamados a reconocer la verdad de que Cristo había provisto la perfecta aceptación de ellos ante Dios, y de que esa provisión satisface toda demanda de la santidad infinita y, por tanto, deja abolido todo el sistema de méritos obligatorios. Y también es cierto que la condenación que imponía el sistema de méritos, que había sido violado, la sufrió nuestro Salvador. Su muerte fue la Redención de la maldición de la ley. C. F. Hogg y W. E. Vine nos dicen en su obra *Epistle to the Galatians (Epístola a los Gálatas):*

"...de la maldición de la ley, por cuanto llegó a ser una maldición –es decir, al llegar a ser. Las palabras describen los medios que se tomaron para el cumplimiento de la Redención. La maldición les corresponde a todos los que están bajo la ley, puesto que todos han fracasado en el cumplimiento de las exigencias de ella, con excepción de Uno, Cristo, que nació 'bajo la ley', pero que no incurrió en la maldición de ella, puesto que El fue el 'Justo' (Hch. 3:14), no ante la vista de los hombres, pues, en verdad, ellos lo crucificaron como blasfemo; sino ante los ojos de Dios, que lo levantó de entre los muertos. Así, estando El libre de la maldición de la ley, se sometió a ella voluntariamente, para que los que estaban bajo la ley por herencia o por castigo pudieran escapar. Mediante la muerte de Cristo, el rigor inflexible de la ley se confirma y se ilustra La ley de Dios no hace excepciones, sino que demanda siempre el castigo completo para todos los culpables que caigan en su jurisdicción. En vista de esa horrible exhibición de sus terrores, ¿cómo podían los gálatas suponer que sus esfuerzos para guardar la ley resultarían en algo que no fuera el desastre para ellos mismos? El Hijo de Dios no fue 'hecho por nosotros maldición' en su encarnación. Antes de su nacimiento El era llamado 'Santo'; El creció 'en gracia para con Dios' (Lc. 1:35; 2:52). Cuando cumplió los 30 años de vida en la carne, Dios habló de El desde los cielos, en los siguientes términos: 'Este es mi Hijo amado, en quien tengo complacencia" (Mt. 3:17; 17:5). No hay ninguna declaración en la Escritura que diga que El se convirtió en portador de los pecados en su bautismo, ni en el Getsemaní, ni en la hora decisiva de su vida que antecedió a la crucifixión. Así que, estas palabras del apóstol Pablo sólo pueden relacionarse con la cruz, y la cita de *Deuteronomio 21:23* lo confirma. El lenguaje de 2 Corintios 5:21, 'por nosotros lo hizo pecado', debe compararse con éste: "hecho por nosotros maldición". En cada caso, la realidad de la asociación del Señor Jesús con los pecados de su pueblo, y la plenitud de la satisfacción que El ofrece a la ley por medio de su muerte de cruz, es lo que se establece en form vívida" – págs.134,135.

Los mismos autores dicen con respecto a Gálatas 4:4, 5:

"Versículo 5, *para que redimiese* –el mismo tema de que trata en el versículo 13 del capítulo 3. Ni la encarnación del Hijo de Dios, ni el hecho de que El guardó la ley en los días de su carne, servían, en su totalidad o en parte, para la Redención de los hombres. Aparte de la encarnación, la muerte le hubiera sido imposible; así que esa fue una condición necesaria para el cumplimineto de la Redención, pero en sí no es parte de la Redención. Su obra redentora propiamente dicha comenzó y terminó en la cruz. Según eso, la declaración de la relación del Salvador con el pecado se hace invariablemente en términos que la confinan a su muerte. Por consiguiente, en ninguna parte del Nuevo Testamento se dice que Cristo cumplió la ley por nosotros. Tampoco nos dice que El llevó el pecado sobre Sí en ninguna parte de su vida. En la cruz fue donde El se convirtió en portador de nuestros pecados (1 P. 2:24). La primera parte de Isaías 53:4 se interpreta en Mateo 8:17 donde, el contexto en el cual se hallan citadas las palabras de Isaías, indica claramente que deben entenderse que no se refieren a la muerte del Señor Jesús, ni a ningún sufrimiento vicario que El soportara; sino a la simpatía con la humanidad sufriente y a la expresión de esa simpatía en el alivio del sufrimiento dondequiera que el Salvador se pone en contacto con él. Algunas partes de Isaías 53 se refieren indudablemente a los sufrimientos vicarios de Cristo en la cruz, como sucede con la última parte del versículo 5, que es la que se cita en 1 Pedro 2:24. Estas son ilustraciones típicas del principio según el cual el Nuevo Testamento es sencillamente la guía para entender el Antiguo. En la primera parte de Marcos 10:45, por ejemplo, el Señor declara el propósito de su vida: "no vino para ser servido, sino para servir"; y el de su muerte: "para dar su vida en rescate por muchos." Su muerte estuvo en armonía con su vida. Aquella fue el clímax adecuado de ésta. Pero el Señor hace la distinción entre su vida y su muerte; y los escritores del Nuevo Testamento reconocen esta distinción" –*Ibid.*, págs.186-187.

Similarmente, Martín Lutero expresa su comprensión con respecto a la redención de la ley, en la que se ha considerado su más famosa obra: *Commentary on Galatians (Comentario sobre Gálatas.* Las siguientes son sus palabras:

"Además, este lugar da también testimonio de que Cristo, cuando llegó el tiempo del cumplimiento de la ley, la abolió, y así dio libertad a los que estaban opresos en ella; pero no hizo una nueva ley después de la ley de Moisés ni además de ella. Por tanto, los monjes y escolásticos papistas no yerran menos, ni blasfeman menos el nombre de Cristo, cuando imaginan que El dio una nueva ley además de la ley de Moisés, que los turcos que se jactan de que Mahoma fue un nuevo dador de la ley según Cristo, y aun mejor que la de Cristo. Cristo no vino a abolir la ley, para poder hacer una nueva, sino que, como lo dice Pablo, el Padre lo envió al mundo a redimir a los que estaban bajo la esclavitud de la ley. Estas palabras nos presentan a un Cristo viviente y verdadero: no le atribuyen a El el cargo de hacer una nueva ley, sino el de redimir a los que estaban bajo la ley. Cristo mismo dijo: 'Yo no juzgo a nadie'; y también: '. . . no he venido a juzgar al mundo, sino a salvar al mundo' (Jn. 8:15; 12:47); es decir, *no vine a traer ninguna ley, ni a juzgar a los hombres según la misma, como Moisés y otros legisladores; tengo un oficio más elevado y mejor. La ley los mató a ustedes; y yo también juzgo, condeno y mato la ley, y los libro a ustedes de su tiranía . . .* Por lo cual es muy provechoso que siempre tengamos ante nuestros ojos esta dulce y confortadora declaración: esa que nos presenta a un Cristo viviente y verdadero; y que en toda nuestra vida, en todos los peligros, en la confesión de nuestra fe ante los tiranos, y en la hora de la muerte, podamos decir osadamente y con absoluta confianza: *Oh ley, tú no tienes poder sobre mí; y por tanto, en vano me acusas y me condenas. Porque yo creo en Jesucristo el Hijo de Dios, a Quien el Padre envió al mundo para que redimiera a los pecadores miserables que estaban opresos bajo la tiranía de la ley. El dio su vida y derramó su sangre por mí. Por tanto, al sentir tus terrores y amenazas, oh ley, yo me escondo precipitadamente en las herdias, en la sangre, en la muerte, en la resurrección y en la victoria de mi Salvador Jesucristo. Junto a El, no veré ni oiré nada.* Esta fe es nuestra victoria, mediante la cual vencemos los terrores de la ley del pecado, de la muerte y de todos los demonios; no sin antes defendernos y sostener grandes conflictos. En este punto, los hijos de Dios, que diariamente se ven sometidos a dolorosas tentaciones, luchan y sudan realmente. Porque a menudo se les viene a la mente la idea de que Cristo los acusará, y pedirá que se los castigue. Ellos no pueden estar seguros de que El fue enviado por el Padre, a redimirlos de la tiranía y de la opresión de la ley. ¿Y por qué sucede esto? Por el hecho de que esas personas no se han separado completamente de la carne, la cual se rebela contra el Espíritu. Por tanto, los terrores de la ley, el temor a la muerte y cosas por el estilo, como tristezas y pesadumbres, que a menudo vuelven a molestarnos y estorban nuestra fe, no deben impedir que recibamos los beneficios de Cristo, Quien nos ha redimido de la esclavitud de la ley con toda la seguridad que demanda el caso" (Edición de 1860, sobre Gálatas 4:4, 5).

4. LA MUERTE DE CRISTO EN LAS EPISTOLAS QUE PABLO ESCRIBIO DESDE LA PRISION. Este conjunto de escritos de Pablo –Efesios, Filipenses, Colosenses (y Filemón) – introduce la verdad con respecto a la posición exaltada del creyente en Cristo, la cual se basa solamente en la muerte de Cristo, y se hizo posible a través de ella.

Efesios 1:7. "En quien tenemos redención por su sangre, el perdón de pecados, según las riquezas de su gracia."

En el mismo comienzo de la *Epístola a los Efesios,* y como base para la exposición del cumplimiento del eterno propósito de Dios para cada uno de los que han sido elegidos en Cristo, se dice que la Redención ya se ha cumplido, y que es la base que le concede a Dios el derecho de perdonar el pecado. En este versículo no se menciona el estado del hombre caído, el cual demanda tanto la Redención como el perdón. Se sobreentiende esa necesidad. Es un paso absolutamente necesario en la manifestación más esencial de la gracia sobreabundante. En Cristo Jesús tenemos Redención. Por el lado divino, la gran obra redentora está realizada. Ya es una transacción cumplida. Por tanto, Dios no hará absolutamente nada en razón de la dignidad humana, sino en razón de lo que El ya hizo por el hombre, cuando el hombre no tenía méritos, ni fuerza, cuando era pecador y enemigo de Dios. No es parte del Evangelio el hecho de que haya una compañía de elegidos en el programa de Dios, puesto que la divina gracia es para todo el mundo perdido; eso de la elección es uno de los secretos de Dios, que lo ha planeado para los que ya son salvos. Por otra parte, el anuncio de que la Redención por sangre ya se ha consumado, y que potencialmente se provee para todos, es el Evangelio de la infinita gracia: *El que quiere, puede acudir.* La Redención ha sido siempre solamente por medio de sangre. La sangre es el rescate divinamente determinado, y es el que demanda la santidad de Dios que ha sido ultrajada. Ese mismo rescate de sangre estaba prefigurado en los sacrificios del Antiguo Testamento, en la forma como ahora está disponible por medio de la muerte de Cristo;

así que el beneficio de la Redención se le ha ofrecido al hombre a través de la historia de la raza. Habiendo considerado la naturaleza santa de Dios, su carácter inflexible y que no se compromete, y su justo gobierno, no es difícil aceptar el decreto solemne: "El alma que pecare, esa morirá"; del mismo modo "la paga del pecado es muerte"; y algo más: "sin derramamiento de sangre no se hace remisión." Dios nunca trata el pecado con lenidad o con mera generosidad. El terrible castigo en que tiene que caer inevitablemente el que peca no se puede rebajar ni en el grado más leve. Las santas demandas de Dios, que se basan en su carácter santo, son de naturaleza inmutable. Cristo pagó el rescate requerido. La justicia divina quedó satisfecha con el rescate que El pagó, y así quedó abierto para todos el camino de la salvación. La responsabilidad que le corresponde al pecador es la de creer en la Palabra que Dios da con respecto a esta Redención que es en Cristo Jesús. Nuestro texto señala al Redentor como el Unico que puede salvar, y proclama, nada más, ni nada menos, sino que se confíe en El como Salvador. En El tenemos Redención. El es nuestra Redención. Mediante el derramamiento de su sangre, El hizo posible un rescate perfecto; mediante su resurrección, El probó la integridad de su obra; y volvió a tomar la vida con la misma autoridad con que la había entregado. Así El vive eternamente como Redentor absolutamente suficiente de aquellos por los cuales murió. Fue Dios el que, por su infinita gracia, proveyó este rescate; y el hombre es el que, por sus incontables delitos y pecados, lo rechaza. El precio ya se pagó, y la gracia de Dios está a la disposición de todo aquel que quiera recibirle. Los que ya son salvos pueden decir con el Apóstol: "En quien tenemos redención por su sangre, el perdón de pecados, según las riquezas de su gracia."

Efesios 2:13. "Pero ahora en Cristo Jesús, vosotros que en otro tiempo estabais lejos, habéis sido hechos cercanos por la sangre de Cristo."

Por causa de la importancia de este pasaje en relación con las edades bíblicas, demanda atención especial. Habiendo indicado las distinciones que se han establecido entre judíos y gentiles, las cuales fueron establecidas y siempre respetadas por Dios –y que fueron acentuadas por los prejuicios y el odio humanos,– el escritor anuncia un nuevo plan divino para la presente era, un propósito divino, revelado específicamente al mismo apóstol Pablo (comp. Ef.3:1-6). Este propósito se realiza sobre la base de la muerte y la resurrección de Cristo, y sobre el advenimiento del Espíritu Santo el día de Pentecostés. Ese propósito divino es nada menos que la formación de un nuevo cuerpo de gente celestial, compuesto de judíos y gentiles.

En este cuerpo, cada individuo está perfeccionado en Cristo, y toda la compañía sirve "para la alabanza de su gloria." Por cuanto es para alabanza de su gloria, cada uno de los individuos de esta compañía, sea judío o gentil, es llamado y salvo por medio de ese mismo principio distinto de selección: la gracia soberana de Dios, aparte de toda clase de mérito humano. Como base para el ejercicio de la gracia soberana, aparte del mérito humano, se anuncia el más sorprendente decreto divino: realmente sorprendente, por cuanto nunca antes se había oído en este mundo, y por el hecho de que es muy contrario a la exaltación de Israel sobre los gentiles, que, hasta ese momento había sido aprobada por Dios. Ese decreto declara que ya no hay ninguna diferencia entre judío y gentil; que todos están *bajo pecado* (Ro.3:9). Así que, digámoslo otra vez, no hay diferencia entre judío y gentil, "pues el mismo que es Señor de todos, es rico para con todos los que le invocan" (Ro.10:12). Según la primera de estas declaraciones citadas, la antigua distinción entre judíos y gentiles desaparece en virtud del hecho de que esas dos clases, sin tomar en cuenta su relación con Jehová, están ahora "bajo pecado" (comp. Ef.2:11-32). Según la segunda declaración, el camino a la altísima gloria celestial, está abierto para todo el que cree en Cristo. Estar "bajo pecado," consiste en el hecho de que Dios, en el nuevo plan, rehusa aceptar cualquier mérito humano, nacional o personal, como crédito o como contribución para la salvación, la cual se ofrece al individuo en Cristo y por medio de El. Así Dios despoja a todo ser humano de cualquier clase de confianza propia, y lo encierra en el círculo de la salvación perfecta solamente, la cual es en Cristo, y le provee eterna e infinita perfección en El. Pudiera parecer cruel el quitarle al pecador cualquier mérito pequeño que supuestamente pueda tener ante Dios, pero en realidad, no lo es. Esto lo hace Dios más bien "para tener misericordia de todos" (Ro.11:32). La gracia de Dios no es algo que se ajusta al mayor o al menor grado de mérito humano, sino que es igual para todos; es decir, al excluir toda clase de méritos, se requiere el mismo grado de gracia para salvar a un individuo que el que se requiere para salvar a otro. Y el resultado de este plan no es la gloria del hombre, ni en el menor grado, sino absolutamente para alabanza de la gloria de su gracia (Ef.1:6; 2:7-9). Era muy poco lo que tenía que olvidar el gentil en relación con este nuevo plan de salvación propuesto para esta era. El no tenía ninguna base de esperanza. El Evangelio de salvación por gracia le cayó al gentil como les puede caer la vida a los muertos. Pero los judíos tropezaron en esta roca de nueva salvación que se hizo posible por medio de la cruz; así que, sólo unos pocos, en este plan en que su preferencia nacional se pone a un lado, han podido abandonar su condición de nación preferida por Dios (Ro.11:1-36), y aceptar la sobreabundante gracia de Dios en Cristo. Este replanteo, que ha resultado un poco largo, de la base de la salvación por gracia para judíos y gentiles igualmente, puede clarificar el significado de los versículos que siguen en este pasaje de *Efesios.* Con las palabras "Pero ahora," con las cuales comienza el versículo 13, se establece un agudo contraste entre el antiguo estado de los efesios gentiles, que se describe en el versículo 12, y su nueva posición en Cristo. Se les dice que ellos, como gentiles, estaban "alejados" de Dios; habían "sido hechos cercanos," por causa de su nueva posición en Cristo; no por ordenanzas de manifestaciones externas de virtudes humanas, sino por la sangre de Cristo. Estar *cerca de Dios* es una de las altísimas posiciones en que se coloca el creyente en Cristo, en el momento en que recibe la salvación. La perfección de esta posición se ve en el hecho de que uno no pudiera estar más cerca de Dios, ni en el tiempo ni en la eternidad, pues ya está lo más cerca posible por el hecho de estar en Cristo. Tan perfecta es la eficacia de la sangre de Cristo, al proveer la base justa para la divina gracia, que todo deseo por parte de Dios, aunque impulsado por el amor infinito, puede satisfacerse completamente a favor de los que creen en Cristo. Este versículo 13 está íntimamente relacionado con el versículo 17 (comp. Is.59:17). En el versículo anterior, el Apóstol habla solamente de los gentiles; pero en el 13 están presentes tanto judíos como gentiles. Los gentiles se identifican como aquellos que, por causa de no haber tenido ningún pacto con Dios, estaban "alejados"; entre tanto que los judíos, por causa de los pactos que Dios había hecho con ellos, estaban "cercanos"; aunque no cercanos hasta el mismo grado en que pueden estarlo los judíos y los gentiles que sean salvos por el hecho de estar en Cristo y de ser redimidos por su preciosa sangre.

Efesios 5:1,2. "Sed, pues imitadores de Dios como hijos amados. Y andad en amor, como también Cristo nos amó, y se entregó a sí mismo por nosotros, ofrenda y sacrificio a Dios en olor fragante."

El Dr. Charles Hodge expone este pasaje de la siguiente manera:

"Dios nos ha puesto bajo una gran obligación, 'Sed, pues, imitadores de Dios.' La exhortación se amplía. No solamente tenemos que imitar a Dios en el perdón, sino también en ser *como hijos amados, al andar en amor.* Puesto que Dios es amor, y puesto que nosotros somos sus hijos mediante la regeneración y la adopción, estamos obligados a ejercer el amor habitualmente. Esto es lo que debe caracterizar todo nuestro andar. *Como también Cristo nos amó.* Esta es la razón por la cual debemos amarnos los unos a los otros. Debemos ser como Cristo, el cual es como Dios, porque El es Dios. El Apóstol no hace distinción entre el hecho de que somos objetos del amor de Dios y el de que somos objetos del amor de Cristo. Debemos ser imitadores de Dios en el amor, por cuanto

Cristo nos amó a nosotros. *Y se entregó a sí mismo por nosotros.* Aquí, como en cualquiera otra parte de la Escritura, la gran evidencia del amor divino es la muerte de Cristo (comp. el v. 25 con 3:19; y Jn.15:13). 'Nadie tiene mayor amor que éste, que uno ponga su vida por sus amigos.' Leemos en Gálatas 2:20: 'el cual me amó y se entregó a sí mismo por mí.' Y en 1 Juan 3:16: 'En esto hemos conocido el amor, en que El puso su vida por nosotros; también nosotros debemos poner nuestras vidas por los hermanos.' La muerte de Cristo fue un sacrificio *a nuestro favor* y, por tanto, tiene la naturaleza de una transacción que Alguien cumplió en nuestro lugar. Si la idea de la sustitución se expresa mediante las palabras griegas *ὑπὲρ ἡμῶν* (que se traduce *por nosotros),* el significado depende más bien del contexto y no de la fuerza de la preposición. Morir por alguno puede significar morir en beneficio de él o en lugar de él, según lo exige la conexión de las palabras. Cristo se dio a Sí mismo, *ofrenda y sacrificio, προσφοράν καὶ θυσίαν*; la última palabra explica la primera. Cualquier cosa que se presentara a Dios era una *προσφορά*, pero *θυσία* era algo que se sacrificaba. Este término, pues, se agregó para determinar la naturaleza de la ofrenda. Esta ofrenda se determina en otras partes de la Escritura según la naturaleza de lo que se ofrecía, como en Hebreos 10:10: 'la ofrenda del cuerpo de Jesucristo' ; o con la expresión "a sí mismo" (He.9:14,25); o por los efectos que se le atribuían, por ejemplo, la expiación de la culpa o la propiciación a Dios, los cuales son efectos propios de las ofrendas por el pecado (comp. He.2:17; 10:10,14; Ro.3:25; 5:9,10); o mediante expresiones explicativas como "habiendo ofrecido una vez para siempre un solo sacrificio por los pecados" (He.10:12). Esta expresión en griego es: *μίαν ὑπὲρ ἁμαρτιῶν θυσίαν*, es decir, *un sacrificio por los pecados.* Otras veces se usan expresiones como estas: 'ofrenda por el pecado' [*προσφορὰ περὶ ἁμαρτίας*] (He. 10:8); "rescate por todos" y "rescate por muchos" *ἀντίλυτρον* y *λύτρον ἀντὶ πολλῶν*; 1 Ti.2:6; Mt.20:28). También se le da da el nombre de propiciación (Ro.3:25), , y simplemente de rescate. Por tanto, al mismo Cristo se le da el nombre de Cordero de Dios que llevó nuestros pecados; su sangre es el objeto de nuestra fe, la base de nuestra confianza, pues mediante ella, como sangre de sacrificio, somos redimidos (1 P. 1:18,19). El nos salva mediante una acción como la que hacía el sacerdote, es decir, mediante un sacrificio. Cada víctima que se degollaba en los altares paganos era una declaración de la necesidad del sacrificio de Cristo; toda la sangre que se derramaba en los altares judíos era una profecía y una promesa de la propiciación por medio de la sangre de Cristo. Todo el Nuevo Testamento es el registro de la ofrenda que el Hijo de Dios hizo de Sí mismo, como sacrificio por los pecados del mundo. Y ésta es la suma del Evangelio, conforme a la fe de la iglesia universal: la encarnación y la muerte del eterno Hijo de Dios como propiciación por el pecado. No puede haber duda, por tanto, en cuanto al significado de la declaración del Apóstol, según la cual Cristo es a la vez una ofrenda y un sacrificio" –*A Commentary on the Epistle to the Ephesians,* pgs. 277-279.

Efesios 2:25-27. Maridos, amad a vuestras mujeres, así como Cristo amó a la Iglesia, y se entregó a sí mismo por ella, para santificarla, habiéndola purificado en el lavamiento del agua por la palabra, a fin de presentársela a sí mismo, una iglesia gloriosa, que no tuviese mancha ni arruga ni cosa semejante, sino que fuese santa y sin mancha."

La *Epístola a los Efesios* nos revela el alto sitial en que ha sido colocada la Iglesia como Cuerpo de Cristo, y la correspondiente responsabilidad en la vida diaria que reposa sobre cada miembro de ese Cuerpo. En este punto del tema, el Apóstol vuelve al orden de verdad que caracterizó la primera parte del libro. Se refiere exclusivamente a la Iglesia, por la cual Cristo se entregó para morir en la cruz. También es cierto que su muerte es provisionalmente para aquellos que no reclaman esa bendición de gracia, y que esa muerte es la base sobre la cual Dios hará para Israel lo que ahora está haciendo a favor de la Iglesia (porque Dios hará que esa nación vuelva a estar en relación correcta con El, y que purifique su escoria (Ez.16:2-63; 36:25-29; Is.1:25); pero en esta porción se le concede suprema importancia al hecho de la muerte de Cristo por la Iglesia. Ciertamente, nadie puede dudar del amor que Jehová le manifestó a Israel (Jer.31:3); pero el hecho de que estos dos grandes propósitos divinos –el de la bendición terrenal para Israel y el del llamamiento de la Iglesia– han manifestado muchas características en común no es suficiente para probar que los dos se unen en un solo plan, ni en los tiempos pasados, ni en los presentes, ni en el porvenir. Debe esperarse que la parte de Israel se proclame en las Escrituras del Antiguo Testamento, las cuales fueron dirigidas a esa nación; y que la parte que le corresponde a la Iglesia se halle en las Epístolas del Nuevo Testamento. Así se introduce una aplicación peculiar de la muerte de Cristo en el capítulo 5 de Efesios: se convierte en el dechado de la devoción que el esposo cristiano debe mantener hacia su esposa. Debe notarse que este es un nuevo ideal que no corresponde al paganismo del tiempo de Pablo, sino al hogar cristiano. El alto y santo amor de Cristo hacia su Esposa, que es la Iglesia, no se degrada por causa de esta comparación; más bien, las demandas que se le hacen al esposo se elevan a la medida de las responsabilidades celestiales. El mensaje de este pasaje, que es muy adecuado aquí, es el que se afirma constantemente en el Nuevo Testamento: que la compasión divina fue la que llevó a Cristo hasta la cruz.

Filipenses 2:8. "Y estando en la condición de hombre, se humilló a sí mismo haciéndose obediente hasta la muerte, y muerte de cruz."

Cristo fue *obediente* hasta la muerte; fue obediente hasta el punto de llegar a la muerte, y fue obediente en la muerte. La Redención se originó en la Divinidad, desde la eternidad, pero fue consumada por la muerte obediente del Dios-Hombre. La obediencia de El estuvo siempre dentro de los límites de su humanidad. Su muerte es el clímax de su paso de la condición de gloria celestial a la de un villano que muere ejecutado (comp. He.10:4-7).

Filipenses 3:10. "A fin de conocerle, y el poder de su resurrección, y la participación de sus padecimientos, llegando a ser semejante a él en su muerte."

Aquí otra vez, la actitud del Apóstol hacia la muerte de Cristo es el tema de su testimonio. Toda esa doctrina del sufrimiento con Cristo y de la conformidad con su muerte es, sin duda alguna, algo que no podemos comprender cabalmente, especialmente en el caso de aquellos pocos que son disciplinados en el camino de Dios. Pablo buscó ser semejante a Cristo en sus sufrimientos y en su muerte. En el aspecto sustitutivo de su muerte no puede tomar parte ningún mortal: ése ya está consumado eternamente. Pero sí hay un sentido en el cual los sufrimientos y la muerte de Cristo demandan que haya una realidad similar en la vida del creyente cristiano. El mismo Apóstol habla de que él cumple en su carne lo que faltaba de las aflicciones de Cristo (Col.1:24). Parece que esto no se refiere simplemente a la persecución por amor de Cristo (comp. Fil.1:29), sino a sentir una responsabilidad igual por los hombres perdidos, y una voluntad de morir por ellos, en caso de que eso fuera necesario (comp. Ro.9:1-3; 1 Co.15:31; 2 Co.4:10).

Colosenses 1:14. "En quien tenemos redención por su sangre, el perdón de pecados."

Esta es prácticamente una repetición, palabra por palabra, de Efesios 1:7, pasaje que ya hemos considerado.

Colosenses 1:20-23. "Y por medio de él reconciliar consigo todas las cosas, así las que están en la tierra como las que están en los cielos, haciendo la paz mediante la sangre de su cruz. Y a vosotros también, que erais en otro tiempo extraños y enemigos en vuestra mente, haciendo malas obras, ahora os ha reconciliado en su cuerpo de carne, por medio de la muerte, para presentaros santos y sin mancha e irreprensibles delante de él; si en verdad permanecéis fundados y firmes en la fe, y sin moveros de la esperanza del evangelio que habéis oído, el cual se predica en toda la creación que está debajo del cielo; del cual yo Pablo fui hecho ministro."

En esta declaración se presenta el más amplio alcance del valor de la muerte de Cristo, en comparación con cualquiera otra parte del Sagrado Texto. Se presenta como una reconciliación de todas las cosas en el cielo y en la tierra. Sobre este inmenso tema, Dean Alford ha escrito un análisis que es digno de citarse, aunque no estemos de acuerdo con él en cada particular:

"Se ha discutido mucho sobre el sentido en que se predica esta reconciliación de todo el universo. No podemos detenernos por falta de significado: no podemos sostener con Erasmo y otros que se refiere a una reconciliación de las *diversas partes de la creación entre sí;* ni tampoco podemos entender con

Schleiermacher, que los elementos de esta reconciliación son los *judíos* y los *gentiles,* los cuales estaban en diferente condición con respecto a las cosas terrenales y celestiales, y debían unirse con referencia a Dios. El claro significado de la declaración del Apóstol es que, mediante la sangre que Cristo derramó en la cruz, la reconciliación de Dios se ha derramado sobre *toda la creación,* en la cual se incluyen los seres angelicales, los seres humanos, los irracionales y las cosas inanimadas, y todo ser organizado e inteligente. Ahora bien, esto pudiera entenderse en cualquiera de las siguientes formas: 1) Que se refiere estrictamente a la creación en su integridad, y que la ofensa del hombre, al introducir la impureza en una parte de ella, la ha enajenado en su totalidad de Dios: en esta forma, *todas las cosas* pudieran incluirse en la caída nuestra. Del hecho innegable de que *todo el mundo del hombre* se incluye en estas consecuencias (comp. Ro. 8:19, y sig.), parece derivarse algún apoyo para esta explicación. Pero, por otra parte, no encontramos que, de este modo, se encuentren envueltos los *seres angélicos* en estas consecuencias: no, se nos enseña que debemos considerarlos como modelos nuestros que santifican el nombre de Dios, que manejan su reino y que hacen su voluntad (Mt.6:9,10). Y además, los términos que se usan en el pasaje, "así las que están. . . como las que están. . . ", no se conformarían con tal interpretación, pues se predica la reconciliación para cada parte separadamente. Esto nos llevaría a preguntarnos, puesto que no hay discusión con respecto a *las cosas que están en la tierra,* ¿cómo se puede decir que *las cosas que están en los cielos* pueden reconciliarse por la sangre de su cruz? Entonces, 2) podemos decir que la creación angélica, celestial, se alienó de Dios por causa de que una parte de ella cayó de su estado de pureza. Y, aunque no exista la idea de que la reconciliación se extienda *a esa parte,* sin embargo, el todo, como tal, puede necesitar ser reconciliado de este modo, mediante su lanzamiento final al castigo de los caídos, con lo cual queda establecida la unidad con Dios, que es fiel en perfección e indudable. A esto, respondo: a) que tal reconciliación (?), aunque pudiera ser un resultado de la venida del Señor Jesús, sin embargo, no pudiera ser afectada de ningún modo por la *sangre de su cruz;* b) que no tenemos razón para pensar que la caída de algunos ángeles tuvo consecuencias que envolvieron a los demás, o que esos seres angélicos estén envueltos por alguna razón así como nosotros estamos implicados por Adán. No, en estos dos particulares, lo que se nos revela es exactamente lo contrario.

Tenemos que buscar nuestra solución en algún significado que pueda aplicarse a los seres angélicos en su naturaleza esencial, y no con respecto al pecado de alguno de ellos. Y si se aplica de esa manera, no podemos pensar en una reconciliación como la *nuestra* en cuanto a proceso –porque Cristo no tomó sobre Sí a la descendencia de los ángeles, ni pagó el castigo propiciatorio por el origen de la naturaleza de ellos, es decir, no incluyó la naturaleza de ellos en Sí mismo. Sino, en tanto que El es Cabeza de ellos, así como es la nuestra–; sino que, por cuanto ellos viven y se mueven, y tienen su ser en El, en la misma forma como nosotros, tiene que ser que ese gran evento mediante el cual El fue glorificado a través del sufrimiento, los lleva también a ellos más cerca a Dios, pues ellos subsisten en El, lo mismo que toda la creación. A una bendición tan grande como esa parece que alude el Apóstol en Efesios 3:10. Queda manifiesto que una grandeza de esta naturaleza se puede describir como *reconciliación.* En efecto, cada acercamiento hacia Dios se puede describir, sin hacerles violencia a las palabras, como una reconciliación, en comparación con la distancia anterior que era mayor, y que al estar más cerca se pudiera considerar como una alienación. Y en este caso, aun con más propiedad, como una de las consecuencias de esa gran propiciación cuyo primero y más directo efecto fue el de reconciliar con Dios, en el sentido literal de la palabra, las cosas que están en la tierra contaminada y hostil, como consecuencia del pecado del hombre. Podemos resumir nuestra interpretación de la siguiente manera: Toda la creación subsiste en Cristo: toda la creación, por tanto, es afectada por su acto de propiciación. La creación pecaminosa es la que, en el sentido estricto de la palabra, resulta reconciliada de su estado de enemistad; la creación que no ha incurrido en el pecado, pero que siempre está a gran distancia de su inaccesible pureza, recibe el beneficio de ser levantada a una participación más estrecha y a una glorificación más sublime de El; y de este modo resulta también *reconciliada,* aunque no en el más estricto sentido de la palabra, pero sí en un sentido inteligible y aceptable" *—Ob. cit., en el mismo lugar.*

La dificultad que presenta esta interpretación está en el hecho de que no se nos ha revelado ninguna clase de reconciliación para los ángeles caídos. Por tanto, de éstos no se puede decir que se acercan a Dios. Hay que tener en mente dos puntos distintos: (a) Las Escrituras declaran el destino final de los ángeles caídos y de los hombres no regenerados. Este cuerpo de verdad relativa al destino determinado de los seres caídos debe presentarse plenamente, puesto que estorba cualquier cosa que pueda sugerirse como restauración final. (b) La palabra *reconciliación* recibe a menudo una connotación que no le corresponde. La raíz de esta palabra significa que se ha producido un cambio de la posición que antes se ocupaba. Cuando se dice que Dios estaba reconciliando al mundo consigo (2 Co.5:19), no significa que todo el mundo se salva, sino, más bien, que su estado ante Dios se ha cambiado hasta el punto en que la necesidad de condenación se ha cambiado en razón de la muerte de Cristo por el mundo. El camino de salvación está abierto; antes no estaba abierto de esa manera (comp. Is.14:17; 61:1; Ef.2:11,12). Es posible que el efecto total de la muerte de Cristo, sobre los ángeles, no se nos haya revelado, y que si estuviera revelado, este asunto se aclararía. En relación con esto, todos admiten que es poco lo que entendemos sobre el significado cabal de Colosenses 2:15, o sobre cualquier Escritura que trate de la relación de Cristo con los ángeles (comp. 1 Co.15:24-28). Es posible que la muerte de Cristo haya influido grandemente en la relación de todos los ángeles con Dios, y que, sin embargo, su muerte no haya tenido ningún efecto en relación con alguna restauración para los ángeles caídos. La muerte de Cristo no exige la salvación de todo hombre caído. Parece que Colosenses 2:15, en vez de sugerir un cambio completo que le conceda esperanza a las huestes de ángeles caídos, más bien indica un cambio hacia la esfera en la cual se acaba para siempre toda clase de esperanza.

5. LA MUERTE DE CRISTO EN LAS EPISTOLAS A LOS TESALONICENSES. Aunque la *Segunda Espístola a los*

Tesalonicenses no menciona la muerte de Cristo, hay dos referencias a ella en la *Primera Espístola.*

1 Tesalonicenses 1:10; 5:9-10. "Y esperar de los cielos a su Hijo, al cual resucitó de los muertos, a Jesús, quien nos libra de la ira venidera. . . Porque no nos ha puesto Dios para ira, sino para alcanzar salvación por medio de nuestro Señor Jesucristo, quien murió por nosotros para que ya sea que velemos, o que durmamos, vivamos juntamente con él."

Dios entregó a su Hijo a una muerte expiatoria (Jn.3:16) para que todo aquel que en El cree no se pierda. Por causa de la muerte de Cristo, los que creen se libran de la ira que ha de venir. Los que no aceptan esa salvación no se libran, sino que tendrán que enfrentarse a esa ira y perecer (en el sentido consciente, según el uso de este término en el Nuevo Testamento). Hay seguridad eterna para los que han sido librados del pecado. Esa libertad se hará efectiva en el traslado de la Iglesia, "sea que velemos, o que durmanos."

6. LA MUERTE DE CRISTO EN LAS EPISTOLAS PASTORALES. Este grupo de Epístolas –1 Timoteo, 2 Timoteo y Tito– presentan varias referencias a la muerte de Cristo. Hay dos en las cuales sólo se implica dicha muerte –2 Timoteo 1:10 y 2:8– y dos que son declaraciones doctrinales directas.

1 Timoteo 2:5,6. "Porque hay un solo Dios, y un solo mediador entre Dios y los hombres, Jesucristo, hombre, el cual se dio a sí mismo en rescate por todos, de lo cual se dio testimonio a su debido tiempo."

Un Dios y un Mediador entre Dios y los hombres, Jesucristo Quien fue Hombre, que se dio a Sí mismo en rescate por todos, del cual rescate se dio testimonio a su debido tiempo. Así se establece claramente la doctrina del Mediador. El, aunque es Dios, está sin embargo, tan identificado con el hombre por medio de su humanidad, que puede mediar entre Dios y el hombre. Con ese fin, El mismo se dio en rescate. Esta declaración recalca la verdad que se presenta en Juan 10:18, de que Cristo puso su propia vida voluntariamente, y aclarada en Hebreos 9:14, donde se nos dice que El se ofreció a Sí mismo a Dios. Y este testimonio con respecto a la muerte de Cristo se debe dar a su debido tiempo. No se podía dar antes. Así que este tiempo debido es la era de la predicación del Evangelio y de la realización del plan celestial de Dios (comp. He.2:10).

Tito 2:14. "Quien se dio a sí mismo por nosotros para redimirnos de toda iniquidad y purificar para sí un pueblo propio, celoso de buenas obras."

Vuelve a establecerse en este versículo la misma verdad: la

Redención por sangre de toda iniquidad. Esta verdad mira hacia el tiempo pasado como algo que ha sido removido, y prevé la formación de un pueblo que, por haber sido redimido, ha de ser celoso de buenas obras. Este pasaje tiene un valor peculiar en cuanto relaciona las buenas obras del que llega a ser hijo de Dios con su propia salvación. Como en Efesios 2:10, así se indica en este caso que la salvación impone sobre los que son salvos la obligación de cumplir la voluntad de Dios.

VI. LA MUERTE DE CRISTO EN LOS ESCRITOS DE PEDRO

El apóstol Pedro se refiere a la muerte de Cristo una vez en cada uno de sus sermones que se encuentran en Hechos (2:23; 3:14; 10:39), pero no la menciona en su *Segunda Epístola*. Las referencias que hace en sus sermones son acusaciones contra los judíos por haber crucificado a Cristo. En su *Primera Epístola*, el Apostol se refiere siete veces a la muerte de Cristo, de las cuales, cuatro son de menor importancia (1:2; 2:21; 4:1,13) y tres, de gran importancia. Esto desde el punto de vista de la clasificación. Estudiaremos las de mayor importancia.

1 Pedro 1:18,19. "Sabiendo que fuisteis rescatados de vuestra vana manera de vivir, la cual recibisteis de vuestros padres, no con cosas corruptibles, como oro o plata, sino con la sangre preciosa de Cristo, como de un cordero sin mancha y sin contaminación."

Aquí se nos revela el precio de la Redención como en ninguna otra parte de la Escritura. El simbolismo del Antiguo Testamento había preparado el camino, en el sentido de que se convirtió en una necesidad el hecho de que la sangre redentora tenía que derramarse, y de que el cordero tenía que ser sin mancha. Juan el Bautista identificó a Cristo como el Cordero de Dios (Jn. 1:29), y Pedro concluye ese testimonio, al afirmar que la sangre de la Redención ha sido derramada y que ha obrado inmensurables resultados para los que creen. "Sin derramamiento de sangre no se hace remisión" (He.9:22). Esta verdad es, talvez, más fundamental que cualquier otra en el Evangelio que se debe predicar. Los hombres que se encuentran dominados por la falta de voluntad y de responsabilidad para con las Escrituras, han despreciado la doctrina de la Redención por medio de la sangre derramada, pues afirman que esa doctrina es ofensiva para nuestra naturaleza estética; pero, ¿qué de la ofensa de su pecado, tal como la ve Dios? La ofensa contra El es real, y sólo puede curarse por medio de la sangre de su propio Hijo. Toda la Biblia enseña muy claramente esta verdad. Apartarse de esa verdad es abandonar el Sagrado Texto en todas sus partes. Aquellos que están cegados, con respecto a su necesidad de Redención, por su naturaleza estética, difícilmente podrán cantar el nuevo cántico que se cantará en el cielo: "Digno eres de tomar el libro y de abrir sus sellos; porque tú fuiste inmolado, y con tu sangre nos has redimido. . ." (Ap.5:9).

1 Pedro 2:24. "Quien llevó él mismo nuestros pecados en su cuerpo sobre el madero, para que nosotros, estando muertos a los pecados, vivamos a la justicia; y por cuya herida fuisteis sanados."

Aquí se nos declara de nuevo el significado exacto de la transacción de la cruz. "Cristo llevó nuestros pecados en su cuerpo sobre el madero." Esta es la disposición de Dios con respecto al pecado humano. La obra se realizó mediante el más grande de todos los sacrificios que Dios podía hacer. Tres veces bendito es el que recibe y cree esta preciosa verdad, y tres veces condenado el incrédulo que la rechaza. Todo depende de recibir o rechazar estas buenas nuevas.

1 Pedro 3:18. "Porque también Cristo padeció una sola vez por los pecados, el justo por los injustos, para llevarnos a Dios, siendo a la verdad muerto en la carne, pero vivificado en espíritu."

La palabra final de Pedro sobre el testimonio de la doctrina de salvación, es que Cristo "padeció una sola vez por los pecados, el justo por los injustos," con el propósito de llevar al injusto a la presencia de Dios. Esta declaración ha engendrado muchos problemas teológicos, pero ninguno de ellos compromete la sencilla verdad de que, por causa del padecimiento del Justo, los injustos pueden ser llevados a Dios (comp. Ex. 19:4; Dt.1:31). No hay nada que el hombre pueda desear que sea más que esa condición que ha logrado en el mismo corazón de Dios; y solamente la provisión de Dios por medio del sacrificio de su Hijo garantiza ese maravilloso resultado. "Cree en el Señor Jesucristo, y serás salvo."

VII. LA MUERTE DE CRISTO EN LA EPISTOLA A LOS HEBREOS

Si a los argumentos que se nos presentan en la *Espístola a los Hebreos* les damos su propio significado, tenemos que entender el mensaje general y el propósito de dicha epístola. Sobre su mensaje y su propósito el Dr. C. I. Scofield, en las palabras introductorias para esta epístola nos dice en su *Biblia Anotada.*

> "Los pasajes doctrinales revelan el propósito de esta espístola. Ella fue escrita con un doble intento: (1) Confirmar en la fe a los judíos cristianos demostrándoles que el judaísmo había llegado a su fin al cumplir Cristo todo el propósito de la ley; y (2) los pasajes exhortatorios muestran que el escritor tiene en mente el perenne peligro a que están expuestos los judíos que han profesado la fe cristiana, es decir, el peligro de regresar al judaísmo o de no poseer la

verdadera fe en Jesucristo. Según el libro de los Hechos es claro que en Palestina aun los más firmes de los creyentes eran adictos a una extraña mezcla de judaísmo y cristianismo (por ej.: Hch.21:18-24), y que tal error sería un lazo en el que fácilmente podrían caer los cristianos profesantes entre los judíos de la dispersión" (p. 1246).

Sin embargo, hasta el mismo doctor Scofield afirmaría que todo el argumento de la *Espístola a los Hebreos* pende de la muerte y de la resurrección de Cristo, como respuesta para cualquier postulado del judaísmo y para cualquier necesidad del corazón humano. Los pasajes de Hebreos que tratan sobre la muerte de Cristo son numerosos, y algunos son demasiado extensos para poder citarlos íntegramente. Son los siguientes: 2:9-18; 5:7,8; 7:27; 9:12,14,15,26,28; 10:4-7,10,12,19; 12:2; 13:12. No podemos estudiar todos estos pasajes por separado.

Hebreos 2:9-18. Esta extensa porción introduce varios aspectos de la doctrina de los sufrimientos y la muerte de Cristo. La primera que aparece es la verdad de que Cristo vino al mundo con el fin de llevar, mediante su sufrimiento, muchos hijos a la gloria. El no se detuvo al descender a las esferas angelicales, por las cuales pasó, sino a los hombres. El Espíritu de Dios afirma también que Cristo gustó "la muerte por todos." Esta expresión *por todos* no se sujeta a aquellas distorsiones que algunos han impuesto sobre la palabra *mundo,* cuando afirman que esta expresión, en pasajes como Juan 3:16 y 1 Juan 2:2, se refiere al mundo de los elegidos o al Cuerpo de Cristo. Esas palabras, *por todos,* no deben someterse a una estrechez torturante para poder salvar una teoría. Con el propósito de que el que creó todas las cosas y por el cual subsisten (comp. Col.1:16-18; Ap.4:11) pudiera poblar el cielo solamente con aquellos que puedan cantar el cántico de los redimidos (comp. Ap.5:9,10), El mismo, como Capitán de su salvación, necesitaba ser un Salvador perfeccionado por medio de los sufrimientos que experimentó. No es asunto de algún cambio moral en El; sino que, como la Redención tendría que venir solamente mediante el sacrificio de El, se le exigió que padeciera para que así llegara a ser un Redentor capacitado. El precio de la Redención es la sangre del Cordero de Dios. La obra del Redentor no fue completa hasta que derramó su sangre. Así, la encarnación y la humillación lo llevaron a la relación de Redentor con aquellos a los cuales El salvaría; y El no se avergüenza de esta condición (comp. He.2:11,12; Sal. 22:22). Para redimir, El tenía que llegar a ser *como uno de sus hermanos.* Luego se mencionan sucesivamente tres grandes doctrinas: La participación de la carne y de la sangre para poder llegar a ser Mediador; la participación de la descendencia de Abraham para poder cumplir su parte en el pacto que Dios hizo con Abraham; y la participación de la muerte (una de las muchas razones que explican este paso) para que pudiera destruir a Satanás y a sus huestes. De este mismo tenor es Hebreos 5:7-9, donde leemos: "Y Cristo, en los días de su carne, ofreciendo ruegos y súplicas con gran clamor y lágrimas al que le podía librar de la muerte, fue oído a causa de su temor reverente. Y aunque era Hijo, por lo que padeció aprendió la obediencia; y habiendo sido perfeccionado, vino a ser autor de eterna salvación para todos los que le obedecen." La propia tristeza de Cristo, y su angustia de alma se notan en sus palabras: "Dios mío, Dios mío, ¿por qué me has desamparado? " Esta pregunta surge de su humanidad. El acudió a Uno que lo podía salvar de la muerte, pero que no lo escatimó a El: "Si es posible, pase de mí esta copa; pero no sea como yo quiero, sino como tú." Tal fue su obediencia. El aprendió la obediencia experimentalmente, al ser obediente hasta la muerte. Como Dios, El no estaba obligado a obedecer. Pero, como hombre, para que pudiera ser perfecto hombre, El fue perfecto en la obediencia. Cuando estaba para venir a este mundo, se dice de El: "Porque la sangre de los toros y de los machos cabríos no puede quitar los pecados. Por lo cual, entrando en el mundo dice: Sacrificio y ofrenda no quisiste; mas me preparaste cuerpo. Holocaustos y expiaciones por el pecado no te agradaron. Entonces dije: He aquí que vengo, oh Dios, para hacer tu voluntad, como en el rollo del libro está escrito de mí" (He.10:4-7). Así adquirió El esas cualidades que le corresponden al Mediador entre Dios y los hombres. El "vino a ser autor de eterna salvación para todos los que le obedecen" (He. 5:9), los que responden a su llamamiento: "Venid a mí" (Mt.11:28).

Hebreos 7:27; 10:10,12: 12:2. "Que no tiene necesidad cada día, como aquellos sumos sacerdotes, de ofrecer primero sacrificios por sus propios pecados, y luego por los del pueblo; porque esto lo hizo una vez para siempre, ofreciéndose a sí mismo. . . En esa voluntad somos santificados mediante la ofrenda del cuerpo de Jesucristo hecha una vez para siempre. . . pero Cristo, habiendo ofrecido una vez para siempre un solo sacrificio por los pecados, se ha sentado a la diestra de Dios. . . puestos los ojos en Jesús, el autor y consumador de la fe, el cual por el gozo puesto delante de él sufrió la cruz, menospreciando el oprobio, y se sentó a la diestra del trono de Dios."

En todo su sacrificio, lo primero fue el aspecto de la voluntad: "se ofreció a sí mismo sin mancha a Dios"; y lo segundo es el hecho de que su ofrenda es infinitamente efectiva. El símbolo que representaba la ofrenda de Aarón se cumplió perfectamente en la ofrenda de Sí mismo. Así como los sacrificios del antiguo tiempo eran eficaces hasta el grado que les correspondía, así el cumplimiento de lo que esos sacrificios simbolizaban es eficaz hasta perfeccionar para siempre a los santificados. Hubo algo que motivó el sacrificio de Cristo: la compasión de Dios lo movió. Y aunque su sufrimiento fue real hasta el punto de llegar a la angustia y a la muerte, también había un "gozo puesto delante de él." Su vida fue la más desolada y oprimida de todas las vidas humanas, y al mismo tiempo fue la encarnación del gozo celestial. El cristiano también puede vivir de ese modo, tal como se demuestra en la vida del gran Apóstol que pudo decir: ". . . tengo gran tristeza y continuo dolor en mi corazón" (Ro.9:1-3); y a la vez pudo decir: "Regocijaos en el Señor siempre" (Fil.4:4). Esa clase paradójica de vida emocional no es natural en los humanos; le corresponde a la Deidad, y sólo puede experimentarse al adquirir las características que imparte el Espíritu Santo.

Hebreos 10:1-39. Esta es la parte final del tema –sólo queda lo que se encuentra en Hebreos 13:11,12, donde se ve que Cristo cumple lo previsto con respecto al sitio donde debía estar su cruz, fuera de los muros de la ciudad– y le presenta al estudiante atento muchos aspectos de la muerte de Cristo: (a) El contraste entre los sacrificios del Antiguo Testamento y el de Cristo; (b) el sacrificio voluntario de Cristo; (c) los inmensos beneficios de su propia muerte (v. 18); y (d) la aplicación práctica, especialmente para los creyentes judíos, es decir, la obligación que procede de ese beneficio para la vida diaria. Vamos a estudiar estas cuatro divisiones por separado.

(a) El contraste entre las muchas ofrendas y la única Ofrenda divina se eleva hasta lo sublime por medio de la verdad de que las muchas ofrendas eran solamente como una sombra del sacrificio infinitamente eficaz, y también por medio de la verdad de que Dios no recibía satisfacción definitiva por medio de todos esos sacrificios, mientras quedó enteramente satisfecho con el sacrificio de su Hijo. El Padre se complació tanto en la efectividad de la Ofrenda como en la obediencia del Hijo. ¿Y por qué no había de complacerse el Padre en aquello que abría el camino para su amor inconmensurable, para manifestarlo en la salvación de los perdidos? Desde Adán hasta Moisés no hubo una realización completa de la voluntad perfecta del Padre en ninguna vida humana. Al desarrollar el argumento con respecto a la insatisfacción de tantos sacrificios –evidentemente se refiere a los del día de la expiación,– el autor afirma que, si cualquiera de esas ofrendas hubiera sido efectiva en el sentido completo, no hubiera habido necesidad de repetirla, pues tan pronto como hubieran estado limpios los que la ofrecían, no hubieran tenido más conciencia del pecado. Debemos notar aquí la distinción que existe entre la incesante condenación contra el pecado, que pesa sobre el que no es salvo, y el hecho de entristecer al Espíritu por causa del pecado que pueda surgir de parte de los que son salvos. En cualquiera de los dos casos queda la conciencia de haber cometido el pecado; pero para el que no es salvo, esa conciencia es un incesante sentimiento de condenación (Is.57:21); mientras que, para el que es salvo "no hay condenación" (Ro.8:1). Lo que experimenta el que es salvo, cuando comete algún pecado, es la pérdida de la comunión con Dios (comp. Sal.32:2,4). El arminiano prospera sin reconocer esta distinción. Estas palabras que habló Cristo cuando estaba a punto de entrar en el mundo están llenas de una profunda significación. Cuando consideraba su encarnación, dijo: ". . . me preparaste cuerpo" (v.5). Este cuerpo, capaz de derramar la sangre del sacrificio, se presenta en contraste con la sangre de todos los toros y los machos cabríos que antes se sacrificaban. "Para hacer tu voluntad" es una expresión (v.7) que se refiere a la disposición que tenía ese cuerpo para llegar hasta la muerte. (b) El carácter voluntario de su muerte es un factor decisivo en toda esta doctrina del sacrificio. Los que afirman que sería un acto inmoral que el Padre presentara a su Hijo en sacrificio, no reconocen la sublime y determinante verdad de que el Hijo tenía un deseo infinito de consumar ese sacrificio. Por eso se afirma repetidamente que El se dio a Sí mismo. Todo esto estaba perfectamente previsto en la profecía, en el Salmo 40:6-8. El sacrificio de Cristo es la base de la perfección completa y eterna para todo creyente cristiano. Ya hemos dicho mucho sobre este aspecto. Hasta la justicia de Dios se les adjudica a los que creen en Cristo, por causa de este sacrificio, con lo cual se establece su justificación eterna. (d) No le queda otro recurso al creyente cristiano que sentir la obligación de vivir santamente. Cualquier posición exaltada crea su correspondiente responsabilidad. Por tanto, en este caso como en todas partes en las epístolas del Nuevo Testamento, primero se define la posición, y luego se hace el llamamiento, basado en esa posición, a vivir conforme a él.

En conclusión, podemos descubrir siete aspectos con respecto a los sufrimientos y la muerte de Cristo:

(a) Aunque la muerte de Cristo es de inestimable valor para los hombres, para Dios es de valor mucho mayor. Solamente el mismo Dios podía realizar lo que para El significaba dejar abierto el camino, de tal modo que El mismo, sin empañar su santidad, pudiera salvar y justificar a aquellos que sólo tienen que creer en Jesús (Ro.3:24-26).

(b) La muerte de Cristo es un sacrificio de proporciones infinitas. Nada que pertenezca al rango de las cosas infinitas pudiera presentarse como ejemplo para ilustrar esta inmolación. Ninguna mente humana puede esperar comprender absolutamente todo su significado.

(c) La muerte de Cristo era necesaria como solución única para el problema del mal, única solución que había dentro de las posibilidades divinas; por tanto, no hay ningún sustituto para ella, ni se podía elegir otro camino, ni hay salvación aparte de ella.

(d) Siendo ésta la solución de Dios para el problema más grande que se le ha presentado –el problema del pecado–, tiene que ser, como todas sus obras, eficaz hasta lo infinito. No necesitamos agregarle ninguno de los valores humanos; ni puede crecer su valor mediante algún esfuerzo humano, al aplicarse al individuo.

(e) La muerte de Cristo proveyó la base perfecta para la salvación perfecta, que elimina todos los juicios que pesaban sobre el pecador. Cuando el pecador acude a Dios, basado en la muerte de Cristo, Dios no lo aparta, ni lo censura, ni le exige más compensaciones.

(f) Mediante la muerte de Cristo hay perfecta Redención del pecado, perfecta reconciliación del hombre, y perfecta propiciación de Dios.

(g) Por causa de la amplitud del valor de la muerte de Cristo, y de la integridad de ese valor en todas sus partes, a los que se salvan no les queda otra obligación que la de entrar en esta bendición y recibir a Cristo el Salvador, con todo lo que El es y lo que ha hecho.

CAPITULO X

LA RESURRECCION DEL CRISTO ENCARNADO

La muerte de Cristo y su resurrección son partes de una sola estupenda empresa divina. Si El no hubiera muerto, tampoco hubiera habido base sobre la cual pudieran descansar las poderosas realidades de la resurrección; y si El no hubiera resucitado, su muerte no hubiera tenido ninguna fructificación: no hubiera Salvador, ni encarnación viviente de aquel propósito que se tenía por medio de su muerte. Los dos eventos son, pues, esenciales, en el sentido absoluto de la palabra. Y lo que es esencial en grado absoluto no puede compararse en importancia con ninguna otra cosa. Es evidente, entonces, que todos los intentos de estimar los valores relativos de estos dos eventos sólo tienden a una especulación inútil. Los llamados *teólogos del pacto* piensan que a la muerte de Cristo se le da una amplia significación, pero que la resurrección significa un poco más que algo que le sirviera a Jesús para su conveniencia personal, es decir, significa su retorno necesario de los dominios de la muerte al sitial que ocupaba antes. En otras palabras, según la consideración de los teólogos del pacto, prácticamente no hay significación doctrinal en la resurrección de Cristo. El hecho de que Cristo, mediante la resurrección, llegó a ser lo que no había sido antes –la Cabeza de un nuevo orden de seres, que fue el principal motivo de su muerte, según lo establece el Nuevo Testamenteo– no puede incorporarse en un sistema cuyo rasgo notable y distintivo es un propósito divino inmutable desde Adán hasta el fin del tiempo.

El simple análisis explica el hecho, inexplicable de otro modo, de que casi sería inútil la búsqueda de alguna explicación sobre la resurrección de Cristo en esos sistemas de teología que se aferran a la idea de un solo pacto. Esto no quiere decir que los teólogos del pacto no creen que Cristo se levantó de los muertos; solamente significa que la resurrección de Cristo no tiene para ellos –por necesidad– vital importancia. Estos honorables hombres reconocen que Cristo obró poderosamente antes de la muerte de Cristo y, por supuesto, teniendo como base la expectación de esa muerte; y que actualmente Dios obra poderosamente, basado en la realidad de la muerte de Cristo. Pero luego afirman que ahora lo hace, basado en la realidad. Así que la muerte de Cristo, si era una expectación razonable, se exigía que se cumpliera en algún tiempo.

La suposición de que Dios hizo en las edades pasadas lo que hace ahora, sin embargo, no resistiría la prueba de la Escritura. Esas ideas son fantásticas e idealistas. A medida que avanza esta tesis demostraremos la aserción que acabamos de hacer. Hay ciertos eventos desintegradores que sirven para separar la era mosaica de la presente. Las condiciones y las relaciones entre Dios y los hombres no pudieran ser las mismas después de haber sucedido estos eventos, como lo fueron antes. La noción del pacto inmutable resulta nula ante cualquiera de los siguientes eventos determinantes: (a) La misma muerte de Cristo. Como ya lo afirmamos, la teología del pacto, aunque magnifica la muerte de Cristo, afirma, sin embargo, que ella fue tan efectiva en la realidad como lo fue en la expectación. Es muy claro que El no hizo la misma obra que hace ahora, antes de su muerte, lo cual indica una diferencia, porque es justo y razonable suponer que Dios cumple cabalmente todas las realizaciones que le corresponden en determinado tiempo. En el antiguo tiempo, el pecado se cubría con la sangre que derramaban los animales, la cual simbolizaba la sangre de Cristo. No se decía que los pecados *eran quitados.* Según Hebreos 10:4, "... la sangre de los toros y de los machos cabríos no puede quitar los pecados" (comp. Jn. 1:29; Ro.3:25). Sin embargo, en la era presente, mediante la fe en Cristo, todos nuestros pecados son borrados (comp. Ro.8:1; Col.2:13). Los santos del Antiguo Testamento recibían el perdón, pero solamente en tanto que Dios podía concedérselo por razón de la futura muerte de Cristo. Los pecados que son perdonados, o cubiertos no equivalen a los pecados que son quitados, o *borrados.* Es realmente imposible que la sangre de animales pueda "quitar los pecados." Por tanto, cuando el Salvador estaba a punto de entrar al mundo, dijo: "... mas me preparaste cuerpo" (He.10:14). "(Pues nada perfeccionó la ley)." En oposición a esto, y por medio de la muerte de Cristo, se produce la "introducción de una mejor esperanza" (He.7:19). (b) La resurrección de Cristo sirve también como una línea de demarcación entre el antiguo orden y el nuevo. Como se ha dicho, los teólogos del pacto pasan por alto los aspectos doctrinales de la resurrección de Cristo, lo cual se debe al hecho de que, según ese idealismo, la Iglesia no es una nueva creación cuya cabeza es el Cristo resucitado, sino que ha existido bajo una supuesta uniformidad del pacto, desde el principio de la historia humana. Así que para ese sistema, la gran realidad del plan celestial que le es peculiar a esta era, queda absolutamente desechada. Posteriormente hablaremos más de esto. (c) Los aspectos doctrinales de la ascensión de Cristo y de su presente ministerio en el cielo significan muy poco para los que se aferran a la teoría del pacto inmutable. Según esta teoría, la Iglesia existió, sin ninguna cabeza, en el cielo, antes de que Cristo viniera; por tanto, la inauguración de su señorío sobre la Iglesia, que emergió después de la resurrección, no debe considerarse de gran importancia. La teoría del pacto no puede ampliarse para incluir el nuevo ministerio de Sacerdote que Cristo realiza actualmente en el cielo, ni su inmensurable ministerio de Abogado. Así que, los teólogos del pacto no incluyen en su sistema ninguna de estas inconmensurables verdades. (d) La venida del Espíritu Santo el día de Pentecostés constituye una transformación sumamente vital y amplia. El Espíritu Santo no sólo estableció su residencia en el mundo en forma tan definida como la había establecido la segunda Persona de la Trinidad, cuando nació de una virgen, sino que erigió un tabernáculo o templo en el cual moraba: todo el cuerpo de creyentes cristianos, en cada uno de los cuales, Cristo ha realizado una salvación de perfección infinita. Así el Espíritu llegó a ser la fuente de vida y de poder que mora en cada uno de los salvos. Al unirse el Espíritu Santo con cada creyente en Cristo, y al unir a cada creyente con Cristo, forma un organismo completamente imprevisto en las edades pasadas: una nueva humanidad, una nueva creación, la realización de un plan divino completamente nuevo. La venida del Espíritu Santo al mundo y su residencia en él no pueden conformarse doctrinalmente con la teoría del pacto inmutable. Cualquiera que sea el énfasis de esta teoría, debe ir junto con ella la negación de las verdades más vitales con respecto a los ministerios del Espíritu, que son los que caracterizan esta era. Por la misma razón, si la Iglesia existió y progresó en los tiempos del Antiguo Testamento, sin necesidad de los ministerios que cumple el Espíritu Santo, eso quiere decir que tales ministerios no son de importancia vital en esta era. (e) La no invalidación de los planes y rasgos que caracterizaban la era judía hace que la concepción del pacto continuo sea objetable. La historia del Antiguo Testamento llega a su gloriosa culminación en un reino terrenal en el cual la nación elegida, Israel, experimentará el cumplimiento de los pactos y promesas que Dios le ha hecho. Todo esto, por tanto, se opone a la teoría de un solo pacto, hasta el punto de que, para aceptarla, tendríamos que establecer en el antiguo tiempo una situación como la de la era presente, en la cual se dice con respecto a judíos y gentiles que "no hay diferencia" (Ro. 3:9; 10:12). (f) Al abrirse el privilegio para los gentiles, tal como sucede en esta edad, se introduce un aspecto completamente extraño en el plan divino que se había revelado en el Antiguo Testamento, lo cual hace insostenible la idea de un solo pacto inmutable. (g) La introducción de una era intercalada entre la marcha de los programas para judíos y gentiles y el nuevo plan celestial que caracteriza esta era no puede hacerse coincidir con el supuesto pacto único. Así descubrimos que, para sostener la idea básica de la teología del pacto, habría que renunciar a mucho de lo que es vital en el plan divino total en favor de lo que, en el mejor de los casos, sólo es una teoría; y entre las verdades que habría que negar está la resurrección de Cristo. Sin embargo, a pesar de la influencia casi universal de la teología del pacto sobre el pensamiento teológico, la resurrección de Cristo, cuando se considera de acuerdo con su real sentido bíblico, cuando se reconoce como base de todo el plan de Dios para esta era, se convierte en el hecho del cual dependen las posiciones y las posesiones de los que están en Cristo. Hay una amplia diferencia doctrinal entre los que no ven consecuencias especiales de la resurrección de Cristo y los que le atribuyen suprema significación. Los que le conceden gran importancia no están errados, ni necesitan que se los reprenda por no haber seguido una norma teológica impuesta por los hombres. Son muy pocas las posibilidades que hay de que los teólogos que se han formado en este molde restringido de la teoría del pacto se arriesguen en una investigación bíblica independiente, o que manifiesten simpatía hacia los que, a través de largos años de estudio libre del Sagrado Texto, han logrado descubrir mejor su significado.

La doctrina bíblica de la resurrección se desarrolla en dos amplias divisiones: la resurrección de Cristo y la resurrección de la humanidad. La resurrección de la humanidad es extraña a nuestra discusión; por tanto, aunque se trata en otra parte de esta obra, no la incluiremos en esta sección. El enfoque de lo que propiamente le pertenece a esta tesis –la resurrección de Cristo– lo haremos según el siguiente orden: (a) La doctrina de la resurrección de Cristo en el Antiguo Testamento; y (b) la doctrina de la resurrección de Cristo en el Nuevo Testamento.

I. LA DOCTRINA DE LA RESURRECCION DE CRISTO EN EL ANTIGUO TESTAMENTO

Después de una de las apariciones de Cristo, después de la resurrección, y para explicarla, se nos dice en Lucas 24:44: "Y le dijo: Estas son las palabras que os hablé estando aún con vosotros: que era necesario que se cumpliese todo lo que está escrito de mí en la ley de Moisés, en los profetas y en los salmos." Aquí, no sólo tenemos una indicación de que Cristo es el tema de todas las partes del Antiguo Testamento, sino de que las Escrituras previeron hasta cierto punto la resurrección de Cristo, sea que se reconozcan esas referencias o que no se reconozcan. Job hace referencia a la resurrección del cuerpo. El reconocimiento de la resurrección de Cristo se descubre en los tiempos que se hallan en el Pentateuco. Si Cristo tenía en mente el tema de los tipos, cuando dijo que de su resurrección se había escrito "en la ley de Moisés", eso nos indica que El le concedió notable honor a esta doctrina que hemos descuidado. La referencia directa a la resurrección de Cristo no se descubre hasta la última parte de los salmos de David, que fueron escritos mil años a. de J. C. La contribución del Antiguo Testamento a la doctrina de la resurrección de Cristo la podemos descubrir de dos maneras: en los tipos y en las profecías.

1. LA RESURRECCION DE CRISTO EN LOS TIPOS DEL ANTIGUO TESTAMENTO. Por lo menos se hallan cuatro tipos de la resurrección de Cristo en el Antiguo Testamento. Todos ellos ocurren en el Pentateuco. Como ya se indicó, parece que Cristo se refería a estos tipos cuando habló en relación con su resurrección (Lc. 24:44). Los tipos son los siguientes:

El sacerdocio de Melquisedec (Gn. 14:18). "Entonces Melquisedec, rey de Salem y sacerdote del Dios Altísimo, sacó pan y vino."

Mientras el sacerdocio procedente de Aarón era interrumpido constantemente por la muerte (He. 7:23, 24), el sacerdocio de Cristo, que se dice que es conforme al orden de Melquisedec, se basa absolutamente sobre la resurrección. El mismo Melquisedec fue tipo de Cristo, en su carácter externo; pues se nos dice que no tuvo padre, ni madre, ni sus días tuvieron principio ni fin. En cumplimiento del dechado presentado por Aarón, Cristo realizó la Redención mediante su muerte; según el orden de Melquisedec, Cristo, por causa de la resurrección, obró una Redención perfecta. Esto fue simbolizado mediante la presentación de pan y vino que Melquisedec le hizo a Abraham. El sacerdocio de Cristo, según el orden de Melquisedec, comienza con la resurrección de Cristo y continúa para siempre. Sólo es posible mediante la resurrección de Cristo.

Las dos avecillas (Lv. 14:4-7). "El sacerdote mandará luego que se tomen para el que se purifica dos avecillas vivas, limpias, y madera de cedro, grana e hisopo. Y mandará el sacerdote matar una avecilla en un vaso de barro sobre aguas corrientes. Después tomará la avecilla viva, el cedro, la grana y el hisopo, y los mojará con la avecilla viva en la sangre de la avecilla muerte sobre las aguas corrientes; y rociará siete veces sobre el que se purifica de la lepra, y lo declarará limpio; y soltará la avecilla viva en el campo."

Las dos avecillas representan juntas toda la obra divina que Cristo realizó mediante su muerte y su resurrección (comp. Ro. 4:25). La segunda avecilla, que se mojaba en la sangre de la primera, simboliza el hecho de que Cristo, en su resurrección y ascensión, llevó su sangre al cielo. El cumplimiento de este tipo es claro, pues no hay otro limpiamiento reconocido por Dios, sino la sangre de su Hijo, que fue la que El mismo presentó en el cielo (He. 9:11-28).

Las primicias (Lv. 23:10, 11). "Habla a los hijos de Israel y diles: Cuando hayáis entrado en la tierra que yo os doy, y seguéis su mies, traeréis al sacerdote una gavilla por primicia de los primeros frutos de vuestra siega. Y el sacerdote mecerá la gavilla delante de Jehová, para que seáis aceptos; el día siguiente del día de reposo la mecerá."

Así como la gavilla que se mecía delante de Jehová representaba todo el grano de la cosecha, así Cristo, como Primicias, en la resurrección (1 Co. 15:23), representa, por medio de su cuerpo resucitado y glorificado, a todos los que son salvos por El, los cuales le siguen hasta el cielo.

La vara de Aarón, que reverdeció (Nm. 17:8). "Y aconteció que el día siguiente vino Moisés al tabernáculo del testimonio; y he aquí que la vara de Aarón de la casa de Leví había reverdecido, y echado flores, y arrojado renuevos, y producido almendras."

Sobre este tipo en particular escribe el Dr. C. I. Scofield, en el comentario que hace sobre Números 17:

> "La vara de Aarón que floreció es un tipo de Cristo en su resurrección y su reconocimiento como Sumo Sacerdote por Dios. La autoridad del sacerdocio de Aarón había sido negada en la rebelión de Coré, por lo tanto, Dios mismo la confirma (v. 5). Cada uno de los jefes de la tribu llevó una vara que estaba completamente seca; Dios dio vida solamente a la vara de Aarón. De la misma manera, todos los fundadores de religiones han muerto, y Cristo también entre ellos; pero solamente El ha resucitado de entre los muertos y ha sido exaltado para ser Sumo Sacerdote (He.4:14; 5:4-10)." –*Biblia Anotada de Scofield,* pág. 179.

2. LA RESURRECCION DE CRISTO EN LAS PROFECIAS. Aunque hay muchas indicaciones en el Antiguo Testamento sobre la resurrección del cuerpo humano (comp. Job 14:13-15; 19:25, 26; Sal. 16:9, 10; 17:15; 49:15; Is. 26:19; Dn. 12:2; Os. 5:15-6:2; 13:14; He.11:7-19), sólo hay tres predicciones directas –en el Antiguo Testamento– con respecto a la resurrección de Cristo. Son las siguientes:

Salmo 16:9, 10. "Se alegró por tanto mi corazón, y se gozó mi alma; mi carne también reposará confiadamente; porque no dejarás mi alma en el Seol, ni permitirás que tu santo vea corrupción."

No hay en toda la Biblia un ejemplo más conspicuo de una verdad que se refiere a una persona y a la vez sea aplicable a dos, que el que hallamos en esta porción. Se ve claro, al leer el pasaje, que David está previendo su propia resurrección; pero, tanto el apóstol Pedro como el apóstol Pablo, citan esta Escritura como predicción de la resurrección de Cristo (comp. Hch. 2:24-31; 13:34-37). Es notable que ambos apóstoles hacen hincapié en la predicción de que Cristo no vería corrupción. Y aunque El estuvo completamente muerto, durante el período que transcurrió entre su muerte y su resurrección, su cuerpo no se corrompió. Según lo que afirma el Apóstol en 1 Corintios 15:42-57, los que sean trasladados cuando el Señor venga por su Iglesia, aunque serán transformados del estado mortal al inmortal, en "un abrir y cerrar de ojos", no verán la corrupción de sus cuerpos. Así que Cristo, a pesar del período en que su cuerpo estuvo sujeto absolutamente a la muerte, se distingue como "el único que tiene inmortalidad" (1 Ti. 6:16); a diferencia de los que estarán en estado de incorrupción, que serán aquellos que, por haber experimentado la muerte, habrán visto corrupción. En la misma forma como se predijo de Cristo que no sería quebrantado hueso suyo (Jn. 19:36), del mismo modo se declaró proféticamente que El no vería corrupción.

Salmo 22:22-32. Erling C. Olsen, en su magnífica obra *Meditations in the Psalms (Meditaciones en los Salmos),* dice:

> "El versículo 22 del Salmo 22 contiene las primeras palabras del Cristo resucitado: 'Anunciaré tu nombre a mis hermanos.' Aprendemos en el capítulo 17 del Evangelio de Juan que uno de los ministerios que se le encomendaron a nuestro Señor fue el de manifestar el nombre del Padre. En el versículo 6 de ese capítulo está escrito: 'He manifestado tu nombre a los hombres que del mundo me diste.' Pero esto no es todo lo que se encuentra en el Salmo 22. Notemos que nuestro Señor nos llama 'mis hermanos'. ¡Qué condescendencia que El quiera llamarnos 'hermanos', y esto, en realidad, quiere decir que El no se *avergüenza* de llamarnos hermanos . . . Consideremos ahora la ultima parte del versículo 22, que dice: '. . . En medio de la congregación te alabaré.' ¿Hemos considerado a nuestro Señor Jesucristo como el que dirige un gran canto de alabanza de una congregación? Eso es lo que nos dice el Salmo. Y esto está en armonía con lo que nos dice el capítulo 2 de Hebreos. Para los que dirigen agrupaciones cristianas corales, o el canto de la congregación, debe servirles de incentivo el saber que el Señor es el principal Cantante, el Director del coro. En realidad no hay adoración ni alabanza que sea aceptable a Dios, a menos que se presente por medio de nuestro Señor Jesucristo. El es el Centro de toda la revelación de Dios, el Fundamento del cristianismo. En el versículo 23 tenemos varias partes del coro que dirige nuestro Señor. Parece como si El se colocara en medio del coro e instruyera a cada una de sus partes a alabar a Dios. En el versículo 24 está la sustancia del canto de alabanza, y también la razón por la cual se debe cantar mucho cuando se celebra la resurrección de Cristo: 'Porque no menospreció ni abominó la aflicción del afligido, ni de él escondió su rostro; sino que cuando clamó a él, le oyó.' El canta, y nosotros cantamos, por causa de su muerte y de su resurrección. ¿Quién no canta al experimentar la gracia de Dios en el corazón y la seguridad del perdón de los pecados? "(Vol. I, págs. 148, 150).

Salmo 118:22-24. "La piedra que desecharon los edificadores ha venido a ser cabeza del ángulo. De parte de Jehová es esto, y es cosa maravillosa a nuestros ojos. Este es el día que hizo Jehová; nos gozaremos y alegraremos en él."

El comentario divino sobre esta parte del Salmo 118 se halla en Hechos 4:10, 11, donde leemos: "Sea notorio a todos vosotros, y a todo el pueblo de Israel, que en el nombre de Jesucristo de Nazaret, a quien vosotros crucificasteis y a quien Dios resucitó de los muertos, por él este hombre está en vuestra presencia sano. Este Jesús es la piedra reprobada por vosotros los edificadores, la cual ha venido a ser cabeza del ángulo." Aquí se ilustra la verdad de que Dios levantó a Cristo de entre los muertos, por medio de la acción de los edificadores según la cual la piedra que ellos mismos rechazaron llegó a ser la principal piedra del ángulo. El acto por el cual los edificadores revocan la decisión con respecto a la piedra desechada es en realidad una obra de Jehová. Los israelitas –de los cuales se dice que son los edificadores que desecharon la piedra, acto que hicieron como nación en la crucifixión– descubrieron, en la resurrección, que su decisión había sido revocada. El día de la resurrección de Cristo –el primero de la semana– por tanto, fue establecido por Dios como un día peculiar en el cual los creyentes en Cristo deben regocijarse y servirle al Señor. La primera palabra que Cristo dijo en la mañana del día cuando resucitó fue " ¡Salve! " (Mt. 28:9). Pero todos estamos de acuerdo en que, más literalmente, pudiéramos traducir esa palabra, que en griego es *χαίρετε*, por medio de la orden: ¡Regocijaos! Esta expresión se encuentra 45 veces en el Nuevo Testamento, y solamente en 6 ocasiones tiene el sentido de salutación. En todas las demás tiene el significado de *regocijo* o *alegría.* Cuando es salutación, claramente se entiende que es una salutación de regocijo. Así, pues, se dice del Señor que en cumplimiento de la profecía del Salmo 118:22-24, comenzó la primera celebración de su propia resurrección con regocijo. Con respecto a la celebración del primer día de la semana, ya se ha estudiado este asunto en la doctrina de la Iglesia, y posteriormente se dirá algo más.

Se observará que, fuera de las predicciones que presentan los tipos y profecías, el Antiguo Testamento no indica ningún otro significado específico para la resurrección de Cristo, en lo que concierne a Israel. David pensó que, aunque estaba determinada la muerte para el Hijo mayor, Este resucitaría para poder sentarse en el trono de David (Hch. 2:23-31). La necesidad no residía en la misma resurrección, sino en el pacto jurado e inalterable según el cual Dios prometió que habría un Ocupante en ese trono (comp. 2 S. 7:16; Jer. 33:17). La significación doctrinal de la resurrección de Cristo le corresponde, pues, a la Iglesia, a la nueva creación.

II. LA DOCTRINA DE LA RESURRECCION DE CRISTO EN EL NUEVO TESTAMENTO

La doctrina de la resurrección de Cristo, en el Nuevo Testamento, se puede dividir en 7 partes: (a) Las predicciones del mismo Cristo con respecto a su propia resurrección; (b) su resurrección como tema de pruebas válidas; (c) el hecho real de su resurrección; (d) su resurrección como causa de un nuevo orden de seres; (e) siete razones que explican su resurrección; (f) su resurrección como manifestación modelo del poder divino; y (g) el día del Señor como conmemoración de su resurrección.

1. PREDICCIONES DEL MISMO CRISTO CON RESPECTO A SU PROPIA RESURRECCION. Los incrédulos han sostenido que es irrazonable suponer que los discípulos, después de haber oído tantas declaraciones directas que Cristo les dio sobre su propia resurrección hubieran estado tan absolutamente desprevenidos con respecto a ese suceso. Sin embargo, en relación con esto, se debe recordar que hasta el tiempo de su muerte y de su resurrección, nadie esperaba que se produjera alguna clase de resurrección sobrenatural; pero, además de esto, y sobre todo, es evidente que, por importantes razones que no es difícil reconocer, a ellos se les retuvo la habilidad de entender lo que Cristo les dijo, tanto en lo referente a su muerte como a la resurrección, aunque se les anunciaran estos hechos en forma específica y repetida. La muerte y la resurrección de Cristo no tenían significado inmediato en el programa del reino. Y los discípulos habían sido llamados a ponerle atención solamente a este reino. Su sincera proclamación del Evangelio del reino hubiera sido grandemente influida, si ellos se hubieran enfrentado a alguna clase de fe de que Cristo sería rechazado, condenado a muerte, y que luego resucitaría. Aun Juan el Bautista, como ya lo hemos indicado, no tuvo una comprensión clara sobre la muerte y la resurrección de Cristo. Por otra parte, como ya lo hemos afirmado también, era necesario que estos discípulos, mediante la manifestación de la gloria en la transfiguración –especialmente los que habían sido escogidos para que escribieran parte de la Escritura, es decir, Pedro y Juan– recibieran algún incentivo que los ayudara a mantener la certidumbre de "el poder y la venida de . . . Jesucristo" (2 P. 1:16), a pesar del desajuste en la expectación del reino que crearían la muerte y la resurrección. Ellos tenían que saber que el programa del reino no se había abandonado, sino que su realización de ahí en adelante tendría

que estar asociada con el regreso del Señor a la tierra con poder y gran gloria. Mientras no pudiera descubrirse ante ellos la significación doctrinal de esos hechos –y claro que eso no podía suceder hasta que sucedieran realmente los eventos– los discípulos tenían que interpretar que la muerte y la resurrección de su Señor no eran más que una cancelación sin esperanza de todo lo que ellos habían estado enseñando, y de todo lo que habían proclamado con respecto al reino terrenal del Mesías. La oferta de un reino terrenal, el rechazamiento de ese reino, la muerte y la resurrección del Rey, la nueva era imprevista que tenía un nuevo propósito y el regreso del Rey a cumplir sus promesas son cuestiones que algunos solamente pueden comprender cuando las estudian más o menos en forma retrospectiva, puesto que solamente la luz de la contemplación lo convencería a uno de la complejidad de todos estos asuntos en las mentes de aquellos que tuvieron que pasar realmente por esa experiencia. Se debe pensar bien en la necesidad de sabiduría divina cuando se introduce a los hombres sinceros en los pasos sucesivos de la transición más grande que jamás haya experimentado el mundo, es decir, la del paso del judaísmo al cristianismo.

El cambio estupendo que exigió el nuevo nacimiento de Nicodemos y la regeneración de Saulo de Tarso no lo puede clasificar, ni siquiera hacerle el enfoque suficiente, la teología del pacto que, aunque es un idealismo unificante y abrazador con respecto a un supuesto plan divino único, puede pasar inconscientemente sobre estos cambios poderosos como si no existieran. Las condiciones existentes demandaban que los discípulos de Cristo conocieran sobre la muerte y la resurrección que le esperaban a Cristo, hasta que esos eventos, capaces de transformar la era, se realizaran y llegara el tiempo cuando ellos entraran en posesión de los nuevos valores que dichos eventos lograrían para ellos. Era también esencial, sin embargo, que Cristo predijera tanto su muerte como su resurrección. La porción de Juan 2:22 se refiere a la incapacidad de los discípulos para recordar la predicción de Cristo. Dice así: "Por tanto, cuando resucitó de entre los muertos, sus discípulos se acordaron que había dicho esto; y creyeron la Escritura y la palabra que Jesús había dicho." Pero también descubrimos que Cristo, después de la resurrección les abrió el entendimiento para que comprendieran las Escrituras, especialmente aquellas que trataban sobre su muerte y su resurrección. Así está escrito: "Entonces les abrió el entendimiento, para que comprendiesen las Escrituras; y les dijo: Así está escrito, y así fue necesario que el Cristo padeciese, y resucitase de los muertos al tercer día" (Lc. 24:45, 46). Igualmente es de suprema importancia la declaración de Cristo con respecto a su muerte y resurrección; especialmente es importante la revelación que encontramos en el versículo 34 que dice: "Pero ellos nada comprendieron de estas cosas, y esta palabra les era encubierta, y no entendían lo que se les decía." Así pues, el poder divino encubría de sus ojos la muerte y la resurrección del Señor. Debe notarse que, aunque los discípulos eran incapaces de entender las predicciones de Cristo con respecto a estos hechos, los judíos incrédulos sí las entendieron y las recordaron. Se nos dice de ellos que le dijeron a Pilato después que Cristo murió: "Señor, nos acordamos que aquel engañador dijo, viviendo aún: Después de tres días resucitaré. Manda, pues, que se asegure el sepulcro hasta el tercer día, no sea que vengan sus discípulos de noche, y lo hurten, y digan al pueblo: Resucitó de entre los muertos. Y será el postrer error peor que el primero" (Mt.27:63,64). Incidentalmente, descubrimos que la Escritura derrama luz sobre el problema del tiempo transcurrido entre la muerte y la resurrección. Algunos han discutido mucho la expresión "después de tres días," mientras que otros hacen el hincapié en el término "hasta el tercer día." Pero este mismo pasaje indica que las dos expresiones significan la misma cosa.

El Dr. Everett F. Harrison, al discutir este punto de la resurrección, afirma:

> "En toda la discusión es claro que Jesús, tanto en la predicación como en sus enseñanzas después de la resurrección, hizo gran hincapié en el factor tiempo. La iglesia primitiva trató también de imprimir este factor en su testimonio (Hch.10:40; 1 Co.15:4). Debe reconocerse, sin embargo, que esta era una insistencia singular que se basaba en la necesidad de que se cumpliera la señal de Jonás. En lo que tiene que ver con los tres días, ese es el único eslabón que hay entre la resurrección y el Antiguo Testamento. La relación de este hecho con la resurrección de Lázaro puede que derrame algo de luz sobre el problema. Cuando Jesús ordenó que se removiera la piedra, Marta se interpuso: 'Señor, hiede ya, porque es de cuatro días.' ¿Por qué tenía ella que ser tan explícita al establecer el período de tiempo? He aquí la respuesta: para muchos pueblos de la antigüedad, entre los cuales se incluía Israel, había la suposición de que la corrupción del cuerpo comenzaba el cuarto día, cuando ya había terminado toda posibilidad de reanimar el cuerpo por parte del alma. Esto explica la demora de Cristo en ir a Betania, cosa que hizo a propósito (Jn.11:6,17), y también la imposibilidad en que quedaron los fariseos de negar la realidad del milagro (v. 17). Llegamos, pues, a la conclusión de que nuestro Señor anunció deliberadamente un tiempo para su resurrección que satisficiera todas las demandas de la comprensión popular: suficiente tiempo después de la muerte, como para que se pudiera certificar su realidad; sin embargo, no tanto tiempo que permitiera que su cuerpo entrara en corrupción." – *The Christian Doctrine of Resurrection (La Doctrina Cristiana de la Resurrección),* obra inédita, pág.55.

Los pasajes que registran las predicciones de Cristo con respecto a su muerte y su resurrección son: Mateo 16:21; 17:23; 20:17-19;

26:12, 28, 31; Marcos 9:30-32; 14:8, 24, 27; Lucas 9:22, 44, 45; 18:21-34; 22:20; Juan 2:19-21; 10:17, 18; 12:7.

2. LA RESURRECCION DE CRISTO COMO TEMA DE PRUEBAS VALIDAS. Por considerarla muy satisfactoria, volvemos a citar la obra del Dr. Harrison, que trata sobre las evidencias de la resurrección de Cristo:

> "La importancia decisiva de la resurrección para la demostración del origen divino y de la autoridad completa de la religión cristiana ha sido reconocida desde hace mucho tiempo, tanto por amigos como por enemigos. Estos últimos tal vez la reconocen más que los primeros, puesto que están atentos a descubrir cuál es la parte del fundamento cuyo colapso haría que se derrumbara todo el edificio. Aunque el método de ataque ha cambiado a través de los años, y en consecuencia también ha cambiado hasta cierto punto el método de defensa; sin embargo, los hechos fundamentales son los mismos que han existido desde el principio; así que a ellos tenemos que remitirnos. Las tres líneas prominentes de evidencias que prueban la resurrección de Cristo son: la tumba vacía, las apariciones del Cristo resucitado a sus discípulos y la trasformación que esas apariciones operaron en ellos. Como fondo de estas evidencias, sin que por ello merezca menos consideración como evidencia histórica, está la misma existencia de la iglesia, y la literatura que ha emanado de ella, nuestro Nuevo Testamento. Finalmente, aunque no pertenezca propiamente a la categoría de las evidencias, hay una magnífica conformación entre su resurrección y todo lo demás que sabemos con respecto a nuestro Señor. La característica de sobrenatural que le corresponde a El hace que la resurrección sea una virtual necesidad y crea en el que comienza desde el hecho de la creciente realización, la convicción de que era inevitable" –*Ibid.*, pág.56.

Estas seis clases de pruebas, tres mayores y tres menores, aunque sin entrar en muchos detalles, nos presentan los aspectos sobresalientes de la prueba. Todas las evidencias que provienen de canales humanos están naturalmente sujetas a las limitaciones humanas. Los hombres son falibles. Sus impresiones pueden ser erróneas. Por otra parte, el testimonio sincero de un testigo puede recibirse y pesarse según el propósito que tenga. " . . . en boca de dos o tres testigos conste toda palabra" (Mt. 18:16). No puede existir ninguna clase de prueba superior al mismo hecho de que Cristo resucitó. Toda la escena se cambió repentinamente cuando El apareció después de la resurrección y fue reconocido inmediatamente por los que lo vieron. El efecto que se produjo indica que hubo una causa suficiente, y esa causa suficiente no era otra que la verdad de que El realmente se había levantado de entre los muertos. Sus seguidores no estaban preparados para la muerte de su Maestro. La muerte de El no fue suavizada para ellos por la más leve esperanza de que El pudiera resucitar. Ellos tampoco estaban preparados para la resurrección de su Señor; y cuando El resucitó, ellos respondieron con una gran manifestación de sorpresa y de regocijo. Ellos no tenían ningún propósito ni el plan para actuar de esa manera. Para ellos, la tumba estaba vacía, fuera de toda duda, y el Salvador estaba vivo de nuevo en medio de ellos. Tanto mensajeros angelicales como humanos dieron testimonio de que la tumba estaba vacía y varios centenares de personas vieron la presencia del Cristo resucitado. Los apóstoles comenzaron de una vez a proclamar la resurrección en Jerusalén, a las mismas personas que lo habían crucificado. Si los hombres hubieran podido presentar cualquier prueba para demostrar que el cuerpo de Cristo había sido hurtado, la hubieran presentado con toda la fuerza; pero nadie encontró ni una sola prueba en contra.

Las apariciones de Cristo las registró el apóstol Pablo en forma debida en 1 Corintios 15:5-8, donde leemos: "Y que apareció a Cefas, y después a los doce. Después apareció a más de quinientos hermanos a la vez, de los cuales muchos viven aún, y otros ya duermen. Después apareció a Jacobo; después a todos los apóstoles; y al último de todos, como a un abortivo, me apareció a mí." Los que lo conocieron mejor y le pudieron aplicar incontables pruebas para establecer su identidad quedaron convencidos, no tanto por el hecho de la tumba vacía, sino por su presencia real en medio de ellos. Con la confianza que les inspiró su presencia viviente, ellos predicaron con toda osadía; y el cristianismo se basó en la muerte y la resurrección de Cristo, desde donde se lanzó a la gran tarea, sin que se registre ni siquiera una duda por parte de aquellos a los cuales Cristo apareció. La desaparición de la duda de un hombre mediante una aparición de Cristo es especialmente significativa. Ese hombre había dicho: "Si no viere en sus manos la señal de los clavos, y metiere mi dedo en el lugar de los clavos, y metiere mi mano en su costado, no creeré" (Jn. 20:25). Pero cuando le vio las heridas que eran reales, exclamó: "¡Señor mío, y Dios mío! " (Jn. 20:28). Del mismo modo, el gran apóstol Pablo fue transformado de hombre incrédulo con respecto a Cristo a la condición de apóstol de la divina gracia, todo mediante una visión, no solamente del Cristo resucitado, sino también del Cristo entronizado en la gloria. Los hombres que supieron más del Señor Jesucristo fueron los que más creyeron en su resurrección. El evento total de la resurrección fue sometido a investigación, y podemos creer que esta investigación la hicieron tanto los creyentes como los incrédulos. James Denney, en su volumen *Jesus and the Gospel (Jesús y el Evangelio),* afirma: "La real evidencia histórica de la resurrección es el hecho de que fue creída, predicada, propagada, y produjo su fruto y su efecto en el nuevo fenómeno que era la Iglesia Cristiana, mucho tiempo antes que los Evangelios fueran escritos" (pág. 111, citado por Harrison, *ibid.,* pág. 82). Además de esto

–especialmente para los que tienen discernimiento espiritual– está la nueva creación, que es una realidad que se basa en Aquel que se levantó de la tumba, y no solamente en alguna creencia con respecto a la resurrección. Una nueva creación que represente el supremo esfuerzo divino, y que integre los intereses del cielo con los de la tierra no se puede basar en la mera ficción ni en algún idealismo falso. Todo el Nuevo Testamento, que proclama y defiende la resurrección de Cristo, y que se basa en ella, es en sí mismo digno de su afirmación de que es inspirado por Dios. En el curso de su mensaje, la resurrección de Cristo es un aspecto fundamental. El más grande de los propósitos divinos se está cumpliendo sobre la certidumbre de la resurrección de Cristo.

3. EL HECHO REAL DE LA RESURRECCION. Aquí tenemos que poner nuestra atención a la verdad de que Cristo realmente murió, y que, si no hubiera resucitado, en todo lo referente al cuerpo humano, hubiera permanecido en el estado de muerte. Esta verdad ha sido tergiversada por causa del uso de ilustraciones no convenientes. Es probable que no haya en la naturaleza ninguna realidad comparable a la resurrección de Cristo. Hombres sinceros, sin pensar realmente el asunto, han buscado elucidar la doctrina de la resurrección de Cristo, comparándola con la incubación de un huevo, con la manifestación de la vida del lirio después de haber plantado un bulbo seco, o con la ruptura que la crisálida le causa al capullo, por la cual aparece una brillante mariposa. Un solo momento de consideración nos muestra la ineptitud de todas estas analogías. El huevo no incubaría, a menos que adentro tenga el germen de la vida. No hay bulbo que haga brotar un lirio, si aquél no está vivo. Ni hay crisálida que rompa su capullo, si no tiene vida; pero en la tumba de Cristo no había vida. No hay mayor distinción que la que existe entre la vida y la muerte; sin embargo, es realmente trágico que, aunque sea por implicación –que pudiera traslucirse a través de alguna ilustración mal empleada– se indique que Cristo no murió realmente o que aunque sea una chispa de vida continuó en la tumba, la cual sirvió de base para una simple resucitación. Volvámoslo a decir: No hay nada en la naturaleza capaz de representar la resurrección de uno que esté realmente muerto. Cristo se sometió a una muerte despótica, y se levantó de entre los muertos con una vida rica e inagotable. Bien se ha dicho del sacerdocio de Cristo según el orden de Melquisedec: "No constituido conforme a la ley del mandamiento acerca de la descendencia, sino según el poder de una vida indestructible" (He. 7:16). Los cálculos finitos no pueden comprender el real significado de la gran expresión "el poder de una vida indestructible." La muerte no acaba con la consciencia del alma humana ni del espíritu. La

muerte no ultimó la consciencia del alma ni del espíritu del Cristo humano, ni tampoco afectó su Deidad. La muerte física es una experiencia del cuerpo, y solamente la resurrección puede restaurarlo a la vida. Cristo entró completamente en el estado de muerte física, y de allí regresó mediante una resurrección real. Puesto que es muy poco lo que hay sobre lo cual se pueda basar la doctrina de la relación de Cristo con la muerte espiritual, no discutiremos esa cuestión en esta obra.

4. LA RESURRECCION DE CRISTO COMO CAUSA DE UN NUEVO ORDEN DE SERES. Existe un agudo contraste, que debe reconocerse, entre la gloria del Cristo pre-encarnado, por una parte, y la gloria de Cristo en la resurrección, por otra. Dicho de otra manera, la resurrección de Cristo significa mucho más que el simple regreso de la muerte. Tal regreso de la muerte, en realidad, fue lo que ocurrió en todas las llamadas resurrecciones que se registran en la Biblia. Esas fueron, para ser extrictamente exactos, solamente restauraciones o resucitaciones del estado de muerte completa. La diferencia se descubre en el hecho de que estas otras llamadas resurrecciones fueron un retorno a la vida anterior, en la cual los revividos quedaban sujetos a una segunda muerte; mientras que de Cristo se dice que se levantó a una condición de vida en que El nunca había estado y que nunca antes se había manifestado. Con esto no estamos afirmando que se haya producido algún cambio en la Divinidad del Señor, como no fuera cualquiera que fuera posible en esa condición de asociación de la Divinidad con la humanidad que se produjo en la encarnación. La humanidad de Cristo –su cuerpo, su alma, su espíritu– se convirtió instantáneamente en aquello que había sido previsto desde la eternidad, es decir, en perfecta humanidad glorificada y exaltada hasta tal punto que no solamente era a propósito para el cielo, sino también conveniente como parte integral de la persona glorificada del Dios Hombre. No es poco exigir que aquello que había sido perfecta humanidad se convirtiera en parte integral, glorificada y exaltada del Hijo resucitado de Dios. En otras palabras, Cristo es el primero, y el único de todos los habitantes de la tierra que hasta ahora ha entrado en la inmortalidad. El apóstol Pablo anuncia con respecto a El: "El único que tiene inmortalidad, que habita en luz inaccesible; a quien ninguno de los hombres ha visto ni puede ver, al cual sea la honra y el imperio sempiterno. Amén." (1 Ti. 6:16). ". . . el cual quitó la muerte y sacó a luz la vida y la inmortalidad por el evangelio" (2 Ti. 1:10). La inmortalidad le corresponde absolutamente al cuerpo; nunca le corresponde al alma ni al espíritu y, puesto que nadie más de entre los seres corporales ha recibido un cuerpo glorificado mediante la resurrección, El es el único que tiene inmortalidad. Ese

cuerpo inmortal, con alma y espíritu glorificados, unidos a la Deidad, constituyen la incomparable Persona del Dios Hombre, el Salvador exaltado.

5. SIETE RAZONES QUE EXPLICAN LA RESURRECCION DE CRISTO. Ya hemos presentado en el Volumen III de esta obra; que trata de la doctrina de la salvación, una lista de 14 razones que explican la muerte de Cristo, y las hemos examinado. Ahora vamos a considerar 7 razones que explican la resurrección del mismo Señor. Creemos que estas razones son suficientemente amplias. Son las que siguen: (1) Cristo resucitó por ser El Quien es; (2) Cristo resucitó para poder cumplir el pacto davídico; (3) Cristo resucitó para poder convertirse en la Fuente de la vida resucitada; (4) Cristo resucitó para poder llegar a ser la Fuente del poder de la resurrección; (5) Cristo resucitó para ser la Cabeza, sobre todas las cosas, de la Iglesia; (6) Cristo resucitó para garantizar la justificación; y (7) Cristo resucitó para convertirse en primicias de los que durmieron. Consideraremos estos aspectos separadamente.

a. CRISTO RESUCITO POR SER EL QUIEN ES. Se dice de Pedro que él dijo en el sermón del día de Pentecostés: "Al cual Dios levantó, sueltos los dolores de la muerte, por cuanto era imposible que fuese retenido por ella" (Hch. 2:24). Ninguna situación hubiera podido ser más anormal que la entrada del Dios Hombre a los reinos de la muerte. El es la Fuente de la vida. "Porque como el Padre tiene vida en sí mismo, así también ha dado al Hijo el tener vida en sí mismo" (Jn. 5:26). Esta no es una referencia a la vida humana, la cual comienza con la generación humana; sino a la vida que es Dios mismo, a la vida que dura desde la eternidad. Aparte de los animales y de los sucesos de la vida animal, este universo no conoce otra muerte que no sea la del juicio de Dios sobre la raza caída, y se aproxima rápidamente la hora en que el juicio será levantado y la muerte quedará proscrita para siempre. ¿Por qué, en verdad, tenía que encontrarse la eterna segunda Persona, por más que haya tomado sobre Sí a la humanidad caída y mortal, en las sombras de la muerte? Esta pregunta no tiene sino una respuesta, que es la que da la Biblia: que, por causa de su infinito amor, El murió por otros, el Justo por los injustos, para poder llevar a los injustos a la presencia de Dios; pero cuando se satisfizo la demanda a favor de aquellos por los cuales murió, ya no quedaba motivo para que el Inmortal continuara en los lazos de la muerte. Así que, por ser El Quien es, tenía que levantarse de la tumba.

b. CRISTO RESUCITO PARA PODER CUMPLIR EL PACTO DAVIDICO. Para el estudiante atento que cree en la Biblia es claro que en el pacto que Dios hizo con David, que se encuentra en el capítulo 7 del segundo *Libro de Samuel,* hay muchos aspectos. Dios le prometió a Abraham una descendencia terrenal y una tierra (Gn. 12:1-3; 13:14-17; 15:5-7); a David le prometió un trono eterno, un Rey eterno y un reino eterno. Y Dios le reveló a David el carácter preciso de ese trono y de ese reino. La respuesta que David le dio al pacto de Jehová y la impresión que le quedó con respecto a él (comp. 2 S. 7:18-29; Sal. 89:20-37) indican claramente que el pacto que se estableció no era otro que la perpetuación del trono y del reino terrenales de David. En vano busca el estudiante cualquier punto en la revelación subsiguiente en el cual se revela que este reino sufrió una metamorfosis mediante la cual este trono y este reino literales, como le fueron prometidos a David mediante juramento de Jehová (comp. Hch. 2:30), se convirtieron en el reino espiritual que algunos teólogos modernos nos quieren presentar, reino que ha cambiado tanto que ya David no le es esencial. En verdad, ningún tema es más desconcertante, dentro de los temas proféticos, para los que espiritualizan el reino, que la cuestión sobre por qué era un requisito previo para Cristo el nacer del linaje de David. La Biblia no sigue un programa adaptado a ideales humanos. El pacto davídico prometió con juramento de Jehová que de los lomos de David, según la carne, Dios levantaría a Cristo para que se sentara en el trono de David (Hch. 2:30). David creyó en el pacto que Jehová hizo con él con respecto al trono y al reino terrenales. ¿Qué derecho tenía de dudar? Por esa razón, él habló de ese hecho, según lo encontramos en Salmo 16:10, y dijo que Cristo no se quedaría en el sepulcro. En el Texto Sagrado, todo lo relativo al pacto davídico marcha majestuosamente, con las subsiguientes revelaciones que son muy confirmatorias (comp. Is. 9:6, 7; Lc. 1:31-33; Hch. 2:25-31; 15:16-18), y continúa de cierto modo hasta que se consuma en la segunda venida de Cristo, cuando El se sentará en el trono de David en Jerusalén. Ese fue el reino que Cristo brindó, y que El y sus discípulos predicaron. Ese mismo reino fue rechazado por la nación judía, cuando ellos rechazaron a su Rey. En el plan de Dios, y para que pudiera cumplirse la Redención, el Mesías tenía que morir. Entre las varias razones que explican la resurrección de Cristo, aquí está ésta que afirma que El resucitó porque, de otro modo, se hubiera violado el juramento que Dios le hizo a David con respecto al reino. El juramento de Dios a David con respecto al Mesías, en el sentido de que El había de sentarse sobre el trono de David en Jerusalén, no guarda ninguna relación con el supuesto reino espiritual. Si el reino fuera espiritual, y no literal, ¿qué hubiera sido del juramento de Jehová? ¿Qué importancia tendría el pacto davídico?

c. CRISTO RESUCITO PARA PODER CONVERTIRSE EN LA

FUENTE DE LA VIDA RESUCITADA. Sobre el principal factor que hace que un cristiano sea lo que es ya se ha escrito mucho. Fue después de la resurrección, sin embargo, cuando Cristo sopló sobre sus discípulos, y les dijo: "Recibid el Espíritu Santo" (Jn. 20:22). Del mismo modo, cada cristiano nació de arriba y recibió la naturaleza divina cuando creyó en Cristo. Desde ese momento el mismo Cristo está en su corazón como esperanza de gloria (comp. Col. 1:27). ". . . yo he venido para que tengan vida, y para que la tengan en abundancia. Yo soy el buen pastor; el buen pastor da su vida por las ovejas" (Jn. 10:10-11). "Y este es el testimonio: que Dios nos ha dado vida eterna; y esta vida está en su Hijo. El que tiene al Hijo, tiene la vida; el que no tiene al Hijo de Dios no tiene la vida" (1 Jn. 5:11, 12). Sólo nos resta declarar otra vez que la vida que de este modo se imparte es la vida de Cristo, la vida de Ei después de la resurrección, no la de antes de la resurrección. Por causa de esta verdad, en el Nuevo Testamento se considera que el cristiano ya ha resucitado con Cristo. La porción de Colosenses 3:1-4 es conclusiva al respecto: "Si, pues, habéis resucitado con Cristo, buscad las cosas de arriba, donde está Cristo sentado a la diestra de Dios. Poned la mira en las cosas de arriba, no en las de la tierra. Porque habéis muerto, y vuestra vida está escondida con Cristo en Dios. Cuando Cristo, vuestra vida, se manifieste, entonces vosotros también seréis manifestados con él en gloria." En efecto, el creyente en Cristo recibe la bendición de todos los valores de la crucifixión: es crucificado con Cristo, muere con Cristo, es sepultado con El, y resucita con El. Estas grandes realidades le pertenecen al cristiano tan completamente como le correspondieron a Cristo, puesto que Cristo las realizó como Sustituto por el que cree en El. En el sentido más real de la expresión, el hijo de Dios ha resucitado con Cristo, y se ha sentado con El en lugares celestiales. Eso está escrito: "Y juntamente con él nos resucitó, y asimismo nos hizo sentar en los lugares celestiales con Cristo Jesús" (Ef. 2:6.

d. CRISTO RESUCITO PARA CONVERTIRSE EN LA FUENTE DEL PODER DE LA RESURRECCION. "Toda potestad me es dada en el cielo y en la tierra" (Mt. 28:18). Su poder hacia nosotros los que creemos sólo se puede medir mediante la excelente grandeza de Dios y de su poder que se manifestó en Cristo cuando El lo resucitó. Naturalmente, la mente se detiene a considerar primero el poder que realizó la resurrección de Cristo, y eso, por supuesto, es lo esencial que se debe comprender. No obstante, el mensaje de Efesios 1:19-21, más bien nos presenta la gloriosa verdad de que el poder que obró en Cristo es el mismo que obra a favor del creyente en El. Ese poder puede venir a través de varios canales, pero es el que le corresponde a todo aquel que cree en Cristo. En Romanos 6:4, la resurrección de Cristo es la medida del poder que está a la disposición del cristiano, a fin de que pueda vivir en "vida nueva", es decir, basado en un nuevo principio de vida: andar dependiendo del Espíritu Santo.

e. CRISTO RESUCITO PARA SER CABEZA, SOBRE TODAS LAS COSAS, DE LA IGLESIA. Cuando el Cristo resucitado se combina con la Iglesia –el conjunto de los que han resucitado con El, y que se sientan con El (Ef. 2:6)– para formar una unidad, el resultado se conoce con el nombre de Nueva Creación. Es verdad que, por causa de la relación vital con Cristo que cada creyente tiene por medio del bautismo del Espíritu Santo, cada uno es también una nueva creación. Por ello se nos dice: "De modo que si alguno está en Cristo, nueva criatura es; las cosas viejas pasaron; he aquí todas son hechas nuevas" (2 Co. 5:17); pero toda la compañía de los salvos se une a su Cabeza resucitada y junto con El constituyen la Nueva Creación de Dios. Esta entidad es completamente diferente de cualquier otra compañía existente, sea de ángeles o de hombres, y su realización constituye el plan supremo de Dios para esta era. Por cuanto todo lo que entra en la Nueva Creación tiene como base la resurrección, y se deriva directamente del Cristo resucitado, es claro que por esta razón El resucitó y se sentó sobre todos los principados angelicales, y Dios lo dio por Cabeza, sobre todas las cosas, a la Iglesia, que es su Cuerpo (Ef. 1:20-23).

f. CRISTO RESUCITO PARA GARANTIZAR LA JUSTIFICACION. Inmediatamente se reconocerá que este aspecto de la verdad de la resurrección se deduce de un texto bíblico (Ro. 4:25), que dice: "El cual fue entregado por nuestras transgresiones, y resucitado para nuestra justificación." Además de lo que ya se ha escrito sobre este pasaje que es algo difícil, se puede indicar que, habiendo Cristo completado la base de la justificación por medio de su muerte, y habiendo permanecido su cuerpo en la tumba el tiempo previsto, Cristo resucitó. Teniendo en cuenta ese sentido (que es el propio) del pasaje, la declaración de que la justificación se basa en la resurrección de Cristo no está de acuerdo con la sana doctrina. Según el testimonio del Nuevo Testamento, la justificación se basa, más bien, en la muerte de Cristo. Está escrito: "Siendo justificados gratuitamente por su gracia, mediante la redención que es en Cristo Jesús" (Ro. 3:24); "Pues mucho más estando ya justificados en su sangre, por él seremos salvos de la ira" (5:9). Hay, sin embargo, un sentido en el cual también se puede decir que, puesto que la justicia que Dios adjudica es la razón divina para ese pronunciamiento divino que es la justificación, y puesto que la justicia que se adjudica proviene, para el creyente en Cristo, de la unión con El, la justificación del creyente sí descansa perfectamente en la resurrección del Señor. Por tanto, es cierto que la justificación se hace posible tanto por la muerte de Cristo como por su resurrección: las dos, pues, son esenciales.

g. CRISTO RESUCITO PARA SER LAS PRIMICIAS DE LOS QUE DURMIERON. Este aspecto del tema que estamos considerando ya lo hemos tratado en parte. Sin embargo, para que este compendio de doctrina sea, hasta donde sea posible, lo más completo, debe reaparecer este maravilloso aspecto de la resurrección de Cristo. El término *primicias* se usaba en relación a Israel (Jer. 2:3), en relación con la bendición del Espíritu (Ro. 8:23), en relación con los primeros creyentes cristianos en determinada localidad (Ro. 16:5; 1 Co. 16:15), y en relación con la resurrección de Cristo. Hay un pasaje en el cual se le aplica a Cristo este término dos veces, y que constituye una evidencia especialmente clara para el uso citado en último lugar: "Mas ahora Cristo ha resucitado de los muertos; primicias de los que durmieron es hecho. Porque por cuanto la muerte entró por un hombre, también por un hombre la resurrección de los muertos. Porque así como en Adán todos mueren, también en Cristo todos serán vivificados. Pero cada uno en su debido orden: Cristo, las primicias, luego los que son de Cristo, en su venida" (1 Co. 15:20-23). Esa humanidad glorificada que ha de constituir la atracción más sublime de los cielos, después de la Divinidad –esa humanidad cuyos componentes, por haber sido salvos en Cristo, han recibido aun en esta vida la πλήρωμα de la Divinidad (Col.2:9, 10), y que recibirán cuerpos glorificados como el glorioso cuerpo de Cristo (Fil. 3:21)– está perfectamente representada en el cielo en la Persona de Cristo Jesús, el Hombre resucitado y glorificado. Los ángeles conocen cuál será la condición que caracterizará a todos los individuos que entren en esa innumerable compañía que, después de obtener cuerpos resucitados, poblarán las espaciosas bóvedas celestiales. Los ángeles también saben, antes que los cristianos aparezcan en los cielos, cómo serán ellos, pues han visto a Cristo, que es para las huestes del cielo una demostración previa del estado que les espera a todos los que son de Cristo. De ese modo, Cristo es las "primicias." La gavilla que se mecía en el Antiguo Testamento simbolizaba la aparición de Cristo en el cielo como Precursor o Heraldo de los que lo siguen.

6. LA MEDIDA PRESENTE DEL PODER DIVINO. La Biblia nos revela una medida diferente del poder divino para cada una de las tres principales eras: la pasada, la presente y la futura. Cuando en la era pasada, Dios quiso impresionar a su pueblo por medio de la grandeza de su poder, El les recordaba la demostración que hizo cuando los

sacó de la tierra de Egipto. La expresión modelo era esta: "Yo soy Jehová tu Dios, que te saqué de la tierra de Egipto, de casa de servidumbre" (Ex. 20:2). En la era venidera, la medida del poder divino será la reunión de Israel, la cual se cumplirá cuando Cristo vuelva. Sobre este asunto escribe Jeremías: "Por tanto, he aquí que vienen días, dice Jehová, en que no dirán más: Vive Jehová que hizo subir a los hijos de Israel de la tierra de Egipto, sino: Vive Jehová que hizo subir y trajo la descendencia de la casa de Israel de tierra del norte, y de todas las tierras adonde yo los había echado; y habitarán en la tierra" (Jer. 23:7, 8). Con respecto a este mismo evento, Cristo dijo que la reunión de Israel se realizará mediante administración angélica. Está escrito: "Y enviará sus ángeles con gran voz de trompeta, y juntarán a sus escogidos, de los cuatro vientos, desde un extremo del cielo hasta el otro" (Mt. 24:31; comp. Is. 60:8, 9). Pero la medida del poder divino en la presente era, que transcurre entre las dos venidas de Cristo, es la resurrección de Cristo. Pablo afirma en Efesios 1:19-21: "Y cuál la supereminente grandeza de su poder para con nosotros los que creemos, según la operación del poder de su fuerza, la cual operó en Cristo, resucitándole de los muertos y sentándole a su diestra en los lugares celestiales, sobre todo principado y autoridad y poder y señorío, y sobre todo nombre que se nombra, no sólo en este siglo, sino también en el venidero." No hay medio por el cual pueda comprender la mente humana todo lo que significa el ejercicio del poder de Dios. Pablo emplea la sublime expresión: "la supereminente grandeza de su poder." Fue un poder inmensurable el que levantó a Cristo de entre los muertos, que lo llevó hasta las alturas de los cielos, sobre todas las huestes angelicales, que lo sentó en el trono del Padre y que lo dio por Cabeza, sobre todas las cosas, a la Iglesia. Al considerar este orden de eventos en la resurrección y exaltación de Cristo, debemos recordar que todo lo que se establece en esta descripción tiene la principal finalidad de que el creyente en Cristo quede impresionado en forma apropiada con la *grandeza* del poder –el mismo poder que obró en Cristo– que está empeñado en realizar para el cristiano todo lo que Dios se ha propuesto, conforme a la obra divina de elección, predestinación y adopción soberana. Es cierto que el Redentor y su Redención se han provisto; y también el poder que capacita para creer en Cristo; pero además de estos aspectos que están dentro de los límites del tiempo, queda todavía el propósito divino y eterno que se cumplirá hasta la saciedad, lo cual también es cierto, por causa de "la supereminente grandeza de su poder", que es el que ha de cumplir esta finalidad. No debemos olvidar tampoco que toda esta revelación no es sino parte de una oración que el Apóstol hacía a menudo, en la cual pedía que, por medio de la obra docente del Espíritu Santo, estas maravillas que demuestran la suficiencia divina pudieran ser comprendidas por aquellos que son objeto de las riquezas, y de la gracia y de la gloria divinas. A menudo, en las Escrituras, el Espíritu de Dios le llama a uno la atención sobre la *certidumbre* de todas las cosas que Dios se ha propuesto. Verdaderamente feliz es aquel que, mediante la iluminación divina, llega a un entendimiento profundo de estas cosas. Pero, al fin y al cabo, ¿cuál es la medida de la supereminente grandeza de su poder "para con nosotros los que creemos"? El testimonio de ese poder se le concede al entendimiento –siempre que se deje enseñar por el Espíritu Santo. Este tema es solamente segundo en importancia, después del tema de la elección y la predestinación con que comienza la epístola. Dios realizará lo que se ha propuesto hasta sus últimas consecuencias. Lo que ha comenzado lo completará hasta la perfección infinita. Este poder supereminente y grande, que es "para con nosotros los que creemos", ya se ha manifestado de cuatro maneras, por causa de Cristo:

En primer lugar, *este poder levantó a Cristo de entre los muertos;* no de un estado de adormecimiento, sino de una muerte real. De este estado, Cristo fue levantado a una condición superior en gran manera a la que tenía antes de su muerte. Como ya se ha dicho, la resurrección de Cristo es más que el simple regreso de la muerte, y en verdad es mucho más que la restauración que caracterizó a todas las llamadas resurrecciones anteriores. Cristo llegó a ser un Ser de un nuevo orden. La segunda Persona de la Trinidad estuvo siempre presente en Cristo, desde el momento de su gestación en el vientre de la virgen, hasta su ascensión a la gloria; pero su humanidad presentó aspectos completamente cambiados. Cuando era niño, El "crecía y se fortalecía, y se llenaba de sabiduría" (Lc. 2:40). El, que es desde la eternidad hasta la eternidad (Sal. 90:2), vino a ser "como de treinta años" (Lc. 3:23); y ese cuerpo que era mortal, y que estaba sujeto a muerte, se volvió inmortal; y el que murió vive ahora y para siempre jamás. El es el Unico que tiene inmortalidad (1 Ti. 6:16). El es las Primicias de la resurrección –la única representación que actualmente tiene la hueste de redimidos en la gloria, la cual hueste estará pronto con El y será como El. Todo el poder de Satanás y del hombre se combinaron para impedir que Cristo se levantara de la tumba. Las llaves de la muerte estuvieron aparentemente en las manos de Satanás hasta el día de la resurrección de Cristo (comp. He. 2:14 con Ap. 1:18). El más grande de todos los poderes terrenos había puesto su sello sobre la tumba. Nadie hubiera podido soltar "los dolores de la muerte" (Hch.2:24), sino Dios. Aunque en el misterio de la Trinidad se declara que Cristo se levantó de la tumba mediante su propia voluntad y su propio poder (Jn. 2:19; 10:17,18), y que El fue vivificado por el *Espíritu* (1 P. 3:18), más de 25 veces se afirma en el Nuevo Testamento que El fue levantado por el poder de Dios el Padre. Así, en este pasaje de *Efesios* (v. 20), se afirma que la resurrección se debió al ejercicio de la fuerza del poder del Padre, "la cual operó en Cristo, resucitándole de los muertos y sentándole a su diestra en lugares celestiales." Se nos promete que este mismo poder no solamente está destinado a levantar al creyente cristiano de entre los muertos, sino que también se encargará de cumplir *todo* lo que Dios ha determinado para él en la gloria eterna.

En segundo lugar, *la ascensión de Cristo,* es una medida del poder divino "para con nosotros los que creemos." Aunque en forma directa sólo se presenta tres veces (Mr. 16:19; Lc.24:49-52; Hch.1:9), la ascensión de Cristo se presenta en los Hechos y en las Epístolas del Nuevo Testamento como un aspecto importante del poder divino (Hch.2:33; 3:21; 5:31; 7:55; Ro. 8:34; Fil. 2:9; 3:20; Col. 3:1; 1 Ts. 1:10; 4:16; 2 Ts. 1:7; He. 1:3; 1 P.3:22; Ap.3:21). Este cuerpo de verdad, que es de gran importancia como evidencia de la ascensión y de la presente posición de Cristo, se introduce aquí, en la *Epístola a los Efesios* como base para la confianza en que lo que Dios tiene planeado para el cristiano es *capaz* de cumplirlo a cabalidad. La presente exaltación de Cristo en los lugares celestiales, sobre todo principado y potestad, es un tema que trasciende el nivel del entendimiento humano.Sólo el Espíritu puede imprimir en el corazón la revelación que aquí se nos quiere dar, para producir en el hijo de Dios la seguridad de que Dios cumplirá todo lo que tiene planeado para el cristiano. Este plan de Dios incluye nada menos que la participación de la sublime gloria de Cristo. Cristo dijo con respecto a los suyos: "La gloria que me diste, yo les he dado, para que sean uno, así como nosotros somos uno" (Jn.17:22), "para que donde yo estoy, vosotros también estéis" (Jn.14:3).

En tercer lugar, ". . . sometió todas las cosas bajo sus pies" (Ef.1:22). En relación con esto, dijo Cristo: "Toda potestad me es dada en el cielo y en la tierra" (Mt.28:18; véase el contraste en Lc. 4:5,6). A El se sujetarán todas las cosas (1 Co. 15:25,26). En verdad, es grande este poder "para con nosotros los que creemos"; pues somos los llamados a reinar con Cristo y a participar con El en la autoridad. El cristiano tiene muy poca experiencia con respecto a esta autoridad en el tiempo presente. En la actualidad le corresponde, más bien, participar con Cristo en su rechazamiento, porque todos los que quieran vivir piadosamente padecerán persecución (2 Ti.3:12).

En cuarto lugar, " . . . lo dio por cabeza sobre todas las cosas a la

Iglesia" (Ef.1:22). Al llegar al fin del capítulo, Pablo vuelve al mismo tema con el cual había comenzado –tema que ya hemos estudiado en el tomo IV de esta tesis. El Apóstol menciona a un grupo de seres humanos que, por haber sido *llamado* de entre judíos y gentiles a formar una asociación celestial con Cristo, recibe el muy apropiado nombre de ἐκκλησία o Iglesia. El hecho que sobresale aquí es el de que Cristo, por poder y decisión divinos, es ahora Cabeza, sobre todas las cosas, de la Iglesia. La Palabra *Cabeza* combina dos importantes aspectos de la verdad: (1) Cristo preside en la Iglesia, como Director en cada momento de la vida y en cada acto de servicio de los que componen esta compañía celestial. El es el que otorga los dones (4:8), y el que, por el Espíritu, dirige el ejercicio de esos dones (1 Co.12:4-7). (2) Cristo es ahora la Cabeza de la Iglesia en el sentido de que ella obtiene de El toda su vitalidad espiritual. Así como El vive, los miembros de su Cuerpo también viven. El es a la Iglesia como la vid es a los pámpanos (ramas), como el pastor a las ovejas, como la piedra angular al edificio, como el prometido a su prometida.

Se debe dar especial atención al hecho de que todos los beneficios estupendos que se enumeran en el primer capítulo de Efesios se le garantizan al humano con la sola condición de que crea. Se dice que el poder de Dios es "para con nosotros los que creemos." De acuerdo con el plan de salvación de la divina gracia, no se puede imponer ninguna otra condición. Dios no solamente responde por todos estos beneficios inconmensurables, sino que la misma fe por la cual los podemos recibir es también un don de Dios.

7. EL DIA DEL SEÑOR COMO CONMEMORACION DE LA RESURRECCION. Puesto que la teología del pacto ha negado el hecho de la resurrección de Cristo y su significado, debía esperarse que se levantara mucha incomprensión con respecto a la celebración del primer día de la semana, en vez de celebrar el día séptimo. Un artículo de reciente aparición en una revista religiosa tenía este título: "El sábado permamente, pero movible." Con esto, el escritor quería llamar la atención al hecho de que, al fin y al cabo, hay una contradicción. La tarea imposible a la cual ese escritor se ha dedicado es la de probar que la idea del sábado judío permanece intacta, aunque se haya cambiado el día preciso de la semana. Su tesis, que es la de todos los teólogos del pacto, es que la estructura del sábado judío permanece en vigor –por cuanto no hay para ellos sino un pacto– sea que se observe un día o el otro. Tal ceguera con respecto a las claras enseñanzas de la Biblia sólo puede explicarse, entendiendo que los que así piensan se han adherido y siguen en supuesto esquema de continuidad, sin dedicarse al examen desprejuiciado de

las Escrituras. Ya hemos considerado ampliamente, en el volumen dedicado a la doctrina de la Iglesia, todo el problema relacionado con el sábado y el día del Señor; pero, puesto que este aspecto es de gran importancia, por su carácter inherente, por su significado doctrinal, y por la mala comprensión que existe con respecto a este asunto, introducimos aquí otro comentario amplio sobre el mismo tema, con el propósito de establecer la verdad relativa a la celebración del día del Señor, que es la que debe estar actualmente en práctica, y que está tan completamente desconectada del sábado judío como la gracia de la ley, o como la Nueva Creación de la creación antigua.

Cuando Dios hizo su propia obra de creación, El resolvió santificar, o separar para El, la séptima parte del tiempo total. El le ordenó a Israel que observara el séptimo día como día de reposo (Ex.20:8-11), y del mismo modo, el séptimo año, o año sabático, en el cual debía descansar la tierra (Lev.25:8-24). En varios sentidos, tanto el año sabático como el año de jubileo eran símbolos de la edad del reino, que es la séptima y última edad bíblica, y que servirá para que toda la creación disfrute su descanso sabático. Aunque en la presente era, el día que debe celebrarse fue cambiado divinamente del séptimo al primer día de la semana, por el hecho de que la Nueva Creación comenzó el primer día de la semana, se perpetúa la misma cantidad de tiempo, es decir, uno de cada siete días. En hebreo, la palabra *sabbath* significa *cesación,* o descanso completo de toda actividad. Fuera del continuo sacrificio y de las fiestas que pudieran caer en sábado, ese día no se dedicaba de ningún modo a la adoración, ni al servicio.

Se logra cierto grado de claridad sobre este punto cuando se estudia el sábado en relación con diversas etapas:

a. EL SABADO DESDE ADAN HASTA MOISES. Está escrito que Dios descansó al terminar sus seis días de creación (Gn.2:2,3; Ex.20:10,11; He.4:4); pero no hay indicación en la Palabra de Dios de que al hombre se le ordenó observar ese descanso, ni de que haya observado el sábado, hasta que Israel salió de Egipto. El libro de Job revela la vida religiosa y la experiencia de los patriarcas, y aunque allí se discuten las diversas responsabilidades de ellos para con Dios, nunca se hace referencia a la obligación de observar el sábado. Por otra parte, se afirma claramente que Moisés fue el que estableció el sábado para Israel, y éste fue el origen de la observancia del sábado por parte de los hombres (Ex.16:29; Neh.9:13,14; Ex.20:11-13). Del mismo modo, es evidente, según los documentos que se refieren a la primera imposición del sábado (Ex.16:1-35), que en ese día particular, una semana, o siete días antes del primer día sábado que observaron los hombres, del cual se tenga memoria, los hijos de Israel realizaron una jornada de muchos kilómetros, desde Elim hasta el desierto de Sin. Allí ellos murmuraron contra Jehová, y ese día Dios comenzó la provisión de pan del cielo. Ellos podían recoger el maná durante seis días, pero el séptimo día no podrían recogerlo. Es evidente, pues, que el día de su viaje, que fue un sábado, si hubiera existido la obligación de observar el sábado, hubiera sido quebrantado por el pueblo.

b. EL SABADO DESDE MOISES HASTA CRISTO. En este período el sábado estuvo precisamente en vigor. Estaba enclavado en la ley (Ex.20:8-11), y el remedio divino para la falta en la observación del sábado está previsto del mismo modo en la ley de las ofrendas. En conexión con esto, es importante observar que el sábado era una señal peculiar entre Jehová e Israel, y que nunca se les impuso a los gentiles (Ex.31:12-17). Entre los pecados de Israel, se hace hincapié en la falta de observar el sábado y de dejar que la tierra tuviera su descanso. En medio del período de la ley, Oseas predijo que, como parte de los juicios que habrían de venir sobre Israel, los sábados cesarían para la nación (Os.2:11). Esta profecía tenía que cumplirse en algún tiempo, pues la habló la boca de Jehová. Como la era mosaica continuó hasta la muerte de Cristo, su vida terrenal y su ministerio estuvieron sujetos a la ley, exponían la ley y la aplicaban. Al hallar que la ley del sábado se encontraba empañada con las tradiciones de las enseñanzas de los hombres, El señaló que el sábado fue hecho como beneficio para el hombre, y no el hombre como un sacrificio para el sábado (Mr.2:27). Cristo fue fiel a todo el sistema mosaico, el cual incluía el sábado, por cuanto ese sistema estaba en vigencia durante su vida terrenal; pero ese hecho obvio no es suficiente para afirmar que al cristiano se le ha ordenado que siga a Cristo en su observancia del sábado, ni como ejemplo, ni como precepto.

c. EL SABADO EN LA ERA DE LA IGLESIA. Después de la resurrección de Cristo, no hay ninguna indicación en el Nuevo Testamento de que algún cristiano observara el sábado, ni siquiera por error. Sin duda alguna, la multitud de cristianos judaizantes observaba el sábado; pero no hay testimonio de que se haya permitido que apareciera en la Palabra de Dios tal práctica. De la misma manera, después de la resurrección de Cristo, no se le ordenó a nadie, ni judío, ni gentil, ni cristiano, que observara el sábado; ni se menciona el hecho de que alguno hubiera quebrantado el sábado; entre las numerosas listas de posibles pecados. Por el contrario, hay advertencias contra la observancia del sábado por parte de aquellos que son hijos de Dios por la gracia. En Gálatas 4:9,10 se condena la observancia de "los días, los meses, los tiempos y los años." Estos se observaban usualmente con el propósito de buscar el favor de Dios, y lo hacían aquellos que unas veces se preocupaban por lo de Dios, y otras veces se descuidaban. En Hebreos 4:1-13 se nos presenta el sábado como un tipo del reposo (de las obras) en el cual entra el creyente cristiano cuando llega a ser salvo. En Colosenses 2:16,17 se le enseña específicamente al hijo de Dios que *no* debe juzgar con respecto a los días de reposo, y se implica que tal actitud independiente con respecto al sábado es razonable, en vista de lo que Cristo ha llegado a ser para el que ahora es nueva criatura (Col.2:9-17). En este pasaje se hace una referencia en forma mucho más evidente al sábado semanal, y no a aquellos sábados especiales que eran parte de la ley ceremonial. En Romanos 14:5 se declara que, cuando el cristiano está "plenamente convencido en su propia mente", juzga todos los días iguales. Esto no implica el descuido de la fidelidad en la adoración, sino que sugiere que tal persona considera que *todos* los días deben dedicarse a la devoción a Dios. Por causa del hecho de que, en el Nuevo Testamento, no se incluye el sábado como parte de la vida y del servicio cristianos, el término *sábado cristiano* es impropio. Con relación a esto debe notarse que en lugar del sábado de la ley, el Señor ha provisto el día de la Nueva Creación, el cual sobrepasa al reposo judío en gloria, privilegios y bendiciones.

d. EL SABADO EN LA EDAD VENIDERA. En completa armonía con la doctrina del Nuevo Testamento de que el día del Señor se relaciona solamente con la Iglesia, está profetizado que el sábado se restablecerá –y así sustituirá al día del Señor –inmediatamente después de haberse cumplido el llamamiento de la Iglesia y de que haya sido trasladada de este mundo. Aun en el breve período de la tribulación que habrá entre el fin de esta era y la edad del reino, el sábado judío estará otra vez en vigor (Mt.24:20); pero la profecía especialmente prevé que el sábado será un aspecto fundamental de la futura edad del reino (Is.66:23; Ex.46:1).

La Iglesia ha celebrado el primer día de la semana, desde la resurrección de Cristo hasta el día de hoy. Este hecho está probado por los testimonios del Nuevo Testamento, los escritos de los primeros padres de la iglesia y la misma historia de la iglesia. Ha habido algunos, en todas las épocas que, por no comprender el propósito de Dios para el tiempo presente con la Nueva Creación, han sostenido sinceramente que se debe observar el reposo del séptimo día. En el día de hoy, los que se especializan en insistir en la observancia del séptimo día combinan esta enseñanza con otras doctrinas contrarias a la Biblia. Puesto que Dios le ha señalado al creyente cristiano que observe el primer día de la semana, según el nuevo sistema de gracia, cuando se le da a ese día el carácter que establecieron las leyes para el reposo del séptimo día, surge naturalmente la confusión. Ese tipo de enseñanza pasa por alto la doctrina de la Nueva Creación que nos presenta el Nuevo Testamento.

e. LA NUEVA CREACION. El Nuevo Testamento revela que el propósito de Dios en la presente era, que no había sido prevista en el Antiguo Testamento, es el llamamiento de la Iglesia (Hch.15:13-18). Esta compañía de redimidos es la Nueva Creación, un Pueblo celestial. Aunque se indica que hay maravillosas glorias y perfecciones que han de cumplirse para toda la compañía de los redimidos (Ef.5:25-27), también se nos revela que cada uno de los *individuos* que la compone es objeto de las más grandes realizaciones y transformaciones divinas. De igual manera, como Cuerpo, la Iglesia está orgánicamente unida a Cristo (1 Co.12:12), y el cristiano está individualmente unido a su Señor (1 Co.6:17; Ro.6:5; 1 Co.12:13). La Biblia enseña lo siguiente con respecto a cada creyente cristiano: (a) En cuanto al pecado, cada uno de los que pertenecen a esta compañía ha sido limpiado, perdonado y justificado; (b) en cuanto a posesiones, a cada uno se le ha dado el Espíritu para que more en él, y el don de la vida eterna, y ha llegado a ser heredero de Dios y coheredero con Cristo; (c) en cuanto a posición, cada uno ha sido hecho justicia de Dios, por medio de la cual es acepto en el Amado (2 Co.5:21; Ef.1:6), cada uno es miembro del Cuerpo místico de Cristo, parte de su gloriosa Esposa, y participante activo de la Nueva Creación de la cual Cristo es la Cabeza.

La Biblia dice: "De modo que si alguno está en Cristo, nueva criatura es –nueva creación– las cosas viejas pasaron –las que corresponden a posiciones, no las de la experiencia– he aquí todas son hechas nuevas. Y todo esto –es decir, las cosas que corresponden a la posición– proviene de Dios" (2 Co. 5:17, 18; Ef. 2:10; 4:25; Gá. 6:15). Pedro, al escribirle a esta compañía de creyentes cristianos, afirma: "Mas vosotros sois linaje escogido" (1 P. 2:9), lo cual significa una raza o nacionalidad distinta, del cielo; una estirpe o clase que ha sido creada directamente por el poder de Dios. Así como el primer Adán engendró una raza que participó de su naturaleza humana y de sus imperfecciones, así Cristo, el último Adán, engendra por el Espíritu una nueva raza que participa de su vida eterna y de su perfección. "Fue hecho el primer hombre Adán alma viviente; el postrer Adán, espíritu vivificante" –es decir, que da vida– (1 Co. 15:45). Habiendo participado de la vida resucitada de Cristo, y estando en Cristo, la Biblia dice que el cristiano también ha resucitado con Cristo (Ro. 6:4; Col. 2:12, 13; 3:1-4). En lo que respecta a su cuerpo, sin embargo, el creyente cristiano espera recibir un cuerpo glorificado como el que tuvo Cristo después de la resurrección (Fil. 3:21). Como confirmación de esto, también leemos que, cuando Cristo apareció en el cielo, después de la resurrección, El se constituyó en las "primicias", lo cual significa que toda la compañía que le seguirá será como El (1 Jn. 3:2), es decir, tendrán todos cuerpos glorificados. En la Palabra de Dios, la Nueva Creación —que comenzó con la resurrección de Cristo, y consiste en una compañía de los que han nacido de nuevo y están en Cristo— se presenta en todas partes en contraste con la antigua creación. Se nos dice que el creyente en Cristo es salvo y libertado de esa antigua y arruinada creación. Como el sábado o día de reposo fue instituido para celebrar la antigua creación (Ex. 20:10, 11; 31:12-17; He. 4:4), así el día del Señor se instituyó para celebrar la Nueva Creación. Del mismo modo, como el sábado estaba limitado en sus implicaciones a Israel como pueblo terrenal de Dios, así también el día del Señor limita su aplicación a la Iglesia que es el pueblo celestial de Dios.

f. EL DIA DEL SEÑOR. Además del hecho de que el día del Señor no se le ha impuesto de ninguna manera a los hijos de Dios en la época de la gracia, hay razones abundantes que muestran que ellos deben observar el primer día de la semana.

(1) *Se había profetizado y escogido un nuevo día.* Según el Salmo 118:22-24 y Hechos 4:10, 11, Cristo, en su crucifixión, se constituyó en la Piedra rechazada por los israelitas —"los edificadores"— pero, por medio de su resurrección, se convirtió en Piedra principal del ángulo. Esta es una maravillosa realización de Dios, y el día de su cumplimiento se había designado divinamente como día de regocijo y alegría. De acuerdo con esto, el saludo de Cristo el día de la resurrección fue: " ¡Salve! " (Mt. 28:9), o más literalmente, *¡Regocijaos! ;* y puesto que "Este es el día que hizo Jehová", es correcto llamarlo "el día del Señor."

(2) La observancia de este día quedó determinada por varios eventos. Cristo resucitó el primer día de la semana (Mt. 28:1); ese mismo primer día de la semana, El se reunió con sus discípulos para iniciar un nuevo ministerio de intimidad y comunión (Jn. 20:19); ese mismo día, El les explicó a ellos su resurrección (Lc. 24:36-49); el primer día de la semana, El ascendió al cielo para presentarse como "primicias" o Gavilla mecida ante el Padre (Jn. 20:17; 1 Co. 15:20, 23; Lv. 23:10-12); un primer día de la semana, El sopló sobre ellos el Espíritu (Jn. 20:22); un primer día de la semana, el Espíritu Santo descendió del cielo (Hch. 2:1-4); Pablo predicó en Troas el primer día de la semana (Hch. 20:6, 7); el primer día de la semana se reunían los discípulos a partir el pan (Hech. 20:6, 7); ese día de la

semana, cada uno debía poner "aparte algo", según la prosperidad que Dios le hubiera dado (1 Co. 16:2).

(3) El día de la circuncisión era símbolo del día del Señor. El rito de la circuncisión, que se realizaba a los 8 días del nacimiento del varón, simbolizaba la separación del creyente cristiano de la carne y del antiguo orden mediante la muerte de Cristo (Col. 2:11), y como el octavo día es el primero de una nueva semana, tal rito simbolizaba este nuevo comienzo.

(4) El día de la gracia. Las leyes del trabajo le garantizaban al pueblo que estaba relacionado con Dios, un día de descanso al fin de cada semana de trabajo; mientras que al pueblo de la edad de la gracia, cuyas obras fueron terminadas por Cristo, se le ha indicado un día para la adoración que, por ser el primer día de la semana, precede a todos los demás. Con la bendición espiritual del primer día, el crisitano vive y sirve a Dios todos los seis días siguientes. El día de descanso le correspondió a un pueblo que estabarelacionado con Dios mediante las obras que tenía que realizar; el día de incesante adoración y servicio a Dios le corresponde a un pueblo que está relacionado con Dios mediante la obra que Cristo cumplió. Al séptimo día lo caracterizaba la ley inexorable; al primer día lo caracterizan la amplitud y la libertad que corresponden a la gracia. El séptimo día se observaba con la esperanza de que, mediante su observación, el que lo practicaba pudiera ser aceptable ante Dios. El primer día se celebra con la seguridad de que uno ya ha sido aceptado por Dios. La observancia del séptimo día era fomentada por la carne; la observancia del primer día es fomentada por el Espíritu que mora en el cristiano.

(5) El día de la bendición de Dios. A través de esta era, los cristianos devotos, que están llenos del Espíritu, que no tienen duda de que la voluntad de Dios se ha revelado claramente, han observado el día del Señor, sin relacionarlo en ninguna manera con el séptimo día. Es, pues, razonable suponer que si ellos hubieran sido culpables de quebrantar el sábado, hubieran sentido la convicción de ese pecado.

(6) El día indicado sólo para individuos. En primer lugar, notemos que no es un día para los que no son salvos. Es ciertamente muy engañoso el decirles a los que no son salvos algo que los haga suponer que ellos serían más aceptables ante Dios si observan algún día, pues fuera de la salvación que es en Cristo, todos los hombres están absoluta e igualmente perdidos. Por razones sociales o físicas, se puede lograr un día de descanso que resulta beneficioso para todos; pero el que no es regenerado debe entender que la observancia de ese día no le agrega nada a su mérito delante de Dios.

En segundo lugar, debemos notar que este no es un día para la Iglesia total. La responsabilidad en relación con la observancia del primer día se le encomendó por necesidad solamente al creyente cristiano individualmente, y no a la Iglesia como tal. La forma en que debe celebrarlo el individuo la sugiere el mismo Cristo, en dos declaraciones que dio la misma mañana de la resurrección: ¡Regocíjate! (" ¡salve! ") e "Id, dad las nuevas." Estas palabras indican una actividad incesante en todas las formas de adoración y servicio a Dios. Y esa actividad está en contraste con el descanso del séptimo día.

(7) No hay mandamiento de observar ningún día. Puesto que en esta era todo es por gracia, no se impuso por escrito ninguna ley que obligue a guardar el día del Señor, ni tampoco se prescribe cómo debe observarse. Con esta sabia provisión no se está estimulando a nadie para que observe el día del Señor solamente como un deber; debe dedicarlo de todo corazón al Señor. Los hijos de Israel estaban delante de Dios como niños inmaturos, bajo tutores y curadores, y, por tanto, necesitaban las órdenes que se les imparten a los niños (Gá. 4:1-3); mientras que los componentes de la Iglesia de Cristo están delante de Dios como hijos hechos y derechos (Gá. 4:4-7). Su vida, en este sistema de gracia, está claramente definida; pero al cristiano solamente se le ruega por las misericordias de Dios, y se espera que todo lo haga con entera *voluntad* (Ef. 4:1-3; Ro. 12:1, 2). Es muy poco, entonces, lo que habría que discutir sobre cómo debiera ocuparse el creyente cristiano que esté bien adoctrinado y lleno del Espíritu (la Escritura supone que todo cristiano normal siempre está bien adoctrinado y lleno del Espíritu) en el día del Señor, en el cual se conmemora la resurrección de Cristo y la Nueva Creación. En el caso en que el hijo de Dios no esté rendido a El, la observancia de un día, sin voluntad sincera, no le corregirá sus deseos carnales, ni tampoco agradará a Dios. El problema entre Dios y el cristiano carnal no se resuelve con acciones externas, sino mediante el rendimiento de la vida a Dios.

Al terminar esta discusión con respecto a la verdad de que Dios ha introducido un nuevo día, que está en armonía con la Nueva Creación, y que sirve para conmemorar el evento que dio comienzo al nuevo orden, es decir, la resurrección de Cristo, sólo nos resta afirmar que, como la Nueva Creación es un objetivo divino para esta era, y como los pactos con Israel están suspendidos hasta que este objetivo divino se realice completamente, no solamente es razonable, sino imperativo, que el sábado con su propia significación, como celebración del antiguo orden, sea abrogado y sustituido por el día que corresponde al plan divino para esta era. Esto es, en realidad, lo que está divinamente establecido, y el nuevo día prevalece si la iglesia judaizada lo acepta o no lo acepta. No hay ningún punto en que las distinciones entre el judaísmo y el cristianismo lleguen a tal yuxtaposición como en la diferencia de sus días de conmemoración. Los judíos no escogieron el séptimo día; Jehová se lo escogió. Los cristianos tampoco escogieron el primer día; ese día también es una indicación de Dios, y la iglesia lo observó a pesar de la confusión que tenía con respecto a él. En efecto, el problema de los teólogos del pacto no es si se debe observar el séptimo día o el primero. Como no reconocen la Nueva Creación, que es de características celestiales, por cuanto ese reconocimiento estorbaría la teoría del pacto inmutable, lo mejor que ellos pueden hacer es dotar al día nuevo con los atributos que tenía el antiguo, y darle al nuevo ese nombre impropio, antitético y diametralmente opuesto al significado del día del Señor: *sábado cristiano.* ¡Bienaventurados los que entienden y hacen la voluntad de Dios con respecto al día que observan!

CONCLUSION

Todo esfuerzo que se haga para establecer la importancia de la doctrina de la resurrección de Cristo tiene que ser adecuado. Cuando la mente humana entiende la verdad con respecto a la posición exaltada a la cual llega el creyente en Cristo, mediante esta unión vital con el Cristo resucitado, es cuando dicha mente puede penetrar algo en la significación de la gloriosa *anástasis* de Cristo.

CAPITULO XI

LA ASCENSION Y EL MINISTERIO ACTUAL DEL CRISTO ENCARNADO

Aquí el estudiante atento del Sagrado Texto vuelve a confrontarse con grandes doctrinas que caracterizan esta edad, y con ministerios de Cristo que han sido generalmente descuidados por los teólogos hasta el punto de que con ello deshonran el nombre de Cristo. Esto es cierto especialmente en el caso de la escuela teológica del pacto, los cuales, en defensa de una teoría fabricada por los hombres, tiene que evadir todo lo que distingue esta era, todas las supremas realizaciones de Dios, pues de lo contrario, la monotonía del supuesto pacto inmutable cae en el desorden y la confusión. ¿Para qué, entonces, se debe hacer hincapié en las infinitas realizaciones del ministerio actual de Cristo, cuando, según esa teoría, los santos de las épocas pasadas fueron bendecidos igualmente con los santos de nuestra era? Sin embargo, sin que sirvan de ayuda a la teoría formulada por los hombres, estos ministerios que caracterizan esta edad están registrados en la Palabra de Dios. No es falta pequeña la de los teólogos que descuidan los actuales ministerios de Cristo, que son de inmensas consecuencias. El infortunado efecto de ese descuido es el de que la mayoría de los estudiantes aceptan, sin inconveniente y sin investigación de ninguna clase, la posición de esos maestros. Aun los mismos maestros caen en los moldes de sus propios instructores. Por esta razón, hay muy poca esperanza de que ellos hagan una nueva y digna reconsideración de la interpretación bíblica. El estudiante, naturalmente, considera que cualquier verdad que descuide su profesor no tiene gran importancia ni tampoco es peligrosa. Para muchos, el único sistema de interpretación que es ortodoxo es el que recobraron los reformadores, o el que procede de la antigua declaración doctrinal. Hay, sin embargo, un gran cuerpo de verdad que los reformadores no pudieron considerar, y que no encuentra en los credos antiguos. Esta parte de la verdad es la que han sacado a luz los expositores sinceros de la Palabra de Dios en tiempos posteriores a la Reforma. Puesto que estos expositores son tan capaces en el campo del análisis de la verdad revelada como lo fueron los reformadores, el resultado de su labor debe someterse por lo menos a cierta consideración. Entre los hombres ortodoxos se han desarrollado dos escuelas: una que concreta toda su doctrina a los hallazgos de los hombres desde el mismo principio del protestantismo y otra que, aunque acepta la enseñanza sana de los reformadores reconoce que, en tiempos posteriores a la Reforma, se ha agregado mucha luz a la interpretación de la Palabra de Dios (por el ministerio del Espíritu que ha continuado), y que estas nuevas contribuciones son tan dignas de consideración como las de los hombres de tiempos precedentes. La primera de estas escuelas ha considerado la verdad vital presentada por la otra como especulativa, precaria o peligrosa. Sin embargo, el ministerio actual de Cristo, así como su resurrección y la doctrina de la Iglesia que nos presenta Pablo, tienen que ser reconocidas, pesadas y consideradas ampliamente, sin tener en cuenta las teorías ni los prejuicios de los hombres, en cualquier obra de teología que afirma ser completa. Como lo sugiere el título de este capítulo, hay dos aspectos de la verdad relativa a Cristo que hemos de considerar: su ascensión y su actual ministerio. Los dos aspectos están suficientemente relacionados, lo cual nos permite combinarlos en esta división.

I. LA ASCENSION DE CRISTO

La importancia doctrinal de la ascensión de Cristo no reposa tanto en su partida de este mundo como en su llegada al cielo. Debemos, sin embargo, ponerle cierta atención a su partida de este mundo, pues ocupa un lugar prominente en la narración histórica de la Biblia. El tema de la ascensión de Cristo se puede dividir en relación con dos eventos: la ascensión en la mañana de la resurrección, y la ascensión definitiva cuarenta días después de la resurrección.

1. LA ASCENSION EN LA MAÑANA DE LA RESURRECCION. Aunque es probable que Cristo haya estado residiendo en el cielo desde la misma mañana de la resurrección en adelante, y que solamente regresó a la tierra para establecer contacto con sus seguidores (comp. Jn. 17:16) –y si así fue, hubo varias ascensiones– generalmente se cree, sin embargo, tal vez sin considerar el asunto seriamente, que Cristo permaneció aquí en la tierra hasta el día de su despedida definitiva cuando ascendió en las nubes del cielo (Hch. 1:9-11). A muchos, por tanto, la idea de que Cristo ascendió en la mañana de la resurrección puede causarles sorpresa. En las Escrituras se indica muy bien que hubo una ascensión inmediatamente después de la resurrección; y hay certeza de que esa fue la ascensión en la cual se cumplió lo que simbolizaba el tipo del Antiguo Testamento. La doctrina de la inmediata ascensión se descubre al comparar dos pasajes. Está escrito que cuando Cristo salió de la tumba, se encontró

con María, la cual, con devoción extática quiso abrazar sus pies y tocar al Señor. Cristo le dijo las siguientes palabras bondadosas: "No me toques, porque aún no he subido a mi Padre; mas vé a mis hermanos, y diles; Subo a mi Padre y a vuestro Padre, a mi Dios y a vuestro Dios" (Jn. 20:17). Sin embargo, en el relato que Lucas nos da de la resurrección, se afirma que el mismo día en el cual resucitó, y en la noche, no solamente apareció en medio de los aterrados discípulos, sino que también les dijo: "¿Por qué estáis turbados, y vienen a vuestro corazón estos pensamientos? Mirad mis manos y mis pies, que yo mismo soy; palpad, y ved; porque un espíritu no tiene carne ni huesos, como veis que yo tengo. Y diciendo esto, les mostró las manos y los pies" (Lc. 24:38-40). Aunque no se nos indica por qué El no podía ser tocado antes de la ascensión, ha habido especulación al respecto, que es muy poco lo que ha logrado. Es suficiente saber que El no estaba dispuesto a hacer contacto con ninguna cosa de esta tierra, por lo menos hasta que todo lo que se le exigía a su gran misión redentora se hubiera cumplido, y que su sacrificio eficaz hubiera sido presentado formalmente en el cielo. Es difícil creer que no hubo una sagrada continuidad entre su muerte y su presentación en el cielo, la cual no permitió que El tuviera contacto con este mundo. Habiendo abandonado su antigua relación con sus seguidores, mediante la muerte y la resurrección, no podía entrar en una nueva y final relación con ellos, hasta haber completado toda la Redención y haberla presentado en el cielo. Claramente se puede deducir que, puesto que El no se dejó tocar en la mañana, hasta que hubiera ascendido, y, sin embargo, El mismo les dijo a sus discípulos en la noche del mismo día: "palpad", El ascendió al cielo durante el día. El ascendió inmediatamente después de salir de la tumba, y regresó para manifestarse a sus seguidores el mismo día. ". . . vé a mis hermano, y diles: Subo a mi Padre . . ." Esta declaración significa que estaba a punto de ascender. Si ésta hubiera sido una referencia a su ascensión final, no hubiera habido necesidad de que María les llevara ese mensaje a los discípulos, puesto que El mismo tenía cuarenta días completos durante los cuales les podía dar las noticias personalmente. De las dos ascensiones que se registran, la que tiene mayor significación doctrinal es la de la mañana de la resurrección. El le había dicho a su Padre en la oración intercesora: "Pero ahora voy a ti" (Jn. 17:13); y este regreso al Padre, no solamente es importante en la historia del universo, sino que es el suceso que está en orden después del Calvario. El había venido del Padre con el propósito de lograr la Redención de los hombres (He. 10:4-7), y ahora vuelve al Padre, al sitio que le pertenece por derecho y título. Su ascensión no fue una penetración a regiones inexploradas: fue el regreso triunfal al hogar. La imaginación humana se queda sin recursos para describir la bienvenida, la reunión y el éxtasis celestial que han debido producirse cuando El regresó. El Amado, en el cual el Padre siente complacencia, regresaba; pero eso no es todo: ¡El regresaba de cumplir la obra más grande que pueda existir, con la cual se había cumplido el deseo del Padre y la obediencia del Hijo se había hecho realidad!

El Hijo de Dios cumplió ciertas realizaciones por medio de su ascensión. Estas son las que le dan forma al significado doctrinal del evento. Hasta donde se le pueda atribuir sentimiento a la Deidad, se puede reconocer como cierto que hubo un gran gozo celestial cuando el Hijo regresó de la tierra. Este gozo ha debido tener su manifestación completa cuando El ascendió la primera vez, directamente desde la tumba. Su presencia –maravillosa, más que cualquier cosa que los ángeles hubieran visto antes– se convirtió en la gloria principal del mismo cielo, y así permanecerá para siempre. Pero, desde el punto de vista doctrinal, la primera ascensión explica el cumplimiento de dos predicciones que se habían hecho mucho tiempo antes, en el Antiguo Testamento, y cómo llegaron a ser eternas realidades.

a. CRISTO ENTRO AL SANTUARIO CELESTIAL. El autor de la *Epístola a los Hebreos,* al tratar solamente sobre el significado simbólico del día de la expiación, en el cual todas las cosas se purificaban con sangre, y especialmente sobre el significado de la entrada del sumo sacerdote en el Lugar Santísimo, no sin sangre, nos dice: "Fue, pues, necesario que las figuras de las cosas celestiales fuesen purificadas así; pero las cosas celestiales mismas, con mejores sacrificios que éstos. Porque no entró Cristo en el santuario hecho de mano, figura del verdadero, sino en el cielo mismo para presentarse ahora por nosotros ante Dios" (He. 9:23, 24). No se puede levantar gran dificultad en relación con la revelación de que las cosas mundanas se purificaban con sangre. El mismo autor escribe sobre este asunto: "Porque habiendo anunciado Moisés todos los mandamientos de la ley a todo el pueblo, tomó la sangre de los becerros y de los machos cabríos, con agua, lana escarlata e hisopo, y roció el mismo libro y también a todo el pueblo, diciendo: Esta es la sangre del pacto que Dios os ha mandado. Y además de esto, roció también con la sangre el tabernáculo y todos los vasos del ministerio. Y casi todo es purificado, según la ley, con sangre; y sin derramamiento de sangre no se hace remisión" (He. 9:19-22). Es evidente que, así como la sangre simbólica de los animales servía para purificar las cosas del santuario terrenal, así la entrada de Cristo al cielo – simbolizada por medio de la entrada del sumo sacerdote al Lugar Santísimo y el rociamiento del lugar de la propiciación– sirvió en cierto sentido que no está completamente revelado, para purificar "las cosas celestiales" con "mejores sacrificios." Se han propuesto muchas interpretaciones con respecto a esta purificación celestial. F. W. Grant hace un análisis extenso de este pasaje, en su obra *The Numerical Bible* (*La Biblia Numérica*), que clarifica este asunto en varios aspectos. Estas son sus palabras:

"Las cosas que señalaba el sistema levítico se cumplen ahora, en el verdadero día de la Expiación, cuando el gran sumo Sacerdote de un mejor Tabernáculo entra en el Santuario '. . . no por sangre de machos cabríos ni de becerros, sino por su propia sangre,' con lo cual logra una Expiación que no dura solamente un año, sino una 'eterna redención.' Así, el adorador tiene al fin su consciencia purificada de obras muertas, de aquello que no tenía sabor de vida; que, por tanto, no podía satisfacer al Dios viviente. Así se reemplaza el legalismo del antiguo pacto por la gracia del nuevo. Se asegura la herencia eterna para los que son llamados por la gracia del Evangelio. Cristo es así el sumo Sacerdote de las cosas buenas que estaban prefiguradas en el judaísmo, cosas venideras, hacia las cuales señalaban las figuras, pero nada más. El tabernáculo es uno mejor y más perfecto, 'no hecho de manos', es decir, que no corresponde a la antigua creación. La sangre de los toros y de los machos cabríos fue reemplazada por la sangre de Cristo, en virtud de lo cual, El entró en el Lugar Santísimo una sola vez, con lo cual obtuvo 'eterna redención.' El entró allí triunfante, por haber realizado esa Redención. Tal vez sea necesaria alguna aclaratoria sobre los antiguos tipos que aquí se nos interpretan, y también sobre su aplicación a las cosas que simbolizaba. El lugar de la misericordia, que estaba en el Lugar Santísimo, y que era el "propiciatorio" o sitio de propiciación, era el sitio donde se hacía la propiciación o expiación (la palabra es la misma en el hebreo del Antiguo Testamento y en la *Versión de los 70*) una vez cada año. De una vez surge la pregunta: ¿En qué forma afecta esto a la propiciación que se hace por nosotros en el cielo, o que por lo menos en cierto sentido se hizo cuando Cristo entró allí? Es evidente que para Israel, la sangre que se colocaba sobre el propiciatorio era la condición fundamental para todas sus bendiciones. La expiación o propiciación se hacía entonces '. . . por el santuario santo, y el tabernáculo de reunión; . . . por el altar, por los sacerdotes y por todo el pueblo de la congregación' (Lv. 16:33).

En tanto que esto, y solamente esto, constituía el día de la expiación, sin lo cual no podía ofrecer legalmente ningún otro sacrificio, ni Dios podía permanecer con ellos en ninguna forma. ¿No hay nada, entonces, en esencia, que sirva de cumplimiento de estos símbolos, que sirva de cumplimiento del símbolo que constituía la sangre que se colocaba sobre el propiciatorio, en forma igual al modo en que un trono simboliza para nosotros el "trono de la gracia"? ¿O se refiere este tipo solamente a la cruz y a lo que allí se hizo? ¿Y en cierto sentido no se llevó la sangre al cielo para que fuera aceptada por Dios? Ahora bien, hay otra pregunta con la cual podemos responder, que, aunque es sumamente sencilla, merece consideración seria. ¿Puede concebir alguno que nuestro Señor haya llevado literalmente su sangre al cielo? Claro que esto se niega de inmediato, y queda la sorpresa de que alguien se haya atrevido a pensar tal cosa. Estas son figuras, se dirá con toda razón, y se han de comprender figuradamente.

A esto podemos agregar lo que declara el apóstol con respecto a dichas figuras: que ellas no son ni siquiera 'la imagen misma' de lo que representan. Esto no debe tomarse como licencia para evadir la consideración honesta y consecuente de los mismos términos en los cuales le ha placido a Dios revelarnos sus cosas, como se ha dicho muchas veces. No obstante, ese hecho hay que reconocerlo y tomarlo en cuenta. ¿Qué pudiera significar para nosotros la aplicación de la sangre a diversos objetos a los cuales se aplicaba en el rito levítico? Cuando el sumo sacerdote terminaba su oficio en el tabernáculo, salía al altar (del holocausto) a aplicar la sangre igualmente allí. ¿Debemos entender esto como una presentación posterior de la sangre para la aceptación, en relación con lo que simboliza el altar? Claro que esto no puede ser así. El Altar era el lugar en que se ofrecían los sacrificios diarios de Israel, y la sangre que se colocaba sobre él para la propiciación sencillamente establece la justicia de Dios al aceptar lo que allí se hacía. En la misma forma, la que se colocaba sobre el propiciatorio establecía la justicia de Dios al continuar morando en medio de un pueblo pecaminoso. En ambos casos, la sangre era la que hacía la propiciación (Lv. 17:11); y la aplicación de la sangre no le daba más eficacia a la propiciación, sino que simplemente revelaba su eficacia en ciertas relaciones particulares. Era una de esas lecciones objetivas de las cuales consistía el servicio ritual, y que se podían presentar como un gran esfuerzo para lograr en ellos cierta clase de exactitud de la cual carecían. Así, por ejemplo, el hecho de que el fuego continuaba sobre el altar después de la inmolación de la víctima, hacía que muchos hablaran de los sufrimientos expiatorios del Señor, *después* de la muerte. Se ha olvidado en tales casos que *ninguna parábola puede enseñar doctrina.* Tenemos que hallar en otra parte de la Escritura la doctrina que ilustra el símbolo, antes de usarlo como base para alguna aplicación justa. Y es precisamente aquí donde, aquella doctrina que se ha pensado que se halla en las Escrituras en relación con ese símbolo, está absolutamente ausente. ¿En qué otra parte podemos esperar hallar dicha doctrina, sino en los *Hebreos,* donde claramente dice el escritor que está tratando sobre el día de la expiación en toda esa parte del libro? ¿Y dónde se encuentra en los *Hebreos* o en cualquiera otra parte del Nuevo Testamento que Cristo entró al cielo para hacer allí propiciación? ¿Dónde se nos dice que El presentó su obra a Dios para que fuera aceptada, o para rociar sangre, en algún sentido, sobre el trono eterno? Aquí se nos da una enseñanza completamente diferente; es decir, que Cristo entró una sola vez al Lugar Santísimo, *habiendo obtenido* eterna Redención. Como había resucitado de los muertos, subió a la gloria del Padre, y entró una sola vez, no la segunda vez. La propiciación, por tanto, ya la había cumplido; la resurrección había sido la evidencia de que el rescate se había aceptado; nada quedaba por hacer en este sentido. La virtud de la sangre se reveló en todo, aun cuando el velo típico del santuario se rompió en el Calvario, antes de dar otro paso en la jornada triunfal. Todo esto es tan consecuente y posible, y tan claro como debe ser. Si alguien pregunta: ¿Entonces, no tenemos ningún cumplimiento simbólico estrechamente relacionado con el oficio sacerdotal de Cristo en el trono? la respuesta es que la realidad trasciende el símbolo; porque el trono no solamente ha venido actuando con poder en todo el trayecto, sino que el gran sumo Sacerdote, 'habiendo efectuado la purificación de nuestros pecados por medio de sí mismo, se sentó a la diestra de la Majestad en las alturas' , *sobre* el trono, "a la diestra del trono de la Majestad en los cielos." Ya no se necesita sangre para garantizarnos que el trono sobre el cual se sienta el que la derramó, es el trono de la gracia triunfante y gloriosa. *Cristo está allí,* según se nos dice en la *Epístola a los Romanos (3:25),* 'como propiciación' , es decir como un propiciatorio, 'por medio de la fe en su sangre.' En el cielo, pues, Cristo mismo es el Propiciatorio sobre el cual se roció la sange. El Nuevo Testamento, aunque confirma e interpreta el Antiguo, sin embargo, va mucho más adelante. Este es un principio importante de interpretación. ¿Dónde podemos hallar esto, sino a la luz que irradia desde los cielos abiertos? "*Hebrews to Revelation (Hebreos a Apocalipsis),* segunda edición, págs. 50-52.

Como se ve claramente, el Sr. Grant ha considerado profundamente todo lo que implica el problema relativo a la enseñanza de que Cristo llevó su sangre al cielo. Este problema surge por el hecho de que la terminología indica una limpieza —purificación de las cosas celestiales mediante un sacrificio mejor— por medio de sangre. En todo caso, el hecho histórico de que Cristo derramó su sangre es el único que se acepta como base para la purificación del cielo; ¿o es la sangre real que fue llevada al cielo? Es probable que no se nos haya revelado lo suficiente para que lleguemos a un entendimiento claro y a una solución del problema. Los dos tipos que entran en este asunto son específicos: (a) El de las dos avecillas, la segunda de las cuales era sumergida en la sangre de la primera, y luego era soltada; todo el rito era un símbolo de la resurrección de Cristo, de su ascensión al cielo, y del hecho de que El llevó consigo sangre; (b) la entrada del sumo sacerdote en el Lugar Santísimo, el día de la expiación, y la aplicación que él hacía con la sangre en el propiciatorio. Es cierto que la sangre llega a ser la base de la propiciación; pero eso no es lo que simbolizan estos tipos. Permanece el hecho, en ambos tipos, de que la sangre es llevada al cielo por una de las avecillas, o al simbólico santuario terrenal por el sumo sacerdote. En este ultimo ejemplo es claro el hecho de que el terrible trono de juicio se convierte en el trono de la gracia.

b. CRISTO LAS PRIMICIAS. C.H. McKintosh escribe con respecto a Levítico 23:9-14:

"La bella ordenanza de la presentación de una gavilla de primicia simbolizaba la resurrección de Cristo, Quien, 'Pasado el día de reposo, al amanecer del primer día de la semana', se levantó triunfante de la tumba, con lo cual completó su gloriosa obra de Redención. La suya fue una 'resurrección *de entre* los muertos'; y en ella tenemos a la vez la señal y el símbolo de la resurrección de su pueblo. 'Cristo, las primicias; luego los que son de Cristo, en su venida.' Cuando Cristo venga, su pueblo resucitará 'de entre los muertos' (ἐκ νεκρῶν—, es decir, resucitarán aquellos que hayan dormido en Jesús; 'pero los otros muertos no volvieron a vivir hasta que se cumplieron mil años' (Ap. 20:5). Cuando, inmediatamente después de la transfiguración, nuestro bendito Señor habló de que El iba a resucitar *de entre los muertos,* sus discípulos se preguntaron entre sí qué podría significar eso (véase Marcos 9). Todo judío ortodoxo creía en la doctrina de la 'resurrección de los muertos' [ἀνάστασις νεκρῶν]; pero los discípulos no pudieron comprender la idea de la 'resurrección de entre los muertos' [ἀνάστασις ἐκ νεκρῶν]. Sin duda que son muchos los discípulos que ha habido desde entonces que han tenido considerable dificultad con respecto a este misterio tan profundo. Sin embargo, si el lector estudia con oración, y compara 1 Corintios 15 con 1 Tesalonicenses 4:13-18, logrará muchas enseñanzas preciosas con respecto a esta verdad práctica que es supremamente interesante. También conviene que consulte la relacion de esos pasajes con Romanos 8:11: 'Y si el Espíritu de aquel que levantó de los muertos (*ἐκ νεκρῶν*) a Jesús mora en vosotros, el que levantó de los muertos a Cristo Jesús vivificará también vuestros cuerpos mortales por el Espíritu que mora en vosotros.' De todos estos pasajes se deduce que la resurrección de la Iglesia se basa en el mismo principio en que se basó la resurrección de Cristo. Tanto de la Cabeza como del cuerpo se nos dice que resucitan 'de entre los muertos.' La primera Gavilla y todas las gavillas que le siguen están moralmente relacionadas . . . 'Y contaréis desde el día que sigue al día de reposo, desde el día en que ofrecisteis la gavilla de la ofrenda mecida; siete semanas cumplidas serán. Hasta el día siguiente del séptimo día de reposo contaréis cincuenta días; entonces ofreceréis el nuevo grano a Jehová. De vuestras habitaciones traeréis dos panes para ofrenda mecida, que serán de dos décimas de efa de flor de harina, cocidos con levadura, como primicias para Jehová' (Lv. 23:15-17). Esta es la fiesta de Pentecostés –y es un símbolo del pueblo de Dios, que se reúne por obra del Espíritu Santo, y se presenta ante el Señor, para manifestar toda la preciosidad de Cristo. La pascua simboliza la muerte de Cristo, la gavilla de primicia simboliza la resurrección, y la fiesta de Pentecostés, el descenso del Espíritu Santo a formar la Iglesia. Todo esto es divinamente perfecto. La muerte y la resurrección de Cristo tenían que cumplirse antes que se formara la Iglesia. La gavilla se ofrecía primero, y luego se horneaban los panes. Y observemos: los panes tenían que ser 'cocidos *con levadura*'. ¿Y eso, por qué? Porque los panes eran un símbolo de aquellos que, aunque estarían llenos del Espíritu Santo, y adornados con sus dones y gracias, sin embargo tendrían el *mal* morando en ellos. La reunión del día de Pentecostés, que se debió al valor completo de la sangre de Cristo, fue coronada con los dones del Espíritu Santo; sin embargo había también levadura. No hay ningún poder del Espíritu que pueda retirar el hecho de que el mal more también en el pueblo de Dios. El mal puede reprimirse y mantenerse fuera de la vista de los demás, pero está allí. Este hecho se prevé en el símbolo de la levadura en los dos panes, y se ha comprobado en la historia real de la Iglesia. Si bien, el Espíritu de Dios ha estado presente en la asamblea de los redimidos, la carne ha estado allí de la misma manera para contrariarlo. La carne es carne; nunca podrá ser otra cosa que no sea carne. El Espíritu Santo no vino el día de Pentecostés a mejorar la naturaleza, ni a desterrar el hecho del mal incurable, sino a bautizar a los creyentes cristianos en un cuerpo, y a conectarlos con su Cabeza viviente en el cielo" *Notes on Leviticus (Apuntes sobre Levítico)* edición americana, págs. 337-339 y 341, 342).

Así que, en su primera ascensión, habiendo terminado la obra de la Redención, Cristo apareció de inmediato en el cielo. El primer símbolo que se cumplió en la primera ascensión fue el de la entrada del sumo sacerdote en el Lugar Santísimo; y el segundo que se cumplió fue el de la gavilla de primicia en la cosecha.

2. LA ASCENSION DEFINITIVA EN LAS NUBES DEL CIELO. Es verdad que las dos ascensiones de Cristo, que se reconocen, pudieran considerarse en la Escritura, y a menudo así se consideran,

como un solo evento. La primera, sin embargo, como ya se ha indicado, fue aquella en que se cumplió formalmente la presentación de acuerdo con el símbolo. La segunda representa la partida visible y definitiva de la tierra al cielo, para sentarse en el trono de su Padre. Según la cita de F. W. Grant, el hecho de sentarse en el trono se identifica con su presentación en el cielo. Sin duda, en cierto sentido, Cristo, al llegar al cielo, fue saludado como el Ocupante del trono, en su primera ascensión; pero ése no pudo ser el momento de entrar a ocupar definitivamente el trono. Las misiones que desempeñó en la tierra durante los siguientes 40 días le impedían hacer eso.

Aquí surge la pregunta sobre si la gloria de Cristo estuvo velada en alguna forma durante los 40 días de sus apariciones, como lo estuvo durante la primera parte de su ministerio. Para poner un poco de luz sobre este asunto, podemos recordar que el apóstol Juan había visto a Cristo en su bautismo, en su ministerio terrenal, en la transfiguración, en su muerte, en la resurrección, y en sus posteriores apariciones; sin embargo, cuando él vio a Cristo en el cielo, en su gloria presente, como lo verán todos sus seguidores, Juan cayó a sus pies como muerto. El mismo nos dice sobre esta experiencia: "Cuando le ví caí como muerto a sus pies. Y él puso su diestra sobre mí, diciéndome: No temas; yo soy el primero y el último; y el que vivo, y estuve muerto; mas he aquí que vivo por los siglos de los siglos, amén. Y tengo las llaves de la muerte y del Hades" (Ap. 1:17, 18). De aquí se deduce que, aunque todos los que vieron a Cristo después de la resurrección pudieron reconocerlo, relacionarlo con su apariencia anterior, y soportar la visión de su Señor, sin embargo, durante estos 40 días de apariciones, su gloria estaba velada hasta cierto punto.

Aunque según los dos aspectos que estamos siguiendo en la revelación concerniente a la ascensión de Cristo, cada evento se caracteriza por realizaciones y sucesos peculiares, hay partes de la Escritura en las cuales se presenta la ascensión como un evento completo. Debemos considerarlas:

Salmo 66:18. "Subiste a lo alto, cautivaste la cautividad, tomaste dones para los hombres, y también para los rebeldes, para que habite entre ellos JAH Dios."

Este pasaje, que es el que cita Pablo en Efesios 4:8, logra el siguiente comentario de Erling C. Olsen:

"Observemos que el versículo 8 del capítulo 4 de Efesios es una cita directa del versículo 18 del capítulo 68 de los Salmos. David dijo en ese versículo: "Subiste a lo alto, cautivaste la cautividad, tomaste dones para los hombres . . . " ¿De quién estaba hablando David? El apóstol Pablo, por medio del Espíritu Santo, no dice que David estaba hablando del Señor Jesús, pues Pablo declara: "El que descendió, es el mismo que también subió por encima de todos los cielos para llenarlo todo." En otras palabras, ¡el Jehová del Antiguo Testamento es el Señor Jesús del Nuevo Testamento! El es el que descendió primero a las partes más bajas de la tierra, para poder librar a los que estaban allí cautivos. Luego, *El ascendió,* y llevó consigo los despojos de su triunfo. Y ahora desde su puesto en las alturas de los cielos, El ha enviado dones a los hombres. A unos les ha enviado el don del apostolado; a otros, el de evangelista; a otros, el de pastores; y a otros el de maestros. ¿Con qué propósito? Para la perfección de los santos, para la obra del ministerio, para la edificación del cuerpo de Cristo" *Meditations in the Psalms (Meditaciones en los Salmos)*, Vol. I, pág. 494.

Proverbios 30:4. "¿Quién subió al cielo, y descendió? ¿Quién encerró los vientos en sus puños? ¿Quién ató las aguas en un puño? ¿Quién afirmó los términos de la tierra? ¿Cuál es su nombre, y el nombre de su hijo, si sabes? "

El Dr. H. A. Ironside escribe lo siguiente con respecto a este pasaje:

" ¡Cuan grande es la ignorancia de los hombres cultos cuando se encuentran frente a preguntas de esta naturaleza! De inmediato nos acordamos del reto que el Señor hizo a Job, el cual se encuentra en los capítulos 38 y 39 del libro que lleva el nombre de éste. En el mejor de los casos, el conocimiento humano es el más circunscrito y restringido. Nadie puede contestar las preguntas que se hacen aquí, sin contar con la revelación divina. La primera de estas preguntas no halló nunca respuesta, hasta que Cristo pronunció las siguientes palabras con respecto a Sí mismo en Juan 3:13: 'Nadie subió al cielo, sino el que descendió del cielo; el Hijo del Hombre, que está en el cielo.' El fue el que descendió del cielo, como está escrito: 'Y eso de que subió, ¿qué es, sino que también había descendido primero a las partes más bajas de la tierra? El que descendió, es el mismo que también subió por encima de todos los cielos para llenarlo todo' (Ef. 4:9, 10). ¡Es mucho, en realidad lo que tiene el creyente cristiano en la preciosa verdad relacionada con el descenso y la ascensión de Cristo! El murió en la cruz por nuestros pecados; llevó sobre El el justo juicio de Dios. Allí El tomó la terrible copa de la ira, la cual no hubiera podido agotarse por toda la eternidad. Pero, por ser El Quien fue, El pudo apurar la copa, y agotar la ira; y no dejó nada, sino bendición para todos los que confían en El. El murió, y fue sepultado; pero Dios lo levantó de entre los muertos, y triunfalmente, El ascendió a la gloria. Enoc fue trasladado para que no viera la muerte. Elías fue trasportado en un carro de fuego, y llevado en un torbellino al cielo. Pero ninguno de estos subió por su propio poder. Jesús, habiendo terminado su obra, y habiendo cumplido su ministerio en la tierra, ascendió por voluntad propia, pasando por las capas superiores del aire así como anduvo sobre las aguas. El hecho de que El ascendió y fue recibido por la nube de la Majestad divina –*Shekinah*– da testimonio de la perfección de su obra para quitar los pecados de los que creen en El. Cuando El estuvo en la cruz, '. . . Jehová cargó en él el pecado de todos nosotros.' El no pudiera estar ahora en la presencia de Dios, si todavía tuviera algún pecado sobre Sí. Pero todos han sido colocados en la cuenta, y luego quitados para siempre, de tal modo que no pueden volver a aparecer. Por tanto, El subió al cielo, con el poder de su sangre, cuando había consumado la eterna Redención. 'Por lo cual dice: Subiendo a lo alto, llevó cautiva la cautividad, y dio dones a los hombres ' (Ef. 4:8). El había realizado su obra 'para destruir por medio de la muerte al que tenía el imperio de la muerte, esto es, al diablo, y librar a todos los que por el temor de la muerte estaban durante toda la vida sujetos a servidumbre" (He. 2:14, 15). El Espíritu Santo no le señala al temeroso y angustiado pecador, los sacramentos de la iglesia, ni las ordenanzas, ni los mandamientos legales, ni las obras, ni los sentimientos; sino que le señala al Cristo ascendido que está sentado en la Majestad de la gloria. '. . .la justicia que es por la fe dice así: No digas en tu corazón: ¿Quién subirá al cielo? (esto es, para traer abajo a Cristo); o, ¿quién descenderá al abismo? (eso es, para hacer subir a Cristo de entre los muertos). Mas ¿qué dice? Cerca de ti está la palabra, en tu boca y en tu corazón. Esta es la Palabra de fe que predicamos: que si confesares con tu boca que Jesús es el Señor, y creyeres en tu corazón que Dios le levantó de los muertos, serás salvo. Porque con el corazón se cree para justicia, pero con la boca se confiesa para salvación' (Ro. 10:6-10). Cristo llevó nuestros pecados en la cruz. El murió por ellos. El se levantó de entre los muertos en señal de la infinita satisfacción de Dios por la obra que El cumplió. El ascendió al cielo, y el hecho de que haya ocupado el trono de Dios, como Hombre en la gloria, es prueba positiva de que nuestros pecados han sido perdonados para siempre. Cuando creemos esto, tenemos paz profunda y duradera. El que realizó esta obra es uno con el Padre. El hombre, como criatura caída, no tuvo parte en la obra de la Redención, sino en el sentido de haber cometido los pecados por los cuales murió el Salvador. Cuando el creyente cristiano reconoce que todo esto lo hizo Cristo y que eso es lo que agrada a Dios, entonces, y solamente entonces, se le aplica a su alma la majestad de la obra de la cruz. La pregunta '¿Cuál es su nombre, y el nombre de su hijo, si sabes?' halla su respuesta en la revelación del Padre y del Hijo en el Nuevo Testamento" *Notes on Proverbs (Apuntes sobre los Proverbios),* págs. 435-439.

Juan 3:13. "Nadie subió al cielo, sino el que descendió del cielo; el Hijo del Hombre, que está en el cielo."

Aunque este pasaje no trata directamente sobre la ascensión de Cristo, sin embargo, se refiere al justo puesto que le corresponde a Cristo en el cielo, y es una predicción de su regreso al cielo de donde vino. Sobre este versículo escribe Dean Alford:

"Este versículo parece tener amplia conexión con *Proverbios 30:4,* '¿Quién subió al cielo, y descendió?'. Es posible que un sabio doctor de la ley haya recordado este versículo –Nicodemo, al cual se dirigieron las palabras que estamos estudiando– especialmente la segunda pregunta: '¿Quién encerró los vientos en sus puños?' El versículo de Proverbios termina: '¿Cuál es su nombre, y el nombre de su hijo, si sabes?' (comp. Dt. 30:12; Ro. 10:6-8). Todos los esfuerzos de quitarle a este versículo su sentido natural son fútiles y ridículos. El Hijo del Hombre, el Señor Jesucristo, el Verbo hecho carne, *está en el cielo* y *vino del cielo* –mientras El estuvo *en la tierra,* estaba *en el cielo* (los cielos lo rodeaban, y El era el mismo cielo que había establecido su residencia en la tierra, según Juan 1:51)– y ascendió al cielo cuando partió de esta tierra. Mediante todas estas pruebas, que hablan en lenguaje profético de la Redención consumada, el Señor demuestra que solamente El puede hablarles de las *cosas celestiales* a los hombres, o comunicarles la bendición del nuevo nacimiento. Recordemos que El habla en este momento con *previsión de los resultados* de su vida y de sus sufrimientos en la tierra; previsión del modo de regeneración y salvación que Dios ha de realizar por medio de El. Por tanto, El trata en todo este pasaje los grandes hechos de la Redención como si ya *se hubieran cumplido,* y hace anuncios sobre los cuales no se podía actuar literalmente hasta que esos hechos se hubieran cumplido. El versículo 14 y los siguientes, cuyo significado se hubiera perdido, a menos que la declaración *'subió al cielo'* se refiera a su exaltación como Príncipe y Salvador 'que está en el cielo', deben observarse cuidadosamente. El versículo también afirma que el Señor "está en el cielo", en el momento en que pronunció esas palabras (comp. Jn. 1:51). Así, el Señor encierra majestuosamente toda su vida y la humillación en su carne, entre su descenso y su ascensión, y esa es la característica que le atribuye. Puesto que estaba unido con Dios, cuya morada es el cielo, y con el hombre, que vive en la tierra, El, aunque estaba en la tierra, siempre estaba en el cielo. Estrechamente relacionada con esta verdad está la transición de la fuente de la vida a su Ser (v. 14; comp. 1 Co. 15:47-50). En estos versículos se declara la misma relación en forma sorprendente. Explicar expresiones como *'subir al cielo'* y otras, como simples *metáforas hebreas* (Lücke, De Wette, etc.), no es otra cosa que decir que las metáforas hebreas se basan en una profunda comprensión de la verdad divina: en efecto, estas palabras expresan *las verdades sobre las cuales se estructuran las metáforas hebreas.* Tenía mucha razón Socinio cuando dijo que los que interpretan la expresión 'subió al cielo' en sentido metafórico, para ser consecuentes, tienen que interpretar metafóricamente también la otra expresión del mismo versículo: 'el que descendió del cielo'; 'el descenso y el ascenso deben ser ambos de la misma clase'" *New Testament for English Readers (Nuevo Testamento para Lectores de Habla Inglesa),* Vol. I, pág. 484.

Efesios 1:20-23. "La cual operó en Cristo, resucitándole de los muertos y sentándole a su diestra en los lugares celestiales, sobre todo principado y autoridad y poder y señorío, y sobre todo nombre que se nombre, no sólo en este siglo, sino también en el venidero; y sometió todas las cosas bajo sus pies, y lo dio por cabeza sobre todas las cosas a la iglesia, la cual es su cuerpo, la plenitud de Aquel que todo lo llena en todo."

En esta Escritura se mide el alcance de la ascensión de Cristo. No solamente abandonó la tumba y regresó a su lugar de origen, sino que fue exaltado sobre todos los seres, y se le otorgó toda autoridad en el cielo y en la tierra. Sin embargo, allí está presente su humanidad. Hay un *Hombre* en la gloria. El retendrá su humanidad glorificada para siempre.

Efesios 4:8-10. "Por lo cual dice: Subiendo a lo alto, llevó cautiva la cautividad, y dio dones a los hombres. Y eso de que subió, ¿qué es, sino que también había descendido primero a las partes más bajas de la tierra? El que descendió, es el mismo que también subió por encima de todos los cielos para llenarlo todo."

Los escritores que hemos citado se han referido ampliamente a esta porción. Este texto se refiere a todo el movimiento de descenso hasta la tierra y hasta la muerte; y luego, todo el movimiento de regreso con los innumerables frutos de su Victoria. En el Nuevo

Testamento se hace mucho énfasis en la supereminente grandeza de la ocasión en la cual vino al mundo. Pero, en este pasaje, como en otros, se señala el hecho, igualmente grande, del regreso de Cristo a su puesto en la gloria, o sea su ascensión. La Biblia nos dice que, cuando El estaba a punto de abandonar el mundo, oró de esta manera: "Ahora pues, Padre, glorifícame tú para contigo, con aquella gloria que tuve contigo antes que el mundo fuese" (Jn.17:5).

Hechos 1:9-11. "Y habiendo dicho estas cosas, viéndolo ellos, fue alzado, y le recibió una nube que le ocultó de sus ojos. Y estando ellos con los ojos puestos en el cielo, entre tanto que él se iba, he aquí se pusieron junto a ellos dos varones con vestiduras blancas, los cuales también les dijeron: Varones galileos, ¿por qué estáis mirando al cielo? Este mismo Jesús que ha sido tomado de vosotros al cielo, así vendrá como le habéis visto ir al cielo."

Esta es la narración de los hechos históricos de la ascensión de Cristo, en términos sencillos. Habiendo explicado la demora divinamente prevista para la realización del reino terrenal de Israel (Hch.1:6,7), y habiendo definido el alcance de la responsabilidad de sus seguidores en este mundo y en esta era, y habiéndoles prometido que el poder del Espíritu Santo los capacitaría (Hch.1:8), Cristo se marchó al cielo. Esta escritura indica solamente el movimiento de El hasta donde podían observarlo los ojos humanos. El hecho de que El ascendió sobre todo principado y autoridad de la administración angélica, de que El asumió amplia autoridad, de que El se sentó en el trono del Padre, tiene que buscarse en otra parte del Nuevo Testamento. De gran significación es el hecho de que sus últimas palabras en este mundo fueron una declaración con respecto al reino de Israel para indicar que, aunque Dios no ha abandonado su plan, el tiempo de su realización se pospone indefinidamente según la comprensión humana, pero está completamente determinado en la mente y en el plan de Dios. También dio una declaración con respecto a la era presente que, aunque es completamente indefinida con respecto a tiempo, había de caracterizarse por la fe en el testimonio que se diera de El, por medio del poder del Espíritu Santo. Esos temas eran sumamente apropiados para el momento definitivo de su partida, y siempre lo serán. La actividad y las responsabilidades de Cristo en el cielo corresponden a la siguiente división.

II. EL MINISTERIO ACTUAL DE CRISTO

El ministerio actual de Cristo en el cielo es sumamente amplio tanto en consecuencias como en importancia. Los teólogos del pacto no le han dedicado suficiente consideración tampoco a este tema, sin duda, por causa de su imposibilidad –puesto que esta doctrina se opone a su teoría del pacto único– para introducir aspectos y ministerios que indiquen nuevos planes de Dios para la Iglesia, lo cual tiende a interrumpir la unidad del supuesto pacto inmutable de Dios. Puesto que, como se verá, ciertos ministerios vitales de Cristo en el cielo ofrecen completa seguridad para el cristiano, los arminianos los han interpretado también en forma imperdonable. Este descuido explica muy bien el hincapié que ellos hacen en el ministerio del púlpito. El público cristiano no está enterado de sus grandes responsabilidades, por el hecho de que está privado del conocimiento del actual ministerio de Cristo y de sus amplias realidades. Los cristianos que están en esta condición solamente pueden relacionar, desde la infancia, los hechos y las actividades históricas de Cristo durante los tres años y medio de su ministerio terrenal. Los cristianos generalmente no reconocen que Cristo está haciendo algo en la actualidad, y la responsable de este descuido es la predicación parcial de la verdad. Sin embargo, permanece el hecho, aunque lo niegue esta o aquella clase de teólogos, de que Cristo está realizando actualmente un ministerio que determina el servicio y el destino de todos los que han puesto su confianza en El. Indicaremos varios aspectos de su presente ministerio.

1. EL EJERCICIO DE LA AUTORIDAD UNIVERSAL. Un inescrutable misterio está presente en el hecho de que el Padre le dio a Cristo toda potestad. A la luz de la evidencia completa de que la Persona del Hijo es igual con la del Padre, es difícil entender cómo podía darle el Padre alguna autoridad al Hijo, que no fuera ya suya por derecho propio. Cualquiera que pueda ser la solución de este problema, lo cierto es que a Cristo se le dio "toda potestad" (Mt.28:18). Y ese poder, aunque al principio se usó para la creación de todas las cosas del cielo y de la tierra, visibles e invisibles, entre las cuales se incluyen tronos, dominios, principados y potestades, ahora lo ejerce Cristo para mantener todas las cosas en armonía (Col.1:16,17). El hecho de que Cristo tomó posesión de su cargo sobre todos los principados y señoríos (Ef.1:20,21) indica que El tiene completa autoridad sobre ellos. Del mismo modo, se nos dice que el Padre sujetó todas las cosas debajo de sus pies, con excepción de Sí mismo (1 Co.15:27). Este poder estará en vigor en la edad venidera del reino, con la finalidad de mantener sometidos a los dominios, las autoridades y las potencias –hasta la muerte estará sometida (1 Co.15:24-28);– pero el Hijo posee esa autoridad inherentemente, y por tanto puede ponerla en ejerció donde sea necesario. Así que es esencial que cuando se presenta el cuadro del

Cristo exaltado, y cuando se presenta su Persona y su actividad actual, se considera como el Señor que, bajo la autoridad del Padre, está sobre todas las cosas del universo, en el sentido de que todas le deben su existencia a El, y se mantienen por El, y son gobernadas por El.

2. CABEZA, SOBRE TODAS LAS COSAS, DE LA IGLESIA. Aunque este tema ya lo hemos considerado cuando estudiamos la resurrección de Cristo, tiene que aparecer aquí otra vez inevitablemente. En las Escrituras proféticas se dice mucho sobre la relación de Cristo con el reino futuro, cuando El será Rey sobre Israel y todas las naciones que entren al reino. Eso sucederá cuando El venga otra vez a la tierra. Pero en la edad presente, por medio de la exaltación mediante la cual el Padre lo colocó sobre todos los señoríos, lo dio también por Cabeza sobre todas las cosas a la Iglesia, la cual es su Cuerpo (comp.Ef.1:22,23; Col. 1:18). Como Cabeza de la Iglesia, El tiene varias responsabilidades que, por causa de su importancia, constituyen las principales divisiones de este tema. El punto en el cual hacemos el especial énfasis en este caso es el hecho de que Cristo es la Cabeza de la Iglesia, la cual es su Cuerpo. La expresión *"la iglesia, la cual es su cuerpo"* la diferencia de cualquier otra forma de iglesia organizada o visible. La iglesia organizada, en el mejor de los casos, no es más que una manifestación externa (de trigo y cizaña), en alguna localidad o en alguna época, de la gran compañía de creyentes en Cristo de todos los tiempos y de todas las localidades, que se ha unido a Cristo, es decir todos y cada uno de sus componentes se han unido a Cristo, han sido perfeccionados en El, y forman un Cuerpo. Esta cabeza es orgánica y real. En El están colocados todos los salvos mediante el bautismo del Espíritu, y El es para ellos la Cabeza de ese Cuerpo que ellos forman. Es cierto que Cristo, antes de su ascensión, no era cabeza, sobre todas las cosas, de la Iglesia. La Iglesia tampoco se constituyó durante su ministerio terrenal (Mt.16:18); sólo comenzó cuando descendió el Espíritu Santo el día de Pentecostés. Esta afirmación no solamente la sostiene la enseñanza sencilla del Nuevo Testamento, sino también el simbolismo del Antiguo Testamento. Precisamente, después de pasar 5O días de la gavilla mecida –símbolo de la resurrección de Cristo– cuando debían ofrecerse los dos panes que prefiguran la Iglesia, la cual también tendrá que resucitar y presentarse en la gloria. El pan representa un número incontable de partículas que constituyen una unidad. Así también la Iglesia es una, aunque está constituida por un gran número de personas de todas las clases, lenguas y tribus. La Iglesia es el supremo plan celestial de Dios, y el señorío de Cristo sobre ella es tan exaltado como pudiera ser aquello de que es

preeminente en la mente del eterno Dios. El ministerio docente de Cristo bien pudiera servir de ilustración de su relación de Cabeza con cada miembro de su Cuerpo. En Juan 16:13 se nos dice que el Espíritu guía al creyente cristiano que está rendido a El, a toda la verdad. Se señala claramente que el Espíritu no le da origen al mensaje que imparte, sino que le habla al corazón del cristiano lo que El oye. El mensaje que el Espíritu trasmite es el que le oye al Señor Jesucristo, quien dijo: "Aún tengo muchas cosas que deciros" (Jn.16:12). Es un gran privilegio el que tiene cada miembro del cuerpo de Cristo de recibir mensajes directos de enseñanza y fortaleza de su Jefe exaltado que está en la gloria.

3. EL QUE PRODIGA DONES. Según el Nuevo Testamento, un don es una capacitación que opera el Espíritu Santo en el creyente cristiano en el cual mora. Es el Espíritu el que obra en el cristiano con la finalidad de realizar ciertos planes divinos por medio de aquel en quien mora. El don no es en ningún sentido alguna empresa humana apoyada por el Espíritu. Aunque en la Escritura se mencionan ciertos dones en general (Ro.12:3-8; 1 Co.12:4-11), la variedad de dones es ilimitada, puesto que no hay dos vidas en las cuales haya siempre las mismas condiciones. Sin embargo, a cada creyente se le otorga algún don, aunque la bendición y el poder de ese don sólo podrá experimentarlos cuando su vida esté completamente rendida a Dios. (La verdad que se encuentra en Romanos 12:1,2 precede a la que se halla en los versículos 6-8 del mismo capítulo.) No habrá necesidad de mucha exhortación para que el que está lleno del Espíritu honre a Dios en el servicio; porque el Espíritu obra en él tanto el querer como el hacer, por su buena voluntad (Fil.2:13). Del mismo modo, ciertos hombres que son llamados *dones de Dios para los hombres,* reciben sus dones y son colocados localmente para servir al Cristo ascendido (Ef.4:7-11). El Señor no le dejó esta obra al juicio incierto e insuficiente de los hombres (1 Co.12:11,18). La concesión de dones no es otra cosa, sino un ejemplo de la manera como el Cristo exaltado supervisa personal e individualmente a cada miembro de su Cuerpo. El Espíritu Santo reparte estos dones espirituales a cada uno en particular "como él quiere" (1 Co.12:11).

4. EL MINISTERIO DE INTERCESION. El ministerio de oración del Señor comenzó antes de salir de la tierra (Jn.17:1-26), y lo continúa a favor de los salvos, no de los perdidos (Jn.17:9), y lo continuará en el cielo mientras los suyos estén en este mundo (Jn.17:20). La obra suya, como Intercesor, se relaciona con la debilidad, la incapacidad y la inmadurez de los santos que están en la tierra, con aquellas cosas que ellos no pueden resolver. El, que

conoce las limitaciones de los suyos, y la estrategia del enemigo con el cual tienen que luchar, ha llegado a ser el Pastor y el Obispo de sus almas. El cuidado que El tuvo de Pedro sirve de ilustración para esta verdad (Lc.22:31,32). La intercesión sacerdotal de Cristo no solamente es efectiva, sino también permanente. Los sacerdotes del Antiguo Testamento fallaban en parte por el hecho de que les llegaba la muerte; pero como Cristo vive para siempre, El tiene un sacerdocio inmutable; "Por lo cual puede también salvar perpetuamente a los que por él se acercan a Dios, viviendo siempre para interceder por ellos" (He.7:25). David también reconoció el cuidado divino y la garantía de seguridad eterna, cuando dijo: "Jehová es mi pastor; nada me faltará" (Sal.23:1). Una de las cuatro razones que explican la seguridad del creyente cristiano, según Romanos 8:34, es el hecho de que Cristo "intercede por nosotros." La efectividad de la intercesión de Cristo para la preservación del cristiano es absoluta. Según la cita de Hebreos, El "puede también salvar perpetuamente"; es decir, salvar y cuidar a los salvos para siempre, a todos los que se acercan a Dios por medio de El, y por esa razón, aprovechan su ministerio de intercesión.

5. CRISTO COMO ABOGADO El hijo de Dios a menudo comete pecados que pudieran separarlo de Dios, si no fuera por su Abogado y por la obra que El realizó en su muerte. El efecto que causa el pecado del cristiano sobre él mismo es el de que le hace perder su comunión con Dios, el gozo, la paz y el poder. Por otra parte, el creyente en Cristo puede ser restaurado y puede volver a experimentar las mismas bendiciones, por la infinita gracia. Lo único que tiene que hacer es *confesar* su pecado (1 Jn.1:9). Pero es aún más importante considerar la relación del pecado del cristiano con el carácter santo de Dios. Por medio del oficio sacerdotal y de Abogado que actualmente realiza Cristo, hay absoluta seguridad para el hijo de Dios, aun cuando cometa algún pecado. Un abogado es el que defiende la causa de otra persona en el tribunal. Como Abogado, por tanto, Cristo se presenta en el cielo en defensa de los suyos (He.9:24). Está escrito: "Hijitos míos, estas cosas os escribo para que no pequéis; y si alguno hubiera pecado, abogado tenemos para con el Padre, a Jesucristo el justo" (1 Jn.2:1). Se nos dice, pues, que El nos defiende delante del Padre. Satanás también acude allí y no cesa de acusarnos ante Dios, día y noche (Ap.12:10). Para el cristiano, el pecado puede parecer insignificante; pero el Dios santo no puede tratarlo con liviandad. Un pecado secreto de algún creyente en la tierra puede ser un gran escándalo en el cielo. El salmista escribió: "Pusiste nuestras maldades delante de tí, nuestros yerros a la luz de tu rostro" (Sal.90:8). Aplicando su maravillosa gracia, y sin

necesidad de que el pecador arrepentido (el cristiano arrepentido) lo solicite, el Abogado defiende la causa del hijo de Dios que ha cometido el pecado. Lo que hace el Abogado, al lograr la seguridad del creyente cristiano de este modo, está de acuerdo con la infinita justicia que procede de "Jesucristo el justo." El defiende a los suyos mediante la aplicación de su sangre eficaz, y el Padre queda en libertad de preservar a su hijo contra todas las acusaciones de Satanás y de los hombres, y de los juicios que, de otro modo, impondría al pecado. Esto es así por el hecho de que Cristo, por medio de su muerte, llegó a ser "la propiciación por nuestros pecados" (los pecados de los cristianos; 1 Jn.2:2). La verdad concerniente al ministerio sacerdotal de Cristo en el cielo no le concede al cristiano el derecho de pecar. Por el contrario, "estas cosas os escribo para que no pequéis" (para que no estéis pecando; 1 Jn.2:1, gr.); porque nadie puede pecar con premeditación, si considera la necesaria defensa que su pecado impone al Abogado. Los ministerios sacerdotales de Cristo, como Intercesor y como Abogado, se realizan directamente para la eterna seguridad de los salvos (Ro.8:34).

6. CRISTO PREPARANDO MANSIONES CELESTIALES. Un pasaje de mucha significación nos dice que uno de los trabajos actuales de Cristo en el cielo es el de Constructor. El dijo: "Voy, pues, a preparar lugar para vosotros"; y esto lo dijo en relación con su propia declaración de que en la casa de su Padre, que es el universo, hay muchas moradas (Jn.14:1-3). Evidentemente, El estima que ninguna de esas moradas es adecuada para su Esposa. De aquí la declaración de que El ha resuelto preparar una mansión que sea la más gloriosa de la creación de Dios en la actualidad. En ese trabajo se encuentra El.

7. EL CRISTO EXPECTANTE. Sobre los ministerios actuales del Cristo resucitado y exaltado que ya hemos considerado, está su actitud, la cual se dice que El mantiene hacia el día cuando ha de regresar a la tierra; cuando derrotará a todos sus enemigos y tomará el trono y reinará. Esta revelación de que Cristo está en actitud de expectación es realmente importante. El está esperando el día cuando ha de volver a esta tierra en las nubes del cielo. Entonces derrotará a todos sus enemigos (comp. Sal. 2:7-9; Is.63:1-6; 2 Tes.1:7-10; Ap.19:15). En Hebreos 10:13 se registra su expectación: "De ahí en adelante esperando hasta que sus enemigos sean puestos por estrado de sus pies." Esto sucederá cuando El venga a la tierra con poder y gran gloria. Su regreso es el tema del capítulo que sigue en esta obra de cristología.

Para concluir este capítulo que trata de la ascensión y del minsiterio actual del Cristo resucitado, volvemos a llamar la atención sobre la inmensidad de estas realizaciones: algunas se cumplieron cuando El ascendió desde la tumba, y otras, cuando ascendió visiblemente en las nubes del cielo. A esto debemos agregar el hecho de que las almas continúan recibiendo la salvación en Cristo, todas las que acuden a El (Mt.11:28; Jn.6:37). Como sumo Sacerdote del verdadero Tabernáculo en el cielo, Cristo entró allí para cumplir su oficio de Sacerdote en favor de los suyos que todavía están en el mundo (He.8:1,2). El hecho de que El, cuando ascendió, fue recibido por su Padre en el cielo, es evidencia de que el Padre aceptó el ministerio terrenal del Hijo. El hecho de que Cristo se sentó en el trono indica que su obra a favor del mundo se cumplió. El hecho de que El se sentó en el trono del Padre, y no en su propio trono, revela la verdad, tan constante y consecuentemente enseñada en las Escrituras, de que El no estableció su reino sobre la tierra en su primera venida al mundo, sino que está "esperando" hasta que llegue el teimpo de su reino terrenal, para que se haga en la tierra su voluntad así como se hace en el cielo. "Los reinos del mundo han venido a ser de nuestro Señor y de su Cristo; y él reinará por los siglos de los siglos" (Ap.11:15). Y el Hijo le pedirá al Padre, y el Padre le dará por posesión de herencia todas las naciones de los confines de la tierra (Sal.2:8). Las Escrituras indican, sin embargo, en forma muy clara, que El no está actualmente imponiéndole las leyes del reino a esta tierra (Mt.25:31-46), sino que El está llamando a un pueblo celestial, compuesto de judíos y gentiles, y que este pueblo se relaciona con El, porque es su Cuerpo y su Esposa. Después que el plan de Dios para esta era se haya cumplido, él volverá y reedificará "el tabernáculo de David, que está caído" (Hch.15:13-18). Como El es Rey y Sacerdote según el orden de Melquisedec (He.5:10; 7:1-3), actualmente se encuentra ejerciendo su oficio de Sacerdote y de Rey. El, que ha de venir otra vez, y que ha de ser Rey de reyes, actualmente se encuentra en el cielo, pues allí lo colocó el Padre, y "lo dio por cabeza sobre todas las cosas a la iglesia, la cual es su cuerpo" (Ef.1:22,23).

CAPITULO XII

LA SEGUNDA VENIDA DEL CRISTO ENCARNADO

Puesto que Cristo es el centro de todas las predicciones bíblicas, hay que incluir cierta escatología en la cristología. Esta escatología se refiere al regreso de Cristo a la tierra, al reino que El establecerá entonces sobre la tierra, y a su reino eterno. En este capítulo estudiaremos lo relativo a la segunda venida; en el siguiente, lo relativo al reino; y en el último, con el cual termina la última división principal de la *Cristología,* estudiaremos lo concerniente al reino eterno.

Aunque los teólogos difieren en cuanto al tiempo y a la manera de la segunda venida de Cristo, todos los que aceptan la Biblia en serio están de acuerdo en que Cristo volverá a la tierra. Sobre este reino, El reinará, junto con su Esposa, para siempre. No tenemos que presentar defensa por el hecho de interpretar todas estas Escrituras que se refieren a la segunda venida de Cristo y a su reino en forma literal, natural y según el sentido gramatical. Todas las predicciones bíblicas que debían cumplirse antes de nuestro día, las cuales son en realidad muchas, se han cumplido, sin excepción, en esa forma. Por tanto, es razonable creer que las que no se han cumplido se cumplirán fielmente y en forma igualmente definida. Es posible que, por falta de fe, algunos hombres de la era pasada, que fue la de la ley, al enfrentarse a las predicciones que se referían a la primera venida del Señor, se inclinaban a espiritualizar la interpretación de esas grandes profecías. Sin embargo, todavía era cierto, y todavía lo es, pues ningún hombre ha hallado a Dios mentiroso, que las predicciones inspiradas se cumplían majestuosamente de acuerdo con su significado natural, literal y gramatical. Para los que no han creído en el cumplimiento de las profecías, este tema puede ser su introducción a un campo casi ilimitado de revelación divina y de manifestaciones irresistibles de la fidelidad de Dios, a medida que prosiga la investigación según el método específico de interpretación. Sea como fuere, ese es el propósito de esta parte de la Cristología. Si los problemas de la crisis del mundo actual demandan la atención y producen consternación en todos los habitantes civilizados de la tierra, ¡cuánto más debiera absorber la atención de los creyentes la descripción profética de las estupendas realidades que constituyen las escenas finales: la deposición del mal y la entronización de la justicia y la paz por toda la eternidad! La comparación entre cualquier evento de la historia del mundo y el programa que todavía está por cumplirse, por más vívidamente que se exprese –a menos que sea la creación del universo– en lo que respecta a lo terrestre, más bien resulta ser un contraste, y no un paralelo. Con respecto al cumplimiento literal de las profecías relativas a la primera venida del Señor, y a las probabilidades que hay de que se cumplan literalmente las profecías que se refieren a la segunda venida, escribe George N. H. Peters:

"Si adoptáramos el principio de espiritualizar el lenguaje que se emplea para describir la segunda venida, *entonces,* al aplicar consecuentemente el mismo principio a toda la Biblia, tendríamos que pasar por alto *la primera venida, que fue literal y personal.* Esto no es una caricatura, sino un argumento sobrio. Supongamos que la interpretación de nuestros oponentes sea correcta. Entonces, traslademonos al período *anterior* a la primera venida de Cristo, y apliquemos ese sistema a las profecías relacionadas con esa venida, y veamos el resultado. En esa posición imaginaria, leamos, por ejemplo, Isaías 40:3: 'Voz que clama en el desierto: Preparad camino a Jehová; enderezad calzada en la soledad a nuestro Dios.' Según el sistema que hemos adoptado imaginariamente, esta profecía significaría que la verdad divina sería oída hasta en las más recónditas partes de la tierra. Si se lo aplicamos, por ejemplo a Isaías 53, entenderíamos que ese pasaje se refiere a una verdad, su tratamiento, su rechazamiento y su triunfo final. Pero, ¿cuáles son los hechos que se hicieron evidentes en el cumplimiento? ¿No hubo una voz literal, un desierto literal, un discurso literal para los judíos, una venida literal, una humillación literal, un sufrimiento y la muerte de Cristo? Según el sistema de nuestros oponentes, las profecías no se referían a un cumplimiento tal, en forma literal y personal; puesto que, si las predicciones relativas a la segunda venida, que son aún *más claras, más distintas y más decisivas,* se deben entender en sentido espiritual, como una venida providencial, *entonces, con toda seguridad,* al aplicar esta medida a las profecías que se refieren a la primera venida, que son menos claras, tenían que referirse también a una venida espiritual y providencial. Si todavía nos parece buena esta regla de interpretación, tiene que ser buena para todos los tiempos; porque no conocemos reglas que sólo se apliquen en una época y en otra no. Si se nos responde que el cumplimiento demuestra que algunas clases de lenguaje tienen que interpretarse literalmente, *entonces* respondemos de inmediato: El cumplimiento es la prueba de que la interpretación espiritualizada en este punto *no es digna de confianza en absoluto,* y a la vez constituye una prueba decisiva de *la consecuencia* de la interpretación literal adoptada por la iglesia primitiva" – *The Theocratic Kingdom – Vo. II, p. 169.*

No puede haber pruebas más decisivas que respalden la interpretación literal de las profecías que se refieren a la segunda venida de Cristo, que las que establecen el hecho de que las relativas a la primera venida se cumplieron de esa manera. Los que persisten en cambiar el plan de interpretación para las profecías que se refieren al porvenir se han impuesto a sí mismos la no envidiable tarea de tener que explicarnos por qué introducen tan violento cambio. Este es un desafío a la sinceridad. Si por casualidad, se introduce este cambio, solamente para defender algún idealismo de factura humana, o para apoyar alguna débil creencia, lo único que merecen sus proponentes es la censura que les corresponde a los incrédulos. Existe un fenómeno: hay hombres conscientes y cuidadosos en el estudio exacto de las Sagradas Escrituras, en los aspectos de su inspiración y del carácter divino del Texto Sagrado, de la ruina de la raza por causa del pecado de Adán, de la Deidad de Cristo y de su calidad de Salvador, que espiritualizan y remiendan las claras afirmaciones de la Biblia en el campo de la escatología. Esta tendencia ha prevalecido tanto en los últimos tres siglos, en lo que respecta a los teólogos, que casi todos ellos pertenecen a esta atrevida clase. Un efecto tan grande tiene que tener una causa adecuada. No es difícil identificarla. Como ya se ha indicado, cuando uno está atado a la teoría del pacto, que es de invención humana, no puede afirmar que Israel será restaurado, puesto que la nación judía, con todos los pactos y la gloria que le correspondían se ha sumergido en la Iglesia. No hay sino un fin deseado: el que señala Whitby, con todo su descuido temerario del testimonio bíblico, es decir, que el hipotético pacto de gracia resultará en un orden social transformado, y que esa transformación no se hará mediante el poder del Mesías que vuelve, sino mediante la predicación del Evangelio. En el día de hoy hay algunos que, entendiendo mal la predicción de que el Evangelio del reino tiene que ser predicado en todo el mundo (Mt.24:14), afirman que Cristo no puede volver hasta que la obra misionera haya llegado a todo sitio habitado de la tierra. No reconocen que el pasaje del cual hacen semejante deducción está en un contexto que se refiere a la Gran Tribulación futura. Por supuesto, por causa del ciclo de nacimientos y muertes, nunca podrá haber en esta era un tiempo en el cual se haya cumplido cabalmente la obra de evangelización.

La verdad de que Cristo viene otra vez a la tierra se afirma insistente y repetidamente en el Texto Sagrado de tal modo que casi todas las declaraciones de fe la han incluido; solamente los que no respetan la veracidad de la Biblia dejan de reconocer que Cristo ha de volver. Sin embargo, ha existido una gran variedad de creencias con respecto al modo y al tiempo de su venida. En estos sentimientos que están en conflicto se manifiesta una horrorosa falta de atención al testimonio de la Palabra de Dios, más que en ninguna otra doctrina. Las ideas y fantasías humanas han levantado un alboroto, aparentemente, con muy poco deseo de armonizar estas ideas con las Escrituras. Uno tiene que suponer que los hombres no leen cuidadosamente la Biblia, o que, si la leen, no aceptan la admonición que ella les da. El difunto profesor, Dr. William Newton Clarke, quien fuera profesor de teología cristiana en la Universidad de Colgate, en su obra *An Outline of Christian Theology*, quinta ed., pgs. 443-446, nos ofrece un ejemplo del desvío de la imaginación humana al no hacer referencia al amplio testimonio de las Escrituras. Habiendo escrito con suficiente amplitud sobre ciertos puntos, y habiendo indicado que la segunda venida de Cristo se cumple en la muerte del cristiano, para lo cual utilizó la porción de Juan 14:1-3 como texto de prueba, junto con la venida del Espíritu Santo en el Pentecostés y con la destrucción del templo de Jerusalén, él hace el siguiente resumen:

"Cristo predijo la venida de su reino. Los discípulos entendieron que esta predicción era una promesa de una venida visible en un día cercano, con manifestaciones maravillosas de gloria visible; pero la predicción se cumplió en forma espiritual e invisible, y por medio de esa venida espiritual, su obra espiritual en el mundo ha marchado adelante. O, para expresar más claramente la forma en que las Escrituras parecen garantizarnos la segunda venida de Cristo, diremos: a) Cuando El salió del mundo, su obra para el mundo lejos de estar terminada, solamente había empezado, y El esperaba llevarla adelante hasta su perfección. Su predicción del regreso pronto era cierta, y no estaba destinada al fracaso. b) Cristo vino otra vez, mediante esa presencia espiritual, a su pueblo y al mundo, y con esa venida se constituyó su reino y quedó hecha su obra a favor de la humanidad. Esta presencia es tal que sus amigos no quedaron huérfanos, sin El (Jn.14:18); o, si queremos usar una figura frecuente en las Escrituras, la Iglesia no es una viuda, sino su Esposa (Ap.21:2-4). La nueva Jerusalén que se describe al fin del Apocalipsis como esposa de Cristo, no es símbolo de la vida futura, sino que representa a la Iglesia ideal de Cristo en este mundo, lo cual se puede deducir mediante una cuidadosa lectura del pasaje. La venida espiritual de Cristo era esencial y tenía el propósito de producir ese estado ideal. c) La venida de Cristo no se cumplió en ningún evento particular. En realidad, el evento en el cual se anunció y se introdujo fue en el descenso del Espíritu Santo el día de Pentecostés; y su primera gran manifestación en la historia se cumplió en la destrucción de Jerusalén. Pero su venida no es un evento; es un proceso que incluye innumerables eventos, un perpetuo avance de Cristo en la actividad de su reino. Ha continuado hasta el día de hoy y sigue adelante. Cristo vino hace mucho tiempo, pero El es realmente El que viene, pues El todavía viene y ha de venir. d) No se debe esperar ningún regreso visible de Cristo a la tierra, sino más bien, el prolongado y firme avance de su reino espiritual. La expectación de un evento dramático único corresponde a la doctrina judía de la naturaleza del reino, y no al cristiano. Los judíos, puesto que supone que el reino del Mesías tiene que ser terrenal, naturalmente esperan la presencia corporal de su Rey; pero los cristianos, que conocen la naturaleza espiritual del reino, bien pueden estar satisfechos con la presencia espiritual, que es más poderosa que la visible. Si nuestro Señor completa su venida espiritual que ha comenzado, no hay ninguna necesidad de venida visible a perfeccionar su gloria sobre la tierra. La descripción de la venida de Cristo como un evento único, dramático, lleno de esplendores y terrores, a la manera de la resurrección y del juicio, ha servido para mantener fresco el pensamiento del Cristo invisible como un Cristo viviente para la Iglesia, en tiempos cuando ninguna otra presentación de El hubiera sido, probablemente, tan efectiva. Pero al mismo tiempo ha sido perjudicial, pues ha llevado a multitudes, aun de cristianos, a considerar la venida del Salvador, más bien con terror que con anhelo. El himno grandioso y terrible titulado "El Gran Día del Juicio", simplemente se ha convertido en una expresión demasiado cierta de un sentimiento común. La Iglesia ha llegado a considerarse como una viuda y no como la Esposa de Cristo, y se le ha impedido recibir el poder y el amor que ya han estado morando en ella. Esta mala comprensión ha hecho que sea común entre cristianos hablar de que el Señor está ausente; mientras que la realidad es que el Señor está presente, y reina en su reino espiritual. La esperanza de la venida corporal ha conducido a subestimar los valores intrínsecos de la vida presente y de sus intereses comunes. Al colocar el reino de Cristo principalmente en el porvenir, se ha desviado la atención de el deseo de que esta vida esté completamente bajo su dominio. El cristianismo como se conoce actualmente no ha sido, de ningún modo, amigo de la familia, de la nación, del comercio, de la educación, ni de la vida social común del hombre, tal como lo fuera si reconociera que Cristo es el Señor que reina actualmente, cuyo reino es un reino de fuerzas espirituales que promueven la santidad y el amor. Hay necesidad de vivir en fe y en amor para poder percibir la presencia del Señor. Ha sido común desde hace mucho tiempo el llamarlo a El el Señor ausente; pero después de citar tantas veces sus poderosas palabras: "He aquí que estoy con vosotros," ya era tiempo de que la Iglesia oyera la propia voz de su testimonio, y de que llegara a creer que su Señor está presente. La prevaleciente falta de reconocimiento de que el Señor está presente conduce a la incredulidad. Lo que se necesita para promover una actividad más digna en la Iglesia es una fe que lo entienda a El como el Rey que realmente está en su reino, y que aprecie la gloria espiritual de su presencia en el mundo. Esta manera de pensar sobre la segunda venida de Cristo implica que los apóstoles entendieron la idea espiritual de su reino en forma imperfecta, y que esperaban lo que no habría de suceder. Para muchos, esto parece inaceptable. La falta de comprensión, por parte de los discípulos fue, por supuesto, algo constante durante toda su vida; pero muchos creen que esa falta no debía permanecer después del día de Pentecostés, cuando comenzaron a ser enseñados por el Espíritu de Dios. Debemos recordar sin embargo, que el Maestro les dijo a sus discípulos que no les tocaba a ellos saber "los tiempos o las sazones" (Hch.1:7), y que ningún hombre sabía del tiempo de su venida, sino aquel cuya vida estuviera dentro de esa generación (Mr.13:32). En este asunto no recibirían ellos el auxilio de la revelación. Pero aparte de lo que fueron los apóstoles, nos encontramos con el hecho claro de que los escritores del Nuevo Testamento realmente esperaban un acontecimiento que nunca ocurrió. Fue realmente maravillosa la claridad de visión y la certeza de percepción que la influencia de Cristo despertó en los discípulos que lo conocieron mejor a El; pero no podemos comprenderlos, si pasamos por alto el hecho de que ellos fueron hombres de esa época, que recibieron en sus mentes la verdad que El les decía, en las cuales los pensamientos de esa época habían ejercido su influencia. Y en esto estaba, en realidad, su poder; porque esto los capacitó para influir en su propia época, y para enviar su influencia hasta nosotros. La gloria de los primeros discípulos no residía en la corrección infalible de sus conceptos, sino en la comunión espiritual con Cristo su Maestro."

La obra de ficción que acabamos de citar ni siquiera saca sus argumentos de la Biblia –aunque mediante alguna mención remota introduce a Cristo y a sus discípulos–; pero es una masa informe de error en la doctrina, desde el principio hasta el fin. Sin embargo, esta obra de teología ha sido aceptada por un gran número de ministros y profesores de fama, los cuales la han recomendado. Debemos notar sus falacias, aunque sea brevemente: (a) La afirmación de que la segunda venida de Cristo se cumple mediante un programa "espiritual e invisible" no toma en cuenta todos los eventos relacionados con su regreso. Y son tan numerosos que no vamos a hacer el recuento; pero, en realidad debemos preguntarnos: ¿dónde está la resurrección y la traslación de los santos? ¿Dónde está el relámpago que sale del oriente y se muestra hasta el occidente? Dónde la toma de posesión del trono terrenal? ¿Dónde el juicio a que ha de ser sometido Israel? , y ¿el juicio de las naciones? ¿Por qué debemos *velar* y *esperar* su venida? (b) El escritor de esa obra confunde la venida personal de Cristo con su omnipresencia. Donde dos o tres estén congregados en su nombre, allí está El en medio de ellos, pero eso no implica que su promesa de venir como Esposo y como Juez se ha cumplido, ni que se está cumpliendo ahora. (c) El Dr. Clarke afirma que la promesa que Cristo hizo de volver pronto no se cumplió –por tanto, sus discípulos lo entendieron mal en ese punto–, y al afirmar eso, está admitiendo una restricción para la palabra griega *γενεά* (generación, comp. Mt.24:34), lo cual no debía tolerar jamás un hombre de la erudición del Dr. Clarke. Cuando él declara que los discípulos esperaron lo que nunca sucedió, admite que los escritores del Nuevo Testamento estaban mal informados, y que se les permitió incorporar sus malos entendimientos en el Sagrado Texto. (d) En cuanto a que la Nueva Jerusalén de Apocalipsis sea "la Iglesia ideal de Cristo", que está ahora en la tierra, podemos formular las siguientes preguntas: ¿Qué de su venida del cielo, de Dios, de su resplandor y sus piedras de jaspe? ¿Qué de su gran muro, sus doce ángeles, sus puertas de perlas, sus cimientos de jaspe y de otras piedras preciosas? ¿Y qué de la misma ciudad que es de oro puro, transparente como vidrio? ¿Qué del hecho de que la ciudad no necesita de la luz del sol, y de que la luz de ella sea la gloria de Dios y del Cordero? (e) En cuanto a que Cristo viene en la muerte de cada cristiano, este punto carece también de concordancia con los eventos escatológicos predichos, y confunde al "último enemigo" con "la esperanza bienaventurada." Esto es casi transformar la muerte, ese horroroso juicio divino que debe caer sobre el pecado del hombre, en el mismo Cristo, y enseñar que las bendiciones que esperan a *los que duermen en Jesús;* las concede la muerte, y no Cristo. (f) La principal afirmación del Dr. Clarke es que Cristo vino en el Pentecostés; sin embargo, él ha pasado por alto dos hechos: que esta teoría confunde a dos Personas de la Trinidad, y que en el tiempo de Pentecostés no se había escrito ninguno de los libros del Nuevo Testamento. Sin embargo, todos los escritores del Nuevo Testamento consideran que la segunda venida de Cristo es un evento futuro. (g) Afirmar que Cristo vino en la destrucción de Jerusalén es una imperdonable confusión de Mateo 24:15-22 con Lucas 21:20-24. Aquí el Dr. Clarke hubiera podido hacer "una cuidadosa lectura" como aquella a la cual él mismo se refiere, la cual le hubiera sido muy provechosa. Es cierto que él ve un aspecto negativo de la venida de Cristo en ese momento: una limpieza de los escombros que representaba Israel, y una preparación para el establecimiento del nuevo orden que Él se proponía establecer; pero todavía queda presente el hecho de que el ejército romano no es la Persona de Cristo, ni la muerte de un millón de judíos es "la esperanza bienaventurada." (h) En cuanto a la declaración, "Si nuestro Señor completa su venida espiritual que ha comenzado, no hay ninguna necesidad de venida visible a perfeccionar su gloria sobre la tierra," uno se pregunta qué le hubiera sucedido al sueño del Dr. Clarcke, si él hubiera vivido hasta experimentar los rigores de la Segunda Guerra Mundial y conocer ese tiempo cuando los predicadores descuidados y desatentos se enfrentaron con crecientes luchas para poder hallar alguna realidad que pudiera tomar el lugar de ese fantasma del orden perfecto en el espacio social.

No debíamos ponerle atención ni por un momento a este sentimentalismo, si se hallara en las obras de Julio Verne; pero cuando lo presenta un reputado teólogo, serio y reconocido por influyentes hombres contemporáneos, no se puede pasar por alto, como si fuera un simple juego de niños. Tenemos que volver a repetir que hay hombres buenos y grandes que tienen gran comprensión de la verdad, pero que, al no interpretar correctamente las Escrituras proféticas, caen en errores imposibles de aceptar, y llegan, como el Dr. Clarke, hasta refutar las mismas palabras de la Escritura, solamente para salvar alguna grotesca y fantástica imaginación. ¡Cuán diferente hubiera sido la historia de la teología durante los últimos tres siglos, y cuán diferentes hubieran sido sus frutos hoy, si los teólogos hubieran aceptado el milenialismo de los apóstoles y de la iglesia primitiva, en vez de adherirse a las teorías del pacto introducidas por Johannes Cocceius y por el postmilenialismo de Daniel Whitby, los cuales vivieron un siglo después de la Reforma! El misterio insoluble es que estas teorías teológicas, que evidentemente no tienen ningún apoyo en la Biblia, no fueron revalorizadas ni juzgadas por los hombres sinceros de las generaciones posteriores. Y este misterio todavía no se ha resuelto por completo, pues observamos que hay hombres en nuestro día que están dispuestos a seguir en los mismos errores. Los que tienen la tendencia de ser "burladores", que dicen: "¿Dónde está la promesa de su advenimiento?" (2 P.3:3,4), han esgrimido dos argumentos absolutamente indignos para defender su incredulidad –sin embargo, son argumentos que han aceptado algunos hombres sinceros, que aparentemente no se han detenido a considerar lo que implican. Estos argumentos son: (1) que Cristo, según los escritores del Nuevo Testamento, prometió volver en el tiempo correspondiente a su propia generación y, puesto que El no volvió, los escritores estaban equivocados; y (2) que el apóstol Pablo creyó y enseñó la pronta venida de Cristo en la primera parte de su ministerio, pero, puesto que no aparece en sus últimas epístolas, eso indica que él "cambió de opinión." Y entonces, ¿ a dónde va a parar la doctrina de la inspiración de las Escrituras? Y si tratamos de ese modo las Escrituras, ¿en cuál parte de cuál escritor del Nuevo Testamento reside la autoridad? Primeramente, tenemos que ponerle atención al significado genérico de la palabra griega *γενεά*, que se tradujo *generación,* el cual indica que dicha palabra se refiere a la raza o al linaje, y no solamente, ni en forma necesaria, al pueblo que vivía en el tiempo en que fueron pronunciadas las palabras. Por otra parte, no es cierto que en la última parte del ministerio de Pablo, éste había cambiado de opinión, pues precisamente en las últimas palabras que escribió, él indica que cree en el inminente retorno de Cristo, y esto lo creyó hasta el mismo día de su martirio: "Por lo demás, me está guardada la corona de justicia, la cual me dará el Señor, juez justo, en aquel día; y no sólo a mí, sino también a todos los que aman su venida" (2 Ti.4:8). La afirmación de que los escritores del Nuevo Testamento estaban equivocados, y de que Pablo cambió de opinión, es el sistema de defensa tradicional y universal de la escuela de Whitby, mejor conocida con el nombre de postmilenialismo. Aunque parezca increíble, tales subterfugios fueron también consentidos por hombres que buscaban de todo corazón defender honestamente la inspiración de las Escrituras. Daniel Whitby, que nunca pudo deshacerse de los cargos que se le hicieron de sostener los puntos de vista de Socinio, no se opuso a ese trato deshonesto para el Texto Sagrado; pero tal inconsecuencia es deplorable en hombres dignos que, habiendo abrazado la idea de Whitby de que Cristo no regresaría hasta después de un milenio cumplido por los hombres, no tiene otro argumento para ofrecer en sus esfuerzos para oponerse a la clara afirmación bíblica del inminente retorno de Cristo. Henry Ward Beecher, padre del racionalismo, que lo único que ha hecho es echar a perder la denominación que él mismo fundó, dijo: "El (Pablo) esperaba ver a Cristo en este mundo, antes de su partida; y todos los apóstoles creían que debían verlo; y algunos en nuestro tiempo hay que creen lo mismo. Creo que vamos a ver a Cristo; pero lo veremos en la otra vida. Iremos a El. El no vendrá a nosotros. Y nuestra ida hacia Cristo será espiritual, y no carnal. Pero los apóstoles, y otros, creían que ellos verían a Cristo en su día. En este asunto, sin embargo, ellos estaban *equivocados*. Ellos creyeron lo que los hechos y el tiempo han derrumbado. Su convicción se había fundado en una mala comprensión del lenguaje del Maestro" (*The Future Life*, sermón publicado en *Christian Union*–, 5 de septiembre de 1877, citado por Peters, *ob. cit.*, Vol. I, p. 475.) No sería necesario hacer este desafío de muchos hombres sinceros, si ellos hubieran realizado una verdadera investigación de las Escrituras en estos temas específicos.

En toda doctrina bíblica, las verdades que hacen que esa doctrina sea lo que es se encuentran en las Escrituras que establecen la misma doctrina. Ninguna mente atenta y espiritual necesita recibir información especial con respecto a las enseñanzas de la Biblia; sin embargo, hay otros dos requisitos que son aparentemente necesarios. Estos son: un estudio esmerado de todo el contenido bíblico relacionado con cada tema determinado, y una mente desprejuiciada. Ni siquiera los errores colosales pueden corregirse cuando existen prejuicios y se le quieren imponer teorías humanas a la Palabra de Dios. La manera como tienen que cumplir las Escrituras el objetivo que los hombres se han fijado, y así servir "para redargüir" y "para corregir" en doctrina (2 Ti.3:16), se ve en la experiencia del Dr. Clarke y de una multitud de teólogos, los cuales acusan a los apóstoles de ignorantes y de cometer errores en el mismo Texto Sagrado, con lo cual llegan a la conclusión de que la Biblia se equivoca y es incierta, por el solo hecho de que la teoría de ellos no se conforma con la verdad revelada. Aquí entramos al análisis de estas condiciones, con el objetivo de descubrir la verdadera razón por la cual se ha descuidado tanto el aspecto profético de la Palabra de Dios, especialmente la doctrina de la segunda venida de Cristo. La doctrina permanece, sea que la reconozcan y la acepten los seguidores de Cocceius, Whitby y Clarke, o que la rechacen. Cuando esta doctrina se estudia correctamente, surge una gran cantidad de materiales de la misma Escritura que hay que considerar. Cada uno de estos pasajes demanda estudio a la luz de sus propias y precisas declaraciones, a la luz del contexto en que se encuentra, y a la luz de todas las Escrituras que tratan sobre el mismo tema (comp. 2 P. 1:20,21).

Hay que saber hacer una cuidadosa distinción entre las Escrituras que se refieren al traslado de la Iglesia y las que anuncian la venida de Cristo a reinar. Las primeras anuncian la venida de Cristo en el aire, a recibir a su Esposa, la Iglesia, para llevarla con El, con lo cual finaliza su jornada de peregrinaje en el mundo. Las segundas se refieren al día cuando Cristo volverá a la tierra con poder y gran gloria, a juzgar a Israel y a las naciones, y a reinar en el trono de David y desde Jerusalén. El primer evento no debe considerarse, en ninguna manera, como parte del segundo: es el método que ha escogido Cristo para liberar a su pueblo del mundo o *cosmos*, antes que caigan sobre él los juicios divinos. Es cierto que, en relación con esto, dijo Cristo: "Vendré otra vez"; pero El declaró que esa venida sería solamente para llevar a sus hijos consigo (Jn.14:1-3). Las expresiones "dos fases", "dos aspectos", o "dos partes", que se emplean muchas veces, conducen a desvíos. Ya hemos dicho mucho en esta obra sobre la distinción de estos eventos. No necesitamos agregar nada. Sólo tenemos que reafirmar que, en el primer evento, el movimiento será hacia arriba, desde la tierra hacia el cielo, según se indica en 1 Tesalonicenses 4:16,17: "Porque el Señor mismo con voz de mando, con voz de arcángel, y con trompeta de Dios, descenderá del cielo; y los muertos en Cristo resucitarán primero. Luego nosotros los que vivimos, los que hayamos quedado, seremos arrebatados juntamente con ellos en las nubes para recibir al Señor en el aire, y así estaremos siempre con el Señor." En el segundo evento, el movimiento es de arriba hacia abajo, del cielo a la tierra, tal como lo indica Apocalipsis 19:11-16. Estos eventos, aunque no siempre aparecen claramente separados en las Escrituras, se clasifican naturalmente, según el carácter y las condiciones de los sucesos. Como ya lo hemos anunciado, hay una amplia lista de pasajes que tratan sobre la segunda venida de Cristo. Los rasgos importantes de este evento estupendo y final se establecen en los principales pasajes que tratan ese tema. A continuación los citamos, y haremos un breve comentario sobre cada uno.

Judas 14,15. "De éstos también profetizó Enoc, séptimo desde Adán, diciendo: He aquí, vino el Señor con sus santas decenas de millares, para hacer juicio contra todos, y dejar convictos a todos los impíos de todas sus obras impías que han hecho impíamente, y de todas las cosas duras que los pecadores impíos han hablado contra él."

Es notable el hecho de que la primera profecía registrada por el hombre –aunque el informe se encuentra en el penúltimo libro de la Biblia,– y también la última (comp. Ap. 22:20), proclaman la segunda venida de Cristo. Hay mucho que considerar en la predicción de Enoc, tanto con respecto a los rasgos del mismo evento como con respecto al conocimiento que se le concedió a ese hombre, "séptimo desde Adán." La declaración "Caminó, pues, Enoc con Dios" (Gn.5:24), indica sin duda que, tal como les sucedió a los demás patriarcas que vivieron antes de escribirse las Escrituras, él recibió revelaciones directas de Dios, entre las cuales estaban algunas que tenían relación con eventos futuros. Dios no quiso encubrirle a Abraham lo que El iba a hacer (Gn.18:17). Según Génesis 26:5, es cierto que Dios ya le había revelado mucho. He aquí el pasaje: "Por cuanto oyó Abraham mi voz, y guardó mi precepto, mis mandamientos, mis estatutos y mis leyes" (comp. Gn. 18:19; Ro.5:13). La predicción de Enoc se refiere a la maldad de la humanidad en el tiempo de la segunda venida de Cristo, y al juicio que caerá sobre el mundo en ese tiempo. Muy poco de esto era lo que podía comprender la gente del tiempo de Enoc, pero no debemos dejar que pase inadvertido el hecho de que se refiere a la consumación de las edades –a la restauración de la indiscutible autoridad de Dios, tanto en las esferas angélicas como en las humanas– y que es el primer tema profético a través de los labios de un hombre. Grandes eventos habrían de predecirse y cumplirse desde el día de esa predicción hasta el día del regreso de Cristo; pero este evento, según lo indica la predicción, es de suprema importancia.

Deuteronomio 30:1-8. "Sucederá que cuando hubieren venido sobre tí todas estas cosas, la bendición y la maldición que he puesto delante de tí, y te arrepintieres en medio de todas las naciones adonde te hubiere arrojado Jehová tu Dios, y te convirtieres a Jehová tu Dios, y obedecieres a su voz conforme a todo lo que yo te mando hoy, tú y tus hijos, con todo tu corazón y con toda tu alma, entonces Jehová hará volver a tus cautivos, y tendrá misericordia de ti, y volverá a recogerte de entre todos los pueblos adonde te hubiere esparcido Jehová tu Dios. Aun cuando tus desterrados estuvieren en las partes más lejanas que hay debajo del cielo, de allí te recogerá Jehová tu Dios, y de allá te tomará; y te hará volver Jehová tu Dios a la tierra que heredaron tus padres, y circuncidará tu Dios tu corazón, y el corazón de tu descendencia, para que ames a Jehová tu Dios con todo tu corazón y con toda tu alma, a fin de que vivas. Y pondrá Jehová tu Dios todas estas maldiciones sobre tus enemigos, y sobre tus aborrecedores que te persiguieron. Y tú volverás, y oirás la voz de Jehová, y pondrás por obra todos sus mandamientos que yo te ordeno hoy."

Aquí se nos dice que la reunión de Israel, la posesión final de su tierra, la obediencia y la bendición que este pueblo no ha experimentado todavía, se cumplirán cuando Cristo regrese. Esta es la primera referencia que se halla en el texto de la Biblia a la segunda venida de Cristo, y fue pronunciada, como la predicción de Enoc, mucho tiempo antes que se concediera cualquier clase de entendimiento claro con respecto a dicho evento. También se indica en este pasaje que la segunda venida de Cristo estará precedida por el arrepentimiento nacional de Israel, cuando bajo la poderosa mano de Dios, ellos recordarán las promesas del pacto que Dios les hizo, estando aún esparcidos entre todas las naciones del mundo. Este arrepentimiento será profundo y real, porque ellos se volverán a Jehová su Dios con todo su corazón y con toda su alma (comp. Job 42:10). La cautividad a la cual se refiere este pasaje es la condición en la cual se encuentran actualmente los israelitas, desposeídos de su tierra y despreciados por todas las naciones en las cuales se hallan esparcidos. Las palabras "... Jehová.,.. volverá a recogerte de entre todos los pueblos adonde te hubiere esparcido " no sólo afirman el hecho de su regreso –que implica una venida anterior–, sino que indican el tiempo cuando Israel regresará a su tierra, y cuando se cumplirá el Pacto Palestino que Dios hizo con ellos. Así como ellos fueron esparcidos por causa de la desobediencia, así, cuando ellos regresen han de ser obedientes. Este es el orden de la gracia. Ellos no han de regresar por el hecho de que son obedientes, sino que han de ser obedientes por haber regresado. El regreso del pueblo de Israel a su propia tierra es el tema de doce de los principales pasajes proféticos del Antiguo Testamento; y ese evento, puesto que es uno de los aspectos importantes de la segunda venida de Cristo, reaparecerá en los pasajes que estamos considerando. Después de la promesa del retorno de Cristo y de la restauración de Israel, sigue en orden de importancia, de acuerdo con la predicción, la seguridad de que ellos serán obedientes a la ley. En Jeremías 31:31-34 se afirma que la regla de vida que se encuentra en la ley del pacto (comp. Ex.19:5) –pacto que Dios hizo con Israel cuando éste salió de la tierra de Egipto, el cual fue quebrantado por Israel– será sustituida por otro pacto que servirá como regla de vida en el reino; pero según el Pacto Palestino, además de todo aquello que constituye los rasgos del nuevo pacto, ellos guardarán las leyes que les dio Moisés antes de su partida. Es probable que el nuevo incorpore las justas demandas que se establecieron en la ley de Moisés, en la misma forma como muchos de esos principios justos se han incorporado en las enseñanzas de la gracia, aunque completamente readaptados, los cuales se dirigen ahora a los que han sido perfeccionados (en posición) en Cristo, los cuales componen la Iglesia.

Salmo 2:6-9. "Pero yo he puesto mi rey sobre Sion, mi santo monte. Yo publicaré el decreto; Jehová me ha dicho: Mi hijo eres tú; Yo te engendré hoy. Pídeme, y te daré por herencia las naciones, y como posesión tuya los confines de la tierra. Los quebrantarás con vara de hierro; como vasija de alfarero los desmenuzarás."

Esta escena no manifiesta la relación de Cristo con Israel en su segunda venida, sino su relación con las naciones gentiles. El tiempo cuando han de caer estos juicios sobre las naciones se indica en el verículo 6, donde se nos dice que Jehová coloca a su Rey sobre el santo monte de Sion. La colina –o monte, según la imaginación de los tiempos del Antiguo Testamento– es el asiento del gobierno (comp. Is.2:1-5), y es también Sion, porque una parte de la ciudad representa a Jerusalén. Esa es la predicción: que Jehová colocará su Rey (el Mesías) sobre el trono de David en Jerusalén. Esta predicción se hace frecuentemente en las Escrituras proféticas. El Rey será entronizado a pesar de la oposición de las naciones que estarán dirigidas por reyes y gobernantes poseídos de demonios (comp. Ap.16:13,14). El término que se tradujo con la palabra *paganos*, tiene mejor significado si lo traducimos *naciones* –tal como aparece en nuestra versión castellana Reina-Valera, revisada en 1960-, puesto que se refiere a todas las naciones que no son judías. Equivale a la palabra *gentiles*, según la terminología del Nuevo Testamento. No hay ni una mínima indicación de que cuando Cristo vuelva ha de encontrar al mundo convertido; por el contrario, lo hallará en una gran rebelión.contra Jehová y contra su Mesías. El juicio de Dios tiene que caer sobre las naciones en la tribulación, la cual se describe en las palabras de los versículos 4,5: "El que mora en los cielos se reirá; el Señor se burlará de ellos. Luego hablará a ellos en su furor, y los turbará con su ira." Cuando El tome el trono por determinación divina –determinación indicada en el "pero" del versículo 6– y sea el Rey que se sienta sobre el trono, proclamará que, por decreto de Jehová, El se hará cargo de todo lo que sigue. Un decreto similar vino del cielo cuando Cristo fue separado para su ministerio de Sacerdote mediante el bautismo, y también cuando se proclamó desde el cielo que El era profeta, en la transfiguración. Así como se afirma en el Salmo segundo, así se hará la declaración de que El es el Rey, el día cuando El tome el trono de David en Jerusalén. Otros pasajes –especialmente Isaías 63:1-6; Mateo 25:31-46; 2 Tesalonicenses 1:7-10; Apocalipsis 19:11-16, los cuales también hemos de considerar– declaran cuáles son los juicios demoledores que caerán sobre las naciones cuando regrese el Rey. Estas naciones que se oponen y se amotinan contra Jehová, que se mencionan en el Salmo 2, al fin las dará Jehová por herencia al Mesías. Hubo un día, cuya fecha no conocemos, cuando el Padre le entregó al Hijo todos los creyentes cristianos de esta era (Jn.17:2,6,9,11,12,24), y eso lo hizo para que la infinita bendición del Hijo esté con ellos para siempre;

pero cuando Dios entregue esas naciones emotinadas a Cristo, será con el objetivo de que su rebelión contra Jehová y contra su Mesías pueda desbaratarse completamente. El sometimiento de los opositores angélicos viene después de la segunda venida, y ocupa todo el período del milenio (comp. 1 Co.15:24-26). En esta porción de los Salmos se emplean las más vigorosas expresiones para describir la manera como actuará el Mesías. El los quebrantará con vara de hierro, y los desmenuzará como vasija de alfarero. Esas naciones son su herencia, y cuando queden completamente derrotadas, una parte de ellas, por elección divina, heredará el reino preparado para ellos, y serán los súbditos del Rey (Mt.25:31-46). Raras veces se dirige Dios a los reyes en el Antiguo Testamento, pero en este salmo los escoge para amonestarlos: "Servid a Jehová con temor y. . . con temblor"; y "Honrad al Hijo, para que no se enoje, y perezcáis en el camino; pues se inflama de pronto su ira." Su ira ha de desatarse, como lo veremos en pasajes subsiguientes.

Isaías 63:1-6. "¿Quien es éste que viene de Edom, de Bosra, con vestidos rojos? ¿Este hermoso en su vestido, que marcha en la grandeza de su poder? Yo, el que hablo en justicia, grande para salvar. ¿Por qué es rojo tu vestido, y tus ropas como del que ha pisado en lagar? He pisado yo solo el lagar, y de los pueblos nadie había conmigo; los pisé con mi ira, y los hollé con mi furor; y su sangre salpicó mis vestidos, y manché todas mis ropas. Porque el día de la venganza está en mi corazón, y el año de mis redimidos ha llegado. Miré, y no había quién ayudara, y me maravillé que no hubiera quien sustentase; y me salvó mi brazo, y me sostuvo mi ira. Y con mi ira hollé los pueblos, y los embriagué en mi furor, y derramé en tierra su sangre."

Esta descripción sumamente realista sobre la venida de Cristo a juzgar las naciones, se nos presenta en forma de cuestionario y, aunque no se descubre la identidad del que hace la averiguación, el mismo Mesías que ha de venir es el que responde las preguntas. El se da a Sí mismo el nombre de *El que habla en justicia, grande para salvar.* Su salvación es para el verdadero Israel. Según esto, a ellos se refiere la Escritura cuando dice: ". . . el año de mis redimidos ha llegado" (comp. Ro.11:26,27). "El día de la venganza" es el día en el cual El derramará sus juicios sobre las naciones que lo han rechazado, las que han perseguido a su pueblo escogido, Israel. La imaginación que se emplea en este pasaje es la más vigorosa que se emplea en la Biblia para describir estos eventos. El declara que hará que aquellos sobre los cuales cae esta aflicción se embriaguen con su furor; El los hará morder el polvo de la tierra. Sus vestidos están teñidos con sangre de sus enemigos, como se tiñen de vino las ropas de los que trabajan en el lagar de las uvas. Tales son los juicios que el Rey impondrá cuando regrese a la tierra. Si por casualidad esta escena sorprende a los que han considerado a Cristo solamente como el humilde y sencillo Salvador, el niño de Belén, deben recordar que la maravilla no es que El venga en calidad de Monarca que juzga y castiga, a juzgar a las naciones que lo han rechazado; más bien debieran maravillarse de que El haya venido en forma tan sencilla a soportar los vituperios de los hombres y la crucifixión.

2 Tesalonicenses 1:7-10. "Y a vosotros que sois atribulados, daros reposo con nosotros, cuando se manifieste el Señor Jesús desde el cielo con los ángeles de su poder, en llama de fuego, para dar retribución a los que no conocieron a Dios, ni obedecen al evangelio de nuestro Señor Jesucristo; los cuales sufrirán pena de eterna perdición, excluidos de la presencia del Señor y de la gloria de su poder, cuando venga en aquel día para ser glorificado en sus santos y ser admirado en todos los que creyeron (por cuanto nuestro testimonio ha sido creído entre vosotros)."

Otra vez se hace un gran esfuerzo, en este pasaje, con el fin de describir de la mejor manera aquello que realmente no puede expresarse plenamente. Acompañado por los ángeles de su poder, el Señor de la gloria se revelará desde los cielos, en llama de fuego, para vengarse de aquellos que, sin excusa (comp. Ro.1:19-32), no han querido conocer a Dios, y han rechazado el Evangelio de nuestro Señor Jesucristo. Estos sufrirán la pena de la eterna perdición. Casi no necesitamos comentarios con respecto a este pasaje importante. Su lenguaje es certero, y es correcto identificar ese evento con la segunda venida de Cristo.

Daniel 2:34,35. "Estabas mirando, hasta que una piedra fue cortada, no con mano, e hirió a la imagen en sus pies de hierro y de barro cocido, y los desmenuzó. Entonces fueron desmenuzados también el hierro, el barro cocido, el bronce, la plata y el oro, y fueron como tamo de las eras del verano, y se los llevó el viento sin que de ellos quedara rastro alguno. Mas la piedra que hirió a la imagen fue hecha un gran monte que llenó toda la tierra."

Estas palabras que se han tomado de la reconstrucción que hizo Daniel del sueño del rey, describen la destrucción que caerá sobre la edificación que han levantado los grandes monarcas. La contribución que nos ofrece esta específica predicción (comp. los vs. 44 y 45 del mismo capítulo) es la de indicarnos que Cristo, en su segunda venida, será como una piedra que demuele y destruye hasta el último vestigio de los poderes gentiles, con todos sus principios y los factores que han entrado en ellos desde sus comienzos (comp. Lc.21:24) hasta el día del regreso de Cristo. Estos principios y factores de los poderes gentiles, que son los que han caracterizado todo este período de alrededor de 2,500 años, tendrán su más completa expresión en el período de la Gran Tribulación, el cual terminará con la gloriosa segunda venida de Cristo. El Dr. H. A. Ironside hace el siguiente comentario con respecto a esta Piedra que hiere:

"Deseo investigar un poco lo que nos dice la Escritura en otras partes con respecto a esta piedra. La Piedra es, indudablemente, una figura que representa el Señor Jesucristo. Mucho tiempo antes que Jesucristo entrara en la escena del mundo, el Salmo 118:22 había dicho que Cristo sería la Piedra que desecharían los edificadores, y que vendría a ser Cabeza del ángulo. En el Nuevo Testamento se nos dice que ése es un versículo profético que se refería a Cristo. Cuando El vino a la tierra, realmente llegó a ser la Piedra que desecharon los edificadores, que eran los gobernantes judíos; pero notemos que El no vino como si hubiera sido una Piedra que cayó del cielo. Esa será la manera como vendrá la segunda vez. Antes, El vino a lo suyo; pero los suyos no lo recibieron. Vino para servir de Piedra del fundamento, de Cabeza del ángulo; pero aquellos que han debido apropiarse todas estas afirmaciones, por causa de la incredulidad, más bien exclamaron con odio: '¡Fuera con éste. . . ! ¡Crucifícale, crucifícale! ' Ahora bien, Dios lo ascendió al cielo. Allá, en la gloria del Padre, el ojo de la fe contempla a esa Piedra exaltada. El día se acerca cuando dicha Piedra ha de caer sobre sus enemigos; y cuando caiga, demolerá todo el poderío gentil, y a todos los que han rechazado la preciosa gracia de Dios. En Isaías 8:14 se describe proféticamente a Cristo como Piedra de tropiezo, y Roca que hace caer. Y se nos dice que muchos tropezarán y caerán. Eso sucedió cuando El vino con su bondadosa gracia: '. . . tropezaron en la piedra de tropiezo, como está escrito. ' Ellos estaban esperando un gran Monarca universal; y cuando El vino humildemente, toda la nación de Israel tropezó en El; y todos fueron quebrantados; y han permanecido quebrantados hasta el día de hoy. Dondequiera que uno vea a un judío que camina por las calles de alguna ciudad gentil, puede decir en su corazón: Esta es una prueba de la veracidad de que dijo el Señor Jesús: 'Y el que cayere sobre esta piedra será quebrantado. ' Quebrantados, esparcidos, despojados, ellos han errado por todas partes de la tierra, casi sin ser recibidos en ninguna parte, hasta estos últimos días cuando Dios ha estado volviendo el corazón de las naciones hacia ellos, con lo cual se está preparando el camino para que ellos vuelvan a su propia tierra. Poco a poco, el remanente judío regresará al Señor; así nos dice Isaías 28:16: 'Por tanto, Jehová el Señor dice así: He aquí que yo he puesto en Sion por fundamento una piedra, piedra reprobada, angular, preciosa, de cimiento estable; el que creyere, no se apresure.' El, entonces, continúa describiendo la liberación de Israel en la segunda aparición de esta Piedra de salvación. Zacarías lo describe también (3:9) como la Piedra sobre la cual se graban siete ojos. Pero, ¿qué de las naciones en aquel día? El mensaje de gracia ha llegado hasta ellas; ¿y cuál ha sido el resultado? Dios ha venido tomando de en medio de ellas un pueblo para su nombre, pero la gran masa ha rechazado al Cristo de Dios. Ese Cristo que ha sido rechazado por ellas, pronto caerá sobre ellas con juicio. Entonces se cumplirá lo que está predicho: 'y sobre quien ella cayere, le desmenuzará.' Los israelitas tropezaron en El y fueron quebrantados. Y El caerá sobre los gentiles con ira e indignación, y los desmenuzará, y los lanzará de su presencia como se lanza el tamo en el torbellino de polvo del verano. Si alguien pregunta: *¿Cuando va a caer la Piedra?* He aquí la respuesta: Cuando los países que una vez constituían el imperio romano en Europa formen otra vez una coalición de diez naciones y elijan a uno de sus miembros como árbitro supremo. Este árbitro está descrito en el capítulo 7 de Daniel como un cuerno pequeño que surge del imperio romano. Este pasaje se ha aplicado muchas veces al papa; pero a nosotros nos parece que no se le puede aplicar a él de ninguna manera. Ese día se mezclarán el hierro del poder imperial con el barro de la democracia y el socialismo; pero no podrá haber una unión real. Esta preparación la estamos viendo en nuestro tiempo. Cuando leemos, por ejemplo, los informes de las conferencias de paz y de otras convenciones similares, no nos viene el pensamiento de que la paz duradera y universal ha de producirse de ese modo, mientras se siga rechazando al Príncipe de Paz. Pero yo creo que veo una sombra de este imperio romano que ha de ser restaurado. Al estudiar la Palabra de Dios, entiendo que debo esperar una de estas dos cosas: una guerra universal o una paz universal. Como resultado de cualquiera de estos dos métodos surgirá la liga de diez naciones que formarán el nuevo imperio romano"–*Lectures on Daniel,* pgs. 39-42.

Zacarías 14:1-4. "He aquí, el día de Jehová viene, y en medio de ti serán repartidos tus despojos. Porque yo reuniré a todas las naciones para combatir contra Jerusalén; y la ciudad será tomada, y serán saqueadas las casas, y violadas las mujeres; y la mitad de la ciudad irá en cautiverio, mas el resto del pueblo no será cortado de la ciudad. Después saldrá Jehová y peleará con aquellas naciones, como peleó en el día de la batalla. Y se afirmarán sus pies en aquel día sobre el monte de los Olivos, que está en frente de Jerusalén al oriente; y el monte de los Olivos se partirá por en medio, hacia el oriente y hacia el occidente, haciendo un valle muy grande; y la mitad del monte se apartará hacia el norte, y la otra mitad hacia el sur."

En esta predicción se establece la verdad de que Jerusalén será otra vez asediada por las naciones, y Cristo, que ha de volver entonces, peleará contra ellas. Será entonces cuando sus pies se posarán sobre el monte de los Olivos –talvez en el mismo punto del cual El ascendió al cielo– y el monte de los Olivos se dividirá en dos partes, dejando entre ellas un gran valle. La naturaleza ha de pasar por convulsiones y cambios cuando Cristo vuelva: "Entonces habrá señales en el sol, en la luna y en las estrellas, y en la tierra angustia de las gentes, confundidas a causa del bramido del mar y de las olas; desfalleciendo los hombres por el temor y la expectación de las cosas que sobrevendrán en la tierra; porque las potencias de los cielos serán conmovidas. Entonces verán al Hijo del Hombre, que vendrá en una nube con poder y gran gloria" (Lc.21:25-27). "E inmediatamente después de la tribulación de aquellos días, el sol se oscurecerá, y la luna no dará su resplandor, y las estrellas caerán del cielo, y las potencias de los cielos serán conmovidas" (Mt.24:29). "Porque el anhelo ardiente de la creación es el aguardar la manifestación de los hijos de Dios. Porque la creación fue sujetada a la vanidad, no por su propia voluntad, sino por causa del que la sujetó en esperanza;

porque también la creación misma será libertada de la esclavitud de la corrupción, a la libertad gloriosa de los hijos de Dios. Porque sabemos que toda la creación gime a una, y a una está con dolores de parto hasta ahora" (Ro.8:19-22). Cuando se manifieste el Hijo de Dios será el tiempo en que la creación será libertada.

2 Tesalonicenses 2:8-12. "Y entonces se manifestará aquel inicuo, a quien el Señor matará con el espíritu de su boca, y destruirá con el resplandor de su venida; inicuo cuyo advenimiento es por obra de Satanás, con gran poder y señales y prodigios mentirosos, y con todo engaño de iniquidad para los que se pierden, por cuanto no recibieron el amor de la verdad para ser salvos. Por esto Dios les envía un poder engañoso, para que crean la mentira, a fin de que sean condenados, todos los que no creyeron a la verdad, sino que se complacieron en la injusticia."

Así se nos revela la importante verdad de que el hombre de pecado, "aquel inicuo", se revelará después (no antes) que sea removido "lo que lo detiene", es decir, el Espíritu Santo, y –es correcto creer– la Iglesia será trasladada cuando salga el Espíritu (comp. Jn.14:16). "Aquel inicuo" será destruido en la segunda venida de Cristo, que será en un tiempo de gran corrupción en esta tierra. Aquí nos indica la Palabra de Dios, como en muchas otras oportunidades, que cuando Cristo vuelva, el mundo no se habrá convertido. El vendrá cuando el mundo se encuentre en medio de la más grande manifestación de pecado.

Mateo 23:37-25:46. Esta extensa porción, que es muy larga para citarla al pie de la letra, ya la hemos considerado ampliamente cuando estudiamos los principales discursos de Cristo. Este discurso fue su despedida del pueblo de Israel, y en él les informa cuáles serán las condiciones que habrá en el mundo antes de su regreso. Las partes de este discurso son: el anuncio con respecto al tiempo (23:37-39); la ocasión del discurso (24:1-4); el curso de esta era que era imprevista (24:5-8); la Gran Tribulación (24:9-22); advertencias contra los impostores (24:23-28); descripción de su regreso y de la reunión sobrenatural de Israel (24:29-31); certeza de su segunda venida que ha sido predicha y las debidas advertencias a Israel de que cuando ellos vean ciertos sucesos (comp. Lc.21:28), deben *velar* (24:32-25:30); el juicio contra las naciones (25:31-46). El Señor insiste sobre todo, en la necesidad de que Israel esté *velando.* La gente, en el tiempo de Noé, no veló; el siervo malo no estaba esperando a su señor; las cinco vírgenes insensatas carecían de la preparación que habían de haber tenido, si realmente hubieran estado esperando al esposo. Toda esta sección (24:37-25:30) predice los juicios que han de venir sobre Israel. Como en una casa hay siervos malos y siervos buenos, como hay vírgenes preparadas y vírgenes no preparadas que están esperando la fiesta de las bodas, como hay unos que emplean los talentos y otros que no los emplean, así será llamado Israel a juicio cuando venga su Mesías (comp. Ez.20:33-44). Este discurso, que es doctrinalmente formativo, termina con una predicción central con respecto al juicio a que serán sometidas las naciones que existan cuando Cristo vuelva (25:31-46). Ese juicio, así como el juicio a que será sometido Israel, ocurrirá cuando vuelva el Rey y se siente sobre el trono davídico en Jerusalén.

De todo este esquema que se ha presentado del discurso de nuestro Señor, podemos extraer cuatro aspectos principales para considerarlos separadamente: (a) La Gran Tribulación; (b) el hecho de la segunda venida de Cristo; (c) el juicio a que será sometido Israel; y (d) el juicio a que serán sometidas las naciones que existan en ese tiempo.

En esta discusión debemos concentrar nuestra atención, en primer lugar, sobre el hecho de la segunda venida de Cristo. No puede haber confusión alguna con respecto a la manera de su venida en cada uno de estos eventos mesiánicos. La venida como un relámpago que sale del oriente y se manifiesta hasta el occidente no tiene ninguna semejanza con el nacimiento virginal en el pesebre. Vuelvo a repetir que la manera de su segunda venida no debe constituir una sorpresa para nosotros; la que sí debiera sorprendernos sería su primera venida, que estuvo cargada de misterio, condescendencia y sencillez que no le son naturales al desempeño del Rey de la gloria. Así como El ascendió en las nubes del cielo, así mismo regresará (comp. Hch.1:9-11). Todas las tribus de Israel lo verán y se lamentarán por causa de El. La profecía bíblica prevé esta lamentación. El vendrá con poder y gran gloria y, mediante la obra de los ángeles, juntará " a sus escogidos, de los cuatro vientos, desde un extremo del cielo hasta el otro." Como ya se ha indicado, cuando el Rey se siente sobre el trono de David, comenzará sus juicios contra Israel. Este juicio final a que será sometido Israel, no solamente es un amplio tema de las profecías, sino que es vitalmente importante en el desarrollo de la doctrina relativa a la nación elegida. Aunque no se establece un tiempo específico, parece necesario creer que habrá habido una resurrección de toda la casa de Israel, y que todos han de aparecer para el juicio. Ese juicio sería horriblemente incompleto si se restringiera solamente a la nación judía que esté viviendo en ese tiempo. Los hombres de Israel han vivido y han servido teniendo en mente la gloriosa verdad del reino. Los que se han mantenido fieles a esa promesa no serán despojados del reino; pero los que, por causa del descuido y del pecado, no se han mantenido firmes en la esperanza serán excluidos y juzgados. Para esto se debe considerar todo el contexto de Ezequiel 20:33-44 (comp. Ez.37:1-14; Dn.12:1-3). Lo que viene inmediatamente después de ese tema, y que completa la historia de los tiempos de los gentiles, es el juicio a que tendrán que comparecer las naciones (Mt.25:31-46), el cual, puesto que precede al reino milenario y envuelve sólo a las naciones que estén viviendo en ese tiempo, las cuales habrán tomado parte en la Gran Tribulación, no debe confundirse con el juicio del "gran trono blanco" (Ap.20:12-15), que se realiza al concluir el milenio y al cual tendrán que presentarse los muertos impíos de toda la historia humana.

En el juicio contra las naciones, éstas estarán en absoluta sujeción delante de Cristo, Quien las habrá conquistado, delante del trono de su gloria. La vara de hierro de que nos habla el Salmo 2:9, y el lagar del furor que profetiza Isaías tendrá allí pleno cumplimiento. El motivo de este juicio no es el mal que han cometido los gentiles en todos los tiempos, sino una cuestión vital: el trato que las naciones le hayan dado a Israel durante la Gran Tribulación; es decir, el trato que le hayan dado a esos que el Señor llamó "mis hermanos." Aquí no se hace ninguna referencia a los cristianos, aunque ellos son también "coherederos con Cristo" y de la casa de Dios. Cristo "no se avergüenza de llamarlos hermanos" (comp. He.2:11). Dios no deja nunca al cristiano solo en el mundo para que se sostenga independientemente, como lo ha hecho con el disperso Israel; ni hay indicación en la Escritura que sostenga que los gentiles son responsbles de servir a los cristianos; sin embargo, Israel, despojado de su patria, ha sido dispersado por todo el mundo, y su supervivencia ha dependido de la generosidad de las naciones. Ellos son los hermanos de Cristo en el sentido físico más literal. Durante la Gran Tribulación, algunas naciones gentiles se manifestarán favorables hacia Israel, y otras les retirarán la ayuda. Según esa actuación, algunas podrán entrar con Israel en el reino milenario y otras no podrán. Aun las que entren en el reino con Israel, como ya se ha visto, tendrán que tomar una posición subordinada (comp. Is.14:1,2; 60:12,14). Para los que no entienden la Palabra de Dios, es increíble que haya una nación elegida, que ha sido favorecida con pactos eternos y que disfrutará de gloria especial sobre todas las naciones de la tierra, y que el trato que estas naciones le den al pueblo elegido durante la Gran Tribulación sea la base que determina el destino de ellas en el milenio. En la hora cuando comenzó Israel, Jehová le dijo a Abraham con respecto a su descendencia física, que los que la maldijeran serían malditos. Es significativo, entonces que, al fin de los tiempos de los gentiles se les diga a aquellos que han bendecido a Israel: "Venid, benditos de mi Padre, heredad el reino preparado para vosotros desde la fundación del mundo"; y se les diga también a los que lo han maldecido: "Apartaos de mí, malditos, al fuego eterno preparado para el diablo y sus ángeles. Habría alguna diferencia si los hombres aceptaran las predicciones del Rey, que se encuentran en la Biblia, y les sacaran provecho. De todos modos, el programa de Dios tendrá que cumplirse cabalmente, y se cumplirá.

Hechos 1:9-11. "Y habiendo dicho estas cosas, viéndolo ellos, fue alzado, y le recibió una nube que le ocultó de sus ojos. Y estando ellos con los ojos puesto en el cielo, entre tanto que él se iba, he aquí se pusieron junto a ellos dos varones con vestiduras blancas, los cuales también les dijeron: Varones galileos, ¿por qué estáis mirando al cielo? Este mismo Jesús, que ha sido tomado de vosotros al cielo, así vendrá como le habéis visto ir al cielo."

Este pasaje, que ya lo hemos considerado, cuando estudiamos la ascensión de Cristo, también constituye una promesa definida del regreso de Cristo. No es otro, sino *el mismo Jesús,* que ha sido tomado de vosotros al cielo, el que vendrá en la misma forma como le habéis visto ir al cielo: en forma visible, corporal, y en las nubes del cielo. El dijo: "Vendré otra vez." No dijo que vendría la muerte, ni que vendría el ejército romano comandado por Tito, ni siquiera dijo que vendría el Espíritu Santo (aunque el Espíritu vino la primera vez el día de Pentecostés). El apóstol Pablo también declara: "Porque el Señor mismo con voz de arcángel. . . , descenderá del cielo." El mismo hecho de que El ha de aparecer la segunda vez (He.9:28) lo identifica con el que vino la primera vez. Ya hemos señalado, cuando estudiamos esta porción de los *Hechos*, que en su contexto, los sucesos pasan en rápida sucesión. En los versículos 6 y 7, Cristo contesta la pregunta relativa a la esperanza de Israel con respecto al cumplimiento del pacto de Dios. El declara que la realización de estas promesas tiene que esperar los tiempos y las sazones que el Padre tiene en su propia potestad. En el versículo 8 El indica que la ocupación principal del creyente cristiano en esta era es la de anunciar, es decir, ser testigo de Cristo en todas partes de la tierra. El próximo evento grande y final de este programa es el propio regreso de Cristo, con lo cual finalizará la responsabilidad de predicar el Evangelio.

Hechos 15:16-18. "Después de esto volveré y reedificaré el tabernáculo de David, que está caído; y repararé sus ruinas, y lo volveré a levantar, para que el resto de los hombres busque al Señor, y todos los gentiles, sobre los cuales es invocado mi nombre, dice el Señor, que hace conocer todo esto desde tiempos antiguos."

La Escritura registra el hecho de que la Iglesia primitiva se reunió, en su primer concilio, con el objetivo principal de determinar, cuál podrá ser el nuevo orden de las cosas, el cual, según Pedro, Pablo y Bernabé, había llegado a los gentiles en forma tan completa y efectiva como les había llegado a los judíos. ¿Qué les había sucedido a las ventajas que por tanto tiempo Jehová les había concedido a los judíos? En otras palabras, ¿qué le había pasado al judaísmo? El hecho de que Dios estaba haciendo algo completamente nuevo, al garantizarles a los gentiles iguales beneficios, era evidencia completa de que se habían operado grandes cambios. Ese concilio, guiado por el Espíritu, llegó a la conclusión de que lo nuevo que estaba ocurriendo, en lo cual se admitía libremente a los gentiles, era una manifestación de Dios y de su gracia, para llamar de en medio de ellos, del mismo modo como de en medio de los judíos, un pueblo para su nombre o Persona (v.14). El nombre *Deidad* es equivalente a la palabra *Persona;* y no se le podría dar un reconocimiento más cariñoso a la Iglesia que el de declarar que ella es para la Persona de Cristo. Si sólo reflexionamos un momento comprenderemos cuán absolutamente extraño era este nuevo orden para los judíos. El contexto, sin embargo, continúa diciendo que Cristo vendrá otra vez y que, en su venida, El restaurará el gobierno davídico que había fracasado y se había desmoronado, lo cual significa que el Pacto Davídico será cumplido en ese tiempo, y que el judaísmo será entonces restaurado para que continúe la realización de aquello que está predicho con respecto a ese pueblo. Esto significa que el reino milenario se establecerá, y que los gentiles "sobre los cuales es invocado mi nombre" participarán en ese reino. El contexto que sigue inmediatamente en el pasaje que estamos considerando indica que se establece divinamente un nuevo orden.

Isaías 59:20; 60:1-5. "Y vendrá el Redentor a Sion, y a los que se volvieron de la iniquidad en Jacob, dice Jehová. . . Levántate, resplandece; porque ha venido tu luz, y la gloria de Jehová ha nacido sobre tí. Porque he aquí que tinieblas cubrirán la tierra, y oscuridad las naciones; mas sobre ti amanecerá Jehová, y sobre ti será vista su gloria. Y andarán las naciones a tu luz, y los reyes al resplandor de tu nacimiento. Alza tus ojos alrededor y mira, todos éstos, se han juntado, vineron a tí; tus hijos vendrán de lejos, y tus hijas serán llevadas en brazos. Entonces verás, y resplandecerás; se maravillará y ensanchará tu corazón, porque se haya vuelto a ti la multitud del mar y las riquezas de las naciones hayan venido a ti."

El Apóstol Pablo reconstruye la declaración de Isaías de la siguiente manera: "Y luego todo Israel será salvo, como está escrito: Vendrá de Sion el Libertador, que apartará de Jacob la impiedad. Y este será mi pacto con ellos, cuando yo quite sus pecados"

(Ro.11:26,27). Cuando Israel tenga la experiencia del regreso de Cristo, surgirá y brillará, porque habrá venido su luz. "... vendrá el Redentor a Sion, y a los que se volvieren de la iniquidad en Jacob." La gloria de Jehová se manifestará sobre ellos. Antes de esta manifestación de la gloria de Jehová sobre Israel, las tinieblas cubrirán la tierra, y la oscuridad cubrirá a las naciones. Esta es una descripción de la Gran Tribulación que ha de cubrir la tierra. En el tiempo de la bendición del reino, "... andarán las naciones a tu luz, y los reyes al resplandor de tu nacimiento." Las fuerzas de los gentiles llegarán hasta Israel. Todo esto, que se encuentra en innumerables predicciones, ocurrirá cuando vuelva el Mesías.

Daniel 7:13,14. "Miraba yo en la visión de la noche, y he aquí con las nubes del cielo venía uno como hijo de hombre, que vino hasta el Anciano de días, y le hicieron acercarse delante de él. Y le fue dado dominio, gloria y reino, para que todos los pueblos, naciones y lenguas le sirvieran; su dominio es dominio eterno, que nunca pasará, y su reino uno que no será destruido." En esta descripción se hace especial énfasis en el hecho de que todos los dominios gentiles llegarán a su fin en la segunda venida de Cristo. Se recordará que tanto en el capítulo 2 como en el capítulo 7 de *Daniel* se encuentran predicciones con respecto a los imperios gentiles que debían surgir, comenzando con el imperio babilónico, cuya cabeza era Nabucodonosor, hasta Roma, pasando por Media-Persia y por Grecia. Roma estaba en el poder mundial cuando Cristo vivió sobre la tierra. La intercalación de la edad de la Iglesia comenzó con la muerte de Cristo, y continuará hasta que ella sea trasladada al cielo. Como este período intercalar comenzó antes que el imperio romano hubiera cumplido mucho de lo que estaba predicho que cumpliría, tal imperio tendrá que ser restaurado y cumplir todo lo que está escrito de él. Los pies y los dedos de la colosal limagen, que estaban compuestos de hierro y barro, representan la parte del imperio romano que todavía no ha pasado a la historia. Esto es lo mismo que se indica en el capítulo 7 de *Daniel*, mediante los 10 cuernos de la cuarta bestia. Toda esta historia de gobiernos tendrá que hacerse real durante la importantísima semana septuagésima, que son los siete años de tribulación que han de venir sobre la tierra, los cuales fueron previstos por Daniel. Este breve período no solamente sirve para que se complete el tiempo que los judíos necesitan para llegar al reino, sino que también concluye los tiempos de los gentiles sobre la tierra. Todas las cosas de responsabilidad, tanto para Israel como para los gentiles, serán determinadas por la gloriosa aparición de Cristo.

El pasaje que estamos considerando, junto con Apocalipsis 5:1-7, describe la investidura del Rey y la constitución del reino. Como Rey que ha tomado el trono –el trono de David en Jerusalén–, ejecutará sus juicios contra Israel y contra las naciones antes de comenzar el reino. En Daniel 2:34,35, pasaje que ya hemos considerado, hay una descripción de la destrucción demoledora que el Rey les ocasionará a las naciones; mientras que en Daniel 7:13,14, que es el pasaje que estamos considerando ahora, encontramos el acto de toma del poder en virtud del cual El derramará sus juicios sobre los gentiles.

Malaquías 3:1-3. "He aquí, yo envío mi mensajero, el cual preparará el camino delante de mí; y vendrá súbitamente a su templo el Señor a quien vosotros buscáis, y el ángel del pacto, a quien deseáis vosotros. He aquí viene, ha dicho Jehová de los ejércitos. ¿Y quién podrá soportar el tiempo de su venida? ¿o quién podrá estar en pie cuando él se manifieste? Porque él es como fuego purificador, y como jabón de lavadores. Y se sentará para afinar y limpiar la plata; porque limpiará a los hijos de Leví, los afinará como a oro y como a plata, y traerán a Jehová ofrenda en justicia."

Este pasaje nos revela la incapacidad, que fue cierta en todos los profetas del Antiguo Testamento, para reconocer el período de tiempo intermedio entre las dos venidas de Cristo. Así queda confirmado que, tal como se reveló posteriormente en el Nuevo Testamento, esta edad presente es un "misterio", es decir, un sagrado secreto que existió antes de los tiempos de Cristo. Los profetas antiguos previeron tanto al Cordero sufriente como al Mesías reinante. Ellos se quedaban perplejos con respecto a las relaciones de tiempo entre estos dos cuadros del Mesías. El apóstol Pedro escribe lo siguiente al respecto: "Los profetas que profetizaron de la gracia destinada a vosotros, inquirieron y diligentemente indagaron acerca de esta salvación, escudriñando qué persona y qué tiempo indicaba el Espíritu de Cristo que estaba en ellos, el cual anunciaba de antemano los sufrimientos de Cristo, y las glorias que vendrían tras ellos" (1 P.1:10,11). El Dr. C.I. Scofield escribe sobre Malaquías 3:1-3:

> "La primera parte del v. 1 se cita con referencia a Juan el Bautista (Mt.11:10; Mr. 1:2; Lc.7:27), pero la segunda parte, 'el Señor a quien vosotros buscáis. . .' no se cita *en ningún lugar* del Nuevo Testamento. La razón es obvia: en todo, con la excepción del hecho de la primera venida de Cristo, esta segunda parte del versículo se halla todavía por cumplirse (Hab.2:20). Los vs. 2-5 hablan de juicio, no de gracia. Como en el caso de otros profetas del Antiguo Testamento, Malaquías contempló dos advenimientos del Mesías entrelazados en un mismo horizonte, pero no pudo ver el intervalo que los separaría y que se describe en Mateo 13 después del rechazamiento del Rey (Mt. 13:16,17). Aun menos pudo él ver la era de la Iglesia (Ef.3:3-6; Col.1:16,17). 'Mi mensajero (v.1) es Juan el Bautista; 'el angel del pacto' es Cristo en sus dos venidas, pero especialmente con respecto a los eventos que seguirán a su regreso a la tierra" – *(Biblia Anotada de Scofield,* p. 943).

Marcos 9:1-9. "También les dijo: De cierto os digo que hay algunos de los que están aquí, que no gustarán la muerte hasta que hayan visto el reino de Dios venido con poder. Seis días después, Jesús tomó a Pedro, a Jacobo y a Juan, y los llevó aparte solos a un monte alto; y se transfiguró delante de ellos. Y sus vestidos se volvieron resplandecientes, muy blancos, como la nieve, tanto que ningún lavador en la tierra los puede hacer tan blancos. Y les apareció Elías con Moisés, que hablaban con Jesús. Entonces Pedro dijo a Jesús: Maestro, bueno es para nosotros que estemos aquí; y hagamos tres enramadas, una para tí, otra para Moisés, y otra para Elías. Porque no sabía lo que hablaba, pues estaban espantados. Entonces vino una nube que les hizo sombra, y desde la nube una voz que decía: Este es mi Hijo amado; a El oíd. Y luego, cuando miraron, no vieron más a nadie consigo, sino a Jesús solo. Y descendiendo ellos del monte, les mandó que a nadie dijesen lo que habían visto, sino cuando el Hijo del Hombre hubiese resucitado de los muertos."

Sea que los teólogos lo reconozcan o no, la escena de la transfiguración es tan importante que el Nuevo Testamento hace gran hincapié en ella. Cada uno de los escritores sinópticos la describe ampliamente, y dicen que fue una manifestación del poder de Cristo en su reino (Mt.16:28; Mr.9:1; Lc.9:27; 2 P.1:16). Pedro, que fue uno de los elegidos para que presenciara este gran evento, escribe: "Porque no os hemos dado a conocer el poder y la venida de nuestro Señor Jesucristo siguiendo fábulas artificiosas, sino como habiendo visto con nuestros propios ojos su majestad. Pues cuando él recibió de Dios Padre honra y gloria, le fue enviada desde la magnífica gloria una voz que decía: Este es mi Hijo amado, en el cual tengo complacencia. Y nosotros oímos esta voz enviada del cielo, cuando estábamos con él en el monte santo. Tenemos también la palabra profética más segura, a la cual hacéis bien en estar atentos como a una antorcha que alumbra en lugar oscuro, hasta que el día esclarezca y el lucero de la mañana salga en vuestros corazones"(2 P.1:16-19). Esta transfiguración ocurrió antes de la muerte de Cristo. Los discípulos estaban a punto de enfrentarse con la absoluta sorpresa y con la conmoción de la muerte de Cristo, la cual, aunque Cristo la había predicho claramente, estaba divinamente oculta de su entendimiento. El propósito divino de ocultar del entendimiento de los discípulos lo relativo a la muerte y a la resurrección de Cristo que se aproximaban era de lo más firme y absoluto. Lucas escribe en su Evangelio: "Tomando Jesús a los doce, les dijo: He aquí subimos a Jerusalén, y se cumplirán todas las cosas escritas por los profetas acerca del Hijo del Hombre. Pues será entregado a los gentiles, y será escarnecido, y afrentado, y escupido. Y después que le hayan azotado, le matarán; mas al tercer día resucitará. Pero ellos nada comprendieron de estas cosas, y esta palabra les era encubierta, y no entendían lo que les decía" (Lc.18:31-34). No hay predicción más clara sobre la muerte de Cristo que ésta que El mismo hizo, y que se nos narra en este pasaje. Esta porción constituye un desafío para el estudiante que le gusta reflexionar. ¿Por qué no podían comprender ellos, en realidad, esta clara predicción? Durante el período del ministerio terrenal de Cristo, ellos habían predicado, por autoridad divina y con sinceridad personal, el mensaje con respecto al reino mesiánico, terrenal, según el cual Cristo se iba a sentar sobre el trono de David: esa era la esperanza nacional de Israel. Es sumamente evidente que ellos no podían predicar un mensaje basado en la muerte y en la resurrección de Cristo, puesto que ellos no comprendían estos eventos venideros. Aquello que les había mantenido tan ocupados, a lo cual habían dedicado sus vidas, estaba a punto de volverse añicos por causa de la muerte del Rey a manos de los mismos hombres sobre los cuales se esperaba que El reinara. A Pedro, Jacobo y Juan se les concedió una visión de la venida de Cristo con poder y en su reino. Dos de ellos fueron hombres escogidos por Dios para escribir libros del Nuevo Testamento; el otro fue el primer mártir apostólico. Se les concedió la visión para que estuvieran mejor dispuesto a aceptar la demora, imprevista para ellos, que la edad de la gracia impondría a la del reino; y para que se convencieran de que el plan de Dios con respecto al reino para Israel no se había abrogado. La visión de la transfiguración con todas sus connotaciones no se le concedió a Juan el Bautista. A él le tocó enfrentarse a una situación que él mismo consideró que era una completa derrota. Aquello a lo cual él había dedicado su vida, la divina comisión que recibió de ser el heraldo del Mesías, y el éxito que tuvo al principio de su predicación, todo quedó olvidado, sin ninguna explicación. Muchos, sin embargo, no han comprendido aquí la verdadera situación, y han acusado a Juan de haber estado equivocado en todo su ministerio. Esa no es la solución del problema. Sea como fuere, Pedro, Jacobo y Juan –representantes de la compañía apostólica– se salvaron de la más grande aflicción que le correspondió a Juan el Bautista. Es probable que la seguridad que les proveyó la transfiguración no fuera muy importante para los discípulos en la hora de la muerte de Cristo; pero después de la muerte y de la resurrección de El, sí cumplió su propósito de clarificar las mentes de ellos con respecto a la verdad de que, aunque se iba a introducir un plan divino, imprevisto humanamente y poderoso, por medio de la muerte de Cristo, el plan divino del reino terrenal no sería abandonado, sino que cuando se cumpliera el objetivo de esa nueva era, el plan del reino sería cumplido por Cristo en su segunda venida, cuando vendría con el poder y la gloria que fueron previstos en la transfiguración. Es claro que la transfiguración no fue una revelación del cielo, sino de la venida de Cristo en su reino.

Lucas 12:35-40. "Estén ceñidos vuestros lomos, y vuestras lámparas encendidas; y vosotros sed semejantes a hombres que aguardan a que su señor regrese de las bodas, para que cuando llegue y llame, le abran en seguida. Bienventurados aquellos siervos a los cuales su señor, cuando venga, halle velando; de cierto os digo que se ceñirá, y hará que se sienten a la mesa, y vendrá a servirles. Y aunque venga a la segunda vigilia, y aunque venga a la tercera vigilia, si los hallare así, bienaventurados son aquellos siervos. Pero sabed esto, que si supiese el padre de familia a qué hora el ladrón había de venir, velaría ciertamente, y no dejaría minar su casa. Vosotros, pues, también estad preparados, porque a la hora que no pensáis, el Hijo del Hombre vendrá".

Este pasaje puede servir como una buena representación de los muchos datos que Lucas nos da sobre la segunda venida de Cristo. Está dirigido a Israel y, como el prolongado informe que da Mateo sobre el discurso del monte de los Olivos, exige que haya la actitud de velar en espera del regreso de Cristo. Velar es la responsabilidad que le corresponde a Israel en este tiempo: "Cuando estas cosas comiencen a suceder. . ." (Lc.21:28-31; Mt.24:33). Aquí hay que aclarar otra vez que la obligación que reposa sobre Israel de esperar la gloriosa aparición de Cristo, en la cual ellos serán libertados y se cumplirán los pactos de Dios con Israel, no debe confundirse con la obligación que ha tenido la Iglesia durante toda la edad de la gracia de estar esperando la aparición de Cristo en las nubes, cuando El la llevará a Sí mismo. Así como en Mateo 25:1-13, donde Israel se compara con diez vírgenes y su necesidad de tener lámparas individuales encendidas, es el símbolo de la preparación, así en el pasaje que estamos considerando se les dice que deben tener sus lomos ceñidos, y sus lámparas encendidas. La contribución específica de este pasaje al cuerpo general de la doctrina se halla en el versículo 36, donde se nos dice que el Israel vigilante debe estar aguardando a que su Señor regrese "de las bodas"." Muy a menudo se ha supuesto que el regreso de Cristo será para participar en las bodas, y que las diez vírgenes representan a la Esposa. El comentario que, sobre esta misma situación, nos ofrece el Salmo 45:8-15 es de vital importancia. Después de describir el palacio milenario y a los que estarán allí con el Rey y con su Esposa, la cual se identifica en ese salmo con la denominación "hija", se dice que ella, la Esposa,

"Con vestidos bordados será llevada al Rey", y que "Vírgenes irán en pos de ella, compañeras suyas serán traídas a ti. Serán traídas con alegría y gozo; entrarán en el palacio del Rey." Esta descripción de una escena milenaria distingue claramente entre la Esposa y las vírgenes. La Esposa estará con el Rey desde el momento de la boda que se realizará en el cielo. Ella regresa a la tierra con El (Ap.19:11-16), e Israel, que es el que se compara con las vírgenes, estará esperando en la tierra el regreso del Rey junto con su Esposa. Más tarde, tanto la Esposa como las cinco vírgenes que son aceptadas, entran en el palacio del Rey y participan de la fiesta de las bodas (comp. Mt. 25:10).

2 Pedro 3:3,4,8,10-13. "Sabiendo primero esto, que en los postreros días vendrán burladores, andando según sus propias concupiscencias, y diciendo: ¿Dónde está la promesa de su advenimiento? Porque desde el día en que los padres durmieron, todas las cosas permanecen así como desde el principio de la creación. . . Mas, oh amados, no ignoréis esto: que para con el Señor un día es como mil años, y mil años como un día. . . Pero el día del Señor vendrá como ladrón en la noche; en el cual los cielos pasarán con grande estruendo, y los elementos ardiendo serán deshechos, y la tierra y las obras que en ella hay serán quemadas. Puesto que todas estas cosas han de ser deshechas, ¡cómo no debéis vosotros andar en santa y piadosa manera de vivir, esperando y apresurándoos para la venida del día de Dios, en el cual los cielos, encendiéndose, serán deshechos, y los elementos, siendo quemados, se fundirán! Pero nosotros esperamos, según sus promesas, cielos nuevos y tierra nueva, en los cuales mora la justicia."

Esta Escritura introduce varios aspectos distintivos que contribuyen a constituir la gran doctrina de la segunda venida de Cristo. En primer lugar, se hace la predicción de que se levantarán burladores que rechazarán la verdad con respecto al retorno de Cristo, y que se basarán en el hecho de que todas las cosas continúan desde el principio sin ningún cambio. Por tanto, afirmarán que no hay necesidad de esperar ningún cambio en el porvenir; pero "Estos ignoran voluntariamente", que hubo un juicio de Dios en forma de un diluvio, que cambió el mundo completamente. Así también es cierto, si ellos lo creen o no, que los cielos y la tierra que existen ahora están reservados para una destrucción por medio del fuego, en el día preciso del juicio y de la perdición de los hombres impíos (comp. Ap.20:11-15). El día del Señor, el período de mil años que comienza con la segunda venida de Cristo, y termina cuando pasen estos cielos y esta tierra, viene en virtud de esa segunda venida, en forma tan inesperada como viene el ladrón de noche (Mt. 24:43; 1

Ts.5:4). Cuando el versículo 9, que presenta la fidelidad de Dios y, por tanto, es un paréntesis del argumento, se omite con el fin de que pueda notarse directamente la declaración de la profecía, se descubre mucho más que una simple relación accidental entre el hecho de que, para con el Señor un día es como mil años, y mil años como un día (v. 8) y la referencia al día del Señor que sigue en el versículo 10.

Se ha afirmado que la única medida de tiempo del día del Señor, que se refiere al reino milenario en la tierra, es la que se halla en Apocalipsis 20:1-6; pero, aunque el pasaje de *Apocalipsis* establece que el reino milenario será de mil años, este pasaje de Pedro es evidentemente una indicación de tiempo con respecto al mismo día del Señor, porque Pedro declara que comenzará "como ladrón en la noche", y que terminará cuando pasen los cielos y la tierra. Este pasaje incluye también una referencia a la manera como deben vivir los que creen en todas estas cosas. Todo este programa marcha hacia el día final, el día de Dios, que es la eternidad futura (comp. 1 Co. 15:28). Los nuevos cielos y la nueva tierra han de ser, del mismo modo, la morada de la justicia divina: la tierra será habitada por el pueblo elegido, cuyos pactos con respecto a su patria y a su tierra son eternos. La tierra será entonces un lugar tan adecuado para morada de Dios como lo ha sido siempre el cielo, y lo será.

Apocalipsis 19:11-16. "Entonces vi el cielo abierto; y he aquí un caballo blanco, y el que lo montaba se llamaba Fiel y Verdadero, y con justicia juzga y pelea. Sus ojos eran como llama de fuego, y había en su cabeza muchas diademas; y tenía un nombre escrito que ninguno conocía sino él mismo. Estaba vestido de una ropa teñida en sangre; y su nombre es: EL VERBO DE DIOS. Y los ejercitos celestiales, vestidos de lino finísimo, blanco y limpio, le seguían en caballos blancos. De su boca sale una espada aguda, para herir con ella a las naciones, y él las regirá con vara de hierro; y él pisa el lagar del vino del furor y de la ira del Dios Todopoderoso. Y en su vestidura y en su muslo tiene escrito este nombre: REY DE REYES Y SEÑOR DE SEÑORES."

Esta es la descripción final que nos ofrece la Biblia con respecto a la segunda venida de Cristo, y es la única que se encuentra en el libro de *Apocalipsis.* Este informe sirve para abrir las estupendas escenas que siguen en rápida sucesión, y que constituyen el programa de Dios que nos ha revelado, el cual llega hasta la eternidad. Los eventos de este programa son: la batalla de Armagedón (19:17-21); el arresto de Satanás (20:1-3); la primera de las resurrecciones de la humanidad, la relacionada con la edad del reino (20:4-6); la nueva libertad de Satanás y la destrucción de Gog y Magog (20:7-9); la condenación final de Satanás (20:10); el establecimiento del gran trono blanco

(20:11); la resurrección (comp. v. 5) y la condenación de los muertos impíos (20:12-15); la creación de nuevos cielos y nueva tierra (21:1, 2); la morada de Dios en la tierra como en el cielo (21:3); el estado de los hombres en la eternidad (21:4-8); la ciudad celestial (21:9-22:7); el mensaje final y la invitación (22:8-19); la promesa final y su oración correspondiente (22:20, 21). Se nos dice (Ap. 4:1) que el cielo se abrió, y que una voz llamó al apóstol Juan –quien fue escogido, como precursor de la Iglesia, para que viera y experimentara todo lo que les espera a la Iglesia cuando llegue al cielo, y para que escribiera esas experiencias con el fin de animar y edificar a quienes estaba representando– para que subiera allí. Puesto que, desde ese momento (4:1), la Iglesia no vuelve a aparecer en las descripciones de los eventos de la tierra, y puesto que lo que sigue después de su traslado es la septuagésima semana profética de Daniel, en la cual la Iglesia no podría tomar parte de ninguna manera, queda claro que la Iglesia realiza su matrimonio con su Prometido y, durante la Gran Tribulación, disfruta de las Bodas del Cordero en el cielo (Ap. 19:7-10), antes que el cielo se abra otra vez, tal como lo implica el texto que estamos considerando, y Cristo, en compañía de sus santos, regrese a la tierra en calidad de Mesías. El orden de los eventos se ha preservado en forma precisa: en el capítulo 4, el movimiento es hacia arriba, mientras que en el capítulo 19, tal como debía ser, se centra en la Persona y en el regreso del Rey. Está predicho que El ha de volver acompañado de las huestes celestiales, con poder y gran gloria (Mt. 24:30). El mismo dijo que su regreso será como el relámpago que sale del oriente y se manifiesta hasta el occidente (Mt. 24:27). Daniel dice que vendrá con las nubes del cielo (Dn. 7:13). El se manifestará desde el cielo en llama de fuego (2 Ts. 1:7, 8). La "gran gloria" reside en los cuatro títulos que se le dan en su segunda venida: "EL VERBO DE DIOS", "Fiel y Verdadero", "un nombre escrito que ninguno conocía sino él mismo", y "REY DE REYES Y SEÑOR DE SEÑORES." Es notable el hecho de que el Rey regresa no solamente a juzgar, sino también a hacer guerra. El encarnará la inmensurable indignación santa de Dios contra el mal, aquel día cuando la oferta divina de la gracia se haya suspendido. No hay quien pueda comprender ni prever de ningún modo el "furor de la ira del Dios Todopoderoso." Esa será "la ira del Cordero." A los reyes y a los jueces de la tierra se los amonestará a honrar al Hijo "para que no se enoje, y perezcáis en el camino; pues se inflama de pronto su ira." Precisamente mil años antes de la primera venida de Cristo, David previó que el Rey, cuando tome su trono en Sion, recibirá las naciones como un presente de parte de Jehová, y que las quebrantará con vara de hierro, y las desmenuzará como vasija de alfarero. Alrededor de 700 años antes del nacimiento de Cristo, Isaías profetizó que el Mesías, en su regreso, derrocaría las naciones y las hollaría con su furor. Tanto la vara de hierro (Sal. 2:9) como el lagar del vino (Is. 63:3) aparecen en Apocalipsis 19:15, donde leemos: "De su boca sale una espada aguda, para herir con ella a las naciones, y él las regirá con vara de hierro; y él pisa el lagar del vino del furor y de la ira del Dios Todopoderoso" (comp. Ap. 1:16; 2 Ts. 2:8). Cuando el Señor de la gloria regrese en esta forma a la tierra, a juzgar a hacer guerra, debe observarse también que, en la manifestación de su infinito poder, mediante la destrucción de los enemigos de Dios, aquello que le es propio o inherente –aquello que le pertenece en propiedad a la Deidad, y que es correlativo con su santidad– se manifestará con toda libertad. Cuando uno piensa correctamente con respecto al Cristo de Dios, llega a reconocer el hecho de que el gran abandono de aquello que esencialmente le corresponde a Dios se cumplió en su primera venida, cuando El vino como un niño indefenso, como un Hombre que no se opone a nadie, que se somete a la aflicción y al sacrificio de la muerte. Para cumplir esto, El se despojó del manto de gloria que le corresponde, y así restringió su poder –aquel poder que creó todas las cosas, visibles e invisibles– de tal modo que llegó a ser un Cordero inofensivo. Bien pudiera todo esto despertar reverencia y admiración en los hombres, como ha tenido que despertarlas en los ángeles. Que El venga como la encarnación del furor y de la ira del Dios Todopoderoso es un hecho que no debe causar perplejidad, si recordamos que este mundo ha rechazado a Dios y su gracia salvadora que se manifestó y se ofreció en la primera venida de Cristo. El infinito amor, en sus arreglos con la infinita santidad, proveyó un Sustituto para que llevara sobre Sí los juicios inmensurables de la indignación divina contra aquellos que han resuelto refugiarse en la sombra de la cruz; pero para el mundo rebelde, caído, que rechaza a Cristo, que ha escogido su parte con Satanás y que ha abrazado la filosofía de la independencia de Dios, no puede haber otra cosa que ira e indignación. Esa es la porción de los que no obedecen el Evangelio.

Ford C. Ottman, en su excelente exposición sobre el libro de *Apocalipsis,* titulada *The Unfolding of the Ages (El desarrollo de las edades),* nos presenta una descripción gráfica de este cuadro bíblico de la segunda venida de Cristo. Aunque es extenso, lo reproducimos como conclusión adecuada de este capítulo que trata precisamente del retorno de Cristo:

"Cristo viene, y esa gloriosa verdad debe absorber nuestra atención. Los eventos relacionados con esa venida sólo pueden descubrirse por medio de un estudio cuidadoso de las Escrituras. Concentremos primeramente nuestra atención en los cielos abiertos de donde El viene. No hay posibilidad de que nos equivoquemos en cuanto a la identidad del glorioso Jinete que cabalga en el caballo blanco. Sólo hay Uno al cual puede aplicarse esta descripción. El es el 'Fiel y Verdadero.' Así se llamó El desde el principio; y así se llamará al fin. Ahora viene a juzgar al mundo con justicia. Sus ojos son como llama de fuego; nada se escapará de esta llama escrutadora. El está coronado con muchas diademas, lo cual significa que hay una sola soberanía sobre todas las soberanías del mundo. También tiene un nombre incomunicable, y está vestido de una ropa teñida de sangre. Está armado con una espada para entrar en conflicto personal, y viene para pisar el lagar del vino del furor y de la ira del Dios Todopoderoso. 'Y en su vestidura y en su muslo tiene escrito este nombre: REY DE REYES Y SEÑOR DE SEÑORES.' Los ejércitos que lo siguen están compuestos de santos, tanto judíos como cristianos. Hasta ese momento, ellos han sido los ocupantes de los 24 tronos. Los ancianos, después de ratificar el cántico de la hueste celesital, ya no aparecen como ancianos. Ahora aparecen en 'los ejércitos celestiales' que van en pos del victorioso Comandante. Su uniforme es un vestido de lino finísimo, 'blanco y limpio.' Toda la luz profética ha convergido en este punto firmemente y sin vacilación. Una de estas luminarias proféticas brilla en el capítulo 63 del profeta *Isaías.* El Profeta hebreo, en las oscuras épocas pasadas, se paró en uno de los montes de Judá, tal vez en el monte de los Olivos, desde donde se ve claramente el valle del Jordán. Desde allí dirigió su mirada hacia Edom, y vio que venía, a través de las profundas hondonadas, un Guerrero solitario. Hay tanta majestad en El que el Profeta da la voz de alerta: '¿Quién es éste que viene de Edom, de Bosra, con vestidos rojos? ¿éste hermoso en su vestido, que marcha en la grandeza de su poder?' Una voz le responde: 'Yo, el que hablo en justicia, grande para salvar.' Cuando el Profeta descubre la *identidad* del Guerrero, grita: '¿Por qué es rojo tu vestido, y tus ropas como del que ha pisado en lagar?' A esta pregunta clamorosa, el Guerrero dio una gloriosa respuesta: 'He pisado yo solo el lagar, y de los pueblos nadie había conmigo; los pisé con mi ira, y los hollé con mi furor; y su sangre salpicó mis vestidos, y manché todas mis ropas. Porque el día de la venganza está en mi corazón, y el año de mis redimidos ha llegado. Miré, y no había quien ayudara, y me maravillé que no hubiera quien sustentase; y me salvó mi brazo, y me sostuvo mi ira. Y con mi ira hollé los pueblos, y los embriagué en mi furor, y derramé en tierra su sangre. De las misericordias de Jehová haré memoria, de las alabanzas de Jehová, conforme a todo lo que Jehová nos ha dado, y de la grandeza de sus beneficios hacia la casa de Israel, que les ha hecho según sus misericordias, y según la multitud de sus piedades' (Is. 63:1-7). Según los críticos modernos, esto es poesía. Poesía sí, y de aquella que procede de la más sublime inspiración; pero en la poesía está incluida la concepción hebrea del Mesías que había de venir. En esta visión de Isaías sólo se presenta el regreso del Guerrero procedente del conflicto. No se nos revela nada de su viaje hasta Bosra. Isaías tiene en mente en ese momento al Mesías reinante, y no al Mesías sufriente. ¿Miramos retrospectivamente a través de los siglos para ver la Figura central que surge sobre todas las demás, a la cual pueda referirse esta visión? Edom, región fronteriza con Judá, no era sino un pálido reflejo de la horrible nube que pende sobre todos los hombres: el mal arraigado e inflexible que está en todas partes; contra el cual está absolutamente indefenso para luchar. Contra esta fortaleza del enemigo vino el Hijo de Dios. No hubo nadie que le ayudara. El descendió a la oscuridad, sufrió lo que no puede imaginar ninguna mente humana; pero por medio de ese sufrimiento, logró la victoria sobre el pecado y la muerte.

Actualmente está recogiendo el fruto de esa victoria. La gloria que El adquirió por su obra crece cada vez que un alma pone la confianza en El, con lo cual también se agrega una voz que acrecienta el sonido del cántico de la redención. Cuando Cristo ascendió al cielo no había concluido el conflicto. Cuando El entró allí, Jehová le dijo: 'Siéntate a mi diestra, hasta que ponga a tus enemigos por estrado de tus pies' (Sal. 110:1). El Mesías de la visión de Isaías es el de la segunda venida, y no el de la primera. Cristo ya fue a la cruz, pero la postración de todos los enemigos de Israel mediante la conquista del Mesías, que es lo que se predice en esta profecía, todavía no ha sucedido. Se cumplirá cuando Cristo venga otra vez. No se cumplirá antes. Los ejércitos que le siguen están vestidos de blanco; pero El se distingue de ellos porque está vestido con una ropa teñida en sangre; así que sabremos Quién es El, no solamente por las marcas del sufrimiento, sino por su manto real, que es indicativo de su soberanía universal. Y El tiene también 'en su vestidura y en su muslo . . . escrito este nombre: REY DE REYES Y SEÑOR DE SEÑORES.' Cuando los magos vinieron a Jerusalén, dijeron: '¿Dónde está el rey de los judíos? ' El título que Pilato le colocó sobre la cruz fue: 'ESTE ES JESUS, EL REY DE LOS JUDIOS.' Tanto cuando nació en el pesebre, como cuando murió en la cruz, y cuando monte sobre el caballo de la conquista universal, Jesús de Nazaret es el *Rey.* Debemos notar una variación muy significativa en este título. Los magos y Poncio Pilato lo llamaron Rey *de los judíos;* pero en la inscripción de *Apocalipsis* no hay tal limitación, porque su cetro se habrá extendido a todas las naciones, y ya no se llama Rey de los judíos, sino 'REY DE REYES Y SEÑOR DE SEÑORES.' La rendición de los reinos del mundo ante El demostrará que tiene derecho a este título. El procede inmediatamente a la realización del juicio: 'De su boca sale una espada aguda (de dos filos), para herir con ella a las naciones, y él las regirá con vara de hierro; y él pisa el lagar del vino del furor y de la ira del Dios Todopoderoso.' La espada de dos filos es la *palabra,* que ha de ser usada como instrumento de juicio. Sólo se necesita una palabra suya para derrocar a los reinos del mundo. Esa palabra ha de pronunciarse y los reinos han de caer. 'Y herirá la tierra con la vara de su boca, y con el espíritu de sus labios matará al impío' (Is. 11:4). A la segunda venida de Cristo seguirá la rendición absoluta de todos los poderes del mundo y el juicio sumario a que serán sometidos los dirigentes de la rebelión del hombre. En solemne contraste con la invitación que se hace para la cena de las bodas del Cordero, un ángel se pone de pie en el sol, y llama a gran voz a todas las aves que vuelan en medio del cielo para que acudan a la gran cena de Dios. La palabra *aves* que se utiliza en el versículo 17 del capítulo 19 es la misma que se encuentra en el segundo versículo del capítulo 18, donde se nos dice que Babilonia llega a ser '. . . habitación de demonios y guarida de todo espíritu inmundo, y albergue de toda *ave* inmunda y aborrecible.' La misma palabra se usa en el versículo 21 del capítulo 19, donde se nos informa que, después de la matanza de los ejércitos enemigos, '. . . todas las *aves* se saciaron con las carnes de ellos.' La palabra pudiera muy bien referirse a los buitres que se cebarán en los cuerpos de los muertos. Jesús dijo en su gran profecía: 'Porque como el relámpago que sale del oriente y se muestra hasta el occidente, así será también la venida del Hijo del Hombre. Porque dondequiera que estuviere el cuerpo muerto, allí se juntarán las águilas' (Mt. 24:27, 28). Estas águilas son, sin duda, las aves carnívoras 'que vuelan en medio del cielo.'

Sobre los terribles horrores de aquel día, habló Isaías de la siguiente manera: 'Porque Jehová está airado contra todas las naciones, e indignado contra todo el ejército de ellas; las destruirá y las entregará al matadero. Y los muertos de ellas serán arrojados, y de sus cadáveres se levantará hedor; y los montes se disolverán por la sangre de ellos. Y todo el ejército de los cielos se disolverá, y se enrollarán los cielos como un libro; y caerá todo su ejército, como se cae la hoja de la parra, y como se cae la de la higuera. Porque en los cielos se embriagará mi espada; he aquí que descenderá sobre Edom en juicio, y sobre el pueblo de mi anatema. Llena está de sangre la espada de Jehová, engrasada está de grosura, de sangre de corderos y de machos cabríos, de grosura de riñones de carneros; porque Jehová tiene sacrificios en Bosra, y grande matanza en tierra de Edom' (Is. 34:2-6). A esto, que es suficientemente solemne, se le da el nombre de *sacrificios de Jehová en Edom.* En *Apocalipsis* se le da el nombre de "la gran cena de Dios." Esto significará, en ese tiempo, la destrucción de todos los enemigos de Dios. Sobre la desolación de ellos tiene regocijo el cielo. Tan pronto como se reúnen todos estos buitres, aparecen las bestias, y allí estarán ante el Señor todos los ejércitos aliados de los reyes de la tierra. Estos reyes y sus ejércitos serán conducidos allí y reunidos mediante la intervención de espíritus de demonios. El propósito de su reunión allí será el de publicar la declaración de guerra contra Cristo, contra El que cabalga en el caballo blanco, y contra su ejército. En este atrevido intento de estrellarse contra los escudos del Todopoderoso, ellos demostrarán hasta qué extremo lleva Satanás a sus víctimas insensatas. ¡Cuán vano y fatuo es que el hombre contienda con su Hacedor! '¿Quién se endureció contra él, y le fue bien? . . . He aquí, arrebatará; ¿quién le hará restituir? ¿Quién le dirá: ¿Qué haces? Dios no volverá atrás su ira, y debajo de él se abaten los que ayudan a los soberbios' (Job 9:4, 12, 13). Esta confederación que se levantará contra Cristo, y sus ejércitos, constituyen el cumplimiento de la profecía del Salmo 2: 'Se levantarán los reyes de la tierra, y príncipes consultarán unidos contra Jehová y contra su ungido, diciendo: Rompamos sus ligaduras, y echemos de nosotros sus cuerdas' (Sal. 2:2, 3).

El punto de reunión de estos pueblos es indudablemente el campo de batalla que se llama Armagedón. Este campo de batalla, y sus inmediaciones, se hicieron famosos en la historia del Antiguo Testamento, por causa de dos grandes victorias: la de Barac contra los moabitas y la de Gedeón contra los madianitas. También se hizo famoso por el hecho de que allí sucedieron dos hechos que se consideraron desastres nacionales: la muerte de Saúl y la muerte de Josías. Si se nos ocurre espiritualizar el significado de este campo de batalla, y considerarlo como una región de conflicto interminable entre la Iglesia y sus enemigos, sería inútil especular con respecto a la visión de Juan. Si cuando Cristo vuelva tiene que hallar a los reyes de la tierra en rebelión abierta contra El, ¿qué objeción se le puede hacer a la localización literal de esta hueste? La Escritura declara positivamente que El los hallará en tal rebelión; y sin ocasionar ninguna confusión podemos creer que se reunirán en el antiguo campo de batalla de Israel. Allí los encontrará el Señor en conferencia real. Se habrá presentado la resolución de romper las ligaduras y echar de sobre ellos las cuerdas de Jehová; pero oirán la voz de Dios contra dicha resolución: 'Pero yo he puesto mi rey sobre Sion.' Con esa declaración irrumpe la batalla entre el bien y el mal. Ya no habrá ningún disimulo entre los combatientes. Al fin, los reinos del mundo están en línea de batalla contra Dios y contra su Cristo. El conflicto será breve y decisivo. El Anticristo y el falso profeta serán arrestados cuando estén con las manos en la masa, y lanzados al lago de fuego y azufre. Después de los mil años del reino de Cristo todavía estarán allí. Justos e imparciales son los caminos de Dios. Al principio, El le hizo preguntas al hombre que había pecado; pero a la serpiente, que fue el instrumento de Satanás, para introducir la ruina, no le hizo ninguna pregunta. Sin interrogatorio, sin embargo, la serpiente fue condenada. De la misma manera, a estos instrumentos voluntarios de Satanás en la última revuelta, a éstos que manifiestan la ira impía, Dios no les da la oportunidad de defenderse. En el caso de ellos no hay circunstancias mitigadoras. Ellos se han prestado al mal de cuyas consecuencias no hay escape. No se les permite la defensa. Nadie pronuncia palabra a su favor. Su pecado habrá sido deliberado; su alianza con Satanás, abierta, sin ninguna clase de disimulo. Entonces, mudos ante Aquel contra el cual han luchado en vano, serán sometidos a juicio sin misericordia, pues para tales personas no hay misericordia que valga. Después de este juicio sumario contra la bestia y el falso profeta, todos los demás rebeldes serán juzgados estrictamente según el código judicial de la Corte de Dios. Morirán a espada. Tan pronto como sean juzgados según la Palabra de Dios, se demostrará que son dignos de muerte. Con el solo aliento de la boca del Señor caerán muertos; y los buitres cubrirán el campo lleno de cadáveres. Tal será el fin de la rebelión de la tierra contra Dios. Bien pueden regocijarse los cielos cuando prevalezcan los juicios de Dios, cuando se administre la justicia eterna. Las cosas no irán produciéndose en forma quieta y gradual hasta que se produzca el reino pacífico del Mesías. Los reinos de este mundo tienen que entrar en el lagar del furor y de la ira del Dios Todopoderoso. Solamente un juicio de los más terribles sobre los principados y los poderes del mal podrá echar de los cielos la tormenta de la iniquidad. Sólo la ira y el poder de Dios pueden hacer esto, y establecer el reino de Cristo, reino de sempiterna justicia, sobre la tierra. La falta en la comprensión de estos hechos tiene que proceder del hecho de que no se acepta la realidad de la rebelión final que ha de llenar la copa de la iniquidad, y preparar al mundo para el justo juicio de Dios" – págs.417-424.

CAPITULO XIII

EL REINO MESIANICO DEL CRISTO ENCARNADO

Nuestro curso de investigación se dirige ahora a uno de los temas más grandes de la Biblia: el reino del Mesías, que también se conoce con el nombre de Reino Milenario, puesto que durará mil años. Del mismo modo se le da el nombre de Reino Davídico, puesto que es la realización del reino que Dios le prometió a David. Tenemos que hacer este estudio, para poder afirmar que Cristo ocupa el puesto central de nuestra investigación. Ciertamente, la cristología tiene que incluir ese extenso aspecto de la Persona de Cristo y de su obra, según el cual El aparece como el Rey teocrático. Aunque el reino ocupa amplio espacio en el Texto Sagrado, este término ha sido mal entendido, y su terminología, mal aplicada, mucho más que la de cualquier otro tema de la Biblia. Esto se debe directamente al fracaso, que es tan inherente y tan profundo en la teología del pacto, en reconocer el aspecto de las edades bíblicas en la revelación divina. La verdad con respecto a la expectación mesiánica, tal como se establece en el Antiguo Testamento, no implica que el reino sea la Iglesia; y el Nuevo Testamento, que centra sus objetivos en el cielo, tampoco enseña que la Iglesia es el reino. Parecidamente, el reino terrenal, que según las Escrituras tuvo su origen en el pacto de Dios con David, el cual es terrenal y literal en su forma original, se nos presenta como tal, terrenal y literal, en incontables pasajes que se refieren a él en las Escrituras subsiguientes, las cuales lo configuran hasta su consumación. Hay, sin embargo, cierta prestidigitación teológica que lo metamorfosea en una monstruosidad espiritual según la cual debe aceptarse al Rey ausente, que está sentado en el trono de su Padre, como el Monarca teocrático del linaje de David, que debía sentarse en el trono de David en Jerusalén. Por causa del descuido y de la falta de atención, algunos escritores modernos se refieren al reino de los cielos como si fuera el cielo, a pesar de las absurdidades y contradicciones que surgen cuando estos términos se confunden.

Cuando estudiamos la doctrina de la Iglesia (Vol. IV), hicimos la distinción de significado entre los términos *reino de Dios* y *reino de los cielos.* Por tanto, es suficiente decir aquí que la autoridad de Dios sobre todo el universo es un tema predominante desde *Génesis* hasta *Apocalipsis.* Ese es, realmente, el reino de Dios. Esta se extiende a todas las potestades –de los ángeles y de los hombres– dondequiera que haya leal sujeción a la autoridad divina. Que hay tanto ángeles como hombres que desconocen esta autoridad es un hecho que lo enseña claramente la Palabra de Dios en la misma forma tan clara como se afirma que antes que termine el reino mesiánico y milenario de Cristo, habrá sido destruida toda clase de oposición al gobierno del Rey teocrático (comp. 1 Co. 15:24-28); y entonces será cuando Cristo "entregue el reino al Dios y Padre", en el sentido de que su justa supremacía, su gobierno y su imperio llegarán a ser indiscutibles como en las edades pasadas. Este ejercicio universal de autoridad es el que propiamente se llama *el reino de Dios,* y no debe confundirse con el gobierno davídico, teocrático, para Israel sobre la tierra, el cual llegará a su consumación y establecimiento en la tierra antes que comiencen las transformaciones y restauraciones que corresponden al reino de Dios. Hablando en sentido general, el reino de Dios –tal como lo acabamos de definir– es la autoridad universal de Dios desde la eternidad hasta la eternidad, mientras que *el reino de los cielos* es un término que se aplica convenientemente al gobierno de Dios en la tierra –un gobierno del cielo para la tierra– el cual se reduce, con respecto a tiempo, tal como ya se vio, a períodos limitados y a situaciones bien definidas. La oración que se hace para que venga el reino de los cielos, y que se hará en él, incluye estas palabras: "Venga tu reino. Hágase tu voluntad, como en el cielo, así también en la tierra." Aunque ese reino se nos presenta en varias formas, tuvo su origen tangible en el pacto de Dios con David, y se cumplirá y consumará, con un orden social perfecto, en la tierra, en el reino benéfico del Rey de reyes. Cuando se observan las grandes distinciones entre estas dos esferas de autoridad divina, se solucionan muchos problemas en la interpretación de la Biblia, que, de otro modo, permanecerían. El reconocimiento de estas disimilitudes ya está llegando a varios expositores, los cuales logran generalmente con esto la clave más efectiva para la comprensión de las Escrituras. Así, por ejemplo, el Dr. Auberlen, toma la siguiente cita de R. Rothe: "Nuestra llave no abre *–la llave que corresponde está perdida–* y nuestra exposición no tendrá éxito hasta que logremos recuperarla. El sistema de ideas bíblicas no es el de nuestras escuelas; y mientras intentemos la exégesis sin esa clave, la Biblia permanecerá *medio cerrada.* Tenemos que entrar en ella con *concepciones diferentes* de aquellas que estamos acostumbrados a pensar que son *las únicas posibles;* y cualesquiera que puedan ser éstas, hay algo que es por lo menos cierto, según todo el tenor y la melodía de las Escrituras en su plenitud: que ellas tienen que ser más *realistas y sólidas" –Divine Revelation (Revelación divina),* pág. 387, citado por Peters en *The*

Theocratic Kingdom (Reino teocrático), Vol. I, pág. 21. Esta declaración es a la vez humillante y significativa. Tenemos que recalcar que esta discusión milenaria se relaciona única y exclusivamente con el reino de los cielos, que es el reino mesiánico, davídico, de Cristo. La consideración del reino de Dios, en su forma final y restaurada, corresponde al próximo y último capítulo de esta obra de cristología. ¿Por qué, después de tantos siglos de estudio, un número tan grande de buenos hombres se encuentran en una confusión horrible con respecto al programa de Dios para esta tierra, mientras que otros están bien informados y completamente libres de esas dificultades? ¿No será que los unos no tienen la llave de que habla Rothe, mientras que los otros la tienen y la usan? Hay hombres de una erudición digna de loa, que tienen esa llave en la mano, para los cuales están resueltos todos estos problemas específicos. Actualmente hay dos escuelas de hombres ortodoxos. Para una de ellas, la que se bebió la mezcla de Whitby, y que propone un reino milenario de factura humana, que ha caído en el molde estrecho e idealista de Cocceius, el molde del pacto único de gracia, hay muy poca esperanza de liberación. Esos sistemas teológicos, esos seminarios, esos individuos, enredan las cosas, trasmitiendo a las generaciones sucesivas un idealismo que no lo sostiene la Palabra de Dios. La otra escuela es la de los que tienen la llave, y que está creciendo en número. Sus escuelas y su sistema de teología generan la verdadera exposición bíblica y promueven el estudio bíblico en todas partes. A continuación enumeraremos algunos aspectos del reino de los cielos:

I. LOS PACTOS DE JEHOVA GARANTIZAN EL REINO DE LOS CIELOS

Jehová hizo pactos, bajo juramento, con Abraham y con David. Estos pactos no sólo son incondicionales y obligatorios, según los términos en que fueron expresados, sino que también son ampliados en las Escrituras subsiguientes que confirman tales promesas. El pacto de Dios con Abraham es una manifestación del propósito soberano de Jehová con Abraham, por medio de él, y para él. Este pacto es incondicional, pues no le impone ninguna obligación a Abraham; él no contribuye con nada, sino que es el que recibe todo lo que Jehová le promete. Aunque este pacto provee bendiciones personales y gran honor para Abraham (comp. Gn. 12:1-3; 13:14-17; 15:4-7; 17:1-8), sus rasgos más importantes se manifiestan en otros aspectos; es decir, con respecto a la descendencia de Abraham y con respecto a la tierra prometida. La descendencia de Abraham es de tres clases: (1) Una gran nación por medio de Ismael (comp. Gn. 17:20); (2) una descendencia como el polvo de la tierra, la cual sería su descendencia física por medio de Jacob, es decir, Israel; y (3) una descendencia espiritual, que sería como las estrellas del cielo en multitud, la cual surgiría sobre el principio de la fe de Abraham, y en la cual entrarían judíos y gentiles. Sobre su descendencia física, dice la Palabra de Dios: "Que son israelitas, de los cuales son la adopción, la gloria, el pacto, la promulgación de la ley, el culto y las promesas; de quienes son los patriarcas, y de los cuales, según la carne, vino Cristo, el cual es Dios sobre todas las cosas, bendito por los siglos. Amén" (Ro. 9:4, 5). A esta misma descendencia física pertenecen todos los pactos con respecto a la tierra, al reino terrenal de David, al Rey, y al reino. Esta promesa se le dirigió solamente a esta descendencia terrenal, a ese sistema conocido con el nombre de Judaísmo, con todos sus mandamientos, ordenanzas y estatutos. Si se reconoce todo esto, como en realidad tiene que reconocerse, prácticamente se eliminan todos los errores en lo relativo a los pactos, a los pueblos y a sus destinos. Contra todo esto está la verdad de que Abraham logró, en la justicia de Dios, por medio de la fe, un privilegio estupendo (Gn. 15:6) que no se restringe a él (aunque tampoco se extendió a los demás santos del Antiguo Testamento), que se prometió a todos los que tuvieran una fe como la de Abraham hasta el punto de creer en Dios (Ro. 4:20-24), lo cual era una justicia de Dios que la descendencia física de Abraham no podía garantizar en absoluto (comp. Ro. 9:30-10:4). El Nuevo Testamento declara que todos –individuos judíos y gentiles por igual– los que creen en la justicia de Dios como creyó Abraham son hijos de él. Es grande el error que se comete cuando se supone que la descendencia espiritual de Abraham se convierte en su descendencia física, o que su descendencia física, aparte de la regeneración, se convierte en su descendencia espiritual. De los cinco aspectos eternos de los pactos de Jehová con Israel –una nación eterna, una posesión eterna de su tierra, un trono eterno, un Rey eterno y un reino eterno– dos, el de la nación y el de la posesión de la tierra, se le prometieron a Abraham. Los otros tres, el trono, el Rey y el reino, se le prometieron a David. Consideraremos separadamente lo que se le prometió a Abraham y lo que se le prometió a David.

1. EL PACTO DE DIOS CON ABRAHAM. Ya se ha hecho notar que, además de la seguridad de bendición personal para Abraham, para su posteridad y para los que la bendijeran, se le prometieron dos cosas de largo alcance:

a. UNA NACION ETERNA. Parece que algunos teólogos no le han concedido la debida atención a lo que nos revela la Palabra de Dios con respecto a la perpetuidad de la descendencia terrenal de Abraham por medio de Isaac y Jacob. Estos son los que han afirmado que esta nación no es sino un aspecto de un pacto según el cual ellos están incluidos en el mismo plan divino con la Iglesia del Nuevo Testamento, y, por cuanto se mezcla con la Iglesia, no hay ningún plan diferente futuro para ese pueblo. Entretanto, otros declaran que, por causa del pecado, Dios cortó a su pueblo terrenal para siempre. La Biblia no da ninguna clase de apoyo a estas ideas racionalistas. Comenzando con el pacto que Dios hizo con Abraham, que se encuentra en el capítulo 12 de Génesis, podemos continuar hasta el fin del Nuevo Testamento, y dondequiera veremos presente la promesa con respecto a la descendencia terrenal eterna. Es muy poco lo que nos dice con respecto a la descendencia de Abraham por medio de Ismael, y no se dice nada de la descendencia que le vendría posteriormente mediante su matrimonio con Cetura (comp. Gn. 25:1-4). Nadie cuestionaría la perpetuidad de la descendencia espiritual del Patriarca; pero hay que recordar que se nos revela que habrá un destino futuro sin fin para su descendencia terrenal que le vendría por medio de Isaac y Jacob. Esto está claramente revelado y, por tanto, no está sujeto a los deseos, ni a las suposiciones, ni a los juicios humanos. Para probar este punto se pueden citar diversas porciones de las Escrituras. Jehová habló a Israel, por medio del profeta Isaías, de la siguiente manera: "Porque como los cielos nuevos y la nueva tierra que yo hago permanecerán delante de mí . . . , así permanecerá vuestra descendencia y vuestro nombre" (Is. 66:22). De la misma manera, habiendo declarado los términos de su nuevo pacto (Jer. 31:31-34), dice Jehová con respecto a la nación con la cual haría dicho pacto: "Así ha dicho Jehová, que da el sol para la luz del día, las leyes de la luna y de las estrellas para luz de la noche, que parte el mar, y braman sus ondas; Jehová de los ejércitos es su nombre: Si faltaren estas leyes delante de mí, dice Jehová, también la descendencia de Israel faltará para no ser nación delante de mí eternamente. Así ha dicho Jehová: Si los cielos arriba se pueden medir, y explorarse abajo los fundamentos de la tierra, también yo desecharé la descendencia de Israel por todo lo que hicieron, dice Jehová" (Jer. 31:35-37). Y otra vez leemos en Mateo 24:34, 35: "De cierto os digo, que no pasará esta generación hasta que todo esto acontezca. El cielo y la tierra pasarán, pero mis palabras no pasarán." Es decir, el linaje de la descendencia de Israel, su posteridad, sobrevivirá a todos los acontecimientos que precederán al regreso del Rey. Según Génesis 17:7, Jehová le dijo a Abraham: "Y estableceré mi pacto entre mí y ti, y tu descendencia después de ti en sus generaciones, por pacto perpetuo, para ser tu Dios, y el de tu descendencia después de ti." Pero no habría base para el pacto eterno, si no hubiera pueblo al cual aplicárselo. En los diversos aspectos de los pactos se implica que esta misma nación que ha preservado su identidad continúa para siempre. Estos pactos son los de la posesión eterna de la tierra, el trono eterno, el Rey eterno y el reino eterno. Todo el capítulo 11 de la *Epístola a los Romanos* se escribió para desarrollar el tema del carácter permanente de la nación israelita. Es verdad que, con la finalidad de que la Iglesia fuera llamada, las ramas que constituyen a Israel "fueron desgajadas" y que "ha acontecido a Israel endurecimiento en parte" (Ro. 11:20, 25), pero todo esto será solamente *hasta* que el propósito divino para esta edad, relacionado con la Iglesia, se haya cumplido. "Y luego todo Israel será salvo." El último versículo citado lo dice así, al pie de la letra: "Y luego todo Israel será salvo, como está escrito: Vendrá de Sion el Libertador, que apartará de Jacob la impiedad. Y este será mi pacto con ellos, cuando yo quite sus pecados. Así que en cuanto al evangelio, son enemigos por causa de vosotros; pero en cuanto a la elección, son amados por causa de los padres. Porque irrevocables son los dones y el llamamiento de Dios" (Ro. 11:26-29).

b. LA POSESION ETERNA DE LA TIERRA. El Pacto Palestino se le anunció primero a Abraham y se les confirmó a Isaac y Jacob. Este pacto se encuentra, con todas sus características en Deuteronomio 30:3-8. He aquí las primeras declaraciones: "Y apareció Jehová a Abraham, y le dijo: A tu descendencia daré esta tierra. Y edificó allí un altar a Jehová, quien le había aparecido . . . Y Jehová dijo a Abraham, después que Lot se apartó de él: Alza ahora tus ojos, y mira desde el lugar donde estás hacia el norte y el sur, y al oriente y al occidente. Porque toda la tierra que ves, la daré a ti y a tu descendencia para siempre. Y haré tu descendencia como el polvo de la tierra; que si alguno puede contar el polvo de la tierra, también tu descendencia será contada. Levántate, vé por la tierra a lo largo de ella y a su ancho; porque a ti la daré . . . Y le dijo: Yo soy Jehová, que te saqué de Ur de los caldeos, para darte a heredar esta tierra . . . En aquel día hizo Jehová un pacto con Abraham, diciendo: A tu descendencia daré esta tierra, desde el río de Egipto hasta el río grande, el río Eufrates" (Gn. 12:7;13:14-17; 15:7, 18). En estos pasajes se indican los extensos y finales límites de la tierra. De la misma manera, las confirmaciones a la descendencia de Abraham afirman: "Habita como forastero en esta tierra, y estaré contigo y te bendeciré; porque a ti y a tu descendencia daré todas estas tierras, y confirmaré el juramento que hice a Abraham tu padre. Multiplicaré tu descendencia como las estrellas del cielo, y daré a tu descendencia todas estas tierras; y todas las naciones de la tierra serán benditas en tu simiente . . . También le dijo Dios: Yo soy el Dios omnipotente: crece y multiplícate; una nación y conjunto de naciones procederán de ti, y reyes saldrán de tus lomos. La tierra que he dado a Abraham y a Isaac, la daré a ti, y a tu descendencia después de ti daré la tierra" (Gn. 26:3, 4; 35:11, 12; comp. 28:13, 14). El Pacto Palestino promete la tierra a Abraham y a su descendencia terrenal por medio de Isaac y Jacob en posesión eterna. Otras predicciones sólo modifican el pacto con respecto al tiempo de su tenencia final. Se predijeron tres pérdidas de la posesión de la tierra y tres restauraciones (comp. Gn. 15:13, 14, 16; Jer. 25:11, 12; Dt. 28:25, 36, 37, 63-68; 30:1-5). Las tres predicciones sobre la pérdida de la posesión ya se cumplieron; y también se han cumplido dos restauraciones. Así que ésta es la tercera y última vez que la nación está fuera de su tierra. Cuando sea restaurada otra vez, tal como está predicho, ese pueblo nunca jamás volverá a perder su posesión. Está por demás decir que a la Iglesia no se le ha prometido ninguna tierra, y que, cuando se le aplican a la Iglesia las promesas de larga vida que se le hicieron a Israel, inmediatamente aparece la incongruencia. Los que están escogidos para "esperar de los cielos a su Hijo", no deben estar esperando larga vida en esta tierra. Los ciudadanos del cielo no tienen derechos en esta tierra, desde el punto de vista de Dios.

2. EL PACTO DE DIOS CON DAVID. Puesto que el reino teocrático venidero es el objetivo divino con respecto a esta tierra, y puesto que ese objetivo constituye la esperanza nacional de Israel, el Pacto Davídico introduce la revelación del reino y declara la naturaleza precisa de todo esto. Desde el comienzo de este tema dominante, como se observa en las subsiguientes Escrituras, se sostiene permanentemente como un aspecto de la profecía que no se ha cumplido. Este reino terrenal, el trono y el Rey están entre los temas predominantes del Antiguo Testamento. La revelación con respecto a estos grandes aspectos en el Pacto Davídico es a la vez explícita y amplia. La dificultad surge solamente para aquellos que están dispuestos a metamorfosear el trono y el reino literales y terrenales en un idealismo vago y completamente imaginario. La prueba del ácido que se debe aplicar a tal idea humana es una investigación pertinente sobre la razón por la cual el Rey tenía que ser del linaje de David. Este evidente requisito con respecto al Rey lo han pasado por alto todas las teorías que rechazan la verdad con respecto al trono y al reino literales; sin embargo, en todo el trayecto de la predicción bíblica se afirma y se asume que el Rey tenía que nacer del linaje de David. Consideremos, por ejemplo, la declaración de Juan 7:42: "¿No dice la Escritura que del linaje de David, y de la aldea de Belén, de donde era David, ha de venir el Cristo? " Dios le

había dicho a David: "Y será afirmada tu casa y tu reino para siempre delante de tu rostro, y tu trono será establecido eternamente" (2 S. 7:16). En realidad, este pacto no tenía sino una reserva: que los hijos que le sucederían a David serían sometidos a castigo, aunque el pacto no podía abrogarse. El castigo se produjo realmente mediante la interrupción del linaje real desde el tiempo de la cautividad babilónica hasta el nacimiento de Cristo. Según los términos explícitos del pacto, sin embargo, el reino de David no podía ser destruido. Tenía que restablecerse y permanecer para siempre; de otro modo Dios faltaría a su juramento. La descripción de la propia reacción de David, que indica cómo comprendía él este pacto, es la que sigue en el contexto de este versículo del profeta Samuel. Es cierto que David no abrigó otro pensamiento sino el de su propio trono literal, el del linaje real y el del reino, los cuales entendía que continuarían para siempre. El dijo: "Señor Jehová, ¿quién soy yo, y qué es mi casa, para que tú me hayas traído hasta aquí? Y aun te ha parecido poco esto, Señor Jehová, pues también has hablado de la casa de tu siervo en lo por venir. ¿Es así como procede el hombre, Señor Jehová? ¿Y qué más puede añadir David hablando contigo? Pues tú conoces a tu siervo, Señor Jehová. Todas estas grandezas has hecho por tu palabra y conforme a tu corazón, haciéndolas saber a tu siervo . . . Ahora pues, Jehová Dios, tú eres Dios, y tus palabras son verdad, y tú has prometido este bien a tu siervo. Ten ahora a bien bendecir la casa de tu siervo, para que permanezca perpetuamente delante de ti, porque tú, Jehová Dios, lo has dicho, y con tu bendición será bendita la casa de tu siervo para siempre" (2 S. 7:18-21, 28, 29). Del mismo modo, el salmista nos ofrece su propia impresión con respecto a este pacto, cuando lo cita extensamente en el Salmo 89:1-4, 20-37. En este pasaje que registra las palabras de Jehová, en forma más cabal las relativas al Pacto Davídico, se afirma el carácter literal del pacto, la certeza de su cumplimiento y la reserva con respecto al castigo. Aunque es extensa esta Escritura, es indispensable que la citemos completamente:

"Las misericordias de Jehová cantaré perpetuamente; de generación en generación haré notoria tu fidelidad con mi boca. Porque dije: Para siempre será edificada misericordia; en los cielos mismos afirmarás tu verdad. Hice pacto con mi escogido; juré a David mi siervo, diciendo: Para siempre confirmaré tu descendencia, y edificaré tu trono por todas las generaciones . . . Hallé a David mi siervo; lo ungí con mi santa unción. Mi mano estará siempre con él, mi brazo también lo fortalecerá. No lo sorprenderá el enemigo, ni hijo de iniquidad lo quebrantará; sino que quebrantaré delante de él a sus enemigos, y heriré a los que le aborrecen. Mi verdad y mi misericordia estarán con él, y en mi nombre será exaltado su poder. Asimismo pondré su mano sobre el mar, y sobre los ríos su diestra. El me clamará: Mi padre eres tú, mi Dios, y la roca de mi salvación.

Yo también le pondré por primogénito, el más excelso de los reyes de la tierra. Para siempre le conservaré mi misericordia, y mi pacto será firme con él. Pondré su descendencia para siempre, y su trono como los días de los cielos. Si dejaren sus hijos mi ley, y no anduvieren en mis juicios, si profanaren mis estatutos, y no guardaren mis mandamientos, entonces castigaré con vara su rebelión, y con azotes sus iniquidades. Mas no quitaré de él mi misericordia. Ni falsearé mi verdad. No olvidaré mi pacto, ni mudaré lo que ha salido de mis labios. Una vez he jurado por mi santidad, y no mentiré a David. Su descendencia será para siempre, y su trono como el sol delante de mí. Como la luna será firme para siempre, y como un testigo fiel en el cielo."

Cuando David le encomendó el reino a Salomón, le dijo: "Para que confirme Jehová la palabra que me habló, diciendo: Si tus hijos guardaren mi camino, andando delante de mí con verdad, de todo su corazón y de toda su alma, jamás, dice, faltará a ti varón en el trono de Israel" (1 Ro. 2:4). A la luz de esto, Salomón dijo de sí mismo: "Ahora, pues, vive Jehová, quien me ha confirmado y me ha puesto sobre el trono de David mi padre, y quien me ha hecho casa" (1 R. 2:24). Y Jeremías escribe: "Porque así ha dicho Jehová: No faltará a David varón que se siente sobre el trono de la casa de Israel . . . podrá también invalidarse mi pacto con mi siervo David, para que deje de tener hijo que reine sobre su trono, y mi pacto con los levitas y sacerdotes, mis ministros. Como no puede ser contado el ejército del cielo, ni la arena del mar se puede medir, así multiplicaré la descendencia de David mi siervo, y los levitas que me sirven" (Jer. 33:17, 21, 22).

Una notable característica de esta predicción con respecto al pacto de Dios con David fue la garantía de que a David nunca le haría falta quién se sentara en su trono. El trono de David fue un trono literal, histórico y tangible como el de los Césares, como el de los Hohenzollern, como el de los Ausburgos. Ese trono se llama casi siempre "el trono de Israel" (1 Ro. 2:4); y Cristo lo llamó "el trono de su gloria" (Mt. 19:28; 25:31). Jehová se refiere a ese trono en Salmo 2:6: "Sion, mi monte santo." Al trono terrenal de David no le ha faltado nunca quién se siente en él, y nunca le faltará. Durante los 500 años que siguieron a su propio reino, sus hijos en sucesión se sentaron sobre el trono. Desde la cautividad babilónica hasta el nacimiento de Cristo –otro período de más de 500 años– existió siempre el heredero legítimo del trono en todas las generaciones, aunque no ocupó el trono. Al nacer Cristo, no había necesidad de más herederos, porque El fue el heredero legítimo del trono en su generación y como tal se identificó (comp. Mt. 9:27; 12:23; 15:22; 20:30, 31; 21:9, 15; 22:42; 2 Ti. 2:8; Ap. 22:16). No se necesitaba otro, puesto que Cristo vive para siempre. El está ahora en el cielo, sentado en el trono de su Padre, "esperando" que los reinos de este mundo lleguen a ser los reinos del Señor y de su Cristo –no en virtud de las fuerzas evangelizadoras, sino por decreto de Jehová, y porque el Padre le dará por herencia a las naciones rebeldes de la tierra. El mismo no solamente conquistará a las naciones, sino que las regirá. La perpetuidad del trono literal davídico y del reino se puede averiguar a través de diversos pasajes bíblicos de los cuales citaremos algunos.

Isaías 9:6, 7. "Porque un niño nos es nacido, hijo nos es dado, y el principado sobre su hombro; y se llamará su nombre Admirable, Consejero, Dios fuerte, Padre eterno, Príncipe de paz. Lo dilatado de su imperio y la paz no tendrán límite, sobre el trono de David y sobre su reino, disponiéndolo y confirmándolo en juicio y en justicia desde ahora y para siempre. El celo de Jehová de los ejércitos hará esto."

El gobierno estará sobre los hombros del Mesías, porque El estará sentado en el trono de David y tendrá la autoridad del reino para ordenarlo y establecerlo en juicio y en justicia para siempre. No es necesario cometer ningún error con respecto a este trono y este reino. El hecho de que ha de crecer sin fin, tanto en imperio como en paz, se relaciona con el carácter ilimitado de su duración. Esta es una clara predicción del reino de Cristo en la tierra –del reino de los cielos– tal como será en su forma final cuando sea establecido por el Rey. No hay ningún reino divino futuro sobre la tierra que no sea el que procede del Mesías que ha de sentarse en el trono de David.

Jeremías 23:5, 6. "He aquí que vienen días, dice Jehová, en que levantaré a David renuevo justo, y reinará como Rey, el cual será dichoso, y hará juicio y justicia en la tierra. En sus días será salvo Judá, e Israel habitará confiado; y este será su nombre con el cual le llamarán: Jehová, justicia nuestra."

Según esta profecía, que es de gran peso, Cristo tenía que nacer del linaje de David, y reinar, y prosperar; El tenía que ejecutar juicio y justicia sobre la tierra. Los mismos rasgos esenciales de esta verdad se encuentran en Isaías 11:1-5, donde leemos: "Saldrá una vara del tronco de Isaí, y un vástago retoñará de sus raíces. Y reposará sobre él el Espíritu de Jehová; espíritu de sabiduría y de inteligencia, espíritu de consejo y de poder, espíritu de conocimiento y de temor de Jehová. No juzgará según la vista de sus ojos, ni argüirá por lo que oigan sus oídos; sino que juzgará con justicia a los pobres, y argüirá con equidad por los mansos de la tierra; y herirá la tierra con la vara de su boca, y con el espíritu de sus labios matará al impío. Y será la justicia cinto de sus lomos, y la fidelidad ceñidor de su cintura." No hay ninguna clase de predicciones con respecto a algún gobierno general que Dios ejerce desde el cielo, pero eso sí será cierto en el reino de Dios, el cual será davídico en su carácter y terrenal en su localización. Aquí confirmamos otra vez que el reino de los cielos es el que está predicho en el Pacto Davídico.

Ezequel 37:21-28. "Y les dirás: Así ha dicho Jehová el Señor: He aquí, yo tomo a los hijos de Israel de entre las naciones a las cuales fueron, y los recogeré de todas partes, y los traeré a su tierra; y los haré una nación en la tierra, en los montes de Israel, y un rey será a todos ellos por rey; y nunca más serán dos naciones, ni nunca más serán divididos en dos reinos. Ni se contaminarán ya más con ídolos, con sus abominaciones y con todas sus rebeliones; y los salvará de todas sus rebeliones con las cuales pecaron, y los limpiaré; y me serán por pueblo, y yo a ellos por Dios. Mi siervo David será rey sobre ellos, y todos ellos tendrán un solo pastor; y andarán en mis preceptos, y mis estatutos guardarán, y los pondrán por obra. Habitarán en la tierra que di a mi siervo Jacob, en la cual habitaron vuestros padres; en ella habitarán ellos, sus hijos y los hijos de sus hijos para siempre. Estará en medio de ellos mi tabernáculo, y seré a ellos por Dios, y ellos me serán por pueblo. Y sabrán las naciones que yo Jehová, santifico a Israel, estando mi santuario en medio de ellos para siempre."

Es muy poco lo que importa en este caso la discusión de si, como dicen algunos, será David el exaltado a corregente en el reino futuro, o si este pasaje se refiere a Cristo, el más grande de los hijos de David. Este pasaje es exageradamente explícito. El reino terrenal de Israel, que se realizará a la vista de todas las naciones, cuya autoridad real se ejercerá desde el trono de David, es tan específico que no permite que la profecía sea mal interpretada, como si se refiriera a una simple fracción del reino general de Dios en alguna parte del universo. Fácilmente se puede comprender que no hubo ni sombra de cumplimiento de esta predicción, ni de ninguna similar, en la primera venida de Cristo, ni hasta ahora ha habido ningún cumplimiento, ni se cumpliría por más que todos los judíos y los gentiles se salvaran y formaran una sola Iglesia.

Daniel 7:13,14. "Miraba yo en la visión de la noche, y he aquí con las nubes del cielo venía uno como hijo de hombre, que vino hasta el Anciano de días, y le hicieron acercarse delante de él. Y le fue dado dominio, gloria y reino, para que todos los pueblos, naciones y lenguas le sirvieran; su dominio es dominio eterno, que nunca pasará, y su reino uno que no será destruido."

La contribución de este pasaje de las Escrituras a nuestro tema general es la información que nos da sobre el hecho de que es en su segunda venida cuando Cristo vendrá con las nubes del cielo, y no en la primera. El establecerá un gobierno universal –en cuanto se refiere a la tierra– y eterno.

Oseas 3:4,5. "Porque muchos días estarán los hijos de Israel sin rey, sin príncipe, sin sacrificio, sin estatua, sin efod y sin terafines. Después volverán los hijos de Israel, y buscarán a Jehová su Dios, y a David su rey; y temerán a Jehová y a su bondad en el fin de los días."

Estas Escrituras predicen la presente separación de Israel de su relación correcta con Jehová; sin embargo, de una manera igualmente cierta, predicen que ellos volverán y buscarán a Jehová su Dios y a David su rey en los últimos días. Esta es una esperanza que no se les ha cumplido hasta la hora presente.

Mateo 1:1. "Libro de la genealogía de Jesucristo, hijo de David, hijo de Abraham."

Aquí se indica el orden de la verdad mesiánica según se establece en el *Evangelio de Mateo.* Primero presenta el informe con respecto al Rey como Hijo de David, y luego, la obra de Cristo en su muerte como garantía de la promesa que se incluía en el pacto de Dios con Abraham. A Cristo se le aplica muchas veces el título de "hijo de David", lo cual no indica solamente que El es un hijo de David, como también lo fueron muchos otros de su generación, sino que –como ya se dijo– El es *el* Hijo, el Heredero legítimo del trono de David (comp. Mt.9:27; 15:22; 20:30,31; 21:9,15; 22:42). En realidad, ¿por qué se hace tanto énfasis en que El tenía que ser hijo de David? ¿No es El, del mismo modo, hijo de Salomón o de Jacob? Hay una sola respuesta para estas preguntas: Cristo no sólo cumple, sino que cumple cabalmente la expectación del Pacto Davídico con respecto al trono, al Rey y al reino, y, precisamente en ese sentido literal en que se le hizo el pacto a David, y en ese mismo sentido literal en que se magnifica en todas las Escrituras subsiguientes. Aparte de este reconocimiento de la relación entre Cristo y su antepasado humano David, no puede haber ninguna interpretación factible del *Evangelio de Mateo*.

Lucas 1:31-32. "Y ahora, concebirás en tu vientre, y darás a luz un hijo, y llamarás su nombre JESUS. Este será grande, y será llamado Hijo del Altísimo; y el Señor Dios le dará el trono de David su padre."

No se puede hallar otra porción de las Escrituras que sea tan determinante en el tema que estamos considerando como esta declaración de Gabriel a María. El pasaje incorpora verdades relacionadas con cada una de las dos venidas de Cristo. Lo que no ocurrió en la primera venida se cumplirá en la segunda, es decir, la predicción de que "el Señor Dios le dará el trono de David su padre; y reinará sobre la casa de Jacob para siempre, y su reino no tendrá fin" (v.33). Este trono es el trono terrenal de David. La casa de Jacob no es la Iglesia ni ningún otro pueblo, sino ese pueblo al cual se le aplica propiamente ese término. El hecho de que su reino no tendrá fin, indica que del reino milenario se pasará a la eternidad venidera. Debe observarse, sin embargo, que el trono que representa ese reino es un don de "el Señor Dios." Este hecho lo explicaremos en el último capítulo de esta *Cristología.* El apóstol Pablo lo menciona en 1 Corintios 15:27,28, donde dice: "Porque todas las cosas las sujetó debajo de sus pies. Y cuando dice que todas las cosas han sido sujetadas a él, claramente se exceptúa aquel que sujetó a él todas las cosas. Pero luego que todas las cosas le estén sujetas, entonces también el Hijo mismo se sujetará al que le sujetó a él todas las cosas, para que Dios sea todo en todos." Con respecto a lo mismo, el Salvador dijo: "Toda potestad me es dada en el cielo y en la tierra" (Mt.28:18). Las palabras que el ángel le habló a María confirman el Pacto Davídico e indican la marcha del cumplimiento de la verdad con respecto a ese pacto, en sus términos literales, hasta la segunda venida de Cristo. En nigún momento se debe admitir algún cambio hacia el idealismo espiritual en este tema.

Hechos 2:25-31. "Porque David dice de él: Veía al Señor siempre delante de mí; porque está a mi diestra, no seré conmovido. Por lo cual mi corazón se alegró, y se gozó mi lengua, y aun mi carne descansará en esperanza; porque no dejarás mi alma en el Hades, ni permitirás que tu Santo vea corrupción. Me hiciste conocer los caminos de la vida; me llenarás de gozo con tu presencia. Varones hermanos, se os puede decir libremente del patriarca David, que murió y fue sepultado, y su sepulcro está con nosotros hasta el día de hoy. Pero siendo profeta, y sabiendo que con juramento Dios le había jurado que de su descendencia, en cuanto a la carne, levantaría al Cristo para que se sentase en su trono, viéndolo antes, habló de la resurrección de Cristo, que su alma no fue dejada en el Hades, ni su carne vio corrupción."

La primera parte de este pasaje es una cita del Salmo 16. La última es una afirmación directa con respecto al Pacto Davídico, tal como David lo entendió y lo aceptó. El comprendió que el trono del cual no habría fin y el reino que se incluía en el pacto estaban eslabonados con el Mesías eterno que, según el mismo pacto, tenía que provenir de su propia descendencia. A David también se le permitió cierta comprensión de la muerte de Cristo. El la expresa en el Salmo 22. Evidentemente, él pensó que si su Hijo, el Mesías, por una parte iba a morir y por otra, se iba a sentar en su trono para siempre, eso significaba que el Mesías tendría que morir primero, y luego, levantarse de entre los muertos, para poder satisfacer el rasgo eterno del pacto. Claro que el Mesías no podía ocupar el trono eternamente y luego morir. Fue de esa manera como David previó la resurrección de Cristo. El pasaje de Hechos nos indica también que Dios hizo juramento de que cumpliría este reino literal, terrenal y eterno que le había prometido a David. El mismo salmista David registra la declaración de Jehová: "No olvidaré mi pacto, ni mudaré lo que ha salido de mis labios. Una vez he jurado por mi santidad, y no mentiré a David. Su descendencia será para siempre, y su trono como el sol delante de mí. Como la luna será firme para siempre, y como un testigo fiel en el cielo" (Sal.89:34-37). Si hay quien objete estas verdades, haría bien en pensar que es un insulto a la veracidad divina el echar atrás un juramento de Jehová. Sobre este mal escribe Ford C. Ottman:

"Se ha proclamado –y con gran énfasis– que Juan el Bautista y los discípulos de Jesús estaban 'obsesionados con conceptos erróneos de tipo popular,' y saturados de 'ilusiones' con respecto a la restauración de la dinastía davídica. Y esto se ha afirmado en forma tan positiva que muchos han aceptado esa declaración como final, que ya no puede discutirse. Pero la aceptación de esta afirmación, sin el debido examen ni la debida comprensión de lo que implica, sólo indica cuán fácilmente se deja *obsesionar* la gente moderna con 'conceptos erróneos de tipo popular,' y cuánto más que los judíos de aquel tiempo. Los judíos sabían –y nosotros también sabemos– que Dios hizo el juramento de establecer el reino de David para siempre, y de mantener su trono por todas las generaciones. No podemos negar esto, sin negar las Escrituras en las cuales se afirma. Si la Escritura no tiene ninguna autoridad, entonces podemos pensar lo que queramos; pero si la Palabra de Dios tiene autoridad, nuestros pensamientos deben estar dominados por ella. A pesar del pacto y del juramento de Dios, el reino de David no le fue restaurado a Israel –como lo habían predicho los profetas y como lo habían esperado los discípulos de Cristo– durante el ministerio del Mesías. ¿Debemos concluir, por ese motivo, que la esperanza nacional de Israel era una ilusión, y que la expectación popular era un concepto erróneo con respecto a la misión del Mesías? ¡Claro que no! Los que sostienen ese punto de vista está demostrando que son ellos los ilusos, y que esa ilusión es peor que aquella de la cual se quiere culpar a los profetas, a los apóstoles y al pueblo" – *Imperialism and Christ,* pgs. 81,82.

El juramento de Jehová confirma el plan divino de colocar a Cristo en el trono de David (comp. Sal.2:6), y, según todas las Escrituras que tratan sobre este tema, esto no debía ocurrir en el tiempo de su ascensión, cuando El volvió al cielo después de su primera venida, sino en su retorno, cuando El venga con poder y gran gloria (comp. Mt.25:31; Ap. 19:16).

Hechos 15:13-18. "Y cuando ellos callaron, Jacobo respondió diciendo: Varones hermanos, oídme. Simón ha contado cómo Dios visitó por primera vez a los gentiles, para tomar de ellos pueblo para su nombre. Y con esto concuerdan las palabras de los profetas, como está escrito: Después de esto volveré y reedificaré el tabernáculo de

David, que está caído; y repararé sus ruinas, y lo volveré a levantar, para que el resto de los hombres busque al Señor, y todos los gentiles, sobre los cuales es invocado mi nombre, dice el Señor que hace conocer todo esto desde tiempos antiguos."

Al definir el nuevo plan del Señor para la presente era, plan que puso completamente a un lado los elementos esenciales del judaísmo durante un tiempo, el primer concilio de la Iglesia en Jerusalén reconoció un orden de eventos que todavía estaban por cumplirse. Tenía que producirse el llamamiento de la Iglesia, que estaría compuesta de judíos y gentiles, el cual ya había comenzado, y continúa hasta la presente hora. Al terminar este plan, Cristo regresaría; y cuando Cristo regresara, establecería la dinastía davídica. Esta fue una restauración prevista por Amós y expresada de la manera siguiente: "En aquel día yo levantaré el tabernáculo caído de David, y cerraré sus portillos y levantaré sus ruinas, y lo edificaré como en el tiempo pasado; para que aquellos sobre los cuales es invocado mi nombre posean el resto de Edom, y a todas las naciones, dice Jehová que hace esto" (Am.9:11,12). Aquí no hay apoyo, ni en ninguna otra parte de la Escritura, para la idea del catolicismo romano de que la Iglesia es el Reino. Los ancianos de la iglesia primitiva distinguieron entre la Iglesia como objetivo divino para el tiempo presente, y el retorno de Cristo para cumplir el Pacto Davídico.

Apocalipsis 22:16. "Yo Jesús he enviado mi ángel para daros testimonio de estas cosas en las iglesias. Yo soy la raíz y el linaje de David, la estrella resplandeciente de la mañana."

En la obra maestra del señor Ford C. Ottman que ya hemos citado, él dice lo siguiente:

"El imperialismo y Cristo son palabras separadas de inseparable significación. Cada una de ellas están dentro de la otra mediante un agarre circundante que no permite que se separen ni que se rompan. Su desconexión, si fuera posible, rompería el engranaje y detendría la acción de la maquinaria del universo. El imperialismo —palabra persistente y resonante en el vocabulario político de nuestro día— sin Cristo, estaría fuera de los límites de la posibilidad. Cristo —palabra central que predomina en el vocabulario teológico de la Iglesia— sin imperialismo, no sería reinante ni real. Los mártires de la Iglesia Presbiteriana Escocesa lucharon por los derechos de Jesús a la corona, y afirmaron el señorío de Cristo sobre la Iglesia, hasta que, intimidados y perseguidos por los dragones, caían en el rastrojo y lo teñían con un tinte mucho más rico que el que le había dado la naturaleza: con la sangre roja del testimonio. Y sin embargo, los derechos de Jesús a la corona no incluyeron su señorío sobre la Iglesia, ni consisten en eso. Esos derechos son sustanciales y literales. Corresponden a su reinado sobre Israel, y no a su soberanía sobre la Iglesia. La expresión *el imperialismo y Cristo*, en la cual se incluyen los derechos de Jesús a la corona, tiene un significado conciso y definido; un significado que está envuelto en la clásica declaración de Andrew Malville, cuando, moviéndole la manga de la chaqueta al rey Jacobo, le dio este calificativo: 'Simple vasallo de Dios' —y agregó: 'Recuerde su majestad que hay dos reinos en Escocia. Está el rey Jacobo cuyos súbditos leales somos nosotros. Pero también está el Rey Jesús.' 'Los derechos de Jesús a la corona' son palabras que han hecho eco a través de los años, desde la tierra de la promesa nacional, a través de las regiones montañosas y hasta las cañadas profundas y nuevamente hasta los páramos de Escocia; y son palabras cuyo significado se está extendiendo desde su brote hasta su florecimiento en el desarrollo de la doctrina siempre cercana de la escatología, de la cual hemos puesto aquí, como 'universo lógico' en el cual han de moverse nuestros pensamientos, al imperialismo y a Cristo. El imperialismo y Cristo son términos convertibles, que equivalen en significado, que coordinan en distinción, que cooperan en la acción. El imperialismo y Cristo no son términos gemelos, sino un mismo término. Cristo, sin imperialismo, es un Cristo sin rasgos distintivos. El imperialismo sin Cristo, es un imperialismo sin forma. A esta unidad correlativa de Cristo con el imperialismo está unida inextricablemente la esperanza del mundo. La negación de esta premisa descarta la única clave que se nos ha dado para guiarnos en este perplejo é intrincado misterio del universo. La negación de la premisa de que la esperanza del mundo está indisolublemente unida con el imperialismo de Cristo equivale a soltar la única cuerda que nos puede permitir el éxodo del laberinto del gran problema cósmico, el cual oprime al alma humana para que le dé solución. Los derechos del Señor Jesucristo a la corona se declaran positiva y completamente en la revelación y no los debe anular la especulación ni la seudo-exégesis. En realidad, ni siquiera los deben modificar en lo mínimo. Si la Biblia fuera incoherente o vaga en sus declaraciones con respecto al imperialismo y su relación con Cristo, entonces podríamos explicar los prevalecientes conceptos errados y los prejuicios contra el plan de Dios y contra sus propósitos en las edades de prueba de la historia del mundo. Pero la Biblia no es vaga: es tan clara como un rayo de sol y tan concisa como una proposición matemática; es positiva en sus declaraciones, clara en su significado, precisa en su aplicación; le promete al Señor Jesucristo un absolutismo que nunca se ha consumado en un reino espiritual.

El cumplimiento de esta promesa de cualquier modo que podamos interpretar su significado, corresponde al porvenir, y, sea que se refiera a un reino temporal sobre la tierra o a un reino espiritual en los corazones de los creyentes en Cristo, eso tiene que determinarse solo por medio de la revelación. Las convicciones, por más profundas que puedan ser, no tienen peso, ningún valor, ni ningún llamamiento a servir de norma y medida del reino venidero, a menos que sean sustentadas por las Escrituras. Cristo, en su Deidad, fue el Señor de David; en su humanidad fue el Hijo de David. Su título exclusivo e indiscutible al trono de Israel fue establecido y sellado mediante las tablas genealógicas de los registros autorizados de los Evangelios de Mateo y Lucas, que son las crónicas inspiradas sobre los derechos del Hijo de David e Hijo del Hombre a la corona. . . 'José, hijo de David, no temas recibir a María tu mujer, porque lo que en ella es engendrado, del Espíritu Santo es . . .Y despertando José del sueño, hizo como el ángel del Señor le había mandado, y recibió a su mujer.' Mediante este matrimonio, Jesús fue constituido Hijo adoptivo de José, y su heredero legal. Así, según la sabiduría de Dios, se le dio a Jesús el título al trono de su padre David: mediante su descendencia natural, mediante su derecho de primogenitura y mediante derecho legal. Jesús no ha ocupado nunca ese trono. Se lo negaron cuando vino a la tierra; y desde su ascensión está sentado en el trono de su Padre. En ese trono ha de permanecer hasta que todos sus enemigos hayan sido puestos por estrado de sus pies. El absolutismo espiritual que el pensamiento teológico tradicional le concede a Cristo no es el cumplimiento preciso de la profecía, ni el sustituto del absolutismo temporal que las bocas de todos los profetas, desde el principio del mundo, le han prometido a El.

El acto de rechazamiento de Cristo por parte de los judíos, y su muerte a manos de los romanos, eran hechos que estaban previstos y predichos. 'Por cárcel y por juicio fue quitado –así se había escrito siglos antes de su nacimiento;– y su generación, ¿quién la contará? Porque fue cortado de la tierra de los vivientes, y por la rebelión de mi pueblo fue herido' (Is.53:8). El mismo profeta nos dice que el gobierno habría de estar sobre sus hombros y que lo dilatado de su imperio y la paz no tendrían límite, sobre el trono de David y sobre su reino, disponiéndolo y confirmándolo en juicio y en justicia desde ahora y para siempre. Esta promesa fue confirmada mediante el anuncio del ángel a la virgen de que el Señor Dios le daría el trono de David su padre y que reinaría en la casa de Jacob para siempre, y que su reino no tendría fin. ¿Cómo se deben reconciliar estas declaraciones que están en conflicto? ¿Muere sin generación, es cortado de la tierra de los vivientes; sin embargo, se sienta para reinar en el trono de David para ordenarlo y establecerlo para siempre? La teología casuística, que se entrenó para resolver las sutilidades de cuestiones morales, puede convencerse a sí misma de que la Iglesia de Cristo es el reino de David que se le prometió a Jesús; pero tal razonamiento, aunque sea sutil y especioso, no es conclusivo para el hombre que cree que las palabras de la Biblia deben tomarse según su verdadero valor. Si solamente Gabriel hubiera dado el anuncio de que Jesús reinaría en el trono de David, pudiera haber alguna duda razonable –en vista de lo que ha sucedido– en cuanto al sentido exacto de sus palabras; pero Gabriel no fue el único que dio ese testimonio; los profetas hebreos creyeron y proclamaron lo mismo. Ellos predijeron un reino que debe establecerse con poder, en las manos del Mesías, el Hijo de David; en ese reino prevalecerá la paz y la tierra será llena del conocimiento y de la gloria del Señor como cubren el mar las aguas. La casa de Israel ha de ser establecida y volverá a disfrutar del favor divino; llegará a ser el centro del refrigerio y de la bendición para todas la naciones de la tierra; la gloria del Señor ha de manifestarse desde Sion, y el trono del Mesías se establecerá allí: tal es el testimonio con el cual concuerdan todos los profetas. Sería en vano afirmar que el reino ya ha tomado esa forma. Sabemos que eso no ha sucedido. El Rey fue rechazado y crucificado. Y este hecho, así como el juicio aplastante que ha de caer sobre Israel como consecuencia de ese pecado de negarle al Rey su corona, habían sido predichos por los profetas hebreos. Los hijos de Israel, durante estos largos siglos que han transcurrido desde el tiempo cuando rechazaron a Cristo, han estado, sin estatua, sin efod y sin terafines' (Os.3:4). Este pueblo despojado, desobediente, fatigado y errante de Dios, ha demostrado y justificado la aplicación literal de esta profecía. Y la profecía, sin embargo, continúa sin quebrantarse: 'Después volverán los hijos de Israel, y buscarán a Jehová su Dios, y a David su rey; y temerán a Jehová y a su bondad en el fin de los días' (Os.3:5). ¿Mediante la aplicación de cuál principio normal de interpretación podemos aceptar que se interprete literalmente el versículo 4 y negarle la misma interpretación al versículo 5? ¿Será que el largo destierro en que Israel ha estado de Dios justifica el uno y extingue la esperanza del otro? Si el endurecimiento de Israel es un hecho literal, ¿por qué tenemos que pensar que es imposible que Dios lo restaure otra vez para que reciba su favor? Y si Dios restaura a Israel, ¿por qué debemos considerar cosa increíble que el reino se establezca en la forma en que lo predijeron los profetas? Todos los que creen en la Biblia admiten que Jesús vino al mundo a establecer un reino. Al nacer, fue reconocido como Rey de los judíos, y –como lo prueban conclusivamente las tablas genealógicas– fue y es el Heredero legítimo del trono de David. Sobre el carácter y la constitución de su reino no se puede suponer ninguna concepción especulativa, ni se puede derivar de ninguna otra fuente que no sea una sana investigación y una estricta interpretación de la Escritura. La forma original del reino, si ha tenido variaciones o si no las ha tenido, era la de un reino que debía establecerse sobre esta tierra, durante el cual '. . . de Sion saldrá la ley, y de Jerusalén la palabra de Jehová' (Mi.4:2). El reino, de acuerdo con el testimonio unido de los profetas, debía establecerse en esta tierra, Jerusalén debía ser la capital del reino, el Mesías debía reinar en el trono de David que le sería restaurado a Israel, y éste debía extender sus dominios hasta los fines de la tierra. Ese era el campo de visión que tenían los profetas, y no hay ni sombra que indique que el rechazamiento de Cristo y su muerte –hechos que estaban previstos y predichos– producirían algún cambio orgánico en el reino, o modificarían en algún sentido la concepción profética. La forma final del reino concordaría con la medida del reino original. El profeta Miqueas nos ofrece evidencias al respecto: "Con vara herirán en la mejilla al juez de Israel –ésta es una predicción sobre el rechazamiento del Rey. Pero tú, Belén Efrata –continúa el profeta– pequeña para estar entre las familias de Judá, de tí me saldrá el que será Señor en Israel; y sus salidas son desde el principio, desde los días de la eternidad' " (Mt.5:1,2). – págs.9-21.

Esto último es verdad; es decir, que la norma del reino, en su forma final sobre la tierra, será aquella que Jehová prometió con juramento. Pero aquella prestidigitación hermenéutica que comienza con un pacto relativo a un trono terreno, a un rey y a un reino eternos, o sin el reconocimiento de tal pacto, y al fin resulta con un mero idealismo ficticio con respecto a la autoridad espiritual sobre los hombres, es una idea –en caso de que se relacione con las Escrituras en alguna forma– que se ha tomado del hecho que constituye la autoridad superior de Dios sobre su universo, es decir, del que llamamos *reino de Dios.* Todo esto no es otra cosa que los vestigios de la teoría de Whitby, cuya persuasión ha pasado por alto horriblemente las enseñanzas precisas de la Biblia, y al hacer eso, se ha convertido en progenitor del modernismo contemporáneo, que se presenta enmascarado de mensajero de Dios. Esta denuncia es contra aquellos que no intentan la verdadera exposición del Texto Sagrado, y que presentan sus opiniones humanas, más o menos etéreas, con relación a los planes de Dios para las edades futuras.

II. DIVERSAS FORMAS DE IDENTIFICAR EL REINO DE LOS CIELOS

Puesto que el reino de los cielos es el gobierno de Dios en la tierra a través de las edades, es posible identificarlo en diversas maneras. Estas son las que indicamos en la continuación de nuestro estudio.

1. LOS JUECES. Aunque Dios ha dirigido los asuntos de los

hombres desde el principio, no se había establecido ningún método de gobierno sobre una nación hasta el período de los jueces. Antes de ellos, se había establecido una dictadura temporal, en el tiempo de Moisés, la cual continuó hasta Josué. Al terminar el período de gobierno de los jueces, se afirma definidamente que ése era un gobierno de Dios. Jehová le dijo a Samuel: "Oye la voz del pueblo en todo lo que te digan; porque no te han desechado a tí, sino a mí me han desechado, para que no reine sobre ellos" (1 S.8:7; comp. Jue.2:16,18; Hch. 13:20). Según el profeta Isaías se volverá a restaurar ese método original de administración del gobierno teocrático. Isaías declara: "Restauraré tus jueces como al principio, y tus consejeros como eran antes; entonces te llamarán Ciudad de justicia, Ciudad fiel" (1:26). El gobierno de los Jueces, que era el gobierno de Jehová sobre Israel, es una forma del reino de los cielos.

2. EL REINO Y EL PACTO DAVIDICOS. Aunque Saúl fue rey de Israel durante un largo período, él fracasó. Evidentemente su reino le sirvió de preparación al pueblo para el ejercicio de la autoridad divina que habría de manifestarse por medio de David. El reino de David fue peculiarmente una empresa divina, porque debía ser el modelo de la forma final de ese reino davídico. Cumplió, sin embargo, sus grandes propósitos como punto de arranque de todo lo que se refiere al pacto de Jehová con David. Ese fue, en realidad, el comienzo del camino real de las predicciones con respecto al reino de los cielos.

3. LA PREDICCION DEL REINO. Es significativo que los profetas del Antiguo Testamento, en su mayoría, hablaron durante un período comparativamente breve. Este período fue el correspondiente al tiempo en que Israel se acercaba a su dispersión nacional, que sería un castigo procedente de la mano de Dios. Fue en la hora más oscura de la historia de esa nación cuando estos videntes, como para contraste, presentaron una luz sin precedentes sobre la gloria futura de la nación. Este consenso de la visión profética no ha tenido ni siquiera una sombra de cumplimiento; sin embargo, la nación ha sido divinamente preservada, lo cual indica evidentemente, que Dios ha tenido en cuenta la consumación de esa promesa (Jer.31:35-37; Mt.24:32-34).

Algunos de los profetas profetizaron antes del destierro, otros durante el destierro, y otros, después, cuando un remanente del pueblo,no la nación entera, regresó a la tierra. Aunque ellos hablaron con objetivos y estilos individuales, estuvieron unidos, como si fueran una sola voz, sobre ciertos grandes temas. Ellos condenaron el pecado de la nación y predijeron el castigo. Vieron los juicios que habrían de caer sobre las naciones circunvecinas; pero estos juicios contra los gentiles solo se mencionan en cuanto esos pueblos tenían relación con Israel. Sobre todo, ellos previeron sus futuras bendiciones, y describieron su forma y su manera de un modo tan exacto que no podemos interpretarlas mal. Sus profecías se extendieron hasta los magníficos detalles del reino que se le había prometido al Hijo de David sobre la casa de Jacob para siempre. Al investigar estos pasajes, casi no se necesita ningún comentario, pues las declaraciones se pueden tomar según su significado natural y obvio. Seleccionamos algunos pasajes en que se encuentran algunas declaraciones que dieron los profetas relacionadas con el Rey que había de venir y con su reino. Según esas Escrituras, veremos que el gobierno de Emanuel tendrá que ser:

a. TEOCRATICO. El Rey será "Emanuel. . . Dios con nosotros," pues El es, por su nacimiento humano, el heredero legítimo del trono de David, puesto que nació de una virgen en Belén.

En primer lugar, el Rey será "Emanuel. . . Dios con nosotros": "Por tanto, el Señor mismo os dará señal: He aquí que la virgen concebirá, y dará a luz un hijo, y llamará su nombre Emanuel" (Is.7:14). "Todo esto aconteció para que se cumpliese lo dicho por el Señor por medio del profeta, cuando dijo: He aquí, una virgen concebirá, y dará a luz un hijo, y llamarás su nombre Emanuel, que traducido es: Dios con nosotros" (Mt.1:22,23).

En segundo lugar, el Rey será heredero del trono de David: "Saldrá una vara del tronco de Isaí, y un vástago retoñará de sus raíces. Y reposará sobre él el Espíritu de Jehová; espíritu de sabiduría y de inteligencia, espíritu de consejo y de poder, espíritu de conocimiento y de temor de Jehová. Y le hará entender diligente en el temor de Jehová. No juzgará según la vista de sus ojos, ni argüirá por lo que oigan sus oídos; sino que juzgará con justicia a los pobres, y argüirá con equidad por los mansos de la tierra; y herirá la tierra con la vara de su boca, y con el espíritu de sus labios matará al impío. Y será la justicia cinto de sus lomos, y la fidelidad ceñidor de su cintura" (Is. 11:1-5). "He aquí que vienen días, dice Jehová, en que levantaré a David renuevo justo, y reinará como Rey, el cual será dichoso, y hará juicio y justicia en la tierra" (Jer.23:5). "Y levantaré sobre ellos un pastor, y él las apacentará; a mi siervo David, él las apacentará, y él les será por pastor" (Ez.34:23). "Porque muchos días estarán los hijos de Israel sin rey, sin príncipe, sin sacrificio, sin estatua, sin efod y sin terafines. Después volverán los hijos de Israel, y buscarán a Jehová su Dios, y a David su rey; y temerán a Jehová y a su bondad en el fin de los días" (Os.3:4,5).

En tercer lugar, el Rey debía nacer de una virgen en Belén: "Por tanto, el Señor mismo os dará señal: He aquí que una virgen concebirá, y dará a luz un hijo, y llamará su nombre Emanuel" (Is.7:14). "Pero tú, Belén Efrata, pequeña para estar entre las familias de Judá, de tí me saldrá el que será Señor en Israel; y sus salidas son desde el principio, desde los días de la eternidad" (Mi.5:2).

b. DE CARACTER CELESTIAL. "Y juzgará entre las naciones, y reprenderá a muchos pueblos; y volverán sus espadas en rejas de arado, y sus lanzas en hoces; no alzará espada nación contra nación, ni se adiestrarán más para la guerra (Is.2:4). "Sino que juzgará con justicia a los pobres, y argüirá con equidad por los mansos de la tierra; y herirá la tierra con la vara de su boca, y con el espíritu de sus labios matará al impío. Y será la justicia cinto de sus lomos, y la fidelidad ceñidor de su cintura" (Is.11:4,5). "He aquí vienen días, dice Jehová, en que yo confirmaré la buena palabra que he hablado a la casa de Israel y a la casa de Judá. En aquellos días y en aquel tiempo haré brotar a David un Renuevo de justicia, y hará juicio y justicia en la tierra. En aquellos días Judá será salvo, y Jerusalén habitará segura, y se le llamará: Jehová, justicia nuestra. Porque así ha dicho Jehová: No faltará a David varón que se siente sobre el trono de la casa de Israel" (Jer.33:14-17). "En aquel tiempo haré para ti pacto con las bestias del campo, con las aves del cielo y con las serpientes de la tierra; y quitaré de la tierra arco y espada y guerra, y te haré dormir segura" (Os.2:18).

c. UN GOBIERNO EN JERUSALEN Y DE CARACTER UNIVERSAL. Primeramente, el gobierno de Emanuel será en la tierra: "Pídeme, y te daré por herencia las naciones, y como posesión tuya los confines de la tierra" (Sal.2:8). "No harán mal ni dañarán en todo mi santo monte; porque la tierra será llena del conocimiento de Jehová, como las aguas cubren el mar" (Is.11:9). "No se cansará ni desmayará, hasta que establezca en la tierra justicia; y las costas esperarán su ley" (Is.42:4). "He aquí que vienen días, dice Jehová, en que levantaré a David renuevo justo, y reinará como Rey, el cual será dichoso, y hará juicio y justicia en la tierra" (Jer.23:5). "Y Jehová será rey sobre toda la tierra. En aquel día Jehová será uno, y uno su nombre" (Zac.14:9).

En segundo lugar, el reino de Emanuel tendrá su centro en Jerusalén:

> "Lo que vio Isaías hijo de Amoz acerca de Judá y de Jerusalén. Acontecerá en lo postrero de los tiempos, que será confirmado el monte de la casa de Jehová como cabeza de los montes y será exaltado sobre los collados, y correrán a él todas la naciones. Y vendrán muchos pueblos, y dirán: Venid, y subamos al monte de Jehová, a la casa del Dios de Jacob; y nos enseñará sus caminos, y caminaremos por sus sendas. Porque de Sion saldrá la ley, y de Jerusalén la

palabra de Jehová' (Is.2:1-3). 'Por amor de Sion no callaré, y por amor de Jerusalén no descansaré, hasta que salga como resplandor su justicia, y su salvación se encienda como una antorcha. Entonces verán las gentes tu justicia, y todos los reyes tu gloria; y te será puesto un nombre nuevo, que la boca de Jehová nombrará. Y serás corona de gloria en la mano de Jehová, y diadema de reino en la mano del Dios tuyo. Nunca más te llamarán Desamparada, ni tu tierra se dirá más Desolada; sino que serás llamada Hefzi-bá, y tu tierra, Beula; porque el amor de Jehová estará sobre tí, y tu tierra será desposada. Pues como el joven se desposa con la virgen, se desposarán contigo tus hijos; y como el gozo del esposo con la esposa, así se gozará contigo el Dios tuyo. Sobre tus muros, oh Jerusalén, he puesto guardas; todo el día y toda la noche no callarán jamás. Los que os acordáis de Jehová, no reposéis, ni le deis tregua, hasta que restablezca a Jerusalén, y la ponga por alabanza en la tierra ' (Is. 62:1-7). 'Así ha dicho Jehová de los ejércitos: el ayuno del cuarto mes, el ayuno del quinto, el ayuno del séptimo, y el ayuno del décimo, se convertirán para la casa de Judá en gozo y alegría, y en festivas solemnidades. Amad, pues, la verdad y la paz. Así ha dicho Jehová de los ejércitos: Aún vendrán pueblos, y habitantes de muchas ciudades; y vendrán los habitantes de una ciudad a otra, y dirán: Vamos a implorar el favor de Jehová, y a buscar a Jehová de los ejércitos. Yo también iré. Y vendrán muchos pueblos y fuertes naciones a buscar a Jehová de los ejércitos en Jerusalén, y a implorar el favor de Jehová. Así ha dicho Jehová de los ejércitos: En aquellos días acontecerá que diez hombres de las naciones de toda lengua tomarán del manto a un judío, diciendo: Iremos con vosotros, porque hemos oído que Dios está con vosotros' (Zac.8:20-23). 'Y Jerusalén será hollada por los gentiles, hasta que los tiempos de los gentiles se cumplan' " (Lc.21:24).

En tercer lugar, el reino de Emanuel será sobre el Israel reunificado y convertido:

"Entonces Jehová hará volver a tus cautivos, y tendrá misericordia de tí, y volverá a recogerte de entre todos los pueblos a donde te hubiere esparcido Jehová tu Dios. Aun cuando tus desterrados estuvieren en las partes más lejanas que hay debajo del cielo, de allí te recogerá Jehová tu Dios, y de allá te tomará; y te hará volver Jehová tu Dios a la tierra que heredaron tus padres, y será tuya; y te hará bien, y te multiplicará más que a tus padres. Y circuncidará Jehová tu Dios tu corazón, y el corazón de tu descendencia, para que ames a Jehová tu Dios con todo tu corazón y con toda tu alma, a fin de que vivas' (Dt.30:3-6). ' Así mismo acontecerá en aquel tiempo, que Jehová alzará otra vez su mano para recobrar el remanente de su pueblo, que aún queda en Asiria, Egipto, Patros, Etiopía, Elam, Sinar y Hamat, y en las costas del mar. Y levantará pendón a las naciones, y juntará los desterrados de Israel, y reunirá los esparcidos de Judá de los cuatro confines de la tierra. Y se disipará la envidia de Efraín, y los enemigos de Judá serán destruidos. Efraín no tendrá envidia de Judá, ni Judá afligirá a Efraín' (Is.11:11-13). 'Porque Jehová tendrá piedad de Jacob, y todavía escogerá a Israel, y lo hará reposar en su tierra; y a ellos se unirán extranjeros, y se juntarán a la familia de Jacob. Y los tomarán los pueblos, y los traerán a su lugar; y la casa de Israel los poseerá por siervos y criadas en la tierra de Jehová; y cautivarán a los que los cautivaron, y señorearán sobre los que los oprimieron' (Is.14:1,2; 60:1-22). 'En sus días será salvo Judá, e Israel habitará confiado; y este será su nombre con el cual le llamarán: Jehová justicia nuestra. Por tanto, he aquí que vienen días, dice Jehová, en que no dirán más: Vive

Jehová que hizo subir a los hijos de Israel de la tierra de Egipto, sino: Vive Jehová que hizo subir y trajo la descendencia de la casa de Israel de la tierra del norte, y de todas las tierras a donde yo los había echado; y habitarán en su tierra' (Jer.23:6-8). 'He aquí que yo los reuniré de todas las tierras a las cuales los eché con mi furor, y con mi enojo e indignación grande; y los haré volver a este lugar, y los haré habitar seguramente; y me serán por pueblo, y yo seré a ellos por Dios' (Jer.32:37-39). 'Y haré volver los cautivos de Judá y los cautivos de Israel, y los restableceré como al principio. Y los limpiaré de toda su maldad con que pecaron contra mí; y perdonaré todos sus pecados con que contra mí pecaron, y con que contra mí se rebelaron. Y me será a mí por nombre de gozo, de alabanza y de gloria, entre todas las naciones de la tierra, que habrán oído todo el bien que yo les hago; y temerán y temblarán de todo el bien y de toda la paz que yo les haré' (Jer.33:7-9; comp. Ez. 36:16-38). 'Y les dirás: Así ha dicho Jehová el Señor: He aquí, yo tomo a los hijos de Israel de entre las naciones a las cuales fueron, y los recogeré de todas partes, y los traeré a su tierra; y los haré una nación en la tierra, en los montes de Israel, y un rey será a todos ellos por rey; y nunca más serán dos naciones, ni nunca más serán divididos en dos reinos. Ni se contaminarán ya más con sus ídolos, con sus abominaciones y con todas sus rebeliones; y los salvaré de todas sus rebeliones con las cuales pecaron, y los limpiaré; y me serán por pueblo, y yo a ellos por Dios. Mi siervo David será rey sobre ellos, y todos tendrán un solo pastor; y andarán en mis preceptos y mis estatutos guardarán, y los pondrán por obra. Habitarán en la tierra que di a mi siervo Jacob, en la cual habitaron vuestros padres; en ella habitarán ellos, sus hijos y los hijos de sus hijos para siempre; y mi siervo David será príncipe de ellos para siempre (Ez.37:21-25). 'En aquel día, dice Jehová, juntaré la que cojea, y recogeré la descarriada, y a la que afligí; y pondré a la coja como remanente, y a la descarriada como nación robusta; y Jehová reinará sobre ellos en el monte de Sion desde ahora y para siempre. Y tú, oh torre del rebaño, fortaleza de la hija de Sion, hasta tí vendrá el señorío primero, el reino de la hija de Jerusalén" (Mi.4:6-8).

En cuarto lugar, el reino de Emanuel se extenderá a todas las naciones de la tierra:

"Todos los reyes se postrarán delante de él; todas las naciones le servirán... Será su nombre para siempre, se perpetuará su nombre mientras dure el sol. Benditas serán en él todas las naciones; lo llamarán bienaventurado' (Sal.72:11,17). 'Todas las naciones que hiciste vendrán y adorarán delante de tí, Señor, y glorificarán tu nombre" (Sal.86:9). 'He aquí, llamarás a gente que no conociste, y gentes que no te conocieron correrán a tí, por causa de Jehová tu Dios, y del Santo de Israel que te ha honrado" (Is.55:5). 'Miraba yo en la visión de la noche, y he aquí con las nubes del cielo venía uno como un hijo de hombre, que vino hasta el Anciano de días, y le hicieron acercarse delante de él. Y le fue dado dominio, gloria y reino, para que todos los pueblos, naciones y lenguas le sirvieran; su dominio es dominio eterno, que nunca pasará, y su reino uno que no será destruido' (Dn.7:13,14). 'Vendrán muchas naciones, y dirán: Venid, subamos al monte de Jehová, y a la casa del Dios de Jacob; y nos enseñará en sus caminos, y andaremos por sus veredas; porque de Sion saldrá la ley, y de Jerusalén la palabra de Jehová" (Mi.4:2). 'Y vendrán muchos pueblos y fuertes naciones a buscar a Jehová de los ejércitos en Jerusalén, y a implorar el favor de Jehová' (Zac.8:22). "Pues los plantará sobre la tierra, y nunca más serán arrancados de su tierra que yo les di, ha dicho Jehová Dios tuyo" (Am.9:15).

d. ESTABLECIDO AL REGRESO DEL REY. "Entonces Jehová hará volver a tus cautivos, y tendrá misericordia de ti, y volverá a recogerte de entre todos los pueblos adonde te hubiere esparcido Jehová tu Dios' (Dt.30:3). 'Vendrá nuestro Dios, y no callará; fuego consumirá delante de él, y tempestad poderosa le rodeará. Convocará a los cielos de arriba, y a la tierra, para juzgar a su pueblo. Juntadme mis santos, los que hicieron conmigo pacto con sacrificio' (Sal.50:3-5). 'Delante de Jehová que vino; porque vino a juzgar la tierra. Juzgará al mundo con justicia, y a los pueblos con su verdad' (Sal. 96:13). 'Canta y alégrate, hija de Sion; porque he aquí vengo, y moraré en medio de tí, ha dicho Jehová. Y se unirán muchas naciones a Jehová en aquel día, y me serán por pueblo, y moraré en medio de ti; y entonces conocerás que Jehová de los ejércitos me ha enviado a ti. Y Jehová poseerá a Judá su heredad en la tierra santa, y escogerá aún a Jerusalén. Calle toda carne delante de Jehová; porque él se ha levantado de su santa morada' (Zac.2:10-13). 'He aquí, yo envío mi mensajero, el cual preparará el camino delante de mí; y vendrá súbitamente a su templo el Señor a quien vosotros buscáis, y el ángel del pacto, a quien deseáis vosotros. He aquí viene, ha dicho Jehová de los ejércitos. ¿Y quién podrá soportar el tiempo de su venida? ¿O quién podrá estar en pie cuando él se manifieste? Porque él es como fuego purificador, y como jabón de lavadores. Y se sentará para afinar y limpiar la plata; porque limpiará a los hijos de Leví, los afinará como a oro y como a plata, y traerán a Jehová ofrenda en justicia. Y será grata a Jehová la ofrenda de Judá y de Jerusalén, como en los días pasados, y como en los años antiguos."

e. DE CARACTER ESPIRITUAL. El reino no será incorpóreo, ni estará separado de lo material; pero, a pesar de eso, será espiritual en el sentido de que la voluntad de Dios se hará efectiva directamente en todos los asuntos del gobierno y de la conducta. Todos experimentarán el gozo y la bendición de la comunión con Dios. El reino universal y temporal será administrado con perfecta justicia y verdadera santidad. Otra vez se podrá decir: ". . .el reino de Dios está entre vosotros" (Lc.17: 21), pues estará en la Persona del Mesías Rey, y El gobernará con la gracia y con el poder del Espíritu en sus siete manifestaciones (Is.11: 2-5). Judá será salvo, e Israel morará seguro, y todas las naciones andarán en la luz de la ciudad de Dios. "Y vendrán muchos pueblos y fuertes naciones a buscar a Jehová de los ejércitos en Jerusalén, y a implorar el favor de Jehová." Los árboles del campo aplaudirán en armonía con el gozo del hombre.

Estos pasajes, que pudiéramos multiplicarlos muchas veces, sirven para esquematizar la visión profética sobre las característica del reino terrenal del Mesías, el cual se le prometió a David. Este reino ha sido siempre una esperanza solamente de Israel, y era la consolación que la nación estaba esperando cuando nació Cristo (Lc.2:25).

4. LA OFERTA DEL REINO. Con respecto a este asunto general que estamos tratando, la divisón entre el Antiguo Testamento y el Nuevo ocurrió en la muerte de Cristo, y no entre Malaquías y Mateo. Los Evangelios presentan esencialmente las condiciones de la misma era bíblica en que ocurrió el nacimiento de Cristo. Esto es especialmente cierto con respecto al *Evangelio de Mateo,* en el cual se presenta a Cristo, ante todo, como el Rey que tiene la mirada completamente puesta en su reino. El Espíritu Santo seleccionó de su completa manifestación en carne aquellas obras y enseñanzas de Cristo que lo presentan en su carácter predominante, para que se reflejaran en cada uno de los Evangelios. En *Mateo* se nos presenta como el Rey, en *Marcos,* como el Siervo de Jehová, en *Lucas,* como el Humano perfecto, y en *Juan,* como el verdadero Hijo de Dios. En todos estos relatos, ésta es la Persona que se ve actuando y enseñando, en las mismas condiciones que existían siglos antes de la cruz. Hay ciertas predicciones sobre lo que vendría después de la cruz, así como después de la cruz hay referencias a lo que había ocurrido antes. Todo lo que sucedió antes de la cruz estaba, esencialmente, sometido a las condiciones que establecía la ley (que) por medio de Moisés fue dada"; pues Jesús no solo sostuvo que Moisés era la autoridad para ese tiempo, sino que también proclamó sus enseñanzas. La gran división entre el Antiguo Testamento y el Nuevo, por tanto, está en el hecho de que "la gracia y la verdad vinieron por medio de Jesucristo"; y esto se hizo efectivo cuando Cristo murió en la cruz, y no en su nacimiento. Mateo comienza su Evangelio recalcando el hecho de que Cristo es Hijo de David: "Libro de la genealogía –*γένεσις* significa *ascendencia* y también *linaje;* compárese el término afín *γενεά* en Mateo 24:34– de Jesucristo, hijo de David, hijo de Abraham. Aunque en este Evangelio se presenta también a Cristo como hijo de Abraham, en su muerte expiatoria, el propósito primario del escritor es el de presentar al Rey de la nación, pues ese es el único oficio al promogénito "hijo de David." Así que el estudio del reino divinamente designado pasa del Antiguo Testamento al Nuevo, sin otro cambio que no fuera la aparición del Rey que había sido esperado durante largo tiempo, precedido de su precursor cuyo ministerio se había predicho también en las palabras finales de la revelación del Antiguo Testamento. Así que no hay ninguna interrupción en la narración.

El hecho de que Jesús fue el más grande de los hijos de David, el Cumplidor de todas las bendiciones nacionales del reino, no se basa en la opinión humana. Fue anunciada por el ángel Gabriel antes del nacimiento de Cristo, tal como se nos narra en Lucas 1:31-33: "Y ahora, concebirás en tu vientre, y darás a luz un hijo, y llamarás su nombre JESUS. Este será grande, y será llamado Hijo del Altísimo; y el Señor Dios le dará el trono de David su padre; y reinará sobre la casa de Jacob para siempre, y su reino no tendrá fin." Este pasaje se refiere claramente al "trono de David", que representa el gobierno sobre "la casa de Jacob", y proclama que este reino "no tendrá fin." Aquí no se promete ninguna bendición para los gentiles; ni los gentiles necesitan meterse allí de intrusos. Las bendiciones de los gentiles procederán algún día de este mismo trono, pero no están incluidos en este pasaje; ni tampoco se echan a perder las promesas hechas a los gentiles por el hecho de que reconozcamos fielmente que este plan es para el pueblo judío. Esto está muy bien aclarado en Romanos 15:8: "Pues os digo, que Cristo Jesús vino a ser siervo de la circuncisión (es decir, de Israel) para mostrar la verdad de Dios, para confirmar las promesas hechas a los padres." El no vino a *anular* esas promesas, sino a *confirmarlas.* Las promesas hechas a los padres están bien definidas; a los gentiles no se les hicieron ningunas promesas. El término "los padres" no puede referirse a otras personas que no sean a los hombres escogidos, es decir a Israel. Según estas promesas, Israel había de ser redimido y colocado en su propia tierra, por medio de Emanuel, Quien sería el último Profeta, Sacerdote y Rey. El sería el Rey del reino prometido. Estas promesas que se les hicieron a los padres constituían la esperanza de la nación.

Eso está claramente indicado; ". . .nosotros esperábamos que él era el que había de redimir a Israel"; "Señor, ¿restaurarás el reino a Israel en este tiempo? En Cristo, pues, la promesa del reino que se le hizo a David tuvo su plena confirmación. Esa fue una de las promesas que se les habían hecho a los padres. Ciertamente, ¡ese pacto tiene que permanecer firme hasta el día de hoy! La Biblia dice que Cristo fue reconocido al nacer como "el rey de los judíos" (Mt.2:2). El mismo reclamó su derecho a ese trono en el momento en que estaba para ser entregado a la muerte (Mt.27:11). Precisamente por esa acusación él sufrió y murió (Mt.27:29,37). No necesitamos hacer una profunda investigación de las escrituras para descubrir el hecho de que a Cristo nunca se le da el título de Rey de la Iglesia, ni siquiera el de Rey de las naciones, hasta cuando El venga otra vez Entonces sí, será "REY DE REYES Y SEÑOR DE SEÑORES" (Ap.19:16). El cumplió todas las predicciones que describían al Mesías de Israel y su venida; y eso lo cumplió cuando todos los documentos y genealogías estaban intactos. El fue de la tribu de Judá, fue clasificado como Hijo primogénito de David, y nació de una virgen en Belén de Judea. Tales afirmaciones no las hubiera podido hacer un impostor, sin que se hubiera levantado contra él una violenta oposición por parte de los gobernantes de la nación. Nadie le contradijo su afirmación de que El era Rey, en lo que a este título se refiere. El cumplió todas las predicciones con respecto al Emanuel Rey de Israel. El fue ese Rey.

Cuatrocientos años antes del nacimiento de Jesús, Malaquías había profetizado la venida del precursor de Cristo, el cual prepararía al pueblo para la venida de su Rey: "He aquí, yo os envío el profeta Elías, antes que venga el día de Jehová, grande y terrible. El hará volver el corazón de los padres hacia los hijos, y el corazón de los hijos hacia los padres, no sea que yo venga y hiera la tierra con maldición" (Mal.4:5,6). Esta profecía tuvo cumplimiento cierto en Juan el Bautista, según testimonio angelical: "Pero el ángel le dijo: Zacarías, no temas; porque tu oración ha sido oída, y tu mujer Elisabet te dará a luz un hijo, y llamarás su nombre Juan. Y tendrás gozo y alegría, y muchos se regocijarán de su nacimiento; porque será grande delante de Dios. No beberá vino ni sida, y será lleno del Espíritu Santo, aun desde el vientre de su madre. Y hará que muchos de los hijos de Israel se conviertan al Señor Dios de ellos. E irá delante de él con el espíritu y el poder de Elías, para hacer volver los corazones de los padres a los hijos, y de los rebeldes a la prudencia de los justos, para preparar al Señor un pueblo bien dispuesto" (Lc.1:13-17). Más tarde se cumplió otra predicción mesiánica mediante el ministerio de Juan, pues el primer mensaje que se encuentra escrito de este testigo que estaba divinamente predicho es el siguiente: "En aquellos días vino Juan el Bautista predicando en el desierto de Judea, y diciendo: Arrepentíos, porque el reino de los cielos se ha acercado" (Mt.3:1,2). Ese mismo fue el primer mensaje de Cristo que se encuentra en las Escrituras: "Desde entonces comenzó Jesús a predicar, y a decir: Arrepentíos, porque el reino de los cielos se ha acercado" (Mt.4:17). Y éste fue el único mensaje que El les encomendó a sus discípulos cuando los envió la primera vez a predicar: "A estos doce envió Jesús, y les dio instrucciones, diciendo: Por camino de gentiles no vayáis, y en ciudad de samaritanos no entréis, sino id antes a las ovejas perdidas de la casa de Israel. Y yendo, predicad, diciendo: El reino de los cielos se ha acercado" (Mt.10:5-7). Se ve claramente que este mensaje no tenía ninguna aplicación para los gentiles; los mensajeros debían ir solamente "a las ovejas perdidas de la casa de Israel." No se nos debe escapar aquí que, aunque el Rey sometió todos los detalles sobre el modo como debía hacerse este viaje de predicación del reino a las instrucciones más cuidadosas, no se nos dice que les haya dado instrucciones con respecto al mensaje del reino que se les estaba encomendando. Evidentemente, ellos no necesitaban esas instrucciones con respecto al reino. ¿No había pasado esa esperanza del reino de generación en generación? ¿No se la habían cantado las madres de ellos desde el regazo? ¿No había sido éste el gran tema de las enseñanzas de la sinagoga? ¿No era ésa una esperanza nacional? ¡Cuán grande fue el contraste entre la habilidad que ellos tuvieron para comprender esto y la inhabilidad que demostraron posteriormente para entender la nueva comisión mundial del mensaje de la cruz! Ese fue el testimonio central de Jesús, de Juan y de los discípulos: "El reino de los cielos se ha acercado"; y eso hizo que el mensaje que pronunciaban tuviera un énfasis especial; por ello, debemos considerar con sumo cuidado su significación real.

La expresión "el reino de los cielos" sólo se halla en Mateo, el Evangelio del Rey; y allí su significado tiene diversos matices. En los primeros doce capítulos parece referirse al mismo reino terrenal davídico con el cual había terminado la profecía mesiánica del Antiguo Testamento en *Malaquías.* Como ya se dijo, cualquiera que haya sido el significado del anuncio del "reino de los cielos" en el Nuevo Testamento, lo cierto es que los predicadores que lo proclamaron la primera vez y sus oyentes lo entendieron. La gente judía de ese tiempo no hubiera podido recibir ninguna otra clase de mensaje. Así también, el mensaje iba dirigido a una sola nación, a Israel, y a esa nación como tal, y no a individuos. Así que "el reino de los cielos" es un mensaje que hay que distinguirlo siempre del mensaje del evangelio de la gracia, el cual procede de la cruz. Israel, en su condición de nación, nunca ha entendido el Evangelio de la gracia, y además, este Evangelio es para todas las naciones, no como tales, sino a los individuos de esas naciones. El mensaje de "el reino de los cielos", tal como se encuentra en *Mateo* tenía, por tanto, un significado restringido y nacional; estaba limitado en cuanto al tiempo de su aplicación, puesto que después de él vino otro mensaje de parte de Dios; y era nacional, por cuanto era sólo para Israel. El mensaje del "reino de los cielos" en sí mismo no se relaciona tanto con la persona del Rey como con su reino. Pero el caso es que Israel nunca ha soñado en un reino aparte de la presencia y del poder del Rey que ha esperado. Por ello, Jesús pudo decir con respecto a Sí mismo, en virtud de la aceptación de la relación estrecha que existe entre la Persona del Rey y su reino: ". . . el reino de Dios está entre vosotros" (es decir, *en medio de* Israel, en la Persona del Rey —Lc.17:21). Afirmar la inminencia del reino era para ellos afirmar la inminencia del Rey.

Este mensaje del reino se conforma en otro aspecto con las condiciones del gobierno profetizado en el Antiguo Testamento. Tendría que haber una sincera vuelta nacional hacia Dios, o sea un arrepentimiento, como preparación para el reino. Esto se ve claramente en el Antiguo Testamento (Dt.30:1-3; Is.42:7; Os.3:4,5; 14:8; Zac.12:10-13; Mal.3:7). El arrepentimiento, por tanto, llegó a ser un imperativo en el mensaje con respecto a la inminencia del reino. Así que cada uno de estos mensajeros del reino llamó a la nación al arrepentimiento. Una "generación de víboras" tenía que dar "frutos dignos de arrepentimiento." Ellos tenían que volverse a Dios de todo corazón como requisito previo a la bendición del reino prometido. Esto todavía tendrán que cumplirlo ellos, por la gracia de Dios, *en su debido tiempo.* Lamentablemente, este arrepentimiento nacional que se le exige a Israel ha sido muy a menudo mal aplicado al considerar que es un paso preliminar necesario en la salvación del individuo en el sistema de la gracia.

Tan ciertamente como el mensaje del "reino de los cielos" era consecuente con la esperanza de la nación, así también la regla de vida que se presentaba en relación con dicho mensaje, la que presentaban Juan el Bautista y Cristo, estaba en armonía con la regla de vida del reino predicho en el Antiguo Testamento. El reino previsto en el Antiguo Testamento tenía siempre en mente la justicia en la vida y en la conducta de los súbditos (Is.11:3-5; 32:6: Jer.23:6; Dn.9:24). "El reino de los cielos" que se anunció y se ofreció en la primera parte del *Evangelio de Mateo* estaba también acompañado de demandas de justicia personal positiva en la vida y en la conducta. Este no es el principio de la gracia; sino más bien, el principio de la ley. La enseñanza del reino llevó la ley de Moisés hasta sus mínimos detalles, y no cesa nunca de oponerse al principio de la gracia. La ley somete las bendiciones que promete a las condiciones que dependen de las obras humanas; la gracia somete sus obras a las condiciones de las bendiciones divinas. La ley dice: "... si perdonáis a los hombres sus ofensas... os perdonará también a vosotros vuestro Padre celestial" (Mt.5:20). Esta no es condición para entrar al cielo en el sistema de gracia. Las condiciones de la gracia se basan totalmente en la misericordia: "Nos salvó, no por obras de justicia que nosotros hubiéramos hecho, sino por su misericordia" (Tit.3:5). Por ello, la predicación de Juan el Bautista, como el Sermón del Monte, se basaban en la ley, tal como lo indica su llamamiento que era solamente a vivir en forma justa y correcta: "Y decía a las multitudes que salían para ser bautizadas por él: ¡Oh generación de víboras! ¿Quién os enseñó a huír de la ira venidera? Haced, pues, frutos dignos de arrepentimiento, y no comencéis a decir dentro de vosotros mismos: Tenemos a Abraham por padre; porque os digo que Dios puede levantar hijos a Abraham aun de estas piedras. Y ya también el hacha está puesta a la raíz de los árboles; por tanto, todo árbol que no da buen fruto se corta y se echa en el fuego. Y la gente le preguntaba, diciendo: Entonces, ¿Qué haremos? Y respondiendo les dijo: El que tiene dos túnicas, dé al que no tiene; y el que tiene qué comer, haga lo mismo. Vinieron también unos publicanos para ser bautizados, y le dijeron: Maestro, ¿Qué haremos? El les dijo: No exijáis más de lo que os está ordenado. También le preguntaron unos soldados, diciendo: Y nosotros, ¿qué haremos? Y les dijo: No hagáis extorsión a nadie, ni calumniéis; y contentaos con vuestro salario" (Lc.3:7-14). Tanto este mensaje como el Sermón del Monte son un llamamiento a una vida de justicia, y no pueden confundirse con las condiciones actuales de la salvación,pues de lo contrario se anularía la base de toda esperanza y promesa que se haya hecho en la gracia. El presente llamamiento de la gracia al que no es salvo no es para que mejore su conducta, sino para que crea personalmente en Cristo el Salvador, y para que lo acepte. Claro que hay indicaciones sobre cómo debe ser la conducta de los que se salvan mediante la confianza en el Salvador; pero estas indicaciones no deben confundirse con las condiciones de la ley del Antiguo Testamento, que se repiten en el Nuevo; pues fal confusión representa un peligro para las almas. Más tarde, la misma gente le dijo a Cristo: "¿Qué debemos hacer para poner en práctica las obras de Dios? ", a lo cual El respondió: "Esta es la obra de Dios, que creáis en el que El ha enviado" (Jn.6:28,29). Juan el Bautista estaba contemplando las bendiciones de la gracia cuando dijo: "He aquí el Cordero de Dios, que quita el pecado del mundo"; pero las exigencias que presentó inmediatamente después estaban estrictamente en conformidad con la ley, en la misma forma como lo estuvieron las primeras enseñanzas de Jesús. Así, los principios de conducta del reino predicho en el Antiguo Testamento continúan en las revelaciones que sobre el mismo reino se hacen en el Nuevo Testamento. La división precisa de las Escrituras no destruye la utilidad de los pasajes que tratan sobre la ley para el día de hoy, sino que los clasifica con las otras Escrituras relativas al reino, tanto en el Antiguo como en el Nuevo Testamento. Hay muchos elementos en el cuerpo de verdad que se refiere a la manera de vida que exige la vida en el reino, los cuales se encuentran del mismo modo en una vida consecuente con el sistema de gracia; pero cualquier cosa que entre en los principios que gobiernan el sistema de gracia tiene que tener una forma completamente nueva, ocupar su propio lugar y hacer un hincapié completamente nuevo. Esto significa que los dos sistemas deben permanecer completamente separados en la mente del estudiante fiel de la Palabra de Dios. Debe tenerse en mente que los requerimientos del reino que se establecen en el Sermón del Monte tienen el propósito de preparar el camino para el reino terrenal davídico cuando se establezca sobre la tierra, y de indicar las condiciones de vida que regirán en él. Ese será el mismo tiempo cuando será contestada la oración: "Venga tu reino. Hágase tu voluntad, como en el cielo, así también en la tierra." Este hincapié en lo relativo al reino aparece en la primera parte del ministerio de Jesús, puesto que en ese tiempo El le está ofreciendo fielmente el reino mesiánico a Israel.

Se ha objetado que algunas cláusulas como "No resistáis al que es malo," ". . . a cualquiera que te hiera en la mejilla derecha", y "a cualquiera que te obligue a llevar carga por una milla. . . ", y . . . los que padecen persecución por causa de la justicia" no serían posibles en el reino. Este desafío tal vez se base en la suposición de que el reino terrenal mesiánico ha de ser tan perfecto moralmente como es el cielo. Por el contrario, las Escrituras dan abundante testimonio de que, aunque es verdad que habrá mucho menos posibilidad para el pecado, por la razón suficiente de que Satanás estará atado en el abismo y el glorioso Rey estará en el trono; sin embargo, habrá necesidad de ejecutar juicio y de administrar justicia en forma inmediata en la tierra; y el Rey tendrá que gobernar con "vara de hierro." Se nos dice que ". . . todo Israel será salvo, " y que ". . . todos me conocerán, desde el más pequeño de ellos hasta el más grande"; pero también se nos revela que, al fin del milenio, cuando Satanás sea suelto por un poco de tiempo, él podrá solicitar la lealtad de los corazones humanos, y sacar de entre las multitudes del reino un ejército que se rebelará contra el gobierno del Rey (Ap. 20:7-9). En esa edad del reino, ". . . el pecador de cien años será maldito" (Is.65:20). Los santos de esa era tendrán sin duda ante ellos el mismo cielo y estarán esperando su recompensa. Y ellos serán "la sal de la tierra." Estos mandamientos y principios del reino se le dieron única y exclusivamente a Israel, y ésa será la misma nación que será la primera en ese reino predicho cuando se establezca sobre la tierra. Jesús fue primero "ministro de la circuncisión"; en consecuencia ¿será una interpretación antinatural de la Escritura la que entiende que El estaba realizando su ministerio divinamente señalado en el mismo tiempo cuando El estaba ofreciendo el reino a la nación, cuando El y su precursor estaban describiendo los principios de conducta que condicionarían la vida en ese reino? Nada se pierde con esta interpretación; por el contrario, se gana todo, porque las riquezas de la gracia –las cuales ¡ay! son muy pocos los que las comprenden– se mantienen puras y libres de mezclas extrañas contrarias a las Escrituras, que no son otras que las mezclas de esas riquezas con la ley del reino.

Podemos concluir que la expresión "el reino de los cielos", tal como se usa en la primera parte del ministerio de Jesús, se refiere al reino terrenal, mesiánico, davídico, previsto en el Antiguo Testamento. Ya hemos visto que los predicadores judíos que usó Cristo no necesitaron ninguna instrucción sobre los detalles de ese mensaje. Esa era la esperanza de la nación, y el mensaje se dirigía solamente a esa nación. Así también, juntamente con el mensaje se hacía un llamamiento al arrepentimiento nacional que estaba predicho, y que debe preceder al establecimiento del reino en la tierra. Los requerimientos que se presentaban correspondían a la ley, y no a la gracia. El Rey ofreció fielmente el reino a Israel en su primera venida.

5. EL RECHAZAMIENTO Y LA POSPOSICION DEL REINO. La idea de que Dios haya diferido alguna parte de su programa para todas las edades engendra objeciones en algunas mentes que piensan que tal acción es indigna de Dios. La dificultad desaparece cuando se recuerda que esa posposición no fue una decisión de última hora ni una necesidad inesperada, sino que formaba parte del programa original de Dios, con el propósito de introducir una nueva era que se había mantenido en el secreto de los consejos de Dios; según ese plan, el Mesías debía ser crucificado y debía levantarse de entre los muertos para ser Redentor tanto de Israel como de la Iglesia, y ser también Juez de todos los seres creados. El rechazamiento que Israel le hacía a Jehová también debía asumir su forma final y concreta, tal como se manifestó en la muerte de Cristo. El establecimiento del reino del Mesías, aunque al principio se le ofreció fielmente a Israel, fue diferido, y actualmente espera el regreso del Mesías para su realización. La cuestión que presenta dificultad es el hecho de que el reino pudiera ofrecerse a Israel con sinceridad, cuando el mismo Jehová sabía que no sería aceptado y que sería pospuesto. ¿Estaba así de incierto todo el programa divino de la Redención? Ya hemos escrito mucho sobre este problema en otra parte de esta obra de teología. Es evidente que, puesto que la era presente era un secreto divino, no podía haberse revelado hasta que se consumara el rechazamiento que Israel le haría a Cristo, lo cual se cumplió en su muerte y su resurrección. Del mismo modo, hay una disposición natural a juzgar toda esta cuestión de la posposición del reino desde el punto de vista finito solamente. Se considera que lo que haya ocurrido se debe directa o indirectamente a la acción del libre albedrío del hombre; y así resulta natural suponer que Dios está sujeto en alguna forma a la determinación humana. De este modo se pasa por alto el hecho de que Dios, no solamente sabe de antemano la elección que han de hacer sus criaturas, sino que El puede obrar en ellas tanto el querer como el hacer conforme a su buena voluntad.

Las Escrituras nos presentan numerosos ejemplos que nos revelan el hecho de que los hombres cumplen la voluntad de Dios, aun cuando tengan la intención de no hacerla. Dentro de su propia esfera de conocimiento, ellos actúan con perfecta libertad. Con referencia a otras situaciones en las cuales el propósito soberano de Dios aparece depender por un tiempo de la acción libre del hombre, debe recordarse que Dios predestinó un Cordero, antes de la fundación del mundo, y que ese Cordero debía ser inmolado en el tiempo determinado por el mismo Dios y del modo indicado por El.

Así queda sumamente claro que Dios previó el pecado del hombre y la gran necesidad de la Redención. Dios, sin embargo, le dijo a Adán que *no* pecara. Sin embargo, si Adán no hubiera pecado, no hubiera habido necesidad de la Redención que Dios ya había determinado que debía realizarse. ¿Estaba Dios indeciso en cuanto a si debía preservar la vida sobre la tierra hasta que Noé consintió en hacer el arca? ¿Fue la nación de Israel un asunto de duda divina hasta que Abraham manifestó su voluntad de andar con Dios? ¿Fue dudoso el nacimiento de Cristo hasta que María aceptó el plan divino con respecto al nacimiento virginal? ¿Debemos censurar a Dios por su determinación de que Cristo debía nacer de la virgen María, aun antes que ella naciera? ¿Se despojó a María de su propia voluntad cuando la soberanía de Dios la escogió para ser la madre de Jesús? ¿Estuvo el plan de la muerte de Cristo en peligro de echarse a perder, y estuvieron todos los símbolos y profecías relativos a su muerte en peligro de manifestarse inciertos hasta que Pilato hizo la decisión con respecto a su muerte? De estas preguntas, que pueden multiplicarse indefinidamente, se puede deducir que en los grandes planes para el tiempo y para la eternidad —todos predeterminados antes de la fundación del mundo— Dios ha cumplido sus propósitos por medio del hombre —que a menudo no ha estado de acuerdo con la voluntad de Dios— el cual, en lo que se refiere a la determinación humana, hubiera podido frustrar todo el programa divino mediante la acción de su libre albedrío. ¿Podía Dios prometer un reino terrenal, sabiendo que sería rechazado en la primera venida de Cristo, y haciendo de una vez los planes para realizarlo en la segunda venida? Al fin y al cabo ¿qué es lo que constituye la sinceridad divina en estas circunstancias? ¿Quién es el que se encuentra en una posición desde la cual pueda medir lo que entra desde el lado divino en esta aparente contradicción entre la soberanía divina y la libre voluntad del hombre? Ponerse uno a averiguar qué le hubiera sucedido al plan divino con respecto a la muerte de Cristo y a toda esta era, si los judíos hubieran aceptado la oferta del reino, equivale a averiguar qué le hubiera pasado al plan de Dios para la Redención por medio de la inmolación de un Cordero, si Adán no hubiera pecado. Por encima de todas estas contracorrientes confusas de las determinaciones está el hecho sencillo de la revelación que afirma que el reino se ofreció tal como estaba predicho por el precursor del Mesías; de que fue rechazado; y de que fue pospuesto hasta que pueda hacerse efectivo el valor de la muerte y de la resurrección de Cristo mediante el llamamiento de la Iglesia. En relación con esto, no es exagerado volver a repetir que, en lo que se refiere a la visión que se les concedió a los profetas del Antiguo Testamento, en el programa que predecían para Israel no había separación entre las dos venidas de Cristo. Pero, tomando en cuenta que la Iglesia es una intercalación en el programa de Dios –la cual no se había previsto desde el punto de vista humano, y no tiene ninguna relación con ningún otro plan de Dios, antes ni después de ella– se entiende que Israel pasa directamente de la crucifixión al reino; pues no fueron la muerte y la resurrección de Cristo las que exigieron la posposición, sino la era que no estaba prevista. No se necesita un gran esfuerzo para descubrir que el reconocimiento de esta era –completamente imprevista, completamente desconectada y siendo una intercalación – es la clave de la comprensión de todo el programa de Dios para las edades; y sin esa clave, lo único que puede haber es confusión. Esto no quiere decir que aquellos que no se preocupan por los más profundos problemas de la interpretación no pueden deducir muchas verdades espirituales de la vida y de la muerte de Cristo; significa, sin embargo, que los aspectos vitales del plan divino tal como se nos ha revelado, y la clara comprensión de las doctrinas que están envueltas en ese plan dependen del reconocimiento de la verdad que es la clave mencionada. No se necesita ningún estudio profundo para descubrir que Juan el Bautista ofreció un reino terrenal, mesiánico, davídico, y que lo mismo hicieron Cristo y sus discípulos; que ese reino fue rechazado hasta el punto de asesinar a Juan y de crucificar al Rey; y que no se estableció en la primera venida de Cristo; y que tampoco se está estableciendo en la era presente. Sin embargo, todo pacto que Dios hizo con juramento se cumplirá, su reino vendrá, y su voluntad se hará en la tierra como se hace en el cielo.

6. LA FORMA PRESENTE DEL REINO DE LOS CIELOS. Puesto que, como ya se dijo, el reino de los cielos es el gobierno de Dios sobre la tierra, de ellos se deduce que ese reino está presente ahora hasta el punto en que El ejerce su autoridad sobre los asuntos del mundo o *cosmos*. Con toda seguridad, Dios no está ejecutando actualmente el programa predicho para los judíos, ni tampoco está ampliando las bendiciones de los judíos de tal modo que alcancen para los gentiles; más bien, El está llamando a un pueblo celestial de

entre los judíos y los gentiles sobre bases igualitarias de privilegio y con una gloria tan sublime como nunca antes se le ofreció a ningún pueblo en las edades pasadas. En esa empresa tan importante de Dios, que no tiene precedentes, El tiene que gobernar los asuntos de los hombres hasta cierto punto. El actual ejercicio de autoridad divina se denomina en la Biblia "los misterios del reino de los cielos" (Mt.13:11). En el Nuevo Testamento, el *misterio* es aquello que hasta ese momento no se había revelado; algún propósito de Dios no revelado. De donde se deduce que la autoridad directa que Dios ejerce en los asuntos del mundo actualmente es la que se distingue con el nombre de *misterios.* El Dr. Rollin Thomas Chafer escribe lo siguiente con respecto a la Iglesia y a su relación con los misterios del Nuevo Testamento:

> "La Iglesia no aparece en el Antiguo Testamento. Puesto que ella es algo completamente nuevo en las provisiones de Dios para judíos y gentiles, Pablo presenta a la verdadera Iglesia y alguna de sus características como *misterios.* Estos misterios se les ocultaron a los santos del Antiguo Testamento, pero se les revelan libremente a los creyentes cristianos del Nuevo Testamento, por cuanto la Iglesia no se halla en el Antiguo Testamento. Estos misterios incluyen la misma Iglesia, su Cabeza, su mensaje de gracia, el Cuerpo de Cristo como organismo compuesto de judíos y gentiles salvos, en el cual mora Cristo como esperanza de gloria; su ministerio que es dirigido por el Señor mismo; su remoción de la escena terrenal que será mediante la resurrección y el traslado; luego vendrá su matrimonio, pues ella es la Esposa prometida del Cordero. Ni siquiera un atisbo de estas cosas aparece en el Antiguo Testamento. Por el contrario, éste es el grupo específico del cual habló Cristo cuando dijo: ...'*edificaré mi iglesia,* el cumplimiento de la cual era futuro en el momento en que El hizo el anuncio. La Escritura nunca confunde la Iglesia con Israel –ni en el tiempo pasado, ni en el presente, ni en el futuro" –*The Science of Biblical Hermeneutics*, p.43.

En cada uno de estos misterios que enumera el Dr. R.T Chafer –la misma Iglesia, su Cabeza, su mensaje de gracia, el cuerpo de Cristo como organismo compuesto de judíos y gentiles salvos, su ministerio dirigido por el Señor mismo, su remoción de la escena terrenal y su consumación, son obra completamente de Dios. En ellos El ejecuta su dirección soberana. Así que, "los misterios del reino de los cielos" representan la actual esfera de autoridad divina. Es cierto que, con el fin de que los gobiernos puedan cooperar con los propósitos primarios de Dios, El tiene autoridad sobre ellos y sobre todos los asuntos de los hombres, tanto colectiva como individualmente; pero el objetivo divino es el reino en su forma de misterio. Cuando se complete la Iglesia y sea removida de la tierra, todo aspecto secundario de la autoridad divina también llegará automáticamente a su fin. Dicho de otro modo, la Iglesia no está esperando que le llegue alguna crisis a los gobiernos humanos, sino que más bien, los gobiernos han de estar enredados hasta que el plan divino de la Iglesia se cumpla cabalmente.

El carácter moral de esta era de misterios se presenta claramente en el Nuevo Testamento, tanto en su comienzo, como en su desarrollo y en su terminación. Cuando apenas comenzaba, los escritores sagrados la describieron como una era de maldad: "El cual se dio a sí mismo por nuestros pecados para librarnos del presente siglo malo" (Gá.1:4); "Porque Demas me ha desamparado, amando este mundo" –esta *era;*(2 Ti. 4:10); "No os conforméis a este siglo" –esta *era;*(Ro.12:2); "En los cuales el dios de este siglo –esta *era*– cegó el entendimiento de los incrédulos, para que no les resplandezca la luz del Evangelio de la gloria de Cristo" (2 Co.4:4). Así que, a la Iglesia se le había advertido desde el principio cuál sería la naturaleza de esta era, y se le había enseñado lo relativo a su carácter de peregrina en la tierra, y a su llamamiento a la separación de este "siglo malo" – *era de maldad.*

Una parte del tiempo durante el cual Israel iba a estar disperso y despojado de sus bendiciones nacionales había sido indicado divinamente en la revelación de las "setenta semanas" que se le dio a Daniel. El hecho de esta edad de misterios y su propósito no se revelaron en la revelación a Daniel; por tanto, este secreto tenía que revelarse cuando viniera el cumplimiento del tiempo. Esta revelación la ofrece el mismo Jesús en las siete parábolas del capítulo 13 del *Evangelio según San Mateo.* Ese ha sido el método que Dios ha empleado para dar a conocer una comprensión previa de sus grandes planes y empresas. En estas parábolas se presenta el curso y el desarrollo moral de esta era. Deben descubrirse tres distintos aspectos sobre los elementos de esta era en dichas parábolas. En otras partes se aclara que cada uno de estos tres aspectos ha de terminar cuando se produzca un solo evento. Es necesario notar esto, y también la única conclusión de los tres aspectos, es a saber, la venida de Cristo. (1) El endurecimiento de Israel, que se menciona en *Romanos 11:25,* se nos presenta seguido de la siguiente promesa: "Y luego todo Israel será salvo, como está escrito: Vendrá de Sion el Libertador, que apartará de Jacob la impiedad. Y este será mi pacto con ellos, cuando yo quite sus pecados" (Ro.11:26,27). (2) La manifestación del "hombre de pecado", del cual se dice que será la consumación del "misterio de iniquidad", terminará cuando el Señor lo mate "con el espíritu de su boca," y lo destruya "con el resplandor de su venida" (2 Ts.2:8). (3) Así también está escrito con respecto a la consumación del llamamiento de la Iglesia: "Después de esto volveré" (comp. Hch.15:13-18). Es fácil notar que estos grandes secretos sagrados constituyen los elementos de las parábolas que definen el carácter y el objeto de esta era.

En la primera de estas parábolas, un sembrador sale a sembrar, pero solamente la cuarta parte de la semilla (por supuesto, no hay referencia que se base en el porcentaje) que se siembra nace, crece y se desarrolla completamente. Cristo mismo interpreta su parábola del sembrador: Cuando alguno oye la palabra del reino y no la entiende, viene el malo, y arrebata lo que fue sembrado en su corazón. Este es el que fue sembrado junto al camino. Y el que fue sembrado en pedregales, éste es el que oye la palabra, y al momento la recibe con gozo; pero no tiene raíz en sí, sino que es de corta duración, pues al venir la aflicción o la persecución por causa de la palabra, luego tropieza. El que fue sembrado entre espinos, éste es el que oye la palabra, pero el afán de este siglo y el engaño de las riquezas ahogan la palabra, y se hace infructuosa. Mas el que fue sembrado en buena tierra, éste es el que oye y entiende la palabra, y da fruto; y produce a ciento, a sesenta, y a treinta por uno" (Mt.13:18-23). De completo acuerdo con la experiencia obtenida durante los últimos 1900 años de la historia cristiana, esta parábola enseña que una gran parte de los que oyen la Palabra que se les predica no se salvan por medio de ella. Y para que los oyentes del Señor no llegaran a la conclusión de que ésta sería la condición de la era en su comienzo, pero que no sería así al fin, inmediatamente pronuncia la segunda parábola que es la del trigo y la cizaña. Esta también fue interpretada claramente por el mismo Cristo, en la misma forma como interpretó la primera: "Respondiendo él, les dijo: El que siembra la buena semilla es el Hijo del Hombre. El campo es el mundo; la buena semilla son los hijos del reino, y la cizaña son los hijos del malo. El enemigo que la sembró es el diablo; la siega es el fin del siglo; y los segadores son los ángeles. De manera que como se arranca la cizaña, y se quema en el fuego, así será en el fin de este siglo. Enviará el Hijo del Hombre a sus ángeles, y recogerán de su reino a todos los que sirvan de tropiezo, y a los que hacen iniquidad, y los echarán en el horno de fuego; allí será el lloro y el crujir de dientes. Entonces los justos resplandecerán como el sol en el reino de su Padre. El que tiene oídos para oír, oiga" (Mt.13:37-43). En esta parábola, los renacidos, los miembros de su Cuerpo son el "trigo," es decir, "los hijos del reino," los cuales están en medio de una atmósfera religiosa de pura profesión y presunción. Es importante notar cómo termina la era de acuerdo con la interpretación divina: "Así será en el fin de este siglo" –o *era.* Ciertamente, esta parábola no describe a un mundo regenerado. Más bien describe claramente la entresaca de un pueblo en el mismo momento en que la iniquidad haya llegado a su completa madurez en la parte de la humanidad no regenerada. La tercera parábola no la interpreta el Señor, ni tampoco ninguna de las que siguen; pero en las interpretaciones de las dos primeras se nos revela lo suficiente para que logremos la clave de todo lo que sigue. Todas estas parábolas presentan aspectos del reino de los cielos en la forma de misterio que tiene ahora y, por tanto, tiene que haber entre ellas el más completo acuerdo. En la tercera parábola, Cristo presenta la verdad por medio de la figura de la semilla y del árbol de mostaza. En este caso también concuerda el testimonio de la historia de la iglesia y la enseñanza de la parábola. Aquel pequeño comienzo de los primeros días de la iglesia se ha desarrollado hasta salirse de su debida proporción, solamente en membresía, hasta incluir a toda la cristiandad profesante. Ahora, el gran árbol le da abrigo incluso a las aves de los cielos. Es significativo que las aves de la primera parábola son las que se comen la buena semilla. Los que son verdaderamente salvos todavía constituyen una "manada pequeña", cuando los comparamos con la multitud de cristianos nominales que sostienen la iglesia. La cuarta parábola es la de las tres medidas de harina que llegaron a leudarse. A través de toda la Biblia, la levadura simboliza la maldad, y Jesús definió claramente el uso que El le dio a esta palabra en otras ocasiones. El la usó para representar la mala doctrina en su formulismo exagerado (Mt.23:14,16,23-28), la incredulidad (Mt.22:23,29; Mr. 8:15), y la mundanalidad (Mt.22:16-21; Mr.3:6). Pablo utiliza la misma palabra para referirse a la malicia y a la maldad (1 Co.5:6-8). El proceso de obrar la levadura consiste en infiltrarse sutilmente en la masa en la cual se introduce. Esta parábola, que tantas veces ha sido mal interpretada, enseña, en conformidad con las otras parábolas, y con todas las Escrituras con las cuales está relacionada, aquello que la historia de esta era ha demostrado ser cierto, es decir, que aun los verdaderos creyentes cristianos –y hasta una multitud de profesores cristianos– pueden ser influidos por las diversas formas sutiles del mal. En esto no hay discusión: es cierto hasta en la hora presente. La quinta parábola es evidentemente una enseñanza con respecto a Israel, puesto que Israel es el "tesoro" de Dios (Ex.19:5; Dt.14:2); en el cual se incluyen las doce tribus, aunque actualmente ellas se encuentran escondidas en el campo, que es el mundo, es decir, todos aquellos lugares donde está disperso el pueblo de Dios. Cuando El busque su *tesoro,* en virtud del hecho de que El es el Cordero que quita el pecado del mundo, también quitará el pecado de ellos. La parábola nos habla de un hombre que vendió todo lo que tenía y compró el campo en que se encontraba el tesoro. Cualquier cosa que Jehová pueda hacer ahora, y por supuesto, en cualquier tiempo, a favor de cualquier pueblo, sólo la puede hacer en virtud del valor expiatorio de la inapreciable sangre de su Hijo, que es el precio que hubo que pagar por los pecadores que necesitaban la Redención. Dios le dio a este mundo el don de su Hijo Unigénito. El misterio de la Iglesia, que es la Perla de gran precio que se nos presenta en la sexta parábola, ya lo hemos considerado. La Iglesia no está escondida en el campo, es decir en el mundo; sino que se está formando en él, y allí está aguardando que se manifieste sobre ella la gloria de esposa cuando en las edades venideras, ella manifieste la gloria y la gracia de Dios. La Iglesia es, también redimida mediante el mismo precio incomparable que sirve para redimir a Israel (1 P.1:18,19). La última parábola vuelve a presentar el hecho de la manifestación de dos grandes misterios –el misterio del llamamiento de la Iglesia y el misterio de iniquidad– que serán coexistentes en el tiempo del fin. Los buenos peces se recogen en cestas, y los malos se echan fuera. "Así será el fin del siglo" –o *era.* De este modo, los tres grandes propósitos misteriosos de esta era de misterios –el endurecimiento de Israel, la formación de la Iglesia y la manifestación del hombre de pecado– se relacionan en las enseñanzas de Jesús, tanto en el comienzo, como en su curso y al fin de la era respectivamente.

Las siguientes Escrituras agregan luz sobre la expectación de Cristo y de los apóstoles con respecto al curso y el fin de esta era:

"'Respondiendo Jesús, les dijo: Mirad que nadie os engañe. Porque vendrán muchos en mi nombre, diciendo: Yo soy el Cristo; y a muchos engañarán. Y oiréis de guerras y rumores de guerras; mirad que no os turbéis, porque es necesario que todo esto acontezca; pero aún no es el fin. Porque se levantará nación contra nación, y reino contra reino; y habrá pestes, y hambres, y terremotos en diferentes lugares. Y todo esto será principio de dolores' (Mt. 24:4-8). 'Mas como en los días de Noé, así será la venida del Hijo del Hombre' (24:37). 'A todos me he hecho todo, para que de todos modos salve a algunos' (1 Co.9:22). 'Pero el Espíritu dice claramente que en los postreros tiempos algunos apostatarán de la fe, escuchando a espíritus engañadores y a doctrinas de demonios" (1 Ti.4:1). 'También debes saber esto: que en los postreros días vendrán tiempos peligrosos' (2 Ti.3:1). 'Mas los malos hombres y los engañadores irán de mal en peor, engañando y siendo engañados' (3:13). 'Porque vendrá tiempo cuando no sufrirán la sana doctrina, sino que teniendo comezón de oír, se amontonarán maestros conforme a sus propias concupiscencias, y apartarán de la verdad el oído y se volverán a las fábulas' (4:3,4). 'Sabiendo primero esto, que en los postreros días vendrán burladores, andando según sus propias concupiscencias, y diciendo: ¿Dónde está la promesa de su advenimiento? Porque desde el día en que los padres durmieron, todas las cosas permanecen así como desde el principio de la creación" (2 P.3:3,4).

A esto pudiéramos agregar las otras parábolas de Jesús con respecto al reino en su forma de misterio, y toda la historia de la iglesia divinamente presentada de antemano en Apocalipsis 2:1-3:22. También pudiéramos agregar la descripción más detallada de las escenas finales de la era que se nos ofrecen en el libro de Daniel y en Apocalipsis 4:1-20:3. Una era de bendición universal se le aproxima a esta tierra; pero esa era no se nos presenta en la Escritura, de ninguna manera, ni como parte ni como producto de esta era de misterios. Por otra parte, se nos revela que la era que ha de venir será inaugurada con los mismos eventos divinos con los cuales se presentarán las escenas finales de la presente edad. El motivo que debe impeler el servicio de los santos en la era presente no puede ser menos que un testimonio universal del Evangelio de la gracia de Dios, por medio del cual pueda Cristo terminar la formación de un pueblo para su Persona, y para que pronto se complete su Esposa prometida. Los grandes ganadores de almas de las generaciones pasadas han actuado movidos por esta visión y por este propósito. Difícilmente podría hallarse un ministerio de acuerdo con la mente y el poder del Espíritu que no concuerde completamente con el propósito que Dios nos ha revelado para la presente era de misterios.

7. REALIZACION Y MANIFESTACION DEL REINO DE LOS CIELOS. Puesto que es uno de los temas centrales tanto del Antiguo como del Nuevo Testamentos, el reino de los cielos nos provee un estudio casi inagotable. George N. H. Peters, en la introducción a su voluminosa obra *The Theocratic Kingdom* –que tiene alrededor de 2100 páginas, y en cada página alrededor de 750 palabras– escribe con respecto al texto que él mismo produjo: "Esta obra está muy lejos de ser exhaustiva. Aquí sólo se presentan los lineamientos generales de lo que alguna otra mente pudiera moldear en forma más atractiva y comprensible" (Vol. I, p. 15). Sin embargo, recientemente – y para demostrar a manera de contraste cuán restringida puede encontrarse la moderna comprensión teológica– un profesor de Nuevo Testamento de un reputado seminario, dijo: "Puedo decir todo lo que sé con respecto al reino en 15 minutos." Esta drástica restricción en el conocimiento de la verdad vital no le impide, sin embargo a este profesor, que se siente en juicio condenatorio contra el gran cuerpo de verdad con todas sus adaptaciones y evidente solidez de la exposición que nos presenta Peters. Por causa de su amplitud, surge un verdadero problema cuando se quiere hacer un resumen de este tema, como sucede cuando se llega al final de toda esta discusión profética. El carácter esencial del reino terrenal, davídico, milenario y mesiánico, que ha de establecerse sobre esta tierra mediante el poder de Cristo, en su segunda venida, ya lo hemos considerado en este capítulo, y también cuando se estudió la doctrina de la Iglesia (vol. IV). Solo nos resta presentar la siguiente recapitulación.

Según la profecía, habrá dos realidades en el mundo, que deben reconocerse especialmente a medida que la presente era se acerca a su fin; estas son: la completación y la remoción de la Iglesia, y el crecimiento de la iniquidad en el mundo. Inmediatamente después del traslado de la Iglesia y antes del establecimiento del reino milenario habrá un breve período de tribulación incomparable sobre la tierra. En relación con Israel, este período se conoce con el nombre de "tiempo de angustia para Jacob" (Jr.30:7); y en relación con los gentiles, esa será la hora cuando los gobiernos y las instituciones, representados en la colosal imagen del sueño de Nabucodonosor, serán derrumbados y barridos como el tamo de las eras del verano (Dn.2:34,35,44,45). Será la hora en que Dios derramará sus juicios sobre este mundo o *cosmos,* que ha rechazado a Cristo –sobre el mundo que, para ese entonces, habrá producido la última manifestación de abominación en la persona del hombre de pecado. Los juicios de Dios tienen que caer sobre ese mundo y sobre el dios de ese mundo que es Satanás. En el momento de la consumación de esos juicios y de las más horribles escenas del más malvado repudio contra Dios en la tierra, el Rey regresará en las nubes del cielo acompañado de su Esposa y de sus santos ángeles. El destruirá absolutamente toda la oposición contra Dios y conquistará a todas las naciones de la tierra (comp. Sal.2:1-9; Is.63:1-6; 2 Ts.1:7-9; Ap.19:11-21). Satanás será atado y preso en el abismo (Ap.20:1-3), y el Rey tomará el trono que le corresponde, el trono de gloria, el trono de David en Jerusalén. El juntará y juzgará a Israel (comp. Ez.20:33,34; Mt.24:37-25:30), y los que sean aceptados por el Rey serán salvos y entrarán en el reino (comp. Ro.11:26,27). El también juzgará a las naciones desde el mismo trono, el cual ha sido preparado para ellas desde la fundación del mundo. El resto de las naciones será lanzado en el lago de fuego. A las naciones gentiles que se les permita entrar al reino de Israel se les concederá el privilegio de ser siervas del pueblo de Dios (comp. Is.14:1,2; 60:10,12,14,16). Así, mediante la gloriosa venida de Cristo en su condición de juez y Rey, se inaugurará el Día de Jehová que hace tanto tiempo lo predijeron los antiguos profetas. Ese día comenzará con la venida de Cristo a Israel "como ladrón de noche" (comp. Mt. 24:33; 1 Ts. 5:4; 2 P. 3:10); es decir, esa venida será cuando Israel no lo esté esperando (Mt.24:50). Teniendo esto en mente, se les dice a los israelitas que deben *velar;* mandamiento este que no se aplica a Israel en la era presente ni en ninguna otra era, sino solamente en el tiempo cuando ellos vean "todas estas cosas" que Cristo mencionó como características del período de la Gran Tribulación (comp. Mt.24:9-28,37-51; 25:1-13). El día de Jehová es aquel largo período de gobierno de Cristo, cuando se ejecutarán sus juicios sobre toda la tierra, el cual comienza con la venida de Cristo como ladrón de noche y termina, en ciertos aspectos, cuando pasen los cielos y la tierra. Sobre este período, sobre sus límites y en relación con el comentario de que el Día de Jehová puede ser para Dios como mil años, el apóstol Pedro declara: "Pero el día del Señor vendrá como ladrón en la noche; en el cual los cielos pasarán con grande estruendo, y los elementos ardiendo serán deshechos, y la tierra y las obras que en ella hay serán quemadas" (2 P.3:10). Este pasaje, puesto que está directamente relacionado con el versículo 8, indica que el Día de Jehová del Antiguo Testamento, es decir, la edad del reino glorioso de Israel, ha de durar mil años, lo cual es una confirmación de la medida de tiempo que se da posteriormente en Apocalipsis 20:4, donde se nos dice que los santos que han de resucitar vivirán y reinarán "con Cristo mil años." La verdad que debe notarse en este punto es que, de cierta manera, Cristo reinará mil años. Que ese reino, que es el día de gloria para Israel, es un hecho que se declara abundantemente en las Escrituras proféticas. Se puede llegar a la conclusión de que el período de mil años de Apocalipsis 20:1-6 y la indicación de 2 Pedro 3:3-8,10, son ambas referencias al tiempo cuando se cumplirán los pactos que Dios hizo con Israel, en aquel reino del Mesías tan esperado durante tanto tiempo, y que continuará en esa forma precisa durante un milenio.

Para bosquejar completamente el carácter y la bendición de esa era venidera es indispensable citar grandes porciones de los mensajes de los profetas del Antiguo Testamento, cuyo lenguaje no parece suficiente para describir adecuadamente la gloria de la tierra transformada. Ya hemos dado una selección de pasajes que indican el carácter del reino mesiánico, en este mismo capítulo de cristología. En seguida daremos otra selección. Según estas Escrituras, el reino ha de ser teocrático. El Rey será Emanuel, Quien por derecho de nacimiento es el Heredero del trono de David, puesto que El nació de una virgen en Belén de Judea. El reino de Emanuel será celestial en su carácter por el hecho de que el Dios del cielo gobernará en la tierra; su voluntad se hará en la tierra como se hace en el cielo. El reino de Emanuel será en la tierra, y no en el cielo; tendrá su centro en Jerusalén. Su bendito reino será sobre el reagrupado y convertido pueblo de Israel, y se extenderá por medio de ese pueblo a todas las naciones. El reino de Israel se realizará solamente en virtud del poder y de la presencia del Rey que ha de regresar. El reino de Emanuel, aunque por un lado será material y político, por otro lado será espiritual, pues sus súbditos andarán sobre la tierra en la luz de Dios que no se puede empañar. El reino animal estará también sometido; "Morará el lobo con el cordero, y el leopardo con el cabrito se acostará; el becerro y el león y la bestia doméstica andarán juntos, y un niño los pastoreará. La vaca y la osa pacerán, sus crías se echarán juntas; y el león como el buey comerá paja. Y el niño de pecho jugará sobre la cueva del áspid, y el recién destetado extenderá su mano sobre la caverna de la víbora. No harán mal ni dañarán en todo mi santo monte; porque la tierra será llena del conocimiento de Jehová, como las aguas cubren el mar" (Is.11:6-9). Así que, entre otras cosas, la creación física ha de ser cambiada:

"'Porque con alegría saldréis, y con paz seréis vueltos; los montes y los collados levantarán canción delante de vosotros, y todos los árboles del campo darán palmadas de aplauso. En lugar de la zarza crecerá ciprés, y en lugar de la ortiga crecerá arrayán; y será a Jehová por nombre, por señal eterna que nunca será raída' (Is.55:12,13). 'Los afligidos y menesterosos buscan las aguas, y no las hay; seca está de sed su lengua; yo Jehová los oiré, yo el Dios de Israel no los desampararé. En las alturas abriré ríos, y fuentes en medio de los valles; abriré en el desierto estanques de aguas, y manantiales de aguas en la tierra seca. Daré en el desierto cedros, acacias, arrayanes y olivos; pondré en la soledad cipreses, pinos y bojes juntamente, para que vean y conozcan, y adviertan y entiendan todos, que la mano de Jehová hace esto, y el Santo de Israel lo creó' (Is.41:17-20). 'Porque la tierra será llena del conocimiento de la gloria de Jehová, como las aguas cubren el mar' (Hab.2:14). 'Bienaventurados los mansos porque ellos recibirán la tierra por heredad' (Mt.5:5). 'Y él juzgará entre muchos pueblos, y corregirá a naciones poderosas hasta muy lejos; y martillarán sus espadas para azadones, y sus lanzas para hoces; no alzará espada nación contra nación, ni se ensayarán más para la guerra' (Mi.4:3). 'Entonces los ojos de los ciegos serán abiertos, y los oídos de los sordos se abrirán. Entonces el cojo saltará como un ciervo, y cantará la lengua del mudo; porque aguas serán cavadas en el desierto, y torrentes en la soledad' (Is. 35:5,6). 'Pero este es el pacto que haré con la casa de Israel después de aquellos días, dice Jehová: Daré mi ley en su mente, y la escribiré en su corazón; y yo seré a ellos por Dios, y ellos me serán por pueblo. Y no enseñará más ninguno a su prójimo, ni ninguno a su hermano, diciendo: Conoce a Jehová; porque todos me conocerán, desde el más pequeño de ellos hasta el más grande, dice Jehová; porque perdonaré la maldad de ellos, y no me acordaré más de su pecado' (Jer.31:33,34). 'Porque un niño nos es nacido, hijo nos es dado, y el principado sobre su hombro; y se llamará su nombre Admirable, Consejero, Dios fuerte, Padre eterno, Príncipe de paz. Lo dilatado de su imperio y la paz no tendrán límite, sobre el trono de David y sobre su reino, disponiéndolo y confirmándolo en juicio y en justicia desde ahora y para siempre. El celo de Jehová de los ejércitos hará esto' (Is.9:6,7). 'Dominará de mar a mar, y desde el río hasta los confines de la tierra. Ante él se postrarán los moradores del desierto, y sus enemigos lamerán el polvo. Los reyes de Tarsis y de las costas traerán presentes; los reyes de Sabá y de Seba ofrecerán dones. Todos los reyes se postrarán delante de él; todas las naciones le servirán. . . Será su nombre para siempre, se perpetuará su nombre mientras dure el sol. Benditas serán en él todas las naciones; lo llamarán bienaventurado. Bendito Jehová Dios, el Dios de Israel, el único que hace maravillas. Bendito su nombre glorioso para siempre, y toda la tierra sea llena de su gloria. Amén y Amén." (Sal.72:8-11,17-19).

CAPITULO XIV

EL REINO ETERNO DEL CRISTO ENCARNADO

El paso de la edad del reino a la eternidad se caracterizará por poderosos eventos transformadores. En verdad, ése ha sido el método divino de acción cuando se han producido otros cambios en las eras bíblicas. Tales cambios inauguran y a la vez exijen un nuevo orden en las relaciones entre Dios y el hombre. Se recordará que hubo siete días en la creación, siete aspectos en el pacto que Dios hizo con Noé, siete aspectos en el pacto de Dios con Abraham, siete características en el Pacto Palestino y siete rasgos fundamentales en el Pacto Davídico. Estos últimos tres pactos garantizan toda clase de bendición para Israel en el tiempo y en la eternidad. Siete estupendos eventos que transformaron la era sirvieron para establecer la división entre la era mosaica de la ley y la presente era de gracia. Las condiciones no hubieran podido ser iguales después de estos sucesos como lo fueron antes. Esos eventos son los siguientes: (1) la muerte de Cristo; (2) la resurrección de Cristo; (3) la ascensión de Cristo; (4) la venida del Espíritu Santo en el Pentecostés; (5) la revelación de un nuevo plan divino para una nueva era; (6) la colocación de judíos y gentiles en el mismo nivel, para que todos pudieran ser objetos de la divina gracia; y (7) la dispersión de Israel en forma mucho más amplia que la vez anterior. Similarmente, hay siete estupendos eventos capaces de transformar la era, que servirán como demarcación y división entre la presente era de la gracia y la próxima, que será la edad del reino. Esos son los eventos: (1) la remoción de la Iglesia de la tierra; (2) la Gran Tribulación; (3) el glorioso regreso de Cristo; (4) el juicio de Dios contra Israel; (5) el establecimiento del reino de Israel según el nuevo pacto; (6) el juicio contra las naciones vivientes en ese tiempo; y (7) el arresto de Satanás. Y también habrá siete eventos estupendos y transformadores en la transición de la edad del reino a la eternidad venidera: (1) la liberación de Satanás del abismo; (2) la revuelta en la tierra contra Cristo y los juicios de El contra Satanás y contra sus ejércitos; (3) la desaparición de los cielos viejos y de la tierra antigua; (4) el juicio del gran trono blanco; (5) la creación de nuevos cielos y nueva tierra; (6) el descenso de la ciudad esposa, que vendrá del cielo y de Dios; y (7) la entrega que Cristo hará del reino al Dios y Padre y los ajustes necesarios para el estado eterno que sigue inmediatamente. Esta última lista de eventos, que son los que dividen la era del reino de la eternidad, podemos estudiarla en el orden en que se ha dado, y teniendo como objetivo especial aquel que se refiere a la verdad que se establece en la última división –es decir, la entrega del reino al Padre– la cual es propiamente la consumación de la cristología.

I. LA LIBERACION DE SATANAS

No es pequeño el misterio que hay en torno al hecho de que Satanás ha de ser libertado del abismo, aunque sea por "un poco de tiempo". Cualquiera que sea la solución que se acepte para este problema, tendrá que entenderse que corresponde a la esfera de la voluntad permisiva de Dios, según la cual él permite el pecado en el mundo. Evidentemente, con el fin de que pueda hacerse una demostración final del mal que representa Satanás, ese ser siniestro no solamente será puesto en libertad, sino que no tendrá inconveniente para preparar un nuevo programa de guerra y ataque contra Dios y contra su pueblo. Esta extraña liberación y el brote del mal servirán, sin duda, hasta cierto punto, para que se consume el programa de iniquidad, tanto el que existe en el corazón de los hombres como el que hay en Satanás. Otra vez se formarán ejércitos y la maldita guerra volverá a revivir. Durante el reino milenario de Cristo, la tierra disfrutará de una perfecta manifestación de paz. Tanto la justicia como la paz cubrirán toda la tierra. Las armas de guerra se convertirán en instrumentos de labranza. Debe notarse que el hecho de la liberación de Satanás y el del programa que él ha de introducir se han predicho miles de años antes de su cumplimiento. No hay discusión de que todo esto se cumplirá, pues representa la consumación del programa del mal en el universo. A la luz de esto, la importancia de este evento no puede medirse según la mente humana.

II. LA ULTIMA REVUELTA QUE HABRA SOBRE LA TIERRA

Aunque, como ya se indicó, esta gran revuelta que habrá sobre la tierra está íntimamente relacionada con la liberación de Satanás; sin embargo, más que cualquier otra cosa, será una demostración de que la era milenaria no habrá cambiado el carácter del corazón humano, que siempre es susceptible a la tentación. La revelación con respecto a dicha revolución se limita a las siguientes palabras: "Cuando los mil años se cumplan, Satanás será suelto de su prisión, y saldrá a engañar a las naciones que están en los cuatro ángulos de la tierra, a Gog y a Magog, a fin de reunirlos para la batalla; el número de los cuales es como la arena del mar. Y subieron sobre la anchura de la tierra, y rodearon el campamento de los santos y la ciudad amada; y de Dios descendió fuego del cielo, y los consumió. Y el diablo que los engañaba fue lanzado en el lago de fuego y azufre, donde estaban la bestia y el falso profeta; y serán atormentados día y noche por los siglos de los siglos" (Ap. 20:7-10). Se recalca mucho el hecho de que las naciones se dejarán engañar por Satanás, y que ésta será la causa de su defección. Ese engaño no es nuevo. Cuando Satanás esté atado durante mil años, se nos dice que, por el hecho de estar él arrestado, no podrá engañar "más a las naciones, hasta que fuesen cumplidos mil años; y después de esto debe ser desatado por un poco de tiempo" (Ap. 20:3). Así se nos indica que Satanás está siempre engañando a las naciones. No podrá hacer eso durante el tiempo de su arresto; pero volverá a engañarlas hasta que sea lanzado finalmente en el lago de fuego. La influencia de Satanás sobre las masas de la humanidad se parece mucho a la incesante opresión de la naturaleza pecaminosa sobre la vida del individuo. El las incita a la guerra, a la voracidad, a las manifestaciones egoístas, a la conducta impía. Ni siquiera pudiéramos imaginar lo que significa un día de liberación de la incesante opresión de la naturaleza de pecado sobre el individuo en la experiencia real, ni tampoco lo que significaría un día de liberación de las decepciones satánicas durante el reino de Cristo en la tierra. Es de notar que el último ejército que ha de congregarse procederá de los cuatro ángulos de la tierra. La designación "Gog y Magog" tal vez se refiere al evento en sí y no a las localidades ni a los pueblos específicamente. Este inmenso ejército que se reunirá será como "la arena del mar" en lo que se refiere a número. Es difícil entender cómo es possible que esto suceda, aunque Cristo esté en el trono ejerciendo su autoridad, tal como se indica en Isaías 11:3-5, donde leemos: "Y le hará entender diligente en el temor de Jehová. No juzgará según la vista de sus ojos, ni argüirá por lo que oigan sus oídos; sino que juzgará con justicia a los pobres, y argüirá con equidad por los mansos de la tierra; y herirá la tierra con la vara de su boca, y con el espíritu de sus labios matará al impío. Y será la justicia cinto de sus lomos, y la fidelidad ceñidor de su cintura." No hay otra solución para este problema que la de aceptar que Dios concederá el permiso para la consumación del mal en el universo. En el mismo sentido pudiera preguntarse por qué, estando El en el trono del universo, permite el pecado que El mismo odia. Cuando, a la luz de los cielos, un problema se resuelve, el otro también queda solucionado.

III. LA DESAPARICION DE LOS CIELOS Y DE LA TIERRA

Si le concedemos aunque sea un momento de consideración a la predicción de que los cielos y la tierra que tenemos ahora han de pasar y desaparecer para siempre, serían pocos los que no se impresionarían con la inmensidad de la empresa propuesta, o los que no estarían conscientes del hecho de que los hombres y sus instituciones no son todo lo que tiene que existir en este universo. Sin duda habrá otros objetivos que lograr, los cuales no han entrado en el programa humano. Este es el universo de Dios. Ha sido planeado y ejecutado por El, y tendrá que llegar a su consumación para satisfacer razones que están dentro de su Ser. Ante esta revelación, el hombre debe inclinarse humildemente, como le corresponde a la criatura, y hallar la consolación de su existencia en el hecho de que él ha sido hecho y está siendo sostenido por la gracia de Dios. Pero, ¿qué les sucederá a los moradores del cielo y de la tierra cuando estas esferas en que moran desaparezcan para siempre? Sólo Dios es capaz de resolver este problema. La orden de que desaparezca separados de su morada, y sean testigos tanto de la desaparición de ella como de la nueva creación. No hay ninguna indicación de que hayan de emplearse agentes humanos o angélicos en esta obra; sin embargo, esos son los seres que tendrán que pasar por estas poderosas transformaciones y aparecer en el otro lado, en la nueva gloria que ha de haber. Las Escrituras son explícitas con respecto al gran evento que ha de ocurrir, cuando los cielos y la tierra desaparecerán. Esta escrito:

"El cielo y la tierra pasarán, pero mis palabras no pasarán" (Mt. 24:35). "Y: Tú, oh Señor, en el principio fundaste la tierra, y los cielos son obra de tus manos. Ellos perecerán, mas tú permaneces; y todos ellos se envejecerán como una vestidura, y como un vestido los envolverás, y serán mudados; pero tú eres el mismo, y tus años no acabarán" (He. 1:10-12). "Pero los cielos y la tierra que existen ahora, están reservados por la misma palabra, guardados para el fuego en el día del juicio y de la perdición de los hombres impíos . . . Pero el día del Señor vendrá como ladrón en la noche; en el cual los cielos pasarán con grande estruendo, y los elementos ardiendo serán deshechos, y la tierra y las obras que en ella hay serán quemadas. Puesto que todas estas cosas han de ser deshechas, ¡cómo no debéis vosotros andar en santa y piadosa manera de vivir, esperando y apresurándoos para la venida del día de Dios, en el cual los cielos, encendiéndose, serán deshechos, y los elementos, siendo quemados, se fundirán! (2 P. 3:7, 10-12). "Y vi un gran trono blanco y al que estaba sentado en él, de delante del cual huyeron la tierra y el cielo, y ningún lugar se encontró para ellos" (Ap. 20:11).

IV. EL JUICIO DEL GRAN TRONO BLANCO

Entre el anuncio de la desaparición de los cielos y de la tierra y el de la creación de los nuevos cielos y la nueva tierra se encuentra colocado, en el Texto Sagrado, el terrible juicio final. El registro bíblico es el siguiente: "Y vi a los muertos, grandes y pequeños, de pie ante Dios; y los libros fueron abiertos, y otro libro fue abierto, el cual es el libro de la vida; y fueron juzgados los muertos por las cosas que estaban escritas en los libros, según sus obras. Y el mar entregó los muertos que había en él; y la muerte y el Hades entregaron los muertos que había en ellos; y fueron juzgados cada uno según sus obras. Y la muerte y el Hades fueron lanzados al lago de fuego. Esta es la muerte segunda. Y el que no se halló inscrito en el libro de la vida fue lanzado al lago de fuego" (Ap. 20:12-15). Tanto en *Apocalipsis 21:4,* como en *1 Corintios 15:26,* se declara que no habrá más muerte. Esta importante declaración va evidentemente mucho más allá de la simple idea de que, desde ese tiempo en adelante, ya no habrá más muerte; más bien tiene carácter retrospectivo en el sentido de que afirma que toda clase de muerte que haya ocurrido en las esferas humanas –con excepción, por supuesto, del caso de los que habrán resucitado en la segunda venida de Cristo– será rechazada, repelida y anulada. No hay sino una manera de poder lograr este objetivo tan grande: consiste en que todos los demás muertos resuciten para no morir jamás. Esta resurrección final y universal es uno de los temas de la profecía. De esto dijo Cristo: "No os maravilléis de esto; porque vendrá hora cuando todos los que están en los sepulcros oirán su voz; y los que hicieron lo bueno, saldrán a resurrección de vida; mas los que hicieron lo malo, a resurrección de condenación" (Jn. 5:28, 29). El apóstol Pablo escribe con respecto al programa de resurrección que está profetizado: "Luego el fin"; es decir, la última resurrección (1 Co. 15:24). También Juan escribe: "Pero los otros muertos no volvieron a vivir hasta que se cumplieron mil años" (Ap. 20:5). En el texto que estamos considerando –Ap. 20:12-15– se declara que "los muertos, grandes y pequeños (están), de pie ante Dios." Esta posición que toman los muertos, después que la muerte ha hecho su obra, es ciertamente evidencia de la resurrección. A diferencia del juicio que se habrá realizado contra las naciones que vivan en este tiempo, tal como se describe en Mateo 25:31-46, este último juicio será contra todas las personas que hayan muerto. "La primera resurrección", en lo que se refiere a la humanidad, habrá sucedido mil años antes (Ap. 20:4-5), pero esta última resurrección, que incluirá a todos los demás muertos, ocurrirá al fin de los mil años. El número de los que han de resucitar en ese tiempo es incomprensible. Se estima que por cada persona viviente hoy en la tierra, por lo menos unas cien han muerto y han sido sepultadas. Así que, lejos de ser esta "la tierra de los vivientes", estrictamente hablando, la tierra es realmente el cementerio más grande que jamás hubiera podido concebirse. Precisamente de ese estado corporal de muerte se levantarán los muertos para comparecer a juicio. La resurrección de ellos servirá para que la restante humanidad se presente ante Dios a juicio, y para prepararlos para su destino consciente en el lago de fuego. Los libros se abrirán y los muertos serán juzgados según sus obras. Debemos recordar que en todas las edades los hombres han estado bajo la obligación inherente, o ley, de satisfacer el designio y el plan del Creador, a menos que hayan sido salvos, como son salvos los cristianos en la era de la gracia. El creyente cristiano ha sido perfeccionado ante Dios para siempre, y por tanto, mediante la perfección que Cristo obró a su favor, el cristiano pueda satisfacer toda demanda de Dios. En esta era presente, sin embargo, los hombres se condenan no solamente por su condición pecaminosa, sino por el hecho de no haber respondido a la gracia divina que se le ofrece en la Persona de Cristo. En el tiempo presente, el clímax de las malas obras se manifiesta a través de una actitud de incredulidad hacia el Redentor. El libro de la vida del Cordero se abrirá, evidentemente, , para demostrar que no se ha cometido ningún error; pues ninguno de los que estén allí presentes tendrá su nombre inscrito en ese libro. La respuesta irrevocable de Dios para el pecado humano será el lago de fuego, que es la muerte segunda. El puede salvar a los hombres de esa condenación solamente si hay un Sustituto que responda por ellos ante las justas demandas que se les hacen, y si ellos han aceptado esa Provisión. A menudo, los hombres se endurecen por el hecho de que este juicio contra el pecado es horripilante, y discuten que, puesto que Dios es amor, no podrá en realidad ejecutar todo lo que en este pasaje se predice. Con respecto a esto, permítaseme repetir que, si Dios pudiera, basado solamente en su compasión, aparte de los justos juicios que Cristo llevó sobre Sí en su muerte, salvar un alma perdida, también pudiera salvarlas a todas por pura compasión; y en ese caso, la muerte de Cristo no sería necesaria, sino que sería el disparate más grande de este universo. La gloriosa verdad que debemos proclamar siempre es que las almas perdidas pueden salvarse; esa verdad es la que se llama las Buenas Nuevas; pero sólo pueden ser salvas en Cristo y por medio de El.

Fuera de Cristo el Salvador, no hay salvación. Ni la sabiduría, ni el poder, ni el amor infinitos pueden proveer otro escape de los santos juicios de Dios contra el pecado. Lo que Dios puede hacer con aquellos que mueren sin haber oído nunca el Evangelio no se nos revela, ni pudiera revelársenos. Las Escrituras nos dicen que los que no han oído el Evangelio están completamente perdidos. Su condición de perdidos es la que debe mover el empeño misionero. Si los hombres pudieran ser salvos mediante su ignorancia del Evangelio, lo mejor sería no llevarles nunca el Evangelio, pues cuando son iluminados por ese mensaje, y lo rechazan, llegan a la condición de perdidos para siempre. Al cristiano se lo amonesta a predicar este mensaje a tiempo y fuera de tiempo a todos los que todavía viven sobre la tierra. Esta escena de juicio no le ofrece ningún apoyo a la idea fantástica de que los hombres que rechazan a Cristo en esta vida tendrán otra oportunidad después de la muerte. Los que no son salvos se quedarán tal como eran cuando la muerte intervino en su vida hasta aquel día cuando tendrán que estar de pie delante del gran trono blanco de Dios para ser juzgados conforme a sus obras.

V. LA CREACION DE NUEVOS CIELOS Y NUEVA TIERRA

Aquí otra vez, como siempre, la única fuente de información digna de confianza es la clara afirmación de la Biblia. La grandeza del evento en el cual Dios repite sus poderosos actos creadores –incluyendo tanto el cielo como la tierra, y sobre ellos una maravillosa escala de creaciones– le será mucho más impresiva a la mente devota cuando se dedique a considerarla. La esperanza de un día venidero, cuando Dios ejecutará este gran acto ante las huestes de redimidos y de santos ángeles es, en realidad, muy grande. Lejos de ser aquello un recuerdo marchito de lo que ahora existe, lo que habrá entonces armonizará para la mayor gloria de la nueva creación. Isaías declara, con respecto al nuevo cielo y a la nueva tierra, que serán de un carácter tan exaltado que la antigua creación ni siquiera acudirá a la memoria. Así dice él, en nombre de Jehová: "Porque he aquí que yo crearé nuevos cielos y nueva tierra; y de lo primero no habrá memoria, ni más vendrá al pensamiento" (65:17). Isaías habla también en nombre de Jehová cuando afirma que la nación de Israel permanecerá así como permanecerán los cielos nuevos y la tierra nueva (comp. 66:22). Está claro que Israel morará en su propia tierra para siempre. Si Israel ha de vivir eternamente en su tierra, su residencia en su propia tierra tendrá que trascender el milenio y continuar en el nuevo cielo y la nueva tierra que Dios creará.

Inmediatamente después de la descripción, en *Apocalipsis,* de la desaparición del antiguo orden de cosas, y de la toma de posesión del Juez en el gran trono blanco, Juan el vidente escribe: "Vi un cielo nuevo y una tierra nueva; porque el primer cielo y la primera tierra pasaron, y el mar ya no existía más" (21:1); y enseguida se nos presenta la descripción de la nueva tierra. Es evidente que la tierra que allí se nos describe es la nueva, por el hecho de que se nos dice que allí no habrá más lágrimas, ni clamor, ni dolor, ni muerte. Y para que estemos seguros de esto, estos pesares siempre han pertenecido a la tierra, y no al cielo. Parece, pues, que el escritor se refiere allí a la tierra y no al cielo, ya que allí no han penetrado las lágrimas, ni el dolor ni la muerte. El dice: "Y oí una gran voz del cielo que decía: He aquí el tabernáculo de Dios con los hombres, y el morará con ellos; y ellos serán su pueblo, y Dios mismo estará con ellos como su Dios. Enjugará Dios toda lágrima de los ojos de ellos; y ya no habrá muerte, ni habrá más llanto, ni clamor, ni dolor; porque las primeras cosas pasaron" (21:3, 4). Debe observarse, sin embargo, que en esta descripción de la nueva tierra, el rasgo más importante es que "el tabernáculo de Dios" estará con los hombres. Tal situación no se ha logrado nunca antes. Esta tierra ha sido la esfera del pecado y de la corrupción, y por tanto, no ha sido adecuada para que esté en ella la presencia de Dios; pero entonces, la tierra será tan santa como el mismo cielo; El se deleitará en morar en la nueva tierra entre los hombres y en ser su Dios. El término *hombres* es evidentemente una distinción del término bíblico *santos.* El cielo será entonces, como lo es ahora, la morada de los santos, mientras que la tierra será la morada de los hombres. La Biblia nos dice que Dios morará entonces también entre los hombres. Pedro nos dice que la justicia morará entonces tanto en el nuevo cielo como en la nueva tierra (2 P. 3:13). En la era presente, la justicia *sufre;* en la edad del reino, aunque algunos podrán sufrir por causa de la justicia (comp. Mt. 5:10), la justicia *reinará* (comp. Is. 11:4, 5); pero en el nuevo cielo y en la nueva tierra, que son de carácter eterno, *morará* la justicia.

VI. EL DESCENSO DE LA CIUDAD ESPOSA

Si la medimos según el espacio que se le concede en el Texto Sagrado, la ciudad de Dios es de suprema importancia. Sin duda, esta misma ciudad "que tiene fundamentos" es la misma que buscaba Abraham, el que moraba en tiendas (comp. He. 11:8-10). Esta ciudad se describe en *Hebreos 12:22-24.* Cristo se refiere a ella en su mensaje que envía desde el cielo a la iglesia de Filadelfia: "Al que venciere, yo lo haré columna en el templo de mi Dios, y nunca más saldrá de allí;

y escribiré sobre él el nombre de mi Dios, y el nombre de la ciudad de mi Dios, la nueva Jerusalén, la cual desciende del cielo, de mi Dios, y mi nombre nuevo" (Ap. 3:12). Y otra vez en *Apocalipsis 21:2,* Juan da este testimonio: "Y yo Juan vi la santa ciudad, la nueva Jerusalén, descender del cielo, de Dios, dispuesta como una esposa ataviada para su marido." Y hay una tercera referencia en este gran libro profético a la misma ciudad: "Y me llevó en el Espíritu a un monte grande y alto, y me mostró la gran ciudad santa de Jerusalén, que descendía del cielo, de Dios" (Ap. 21:10). La descripción de la ciudad, que es la que sigue después del versículo 10 ha sido interpretada de diversas maneras. Algunos alegan que las partes descriptivas del libro vuelven a referirse al tiempo de la edad milenaria, por el hecho de que allí se declara que "... las naciones que hubieren sido salvas andarán a la luz de ella; y los reyes de la tierra traerán su gloria y honor a ella" (comp. v. 24); pero volver en este punto a una era que para entonces habrá terminado completamente es estar muy lejos de lo razonable en la interpretación de este texto. El orden cronológico de los eventos en las páginas finales de *Apocalipsis* es de suma importancia para la correcta comprensión del programa. Debe reconocerse que en esta porción de las Escrituras hay muchas cosas que la mente humana no puede entender cabalmente, pero, a pesar de ello, la descripción de la ciudad se halla en un contexto que se relaciona con los nuevos cielos y la nueva tierra que han de aparecer en la eternidad, a menos que abandonemos por completo el orden en que se nos presenta la verdad. No nos conviene hacer aquí una extensa exposición de este pasaje descriptivo. Es suficiente decir que, en completo acuerdo con la descripción que se nos da en *Hebreos 12:22-24,* la Iglesia estará presente, los ángeles estarán presentes, una compañía de "justos hechos perfectos" —a la cual pertenece Israel— también estará presente, Cristo el Mediador y el Cordero estará presente, y Dios el Padre —"el Juez de todos" y la Luz que allí servirá de templo— estará presente. Si tomamos las medidas de la ciudad literalmente, la longitud, la anchura y la altura son iguales, de modo que cada dimensión será de 12.000 estadios, que equivalen a un poco más de 2400 kilómetros. El hecho de que la ciudad sea de puro oro es algo que cabe perfectamente dentro del poder creador de Dios, y en ello se descubre una indicación de la gloria de los nuevos cielos y de la nueva tierra. La ciudad desciende del cielo y, por tanto, debe considerarse como algo distinto del mismo cielo hasta cierto punto. Estará dispuesta para ser Esposa de Cristo, tal vez por el hecho de que la ciudad tendrá un derecho superior para ello; sin embargo, otras gentes y seres entrarán por sus puertas. Se convertirá en un centro cosmopolita. El texto es extenso, pero debemos incluirlo completamente:

"Vino entonces a mí uno de los siete ángeles que tenían las siete copas llenas de las siete plagas postreras, y habló conmigo, diciendo: Ven acá, yo te mostraré la desposada, la esposa del Cordero. Y me llevó en el Espíritu a un monte grande y alto, y me mostró la gran ciudad santa de Jerusalén, que descendía del cielo, de Dios, teniendo la gloria de Dios. Y su fulgor era semejante al de una piedra preciosísima, como piedra de jaspe, diáfana como el cristal. Tenía un muro grande y alto con doce puertas; y en las puertas, doce ángeles, y nombres inscritos, que son los de las doce tribus de los hijos de Israel; al oriente tres puertas; al norte tres puertas; al sur tres puertas; al occidente tres puertas. Y el muro de la ciudad tenía doce cimientos, y sobre ellos los doce nombres de los doce apóstoles del Cordero. El que hablaba conmigo tenía una caña de medir, de oro, para medir la ciudad, sus puertas y su muro. La ciudad se halla establecida en cuadro, y su longitud es igual a su anchura; y él midió la ciudad con la caña, doce mil estadios; la longitud, la altura y la anchura de ella son iguales. Y midió su muro, ciento cuarenta y cuatro codos, de medida de hombre, la cual es de ángel. El material de su muro era de jaspe; pero la ciudad era de oro puro, semejante al vidrio limpio; y los cimientos del muro de la ciudad estaban adornados con toda piedra preciosa. El primer cimiento era jaspe; el segundo, zafiro; el tercero, ágata; el cuarto, esmeralda; el quinto, ónice; el sexto, cornalina; el séptimo, crisólito; el octavo, berilo; el noveno, topacio; el décimo, crisopraso; el undécimo, jacinto; el duodécimo, amatista. Las doce puertas eran doce perlas; cada una de las puertas era una perla. Y la calle de la ciudad era de oro puro, transparente como vidrio. Y no vi en ella templo; porque el Señor Dios Todopoderoso es el templo de ella, y el Cordero. La ciudad no tiene necesidad de sol ni de luna que brillen en ella; porque la gloria de Dios la ilumina, y el Cordero es su lumbrera. Y las naciones que hubieren sido salvas andarán a la luz de ella; y los reyes de la tierra traerán su gloria y honor a ella. Sus puertas nunca serán cerradas de día, pues allí no habrá noche. Y llevarán la gloria y la honra de las naciones a ella. No entrará en ella ninguna cosa inmunda, o que hace abominación y mentira, sino solamente los que están inscritos en el libro de la vida del Cordero. Después me mostró un río limpio de agua de vida, resplandeciente como cristal, que salía del trono de Dios y del Cordero. En medio de la calle de la ciudad, y a uno y otro lado del río, estaba el árbol de la vida, que produce doce frutos, dando cada mes su fruto; y las hojas del árbol eran para la sanidad de las naciones. Y no habrá más maldición; y el trono de Dios y del Cordero estará en ella, y sus siervos le servirán, y verán su rostro, y su nombre estará en sus frentes. No habrá allí más noche; y no tienen necesidad de luz de lámpara, ni de luz del sol, porque Dios el Señor los iluminará; y reinarán por los siglos de los siglos" (Ap.21:9 - 22:5).

Los dos últimos capítulos de la Biblia no sólo describen el futuro estado eterno de las cosas –Pedro designa ese estado con el nombre de "día de Dios"– sino que también indican que allí habrá por lo menos cuatro distintas moradas: (1) el nuevo cielo; (2) la nueva tierra; (3) la ciudad esposa, que puede ser la misma que está predicha en Juan 14:1-3; y (4) el lugar de los que "estarán fuera" (Ap. 22:15), el cual puede ser el mismo lago de fuego o sea la muerte segunda (comp. 20:14, 15; 21:8; 22:15). Debe considerarse cuidadosamente el hecho de que en esta situación completamente cambiada con sus moradas variadas la residencia ya no estará sujeta a cambios. Este es el fin de las cosas que Dios nos ha revelado. Es la última palabra de Dios, con la cual llega la palabra profética hasta la inmutable eternidad que ha de venir.

VII. LA ENTREGA DEL REINO AL PADRE

A la luz de tantas predicciones por una parte y de un pasaje solitario, por otra, ha surgido en algunas mentes un problema con respecto a la duración del reino de Cristo sobre el trono de David. Todas las predicciones sobre el gobierno mesiánico aseguran que El será Rey para siempre. Un pasaje, sin embargo, –el de 1 Corintios 15:24-28– ha sido interpretado por muchos expositores dignos de confianza, en el sentido de que, al terminar el período milenario, Cristo renunciará o se retirará de su puesto de Rey. Por causa de esto, se ha consentido una gran inconsecuencia en este punto. No pocos escritores, al considerar las profecías con respecto al trono de David, afirman que su reino será eterno, y sin embargo, cuando llegan a esta porción de las Escrituras, afirman igualmente que el reino terminará cuando se completen los mil años. Las Escrituras son definidas y conclusivas con respecto al carácter eterno del reino de Cristo. A David se le dijo: "Y será afirmada tu casa y tu reino para siempre delante de tu rostro, y tu trono será estable eternamente" (2 S. 7:16). A esto replicó David: "Ahora pues, Jehová Dios, tú eres Dios, y tus palabras son verdad, y tú has prometido este bien a tu siervo. Ten ahora a bien bendecir la casa de tu siervo, para que permanezca perpetuamente delante de ti, porque tú, Jehová Dios, lo has dicho, y con tu bendición será bendita la casa de tu siervo para siempre" (vs. 28, 29). Así también el salmista nos presenta el más completo registro con respecto al pacto de Jehová: "Hice pacto con mi escogido; Juré a David mi siervo, diciendo: Para siempre confirmaré tu descendencia, y edificaré tu trono por todas las generaciones . . . No olvidaré mi pacto, ni mudaré lo que ha salido de mis labios. Una vez he jurado por mi santidad, y no mentiré a David. Su descendencia será para siempre, y su trono como el sol delante de mí. Como la luna será firme para siempre, y como un testigo fiel en el cielo" (Sal. 89:3, 4, 34-37). Lo que se declara en Salmo 45:6 se aplica a Cristo en Hebreos 1:8: "Tu trono, oh Dios, es eterno y para siempre; cetro de justicia es el cetro de tu reino." Y en el Salmo 72, un salmo que se refiere al reino de Cristo, está escrito: "Te temerán mientras duren el sol y la luna, de generación en generación . . . Será su nombre para siempre, se perpetuará su nombre mientras dure el sol. Benditas serán en él todas las naciones. Lo llamarán bienaventurado" (vs. 5, 17). Isaías es excesivamente explícito cuando dice: "Porque un niño nos es nacido, hijo nos es dado, y el principado sobre su hombro; y se llamará su nombre Admirable, Consejero, Dios fuerte, Padre eterno, Príncipe de paz. Lo dilatado de su imperio y la paz no tendrá límite, sobre el trono de David y sobre su reino, disponiéndolo y confirmándolo en juicio y en justicia desde ahora y para siempre. El celo de Jehová de los ejércitos hará esto" (9:6, 7). Y Jeremías da el siguiente testimonio a nombre de Jehová: "He aquí vienen días, dice Jehová, en que yo confirmaré la buena palabra que he hablado a la casa de Israel y a la casa de Judá. En aquellos días y en aquel tiempo haré brotar a David un Renuevo de justicia, y hará juicio y justicia en la tierra. En aquellos días Judá será salvo, y Jerusalén habitará segura, y se le llamará: Jehová, justicia nuestra. Porque así ha dicho Jehová: No faltará a David varón que se siente sobre el trono de la casa de Israel . . . Así ha dicho Jehová: Si pudiereis invalidar mi pacto con el día y mi pacto con la noche, de tal manera que no haya día ni noche a su tiempo, podrá también invalidarse mi pacto con mi siervo David, para que deje de tener hijo que reine sobre su trono, y mi pacto con los levitas y sacerdotes, mis ministros" (33:14-17, 20, 21). Al describir el reagrupamiento final de Israel y la perpetuidad del reino davídico, Ezequiel le presenta el siguiente mensaje de Jehová a su pueblo Israel: "Mi siervo David será rey sobre ellos, y todos ellos tendrán un solo pastor; y andarán en mis preceptos, y mis estatutos guardarán, y los pondrán por obra. Habitarán en la tierra que di a mi siervo Jacob, en la cual habitaron vuestros padres; en ella habitarán ellos, sus hijos y los hijos de sus hijos para siempre; y mi siervo David será príncipe de ellos para siempre. Y haré con ellos pacto de paz, pacto perpetuo será con ellos; y los estableceré y los multiplicaré, y pondré mi santuario entre ellos para siempre. Estará en medio de ellos mi tabernáculo, y seré a ellos por Dios, y ellos me serán por pueblo. Y sabrán las naciones que yo Jehová santifico a Israel, estando mi santuario en medio de ellos para siempre" (37:24-28). Daniel declara: "Miraba yo en la visión de la noche, y he aquí con las nubes del cielo venía uno como un hijo de hombre, que vino hasta el Anciano de días, y le hicieron acercarse delante de él. Y le fue dado dominio, gloria y reino, para que todos los pueblos, naciones y lenguas le sirvieran; su dominio es dominio eterno, que nunca pasará, y su reino uno que no será destruido . . . y que el reino, y el dominio y la majestad de los reinos debajo de todo el cielo, sea dado al pueblo de los santos del Altísimo, cuyo reino es reino eterno, y todos los dominios le servirán y obedecerán (7:13, 14, 27; comp. 2:44). Deben notarse especialmente las palabras de Gabriel a María: "Entonces el ángel le dijo: María, no temas, porque has hallado gracia delante de Dios. Y ahora, concebirás en tu vientre, y darás a luz un hijo, y llamarás su nombre JESUS. Este será grande, y será llamado Hijo del Altísimo; y el Señor Dios le dará el trono de David su padre; y reinará sobre la casa de Jacob para siempre, y su reino no tendrá fin" (Lc. 1:30-33). Pablo le rinde tributo ". . . al Rey de los siglos, inmortal" (1 Ti. 1:17); y finalmente, las voces de los cielos declaran con el sonido de la séptima trompeta: "Los reinos del mundo han venido a ser de nuestro Señor y de su Cristo; y él reinará por los siglos de los siglos" (Ap. 11:15).

Contra todo este cuerpo de Escrituras positivas que afirman claramente la eterna duración del reino de Cristo sobre el trono de David, hay un pasaje que ha sido tomado por muchos para enseñar que el reino de Cristo se limitará a los mil años. He aquí el pasaje: "Luego el fin, cuando entregue el reino al Dios y Padre, cuando haya suprimido todo dominio, toda autoridad y potencia. Porque preciso es que él reino hasta que haya puesto a todos sus enemigos debajo de sus pies. Y el postrer enemigo que será destruido es la muerte. Porque todas las cosas las sujetó debajo de sus pies. Y cuando dice que todas las cosas han sido sujetadas a él, claramente se exceptúa aquel que sujetó a él todas las cosas. Pero luego que todas las cosas le estén sujetas, entonces también el Hijo mismo se sujetará al que le sujetó a él todas las cosas, para que Dios sea todo en todos" (1 Co. 15:24-28).

Obviamente, este asunto de la perpetuidad del reino de Cristo es de gran importancia desde el punto de vista de la cristología. A este asunto se le ha dado consideración en años pasados, y pudiéramos citar muchas opiniones con respecto a él. Hay algunos, tales como los anabaptistas, que sostienen que el reino de Cristo termina completamente al terminar los mil años. La mayoría de los expositores bíblicos de dignidad, sin embargo, por causa de la amplitud de las porciones bíblicas que hemos citado, se sienten inclinados a reconocer que el gobierno de Cristo continuará después del milenio. Algunos han buscado la solución de este problema en una forzada construcción de la expresión "mil años", y así afirman que en los períodos proféticos se sobreentiende la palabra años, de modo que cuando se dice *mil años* equivale a decir centenares de miles de años. Otros sugieren que el término es simbólico, y que representa la eternidad misma; pero entonces, las revelaciones relacionadas, tales como el arresto de Satanás, el cumplimiento del juicio contra los ángeles, y la completa sujeción de todos los enemigos a Cristo, indicarían un período restringido de tiempo –el cual, en el texto inspirado de *Apocalipsis 20*, se dice que es de mil años– y puesto que no habría nada absurdo si se acepta que ese sería un período literal de mil años, debemos aplicar allí la interpretación literal mientras no se pruebe que es insostenible. Para los que afirman que las expresiones *eterno, perpetuo y para siempre* tienen un significado limitado algunas veces con respecto al elemento tiempo, lo cual depende de la duración de la situación con la cual van relacionadas, conviene decir que estas palabras, tal como se usan en relación con el milenio, son las que crean esta misma situación; es decir, el esfuerzo de este lenguaje en todos los ejemplos tiene el propósito de indicar el carácter no temporal del reino de Cristo. No puede haber incertidumbre en las palabras del ángel a María: ". . . y su reino no tendrá fin" (Lc. 1:33). Ni tampoco en estas otras: "Te temerán mientras duren el sol y la luna, de generación en generación" (Sal. 72:5). Ni en éstas: "Lo dilatado de su imperio y la paz no tendrán límite" (Is. 9:7). Aceptando que el deseo de Dios era el de anunciar el reino de Cristo a través de la eternidad venidera, no disponemos de otras palabras que no sean estas o sus similares para expresar tal revelación. Es notable el hecho de que los judíos le atribuían al reino del Mesías el carácter de eterno en cuanto a duración (comp. Sal. 89:34-37).

En *1 Corintios 15:24-28,* que es el pasaje que estamos considerando, el Apóstol nos presenta la verdad general tanto con respecto a la resurrección de Cristo como con respecto a la resurrección de la humanidad. Habiendo indicado que hay un orden de sucesión en la resurrección, y que en ese orden entran varios grupos distintos, y que la resurrección de Cristo es la primera de la serie, que "luego" habrá la resurrección de "los que son de Cristo, en su venida" –entre la de El y la de ellos ya ha pasado un período que se acerca a los dos mil años, el cual no terminará hasta la segunda venida de Cristo– declara el Apóstol: "Luego el fin." Hay que reconocer que se han dado diversas interpretaciones para la expresión *el fin;* sin embargo, sostenemos que, puesto que el propósito general del mensaje del Apóstol en este punto es el de presentar el programa de resurrección que sigue cierto *orden,* y puesto que al nombrar solamente dos de los eventos sin nombrar el tercero, difícilmente pudiera reconocerse ese orden o cualquier distinción con respecto a los grupos, y puesto que las palabras "cada uno en su debido orden" implica que en el programa de resurrección hay otros grupos aparte de aquel que se designa con la expresión "los que son de Cristo", la única interpretación sostenible para la expresión *el fin,* es que ella indica el fin del programa de resurrección, o sea la resurrección de todos los que no están incluidos en la primera compañía, denominada "los que son de Cristo." De otro modo, ¿cómo pudiéramos explicar la expresión "cada uno", si sólo una compañía limitada se incluye en la primera de las resurrecciones de la humanidad? Así que, todo el programa de resurrección se divide en tres eventos. En esta enumeración, la resurrección de Cristo es la primera; sin embargo, cuando sólo se tienen en cuenta las resurrecciones de la humanidad, como en Apocalipsis 20:4-6, la resurrección de los que son de Cristo se denomina "la primera resurrección"; y de "los otros muertos" se dice que "no volvieron a vivir hasta que se cumplieron mil años." Cristo declaró que habrá dos clases de resurrección, aunque El no indicó la relación de tiempo que hay entre ellas (comp. Jn. 5:25, 28, 29). De una manera similar, Daniel prevé una división de su propio pueblo en la resurrección final, y después de la resurrección de los salvos en Cristo, sucederán grandes juicios contra los seres angélicos, con el fin de destruir cualquier clase de oposición, sea de los hombres o de los ángeles, y para restablecer el justo gobierno de Dios sobre el universo. Las Escrituras son fieles al revelarnos la verdad de que tanto entre los ángeles como entre los hombres hay algunos que han repudiado la autoridad de Dios. Es difícil entender que al pecado se le pueda permitir la entrada en la creación de Dios; pero sería aún más difícil comprender este asunto si se implicara que esta rebelión no sería juzgada ni corregida nunca. En sus juicios contra la humanidad, Cristo juzgará primero a las naciones que vivan en este tiempo, y parece que ese juicio se realizará en un tiempo sumamente breve, cuando El se siente sobre el trono de su gloria (Mt. 25:31-46). Del mismo modo, los muertos impíos tendrán que levantarse para acudir al juicio del gran trono blanco (Ap. 20:12-15); pero el juicio de Dios contra la oposición angélica –en el cual se incluirá a Satanás, quien con ese fin habrá sido confinado al abismo durante todo el milenio– se realizará durante el período milenario. El texto de la profecía declara: ". . . cuando haya suprimido todo dominio, toda autoridad y potencia. Porque preciso es que él reine hasta que haya puesto a todos sus enemigos debajo de sus pies. Y el postrer enemigo que será destruido es la muerte." Esto nos conduce a la maravillosa declaración del versículo 28: "Pero luego que todas las cosas le estén sujetas, entonces también el Hijo mismo se sujetará al que le sujetó a él todas las cosas, para que Dios sea todo en todo." Es decir, luego que todas las cosas le estén sujetas, El continuará reinando por autoridad del Padre. Según 1 Corintios 6:2, 3, es evidente que el juicio de Dios contra los hombres y el juicio contra los ángeles sucederán después de las bodas del Cordero, pues la Esposa ha de estar asociada con El en esos juicios. Así dice ese pasaje: "¿O no sabéis que los santos han de juzgar al mundo? Y si el mundo ha de ser juzgado por vosotros, ¿sois indignos de juzgar cosas muy pequeñas? ¿O no sabéis que hemos de juzgar a los ángeles? ¿Cuánto más las cosas de esta vida? " Volviendo de nuevo al pasaje que estamos discutiendo, se notará que según el versículo 27, el Hijo ha de gobernar durante mil años por autoridad del Padre y que, por tanto, el Padre queda exento de la jurisdicción del Hijo. El versículo dice: "Porque todas las cosas las sujetó –el Padre– debajo de sus pies –de los del Hijo. Y cuando dice que todas las cosas han sido sujetadas a él –al Hijo– claramente se exceptúa aquel que sujetó –el Padre– a él –al Hijo– todas las cosas." Las declaraciones de los versículos 24 y 28 son las que constituyen el punto de incomprensión. La entrega a Dios de un reino que entonces será indestructible no implica la renuncia a la autoridad por parte del Hijo. La verdad que se afirma es la de que al fin el reino será plenamente restaurado: el reino de Dios para Dios. Hay que saber hacer la distinción entre la presentación de la autoridad restaurada al Padre y la supuesta abrogación del trono por parte del Hijo. El texto no exije esto último, ni siquiera lo indica. El cuadro que se nos presenta en Apocalipsis 22:3, es el de la nueva Jerusalén en el estado eterno, y se declara que " . . . el trono de Dios y del Cordero estarán en ella." La traducción de 1 Corintios 15:28 en la Versión Autorizada en inglés –que es literalmente igual a la traducción nuestra en la Versión Reina-Valera, revisión de 1960– no es muy clara: El versículo dice así: "Pero luego que todas las cosas le estén sujetas, entonces también el Hijo mismo se sujetará al que le sujetó a él todas las cosas, para que Dios sea todo en todos." Lo que quiere decir esta declaración es que cuando todo se sujete, y cuando la autoridad divina esté plenamente restaurada, el Hijo, que habrá estado reinando por autoridad del Padre durante mil años, y que habrá puesto a todos sus enemigos debajo de sus pies, continuará gobernando con la misma autoridad del Padre, tan sujeto como siempre a la primera Persona. Este significado, que aclara mucho el texto, hace desaparecer el conflicto entre el reino eterno y el supuesto reino limitado de Cristo. El reinará, como se afirma en todas las demás partes de la Escritura, sobre el trono de David para siempre.

Agregamos, para finalizar, el extenso comentario que sobre este tema nos ofrece George N. H. Peters:

"Solamente hay *un pasaje* en las Escrituras que algunos suponen que enseña la entrega o terminación del reino mesiánico. Ese pasaje es *1 Corintios 15:27, 28.* Cualquiera que sea la opinión que se injerte en estos versículos o que se derive de ellos, casi todas –con excepción de aquellas que degradan absolutamente a Cristo y, por tanto, son indignas de tenerse en cuenta– admiten que, cualquiera que sea el significado de esta entrega, Jesucristo *continuará reinando,* ya sea como Dios, y en este caso, la humanidad le estaría subordinada, o como Dios Hombre, despojado de su dominio, pero investido de una autoridad inferior, etc. Neander, *History of the Plantation of the Christian Church (Historia de la Implantación de la Iglesia Cristiana),* Vol. I, pág. 529, afirma en forma más cuidadosa que muchos otros: 'El reino de Cristo en su forma peculiar –es decir, en su forma encomendada a un Mediador– llegará a su fin cuando se logre el fin por el cual quedó en forma mediatizada. Cuando se logre, por medio de la eficiencia del Cristo glorificiado, el reino de Dios ya no tendrá que enfrentarse a ninguna oposición, y, por tanto, ya no necesitará Redentor ni Mediador . . . El reino mediatizado de Dios pasará *entonces* a su estado inmediato, tal como lo declara Pablo en *1 Corintios 15:24-28.'* Lange *(Comentario, Mateo 3:1-12,* en el aspecto doctrinal), observa, en forma más descuidada: 'Al fin, cuando el reino de Dios se haya perfeccionado, también habrá logrado su completo y final desarrollo, y estará maduro para la *aniquilación* que le espera' , y así, como él lo explica, se le da lugar al reino de gloria. Barnes *(Comentario)* descuidadamente dice: 'Eso significa que el Hijo encarnado, el Mediador, el Hombre que nació y que resucitó de entre los muertos, y a Quien se le habrá dado este inmenso dominio, *renunciará* a ese dominio, y que *la Divinidad* de Dios reasumirá el gobierno.' Stephenson *(The Atonement –La Expiación–)* hace que Cristo reine primero como *'un rey independiente'* y después, como *'un rey subordinado.'* De este modo, se interpreta que el Hijo de David, que es *Uno* con el Padre, que es realmente el Rey teocrático que ha de sentarse sobre el trono davídico, adoptado e incorporado por el Padre como trono para su Hijo, ha de entregar el dominio que en muchos otros lugares de la Escritura se declara que es eterno, que *no tendrá fin, precisamente por el hecho de esta relación con el Padre.* ¿Puede haber alguna contradicción en las Escrituras, tal como la que nos presenta esta interpretación? Después de un cuidadoso estudio de los diversos pasajes que tratan directamente sobre este tema, sin ninguna vacilación, en el nombre y por la causa del Hijo de David, contestamos que no existe tal contradicción sino en las interpretaciones que se han hecho de ella. Al dar nuestras razones que comprueban que no existe tal contradicción, note el amable lector que no presentamos en nuestras críticas a personas que favorecen el milenarismo, para que no se nos culpe de buscar comodidad para nuestra posición doctrinal. En vez de imponer nuestros propios puntos de vista sobre este pasaje, es suficiente que permitamos que otros presenten los suyos, y así indiquen la maravillosa armonía que hay en los Escritos Sagrados . . . La expresión *'Porque preciso es que él reine hasta que haya puesto a todos sus enemigos debajo de sus pies'*, no limita –como lo demuestran los ejemplos en la fraseología de la Escritura y las admisiones de todos en el sentido de que alguna clase de reino ha de continuar– el reino de Cristo. El versículo 28, que dice: *Pero luego que todas las cosas le estén sujetas, entonces también el Hijo mismo se sujetará al que le sujetó a él todas las cosas, para que Dios sea todo en todos'*, es el razonamiento del Apóstol. El acababa de replicar a la objeción que pudiera presentarse, de que si Cristo ha puesto *'todas las cosas'* debajo de sus pies, su supremacía pudiera exceder a la del Padre. Por eso dice que *'se exceptúa aquel que sujetó a él todas las cosas.'* En consecuencia se deduce, como un resultado inevitable, que si el Padre se exceptúa y El es el que ha puesto todas las cosas bajo los pies del Hombre Dios, Cristo Jesús, Dios retendrá su preeminencia, y Cristo *todavía estará subordinado,* aun después que haya adquirido el más grande poder y la más grande gloria en su reino. Bien observa Busch: Una autoridad delegada implica necesariamente una supremacía del que la confiere. Esta es indudablemente la fuerza del griego original (τότε καὶ), 'pero luego', es decir, *entonces, como ahora,* significado este que se nos oculta en las traducciones comunes y corrientes.' 'Así como Cristo, en el gran programa de mediación, tiene una posición inferior a la del Padre, así, no obstante la grandeza y la gloria que, según está predicho, se le han de acumular a El a causa del sometimiento final de sus enemigos, todavía estará destinado a ocupar esa posición subordinada.' Storr y otros explican el versículo 28 de la siguiente manera: los adverbios griegos ὅταν y τότε que se consideran influidos por la palabra que se tradujo 'estén sujetas', no se refieren al tiempo gramatical futuro, sino solamente a un futuro lógico, que denota inferencia, de modo que el versículo debía traducirse así: 'Puesto que (ὅταν), por tanto, todas las cosas habrán sido (por decreto divino) puestas debajo de sus pies, en consecuencia (τότε), el mismo Hijo está o ha de estar sujeto a Aquel que puso todas las cosas debajo de sus pies, para que Dios pueda ser todo en todos.'

Habiendo así pasado rápidamente por el pasaje, dando los puntos de vista desprejuiciados e imparciales de los partidarios del *postmilenarismo* y del *amilenarismo,* en vez de descubrir que se nos enseña el fin del reino, como algunos arguyen, hallamos que el pasaje está en *armonía* con los anuncios proféticos que proclaman la *perpetuidad del reino.* En palabras de Van Valkenburg (Essay on Duration of Christ's Kingdom – Ensayo sobre la duración del Reino de Cristo), "Como el Padre se exceptúa cuando todas las cosas sean puestas debajo de los pies del Hijo, así también El quedará exceptuado cuando todas las cosas se le sometan. Se descubre entonces que este pasaje *no indica que el reino de Cristo ha de terminar en algún tiempo, ni que El le entregará su reino al Padre.* El dominio será realmente rescatado de manos de sus enemigos, y le será restaurado a la Divinidad, pero en ningún sentido Cristo entregará el reino, sino que *su dominio será un dominio eterno, y su reino no tendrá fin.* Storr, *Dissertation on the Kingdom*, dice que 'el gobierno que el versículo 24 dice que El entregará al Padre, *no debe entenderse que es el gobierno de Cristo,* sino el de las potencias opositoras, las cuales se declara, evidentemente que serán destruidas, para que el poder le sea devuelto a Dios.' Y agrega la siguiente conclusión que es verdadera y forzosa (tal como lo han demostrado en forma amplia nuestras proposiciones): 'El gobierno se le restaura a Dios cuando le sea restaurado a Cristo.' Así, estos comentaristas hacen que este pasaje concuerde con Apocalipsis 11:15: 'Los reinos –o la soberanía– del mundo han venido a ser –la soberanía– de nuestro Señor y de su Cristo"; y cuando esto suceda, Padre e Hijo unidos, en este orden teocrático y en este Personaje teocrático, "él reinará por los siglos de los siglos.' Este será el cumplimiento del capítulo 7 de Daniel y de otras predicciones, en las cuales aprendemos que el Padre le da su dominio al Hijo, y que el Hijo lo ejerce hasta someter a todos sus enemigos, y que reinará con una supremacía reconocida, subordinado, en su condición de Dios-Hombre, como nos lo enseña este pasaje, solamente a Uno, sobre toda la tierra. Hay algo que debe hacérsele evidente al creyente cristiano: que este pasaje, aunque es tan difícil de interpretar (así se reconoce universalmente), no se debe presentar contra el testimonio de otra *multitud* de pasajes, ni para probar la separación de Cristo de su reino, ni para demostrar la pérdida de su carácter de Rey y de Cristo, ni para indicar la pérdida de ninguno de los honores que se le han conferido, ni en caso similares. El *honor* tanto del Padre como del Hijo se identifican con la perpetuidad del reino teocrático, pues así como es el reino del Padre, así mismo lo es del Hijo: hay una perfecta unión entre ellos que es la que constituye *la unicidad en gobierno y dominio*" *(The Theocratic Kingdom)*, Vo. II, pgs. 634-636.

Así llegamos al fin de esta parte escatológica de la cristología. El Mesías nació del linaje de David, es el Cumplidor del Pacto Davídico en cuanto ha de sentarse sobre el trono de David, nació Rey de los judíos, fue rechazado, y vendrá otra vez. En su segundo advenimiento juzgará a Israel y a las naciones, establecerá su reino prometido sobre la tierra, juzgará a los seres angelicales, y reinará con la autoridad del Padre sobre el trono de David eternamente. Todos los que adoran al eterno Hijo de Dios deben unirse con el gran apóstol Pablo, para expresarle la alabanza y la adoración: "Al Rey de los siglos, inmortal, invisible, al único y sabio Dios, sea honor y gloria por los siglos de los siglos. Amén."

VOLUMEN VI
NEUMATOLOGIA

NEUMATOLOGIA

PREFACIO

(que cada estudiante debe leer)

Neumatología es el estudio científico de cualquera o de todos los hechos relacionados con el Espíritu. En sus más amplias ramificaciones abarca una triple división, a saber: (1) su relación a la Teología Propia, o sea, las doctrinas generales relacionadas con el Espíritu Divino —"Dios es Espíritu" (Jn.4:24); (2) la doctrina de los seres angelicales, tanto los caídos como los ángeles propiamente dichos; y (3) el estudio específico del ser inmaterial del hombre, cuya división del tema ahora se conoce con el nombre de Psicología. Siendo que la segunda de estas divisiones (la de los ángeles) se ha estudiado anteriormente bajo el tema de ANGELEOLOGIA, y la parte correspondiente a la psicología, siendo afines a la Teología Sistemática, ha sido examinada en esta obra bajo la ANTROPOLOGIA, el presente volumen estará restringido a lo que generalmente se reconoce como los aspectos estrictamente teológicos de la Neumatología. Esto apela a la consideración de la Persona y Obra del Espíritu Santo, la Tercera Persona de la Bendita Trinidad.

En los primeros cuatro volúmenes de esta obra, en donde el bosquejo general de la Teología Sistemática se ha establecido, el cual es séptuple, se da reconocimiento de acuerdo a su correcto lugar en la Deidad, en la empresa total de la redención y en la vida y servicio de los salvos. Con todo, como en el caso de Cristo y más adelante, un tratamiento más completo se da a lo que de El se ha revelado del que se ha procurado en el volumen V bajo el tema de Cristología, se necesita en este punto, si este trabajo en Teología ha de llenar su propósito, de contemplar extensamente a la Persona y la Obra del Espíritu Santo. Un estudio de tal dimensión es el designio de este volumen.

Cuanto es verdad del Trino Dios lo es también del Espíritu Santo. Esta afirmación se puede hacer con la misma seguridad acerca del Padre y del Hijo y, si se observa con relación a la Tercera Persona, se avanzará hacia la comprensión correcta y estimación de la Persona y obra del Espíritu Santo. Hay un extraño descuido en cuanto a la perfecta identidad del Espíritu, y siempre ha sido, entre el público, negligencia que es deplorada por todo solícito expositor. La iglesia cristiana, en su mayor parte carece de una enseñanza amplia y constructiva respecto al Espíritu Santo, estando en la misma posición de los doce discípulos de Juan Bautista que Pablo encontró en Efeso, cuya afirmación sincera y sin excusa fue: "Antes ni aun hemos oído si hay Espíritu Santo" (Hch.19:2). Indudablemente que algunas causas naturales existen ante el hecho de que los cristianos generalmente están tan poco informados en cuanto a este tema. (1) No falta una completa revelación sobre el Espíritu Santo; con todo, el descuido, la ignorancia, el error, son transmitidos de maestros a discípulos tan libre y efectivamente como lo es la verdad. "Y será el pueblo como el sacerdote" (Os.4:9) es un principio que podría parafrasearse de este modo: "Y será el discípulo como el maestro." De esto en una más amplia significación como un principio, Isaías escribe: "Y sucederá así como el pueblo, también el sacerdote; como el siervo, así a su amo: como la criada, a su ama; como al que compra, al que vende; como al que presta, al que toma prestado; como al que da a logro, así al que lo recibe" (24:2). Si el maestro es dado al descuido, la ignorancia y el error respecto a cualquier punto de doctrina, difícilmente se podría esperar que el discípulo corrigiera estas impresiones, excepto en varios casos cuando, habiendo repudiado el estrecho molde en el que ha sido formado, el alumno alcance un mejor entendimiento de la revelación que Dios le ha dado. Realmente, tal ha sido la experiencia de hombres que, bajo la dirección divina, han estado acordes en el alto honor de añadir algo al cuerpo de verdades reconocidas y generalmente aceptadas. ¿No se refirió Cristo a esto cuando dijo: "Por eso todo escriba docto en el reino de los cielos es semejante a un padre de familia, que saca de su tesoro cosas nuevas y cosas viejas" (Mt.13:52)?

Juzgando por la limitada mención que la doctrina del Espíritu Santo ha recibido de manos de los que han tratado de escribir obras sobre Teología Sistemática, fácilmente se descubre la razón que explica el por qué sus discípulos le dan tan poca consideración al tema. Casi cada error o énfasis desproporcionado sobre algún aspecto de parte de unos pocos, son causados por el descuido de la verdad de parte de muchos. Los errores pentecostales con su indebido uso de términos bíblicos y sus asunciones nunca se hubieran desarrollado si la correcta y completa doctrina del Espíritu Santo se hubiera enseñado regularmente en sus debidas proporciones. De la misma manera, los cultos sobre la sanidad del cuerpo existen únicamente por el énfasis que le dan, los cuales no hubieran surgido si la Iglesia hubiera reconocido y defendido lo que es la verdad en el campo doctrinal. (2) Una vez más, una razón del fracaso general en reconocer la Persona y obra del Espíritu Santo se debe al hecho que, dentro de la posición de lo que comprende ordinariamente la verdad revelada la doctrina del Espíritu Santo no se promulga como un objeto de fe, como lo son el Padre y el Hijo. No se dice que la salvación depende de la fe en el Espíritu Santo, como en el caso del Padre (comp. Ro.4:24), o del Hijo (Jn.3:16). Solamente cuando se abordan las más profundas verdades relacionadas con el poder del Espíritu Santo dentro del creyente es cuando se vislumbra el pensamiento de la dependencia de la Tercera Persona de la Trinidad. Así ha resultado como un efecto general que el Padre y el Hijo son realmente estimados como objetos de la fe salvadora y de algún modo al Espíritu Santo se priva de la debida consideración. (3) De manera análoga, el Padre y el Hijo están constantemente asociados el uno al otro en el texto del Nuevo Testamento. Esto se debe al hecho de que en una extensa porción de los Evangelios, los que ocupan los dos quintos de todo el Nuevo Testamento, el Hijo habla como El que es enviado por el Padre y está haciendo la voluntad del Padre (Jn.14:10). Además, no hay declaraciones personales registradas que procedan directamente del Espíritu Santo (Jn.16:13); no obstante, una considerada y cuidadosa lectura del Texto Sagrado da la impresión de que el Espíritu Santo es el Poderoso Ejecutivo de la Deidad, y por tanto, Su relación tanto al Padre como al Hijo es tema de grandes proporciones. (4) Finalmente, hay una razón para el descuido general tocante a la doctrina del Espíritu Santo y se halla en el hecho que su obra como ejecutor de la Deidad a menudo se atribuye a Dios en una manera más o menos impersonal. Así la preciosa verdad de que ciertas cosas son hechas específicamente por el Espíritu Santo se pierden dentro de una generalización. De estos cuatro factores, que juntos son responsables, las más de las veces, de la falta de dársele la debida consideración a la Persona y obra del Espíritu Santo, la primera (descuido, ignorancia y error, los cuales pasan de maestros a discípulos) es la fuente más prolífica de la dificultad.

Si los hombres del púlpito hubieran predicado y enseñado esta grande línea de la doctrina ellos mismos hubieran aprendido tanto, y nadie puede calcular la pérdida en cuanto a la vida práctica cotidiana del pueblo de Dios que ha resultado al rehusársele esta verdad. La situación reconocida por todos los que conocen estas doctrinas (y casi ninguno de los pocos himnos de la Iglesia que hablan de la doctrina del Espíritu Santo son escriturales) se explica por el hecho de que no se ha dado la debida atención a este tema. Nada se puede ganar meramente deplorando las condiciones desafortunadas. Se necesita enseñanza constructiva, y tanto los pastores como los maestros harían bien en calcular el gran énfasis que debiera dársele a este tema, de acuerdo a la extensión con que aparece en el Nuevo Testamento, más bien que caer dentro y ser parte del prevaleciente descuido de estas porciones sobre esta verdad vital. Deseamos encarecidamente que este volumen pueda servir para enseñar a alguien que a su vez pueda enseñar también a otros. Este tratado es el curso que en su desarrollo seguirá una división quíntuple: (1) El Espíritu Santo y la Trinidad, (2) Tipos y Símbolos del Espíritu Santo, (3) El Espíritu Santo y la Profecía, (4) El Espíritu Santo en relación con los gentiles e Israel; ejemplo en el Antiguo Testamento, (5) El Espíritu Santo en relación con los Cristianos. Por causa de su inmediata relación con la vida y el servicio del creyente, la última división recibirá mayor consideración.

CAPITULO I

EL NOMBRE DEL ESPIRITU SANTO

Las pruebas de la Deidad y Personalidad del Espíritu Santo se encuentran sólo en el testimonio divino que se ve en la Palabra de Dios. No hay información asequible en alguna otra parte con respecto al carácter y personalidad de ninguna de las Tres Personas que integran la Deidad. Cualquiera conclusión que pueda deducirse de una inducción del testimonio de la Biblia respecto a la Deidad y personalidad del Padre y del Hijo, la misma se deduce de una inducción respecto al Santo Espíritu. Es posible que la designación de ESPIRITU que lleva ha inducido a los hombres de todas las generaciones a suponer que El no es más que una influencia que emana de Dios, o un atributo de Dios, una perífrasis para indicar la Deidad. Tales suposiciones, sin embargo, sirven para revelar el hecho de que los hombres o bien no consideran la Palabra de Dios, o, si acaso la consideran, no se sujetan a ella. Los autores han escrito muchas páginas probando la Deidad y personalidad del Espíritu Santo. La tarea no es difícil, porque cada referencia es, directa o indirectamente, un testimonio en favor de Su personalidad y Deidad esenciales. Algunas veces se afirma que los mismos argumentos que prueban la Deidad del Hijo, el Cristo, sirven para demostrar la Deidad del Espíritu Santo, lo cual es cierto en sumo grado; pero, a pesar de eso, hay una diferencia, porque la Deidad de la Segunda Persona está comprendida con la asunción de su humanidad a través de Su encarnación, mientras que en la Deidad del Espíritu Santo no está involucrado tal hecho. El Espíritu Santo siempre mantiene un modo de acción que queda totalmente dentro de la esfera de lo que pertenece sólo a Dios. En este capítulo y en el siguiente se presentan tres clases de pruebas con respecto a la Deidad, (1) El Espíritu Santo lleva los nombres de la Deidad, (2) El Espíritu Santo exhibe los atributos y las perfecciones de la Deidad, y (3) El Espíritu Santo ejecuta las obras y ejerce las prerrogativas de la Deidad.

I. EL TRIPLE NOMBRE DE LA DEIDAD

Un correcto reconocimiento de Dios (que sólo puede adquirirse a través de las Santas Escrituras) es esencial en cada paso para la vida y el conocimiento humanos. Aunque es cierto que Dios se ha revelado a Sí mismo, tanto a través de la Palabra Escrita como por la Palabra Viviente y que Su carácter esencial se refleja en todas Sus palabras y obras, también El se revela a través de los nombres que ha publicado como distinciones de títulos que le representan. Es importante reconocer que Dios ha revelado Sus títulos que lo representan. Es importante reconocer que Dios ha revelado Sus títulos propios, que éstos no son en manera alguna meras invenciones humanas o ideales; y para la satisfacción del Infinito estos apelativos, aunque sólo parcialmente comprendidos por el hombre, publican claramente la verdad respecto a Dios. Ni un hombre mortal, ni consejo de hombres, ni un ángel han sido nombrados para seleccionar nombres para Dios. En la cima de Su estado de santidad y en su más íntima relación con Dios, Adán fue comisionado para dar nombre a las cosas recientemente creadas sobre la tierra; pero él nunca tuvo la presunción de confeccionar un nombre para Dios. En el primer volumen de esta obra, al considerar LA TEOLOGIA PROPIA, se ha hecho una extensa consideración sobre los nombres revelados de la Deidad. Hay que agregar que mientras en el Antiguo Testamento varios títulos son reconocidos como pertenecientes a las Personas de la Deidad, el nombre pleno y completo (no nombres) es revelado en el Nuevo Testamento. Allí el título es "El Padre, y el Hijo, y el Espíritu Santo." A continuación la desconcertante verdad en relación a Dios Uno cuya trina subsistencia es presentada.

Escribiendo en sus PRINCIPLES OF THEOLOGY (pág. 24) el Dr. W. H. Griffith Thomas, declara con relación a LA TRINIDAD según es enseñada en el Nuevo Testamento:

"Cuando nos hemos acercado a la doctrina mediante la experiencia personal de redención, estamos preparados para hacer una consideración completa de las dos líneas de enseñanza que encontramos en el Nuevo Testamento. (A) Una línea de enseñanza insiste en la Unidad de la Divinidad (1 Co.8:4; Stg.2:19); y (B) la otra revela una distinción entre la Divinidad (Mt.3:16,17; 28:19; 2 Co.13:14). Nosotros vemos claramente que (1) el Padre es Dios (Mt.11:25; Ro.15:6; Ef.4:6); (2) el Hijo es Dios (Jn.1:1,18; 20:28; Hch.20:28; Ro.9:5; He.1:8; Col.2:9; Fil.2:6; 2 P.1:1); (3) el Espíritu Santo es Dios (Hch.5:3,4; 1 Co.2:10,11; Ef.2:22); (4) el Padre, el Hijo y el Espíritu Santo son distintos el uno del otro, enviando y siendo enviados, honrando y siendo honrados. El Padre honra al Hijo, el Hijo honra al Padre, y el Espíritu Santo honra al Hijo (Jn.15:26; 16:13,14; 17:1,8,18,23). (5) sin embargo, cualquiera que pudiera ser la relación de subordinación entre las Personas en operar la redención, los tres son reputados semejantes como Dios. La doctrina de la Trinidad es la correlación, la incorporación, la síntesis de la enseñanza de estos pasajes. En la Unidad de Dios hay una Trinidad de Personas operando la Redención. Dios el Padre es el Creador y Gobernante del hombre y el Proveedor de la Redención a través de Su amor (Jn.3:16). Dios el Hijo es el Redentor, Quien se hizo hombre para el propósito

de nuestra redención. Dios el Espíritu Santo es el 'Ejecutivo de la Deidad', el 'Vicario de Cristo', Quien aplica a cada alma creyente los beneficios de la redención. Esto lo vemos bien claro en He.10:7-17, en donde el Padre quiere, el Hijo opera y el Espíritu testifica. Los elementos del plan de redención así hallan su raíz, fundamento y manantial en la naturaleza de la Deidad; y la razón obvia por qué estas distinciones que nosotros expresamos con los términos de 'Persona' y 'Trinidad' no fueron revelados anteriormente a los tiempos del Nuevo Testamento es que hasta entonces no se había consumado la redención."

No introduciremos aquí de nuevo la discusión del correcto punto de vista trinitario. El objetivo a la vista en este punto es centrar la convicción sobre la verdad de que el Espíritu Santo es uno legítimo e igual miembro del Dios Trino. En el mismo sentido en que el Padre y el Hijo son Personas, el Espíritu Santo es una Persona. Debe reconocerse, no obstante, que el término *Persona* [ὑπόστασις –comp. He.1:3) al aplicarse a cualquiera de las Tres Divinas Personas se emplea bajo necesarias y reveladas limitaciones. Estas Personas no son tres Seres separados e independientes; más bien, el pensamiento de identidad personal señala una distinción indefinible en la Divinidad, indefinible porque no está plenamente definida por Dios en Su Palabra. Los intentos que se han hecho por los hombres aun para ilustrar lo que es la verdad a la manera trinitaria en cuanto al Ser de Dios, en páginas previas, han sido rechazados, declarando que más bien conducen a la confusión, produciendo incomprensión, antes que ayuda.

En la gran comisión (Mt.28:20), se dan instrucciones para bautizar en el *nombre* –dicho nombre es *Padre,* e *Hijo,* y *Espíritu Santo*– no en los tres nombres pertenecientes a tres Personas vagamente relacionadas, sino en el único nombre que pertenece a Dios, cuyo modo de subsistencia es en el de *Tres Personas* que son identificadas como Padre, Hijo y Espíritu Santo. Si estas distinciones no parecen representar relaciones familiares a los hombres, se puede observar que estas no son las relaciones peculiares a los hombres. Ellas significan lo que es verdad en cuanto a Dios. Esto es peculiar a Dios sin paralelo en los asuntos humanos. El pronunciamiento de la gran comisión es uno de los más sublimes, pues declara uno de los títulos divinos, y el punto que hay que observar y enfatizar en esta conexión es que el Espíritu Santo es incluido en este nombre. El hecho de que Su nombre es el tercero en el orden no crea la más leve sugerencia de inferioridad, siendo que esta secuencia de títulos no trata de representar un grado decreciente de exaltación o de dignidad. Naturalmente, si una serie de nombres que son absolutamente idénticos con respecto al carácter de los designados es el de nombrarlos, cualesquiera que pudieran ser las razones divinas para el orden en que los nombres aparezcan, tales como dignidad, poder, autoridad, honor y todo lo que concierne a los atributos divinos, el último podría haberse mencionado primero, y el primero podría haberse mencionado por último. Así también el segundo podría haber cambiado lugar tanto con el primero como con el último. Hay una razón para el orden en que estos nombres aparecen y que es enteramente aparte de la idea de una escala descendente en importancia. En los eternos consejos de Dios, y claro está, por lo poco que ha sido revelado a los hombres, evidentemente el mismo orden es establecido. El orden refleja lo que ha sido definido como la *doctrina de procesion.* La idea de *de procesión* (o procedencia) está basada en lo que parece ser la no complicada enseñanza Bíblica con respecto a la relación existente entre las Personas de la Deidad. En reconocimiento de las Escrituras los grandes credos han hecho explícitas declaraciones. El credo Niceno afirma: "Y yo creo en el Espíritu Santo, el Señor y dador de la vida, que *procede* del Padre y del Hijo y que juntamente con el Padre y el Hijo, es adorado y glorificado" (citado por Watson, *Theological Institute.* I, 628). Así también el credo de Atanasio, declara: "El Espíritu Santo es del Padre e Hijo, no hecho, ni creado, ni engendrado, sino *procedente* (Watson, loc. cit.). Del mismo modo los Treinta y Nueve Artículos sostienen: "El Espíritu Santo que procede del Padre y del Hijo, es de una substancia, majestad y gloria con el Padre y el Hijo, verdadero y eterno Dios" (citado por Watson, loc. cit.). Y la *Confesión de Westminster* afirma: "En la unidad de la deidad hay tres personas de la misma substancia, poder y eternidad: Dios el Padre, Dios el Hijo, y Dios el Espíritu Santo. El Padre no es engendrado ni procede de nadie; el Hijo es eternamente engendrado del Padre; el Espíritu Santo procede eternamente del Padre y del Hijo" (II y III). El Salmo 104:30 declara de la misma manera: "Envías tu Espíritu", y Cristo dijo: "Pero cuando venga el Consolador, a quien yo os enviaré del Padre, el Espíritu de verdad, el cual procede del Padre, El dará testimonio acerca de mí; . . . Pero yo os digo la verdad: Os conviene que yo me vaya; porque si no me fuere, el Consolador no vendrá a vosotros; más si me fuere os lo enviaré" (Jn.15:26 y 16:7). El Espíritu Santo es el Espíritu de Dios y de Cristo, no meramente la presencia espiritual del Padre o del Hijo; es el Espíritu del Padre porque es enviado del Padre, y es el Espíritu del Hijo en que El es enviado de Cristo. Tal como Cristo es siempre la manifestación del Padre (Jn.1:18), así el Espíritu es enviado por el Padre y el Hijo. Estos son hechos externos de la relación que, aunque poco comprendidos por los hombres, representan poderosas realidades en la Deidad.

En una introducción al libro del Dr. A. J. Gordon, *The Ministry of the Holy Spirit,* el Dr. F. B. Mayer escribe:

"El cristianismo es acosado por tres corrientes, que operan insidiosamente para desviarlo de su curso. El materialismo que niega o ignora lo sobrenatural, y concentra su atención en mejorar las condiciones externas de la vida humana; la crítica, que es hábil en el análisis y la disección, pero no puede construir un fundamento sobre el cual puedan edificar y descansar los líderes religiosos; y un buen gusto literario que se ha desarrollado en gran manera en los últimos tiempos, dispuesto a juzgar por el poder de la fuerza de las palabras o por la delicadeza de la expresión. Para todos éstos tenemos una sola respuesta; que es, no un sistema, un credo, una iglesia, sino Cristo quien murió, pero que vive eternamente y quien tiene las llaves para abrir las perplejidades, problemas y fracasos. Aun cuando la sociedad pudiera reconstruirse y ser suplidas las necesidades materiales en una forma justa, el descontento aparecería en alguna otra forma, a menos que el corazón fuera satisfecho en Su amor.

La verdad que El revela al alma y que se concentra en El es solo capaz de mitigar el hambre devoradora de la mente por los antecedentes sobre los cuales fundar su respuesta a las preguntas sobre la vida, el destino y Dios, que siempre están llamando a la puerta en demanda de solución. Y los hombres todavía tienen que aprender que el más alto poder no reside en palabras, o metáforas, o brotes de elocuencia, sino en la Palabra que mora íntimamente y que se traduce en obras, que es la sabiduría y el poder de Dios, y que tiene que ver con las regiones inferiores a aquellas con que la mente inútilmente labora. Jesucristo, el Eterno Hijo de Dios, es la única respuesta suprema a la inquietud y fatiga de nuestro tiempo. Pero El no puede, ni se revelará a Sí mismo. Cada Persona de la Trinidad revela a la otra. El Hijo revela al Padre, pero para su propia revelación espera el testimonio del Espíritu Santo, aunque con frecuencia es dado mayormente a través de la Iglesia en forma directa. Entonces, lo que necesitamos y lo que el mundo espera, es al Hijo de Dios testificado para y revelado en toda su radiante belleza del ministerio del Espíritu Santo, al animar a los santos, y, a través de ellos, edifica el santo y místico cuerpo de Su Iglesia. Es necesario enfatizar esta distinción. En algunas partes parece suponerse que el mismo Espíritu Santo es la solución para las perplejidades de nuestro tiempo. Lo que podremos testificar en cierta edad futura no lo sabemos ahora, pero para ésta está claro que Dios, en la persona de Cristo, es la sola y divina respuesta. Aquí está el sí y amén de Dios, el Alfa y Omega, que da vista al ciego, sanidad al paralítico, limpieza a los inmundos, a los muertos vida, las buenas nuevas para los pobres, tristes y afligidos. Ahora nosotros ansiamos la graciosa dádiva del Espíritu, porque El puede tomar las cosas más profundas de Cristo y revelárnoslas. Cuando los discípulos querían conocer al Padre, el Señor les dijo: 'El que me ha visto ha visto al Padre.' Es Su gloria que brilla en mi faz, Su voluntad que moldea mi vida, Su propósito que se cumple en mi ministerio. Así el bendito Paracleto hace volver nuestro pensamiento y atención de Sí mismo hacia Cristo, con quien El es Uno en la Santísimia Trinidad, y a quien El ha venido a revelar. A través de los siglos de la cristiandad la voz del Espíritu Santo ha testificado del Señor mediata y directamente. Directamente, en cada profundo pensamiento de la conciencia humana, en cada avivamiento religioso, en cada época de adelanto en el conocimiento de la verdad divina, en cada alma que ha sido regenerada, fortalecida y enseñada. Mediatamente Su obra ha sido efectuada a través de la Iglesia, el cuerpo de los que creen. Pero, ¡Ay! cuán tristemente Su testimonio ha sido debilitado y estorbado por el instrumento a través del cual ha venido. El no ha podido hacer muchas obras poderosas a causa de la incredulidad que han mantenido cerrados y obstruidos esos conductos por los que El hubiera vertido su alegre testimonio a favor del ausente y glorificado Señor. Las divisiones en la Iglesia, sus contiendas sobre asuntos de relativa escasa importancia, su exageración de los puntos de diferencia, su materialismo, su amor al dinero, posición y poder, su auto estimación de riqueza y abundancia de bienes y de no tener necesidad de nada, cuando en realidad ella es pobre, y miserable, y ciega y desnuda. Estas cosas no sólo le han robado su testimonio, sino que han contristado y apagado al Santo Espíritu y nulificado su testimonio." Ps. X-XV.

Una vez más una oportuna advertencia para que no dé la impresión de tomar en cuenta que la doctrina de la *procesión* implica alguna variación entre las divinas Personas en exaltación o importancia. Se ha hecho un esfuerzo en la Teología Propia para defender la Segunda Persona de la suposición de que El, siendo la manifestación del Padre y habiendo tenido que encarnarse en forma humana, es inferior al Padre. También es importante notar que el Espíritu Santo, tal como aparece Su nombre en el título completo de la Deidad, aunque siempre enviado por el Padre y el Hijo, es eternamente igual al Padre y al Hijo. La gran revelación de que el Hijo es engendrado por el Padre y que el Espíritu procede del Padre y del Hijo, debe tomarse sin confundirla con las relaciones humanas; porque, mientras las Escrituras indubitablemente presentan la doctrina de la *Procesión*, estas mismas Escrituras positivamente anuncian la absoluta igualdad de las Personas dentro de la Deidad. En la Obra de la divina interrelación que se manifiesta en la redención, el Hijo vino al mundo para hacer la voluntad del Padre (He. 10:4-7) y el Espíritu está sujeto a ambos, al Padre y al Hijo; todavía hay que recordar que Cristo se sujetó también al Espíritu. Está escrito: "Y Jesús, lleno del Espíritu, volvió del Jordán y fue llevado por el Espíritu al desierto" (Lc. 4:1). De esta manera, la noción humana de que el mayor ha de ser servido por el menor, es enteramente extraña en la interrelación divina. El Hijo no es menos igual al Padre, aunque El busca la gloria del Padre (Jn. 14:13), y el Espíritu no es menos igual con el Padre y el Hijo, aunque El busca la gloria del Hijo (Jn. 16:14).

El Dr. William Cooke en su *Christian Theology* ha escrito efectivamente sobre el Nombre triple de Dios. Copiamos una parte de su tesis:

"En la gran comisión de predicar el Evangelio a toda criatura, Dios habla de sí mismo bajo una triple designación, diciendo: 'Por tanto id, y doctrinad a todas las naciones, bautizándoles en el nombre del Padre y del Hijo y del Espíritu Santo.' Si en alguna parte de la enseñanza de Nuestro Señor fuera requisito un especial cuidado en el uso de las palabras, a fin de dar a los hombres un correcto punto de vista en cuanto a Dios, era aquí: porque aquí hay una declaración del nombre de Dios; aquí hay un mandato autoritativo de dar a conocer este nombre al mundo entero; y aquí hay un mandamiento de practicar una solemne ordenanza en este nombre como un medio especial de publicarlo y perpetuarlo entre la humanidad. Este triple Nombre, entonces, no tiene un origen humano; es aplicado por nuestro Señor mismo a la Deidad, y aplicado por El como para expresar la Naturaleza Divina; y porque es expresivo de la Naturaleza Divina, El ordena que sea proclamado al mundo entero, como el nombre por el que la Deidad sería conocida y adorada por toda la humanidad. El negar este nombre es negar la autoridad de Cristo; el argüir sobre si es apropiado o no es negar Su sabiduría; el separarlo de Dios es rebelarse contra el más claro mandato de darlo a conocer. Donde quiera que el Evangelio es predicado, este triple Nombre debe ser proclamado como el Nombre de Dios; y donde quiera que se celebre el bautismo ha de efectuarse en este nombre como el Nombre de Aquel a quien recibimos y conocemos como nuestro único Dios. El Evangelio no puede ser predicado sin publicarlo, porque está expresamente especificado como una parte del mensaje del Evangelio. Se destaca como una primera y fundamental proposición en el sistema del Evangelio. Otras doctrinas se incluyen indudablemente en el mensaje divino; pero ésta no sólo se incluye, *está expresada,* y es expresada porque es la base de todas las otras verdades, y por lo tanto, debe ser el primer elemento de toda enseñanza evangélica. Siendo tal la importancia de este Triple Nombre, es satisfactorio el saber que el versículo que lo contiene es admitido por los hombres de todos los credos como auténtico y genuino. Aquí no hay discusión, ni aún puede haber diversidad de opinión. El texto que contiene este Nombre se halla en todas las copias del original griego, tanto antiguas como modernas, no importa cuánto se aleje en antigüedad. También se encuentra en todas las versiones antiguas y modernas, y la traducción del Nombre Trino de Dios en cada versión es la misma. Y claro está, que no puede darse ninguna traducción diferente, ya que el texto consta de unos pocos términos sencillos que admiten sólo una traducción literal. Esto es tan obvio, que ninguna diferencia se ha sugerido de lo que nosotros sabemos, aún por hombres de diferentes credos y opiniones. Comentaristas, gramáticos y críticos, aunque difiriendo en algunos puntos tan distantes como polos opuestos, concuerdan uniformemente en la traducción de este pasaje. Aun en las Versiones Unitarias del Nuevo Testamento, el nombre de Dios, como 'el Padre, y el Hijo y el Espíritu Santo', en este pasaje está traducido precisamente como lo está en nuestra Versión. Esta unanimidad, así como la genuinidad y la traducción de este pasaje es de la más alta importancia, porque reduce el terreno de la controversia y da una norma de apelación indisputable. Por tanto, tenemos solamente que someter nuestro entendimiento a la enseñanza de la sabia autoridad, a fin de obtener claros y correctos conceptos de Dios. A esta norma infalible, entonces, venimos, y colocándonos ante el oráculo sagrado, preguntamos reverentemente: ¿Quién es el Dios de los cristianos, y cuál es Su majestuoso Nombre? ¿Es El una Unidad absoluta, un ser dual, o una Trinidad? El versículo que consideramos nos da una respuesta clara, decisiva, y sin la más leve ambigüedad: 'El es el Padre, y el Hijo, y el Espíritu Santo.' Entonces aquí se aplican tres apelativos a Dios, ni más ni menos. Cada nombre es diferente y separado del otro, y todavía conectados con la conjunción copulativa 'y'. Estamos seguros que estos tres apelativos son apropiados, porque fueron aplicados a Dios por el Gran Maestro y Salvador de la humanidad, quien vino a mostrar a los hombres quién es Dios. Pero si estos tres apelativos diferentes son apropiados, constituyendo juntos el Nombre del Siempre Bendito Dios, deben expresar algunas distinciones en la

Naturaleza Divina. Aun en estas distinciones debe haber, al mismo tiempo, una unión esencial; porque los tres nombres juntos constituyen el Nombre de El Dios Viviente y Verdadero. Guiados por este importante pasaje y el tenor general de las Santas Escrituras, sostenemos que Jehová, quien es uno en esencia, se ha revelado a Sí mismo a los hombres como subsistiendo en Tres Personas distintas, denominadas el Padre, y el Hijo, y el Espíritu Santo. No pretendemos definir o explicar precisamente la *naturaleza* de esta distinción, porque Dios no lo ha revelado. Es probable, claro está, que los términos del lenguaje humano son inadecuados para poder expresarlo, y que nuestras capacidades en esta vida son demasiado limitadas y débiles para poder recibirlo. Usamos la voz 'persona' , por tanto, bajo cierta limitación –no para expresar la existencia de tres seres separados e independientes, sino para notar el hecho de una real triple distinción que existe en la Deidad. En este sentido la palabra 'persona' tiene la sanción tanto de las Sagradas Escrituras, como la de una venerable antigüedad eclesiástica, siendo la traducción de la palabra ὑπόστασις (hypostasis) como la usaron los Padres Nicenos, y por nuestros propios traductores cuando designaron a Cristo como el resplandor de la gloria del Padre, y la misma imagen de Su substancia (persona) (He. 1:3). La distinción en las personas de la Deidad es tal, creemos, como que implica distinto conocimiento, combinado con participación, unidad e igualdad de la naturaleza y atributos Divinos. No obstante, aquí nos encontramos con tres sentimientos opuestos, siendo nuestro deber examinarlos y refutarlos: los Unitarios, los Sabelianos y los Triteistos.

La Teoría *Unitaria* comprende dos clases de opiniones, que niegan la doctrina de la Trinidad y contienden a favor de la absoluta unidad de Dios. Los altos Arrianos sostienen que la persona (o Ser) llamada el Hijo es el jefe de las obras de Dios, aun más alto que los ángeles; pero los Socinianos lo consideran solo como un mero hombre. Como para el Espíritu Santo el sentir de los Unitarios es vago y diversificado. Algunas veces se le mira como un atributo de Dios, o una influencia que procede de El; y otras veces sólo como otro nombre de Dios mismo. Es evidente, a primera vista, que estos aspectos de la Naturaleza Divina no se derivan del triple Nombre que el Salvador aplicó a Dios en la gran comisión de predicar el Evangelio. No hay nada en las palabras para justificar la inferioridad del Hijo; nada, para sostener la noción de que el Espíritu Santo sea un atributo o una mera influencia que procede de Dios; y nada, para apoyar la idea de que el Espíritu no es sino otro nombre de Dios mismo. El significado natural y obvio del pasaje decididamente está opuesto a tales nociones. En el triple Nombre de Dios evidentemente tenemos distinción y co-igualdad combinadas; porque cada uno que es representado en ese Nombre, para nosotros está en la misma relación como nuestro Dios. Como, al parecer, los puntos esenciales de la herejía Unitaria están incluidos en el credo Sabeliano, la misma clase de argumentos escriturales que sirvan para abatir a los unos se aplicarán para trastornar a los otros . . .

La *herejía Sabeliana* está algún tanto diversificada en sus aspectos menores, pero en sus principios substanciales sostiene que la Deidad es una Unidad absoluta; que las distinciones indicadas por los términos 'Padre, Hijo y Espíritu Santo' no son reales y personales, sino nonimales u oficiales; que el Padre sólo es la Deidad en Su carácter paternal; que el Hijo es la misma Persona o Ser encarnado, o 'Dios manifestado en carne' ; y que el Espíritu Santo es también el mismo Ser manifestado en Sus influencias espirituales. Ahora, esta doctrina es igualmente contraria al triple Nombre aplicado a Jehová en la Gran Comisión del Evangelio, y en la fórmula bautismal. Es, a la verdad, contraria al natural y obvio significado del lenguaje. Es asegurar que nuestro Señor ha usado palabras sin significado; y no sólo eso, sino que las ha usado en un sentido contrario a su significado usual y propio. Porque en todos los idiomas las palabras Padre e Hijo son designaciones *personales* y nunca nominales; y decir que nuestro Señor intentaba darle un significado meramente nominal a estas palabras, mientras en todos los idiomas ellas tienen un significado personal, es decir que El empleaba el lenguaje más bien para engañar que para instruir; y no sólo eso, sino que encomendó a otros el perpetuar la misma impostura hasta el fin del tiempo; y esto, ¡en una ocasión cuando Su propósito visible era el de hacer que el Nombre de Dios fuera conocido por toda la humanidad! ¿Podemos concebir una más odiosa censura de la sabiduría y sinceridad del Maestro y Salvador de los hombres? Más aún, los apelativos aplicados a Dios en la gran comisión y en la fórmula bautismal expresan relación; y las relaciones son distintas y personales tanto como diferentes; tan personales, realmente, que no se pueden aplicar a nadie propiamente sino a personas; y tan distintas que no son intercambiables, sino fijas y permanentes en su aplicación personal. Por el hecho de la relación de un padre a su propio hijo incluye a ambos en una personalidad que no puede ser resuelta dentro de una metáfora, y una distinción que no puede permutarse; ambas relaciones están fundadas en la misma naturaleza de las cosas, y son eternamente inmutables. Un padre no puede ser idéntico a su hijo, y un hijo no puede ser idéntico a su propio padre. Estos términos, por tanto, aplicados a la Deidad implican necesariamente ambas, distinción y personalidad; y, consecuentemente, la teoría Sabeliana es falsa. Igualmente clara es la distinción y personalidad del Espíritu Santo, porque, ya que se resuelva dentro de un atributo de Dios, o dentro de una influencia que procede de Dios, o dentro de otro nombre para el mismo Padre; implicaría los más groseros absurdos y contradicciones. El Espíritu Santo no sólo se distingue del Padre y del Hijo por un nombre distinto, sino que está asociado al Padre y al Hijo en la ordenanza del Bautismo; y de aquí las herejías Sabeliana y Unitaria implican que el 'bautismo ha de ser administrado en el Nombre del Padre, y de una criatura y de una influencia' ; o sea 'en el Nombre del Padre, y de una criatura, y el Padre.' ¿Podemos concebir absurdos más evidentes? ¿Podemos inventar un insulto más grosero contra el gran Maestro y Redentor de la humanidad? Con este sistema de interpretación ¿no serían las Escrituras el más absurdo y falaz volumen que jamás se haya escrito? Por una parte debemos admitir tales desatinos y blasfemias, o rechazar las teorías que las comprenden. Más aún, el hecho que el bautismo es una ordenanza religiosa implica la personalidad del Espíritu Santo, porque ha de ser efectuado en Su nombre, tanto como en el Nombre del Padre, y el del Hijo. Ahora bien, el Ser en cuyo nombre es efectuada una ordenanza religiosa, debe ser capaz de aprobar y aceptar la ordenanza ejecutada en su nombre. Pero poder aprobar y aceptar implica inteligencia. E inteligencia y conciencia no son las propiedades de un atributo, o de una influencia, sino de una existencia real y personal. Así el hecho de que el bautismo se ordena efectuarse en el Nombre del Espíritu Santo presupone su personalidad, tanto así como se implica la personalidad del Padre y la del Hijo. Mas adelante, las evidencias de la personalidad del Espíritu Santo, como se exhiben en Sus atributos, se aducirán cuando entremos a discutir sobre Su Deidad. Los sublimes hechos registrados en conexión con el bautismo del Redentor son evidencias sorprendentes de la distinción y la personalidad de cada Uno de los Tres Gloriosos. Cuando nuestro Señor condescendió a recibir esta ordenanza de manos de Juan, los cielos fueron abiertos, y el Espíritu Santo descendió como una Paloma y reposó sobre El, y una voz que procedía del cielo abierto decía: 'Tú eres mi Hijo amado, en quien tengo contentamiento' (Mr. 1:10, 11). Aquí estaba una visible y audible demostración de la distinción y personalidad de cada una de las Tres Gloriosas Personas. Aquí estaba la presencia del Hijo Encarnado, sometiéndose al rito del bautismo; la presencia del Santo Espíritu, descendiendo en forma de una paloma, y llenando Su Humanidad con poder consagrador; y la presencia del Padre, dando testimonio de Su encarnación y proclamando Su complacencia en El. Por lo tanto, el Padre no es el Hijo, el Hijo no es el Padre y el Espíritu Santo es distinto de ambos; así que, la distinción es real, no nominal; personal, no oficial. Esta gran exhibición de las Tres Personas en el bautismo del Salvador es una ilustración práctica de la distinción y personalidad propuestas en la fórmula de nuestro propio bautismo, y desmenuza en mil fragmentos las herejías Sabeliana y Unitaria.

Otra teoría errónea es la de los *Triteístas* que sostienen que no hay tres personalidades simplemente, sino que son tres Seres separados e independientes; o, en otras palabras, tres Dioses en vez de Uno. No es poco homenaje a la verdad cuando es atacada por sentimientos diametralmente contrarios unos a otros; porque en su oposición naturalmente se destruyen mutuamente; y al destruirse el uno al otro, establecen la doctrina verdadera. Los Unitarios y Sabelianos sostienen la Unidad Divina; pero niegan la Trinidad. Los Triteístas por el contrario, sostienen que la Trinidad es tan evidente que niegan la Unidad Divina, y aseguran la existencia de tres Dioses. La verdad íntegra no es sostenida por ninguno, pero una parte de esta verdad es sostenida por ambas facciones. Los errores de cada uno están en lo que los otros niegan, y la verdad, en lo que cada uno sostiene. Las Escrituras afirman claramente que Dios es tanto Uno en un sentido como lo es Tres en otro sentido. Y como ellos sostienen ambos puntos de vista, los dos tienen que ser verdad; y como toda verdad debe armonizar, existe un sentido en el que la Trinidad es compatible con la Unidad. Por tanto, la doctrina sólo es ortodoxa cuando no niega ni el uno ni el otro aspecto, sino que los combina y los armoniza; que reconoce al Padre, al Hijo y al Espíritu Santo tan real y personalmente distintos; y todavía esencialmente Unidos. Esta es la doctrina *Trinitaria,* que sostiene una pluralidad, no sólo de nombres, sino de personas que tienen distinta conciencia con mutua participación de los mismos atributos y esencia (5a. ed., pgs. 67-73)."

Obviamente, el Nombre Trino –Padre, Hijo y Espíritu Santo– incluye y exhibe todo lo que entra en la doctrina de la Trinidad. Por el momento, esa doctrina puede ser reconsiderada en vista al reconocimiento de igual posición y honor que pertenecen a la Tercera Persona al lado de la Primera y de la Segunda. Como ya se ha demostrado bajo la Teología Propia, cuando la discusión se centró en el modo trinitario de la existencia de la Deidad, el Antiguo Testamento es el registro concerniente a un Dios con escaso reconocimiento de Tres Personas, mientras que el Nuevo Testamento es el registro concerniente al carácter y realizaciones de las Tres Personas con reconocimiento de Su Unidad esencial. Ningún judío de los primeros siglos, ni estudiante sea de esta o de la pasada generación podría echar de menos el significado de la forma plural del Nombre *Elohim.* Como el Dr. Griffith Thomas ha señalado en la cita anterior, no fue el propóstio divino descubrir desde el principio todo lo que estaba latente en la doctrina de la Trinidad. En esta revelación, así como en muchas otras, están "primero, hierba; luego, espiga; después, grano lleno en la espiga" (Mr. 4:28). Así la revelación esencial respecto a Dios principia con la intimación que presenta la forma plural de *Elohim*. Sin señalar una razón para rechazar esta antigua creencia de que el nombre *Elohim* implica la Trinidad, ni descubrir otra razón del por qué para esta terminación en plural que amerita el tema, los teólogos modernos han buscado rehuir el reconocimiento de que la Trinidad se ve en este nombre *Elohim*. Comunmente se acepta que el nombre Jehová, siendo singular, es una representación de la unidad de Dios. Está escrito: "Jehová nuestro Dios (Elohim), Jehová uno solo es" (Deut. 6:4, V. M.). No obstante, en Génesis 11:6-9 está escrito que el mismo Jehová dijo: "Vamos, descendamos y confundamos allí mismo su lengua." Como es corriente, cuando han de acontecer grandes transformaciones, claro está por cierto, el cumplimiento es garantizado por las Tres Personas; es decir, cada una por separado puede acreditarse de haber hecho lo que ha sido hecho. Así, mientras en diferentes tiempos y lugares de la Escritura se dice de cada Persona haber creado cosas que existen, el sabio Salomón ha dicho: "Y acuérdate de tus Creadores en los días de tu juventud" (Ecl. 12:1). El plural *Creadores* está en armonía con la revelación completa de la Biblia, en relación con la creación.

Otro reconocimiento de pluralidad dentro de la Deidad, como se establece en el Antiguo Testamento, se encuentra en la triple imputación de la adoración proferida por los seres angelicales registrada en Isaías 6:3: "¡Santo, santo, santo es Jehová de los ejércitos; toda la tierra está llena de Su gloria! " (V. R.). Después que Isaías hubo testificado, " ¡Ay de mí! que soy muerto, porque siendo hombre de labios inmundos y habitando en un pueblo de labios inmundos, mis ojos han visto al Rey, Jehová de los ejércitos"; y cuando los labios del profeta hubieron sido limpiados con un carbón ardiendo sacado del altar, fue cuando el Señor preguntó: "¿A quién enviaré y quién irá por nosotros? " El *Jehová* singular es así puesto a la par del pronombre plural nosotros. Entonces sigue la predicción relativa a la ceguera de Israel, ceguera que es citada varias veces en el Nuevo Testamento. Es un registro completo de un evento desde la triple atribución de alabanza hasta el juicio contra Israel. Siendo que el contexto no permite división, es importante notar que en Juan 12:41, al hablar de Cristo, el Hijo de Dios, se dice en relación a esto, la visión de gloria de Isaías: "Estas cosas dijo Isaías cuando vio Su gloria y habló de El"; y otra vez en Hch. 28:25, respecto a la misma visión, se implica que fue el Espíritu Santo quien habló a Isaías. Por tanto, se llega a la conclusión que fue el Padre, el Hijo y el Santo Espíritu quien habló cuando dijo Jehová: "¿A quién enviaré y quién irá por nosotros? " El hecho importante que de aquí surge es que el Espíritu Santo está tan esencialmente representado en todas estas revelaciones de Isaías, como lo están el Padre o el Hijo. ¿No es El el Objetivo cuando el tercer "santo" es pronunciado? Todavía, otra vez la bendición del Antiguo Testamento (Nm. 6:24-26), corresponde perfectamente a la bendición del Nuevo Testamento en 2 Corintios 13:14. Cuando estas dos bendiciones se leen juntas, la similitud es evidente: "Jehová (el Padre) te bendiga y te guarde" –"El amor de Dios . . . sea con todos vosotros"; "Jehová (el Hijo) haga resplandecer Su rostro sobre tí y tenga de tí misericordia" –"La gracia del Señor Jesucristo (sea con vosotros);""Jehová (el Espíritu) alce a tí Su rostro y ponga en ti paz"–– "La comunión del Espíritu Santo (sea con vosotros)." A menos que los hechos sean pasados por alto, es bueno considerar cómo la Persona y obra del Espíritu están mencionados definitivamente en el Antiguo Testamento. Sólo cabe citar unos pocos pasajes: "El Espíritu de Dios se movía sobre la faz de las aguas" (Gn. 1:2); "Mi Espíritu no contenderá para siempre con el hombre" (Gn. 6:5); "Tu Espíritu es bueno" (Sal. 143:10); "No por fuerza, ni por poder, sino con mi Espíritu, dice Jehová de los ejércitos" (Zac. 4:6); "El Espíritu de Jehová me hizo" (Job 33:4); "Derramaré mi Espíritu sobre toda carne" (Jn. 2:28); "No quites de mí tu Santo Espíritu" (Sal. 51:11).

Yendo más específicamente al Nuevo Testamento, se descubre que el progreso de la doctrina Trinitaria alcanza su final y suprema revelación en Hechos, las Epístolas y el Apocalipsis, en donde se hace referencia a la Tercera Persona bajo el título de Espíritu cuando menos 125 veces; y en cada referencia se ve su actuación con toda la autoridad divina, sabiduría, y gracia. En todos estos pasajes se le ve separado del Padre y del Hijo. Este gran volumen de verdad y revelación distintivas serán consideradas más ampliamente en posteriores divisiones de este volumen.

II. TITULOS DESCRIPTIVOS

Al concluir en este lugar la discusión de la Tercera Persona tal como se indica por su lugar en el nombre completo de la Deidad, puede decirse que todos los nombres con que el Espíritu es conocido también son meros títulos descriptivos. Es llamado *El Espíritu* porque es espíritu; es llamado *Santo* porque es santo hasta lo infinito; es identificado como *El Espíritu de Dios* porque El pertenece a la Deidad; es llamado *El Espíritu de Cristo* porque por

Cristo El fue enviado al mundo. En su libro *The Doctrine of the Holy Spirit (La Doctrina del Espíritu Santo),* el Dr. Juan F. Walvoord presenta un precioso estudio sobre los nombres de la Tercera Persona. Esto bien puede incluirse aquí:

"Un examen de la revelación Bíblica sobre el Espíritu Santo indicará que en ninguna parte Le es dado un nombre formal, tal como el que tenemos para la Segunda Persona, el Señor Jesu-Cristo; pero en cambio le son dados títulos descriptivos, de los cuales el más común en las Escrituras y más usado es el de *Espíritu Santo.* Como Su persona es espíritu puro, al que nada material es esencial, en la Biblia se revela como el *Espíritu.* El adjetivo descriptivo *santo* se usa para distinguirlo de otros espíritus, que son criaturas. Un estudio de las referencias al Espíritu Santo por varios títulos en la Biblia revelarán algunos hechos significativos. Las palabras básicas en el original también son usadas con referencia a otras entidades distintas del Espíritu Santo. En el Antiguo Testamento, sin embargo, *ruach* se usa más de cien veces para el Espíritu Santo. La cuestión de interpretación entra en el problema. Cummings presenta una lista de ochenta y ocho referencias al Espíritu Santo en el Antiguo Testamento *(Through the Eternal Spirit,* p. 36). La Standard American Version de la Biblia por medio de letras mayúsculas indica considerablemente más que esto. De cualquier modo, los ejemplos son numerosos y bien distribuidos en el Antiguo Testamento. Cummings anota que el Pentateuco tiene catorce referencias (ninguna en Levítico); que Isaías y Ezequiel tienen quince cada uno, y que las referencias están distribuidas a través de veintidós de los treintinueve de los libros del Antiguo Testamento (Loc. Cit.). El conciso sumario de Cummings sobre la importancia de estas referencias bien pueden ser citadas: 'Es imposible decir que los pasajes crecen en número o en claridad con alguna característica especial de los libros de la Escritura. Parecen no tener relación especial con la cronología, como aparecen particularmente en Isaías (750 A. C.), en Ezequiel (590 A. C.), y en los libros de Moisés. Tampoco podemos trazar relación alguna con la comparativa espiritualidad de los libros, aunque Isaías aparece tan a la cabeza en esta lista; siendo así que Ezequiel se coloca primero, y Jueces tiene siete, Salmos tiene sólo seis, Deuteronomio sólo una y 2 Crónicas, cuatro. Pero es posible discernir que cada uno de los inspirados escritores han captado algún aspecto especial de la persona o de la obra del Espíritu Santo, que está repetido en sus páginas. En Ezequiel, por ejemplo, es la acción del Santo Espíritu que transporta al profeta corporalmente a los lugares en donde se le necesitaba, lo que sucede en seis de las ocasiones de las quince apuntadas arriba. En Jueces es la llenura de coraje o fortaleza a lo que se alude en cada uno de los siete pasajes. En Exodo es como el Espíritu de sabiduría que El es considerado especialmente. En Su oficio como el dador de la inspiración profética se habla más constantemente en los libros de Samuel y Crónicas. En Isaías y en los Salmos la doble enseñanza concerniente al Espíritu es su conexión con el Mesías, por una parte, y lo que pudiera llamarse sus cualidades personales, tales como el ser contristado u ofendido por ingratitud o rebeldía, por la otra *(Ibid.,* págs. 37 y 38). En el Nuevo Testamento las referencias al Espíritu Santo son aún más numerosas. La palabra para Espíritu en el Nuevo Testamento, *πνεῦμα,* se encuentra en 262 pasajes, según Cummings, distribuidos por la mayor parte de los libros del Nuevo Testamento *(Ibid.,* p. 44). Para citar a Cummings, 'Los Evangelios contienen 56 pasajes; los Hechos de los Apóstoles, 57; las Espístolas de San Pablo, 113; y los otros libros, 36' *(Loc. cit.).* De estos hechos se puede ver claramente que hay una consistente referencia al Espíritu Santo desde el Génesis 1:2 hasta Apocalipsis 22:17, y hay una clara inferencia de que hay un constante y adecuado ministerio del Espíritu Santo para cada dispensación. Los títulos del Espíritu Santo como se traducen ordinariamente son objeto de una significativa clasificación que proporciona un interesante fondo a la doctrina.

De los muchos títulos y variaciones que se refieren al Espíritu Santo, dieciséis revelan su relación a las otras Personas de la Trinidad. Se hallan once títulos relacionados con el Padre: (1) *El Espíritu de Dios* (Gn. 1:2; Mt. 3:16); (2) *El Espíritu del Señor* (Lc. 4:18); (3) *El Espíritu de Nuestro Dios* (1 Co. 6:11); (4) *Su Espíritu* (Nm. 11:29); (5) *El Espíritu de Jehová* (Jue. 3:10); (6) *Tu Espíritu* (Sal. 139:7); (7) *El Espíritu de Jehová el Señor* (Is. 61:11); (8) *El Espíritu de vuestro Padre* (Mt. 10:20); (9) *El Espíritu del Dios vivo* (2 Co. 3:3); (10) *Mi Espíritu* (Gn. 6:3); (11) *El Espíritu de Aquel* (Ro. 8:11). Se encuentran cinco títulos que relacionan al Espíritu Santo con el Hijo: (1) *El Espíritu de Cristo* (Ro. 8:9; 1 P. 1:11); (2) *El Espíritu de Jesucristo* (Fil. 1:19); (3) *El Espíritu de Jesús* (Hch. 16:7 V. R. y Nouvelle Edition Revue avec Paralleles, 1954 –N. del T.); (4) *El Espíritu de Su Hijo* (Gá. 4:6); (5) *El Espíritu del Señor* (Hch. 5:9). Siendo que hay alguna distinción en el significado de varios títulos, lo principal en su significado es sacar la relación del Espíritu Santo como la Tercera Persona de la Trinidad, afirmando todos Su Deidad y procesión.

En los títulos se da abundante revelación para mostrar Sus atributos. A lo menos diecisiete de estos títulos indican los atributos divinos de Su Persona. (1) La unidad del Espíritu se revela en el título, *Un Espíritu* (Ef. 4:4); (2) La implicación del título *Siete Espíritus* es perfección (Ap. 1:4; 3:1); (3) Se afirma la identidad del Espíritu Santo y la Esencia de la Trinidad en el título *El Señor es el Espíritu* (2 Co. 3:18). (4) *La eternidad del Espíritu Eterno* (He.9:14). (5) *Espíritu de Gloria* connota Su gloria, siendo la misma que la del Padre y del Hijo (1 P. 4:14). (6) *Espíritu de Vida,* afirma la vida eterna del Espíritu (Ro. 8:2). Tres títulos afirman la santidad del Espíritu: (7) *Espíritu de Santidad* (Ro. 1:4), posiblemente una referencia al espíritu humano santo de Cristo; (8) *Santo Espíritu* (Sal. 51:11; Mt. 1:20; Lc. 11:13), el título más formal y más frecuentemente usado; (9) *El Santo* (1 Jn. 2:20). Cinco de los títulos del Espíritu Santo se refieren a Su participación como autor de la revelación y de la sabiduría: (10) *Espíritu de Sabiduría* (Ex. 28:3; Ef. 1:17); (11) *Espíritu de Sabiduría e Inteligencia* (Is. 11:2); (12) *Espíritu de Consejo y de Fortaleza* (Is. 11:2); (13) *Espíritu de Conocimiento y de Temor de Jehová* (Is. 11:2); (14) *Espíritu de Verdad* (Jn. 14:17). La trascendencia del Espíritu se indica en el título, (15) *El Espíritu Libre* (Sal. 51:12). El atributo de gracia se encuentra en dos títulos, (16) *Espíritu de Gracia* (He. 6:29) y (17) *Espíritu de gracia y de oración* (Zac. 12:10).

Muchos de los títulos que indican sus atributos también indican sus obras. En la discusión de los títulos que revelan Sus atributos puede advertirse que el *Espíritu de Gloria* (1 P. 4:14) se compromete a llevar a la gloria a los santos. *El Espíritu de Vida* (Ro. 8:2) es el agente de la regeneración. *El Espíritu de Santidad* (Ro. 1:14), el *Espíritu Santo* (1 Jn. 2:20) es nuestro santificador. *El Espíritu de Sabiduría* (Ef. 1:17) el *Espíritu de Sabiduría y de Inteligencia,* el *Espíritu de Consejo y de Fortaleza,* el *Espíritu de Conocimiento y de Temor de Jehová* (Is. 11:2) hablan de diferentes ministerios de Dios en la enseñanza, guianza y fortalecimiento de los santos. *El Espíritu de Verdad* (Jn. 14:17) tiene una idea similar. El Espíritu como el manifestador de la gracia, se revela en los títulos, *Espíritu de Gracia* (He. 10:29) y *Espíritu de Gracia* v *Oración* (Zac.

12:10). En adición a los precedentes, se le dan dos títulos al Espíritu afirmando Su obra. (1) *El Espíritu de Adopción* (Ro. 8:15) tiene referencia a nuestra adopción como hijos. (2) *El Espíritu de Fe* (2 Co. 4:13), aunque quizá impersonal, y en este caso no refiriéndose al Espíritu Santo como tal, si se admite como una referencia, indica el ministerio del Espíritu de producir fe en nosotros. Otro título del Espíritu Santo y que no incluye el nombre *espíritu,* no obstante, es el de *Consolador* (Paracletos) παράκλητος, según Thayer, cuando se usa en su sentido más lato, significa 'un auxiliador', 'socorredor', 'ayudador', 'asistente'; así el Espíritu Santo fue destinado a tomar el lugar de Cristo con los apóstoles (Greek-English Lexicon of the New Testament, pág. 483). Frecuentemente se encuentra en el Nuevo Testamento (Jn. 14:16, 26; 15:26; 16:7). Revela al Espíritu Santo como uno que está siempre listo para ayudar a los cristianos. Los muchos títulos del Espíritu Santo con sus múltiples significados hablan elocuentemente de las bellezas de la Persona y las maravillas de Sus atributos. Los muchos aspectos revelados hablan de Su Persona infinita, igual en poder y gloria con el Padre y con el Hijo (Págs. 15-19)."

Si se citaran muchas otras Escrituras combinadas entre sí, probarían que los títulos de *Dios, Jehová, el Dios de Israel, Jehová Dios, el Dios de los Espíritus,* se refieren al Espíritu Santo. Es cierto que en la divina estimación, el Espíritu Santo es Uno de los Tres Gloriosos, con la misma autoridad y exaltación que pertenecen a la Deidad.

CAPITULO II

LA DEIDAD DEL ESPIRITU SANTO

Si acaso pareciere dudosa la personalidad del Espíritu Santo a algún creyente, no se debe a falta alguna en el Texto Sagrado de presentar a la Tercera Persona como tal. En lo que atañe a las Escrituras, el Espíritu se exhibe en conexión con todas las acciones y características que pertenecen a una Persona divina. De acuerdo con el relato presentado en la Biblia, el Espíritu Santo, aunque visto en acción constantemente, nunca se ve en otra forma aparte de aquella en que aparece constituyendo la Deidad. En esto, como se ha observado antes, hay una amplia lista de distinciones que anotar entre lo que comprende la Cristología y lo que entra en la Neumatología. Un tratamiento digno de la doctrina de Cristo demanda el reconocimiento de Su nacimiento humano, Su cuerpo, alma y espíritu humanos, ciertas limitaciones humanas, Su muerte, Su resurrección, Su actual presencia en el cielo en un cuerpo glorificado, y Su regreso de nuevo, en forma visible, a la tierra. Ninguno de estos rasgos distintivos han estado relacionados directamente con el Padre o el Espíritu Santo. Por tanto, confiadamente se afirma que toda la esfera de actividades del Espíritu, así como la de Su propia Persona, está enteramente dentro de la esfera que concierne a la Deidad. De igual manera, si las acciones y las características reveladas pueden imitar la personalidad, la personalidad del Espíritu Santo es sustentada por la evidencia más que la del Padre, ya que el Espíritu es el ejecutivo, el Creador del universo, el Autor divino de las Escrituras, el Generador de la humanidad de Cristo, el Regenerador de los que creen y la fuente directa de todo factor vital en la vida espiritual del cristiano. No obstante, cosa singularmente extraña, en todas las generaciones los hombres se han rendido ante una rara incertidumbre con respecto a la realidad de la Persona del Espíritu Santo. Parece como si del todo no se leyesen las Escrituras o, si se leyeran, que la mente humana fuera en sí incapaz de percibir las más sencillas y obvias verdades respecto a este Miembro de la Deidad. Siendo que todos los hombres están afectados en algún grado con la incapacidad para recibir la verdad revelada sobre este tema, se convierte en un valioso motivo de oración para que El, cuya obra es patentizar al creyente las cosas relativas al Padre y al Hijo, se evidencie a Sí mismo también.

I. ATRIBUTOS DIVINOS

Es la responsabilidad de cualquier obra que ha de servir como libro de texto de presentar, hasta donde sea posible, todos los hechos implicados, aún los más obvios. Así es imperativo que a lo menos algunos de los atributos del Espíritu Santo serán incluidos como evidencia respecto a Su perfección divina. Tomándolos todos en cuenta, el intento incluiría un recuento de todos los atributos de Dios, ya mencionados en la Teología Propia, porque todo atributo de Dios se aplica al Espíritu Santo tan plena y libremente, como al Padre y al Hijo.

1. ETERNIDAD. " . . .Cristo, quien por el Espíritu Eterno se ofreció sin mancha a Dios" (He. 9:14).

Se verá que en esta breve declaración de tan solo doce palabras todas las Tres Personas de la Deidad están nombradas y que sería verdaderamente forzar la razón alegar que en tal pasaje la identidad de la Tercera persona es incierta. De acuerdo a las teorías humanas, no se podría leer en el texto que Cristo por Su propio espíritu, o que por un atributo, o por mera influencia, se ofreció a Dios. La construcción del texto, así como la estupenda empresa que se dice que ha de ser acometida, requiere una Persona tan grande en un punto como se demanda de las otras dos. El Hijo se está ofreciendo a Sí mismo; el Padre está recibiendo; y todo es ejecutado por el Espíritu Eterno. ¿Sería posible demostrar que la obra del Espíritu en esta vasta empresa es menor que la del Hijo o que la responsabilidad del Padre en recibirla? El término *eterno,* que con toda propiedad puede también asignarse a Dios el Padre o a Dios el Hijo, aquí es aplicado al Espíritu Santo. Puesto que este atributo solo a Dios puede ser aplicado, se concluye que el Espíritu es Dios.

2. OMNIPOTENCIA. "Porque Cristo padeció una vez por los pecados, el justo por los injustos, para llevarnos a Dios, siendo muerto en la carne, pero vivificado por el Espíritu" (1 P. 3:18).

La resurrección de Cristo es acreditada al poder energético del Espíritu Santo en este pasaje. Se afirma no menos de veinticinco veces que Cristo fue levantado por el poder del Padre (comp. Hch. 2:32; Gá. 1:1), y una vez que Cristo dijo en relación a Su propia vida: "Tengo poder para ponerla y tengo poder para volverla a tomar" (Jn. 10:18). Así mismo Cristo dijo: "Destruid este templo (Su propio cuerpo), y en tres días lo levantaré" (Jn. 2:19) No obstante, la inmensurable omnipotencia que puede levantar los muertos es atribuida al Espíritu Santo. Esta es sólo una de las realizaciones a que puede hacerse referencia. En verdad, todas las obras del Espíritu, como se indicará, son obras que demandan omnipotencia divina.

3. OMNIPRESENCIA. "¿A dónde me iré de tu Espíritu? ¿y dónde huiré de tu presencia? Si subiere a los cielos, allí estás Tu: y si en el abismo hiciere mi estrado, he aquí, allí Tú estás. Si tomare las alas del alba, y habitare en el extremo de la mar, aún allí me guiará tu mano, y me asirá tu diestra" (Sa. 139:7-10).

Aun cuando no todo el contexto está citado aquí, se ve por el trozo precedente que la referencia es al Espíritu Santo, la Tercera Persona. El es Omnipresente. Siempre ha sido omnipresente en la creación entera; pero también es cierto que ahora, principiando con el día de Pentecostés y continuando hasta el arrebatamiento de la Iglesia, El reside en el mundo (Ef. 2:18-22).

4. OMNISCIENCIA. "El Espíritu escudriña todas las cosas, aún lo profundo de Dios. Porque ¿quién de los hombres sabe las cosas del hombre, sino el espíritu del hombre que está en él? Así tampoco, nadie conoció las cosas de Dios, sino el Espíritu de Dios" (1 Co. 2:10, 11).

Jamás nada se ha escondido del discernimiento escudriñador del Espíritu Santo, ni aún "lo profundo de Dios". Más allá de lo que puede significar *lo profundo de Dios,* la imaginación humana no puede descubrir. El texto declara definitivamente que el hombre sin ayuda no puede conocer las cosas de Dios (comp. v. 14); pero el Espíritu conoce todas las cosas. Se hace referencia a los ilimitados confines de la Omnisciencia, y nadie puede negar que, si el conocimiento que posee el Espíritu alcanza lo profundo de Dios, de la misma manera todo lo demás sería comprendido por El. Quien así sondea el más profundo océano de la verdad y el entendimiento, es capaz también de discernir los pensamientos y las intenciones del corazón humano. Los que son tentados a pecar en lo secreto bien pueden recordar que nada está oculto al Espíritu de Dios. De igual modo es consolador saber que El observa plenamente cada propósito sincero, haya o no la habilidad para ejecutarlo.

5. AMOR. "El fruto del Espíritu es amor" (Gá. 5:22).

El atributo del amor pertenece al Espíritu Santo en grado de infinidad. Más aún, El es quien ejecuta las cosas de Dios. Así El literalmente ama con *divina* compasión a través de aquel en quien El habita. En tanto que ésta es una provisión de inapreciable ventaja para el cristiano, el punto por reconocerse es que el Espíritu ejercita la medida completa del amor divino. El es Su fuente.

6. FE. "El fruto del Espíritu es . . .fe" (Gá. 5:22).

La referencia aquí no es a la actitud de *fe,* como quizá se sugiera en la Authorized Version (Versión Autorizada); más bien se dice del Espíritu que reproduce en el creyente la fidelidad divina. Todos los pactos de Dios, Sus promesas y sus predicciones, hablan de Su fidelidad. "El permanece fiel." "Grande es tu fidelidad." El Espíritu Santo participa plenamente de estos atributos divinos.

7. VERACIDAD. "Y el Espíritu es el que da testimonio; porque el Espíritu es la verdad" (1 Jn. 5:6).

Cristo previamente había llamado al Espíritu Santo "el Espíritu de Verdad." Así puede observarse que el Espíritu no sólo posee la verdad: El es el Fiel Testigo de la verdad. Como tal, El es el autor divino de las Escrituras y en ellas ha testificado de la verdad. Una mentira contra el Espíritu fue castigada instantáneamente con la muerte (Hch. 5:1-11). Por tanto, la verdad está vital e infinitamente relacionada al Espíritu Santo.

8. SANTIDAD. "El Espíritu Santo."

Cualesquiera que pudieran ser las distinciones dentro de la Trinidad, no puede haber duda de que las Escrituras ponen un énfasis peculiar en la pureza y santidad de la Tercera Persona. El mismo título de "Espíritu Santo, da testimonio de esta solemne realidad. Más adelante en este volumen se demostrará que el Espíritu es el que trata directamente con la naturaleza pecaminosa en el creyente, de entre las Tres Personas; y es el único poder que existe por el que esa naturaleza es siempre controlada. La verdad de que El es santo y que El, por quien Cristo ha obrado trayendo a juicio la naturaleza pecaminosa, El mismo en sí nunca ha sido deslustrado ni en sombra por el mal que suprime, también se hará claro. Al principio se ha indicado cómo le fue inflingida la muerte instantánea a dos personas en el comienzo de la presente dispensación porque presumieron mentir al Espíritu Santo. Apoyándonos en la misma verdad con relación a la distintiva santidad del Espíritu, se recordará que fue un pecado contra "el Espíritu Santo" que nunca podría ser perdonado. Sobre esto Cristo dijo: "Por tanto os digo: todo pecado y blasfemia será perdonado a los hombres; mas la blasfemia contra el Espíritu no les será perdonada. A cualquiera que dijere alguna palabra contra el Hijo del Hombre, le será perdonada; pero al que hable contra el Espíritu Santo no le será perdonado, ni en este siglo ni en el venidero" (Mt. 12:31, 32). Es imposible para el carácter íntimo de una Persona de la Deidad el ser más santa que el de Otra; la distinción debe recaer en algún modo dentro de la esfera de la responsabilidad oficial del Espíritu. Siendo el Divino ejecutivo, la Tercera Persona puede tener un nombramiento especial para manifestar, así como para defender la infinita santidad de Dios. Es con la misma propiedad, entonces, que los seres angelicales tributan a los Tres Benditos la adoración de "Santo, Santo, Santo es Jehová de los ejércitos."

II. OBRAS DIVINAS

El Dr. William Cooke, al presentar este tema en su *Christian Theology,* escribe:

> "Hemos visto las obras de la creación atribuidas al Padre y al Hijo, y la misma autoridad se le atribuye al Espíritu Santo. Después del 'fiat' que hizo existir al universo, la primera agencia que encontramos empleada en la confección del universo es la del Espíritu Santo. Antes que los cielos y la tierra recibieran su forma –cuando la masa caótica estaba informe y vacía y las tinieblas estaban sobre la haz del abismo, el Espíritu de Dios se *estaba moviendo* o cobijando la inerte y confusa masa, penetrándola con Su omnipotente y vivificante energía, impregnando el cúmulo de cosas con apropiadas cualidades, afinidades y leyes; arreglando y disponiendo el todo de acuerdo con su inerrable sabiduría y placer soberano. En cada acto sucesivo de energía creativa participó el bendito Espíritu porque, dice Job, 'Su Espíritu adornó los cielos' (26:13), y Eliú dice: 'El Espíritu de Dios me creó y el aliento del Todopoderoso me dio vida.' Así, si las obras gloriosas de la creación han sido exhibidas como una prueba de la existencia y Deidad del Padre y del Hijo, de igual modo es una prueba de la Deidad del Espíritu Santo. La maravillosa economía de la Providencia implica la misma agencia omnipotente y omnipresente como la obra de creación. Es, realmente, una creación continua; una renovación o reproducción perpetuas. El piadoso salmista reconoce este hecho y atribuye la obra al Espíritu Santo. Hablando de la absoluta dependencia de Dios de todas sus criaturas, dice: 'Escondes tu rostro, se turban, les quitas el hálito, dejan de ser y vuelven al polvo. Envías tu Espíritu, son creadas y renuevas la faz de la tierra' (Sal. 104:29, 30). Así cada nueva primavera, y cada generación sucesiva de hombres y de animales inferiores, como una nueva creación, es una declaración de la presencia del Espíritu y de su omnipotente energía. En la economía de la Gracia el Espíritu ejecuta una parte benigna y conspicua. El inicia, lleva adelante y completa la obra de la Salvación en los corazones de Su pueblo. Es imposible estimar la inmensa suma de bien moral y espiritual que resulta de Su influencia santa sobre el corazón humano. El es el gran manantial de luz y de gracia para el mundo: la fuente de santidad, amor y gozo; y, exceptuando el don de Cristo, la dádiva de Su agencia es la más grande y más importante bendición jamás concedida a nuestro mundo caído." –pgs. 154, 155.

Aun cuando mucho ha sido insinuado anteriormente en estos volúmenes sobre la obra del Espíritu Santo y mucho de lo que todavía aparece ha de ser sobre este mismo tema, para un análisis del aspecto presente de la verdad es esencial indicar en orden algunas de las obras del Espíritu Santo que porporcionan evidencias respecto a su Deidad. Estas obras que vamos a enumerar las encaramos con este propósito a la vista. Después, las enumeraremos de nuevo y clasificaremos cuando el carácter esencial de cada una de ellas haya de ser considerado.

1. CREACION. Es verdaderamente significativo que en los primeros dos versículos de la Biblia dos Personas de la Deidad son

mencionadas, Dios y el Espíritu de Dios. La combinación de la Primera y la Tercera Personas es mucho menos frecuente que la combinación de la Primera y la Segunda, como en el Salmo 2:2 y constantemente en el Nuevo Testamento. Se dice que Dios creó, mientras que "el Espíritu de Dios se movía (cobijaba como incubando) sobre la haz de las aguas." Si hay alguna división implícita en la obra creativa no está claro. En el Salmo 39:6 está escrito: "Por la Palabra de Jehová fueron hechos los cielos, y todo el ejército de ellos, por el aliento de Su boca", y Job declara: "Su Espíritu adornó los cielos, Su mano creó la serpiente tortuosa" (26:13). Se ha indicado anteriormente que a cada Persona de la Deidad se le acredita la creación de todas las cosas; de consiguiente, siendo que el Espíritu Santo es el Ejecutor del propósito divino, es lógico esperar Su parte en la creación. Por su incubación, El produjo todo ser viviente. De esta obra específica del Espíritu Santo Mathew Henry escribe en su *comentario:* "El Espíritu de Dios fue el primero en moverse. *"Se movía sobre la haz de las aguas."* Cuando consideramos la tierra informe y vacía pensamos en el valle lleno de huesos muertos y secos. "¿Pueden vivir éstos? " ¿Puede esta confusa masa de materia ser formada en un mundo bello? Sí, si el Espíritu de Vida que procede de Dios entra en ella, (Ez.37:9). Ahora hay esperanza con respecto a esto; porque el Espíritu de Dios empieza a obrar, y si El obra, ¿qué cosa o quién puede estorbarlo? Se dice que Dios hizo el mundo por Su Espíritu (Sal.33:6; Job 26:13), y por el mismo poderoso obrero se ejecuta la obra de la nueva creación. El se movía sobre la haz del abismo, como Eliseo se tendió sobre el niño muerto, *como la gallina que junta sus polluelos debajo de sus alas,* y revolotea sobre ellos para calentarlos y acariciarlos (Mt.23:37); como el águila que alborota su nidada y revolotea sobre sus pichones (es la misma palabra que se usa en Dt.32:11). De aquí aprendemos que Dios no solo es el autor de todo ser viviente, sino que es la fuente de la vida y la causa de la acción (Gn.1:2). Aquí se insinúa un paralelo con la obra del Espíritu al producir la nueva creación espiritual del presente, y la creación del nuevo cielo y la nueva tierra, se ve al Espíritu trabajando poderosamente en las primeras dos, pero ningún dato se nos da en cuanto a Su participación en la última. Dwelling, en el contraste entre la creación y la evolución, *The Companion Bible,* afirma:

"La introducción al Génesis (y a toda la Biblia), Génesis 1:1-2:3 atribuye todas las cosas al Dios viviente, creando, haciendo, actuando, moviendo y hablando. No hay lugar para evolución sin una franca negación de la revelación divina. Una tiene que ser verdad, la otra falsa. Todas las obras de Dios fueron declaradas 'buenas' por siete veces (Gn. Gn.1:4,10,12,18,21,25,31). Son 'grandes' (Sal.111:2; Ap.15:3). El hombre parte de la nada. Principia en el desamparo, ignorancia e inexperiencia. Todo su trabajo procede del principio de la *evolución.* Este principio se ve únicamente en los asuntos *humanos;* desde la choza hasta el palacio; desde la canoa hasta el trasatlántico; desde el azadón y el arado hasta los taladros mecánicos, segadoras y atadoras, etc. Pero los pájaros hacen sus nidos en la actualidad lo mismo que al principio. Al momento que pasamos la línea divisoria y entramos en la esfera divina, no se ve ni una traza o vestigio de evolución. Hay crecimiento y desarrollo *dentro de,* pero no paso, cambio o evolución entre una y otra especie. Por otra parte, *todas* las obras de Dios son *perfectas* . . . La evolución es sólo una entre varias teorías inventadas para explicar los fenómenos de las cosas creadas. Los científicos admiten que ninguna de estas teorías cubren todo el terreno; y el reclamo más grande hecho por la Evolución, o Darwinismo, es que 'abarca más campo que todas las otras.' La Palabra de Dios reclama que cubre *todo el terreno,* y la única manera de contradecir este reclamo es negando la inspiración de la Biblia a fin de debilitarla. Este es el trabajo especial emprendido por la así llamada 'Alta Crítica', que basa sus conclusiones en proposiciones y razonamientos humanos, en lugar de basarse en las evidencias documentadas de los manuscritos, como lo hace la Crítica Textual." – Vol. I, apédice 5.

El Creador ha declarado cómo fue hecho y Su testimonio demanda la atención.

2. CONTENCION. Jehová dijo: "No contenderá mi Espíritu con el hombre para siempre, porque él es carne" (Gn.6:3). La maldad de los días anteriores al diluvio y la renuencia para atender a la predicación de Noé aceleró esta predicción de parte de Jehová. Estima su completo cumplimiento para el tiempo futuro, cuando las ofertas divinas de misericordia y de gracia y su poder restringente sean quitados de la tierra (2 Ts.2:7,8). La restricción del Espíritu está estrechamente relacionada con Su obra de redargüir (Jn.16:7-11).

3 INSPIRACION. Hay ciertas empresas divinas de las que se dice haber sido ejecutadas por las Tres Personas de la Deidad, notablemente, la creación, la muerte de Cristo y Su resurrección; y hay empresas divinas que pertenecen específicamente a Uno u Otro de los miembros de la Deidad. El Padre da al Hijo –no se podría decir que el Hijo da al Padre, o que el Espíritu da al Hijo o al Padre. El Hijo se encarna, muere y es levantado de la muerte, asciende al cielo y vendrá otra vez. Aunque ellos cooperan en lo que pertenece al Hijo, no hay la menor insinuación de que el Padre o el Espíritu se hayan encarnado, muerto, ascendido al cielo, o que vendrá otra vez a la tierra. Hay obras cuya ejecución corresponden sólo al Espíritu Santo. El propósito de este capítulo del presente volumen es enumerar a lo menos diecisiete de estas obras específicas del Espíritu Santo. Tres de las cuales son de suma importancia, siendo que están en la esfera de la generación y producción, especialmente, la inspiración de las Escrituras, la generación de la humanidad de Cristo

y la regeneración de los que creen de entre los perdidos. Parece probable que la parte que tiene el Espíritu en la producción de la Palabra Viviente y su parte en la producción de la Palabra Escrita están por encima del nivel de aquel acto creativo por el que un alma es regenerada. La estimación humana en la esfera de tales valores puede únicamente ser considerada como una opinión finita. Puesto que en la producción de la Palabra Viviente el Espíritu añade la humanidad y en la producción de la Palabra Escrita el Espíritu añade la divinidad, se seguiría (según el mismo modo finito de razonar) que la inspiración de las Escrituras es la más grande empresa del Espíritu específicamente Suya. Siendo que la verdad procede de Dios y así está finalmente contenida en los oráculos Divinos, el carácter, autoridad y dependibilidad de esos Oráculos vienen a ser un asunto fundamental. Naturalmente el problema completo relacionado con la inspiración de las Escrituras nuevamente se levanta en este punto; pero es el propósito del tema general únicamente de señalar aquello que es obra peculiar del Espíritu Santo y observar en esa obra la evidencia de Su Deidad. Que las Escrituras son perfectas, siendo, en el lenguaje original, las mismas palabras de Dios, como se ha asegurado y defendido en el Primer volumen, bajo Bibliología; el propósito aquí es demostrar que el Espíritu Santo es el autor divino de esos oráculos. Una mente imparcial, suficientemente instruida y capacitada para evaluar relativamente cualquier obra de Dios, normalmente esperaría tal producción de las Escrituras, y como la de todas las otras obras divinas, el resultado ha de ser infinitamente perfecto. Que las Escrituras en los escritos originales son la infalible Palabra de Dios (una obra maestra del Espíritu Santo) frecuentemente es demostrado en la apología, al examinar el texto mismo. Ese esfuerzo ha sido hecho por muchos hombres fieles, y de modo concluimos, nada menos que por S. R. L. Gaussen, en un volumen publicado en inglés en 1842, titulado *Theopneusty.* En su definición introductoria de la palabra *Theopneustia,* declara:

"Así como Dios, quien haría conocer a Sus elegidos, en un libro eterno, los principios espirituales de la divina filosofía; ha dictado sus páginas durante diez y seis siglos, a sacerdotes, reyes, guerreros, pastores, publicanos, pescadores, escribas, tejedores de tiendas. Su primera línea, su última línea, todas sus instrucciones, comprendidas o no, vienen del mismo autor, y eso es suficiente para nosotros. Quienesquiera que hubiesen sido los escritores, y cualquiera la comprensión del libro, todos ellos han escrito con una mano fiel, dirigida, en el mismo rollo, bajo el dictado del mismo maestro, para quien mil años es como un día; tal es el origen de la Biblia. Yo no desperdiciaré mi tiempo en preguntas vanas; sencillamente estudiaré el libro. Es la palabra de Moisés, la voz de Amós, la palabra de Juan o de Pablo; pero es la mente de Dios y la Palabra de Dios.

Tendríamos una idea muy errónea entonces, al afirmar que ciertos pasajes de la Biblia son de los hombres y algunos otros, de Dios. No, cada versículo sin excepción es de los hombres; y cada versículo sin excepción es de Dios; sea que hable directamente en su propio nombre, o bien que emplee toda la personalidad del escritor sagrado. Y como dice San Bernardo, en cuanto a las buenas obras de los regenerados, 'que nuestra voluntad no ejecuta ninguna de ellas aparte de la gracia; pero que la gracia también no ejecuta ninguna de ellas sin nuestra voluntad' ; así podemos decir que en las Escrituras Dios no ha hecho nada sino a través del hombre y que el hombre no ha hecho nada sino por el Señor. En efecto, hay un perfecto paralelo entre la *Theopneustia* y la gracia eficaz. En las operaciones del Espíritu Santo al redactar los escritos sagrados y las del mismo Espíritu en la conversión de una alma y el hacer que ésta ande por las sendas de la santidad, en ciertos respectos el hombre es enteramente pasivo, en otros, enteramente activo. Dios ejecuta cada cosa; el hombre las hace todas; y podemos decir de todas estas obras, como San Pablo dijo de una de ellas a los filipenses: 'Dios es que obra en vosotros así el querer como el hacer por Su buena voluntad.' Y vemos que en las Escrituras el mismo trabajo se atribuye simultáneamente a Dios y al hombre. Dios es quien convierte y el hombre se convierte; Dios circuncida el corazón, dando un corazón nuevo, y el hombre es quien debe circuncidar su propio corazón y hacerse un corazón nuevo. 'No solamente porque debemos emplear los medios para alcanzar tal efecto', dice el famoso Presbítero Edwards en sus admirables observaciones contra los arminianos, 'sino porque este mismo efecto es nuestra actuación, tanto como nuestro deber; Dios produciéndolo todo y nosotros efectuándolo todo. . .' Teóricamente, podríamos decir que una religión podría ser divina sin la inspiración milagrosa de sus libros. Podría ser posible, por ejemplo, concebir una cristiandad sin Theopneustia; y quizá podría concebirse que todo otro milagro de nuestra religión fuera un hecho, excepto ese. En esta suposición (que es totalmente falsa), el eterno Padre hubiera dado a Su Hijo al mundo; el Verbo, creador de todo, hecho carne, hubiera sufrido la muerte en la cruz por nosotros; y hubiera enviado al Espíritu de sabiduría y poderes milagrosos sobre sus apóstoles; pero todos estos misterios de la redención, una vez cumplidos, hubiera abandonado a esos hombre de Dios la tarea de escribir según su propia sabiduría; y sus escritos nos hubieran presentado solamente el lenguaje natural de sus iluminaciones sobrenaturales, de sus convicciones y de su caridad. Un orden de cosas tal es indudablemente una vana suposición, diametralmente opuesto al testimonio de las Escrituras, así como a su propia naturaleza; pero, sin observarse aquí, eso no explica nada; y que, milagro por milagro, eso de la iluminación no menos inexplicable que la Theopneustia; sin adelantarnos a decir que la Palabra de Dios posee un poder divino peculiar de ella; tal orden de cosas, si hubieran sucedido, nos hubieran expuesto a innumerables errores y sumergido en la más tremenda incertidumbre. Sin seguridad alguna contra la imprudencia de los escritores, no hubiéramos sido capaces de dar a sus escritos la autoridad que ahora la Iglesia concede a los de Agustín, Bernardo, Lutero, Calvino, o de una multitud de hombres iluminados en la verdad por el Espíritu Santo. Somos sabedores lo suficiente de cómo muchas palabras imprudentes y erróneas proposiciones manchan las más bellas páginas de estos admirables escritores. Y aun los Apóstoles (en la suposición que acabamos de hacer), hubieran estado sujetos aún más que ellos, a serios errores, puesto que ellos no hubieran podido tener, como en el caso de los doctores de la iglesia, una palabra de Dios, por medio de la cual pudieran corregir sus escritos. Y ya que fueron impelidos a formar su propio vocabulario de la ciencia de la religión, pues sabemos que una ciencia está más que medio formada cuando se establece su vocabulario. ¡Cuán fatales errores, qué penosa ignorancia, qué inevitable imprudencia hubiera necesariamente acompañado en su caso, una revelación sin *Theopneustia;* y en cuántas deplorables dudas hubiera quedado la Iglesia! Errores en la selección de los hechos, errores en la estimación de los mismos, errores al establecerlos, errores en la expresión de las relaciones que guardan con las doctrinas que contienen, errores en la expresión de estas mismas doctrinas, errores de omisión, errores de lenguaje, errores de exageración, errores en la adopción de prejuicios nacionales, provinciales y partidarios, errores en la anticipación del futuro y en la estimación del pasado. Pero, gracias a Dios, no sucede así con nuestros libros sagrados. Estos no contienen errores, todos sus escritos son inspirados por Dios. 'Los santos hombres de Dios hablaron siendo inspirados por el Espíritu Santo' ; 'no en palabras de humana sabiduría, sino en la enseñanza del Espíritu' ; a fin de que ninguna de estas palabras fueran descuidadas, y estamos llamados a respetarlas y a estudiarlas aun la más pequeña 'j' y el 'tilde' más diminuto; porque esta escritura es 'purificada como la plata probada siete veces en el fuego' ; 'es perfecta.' Estos acertos, testimonios mismos de la Palabra de Dios, contienen precisamente nuestra última definición de Theopneustia, y nos conduce a caracterizarla finalmente como 'ese poder inexplicable del Espíritu Divino ejercido primeramente sobre los autores de las Escrituras para guiarlos hasta en el empleo de las palabras que habrían de usar, y para preservarlos de todo error así como de toda omisión' "– Págs. 36-39

Más determinante e impresivo es el argumento en favor de la inspiración, basado sobre el obvio carácter divino del Texto Sagrado mismo, es el hecho de que la Sagrada Escritura es el producto de Dios, el Espíritu Santo. Las obras de Dios son infinitamente perfectas y dignas de El, por supuesto. Por tanto, se asume que la Biblia, siendo obra de Dios, es excepcional, siendo, como lo es, el monumento literario del Espíritu Santo. Al pensar que existan errores o imperfecciones, el primer impulso de una mente verdaderamente devota sería investigar si la dificultad no surge de la esfera finita del entendimiento humano. El elemento humano en la Palabra Escrita no arriesga más la infinita excelencia del elemento divino en esto que la humanidad de Cristo, la Palabra Viviente haría, arriesgando su propia Deidad. Creer que la Biblia es un documento infalible es honrar a Su Autor, el Espíritu Santo; es respetar lo que la Biblia reclama de sí misma y convenir en las conclusiones de devotos eruditos de todas las generaciones. Sabemos que los saduceos negaban la resurrección, negación que realmente no altera el hecho de la resurrección, pero solo urgió a Cristo a decirles: "Erráis, ignorando las Escrituras y el poder de Dios." Toda Escritura es *Theopneustos* [Θεόπνευστος] declaración hecha en 2 Timoteo 3:16, la que incluye toda la Biblia. Las Escrituras se originan en Dios y son Su propio aliento. En el versículo precedente Pablo relata que Timoteo desde la niñez ha conocido las sagradas escrituras (letras) (*γράμματα*). Toda Escritura (*γραφή*) compuesta, como realmente lo es, de letras sagradas, es inspirada por Dios. De acuerdo con lo que afirma Pedro: "Entendiendo primero esto, que ninguna profecía de la Escritura es de interpretación privada, sino que los santos hombres de Dios hablaron siendo inspirados por el Espíritu Santo" (2 P.1:20,21). La palabra *profecía* como la usa Pedro en este pasaje abarca a toda expresión inspirada por Dios, es decir, que no se limita sólo a predicación. Incluye tanto relatos como pronósticos; comprende toda escritura. De la misma manera, las declaraciones que las Escrituras exponen deben ser interpretadas tal como se relatan y a la luz de todas las otras Escrituras. La profecía no surgió en tiempos pasados, ni en ningún otro tiempo, de la voluntad del hombre. Los santos hombres de Dios hablaron guiados o conducidos por el Espíritu de Dios. El propio testimonio de los profetas es más revelador y convincente. Dijeron: "La boca del Señor lo ha dicho." "El Espíritu del Señor habló por mí, y Su palabra fue en mi lengua." "Palabra del Señor vino sobre mi." "Y Jehová puso palabra en la boca de Balaam." "Que por boca de tu siervo David has dicho. . ." "Que el Espíritu Santo habló antes por boca de David." "Las cosas que Dios había hablado por boca de todos sus profetas." Es muy claro el testimonio de la Biblia respecto a sí misma de que es la obra del Espíritu Santo, sus palabras son la infalible palabra de Dios y es, por tanto, en su perfección tan apropiada para el cielo como lo es para la tierra.

4. EL ENGENDRAMIENTO DE CRISTO. Qué pudo haber sido la obra del Espíritu al impartir la vida en la creación no nos es revelado. Además, la fase de la obra del Espíritu que ahora consideramos es enteramente aparte de Su obra en la regeneración. El magno acto de la generación del Espíritu Santo aconteció cuando efectuó la humanidad de Cristo. Con mucha frecuencia se asume que María contribuyó con su humanidad y que el Espíritu contribuyó con Su Divinidad; pero un momento de reflexión nos descubriría que la Deidad de Cristo le fue propia en toda la eternidad, y por tanto no fue originada al tiempo de Su concepción. El encarnó cuando su Persona eterna tomó la forma humana. También es cierto que en esta instancia, como en cualquiera otra gestación humana, María no podría haber contribuido más de lo que está asignado a la mujer en la maternidad; ella nutrió y desarrolló la vida que le fue encomendada. El Espíritu hizo que la humanidad de Cristo se originara y ese es un acto de generación. Así lo declara la Escritura: "Y respondiendo el ángel dijo: El Espíritu Santo vendrá sobre tí y el poder del Altísimo te cubrirá con su sombra; por lo cual también el Santo Ser que nacerá será llamado Hijo de Dios" (Lc.1:35).

5. REDARGUIR. La obra convincente del Espíritu Santo es triple:

de pecado, de justicia y de juicio, y mucha luz se vierte sobre el carácter de este ministerio esencial del Espíritu Santo, cuando se observa que el fin que El cumple es el impartir la comprensión de los hechos, entendimiento que resulta en una iluminación esencial para una inteligente aceptación de Cristo como Salvador personal. La declaración que Cristo hizo sobre este punto en el discurso del Aposento Alto dice así: "Pero yo os digo la verdad. Os conviene que yo me vaya; porque si no me fuere, el Consolador no vendría a vosotros; mas si me fuere, os lo enviaré. Y cuando El venga convencerá al mundo de pecado, de justicia y de jucio. De pecado, por cuanto no creen en mí; de justicia, por cuanto voy al Padre, y no me veréis más; y de juicio, por cuanto el príncipe de este mundo ha sido ya juzgado" (Jn. 16:7-11).

Este desarrollo de la verdad no se dirige a los inconversos, aún cuando describe una obra del Espíritu Santo en favor de ellos; se dirige a los salvos y provee inapreciable instrucción con relación al factor más vital en todo esfuerzo misionero. Mucho se ha dicho al principio con respecto a este ministerio del Espíritu y el mismo tema debe considerarse más adelante. Suficiente se habrá dicho aquí si se ha indicado que esta triple convicción es el método divino de destruir el velo que Satán ha echado sobre la mente de cada persona inconversa. Acerca de esta ceguera se ha escrito: "Pero si nuestro evangelio está aún encubierto, para los que se pierden está encubierto, en los cuales el dios de este siglo cegó el entendimiento de los incrédulos, para que no les resplandezca la luz del evangelio de la gloria de Cristo, el cual es la imagen de Dios" (2 Co. 4:3, 4). En el acto de quitar este velo de la mente de los incrédulos, se obtiene una clara visión del pecado de rechazar a Cristo, una visión de justicia derivada del invisible Cristo en gloria, y del perfecto juicio en la cruz. Que este juicio se efectúa enteramente en interés de los no salvos constituye un reto para la fe. Por eso viene a ser, no algo para persuadir a Dios que haga, sino el creer en algo que El ya ha hecho. En efecto, la única responsabilidad humana indicada en todas estas escrituras terminantes es *fe.* Es el creer algo cuando se hace la declaración respecto a la justicia imputada, justicia que es la parte de todos los salvos. Es como pedir a la fe aceptar y descansar en la revelación de que Cristo ha llevado el pecado individual. El único pecado que queda es "que no creen en mí", es decir en Cristo. Este ministerio de redargüir del Espíritu Santo no es de condenación o de impresionar al pecador con su pecaminosidad; por el contrario, es un mensaje de buenas nuevas que proclama que Cristo ha muerto, "el justo por los injustos", y que se ha provisto una perfecta base y aceptación ante Dios en el Hijo resucitado de Dios. Parte de la obra convincente del Espíritu es la conveniente amonestación de las consecuencias necesarias si este mensaje no es creído.

6. RESTRICCION. En la edad presente hay dos ministerios del Espíritu en favor de los inconversos, que son: el de convicción, y el de restricción. El ministerio de convicción que acabamos de considerar, se dirige al individuo, y la única esperanza es que él se vuelva inteligente y suficientemente a Cristo, reconociéndolo como su Salvador; mientras que el ministerio de *restricción* se dirige a todo el *cosmos* o mundo en su totalidad. Como el vocablo *cosmos* implica, tiene que hacer con el impedimento del mal cuanto sea posible en el mundo. Evidentemente este refrenamiento no tiene en mira evitar toda iniquidad, algo que efectuaría sin impedimento; pero es más bien, un ministerio por el cual el mal es retenido dentro de ciertos límites divinamente predeterminados. El que impide será quitado a su debido tiempo, y entonces sigue una tribulación sin precedentes, un período de siete años, antes que el Rey regrese para ejercer autoridad absoluta en la tierra. Durante estos siete años se demostrará el verdadero carácter de la iniquidad. Claramente se asevera que la restricción es para el fin, que el hombre de pecado no se revelará sino hasta el tiempo señalado por Dios, ese tiempo es el de la gran tribulación. Ese período de angustia no es algo impuesto sobre la humanidad desde afuera; es simplemente la reacción de la iniquidad cuando la presente restricción divina sea removida. Es imposible estimar lo que la iglesia en la tierra, los gobiernos y la sociedad en general deben a esta incesante influencia de impedimento del Espíritu Santo. La Escritura que sustenta este tema, dice: "Y ahora vosotros sabéis lo que lo detiene (al hombre de pecado) a fin de que a su debido tiempo se manifieste; porque ya está en acción el ministerio de iniquidad (desorden, desobediencia); sólo que hay quien (el Espíritu) al presente lo detiene (restringe) hasta que a su vez sea quitado de en medio. Y entonces se manifestará aquel inicuo, a quien el Señor matará con el espíritu (aliento) de Su boca, y destruirá con el resplandor de Su venida (2 Ts. 2:6-8).

7. REGENERACION. La palabra *παλιγγενεσία,* traducida *regeneración,* se usa sólo dos veces en el Nuevo Testamento. En la primera ocasión (Mt. 19:28) el Señor habla de la restauración de todas las cosas para con Dios, lo que El mismo ha ya efectuado (comp. 1 Co. 15:24-28). No se dice que esto sea una obra del Espíritu Santo, sino más bien una obra del Hijo. La segunda vez se halla en Tito 3:5, que dice: "Nos salvó no por obras de justicia que nosotros habíamos hecho, sino por Su misericordia, por el lavamiento de la regeneración y por la renovación en el Espíritu Santo." Para estar seguro, la verdad que se expresa con este término

se explica en muchas Escrituras y bajo varias formas, pero siempre como una obra del Espíritu Santo. El trasfondo de la doctrina de la regeneración es su necesidad que surge del estado universal del hombre caído. Ya que la necesidad es universal, la demanda por la regeneración es imperativa en el caso de cada individuo que nace en el mundo. Nadie puede exceptuarse aparte del Cristo de Dios. En su conversación con Nicodemo, cuando éste vino a El de noche (Jn. 3:1-21), Cristo no reconoció nada aceptable a Dios del carácter modelo y logros en el judaísmo de este legislador de Israel. Fue a esta persona a quien Cristo le dijo: "No te maravilles de que te dije, os es necesario nacer otra vez" (o, de arriba); y Cristo dijo con el mismo propósito: "Lo que es nacido de la carne, carne es; y lo que es nacido del Espíritu, espíritu es." Como la generación humana engendra una vida "según su naturaleza", así la regeneración divina significa el impartir una vida procedente de Dios, que es enteramente extraña a la del hombre caído. Es la naturaleza divina. Es "Cristo en vosotros, la esperanza de gloria" (Col. 1:27). El Señor dijo: "El ladrón no viene sino para hurtar, y matar, y destruir; Yo he venido para que tengan vida, y para que la tengan en abundancia" (Jn. 10:10). Más de ochentaicinco pasajes del Nuevo Testamento sostienen esta realidad de una vida divina impartida. Ningún cambio en el estado humano podría ser concebido que pueda ser tan inaccesible y efectivo como eso de un real nacimiento en una legítima y verdadera relación filial con Dios. Esta provisión constituye el supremo mensjae de Dios al hombre. La regeneración individual, hasta donde el testimonio de las Escrituras nos indica, es una provisión del Nuevo Pacto. Aunque los Israelitas estaban relacionados correctamente con Dios como tales por el nacimiento físico, anticiparon para el futuro la recepción de la vida eterna como una "herencia" (comp. Mt. 19:29; Lc. 10:25-29; 10:18-30). Tocante a la relación de Israel a la regeneración personal por el Espíritu Santo, Juan L. Nuelsen escribe en la INTERNATIONAL STANDARD BIBLE ENCYCLOPEDIA: "Sea que la promesa divina se refiera al final de los tiempos Mesiánicos, o que se realicen en una fecha más temprana, todas se refieren a la nación de Israel como tal, y a los individuos solamente hasta donde ellos sean participantes en los beneficios conferidos a la nación. Esto es cierto aún en donde las bendiciones profetizadas son sólo espirituales, como en Isaías 60:21, 22. Por tanto, la masa del pueblo de Israel está todavía tan escasamente enterada del hecho de que las condiciones en las que estas promesas divinas han de ser alcanzadas, son más que ceremoniales y rituales" (*"Regeneration"*, IV, 2547). El Evangelio escrito por Juan en su capítulo inicial establece que una cosa nueva ha entrado en la línea de la experiencia humana. Este pasaje declara: "Mas a todos los que le recibieron a los que creen en Su nombre, les dio potestad de ser hechos hijos de Dios, los cuales no son engendrados de sangre, ni de voluntad de carne, ni de voluntad de varón, sino de Dios" (vs. 12, 13); y Pedro describe así a un cristiano: "Siendo renacidos, no de simiente corruptible, sino de incorruptible, por la palabra de Dios, que vive y permanece para siempre" (1 P.1:23). Como para la responsabilidad humana en la regeneración Cristo dijo a Nicodemo: "Porque de tal manera amó Dios al mundo, que dio a Su Hijo Unigénito, para que todo aquel que en El crea no se pierda, más tenga vida eterna", (Jn. 3:16). Como este tema ha de ser considerado más adelante en otra conexión, con todo, será suficiente agregar que el ser nacido de Dios significa una inducción al orden de seres celestiales. Ninguno, ciertamente, está ahora en capacidad de comprender la realidad del hecho en la que Dios es el que regenera y, por tanto, el Padre legítimo por toda la eternidad, y el que en El cree viene a ser hijo legítimo regenerado por toda la eternidad. La salvación incluye una nueva creación (2 Co. 5:17), la que es efectuada por el Espíritu Santo como el ejecutor de la Deidad.

8. ILUMINACION. Detrás de la iluminación del Espíritu Santo de los creyentes está la triple condición de necesidad que la reclama, siendo que todos los miembros de la familia humana están incapacitados en su poder natural para entender por causa del pecado, así mismo por el velo que Satán ha puesto en sus mentes (vea 2 Co. 4:3, 4), y para poder comprender la verdad, siendo de carácter celestial, no puede ser percibida aparte de una revelación personal de dicha verdad operada en la mente y el corazón por el Espíritu Santo. La Divinidad plena hizo provisión con la que el creyente pueda llegar a conocer las cosas de Dios, y todo lo que entra en relación con El requiere un sistema de pedagogía muy distinto de cualquiera otro conocido en este mundo y totalmente fuera de la línea de la experiencia dentro de la que el hombre natural pudiera entrar. Mucho ha sido hecho ya en este aspecto del ministerio del Espíritu Santo bajo el tema de Bibliología, y el mismo tema será considerado en forma más exhaustiva en sección posterior de este volumen. La Iluminación es específicamente un trabajo ejecutado por la Tercera Persona, y, tan pronto como El abre el entendimiento hacia las Escrituras, El mismo descubre aquello que El ha originado; aun cuando Cristo declaró que el Espíritu guiaría al creyente a toda verdad, aclaró que el Espíritu no origina el mensaje que imparte, porque El no hablaría de sí mismo, sino que hablaría todo lo que oyere (Jn. 16:13). En este caso es Cristo quien origina el mensaje. Cristo introdujo esta particular declaración con las Palabras: "Aún

tengo muchas cosas que deciros, pero ahora no las podéis llevar." Así en la esfera de "toda verdad", "cosas que han de venir" y, "todo lo que tiene el Padre", el mensaje surge con el "Hijo" y es repartido en la mente y corazón de los creyentes por el Espíritu en quienes mora. A este propósito el Apóstol declara: "Hemos recibido el Espíritu que proviene de Dios" (1 Co. 2:12). La posición dentro del corazón del creyente que ahora ocupa el Espíritu Santo asegura la más estrecha relación, de modo que El, el Espíritu mismo, es así capaz de crear impresiones en la conciencia del cristiano que parecen haber ocurrido sólo en su propia mente finita. Toda verdad espiritaul debe ser impartida por el Espíritu morador en esta forma. Este aspecto particular de verdad, o triple grupo de "cosas", serán conocidas por el creyente por medio de la revelación que el Espíritu Santo ejecuta. De esto afirma el Apóstol: "Antes bien, como está escrito: cosas que ojo no vio, ni oído oyó, ni han subido en corazón de hombre, son las que Dios ha preparado para los que le aman. Pero Dios nos las reveló a nosotros por el Espíritu; porque el Espíritu todo lo escudriña, aun lo profundo de Dios" (1 Co. 2:9, 10). Usando anteriormente el mismo término como aquí, esto es, "cosas", Cristo implica que "toda verdad" debe ser mostrada al creyente por el Espíritu Santo (Jn. 16:12-15). La apelación práctica que los cristianos confrontan aquí revela la necesidad de un ajuste del corazón y la vida a la mente y la voluntad del Espíritu Santo para que todo progreso en el aprendizaje espiritual no sea estorbado.

9. PARACLETO. Cuando los traductores cambian de traducción a interpretación el resultado puede torcerse fácilmente. En Su discurso del Aposento Alto (Jn. 13:1-17:26), por ejemplo, Cristo se refirió al Espíritu Santo varias veces como Paracletos (παρᾶκλητος). La Versión Autorizada (en inglés) traduce la palabra por 'Comforter' (en español, consolador), que es el resultado de la interpretación; esto es, Paracleto, que significa *ayudador,* o uno que es llamado al lado como una ayuda, y, en este caso, el Todo Suficiente. Esto envuelve la idea de *consolar,* pero restringirla sólo al acto de consolar, es inadecuado. En la magnitud del significado de este título descriptivo se podrían incluir casi todas las actividades del Espíritu, según se presentan en esta sección del capítulo II. Por tres años y medio Cristo había sido el Paracleto para aquellos a quienes estaba hablando, El era el Todo Suficiente. Cuando estaba para dejarlos les prometió 'otro Paracleto'. De consiguiente, se sigue que lo que Cristo había sido para ellos, el Espíritu Santo lo continuaría siendo. En su WORD STUDIES el Dr. M. R. Vincent lo discute en la forma siguiente:

"Unicamente (usado) en el Evangelio de San Juan y la primera epístola del mismo escritor (14:16, 26; 15:26; 16:7 y 1 Jn. 2:1). De *pará* παρά al lado de, y *kaleo* καλέω citación, llamar. De aquí, originalmente *Uno que es llamado a otro lado para ayudarle,* como un abogado en una corte de justicia. El último uso Helenístico de παρακαλεῖν y παράκλησις que denota el acto de confortar y confortación dio motivo para la traducción de confortador o consolador, que es dado a cada paso en el Evangelio, pero que se cambia a Abogado en 1 Jn. 2:1, de acuerdo con su significado uniforme en el griego clásico. El argumento en favor de esta traducción es conclusivo en todo respecto. Se argumenta que la traducción *Confortador* se justifica por el hecho que, en su sentido original significa más que un mero *consolador,* derivándose del latín *confortare (fortalecer),* y que confortados, por tanto, uno que fortalece la causa y el valor de sus clientes en el tribunal; pero como observa el Obispo Lightfoot, la historia de esta interpretación muestra que no se ha alcanzado por este proceso, sino que surgió por un error gramatical, y que por eso esta relación únicamente puede ser aceptada como una apología posterior al hecho y no como una explicación del hecho. El Espíritu Santo es, por tanto, por la palabra παράκλητος, de la cual *Paracleto* es una transcripción, representado como nuestro *Abogado* o *Consejero,* 'quien sugiere verdaderos razonamientos a nuestras mentes', y verdadera dirección a los actos de nuestras vidas, quien convence a nuestro adversario, al mundo, del error, y defiende nuestra causa ante Dios nuestro Padre. Hay que notar que Jesús tanto como el Espíritu Santo están representados como Paracletos. El Espíritu Santo es el que había de ser el *otro Paracleto,* y esto concuerda con la afirmación de la Epístola, 'Abogado tenemos para con el Padre, a Jesucristo el Justo', Compare Romanos 8:26 y vea Lucas 6:24. Note también que la palabra *otro* es ἄλλον y no ἕτερον que significa *diferente.* El Abogado que había de ser enviado no es *diferente* de Cristo, sino *semejante* a El mismo." -II, 243, 244.

En el título Paracleto hay abundante evidencia tanto para la personalidad como para la deidad del Espíritu Santo. En sus *Lectures on the Doctrine of the Holy Spirit (Disertaciones Sobre la Doctrina del Espíritu Santo),* William Kelly escribe:

"Pero comprendo que la palabra 'Confortador' algunas veces falla (quizá para la mayoría falla) para dar una adecuada noción de qué es lo que nuestro Señor Jesús realmente quiso que deduzcamos al hablar así del Espíritu Santo. Naturalmente, nosotros de ello podemos colegir, que el término fue usado en relación a tristeza, que indica a una persona que nos consolaría en medio de las miserias de este mundo. Y, a la verdad, el Espíritu Santo nos consuela y nos conforta. Pero esto es apenas una parte pequeñísima de las funciones que la palabra 'Paracleto' da a entender. Esta es la expresión, si alguien pudiera dar al efecto una palabra equivalente en nuestro idioma, de la palabra exacta empleada por nuestro Señor. Pero el significado de la palabra 'Paracleto' no es meramente 'Confortador', sino alguien que está identificado con nuestros intereses, uno que se encarga de toda nuestra causa, uno que se compromete para vernos a través de todas nuestras dificultades, quien en todas maneras llega a ser nuestro representante y nuestro gran agente personal que gestiona todos nuestros negocios en nuestro lugar. Este es el significado del abogado, Paracleto o confortador, cualquiera de estos equivalentes que pueda ser preferido. Entonces, manifiestamente tiene un extenso significado incomparable, además de 'abogado' por una parte, o 'confortador' por la otra: los incluye a ambos, pero va mucho más allá de cualquiera de ellos. En efecto, es Uno que es absoluta e infinitamente competente para sobrellevar cualquier cosa que El pueda hacer a nuestro favor, cualquiera que fuere o pudiere ser el límite de nuestra necesidad, cuál sea nuestro deseo en cualquier dificultad, cualesquiera sean las exigencias de la gracia de Dios para la bendición de nuestras almas. Tal es ahora el Espíritu Santo; y cuánta bendición es tener tal Consolador. Pero note aquí que nunca antes fue conocido. Ya he sugerido, y aún expresado plenamente la convicción, que nunca será conocido de nuevo, concediendo completamente, hasta cierto punto, un mayor derramamiento de bendiciones en el mundo venidero. Pero la presencia personal del Espíritu aquí en la tierra como una respuesta a la gloria de Cristo en la presencia del Padre, tal estado de cosas nunca puede ser repetido. Mientras el Sumo Sacerdote está en el cielo, el Espíritu enviado a la tierra concede una celestial entrada a Su gloria así como a la redención; cuando el Sumo Sacerdote venga a Su trono terrenal, el Espíritu derramado entonces dará un testimonio adecuado en esta tierra sobre la cual estará reinando el Señor." pgs. 87, 88.

10. TESTIMONIO. "El mismo Espíritu da testimonio a nuestro espíritu que somos hijos de Dios" (Ro. 8:16). En esta obra distintiva el Espíritu Santo realiza en el creyente lo que ha sido tomado por fe. No es, por consiguiente, regeneración, o la obra del Espíritu regenerando al creyente, sino la conciencia de esta nueva realidad, el reconocimiento cristiano de lo que el Espíritu ha obrado en la regeneración. Los que han creído en Cristo llegan en su propio derecho a ser hijos de Dios (Jn. 1:12), y el mismo Espíritu testifica que esta gran verdad se ha cumplido. Juan declara en su primera carta (5:10): "El que cree en el Hijo de Dios tiene el testimonio en sí mismo." La ventaja y bendición de esta obra del Espíritu Santo no puede ser evaluada. El campo íntegro de la evidencia experimental de la regeneración es importante, aunque también lleno de peligro, si es que la confianza se ha hecho descansar en la inestable experiencia más bien que en la inalterable Palabra de Dios. Una verdad siempre ha de ser considerada, esto es, que el testimonio del Espíritu, como todos Sus ministerios que se relacionan con la experiencia de la vida, será obstaculizado y, a tal grado, imperfecto para el cristiano que no está en la correcta relación con Dios. Así el más rico testimonio del Espíritu Santo con respecto a la filialidad no es experimentado en su totalidad por todos los salvos y esto simplemente porque Su testimonio es estorbado. Hay muchos en el mundo que son salvos pero que carecen de esta clase de seguridad. En una esfera más amplia el Espíritu, siendo *El Espíritu de Verdad* y el autor divino de las Sagradas Escrituras, es el Testigo Especial de Dios. Como el Hijo manifiesta a Dios tanto por Su vida en la tierra como por Su ministerio en el cielo, así el Espíritu manifiesta a Dios, por Su testimonio escrito y por la iluminación a través de la cual dicho

testimonio puede ser comprendido.

11. UNCION. Morar, y ungir son términos sinónimos en Neumatología y, por tanto, dependen de las mismas porciones bíblicas para expresar su exacto significado. Tan cierto como es que cada creyente es habitado por el Espíritu Santo, así seguramente cada creyente es ungido por el Espíritu. Sin referirse a ninguna clase de cristianos, cuáles éstos sean, el Apóstol Juan escribe: "Pero la unción que vosotros recibisteis de él permanece en vosotros, y no tenéis necesidad de que nadie os enseñe; así como la unción misma os enseña todas las cosas, y es verdadera, y no es mentira, según ella os ha enseñado, permaneced en El", (1 Jn. 2:27). No podría haber tal cosa como un cristiano que ha nacido del Espíritu y que ha sido hecho particpante de la naturaleza divina, que no haya sido ungido por recibir el Espíritu. La doctrina de la morada y unción del Espíritu Santo nos insta a un estudio imparcial, y será considerado en otro capítulo.

12. BAUTISMO. Mientras priva una trágica confusión relativa a varias actividades del Espíritu Santo, debida mayormente a la falta de considerar todo lo que las Escrituras declaran sobre un tema determinado, ningún aspecto de Su obra en favor de los cristianos es o ha sido tan pervertido, si se considera en su totalidad, como Su bautismo. La palabra *bautizar*, más distorcionada por prejuicios religiosos que cualquiera otro término, necesita una cuidadosa definición. Esto se hace en otras partes de esta obra sobre teología. Bien podría agregarse aquí, sin embargo, que la palabra βαπτίζω en sus varias formas presenta un uso primario y uno secundario. El uso primario que en sí no lleva implicación de que sea usado más a menudo o que sea de mayor importancia, indica un literal envolvimiento dentro de un elemento y así llega a quedar sujeto a ese elemento. Hay que distinguir esta palabra de βάπτω (Bapto), de la que sumergir es el significado primario, por el cual se incluyen dos acciones, la de meter y la de sacar. Por otro lado, βαπτίζω (Baptizo), como ya se ha mostrado, significa inmersión o sumergir, que implica únicamente el acto de meter sin referencia a ser sacado. Su significado secundario sin duda se deriva del significado primario, ya que representa a un objeto que ha sido puesto bajo la influencia de otro completamente distinto de cualquier envolvimiento físico o inclusión. Tal es, en verdad, el bautismo de arrepentimiento, el bautismo para remisión de pecados, el bautismo en el Nombre del Padre, y del Hijo y del Espíritu Santo; el bautismo por la copa del sufrimiento, el bautismo de Israel por "Moisés en la nube y en la mar", y el bautismo por el Espíritu de Cristo. En ninguno de éstos hay la más remota sugerencia de sumersión y emersión momentánea.

Lo que es más deseado y plenamente asegurado con respecto a la unión con Cristo es que no habrá remoción ya sea en el tiempo o en la eternidad; aun cuando no hay un envolvimiento físico o inclusión, sino que ha de estar clasificada como en el uso secundario de la palabra βαπτίζω (baptizo) en el que una cosa es puesta bajo el poder e influencia de otra. Por el bautismo del Espíritu de Cristo, y por tanto, estando en Cristo, participa de todo lo que Cristo es. Esta unión vital es la base de cada posición y posesión en la que todo hijo de Dios ha entrado. Obviamente, es un grave error confundir el bautismo que el Espíritu ejecuta con cualquiera otra experiencia, cuando El une al creyente con Cristo; o bien, confundirlo con la llenura del Espíritu, por cuyo ministerio la experiencia y el poder para la vida y el servicio cristiano son asegurados. Ya que todo lo que es vital en la relación del cristiano con Dios depende de esta unión con Cristo, es siempre el punto del ataque satánico a fin de estorbar cualquiera recta comprensión de ella. Aparte de esta unión que asegura la imputación de los méritos de Cristo, no habría base para entrar al cielo y estar delante de Dios.

13. SELLO. La presencia del Espíritu en el creyente viene a ser una identificación distintiva, no observada ni utilizada como tal en las esferas humanas, sino más bien una marca de discriminación divina como Dios la mira. "El Señor conoce a los que son suyos" (2 Ti. 2:19), y ¿mayor marca de reconocimiento podría cualquier individuo llevar ante la vista de Dios que la de que él es templo del Espíritu Santo? Así, siendo habitado por el Espíritu el creyente está sellado. Del mismo modo, el sello habla de una garantía completa. Ser sellado pertenece a los que son justificados y perfeccionados para siempre en Cristo. Así, el sello también indica seguridad. El que sella se hace responsable por el objeto sobre el cual se impone el sello. En el caso del creyente "él está sellado para el día de la redención." Mucho de lo sugerido por la función del sello se presenta en Jeremías 32:9-12. El Apóstol Pablo declara: "El cual también nos ha sellado, y nos ha dado las arras del Espíritu en nuestros corazones" (2 Co. 1:22); "En el cual esperasteis vosotros en oyendo la palabra de verdad, el Evangelio de vuestra salvación; en el cual, desde que creísteis fuisteis sellados con el Espíritu Santo de la promesa" (Ef. 1:13). "Y no contristéis al Espíritu Santo de Dios, con el cual estáis sellados para el día de la redención" (Ef. 4:30).

14. LLENURA. El ministerio del Espíritu Santo conocido como llenura, es el propio centro del completo tema de la vida espiritual. Es el Espíritu cumpliendo en el creyente todo lo que El vino a ejecutar en ese corazón. Este ministerio representa dos esferas diferentes de realización. En su lado negativo, la vida espiritual clama

por una liberación del poder de los tres grandes enemigos, el mundo, la carne y el diablo. Por su lado constructivo o positivo, la vida cristiana demanda la manifestación de la gracia divina, nada menos que la demostración de las virtudes o poder de aquel que llamó al creyente de las tinieblas a Su luz admirable. En otro capítulo posterior de este volumen estos dos aspectos de la vida espiritual serán investigados y se le dará la debida consideración a la gran porción de las Escrituras comprendidas en el tema. Se hará una exposición del plan y la provisión divina por la que el creyente puede ser salvo del poder y dominio del pecado, así como del hábito y práctica de pecar, siendo que hay un arreglo de parte de Dios por el que los no salvos pueden llegar a serlo así de la pena del pecado como de su estado de perdición. La vida que es libertada no puede explicarse por medio de las cualidades humanas, o de nuevas disposiciones del carácter, o bien como algo accidental cómo se ha efectuado tal cambio. Descansa completamente en el poder todo suficiente del Espíritu Santo, poder que es asequible a los que siguen el plan preciso de Dios que El ha revelado. Muy pocos son los que afirman que hay un plan preciso para la salvación de los perdidos; no obstante, por otra parte, muy pocos han despertado a la verdad, igualmente evidente, de que Dios tiene un procedimiento específico por qué el poder del Espíritu Santo puede realizarse en la vida diaria del creyente. Aunque tan descuidada, esta forma de vida dependiente del Espíritu es vital para el creyente más allá de toda medida.

15. INTERCESION. Un pasaje céntrico se consagra a la intercesión del Espíritu Santo, este es Romanos 8:26-27: "Y de igual manera el Espíritu nos ayuda en nuestra debilidad; pues qué hemos de pedir como conviene, no lo sabemos, pero el Espíritu mismo intercede por nosotros con gemidos indecibles. Mas el que escudriña los corazones sabe cuál es la intención del Espíritu, porque conforme a la voluntad de Dios intercede por los santos." Sobre este pasaje Dean Alford escribe:

> "El Espíritu Santo de Dios que mora en nosotros, conociendo nuestros deseos mejor que nosotros mismos, El es quien suplica en nuestras oraciones, elevándonos a más altos y más santos deseos de lo que nosotros podemos expresar, con palabras que solamente pueden hallar expresión en gemidos y deseos: véase el versículo siguiente. Crisóstomo interpreta las palabras del don espiritual de la oración, y agrega: 'Porque el hombre que es favorecido con esta gracia al estar orando con ahinco, suplicando a Dios con muchos gemidos mentales, pide lo que es bueno para todo.' Calvino entiende que el Espíritu nos sugiere las mismas palabras de la oración aceptable que *de otro modo no hubieran podido ser expresadas por nosotros.* Macedonio dedujo de este versículo que el Espíritu Santo es una *criatura,* e inferior a Dios, porque *El pide a Dios por nosotros.* Pero como hace notar Agustín: 'El Espíritu Santo gime no

en sí mismo, consigo mismo, en la Santa Trinidad, *sino en nosotros,* en que El nos hace gemir." Aquí no se habla de intercesión en el cielo, sino de una súplica en nosotros por el Espíritu morador, de una naturaleza superior a nuestra comprensión o lenguaje. Pero (opuesto a la palabra *indecible,* los gemidos son, a la verdad, indecibles para nosotros, pero . . .) El que escudriña los corazones (Dios) sabe cuál es la mente *(intento* o *empeño,* escondido en tales gemidos) del Espíritu. Se presenta una dificultad en la traducción de la siguiente cláusula. La partícula con que principia puede significar ya *porque* o *que.* Si ha de ser *casual, porque* El (el Espíritu) suplica por los santos de acuerdo a la voluntad de Dios, y pareciera que *sabe* debe tener el significado de *aprueba,* de otro modo la conexión no será clara; y así Calvino y otros la han traducido de esta manera: '*Sabe cuál es la mente del Espíritu, que El clama,* etc. *con* (o, de acuerdo a) *Dios.*' Pero he de confesar que la otra traducción me parece mejor ajustarse al contexto; y no veo que el significado ordinario de la palabra *sabe* necesita ser cambiado. La seguridad que tenemos que Dios, el escudriñador del corazón, interpreta los gemidos inarticulados del Espíritu en nosotros –no es, estrictamente hablando, Su Omnisciencia, sino *el hecho que el mismo Espíritu que así clama,* lo hace de acuerdo con Dios, en cumplimiento del propósito divino, y en conformidad a la buena voluntad de Dios. Todos estos ruegos del Espíritu son oídos y contestados aun cuando fueren en *palabras inarticuladas* (o indecibles). Debemos extender la misma consoladora seguridad a las imperfectas y equivocadas expresiones verbales de nuestras oraciones, las que en sí mismas no son contestadas porque nos dañarían, sino que la respuesta es a la voz del Espíritu que habla a través de ellas, las que nosotros *expresaríamos,* pero *no podemos.* Compárese 2 Co. 12:7-10 como un ejemplo en el caso del propio Apóstol" *New Testament for English Readers,* nueva edición sobre Ro. 8:27.

Esta provisión divina para el correcto y efectivo ejercicio de la oración debiera ser asido y reclamado como un privilegio del nuevo nacimiento por cada uno de los hijos de Dios. Tan importante es la parte del Espíritu Santo en el privilegio de la oración que una cita más que explica esta escritura citamos aquí, tomada de W. R. Newell:

"Y de la misma manera también hemos leído que 'nosotros que tenemos las primicias clamando en nosotros' esperando aquel día bendito de la 'libertad gloriosa de los hijos de Dios.' Estas palabras 'así mismo' se refieren a esa operación del Espíritu dentro de nosotros, que nos hace, en una verdadera simpatía, uno con los gemidos de la creación por nosotros. 'Así mismo', entonces, con esta verdadera maravillosa ayuda, el Espíritu ayuda a nuestra 'flaqueza' en su ignorante y débil trato con Dios. Note la palabra 'flaqueza' en número singular, porque nosotros no tenemos nada más que flaqueza. No sabemos cómo orar como conviene. ¡Oh, cuidado con la parlería e insinuante locuacidad del predicador 'modernista' y de los 'elocuentes' discursos ante Dios! No así con Pablo y los verdaderos santos de Dios, que tienen el Santo Espíritu. En ellos hay el verdadero sentido de absoluta e infinita *necesidad,* y a la par de esto el sentido de *ignorancia* e *incapacidad.* Con todo, todavía queda el sentimiento de la ilimitada ayuda del Espíritu Santo – ¡bendito sea Dios! *El mismo Espíritu pide por nosotros con gemidos indecibles.* Sabemos que Cristo intercede por nosotros a la diestra de Dios, pero aquí es el Espíritu el que está haciendo la intercesión dentro de nosotros, el Espíritu que conoce la vasta necesidad abismal de cada uno de nosotros, conoce esa necesidad hasta el mínimo detalle posible. *Gemidos indecibles,* expresa de una vez la vastedad de nuestra necesidad, nuestra total ignorancia e incapacidad, y el infinito interés del bendito Espíritu que mora en nosotros. *'Gemidos'*, ¡qué palabra! y para ser usada por el Espíritu del Todopoderoso mismo! ¡Cuán somera es nuestra apreciación de lo que es hecho, tanto por Cristo a nuestro favor, y por el Espíritu en nosotros! 'Indecibles', indica entonces las necesidades nuestras, de las que nuestras mentes nada saben, y que nuestro lenguaje no podría alcanzar a expresar si percibiéramos tales necesidades. Pero es parte del gran plan de Dios en nuestra salvación que esta oración efectiva tuviera su lugar. Orando, el preciso significado de lo que nosotros no podemos captar. Hombres de Dios han testificado en cuanto al espíritu de oración que los postra dentro de profundos y a menudo, continuos y largos 'gemidos'. Creemos que tal conciencia de la oración del Espíritu dentro de nosotros se incluye en este versículo, pero la parte más importante o principal de los gemidos del Espíritu en nosotros, quizá nunca alcance la conciencia de nuestro espíritu. *Y el que escudriña los corazones sabe cuál es el intento del Espíritu porque conforme a la voluntad de Dios demanda por nosotros.* Aquí es Dios el Padre el que 'escudriña los corazones'. ¡Cómo temblamos al pensar en tal escrutinio divino! Pero Dios está 'escudriñando los corazones' para saber cuál es el intento del Espíritu Santo morador en relación a un santo, para saber por qué cosa gime el Espíritu a favor de aquel santo, a fin de poderla suplir El. Porque en el plan de salvación, Dios el Padre es la Fuente; Cristo, el Canal; y el Espíritu, el Agente. Porque conforme a la voluntad de Dios demanda por nosotros (los santos). Sentimos que las palabras introductivas "la voluntad de' antes de la palabra *Dios* solo obscurecen el significado. 'Conforme a Dios' – ¡cuán inclusiva, bendita expresión, incluyéndonos nosotros así como a nuestra salvación y bendiciones, enteramente dentro del amor y poder divinos. No sabemos pedir como conviene, pero el Espíritu pide por nosotros 'conforme a Dios', conforme a Su naturaleza (de la que somos participantes); conforme a nuestras necesidades, las que El conoce; conforme a nuestros peligros, que El vigila; de acuerdo a todos los deseos que El tiene para con nosotros." *Roman's Verse by Verse,* págs. 326 - 327.

16. SANTIFICACION. La raíz de la palabra *santificación* significa, ser puesto aparte, ser clasificado y específicamente calificado hacia la realización de un fin particular. Según se presenta en las Escrituras, la santificación es triple: (a) la posicional, o separación que ocurre cuando el que cree es unido a Cristo por el Espíritu Santo y así viene a estar en Cristo. En relación a esto dice la Escritura: "Porque con una sola ofrenda hizo perfectos para siempre a los santificados. Y atestíguanos lo mismo el Espíritu Santo" (He. 10:14, 15). Ninguna clasificación en el cielo o en la tierra es más distintiva, trascendente, o verdadera que la que opera el Espíritu cuando une al individuo con Cristo. Este mismo aspecto posicional de la santificación se expone también en otros tres pasajes: "Mas de El sois vosotros en Cristo Jesús, el cual nos ha sido hecho por Dios sabiduría, y justificación y santificación y redención" (1 Cor. 1:30); "Mas nosotros debemos siempre dar gracias a Dios por vosotros, hermanos amados del Señor,

de que Dios os haya escogido desde el principio para salud, por la santificación del Espíritu y fe de la verdad" (2 Tes. 2:13); "Elegidos según la presciencia de Dios Padre en santificación del Espíritu, para obedecer y ser rociados con la sangre de Jesu-Cristo . . . " 1 P. 1:2). (b) La santificación también es experimental, en la que por el poder del Espíritu Santo que operando dentro del hijo de Dios uno es vigorizado tanto para ser librado del pecado como para ser efectivo en cada actitud correcta y en el servicio. La santificación progresiva o experimental se ha dicho que es la voluntad de Dios para cada creyente, y esto es razonable. Escrito está: "Porque la voluntad de Dios es vuestra santificación, que os abstengáis de fornicación: que cada uno de vosotros sepa tener su vaso en santificación y honor" (1 Ts. 4:3, 4). El progreso en la madurez del carácter por obra del Espíritu puede ser logrado solo y a través de la Tercera Persona en la Deidad. (c) La santificación todavía será obtenida o realizada en su tercera y última forma; es decir, los cristianos serán presentados sin falta ante la presencia de Dios (comp. Ef. 1:4; Jud. 24) y conformes a la imagen de Cristo (comp. Ro. 8:29; 1 Jn. 3:1-3). Así se revela que la santificación es la obra del Espíritu Santo. Otras Escrituras revelan que el Espíritu Santo, aun cuando infinitamente santo, es libre para encargar todos sus ministerios al creyente –aun a pesar de su naturaleza caída y sus fracasos– siendo que Cristo no solo murió *por* los pecados del creyente, sino para que éste muriera *al* pecado.

17. COMO UNA PRENDA. Este tema final de la lista, recuerda el pensamiento de un compromiso de matrimonio. Todas estas ilimitadas bendiciones juntas son aseguradas por la presencia y el poder del Espíritu Santo en el creyente; son como las arras o prenda, una previa experiencia de la gloria celestial que ha de venir. Una prenda es la prima (primer pago) – semejante en calidad, pero sólo una fracción en cuanto a cantidad, aunque una muestra exacta de la totalidad – de la segura experiencia del creyente en el cielo. Escrito está: "El cual también nos ha sellado, y dado la prenda del Espíritu en nuestros corazones" (2 Co. 1:22). "Mas el que nos hizo para esto mismo, es Dios; el cual nos ha dado la prenda del Espíritu" (5:5). "Desde que creísteis fuisteis sellados con el Espíritu Santo de la promesa, que es las arras de nuestra herencia, para la redención de la posesión adquirida para alabanza de Su gloria" (Ef. 1:13, 14).

CONCLUSION

Esta lista de las actividades del Espíritu Santo ha sido presentada en esta sección con el fin de demostrar Su personalidad y Deidad. Ninguna de las promesas y garantías citadas arriba podrían ser efectuadas en lo mínimo por otro poder que no sea el de Dios. Así se ha evidenciado que el Espíritu Santo es una Persona y Uno de los Tres de la Deidad.

CAPITULO III

TIPOS Y SIMBOLOS DEL ESPIRITU SANTO

Aunque la Biblia abunda en metáforas, símiles, símbolos, parábolas, alegorías y emblemas –una clasificación de las siete figuras del lenguaje o discurso– es necesario recordar que detrás de cada forma de expresión hay verdad oculta, verdad que no ha de ser subestimada por la forma en que es presentada. Todas estas varias formas de expresión que emplea la Biblia son directamente seleccionadas y utilizadas por Dios, el Espíritu Santo. Ellas en ningún sentido representan únicamente las meras nociones literarias de los hombres. Es más que un pasajero interés que el Espíritu Santo mismo se presenta bajo diferentes tipos y símbolos. Los símbolos y tipos que anunciaba a la Segunda Persona se han efectuado y cumplido concretamente, en forma visible a través de Su encarnación; pero la Persona y obra de la Tercera Persona quedan en oculto de lo que lo inteligible y lo invisible siempre implica. En vista que el conocimiento en cuanto al Espíritu Santo depende mayormente de lo que se dice de El más bien que de lo que se ve o se siente, es necesario prestarle atención a cada insinuación. Aunque en las Escrituras hay buen número de símbolos secundarios, la lista que se da aquí se circunscribe a los siguientes, que son muy notorios, o que describen mejor al Espíritu Santo.

I. ACEITE

Como el aceite se usaba para sanar, para confortar, para iluminar y para ungir con determinados propósitos, así el Espíritu Santo, sana, conforta, ilumina y consagra. En la ofrenda de flor de harina, denominada oblación de presente, de Levítico 2:1-16, en la que Cristo es tipificado en Sus perfecciones humanas, el aceite aparece primero mezclado con flor de harina, y luego derramado sobre ella. Todo esto típicamente anticipa la vida y el ministerio de Cristo en Su relación singular con el Espíritu Santo, relación mantenida aquí en la tierra – una relación en la que la humanidad de Cristo fue sustentada y sus acciones, investidas de potencia por el Espíritu Santo. De igual modo era posible, y hubiera sido natural, para Cristo haber sostenido Su humanidad por el Poder de Su propia Deidad; además, como hombre, de ser sostenido por el Espíritu Santo y no por la Segunda Persona, y siendo que Cristo es el hombre ejemplar y el hombre ideal de Dios, se requiere que El también se apoyara en el Espíritu Santo con respecto a cada necesidad y limitación que presentara su humanidad. En tipo (Lv. 2:4, 5, 7) la flor de harina es mezclada con aceite, sugiriendo que, con respecto a Su humanidad, Cristo fue engendrado por el Espíritu Santo; y, otra vez (Lv. 2:1, 6, 15), el aceite derramado sobre la harina anuncia la unción de Cristo por el Espíritu Santo, como se efectuó en Su bautismo. Hay un real significado en la ordenanza del sacerdote, en la limpieza del leproso (Lv. 14:10-32), habría de aplicarse el aceite en la forma prescrita específicamente. La obra de Cristo en la sanidad física, como en la transformación espiritual, fue operada por el poder del Espíritu Santo. La limpieza del leproso es un tipo de los más evidentes en cuanto a Cristo, ya que prenuncia la salvación del pecado. C. H. Mackintosh dice lo siguiente:

'Y el sacerdote tomará del log del aceite y lo echará en la palma de su mano izquierda: y mojará su dedo derecho en el aceite que tiene en su mano izquierda, y esparcirá del aceite con su dedo siete veces delante de Jehová: Y de lo que quedare del aceite que tiene en su mano, pondrá el sacerdote sobre la ternilla de la oreja derecha del que se purifica, y sobre el pulgar de su pie derecho, sobre la sangre de la expiación por la culpa: y lo que quedare del aceite que tiene en su mano, pondrá sobre la cabeza del que se purifica; y hará el sacerdote expiación por él delante de Jehová' (Lv. 14:15-18). Así, no solo son limpiados nuestros miembros por la sangre de Cristo, sino también consagrados a Dios en el poder del Espíritu. La Obra de Dios no es sólo negativa, sino positiva. El oído es ya no más el vehículo para comunicar contaminación, sino para estar prontos para oír la voz del Buen Pastor; la mano no es ya más usada como un instrumento de injusticia, sino para extenderse en actos de justicia, de gracia y de santidad; el pie no es ya más para hollar las sendas del vicio, sino para andar en los caminos de los santos mandamientos de Dios; y, finalmente, el hombre en su totalidad es para ser consagrado a Dios en la energía del Espíritu Santo. Es en gran manera interesante ver que 'el aceite' fue puesto sobre la sangre de la 'ofrenda por la culpa (sacrificio por el pecado).' La sangre de Cristo es la base divina de la operación del Espíritu Santo. La sangre y el aceite van juntos. Como pecadores, nada sabríamos del último aparte de la base de la primera. No se podrá poner aceite sobre el leproso hasta que la sangre del sacrificio por el pecado fuera aplicada primero. 'En el cual también desde que creísteis fuisteis sellados con el Espíritu Santo de la promesa.' La exactitud divina del tipo evoca la admiración de la mente regenerada. Cuanto más de cerca lo escudriñamos, cuanta más luz de la Escritura concentramos sobre el tema, tanto más de su belleza, fuerza y precisión se percibe y se goza. Todo, como justamente debe esperarse, está en la más hermosa armonía con la entera analogía de la Palabra de Dios." *Notes on Leviticus,* Amer. ed., pgs. 258-59.

Otra vez, en Exodo 40:10, 13 y 15 se registra el requisito con respecto a tres ungimientos particulares: el del altar, que habla de la muerte de Cristo por el Espíritu eterno; el de Aarón como Sumo Sacerdote, que habla del Espíritu reposando sobre Cristo (Is. 61:1); y el de los hijos de Aarón, tipo de los creyentes de esta dispensación y cuya unción contempla la presente relación del Espíritu Santo con los cristianos. En la teocracia antigua, los reyes fueron ungidos (comp. 1 S. 16:12) como oficiales que fueron (comp. 1 S. 10:1); y todo esto indica la autoridad directa de Dios sobre Su pueblo en esa forma de Su gobierno.

Un tipo igualmente bello del Espíritu Santo se nota en el hecho que el aceite servía como una fuente de luz. A los israelitas se les ordenó proveer el aceite para las luces en el tabernáculo (comp. Ex. 25:6). Dos verdades vitales están implicadas en esta tipología especial, como son: que Dios Espíritu Santo es la luz esencial y que el creyente ha de andar a la luz que el Espíritu Santo vierte sobre su mente y corazón, y haciendo así los creyentes mismos son "como luces en el mundo." La luz que los cristianos pueden esparcir es una manifestación de la presencia y poder del Espíritu Santo en sus vidas. En las luces de los tiempos antiguos había aceite, llama y pábilo, que servía como intermediario entre el aceite y la llama. Tenía que haber contacto entre el aceite y el pábilo, así éste habría de estar libre de partículas de carbón. Tenía que despabilarse para permanecer limpio. Esta verdad tan esencial es obvia para toda efectividad espiritual. Las diez vírgenes de Mateo 25:1-13 fueron o sabias o fatuas de acuerdo con su preparación espiritual, hecho que el aceite simboliza en la parábola. Cinco habrán de ser excluidas del palacio del Rey cuando El vuelva a la tierra, y cinco van a encontrarlo con la preparación debida y entrarán con El en el palacio. Las vírgenes representan a Israel sobre la tierra esperando el retorno del Mesías con Su Esposa (comp. Lc. 12:35, 36; Sal. 45:8-15).

Aparecen otros tres temas todavía en conexión con la tipología que representa el aceite. En el Salmo 45:7 hay referencia al "óleo y gozo". "El fruto del Espíritu es gozo." Mientras que en Salmo 104:15 se prescribe el aceite para hacer brillar el rostro, y en Salmo 23:5 David alaba a Dios que ha "ungido su cabeza con aceite", todo lo cual es un presagio de la presencia y poder del Espíritu en el creyente.

Escribiendo del aceite como un símbolo del Espíritu Santo, el Dr. Juan F. Walvoord declara:

"Tanto en el Antiguo como en el Nuevo Testamento el Espíritu Santo frecuentemente se halla en este tipo. En el tabernáculo, el aceite de oliva puro que mantiene ardiendo continuamente la lámpara en el lugar santo habla elocuentemente del ministerio del Espíritu Santo en la revelación y la iluminación, sin el cual el pan de la proposición (Cristo) hubiera quedado invisible en la obscuridad, y el camino hacia el lugar santísimo no se hubiera aclarado (Ex. 27:20, 21). El aceite jugó un papel importante en los sacrificios (Lv. 1-7). Se usó en el ungimiento de los sacerdotes y en la consagración del tabernáculo (Lv. 8). Se usó para instalar en su oficio a los reyes (1 S. 10:1; 16:13; 1 R. 1:39; etc.). En adición a estos usos sagrados, se usaba como alimento, (Ap. 6:6), medicina (Mr. 6:13), y aún como un medio de intercambio (1 R. 5:11) –Vea *International Standard Bible Encyclopedia,* s. v., Oil. Los ejemplos de referencia al aceite en el Antiguo Testamento exceden en número a los del Espíritu Santo. Según la Concordancia de Young hay 175 referencias al aceite en el Antiguo Testamento y una docena de veces en el Nuevo, siendo las más notables: Mt. 25:3-8; He. 1:9; Stg. 5:14. Una referencia interesante en Jn. 3:34, que habla del Espíritu que no se 'da por medida' en Cristo. De los distintos usos del aceite en la Biblia podemos llegar a la conclusión que el aceite habla de la santidad, santificación, revelación, iluminación, dedicación y sanidad." *The Doctrine of the Holy Spirit,* págs. 22 y 23.

II. AGUA

Este elemento tan común y tan vasto en el mundo sirve como tipo de juicio (Ej.: el diluvio, la destrucción en el Mar Rojo, y los ríos descritos por Cristo en Mt. 7:25), de la Palabra de Dios (comp. Jn. 3:5; Tit. 3:5; 1 Jn. 5:6, 8), y del Espíritu Santo. En Su conversación con la mujer samaritana, Cristo habló del agua que El daría como "agua de vida", la cual es simbolizada en el tipo como corrientes de aguas. El Espíritu Santo está tipificado por el agua, y este cuerpo de verdad es realmente extenso. Como el agua es esencial para la limpieza, satisfacción, renovación y refrigerio, así el Espíritu Santo es vital para el hijo de Dios. Este tema general se puede dividir en tres partes: (a) El Espíritu aplica la sangre de Cristo para toda limpieza, (b) el Espíritu como morador, y (c) las manifestaciones del Espíritu fluyendo. Estas tres divisiones aquí son consideradas más extensamente. (a) El aspecto de limpieza está tipificado por el baño de los sacerdotes en conexión con su iniciación en su oficio sacerdotal. Ellos entonces eran bañados enteramente y una vez por todas por el Sumo Sacerdote (comp. Ex. 29:4; Lv. 8:6), baño que representa el lavamiento una vez por todas de la regeneración operada para el sacerdote creyente a su entrada tanto a su estado de salvo como a su servicio para Dios como sacerdote. Así también, hay una limpieza constante para el cristiano en su andar, el cual se anticipa en tipo, por la limpieza provista por el sacrificio y las cenizas de la vaca roja (Nm. 19:2 y sig.). El antitipo del Nuevo Testamento está declarado en 1 Jn. 1:9: "Si confesamos nuestros pecados, El es fiel y justo para perdonar nuestros pecados y limpiarnos de toda maldad" (comp. Ef. 5:26). Es el Espíritu Santo el que aplica la sangre de la limpieza. Como un acto simbólico, Cristo lavó los pies de los discípulos (Jn. 13:1-17). (b) Como el Santo Espíritu morador, Cristo le dijo a la Samaritana: "Mas el que bebiere del agua que yo le daré será en él una fuente que salte para vida eterna" (Jn. 4:14). El Espíritu Santo que habita en el creyente es una realidad y Su presencia, una bendición inconmensurable, en todos los que El está siempre activo. Como un pozo artesiano, El está "vertiendo" para vida eterna. La vida eterna es no sólo ganada y lograda por la operación del Espíritu Santo, sino que es mantenida, como son todas sus manifestaciones, por el Espíritu. (c) Con relación al Espíritu fluyendo, la promesa de Cristo, según San Juan 7:37-39, es central. Allí está escrito: "En el postrer día de la fiesta, Jesús se puso en pie y alzó la voz, diciendo: Si alguno tiene sed venga a mí y beba. El que cree en mí, como dice la Escritura, de su interior correrán ríos de agua viva. Esto dijo del Espíritu que habían de recibir los que creyesen en El; pues aún no había venido el Espíritu Santo, porque Jesús no había sido aún glorificado." El río mismo es interpretado por algunos como un tipo aparte del Espíritu Santo, y, en tal caso mucho se debe al río predicho por Ezequiel que saldrá de la misma presencia de Jehová en la Era por venir (Ez.47:1-12), simbolizando el vasto aumento de las bendiciones y poder del Espíritu en aquel día.

La gran mayoría de los cristianos interpretan el agua, o ritual, el bautismo como un signo externo o símbolo de la obra interna del Espíritu Santo en el creyente. Por tanto, para algunos, este tipo (el agua) representa todos los aspectos de la obra del Espíritu Santo en el cristiano; para otros está más específicamente relacionado al bautismo del Espíritu. Entre los últimos se cree que el "un bautismo" de Efesios 4:5 se refiere al bautismo por el Espíritu Santo, pero también incluye su señal externa o símbolo, ambos, el real y el ritual, juntos combinados para formar el "un bautismo." El acceso del Espíritu al creyente con todo lo que Su graciosa presencia garantiza está simbolizado (según se cree) por la aplicación del agua en el bautismo; y esto, a su vez, corresponde completamente con el uso típico del agua a través de todo el Antiguo Testamento (comp. Is.52:15; Ez.36:25). Un rasgo encomiable de esta interpretación del rito bautismal se ve en el hecho de que ningún bautismo diverso, separado o independiente se ha apartado del bautismo por el Espíritu Santo el cual obligaría a reconocer los dos bautismos –el del Espíritu y el ritual – a la luz de la aserción de la Escritura que hay "un bautismo". En toda esta verdad respecto a bautismo, por los que así lo interpretan, el agua viene a ser una vez más, un emblema del Espíritu Santo.

III. EL FUEGO

Con referencia al fuego como un símbolo del Espíritu Santo, el finado F.E. Marsh, de Londres, escribe:

"A menudo encontramos que un símbolo puede representar dos o más cosas. León, por ejemplo, se usa como una metáfora en cuanto a Cristo y a Satán, y aun con sus diferencias, porque mientras se usa para expresar el valor y hazañas de nuestro Señor, simboliza la crueldad y ferocidad de Satán (Ap.5:5; 1 P. 5:8). El fuego también es usado para diferentes cosas. Es un símbolo de la presencia del Señor, en consecuencia, Jehová apareció a Moisés 'en llama de fuego' (Ex.3:2). El fuego es señal de la aprobación divina. Así en conexión con el tabernáculo (Lv.. 9:24), en la dedicación del templo (2 Cr.7:1), y en el Monte Carmelo, vino fuego del cielo y consumió el sacrificio como muestra de la aprobación y aceptación de Dios (1 R.18:38). El fuego está asociado con la protección de la presencia de Dios, de aquí que era como 'una columna de fuego' para los hijos de Israel para iluminarlos y defenderlos (Ex.13:21), y El promete ser 'un muro de fuego' para Su pueblo (Zac.2:5). El fuego es un símil de su disciplina y de la prueba. Cuando el Señor purifica a los hijos de Leví, lo hace como un joyero purifica al oro, por la acción del fuego (Mal.3:3); y cuando Cristo escudriña a las siete iglesias, se describe como 'una llama de fuego' (Ap.1:14); y cuando los creyentes son probados se les recuerda que 'la prueba de vuestra fe' es 'mucho más preciosa que el oro, el cual perece, se prueba con fuego' (1 P. 1:7). Y así mismo se nos recuerda que 'Nuestro Dios es fuego consumidor' (He.12:29). El fuego es un emblema de la Palabra de Dios, que arde y calienta. La declaración de Dios a Jeremías fue: 'He aquí que yo pongo mis palabras en tu boca por fuego' y después, cuando el profeta resolvió no hablar la Palabra, tuvo que confesar: 'Y dije: No me acordaré más de El, ni hablaré más en Su nombre; no obstante, había en mi corazón un fuego ardiente metido en mis huesos; traté de sufrirlo y no pude' (Jer.5:14; 20:9). El fuego habla del juicio de Dios. Cuando los hijos de Aarón trajeron el fuego extraño en su atrevido egoísmo, 'salió fuego de delante de Jehová y los quemó' (Lv.10:2); también el fuego es una emblema del Espíritu Santo, porque es comparado a 'Siete lámparas de fuego que ardían delante del trono' (Ap.4:5), y cuando descendió en el Pentecostés se compara a 'lenguas repartidas como de fuego' (Hch.2:3). Directa e indirectamente el poder del Espíritu puede ser comparado con el fuego. El ardor del servicio, la llama del amor, el fervor de la oración, la sinceridad del testimonio, la devoción de la consagración, el sacrificio de la adoración, y el poder ígneo de su influencia, se atribuyen al Espíritu.".- *Emblems of the Holy Spirit,* 2a. Ed. pgs. 114,115.

IV. VIENTO

El aliento de Dios es comparado al viento, y pudiera ser como un juicio (comp. Is.40:24), o como una bendición. Las Escrituras, por ejemplo, son aliento divino. Después de Su resurrección, Cristo sopló sobre sus discípulos y dijo, "Recibid el Espíritu" (Jn. 20:22). Así también cuando fue creado el hombre, Dios sopló en la forma sin vida y el hombre fue un alma viviente. Cristo comparó la obra del

Espíritu a la acción del viento al hablar con Nicodemo y le dijo: "El viento de donde quiere sopla y oyes su sonido, más no sabes de dónde viene ni a dónde va", así es cualquiera que es nacido del Espíritu" (Jn.3:8). Asimismo el Espíritu movió a los santos hombres de la antigüedad para escribir el Texto Sagrado. Ellos fueron *traídos* como una nave es impelida por el viento. Pedro afirma: "Porque nunca la profecía fue traída por voluntad humana, sino que los santos hombres de Dios hablaron siendo inspirados por el Espíritu Santo" (2 P. 1:21). El Espíritu vino en el Pentecostés "como un viento recio que soplaba" y así viene como un poder animador y vivificante para salvar a los perdidos.

V. PALOMA

Fue en el bautismo de Cristo cuando el Espíritu Santo descendió sobre El en forma corporal como paloma. De este momento importante de la vida terrenal de Nuestro Señor, Juan el Bautista declaró: "Este es aquel de quien yo dije: Después de mi viene un varón, el cual es antes de mí, porque era primero que yo. Y yo no le conocía; más para que fuese manifestado a Israel, por esto vine yo bautizando con agua. También dio Juan testimonio, diciendo: Vi al Espíritu que descendía del cielo como paloma, y permaneció sobre El. Y yo no le conocía; pero el que me envió a bautizar con agua, aquel me dijo: Sobre quien veas descender el Espíritu y que permanece sobre El, ése es el que bautiza con el Espíritu Santo. Y yo le vi, y he dado testimonio de que éste es el Hijo de Dios" (Jn.1:30:34). Hay muchos detalles en que el Espíritu Santo puede ser comparado a una paloma. Como por el carácter de una paloma, C.H. Mackintosh en sus *Notes on Genesis,* escribe acerca de la paloma que Noé dejó ir del arca:

"'Y sucedió que al cabo de cuarenta días, que Noé abrió la ventana del arca que él había hecho: y soltó un cuervo, que anduvo de aquí para allá, hasta que las aguas se secaron de sobre la faz de la tierra.' El ave impura se escapó y halló, no hay duda, un lugar en donde descansar en algún cadáver flotante. No buscó de nuevo el arca... . 'No así la paloma. Ella no encontró dónde descansar y regresó a él dentro del arca... y otra vez él envió la paloma fuera del arca, y la paloma regresó a él en la tarde; y he aquí que traía en su pico una hoja de olivo.' ¡Precioso emblema de la mente renovada la que, en medio de la desolación circundante, busca y encuentra su descanso y su porción en Cristo; y no sólo eso, sino también se ase de las arras de la herencia y suministra la bendita prueba de que el juicio ha terminado, y que una tierra renovada está plenamente a la vista. Por el contrario, la mente carnal puede descansar sobre cualquier inmundicia. Las 'hojas de olivo' no tienen para ella ninguna atracción. Puede hallar para sí todo lo necesario en una escena de muerte y desolación, y por lo tanto no se preocupa de pensar en un mundo nuevo y en sus glorias; pero el corazón que ha sido instruido y ejercitado por el Espíritu de Dios sólo puede descansar y gozarse en aquello en que El descansa y se regocija. Descansa en el Arca de Su salvación 'hasta el tiempo de la restauración de todas las cosas.' Que así sea tanto para tí como para mí, amado lector – que Cristo sea el descanso interior y la porción de nuestros corazones, que así no podamos buscarlos en un mundo que está bajo el juicio divino. La paloma regresó a donde Noé, y esperó su tiempo de descanso; y nosotros siempre encontraremos nuestro lugar con Cristo, hasta el tiempo de Su exaltación y gloria en la edad que está por venir. . . 'El que ha de venir vendrá y no tardará.' Todo lo que necesitamos en este caso, es un poco de paciencia. Que el Señor Dios dirija nuestros corazones en Su amor y en 'la paciencia de Cristo'." 4a. Ed. pgs. 104,105.

Este emblema, como todos los demás que se encuentran en las Escrituras, es escogido directamente, indicado y usado como tal por Dios, Espíritu Santo.

VI. ARRAS

Mirando hacia ese estado glorioso en la eternidad que espera cada hijo de Dios, hay un anticipado sabor de eso que le es otorgado al creyente. Esos dones inmensurables y gracias del Espíritu Santo en los que los cristianos pueden entrar ahora, son sólo una prenda de aquellas bendiciones, de aquella incomparable plenitud, que espera libertarnos de esta esfera de vida. Los frutos que trajeron los espías de la tierra prometida eran una prenda de lo que la tierra almacenaba para el pueblo del Pacto. Las joyas que el siervo de Isaac le puso a Rebeca fueron una prenda de todas las riquezas y el honor de Isaac. Nada puede añadirse a lo que ya ha sido prometido, cuando se ha dicho que "todas las cosas son vuestras", y que vosotros "sois coherederos con Cristo." Con todo, es indispensable notar que los dones y las bendiciones no son la prenda. Otra vez, como en la relación que los creyentes tienen con Cristo, la atención se centra no en las cosas, gloriosas por cierto, sino en Una Persona.

VII. SELLO

Este tema, que habla de la propiedad y autoridad del Espíritu sobre el creyente, y de su seguridad y parte para el día de la redención, ha sido considerado anteriormente y será contemplado más extensamente en otro capítulo de este volumen.

VIII. EL SIERVO DE ABRAHAM

Aún queda un tipo sobresaliente del Espíritu Santo, presentado en

Génesis 24:1-67. Es la parte del siervo fiel que envió Abraham para conseguir una esposa para su hijo Isaac. Siendo que en las Escrituras no se da nombre real al Espíritu Santo, sino que se le conoce solamente por títulos descriptivos, tampoco a este siervo se le ha dado nombre alguno. Indudablemente que era el damasceno Eliezer, mayordomo de la casa de Abraham (Gn.15:2); más con todo, no se le da nombre para que el tipo sea completo. Abraham es un tipo de Dios el Padre en muchos respectos, aquí y en otras partes, como Isaac es tipo del Hijo de Dios. El siervo es enviado a un lugar distante para asegurar una esposa para el hijo. Cada paso en este viaje y todo lo que se cumplió está saturado de abundantes sugerencias relativas a la misión presente del Espíritu Santo en el mundo y el llamamiento de la esposa de Cristo. El finado Dr. George E. Guille en un folleto titulado "Isaac y Rebeca", escribe:

"En este capítulo 24 de Génesis son prominentes tres personas: un padre, el hijo y su siervo. El padre y el hijo están ocultos en su casa, la del padre, en Canaán, mientras que el siervo viaja en busca de la esposa. Canaán es la bien conocida prefiguración del cielo, a donde Cristo ha ido a preparar un lugar para la llegada de Su esposa, por quien el Padre ha enviado al Espíritu Santo a la escena de donde Su hijo fue rechazado. En todo el capítulo (67 versículos) se muestra cuanto del corazón de Dios se manifiesta en la historia –cómo está preocupado en la obra de Su Espíritu; solicitando y ganando almas para El." – Continuando con una descripción del viaje que Rebeca hizo con el siervo el Dr. Guille escribe: 'El cabalgar en camello no es placentero, y el desierto no tiene encanto, pero una cosa hizo una delicia cada hora del viaje: el siervo que había jurado a su señor el traer una esposa, estaba allí, indicando el camino que conducía hasta Isaac y alentando el corazón de Rebeca al hablarle de él. Una y otra vez él refirió la historia de su nacimiento milagroso, de su voluntario sacrificio en el Monte Moria, de su posición, honor y riqueza como hijo amado y heredero de Abraham, y de su personal amabilidad y dignidad. . . ¡Oh, alma! , ¿conoces tú de la experiencia espiritual de lo que esto es sólo una figura? El Espíritu que te ganó para Cristo, está morando en tu corazón, y está guiándote en el camino hacia el verdadero Isaac. Y a cada paso del viaje El tiene un bendito ministerio que efectuar. El tomará las cosas de Cristo y te las mostrará" (pgs. 15, 26,27).

CONCLUSION

El invisible, el que nunca ha sido manifestado como lo fue Cristo, excepto en la forma en que fue identificado por Juan el Bautista, mediante el símbolo corporal, como en forma de paloma, sin embargo, es presentado bajo tipos y símbolos o emblemas con el fin de que El pueda llegar a ser real al hijo de Dios y que sus muchas características puedan ser reveladas.

CAPITULO IV

EL ESPIRITU SANTO Y LA PROFECIA

En el sentido más amplio de este tema, el Espíritu Santo es (1) El autor de la Profecía y (2) El mismo es el sujeto de la predicación. Estos dos aspectos de la verdad bien pueden ser considerados separadamente.

I. EL AUTOR DE LA PROFECIA

Luego se observará que la palabra *profecía,* como se usa aquí, está contemplada en su extenso significado que incluye la predicación y la predicción. En la primera idea está incluida la total revelación de Dios, mientras que en la última se incluye solamente lo que es predicción. Esta distinción demanda completo reconocimiento de la primera tanto como de la segunda.

Dios ha hablado. Su voz ha sido escrita y forma el texto de la Escritura. La producción de la Biblia es distintamente una tarea encomendada al Espíritu Santo de Dios. Fue el Espíritu Santo el que produjo las palabras del Padre y las del Hijo para que fueran escritas; porque el Espíritu es el anotador de todo lo que está escrito. En la unidad que existe en la Divinidad, el Padre puede hablar de las Escrituras como "mi palabra" (Is.55:11) y, de la misma manera, la palabra del Hijo puede ser indicada así (Col.3:16); pero el Espíritu Santo permanece como el autor del Texto Sagrado, quien registró estas palabras.

En el trabajo sobre Bibliología se ha tratado de modo extensivo y en cierta forma completa este tema. Una repetición de esta tesis general no es necesria aquí. El Dr. J. F. Walvoord enfoca este tema de tal manera que bien puede aquí ser incorporado. El afirma:

"De los muchos ministerios del Espíritu Santo en el Antiguo Testamento, hay pocos que atañen tan de cerca a los cristianos como el de la inspiración de las Escrituras del Antiguo Testamento. Siendo que las doctrinas peculiares del Cristianismo en gran parte están en las revelaciones del Nuevo Testamento, es patente aun para un casual observador, que el Nuevo Testamento está basado en el Antiguo, y que el uno sin el otro no constituye una revelación completa o satisfactoria. La doctrina de la inspiración, que tiene que ver con la formación de las Escrituras, no difiere en mucho en los dos Testamentos. La doctrina de la inspiración de las Escrituras ha sido la posición histórica de la mayor parte de las iglesias protestantes, como lo testifican abundantemente sus credos. Cualquiera que sea el grado latente de incredulidad entre sus ministros o los laicos, y cualesquiera sean los desacuerdos que puedan haber entre los grupos denominacionales sobre otras doctrinas, las iglesias protestantes oficialmente han sostenido la doctrina de la inspiración de las Escrituras. Esto ha sido el tema de largas discusiones y argumentos, con todo, se han propuesto diferentes puntos de vista en cuanto a la inspiración.

No se puede aquí acometer una discusión completa de esta doctrina. La importancia de la inspiración de las Escrituras, aunque tácitamente negada por algunos en los últimos tiempos, es fácilmente sostenible. Es un asunto de tremenda importancia el si las Escrituras, son un producto sobrenatural de la Palabra de Dios, o si son una colección de trabajos de hombres, conteniendo los errores que se deben esperar en cualquiera obra humana. Como escribe Boettner: 'Se ve fácilmente que el asunto de la inspiración es de vital importancia para la Iglesia Cristiana. Si ella tiene un cuerpo definido y autoritativo de Escritos a los cuales acudir, es una tarea comparativamente fácil formular su doctrina. Todo lo que tiene que hacer es buscar las enseñanzas de las Escrituras y reunirlas en su credo. Pero si las Escrituras no son autoritativas, si han de ser corregidas y editadas, y algunas partes han de ser rechazadas abiertamente, la Iglesia tiene un problema mucho más serio, y no puede haber fin de opiniones contradictorias, ya sea con respecto al propósito de la Iglesia o del sistema de doctrinas que ella tiene que sustentar' *(The Inspiration of the Scriptures,* p. 10). El propósito de la presente discusión no es intentar la explanación de los argumentos que sustentan la inspiración de las Escrituras. Los argumentos procedentes de fuentes externas a las Escrituras del todo no serán considerados, y las evidencias bíblicas serán discutidas sólo hasta donde ilustran la obra del Espíritu Santo. Lo que la Biblia dice sobre el tema es mucho más conclusivo y claro al ojo de la fe que todos los argumentos presuntuosos de los incrédulos.

El significado técnico de la *inspiración* es bien distinto de su uso común en referencia a conceptos no bíblicos. Como señala B.B. Warfield: 'La palabra 'inspirar' y sus derivados, parecen proceder del francés, y ha sido empleada desde el principio (en los albores del siglo XIV) con un considerable número de significados, físicos y metafísicos, seculares y religiosos' *(International Standard Bible Encyclopaedia, s.v. Inspiration,* p. 1473). Todavía hablamos de ser inspirados por una bella puesta de sol, o de oír un sermón inspirador. Tales usos comunes, no obstante, no son paralelos con *inspiración* en un sentido doctrinal. Aun en el lenguaje ordinario concebimos la inspiración como una fuerza proveniente del exterior. Como dice Warfield: 'Subyacente a todos sus usos, con todo, está la constante implicación de una influencia exterior, produciendo en su objeto movimientos y efectos más allá de lo que le es natural, o al menos, de su poder ordinario' (loc. cit.). Volviendo a las Escrituras observamos escasez de referencias a la palabra *inspiración* hasta donde al mismo término atañe. En Job 32:8 citamos a Eliú: 'Ciertamente espíritu hay en el hombre, y el soplo del Omnipotente le hace que entienda.' Esto puede hacer una fuerte referencia a la inspiración de la Escritura, sin embargo, es dudoso que algo de la Biblia existiera en aquella época, a lo menos en su forma presente. La otra única referencia se halla en 2 Ti.3:16, en donde nuestra versión traduce: 'Toda la Escritura es inspirada por Dios y últil para enseñar, para redargüir, para corregir, para instruir en justicia.' En la revisión Americana la traducción se cambia así: 'Toda escritura inspirada por Dios es también últil para enseñar, para reprensión, para corrección, para instrucción en justicia.' La versión revisada, al intentar resolver el problema creado por la ausencia de la cópula, nada extraño en el griego, ha debilitado en gran manera el pasaje, y eso, injustamente. El sustantivo *inspiración* desaparecería enteramente del Nuevo Testamento inglés al permitirse esta traducción, y surge la impresión errónea de que hay alguna Escritura que no es inspirada. La dificultad radica mayormente en la palabra *inspiración* misma. La palabra griega θεόπνευστος (aliento de Dios), realmente no significa absolutamente *inspirando.* Como Warfield nota: "El término griego, con todo, nada dice de *inspirando* o de *inspiración*: únicamente habla de 'spirando' o 'spiración.' Lo que dice de la Escritura es, no que sea 'insuflada' por Dios o que es 'exhalada' por Dios, 'soplo de Dios', el producto del aliento creador de Dios. En pocas palabras, lo que se declara por este pasaje fundamental es simplemente que las Escrituras son un producto divino, sin indicación alguna de cómo ha operado Dios al producirlas, (Ibid., p. 1474). De 2 Timoteo 3:16 podemos concluir que la inspiración es la obra de Dios por la cual o a través de la cual han sido dadas las Escrituras. Después de afirmar el hecho de la inspiración, no obstante, el mismo versículo proporciona una conclusión más interesante y significativa. Por el hecho de ser las Escrituras inspiradas, son por tanto, útiles para doctrinar, redargüir, corregir e instruir en justicia. En otras palabras, la inspiración garantiza exactitud y le da autoridad divina a lo registrado.

Es en gran manera necesario revisar aquí el testimonio abundante de las Escrituras a este respecto. Cristo mismo citó frecuentemente el Antiguo Testamento como la Palabra de Dios. Los escritores reclamaron inspiración tocante a sus trabajos. El contenido de las Escrituras es tal que sus profecías tienen que haber sido el producto de la revelación divina; y sus relatos precisos, obra de la inspiración. El testimonio a favor de la inspiración en todo es de lo más conclusivo porque las Escrituras mismas no intentan probar dicha inspiración; ellas únicamente la afirman y la asumen, de la misma manera como ellas mismas asumen la existencia de Dios. Asunto de mayor observación es que las Escrituras no sólo son divinas, sino también humanas. Las palabras usadas fueron las que estaban dentro del vocabulario de los escritores. Sus propias emociones, conocimiento humano, experiencias y esperanzas entraron en las Escrituras que ellos redactaron sin comprometer en lo mínimo su inspiración. Sin duda, algunas porciones de la Escritura son dictadas, como lo indican ellas mismas, pero la mayor parte de ellas no tienen esta característica. Haciendo caso omiso del grado de influencia humana o divina en las Escrituras, el resultado es igualmente inspirado e igualmente apropiado al propósito de Dios. El examen de la obra del Espíritu Santo en la inspiración sustentarán estas evidencias a favor de la doble paternidad, divina y humana, de las Escrituras.

Una declaración apropiada del significado de la inspiración debe afirmar que Dios dirigió tan sobrenaturalmente a los autores del Texto Sagrado que sin renunciar a su inteligencia humana, su individualidad, su estilo literario, sus sentimientos naturales, o cualquier otro factor humano; Su propio mensaje para el hombre, completo y coherente, fue registrado con completa exactitud; las mismísimas palabras de la Escritura llevan la autoridad de su divino autor. Nada menos que una plenaria y verbal inspiración satisfarán las demandas de las Escrituras mismas y dan a la fe la confianza en la Palabra de Dios que es esencial para la fe y la vida." –*The Doctrine of the Holy Spirit,* pgs. 56-60.

Dentro de la línea de su propia capacidad, ningún ser humano podría escribir la Biblia. El tema principal ha de estar en armonía con el plan eterno y el propósito de Dios. Ha de comprender todo lo que caracteriza a Dios y la eternidad futura. Ha de reconocer el intento divino en todo el campo permitido del mal y proveer una redención. Debe haber no sólo una revelación de Dios mismo, sino que ha de ser digna de El. Un momento de consideración de estos estupendos requerimientos convencerían a una mente reflexiva de la absoluta necesidad de que hay una doble paternidad con respecto a cada palabra (la del Espíritu Santo y la del agente humano) y que las Escrituras son un producto divino tan definitivamente como lo fueron las tablas de piedra escritas con el dedo de Dios.

II. EL TEMA DE LA PREDICCION

Otra vez bien puede citarse al Dr. Walvoord. Sobre la Escatología con respecto al Espíritu Santo, escribe:

"La doctrina de la obra futura del Espíritu Santo prácticamente no ha llamado la atención en las obras existentes sobre teología y en libros sobre el Espíritu Santo. Buscamos en vano una exposición sobre esta doctrina en teologías regulares tales como Hodge, Strong, Shedd, Alexander, Watson, Wardlaw, Dorner, Dick, Miley, Gerhart, Valentain, Buel y el trabajo reciente de Berkhof. En obras sobre el Espíritu Santo tales como las de Kuyper, Smeaton, Moule, Cummings y Simpson, prácticamente no se menciona la referida doctrina. El factor principal responsable de este defecto es la triple división con que se enfoca la Escatología misma. La teoría Post-Milenial sostiene que el milenio profetizado se efectuará en la edad presente a través de la predicación del Evangelio, o sea un retorno 'espiritual' de Cristo. Si tal teoría fuera sostenida, por supuesto, el ministerio presente del Espíritu continuaría por toda la dispensación culminando en la conclusión de todas las cosas en el juicio final. En esta teoría no hay necesidad de estudiar la escatología del Espíritu Santo. Análoga situación se halla entre los llamados Amilenialistas, que sostienen que esta edad presente continuará y pasará al estado eterno sin milenio alguno. Unicamente de los Premilenialistas, que anticipan un milenio sobre la tierra después del regreso de Cristo para establecer Su Reino, se puede esperar una consideración de la doctrina, y proporcionar una exposición de ella. Con todo, en los escritos de los maestros y teólogos premilenialistas existe también un sorprendente descuido sobre esta doctrina. Entre los antiguos premilenialistas, tales como Van Oosterzee, hay poca exposición y apología de la posición premilenial, y prácticamente no se presta atención al ministerio profetizado del Espíritu Santo para el período milenial. Se le ha dado más atención a los otros grandes temas de la profecía. El resultado es que ha habido poca comprensión de la naturaleza de los ministerios del Espíritu profetizados para los períodos siguientes de la tribulación y del milenio. Es a esta tarea que ahora nos dedicamos.

La corriente posición premilenial es tomada como base de la discusión. Las Escrituras profetizan que después del regreso de Cristo por la Iglesia seguirá un período de tribulación sin precedentes, período de aproximadamente siete años, según Daniel 9:27, reducido un poco (Mt. 24:22), y dividido en mitades de tres años y medio cada uno. La última mitad es conocida como la 'gran tribulación' y en ella hay una expansión sin precedente del pecado y de un juicio divino sobre el mismo. El retorno de Cristo para establecer Su reino termina de manera abrupta la tribulación y sigue el milenio en el que Cristo gobernará y establecerá la justicia y la paz universal. El mismo milenio se clausura con otro brote de pecado y con el juicio final de los impíos, y el establecimiento de los nuevos cielos y la nueva tierra introduce el estado eterno. Es en medio de estos eventos conmovedores cuando el Espíritu Santo ministra en cumplimiento de la profecía. Es claro que en la naturaleza de las circunstancias Su obra será muy diferente de la asumida en el presente a favor de la Iglesia. Mientras los pasajes de la Escritura no son tan abundantes, sí hablan con autoridad sobre puntos tan importantes.

Uno de los falsos conceptos populares del período de la tribulación profetizado es que todos los que entran en él están irrevocablemente perdidos. Es cierto que individuos que han tenido la oportunidad de oír el Evangelio y de recibir a Cristo durante la presente dispensación de gracia es improbable que acepten a Cristo en los días difíciles de la tribulación. Por otra parte, es obvio que muchos serán salvos, algunos de ellos sobrevivirán a los horrores de la tribulación para entrar al milenio y otros morirán como mártires. El rapto de la Iglesia antes del período de los siete años de tribulación se lleva a todos los cristianos de esta tierra. Inmediatamente, sin embargo, la ceguera de Israel será quitada (Ro. 11:25) y miles de Israelitas se volverán a Su Mesías tanto tiempo despreciado. Entre los gentiles también habrá convertidos de todas las naciones y lenguas (Ap. 7:9-17). Mientras el período de la tribulación se caracteriza por la maldad y la apostasía, habrá un tiempo seguido por una gran cosecha de almas. A la luz de estos hechos, uno debe esperar que en tal período el Espíritu Santo tenga un ministerio eficaz.

Indudablemente que el milenio será la más gloriosa de todas las dispensaciones. Será la más completa extensión de la justicia y caracterizarán al período la paz y la prosperidad universal. Cristo regirá toda la tierra y toda nación Le conocerá. El conocimiento del Señor será de un mar al otro mar. Durante el milenio Satán será atado, y no habrá actividad demoníaca. El hombre continuará poseyendo su naturaleza pecaminosa con su inherente debilidad, pero no habrá tentación exterior para provocarla. El ministerio de los santos resucitados en la tierra añadirá su toque distintivo a la inusitada situación. Es manifiesto que en tal período el Espíritu Santo tendrá un ministerio que excede al de las previas dispensaciones en perfección y poder, aunque el milenio será legal en su forma de gobierno, en vez de gracia como en la presente dispensación.

Las profecías que describen el milenio, a las que ya se han hecho referencias, unifican su testimonio de que la obra del Espíritu Santo en los creyentes será más abundante y tendrá mayores manifestaciones en el milenio que en cualquier otra dispensación anterior. Es evidente por las Escrituras que todos los creyentes estarán habitados por el Santo Espíritu en el milenio al igual que lo son en la era actual (Ez. 36:17; 37:14; Jer. 31:33).

La llenura del Espíritu Santo será cosa común en el milenio, en contraste a la poca frecuencia en las otras épocas, y se manifestará en adoración y alabanza al Señor y en obediencia voluntaria a El, así como en poder espiritual y en una transformación interior (Is. 32:15; 44:3; Ez. 39:29; Jl. 2:28, 29). En contraste con la apatía espiritual, frieza y mundanalidad del presente, habrá fervor espiritual, amor de Dios, santo gozo, un entendimiento universal de las verdades espirituales y una maravillosa comunión de los santos. La unidad espiritual y bendición que caracterizó a las reuniones de la Iglesia primitiva son un anticipo de la comunión de los santos en todo el mundo en el milenio. El énfasis caerá sobre la justicia en la vida y en el gozo del Espíritu.

La plenitud del Espíritu descansará también sobre Cristo (Is. 11:2) y se manifestará en Su Persona y en Su justo gobierno de la tierra. El milenio será el despliegue final del corazón de Dios previo a la introducción del estado eterno. En él Dios es revelado otra vez como amante y justo, la fuente de todo gozo y paz; y también al final del período el hombre es presentado como rebelde de corazón contra Dios e indispuesto a someterse aun ante tal gloriosa evidencia de Su poder.

De tal revelación encontrada en las Escrituras, todos los ministerios del Espíritu que nosotros conocemos en la presente era se hallarán en el milenio, con excepción del bautismo del Espíritu, del que ya se ha demostrado que es peculiar a la dispensación de la gracia, desde el día de Pentecostés hasta el arrebatamiento. Aunque nosotros mismos en medio de la creciente apostasía en el mundo e indiferencia hacia el Espíritu, aún entre aquellos en quienes El mora, podemos avistar el día venidero; y al esperar a Aquel cuyo derecho es reinar, podemos por medio de una rendición y dependencia del Espíritu morador, encontrar en nuestros corazones y manifestar en nuestras vidas la fragancia del fruto del Espíritu." *Ibid.*, págs. 255-257, 262, 264 y 265.

La predicción más sobresaliente con relación al Espíritu Santo se encuentra en Joel 2:28-32. El pasaje es el siguiente: "Y después de esto derramaré mi espíritu sobre toda carne, y profetizarán vuestros hijos y vuestras hijas; vuestros ancianos soñarán sueños y vuestros jóvenes verán visiones. Y también sobre los siervos y sobre las siervas derramaré mi espíritu en aquellos días. Y daré prodigios en el cielo y en la tierra, sangre y fuego y columnas de humo. El sol se convertirá en tinieblas, y la luna en sangre, antes que venga el día grande y espantoso de Jehová. Y todo aquel que invocare el nombre de Jehová será salvo; porque en el monte de Sion y en Jerusalén habrá salvación, como ha dicho Jehová, y entre el remanente al cual El habrá llamado." Sobre esta importante anticipación, que tan a menudo ha sido mal entendida, escribe William Kelly lo siguiente:

"Como sabemos, es la misma Escritura que el Apóstol Pedro cita en el día de Pentecostés para mostrar que la inmensa bendición de aquel día era de acuerdo con el más alto favor prometido para el reino, no esa excitación o locura moral que confunde o alucina a los hombres para atribuir poderes espirituales a otros que les han superado. Pero observe que el apóstol no afirma que esta escritura se había cumplido. El sólo dice: 'Esto es lo que fue dicho por el profeta Joel', y así es. Lo que fue prometido fue el derramamiento del Espíritu Santo. Sin decir que el acontecimiento era el cumplimiento de la profecía (el cual algunos se han arrogado para la mala interpretación de la Escritura y para opacamiento del cristianismo), él hizo ver que era de esa naturaleza y, por lo tanto, para vindicarse ante la conciencia de ellos por medio de la profecía; pero el lenguaje del apóstol es cauteloso, no así el de los comentadores. Ellos van demasiado lejos. Hacemos bien siempre en acogernos pronto a las Escrituras. Como a la promesa de que el Espíritu sería derramado sobre 'toda carne', podemos llevar en la mente que 'toda carne' está en contraste con la restricción al judío. Este es otro aspecto que hizo el don pentecostal ilustrar tan admirablemente la escritura. Por el hecho patente que hizo Dios que hablaran en las diferentes lenguas esparcidas por el mundo gentil a los que recibieron el Espíritu Santo, no haciendo a todos los convertidos que hablaran el lenguaje judío (cosa poca si lo fuere así, como no lo es, pero tan sólo un sueño de una paradoja superficial), sino haciendo que los judíos congregados desde su dispersión entre las naciones, hablaran las lenguas de los gentiles, fue un testimonio magnífico de la gracia, que estaba saliendo hacia los gentiles para encontrarlos en donde ellos se hallaban. El juicio divino había introducido esas lenguas extrañas entre ellos, y había arruinado completamente el proyecto ambicioso de juntarse para establecer la unidad en su propia mente alrededor de la torre de Babel. Pero la gracia de Dios salió exactamente al lugar en donde el juicio divino los había colocado. Si un soplo demoledor destrozó su orgullo en tantísimas fracciones, la gracia del Señor salió hacia esas fracciones y las bendijo en donde estaban, levantándolas de su estado caído. Tal es, entonces, la primera interrupción y, en realidad, el principio de un nuevo esfuerzo, el cual es suficientemente sencillo en su forma de introducción. 'Y será que después de aquellos días que Yo derramaré de mi Espíritu' – por tanto, va más allá de lo que procede y así lo acomoda más admirablemente para el uso al cual lo aplica el apóstol Pedro. Pero entonces debemos de recordar que al venir el día cuando el Espíritu Santo sea nuevamente derramado, no para reunir un pueblo para el cielo, sino para cumplir los propósitos de la gracia divina en la tierra (pues allí está la diferencia), será manifiesto que el Espíritu Santo será dado a todos los hombres juntamente sin distingos de judíos o gentiles. Así en el día de Pentecostés, siendo ellos exclusivamente judíos, se demostró mediante el milagro de las lenguas gentílicas, que Dios no quiso parar allí, sino de ir a todas las naciones. Dios nunca renunciará a ese principio. El no se limita otra vez sólo a los hijos de Israel. Otra vez bendecirá a los hijos de Israel y levantará a Judá como tal, y cumplirá cada palabra que ha prometido para su unidad y gozo. No hay ningún bien que El haya incluido en Su palabra que no se los otorgue; pero nunca más se circunscribirá a sólo los judíos en el futuro. Y por tanto, cuando el Espíritu Santo sea derramado en aquellos días, lo será estrictamente sobre 'toda carne', no en el sentido de que cada persona en el milenio tendrá el Espíritu Santo; sino que ninguna raza dejada después de aquel gran día será excluida de la dádiva del Espíritu. Ninguna clase de persona, ni edad, ni sexo, será olvidada en la gracia de Dios. Pero sería deseable notar que aquí no hay pensamiento alguno de sanidad o mejoramiento de la carne como dicen los padres y los teólogos. La luz del Nuevo Testamento demuestra la falacia de esa interpretación. La vieja naturaleza es juzgada; nuestro viejo hombre es crucificado, no renovado. Hemos muerto a nuestro estado adámico, y entrado a una nueva posición en Cristo, y somos llamados a andar de acuerdo a nuestra muerte y resurrección con Cristo. Las marcas externas mencionadas aquí precederán al día que todavía estará por cumplirse. Es un error aplicar a la primera venida los versículos 30 y 31. 'Y daré prodigios en el cielo y en la tierra' se refiere evidentemente a otra clase de cosas. 'Y daré prodigios en el cielo y en la tierra, sangre y fuego, y columnas de humo. El sol se convertirá en tinieblas y la luna en sangre, antes que venga el día grande y espantoso de Jehová.' Habrán notables manifestaciones externas del poder divino. Dios siempre envía un testimonio antes del hecho mismo. Nunca azota a nadie antes de amonestarlo. Lo mismo hace al tratar con nosotros cada día. ¿Qué cristiano es castigado antes de recibir una amonestación del Espíritu de Dios? Siempre hay un sentimiento de culpa y una falta de comunión sensible al espíritu, antes que el Señor emita la voz que habla de su vigilante amor sobre nuestros caminos descuidados. El siempre da la oportunidad, si puede así decirse, de establecer nuestros derechos morales; y si nosotros no apreciamos la enseñanza, entonces viene la tristeza. Así es aquí. Estas maravillas no pueden sino atraer la mente y la atención de los hombres, pero realmente no se aprovechan. Infatuados y bajo la dureza judicial ellos se harán sordos a todo y así el grande y terrible día de Jehová los sobrecogerá como un ladrón. Pero Dios, al menos, no faltará. Dios les habría anunciado que así sería, y Su pueblo se aprovechará. Habrá un remanente capacitado para ver, y preeminentemente, según sabemos, de entre los judíos, aunque de ninguna manera limitado sólo a ellos, como descubrimos en la segunda mitad de Apocalipsis 7 y al final de Mateo 25. Todavía estará el testimonio de 'toda carne' preparado para la gloria de Jehová pronto para manifestarse. 'Cualquiera que invocare el nombre de Jehová será salvo', muestra que la bendición es por fe, y por tanto, por gracia. 'Toda carne' no significa necesariamente cada individuo, sino, como sabemos por otros pasajes de la Escritura, la bendición aquí se dirige extensamente a todas las clases; esto es a todas las naciones y pueblos. Pero todo es de gran importancia, porque el sistema judaico naturalmente, tendía a limitar a Dios así como a separar las clases entre los judíos. Unicamente la familia de Aarón podía entrar en el santuario; solamente los levitas podían tocar los vasos santos impunemente; mientras que esta mayor bendición de Dios vendrá con el más indiscriminado carácter de gracia. 'Y sucederá, que cualquiera que invocare el nombre de Jehová será salvo; porque en el Monte de Sion y en Jerusalén habrá salvación, como ha dicho Jehová, y entre el remanente al cual El habrá llamado.' De aquí se deduce claramente, aunque hay bendición para Israel, todavía nuestro profeta Joel permanece fiel a su propósito. La ciudad de Jerusalén queda siempre en el gran centro del rey: el Monte Sion reaparece, la señal de la gracia para el reino de Jehová establecerá en aquel día." *Lectures Introductory to the Study of the Minor Prophets, 5th ed.*

En un artículo en la Biblioteca Sacra (CI: 374) sobre "El Bautismo con el Espíritu Santo" escribe el Dr. Merril Frederick Unger: "El contexto entero de la profecía de Joel, que forma la base de la cita de Pedro en Hechos 2:17-21, enfatiza (aparte de cualquiera consideración de los eventos del Pentecostés) que estas palabras citadas por Pedro nunca se han cumplido. El Espíritu fue derramado en Pentecostés, mas no en el sentido completo de la profecía de Joel. Su venida especial para formar la Iglesia no estaba revelada en el Antiguo Testamento (Ef. 3:1-9). Joel no supo nada del Bautismo con el Espíritu, o de la formación de la Iglesia. Por tanto, el cumplimiento de este pasaje gráfico, en el tiempo de la restauración de Israel, consistirá no en el bautismo con el Espíritu, que está estrictamente confinado a la Era de la Iglesia, sino a la habitación de, y especialmente a la llenura con, el Espíritu que Joel describe como 'el derramamiento sobre toda carne' (2:28). Antes que nada se haya cumplido, no obstante, la gran invasión del Norte ha de ocurrir (Joel 2:1-10), se efectuará la tribulación (Hch. 2:19-21), se librará la batalla de Armagedón (2:12-17), y se llevará a cabo el advenimiento de Cristo la segunda vez, resultando en una grande salvación (Jl. 2:18-27).

CONCLUSION

El Espíritu Santo es el autor de la profecía en su más amplia forma, y en su último y más mínimo detalle. Esta es la doctrina de la Inspiración que se insinúa en el mismo Texto Sagrado y que se ha defendido en esta Obra Teológica. El Espíritu Santo es asimismo el sujeto de la predicción. Su Persona y Obra son tan extensas y tan vitales para el plan íntegro de Dios, que cualquier esquema de predicción que intente proyectar el plan y propósito de Dios desde su principio, no pasará por alto los hechos que pertenecen al Espíritu Santo.

CAPITULO V

EL ESPIRITU SANTO EN EL ANTIGUO TESTAMENTO

La Neumatología tiene que ver más con la verdad del Nuevo Testamento que con la del Antiguo. No obstante, en cualquiera consideración del tema que abarque más o menos completamente toda la materia, algo del tiempo ha de consagrarse a la revelación dada antes de Cristo y de la Iglesia.

I. DESDE ADAN HASTA ABRAHAM

Siendo que la obra del Espíritu Santo relacionada con los gentiles en la era actual será tratada en este volumen (cap. VII) y en conexión con el llamamiento de la Iglesia, y siendo que cualquiera otra historia desde Abraham hasta el fin de la era del reino tiene su centro en Israel, la presente discusión necesariamente está restringida a los gentiles y a los primeros dos mil años, o más, de la historia de la humanidad, V. y gr., el período desde Adán hasta Abraham. Es bien sabido que el Espíritu Santo, siendo la agencia divina activa en el mundo, ejerce una soberanía constante sobre los negocios de los hombres de todas las clases y de todas las dispensaciones. El estupendo programa de Dios que incluye el origen, surgimiento, carácter y fin de todas las naciones, extendiéndose hasta la mínima concepción de Dios que siempre origina en la mente más obscura del individuo, es todo la obra soberana del Espíritu Santo. ¡Qué lugar tan importante en el reloj divino ha sido, es y será siempre el Espíritu Santo para todos los que entran en esta empresa universal! El período comprendido desde Adán hasta Moisés que se estudia específicamente en esta sección se discutirá bajo una doble división: (1) Las referencias directas al Espíritu Santo y (2) El Espíritu Santo como el Revelador de la Verdad.

1. REFERENCIAS DIRECTAS. Solo cinco referencias al Espíritu Santo se encuentran en la historia del largo período que precede al llamamiento de Abraham. Estas escrituras están llenas de significado y repletas de verdades sugestivas.

Génesis 1:2. "Y la tierra estaba desordenada y vacía; y las tinieblas estaban sobre la faz del abismo. Y el Espíritu de Dios se movía sobre la faz de las aguas."

Esta obra del Espíritu Santo era de reconstrucción después del cataclismo que siguió según parece indicarse aquí. Dr. James M. Gray declara:

"¿Qué era la condición de la materia inerte como se presenta en el v. 2? El primer verbo 'estaba' algunas veces se ha traducido 'llegó a ser'. Léalo en esta forma y Ud. tendrá la idea de que originalmente la tierra no estaba desordenada y vacía, sino que una catástrofe aconteció y dio por resultado tal condición. Si esto es así, significa que pasó un período entre los versículos 1 y 2, suficientemente largo para dar lugar a las formaciones geológicas de las que algunos científicos hablan y una raza de hombres preadámicos, de la que otros hacen especulaciones. Sugiere también que la tierra como la conocemos ahora puede no ser más vieja de en lo que la tradición la coloca. La palabra 'tierra' en este versículo, sin embargo, no debe entenderse que significa nuestro globo con sus tierras y mares, los que fueron hechos hasta el tercer día, sino sencillamente, materia en general, que es, el material cósmico del cual el Espíritu Santo organizó el universo entero, incluyendo la tierra actual. 'Y el Espíritu de Dios se movía sobre la faz de las aguas.' 'Se movía sobre' significa 'incubaba' como un ave sobre su nido. 'Las aguas' significa no los océanos y mares como los conocemos, sino la condición gaseosa de la materia de la que hemos antes hablado. El Espíritu de Dios se movía 'sobre' las aguas, y no 'dentro de' ellas, mostrando que Dios es un Ser Personal distinto de Su obra. Como resultado de esta incubación, ¿qué apareció? No necesitamos suponer que Dios habló justamente como lo hace un ser humano, pero el aparecimiento de la luz de en medio de la densa obscuridad hubiera parecido a un espectador como el efecto de un mandato divino (Sal. 33:6-9). En el orden natural de las cosas, la vibración es luz o produce luz, lo que ilustra la relación entre el movimiento del Espíritu sobre la materia inerte y el efecto producido." *Christian Workers Commentary*, 6a. ed. sobre Gén. 1:2-5.

Bien podríamos citar también a Jamieson, Fausset y Brown:

"El Espíritu de Dios se movía – lit., incubando sobre ellas, como lo hace un ave cuando está empollando huevos. La agencia inmediata del Espíritu, al operar sobre los elementos muertos y discordantes, combinó, arregló y los maduró al estado de adaptarlos para formar la escena de una nueva creación. La cronología de esta nueva creación propiamente comienza al final de este segundo versículo; y los detalles del proceso están descritos en la forma natural en que un observador podría hacerlo, al contemplar los cambios que sucesivamente fueron tomando lugar" *(The Critical and Explanatory Commentary,* sobre Gén. 1:2).

Así también C. H. MacKintosh, afirma:

"El Espíritu de Dios se movía sobre la faz de las aguas. El se posó incubando sobre la escena de sus futuras operaciones. Una escena obscura, en verdad; y una en la que había amplio espacio para que el Dios de luz y vida actuara. Solamente El podía alumbrar las tinieblas, hacer que brotara la vida, sustituir el caos por el orden, hacer expansión entre las aguas, en donde la vida pudiera propagarse sin temor de muerte. Estas fueron operaciones dignas de Dios." *(Notes on Genesis,* 4th Amer. Ed., p. 4).

Job 26:13. "Su Espíritu adornó los cielos; Su mano creó la serpiente tortuosa."

Las tres referencias al Espíritu Santo en el libro de Job están incluidas en el período pre-Abrahámico, tanto por la fecha probable del libro dentro de ese período, como por el hecho de que en este libro temprano no se hace mención alguna a otro propósito que al general propósito de Dios con la familia humana indivisa, según existía antes del llamamiento de Abraham. La referencia arriba citada es de una creación del Espíritu Santo y contiene el relato de que por Su mano el Espíritu Santo formó la "serpiente tortuosa". Usualmente esto se toma como referencia a la Vía Láctea con sus innumerables constelaciones. La sugerencia directa del pasaje es que Dios – El Espíritu Santo, sirvió como Creador del universo material.

Génesis 6:3. "Y dijo Dios: no contenderá mi Espíritu con el hombre para siempre, porque ciertamente él es carne; más serán sus días ciento y veinte años."

Sobre este divino aviso Mathew Henry comenta: "La resolución de Dios, de no contender con el hombre por Su Espíritu. Entonces el Espíritu contendió por la predicación de Noé (1 P. 3:19, 26) y por un refrenamiento interior, pero fue imposible con la mayoría de los hombres; por tanto, Dios dice que *El no contendería para siempre.* Nótense: 1. El bendito Espíritu contiende con los pecadores por la convicción y admoniciones de conciencia para hacerlos volver del pecado a Dios. 2. Si el Espíritu es resistido, apagado, o rechazado, aunque lucha por largo tiempo, no lo hará para siempre (Os.4:17). 3. Están completando rápidamente su ruina aquellos con quienes el Espíritu de gracia deja de contender. La razón para esta resolución: *Porque él también es carne,* esto es, corrupción incurable, y carnal, y sensual, así que es tiempo perdido en contender con él. ¿Puede el negro cambiar su piel? *El también,* esto es, *todos,* el uno y el otro; todos ellos están sumergidos en el fango de la carne" (Commentary at Génesis 6:3). Aquí se introduce el tema completo del Juicio Divino. Ese juicio era para ser derramado sobre la situación inmediata descrita en el contexto; pero el pasaje también sirve como una amonestación de que el tiempo de gracia de Dios está restringido en su duración. "Hijos de Dios" – así llamados aquí (v. 2) y en Job 1:6 y 2:1 – pueden ser seres angelicales, probablemente los que no guardaron su dignidad. El juicio sobre ellos está escrito: "Porque si Dios no perdonó a los ángeles que habían pecado, sino que los echó en el infierno, para ser reservados al juicio" (2 P. 2:4). "Y los ángeles que no guardaron su dignidad más dejaron su habitación, los ha reservado debajo de oscuridad en prisiones eternas hasta el juicio del gran día" (Jud. 6).

Job 27:3 y 33:4. "Que todo el tiempo que mi alma esté en mí, y haya hálito de Dios en mis narices . . . El Espíritu de Dios me hizo, y el soplo del Omnipotente me dio vida."

Estas dos escrituras presentan la vida humana como dependiendo enteramente del Espíritu Santo de Dios. En el primero, Job asemeja su propio aliento y vida a la inmediata presencia del Espíritu Santo; y en el último, Eliú, expresando la convicción de los hombres piadosos de su tiempo, asegura que él fue hecho por el Espíritu Santo.

Todos estos cinco pasajes sirven para establecer una indicación de lo que creían los hombres y lo que era verídico del Espíritu Santo desde el principio de la raza.

2. EL REVELADOR DE LA VERDAD. El Espíritu que produce y provee la palabra escrita del mismo modo produce y provee toda comunicación de Dios al hombre. En los días que precedieron a la era judaica Dios habló al hombre e indudablemente más a menudo y más libremente de lo que se descubre por lo que dicen las Escrituras. Un ejemplo notable es la verdad revelada a Enoc según se describe en el penúltimo libro de la Biblia; una revelación dada a Enoc que no se dice en el Antiguo Testamento que le haya sido dada. El pasaje dice: "De los cuales también Enoc, séptimo desde Adán, profetizó de esto diciendo: He aquí, el Señor es venido con sus santos millares, a hacer juicio contra todos, y a convencer a todos los impíos de entre ellos tocante a todas sus obras de impiedad que han hecho impíamente, y a todas las cosas duras que los pecadores impíos han hablado contra El (Jud. 14, 15). Hay que distinguir entre una cosa revelada por Dios que pide que no se proclame y una revelación de Dios que anticipa su proclamación. Dios habló a Adán, a Caín y a Noé, pero sin instrucción de ser trasmitida a otros y preservada como una verdad reveladora. Pero El habló a los profetas con la esperanza de que el mensaje sería transferido a otros de alguna manera. Acerca de estas distinciones escribe Kuyper:

> "Dios habló a otros, además de los profetas. Por ejemplo: a Eva, Caín, Agar, etc. El recibir una revelación o una visión no lo hace a uno profeta, a menos que esté acompañada del mandamiento de comunicar a otros la revelación. La palabra 'nabi', el término escritural que se traduce profeta, no indica una persona que recibe algo de Dios, sino alguien que trae algo a la gente. Por tanto, es un error conferir revelación divina al oficio profético" *(The Work of the Holy Spirit,* p. 70, citado por Walvoord en *The Doctrine of the Holy Spirit,* p. 46).

Ante la evidencia que tenemos a la mano sería razonable asumir que a los primeros miembros de la raza les fue dada una revelación muy completa. Mucho le fue dicho directamente a Adán. La diferencia del sacrificio ofrecido por Caín del que ofreció Abel implica no sólo el conocimiento relativo al sacrificio por su parte, sino que indica que fueron incluidas características particulares en las instrucciones divinas. Los antediluvianos tenían suficiente luz que les sirviera de base para saber que el mundo de entonces habría de ser juzgado por su pecaminosidad. El libro de Job es rico en doctrina. Recientemente R. R. Hawthorne ha identificado más de cien doctrinas en el libro de Job y coleccionado los diferentes pasajes bajo sus encabezamientos doctrinales *(Biblioteca Sacra,* CI: 64 en adelante). Todo lo que Job tenía que vivir para Dios fue enteramente aparte aun de un versículo de la Palabra escrita. ¿De dónde aprendió Melquisedec para traer el pan y el vino que ofreció a Abraham? ¿Y a qué se hace referencia en Génesis 26:5 cuando dice: "Por cuanto oyó Abraham (obedeció) mi voz y guardó mi precepto, mis mandamientos, mis estatutos y mis leyes? ¿Hasta dónde llegaba el conocimiento del propósito de Dios y del futuro cumplimiento de todas las cosas si la profecía de Enoc ha de ser considerada como una indicación de todos los conocimientos que se tenían en los días en que él vivió? Noé fue enseñado profundamente por Dios tanto en vista a la construcción del arca así como en relación al tabernáculo; de la misma manera en cuanto al mensaje que habría de predicar (no el suyo propio, sino el de Dios), porque él fue un predicador de justicia (2 P. 2:5). Todo eso caracteriza los primeros dos mil años o más de la historia humana resumida en los primeros once capítulos de la Biblia, de modo que cada aspecto de ese tiempo tenga apenas un débil reconocimiento en el Texto Sagrado; pero de lo que es revelado y de lo que puede deducirse ha de llegarse a la conclusión de que el Espíritu Santo entonces estaba activo al ayudar en las relaciones que existían entre Dios y los hombres. Los gentiles, o familias humanas originales, fueron favorecidos por el ministerio del Espíritu Santo.

II. DE ABRAHAM A CRISTO

Esta división de la obra del Espíritu es extensa ya que abarca la historia completa del judaísmo, según se consigna en las Escrituras, cubriendo toda la distancia entre Abraham y Cristo. Contempla propiamente toda la Biblia relativo a su inspiración, debido a la verdad que estos oráculos son, con escasas excepciones, dados por miembros de la raza judía (en el caso del Nuevo Testamento, no obstante, los escritores fueron cristianos, estrictamente hablando). Es de notarse también que la gran compañía de profetas hablaron siendo 'inspirados' (movidos) por el Espíritu Santo, y que a menudo oficiales y gobernantes estuvieron bajo la dirección del Espíritu de

Dios. El Espíritu descendió sobre los hombres para cumplir obligaciones divinamente encomendadas, alcanzando aún a tareas mecánicas y obras de arte. Especialmente es de observarse que no había provisión para, ni promesa de, la presencia del Espíritu Santo morando en la vida de ningún santo del Antiguo Testamento. Hay que ver en estas verdades uno de los aspectos de mayor distinción de la relación del Espíritu en la era Mosaica comparada con la edad presente. El término *soberano* describe mejor la relación del Espíritu al hombre de la antigüedad. El vino sobre ellos y se fue según Su buena y soberana voluntad. En ningún caso la fe de los hombres determinó los actos del Espíritu. En esta conexión se pueden citar dos pasajes: (1) Está la petición de Eliseo cuando habría de ser separado de Elías. El relato presenta al viejo profeta Elías acompañado del joven profeta Eliseo mientras caminaban juntos hacia el lugar de donde el primero habría de ser trasladado. Aquí sigue la descripción que a la letra dice: "Cuando habían pasado, Elías dijo a Eliseo: Pide lo que quieras que haga por tí, antes que yo sea quitado de tí. Y dijo Eliseo: Te ruego que una doble porción de tu espíritu sea sobre mí. El le dijo: Cosa difícil has pedido. Si me vieres cuando fuere quitado de tí, te será hecho así; mas si no, no. Y aconteció que yendo ellos y hablando, he aquí un carro de fuego con caballos de fuego apartó a los dos; y Elías subió al cielo en un torbellino. Viéndolo Eliseo clamaba: ¡Padre mío, padre mío, carro de Israel y su gente de a caballo! Y nunca más lo vió; y tomando sus vestidos los rompió en dos partes. Alzó luego el manto de Elías que se le había caído, y volvió y se paró a la orilla del Jordán. Y tomando el manto de Elías que se le había caído, golpeó las aguas, y dijo: ¿Dónde está Jehová, el Dios de Elías? Y así que hubo golpeado del mismo modo las aguas, se apartaron a uno y otro lado, y pasó Eliseo (II Reyes 2:9-14). En esta narración Eliseo hace una petición a Elías de que "una doble porción" del Espíritu de Elías pudiera reposar sobre él. No está del todo determinado por este versículo que el joven profeta reconocía y solicitaba para sí el Espíritu Santo de Dios. Si él reconoció así al Espíritu Santo, su petición es inmediatamente considerada como "cosa difícil", lo que indicaría su carácter excepcional. Todavía permanece como una característica de esa edad, como una regla que los hombres no esperan recibir el Espíritu por pedirlo. (2) El segundo pasaje se encuentra en el Salmo 51:11 en donde David ora, "Y no quites de mí tu Santo Espíritu." Dos cosas son evidentes en seguida: el Espíritu Santo puede ser quitado de David, y David deseaba que la presencia y el poder del Espíritu Santo pudieran ser su porción por un período más largo a fin de poder servir bien a Israel como su rey. La evidencia es bien probada que, en contraste a la provisión de la edad presente por la cual cada creyente es habitado por el Espíritu Santo y enteramente aparte de implorar esa presencia, en la dispensación pasada la relación del Espíritu a los hombres era soberana. Se ve la fuerza de esta verdad en el hecho de que, cuando al principio de Su ministerio de tres años y medio Cristo prometió el Espíritu Santo a quienes lo pidieran. El dijo: "Si vosotros siendo malos, sabéis dar buenas dádivas a vuestros hijos; ¿cuánto más vuestro Padre Celestial dará el Espíritu Santo a los que lo pidieren de El? (Lc. 11:13). Hasta donde el relato revela, ninguno de los discípulos jamás hizo tal petición. La oferta y todo lo que ella implica, evidentemente, era demasiado como una innovación por lo que era la condición de la época con relación al Espíritu y a la que estaban sujetos. Más tarde, al final de Su ministerio, Cristo dijo: "Y Yo rogaré al Padre, y El os enviará otro Consolador, que estará con vosotros para siempre; al Espíritu de verdad, al que el mundo no puede recibir porque no le puede ver, ni le conoce; pero vosotros le conocéis, porque El está con vosotros, y será en vosotros" (Jn. 14:16, 17). ¿Por qué, entonces, habría de orar así Cristo por el Espíritu si el Espíritu había sido la porción de los santos ya en aquella dispensación? Se observará que la porción que aquí estamos considerando sólo tiene que ver con el hecho de que la relación del Espíritu a los Santos del pasado era *soberana.* Los hombres de ese tiempo que eran discípulos de Cristo no actuaron como si hubieran estado preparados para tan gran privilegio, esto es, que el Espíritu Santo podría reclamarse pidiéndolo tan solamente. Nótese también que la presente bendición inmensurable de la indefinida habitación del Espíritu Santo se debe a la petición de Cristo y no a la súplica de persona alguna sobre la tierra. Cada referencia a la presencia del Espíritu y a Su obra en esta edad, especialmente esas referencias relacionadas con su introducción que publican y revelan el nuevo orden y carácter de esto, implica un plan enteramente nuevo para el cristiano, que provee la misma presencia y poder del Espíritu Santo en la vida de cada creyente. Estas implicaciones constituyen una indicación muy importante de la relación que el Espíritu sostenía con los santos de la antigüedad. La interpretación –por cierto muy común– que supone que los santos del Antiguo Testamento estaban en el mismo terreno de privilegios que tienen los creyentes de esta dispensación, posiblemente se debe sólo a una imperdonable falta de atención a la revelación que se ha dado sobre este punto.

Del ministerio actual del Espíritu Santo relacionado al creyente –regeneración, morada o ungimiento, bautismo, sello y llenura– a la verdad nada se dice con respecto a que los santos del Antiguo Testamento hayan experimentado algo de esto, con excepción de pocos ejemplos bien definidos, en donde se dice que algunos individuos fueron llenos del Espíritu. Les son conferidas estas bendiciones a los santos del Antiguo Testamento solo teóricamente y sin el apoyo bíblico, por los que leen de las bendiciones del Nuevo Testamento anunciadas en el Antiguo –un error igualado, en cuanto al peligro de la sana doctrina, sólo por su contraparte, del que lee las limitaciones del Antiguo Testamento citadas dentro de las porciones del Nuevo con el designio de presentar el nuevo propósito divino en la gracia.

Con respecto a la regeneración, evidentemente, los santos del Antiguo Testamento fueron renovados; pero como no hay una enseñanza doctrinal definida relativa a la extensión y carácter de esa renovación, no se puede hacer declaración positiva alguna. En su aspecto nuevotestamentario la regeneración se provee por el impartimiento de la naturaleza divina; la persona regenerada así viene a ser del mismo linaje de Dios, un heredero de Dios y coheredero con Cristo. Resulta ser un miembro de la casa y familia de Dios. Si ha de observarse la primera regla de interpretación, la que restringe cada verdad doctrinal a la porción exacta de la Escritura a que pertenece, no se puede demostrar que esta renovación espiritual conocida por los del Antiguo Testamento, cualquiera que pudiera haber sido su carácter, resultaba en la impartición de la naturaleza divina, una verdadera filialidad, un coheredero con Cristo, o el ser colocado dentro de la casa y familia de Dios. Ese es el caso de Nicodemo, un santo perfeccionado bajo el judaísmo, siendo repetido en la experiencia de cada judío que pasó del viejo orden al nuevo. Cristo dijo a Nicodemo: "Si no nacieres de nuevo", y este imperativo fue muy significativo. No fue dirigido a uno de la clase más baja de la sociedad judaica, sino a uno de sus gobernantes, que podría servir como supremo ejemplo a todo el que entrara en la realidad que proveía el judaísmo. Nicodemo, como Saulo de Tarso, pudo haber sido clasificado como "un hombre justo" ante la Ley Mosaica; pero para él el declarar que había sido justificado a base de una justicia imputada, por el hecho de haber sido puesto en Cristo por el Espíritu Santo, es afirmar en verdad, que no tenía fundamento, de otro modo él no hubiera tenido necesidad u ocasión de nacer de "arriba". Debe estimarse el silencio de Dios relativo a qué constituye a uno *un hombre justo* de acuerdo con las demandas mosaicas. El naturalmente persistía en la confianza de que la justicia que es en la ley, irreprensible, si acaso hubiere provisto el sacrificio requerido; pero su verdadero estado con Dios en gran manera era determinado por el hecho de que él había nacido dentro de un pacto con el que estaba relacionado. En vano se buscará en el Antiguo Testamento el relato de judíos que pasaron del estado de no salvos al de salvos, o de alguna declaración acerca de términos sobre los cuales tal cambio se asegurase. En otras palabras, su pacto nacional en vigencia era una tremenda ventaja espiritual; pero no puede ser justamente comparado con el actual estado del creyente que es justificado y perfeccionado para siempre, habiendo recibido *la plenitud* de la Divinidad a través de la unión vital con Cristo.

1. MORADA. Con respecto a la morada del Espíritu en los santos del Antiguo Testamento, se ha afirmado ya que el Espíritu venía y partía, de acuerdo con Su soberana relación a los hombres de la antigüedad. Su venida a ellos era para un propósito específico, como en el caso de Bezaleel únicamente para darle habilidad (sabiduría) en su trabajo como un artesano y eso, limitado a la construcción del tabernáculo. El concepto de la morada interior del Espíritu Santo por lo que el creyente ahora llega a ser un templo inalterable del Espíritu Santo, pertenece sólo a esta era de la Iglesia, y no tiene lugar en las provisiones del judaísmo.

2. BAUTIZO. De todas las funciones presentes del Espíritu Santo, ninguna es tan radicalmente extraña al Antiguo Testamento como el bautismo del Espíritu. El Antiguo Testamento nada sabe del cuerpo de Cristo, ni de la Cabeza de la Nueva Creación en el Cristo resucitado. Los hombres eran *justos* y *justificados* en su relación a la Ley de Moisés; pero ninguno tuvo la justicia de Dios imputada a base de una fe sencilla, excepto Abraham, quien fue tan evidentemente señalado y levantado por Dios para anticipar e ilustrar (comp. Romanos y Gálatas) la doctrina del Nuevo Testamento de la justicia imputada; así sólo de Abraham dijo Cristo: "Abraham se regocijó viendo mi día, y lo vio y se alegró" (Jn. 8:56).

3. SELLO. Otra vez, ninguna idea similar se descubre en el Antiguo Testamento. El "vínculo del pacto" era lo que ataba al judío a Jehová y esos lazos fueron reconocidos perfectamente por Jehová mismo; pero eso está muy lejos de el sello del Espíritu para el día de la redención (comp. Ef. 4:30).

4. LLENURA. La llenura del Espíritu Santo es común en ambos Testamentos; así mismo, su expresión equivalente, *el Espíritu vino sobre;* pero como la llenura del Espíritu Santo es hasta el fin para que todo el propósito de Dios en determinado objetivo pueda ser cumplido, es importante descubrir en cada caso para qué cosa precisamente estaba designada esa llenura. En el caso de los hombres de los tiempos del Antiguo Testamento el Espíritu Santo vino sobre ellos o los llenó para que pudieran efectuar algún trabajo particular, objetivo que pudo haber abarcado todo su campo de actividad, o haber estado restringido a un solo asunto. Contra todo esto, se verá

que el propósito divino en la llenura según se asegura en el Nuevo Testamento, es el más grande e ilimitado ministerio del Espíritu manifestado en cada aspecto de la vida del creyente –sus conflictos, sus victorias y sus logros. Como se ha indicado antes, se dice que el Espíritu vino sobre Bezaleel. También descendió sobre Balaam, Samsón, Saúl, el profeta Azarías y Ezequiel; y, al considerar las cosas que fueron hechas a través de esta relación, se verá que la presencia del Espíritu no fue determinada por cualidades morales o espirituales en los que así fueron bendecidos; por el contrario, como se enseña claramente en el Nuevo Testamento la llenura del Espíritu depende ahora de un ajuste completo a Su mente y Su voluntad.

En cada consideración del problema de la salvación de los santos del Antiguo Testamento, sería bueno recordar que en su forma completa, todo Israel aún será salvo cuando el Libertador venga de Sion (comp. Ro. 11:26, 27), y esto incluye a hombres de las dispensaciones Abrahámica y Mosaica que serán levantados para el juicio específico de Israel y, si son aceptados, para entrar en Su reino terrenal; más todos aquellos que sean rechazados serán excluidos y condenados en dicho juicio. Cualquier salvación realizada en tiempos del Antiguo Testamento fue operada por el Espíritu, tal como en el Nuevo Testamento el Espíritu es el Ejecutivo de todas las Obras de Dios.

Los "hombres santos de Dios" que escribieron las Escrituras del Antiguo Testamento fueron movidos por el Espíritu Santo (2 P. 1:21). Esa influencia sobre estos santos hombres representa una empresa divina muy distinta y forma una gran parte de la doctrina del Espíritu Santo como se encuentra en el Antiguo Testamento. Los profetas hablaron por el poder divino, ya sea que su mensaje haya o no quedado en forma escrita. Los profetas eran mensajeros de Dios al pueblo y sus declaraciones, si fueron decretadas por Dios fueron cumplidas por el poder del Espíritu Santo. De este modo el hecho de la revelación por el Espíritu y su doctrina afín de la inspiración están incluidas en la lista de las obras del Espíritu Santo en su relación con el pueblo judío. La declaración de que "toda escritura es inspirada divinamente" se refiere en primer lugar al Antiguo Testamento y estos Oráculos de Dios son dados casi enteramente por autores judíos. Israel le dio al mundo ambas cosas, la Palabra escrita y la Palabra Viviente. Sobre la magnitud de la inspiración el Dr. Juan F. Walvoord ha escrito:

"Un examen de los relatos del Antiguo Testamento revelará todo tipo de literatura: Historia, poesía, drama, sermones, historias de amor y el discernimiento intelectual de los pensamientos devocionales de los escritores. Es altamente significativo el que la inspiración se proyecte sobre toda esta clase de literatura, sin reparar en el origen o el conocimiento expresado en el escrito. Naturalmente se presenta la pregunta concerniente a la relación de la inspiración a varias porciones de la Escritura. Todo intento por sondear lo sobrenatural está condenado al fracaso. El hombre no tiene el criterio para juzgar aquello que trasciende a nuestra experiencia. Sin tratar de explicar la inspiración se puede emprender un examen de su aplicación. A lo menos se pueden observar siete tipos de operaciones en la obra de la inspiración.

(1) El Pasado Ignoto. Ocasionalmente las Escrituras hablan con autoridad con respecto al pasado con tales detalles y sobre tales temas que serían desconocidos para el hombre. En los primeros capítulos del Génesis por ejemplo, Moisés pinta eventos ocurridos antes de la creación del Hombre, y por tanto más allá de toda conexión posible con la tradición. En Isaías y Ezéquiel se hace referencia a eventos ocurridos en el cielo, fuera de la esfera del conocimiento humano y anterior a su creación. Es evidente que estas narraciones demandan tanto una revelación relativa a los hechos así como la obra del Espíritu Santo en la inspiración para garantizar su apropiada declaración. Algunos han expresado la idea en relación a los relatos de la creación de que éstos son similares en muchos detalles a las historias paganas de la misma. Es posible que la revelación haya sido dada con antelación a la data de las Escrituras sobre el tema de la creación, y que los hombres hayan agregado a, y alterado esta revelación al formar sus relatos no escriturales. La existencia de otros relatos de ella y puntos de similitud de éstos con las Escrituras en ningún modo afecta la inspiración del Génesis. El que Moisés haya o no usado documentos no tiene fuerza en la redacción de las Escrituras. Sea que se usaran documentos o bien que haya habido conocimientos de ideas paganas de la creación, o ya que la tradición hubiera contribuido con alguna verdad sobre el tema, la obra de la inspiración fué necesaria en cualquier evento para distinguir la verdad del error y para incorporar en el relato todo lo que fuera verdad, y omitir todo lo que fuera falso. Sin lugar a duda, la fuente primaria de información fue la revelación directa, y los documentos, si hubo algunos, y tales relatos tradicionales, como pudieron haber sido conocidos por Moisés, fueron absolutamente incidentales.

(2) *Historia.* Una gran parte del Antiguo Testamento se ajusta a la norma de la historia. En tales secciones el escritor está hablando acerca de eventos conocidos para muchos y concerniente a lo que otros documentos seculares pudieron haber regristrado. En muchos casos el escritor está tratando con eventos contemporáneos en los que el elemento de la inspiración está prácticamente ausente. ¿Cómo puede decirse que opera la inspiración en tales Escrituras? Como en toda Escritura la inspiración nada tiene que ver con la fuente de los hechos sino únicamente con la exactitud de lo afirmado. En el relato de la historia el Espíritu Santo guió a los escritores en seleccionar los eventos que debían asentarse, la declaración propia de la historia en los eventos, y en la omisión de todo lo que no habría de ser incluido. El resultado es un relato exacto, infalible, de lo que sucedió, con énfasis en los eventos importantes para la mente de Dios.

(3) *Ley.* Ciertas porciones del Antiguo Testamento consisten en leyes que gobiernan varias fases de la vida individual y nacional. Esta clase de escritura se encuentra sobre todo, en el Pentateuco, en donde la ley es revelada en tres divisiones mayores: los mandamientos, que gobiernan la vida moral del pueblo; las ordenanzas, para gobernar su vida religiosa; y los juicios, que tratan de la vida social. En ciertos casos la ley consistía en mandamientos dados por medio de dictados, leyes que en cada detalle retenían la característica de haber sido

dictadas por Dios. En otros casos Moisés ordena al pueblo como profeta de Dios, y les da mandamientos que difícilmente puede interpretarse que se le hayan encomendado por medio del dictado; con todo, estos mandamientos tienen la misma fuerza que otros mandamientos. La inspiración opera en los escritos de toda ley en las Escrituras a fin de que las leyes expresen perfectamente la mente de Dios para el pueblo al que le son dadas. Dichas leyes son preservadas de error e incluyen todo lo que Dios desea mandar en ese tiempo. Las leyes son autoritativas y son una base apropiada para todo asunto a que conciernen.

(4) *Dictado.* Como se ha insinuado anteriormente, algunas porciones de la Palabra de Dios son citaciones directas de los mandamientos divinos y sus revelaciones. ¿Cómo opera la inspiración bajo estas circunstancias? La inspiración garantiza que los mandamientos y revelaciones recibidas de Dios son apropiadamente registradas y en la forma exacta como Dios quiere. Por su parte, Dios habla en el lenguaje del que escribe, usando su vocabulario y dando su mensaje en tal manera que natural o sobrenaturalmente el escritor puede recibir y registrar el mensaje de Dios. En tales porciones las particularidades del escritor son probablemente poco notables. El dictado, no obstante, no sería visto con tanta más autoridad que otras porciones de las Escrituras, aun el relato fiel del pecado humano y la repetición del discurso humano que puede no ser verdadero. La inspiración agrega al relato la estampa de un registro infalible, justificando al lector el aceptar las Escrituras con toda confianza.

(5) *Literatura Devocional.* Uno de los problemas intrincados de la inspiración es el de relacionar su operación a la escritura de la literatura devocional del Antiguo Testamento, de la que los Salmos son la mayor parte. ¿La inspiración garantiza meramente el cuadro adecuado de lo que los escritores sintieron y pensaron, o hizo más que eso? En el caso del registro del discurso humano la inspiración no necesariamente certifica la veracidad de lo que se dice. Por ejemplo, en el relato de la tentación, se registra lo que dijo Satanás, 'Ciertamente no morirás' (Gn.3:4). La inspiración garantiza la exactitud de esta cita de las palabras de Satanás; pero eso no hace que sus palabras sean verdad. En el caso de los salmistas, que fueron hombres sujetos al pecado y al error, cuyas experiencias y pensamientos no fueron necesariamente exactos, la inspiración ¿hace más que darles un registro fiel a sus escritos? La respuesta al problema se encuentra en los salmos mismos. Un examen de su contenido revelará que Dios no sólo produjo un registro inspirado de sus pensamientos para ser escritos, sino que obró en sus pensamientos y en sus experiencias, resultado en que ellos revelaron a Dios, retratando la verdadera adoración del corazón, el oído atento de Dios a la oración, el gozo del Espíritu, la carga de pecado y aun profetizaron de eventos futuros. Así David, en su propia experiencia en la que realizó la presencia de Dios, habla de Su bondad, su alabanza que trasciende los límites de su propia experiencia a la del máximo David, el Señor Jesucristo. El se regocija, diciendo: 'Alegróse por tanto mi corazón y se gozó mi gloria, también mi carne reposará segura; porque no dejarás mi alma en el seol, ni permitirás que tu santo vea corrupción' (Sal.16:9,10). Mucho de lo que dijo David se aplicaba a sí mismo. El podía decir que su corazón estaba alegre, que su carne descansaría en esperanza. David sabía que su alma no quedaría para siempre en el seol. Pero cuando dijo que su cuerpo no vería corrupción, él claramente había traspasado su propia experiencia y estaba revelando la de Cristo. Pedro afirmó este hecho en el sermón el día de Pentecostés (Hch.2:25-31), y señaló la diferencia entre David y Cristo. Por tanto, se puede decir que la inspiración consiste en mucho más que registrar los pensamientos devocionales. Mientras que el proceso es

inescrutable, la inspiración hizo que se efectuara un registro exacto de los pensamientos de los escritores, siendo tales escritos preparados por la providencia divina. No todo lo que experimentaron los escitores fue incorporado en las Escrituras. La inspiración fue selectiva. Como describe tan bien Warfield: 'O considerar cómo un salmista estaría preparado para poner en verso activo un trozo de su experiencia religiosa formativa: cómo habría nacido con la precisa y justa cualidad de sensibilidad religiosa, de padres a través de los cuales recibiría la correcta inclinación hereditaria, y de quienes él adquiriría precisamente el ejemplo y disciplina correctos en circunstancias de vida en las que las tendencias religiosas se desarrollaran exactamente en sentido contrario; cómo fue él conducido a través de correctas experiencias a fin de despertar en él las emociones precisas de su llamamiento para expresarlas y, finalmente, sería puesto dentro de las precisas exigencias que lo forzarían a expresarlas,' *(International Standard Bible Encyclopaedia,* s. v. Inspiration, p. 1481). Mientras no se confundan la preparación providencial con la inspiración, se puede ver que con preparación providencial la inspiración de la literatura devocional del Antiguo Testamento cobra la naturaleza del registro de la revelación; no revelación por la voz de Dios, sino revelación por el conocimiento de Dios en el corazón humano.

(6) *El Mensaje Profético Contemporáneo.* Mucho de lo registrado como mensaje de un profeta tenía que ver con las necesidades inmediatas de su propia generación. El llevaba para ellos un mensaje de amonestación de parte de Dios; los exhortaba; dirigía sus ejércitos; les seleccionaba sus líderes; en múltiples necesidades del pueblo, por sabiduría divina, el profeta era el instrumento de revelación. En este aspecto del ministerio profético, indudablemente la Escritura registra sólo pequeñas porciones. Se da el relato sólo en beneficio de su importancia histórica, y para constituir un ejemplo viviente para la posteridad. ¿Cómo se relaciona la inspiración con este aspecto de la Escritura? Como en el caso de otros tipos de la Escritura, la inspiración es, antes que todo, selectiva. En la producción de la Escritura el escritor es guiado para incluir y excluir de acuerdo a la mente de Dios. La inspiración garantiza que lo registrado es exacto, dando al mensaje del profeta el carácter de infalibilidad. Esto es verdad aun en el caso de los pocos hombres impíos que profetizaron y que fueron guiados a hacerlo por Dios mismo. La obra de la inspiración en este tipo particular de la Escritura es similar a esa forma de operación al registrar la historia en sentido más amplio, escribiendo la historia, guiándose en la selección y relatos de la misma, y en el caso de la profecía, guiándose en la selección y declaraciones del mensaje y hechos de Dios a través de sus profetas.

(7) *Profecías del Futuro.* En la naturaleza de la profecía frecuentemente tomó el aspecto de predecir eventos futuros. Advertía de amenazas de juicio, y en medio de experiencias de castigos, pintaba la gloria y liberación que vendrían con el Mesías. Aproximadamente una cuarta parte del Antiguo Testamento está en forma de predicción. ¿Tiene la inspiración una relación peculiar con esta forma de profecía? La mayor parte de las Escrituras del Antiguo Testamento fue comprendida por los escritores. Ellos podían apreciar mucho de los salmos. Lo que ellos escribieron pasaba por sus pensamientos en sumo grado y al alcance de su comprensión. La introducción de la profecía predictiva, no obstante, trae a la escena la declaración de eventos futuros que no fueron comprendidos Los profetas mismos confesaron que no siempre entendían lo que escribieron. Como escribe Pedro: 'Los profetas que profetizaron de la gracia destinada a vosotros, inquirieron y diligentemente indagaron acerca de esta salvación, escudriñando

qué persona y qué tiempo indicaba el Espíritu de Cristo que estaba en ellos, el cual anunciaba de antemano los sufrimientos de Cristo, y las glorias que vendrían tras ellas' (1 P.1:10,11). La obra de la inspiración en la profecía predictiva es probablemente más evidente que en otro tipo de la Escritura. Aquí, a la verdad, la sabiduría humana no fue de valor y se demandaba exactitud de la más fina clase. Aquí puede ser probada la inspiración más severamente que en cualquier otro campo, y el testimonio de la profecía cumplida le da su voz conclusiva a la obra del Espíritu Santo que fue la causa de su escritura. La profecía predictiva requirió la revelación de Dios de tal manera que la inspiración pudiera animarlos a escribir revelando el eterno propósito y la soberana voluntad de Dios. Las visiones y los trances juegan un papel importante en algunas revelaciones de eventos futuros, y el poder de Dios a través del Espíritu Santo fue especialmente evidente.

Mientras se puedan ver aspectos distintivos de las operaciones del Espíritu Santo correspondientes a los varios tipos de Escritura, se puede llegar muy bien a la conclusión de que escritos del Antiguo Testamento. En toda ella el Espíritu guió, incluyendo al falso, abarcando todo lo que la mente de Dios dirigió, dando a la revelación adecuada presentación; a la historia, propósito en la selección y hechos auténticos; a la experiencia providencialmente dirigida, confidencial relato de los tratos de Dios con los corazones de sus siervos; a la profecía, ya un mensaje contemporáneo o bien predictivo, la exactitud infalible que la hizo la norma apropiada en donde pueda acogerse la fe. La obra de la inspiración no fue efectuada por una fuerza impersonal, por una ley de la naturaleza o por la providencia sola; sino por el Espíritu Santo inmanente, obrando en los corazones y negocios de los hombres, no sólo reveló la verdad divina, sino que produjo la escritura del Antiguo Testamento, el documento más admirable que jamás viera la luz del día, llevando en sus páginas la inequívoca evidencia de que las manos que las escribieron fueron guiadas por el inamovible, infinitamente sabio e infalible Espíritu Santo." —*The Doctrine of the Holy Spirit*, pgs. 64-70.

CAPITULO VI

EL CARACTER DISTINTIVO DE LA PRESENTE ERA

Como introducción al vasto tema de la relación del Espíritu Santo a la Era Presente –tema que ocupa lo que resta de este volumen– sería bueno indicar los cuatro períodos de tiempo que marcan las actividades del Espíritu Santo a través de toda la historia de la humanidad: (1) En el Antiguo Testamento, como se ha indicado anteriormente, la relación del Espíritu en las primeras edades fue soberana. El descendió sobre quien El quiso y para tales propósitos según Dios determinaba; y salía de ellos tan libremente como había venido, habiendo realizado sus designios. Si El llegaba a morar con un rey o con un profeta, fue únicamente porque el hecho de tal morada fue para un propósito inmediato de Dios, de aquí que no en conformidad a cierta característica de una edad de universal e inquebrantable permanencia así de hombres buenos como de útiles. En este primer período como ya se ha afirmado, se ha visto al Espíritu Santo como Creador, como el poder motor obrando en ciertos hombres que cumplieron un propósito específico de Dios, y como el autor de las Escrituras. (2) El período de transición, desde el principio del ministerio terrenal de Cristo al encarnarse hasta la predicación del Evangelio a los gentiles en la casa de Cornelio (Hch.10:44). Este período sigue estos pasos: el Espíritu Santo fue ofrecido por Cristo a todo aquel que se lo pidiere (Lc.11:13); El prometió rogar para que el Espíritu pudiera venir a ser un morador, presente interiormente en los suyos (comp. Jn.14:17,18); después de Su resurrección El sopló sobre ellos el Espíritu (Jn.20:22); ellos habrían de quedar en Jerusalén hasta ser investidos del poder del Espíritu (Lc. 24:49); el Espíritu descendió el día de Pentecostés como se había profetizado, tiempo en que los creyentes judíos (todavía el Evangelio estaba restringido a sólo los judíos en ese tiempo) fueron reunidos en un solo cuerpo espiritual (Hch.2:47); la dádiva del Espíritu Santo fue precedida por la imposición de las manos apostólicas en Samaria (Hch.8:14-17; comp. He.6:2), y el Espíritu descendió sobre los gentiles creyentes en la casa de Cornelio (Hch.10:44). Mucho de lo que sucedió en esta situación de transición llegó a ser permanente; pero la condición de la última Edad de recibir el Espíritu Santo, como lo había indicado Cristo en Juan 7:37-39, no se estableció sino hasta que los gentiles fueron recibidos en el mismo cuerpo espiritual con los creyentes judíos. No hay registro alguno respecto a imposición de manos en la casa de Cornelio. Indudablemente esta experiencia marcó el principio de un nuevo y permanente orden para la Era actual. La más grande revelación bíblica con relación a las empresas del Espíritu Santo, no estará fuera de lugar aquí mas que asegurar que en este período se desarrolla la nueva realidad completa de que el cristiano tiene como su responsabilidad y servicio en su vida, vida y servicio que han de ser operados por el Espíritu Santo en respuesta a una fe permanente. (4) La era del Reino. Otra vez, a fin de evitar la repetición, este tema que ha constituido el objeto de páginas anteriores a este volumen (cap. IV) no se desarrollará aquí. Se recordará, no obstante, que todavía resta una edad entera de empresas específicas y benéficas por parte del Espíritu Santo; Edad que todavía es futura.

La Edad presente, que se extiende desde la primera venida de Cristo hasta Su regreso por los suyos, en algunos aspectos es distinta de los otros períodos de tiempo que ya se han estudiado.

I. UNA INTERCALACION

La Era misma es una intercalación extraña a todas las predicciones del Antiguo Testamento. Estas predicciones antiguotestamentarias trazan el curso y destino final del pueblo de Israel, de las naciones, de los ángeles y de la tierra Prometida; pero cada una de estas líneas de profecía pasan sobre la era presente del llamamiento de la Iglesia, como si no existiera. Como fundamental, se apoya en una comprensión correcta de toda la profecía bíblica, y así que, la presente dispensación no sólo no está prevista por los antiguos profetas (comp. 1 P.1:10,11), sino que no está del todo relacionada con lo que ya fue ni con lo que será.

II. UN NUEVO PROPOSITO DIVINO

Esta Era también es distintiva siendo, como lo es, el producto de un nuevo propósito divino en su totalidad, por ejemplo, la cosecha [ἐκκλησία] tanto de judíos como de gentiles, de un pueblo celestial, el cuerpo y la esposa del Cristo resucitado y glorioso, que por el poder transformador divino no sólo será calificada para residir en el alto cielo, sino que será calificada así mismo para estar asociada eternamente con las personas de la bendita Trinidad. La Esposa satisfará todo el ideal del Esposo por toda la eternidad. Nada sino una empresa de carácter divino, infinita, puede perfeccionar esta obra. El propósito de esta Edad incomprensible señala esta dispensación como única y sin relación a ninguna otra era de la historia humana pasada o futura. En su intento de unir las edades alrededor de un supuesto pacto de gracia divina y de mezclar la presente dispensación con las otras dentro de una secuencia ininterrumpida, los teólogos han perdido la fisonomía característica de este período y, por lo tanto, han fallado en poder ver la posición sobresaliente y gloria de la Iglesia desligada históricamente de las otras edades, como el cuerpo y la Esposa de Cristo.

III. UNA ERA DE TESTIMONIO

Esta edad es peculiarmente una era de testimonio. Israel como una nación fue portador de un testimonio concerniente al Dios único, Jehová, a las gentes de la tierra; pero ellos no tenían un evangelio qué predicar, ninguna gran comisión como la de la Iglesia, ni tampoco sostuvieron una empresa misionera. Aun Cristo, cuando se limitó a su ministerio para Israel (comp. Ro.15:8) en Sus tempranos días de labor, dijo de Sí mismo: "No soy enviado sino a las ovejas perdidas de la casa de Israel" (Mt.15:24), y cuando envió a Sus discípulos con Su mensaje de paz a Su propio pueblo, les mandó de no ir a los gentiles, ni entrar en ciudades de samaritanos, sino "antes a las ovejas perdidas de la casa de Israel" (Mt.10:5,6). Con respecto al ministerio a solo Israel, Cristo no dio instrucciones sobre el significado del mensaje que habrían de impartir, bien comprendido como lo era del punto de vista del Antiguo Testamento, aunque entró en detalles minuciosos relativos a la manera de introducirse entre un pueblo todavía rebelde (comp. Mt.10:1-42). Contra todo esto está el último mandamiento de que estos mismos discípulos irían a todo el mundo y predicar una innovación tal como dar el evangelio a toda criatura, como un testimonio para El mismo en Su nuevo carácter de un crucificado y resucitado Salvador. Este sorprendente y trascendente contraste no pasaría inadvertido. El había comparado la empresa de esta edad con un sembrador que salió a sembrar, no a cosechar. De modo similar, el Apóstol declara que "la palabra de la reconciliación nos ha sido encomendada" (2 Co.5:18,19). En la edad futura no habrá necesidad de un evangelio, al menos para Israel, diciéndoles "Conoce al Señor", porque todos le conocerán, desde el más pequeño hasta el más grande (Jer.31:34). Por lo tanto, se hace evidente que la edad presente, limitada como lo está por los dos advenimientos de Cristo, es distintiva en que es una edad de testimonio, hasta los fines de la tierra, de la gracia salvadora provista mediante la muerte y resurrección de Cristo.

IV. EL LETARGO DE ISRAEL

Ahora Israel está dormido y todo lo relacionado con sus pactos y promesas está suspenso. Para ellos –no como una nación, sino como individuos– el privilegio de salvarse para la gloria celestial al par que los gentiles, se extiende a este día del propósito celestial de Dios. Ningún pacto judaico se está cumpliendo al presente; ellos están "esparcidos", "desollados", "quebrantados", y aun serán aborrecidos de todas las naciones" por amor del nombre de Cristo. Esta es la edad peculiar en la que "no hay diferencia" entre judío y gentil, aun cuando en los tiempos pasados Dios mismo había instituido la más drástica distinción entre estos dos pueblos.

V. CARACTER ESPECIAL DEL MAL

El mal alcanza un carácter especial en la era presente. Varias razones explican el hecho de que el Apóstol escribe de que éste es un "siglo malo" (Gá.1:4). (1) Cristo describe el carácter perverso de este período en conexión con las siete parábolas de Mateo capítulo 13. En esta descripción El habla de la influencia del mal en relación a la caída de la semilla, la cizaña, las aves y la semilla de mostaza, la levadura en la harina, y los peces malos. Es evidente que Su propósito fue el de asignar un nuevo, y hasta aquí, inusitado carácter al mal según aparece en esta edad. (2) De modo semejante, el Apóstol afirma que hay una forma de misterio del mal en esta edad que había empezado a obrar aun en sus días mismos (2 Ts.2:7). (3) A los creyentes se les advierte para sostener una lucha contra el mundo, la carne y el diablo. Sin duda que el mundo y la carne ejercieron una mala influencia en las edades pasadas. En Efesios 6:10-12 se da una revelación especial, no obstante, en la que se muestra un conflicto peculiar a esta edad que existe entre el creyente y Satanás. (4) Satanás mismo ostenta el título de "dios de este siglo" (2 Co.4:3,4). (5) Así también, el conflicto específico de "los últimos días" de la Iglesia sobre la tierra presenta una nueva forma de maldad en el mundo. Y (6) El reclamo de Cristo sobre la fe del hombre a través de Su muerte y resurrección apremia a toda alma a dar una respuesta razonable y por lo tanto, crea la posibilidad de un pecado nuevo y sin precedente –el pecado de la incredulidad en el Salvador.

VI. UNA ERA DE PRIVILEGIO PARA EL GENTIL

De acuerdo con una verdad totalmente propia de esta edad, los gentiles tienen el privilegio de entrar en el sublime propósito divino y en la gloria. Su estado ante Dios en los siglos pasados se describe en Efesios 2:12: "En aquel tiempo estabais sin Cristo, alejados de la ciudadanía de Israel y ajenos a los pactos de la promesa, sin esperanza y sin Dios en el mundo." Su estado ante Dios en la era del Reino Venidero está, asimismo, clara y plenamente predicho, según se encuentra en Isaías 14:1,2; 60:12. Estos pasajes dicen: "Porque Jehová tendrá piedad de Jacob y todavía escogerá a Israel y los hará reposar en su tierra; y a ellos se unirán extranjeros, y se juntarán a la familia de Jacob. Y los tomarán los pueblos, y los traerán a su lugar; y la casa de Israel los poseerá por siervos y criadas en la tierra de Jehová; y cautivarán a los que los cautivaron, y señorearán sobre los que los afligieron"... "Porque la nación o el reino que no te sirviere perecerá, y del todo será asolado." En el juicio de las naciones como se describe en Mateo 25:31-46, ciertas naciones van a entrar en el reino preparado para ellas desde antes de la fundación del mundo; pero en esta relación y posición ellos tienen que conformarse a las restricciones establecidas en las Escrituras citadas en este párrafo de Isaías. De la comparación de las edades pasadas y futuras se saca en claro que la era actual ha sido señalada como una de privilegio peculiar y de ventaja para los gentiles.

VII. LA OBRA GLOBAL DEL ESPIRITU

Aun más evidente de lo que precede es la verdad de que la era presente es una en la que el Espíritu Santo ejerce una influencia sobre la humanidad entera, y especialmente sobre los salvos y los que, según el propósito eterno de Dios, aún han de ser salvos. Como por esta última compañía, el Apóstol escribe que son los "que conforme a Su propósito son llamados" (Ro.8:28-30). Esta séptima característica de la era presente no sólo concluye el resumen expuesto en este capítulo, sino que señala el más importante distintivo de toda la doctrina del Espíritu Santo.

CAPITULO VII

LA OBRA DEL ESPIRITU SANTO EN EL MUNDO

A causa de las extensas actividades del Espíritu Santo esta presente era justamente ha sido designada como la *dispensación del Espíritu.* Un bien balanceado trato de la Persona y la obra del Espíritu Santo tal como se exhiben en la Biblia descubrirá el hecho de que al menos noventa por ciento del material que entra en el estudio de la Neumatología se encuentra en esos pasajes de las Escrituras que la relacionan a la era de la gracia. Esta misma porción necesariamente está reflejada de manera extensa en las páginas de este volumen. Este extenso estudio será seguido bajo tres divisiones generales. (1) El Espíritu como el Controlador del *Mundo Cósmico,* (2) el Espíritu como el que Redarguye a los pecadores, y (3) el Espíritu en relación con el creyente. Las primeras dos divisiones serán consideradas en este capítulo.

I. EL CONTROLADOR DEL MUNDO COSMICO

Aunque sólo un pasaje se encuentra que habla sobre la obra controladora del Espíritu Santo, el alcance de los eventos involucrados es tal que requiere una seria consideración. Contempla el gobierno divino sobre las fuerzas del mal que operan en el mundo a través de toda la edad presente. El pasaje, aunque un tanto velado, no ha sido interpretado de manera uniforme. Dice así: "Nadie os engañe de ninguna manera, porque aquel día no vendrá sin que venga antes la apostasía, y se manifieste el hombre de pecado, el hijo de perdición, el cual se opone y se levanta contra todo lo que se llama Dios o es objeto de culto; tanto que se sienta en el templo de Dios como Dios, haciéndose pasar por Dios. ¿No os acordáis que cuando yo estaba todavía con vosotros os decía esto? Y ahora vosotros sabéis lo que lo detiene, a fin de que a su debido tiempo se manifieste. Porque ya está en acción el misterio de la iniquidad; sólo que hay quien al presente lo detiene hasta que él a su vez sea quitado de en medio. Y entonces se manifestará aquel inicuo, a quien el Señor matará con el Espíritu de su boca, y destruirá con el resplandor de Su venida; inicuo cuyo advenimiento es por obra de Satanás, con gran poder y señales y prodigios mentirosos, y con todo engaño de iniquidad para los que se pierden, por cuanto no recibieron el amor de la verdad para ser salvos" (2 Tes. 2:3-10). Pocos pasajes presentan más verdades vitales concerniente al futuro, que éste. Después de haber declarado el hecho de que el día del Señor – el reino de mil años con todos sus juicios introductorios (no el día de Cristo, como en la Versión Americana) – no puede venir sin haber experimentado la apostasía final y haya aparecido el hombre de pecado, quien aquí se identifica, como en cualquiera otra parte, por su perversa asunción de las prerrogativas de la Deidad (comp. Ez. 28:1-10). El misterio de esa iniquidad que él lleva a cabo dio principio en los días del Apóstol y hubiera sido consumada en tiempo más temprano si esa iniquidad, provocada por Satán no hubiera sido restringida. El que impide continuará restringiendo, hasta que El, el que impide, sea quitado de en medio. Entonces aquel impío será revelado, y no antes. Pero, ¿quién es El que impide? La noción de que es la Iglesia misma es corregida en seguida por la declaración de que El que impide es una persona, porque la identificación es de uno que puede ser designado con el género masculino. Así mismo, la declaración de que esta persona es Satanás es insostenible, ya que no se puede decir que Satán se restringe a sí mismo. Que el que Impide está cumpliendo una tarea estupenda, sobrenatural Lo clasifica enseguida como uno de la Deidad; y aunque el Espíritu Santo es el agente activo de la Trinidad en el mundo en toda esta dispensación, es una conclusión bien establecida que el que Impide es el Espíritu Santo de Dios. Alguna porción de este impedimento es, sin duda, efectuada a través de la Iglesia, que es el templo del Espíritu (comp. 1 Cor. 6:19; Ef. 2:19-22). Basándose en este pasaje el Dr. C. I. Scofield afirma: "El orden de los eventos es: (1) La obra del misterio de iniquidad bajo la restricción divina que ya había principiado en el tiempo del Apóstol (v. 7); (2) La apostasía de la Iglesia profesante (v. 3; Lc. 18:8; 2 Ti. 3:1-8); (3) La remoción de lo que impide el misterio de iniquidad (vs. 6, 7). El que impide es una persona –"El" y desde que un misterio siempre implica un elemento sobrenatural (Mt. 13:11, nota), esta Persona no puede ser otra que el Espíritu Santo en la Iglesia, que ha de ser 'quitada de en medio' (v. 7; 1 Tes. 4:14-17); (4) La manifestación del inicuo (vs. 8-10; 7:8; 9:27; Mt. 24:15; Ap. 13:2-10); (5) El regreso de Cristo en gloria y la destrucción del inicuo (v. 8; Ap. 19:11-21); (6) El día de Jehová (vs. 9-12; Is. 2:12, *referencia)" Biblia Anotada de Scofield,* p. 1229.

Claramente se implica el hecho de que no habiendo en el mundo impedimento alguno a la ola de iniquidad, ésta se elevaría a incomprensibles alturas. Esta conclusión concuerda con la declaración bíblica de que el corazón humano es no sólo "desesperadamente malo" en sí mismo, sino que está bajo el dominio de Satanás (Jer. 17:9; Ef. 2:2, 3). En contra de esta evidencia el hombre ha alegado que él es fundamentalmente correcto y necesita únicamente cultura, educación y refinamiento. La hora en que el que al presente impide sea quitado de la tierra demostrará la veracidad de la Palabra de Dios con respecto a la corrupción del corazón humano. No es necesario imponer nada sobre la humanidad caída para que la gran tribulación se establezca: esa tribulación aparecerá automáticamente cuando el que impide sea removido. La remoción del Espíritu es el reverso del Pentecostés. El día de Pentecostés El que había sido Omnipresente con relación al mundo, vino a residir al mundo, y cuando sea removido El que ahora es residente, volverá a ser de nuevo Omnipresente en Su relación al mundo. Esto explica la aparente paradoja que El que ya estaba en el mundo por ser infinito, vino el Día de Pentecostés, y El que será quitado aún estará presente. En cuanto que la Iglesia –la presente morada del Espíritu en el mundo– quedará aquí después que el Espíritu sea removido, es una mera inferencia; aunque no es mencionada expresamente en este contexto su partida con el Espíritu Santo es una necesidad. El hecho unificador más vital con respecto a la Iglesia es la verdad de que sus miembros son poseídos de la naturaleza divina, la que es impartida por la operación del Espíritu Santo de Dios. Cada uno de los cristianos son habitados por el Espíritu Santo, y Su presencia constituye el sello, sello que, lejos de ser intermitente o temporario, es "hasta el día de la redención." Es un absurdo el contemplar la idea de un cristiano que no haya recibido el Espíritu Santo, siendo que la presencia del Espíritu en el cristiano es su característica más distintiva. Si el Espíritu Santo saliera de la Iglesia, ésta instantáneamente dejaría de ser lo que es; y si algunos miembros de iglesias, así vacíos del Espíritu, pasaran por la gran tribulación, tal compañía no constituiría la Iglesia, y por lo tanto ésta no estaría incluida en la hora del juicio. En otras palabras, siendo que no puede haber separación entre el Espíritu Santo y la Iglesia, cuando llegue la gran tribulación, bien el Espíritu Santo tiene que permanecer aquí con la Iglesia, cosa que es una noción antibíblica, o la Iglesia tiene que ser removida de este mundo juntamente con el Espíritu Santo. Escondida en una de las más preciosas promesas del Salvador está la seguridad de que el Espíritu estará para siempre con aquellos en quienes El mora (Jn. 14:16, 17), y Juan mismo escribe en 1 Jn. 2:27: "Pero la unción que vosotros recibisteis de El permanece en vosotros, y no tenéis necesidad de que nadie os enseñe; así como la unción misma os enseña todas las cosas, y es verdadera, y no es mentira, según os he enseñado, permaneced en El." De estas declaraciones se debe sacar en conclusión que ninguna separación ahora ni nunca entre el Espíritu Santo y el creyente ha sido considerada divinamente. Cuando sea removido el Espíritu, la Iglesia será llevada con El. No puede ser dejada atrás.

El alcance de la restricción del Espíritu en cuanto al sistema mundanal no ha sido revelado. Como se implica más arriba, el alcance del impedimento del Espíritu puede calcularse al comparar el mundo en sus presentes relaciones más o menos civilizadas, su reconocimiento y defensa de los derechos humanos, y su actitud de patrocinio hacia Dios y Su Palabra relativa al cuadro de la tribulación venidera conforme a lo que se ve en el Apocalipsis. Una débil indicación de ese poder restringente del Espíritu al presente se puede notar en el hecho que de todas las blasfemias pronunciadas por los labios humanos no hay ni un solo juramento en el nombre del Espíritu Santo. Esta restricción no se debe a ningún sentimiento consciente de aversión a Dios o al Espíritu de Dios de parte de los hombres; se debe a la obra sobrenatural de represión del mismo Espíritu Santo contra quien el hombre no debe blasfemar. De este modo se ha demostrado que el Espíritu Santo restringe la corrupción del sistema mundano hasta que la corrupción haya recorrido su curso (comp. Gn. 15:16), que seguirá restringiendo hasta que sea quitado de en medio, y que, cuando El sea quitado, los poderes desenfrenados de las tinieblas constituirán la prueba y el terror de la gran tribulación. Se ha indicado ampliamente que necesariamente la Iglesia debe partir con el Espíritu Santo cuando El sea removido de su lugar de residencia en el mundo.

II. EL QUE REDARGUYE DE PECADO

Dentro de la divina empresa de ganar a los perdidos no hay factor más vital que la obra del Espíritu Santo en la que El convence o reprueba al sistema mundano respecto al pecado, justicia y juicio. La totalidad de la noción de la antibíblica e insostenible doctrina arminiana de la común gracia, que asevera que el Espíritu Santo obra en todos los hombres al nacer, capacitándolos para dar una respuesta favorable a la invitación del Evangelio, tiene, con la ayuda de la vanidad humana que no tiene límite en su habilidad, tan diseminados sus tergiversados errores, que se da muy poco reconocimiento a la total incapacidad del incrédulo, el hombre natural, para el llamamiento del Evangelio. Evangelistas desatentos o ignorantes y celosos ganadores de almas muy a menudo continúan pensando que todas las personas en todas partes y en cualquier lugar son capaces en cualquier tiempo de cumplir con los términos del evangelio, en tanto que las Escrituras enseñan que nadie es capaz de hacer una decisión inteligente por Cristo aparte de la obra iluminadora del Espíritu Santo. Los evangelistas y predicadores tienen que afrontar, si lo quieren, un factor sobrenatural en esta tarea de ganar a los perdidos. Sea por no poder entender este factor o por renuncia a someterse a la obra soberana del Espíritu, los hombres inventan métodos que prescriben acciones humanas como la condición por la cual puede salvarse un alma, no reconociendo la verdad de que los perdidos han de salvarse, no cuando ellos cumplan con alguna condición prescrita, sino únicamente cuando acepten a Cristo como su Salvador. El problema de los evangelistas no es el de coaccionar a las personas para que hagan una pública demostración, es más bien la de producir una clara concepción de la gracia salvadora de Dios. Ninguna persona es capaz en sí misma de creer en Cristo para la salvación de su propia alma aparte de la obra iluminadora del Espíritu Santo por la que recibe la visión de Cristo como Salvador y lo inclina a recibirlo por la fe. Cada predicador sincero más o menos siente este factor, mas no todos están enterados de su verdadero significado. Se torna desconcertante para el método de ganar almas del evangelista el afrontar una situación sobrenatural arbitraria sobre la cual ni él ni el inconverso a quien él apela tienen el más leve control. La obra del Espíritu en esta esfera particular de influencia es soberana. Es el punto en donde la divina elección se ejercita y se demuestra. Es cierto que sólo los elegidos serán salvos. También es cierto que Dios puede inspirar dentro del creyente aquella oración que ha de ser un factor esencial en la gran obra de inducir a los perdidos a aceptar al Salvador; pero la oración no determina la elección de los hombres; más bien, la oración misma estará sujeta al mismo Espíritu soberano, si se ora en la voluntad de Dios. Es evidente que la respuesta humana al evangelio puede ser asegurada en donde no se ha operado una visión divina de Cristo. No obstante, más enfáticas son las palabras de Cristo, cuando dijo: "Y esta es la voluntad del que me envió, que todo aquel que ve al Hijo y cree en El, tenga vida eterna; y Yo le resucitaré en el día postrero" (Jn. 6:40), porque aquí no hay la mínima implicación de que sólo los que hayan creído mediante una visión operada por el Espíritu mirando al Hijo como su Salvador. También se afirma claramente que no puede haber salvación aparte de una iluminación preparatoria del inconverso por el Espíritu Santo. Se hace evidente que se requiere tal obra del Espíritu según ciertas escrituras que afirman la incapacidad de los inconversos. A continuación presentamos algunas de dichas porciones.

1 Corintios 2:14. "Porque el hombre natural no percibe las cosas que son del Espíritu de Dios, porque para él son locura, y no las puede entender porque se han de discernir espiritualmente."

Este, el hombre natural (ψυχικός) –una de la triple división de la humanidad según se presenta en este contexto– es definitivamente la persona no regenerada, y su incapacidad es inherente. El no tiene control sobre esta incapacidad, y ninguna instrucción humana, aparte de la del Espíritu Santo, puede alterar esta incapacidad. El inconverso por sí mismo no puede recibir las cosas del Espíritu de Dios. Para él son locura. El es incapaz aun de comprenderlas. Permanece así impotente hasta que es movido por el Espíritu Santo.

2 Corintios 4:3, 4. "Pero si nuestro evangelio está aún encubierto, entre los que se pierden está encubierto; en los cuales el dios de este siglo cegó el entendimiento de los incrédulos, para que no les resplandezca la luz del Evangelio de la gloria de Cristo, el cual es la imagen de Dios."

No sólo se dice aquí que los inconversos están cegados con respecto al mismo Evangelio por el que ellos han de ser salvos, sino que tal ceguera es impuesta sobre sus mentes por Satanás, porque él a propósito esconde el Evangelio para que no los alcance. Ninguna apelación humana del mismo puede esperar remover el velo de la mente de uno que no cree. Es un engaño el hablar de la "común gracia" sobre todos los hombres a la luz de tales revelaciones como ésta. Solo la falta de atención a la Palabra de Dios puede abogar a favor de esta peregrina perversión de la verdad.

Juan 14:16, 17. "Y Yo rogaré al Padre y os dará otro Consolador, para que esté con vosotros para siempre, el Espíritu de verdad, al cual el mundo no puede recibir, porque no le ve, ni le conoce; pero vosotros le conocéis, porque mora con vosotros y estará en vosotros."

Uno de los hechos importantes con respecto al Espíritu Santo en relación a los hombres en esta era es que todo lo que El realiza así como cualquier reconocimiento de El mismo está completamente fuera de la observación de los incrédulos. Con esa limitación sobre ellos, es tan irrazonable como antibíblico el suponer que ellos, sin la ayuda del Espíritu, son capaces de volverse a Dios con fe salvadora. Esta palabra de Cristo afirma claramente que el mundo no puede recibir al Espíritu porque no le conoce.

Efesios 2:1. "Y El os dio vida a vosotros cuando estábais muertos en vuestros delitos y pecados."

Aquí se declara que los inconversos están muertos espiritualmente, y ciertamente por tal causa no pueden hacer un reconocimiento de Cristo para vida.

Juan 6:39, 40. "Y esta es la voluntad del Padre, el que me envió: Que todo lo que me diere, no pierda yo nada, sino que lo resucite el día postrero. Y esta es la voluntad del que me ha enviado: que todo aquel que ve al Hijo y cree en El, tenga vida eterna; y yo le resucitaré en el día postrero."

Hay unos que son elegidos del Padre, y ninguno de éstos se perderá. Es igualmente cierto que no toda persona "ve al Hijo" (comp. Jn. 6:40) con aquella visión que engendra el Espíritu Santo; pero inmediatamente al verlo a El como la respuesta para cada necesidad que tendrá en el tiempo y en la eternidad, el individuo a quien el Señor así llama, es capaz de recibir a Cristo como su Salvador.

Juan 6:44. "Ninguno puede venir a mí, si el Padre que me envió no lo trajere; y Yo le resucitaré en el día postrero."

Como se presenta en este pasaje las restricciones que descansan sobre el inconverso son todo lo completas que pueden ser. Unicamente pueden venir a Cristo aquellos que el Padre trae por medio de Su Espíritu Santo. Se reconoce una atracción general o universal que acompaña a la predicación de la Cruz de Cristo. Esta atracción universal es descrita por Cristo en las siguientes palabras: "Y Yo, si fuere levantado de la tierra, a todos atraeré a mí mismo" (Jn. 12:32); pero el Salvador no dice de ninguno de los que así son atraídos, "Y yo le resucitaré en el día postrero", pues El levantará sólo a los que el Padre designe y traiga específicamente.

1 Corintios 1:23, 24. "Pero nosotros predicamos a Cristo crucificado, para los judíos ciertamente tropezadero, y para los gentiles, locura; más para los llamados, así judíos como griegos, Cristo poder de Dios y sabiduría de Dios."

Otra vez se afirma la incapacidad en la dirección del poder salvador de la cruz de Cristo para los inconversos gentiles y judíos. La cruz por la que ellos sólo pueden ser salvos no les aprovecha en nada, siendo para los gentiles "locura" y para los judíos "tropezadero". En contraste con esto está la evidencia de la obra del Espíritu Santo en aquellos que son llamados por Dios. Para ellos esa misma Cruz de Cristo, que antes no significaba nada, en seguida llegó a ser la base de toda la sabiduría y el poder de Dios. Sabiduría, ya que por la cruz Dios resolvió Su gran problema de cómo El podía ser justo y al mismo tiempo ser el justificador de los impíos; y poder, porque por la cruz toda la infinita habilidad de Dios para salvar a los perdidos es liberado de todas aquellas restricciones que el pecado impone sobre el hombre.

Romanos 8:28-30. "Y sabemos que a los que aman a Dios, todas las cosas les ayudan a bien, esto es, a los que conforme a Su propósito son llamados. Porque a los que antes conoció, también les predestinó para que fuesen hechos conformes a la imagen de Su Hijo, para que El sea el primogénito entre muchos hermanos. Y a los que predestinó a éstos también llamó; y a los que llamó a éstos también justificó; y a los que justificó a éstos también glorificó."

Este pasaje vital bien puede ser considerado el pasaje central del Nuevo Testamento relacionado con la doctrina de un llamamiento eficaz; pero la implicación más profunda por descubrirse en este contexto es que sólo los que así son llamados son capaces de responder. Esto es, que aparte de este llamamiento ninguno buscará a Dios. Cada cristiano sincero es consciente del hecho de que si él no hubiera sido movido por el Espíritu Santo en ese sentido, él por sí mismo, nunca se hubiera convertido a Dios buscando la salvación por medio de Cristo. Este pasaje afirma que los que son "los llamados según Su propósito" son el objeto de una providencia completa. Específicamente, ciertas garantías divinas son pormenorizadas aquí, como "obrando juntamente" para bien de los que así son llamados, tales como, la presciencia divina, la predestinación divina, el llamamiento divino, la justificación divina y la glorificación divina. Se debe observar que el llamamiento divino aquí está catalogado con los más determinantes y trascendentes de todas las realizaciones divinas. En efecto, la verdad enseñada en este contexto, se verá, está centralizada específicamente en el hecho del llamamiento divino. En primer lugar, los creyentes son designados como "los llamados según Su propósito", y, en segundo lugar, de ellos se dice que son llamados por Dios. El título: *"los que conforme a Su propósito son llamados",* puede bien incluir a todos los elegidos, aún los que han de ser salvos, porque tal distinción se aplica a ellos, que están perfectamente identificados en la mente de Dios (comp. Ef. 1:4, 5). Con todo, los elegidos que todavía no son salvos están cegados, igualmente con los demás, por Satanás con respecto al evangelio hasta que ellos sean iluminados por el Espíritu Santo. Presciencia y predestinación están relacionadas con la eternidad pasada; glorificación, asegurada perfectamente por la fidelidad de Dios, se relaciona con la eternidad futura. Así los dos restantes de esta lista del compromiso divino –el llamamiento y la justificación– quedan como representación de lo que Dios efectúa en la presente experiencia terrenal del que cree. En el acto se notará que estas dos empresas son exaltadas a la más elevada importancia como la representación de todo lo que Dios ejecuta al salvar un alma actualmente. La justificación es sencillamente el acto de la consumación de la divina gracia salvadora en este mundo en el creyente, y no porque se siga otro lineamiento con respecto a la salvación en cuanto a tiempo. Se verifica lógicamente, más no cronológicamente, todos los otros aspectos de la salvación en el primer instante de su contacto efectivo del pecador con Dios. Por otra parte, el llamamiento de Dios marca el paso inical en el proceso propiamente dicho de realizarse la salvación de un alma. Por tanto, el apóstol emplea el Alfa y Omega del esfuerzo divino al aplicar la salvación como una representación de todo su contenido. Ahora, finalmente, ¿qué se opera al efectuarse el llamamiento? ¿Es meramente la extensión de una invitación que puede o no ser aceptada al capricho de la voluntad humana, como suponen los arminianos? El texto mismo da la respuesta. Todos los que están predestinados son llamados, y todos los que son llamados son justificados. El lenguaje expresa la absoluta soberanía de Dios y por mucho puede sugerir que el llamamiento divino es una coerción; pero el pensamiento expresado en la palabra *llamados* no es el de una coerción, sino de invitación, y el uso del término aquí no es una excepción, a menos que se piense diferente en cuanto a que la soberanía divina y el libre albedrío humano se junten en este caso particular. Lo que hace el Espíritu Santo de Dios es iluminar la mente del que mira a Cristo como Salvador y crear en lo íntimo de la conciencia del individuo inconverso un deseo de obtener esa salvación que Cristo provee y en tal grado que la persona así impresionada actuará positivamente recibiendo a Cristo como Salvador; más se observará que cuando el individuo actúa en esta forma ejercita su libre albedrío al último grado. Todavía permanece la verdad de que "el que quiera venga", y es igualmente cierto que aparte de esta inclinación efectuada divinamente ningún perdido jamás querrá venir. Así en la Escritura se declara en cuanto a Dios ser uno que, sin ningún grado de coacción aún, no obstante con la soberana certeza y con la completa libertad humana incólume, es capaz de garantizar que, sin exceptuar a ninguna de las generaciones de la humanidad en esta era, todos los predestinados serán llamados, todos los que son llamados serán justificados, y todos los que son justificados serán glorificados. La experiencia de los que así son llamados es tal como el tener una nueva conciencia del deseo de tener a Cristo y un supremo anhelo de aclamarlo como Salvador. El grado al que esta experiencia operada divinamente puede desarrollarse, aunque sin duda variando con diferentes individuos, en cada caso será abundantemente suficiente para asegurar una perfecta respuesta y una sincera cooperación de la propia voluntad de la persona. El objetivo en esta discusión es demostrar otra vez que ninguna persona no regenerada se volverá a Cristo, sin la ayuda del Espíritu Santo, clamando por salvación. Por tanto, se puede hacer alguna preparación encaminada a un correcto entendimiento del pasaje central en relación con esta obra del Espíritu Santo en lo más profundo de la conciencia del hombre no regenerado, señaladamente.

Juan 16:7-11. "Pero Yo os digo la verdad; os conviene que Yo me vaya; porque si no me fuere, el Consolador no vendría a vosotros, más si me fuere os lo enviaré. Y cuando El venga convencerá al mundo de pecado, de justicia, y de juicio. De pecado, por cuanto no creen en mí; de justicia, por cuanto voy al Padre, y no me veréis más; y de juicio, por cuanto el príncipe de este mundo ha sido ya juzgado."

Se puede notar primero que ninguna obra de esta naturaleza (hasta donde sabemos) fue emprendida por el Espíritu en otras épocas de la historia humana; y como Cristo es el que habla con autoridad directa y asboluta, es significativo que esta crucial declaración sale de los labios de Cristo mismo y en un contexto que, sobre cualquiera otro en donde sus palabras han sido registradas, se caracteriza como instrucción a los cristianos. Estas palabras de Cristo no son dirigidas para instruir a inconversos; ellas más bien imparten la más vital información a los hijos de Dios que serían inteligentes y efectivos en el servicio de conquistar almas. Con gran claridad y énfasis el Salvador asegura que el Espíritu Santo, habiendo venido, así como El efectivamente estaba presente en el mundo, emprendería una tarea triple, invisible, en la mente y el corazón de los no salvos. Aunque se hace referencia al mundo o *cosmos,* como el objetivo hacia el que la obra del Espíritu se dirige, la convicción que lleva a cabo el Espíritu es de necesidad individual y, de acuerdo a todas las Escrituras relacionadas, está limitada a "aquellos a quienes el Señor nuestro Dios llamare." La palabra determinante es ἐλέγχω, puesto que define qué es lo que el Espíritu hace en la mente y el corazón de las personas no salvas con respecto al pecado, la justicia y el juicio. La Versión Americana traduce esta palabra por *reprobar;* la Versión Revisada la traduce por *condenar,* y aún otros eruditos traducen, *convencer.* En cada ocasión en que aparece esta palabra, ella connota la impartición de comprensión con respecto al tema en cuestión. Con esto ante la vista, la traducción de la palabra por *iluminará* es quizá la más satisfactoria. No se implica que la obra del Espíritu en el corazón del individuo sea la de producir pesar o remordimiento. Desde el punto de donde llaman la atención del penitente hacia sí mismo y su pecaminosidad por la que él debe lamentarse, el Espíritu Santo dirige la atención hacia Cristo y la verdad de que Cristo ha llevado su juicio, que ellos no necesitan hacer otra cosa sino creer en El para ser salvos. Tal es, a la verdad, la buena nueva que el evangelio proclama. La Escritura nunca afirma que los pecadores son impedidos de salvarse por el hecho de fallar en entristecerse por sus pecados. La noción —enteramente de origen humano— de que en adecuado sentido de culpabilidad con su correspondiente presión deben preceder al regocijo que ha de asegurar la salvación, no hay duda, en la suposición de que el motivo que impele a los pecadores es la conciencia de su maldad, en tanto que el verdadero motivo que el Espíritu Santo engendra es que, ya que toda condenación justamente nuestra a causa de nuestro pecado ha sido puesta sobre Cristo y así el camino está abierto para el perdón absoluto y a la paz celestial. Es una manifestación de la perversidad humana cuando algunos, pretendiendo predicar el evangelio, le dan importancia a la indignidad del pecador esperando guiarles a la salvación. Es posible que la doctrina íntegra del arrepentimiento sea mal entendida y pervertida, suponiendo que el arrepentimiento es una tristeza por el pecado más bien que un cambio de mente en cuanto a él. Basando su mensaje sobre este error, los hombres han sustituido sentimientos de depresión de espíritu en lugar del "glorioso evangelio de Cristo."

El triple ministerio del Espíritu Santo para los pecadores como lo reveló Cristo es indivisible en el sentido de que el Espíritu no emprende uno de sus aspectos y omite otros dos, ni que responde a dos y omite uno. Si el Espíritu hace toda la obra en el corazón del incrédulo, El hará todo lo que esta triple operación encierra. La necesidad de esta obra de iluminación del Espíritu Santo en la mente y corazón de los pecadores está claramente indicada en la Palabra de Dios. Anteriormente se ha llamado la atención a los pasajes que declaran que los inconversos son enteramente incapaces en ellos mismos de volverse inteligentemente a Cristo como a su Salvador. En 2 Co. 4:3, 4 se dice que el entendimiento –no los ojos– de los incrédulos está cegado por Satanás. Este velo debe ser quitado, de lo contrario la luz del "glorioso evangelio de Cristo" no llegará. Del mismo modo, en 1 Co. 2:14 está escrito que el no regenerado, el hombre natural, no percibe las cosas que son del Espíritu de Dios, ni las puede recibir. En Juan 14:17 se halla lo que dijo Cristo acerca del *cosmos* (mundo organizado) que no recibe el Espíritu porque no le ve, ni le conoce. Una vez más está escrito en Hechos 26:18 que el primer efecto del ministerio del Apóstol a los gentiles sería el de "abrir sus ojos", y Cristo declaró a Nicodemo que a menos que él "naciera de arriba" no podría ver el reino de Dios (Jn.3:3). Esta incapacidad total de los no salvos para entender, para ver, para recibir y para creer las cosas de Dios, es vencida por la divina provisión cuando el Espíritu Santo alumbra con relación al pecado, justicia y juicio. Estas empresas divinas bien pueden considerarse por separado y más específicamente.

1. DE PECADO. Esta iluminación no es de pecados. Si fuera de pecados personales prodría ir acompañado únicamente con un profundo remordimiento y vergüenza, y no proveería curación. La

iluminación del Espíritu es respecto a un pecado, y aquí el fracaso en cuanto a recibir a Cristo y Su salvación. Esto implica que el camino de la vida a través de la fe en Cristo ha sido aclarado a los que así han sido iluminados, y con esa desvelisada hubo revelación del nuevo pecado –un pecado que antes de la muerte de Cristo no podía haberse cometido– principalmente, la incredulidad en Cristo y en la salvación que El ha consumado. El estudiante mismo debiera interesarse con las implicaciones directas que se hallan en el pasaje. Si se inquiriera el por qué el Espíritu no ilumina a los inconversos con respecto a sus pecados, la respuesta es que Cristo ha llevado esos pecados y que Dios así lo reconoce perfectamente. Parece todo menos que imposible para los hombres aceptar la verdad de que todo pecado ha sido puesto sobre Cristo y que El ya ha sufrido el juicio de ellos en tal forma que satisface a Dios hasta lo infinito. Evidentemente, es la obra del Espíritu el crear esta conciencia en la mente individual de la persona no regenerada. Es el mensaje que el Espíritu Santo promueve y que El podría usar en los labios del predicador; pero muy a menudo la obligación de los inconversos les es presentada como si fuera necesario por su parte persuadir a Dios que sea suficiente bueno para hacer algo con respecto a sus pecados. El Evangelio de las buenas nuevas declara que *Dios lo ha hecho todo,* dejando al individuo con la responsabilidad de creer o de no creer lo que El ha hecho. El Evangelio no presenta algo que el inconverso tiene que hacer, más bien les presenta algo qué creer; y necesariamente, por supuesto, es la obra del Espíritu Santo al iluminar a los perdidos acerca del carácter y alcance del pecado de "los que no creen en mí."

2. DE JUSTICIA. Este pasaje presenta la única y sola ocasión en toda la enseñanza de Cristo cuando El habla directamente de Justicia imputada –esa justicia que lejos de ser un producto del esfuerzo y esmero humanos, es el don de Dios (comp. Ro. 5:17), en el que el creyente ahora es únicamente acepto a Dios (Ef. 1:6), y por el cual únicamente cualquier persona de esta esfera terrenal entrará al cielo. Es enteramente a base de esta justicia imputada que Dios justifica al impío. Es real y legítimamente la parte de cada creyente y sobre la base todo suficiente de Cristo en que él está . . . Siendo un miembro en el cuerpo de Cristo el creyente viene a ser por absoluta necesidad lo que Cristo es, aun justicia de Dios (comp. Ro. 3:22; 1 Co. 1:30; 2 Co. 5:21; Fil. 3:9). No se discute el que los inconversos deben comprender la difícil doctrina de la justicia imputada; es evidente, desde luego, que al poner su confianza en Cristo él debe de abandonar toda confianza en sí mismo, encomendándose él mismo a Dios, y considerar que todo lo que un pecador condenado siempre

necesitará ante Dios ha sido provisto y le está esperando en Cristo Jesús, quien es la misma justicia de Dios. Siendo que tal confianza es extraña a la vida, limitaciones y experiencias del hombre natural, es esencial que esta verdad vital sea revelada al inconverso por el Espíritu Santo. Esto es lo que hace el Espíritu cuando ilumina con respecto a la justicia. El tema principal de la Epístola a los Romanos es la justicia imputada,carta que es la declaración central y exhaustiva del Evangelio de la gracia de Dios. De aquí se sigue que el hecho de la justicia imputada es el factor central en el evangelio de gracia. Cristo también le ha dado al tema de la justificación imputada el lugar central de acuerdo con este texto. Se sigue que uno que predicare que esta obra del Espíritu es perfecta no sólo incluye el tema de la justicia imputada en su mensaje, sino que le da el lugar central. El hecho obvio de que los predicadores del evangelio casi han descuidado por completo esta verdad céntrica no es una excusa válida para seguirla descuidando continuamente. Como se ha indicado antes, ninguna aceptación inteligente de Cristo puede ser segura aparte de alguna comprensión de esta verdad vital. Ese conocimiento de El, precisamente, es el que el Espíritu Santo imparte a los no salvos. En el aspecto agradable de Su muerte, Cristo se ofreció a Sí mismo sin mancha a Dios (vea He. 9:14). Esta ofrenda de Sí mismo vino a ser una perfecta y eficaz sustitución para los que no tenían virtud o mérito propios. Por su muerte en la cruz Cristo renunció a Su propia *plenitud* y perfección, y así cuando el Padre vistiere al que cree con la plenitud de Cristo, esa plenitud es conferida en perfecta equidad basada en la verdad de que es provista y hecha accesible en la muerte de Cristo. La muerte de Cristo en su aspecto agradable es tan eficaz en el sentido de garantizar mérito, como en su aspecto desagradable es eficaz en disponer de deméritos. El aspecto agradable de la muerte de Cristo no es sólo un mero incidente sentimental entre el Padre y el Hijo sin ninguna realización a favor de aquellos por quienes Cristo murió. No obstante, según se trata casi universalmente, no hay reconocimiento del valor de este aspecto de la gracia salvadora de Dios. ¡Cuán esencial es la garantía de mérito para los que no tienen ninguno! ¡Y cuán completa es la provisión en el aspecto agradable de la ofrenda de Sí mismo, de Cristo, sin mancha a Dios!

3. DE JUICIO. Siendo que este aspecto de la obra del Espíritu en la mente de los inconversos está tan estrechamente relacionada a Su obra de iluminar con respecto al pecado –ya considerada– la iluminación respecto al juicio ha sido prevista. Mientras se dice de este ministerio del Espíritu que ha sido efectuado directamente en el juicio de Satán, es algo que ya Cristo llevó a cabo en Su muerte. No

es una advertencia con relación a alguna futura manera de acabar con el mal, sino que se refiere al más grande de todos los juicios que jamás se han efectuado o se hayan de efectuar, especialmente cuando Cristo ha sido hecho el sustituto del hombre al llevar la condenación que el Padre debe imponer sobre los caídos y pecadores. La persona bien puede recibir por sí misma, al ser aprehendida y conducida ante el tribunal del juicio divino, al ser justamente sentenciada a muerte, y al ser sacada fuera y ejecutada, a menos que otro se haya tomado su lugar y haya sido ejecutada en vez del pecador. La ejecución pertenecía completa y solamente a los individuos que pecaron. Por la muerte de Cristo, entonces, el pecador es puesto del otro lado de su propia ejecución. Aunque vivo e ileso el pecador creyente puede mirar hacia atrás a su propia ejecución como que ya se ha efectuado (comp. 2 Co. 5:14). Habiendo creído en Cristo y habiendo, así por la fe, sido incluidos en el alcance de Su muerte, el juicio que se ha efectuado sobre Cristo una vez, no puede ser repetido contra aquel por quien Cristo murió. "Ahora, pues, ninguna condenación hay para los que están en Cristo Jesús" (Ro. 8:1). Es de esta completa sustitución que el Espíritu Santo ilumina, como el primer ejemplo de este triple ministerio, cuando dice: "de pecado, por cuanto no creen en mí." Una vez más, es de observarse que el Evangelio propone algo que ha de creerse. Ahora se afirma en esta tercera y final declaración que Satán, el príncipe de este mundo, ha sido juzgado. La base sobre la cual Satanás ha asumido su autoridad sobre los hombres caídos es el hecho de hacer que la sentencia divina cayera sobre ellos por el pecado. En esta demanda sobre ellos, vinieron a ser como sus prisioneros (Is. 14:17), pero el mismo profeta del Antiguo Testamento cuando anunciaba lo que Cristo habría de cumplir, afirmó —en palabras que Cristo más tarde se aplicó directamente a sí mismo— que El proclamaría "a los cautivos libertad" (Is. 61:1). Es probable que Cristo en este sentido triunfó sobre principados y potestades por Su cruz, como se dice en Colosenses 2:15. El pasaje dice así: "Y despojando a los principados y a las potestades, las exhibió públicamente, triunfando sobre ellos en la cruz."

CONCLUSION

Así se ve que el Espíritu Santo revela a los inconversos, a los que El llama, lo más esencial del Evangelio de la Gracia divina —la muerte sustitutoria de Cristo como algo que ha sido ya cumplido, juntamente con el pecado de incredulidad en Aquel que ha sido muerto por dichos pecados; del mismo modo revela esa perfecta base provista en la misma cruz, la cual es nada menos que la justicia de

Dios imputada al pecador. Aparte de esta iluminación la persona inconversa no responde, aunque se le ponga frente a la más persuasiva sinceridad y elocuencia humanas. Apenas es necesario señalar que ninguna forma de evangelismo que desconozca esta obra del Espíritu Santo y que suponga que los inconversos están interiormente capacitados para recibir el Evangelio y venir a Cristo con una fe salvadora inteligente, está destinada a cosechar resultados superficiales y al gran peligro de impedir más bien que ayudar a aquellos a quienes apela, aunque puede ser que por la influencia humana se aseguren manifestaciones externas. Cristo ha de ser aceptado como la elección individual del corazón y esto debe efectuarse con la más profunda convicción de Su capacidad salvadora, una comprensión y elección que de modo alguno podría ser segura fuera de la iluminación del Espíritu con respecto al pecado, la justicia y el juicio.

EL ESPIRITU SANTO EN RELACION AL CRISTIANO

CAPITULO VIII

INTRODUCCION A LA OBRA DEL ESPIRITU SANTO EN EL CREYENTE

Al considerar la cantidad de Escritura concerniente a la relación del Espíritu al cristiano se ve como si fuera el aspecto más importante de toda la doctrina del Espíritu Santo. Sólo en el Nuevo Testamento, en donde se presenta totalmente la verdad con relación a esta doctrina se afirma, como se ha dicho antes, el hecho de que el Espíritu restringe al mundo (lo que está extensamente expuesto en un pasaje) y el hecho que El ilumina a los inconversos (también es un limitado aspecto de la verdad); pero el desarrollo total de la revelación del Nuevo Testamento tocante al Espíritu Santo ocupa una gran parte del Nuevo Testamento de tal suerte que esta era de la Iglesia también es propiamente designada como la dispensación del Espíritu Santo. Las divisiones de la doctrina del Espíritu Santo en su relación con los cristianos contempla dos aspectos generales, a saber: (a) la obra del Espíritu en y a través del creyente (capítulos IX-XI) y (b) la correspondiente responsabilidad del creyente (capítulos XII-XVII). Antes de que estos aspectos principales de esta verdad se estudien en forma constructiva, se llama la atención al hecho de que a esta altura esta tesis entra en un terreno de vital importancia, pero que es tan rara en las obras teológicas como que si no existiera. En efecto, la fuente de la que ministros instruidos han adquirido su conocimiento de la doctrina bíblica de Teología Sistemática es censurable por su descuido de la doctrina del Espíritu Santo, y especialmente ese aspecto vital de la doctrina que tiene que ver con la vida del creyente y el servicio por el poder habilitador del Espíritu Santo. No se ha reconocido la patente verdad de que la Biblia contiene tres principales reglas de vida dirigidas respectivamente a diferentes pueblos y que son aplicables a distintas épocas —para estar seguros, aquí no se hace mención del gobierno divino en aquellas épocas anteriores a la data de la ley por Moisés (comp. Gn. 26:5), épocas que no pudieron alcanzar el beneficio de los registros bíblicos porque los tales no se habían escrito todavía. Las tres épocas que estamos considerando principiaron con la ley, la que fue seguida por la presente edad de la gracia, la que a su vez será seguida por la dispensación del reino milenial. La edad Mosaica prevaleció hasta la muerte de Cristo (Jn. 1:17), y el sistema de gobierno divino para esa época en distintos respectos fue adaptado a Israel, para quien sólo estaba ordenada, quienes fueron considerados todavía como menores de edad y sujetos a tutores y curadores (Gá. 4:1-3). El sistema Mosaico, aunque perfecto en sí (comp. Ro. 7:12), es, en contraste con la gran vocación de la presente dispensación, llamada "flacos y pobres rudimentos" dentro del cual los creyentes de hoy, volviendo a tal sistema, pueden caer y hundirse (comp. Gá. 4:9), y hasta la perdición, no de su salvación, sino de su libertad en Cristo (Gá. 5:1-4). Volver a la ley es fracasar en la obediencia de la verdad (Gá. 5:7). Tal error nunca proviene de Dios (Gá. 5:8), sino de maestros judaizantes que "fingían celo" por los hijos de Dios (Gá. 4:17). Aunque ellos alentaban a otros a hacerlo así, los teólogos no tienen excusa al ignorar el cambio de posición cuales se han operado tanto en la posición como en los requisitos correspondientes en cuanto al modo de vida que han introducido los eventos estupendos que han intervenido entre la era mosaica y la era de la gracia. Estos eventos son, (a) la introducción de una nueva e imprevista era con su revelación específica tocante a su carácter; (b) la muerte de Cristo con todas las nuevas realidades y relaciones que la garantizan; (c) la resurrección de Cristo encabezando Su Nueva Creación; (d) la entrega efectiva de Cristo con sus ilimitadas provisiones; (e) la venida del Espíritu Santo con sus ilimitadas bendiciones para todos los creyentes; (f) la iniciación de un nuevo propósito divino en el llamamiento de un pueblo celestial de judíos y gentiles reuniéndolos en un solo cuerpo y, (g) la introducción de una nueva ética de código de gobierno adaptada a un pueblo que ha sido perfeccionado en Cristo, vestido con la justicia divina, justificado para siempre y lleno con la plenitud de la Deidad. La irreflexiva, aunque celosa, imposición de un sistema legal de méritos sobre un pueblo perfeccionado, es el más erróneo, y se hace solamente porque los teólogos mismos han consentido el ser atados por un sistema de teorías indefendible, imponiendo sobre la recta división de las Escrituras hecha por Dios, la noción humana de unidad a través de toda la Palabra de Dios.

De igual modo, los grandes eventos que intervienen formarán una grieta entre la responsabilidad humana en esta edad presente y la responsabilidad de la gente en la edad futura. Estos eventos son: (a) el arrebatamiento de la Iglesia y el fin en la tierra de todos los que pertenecen a ella; (b) la restauración y reunión de Israel con la consumación de los pactos que todavía no se han cumplido; (c) el fin de los tiempos de los gentiles con sus juicios correspondientes; (d) el glorioso retorno de Cristo para juzgar a judíos y gentiles y establecer su Mesiánico y Davídico reino terrenal predicho; (e) la prisión de Satanás; (f) la Iglesia como Esposa y Consorte del Rey en Su reino juntamente con El sobre todos los reinos del mundo en donde El ejerza Su autoridad, y (g) la aplicación de una nueva regla de vida adaptada a las condiciones creadas por estos poderosos cambios. Una vez más los teólogos, aunque ellos generalmente no reconocen la edad del Reino, o los pactos y las promesas de Dios –sellados por Su juramento– que demandan la realización de esa edad futura, buscan la forma de combinar esta inmensa cantidad de citas bíblicas dentro de una sola idea de un pueblo redimido que abarque a los hombres de todas las edades. La Teoría del Pacto no puede dar lugar a propósitos divinos diferentes y a edades de tiempo correspondientes. De acuerdo a esta enseñanza Israel debe fusionarse dentro de la iglesia y ésta debe ser la consumación de todos los propósitos terrenales previos. Haciendo caso omiso de los errores en la doctrina, no obstante, todavía permanece la verdad de que hay nuevas empresas que se están efectuando por el Espíritu, llamando en la actualidad a un pueblo nuevo divinamente perfeccionado, anunciando una nueva obligación en la vida y servicio para los llamados, cuya responsabilidad puede ser desempeñada únicamente mediante el poder capacitador del Espíritu morador. Entonces, volviendo a las dos principales divisiones de este tema, como se ha indicado arriba, se considerará la obra del Espíritu Santo dentro y a través del creyente antes que nada.

En adición a los dos ministerios del Espíritu Santo ya estudiados (cap. VII), todavía hay cinco más y constituyen la relación del Espíritu a los cristianos. Estos, con los ya estudiados, hacen un total de siete ministerios del Espíritu en esta dispensación. De los cinco ahora a la vista, los primeros cuatro pueden ser clasificados en un grupo (como antes se ha sugerido), siendo que representan empresas del Espíritu a favor de todos los salvos. Estos son aspectos vitales de la salvación, siendo efectuados hasta la infinita perfección para cada creyente al momento de ser salvado. Así mismo, estos cuatro ministerios representan aspectos de la obra del Espíritu que jamás son repetidos, siendo perfeccionados una vez por todas. El quinto en estas series, que también es el séptimo cuando se contemplan en total los siete ministerios del Espíritu, es el de la llenura del Espíritu. Unico en sí mismo, en que no es un aspecto de la salvación, porque no todos los cristianos la experimentan y que ha de ser renovada constantemente. En ningún sentido las distinciones entre estos siete ministerios han de tratarse livianamente. Es en este punto, y en favor de la exactitud en el análisis de estas verdades que grupos de cristianos sinceros, aunque mal informados, se han dividido sobre asuntos de la santidad y de ciertas manifestaciones de la presencia del Espíritu. Reclamos opuestos entre cristianos y profesiones religiosas heréticas generalmente se pueden atribuir al descuido de algunas verdades entre los líderes cristianos, y es especialmente evidente que la presente confusión entre los creyentes menos instruidos con respecto a la obra del Espíritu en esta dispensación se debe en gran parte a la omisión, de parte de muchos líderes cristianos e instructores, de la enseñanza aún la más elemental de estos extensos y vitales temas. Maestros bíblicos y exégetas generalmente han tratado de vencer los efectos del descuido de la doctrina del Espíritu Santo en disciplinas teológicas corrientes que dan especial énfasis a estos temas. La iglesia de la presente generación debe mucho al movimiento de Keswick en Inglaterra y su amplio testimonio en muchos países. La inclusión de estos temas en convenciones modernas de estudio bíblicos y por hombres capaces de hablar con autoridad, ha hecho mucho en darle a estas doctrinas su énfasis adecuado. Un gran teólogo que ha escrito muchos tratados sobre la persona y obra de Cristo, pero que prácticamente jamás se aventura dentro del campo de la Persona y obra del Espíritu Santo, ha de ser reconocido por el testimonio que ha dado, pero debe, al mismo tiempo, soportar el descrédito por el estímulo que él ha prestado al descuido de tan vital verdad en todos sus seguidores. Para que esta presentación de la Teología Sistemática no haya de ser retada en esta forma, lo que resta de este volumen forma el cuerpo de este extenso trabajo. Los cinco ministerios distintivos del Espíritu Santo a favor del creyente van a ser estudiados en el orden siguiente: (a) la regeneración, (b) la morada del Espíritu Santo, (c) el bautismo con el Espíritu Santo, (d) el sello con el Espíritu Santo y, (e) la llenura con el Espíritu Santo.

CAPITULO IX

LA REGENERACION Y EL ESPITIRU SANTO

En el incomparable propósito de Dios por el que El está llevando "muchos hijos a la gloria" (He.2:10) y con el fin de que Cristo pueda ser el "primogénito entre muchos hermanos" (Ro.8:29) –nada menos que una empresa destinada a poblar el tercero y más alto cielo (que hasta aquí ha sido la habitación únicamente del Trino Dios) con seres preparados para esa santa y exaltada esfera y desde luego, suficientemente perfectos para ser la Esposa todo satisfactoria de la Segunda Persona– un paso vital es el de constituir a tales seres participantes de la misma naturaleza de Dios. Un cambio estructural como este es esencial a la misma naturaleza del caso. El nuevo nacimiento, entonces, no es meramente el remedio para los fracasos humanos; es una creación, por generación divina, constituyendo de modo inherente a los creyentes legítimos hijos de Dios. La mente humana no puede alcanzar a comprender lo que incluyen las inmensurables realidades de una verdadera relación de filialidad con Dios, que hace a los cristianos herederos de Dios y coherederos de Cristo Jesús (Ro.8:17). En cada aspecto es una obra de Dios y es ejecutado como una expresión de Su sublime propósito y para la satisfacción de Su infinito amor para aquellos a quienes así salva. Prosiguiendo más completamente estas insinuaciones pueden observarse algunos hechos:

I. LA NECESIDAD

Antes que un ser caído de esta esfera humana pueda entrar al reino de Dios, debe de efectuarse una obra divina de transformación en forma de un nacimiento de lo alto. Tal nacimiento es indicado específicamente por Cristo en Sus palabras a Nicodemo: "Lo que es nacido de la carne, carne es, y lo que es nacido del Espíritu, espíritu es" (Jn.3:6). Al anunciar estas grandes verdades acerca de la carne y el espíritu Cristo no las dirigió a lo más bajo en el orden social –los que obviamente necesitaban ser mejorados. El escogió para dirigirle estas palabras a un legislador y maestro de Israel que era indudablemente la flor y nata del judaísmo. En este punto se puede hacer la pregunta de, en qué consiste la relación correcta de un judío con Dios dentro de la esfera de acción y el propósito del judaísmo. El Pacto Teológico es el que adelanta en este punto la suposición que los santos del Antiguo orden fueron regenerados y sobre la misma base de relación a Jehová como se ha establecido para los santos del Nuevo Testamento. Para poder sostener su teoría se hace necesaria tal suposición. Pero aquí surgen las preguntas pertinentes: ¿Por qué la demanda directa e incondicional de un nuevo nacimiento a uno del carácter representado por Nicodemo? Por qué la tan enfatizada y a menudo repetida narración de la salvación de Saulo de Tarso, quien vivió con limpia conciencia ante la ley de Dios? (Hch.9; 22; 26); y, ¿por qué la salvación de los apóstoles, de tres mil judíos el día de Pentecostés, y de los muchos sacerdotes que obedecieron a la fe? ¿No se alega que ninguno de los que así se salvaron jamás habían respondido antes a los ideales espirituales del judaísmo? ¿Es cierto que todos éstos debieran haber sido salvos bajo el judaísmo tan perfectamente como bajo el cristianismo lo fueron más tarde, pero que cada uno sólo accidentalmente declaró su ajustamiento ante Dios después del establecimiento de la fe del cristianismo? Realmente, ¿qué quiere decir el Apóstol cuando dice: "Pero antes que viniese la fe, estábamos confinados bajo la ley, encerrados para aquella fe que iba a ser revelada. De manera que la ley ha sido nuestro ayo, para llevarnos a Cristo, a fin de que fuésemos justificados por la fe. Pero venida la fe, ya no estamos bajo ayo. . . ? " ¿Por qué, también oraría él por Israel y definió su fracaso espiritual como lo hizo al decir: "Hermanos, ciertamente el anhelo de mi corazón, y mi oración a Dios por Israel, es para salvación. Porque yo les doy testimonio de que tienen celo de Dios, pero no conforme a ciencia. Porque ignorando la justicia de Dios, y procurando establecer la suya propia, no se han sujetado a la justicia de Dios; porque el fin de la ley es Cristo, para justicia de todo aquel que cree" (Ro.10:1-4)? Y ¿qué quiere decir el mismo Apóstol cuando refiriéndose a los motivos que actuaron en él al momento de escoger a Cristo como Salvador, dice: "Aunque yo tengo también de qué confiar en la carne. Si alguno piensa que tiene de qué confiar en la carne, yo más: circuncidado al octavo día, del linaje de Israel, de la tribu de Benjamín, hebreo de hebreos; en cuanto a la ley, fariseo; en cuanto al celo, perseguidor de la Iglesia; en cuanto a la justicia que es en la ley, irreprensible. Y ciertamente, aun estimo todas las cosas como pérdida por la excelencia del conocimiento de Cristo Jesús, mi Señor, por amor del cual lo he perdido todo, y lo tengo por basura, para ganar a Cristo, y ser hallado en él, no teniendo mi propia justicia, que es por la ley, sino la que es de Dios por la fe" (Fil.3:4-9)? ¿Por qué en cada contraste entre los distintos aspectos del judaísmo y del cristianismo, el primero está representado como insuficiente, del cual el individuo debe ser salvo mediante su adhesión al último? La respuesta a todas esas preguntas se hallarán cuando se determine que Dios no estaba haciendo precisamente la misma cosa en el judaísmo como lo está haciendo ahora en el cristianismo. Dios nunca dijo a Israel, "para presentaros sin mancha delante de su gloria."

Sin duda está más acorde con la humanidad el afirmar que uno no asume un lugar más elevado en el propósito de Dios que el que le fue señalado a los santos del Antiguo Testamento. Pero ninguno de éstos es de acuerdo con la elección del hombre. Es un asunto del inalterable plan de Dios que ha sido revelado. Dios de este modo enfatiza la diferencia entre Israel y la Iglesia que, al recibir dentro de la Iglesia a los judíos al lado de los gentiles, El no reconoce cualidades específicas superiores en los judíos sobre los gentiles, sino que declara: "no hay diferencia" (comp. Ro.3:9 y 10:12). Con todo, si los judíos estuviesen ya sobre una base cristiana, sería un procedimiento más irrazonable el bajarlo al nivel de la posición del gentil sólo para exaltarlo de nuevo a su posición original. Aunque en la era judaica ese pueblo tenía relaciones de pacto con Jehová, no se puede demostrar que ellos estuviesen en ningún sentido sobre una base cristiana. La regeneración es, en efecto una necesidad tanto para judíos como para gentiles. Sin esto ni aun Nicodemo podría haber visto el reino de Dios.

II. COMUNICACION DE LA VIDA

En la estupenda tarea de preparar y de seleccionar seres terrenales y caídos para la compañía del Padre, del Hijo y del Espíritu Santo –hasta hacerlos una Esposa apropiada para el Cordero– en el cielo mismo, en gloria, participantes de la naturaleza divina al impartirles la misma vida de Dios, es uno de los más importantes aspectos de la empresa de la transformación de un pecador. El hecho de recibir la naturaleza divina significa que la persona que ha sido bendecida de este modo ha nacido de Dios. Dios ha llegado a ser su legítimo Padre y él, hijo legítimo del Padre. Este es un cambio tan radical y tan completo que así se ha efectuado el paso de un orden a otro distinto. En este gran cambio eventualmente la naturaleza adámica será destruida, y el ego, como una entidad aparte representará nada menos que el hecho estupendo de ser un hijo de Dios y un miembro legal de la familia y la casa de Dios. El salvo ha llegado a ser precisamente lo que su nueva posición en la gloria requiere que él sea. La metamorfosis básica que se produce mediante el nuevo nacimiento –la obra generadora del Espíritu Santo– aunque todos los que ahora son realmente salvos han entrado, al querer darle la debida consideración, la han malentendido casi totalmente. El concepto de que la regeneración del Espíritu Santo es una influencia indefinida para hacer el bien en la vida presente de los individuos, está muy por debajo del concepto establecido por el Nuevo Testamento. Allí se enseña que un nuevo y eterno orden de seres es creado con el nuevo nacimiento, ya sea que se comprenda o no, este es el carácter básico y distintivo del cristiano. La vida de Dios que es eterna, la cual es Cristo mismo, ha sido impartida tan definitivamente como el aliento de la vida natural fue impartido por Dios en Adán en la primera creación. A lo menos ochenta y cinco pasajes del Nuevo Testamento declaran que un cristiano es una persona cambiada en virtud del hecho de haber recibido la misma vida de Dios. Por infinito amor el Hijo de Dios fue dado por el Padre para que los pecadores no se pierdan sino que tengan vida eterna (Jn.3:16). Cristo dijo: "Yo soy el camino y la verdad y la vida" (Jn.14:6) y "Yo he venido para que tengan vida" (Jn.10:10). De la misma manera, "la dádiva de Dios es vida eterna" (Ro.3:23). Se dice que esa vida impartida "es Cristo en vosotros la esperanza de gloria" (Col.1:27). Aunque se reconociera cierta leve evidencia de este gran cambio mientras estamos en este mundo, la experiencia del orbe entero en cuanto a la naturaleza divina "espera la manifestación de los hijos de Dios." Algunas evidencias presentes de la vida de Dios que mora en el corazón bien pueden ser notadas.

1. EL CONOCIMIENTO DE DIOS. Con una conciencia definida de Su realidad el creyente puede decir de corazón, "Abba, Padre." Un reconocimiento tal de Dios como Padre es operado por Cristo en el corazón. Acerca de esto dice El, "Todas las cosas me fueron entregadas de mi Padre; y nadie conoce al Hijo, sino el Padre; ni al Padre conoce alguno, sino el Hijo, y aquel a quien el Hijo lo quiera revelar. Venid a mí todos los que estáis trabajados y cargados, que Yo os haré descansar" (Mt.11:27,28). El descanso prometido aquí es el del alma y es el resultado de llegar a conocer a Dios como Padre. Es una cosa saber acerca de Dios, pero cosa enteramente distinta es conocer a Dios. De acuerdo a esta interpretación es posible llegar a conocer al Padre por los oficios de la gracia y la obra efectiva del Hijo, y ningún alma jamás ha llegado a encontrar verdadero descanso aparte de esta intimidad con Dios.

2. UNA NUEVA REALIDAD EN LA ORACION. La oración es comunión con Dios basada en la confianza nacida del conocimiento de Dios. No es natural el hablarle a un desconocido e inconocible como sucede con el inconverso cuando trata de orar; pero cuando Dios es reconocido y real al corazón hay precisión en cada forma de

oración, y entonces, como en ningún otro tiempo o bajo ninguna otra circunstancia, el alma que ora encuentra reposo.

3. UNA NUEVA REALIDAD AL LEER LA PALABRA DE DIOS. La Palabra de Dios, es alimento sólo para los que han recibido la naturaleza divina. Como niño recién nacido clama por alimento, así un cristiano normal desea la Palabra de Dios. Esa Palabra es "leche" para los tales cuando son "nenes" y "vianda sólida" para los que tienen preparado el corazón para recibirla.

4. RECONOCIMIENTO DE LA FAMILIA DE DIOS. San Juan pone a la cabeza de las pruebas de la que más se puede depender para conocer si una persona es o no hija de Dios. Dice él: "Nosotros sabemos que hemos pasado de muerte a vida en que amamos a los hermanos. El que no ama a su hermano, permanece en muerte" (1 Jn.3:14). Los cristianos naturalmente se deleitan en la comunión de los salvos. El amor para ellos se manifestará en un sacrificio de amor hacia ellos. Esto no es amor humano, sino una obra externa del amor de Dios derramado en los corazones de los creyentes por el Espíritu que nos habita (Ro.5:5). En el mismo contexto del pasaje arriba citado Juan afirma: "En esto hemos conocido el amor, en que El puso Su vida por nosotros; también nosotros debemos poner nuestras vidas por los hermanos. Pero el que tiene bienes de este mundo y ve a su hermano tener necesidad, y cierra contra él su corazón, ¿cómo mora el amor de Dios en él? Hijitos míos, no amemos de palabra ni de lengua, sino de hecho y en verdad" (1 Jn.3:16-18).

5. UNA DIVINA COMPASION POR EL MUNDO PERDIDO. Los objetos del amor divino no cambian con respecto a su identidad aun cuando ese amor es reproducido en, o a través del cristiano. Por tanto, él amará a todo lo que Dios ama. Esto es realmente un campo extenso de contemplación. Sobre todo, el amor de Dios para un mundo perdido –ese amor que no escatimó el dar a Su propio Hijo– obrará en el hijo de Dios como una incesante carga a favor de perdidos. Esto constituye un sufrimiento en compañía de Cristo, y en ello hay grande galardón. "Si sufrimos con El, también reinaremos con El."

Todas estas experiencias que han sido indicadas naturalmente son la expresión de la nueva naturaleza divina; pero como toda experiencia cristiana, puede ser estorbada y no cumplirse debido a una condición espiritual que se ha permitido existir en el corazón del creyente. Si el Espíritu morador que reproduce a Cristo en el creyente es contristado, no se manifestará el poder de Su presencia. En este punto, se reconocería el peligro al juzgar a cualquiera de acuerdo a esa experiencia o conducta. Aun cuando cada experiencia normal se experimente en esta vida, la que espera al creyente el día de la manifestación de Cristo es infinitamente ilimitada.

III. ADQUISICION DE LA NATURALEZA DIVINA

El hecho básico de haber recibido una nueva y divina naturaleza es de tal carácter que al punto debe reconocerse como un cambio que sólo Dios puede efectuar. El esfuerzo humano es totalmente extraño a la empresa. ¿Dónde empezaría Nicodemo si hubiera intentado la realización de su propio nuevo nacimiento? Que sólo lo que es nacido del Espíritu espíritu es. Intimamente vinculado al don de la vida eterna está el impartimiento de la naturaleza divina. Probablemente no se pueden trazar distinciones entre ellos. Con eso el hijo de Dios al recibir estas realidades, entra en una carrera o a un reino de relaciones que pertenecen a otro orden de existencia. En verdad, es la más elevada forma de existencia –la vasta realidad y eternidad de Dios. No hay comparación posible entre la posesión de la naturaleza humana y la adquisición de la naturaleza divina. La distinción fundamental, más allá del de su disimilitud con respecto a sus caracteres inherentes, está el hecho de que una tiene principio aunque no tiene fin, mientras que la otra, estando relacionada con Dios, puede no tener ni principio ni fin. Con relación a conciencia de sí misma la naturaleza humana ahora es una realidad activa en varios grados; pero la consciente experiencia de la naturaleza divina, aunque es algo que se posee en su plenitud, espera el tiempo en que ha de entrar en la vida y morada celestiales. El aumento del conocimiento experimental que desaparecerá de sobre los hijos de Dios al ser trasladados de la tierra al cielo, cuando pasen de la forma de existencia en el tiempo a una existencia eterna, cuando "el poder de una vida indisoluble" sustituya a todas las limitaciones humanas, es demasiado grande para poderlo comprender en esta vida. En esta esfera humana los hombres están afectados por prejuicios, opiniones y falsas estimaciones que constituyen sólo una sombra de la verdad. En la posición de la esfera futura se verán todas las cosas, y entonces no sólo como una información adicional que pueda ensanchar la capacidad humana para entender, sino como Dios las ve, como El las entiende. Es entonces cuando el salvo conocerá aun como él también es conocido (1 Co.13:12); esto es, él conocerá como Dios lo conoce ahora. La frase *conoceré como soy conocido* debe referirse al presente conocimiento de Dios. Por el poder habilitador del Espíritu Santo alguna medida de la experiencia del amor divino, gozo divino, y de la paz divina aún futuras, pueden estar seguras en la actualidad. Así de modo semejante, la sabiduría de Dios y especialmente esa parte que El ha hecho que se escribiera en la Biblia pueden haber penetrado por medio del mismo Espíritu. Pero cuando se entre a la esfera celestial se habrá entrado al inquebrantable e indisminuible amor, gozo y paz divinos y a un mayor entendimiento que en cierto grado es comparable al de Dios mismo. Todo esto surgirá de la posesión de la misma naturaleza de Dios y que será tan ilimitado, dentro de los límites finitos, como lo es Dios. Esta es la base del compañerismo de los santos con Dios y de los unos con los otros. Nada puede esconderse y nada puede ser malentendido. Los motivos serán tan puros como Dios es puro y aun la historia de los pecados en la tierra, fracasos y dudas, se verán únicamente en esa forma retrospectiva y en la comprensión que pertenecen sólo a Dios. La vida cristiana en gloria en todo su alcance será en el molde y a la medida de lo que ahora se considera sobrenatural, como decir, la experiencia de la plenitud de la naturaleza divina. Los salvos habrán de adaptarse a la esfera de Dios.

IV. INTRODUCCION A LA FAMILIA Y CASA DE DIOS

No hay relación terrena que una tanto a los miembros de la raza humana como lo hace la familia, y así este reino humano es la mejor ilustración asequible de la asociación celestial de los creyentes. Aparecen tanto el hecho de la relación de Padre e hijo como el de la fraternidad. Como se indica arriba, la paternidad de Dios se debe al hecho absoluto de ser engendrados por Dios; aunque como en el caso del nacimiento de Cristo, el engendramiento es operado por la Tercera Persona, universalmente todavía se refieren a la Primera Persona como el Padre de todos los creyentes. El introducir a un individuo dentro de la familia y la casa de Dios no es una mera adopción, aunque un creyente es adoptado en el sentido de cuando nace de Dios como Su hijo en seguida alcanza la posición de un hijo adulto, con todos los privilegios y responsabilidades que acompañan a la completa madurez. La práctica humana de la adopción, que meramente establece responsabilidad legal sobre un niño extraño, no le imparte la naturaleza paternal y no crea una verdadera unidad con el nuevo padre. En las relaciones humanas, así mismo, un padre puede repudiar a su hijo y retirar toda responsabilidad hacia su hijo mediante una acción legal, aunque no puede evitar la semejanza con él en apariencia física, en disposición o en características sobresalientes. En otras palabras, la naturaleza básica que se imparte al engendrarlo no puede extinguirse. Aun en las esferas humanas, del mismo modo como no se pueden extinguir en el plan divino. Una vez hijo de Dios, para siempre hijo de Dios, es una verdad enseñada no sólo en la Escritura, sino sostenida por cada experiencia filial conocida ya sea aquí en la tierra como en el cielo.

La familia y la casa de Dios están compuestas por la verdadera y legítima descendencia de Dios. Tal relación ni aun se insinúa entre Jehová y los israelitas. La nación de Israel en su totalidad es comparada a un hijo, pero enteramente como una expresión que describe el cuidado que Dios tiene de ellos. El llamar hijo a una nación está muy lejos de el engendrar a individuos para una eterna e inalterable descendencia de Dios. El ser miembro de la casa y familia de Dios implica idoneidad para tal posición. Por un breve tiempo –el período de la vida cristiana sobre la tierra después de su salvación– el Padre trata con las imperfecciones de Sus hijos y les administra la disciplina debida; pero en la realidad eterna que sigue los miembros de Su familia demostrarán por los siglos sin fin cómo los salvos han sido hechos "aptos para participar de la suerte de los santos en luz" (Col.1:12).

V. LA PARTE DE LA HERENCIA DE UN HIJO

Basado en la realidad de la filialidad a través del poder generador del Espíritu Santo está el hecho inevitable de la posesión de la parte del hijo. La magnitud de la participación la indica el Apóstol al afirmar: "El mismo Espíritu testifica a nuestro espíritu que somos hijos de Dios; y si hijos, también herederos; herederos de Dios y coherederos con Cristo" (Ro.8:16,17). Aquí está a la vista la eterna filialidad de Cristo y el derecho a la herencia en la que están incluidos todos los tesoros del universo, todos los *πλήρωμα* de sabiduría y en la infinita autoridad y poder, los recientemente constituidos hijos son hechos "coherederos con Cristo." En tanto que el creyente es retenido en el mundo como un testigo, no se puede más que hacer poco uso de estas riquezas celestiales. Estas pertenecen a otro reino, y el disfrute de su gozo espera el tiempo de la entrada a la esfera a la que pertenecen estas riquezas.

VI. PROPOSITO DE DIOS PARA SU ETERNA GLORIA

Más subyugante y consoladora es la verdad revelada de que todo lo que entra en la constitución de un cristiano, lo que él es y lo que ha de ser en gloria es obra de Dios. El Apóstol declara: "Porque somos hechura Suya, creados en Cristo Jesús para buenas obras, ordenadas por Dios para que anduvésemos en ellas" (Ef.2:10). Por lo tanto, toda incertidumbre en cuanto a los resultados finales de la regeneración para siempre es descontada. Las varias experiencias de la vida pueden presentar problemas inmediatos; pero los factores esenciales de la salvación, preservación y eterna gloria son perfeccionados por El, y nunca se hacen depender del éxito, realización o méritos humanos. El cristiano aprende después de ser salvo –no antes– que ha sido "escogido en El (en Cristo) antes de la constitución del mundo," que en el debido tiempo y sólo por el poder de Dios él entró en relación con Dios de uno que es salvado sobre el principio de gracia, y que por el mismo poder divino él aparecerá en gloria, todo por la inmutable fidelidad de Dios.

En cuanto a los creyentes, está escrito: "Estando cierto de esto, que el que principió en vosotros la buena obra, la perfeccionará hasta el día de Su venida" (Fil. 1:6). Ha de ser muy significativa la descripción de un creyente que "conforme al propósito es llamado" (Ro.8:28). Ese propósito de Dios está definido en el contexto que dice: "Porque a los que antes conoció a éstos también predestinó para que fuesen hechos conformes a la imagen de Su Hijo, para que El sea el primogénito entre muchos hermanos. Y a los que predestinó, a éstos también llamó; y a los que llamó a éstos también justificó; y a los que justificó a éstos también glorificó" (vs. 29,30). "Para ser conformados a la imagen de su Hijo" indica que la filialidad divina ha de realizarse en la parte del que es salvo –filialidad modelada según la misma imagen del Hijo de Dios.

Nunca la palabra de Dios jamás reveló un estado y destino más alto que éste; pero todavía se agrega "para que El sea el primogénito entre muchos hermanos." Cristo realmente será el Primogénito en cuanto a tiempo y carácter; La Fuente de todo lo que comprende la eterna realidad y gloria del cristiano; pero el énfasis aquí indicado es más bien sobre el hecho de que todos los que así son salvos son Sus *hermanos,* siendo engendrados por Dios como tales y constituidos real e inmutablemente en hijos de Dios. Se supone muy a menudo que Cristo vino al mundo para que los hombres tengan un nuevo ideal para la vida diaria, un ejemplo de un carácter exaltado, o una nueva regla de conducta. Cuando Cristo dice, no obstante: "El ladrón no viene sino para robar, y matar y destruir; Yo he venido para que tengan vida y para que la tengan en abundancia" (Jn.10:10) – es sólo uno de entre como 85 pasajes en relación con este factor importante en la nueva personalidad del cristiano– El hablaba de la vida impartida que ningún ser humano había jamás recibido o poseído aparte del poder regenerador del Espíritu Santo. Con toda razón Dios apela al salvo para que viva la vida diaria de acuerdo con el sublime llamamiento de Cristo; pero la necesidad de una vida santa nunca debe estar separada de la dádiva de Dios que es la vida eterna en Cristo Jesús (Ro.6:23). La posesión de la vida eterna crea el verdadero motivo para una vida santa; ciertamente, una vida santa jamás impartirá vida divina o un sustituto del nuevo nacimiento por el Espíritu. Una vida diaria loable representa la eterna provisión de Dios para el hombre que El se propuso crear en Cristo Jesús. Partiendo de esta sublime verdad la mente espiritual avanza hacia la contemplación del hecho de que el propósito divino, como todas las obras de Dios, también será así realizado y perfeccionado hasta el infinito para que Dios sea satisfecho y sea glorificado por él. De este modo se llega propiamente a la conclusión que la salvación desde el principio en los eternos consejos de Dios, aquí por medio de la provisión y el ejercicio de la gracia redentora, y de allí hasta la consumación en gloria, es ejecutada por Dios únicamente y siempre con el mismo propósito a la vista, esto es, que redunde en su eterna gloria. De esta manera El será ciertamente glorificado.

VII. EL FUNDAMENTO DE LA FE

La razón sola aclararía la verdad que, siendo que la salvación es efectuada por Dios, el individuo que se preocupa por ser salvo no puede alcanzarla por otro medio aparte de la fe sencilla. Todos los aspectos de la salvación ya completos, en tiempo pasado, libres del castigo del pecado; en tiempo presente, libres del poder del pecado; y en tiempo futuro, libres de la presencia del pecado, requieren la dependencia de Dios. Las grandes realidades, como el *perdón* el don de la *vida eterna* y el don de la *justicia* que es la base de la justificación (Ro.3:22,26; 4:5; 10:4), son la porción de los que no hacen otra cosa más que creer en Jesús como Salvador. Bastarán aquí dos pasajes relacionados con esta verdad esencial: (a) Juan 1:12,13: "Mas a todos los que le recibieron, a los que creen en Su nombre, les dio potestad de ser hechos hijos de Dios; los cuales no son engendrados de sangre, ni de voluntad de carne, ni de voluntad de varón, sino de Dios." Es a los que reciben a Cristo, o creen en El que tienen derecho tanto para llegar a ser como para ser los hijos de Dios por concesión divina. Esto significa que la respuesta de Dios a la fe de una persona en Cristo es tal, que por el poder de Dios él es nacido de lo alto y así llega a ser Su verdadero hijo. El conocimiento del Salvador, sobre quien debe descansar la fe, se obtiene por medio de la Palabra de Dios, revelado por el Espíritu. De aquí el que Cristo dijera que los tales son nacidos de la Palabra, que es símbolizada por el agua, el Espíritu (Jn.3:5), y el Apóstol declara: "No por obras de justicia que nosotros habíamos hecho, sino por su misericordia nos salvó, por el lavacro de la regeneración y de la renovación del Espíritu Santo" (Tit.3:5). (b) Juan 3:16: "Porque de tal manera amó

Dios al mundo, que ha dado a su Hijo unigénito, para que todo aquel que en El cree no se pierda, sino que tenga vida eterna." ¿Qué declaración podría ser más directa y conclusiva que ésta? Se afirma que cualquiera que "en El cree no se pierda más tenga vida eterna." Así que sin excepción todo lo que entra en la salvación, incluyendo la dádiva de la vida eterna, depende del único requerimiento de creer en el Salvador.

En el libro del Dr. Juan F. Walvoord citado previamente se incluye un excelente estudio de la doctrina de la regeneración. Siendo que esto está bien establecido y desde que el tema es de tan vital importancia, aunque estas páginas son extensas, las reproducimos aquí:

"En su introducción el Dr. Walvoord afirma: 'Pocas doctrinas son más fundamentales para la predicación efectiva que la doctrina de la regeneración. No poder comprender su naturaleza ni entender claramente su necesidad impedirá la eficacia de la predicación del Evangelio. Tanto para el maestro bíblico como para el evangelista, es indispensable un conocimiento apropiado de la doctrina de la regeneración. El concepto bíblico de la regeneración es comparativamente sencillo, y no es necesario un estudio de su historia teológica para una adecuada predicación. La historia de la doctrina, sin embargo, revela sus peligros naturales y puede advertir al incauto de los peligros de una somera comprensión de esta doctrina. La doctrina de la regeneración ofrece una rica recompensa a los que contemplan sus tesoros y viven a la luz de sus realidades" *(The Doctrine of the Holy Spirit,* p. 140).

Sobre el significado de la regeneración el Dr. Walvoord escribe:

"La palabra regeneración se encuentra sólo dos veces en el Nuevo Testamento (Mt.19:28; Tit.3:5), pero se ha apropiado como el término general para designar la impartición de la vida eterna. De los dos ejemplos del Nuevo Testamento sólo una vez se usa en este sentido (Tit.3:5), en donde se refiere al 'lavamiento de la regeneración y renovación del Espíritu Santo.' La palabra griega *παλιγγενεσία* es apropiadamente traducida *'nuevo nacimiento, reproducción, renovación, re-creación'* (Thayer). Se aplica no sólo a seres humanos, sino también a los cielos nuevos y tierra nueva del milenio (Mt.19:28). En relación a la naturaleza del hombre, incluye las varias expresiones usadas para vida eterna tales como *nuevo nacimiento, resurrección espiritual, nueva creación, mente nueva, 'hecho vivir.' hijos de Dios y trasladados al reino.* En lenguajes sencillo, la regeneración consiste en todo lo que representa la vida eterna en el ser humano. El uso teológico de la palabra *regeneración* ha tendido a confundir más bien que a enriquecer la palabra. Otras palabras tales como *conversión, justificación y santificación,* han sido ya identificadas con, o bien, incluidas en el concepto de regeneración. Los teólogos católico-romanos han considerado la regeneración como inclusiva de todo lo que la salvación abarca, no sólo justificación y santificación, pero aún glorificación. Se toma la regeneración para incluir los medios, el acto, el proceso y la conclusión final de la salvación. Los teólogos protestantes han sido más cautos en extender el significado de la regeneración. Los primeros teólogos luteranos usaron la *regeneración* para incluir todo el proceso por el que un pecador pasó de su estado de perdición al de salvación, incluyendo la justificación. Más tarde los luteranos intentaron clarificar la doctrina sosteniendo que la justificación no incluía una transformación de vida, excluyendo con eso la santificación de la doctrina de la regeneración. La Iglesia Luterana sigue sosteniendo que los infantes son regenerados al momento de ser bautizados con agua, no obstante, afirman al mismo tiempo que esta regeneración significa solamente su entrada a la iglesia visible, no su verdadera salvación. Entonces la regeneración viene a ser meramente una obra preparatoria para la salvación. Sobre el tema de la regeneración infantil el teólogo luterano Valentine, escribe: '¿Se puede decir que el niño es regenerado por el acto del bautismo? Podemos contestar apropiadamente que Sí; pero únicamente en el sentido de la relación vital y gracia conducente establecida, bajo la gracia imputada y el Espíritu Santo, se puede decir para tomar, en sus provisiones y fuerzas, el desarrollo final del pacto.' *(Christian Theology,* Vol. II, pgs. 229,230). Valentine objeta, sin embargo, a la afirmación de que el bautismo regenera a los niños. En otra parte Valentine escribe: 'La justificación precede a la regeneración y la santificaión' (Ib., p. 237). Es claro que la teología luterana no usa el término en su sentido bíblico de impartición de vida eterna. Con todo, la teología luterana excluye la santificación de la doctrina de la regeneración. Los teólogos reformados también han fallado en ser consistentes, y han compartido en gran parte los errores abrazados por otros. Durante el siglo XVII, la conversión se tenía generalmente como sinónimo de regeneración. Este uso ignoraba, no obstante, un hecho más importante: que la conversión es el acto humano y la regeneración es una obra de Dios. Más adelante, la conversión, aunque usualmente relacionada con la regeneración no siempre es así, como se demuestra en conexión con el arrepentimiento y restauración de Pedro (Lc.22:32) como lo había profetizado Cristo. Aún Calvino falló en hacer una distinción apropiada entre regeneración y conversión. Charles Hodge, no obstante, arguye efectivamente por la necesaria distinción en el significado de estos términos *(Systematic Theology,* Vol. III, pgs. 3-5). Shedd concuerda con Hodge y cita los contrastes siguientes: 'Regeneración, en efecto, es un acto; conversión es una actividad, o un proceso. Regeneración es dar origen a la vida, conversión es la evolución y manifestación de la vida. Regeneración es totalmente un acto de Dios, conversión es enteramente una actividad del hombre. Regeneración es una causa; conversión es un efecto. La regeneración es instantánea; la conversión es continua' *(Dogmatic Theology,* Vol. II, p. 494). Por el último siglo, los teólogos reformados se han puesto de acuerdo en que la regeneración es propiamente el acto de la comunicación de la vida eterna.. Como lo afirma Charles Hodge: 'Por un consenso casi universal la palabra designa, no la obra de la santificación en su totalidad, ni los primeros estados de la obra comprendidos en la conversión, mucho menos la justificación o algún mero cambio de estado externo, sino el cambio instantáneo de muerte espiritual a vida espiritual' *(Op. cit.,* Vol. III, p. 5). En un estudio de la doctrina de la regeneración, entonces el investigador está interesado únicamente en el aspecto de la salvación relacionado con el impartimiento de la vida eterna. Otras obras importantes que pueden acompañarla, sea antes o inmediatamente después, deben ser consideradas como obras distintas de Dios" *(Ibd.,* pgs. 140-43).

Así también, acerca de la regeneración como un acto del Espíritu Santo, el Dr. Walvoord declara:

"La regeneración por su naturaleza es únicamente una obra divina. Mientras algunas veces considerada como un resultado, cada ejemplo asume o afirma que el acto de la regeneración era una obra de Dios. Un buen número de pasajes importantes sustentan el tema de la regeneración, (Jn.1:13; 3:3-7; 5:21; Ro.6:13; 2 Co.5:17; Ef.2:5,10; 4:24; Tit.3:5; Stg; Stg.1:18; 1 P.2:9). Se sostiene explícitamente que el regenerado es 'nacido, no de sangre, ni de voluntad de carne, ni de voluntad de varón, más de Dios' (Jn.1:13). La regeneración es comparada a la resurrección, la que por su naturaleza es enteramente de Dios (Jn.5:21; Ro.6:13; Ef.2:5). En otras ocasiones se declara que la regeneración es un acto creativo, la naturaleza de la cual da por sentado que es un acto de Dios (Ef.2:10; 4:24; 2 Co.5:17). Se puede ver claramente, entonces, que la regeneración es siempre revelada como una obra de Dios ejecutada por Su poder sobrenatural aparte de cualquier otra agencia. La obra de la regeneración se atribuye propiamente al Espíritu Santo. Como obra de la gracia eficaz la regeneración se atribuye a Dios a menudo sin distingo de personas, y en algunos casos se atribuye al Padre, al Hijo y al Espíritu Santo separadamente. Se declara que la Primera Persona es la fuente a lo menos en una ocasión (Stg.1:17,18). Cristo mismo está relacionado con la regeneración varias veces en la Escritura (Jn.5:2; 2 Co.5:17; 1 Jn.5:12). Otra vez se declara que el Espíritu Santo es el agente de la regeneración (Jn. 3:5-7; Tit. 3:5). Como en otras grandes empresas de la Deidad, cada Persona tiene una parte importante en armonía con Su única esencia. Como en caso del nacimiento de Cristo, cuando todas las Personas de la Deidad estuvieron relacionadas con la concepción de Cristo, así en el nuevo nacimiento del cristiano la Primera Persona viene a ser el Padre del creyente, la Segunda Persona imparte Su propia vida eterna (1 Jn.5:12), y el Espíritu Santo, la Tercera Persona, actúa como el agente eficiente de la regeneración. La obra de la regeneración puede asignarse al Espíritu Santo tan definitivamente como la obra de la salvación puede asignarse a Cristo."- *Ibid.*, pgs. 143,144.

Sobre la importante verdad de que la vida eterna es impartida por la regeneración, el mismo escritor afirma:

"Como la palabra misma implica, el pensamiento central en la doctrina de la regeneración es que la vida eterna es impartida. La regeneración encuentra la necesidad creada por la presencia de la muerte espiritual. El método seguido por la comunicación es, por supuesto, inescrutable. No hay un método visible o proceso discernible. Por su naturaleza es sobrenatural y por lo tanto, su explicación está más allá del alcance humano. Las Escrituras, al presentar la comunicación de la vida eterna, usan tres figuras para describirla. La regeneración algunas veces es presentada en la figura del nuevo nacimiento. Como Cristo le dijo a Nicodemo: 'No te maravilles de que te dije: os es necesario nacer de nuevo' (Jn.3:7). En contraste al nacimiento natural de parentesco humano, uno tiene que nacer 'de Dios' (Jn.1:13) a fin de llegar a ser un hijo de Dios. De acuerdo a Santiago 1:18, 'El de Su voluntad nos ha engendrado por la Palabra de verdad, para que seamos primicias de sus criaturas.' La figura es elocuente al describir la íntima relación de los hijos de Dios a Su Padre celestial y al relacionar la clase de vida que recibe el creyente en Cristo con la vida eterna que es en Dios. En la Escritura frecuentemente es relacionada la regeneración a la resurrección espiritual. De los cristianos se dice que son 'vivos de entre los muertos' (Ro.6:13), 'aun estando nosotros muertos en pecados, nos dio vida juntamente con Cristo' (Ef.2:5). Cristo mismo dijo:

'En verdad, en verdad os digo, la hora viene y ahora es, cuando los muertos oirán la voz del Hijo de Dios, y los que oyeren vivirán" (Jn.5:25). El hecho de nuestra resurrección es la base de la frecuente exhortación a vivir como vivos de entre los muertos' (Ro.6:13; Ef.2:5,6; Col.2:12; 3:1,2).

La regeneración también se presenta en la figura de creación o recreación. 'Somos creados en Cristo Jesús para buenas obras' (Ef.2:10), y exhortados a 'vestir el nuevo hombre, creado según Dios en la justicia y santidad de la verdad' (Ef.4:24). La revelación dada en 2 Corintios 5:17 es explícita, 'Si alguno está en Cristo, nueva criatura es, las cosas viejas pasaron, y he aquí, todo es hecho nuevo.' La figura de la creación indica que la regeneración es creativa en su naturaleza y resulta en un cambio fundamental en el individuo, habiendo agregado una nueva naturaleza con sus nuevas capacidades. El individuo llega a ser una parte de la Nueva Creación que incluye a todos los regenerados de esta dispensación y a Cristo, su cabeza. La nueva vida impartida a los cristianos se manifiesta en las nuevas capacidades y actividades que se encuentran únicamente en los regenerados, constituyendo la fuente y fundamento de todo otro ministerio divino para los salvos. El otro hecho importante en la doctrina de la regeneración, que nunca debe olvidarse, es que el creyente en Cristo Jesús ha recibido vida eterna. Este hecho debe guardarse libre de toda confusión de pensamiento que surja del concepto de que la regeneración es meramente un antecedente de la salvación, o una preparación preliminar en capacitar al alma para creer. Es por el contrario, el corazón mismo de la salvación. Alcanza el esencial problema de la ausencia de la vida eterna sin la cual ningún alma puede pasar la eternidad en la presencia de Dios. La regeneración suple esta falta de vida eterna así como la justificación y la santificación tienen que ver específicamente con el problema del pecado. Es una verdad contundente contra toda filosofía que sostenga que el hombre tiene capacidades inherentes para salvarse a sí mismo. La regeneración es enteramente de Dios. No hay esfuerzo humano, no importa cuán noble sea, capaz de suplir la vida eterna. La propia doctrina de la regeneración da a Dios toda la gloria y poder debido a Su Nombre, y al mismo tiempo despliega su abundante provisión a favor de una raza muerta en pecado" – *Ibid.,* pgs. 144,145.

Otra vez, que la regeneración se lleva a cabo por agentes, lo expresa el Dr. Walvoord, como sigue:

"La teología reformada se ha opuesto definitivamente a la introducción de algunos medios en la ejecución del acto divino de la regeneración. La cuestión de si los medios se usan para efectuar la regeneración es determinada en gran parte por la actitud asumida hacia la gracia eficaz. Los teólogos pelagianos y arminianos, sosteniendo como lo hacen, la cooperación de la voluntad humana y la parcial habilidad de la voluntad a través de la gracia común, o poderes naturales, en cierto grado reconocen la presencia de medios en la obra de la regeneración. Si es reconocida la incapacidad total del hombre y creída la doctrina de la gracia eficaz, se sigue naturalmente, que la regeneración es efectuada aparte de medios. Los teólogos reformados en armonía con su doctrina de la gracia eficaz han sostenido que la voluntad humana en sí misma es inefectiva en producir cambio alguno que acompañe en la salvación del alma. Como relacionada a la fe, la voluntad humana puede actuar por medio de la gracia eficaz. La voluntad humana puede actuar aun aparte de la gracia eficaz al escuchar el Evangelio. En el acto de la regeneración, no obstante, la voluntad humana es enteramente pasiva. No hay cooperación posible. La naturaleza de la obra de la regeneración excluye cualquiera posible asistencia humana. Lo mismo que un niño en su nacimiento natural es concebido y nace sin volición alguna de su parte, así el hijo de Dios recibe el nuevo nacimiento aparte de cualquiera volición de sí mismo. Por supuesto, en el nuevo nacimiento la voluntad humana no se opone a la regeneración y quiere creer por gracia divina, pero este acto en sí mismo no produce el nuevo nacimiento. Como en la resurrección del cuerpo humano de la muerte física, el cuerpo en ningún sentido ayuda en la obra de la resurrección, así en la regeneración la voluntad humana es enteramente pasiva. No es que la voluntad del hombre sea descartada, o que desista de la voluntad de creer. Mas bien es que la regeneración es la obra de Dios en un corazón creyente. Todos los otros medios son igualmente excluidos en la obra de la regeneración. Mientras la regeneración a menudo es precedida por distintos antecedentes tales como la obra de la común gracia, e influencias que la acompañan, éstas deben ser rigurosamente distinguidas de la regeneración. Aun la obra de la gracia eficaz, aunque simultánea con la regeneración, e indispensable para ella, en sí misma la produce la regeneración. La gracia eficaz sólo hace posible y segura la regeneración. Esta, en su misma naturaleza es instantánea, un acto inmediato de Dios, y en la naturaleza de un acto instantáneo no hay medios posibles. El hecho de que la regeneración es consistentemente revelada como un acto divino y la doctrina bíblica de la gracia eficaz son evidencias suficientes para excluir la posibilidad del uso de medios para efectuar la regeneración." —*Ibid.*, pgs. 145-47.

De gran importancia, especialmente para todo esfuerzo evangelístico, es la palabra del Dr. Walvoord con respecto al carácter no experimental de la regeneración, cuyo texto es como sigue:

"Hasta que el asunto se ha examinado cuidadosamente, es un pensamiento sorprendente el que la regeneración no sea experimental. En el testimonio cristiano, mucho se ha dicho de la experiencia de la regeneración. Si la regeneración es instantánea y un acto de la voluntad divina, se sigue que la regeneración en sí no es una experiencia. Libremente se puede conceder que abundantes fenómenos experimentales siguen al acto del nuevo nacimiento. Este hecho no altera el carácter no experimental de la regeneración. Si fuera admitido que la regeneración es un acto instantáneo de Dios, es lógicamente imposible que sea experimental, siendo que la experiencia encierra la idea de tiempo y secuencia de experiencia. Por consiguiente, se puede concluir que ninguna sensación asiste al acto de la regeneración, más bien toda experiencia procede desde que la regeneración se efectúa y surge de la nueva vida como su fuente. En la naturaleza del caso, no podemos experimentar lo que no es la verdad, y la regeneración ha de ser efectuada enteramente antes que pueda haber experiencia. Mientras el alma regenerada puede llegar a ser consciente inmediatamente de la vida nueva, siendo un acto sobrenatural e instantáneo de Dios. La naturaleza no experimental de la regeneración, de ser comprendido, haría mucho por librar al inconverso de la noción de que una experiencia tal antecede a la salvación y, a la vez, prevendría a los que buscan la salvación de las almas de esperar los frutos de la salvación en forma parcial antes que se lleve a efecto la regeneración. La noción popular que uno tiene que *sentir* algo diferente *antes* de ser salvo, ha estorbado a muchos de la simplicidad de la fe en Cristo y de la genuina regeneración que sólo Dios puede efectuar.

La naturaleza no experimental de la regeneración también ha abierto la puerta, desafortunadamente, a la enseñanza de la regeneración infantil como sostiene la Iglesia Luterana. Se arguye que si la regeneración no es experimental, no hay razón sólida por qué los infantes no puedan ser regenerados. Aun Shedd aprueba la idea de la regeneración infantil basado en que la regeneración no es experimental, en la siguiente declaración: 'La regeneración es una obra divina en el alma humana que está consciente de sí misma. No causa ninguna sensación interna. Nadie jamás ha sentido el acto instantáneo del Espíritu Santo por el cual él ha sido hecho una nueva criatura en Cristo Jesús. Y siendo que la obra es sólo de Dios, no es necesario que el hombre sea consciente de ella. Este hecho pone a los infantes y a los adultos sobre el mismo terreno, y hace la regeneración de los infantes tan posible como la de los adultos. La regeneración infantil es enseñada en las Escrituras. Lucas 1:15: '. . . y será lleno del Espíritu Santo aun desde el vientre de su madre' ; Lucas 8:15,16: 'Dejad a los niños venir a mí; porque de los tales es el reino de Dios' ; Hechos 2:39: 'La promesa es para vosotros y para vuestros hijos' ; 1 Corintios 7:14: 'Ahora vuestros hijos son santos.' La regeneración también es enseñada simbólicamente. (a) Por la circuncisión en el Antiguo Testamento. (b) Por el bautismo de niños en el Nuevo Testamento' *(Op. cit.,* Vol. II, pgs. 505, 506). Es muy dudoso que algunos de los textos citados por Shedd prueben realmente la regeneración infantil. Mientras por una parte es cierto que muchos cristianos nunca han sabido de una crisis como experiencia del acto del nuevo nacimiento que pudiera describir, no hay determinadas garantías escriturales que afirmen la regeneración infantil, a lo menos en la presente dispensación. La pauta normal de la regeneración es que ocurre al momento de ejercerse la fe salvadora. No hay ninguna apelación dirigida jamás a hombre alguno a que debe creer porque ya ha sido regenerado. Por el contrario, es que deben creer para recibir vida eterna. Se ha dicho definitivamente en cuanto a los creyentes que antes de creer en Cristo estaban 'muertos en delitos y pecados' (Ef.2:1). El caso de los que mueren antes de llegar a la edad de responsabilidad es un problema diferente. Parece ser la posición propia que los infantes son regenerados al momento de su muerte, no antes; y si ellos llegan a la madurez, son regenerados al momento de aceptar a Cristo. En efecto, el bautismo infantil es ineficaz, y la posición de la Iglesia Reformada está en contraste con la de la Luterana en este punto. Si se cree (si es de creerse) la doctrina de la regeneración infantil confunde tanto la doctrina como despojarla de todo su carácter decisivo. No podría declararse regenerado a nadie a quien no pudiera, de la misma manera, estar salvo por toda la eternidad."– *Ibid.,* pgs. 147-149.

Concluyendo su tesis sobre la regeneración, el Dr. Walvoord escribe del *efecto* de ella, e indica la verdad respecto a una nueva naturaleza, una nueva experiencia y una nueva seguridad. Al respecto dice:

"La obra de la regeneración es tremenda en sus aplicaciones. Un alma, muerta una vez, ha recibido la vida eterna que caracteriza la existencia de Dios. El efecto de la regeneración es agregado en el hecho de la posesión de la vida eterna. Todos los otros resultados en el hecho de la regeneración son propiamente una extensión del hecho de la vida eterna. Mientras que la vida en sí es difícil de definir, y la vida eterna es inmaterial, ciertas cualidades pertenecen a cualquier regenerado en virtud del hecho de poseer la vida eterna.

En la naturaleza de la vida eterna, en primer lugar incluye la creación de una divina naturaleza en la persona regenerada. Sin erradicar la vieja naturaleza con su capacidad para, y deseo de pecar, la nueva naturaleza tiene en sí el anhelo de Dios y de Su voluntad, que podríamos esperar que procede de esa vida eterna. La presencia de la nueva naturaleza constituye un cambio fundamental en la persona, que es llamado 'nueva criatura' (2 Co.5:17; Gá.6:15) y 'hombre nuevo' (Ef.4:24). Un cambio drástico en el modo de vida, en su actitud hacia Dios y las cosas de Dios, y en los deseos del corazón humano, son cosas que se pueden esperar de uno que recibe la nueva naturaleza. Esta, que es parte de la regeneración, no debe confundirse con la naturaleza sin pecado de Adán antes de la caída. La naturaleza de Adán era una naturaleza humana sin la experiencia, e inocente del pecado. No tenía como fuente determinante de su naturaleza la vida eterna que es otorgada a una persona regenerada. La naturaleza humana de Adán estaba abierta al pecado y a la tentación, y era accesible al pecado. Es dudoso que la naturaleza divina otorgada en conexión con la regeneración alguna vez sea envuelta directamente en el pecado. En tanto, las Escrituras son claras en cuanto a que una persona regenerada pueda pecar, y peca, la caída se adjudica a la naturaleza pecaminosa, aun cuando el acto es el de la persona íntegra. Esto no debe confundirse con algunas declaraciones tocante a que un cristiano es impecable e incapaz de pecar.

El estado de la perfección impecable nunca puede ser alcanzado hasta que la naturaleza humana sea expulsada, y esto se cumple únicamente a través de la muerte del cuerpo físico o la transformación del cuerpo en el arrebatamiento de la Iglesia. Aun la nueva naturaleza, aunque nunca es origen de pecado, no tiene la suficiente capacidad para vencer a la vieja naturaleza. El poder de la victoria reside en la presencia de Dios que mora en el creyente. La nueva naturaleza da el deseo de hacer la voluntad de Dios, y el poder de Dios provee la capacidad para cumplir este propósito a pesar de la innata pecaminosidad de la naturaleza humana. La posición de estar en la voluntad de Dios se alcanza cuando la voluntad de la nueva naturaleza es plenamente realizada. Vida eterna y nueva naturaleza están unidas inseparablemente, correspondiendo la naturaleza a la vida que la origina.

Mientras la regeneración en sí no es experimental, ella es la fuente de la experiencia. Siendo instantáneo el acto de la comunicación de la vida eterna, no puede ser una experiencia; pero la presencia de la vida eterna después de la regeneración es la fuente de la nueva experiencia espiritual que debe esperarse. La nueva vida trae consigo nueva capacidad. La persona que antes de la regeneración estaba muerta espiritualmente y ciega a la verdad espiritual ahora llega a estar viva a un nuevo mundo de realidades. Como un ciego al recobrar la vista contempla por primera vez las perspectivas y las bellezas de los colores, así el alma renacida contempla la nueva revelación de la verdad espiritual. Por primera vez él está en capacidad de entender el ministerio de enseñanza del Espíritu Santo. Ahora está en capacidad de gozar las intimidades de la comunión con Dios y de la libertad en la oración. Como su vida está bajo el control del Espíritu Santo, está en capacidad de manifestar los frutos del Espíritu, enteramente extraños para el hombre natural. Su ser entero tiene nuevas capacidades para el gozo y la tristeza, el amor, la paz, la dirección y toda la hueste de realidades del mundo espiritual. Aun cuando la regeneración no es una experiencia, es sí el fundamento de toda experiencia cristiana. Esto demanda que la regeneración sea simultánea con la salvación e inseparable de ella, y que la regeneración se manifieste en la experiencia normal de una vida cristiana rendida. La regeneración que no resulta en una experiencia cristiana puede ser dudosa.

Una de las muchas razones de la confusión sobre la doctrina de la regeneración es el intento de evadir la inevitable conclusión de que un alma, una vez genuinamente regenerada, es salva para siempre. La dádiva de la vida eterna no puede ser revocada. Declara el inmutable propósito de llevar a la gloria a los regenerados. Nunca se halla en la Sagrada Escritura el caso de uno que haya sido regenerado una segunda vez. Mientras un cristiano puede perder mucho de la experiencia cristiana normal por el pecado, necesitando confesión desesperadamente para lograr la restauración, el hecho de la regeneración no cambia. En último análisis, las experiencias en esta vida son sólo un precedente de la magnas experiencias que los creyentes tendrán después de la liberación de la presencia y de la tentación del pecado. La regeneración tendrá su final manifestación cuando la persona regenerada sea completamente santificada y glorificada. Nuestras experiencias actuales, limitadas como lo son por la presencia de una naturaleza y un cuerpo pecaminosos, son sólo un retrato parcial de las glorias de la vida eterna. A través de las experiencias de la vida con todo, el hecho de la regeneración sería una fuente de constante esperanza y de confianza permanente "que el que ha principiado la buena obra, la perfeccionará hasta el día de Jesu-Cristo" (Fil.1:6).- *Ibid.*, pgs. 149-151).

CONCLUSION

La regeneración es el paso más esencial en la preparación que ha de efectuarse si las personas de esta raza caída han de ser tenidas por dignas de morar en aquellas sublimes esferas y estar allí asociadas con el Padre, el Hijo y el Espíritu Santo. Viene a ser uno de los más grandes hechos en todo el universo. Su completa grandeza y valor se verá, no en la tierra o en el tiempo, sino en gloria y por toda la eternidad.

CAPITULO X

LA MORADA DEL ESPIRITU SANTO

Desde el punto de vista doctrinal o como un fundamento para toda verdad con respecto a la relación entre el Espíritu Santo y el creyente en esta dispensación, no hay hecho más caracterizante o determinante que el de que el Espíritu Santo mora en cada persona regenerada. El no reconocer la cantidad abrumadora de citas sobre que se apoya esta distinción de doctrina es no captar uno de los factores más esenciales en la personalidad del cristiano, es concebir al cristiano como totalmente sin preparación para las grandes y santas obligaciones que se le han asignado, es abrir la puerta a la introducción de suposiciones antibíblicas relativas a la santidad personal, y es crear inexcusables divisiones en el Cuerpo de Cristo. Ningún estudiante debería pasar sobre este aspecto de la verdad desapercibidamente. No se puede hacer ningún progreso en el conocimiento en cuanto a la relación del Espíritu Santo al creyente hasta que este aspecto de la doctrina del Espíritu es reconocido y aceptado como lo declara el Texto Sagrado. Fallar en el discernimiento de que el Espíritu Santo mora en cada creyente es un error común y casi universal de los hombres hace unas dos generaciones. Ese error fue promovido en las primeras conferencias de Keswick y recibido y enseñado generalmente por toda Gran Bretaña y América. Sin embargo, expositores americanos de las últimas dos generaciones han hecho mucho para recobrar esa importante doctrina de éste y otros conceptos erróneos similares. La noción de que el Espíritu se recibe como una segunda obra de gracia, actualmente es defendido por grupos extremistas de la Santidad. En otras palabras, es comprendido más claramente de lo que fue antes, de que no puede haber tal cosa como cristianos que no tienen el Espíritu Santo morando en ellos. Esta verdad está declarada tan enfáticamente en el Nuevo Testamento que parece casi imposible que se hubiera tomado en cuenta cualquier otro punto de vista. Se recordará que el ministerio del Espíritu Santo como morador en el creyente, es uno de sus presentes beneficios y no hay que confundirlo con Su bautismo, Su sello, o Su llenura. Todavía se hablará más acerca de estas otras obras. Aunque, como se ha observado, la presencia del Espíritu Santo en el creyente puede no estar indicada por alguna experiencia revolucionaria correspondiente, Su morada es nada menos que uno de los más caracterizantes aspectos de todos los que constituyen lo que un cristiano es (comp. Ro.8:8,9). El mismo hecho de la morada del Espíritu Santo viene a ser, además, una caracterización de la edad. La presente es la dispensación del Espíritu, un período de tiempo en el que el Espíritu Santo es el recurso todo suficiente del creyente, así de poder como de dirección. En esta edad se le indica al cristiano vivir según un nuevo principio de vida (comp. Ro.6:4). La realización de la presencia, poder y dirección del Espíritu constituye un método enteramente nuevo del diario vivir y está en contraste con el dominio y autoridad que la Ley Mosaica ejercía sobre Israel en la dispensación pasada. Está escrito en Romanos 7:6: "Mas ahora estamos libres de la ley, habiendo muerto a aquella en la cual estábamos detenidos, para que sirvamos en novedad de espíritu y no en vejez de letra." La frase *"en novedad de espíritu"* está en contraste con *"en vejez de letra."* Estas no se refieren a métodos de espiritualizar o materializar para la interpretación de la verdad; más bien indican diferentes economías divinas que caracterizan dos dispensaciones diferentes. La dispensación pasada está marcada con la letra de la ley, en cuya edad no se hizo jamás provisión alguna para capacitar al hombre. La edad presente se distingue como el período del Espíritu morador, cuya presencia provee toda la fuente de poder para la realización de un diario vivir que glorifique a Dios. Se presenta la misma distinción en 2 Corintios 3:6, que dice: "El cual así mismo nos hizo ministros competentes de un nuevo pacto, no de la letra, sino del espíritu; porque la letra mata, más el espíritu vivifica." De esta suerte, lejos de capacitar, la ley era un ministerio de muerte y condenación (comp. Ro.7:4,6,10,11). Contra todo esto, el Espíritu morador ahora es una fuente ilimitada que sustenta cada aspecto de la vida humana. Reconociendo los mismos principios por los que la vida de los hombres han sido guiadas en dos diferentes dispensaciones, el Apóstol declara en Gálatas 5:18: "Pero si sois guiados por el Espíritu, no estáis bajo la ley." Así se puede ver que por causa de la nueva provisión asequible a cada cristiano, desde el menor hasta el mayor ha sido equipado con la suficiencia necesaria por la que toda responsabilidad sobrenatural puede cumplirse plenamente para la gloria de Dios. El cristiano se enfrenta con problemas de ajuste, pero éstos nunca son problemas en cuanto a la adquisición del Espíritu o de capacitación. El andar por medio del Espíritu Santo es totalmente una nueva técnica; siendo que a cada hijo de Dios se le ha comisionado con una vida sobrehumana; no obstante, cada uno, sin excepción, ha recibido el Espíritu y por lo tanto, cada uno es puesto ante la necesidad de vivir su vida en el poder capacitador del Espíritu, si ha de llenar el ideal divino, lo cual es una nueva técnica.

El hecho de la morada del Espíritu habría de ser reconocido en sus propios aspectos sin complicaciones. Este ministerio ha de distinguirse de otros ministerios suyos, aparte de la dependencia que otros ministerios tienen con respecto a éste. Mas a menudo el confiicto con respecto a la posesión del Espíritu surge entre los creyentes. La llenura depende del ajuste personal, de lo que trataremos en un capítulo posterior de este volumen; y por causa de estos ajustes puede manifestarse la debilidad humana y así la experiencia de la llenura del Espíritu puede no estar segura, mientras en otros casos la llenura puede caracterizarse como parcial, variable, o completa. Una llenura imperfecta del Espíritu no es satisfactoria a Dios, pues El manda a todos los cristianos sin excepción el ser llenos del Espíritu (Ef.5:18). La posesión del Espíritu, siendo el resultado de la salvación y asegurada por la fe salvadora, es común a todos los regenerados por igual. El Espíritu Santo se recibe sólo una vez y nunca se separa; pero hay tantas llenuras como necesidades surjan. El Espíritu mora sin producir necesariamente una experiencia; pero la llenura se dirige al amor, al gozo, la paz y a la plenitud de vida y de servicio. La posesión del Espíritu por cada cristiano se establece por revelación y la razón lo demanda. Ahora en su orden viene la consideración de cómo enfocar los dos amplios aspectos de esta verdad, además que hay que tomar nota en su debido lugar de los ministerios del Espíritu relacionados, es decir, el ungimiento y el sello.

I. DE ACUERDO A LA REVELACION

El estudio de la verdad relativa a la morada del Espíritu Santo ha de ser con el debido reconocimiento de sus otros ministerios para el creyente, porque ninguno de ellos es completo en sí, sino que depende, desde luego, de la presencia del Espíritu. No obstante, en interés de una verdadera evaluación, se requiere un análisis de cada ministerio separadamente. Cada uno debe ser considerado en su carácter peculiar e individual. Las Escrituras abundantemente sostienen la verdad de la morada del Espíritu, cuyo ministerio estudiaremos aquí. Ahora vamos a tomar los principales pasajes en su orden, por libros, cada uno dentro de su contexto.

Juan 7:37-39. "En el último gran día de la fiesta, Jesús se puso en pie y alzó la voz, diciendo: Si alguno tiene sed, venga a mí y beba. El que cree en mí, como dice la Escritura, de su interior correrán ríos de agua viva. Esto dijo del Espíritu que habrían de recibir los que creyesen en él; pues aún no había venido el Espíritu Santo, porque Jesús no había sido aún glorificado."

Esta predicción pronunciada por Cristo antes de Su muerte anticipa la presente era y asegura que en esta era *todos los que creen* reciben el Espíritu Santo al creer. En otras palabras, el Espíritu se recibe precisamente en la misma condición en que se opera la salvación. No se mencionan dos operaciones de fe; la única instrumentalidad humana en la salvación es creer, y esa completa salvación que así es asegurada incluye la venida del Espíritu Santo a morar en el redimido. Siendo un aspecto esencial de la salvación, la condición humana para la posesión del Espíritu, cuando ese aspecto de la verdad soteriológica se considera separadamente, es creer y sólo creer. Por tanto se sigue, partiendo de este pasaje, que el Espíritu Santo es dado a todos los que creen y al momento de creer. Cuando Cristo habló, el Espíritu todavía no había venido ni podía haber sido dado, sino hasta que Cristo fuera glorificado (comp. Jn.16:7). Incidentalmente se traza una distinción muy marcada entre los santos de la dispensación pasada y los de la presente. A los que se han identificado con el Cristo glorificado les pertenecen, ciertamente, nuevas y trascendentales realidades.

Juan 14:16,17; 1 Juan 2:27. "Y yo rogaré al Padre, y os dará otro Consolador, para que esté con vosotros para siempre; el Espíritu de verdad, al cual el mundo no puede recibir, porque no le ve, ni le conoce; pero vosotros le conocéis, porque mora con vosotros y estará en vosotros"... "Pero la unción que vosotros recibisteis de él permanece en vosotros, y no tenéis necesidad de que nadie os enseñe; así como la unción misma os enseña todas las cosas, y es verdadera, y no es mentira, según ella os ha enseñado, permaneced en él."

Aquí se presenta la misma implicación, que bajo la debida consideración no puede confundirse a efecto de que cada cristiano ha recibido el Espíritu Santo; pero se ha propuesto una verdad adicional que es de importancia ilimitada a la doctrina de la morada del Espíritu, señaladamente que, habiendo hecho Su habitación en el creyente, nunca Su presencia es removida. El habita allí para siempre. Tan importante como lo es en sí, una forma correcta de vida no entra en las condiciones sobre las que el Espíritu es concedido, del mismo modo como no entra en los términos sobre los que un hijo de Dios puede ser lleno del Espíritu. Para mayor seguridad, es la misma presencia del Espíritu Santo la que clama por una vida santa. Cuando el Apóstol Pablo corregía a los creyentes de Corinto con respecto a sus prácticas espirituales, les dijo: "¿O ignoráis que vuestro cuerpo es templo del Espíritu Santo, el cual está en vosotros, el cual tenéis de Dios, y que no sois vuestros? Porque habéis sido comprados por precio; glorificad, pues, a Dios en vuestro cuerpo y en vuestro espíritu, los cuales son de Dios" (1 Co.6:19,20). El temor de que el Espíritu Santo no se vaya a ausentar del corazón ha causado profunda pena en las generaciones pasadas. Su inseguridad de alma se halla bien expresada en una estrofa de un himno de William Cowper, cantado con frecuencia:

> **"Vuelve, Santísima Paloma, vuelve,**
> **¡Oh, dulce mensajera de reposo!**
> **Aborrezco el pecado que te aflige**
> **Y que hace que te alejes de mi pecho."**

Es muy dudoso que el pasaje que estamos considerando pudiera ser negado más enfaticamente que en este trozo poético.

Hechos 11:17. "Si Dios, pues, les concedió el mismo don que a nosotros que hemos creído en el Señor Jesucristo, ¿quién era yo que pudiese estorbar a Dios? "

Este pasaje contiene el relato que Pedro hizo de su primera predicación a los gentiles. Lo que atrajo la atención del Apóstol en aquella memorable ocasión de que él habla es que los gentiles, como sucedió a los judíos el día de Pentecostés, recibieron el Espíritu Santo cuando creyeron en Cristo. Esa recepción era y es una parte de la misma salvación. La presencia del Espíritu morador es el don de Dios para los que creen.

Romanos 5:5. "Y la esperanza no avergüenza; porque el amor de Dios ha sido derramado en nuestros corazones por el Espíritu Santo que nos fue dado."

Una traducción más literal de este pasaje es a efecto de que el amor de Dios fluye del corazón del creyente, y ese amor divino procede del Espíritu Santo que le es dado para que more en él. Este texto es el primero en orden de entre algunos que declaran específicamente que el Espíritu le es dado igualmente a todos los que son salvos. La universalidad del don del Espíritu se enseña aquí en el uso de la palabra *nos,* como pasa con frecuencia, que hay salvos que no han recibido el Espíritu Santo, la respuesta que aquí se halla, así como en otros pasajes que hemos de estudiar más adelante, es que el pronombre *nos* no puede ser limitado, pues representa a todos los salvos.

Romanos 8:9. "Mas vosotros no vivís según la carne, sino según el Espíritu, si es que el Espíritu de Dios mora en vosotros. Y si alguno no tiene el Espíritu de Cristo, no es de él."

Esta declaración es dogmática y final. "Si alguno no tiene" –que significa la presencia morando en-- "el Espíritu de Cristo" –claramente una porción del Espíritu Santo, ya que el Espíritu procede de Cristo y es enviado al mundo por El (comp. Jn.16:7)– "el tal no es de El." La base de este acerto es de lo más razonable. Entre otras cosas y sobre muchas cosas, el cristiano se caracteriza por el hecho que él ha recibido la naturaleza divina. Nadie podría ser cristiano sin poseer la vida divina que es esencial a su nueva criatura. A menudo se declara que esa nueva criatura no es otra que el Espíritu Santo.

Romanos 8:23. "Y no sólo ella, sino que también nosotros mismos, que tenemos las primicias del Espíritu, nosotros también gemimos dentro de nosotros mismos, esperando la adopción, la redención de nuestro cuerpo."

Otra vez un significado universal es inherente en las palabras *nosotros mismos.* Este término no puede referirse a ninguna clase o grupo dentro de la comunión cristiana; alcanza a todos. Y la declaración positiva es que todos tienen las primicias que sólo la presencia del Espíritu Santo puede asegurar.

1 Corintios 2:12. "Y nosotros no hemos recibido el espíritu del mundo, sino el Espíritu que proviene de Dios, para que sepamos lo que Dios nos ha concedido."

De modo similar, como se ha dicho arriba, el pronombre *nosotros* abarca una compañía que incluye a todos los creyentes. El propósito de Dios es que cada uno de los redimidos sea instruido respecto a estas verdades que pueden entrar en el entendimiento humano únicamente por revelación divina. No daremos ninguna atención, ni aún por un momento, a la suposición de que el ministerio de enseñanza del Espíritu, como se afirma en este contexto (comp. vers. 9-16), es dirigido únicamente para una compañía reducida de entre los salvos. Se sigue que, si el propósito de Dios para todos Sus hijos es igual, que sepan las gloriosas revelaciones que El ha preparado para ellos, igualmente ellos deben estar en estrecha y vital relación con el Espíritu Santo, su Maestro. Dios no podría esperar que algún creyente pueda progresar en el conocimiento de Sí, o estar informado acerca de Su voluntad para con ellos si, por alguna razón, ese creyente no estuviere en posesión del Espíritu, el divino maestro, quien es el único que revela las cosas de Dios. Esta gran provisión y necesidad se declara en términos inequívocos cuando dice: "Ahora hemos recibido. . . el Espíritu que proviene de Dios, para que sepamos lo que Dios nos ha concedido."

1 Corintios 6:19,20. "¿O ignoráis que vuestro cuerpo es templo del Espíritu Santo, el cual está en vosotros, el cual tenéis de Dios, y que no sois vuestros? Porque habéis sido comprados por precio; glorificad, pues, a Dios en vuestro cuerpo y en vuestro espíritu, los cuales son de Dios."

Este pasaje sirve de nuevo para responder a los que afirman que el Espíritu es concedido solamente a un grupo favorecido y contesta especialmente la afirmación de que se da sólo a los que se han rendido y son fieles en sus vidas. La apelación citada arriba, es como una crítica a los creyentes que el mismo Apóstol los ha declarado carnales (comp. 3:1-4); al mismo tiempo, todavía son conminados a volverse de estos procedimientos impíos, a base del hecho de que sus cuerpos son templos del Espíritu Santo. No habrá que invertir esta apelación como hacen algunos, y asegurar que cristianos como los corintios, si se arrepienten de sus pecados, serían recompensados con la presencia del Espíritu Santo en sus vidas. La razón directa para invocar la práctica de una vida santa es que los creyentes son ya templos del Espíritu. Por tanto, no es cuestión de asegurar el Espíritu por una vida santa, sino más bien, se espera una vida santa de uno que ha recibido el Espíritu. Este es el orden fundamental de la gracia en cuanto a la relación con Dios. El sistema Mosaico de méritos diría: "Sed buenos para que seáis templos del Espíritu Santo"; la gracia dice: "Sois templos del Espíritu Santo, por tanto, sed buenos."

1 Corintios 12:13. "Porque por un solo Espíritu fuimos todos bautizados en un cuerpo, sean judíos o griegos, sean esclavos o libres; y a todos se nos dio a beber de un mismo espíritu."

De los mismos corintios sin méritos se dice otra vez que "han bebido de un mismo Espíritu" –no algunos de ellos, sino todos. En este mismo versículo también se declara que estos mismos creyentes carnales, cada uno se ha unido al Señor por medio del bautismo del Espíritu Santo. No es más difícil creer que el Espíritu Santo mora en todos los creyentes que creen, que todos han sido bautizados por el Espíritu en el cuerpo de Cristo. Ambas verdades están claramente enseñadas en el Nuevo Testamento y en ningún caso la obra se efectúa por causa de merecimiento personal de los hijos de Dios, sino sencillamente en respuesta a la fe que resulta en salvación –esa obra de gracia de la que tanto la morada como el bautismo del Espíritu son parte integrante.

2 Coritnios 5:5. Más el que nos hizo para esto mismo es Dios, quien nos ha dado las arras del Espíritu."

Un arra (o prenda) es un pago que se da en adelanto y que garantiza la totalidad del pago. La bendición divina que asegura la presencia y el poder del Espíritu morador, como prenda, garantiza la realización final y completa de inmensurables provisiones en gloria para el creyente. En las transacciones comerciales, similarmente, un pago adelantado cierra el compromiso en la seguridad de que se pagará el total y que será pagado en la misma forma. El don del Espíritu no sólo asegura el cumplimiento de esa promesa que Dios ha hecho, sino que indica el carácter de lo que está por venir. El Espíritu es llamado "prenda" en tres pasajes del Nuevo Testamento (2 Co.1:22; 5:5 y Ef.1:14), y será dudoso realmente, suponer que esta prueba adelantada de todas la glorias celestiales sería quitada de aun el más pequeño de todos los santos. Su presencia interior se le asegura al cristiano, siendo que El mismo ha de habitar en el creyente para ser, como lo es, la prenda que nos ha sido dada.

Gálatas 3:2. "Esto solo quiero saber de vosotros: ¿Recibisteis el Espíritu por las obras de la ley, o por el oír de la fe? "

La seguridad que se da en este texto es que los gálatas habían recibido el Espíritu en respuesta a la fe salvadora, es decir, como una parte de su salvación. De este modo nuevamente se enseña que el Espíritu viene a ser la presencia moradora en cada individuo que es salvo y al momento de serlo.

Gálatas 4:6. "Y por cuanto sois hijos, Dios envió a vuestros corazones el Espíritu de Su Hijo, el cual clama ¡Abba, Padre! "

Esta Escritura determinante es enteramente contradicha por la teoría de que el Espíritu es dado en respuesta a la santificación personal. Por el contrario, es por el hecho de que los creyentes son *hijos* que el Espíritu les es dado, y este procedimiento debe incluir a cada hijo necesariamente.

1 Juan 3:24 y 4:13. "El que guarda sus mandamientos, permanece en Dios, y Dios en él. Y en esto sabemos que él permanece en nosotros, por el Espíritu que nos ha dado." . . . "En esto conocemos que permanecemos en él, y él en nosotros, en que nos ha dado de Su Espíritu."

Estos pasajes sirven para sellar y confirmar la verdad de que el Espíritu, habiéndosenos dado, le ha sido dado a todos los salvos. Ni uno solo de los nacidos de Dios podría ser excluido.

La conclusión lógica que se desprende de estas porciones bíblicas es que el Espíritu Santo es una presencia viviente en todo cristiano; en base de este hecho concluyente surgen otras relaciones entre el Espíritu y el creyente. Es evidente que una vez surja una mala interpretación de esta verdad básica también vendrán falsos conceptos de esos otros ministerios que se fundan en ellas.

Ciertos pasajes, ya sea por su posición dispensacional o por su forma de expresión, han sido tomados por algunos para contradecir el cuerpo de Escrituras que declaran que el Espíritu Santo mora y está con Su presencia permanente en cada hijo de Dios. Al considerar estos pasajes se podría hacer un estudio separado en cuanto a la morada del Espíritu Santo.

1 de Samuel 16:14. "El Espíritu de Jehová se apartó de Saúl, y le atormentaba un espíritu malo de parte de Jehová."

En una época en la que el Espíritu no moraba en los santos universalmente y cuando ejercía Su libertad soberana entrando y saliendo de aquellos sobre los que El descendía, fue enteramente correcto para el Espíritu dejar al rey Saúl, y especialmente como un juicio en contra de él.

Salmo 51:11. "No me eches de delante de tí, y no quites de mí tu santo Espíritu."

Así, dentro de la misma dispensación como el rey Saúl y sin duda recordando el juicio divino sobre el primer rey, David ora que él pueda evitar el mismo juicio. El sabía que el Espíritu podía en completa libertad –hasta entonces no se había dado promesa alguna de lo contrario– dejarlo para no volver nunca. David evidentemente, en alguna medida era consciente de las ventajas y bendiciones que significaba para él la presencia del Espíritu.

Lucas 11:13. "Pues si vosotros, siendo malos, sabéis dar buenas dádivas a vuestros hijos, ¿cuánto más vuestro Padre celestial dará el Espíritu Santo a los que lo pidan? "

Por hallarse en el Nuevo Testamento y por haber sido pronunciado por Cristo, muchos han llegado a la conclusión que este pasaje debe ser incorporado a la doctrina general de la relación del Espíritu con el cristiano. Así se ha engendrado un gran error y mal entendido. Hay dos provisiones ampliamente distanciadas e irreconciliables entre sí en este punto de la Neumatología y no hay ocasión ni hay motivo para intentar su reconciliación. El pasaje que nos ocupa condiciona la recepción del Espíritu Santo a la petición, mientras que el cristiano, como se ha dicho, recibe el Espíritu Santo sin pedirlo, como una gran parte de su salvación y al momento de creer. En consecuencia, ahora el Espíritu se concede a quien no hace otra cosa más que creer. En la división dispensacional de la doctrina del Espíritu Santo, como se declaró al principio de este volumen, se señaló que el período entre el bautismo de Cristo y el día de Pentecostés estaba caracterizado por la transición, y en ese período Cristo ofreció el Espíritu a los que lo pidieran. Esta provisión Suya fue así como un avance a la relación que el Espíritu mantenía con los santos del tiempo del Antiguo Testamento, relación a la que los apóstoles estaban sujetos en cierto grado, aunque no hay relato alguno que ellos en alguna ocasión se hayan aventurado en este nuevo terreno; de consiguiente, al final de Su ministerio Cristo dijo: "Y Yo rogaré al Padre y El os dará otro Consolador que esté con vosotros para siempre" (Jn. 14:16). Esto introduce una relación con el Espíritu enteramente nueva. Los discípulos no iban ahora a recibir el Espíritu Santo en respuesta a su propia petición, sino en respuesta a la petición de Cristo. De este modo se indica que el Espíritu Santo ha sido dado ahora por la oración de Cristo, y a todos los que creen. Como 1 Samuel 16:14 y Salmo 51:11 sirven para demostrar que la experiencia de los santos del Antiguo Testamento no puede ser la norma de la experiencia cristiana, de la misma manera Lucas 11:13, que era para los discípulos entre el bautismo de Cristo y el Día de Pentecostés, no puede ser la norma de la experiencia actual.

Todavía quedan cuatro pasajes por considerarse que a menudo se suponen enseñar que el Espíritu se recibe como un paso o experiencia subsecuente a la salvación. Estas Escrituras entran dentro de la presente relación divina del Espíritu, y son:

Hechos 5:32. "Y nosotros somos testigos suyos de estas cosas, y también el Espíritu Santo, el cual ha dado Dios a los que le obedecen."

El uso de este texto para probar que el Espíritu Santo se da únicamente a los que son obedientes a la voluntad divina en sus vidas diarias, sólo es posible cuando se falla en reconocer que la obediencia indicada aquí es la adherencia de los inconversos al evangelio de su salvación. El contexto sostiene claramente que la interpretación y, además, la obediencia al evangelio como un requerimiento para la salvación está ligado con otros pasajes del Nuevo Testamento. El Apóstol escribe de la venganza que caerá sobre los que no conocen a Dios ni obedecen al evangelio de nuestro Señor Jesucristo (2 Tes. 1:8). Hacer depender la recepción del Espíritu de la obediencia en la vida diaria es ignorar en su totalidad el cuerpo de Escrituras ya presentado en las que El se puede ver presente en cada creyente, y entonces asignar al cristiano la habilidad de ser obediente dentro de su poder, considerando que la vida de fidelidad se vive únicamente a través del poder que proporciona el Espíritu que en él mora. Realmente, ¿quién jamás cumpliría los requerimientos de obediencia si esa adherencia fuera exaltada, como habría de ser, hasta la última demanda de la justicia infinita?

Hechos 8:14-20. "Cuando los apóstoles que estaban en Jerusalén oyeron que Samaria había recibido la palabra de Dios, enviaron allá a Pedro y a Juan; los cuales, habiendo venido, oraron por ellos para que recibiesen el Espíritu Santo; porque aún no había descendido sobre ninguno de ellos, sino que solamente habían sido bautizados en el nombre de Jesús. Entonces les imponían las manos y recibían el Espíritu Santo. Cuando vio Simón que por la imposición de las manos de los apóstoles se daba el Espíritu Santo, les ofreció dinero, diciendo: Dadme también a mí este poder, para que cualquiera a quien yo impusiere las manos reciba el Espíritu Santo. Entonces Pedro le dijo: Tu dinero perezca contigo, porque has pensado que el don de Dios se obtiene con dinero."

Este pasaje introduce lo que pareciera ser una excepción a todas las otras enseñanzas directas por las que se establece que el Espíritu Santo es concedido en esta edad como un don sobre todos los que creen y al momento de creer. A causa de su carácter contradictorio una excepción de tal naturaleza sería de lo más serio. A la verdad, que el pasaje registra una excepción al presente orden se admite libremente. Es bueno notar, sin embargo, como se ha indicado antes, que el orden final para esta dispensación y para otra gente distinta de los judíos, no fue establecida sino hasta en la casa de Cornelio, como lo relata Hechos 10:44-46. La introducción a la relación del Espíritu con los judíos que recibieron a Cristo se efectuó en el Día de Pentecostés, e insinuaciones en varios pasajes sugieren la importancia que da el Espíritu a este evento. Tan cierto como que el Espíritu fue dado a su debido tiempo a samaritanos y a gentiles, tan cierto como que ellos no tuvieron parte en el Pentecostés, y tan seguro como era importante en la dádiva del Espíritu evitar una actitud superior de parte de los judíos sobre gentiles y samaritanos, era necesario señalar la recepción inicial del evangelio por cada uno de los grupos con énfasis distintivo sobre el ministerio del Espíritu a su favor. Ningún reclamo se ha hecho en cuanto a que si aquí en Samaria hubo una repetición del Pentecostés; es meramente para señalar que no se le concedió a los creyentes judíos mirar a los gentiles con menosprecio —inclinados como lo eran a hacerlos de menos— para poder presumir que ellos, habiendo tenido la experiencia del Pentecostés, fueran superiores a todos los otros. Es significativo cuando Pedro declara que la manifestación del Espíritu en casa de Cornelio para él fue un recuerdo del Pentecostés (Hch. 11:15). El relato en cuanto a Samaria según el pasaje citado, entonces, es de una demostración especial del Espíritu Santo y con el fin de que el Evangelio pudiera ser sellado a los samaritanos con no mermado poder. Con eso se introdujo una notable y muy necesaria excepción al orden de esta era.

Hechos 19:1-6. "Y aconteció que entre tanto que Apolos estaba en Corinto, Pablo, después de recorrer las regiones superiores, vino a Efeso, y hallando a ciertos discípulos les dijo: ¿Recibisteis el Espíritu Santo cuando creísteis? Y ellos le dijeron: Ni siquiera hemos oído si hay Espíritu Santo. Entonces dijo: ¿En qué, pues, fuisteis bautizados? Ellos dijeron: En el bautismo de Juan. Dijo Pablo: Juan bautizó con bautismo de arrepentimiento, diciendo al pueblo que creyesen en aquel que vendría después de él, esto es, en Jesús el Cristo. Cuadando oyeron esto, fueron bautizados en el nombre del Señor Jesús. Y habiéndoles impuesto Pablo las manos, vino sobre ellos el Espíritu Santo; y hablaban en lenguas y profetizaban."

En primer lugar el término discípulo no es sinónimo de cristiano.

Un discípulo es un seguidor o aprendiz, y además de ser un discípulo de Juan Bautista, estaban lejos de ser salvos por fe en el Cristo crucificado y resucitado. El Apôstol, habiendo echado de menos ciertas realidades en estos doce hombres, evidencias propias de los regenerados, les preguntó: ¿Recibisteis el Espíritu Santo *al creer?* Esta es una traducción más apropiada (comp. R. V.; también Ef. 1:13), y esta pregunta sacó la respuesta que de inmediato reveló su condición de no ser salvos aún. Desde allí el Apóstol les llamó la atención hacia Cristo, en quien deben confiar y habiendo creído fueron bautizados en el nombre del Señor Jesucristo. También en este caso excepcional siguieron señales, como en el caso previamente citado y por las mismas razones.

Efesios 1:13. "En él también vosotros, habiendo oído la palabra de verdad, el evangelio de vuestra salvación, y habiendo creído en él, fuisteis sellados con el Espíritu Santo de la promesa."

Toda la dificultad que parece presentar este pasaje se debe a una traducción defectuosa. El pasaje puede leerse así: En creyendo fuisteis sellados (V. R.). Creer es la causa lógica, y no cronológica de ser sellado. Los creyentes son sellados cuando creen y porque creen.

II. EN RELACION AL UNGIMIENTO

Siendo que la morada del Espíritu y Su Ungimiento son la misma cosa, incluiremos en este capítulo las tres referencias al Espíritu Santo en este sentido. Por los mismos argumentos conclusivos de la revelación citada arriba, el ungimiento parece ser, lo mismo que la morada, un hecho presente en la vida de cada creyente. Estos pasajes incluyen:

2 Corintios 1:21, 22. "Y el que nos confirma con vosotros en Cristo, y el que nos ungió, es Dios, el cual también nos ha sellado, y nos ha dado las arras del Espíritu en nuestros corazones."

Aquí se sugieren cuatro resultados inmediatos de la morada del Espíritu: (a) El bautismo con el Espíritu coloca al creyente en Cristo; así se dice ahora que cada hijo de Dios está "establecido (confirmado) . . . en Cristo" (1 Co. 12:13; 6:17; Gá. 3:27). (b) Del mismo modo Dios al darnos el Espíritu nos "ha ungido". (c) Otra vez Dios, por Su Espíritu nos ha sellado (Ef. 4:30), y el sello es el Espíritu mismo. (d) Así, también, aquí se dice que Dios nos ha dado el Espíritu como una "prenda" (arras), y siendo que una prenda es parte del dinero de la compra, o la propiedad, dada en adelanto como garantía de lo restante, El Espíritu parece ser la prenda que garantiza toda la herencia celestial que por gracia infinita le pertenece a todo creyente (2 Co. 5:5; Ef. 1:14; 1 P. 1:4).

1 Juan 2:20. "Y vosotros tenéis una unción del Santo, y sabéis todas las cosas."

Aquí otra vez se implica que cada crisitano, siendo ungido, es habitado por el Espíritu y por consiguiente, está en camino de conocer esas "cosas profundas de Dios, que únicamente son impartidas por el Espíritu morador (1 Co. 2:10, 12, 15; Jn. 16:12-15).

1 Juan 2:27. "Pero la unción que vosotros recibisteis de él permanece en vosotros, y no tenéis necesidad de que nadie os enseñe; así como la unción misma os enseña todas las cosas, y es verdadera, y no es mentira, según ella os ha enseñado, permaneced en él."

En este pasaje, la verdad importante descubierta es que la unción habita (está en). El Espíritu verdaderamente puede ser contristado (Ef. 4:30), pero El nunca se aleja triste. El puede ser apagado, o resistido (1 Tes. 5:19), pero nunca se ausenta (Jn. 14:16).

Por lo dicho se ha demostrado que no hay Escritura que contradiga el claro testimonio del Nuevo Testamento a favor de la verdad de que todos los creyentes son habitados permanentemente por el Espíritu Santo una vez que creen.

III. DE ACUERDO A LA RAZON

Tan cierto como se exige a todos los salvos a vivir una vida sobrenatural, así es cierta la necesidad que tienen todos de ese poder capacitador que el Espíritu Santo proporciona. Dios no se ha burlado nunca ni aun de uno de sus redimidos, poniéndole una tarea sobrenatural sin proveerle al mismo tiempo los recursos por los que él pueda hacer Su voluntad. Por tanto, puede ser el testimonio de la razón que cada creyente ha recibido el Espíritu Santo. No se dice que cada creyente sea lleno del Espíritu para que pueda lograr todos los propósitos de Dios en él. La llenura depende de la adaptación humana al Espíritu que lo habilita, y esto muy a menudo falla. Por otra parte, la morada interior del Espíritu Santo es responsabilidad de Dios para con Su hijo sin ninguna otra condición humana que la de ejercitar la fe que asegura la salvación con todos sus distintivos. Siendo que todas sus promesas y que El es fiel en todo en cumplir todo lo que tiene que hacer, no puede haber tal cosa como un cristiano que no esté provisto de todos los recursos por los que él pueda hacer la voluntad de Dios. Aún más, se registra una protesta contra la noción de que por fuerza propia y esfuerzo del creyente sea en sí mismo capaz para recibir el Espíritu Santo. Esto no podrá ser cierto desde que la fuerza para ejecutar la voluntad de Dios es asequible únicamente a través del nuevo plan para la vida diaria bajo la gracia que se deriva del hecho de la morada del Espíritu. Cristo declaró: "Sin mí nada podéis hacer"; pero un sistema de méritos siempre afirma que completamente aparte de Cristo el individuo debe hacer todo a fin de merecer su presencia y bendición.

Por tanto, la razón dicta que siendo que se demanda una vida santa, tanto de un cristiano como de otro, y siendo que no hay dos normas para la vida diaria –una para los que tienen el Espíritu y otra para los que no lo tienen – y también siendo que cada requisito aplicado al creyente en su alcance es sobrenatural, el Espíritu Santo ha de ser dado a todos igualmente. El hecho de que Dios se dirige a todos los cristianos como si todos poseyeran el Espíritu es suficiente evidencia de que todos tienen el Espíritu.

El Dr. Juan F. Walvoord hace un sumario de las enseñanzas bíblicas sobre el hecho de la morada del Espíritu, en la forma siguiente:

"Siendo que la morada del Espíritu Santo principia en el momento mismo que las otras grandes empresas de Dios a favor de las almas recién salvadas, debe mantenerse una cuidadosa distinción entre estas diferentes obras divinas. Morada no es sinónimo de regeneración. Mientras la nueva vida del creyente es divina y por su naturaleza está identificada con la vida de Dios, la posesión de vida divina y la presencia divina son distintas. La obra del bautismo del Espíritu también ha de distinguirse de la morada. El bautismo ocurre una vez para siempre y se relaciona con la separación del mundo y la unión con Cristo. La morada, en tanto que empieza al mismo instante como el bautismo, es continua. Como se indicará en la discusión siguiente, la presencia interior del Espíritu Santo tiene una mayor relación íntima con el sello del Espíritu, siendo que Su presencia constituye dicho sello. Probablemente la distinción más difícil es la de la morada y de la llenura del Espíritu. Ambas doctrinas están estrechamente relacionadas, aunque no son términos sinónimos. La llenura se relaciona totalmente con la experiencia, mientras que la morada no es experimental en sí misma. En el período del Antiguo Testamento, unos pocos santos fueron llenos temporalmente sin ser habitados permanentemente por el Espíritu. Mientras estaban llenos del Espíritu los santos del Antiguo Testamento en cierto sentido podrían ser considerados también habitados, mas no en la forma permanente e incambiable revelada en el Nuevo Testamento. En la era de la Iglesia es imposible que uno que no está habitado por el Espíritu pueda ser lleno por El. La morada es la presencia del Espíritu viviendo en, mientras que la llenura del Espíritu indica el ministerio y grado de control que El tiene sobre el individuo. Como morador, El no es activo. Todo el ministerio del Espíritu y la experiencia relacionada con la comunión y el fruto son el producto de Su llenura. Por tanto, mientras nunca se nos exhorta a ser la morada, sí se nos urge a ser llenos del Espíritu (Ef. 5:18). La importancia de la presencia del Espíritu Santo en la vida del cristiano no puede ser sobreestimada. Constituye una significativa prueba de la gracia y el propósito divino en conexión con la santificación y la fructificación. La presencia del Espíritu Santo es nuestra 'prenda' (garantía) de la bendición futura (2 Co. 1:22; 5:5 y Ef. 1:14). La presencia del Espíritu no solo trae toda la seguridad del constante cuidado de Dios y del ministerio en esta vida, sino el infalible propósito de Dios de suplir todas sus promesas para nosotros. La presencia del Espíritu Santo hace del cuerpo del creyente un templo de Dios (1 Co. 6:19); revela el propósito de Dios de que el Espíritu resida en la tierra durante la edad presente. Renunciar a esta doctrina o permitir que su certeza sea puesta en duda es dar un rudo golpe a todo el sistema de la doctrina Cristiana. El hecho bendito de que Dios ha hecho de los cuerpos terrenos de los cristianos Su presente templo terrenal suministra a la vida y al servicio un poder y significado que es el corazón de toda la experiencia cristiana." *The Doctrine of the Holy Spirit,* págs. 173-175.

IV. CON RELACION AL SELLO

Mucho de la verdad que pertenece a la salvación del cristiano presenta lo que en su carácter esencial para Dios es de mayor ventaja que para el salvo. Esto es así especialmente en el hecho del sellamiento, que es como una clasificación y una identificación peculiar del cielo en la ejecución del propósito divino. Es la misma presencia del Espíritu Santo en el creyente lo que constituye el sello. Así este aspecto de la verdad está estrechamente relacionado a la doctrina de la morada del Espíritu. Se hace referencia al sello del Espíritu en tres pasajes del Nuevo Testamento: *2 Corintios 1:22; Efesios 1:13 y 4:30.* A la letra dicen: "El cual también nos ha sellado, y nos ha dado las arras del Espíritu en nuestros corazones"; En El también vosotros, habiendo oído la palabra de verdad, el evangelio de vuestra salvación, y habiendo creído en El, fuisteis sellados con el Espíritu Santo de la promesa; Y no contristéis al Espíritu Santo de Dios, con el cual fuisteis sellados para el día de la redención." Se observará que esta es una obra de Dios desde el momento que no se apela a persona alguna, salva o no salva, a orar o pedir por esta realidad. Siendo que pertenece a todos los creyentes es evidente que es efectuada por Dios al momento de ser salvado y como un factor esencial de la salvación. La traducción en Efesios 1:13, "y habiendo creído en El fuisteis sellados" pudiera confundir un tanto. Sería más correcta esta traducción "Cuando creísteis fuisteis sellados" (comp. R. V.); "Desde que creísteis, fuisteis sellados" (Valera, 1909 – nota del traductor). Naturalmente, solo los que creen son sellados y el acto de creer viene a ser lógicamente, no cronológicamente, la causa del sellamiento. Hay una seguridad muy vital en Efesios 4:30 relativa al carácter eterno del sello, y de consiguiente, de la salvación, de lo que forma una parte. La consumación futura de la salvación cuando el cuerpo sea redimido está a la vista en este versículo. Como está basada sobre los méritos y el valor de Cristo, la salvación es tan segura y tan duradera como lo es, por el fundamento sobre el cual descansa. Por eso no es una idea nueva o increíble que el sello del Espíritu señalara la medida plena e intento de Dios con respecto a los que son salvos según Su propósito (comp. Ro. 8:28). Aunque no hay una experiencia correspondiente en conexión con el acto del sello del Espíritu, este ministerio peculiar, no obstante, es real e inspira incesante alabanza a Dios cuando la fe se apropia de lo que Dios ha revelado.

CAPITULO XI

EL BAUTISMO DEL ESPIRITU SANTO

Siendo que por el bautismo del Espíritu se operan las más grandes transformaciones a favor del creyente, es de esperarse que Satán, el enemigo de Dios, dentro de sus posibilidades hará todo para distraer, torcer y confundir la investigación respecto a este ministerio específico del Espíritu Santo. A Satán se le ha permitido hacer este daño. No sólo es necesario corregir tanto concepto falso que ha alcanzado a las masas de gente cándida, sino que se requiere especial atención de parte de los que han de ser instruidos, de lo contrario ellos mismos fallarán en comprender la verdad precisa que la doctrina encierra. Ninguna otra explicación se necesita fuera de la influencia satánica para tanto desorden inexplicable e ignorancia de, junto a un correspondiente prejuicio hacia, esta doctrina específica. Es el punto estratégico en el que Satanás puede desviar el efecto de la verdad presente. Esta forma de nulificar la verdad se ve a lo menos en tres importantes campos de doctrina, especialmente, en la posición y fundamento del creyente en Cristo, su eterna seguridad, y la base del único motivo efectivo para un servicio y vida diaria que glorifique a Dios.

Consideraremos cuatro divisiones generales del tema procurando alcanzar una recta comprensión del carácter de este ministerio del Espíritu Santo, como sigue: (1) El significado de la palabra *βαπτίζω* , (2) Los pasajes clásicos de la Escritura determinantes, (3) La cosa que es consumada, y (4) Su carácter distintivo.

I. LA PALABRA ΒΑΠΤΙΖΩ

Más de un significado pasajero se debe atribuir al hecho de que la misma palabra *βαπτίζω* se usa en el Nuevo Testamento tanto para el real como para el bautismo ritual, estableciendo así un lazo de relación entre estos dos aspectos de la verdad. Difícilmente se emplearía la palabra apropiadamente si tuviera un significado distinto sin relación en el ejemplo dado. La palabra básica de esta raíz, *Bάπτω*, en su sentido primario connota una sumersión y ocurre sólo tres veces en el Nuevo Testamento: Lucas 16:24; Juan 13:26 y Apocalipsis 19:13. En su sentido secundario –que es morir o teñir;

que se efectúa por medio de la inmersión, pero no siempre así– la palabra aparece una sola vez y eso en el tercer pasaje ya citado anteriormente, que dice: "Y estaba vestido de una ropa teñida en sangre; y su nombre es: EL VERBO DE DIOS." El mismo evento y situación se presenta en Isaías 63:1-6 en donde, entre otros detalles, está escrito: "¿Por qué es rojo tu vestido, y tus ropas como del que ha pisado en lagar? He pisado yo solo el lagar, y de los pueblos nadie había conmigo; los pisé con mi ira, y los hollé con mi furor; y su sangre salpicó mis vestidos, y manché todas mis ropas." Las ropas del Mesías a su regreso no serán sumergidas en un cubo de sangre; más han sido salpicadas con sangre; con todo esto se describe todavía con la palabra *βάπτω* en la LXX. De igual modo la palabra *βαπτίζω* tiene dos significados, uno primario y el otro secundario. En el sentido primario indica una sumersión, un envolvimiento físico (dentro de) en un elemento, el cual tiene poder para influenciar o cambiar aquello que es envuelto. Sin embargo, en su significado secundario, *βαπτίζω*, como en el caso del significado secundario de *βάπτω*, se aparta un poco del aspecto físico original y se refiere a una cosa que se ha traído bajo el poder transformador o influencia de otra cosa. Nadie puede hablar con tanta autoridad con relación al significado preciso del *βαπτίζω* que el Dr. Jaime W. Dale, por su extensa investigación. El define esta palabra en su sentido secundario, así: "Cualquiera que es capaz de cambiar completamente el carácter, estado o condición, de cualquier objeto es capaz de bautizar ese objeto; y por tal cambio de carácter, estado o condición, en efecto, lo ha bautizado" (*Classic Baptism,* 2a. Ed. p. 354). Tal definición es de mayor importancia por cuanto que la gran mayoría de los usos de esta palabra en el Nuevo Testamento está enteramente dentro de este sentido secundario. En el curso de sus grandes obras sobre el tema del bautismo, el Dr. Dale afirma que la palabra, en su opinión, nunca es usada en el Nuevo Testamento en otro sentido que en el secundario. Se notará aquí que la misma distinción se obtiene entre las palabras griegas *βάπτω* y *βαπτίζω*, como su equivalente en nuestra lengua, especialmente *sumersión* e *inmersión.* Una sumersión es un contacto momentáneo que envuelve dos acciones, metiendo en y sacando de. En el estricto y propio uso de las palabras, haciendo caso omiso de la universal pero descuidada manera en que son empleadas, el bautismo ritual no es una inmersión; ésta resultaría en la muerte por ahogamiento. Lo que comunmente se ha designado como una inmersión se describe mejor por la palabra *βάπτω* en su significado primario. Ciertamente no se ve ninguna sepultura física cuando la Escritura habla de bautismo de arrepentimiento (Mt. 3:11), bautismo para la remisión de pecados (Mr. 1:4); bautismo en el nombre del

Padre, del Hijo y del Espíritu Santo (Mt. 28:19), cuando Cristo mismo fue bautizado al tomar la copa del sufrimiento (Mt. 20:23; Lc. 12:50), del bautismo de Israel en Moisés (1 Co. 10:2). Estos bautismos, permítasenos repetir, no representan una sepultura física y deben clasificarse entre los que pertenecen al uso secundario de *βαπτιζω*. Ninguno podría ser clasificado propiamente como *βάπτω*, ya sea en su significado primario o secundario. Estos no podrían ser meramente un sumergimiento dentro de un elemento, porque ellos son presentados como en un estado permanente. Cuando un creyente es bautizado en Cristo por el Espíritu, la cosa que mayormente ha de desearse es la de no ser separado nunca más. El ser bautizado para arrepentimiento es ser traído bajo la influencia del arrepentimiento –no por un momento, sino para siempre; ser bautizado para remisión de pecados es ser traído bajo el poder o valor de la remisión de pecados– no por un momento, sino para siempre; ser bautizado en el nombre del Dios Trino es ser conducido bajo el poder de Dios –no por un momento, sino para siempre; ser bautizado en Moisés como lo fue Israel por agencia de la nube y de la mar fue para ser conducidos bajo la dirección de Moisés, liderazgo que antes no se le había declarado– no momentáneamente, sino para siempre; el ser bautizado en la muerte y resurrección de Cristo es ser identificado con El en esa muerte y resurrección, que todos sus valores son asegurados –no por un corto tiempo, sino eternamente. Ser bautizado en el cuerpo de Cristo es ser traído bajo el poder y supremacía de Cristo, es estar unido al Señor, ser identificado con El, participar de lo que El es y de lo que ha hecho –no por un momento, sino eternamente.

Se puede decir en conclusión de esta parte del capítulo que el ser colocado en Cristo por la agencia del bautismo del Espíritu Santo resulta en una nueva realidad de relación en la que la persona que es bendecida de este modo llega a estar bajo el poder, jefatura y posición que reemplaza la relación del primer Adán es en sí misma una nueva unión orgánica con el Postrer Adán, el Cristo resucitado. En este caso, como en otros bautismos, la palabra *βαπτίζω* se usa solo en su significado secundario, aparte de una sepultura física, porque asegura el mérito, la influencia dominante y la supremacía de Cristo.

II. LOS PASAJES CLASICOS DETERMINANTES

Aquellos pasajes en los que el Espíritu Santo está relacionado con el bautismo han de ser clasificados en dos divisiones. En un grupo Cristo es el agente del bautismo, aunque el Espíritu Santo es la bendita influencia que caracteriza el bautismo. En el otro grupo de pasajes el Espíritu es el agente y Cristo, como Cabeza de Su Cuerpo místico, es el elemento recipiente y por lo tanto, esa bendita influencia que caracteriza el bautismo. Hay que identificar seis pasajes que pertenecen al primer grupo, como son: Mateo 3:11; Marcos 1:8; Lucas 3:16; Juan 1:33; Hechos 1:5 y 11:16. Aunque hay algunas repeticiones, estos pasajes –todos ellos para presentar el testimonio de Juan el Bautista con respecto a Cristo – son citados íntegramente. "Yo a la verdad os bautizo en agua para arrepentimiento; pero el que viene tras mí, cuyo calzado yo no soy digno de llevar, es más poderoso que yo; él os bautizará en Espíritu Santo y fuego" (Mt. 3:11); "Yo a la verdad os he bautizado con agua; pero él os bautizará con Espíritu Santo" (Mr. 1:8); "Respondió Juan, diciendo a todos: Yo a la verdad os bautizo en agua; pero viene uno más poderoso que yo, de quien no soy digno de desatar la correa de su calzado; él os bautizará en Espíritu Santo y fuego" (Luc. 3:16); "Y yo no le conocía; pero el que me envió a bautizar con agua, aquél me dijo: Sobre quien veas descender el Espíritu y que permanece sobre él, ése es el que bautiza con el Espíritu Santo" (Jn. 1:33); "Porque Juan ciertamente bautizó con agua, mas vosotros seréis bautizados con el Espíritu Santo dentro de no muchos días" (Hch. 1:5); "Entonces me acordé de lo dicho por el Señor, cuando dijo: Juan ciertamente bautizó en agua, mas vosotros seréis bautizados con el Espíritu Santo" (Hch. 11:16). Por la autoridad de Cristo el Espíritu Santo es dado a todos los que creen, y llegar a estar bajo la influencia y poder del Espíritu como le sucede a cada creyente al creer, es haber sido bautizado por esa influencia. Sin embargo, esta bendición universal de la morada del Espíritu hay que distinguirla de cierta supuesta segunda obra de gracia subsecuente a la salvación, experiencia que, como alegan los grupos extremistas de santidad, es acompañada por manifestaciones sobrenaturales. Ya se ha demostrado por el Nuevo Testamento que el Espíritu Santo se recibe como un don de Cristo por todos los que creen y cuando creen. El don es el nuevo derecho de nacimiento, y siendo poseído por todos, indica que todos los salvos están bajo el poder del Espíritu Santo, hecho que, de acuerdo al estricto significado de la palabra *βαπτίζω*, es un bautismo. Se podría decir en base a este significado de la palabra que cualquier persona que está bajo la influencia de Satán en un sentido está bautizado en Satán. Este bautismo particular relacionado tan estrechamente con el Espíritu Santo es enteramente removido del bautismo operado por El cuando los creyentes son introducidos en el Cuerpo de Cristo, realidad que ahora vamos a considerar.

La segunda clasificación de pasajes presenta al Espíritu Santo como agente del bautismo y el Cuerpo de Cristo, o el mismo Cristo, como el elemento recipiente. Estos pasajes por sí mismos constituyen un testimonio distinto, a efecto de que por la operación del Espíritu Santo el creyente es orgánica y vitalmente unido al Señor y así ha llegado a ser participante de la posición, mérito y valor perfecto de Cristo. Desde el momento que estos pasajes sobre el ministerio del bautismo del Espíritu, o bautismo real, es superior al ritual, han de ser tratados de manera específica. Indudablemente que surgirán desacuerdos sobre cuáles pasajes han de incluirse en esta lista; pero en donde los resultados del bautismo son tales que nunca podrían ser efectuados por un mero bautismo ritual, es evidente que la referencia es a uno real, o sea, al bautismo del Espíritu: verdaderamente, además de los pasajes ya considerados que afirman que la presencia del Espíritu Santo en el creyente es un bautismo especial operado por Cristo el concedernos el Espíritu, los pasajes restantes deben referirse tanto a un bautismo real como a uno ritual. Se indicará una excepción más tarde al considerar Efesios 4:5. Estos pasajes son:

1 Corintios 12:12, 13. "Porque así como el cuerpo es uno, y tiene muchos miembros, pero todos los miembros del cuerpo, siendo muchos, son un solo cuerpo, así también Cristo. Porque por un solo Espíritu fuimos todos bautizados en un cuerpo, sean judíos o griegos, sean esclavos o libres; y a todos se nos dio a beber de un mismo Espíritu."

Cuando se encuentra cualquier pasaje presentando definiciones didácticas, ese pasaje define el bautismo del Espíritu. Es la unión del creyente a, la colocación dentro de, el cuerpo de Cristo –en otras palabras, la formación de esa relación orgánica entre Cristo y el creyente que se expresa por la palabra *en Cristo,* y que consitituye la base de todas las posiciones y posesiones del cristiano. El contexto de este pasaje establece la absoluta unidad que se obtiene entre Cristo y los miembros de Su Cuerpo. Los miembros son una unidad, siendo un Cuerpo, y en su más extenso significado este cuerpo unido a Su Cabeza es también una unidad– el Cristo. Esta relación, que es un aspecto vital en la doctrina Paulina en cuanto al cuerpo, es más iluminadora, enfática y convincente. Sin embargo, este énfasis sobre la unidad que declara el v. 12 es sólo con el fin de preparar el camino para la revelación de cómo los miembros son unidos al cuerpo. De ellos se dice que son *bautizados* en este cuerpo por un Espíritu. La referencia a un Espíritu no es sino la continuación de aquello que ha sido declarado una y otra vez en la porción precedente de este capítulo, principalmente, que es por uno y el mismo Espíritu que son dados los diferentes dones. De esta manera, también, aunque muchos son bautizados en el cuerpo de Cristo, en cada caso la obra es efectuada por un Espíritu. La verdad central es que un Espíritu los bautiza a todos —a cada creyente— en un Cuerpo. Lo que de este modo es efectuado para cada creyente es una parte de su misma salvación, bien que no incluyera a cada una. La investigación de lo que este bautismo efectúa se reserva para la parte siguiente del capítulo. Que a todos los creyentes se les ha dado a beber del mismo Espíritu es un testimonio adicional a favor del hecho de la morada del Espíritu, cuya morada, como se ha dicho, es un asunto de bautismo. La universalidad tanto del bautismo en el Cuerpo como de la morada interior es afirmada por el uso repetido de la palabra *todos,* término que incluye a judíos y gentiles que creen.

Gálatas 3:27. "Porque todos los que habéis sido bautizados en Cristo, de Cristo estáis revestidos" (Habéis sido puestos en Cristo, A. V.).

De acuerdo con esta reveladora declaración el bautismo que es en Cristo ha resultado en la unión vital que se describe aquí por la expresión "Habéis sido puestos en Cristo" (A. V.). Sobre este pasaje Dean Alford escribe, a la par de una cita de Crisóstomo: "No, *'habéis sido bautizados'* y *'sido puestos en',* como en la American Version, que deja las dos acciones solo concomitantes; los tiempos pasados los hace idénticos: todos los que habéis sido bautizados en Cristo, hecho en ese mismo acto, puestos en, revestidos con, Cristo. La fuerza del argumento está bien expresada por Crisóstomo: "¿Por qué no dijo él, 'muchos de vosotros que habéis sido bautizados en Cristo fuisteis nacidos por Dios? ", porque esto naturalmente hubiera seguido después de haber mostrado que ellos eran hijos. Porque él lanza una proposición más sorprendente. Porque si Cristo es el Hijo de Dios, y tú has sido puesto en El, teniendo al Hijo en tí, y modelado a Su Semejanza, tú has sido introducido con El a Su familia y a una casta" *(New Testament for English Readers,* new Ed., Gá. 3:27). Es importante notar que en el verso precedente —'pues todos sois hijos de Dios por fe en Cristo Jesús'— se declara el hecho de la filialidad y es esta compañía numérica precisa que por ser bautizada en Cristo, que ha sido puesta en El. La frase *'todos los que'* (de vosotros) es propiamente una referencia a *todos* (vosotros) *sois hijos de Dios.* Así éstos han sido unidos a Cristo. Por medio de otras Escrituras se hace claro que este bautismo es efectuado por el Espíritu Santo, y que el Cuerpo de Cristo, o Cristo mismo, es el elemento recipiente. Es imposible que uno que ha sido unido a Cristo que no sea puesto en Cristo con todos sus méritos y posición. El error tal como hacer esto un efecto emanado del bautismo ritual sólo es excedido por los que lo hacen meramente una experiencia emocional o excitante. Este bautismo es ejecutado por el Espíritu Santo y es enteramente posicional y por ende, vital.

Romanos 6:1-4. "¿Qué, pues, diremos? ¿Perseveraremos en el pecado para que la gracia abunde? En ninguna manera. Porque los que hemos muerto al pecado, ¿cómo viviremos aún en él? ¿O no sabéis que todos los que hemos sido bautizados en Cristo Jesús, hemos sido bautizados en Su muerte? Porque somos sepultados juntamente con El para muerte por el bautismo, a fin de que como Cristo resucitó de los muertos por la gloria del Padre, así también nosotros andemos en vida nueva."

Habiendo declarado que el creyente es justificado eternamente –porque la justificación es tan duradera como los méritos de Cristo, en quien descansa– el Apóstol introduce la pregunta de si alguno que es salvo y seguro de este modo, permanecería en pecado, sometiéndose de tal modo a la naturaleza pecaminosa, para que la gracia abunde. La respuesta inspirada a esta pregunta será la de todo regenerado, esto es, "en ninguna manera". No es consistente ni necesario continuar llevando el fruto de la naturaleza pecaminosa. Con respecto al punto de su necesidad, la verdad revelada que en la muerte de Cristo la naturaleza pecaminosa del creyente ya ha sido juzgada. "Porque los que hemos muerto al pecado (esto es, los que murieron en la muerte de Cristo), ¿cómo viviremos aún en él? " Es verdad que Cristo murió "por nuestros pecados", que fue sepultado, y que se levantó de los muertos para que los hombres puedan ser salvos (comp. 1 Co. 15:3, 4); pero es igualmente verdad –y Romanos 6:1-10 que ahora está bajo consideración sólo tiene que ver con este hecho extra– que Cristo murió *"al pecado,* o sea a la naturaleza de pecado (comp. Ro. 6:10; Col. 2:11, 12). En este contexto el juicio de la naturaleza pecaminosa en la cruz se indica por varias frases o acertos – "muerto al pecado" (v. 2), "plantado juntamente (con El) a la semejanza de Su muerte (v. 5)," nuestro viejo hombre "juntamente fue crucificado con El" (v. 6), "si morimos con Cristo" (v. 8), "al pecado murió una vez (es decir, a la naturaleza)" (v. 10). Por todo esto no hay implicación alguna que la muerte haya resultado en la destrucción o terminación de esta naturaleza (la palabra καταργέω del v. 6, traducida *destruida,* sería mejor la traducción *anulada);* es más bien que la muerte de Cristo al pecado ha efectuado un juicio contra la naturaleza de pecado a los ojos de Dios, a fin de que el Espíritu Santo quien vive en el creyente, pueda tener libertad de tratar con la naturaleza juzgada, restringiéndola o nulificándola en respuesta a la dependencia del creyente del que lo habita para interponerse o controlar esa naturaleza. Este aspecto de la muerte de Cristo y la identificación del creyente con ella es todo con el único fin de que "nosotros andemos en novedad de vida." "Así como Cristo fue levantado de entre los muertos para gloria del

Padre, así nosotros también nosotros andemos en novedad (significando el poder del Cristo resucitado) de vida" (v. 4), que es la nueva provisión para un nuevo andar en y por el poder capacitador del Espíritu Santo, habiendo El mismo quedado en libertad para suministrar ayuda por el juicio del pecado que Cristo llevó en Su muerte. La unión del cristiano con Cristo, llevada a cabo por el bautismo del Espíritu Santo en El, es la base de la perfecta identificación con Cristo en todo lo que logra Su muerte al pecado. El entrar de esta manera en el valor y bajo el poder de la crucifixión, muerte, sepultura y resurrección de Cristo es un bautismo en el significado secundario de la palabra. Los que han sido bautizados en Cristo son bautizados en Su muerte, son sepultados con Cristo por su bautismo en la muerte del Salvador. Por estas expresiones no se insinúa ninguna ordenanza, ni se impone obligación alguna que justifique un intento de establecer lo que aquí se expone. Este pasaje, con el que sigue en el contexto, presenta la declaración central respecto a las bases de la victoria cristiana sobre la naturaleza pecaminosa en la vida diaria. Este es su objetivo y su significado. Descubrir en esto solo la forma externa de la ordenanza ritual, como han hecho muchos, es renunciar a una de las más inapreciables posesiones en todo el campo de la doctrina cristiana y en gran parte (por muchos) abandonar la esperanza de una vida agradable a Dios; porque si este contexto significa una cosa, no puede significar la otra.

Colosenses 2:9-13. "Porque en El habita corporalmente toda la plenitud de la Deidad, y vosotros estáis completos en El, que es la cabeza de todo principado y potestad. En El también fuisteis circuncidados con circuncisión no hecha a mano, al echar de vosotros el cuerpo pecaminoso carnal, en la circuncisión de Cristo; sepultados con El en el bautismo, en el cual fuisteis también resucitados con El, mediante la fe en el poder de Dios que le levantó de los muertos. "Y a vosotros, estando muertos en pecados y en la incircuncisión de vuestra carne, os dio vida juntamente con El, perdonándoos todos los pecados."

La pasajera referencia al bautismo que presenta este pasaje no ha de entenderse aparte de todo el contexto. Relacionadas con el rito de la circuncisión, el Apóstol divide a la familia humana en tres clases, esto es, la "Incircuncisión" –los gentiles, "la Circuncisión en la carne hecha a mano"– los judíos, y "la Circuncisión no hecha a mano" –los crisitianos (Ef. 2:11; Col. 2:11). Aquella circuncisión que caracteriza a los judíos y que falta a los gentiles es "hecha a mano", mientras que la circuncisión que han recibido los cristianos "no es hecha a mano", y es una realidad espiritual. La Biblia cuatro veces habla de circuncisión del corazón –Deuteronomio 1:16; 30:6;

Ezequiel 44:7; Hechos 7:51– antes de mencionar las bendiciones traídas a los cristianos cuando el cuerpo de los pecados en la carne fue quitado y eso por la circuncisión de Cristo. Como el cuerpo humano manifiesta la vida que hay en él, de igual modo la naturaleza pecaminosa se manifiesta en los "pecados de la carne." La circuncisión de Cristo mencionada aquí no es la que se le practicó cuando tenía ocho días de edad, sino en su muerte, a la naturaleza de pecado. Hay una sorprendente similitud con Romanos 6:1-10 que se encuentra en el pasaje que hemos considerado, y esta similitud concierne a la referencia de la sepultura y resurrección de Cristo como factores que proveen valor inmensurable para, e influencia sobre, el creyente. Asegurando los resultados que ellos traen, la muerte, sepultura y resurrección de Cristo, un bautismo en su sentido más absoluto. La transformación que aquí se indica, como en Romanos 6:1-10, nunca podría ser producida por el bautismo ritual, y leer de un bautismo ritual en este pasaje es ignorar de nuevo las ilimitadas realidades por las que Cristo murió, fue sepultado y resucitó. Es sustituir por un esfuerzo humano una de las mas gloriosas ejecuciones de Dios. Indudablemente, es más fácil para los que comprenden muy poco de estas grandes realidades, el sustituir un compromiso tangible y físico tal como el bautismo ritual por los más profundos, invisibles valores espirituales del bautismo real. Con todo, a pesar de las limitaciones humanas, el significado de este pasaje no desciende al nivel de un ritual impotente.

Efesios 4:4-6. "Un cuerpo, y un Espíritu, como fuisteis también llamados en una misma esperanza de vuestra vocación; un Señor, una fe, un bautismo, un Dios y padre de todos, el cual es sobre todos y por todos, y en todos."

En medio de estas siete agencias unificadoras, y no menos que cualquiera de ellos, está "un bautismo". En el acto puede surgir en muchas mentes esta pregunta: "si la referencia en esta ocasión es al bautismo real efectuado por el Espíritu al colocar a los creyentes en el cuerpo de Cristo, o al bautismo ritual en agua." Algunos arguyen que éste último bautismo está a la vista y que sólo hay una forma de bautismo correcta. Imponer tal limitación sobre el texto es deplorable. Nada hay en el pasaje que enseñe y sostenga una forma de bautismo. La incalificable aseveración de que no hay más que *una forma* de bautismo se vuelve un problema muy exigente para aquellos que han elevado el bautismo de agua a un lugar donde tiene que ser un bautismo separado, independiente y diverso –por lo tanto, algo que está enteramente desconectado del bautismo del Espíritu. Algunos arguyen que si de este modo el bautismo real excede al ritual en importancia, este no debe mencionarse para nada comparándolo con el real, en esta conexión o en cualquiera otra. Todavía otros reclaman que el Apóstol aquí no contempla el bautismo ritual, estimando en él únicamente afirmaciones que en el campo de las fuerzas espirituales unificadoras, no hay más que un bautismo y éste, necesariamente ha de ser el bautismo del Espíritu Santo. Todavía más, hay una clase de intérpretes que han de considerarse, que sostienen que el bautismo del Espíritu ocurrió una vez por todas a favor de la Iglesia el Día de Pentecostés y que eso no es cosa que sucede cada vez que alguien es salvado. Este concepto, que muy poco se ajusta a las Escrituras del Nuevo Testamento que tratan del tema, no es un reto al hecho, aunque intenta cambiar el tiempo del bautismo del Espíritu, tan plenamente mencionado en la Epístola a los Efesios. La mayor parte de la Iglesia, no obstante, hasta donde ellos consideran el tema en un todo, afirman que el bautismo ritual es señal o un símbolo externo de la obra del Espíritu y así ambos combinan para formar lo que aquí se llama *un bautismo.* Entre los argumentos desarrollados en apoyo de la convicción de que el *un bautismo* es el del Espíritu por el cual los creyentes son unidos al Señor y por el que ellos obtienen todas las posesiones y posiciones, el más eficaz, advierte que esta referencia a un bautismo se da como uno de los siete agentes unificadores. Se distingue fácilmente que el bautismo del Espíritu Santo en un Cuerpo engendra la unión más vital y perfecta que pudiera formarse entre los hombres; por otra parte, si la historia de la Iglesia sobre la tierra arroja un testimonio del curso de los eventos en todo, es a efecto de que el bautismo ritual ha servido más que cualquiera otra cosa para destruir esa manifestación de la unión orgánica que se espera que los creyentes deben exhibir por la comunión cristiana. Sobre la correcta interpretación de Efesios 4:5, el Dr. Juan W. Bradbury, Editor del *Watchman Examiner,* el diario Bautista principal de actualidad en Estados Unidos, escribe lo siguiente, como una contribución especial a la presente discusión de Efesios 4: "El concepto corporal de la Iglesia es tan esencial como el del individual. El "Cuerpo" de Cristo es unido "en el vínculo de la paz" al guardar la "unidad del Espíritu" (v. 3). El pensamiento de que la Iglesia es un "cuerpo" cuya vida está identificada uniformemente con el Espíritu Santo se ilustra por lo que conocemos de un organismo tal como el cuerpo humano, teniendo el espíritu humano como un signo de vida. Tenemos, por tanto, en la *ecclesia* un cuerpo que tiene el Espíritu de Dios, evidenciando tal aserto por medio de la profesión de "una esperanza . . . un Señor, una fe, un bautismo, un Dios . . . en todos. El énfasis sobre la palabra "un" está en oposición a la diversidad en el "cuerpo" de Cristo. Como en cuanto a "esperanza", "Dios", habrá poca si no ninguna diferencia entre los verdaderos creyentes. Pero con relación a la palabra "bautismo" hay mucha diferencia, porque la mayor parte de la gente tiene sólo un punto de vista en cuanto al bautismo, es decir, una ordenanza. Pero en este pasaje, en donde no se nos mencionan ordenanzas, sino la verdad con respecto al organismo llamado "el Cuerpo de Cristo", tenemos el "bautismo" mencionado en iguales términos con "esperanza", "Señor", "Dios", etc. Esto significa que el "bautismo" que aquí se menciona se refiere al de 1 Corintios 12:13 –"Porque por un Espíritu somos todos bautizados en un cuerpo, ya sean judíos o gentiles, siervos o libres; y todos hemos bebido de un mismo espíritu". De modo semejante, en la creencia de que el bautismo de Efesios 4 no es un bautismo ritual, el Dr. Merril Frederick Unger escribe:

"Erróneamente se ha dicho que el bautismo del Espíritu Santo es una operación efectuada una vez por todas en el Pentecostés (Hch. 2) y en la casa de Cornelio (Hch. 10) y que entonces cesó. Se sostiene que durante la edad presente no hay bautismo con el Espíritu Santo. Dicen que 1 Corintios 12:13 está construido como refiriéndose a esos eventos. Pasajes tales como Romanos 6:3,4; Colosenses 2:12; Gálatas 3:27; 1 Pedro 3:21, se refieren exclusivamente al bautismo de agua. El 'un bautismo' de Efesios 4:5 también se sostiene firmemente que se refiere al bautismo de agua, y a eso solamente. El Dr. I. M. Haldeman [1], adoptando esta posición comenta así sobre Efesios 4:5: 'Si fuera bautismo del Espíritu Santo, el bautismo con agua sería excluido. No hay autoridad ni lugar para él. Ningún ministro tendría derecho de efectuarlo, o someterse a él sería no sólo sin autoridad sino inútil, totalmente sin sentido. Si es el bautismo con agua, el bautismo del Espíritu Santo no es efectivo por más tiempo. El bautismo tiene que ser o el uno o el otro, el del Espíritu o el de agua. No puede ser ambos a la vez. No son admisibles ambos por más tiempo' (*Holy Ghost or Water?*, p. 4). Otros, adoptando la posición opuesta, mientras insisten correctamente que Efesios 4:5 se refiere al bautismo del Espíritu Santo, drásticamente descartan cualquiera otra práctica de bautismo con agua para la era de la Iglesia. Por supuesto, aunque ellos encuentran la práctica del bautismo ritual regularmente en la iglesia primitiva (Hch.2:38; 8:12,13,16,36; 9:18; 10:47,48; 16:15,33; 18:8; 19:3,5) y mencionado en 1 Corintios 1:13-17, se

---

[1] Nota del autor: El Dr. Haldeman es uno de los más esclarecidos pensadores y lógicos de su generación. Por lo tanto, es raro que él no reconociera la necesaria confusión a la que llevaría a la postre su interpretación. Lógicamente o no, aquí el Dr. Haldeman admite la perplejidad que surge cuando se supone que hay dos bautismos independientes y no relacionados en la Iglesia –el de agua, relacionado con la muerte de Cristo, y el otro relacionado con el Espíritu Santo. Aparentemente el Dr. Haldeman sostiene junto con otros de su escuela exegética, que el bautismo fue efectuado para todos, y una vez por todas en el Pentecostés, que anticipó la compañía elegida que sería salva, y que, siendo ejecutado al principio de la historia de la Iglesia, no entra en conflicto con el bautismo ritual. Pero seguramente, la mera cuestión de tiempo, para determinar cuándo fue operado el bautismo del Espíritu, no cambia el hecho de aquel bautismo particular, bien puede ser, aún si se operase el día de Pentecostés el bautismo de Efesios 4:5.

piensa que de esta práctica, como que la han confinado a la temprana iglesia 'Judaica', y descontinuado por el Apóstol Pablo, cuando la 'Real' iglesia Nuevotestamentaria hubo de empezar tarde en el libro de los Hechos. Esta posición ha de ser repudiada. El hecho básico, que es ignorado, es que la Iglesia propiamente principió con el bautismo del Espíritu el Día de Pentecostés (Hch. 1:4; 2: 4,47 con 11:6; 1 Co.12:13), y que el bautismo con agua fue regularmente administrado no sólo en la así llamada temprana iglesia "Judaica", sino también mucho tiempo después en las iglesias 'gentiles' plenamente establecidas (Hch.18:8; 1 Co.1:13-17).

El Apóstol, hablando del 'un bautismo' en Efesios 4:5, para estar seguro, está hablando del bautismo del Espíritu, el cual es semejante al caso de Romanos 6:3 y 4; Colosenses 2:12; Gálatas 3:27. Pero cuando él describe esta trascendental operación como el 'un bautismo', y como una de las siete unidades esenciales que hay que reconocer y guardar para mantener la unidad cristiana y la concordia ¿quiere decir él necesariamente que no ha de administrarse más el bautismo de agua? ¿No quiere decir él meramente, Hay un solo bautismo (espiritual)? Su tema en Romanos 6:3,4; Colosenses 2:12 y Gálatas 3:27 no es más el bautismo de agua de lo que es en Efesios 4:5. En estos pasajes el santo Apóstol para nada está considerando el bautismo ritual. La sublimidad del pensamiento, el contexto del argumento, la exaltada naturaleza de las realidades enseñadas concurren fuertemente en apoyo de esta posición. El está hablando de algo infinitamente más alto –no de una mera ordenanza simbólica que no tiene poder para operar un cambio intrínseco, sino de una operación divina que nos coloca eternamente en Cristo, y en Sus experiencias de la crucifixión, muerte, sepultura y resurrección. Es de temerse que el que lee en estos sublimes pasajes algo así como el bautismo de agua, los ha colocado en el 'potro' eclesiástico, torturándolos y retorciéndolos hasta hacerlos proferir alguna confesión que no se encuentra escrita en ellos. Por cierto, este torcido y corruptor proceso principió muy temprano, quizá aún en el mismo tiempo del gran Apóstol. Pero parece evidente, si los hechos históricos y filológicos nos permiten hablar, aquellos lectores del primer siglo, íntegros como la verdad, nunca hubieron de pensar en leer de bautismo de agua en estos pasajes. Para ellos significaban bautismo del Espíritu, y nada más. Su propio patrón les hubiera impedido asociarse con cualquier uso ritual del agua. Su cabal concepto del significado y forma del bautismo les hubiera sido enteramente extraños en cuanto a las palabras del Apóstol concernientes a 'muerte', 'sepultura' y 'resurrección'. Nunca se le hubiera ocurrido a él relacionar estas figuras con el bautismo de agua.

El bautismo, con referencia a las ceremonias levíticas del Antiguo Testamento (He.9:10), había alcanzado un amplio significado de 'limpiamiento ceremonial,' o de purificación ritual por agua, y eso por medio de aspersión o afusión (pringamiento o derramamiento), siglos antes de la era cristiana. Fairchild, con pleno acopio de hechos é indiscutible lógica, prueba conclusivamente este uso establecido de βαπτίζω aportado de la Septuaginta, los Apócrifos, Josefo y del Nuevo Testamento griego (Edmund B. Fairchild, *Letters on Baptism,* pgs. 32-122). Dale, con brillante y exhaustiva instrucción, empleó con consumada minuciosa habilidad, exámenes científicos de cada frase sobre esta materia, concluyendo así su obra monumental sobre el estudio del bautismo entre los antiguos judíos: 'El bautismo judaico es una condición de purificación ceremonial efectuada por el lavamiento... rociamiento, derramamiento, no dependiendo en manera alguna de ninguna forma o acto, o bien, cubriendo el objeto' (James W. Dale, *Judaic Baptism,* p. 400). Dale concluye su gran obra sobre el estudio de Juan el Bautista con estas palabras: 'Este mismo βάπτωμα es declarado por palabra y exhibido en símbolo por la aplicación de agua pura a la persona en la ordenanza ritual. Este es el Bautismo Juanino en su sombra... Hundir o sumergir en agua es fraseología enteramente desconocida al bautismo de Juan' *(Johannic Baptism,* p. 417). Abundan pruebas bíblicas, históricas y filosóficas, por tanto, que Juan el Bautista 'purificaba ceremonialmente' (bautizaba) pringando o vertiendo agua, que Jesús fue de esta manera bautizado (consagrado) en Su Sacerdocio (Ex.29:4; Sal. 110:1; Mt.3:15; He.7:9, E. E. Hawes, *Baptism Mode Studies,* pgs. 81-109), y ese temprano bautismo judío o cristiano no conoció otra manera (James W. Dale, *Christic and Patristic Baptism,* pgs. 162-240).Con todo el peso del uso establecido de la palabra βαπτίζω que lo respalda aclara el cristal como un resultado del gran conocimiento del judaísmo, como Rabí instruido, cuán irreflexivo es que el gran Apóstol hubiera violado así cada principio del uso en lenguaje y costumbre de siglos, como para haber hecho βαπτίζω en pasajes tales como Romanos 6:3,4; Colosenses 2:12; Gálatas 3:27; Efesios 4:5, referirse a algún modo a bautismo de agua, ciertamente, no por cierto al bautismo de agua! "– *The Baptism with the Holy Spirit,* Bibliotheca Sacra, CI, 244-47.

1 Pedro 3:21. "El bautismo que corresponde a esto ahora nos salva (no quitando las inmundicias de la carne, sino como la aspiración de una buena conciencia hacia Dios) por la resurrección de Jesucristo."

La tendencia peculiar de muchos de asumir que en cualquier parte en donde ocurre la palabra βαπτίζω implica el bautismo ritual, ha producido mucha confusión. A la luz de su relativa importancia, sería razonable asumir que el bautismo real está a la vista hasta que no aparezca prueba de que se trata del bautismo ritual. En este pasaje se notan dos puntos: (1) que el bautismo mencionado tiene un efecto salvador y (2) que está relacionado con la resurrección de Cristo, el cual es, vitalmente el real y verdadero bautismo, cosa que no es cierto en cuanto al bautismo ritual.

Marcos 16:16. "El que creyere y fuere bautizado, será salvo; más el que no creyere, será condenado."

Otra vez se menciona el bautismo como con poder para salvar. Evidentemente la referencia es al bautismo real. Sobre este pasaje el Dr. G. Campbel Morgan escribe: "El que creyere (esa es la condición humana) y fuere bautizado (ese es el milagro divino) *será salvo.* Cuando se afirma el lado negativo, se omite el bautismo, como que es innecesario; porque el que no cree no puede ser bautizado. Si es bautismo de agua, se puede; pero si es el bautismo del Espíritu Santo, no" *(The Spirit of God,* pgs. 181 y 182).

Como sumario de estos siete pasajes sobre el bautismo del Espíritu Santo, se puede observar que 1 Corintios 12:13 –que no sólo es el primero de ellos cronológicamente, sino que es el testimonio central respecto al bautismo del Espíritu– declara directamente lo que ese bautismo cumple. En el segundo (Gá.3:27) se dice que el bautismo del Espíritu resulta en la colocación en Cristo. En el tercero (Ro.6:1-10) está a la vista la identificación con Cristo en Su crucifixión, muerte, sepultura y resurrección, como un juicio del pecado, y con el fin de que los creyentes puedan andar en el poder de la resurrección a pesar de la naturaleza pecaminosa. En el cuarto pasaje (Col.2:9-12) la misma influencia de la muerte de Cristo (contemplada aquí como una circuncisión espiritual), sepultura y resurrección otra vez se dice que es un bautismo. En el quinto pasaje (Ef. 4:4-6) se presenta el bautismo del Espíritu como uno de los elementos unificadores en el Cuerpo de Cristo. En el sexto y séptimo (1 P.3:21 y Mr.16:16) este bautismo está relacionado a la salvación como un mayor y vital aspecto de ella. Siendo que por el bautismo del Espíritu el creyente es unido a Cristo, más de cien pasajes que contienen la frase *en Cristo* o *en El* (esto es, en Cristo) se podrían agregar a esta lista si fuese necesario.

Puede resultar provechoso el llamar la atención una vez más en este punto al significado secundario de βαπτίζω –significado que tan extensamente tiene en el Nuevo Testamento– es decir, que aparte de una inmersión física una cosa bautiza a otra cuando ejercita su poder e influencia sobre esa otra cosa. Cristo da el Espíritu Santo a todos los creyentes para que viva en ellos, para conformarlos y para capacitarlos; así el creyente viene a estar bajo la influencia del Espíritu Santo. Un don semejante no es un bautismo físico en ningún sentido, pero es esa forma de bautismo que asegura ese poder dominante y su influencia. El ser unido a Cristo por el bautismo del Espíritu no es un envolvimiento físico en Cristo o en Su Cuerpo; no obstante, es un verdadero bautismo en que el que así es unido al Señor no sólo ha sido colocado por el Espíritu que bautiza, sino que el tal viene a quedar bajo todos los inmensurables valores de todo lo que Cristo es y todo lo que El ha hecho, estando en Cristo. La importancia de un debido reconocimiento de todo lo que incluye el significado secundario de βαπτίζω difícilmente puede ser sobreestimado. La mayor parte de los teólogos más o menos han relacionado definitivamente el bautismo ritual con la obra del Espíritu, como una sombra o símbolo está relacionado con la sustancia o realidad. Pareciera que otros teólogos han perdido del todo el significado secundario de esta gran palabra por la manera sectaria de defender la forma del bautismo ritual.

III. LA COSA CONSUMADA

En este punto de la discusión se hace frente a una de las más grandes revelaciones del Nuevo Testamento: Nada menos que el tema de toda la doctrina Paulina de la Iglesia. Aunque a este gran aspecto de la verdad se le ha dado un extenso tratamiento al estudiar Eclesiología, ha de introducirse nuevamente, siendo, como lo es, un aspecto tan vital en la doctrina del bautismo del Espíritu. Prescindiendo de su lugar fundamental en la teología Paulina, esta fase de la Eclesiología es casi totalmente descuidada por los teólogos del Pacto, y por la razón obvia que su ideal de un pacto que unifique toda la Biblia es frustrado por la revelación de una nueva Jefatura y su Nueva Creación. La denuncia antes mencionada, hecha a efecto de que el aspecto total de la doctrina de la resurrección de Cristo —céntrico en la teología Paulina— es descuidado, es de lo más serio y dañino. El alcance e importancia de la doctrina del bautismo del Espíritu, entonces, hay que verlo desde el punto de vista del objeto que logra.

1. UNION ORGANICA. Las ilustraciones divinas de esta unión producida entre Cristo y el creyente incluye aquella del olivo silvestre injertado en la oliva (Ro.11:17) y la unión de un miembro al cuerpo humano. Fácilmente se reconoce que la cirigía humana no intenta una ejecución de esta naturaleza, más esto no determina nada en el valor de la figura en cuanto al establecimiento de la unión que engendra el Espíritu. Una intensidad de obras internas se aseguran cuando el creyente es unido a Cristo que, aunque enteramente sobrehumana, sin embargo está pálidamente ilustrada por estas figuras humanas. Tanto la rama como el miembro del cuerpo llegan a tener vida, a ser partes orgánicas de aquello a que están unidos. Esta nueva relación según se establece en el caso de las ramas y de los miembros, resulta en la vida de la oliva y del cuerpo, circulando en esa rama y en ese miembro. Este doble resultado lo expresa Cristo en siete de las más pequeñas, pero más significativas palabras jamás expresadas. Ellas proporcionan una expresión en miniatura de una de las obras maestras del infinito. Las siete palabras son: "Yo en vosotros y vosotros en mí" (Jn.14:20). Como se ha indicado antes, aquí se reconocen dos poderosos ministerios del Espíritu —el de formar a Cristo en el creyente, o sea la obra de la regeneración ("Yo en vosotros") y la de colocar al creyente en Cristo, o sea la obra de bautizo que El realiza ("vosotros en mí"). Ningún lenguaje humano puede describir estas dos realidades, ya sea con respecto al carácter celestial sublime de estas bendiciones o con respecto a su eterna duración.

2. LA ORACION CUADRUPLE DE CRISTO. No cabe la mínima sorpresa cuando se observa por primera vez que Cristo hizo la misma declaración en su última oración sacerdotal. Dos veces dijo El: "Ellos

no son del mundo como tampoco yo soy del mundo" (Jn.17:14,16). ¿Por qué, realmente, habría de repetirse alguna palabra del Hijo dirigida al Padre? La respuesta es que por hacerlo así se ha registrado un énfasis, en este caso, uno que exalte la verdad de la separación del creyente del mundo, o sistema mundano. Con todo, si el Salvador repitiera cuatro veces la misma petición, como efectivamente sucedió en la misma oración sacerdotal, el énfasis excede todos los límites y demanda la atención en un grado incomparable. Estas son las cuatro peticiones similares que El expresó en esta oración: "Que ellos sean una cosa, como nosotros somos una cosa" (v.11), "Que todos sean uno; como tú Padre, en mí, y yo en tí; que también ellos sean en nosotros una cosa" (v.21), "Para que sean una cosa como también nosotros somos una cosa" (v.22), "Para que sean consumadamente una cosa" (v.23). Este énfasis cuádruple exalta el objeto por el cual El oró, sobre otros aspectos de esta oración, haciendo caso omiso de que todas tenían un carácter sobrenatural. El Señor está pidiendo al Padre que realice una cosa muy definida. A pesar de las nociones a efecto de que los hombres tienen la responsabilidad de contestar esta petición, la súplica es para que el Padre haga esta misma cosa; y cuando se considera la naturaleza y el alcance de la cosa pedida, hay completa evidencia de que solamente Dios podría contestar esta oración. Hay tres grandes unidades expresadas en la Biblia: La unidad entre las Personas de la Deidad, la unidad entre las Personas de la Deidad y el creyente, en la que se dice que cada Persona está en el creyente y el creyente está en cada Persona; y la unidad entre los creyentes mismos. A todas estas tres unidades se refiere Cristo en esta oración sacerdotal, como se hallan registradas en los versículos 21,22 y 23. De cualquier modo, la unidad de los creyentes es la petición básica en esta parte de Su oración. El presenta la unidad entre las Personas de la Deidad y los creyentes como la base para la unidad entre los mismos creyentes. Por tanto, ellos serán uno cuando esta oración sea contestada, porque ellos "están en nosotros", esto es, en las Personas de la Deidad. Sería imposible para los creyentes estar en las Personas de la Deidad, que son una, y así no estar constituidos en una unidad entre ellos; pero todavía el dominio del infinito es alcanzado cuando el Salvador ora que los creyentes puedan ser uno con relación del uno al otro, "como tú, oh Padre, en mí y yo en tí" (v.21). ¿Qué mente puede concebir o qué lenguaje puede expresar la realidad declarada de lo que el Hijo pide, oración que no puede quedar sin respuesta, que el Padre críe una unidad entre los creyentes al nivel de la unidad que existe entre las Personas de la Deidad? La verdad de la existencia trina de Dios es un misterio sublime, así su exaltación es una realidad que entra completamente en la esfera de lo infinito. A la luz de este hecho, debe llegarse a la conclusión de que medida por el mismo Dios, es realizada por Su poder creativo una unidad entre los cristianos similar a la que une a las Personas de la Deidad. ¡Cuán trágico es que por carecer de la debida instrucción los cristianos en su mayoría nunca han oído de una relación tal! ¡Y cuán deplorable el falso concepto de concebir esta unidad como una mera membresía en organizaciones eclesiásticas humanas!

Esta cuádruple petición del Hijo de Dios fue primeramente contestada el Día de Pentecostés, cuando todos los creyentes existentes entonces fueron bautizados en un cuerpo por el Espíritu Santo, formando así el cuerpo de Cristo, y todos bebieron de un mismo Espíritu, a fin de que pueda existir una unidad entre las Personas de la Deidad y los creyentes. A esta compañía original y por la misma operación del Espíritu Santo, todos los que han sido salvos desde aquel día hasta hoy, han sido unidos a Cristo cuando creyeron, y como un aspecto de su salvación. De esta manera, y sólo así, ha sido contestada la oración de Cristo.

3. LA UNICA BASE DE JUSTICIA IMPUTADA. Que haya una justicia que el creyente posee enteramente aparte de toda obra propia o esfuerzo alguno, y como un don de Dios (comp. Ro. 5:17) es pura revelación y está libre de cualquier experiencia confirmatoria; además, esta justicia conferida es la única que Dios acepta ya en el tiempo o en la eternidad. El mismo, siendo infinitamente justo, no puede recibir nada menos que lo que El mismo es. Desde el momento que la presente salvación es eterna e íntimamente asociada con Dios en Su habitación en la sublime gloria, es obvia la necesidad de ser clasificada para esa esfera con una perfección que excede a la que puede proveer la capacidad humana. Así escribe el Apóstol: "Dando gracias a Dios que nos hizo aptos para participar de la suerte de los santos en luz" (Col.1:12). Con respecto a esa justicia que es don de Dios por medio de Su Hijo, Abraham es el modelo divinamente ordenado. Aunque es la cabeza de la raza judaica, él no representa a los judíos bajo la Ley Mosaica, siendo que la ley no fue promulgada entonces; más bien él representa al creyente de la era actual bajo la relación de gracia como él mismo lo estaba, bajo la misma relación. Prácticamente cada ilustración empleada por el Apóstol para enseñar la gracia de Dios como ahora es ejercitada a favor de los que no tienen mérito alguno, es tomada de la vida y experiencia de Abraham. En respuesta a la promesa de Dios acerca de un hijo, Abraham creyó a Dios y dijo amén, y su fe vino a ser la base de la justicia imputada. Esa justicia que le fue otorgada a Abraham en respuesta a su fe, ahora es conferida a todos los que ejercitan la misma fe en la Palabra o promesa de Dios. Está escrito: "Y no

solamente por él fue escrito que le haya sido imputado, esto es, a los que creemos en el que levantó de los muertos a Jesús Señor nuestro" (Ro.4:23,24). Se dice de Israel que fracasó en asegurarse esta justicia porque la buscaron por medio de las obras de la ley y no por la fe; pero algunos gentiles que anduvieron no en la justicia que es por la Ley, o sea sobre una base que no es mérito personal, hallaron la perfecta justicia de Dios creyendo en Cristo. El fracaso de Israel —como pasa con incontables miembros de las iglesias actualmente— ha de hallarse en el hecho de que ellos eran "ignorantes" respecto a la perfecta provisión de la justicia imputada y procuraban establecer su propia justicia personal como la base de su aceptación ante Dios, no sabiendo que Cristo contesta cada necesidad del que no tiene mérito alguno y que El mismo es "el fin de la Ley para aquel que cree" (Ro.9:30-10:4)

Estar en Cristo es estar en posesión de la justicia de Dios que es en Cristo Jesús y que responde a cada necesidad para un carácter así tanto para esta vida como para la venidera. Los incrédulos no están en Cristo, ni Cristo en ellos; pero cuando uno de éstos cree en El como su Salvador, instantáneamente llega a estar en Cristo por el ministerio regenerador del mismo Espíritu. Esta gran operación doble del Espíritu Santo cumple la predicción hecha por Cristo a Sus discípulos en Su despedida en el aposento alto, en especial: "En aquel día vosotros conoceréis que Yo soy en mi Padre, y vosotros en mí y Yo en vosotros" (Jn.14:20). Las palabras determinantes en esta operación es *en Cristo,* o sus sinónimos *en El, en el Amado,* y es precisamente esa incomparable posición en Cristo, asegurada por el bautismo del Espíritu en Cristo; porque es imposible que alguien pudiera estar en Cristo y no participar de lo que Cristo es, Quien es la justicia de Dios. A causa de su carácter aparentemente insignificante, las palabras *en Cristo* o *en El,* son pasadas por alto, aun en los siguientes pasajes; todo lo que se declara en cuanto a los cristianos se hace depender únicamente del hecho de que uno que de este modo ha sido bendecido está en Cristo: "Porque no hay condenación para los que están en Cristo Jesús" (Ro.8:1); "Mas de El sois vosotros, quien por Dios es hecho sabiduría, y justificación y santificación y redención (1 Co.1:30); "Si alguno está en Cristo, nueva criatura es; las cosas viejas pasaron y he aquí, todo es hecho nuevo"... "porque al que no conoció pecado por nosotros Dios lo hizo pecado; para que nosotros fuésemos hechos justicia de Dios en El" (2 Co.5:17 y 21); "Bendito el Dios y Padre de nuestro Señor Jesucristo, que nos bendijo con toda bendición espiritual en los lugares celestiales en Cristo... para alabanza de Su gracia, en la que nos hizo aceptos en el Amado" (Ef.1:3,6); "Mas ahora en Cristo Jesús, vosotros que en otro tiempo estabais lejos habéis sido hechos cercanos por la sangre de Cristo" (Ef.2:13); "Porque en El habita corporalmente toda la plenitud de la Deidad, y vosotros estáis completos en El, que es la cabeza de todo principado y potestad" (Co.2:9,10). Sumados a estas Escrituras están todos los pasajes relacionados con la aceptación, justicia, y justificación en el acto de creer.

En un previo estudio de la doctrina de la justicia imputada como algo que es garantizado por el Bautismo del Espíritu, se ha señalado que al alcanzar la justicia de Dios no sólo se realiza en base a la posición del creyente en Cristo, sino que el don de la justicia está fundado en el aspecto agradable de la muerte de Cristo por el cual El, como sustituto de los que sin méritos vienen a El, se ofreció sin mancha a Dios, habiendo así renunciado a Sus propios méritos para hacerlos asequibles, sobre un terreno de justicia, para todos los que creen

4. DEBIDO RECONOCIMIENTO DE LA UNION. Habiendo declarado en los primeros tres capítulos de la Epístola a los Efesios las posiciones y posesiones de todos los que están en Cristo Jesús, el Apóstol apela a ella para que quienes han recibido tales bendiciones se esfuercen en "guardar la unidad del Espíritu en el vínculo de la paz." No se les dice que *formen* una unión, sino más bien que *guarden* la unión que el Espíritu ha efectuado. Esto se hará únicamente cuando cada hijo de Dios reconozca y ame a todos los otros hijos de Dios. Ese reconocimiento y amor no producen unidad, pero tienden a guardar la unidad existente. Esta unidad se manifiesta en siete factores que el mismo Apóstol enumera: "Hay un cuerpo, y un Espíritu, como sois también llamados a una misma esperanza de vuestra vocación: un Señor, una fe, un bautismo, un Dios y Padre de todos, el cual es sobre todos y por todos, y en todos" (Ef.4:4-6). Todas estas cosas son unificadoras en su carácter y ninguna más que "el bautismo" por el Espíritu, por el cual el individuo llega a ser miembro de un Cuerpo espiritual. El bautismo ritual, como se ha indicado antes, en sí mismo no tiene poder para formar una unidad; antes, por el contrario, ha servido más que otras cosas para romper la observancia de la unidad que Dios ha hecho.

Al reprobar Pablo la conducta de los cristianos de Corinto respecto a pecados, o tolerados entre ellos en sus asambleas, él colocó a la cabeza de la lista de cosas reprobables, sus divisiones y espíritu sectario. Tales divisiones son lo opuesto a la gracia cristiana de guardar la unidad del Espíritu en el vínculo de la paz. El Apóstol la pone esta amonestación en primer lugar en la Epístola a los Corintios siendo, como lo es, de primera importancia en la estimación divina para guardar la unidad del Espíritu. Así se ve que el sectarismo es de lo más desagradable a Dios y un rudo desaire para aquello que Dios ha efectuado. Como el guardar la unidad del Espíritu es una responsabilidad personal, de la misma manera la amonestación viene a ser de una consideración personal.

5. LA BASE DE APELACION PARA UNA VIDA SANTA. Hay una infinita diferencia entre lo que Dios puede hacer para el creyente y lo que el creyente puede hacer para Dios. El orden de la verdad en las grandes Epístolas doctrinales al reflejar la revelación bajo la gracia, es declarar primero lo que ha hecho Dios por los que creen para salvación de sus almas y entonces apela a los tales para que anden dignamente, o como conviene a los que así han sido salvados. Este orden no puede ser invertido o descuidado sin producir gran confusión o perjuicio. Intentar ser bueno a fin de ser acepto ante Dios no sólo es sin esperanza, sino que en su carácter es un legalismo y, de acuerdo con los resultados ya obtenidos, probará ser tan débil como la carne en la cual se apoya. Por otra parte, exhortar a los hombres a andar dignamente con cabalidad y perfección en Cristo a quien el Espíritu los ha traído, es ponerlos ante el más elevado de todos los motivos de acción. El nuevo problema en cada vida cristiana no es cuán bueno tiene que ser uno para ser acepto a Dios, sino cuán bueno ha de ser uno que ha sido aceptado por Dios. Tal conformidad al más alto de los ideales celestiales en cuanto a su carácter es de pura gracia, siendo sus demandas una expresión voluntaria de un corazón agradecido, y no una obediencia forzada de la ley como el fundamento de una relación para con Dios. Jamás fue ofrecida por Dios tal capacitación bajo la ley; pero una vida que glorifique a Dios es posible bajo las provisiones de la gracia.

IV. SU CARACTER DISTINTIVO

Como una consumación de lo dicho anteriormente y habiéndose implicado en discusiones previas, los varios aspectos de la verdad que son peculiares a este tema ahora puede presentarse en orden. Los hechos primarios –distintos de las obras de regeneración, morada y llenura– no mencionados en el Antiguo Testamento, que no estuvieron en operación antes del Día de Pentecostés, y que no se anuncia para la era futura, los restringe a la edad presente, y se ve que sus beneficios son exclusivamente a favor de la Iglesia, la Nueva Creación; en efecto, lo que la Iglesia representa en su exaltada gloria celestial es debido casi totalmente a este ministerio específico del Espíritu Santo. El que una compañía sería llamada uno por uno de entre judíos y gentiles, de los cuales cada individuo es perfeccionado en la absoluta plenitud o *πλήρωμα* de Cristo, el mismo que es la πλήρωμα de la divinidad corporalmente (comp. Jn. 1:16; Col. 1:19; 2:9, 10), siendo así acondicionado en cada respecto para la magnífica gloria, es una innovación que los del Pacto no pueden admitir. En el bautismo con el Espíritu Santo los méritos de cada miembro en el Cuerpo de Cristo dependen de lo que él ha sido hecho "apto para participar de la suerte de los santos en luz" (Col. 1:12). Es verdaderamente trágico el descuidar estas grandes realidades, si no rechazarlas, sólo porque algunos sistemas humanos no pueden hallar un lugar para ellas. Los que así han quedado desposeídos de la revelación ¡cuántas privaciones del conocimiento de la verdad y de su poder santificador han sufrido! Debe dársele gracias a Dios que los salvos, de cualquier sistema teológico a que pertenezcan, poseen estas bendiciones ya sea que lo entiendan o no; porque tal es el sello de su salvación. En Su misericordia Dios nunca ha limitado sus bendiciones a lo que el creyente entiende. Al explicar las peculiaridades del bautismo real enfatizaremos una vez más ciertas verdades sobresalientes.

1. NO ES REGENERACION. La obra del Espíritu Santo al regenerar resulta en la comunicación de la naturaleza divina que es "Cristo en vosotros la esperanza de gloria" (Col. 1:27), mientras que el bautismo del Espíritu resulta en la colocación del creyente en Cristo. Como ya se ha asegurado, hay una infinita diferencia en lo que Cristo expresó cuando dijo: "Vosotros en mí" –el resultado del bautismo del Espíritu, y "Yo en vosotros"– el resultado de la regeneración por el Espíritu.

2. NO ES LA MORADA. El Espíritu Morador, la dádiva de Cristo a cada creyente es, en el estricto pero secundario significado de βαπτίζω, una forma de bautismo. Cristo bautiza así a cada creyente cuando éste es salvado, con el don del Espíritu Santo. En esta conexión se han citado seis pasajes: Mateo 3:11; Marcos 1:8; Lucas 3:16; Juan 1:33; Hechos 1:5; 11:16. Cada uno de estos versículos afirma claramente que Cristo es el agente bautizante y que por Su bautismo el creyente es puesto bajo la influencia que engendra la presencia del Espíritu Santo. El don del Espíritu para morar en el creyente, dádiva que es universal y otorgada al momento de la salvación y entonces como parte integrante de ella, no debe estar mal fundada por causa de un error muy común, especialmente el que supone que el Espíritu se recibe subsecuentemente a la salvación y por un limitado número de personas que "perseveran" o "buscan" una segunda bendición. Los beneficios que el Espíritu asegura son la porción de todo creyente y no son las manifestaciones resultantes de la llenura del Espíritu. Contra todas estas falsas interpretaciones hay un grupo de pasajes ya citados –especialmente 1 Corintios 12:13;

Gálatas 3:27; Romanos 6:3, 4; Colosenses 2:11-13; Efesios 4:5; 1 Pedro 3:21; Marcos 16:16– que representan o sugieren al Espíritu como el bautizante, y a Cristo, o Su Cuerpo, como el elemento receptor. Esto es lo que se llama bautismo real, porque es efectuado por el Espíritu Santo, colocando al creyente en Cristo y asegurándole así los méritos de, y la permanencia en el Hijo de Dios.

3. NO ES LLENURA. Se observará que el bautismo del Espíritu es confundido más con la llenura del Espíritu que con cualquiera de Sus otros ministerios. Aunque el examen del ministerio de la llenura del Espíritu Santo no se ha intentado todavía, siendo la próxima y final división mayor de este volumen, bien pueden señalarse ciertos contrastes obvios entre el bautismo y la llenura del Espíritu. Primero, y de manera permanente, el bautismo en Cristo por el Espíritu es efectuado una sola vez, cuando el creyente es salvado (y permanece como una realidad inmutable para el tiempo y la eternidad), mientras que la llenura del Espíritu puede ser subsecuente a la salvación y repetida a menudo. Segundo, no hay experiencia o llenura relacionada con el bautismo del creyente en Cristo por el Espíritu, pero todas las manifestaciones de bendiciones y de poder están relacionadas directamente con, y debido a, la llenura del Espíritu. Tercero, nunca se ordena a los cristianos que sean bautizados en Cristo por el Espíritu, siendo que esa es la parte de todos los que creen; pero cada hijo de Dios es exhortado a ser lleno constantemente por el Espíritu Santo. Cuarto, como se declara arriba, cada creyente es bautizado en Cristo por el Espíritu; pero no todo creyente necesariamente es lleno del Espíritu Santo. Quinto, el bautismo en Cristo por el Espíritu resulta en que el creyente está unido vitalmente con Cristo por toda la eternidad, mientras que la llenura del Espíritu produce manifestaciones externas y bendiciones para el presente. El bautismo establece el fundamento del cristiano, mientras que la llenura tiende a perfeccionar el estado del cristiano. El bautismo es un aspecto de la salvación, mientras la llenura se relaciona con servicio y galardón. Sexto, el bautismo en Cristo por el Espíritu se efectúa cuando se cumplen los términos de la salvación, en tanto que los términos que gobiernan la llenura de los cristianos son tales como que el cristiano se ponga día tras día en la relación correcta con el que lo ha salvado.

CONCLUSION

Tanto la introducción como la conclusión del artículo ya citado, *El Bautismo del Espíritu Santo* del Dr. Merril Frederick Unger, puede servir como el cierre de esta discusión relativa al bautismo del

Espíritu para colocar al creyente en Cristo. Escribe el Dr. Unger así:

"El bautismo del Espíritu Santo es una de las doctrinas escriturales más vitales e importantes. Su vasto significado realmente puede apreciarse cuando se realiza que es la operación divina del Espíritu de Dios, quien coloca al creyente 'en Cristo', en Su Cuerpo místico, la Iglesia, y quien lo hace uno con todos los creyentes en Cristo; uno en vida, la misma vida del Hijo, de Dios mismo; uno en El, una Cabeza común; uno en la participación de la común salvación, esperanza y destino. Verdaderamente, una somera consideración revelará el valor supremo y las arrolladoras ramificaciones de este vital tema bíblico, afectando, como lo hace, tan íntimamente y de modo vital la posición y experiencia del creyente, su permanencia y estado. Lo asombroso es, sin embargo, que un sujeto de tan trascendental importancia, de efectos tan latos en la posición y la práctica del cristiano, sufriera tan tristemente a manos de amigos y de enemigos. De sus enemigos no ha sufrido tanto una abierta oposición y hostilidad como su crónico menosprecio. Es simplemente ignorado o, a lo menos, tratado superficialmente. Los que rechazan la enseñanza dispensacional que proponen 'Un Pacto de Gracia Permanente', que no hacen distinción adecuada entre la 'asamblea' de Israel en el desierto en el Antiguo Testamento, y la Iglesia como el Cuerpo de Cristo en el Nuevo Testamento, sencillamente no saben qué hacer con ella. Les queda en todo ello un acertijo escritural. Si esta doctrina ha sufrido a manos de sus enemigos, ha sido especialmente 'herida en casa de sus amigos.' Una multitud de inteligentes y significantes cristianos, en evidente reacción contra el descuido y omisiones con que se ha atendido esta verdad, la han tomado con ánimo según su gran énfasis y prominencia. En su celo y entusiasmo, sin embargo, no siempre se han limitado a las declaraciones claras y apropiadas de la Biblia. Ciertamente, sería difícil encontrar un tema bíblico usado tan apropiadamente para enseñar de una vida espiritual más profunda, y que al mismo tiempo esté tan sujeto a más equivocaciones, falencia y confusión como éste. En ninguna parte de toda la línea de la teología Bíblica hay mayor necesidad de precisar y corregir la base de la verdad vital que en el campo de esta doctrina . . .

Habiendo trazado en detalle la doctrina del bautismo del Espíritu como se presenta en las Escrituras en todo el material a la mano, arreglado ordenadamente, se ofrecen los resultados y conclusiones siguientes: (1) El bautismo del Espíritu Santo es un tema de valor inmenso afectando vitalmente la vida y andar de los creyentes, su permanencia y estado, sus posiciones y posesiones en Cristo. (2) El bautismo con el Espíritu es uno de los que más se abusa y confunden en toda la línea de sujetos de la teología Bíblica. (3) La causa de la confusión se centra en confundir esta doctrina con las de la regeneración, la recepción del Espíritu, la morada del Espíritu, el sello, con "una segunda gracia", la llenura y con el bautismo de agua. (4) Los tristes resultados de la confusión son: divisiones, malas interpretaciones, desunión en el Cuerpo de Cristo, opacamiento del Evangelio de Gracia, perversión de la verdad de la unión del creyente con Cristo, y tristes impedimentos en la santidad del andar y de la vida cristiana. (5) Un cuidadoso estudio de todas las Escrituras que tratan del tema ha descubierto que el bautismo del Espíritu Santo es meramente uno de los diferentes ministerios ejecutados por la Tercera Persona de la Deidad desde Su venida al mundo: que *cada* creyente en el momento que cree en Cristo es regenerado, bautizado habitado y sellado por toda la eternidad, y tiene el deber y privilegio de ser continuamente lleno para vida y servicio. (6) No hay ejemplo en el libro de los Hechos, visto en la apropiada perspectiva dispensacional, de ninguna variante con esta verdad. Que no hay base en toda la Palabra de Dios para el error de considerar que el bautismo del Espíritu Santo sea una "segunda experiencia" que se hace patente después de la regeneración. (7) El bautismo de agua no aparece para nada en Romanos 6:3, 4,; Gálatas 3:27; Efesios 4:5; Colosenses 2:12, y leerlo en estos versículos es obscurecer la verdad y aumentar la confusión.

"Al proyectar su énfasis apropiado estas diferentes verdades, la doctrina del bautismo del Espíritu Santo en seguida surge de la niebla y la bruma del error que de tal modo la ha obscurecido y, en su majestuosa pureza y gran simplicidad, viene a ser uno de los más preciosos factores de la unidad cristiana. ¡No sorprende que el gran Apóstol clame que el "un bautismo" es uno de los siete medios indispensables que hay que guardar para la realización de la "unidad del Espíritu en el vínculo de la paz! (Ef. 4:3-6)" ¿Quién puede imaginar la majestuosa transformación que se operaría en la pobre, desgarrada y dividida cristiandad si súbitamente desapareciera toda la confusión y obscurecimiento, y que empezara a brillar en todo su esplendor la gloria de la verdad llenando el orbe de la unidad de los cristianos en la Persona de Cristo por la obra del bautismo del Espíritu, brotando en la conciencia de todo el pueblo de Dios? Bendición, avivamiento, comunión y poder tal como la Iglesia jamás ha experimentado, quizá desde los días de los Apóstoles; ese sería el resultado inevitable. ¡Entonces no es de asombrarse que esta doctrina vital hubiera sido siempre el blanco de los más arteros asaltos satánicos! Sabiendo que tal es el caso en la actualidad debiera inspirarnos a su proclamación y su defensa con intrépido denuedo é intransigente fidelidad, en vista de la sublime gloria de la verdad imperecedera que representa." *Op. cit.*, CI, 232-33, 497-99.

LA RESPONSABILIDAD DEL CREYENTE

CAPITULO XII

INTRODUCCION A LA RESPONSABILIDAD DEL CREYENTE

Aunque privados del aspecto experimental, los ministerios del Espíritu a favor del creyente ya citados: regeneración, morada, sello y bautismo, han servido para establecer la verdad relacionada con las posiciones y posesiones del cristiano. Este cuerpo de verdad bien puede llamarse fundamental y primario en toda la doctrina cristiana; pero también es lo que justamente se llama aspecto *práctico* de la verdad. Estos comprenden la responsabilidad del creyente en pensamiento y acción para con Dios, para con su prójimo y para consigo mismo. Con respecto a importancia, no puede haber comparación entre estos dos aspectos de doctrina, aunque en un sentido todo es efectuado completamente cuando uno cree, y por otra parte queda una perpetua obligación descansando sobre el convertido. No obstante la situación, toda igual, que cada pastor confronta en la vida individual de sus feligreses está dentro de la esfera de lo menos importante, la fase práctica de la doctrina. Bien podría llamársele la *verdad de la vida,* siendo que tiene que ver con la manifestación externa de lo que es infinitamente cierto y evidente en la esfera de la *verdad posicional.* Cuán desvalido debe sentirse el aspirante a doctor de almas que durante su entrenamiento nunca ha oído ni siquiera una insinuación de la instrucción específica que Dios dirige a los creyentes, o de los planes divinos tan extensamente enseñados en el Nuevo Testamento por las que el cristiano puede ser más que vencedor sobre las fuerzas del mal por el poder del Espíritu que en él mora. Sin embargo, no se puede esperar que los instructores en los seminarios enseñen materias y cursos (no importa cuán importantes sean) de los que ellos a su vez nunca han oído durante los días de su preparación y que, naturalmente, siempre han ignorado.

I. MOTIVOS INTELIGENTES

El cristiano que ha sido hecho perfecto para siempre, estando en

Cristo, no tiene que vivir una vida de imperfección mientras esté en el mundo. El nuevo problema que enfrenta, como se ha indicado antes varias veces, no es cómo ha de vivir para ser acepto y perfeccionado ante Dios, sino más bien, de cómo él que ha sido aceptado y perfeccionado ha de vivir después que estas estupendas realidades se han efectuado por la gracia y poder de Dios. Hasta que no sea comprendida y recibida esta vital distinción, no habrá progreso en el amplio campo de la verdad que dirige la vida y el servicio del cristiano. Hasta que la verdad posicional es reconocida y recibida hasta el punto de que el salvo conoce que él es salvado y perfeccionado ante la vista de Dios sobre ninguna otra base que ésa; por su parte él ha creído en Cristo para la salvación de su alma, y por parte de Dios, él es justificado, siendo al mismo tiempo perdonado y constituido justo por medio de la inmensurable y doble substitución de Cristo: sufriendo la condenación por el demérito del creyente y ofreciéndose El mismo como la fuente de mérito, sólo puede haber confusión y malentendido acerca del verdadero principio motriz en la vida diaria del cristiano. Ciertamente, no puede negarse que la gran mayoría de los profesantes cristianos han sido privados del conocimiento de la verdad posicional y por esto nunca han concebido de ningún otro modo la idea de la conducta cristiana aparte de la en que ellos están obligados a hacerse aceptos ante Dios por medio de sus propias obras de justicia. Naturalmente, siendo así privados del conocimiento de la verdad posicional, ignoran la verdadera base y motivo para la vida verdadera. Esta distinción entre la verdad posicional de la verdadera vida constituye uno de los más vitales contrastes entre la ley y la gracia. Se declara que el fracaso de los judíos se debió a que ellos buscaron justificarse ante Dios por medio de las obras de la ley, "ignorando" la verdad de que Dios ha provisto toda base y mérito en y a través de Cristo que es lo menos que podría requerir Su santidad. A causa de esta ignorancia el judío procedió a "establecer su propia justicia" y no se "acogió" a la justicia de Dios, o no se amparó bajo ella, siendo "Cristo el fin de la ley para justicia de todo aquel que cree." Contra todo esto, algunos gentiles, a quienes la ley jamás fue dirigida y por consiguiente, nunca procuraron allegarse a Dios por medio de las obras de justicia de la ley, alcanzaron instantáneamente la justicia otorgada por Dios cuando recibieron a Cristo como Salvador mediante la fe (Ro. 9:30-10:4). La cuestión del motivo en la vida diaria del cristiano es suprema en esta discusión. La parte de la verdad que ahora consideramos concierne a la vida diaria del creyente, y ningún aspecto es más determinante que el de la razón o principio que inspira al que alcanza una vida que glorifica a Dios por el camino que

El señala a través del Espíritu morador. El Espíritu Santo no puede cooperar en, o producir ninguna experiencia verdadera cuando se ignora la misma base de la relación con Dios por medio de la gracia. Ciertamente, ¿cómo podría el Espíritu Santo llenar de poder una vida que está enteramente extraviada y equivocada en sus objetivos, métodos y motivos? Necesariamente, sus beneficios tienen significado solamente para aquellos que reconocen y creen que ellos son perfeccionados una vez por todas por medio de una fe sencilla en Cristo como Salvador y que su nueva obligación es no hacerse aceptos por sí mismos, sino más bien andar como es digno de Aquel a quien han aceptado. En San Juan 15:1-16 se registran las palabras de Cristo en cuanto a estar en El. Debe trazarse una distinción fundamental en estos conceptos entre la *unión* del creyente con Cristo y su *comunión* con El. Se supone muy a menudo que en este pasaje Cristo está enseñando que el pámpano que representa al creyente tiene que mantener su unión con la vid, que representa a Cristo. Esa comunión, sin embargo, está a la vista que en todo el pasaje se indica claramente. En el versículo 2 se lee: "Todo pámpano que en mí no lleva fruto", y las palabras *en mí* declaran la perfecta unión del pámpano estéril con Cristo. La obligación en cuanto al pámpano es seguir en relación con Cristo que hace posible la comunión, por medio de la cual la vida divina o energía, pueda fluir dentro de la rama para que pueda llevar fruto. La salvación, que es unión con Cristo, y la perfecta base que asegura la continuidad, siendo que tales beneficios dependen únicamente de la posición en Cristo de los creyentes. Sin embargo, los creyentes siempre están frente al hecho de su propia debilidad y de los poderosos adversarios que están contra ellos; y sólo guardando los mandamientos de Cristo, que significa ajuste a su perfecta voluntad (comp. Jn. 15:10), es la manera de mantenerse limpios para que fluya el poder divino necesario en el creyente, así como la savia brota en la rama. Este pasaje ilustra la importancia de un objetivo recto y el método en la vida cristiana para llegar a ser espiritual a través de la energía divina impartida. Aunque el creyente está en perfecta e inalterable unión con Cristo, será estéril si no permanece en esa obediente relación con Cristo para que el poder del Espíritu pueda realizarse en y a través de él. Cristo declaró en el versículo 10 que El guardaba los mandamientos de Su Padre y que estaba en Su amor, y esto es lo que se establece como ejemplo para que el creyente pueda estar así en El. Ciertamente, Cristo no se empeña en que los salvos se guarden por hacer alguna cosa requerida con ese fin; no obstante, El guardó perfecta comunión con el Padre por la obediencia a Su voluntad. La unión con Cristo es una empresa divina y es efectuada para, y continúa como la porción de, aquel que cree sencillamente. La comunión es la parte del creyente: un plan específico de vida que reclama un propósito y método de vida, adaptado a la precisa voluntad de Dios por parte del salvo.

II. OBLIGACIONES PRESCRITAS

Los requerimientos sobrehumanos que descansan sobre el creyente demandan el poder sobrenatural de la llenura del Espíritu Santo. Esto anticipa la correcta y verdadera comprensión de las Escrituras así como los ajustes necesarios que aseguran el poder divino.

El Apóstol ha clasificado en tres grupos a toda la familia humana en tres diferentes ocasiones:

(1) Con respecto a su carácter esencial con relación a Dios, identifica a los gentiles inconversos como la "Incircuncisión" y de ellos declara: "En aquel tiempo estabais sin Cristo, alejados de la ciudadanía de Israel y ajenos a los pactos de la promesa, sin esperanza y sin Dios en el mundo" (Ef. 2:12). En el mismo contexto (vs. 11 y 12) el Apóstol distingue al judío como uno que ha recibido la "Circuncisión hecha con mano en la carne", cambio físico que selló para los judíos las promesas del pacto de Jehová" (comp. Gn. 17:11). Pero además, el Apóstol afirma que el cristiano es puesto aparte con una "circuncisión no hecha con mano" (Col. 2:11), escritura que, como se ha notado antes, reconoce su unión vital con Cristo por la cual él es participante de todas las bendiciones celestiales, habiendo sido identificado con Cristo en Su muerte, sepultura y resurrección. La misma triple división se establece en 1 Corintios 10:32, que dice: "No seáis tropiezo ni a judíos, ni a gentiles, ni a la iglesia de Dios."

(2) Con respecto a su relación sobrenatural son clasificados de acuerdo a su actitud hacia la Palabra escrita de Dios. En esto, como se ha indicado antes, ellos son hombres *naturales,* que es una referencia a los incrédulos de esta era ya sean judíos o gentiles, hombres *carnales,* término que identifica a los salvos, judíos o gentiles, que viven según la carne; y hombres *espirituales,* terminología que señala a judíos o gentiles que andan con Dios en sujeción a Su voluntad revelada y dependiendo de Su poder.

(3) Finalmente, el Apóstol divide a los hombres en tres clases con respecto al ejercicio de la ley divina o su autoridad sobre ellos. En 1 Corintios 9:20, 21, se descubre esto, y dice así: "Me he hecho a los judíos como judío, para ganar a los judíos; a los que están sujetos a la ley (aunque yo no esté sujeto a la ley) como sujeto a la ley, para ganar a los que están sujetos a la ley; a los que están sin ley, como si

yo estuviera sin ley (no estando yo sin ley de Dios, sino bajo la ley de Cristo), para ganar a los que están sin ley." En esta agrupación, primero los gentiles inconversos de todas las edades y judíos incrédulos de esta dispensación han de ser reconocidos como unos que no están bajo la Ley mosaica; pero entonces al tiempo de producirse las Escrituras en los siglos pasados, y así mismo hasta cerca del tiempo en que los escritos apóstolicos o Escrituras cristianas empezaron a tomar forma, todos los judíos tenían su lugar correcto bajo la ley. Esto, la vieja clasificación del judío bajo la ley, constituye aquí la segunda división: los hombres bajo la ley. En la presente dispensación, para mayor seguridad, en la que el judío es reconocido a la par del gentil como uno que no tiene mérito ante Dios, la humanidad entera está igualmente sin ley. La tercera división de los hombres es la de los cristianos, sean judíos o gentiles, en cuyo grupo el Apóstol mismo se coloca como uno que no está bajo la ley ni está sin ley, sino mas bien *en la ley de Cristo.* "La ley de Cristo" (comp. Gá. 6:2) está contenida en Sus enseñanzas a los cristianos acerca de su responsabilidad por haber sido hechos perfectos por la gracia salvadora de Dios. La frase "mis mandamientos", suficientemente significativa, no fue usada por Cristo, sino hasta en Su discurso del Aposento Alto. El cuerpo de verdad contenido en estas palabras es acrecentado por lo que se presenta en las Epístolas del Nuevo Testamento, escritas por hombres que fueron comisionados por Cristo para esa precisa tarea. Juntamente se presenta una obligación peculiar ajustada en carácter a la perfección que el creyente sustenta en Cristo. Sin excepción esta base de apelación es ignorada. Se hace un pleno reconocimiento de la revelación de que el más pequeño de los creyentes es participante de la πλήρωμα de la deidad (comp. Jn. 1:16; Col. 1:19; 2:9, 10). La dirección de la vida de uno que está ya completo en Cristo es técnica hasta el último grado; aun esto ha sido descuidado en grado sumo por los teólogos de pasadas generaciones. Estas enseñanzas de la gracia son claras y manifiestas, y su descuido a la persistente confusión de ellas con otras cosas relativas no pueden ser explicadas fácilmente.

Al capacitar el Espíritu Santo al hijo de Dios para cumplir toda la voluntad del Padre para con él en su conducta diaria puede esperarse que funcione ventajosamente sólo en la esfera de actividad de aquello que Dios requiere del creyente. Si a causa de una ignorancia extraviada el cristiano se somete a guardar el orden Mosaico cuando Dios le ha advertido que el someterse a guardar la ley no es Su voluntad para con él, y que Dios lo ha salvado de la ley, no debe esperar cooperación alguna del Espíritu Santo al continuar en un error de esa naturaleza. La Biblia, naturalmente, no se dirige a la gente que vivió y cuyas obligaciones fueron cumplidas antes que fuera escrito su texto; no obstante, se dirige a la gente de la época de la ley que principió con Moisés y terminó con Cristo, se dirige a la gente de la época actual, y también contempla un siglo venidero. Así se han escrito simultáneamente tres grandes reglas de vida y cada una corresponde perfectamente con el carácter del propósito divino en la edad a la que está relacionada. La Teología del Pacto, que por muchas generaciones ha moldeado la mayor parte de la conciencia teológica, no reconoce diferencia de dispensaciones, por lo tanto, no puede admitir distinciones entre la ley y la gracia. Esta actitud predominante de la Teología del Pacto tiene que dar cuenta por el absoluto descuido de la verdad tocante a la vida en todas sus obras teológicas. Jamás se ha hecho una declaración más representativa del punto de vista de la Teología del Pacto que la Confesión de Fe de Westminster, valioso e importante documento que reconoce el valor de la vida sólo al punto de imponer los Diez Mandamientos sobre los cristianos como su única obligación, y esto a pesar de las enseñanzas del Nuevo Testamento que afirman que la ley nunca le fue dada a los gentiles o a la Iglesia y que, como ya se ha dicho antes, los cristianos han sido salvos y liberados de ella (comp. Jn. 1:17; Hch. 15:22-29; Ro. 6:14; 7:1-6; 2 Co. 3:11, 13; Gá. 3:23-25). Dicho en otras palabras: La capacitación del Espíritu Santo al creyente puede depender sólo de la medida en que la vida y el esfuerzo de éste se han conformado a la voluntad de Dios y a Sus planes para su vida en esta dispensación.

III. DEPENDENCIA DEL ESPIRITU

Todavía es necesario enfatizar de nuevo que el plan divino para la vida cotidiana del creyente incluye el aspecto del método por el cual éste ha de vivir. Dos procedimientos son posibles, especialmente, dependencia de su propia capacidad y dependencia del poder del Espíritu que mora en él. Estos dos métodos son enteramente incompatibles o, para usar el lenguaje del Apóstol, "ellos se oponen el uno al otro" (Gá. 5:17). Cualquier intento de combinar ambos métodos todos fracasará rotundamente. Ciertamente, cualquier intento de vivir por las normas celestiales dependiendo de recursos humanos, será una desilusión aun cuando sea motivado por la mayor sinceridad. La obra del Espíritu Santo es comunicar poder al creyente, no sólo en cuanto a escoger una manera inteligente de vida que procure establecer la unión con Cristo, sino más bien, entender la necesidad de mantener la comunión con El, nunca intentando otras reglas de vida que las que han sido señaladas a los ciudadanos del cielo; y también en hacer frente a las vicisitudes de la vida diaria al encomendarle todo a El conscientes de la incapacidad humana y de Su infinito poder. Así se exhibe la verdad fundamental que el método de vida de fe, está enteramente en contra del poder humano, ya que es el único que asegura y efectúa el poder y las realizaciones del Espíritu.

IV. LA PALABRA DE DIOS

La actitud de cualquier persona hacia la Palabra de Dios es una indicación segura del carácter interno y realidad del estado espiritual de tal persona. Reconociendo esta verdad básica el Apóstol afirma que todos los hombres están divididos, como se ha indicado antes, en tres clases, esto es: (a) el hombre natural (el hombre *ψυχικός*), que no es regenerado; (b) el hombre espiritual (el hombre *πνευματικός*), que es salvo y con poder del Espíritu Santo, y (c) el hombre carnal (el hombre *σαρκικός*), que es regenerado por estar en Cristo, pero que está viviendo en la esfera de la carne. Es tan vital esta manera de agrupar a los hombres, que le daremos atención específica a los pasajes que tratan de ellos. Se verá que el hombre natural no puede conocer las cosas que son del Espíritu de Dios, el hombre espiritual discierne todas las cosas, y el hombre carnal sólo puede recibir la leche de la Palabra y no "la vianda sólida." El pasaje principal dice: "Pero el hombre natural no percibe las cosas que son del Espíritu de Dios, porque para él son locura, y no las puede entender, porque se han de discernir espiritualmente. En cambio el espiritual juzga todas las cosas; pero él no es juzgado de nadie. Porque ¿quién conoció la mente del Señor? ¿Quién le instruirá? Mas nosotros tenemos la mente de Cristo. De manera que yo, hermanos, no pude hablaros como a espirituales, sino como a carnales, como a niños en Cristo. Os di a beber leche, y no vianda; porque aún no erais capaces, ni sois capaces todavía, porque aún sois carnales; pues habiendo entre vosotros celos, contiendas y disenciones, ¿no sois carnales, y andáis como hombres?" (1 Co. 2:14-3:3). La declaración respecto al hombre natural en relación a su incapacidad para conocer las cosas de Dios es de gran importancia como una explicación de la situación religiosa en el mundo moderno. No hay cosa que perjudique tanto la verdad de Dios y tan extensamente, como lo que hacen los hombres no regenerados que se permiten interpretar y definir las cosas de Dios en el terreno del saber humano. Difícilmente pueden ser salvos los hombres que niegan la única base sobre la cual toda alma puede ser redimida. Es obvio que grandes denominaciones conocidas una vez como cristianas, bajo la dirección de hombres instruidos según el mundo, rechazan ahora el fundamento mismo de la salvación por gracia mediante la muerte de Cristo. Profesores en colegios y universidades casi sin excepción están contestes en la hipótesis no probada en la que se tilda a la Palabra de Dios como falsa e intenta vanamente solucionar el problema del origen de las cosas, sólo por la básica incapacidad del hombre natural, no regenerado, de poder recibir las cosas que son del Espíritu de Dios. Estas cosas son "locura" para el inconverso, aun cuando sea altamente instruido, y no las puede entender por no estar en vital relación con el Espíritu de Dios. Todavía queda la verdad de que la salvación con toda la luz que imparte se obtiene únicamente por fe en un Salvador que fue crucificado y resucitado, y ninguna cantidad de sabiduría o de prominencia eclesiástica podrá disipar la obscuridad espiritual de los inconversos. En todos los temas espirituales la opinión y el fallo de los incrédulos no sólo es ineficaz como el balbuceo de un bebé, sino que llega a ser injurioso como la misma base e influencia de los falsos maestros que los producen. La necesidad básica de los inconversos no es la educación o cultura (que en su lugar son de gran valor), sino de la salvación. Un sincero estudiante juzgará las opiniones y declaraciones de un hombre en base de esta primaria consideración: ¿Es él salvo y, por lo tanto, está autorizado para hablar como uno que ha sido iluminado por el Espíritu Santo?

El tema del resto de este libro es el hombre espiritual. En este punto es suficiente decir que él es llamado espiritual porque manifiesta un ajuste correcto al Espíritu Santo que vive en él. Esta manifestación incluye la iluminación dada al individuo por la cual el hombre espiritual puede llegar a conocer la Palabra de Dios.

El hombre carnal, al que todavía se le dará una consideración más extensa, es tal porque él, aunque perfectamente salvo y seguro en Cristo, aún está andando en la carne. En la porción del contexto que lo describe y que ahora contemplamos (1 Co. 3:1-3) se dirige a él como a un hermano. Cuando se usa este título en una relación espiritual se refiere solamente a uno que es definitivamente hijo de Dios por el nuevo nacimiento. También se afirma en el mismo contexto que un hombre carnal está en Cristo. Estas palabras determinantes no deben quedar inadvertidas, porque ellas suministran la más fuerte evidencia posible de que él es salvo y está seguro. Su unión con Cristo está establecida, y siendo que depende de los méritos de Cristo imputados, dicha relación nunca puede ser rota. La comunión del creyente carnal, no obstante, es alterada por el modo carnal de su vida. Aún más serio que todo eso, siendo que él recibe sólo la "leche de la palabra", es que él está privado del poder santificador de las Escrituras y de esta suerte, sometido a envidias, rivalidades y divisiones. Mientras el "hombre espiritual" anda en el "Espíritu", los que son carnales, "andan como los hombres", esto es, como andan los inconversos. En vez de un "andar en amor", ellos prefieren las divisiones y separaciones, violando el mandato esencial que "guarden la unidad del Espíritu" en el vínculo de la paz". De todos los diversos males en la iglesia de Corinto contra los que el Apóstol levanta la voz, el primero que se menciona es el sectarismo. La intensa pecaminosidad del mal se indica aquí tan plenamente como en cualquiera otra parte del Nuevo Testamento. El sectarista, entonces, si en efecto es salvo, es un niño en el desarrollo espiritual. Cada discurso que ensalza a su facción de profesantes creyentes es propiamente clasificada como pueril. Pero sólo hay un Cuerpo y un Espíritu. Se exhorta a cada cristiano a amar a todos los otros cristianos basados en la unidad de un Cuerpo y el parentesco existente como familia de Dios. El hecho de las divisiones y de promoverlas es una expresión externa del pecado interno de su carnalidad carente de amor. Uno de los aspectos sobresalientes de carnalidad tal como el Apóstol la describe aquí, es la separación entre los creyentes. Esto es ordinariamente precipitado por uno de dos que se cree más santo que el otro, estando hasta allí carente de humildad o inconsciente de su propia manera de vida nada espiritual. Aparte de esos ejemplos específicos cuando la iglesia debe ejercer su disciplina sobre los culpables, el hombre carnal bien puede quedar confiadamente en las manos de Dios. Como amonesta el Apóstol "¿quién eres tú que juzgas a siervo ajeno? Para su Señor está en pie, o cae; pero estará firme, porque poderoso es el Señor para hacerle estar firme." (Ro. 14:4). En el corazón de aquellos que tratan fiel y verdaderamente su propia condición espiritual delante de Dios les será engendrada una actitud caritativa y amable hacia los creyentes que caen en error. La Biblia enseña por medio de varios términos que hay dos clases de cristianos: los que "permanecen en Cristo" y los que "no permanecen", los que "andan en luz" y los que "andan en tinieblas", los que "andan en el Espíritu" y los que "andan como hombres", los que "andan en novedad de vida" y los que "andan según la carne", los que "tienen *en* y *sobre* ellos el Espíritu" y los que tienen el Espíritu *en* pero no *sobre* ellos, los que son "espirituales" y los que son "carnales", los que "están llenos del Espíritu" y los que "no lo están". Todo esto tiene que ver con la calidad de la vida diaria de los salvos y de ningún modo es un contraste entre los salvos y los no salvos. En donde hay tal énfasis en la Biblia como se indica por estas distinciones debe haber una correspondiente realidad. Entonces hay la posibilidad de una gran transición para los que son carnales a la realidad de una verdadera vida espiritual. La revelación concerniente a esta posible transición, con todas sus experiencias y bendiciones, es tomada en serio sólo por creyentes fervorosos que están buscando fielmente una vida diaria que honre a Dios. Para los tales hay ilimitado gozo y consolación en este evangelio de libertad, poder y victoria.

Es probable que hay grados de diferencia dentro del grupo conocido como *espiritual* y dentro del grupo conocido como *carnal.* Algunos que están clasificados como espirituales pueden ser más espirituales que otros dentro de su grupo, y algunos que son clasificados como carnales pueden ser más carnales que otros dentro de su compañía; pero el Nuevo Testamento no entra en estas sombras de distinción. Este silencio es razonable. Cualquier relación a Dios que no sea una completa sumisión necesariamente debe ser clasificada como carnal en algún grado. Debiera ser más apropiado sostener que la carnalidad abarca una gran esfera de la experiencia humana, mientras que la espiritualidad, aunque su extensión sea admitida por variadas personalidades, por varios grados de disciplinas educativas y por distintos ambientes, no obstante, es regulada al grado que la experiencia de la llenura del Espíritu es concedida a todos los de ese determinado grupo. Sin embargo, se recordará que el aspecto de la manifestación del Espíritu que entra en el campo del servicio cristiano debe ser, y es, adaptado a las necesidades peculiares del individuo que es así señalado por el Espíritu Santo. El creyente no es un autómata, sino que aparentemente manifiesta todas las infinitas variaciones que se hallan en las características y personalidad humanas. Ni está en relación con un Dios que no es más que la encarnación de leyes inflexibles. Así como un padre humano debe reconocer el temperamento peculiar de un hijo en particular, también Dios, pero en un infinito grado de efectividad, reconoce el campo total de aspectos que presenta una persona individual. ¿Qué mejor interpretación puede hacerse del texto que dice: “Pero si sois guiados por el Espíritu, no estáis bajo la ley” (Gá. 5:18), de que la vida es no sólo dirigida por el Espíritu Santo hasta en su último detalle, pero que está en contacto con una Persona viviente más bien que en una mera conformidad a una colección de reglamentos? Ningún logro en la experiencia crisitana es más efectivo o realizable en su valor instructivo que el de llegar a conocer a Dios; no sólo saber acerca de El, sino experimentar el descanso del alma que engendra tal conocimiento íntimo de Dios. En esta conexión se puede notar la importancia de no separar Mateo 11:27 de Mateo 11:28. El pasaje junto dice: “Todas las cosas me fueron entregadas por mi Padre; y nadie conoce al Hijo sino el Padre, ni al Padre conoce alguno sino el Hijo, y aquel a quien el Hijo lo quiera revelar. Venid a mí todos los que estáis trabajados y cargados, y yo os haré descansar.'' Espiritualmente no puede ser propiamente definido como la conformidad a un conjunto de reglas; es comunión, cooperación y sumisión a una Persona soberana. El principio legal puede fácilmente llegar a ser un mayor obstáculo para la vida espiritual. Dios indica en Su Palabra esa manera particular de vida que vuelve espiritual a un creyente, y Dios reconoce las limitaciones de comprensión del creyente; pero debe notarse también que tales direcciones para la apropiada conducta pueden ser observadas por el cristiano más bien involuntariamente, o aparte de un sentido de necesidad, o sin la menor conciencia de una relación a Dios como hijo suyo. Para ser un cristiano espiritual, no obstante, es andar con Dios en inquebrantable compañerismo y comunión vital en el poder capacitador del Espíritu Santo.

V. UNA TRANSFORMACION ESPIRITUAL

Así como hay una gran transición del estado de inconverso al de salvo, también hay para el cristiano una transición del estado de carnalidad al de espiritualidad. El primero es operado por Dios en respuesta a la fe salvadora en Cristo, mientras que la última es producida libremente de modo natural por el poder del Espíritu en el creyente cuando se han hecho los ajustes necesarios, poder que se ha poseído, aunque necesariamente no haya experimentado, desde el momento de la salvación. Es posible que el salvo mediante la fe pueda, al mismo tiempo, rendirse a Dios y así entrar en seguida en una verdadera experiencia espiritual; pero tal estado espiritual no es una realización de una vez por todas: ha de ser sostenido por una renovación del Espíritu. Parece que el Apóstol Pablo entró en una experiencia de llenura del Espíritu unos tres días después de ser salvo y en conexión con la visita de Ananías (Hch. 9:17-18); aún el Apóstol no entendía plenamente las condiciones por las que él podía ser espiritual, según todas las apariencias, siendo que en tiempo posterior pasó por una experiencia que se registra en Romanos 7. Allí él asegura: "Porque el querer el bien está en mí, pero no al hacerlo" (v. 18).

Personas celosas pero irreflexivas han promovido una grave distorsión doctrinal con respecto a los términos de la salvación, los cuales deben incluir, además de la fe en Cristo, una completa rendición a Su autoridad. Tan importante como lo es en su lugar, no obstante, rendición es un aspecto que pertenece sólo a los hijos de Dios. Los abogados de este idealismo deberían considerar que la demanda de rendición (como es la verdad en cuanto a toda otra obligación humana que los hombres han solido agregar a la sencilla fe) no aparece ni una sola vez en más de cien pasajes en los que se dice que la salvación depende de la fe o de creer solamente. Si la rendición, o cualquiera otra condición se agrega, esos pasajes vienen a ser no sólo enteramente inadecuados sino que propiamente engañosos y confusos. San Juan 3:16 nos dice: "Porque de tal manera amó Dios al mundo, que ha dado a Su Hijo unigénito, para que todo aquel que en El cree, no se pierda, mas tenga vida eterna." No dice "todo aquel que *se rinda a El.*" Si así fuera, esas palabras o sus equivalentes habrían de agregarse allí como en todas las otras escrituras similares, si cualquiera de estos textos ha de depender de tales direcciones relativas a la manera de alcanzar la salvación. Desde luego, existe la verdad de que hay condiciones bien definidas sobre las que un creyente carnal puede llegar a ser espiritual, las cuales no tienen relación alguna a lo que se requiere para que un perdido llegue a ser salvo. Se reconoce y deplora el hecho de que los cristianos muy a menudo son carnales, y muchos sermones exhortativos se dirigen a ellos; pero hay poca instrucción que les enseñe *cómo* el creyente carnal puede llegar a ser un cristiano espiritual. Seguramente que el Apóstol no carecía de ideales o deseos de practicarlos cuando dijo: "Porque el querer el bien está en mí, pero no el hacerlo". Todavía en ese tiempo él no había adquirido el conocimiento del plan de Dios y la provisión para la vida espiritual. Esto, ciertamente, le fue revelado más tarde siendo que él, más que todos los otros, ha establecido lo tocante a la vida espiritual en toda su maravillosa realidad y declaró las precisas condiciones sobre las cuales puede ésta ser experimentada.

VI. TERMINOLOGIA USADA

En la Palabra de Dios se usan tres frases para representar la vida llena del Espíritu, a saber, el *Espíritu sobre vosotros, el que es espiritual,* y *llenos de Espíritu.* En el primer ejemplo, *"el Espíritu sobre vosotros"*, hay que distinguir entre el Espíritu morando en el creyente, y Su venida sobre los cristianos. Anticipando la relación que obtendrían entre el Espíritu Santo y el creyente después de Su venida al mundo en el Pentecostés y declarando la relación que el Espíritu Santo sostenía entonces con los discípulos a través de la dispensación en la que El estaba hablando, Cristo dijo: "Y yo rogaré al Padre, y os dará otro Consolador, para que esté con vosotros para siempre: el Espíritu de verdad, al cual el mundo no puede recibir, porque no le ve, ni le conoce; pero vosotros le conocéis, porque mora con vosotros, y estará en vosotros" (Jn. 14:16, 17). A esto hay que agregar las instrucciones dadas a los discípulos después de haber soplado sobre ellos y dicho: "Recibid el Espíritu Santo" (Jn. 10:22), especialmente que ellos tenían que asentar en Jerusalén (esto es, no encargarse de misión o servicio) hasta que el Espíritu viniera *sobre* ellos (Lc. 24:49). Más tarde El dijo que al venir sobre ellos el Espíritu, ellos serían sus testigos hasta lo último de la tierra" (Hch. 1:8). La referencia al descenso del Espíritu asentando sobre el creyente se ve que es idéntico a Su llenura. En el segundo ejemplo: *el que es espiritual,* se hace referencia al estado del que es lleno del Espíritu. El tal ha de ser estimado espiritual (1 Co. 2:15). En el tercer ejemplo: *llenos del Espíritu;* la frase indica una plena e irresistible manifestación del Espíritu morador. La llenura del Espíritu no es un recibimiento del mismo, siendo que esto fue hecho como una parte de la salvación; ni es recibir una porción más del Espíritu. El es una Persona, y ninguna persona es susceptible de subdivisiones, ni podría una persona estar más o menos presente en un lugar dado. Mediante una más completa libertad del Espíritu en la vida del creyente y siendo, que el Espíritu mora en él, puede así asegurar una mayor esfera de manifestaciones. Estar lleno del Espíritu es tener al Espíritu cumpliendo todo lo que El vino a hacer en el corazón. Esta verdad está muy lejos de la noción de que el Espíritu Santo ha de recibirse como "una segunda bendición". La vida llena del Espíritu es una realización en la actual experiencia de lo que se ha poseído desde el momento en que uno es salvo. Efesios 1;3 revela la verdad de que toda bendición espiritual es asegurada al ser salvado. El versículo dice así: "Bendito el Dios y Padre de nuestro Señor Jesucristo, que nos bendijo con toda bendición en los lugares celestiales en Cristo." De todos los cinco ministerios del Espíritu a favor del creyente, que son: regeneración, morada, sello, bautismo y llenura, sólo el último es recomendado al, y esperado por el creyente. La implicación es que este ministerio, muy diferente de los otros cuatro, depende de la cooperación y ajuste humanos. Es claro que más allá de la responsabilidad de creer en Cristo para salvación, no queda ninguna obligación sobre el creyente con respecto a los primeros cuatro ministerios mencionados. El mandato de ser llenos del Espíritu (Ef. 5:18), siendo dirigido al hijo de Dios, no sólo indica que es una experiencia subsecuente a la salvación, sino que la misma fidelidad del cristiano determina el grado de llenura.

En el capítulo anterior de este volumen el bautismo del Espíritu ha sido contrastado con la llenura del Espíritu. Por la confusión prevaleciente en cuanto a estos dos ministerios del Espíritu Santo, se ha puesto un especial énfasis sobre esta distinción. Muy poco es necesario agregar a lo que ya se ha presentado, más que señalar otra vez los hechos que el bautismo del Espíritu es efectuado por Dios en todos los creyentes al momento de creer, que no produce una correspondiente experiencia por la que pueda ser identificada su realidad, y que de modo alguno está relacionado con los servicios o los actos del cristiano. Frente a esta lista de hechos están las verdades de que la llenura del Espíritu depende de la fidelidad humana, que es la fuente correcta de toda experiencia cristiana, y que es la fuerza suficiente detrás de toda vida y servicio cristianos. Habría de notarse aquí que el Espíritu Santo produce en aquel a quien El domina el manifestar su propia personalidad individual, ejercitar los dones adquiridos por él para el servicio (divinamente conferidos, como lo son), y cumplir la obra, llenando el lugar que Dios le ha asignado. Se ha supuesto muy a menudo que la vida llena del Espíritu la induciría a conformarse a algún tipo de experiencia normal, manera de vida, o de servicio. Aún no hay nada más vital o que ha de ser estimado en relación con el individuo que la individualidad. No es el procedimiento del Espíritu en, o a través del creyente, el anular la individualidad, sino obrar a través de la individualidad para la gloria de Dios. El creyente lleno del Espíritu es el cristiano normal del Señor, aunque no sea eso lo ordinario. El ser lleno del Espíritu no es haber logrado alguna concesión extraordinaria de parte de Dios; es ser capacitado normalmente para cumplir la voluntad de Dios en la esfera de lo que divinamente es determinado para cada individuo. En sí misma no podría ser extraordinaria siendo que es añadida a cada individuo y, fuera de esto, todos permanecerían carnales. Hay que notar en cualquier parte del Nuevo Testamento que Dios espera de todos los que testifican de El, sean investidos de poder para Su servicio por la llenura del Espíritu Santo. Y así, mientras puede haber sacrificio en la senda, la nota predominante para los hombres llenos del Espíritu es la de gozosa experiencia y de paz rebozante. De acuerdo a Romanos 12:2 la vida rendida comprueba la buena, agradable y perfecta voluntad de Dios. Los tratos de Dios con la Iglesia primitiva ciertamente, es el patrón para todos los creyentes, habiéndose incorporado los relatos en el texto sagrado con ese propósito obvio. Por estos relatos se verá que el ideal divino para cada creyente individualmente es que sea lleno del Espíritu antes de empezar cualquier servicio cristiano; y así como los cristianos primitivos fueron nuevamente llenos para estar preparados para cada misión, de igual modo sería así con los cristianos de hoy. Como se ha notado antes, a los discípulos se les pidió permanecer en Jerusalén hasta ser investidos de poder de lo alto (Lc.24:49). Fue una espera hasta que el Espíritu vino *sobre* ellos. El Salvador les dijo: "Pero recibiréis poder, cuando haya venido *sobre* vosotros el Espíritu

Santo. . ." (Hch.1:8). Las significativas palabras, "y todos ellos fueron llenos del Espíritu" preceden al relato de cada servicio importante que ellos ejecutaron. La familia entera: Zacarías, Elisabet y Juan el Bautista, de todos ellos se dice que fueron llenos del Espíritu; y sobre Cristo, en la esfera de Su humanidad, que es el más definitivo ejemplo dejado al creyente, el Espíritu le fue dado sin medida (Jn.3:14), y la frase "habiendo sido lleno del Espíritu Santo" (Lc.4:1), califica todas las cosas que El hizo.

A la luz de los ejemplos puestos ante los cristianos y de la alta vocación celestial que tiene con respecto al carácter de su vida diaria, no es extraño que todos sin excepción sean instados a ser llenos del Espíritu.

En conclusión de esta extensa introducción a una consideración más detallada en cuanto a la vida llena del Espíritu por seguir, es importante notar que el efecto de las bebidas alcohólicas es puesto como contraste con la vida llena del Espíritu en el Nuevo Testamento (Lc.1:15; Hch.2:12-21; Ef.5:18). Tal como las bebidas alcohólicas estimulan las fuerzas físicas del cuerpo y los hombres son propensos a acudir a ellas por ayuda ante difíciles problemas, así el hijo de Dios, frente a lo que parece una imposible responsabilidad en Su servicio y andar celestial, se dirige al Espíritu como la fuente de toda suficiencia. Cada momento en la vida espiritual es de inmensurable necesidad y de demandas sobrehumanas, y es entonces cuando el poder capacitador de la gracia ha de ser recibido y empleado constantemente. "Y como tus días serán tus fuerzas" (Dt.33:25). Ser lleno del Espíritu es tener al Espíritu cumpliendo en nosotros todo lo que Dios se proponía que El hiciera cuando lo puso allí. El ser lleno no es asunto de *tener* más del Espíritu; es más bien cuestión de que el Espíritu tenga *más* de los cristianos. Nadie va a obtener jamás una mayor porción del Espíritu que la unción que cada cristiano ha recibido. Por otra parte, el Espíritu sí puede tener control de todo en el creyente y así poder manifestar en él la vida y el carácter de Cristo. Una persona espiritual, entonces, es uno que experimenta el propósito y plan de Dios en su vida diaria por el poder del Espíritu que lo habita. El carácter de esa vida será tal como el manifestar a Cristo. La causa radical de esa vida será nada menos que el no poner obstáculos al Espíritu morador (Ef. 3:16-21; 2 Co.3:18). El Nuevo Testamento es claro respecto a lo que produciría el Espíritu en una vida enteramente consagrada, y toda esta revelación constituye la definición bíblica de lo que es espiritualidad. Estas empresas en la vida de un creyente son distintamente asignadas al Espíritu y, por tanto, son Su manifestación en y a través del cristiano.

Hay un doble desarrollo de la obra del Espíritu en y a través del cristiano, particularmente el aspecto negativo y el positivo. Siguiendo a la presente introducción sin más dilación, estos dos aspectos serán tratados en los capítulos sucesivos.

CAPITULO XIII

PODER PARA VENCER EL MAL

El individuo es un cristiano cuando está en relación correcta con Cristo. El cristiano es espiritual cuando está en relación correcta con el Espíritu. La espiritualidad contempla dos ejecuciones, particularmente, victoria contra el pecado y promoción del bien en la vida y experiencia del creyente. Uno es negativo: anulación del pecado; el otro es positivo, una realización de las cualidades sobrehumanas y obras que pertenecen a una sobrehumana manera de vida. Aunque tan diferentes en sus propósitos inmediatos, ambas obras esenciales y en alguna extensión inseparables, aun cuando es claramente imaginable que el librarse del mal debe alcanzarse también sin la manifestación del poder del Espíritu en el campo de los logros vitales para el bien. Lo contrario seguramente no podría ser cierto, es decir, la experiencia del poder del Espíritu para el bien no se podría disfrutar si en algún grado no fuera vencido el mal. Más por otra parte, es difícil esperar que el Espíritu Santo, estando libre para obrar en el hijo de Dios, no hiciera todo lo que El desea; y ambos aspectos de la espiritualidad, seguramente, son partes de Su obra en el creyente. Aquí surge lo que pareciera ser una paradoja: El mal no puede ser vencido aparte del poder energético del Espíritu, con todo, este latente poder no puede ser experimentado en donde el mal no está siendo vencido. La respuesta a este problema se encuentra en la verdad de que el Espíritu Santo, cuando confiamos en que El lo haga, efectuará ambos propósitos de la espiritualidad, estando en tal relación con El mismo como pueda ser necesario. Por tanto, ninguna carga le es puesta al cristiano en cuanto a ordenar o arreglar aquello que solamente el Espíritu puede realizar; por el contrario, al cristiano no se le encarga más que mantener una dependencia correcta del Espíritu con respecto a toda su obra en el corazón del individuo. Siendo que el mal siempre emerge del corazón a causa del poder de la naturaleza pecaminosa, siempre se necesita el poder del Espíritu para vencerlo; y desde que la obligación de vivir y servir para la gloria de Dios siempre está presente, se requiere incesantemente el mismo poder capacitador. Priva en muchos un pobre pensamiento y excéntrica noción, a saber, de que la espiritualidad es lograda cuando cesan algunas formas externas de pecado; que ella consiste en lo que no se hace. Sin embargo, la espiritualidad no es sólo supresión; también es expresión. No es sólo auto-restricción; es la expresión de la vida de Cristo que habita en el creyente. El no regenerado no se salvará cesando de pecar; pues siempre quedará sin el nuevo nacimiento. El cristiano tampoco se haría espiritual si se abstuviera de la mundanalidad; le faltaría manifestación positiva del Espíritu. Espiritualidad es, primariamente, capacitación, una vivencia vital, y un servicio fructífero para Dios. Sin embargo, ambos aspectos, negativos y positivos, de la vida espiritual son esenciales y a cada uno hay que darle aquí la debida consideración.

El pasaje central al que hay que referirse a menudo es Gálatas 5:16-23. En esta porción primero hay un desarrollo de la obra del Espíritu hacia la carne pecaminosa y a pesar de toda la oposición que la carne engendra. El pasaje dice: "Digo, pues: Andad en el Espíritu y no satisfagáis los deseos de la carne. Porque el deseo de la carne es contra el Espíritu, y el del Espíritu es contra la carne; y éstos se oponen entre sí, para que no hagáis lo que quisiereis. Pero si sois guiados por el Espíritu no estáis bajo la ley. Y manifiestas son las obras de la carne, que son: adulterio, fornicación, inmundicia, lascivia, idolatría, hechicerías, enemistades, pleitos, celos, iras, contiendas, disensiones, herejías, envidias, homicidios, borracheras, orgías, y cosas semejantes a éstas; acerca de la cuales os amonesto, como yo os lo he dicho antes, que los que practican tales cosas no heredarán el reino de Dios. Mas el fruto del Espíritu es amor, gozo, paz, paciencia, benignidad, bondad, fe, mansedumbre, templanza; contra tales cosas no hay ley." Aquí se ponen frente a frente las obras de la carne y el fruto del Espíritu, siendo el último un poder positivo, constructivo, espiritual. Ahora se puede estudiar uno de estos aspectos de una vida espiritual.

El cristiano experimenta un triple conflicto, incesante, simultáneo: con el mundo, la carne y el diablo. La vida cristiana es comparada a una carrera, un andar y una milicia. En la carrera (He.12:1,2) deben dejarse las cargas que el mundo impone; en el andar (Ro.8:4; Gá.5:16,17) el poder de la carne ha de ser vencido; en la milicia (Ef.6:10-12) Satán y sus huestes han de ser vencidos. El conflicto con el mundo es exterior y pide una drástica separación de él; el conflicto con la carne es interno y reclama una completa confianza en el poder divino y una inteligente y apreciable comprensión de las fuerzas internas de la vida humana; el conflicto con Satán es mayormente en los dominios espirituales e incluye la misma absoluta dependencia del poder suficiente del Espíritu morador. Satán es el más poderoso, el más inicuo, el más despótico, el más engañoso, el más mortal enemigo. El conflicto con el mundo es contra influencias, el conflicto con la carne es contra deseos íntimos; pero el conflicto con Satanás es contra una persona inexorable y cruel, una persona que, si no fuera obligado a obtener permiso de Dios para todo lo que hace hacia los santos (comp. Job 1:11-12), los destruiría a todos en un momento. No es una forma de lenguaje figurado solamente la declaración de que el diablo anda como león rugiente buscando a quien devorar. En ningún momento de la vida el hijo de Dios está libre de estos enemigos, en ningún momento está en capacidad de hacer frente ni aun a uno de ellos, y en ningún momento de la vida está él sin la ayuda e infinita capacitación del Espíritu Santo que le es dado como recurso en este inmensurable encuentro con el mal. Cristo dijo: "Sin mí nada podéis hacer" (Jn.15:5). Sobre todo esto, como el reverso del cuadro, el Apóstol declara: "Todo lo puedo en Cristo que me fortalece" (Fil.4:13). Otra vez declara él: "Porque la ley del Espíritu de vida en Cristo Jesús me ha librado de la ley del pecado y de la muerte" (Ro.8:2). Ninguno de estos enemigos es superior al Espíritu Santo. Descubrir esto, creerlo y demandar su suficiencia mediante una actitud de fe es la clave de una vida victoriosa que honra al Señor. Es una *actitud* de fe y no un acto, ya sea de fe o de una crisis o experiencia. Pelear "la buena batalla de la fe" significa mantener una confianza en el Espíritu para combatir al enemigo. Este conflicto continúa tanto cuanto exista ese enemigo. En esta vida nunca es erradicada la influencia del mundo, ni la de la carne, tampco la de Satanás. Bien se puede hacer un examen más extenso e individual de estos enemigos.

I. EL MUNDO

Después de la verdad revelada en cuanto a Satán está en segundo lugar en su alcance la confusión, ignorancia e incomprensión que priva respecto a los hechos declarados en el Nuevo Testamento acerca del *cosmos* o sistema mundano, gobernado por Satanás. La verdad en cuanto a Satanás y su sistema en el *cosmos*, está bien establecida en las Escrituras; a pesar de esto, existe mucho más que un normal descuido y perversión de estas doctrinas. Se produce mucho peligro para el creyente por la distorción de la verdad para que él mismo, reflejando la ignorancia de su día, no se percate de la naturaleza, poder y designios de estos enemigos. La verdad con respecto a Satán y su sistema mundano ha sido examinado extensamente bajo Satanología, una división de Angeleología. Se requiere un retorno a la meditación de esta doctrina en el orden y curso de este capítulo.

En el Nuevo Testamento la palabra mundo es una traducción, en su mayor parte de tres términos griegos muy diferentes: *αἰών* usado cuarenta y una veces, al referirse a tiempo, y denota una edad; *οἰκουμένη* usado catorce veces, denota la tierra habitada; y *κόσμος*, usado ciento ochenta y seis veces, indica un vasto sistema mundial. La palabra *cosmos* (su antítesis es caos) significa un orden, sistema, y arreglo que resulta así porque es determinado por una mente experta. Sobre este sistema está aquel a quien Cristo designó tres veces como "el príncipe de este mundo" (Jn.12:31; 14:30; 16:11). Como tanto se ha dicho antes, el sistema mundial es el que proyecta la realización de lo que procuró Satán al principio cuando se apartó de la voluntad de Dios (Jn.8:44; Is.14:12-14), sistema que Dios ha permitido que lleve a cabo Satán a fin de que pueda ser juzgado juntamente con su príncipe, porque habrá demostrado ser lo que es en realidad. Más allá y aparte del evidente permiso divino para que este sistema siga su curso, incluyendo el mal que encarna, Dios está ejercitando Su propia autoridad sin merma alguna sobre Su creación. Estrictamente hablando, Satán no ha producido nada. Todo lo que él utiliza se lo ha apropiado en lo que de manera alguna le pertenece. El conocimiento preciso de todo lo que abarca el sistema *cósmico* de Satanás se alcanzará sólo al examinar los contextos en los que ocurre la palabra *cosmos.* Esto viene a ser el estudio específico de una de las más grandes doctrinas del Nuevo Testamento, lo que muchos hombres importantes no han podido conseguir; y porque esta verdad es captada escasamente, muchos creyentes están ajenos de la enemistad que el sistema mundano mantiene contra Dios y Su pueblo. Santiago escribe: "Oh, almas adúlteras, ¿no sabéis que la amistad del mundo es enemistad contra Dios? Cualquiera, pues, que quiera ser amigo del mundo, se constituye enemigo de Dios" (4:4). Esta referencia al adulterio aquí está ligada a una costumbre espiritual y por lo tanto, significa un olvido del verdadero amor y lealtad a Dios, sustituyendo en su lugar las cosas de este mundo gobernado por Satanás. Santiago otra vez dice que la responsabilidad del cristiano es de mantenerse sin mancha en este mundo (1:27). Para el cristiano es una gran ventaja el conocer la naturaleza y extensión del sistema mundano o *cosmos.* Incluye a los gobiernos regidos por la fuerza y motivados por la codicia (Mt.4:8,9; Lc.4:5,6); con todo, el creyente tiene que vivir bajo y, en muchos aspectos, participar con, y orar por, estos gobernantes. Se dice que sus leyes son ordenadas de Dios. Este sistema satánico tiene sus normas educativas e ideales que se oponen, e ignoran cada hecho y aspecto de la revelación. "Pues ya que en la sabiduría de Dios, el mundo no conoció a Dios mediante la sabiduría" (1 Co.1:21); todavía el hijo de Dios debe tener relación con el sistema mundano y su educación en varias maneras. Este sistema mundano profesa defender, o a lo menos tolerar, sus propios ideales religiosos, ideales que son no más que un reconocimiento de la ética unida a una negación de cada aspecto de la gracia salvadora de Dios hecha posible a través de la sangre del sacrificio de Cristo; aún así el creyente es llamado a asociarse con los hombres que de este modo interpretan la fe cristiana y guardar tal relación con ellos que pueda testificarles de su fe. De manera semejante, el sistema mundano tiene sus propios pasatiempos. El mundo y los cristianos "mundanos" acuden a las cosas llamadas mundanas porque descubren en ellas un anestésico que amortigua las penas de un corazón y una vida vacíos. Ese lenitivo que a menudo en sí es casi inocente, no es un asunto tan serio como lo es el corazón y la vida vacíos. Muy poco se gana a favor de la verdadera espiritualidad cuando algunos curanderos de almas han tenido cierto éxito en persuadir a los afligidos de seguir adelante sin echar mano a sus calmantes. Si estos maestros no presentan la realidad de tal consolación, llenando el corazón y la vida como Dios ha provisto, no mejorará su condición. ¡Cuán equivocada es la teoría de que para ser espiritual hay que abandonar el juego, los pasatiempos y las diversiones inocentes! Tal concepto de la espiritualidad nace de una mórbida conciencia humana, y es extraño a la palabra de Dios. Es un artificio de Satanás para hacer aparecer ante la juventud aborrecibles las bendiciones de Dios, a esa juventud que rebosa de vida y de energía física. Es lamentable que algunos estén enfatizando los negativos de la verdad cristiana, como para crear la impresión de que la espiritualidad está opuesta al gozo, la libertad y la naturalidad de expresión en pensamiento y vida cuando tales cosas se hallan en el Espíritu. La espiritualidad no consiste en una pose piadosa. No es meramente un "no harás", o "harás esto". Ella abre las puertas a la bendición eterna, a las energías y recursos divinos. Es una cosa seria el remover los elementos de relajación y los juegos de cualquier vida. No podemos ser física, mental y espiritualmente normales si negamos estos factores vitales a la vida humana. Dios ha hecho tan buena provisión para que nuestro gozo sea completo.

Hay que notar que una de las características de la verdadera espiritualidad es que la invoca para efectuar los más pequeños deseos y decisiones. La cura bíblica, tanto como práctica para la mundanalidad entre los cristianos es la de llenar el corazón y la vida con las eternas bendiciones de Dios que habrá una preocupación gozosa y una relativa abstracción de lo que no es espiritual. Una hoja muerta que puede pender externamente de la ramita será echada silenciosamente a tierra por furiosas tempestades cuando la nueva savia fluya al principio de la primavera. La hoja cae porque hay una nueva manifestación de vida preciosa que procede del interior hacia el exterior. Una hoja muerta no puede permanecer en donde está brotando un nuevo pimpollo, ni puede la mundanalidad prevalecer en donde las bendiciones del Espíritu están fluyendo. El pastor no es llamado a predicar contra las "hojas muertas." El tiene un mensaje del manantial imperecedero; de la efusión de la vida ilimitada de Dios. Cuando andáis por el Espíritu no podréis hacer las cosas que haríais de otro modo.

No siempre se puede discernir la línea de separación entre las cosas de Dios y las cosas del *cosmos,* o mundo organizado. En este punto es imperativo que el cristiano sea guidado por el Espíritu. No obstante, el conflicto con el mundo, con su resplandor, su oropel y sus engaños, es muy real. El apóstol Juan escribe: "No améis al mundo, ni las cosas que están en el mundo. Si alguno ama el mundo, el amor del Padre no está en él. Porque todo lo que hay en el mundo, los deseos de la carne, los deseos de los ojos, y la vanagloria de la vida, no provienen del Padre, sino del mundo. Y el mundo pasa, y sus deseos; pero el que hace la voluntad de Dios permanece para siempre" (1 Jn.2:15-17). El hijo de Dios no es del mundo en este sentido. En su última oración en el aposento alto Cristo dijo dos veces: "No son del mundo como tampoco yo soy del mundo" (Jn.17:14,16). Así otra vez: "Sabemos que somos de Dios, y todo el mundo está puesto en el malo" (1 Jn.5:19, R. V.). Por lo tanto, esto hace que él viva separado del mundo. Solamente puede hacer esto cuando está capacitado de poder y dirigido constantemente por el Espíritu Santo. Otra vez Juan declara en su primera carta: "Porque todo lo que es nacido de Dios vence al mundo; y esta es la victoria que ha vencido al mundo, nuestra fe. ¿Quién es el que vence al mundo, sino el que cree que Jesús es el Hijo de Dios? " (5:4,5). Es evidente, basado en el hecho del versículo 5, que la fe a que se refiere es en el Hijo de Dios como el camino a la victoria sobre el mundo, que él está contemplando la liberación del cristiano del sistema mundano, o *cosmos,* la cual se lleva a cabo cuando el creyente es redimido (comp. Col.1:13); pero es igualmente cierto decir que es por la fe o confianza en el poder de Dios que él es libertado de la influencia del mundo-*cosmos* de día en día. La liberación posterior cada día de este mundo parece ser aquella a que se refiere la segunda mitad del versículo 4: "Y esta es la victoria que vence al mundo, nuestra fe." Aun cuando es muy difícil trazar la línea de demarcación entre el andar espiritual del creyente y la elección del mundo, y por causa de los atractivos y demandas del mundo que son tan incitantes, cuando no prevalecientes, en todo tiempo y bajo cualquier circunstancia el poder suficiente de Dios debe ser reclamado.

II. LA CARNE

En algunos casos la voz *σάρξ*, traducida *carne,* es sinónimo de *σῶμα*, traducida *cuerpo.* La palabra carne es empleada más a menudo con referencia a la totalidad del hombre no regenerado: espíritu, alma y cuerpo. En este caso asume un significado ético, no sólo incluye el cuerpo, sino también lo que hace un ser viviente, la realidad invisible que se expresa y manifiesta a través del cuerpo. Se confronta una situación muy compleja en donde los factores vivientes de la existencia humana son todas partes integrales, es decir: espíritu, alma, naturaleza adámica, corazón, riñones, mente, sensibilidad, voluntad, y conciencia. Así, para repetir brevemente lo del volumen segundo, es en realidad un aspecto de la parte inmaterial del hombre que incluye una naturaleza inclinada al pecado, que ha sido contaminada, y como tal se ha reproducido a través de todas las generaciones sucesivas. Por su primer pecado el primer hombre en seguida llegó a ser de un orden diferente de aquel en que había sido creado, y por la ley de la procreación la adquirió su descendencia, esto es, que las especies se reproducen según su especie. Que la descendencia de Adán había caído está confirmado y demostrado por medio del crimen de su primogénito. Habiéndose derivado de Adán, esta naturaleza caída es propiamente llamada *la naturaleza Adámica.* No reconocer esta naturaleza como un aspecto inalterable y universal no cambia el hecho, y es parte de la sabiduría el admitirla y debería ser el plan de la vida de cada uno el conformarse a él. Hay que identificar y evitar cuatro errores: (1) que el hombre no es malo por naturaleza, (2) que los niños vienen al mundo sin pecado, (3) que la naturaleza adámica puede ser erradicada, y (4) que la naturaleza adámica puede ser controlada por el poder y la voluntad de la determinación huamana. Siendo una parte del ser integral del hombre esta naturaleza mala no puede ser removida hasta que el cuerpo mismo en el que funciona sea redimido, o hasta que la separación entre el cuerpo y los elementos inmateriales de alma y espíritu sea efectuada por la muerte. La naturaleza adámica es el factor dominante en todo lo que entra en la *carne.* Esa naturaleza queda sin merma e inalterable en el creyente después de ser salvado y viene a ser uno de los tres grandes enemigos de la vida espiritual. Con la recepción de la naturaleza divina que le es impartida por la regeneración, el cristiano se convierte en un ser complejo, poseyendo dos naturalezas (no dos personalidades) con una correspondiente complejidad de vida, porque, a menos que la naturaleza pecaminosa sea controlada por algo superior a la capacidad humana, se hará sentir procurando deshonrar a Dios. No está dentro de la línea de la voluntad humana, aún cuando ésta sea fortificada con las mejores resoluciones, el controlar la naturaleza adámica. El conflicto debe transferirse al Espíritu Santo con fidelidad constante e inflexible. Para obtener la victoria el creyente debe mantener una actitud de fe a objeto de poder ser salvo del poder reinante del pecado, del mismo modo en que fue salvo de la culpa y la pena del pecado por un acto de fe. En cada aspecto de la situación es claro que uno debe vivir por fe.

La vida que debe vivir uno que es justificado, por razón de sus enemigos superiores y de su propia impotencia, lo cual sería imposible aparte de la capacitación divina realizada en respuesta a la fe. Tanto la seguridad de la salvación del juicio eterno como la santificación son una obra de Dios. La determinación humana no puede ayudar más en la una que en la otra. Es admitido generalmente de que el no regenerado posee una naturaleza caída. El mal entendido es en relación al cristiano. La enseñanza bíblica es clara y también existen algunos profesantes cristianos que han caído en el error asumiendo que ellos ya no tienen más tendencia al pecado. Este asunto puede discutirse bajo dos puntos de vista, tanto por el experimental como por el bíblico. Experimentalmente los más santos entre los hijos de Dios han sido conscientes de la presencia y el poder de una naturaleza caída. A esto puede llamársele la conciencia normal del creyente devoto. Tal conciencia no es una evidencia de falta de madurez; más bien es evidencia de verdadera humildad y de una clara visión de su propio corazón. No implica una falta de comunión con Dios ocasionada por contristar al Espíritu Santo a causa de pecado. ¿Quién puede detestar más el pecado que aquel que está consciente de su presencia y poder? ¿Y quién está en mayor peligro de su ruina en la vida espiritual que aquel que en incauta presunción ha asumido que le ha sido sustraída la disposición a pecar? La pretensión de que uno ya no tiene la disposición al pecado debe basarse en una terrible falta de conocimiento de sí mismo con respecto a los motivos e impulsos del corazón o, si no, tal presunción es a causa de no comprender el verdadero carácter del pecado mismo. Si un individuo puede convencerse a sí mismo que el pecado es algo diferente de *cualquier cosa* que él siempre hace o que está propenso a hacer, ciertamente más allá de cualquier cosa que él siempre piensa, siente o emprende, sin duda podrá convencerse que él jamás ha pecado. Si uno puede modificar el carácter del pecado en su propia mente, por el mismo proceso puede relevarse a sí mismo de la *conciencia* de pecado. No son pocas las personas en el mundo que piensan de esta manera actualmente. La verdad de una naturaleza espiritual no puede prevalecer cuando se basa en la experiencia humana; debe basarse en la revelación. El pecado no es lo que alguna persona prejuiciada y extraviada pretende que sea; es lo que Dios a revelado ser. Por medio de un estudio de toda la Palabra de Dios el pecado ha sido bien definido como "cualquier violación de, o deseo de conformarse a, la voluntad revelada de Dios." *El errar el blanco.* ¿Pero qué blanco? Seguramtne es la *norma divina.* El creyente puede preguntarse: ¿He hecho yo *toda* y *solamente* Su voluntad con motivos tan puros como el cielo y con fidelidad inalterable en la forma, caracterizando lo infinito? Dios ha provisto la posibilidad de una victoria completa; pero los cristianos muy a menudo han fallado en su realización. Si en algún grado poseen el conocimiento de Dios y de sí mismos, ellos son conscientes con frecuencia que no son limpios de pecado a los ojos de Dios. El testimonio de los cristianos más espirituales en sus tiempos en todas las generaciones ha sido la conciencia de la pecaminosidad en sus vidas, el ser capacitados para contemplar la Persona de Dios en contraste con ellos mismos. Job, el perfecto de corazón, se aborreció a sí mismo ante la presencia de Dios. Daniel, contra quien no se ha registrado pecado alguno, dijo: "Y no quedó fuerza en mí, antes mi fuerza se cambió en desfallecimiento, y no tuve vigor alguno" En Romanos 7:15-8:4 se halla el pasaje principal sobre esa verdad, de que el creyente posee dos naturalezas y que una de ellas, la naturaleza pecaminosa, no puede ser gobernada aun por el poder de la voluntad de una persona regenerada. Pero antes de citar el pasaje es de orden adelantar algunas palabras de introducción general. Este pasaje presenta el conflicto entre dos aspectos del ego que el creyente representa. La palabra *yo* aparece en dos muy diferentes y opuestos usos, pero todo dentro de la personalidad del Apóstol, cuya experiencia es aquí descrita. La controversia es real, sostenida, como lo es, entre dos naturalezas: la naturaleza original caída, que está inclinada al mal y que llamaremos la *vieja naturaleza,* por conveniencia; y la que en la misma persona responde a su ente salvado y a la que puede llamársele la *nueva naturaleza.* Siendo por el momento y por la mejor de las razones, que el yo salvado se contempla hipotéticamente distinto del Espíritu Santo que en él mora. La cuestión vital es si el cristiano, en sí mismo y por ser salvo meramente, tiene el poder para controlar victoriosamente su naturaleza pecaminosa, sería imposible concebir conflicto más astuto e ilusorio. En este conflicto entre el salvo que posee una nueva naturaleza y su naturaleza caída, el salvo, con sus propósitos santos es derrotado completamente. Siendo salvo, ahora tiene ideales santos y elevados, y todavía, por su incapacidad de realizarlos, llega a ser un "miserable hombre . . . " En perfecto contraste con esta clase de lucha está el conflicto descrito en Gálatas

5:16 y 17, que dice: "Digo pues, andad en el Espíritu y no satisfagáis los deseos de la carne. Porque el deseo de la carne es contra el Espíritu, y el del Espíritu es contra la carne; y éstos se oponen entre sí, para que no hagáis lo que quisiereis." Aquí se asegura la victoria sobre la carne si se lucha confiando en el Espíritu. También se descubre en este pasaje que la vieja naturaleza del creyente y el Espíritu siempre están "en oposición" el uno al otro. Estos nunca pueden llegar a ponerse de acuerdo ni ligeramente por disposición alguna de la vieja naturaleza. Según Gálatas 5:16, 17 lo que es verdad respecto al desacuerdo entre el Espíritu Santo y la vieja naturaleza es igualmente cierto en cuanto a la nueva naturaleza, o el ego salvado y la vieja naturaleza, de acuerdo con el pasaje de Romanos que estamos considerando. De los dos pasajes hay que observar que el uno registra un completo fracaso y el otro, una total victoria. La esencial e impresiva diferencia entre ellos es que en uno la fuerza limitada del salvo ha producido, en conflicto con la vieja naturaleza, una completa derrota, y en el otro, andando en pos del Espíritu Santo al luchar contra la vieja naturaleza, ha obtenido una total victoria.

Se han propuesto varias interpretaciones de Romanos 7:15-25, todas las cuales han fallado en algún grado en cuanto a la situación que el contexto establece. La más común y más errónea es la propuesta por Felipe Mauro en la que sostiene que aquí la Escritura registra una experiencia del gran Apóstol antes de ser salvo. Lo ilógico de esta interpretación es evidente. Ninguna experiencia tal podría haber ocurrido realmente en la vida del Apóstol, ni puede suceder en la experiencia de persona alguna no regenerada. Por el contrario, el Apóstol declara que antes de ser salvo él vivía con toda limpia conciencia y ante la ley como uno que es "irreprensible" (Fil. 3:6). El inconverso no adopta ideales o propósitos tales como los de Romanos 7 que van más allá de los dictados de la débil conciencia. Dios no está en todos sus pensamientos. Finalmente y en conclusión, el mismo ego de Romanos capítulo 7 continúa en el 8 y en su mismo énfasis cristiano. La diferencia indicada entre los capítulos 7 y 8 no es en cuanto a la salvación, sino a la liberación del poder del pecado y de la muerte que siempre es el legítimo fruto de la naturaleza pecaminosa.

Este relato es enteramente de la experiencia del Apóstol Pablo. Describe aquella por la cual pasó cuando con menos comprensión de su propio yo procuró realizar los ideales celestiales en su vida confiando en su propia fuerza de propósito y voluntad. Sería inconsistente para los que nunca se han esforzado por ningún medio, falso o verdadero, alcanzar tales ideales de mirar con compasión a uno que a lo menos está en el camino de descubrir sus propias limitaciones y los recursos ilimitados que residen en el Espíritu morador.

Habiendo determinado que este pasaje registra la lucha de un hijo de Dios es verdaderamente valioso notar que él, aunque salvo, posee una naturaleza caída, y su liberación no es por la erradicación sino por el poder victorioso del Espíritu Santo (Ro. 8:2). De cada referencia al viejo "yo" así como por la fraseología paralela que se encuentra en el pasaje, especialmente: "el pecado (naturaleza) que mora en mí" (vs. 17 y 20), "en mí (esto es, en mi carne), no mora el bien" (v. 18), "el mal está en mí" (v. 21), "El pecado que está en mis miembros" (v. 23), "yo mismo sirvo . . . con mi carne a la ley del pecado" (es decir, la naturaleza, v. 25), es evidente que el escritor poseía una naturaleza caída. La porción de este pasaje que conduce a la pregunta, "¿Quién me librará? ", como se lee en cierto comentario intercalado, es como sigue: "Porque lo que hago (a causa de la vieja naturaleza), no lo entiendo (por causa de la nueva); pues no hago lo que quiero (la nueva), sino lo que aborrezco (nueva) eso hago (vieja). Y si lo que no quiero (nueva), esto hago (vieja), apruebo (nueva) que la ley (o, la voluntad de Dios para mí) es buena. De manera que ya no soy yo (la nueva) quien hace aquello, sino el pecado (la vieja) que mora en mí. Y yo se que en mí (la vieja), esto es, en mi carne, no mora el bien; porque el querer el bien está en mí, pero no el hacerlo. Porque no hago (la nueva) el bien que quiero (la nueva), sino el mal que no quiero, eso hago (la vieja). Y si hago (la vieja) lo que no quiero (la nueva), ya no soy yo (la nueva), sino el pecado (la vieja) que mora en mí. Así que, queriendo yo (la nueva) hacer el bien, hallo esta ley (no la de Moisés), que el mal (la vieja) está en mí (la nueva). Porque según el hombre interior, me deleito en la ley de Dios; pero veo otra ley en mis miembros (la vieja), que se rebela contra la ley de mi mente (la nueva que se deleita en la ley de Dios), y que me lleva cautivo a la ley del pecado (la vieja) que está en mis miembros. ¡Miserable de mí (el cristiano)! ¿Quién me librará de este cuerpo de muerte?

La naturaleza de este conflicto es evidente como también lo es el completo fracaso registrado. El cómo efectuar lo que es bueno es un problema que afronta todo cristiano serio, y mientras centenares de predicadores están ocupados en exhortar a sus congregaciones que deben ser buenos, prácticamente ninguno está diciéndoles *cómo* serlo. Este fallo se debe al descuido de la verdad en cuanto a la vida cristiana en las instituciones en donde se preparan los ministros. Esta indiferencia no se debe a ningún deseo de apoyarlo en pasajes explícitos, o en alguna falta de provisión de parte de Dios a fin de que los creyentes puedan ser victoriosos en sus vidas y servicio. El gran Apóstol descubrió lo que otros muchísimos han descubierto, esto es, que cuando él quería hacer el bien, el mal (la naturaleza pecaminosa con su inclinación a pecar) estaba presente en él. Su esfuerzo propio por realizar esos altos ideales, que son los acompañantes naturales del estado de un regenerado, fue ineficaz. Así con extrema pena exclama: " ¡Miserable hombre de mí! , ¿quién me librará de este cuerpo de muerte? " Mediante una horrible figura muy significativa el Apóstol compara su naturaleza caída con un cadáver a él atado que debe llevar a donde quiera que vaya.

La respuesta al problema es doble: Será *liberado mediante* la obra salvadora del Señor Jesucristo (7:25), y por la intervención personal del Espíritu Santo (8:2). La liberación efectiva o experimental es por el Espíritu Santo, pero es hecho posible únicamente por lo que Cristo ha efectuado en Su muerte como un verdadero juicio de la naturaleza pecaminosa. Aunque ya se ha visto antes, este tema surge de nuevo y para un cuidadoso examen, siendo como es un factor primordial en toda vida y servicio, capacitados con el poder del Espíritu. Siendo que este aspecto de la muerte de Cristo ha constituido el tema central del capítulo precedente de la Epístola a los Romanos, el Apóstol es justificado al construir su argumento sobre él y eso sin ulteriores análisis del mismo. Como se ha aseverado anteriormente, el Espíritu Santo, no estaría en libertad de hacer nada con la naturaleza pecaminosa (por Su misma santidad) a menos que ésta fuese antes juzgada por Dios y en una forma del todo satisfactoria para El. Toda barrera a la infinita santidad tiene que ser removida. En esta conexión puede observarse que el Espíritu Santo está en libertad de regenerar a los incrédulos sin juicios o aplicándola por un simple acto de soplar, y basado en la verdad de que Cristo murió por los pecados de aquel a quien el Espíritu ha de salvar. Así se ve que la obra regeneradora del Espíritu es "a través de Jesucristo, nuestro Señor." Del mismo modo habiendo Cristo padecido una muerte como el juicio sobre la naturaleza pecaminosa, el Espíritu está en libertad de salvar incesantemente a través de Cristo. La muerte de Cristo al pecado, esto es, a la naturaleza, es descrita en Romanos 6:1-10, y consiste en la crucifixión del creyente, aun su naturaleza pecaminosa, quedó bajo esa sustitución, lo que ha llegado a ser una satisfacción judicial asegurada por parte de Dios contra esa naturaleza. Siendo que la estructura completa del plan divinamente arreglado, por el cual el creyente puede vivir sobre el poder de la carne para la gloria de Dios, está basado absoluta y únicamente sobre la verdad de que Cristo murió a la naturaleza de pecado, como un juicio plenamente satisfactorio ante Dios. Este hecho, desde luego, llega a ser el aspecto primario, el evangelio de libertad, las buenas nuevas con respecto a una obra consumada a favor del creyente, que, en cuanto a importancia y alcances está en segundo lugar a la obra salvadora del Espíritu Santo, basado en la obra consumada de Cristo a favor de los perdidos. Por amor de Sí mismo y por amor de otros para quienes pueden ser llamados para ministrar, los ministros deben ser conscientes de cuatro inmensurables realidades: (1) que cada creyente mientras está en la carne todavía es llamado a sostener una lucha incesante contra la vieja naturaleza, (2) que en cada cristiano habita el Espíritu Santo y de este modo está equipado con poder para vencer sobre la carne, (3) que Cristo ha sufrido la pena de muerte requerida contra la naturaleza pecaminosa, y (4) que la liberación del poder de la carne es efectuada sobre el principio de fe o dependencia del Espíritu, en vez de a base de cualquier recurso propio. Estas cuatro verdades que están tan estrechamente relacionadas entre sí son probablemente las más mal entendidas y descuidadas que muchas otras entre las doctrinas bíblicas. Ciertamente, quien estime lo que pudiera haber sido la historia de los creyentes en cuanto a su carácter y fidelidad le habrá dado el énfasis aclaratorio que le corresponde a estas verdades. ¡Cuán importante es para el progreso de cada creyente que llegue a una recta comprensión y reconocimiento de sí mismo, esto es, del hecho y de la fuerza dominante de la carne con la que él lucha. Al principio de este volumen, al examinar la doctrina del bautismo del Espíritu, se presentó la verdad de que por ese bautismo Cristo ha sido "puesto en" (Gá. 3:27), y esto sobre la base justa del aspecto agradable de la muerte de Cristo. Bajo la presente discusión se contempla la verdad complementaria que revela lo que por la muerte de Cristo en el juicio de la naturaleza pecaminosa, el "viejo hombre" es "despojado" por Cristo para ser "vestido de". Experimentalmente, por medio del poder del Espíritu Santo, el creyente puede realizar el aspecto negativo de la vida espiritual, lo que significa liberación y preservación del mal; y posicionalmente, por medio del Espíritu, él puede efectuar el aspecto positivo de esa vida, que es la exteriorización de la vida de Cristo que vive en él (Gá. 2:20).

Algunos pasajes importantes afirman la verdad de que la carne del creyente con su naturaleza pecaminosa fue juzgada por Cristo en Su muerte, y muestran como fue una substitución completa al punto en que la carne con su naturaleza de pecado fueron tan perfectamente tratados como lo hubieran sido en el creyente mismo. En verdad, siendo que Cristo no tenía una naturaleza pecaminosa por la cual tuviera que sufrir un juicio de muerte, la única explicación posible en este aspecto es prueba de que lo hizo en sustitución por otros; las almas por las que El sufrió dicha muerte (comp. Gá. 5:24) a base de fe, son consideradas por Dios de estar entera y eternamente en posesión de cada valor de esa muerte. Podemos bien observar ciertos pasajes:

Gálatas 5:24. "Pero los que son de Cristo han crucificado la carne con sus pasiones y deseos."

Diferente a algunas otras referencias en el Nuevo Testamento a la muerte de Cristo como un juicio de la naturaleza pecaminosa que reside en el creyente, el tiempo del verbo como se traduce en este versículo está propiamente representado. La carne del creyente en un sentido pasado y completo, con sus pasiones y deseos, fue crucificada cuando lo fue Cristo. En verdad, esta remoción está lejos de la idea de que el creyente debe procurar su auto-crucifixión de cualquier modo; por el contrario, la gran transacción ha sido hecha y la responsabilidad que descansa sobre el cristiano es *creerla* y reconocer que es la verdad. De este modo se adquiere seguridad de que el camino también está despejado para que el Espíritu Santo efectúe una completa liberación experimental del poder reinante del pecado. La declaración del pasaje es directa y conclusiva. Todos los que son de Cristo *han* crucificado la carne. Esta es la realización divina en y a través de la muerte de Cristo. Lo más evidente es que esto se refiere a la posición más bien que a una realidad experimental; todavía ¡cuán ilimitado es el valor del hecho de que el juicio ya se efectuó y la victoria es posible para el creyente! No es de maravillarse si este hecho no es generalmente comprendido y reconocido. Aun la muerte de Cristo como la base justa del perdón y de la justificación es minimizada y mal comprendida por la mayoría de la gente; y es probable que de cien que han llegado a comprender y a depender de la muerte de Cristo para su salvación, no hay más de uno que se apropie de la muerte de Cristo dependiendo de ella para su santificación.

Romanos 6:1-10. Aunque no lo copiamos aquí de nuevo, esta porción de la Escritura debiera de leerse con cuidado considerando el hecho de que se trata de un relato (el más extenso y exhaustivo en el Nuevo Testamento) de lo que Cristo hizo al juzgar la naturaleza pecaminosa del creyente. El contexto continúa en el capítulo 8 con referencia a la presencia y poder de la naturaleza pecaminosa y la posible victoria sobre ella. Habiendo declarado en 6:1-10 la verdad de que se ha ganado un juicio contra la naturaleza pecaminosa en 6:11-23 el Apóstol apremia a apropiarse de estos ilimitados beneficios. En 7:1-14 declara que el sistema de méritos ha de ser quitado, para que la vida ahora en relación inmediata con Cristo pueda ser efectivamente realizada. En 7:15-8:2 se declara la incapacidad del salvo para vencer la naturaleza pecaminosa en sus propias fuerzas. La referencia frecuentemente repetida de lo que una vez fue descrito como "el pecado que está en mis miembros", indica la presencia de la naturaleza pecaminosa en el creyente; algo que, aunque identificado, es incapaz de ser gobernado por poder alguno, a no ser el del Espíritu morador. Sin embargo, el camino a la victoria está preparado desde que Cristo murió por la naturaleza pecaminosa (8:1-13). La victoria tiene que ser "por Jesucristo Señor nuestro"; pero tiene que efectuarse en la experiencia, aun una liberación del poder del pecado y de la muerte, por el Espíritu de Vida en Cristo Jesús. En uno de los versículos (8:3) se hace una declaración más categórica. Dice así: "Porque lo que era imposible para la ley, por cuanto era débil por la carne, Dios, enviando a Su Hijo en semejanza de carne de pecado y a causa del pecado, condenó al pecado en la carne." El sistema de méritos, en sí mismo, es santo, y justo y bueno; por tanto el fallo se debe, en efecto, a que estaba dirigido a la carne débil, que no podía en manera alguna responder a sus demandas. Siendo que el sistema de méritos falla, como siempre sucede, Dios se mueve en un nuevo principio de vida (8:1-13), mayormente en un andar según el Espíritu, o en dependencia del Espíritu. En tal caso la completa voluntad de Dios será cumplida *en* el creyente, pero nunca será cumplida *por* el creyente. Detrás de esta ejecución por el Espíritu está la verdad que, para hacer posible el nuevo andar Dios envió a Su propio Hijo, quien vino no como Uno de carne pecadora, sino en la "semejanza de carne de pecado", y por el pecado (esto es, la naturaleza) así condenar, en el sentido de llevar a juicio, ese pecado (la naturaleza) que está en la carne. De esta manera, como un clímax al final de un pasaje tan extenso que trata de la naturaleza pecaminosa y su control, se hace la afirmación directa de que Cristo trajo a juicio la naturaleza de pecado del creyente, y sobre esta base legal y justa el Espíritu Santo puede hacer que el creyente triunfe al punto de realizar la plena voluntad de Dios.

Segunda en lugar únicamente a la salvación misma está esta gran realidad de una vida que glorifica a Dios y la manera divinamente provista de cómo alcanzarla. Es obvio que el pasaje que estamos considerando sólo presenta el problema de la naturaleza pecaminosa, siendo que se identifica por la repetición de ella en todo el pasaje (Ro. 6:1-10) y que sigue hasta el final del contexto (8:13). No están a la vista los pecados de los inconversos, ni los pecados de los salvos como tales; es un problema enteramente relacionado con la raíz de todo: la naturaleza pecaminosa y su enjuiciamiento. Las siguientes expresiones en este contexto, incluyendo 7:15-25 y 8:3, declaran esto: "muerte al pecado" (6:2), "plantados" (o ligado) juntamente (con El) a la semejanza de Su muerte" (6:5), "nuestro viejo hombre fue crucificado juntamente con El" (6:6), "si morimos con Cristo"

(6:8), "al pecado murió una vez por todas" (6:10), "vosotros consideraos muertos al pecado" (6:11), "el pecado no se enseñoreará de vosotros" (6:14), "el pecado que mora en mí" (7:17, 20), "el pecado que está en mis miembros" (7:23), "condenó el pecado en la carne" (8:3). En ningún sentido este gran tema es un mero mandato al cristiano para tratar de crucificar su propia carne, ni es algo que él está llamado a desempeñar como práctica de un mero mandato. Cuando una de estas falsas interpretaciones se da a estos u otros pasajes, es a expensas de lo que es vital o de un valor incalculable.

De modo semejante, y por la resurrección de Jesucristo en el aspecto de la sustitución, el cristiano es judicialmente trasladado al terreno de la resurrección en donde la muerte, como un juicio por la naturaleza pecaminosa, es cosa totalmente del pasado. Esta es la sublime realidad aseverada en Romanos 6:7-10, que dice: "Porque el que ha muerto, ha sido justificado del pecado. Y si morimos con Cristo creemos que también viviremos con El; sabiendo que Cristo, habiendo resucitado de los muertos, ya no muere; la muerte no se enseñoreará más de El. Porque en cuanto murió, al pecado murió una vez por todas; mas en cuanto vive, para Dios vive." El que está muerto, como se considera estarlo el creyente en el juicio a muerte de Cristo, es liberado de esas demandas respecto al juicio de la naturaleza pecaminosa que requería la pena de muerte. Pero uno no puede haber muerto juntamente con Cristo sin haber sido resucitado también con El en Su resurrección. Como este juicio a muerte de Cristo no se ha repetido, habiendo sido completo hasta el infinito, El ya no muere, ni hay ya más necesidad de tal muerte. Por tanto, surge la gran realidad de que, como Cristo murió a la naturaleza pecaminosa una vez por todas, igualmente aquel por quien fue efectuada dicha muerte, posee todos los beneficios de ella al grado de perfección infinita, para llegar a ser así no sólo uno en quien la naturaleza pecaminosa es ya juzgada y que está libre del juicio de la pena de muerte, sino uno que judicialmente entró en la ilimitada esfera de la vida resucitada de Cristo. Esta posición en la resurrección es tan verdadera como la de la muerte y sepultura de Cristo. En este nuevo terreno se le ordena al nuevo creyente con relación a la vida cristiana: "Si pues habéis resucitado con Cristo, buscad las cosas de arriba, donde está Cristo sentado a la diestra de Dios. Poned la mira en las cosas de arriba, no en las de la tierra. Porque habéis muerto, y vuestra vida está escondida con Cristo en Dios" (Col. 3:1-3).

Colosenses 2:11, 12. "En El también fuisteis circuncidados con circuncisión no hecha a mano, al echar de vosotros el cuerpo pecaminoso carnal, en la circuncisión de Cristo; sepultados con El en el bautismo, en el cual también fuisteis resucitados con El, mediante la fe en el poder de Dios que le levantó de los muertos."

La recta comprensión de esta Escritura depende en gran parte de reconocer que la referencia a la circuncisión de Cristo es una referencia a Su muerte: un despojamiento del cuerpo o substancia de la carne como un formidable obstáculo para la espiritualidad, no el cuerpo físico de Cristo como Pablo quiso decir anteriormente en Colosenses 1:22, ni el cuerpo físico del creyente, sino una circuncisión ética en la que la naturaleza pecaminosa que se encuentra en la carne es judicialmente destituida de su poder. Como antes se ha indicado, siendo que Cristo no tenía naturaleza pecaminosa, esto es un caso de sustitución; es el juicio de la muerte de Cristo en lugar de la naturaleza residente en aquellos por quienes murió, la misma triple empresa anunciada en Romanos 6:2-4, es decir, la muerte, sepultura y resurrección. La muerte representa la ejecución de las demandas de la infinita santidad contra la ofensa de la naturaleza pecaminosa y en todos los casos es presentada como algo enteramente cumplida por el creyente. La sepultura representa la disposición de la naturaleza pecaminosa delante de Dios, como esa misma sepultura, según 1 Corintios 15:3, 4, es también la disposición de la ofensa de los pecados del mundo. De manera semejante, Romanos 6:4 declara que la sepultura es la disposición judicial de la ofensa de la naturaleza pecaminosa, siendo ella misma asegurada por la unión de Cristo y los creyentes por la operación del bautismo del Espíritu. Una vez más, no hay mandamiento, ejemplo, precepto, concerniente a una ordenanza incorporada a este sublime pasaje de Colosenses dos. La referencia al bautismo es un reconocimiento al bautismo del Espíritu, el que sólo engendra esa unión vital con Cristo por la que el creyente llega a identificarse tanto con El que ha asegurado para sí el valor de la crucifixión, muerte, sepultura y resurrección de Cristo.

Efesios 4:20-24; Colosenses 3:8-10. "Mas vosotros no habéis aprendido así a Cristo, si en verdad le habéis oído, y habéis sido por El enseñados, conforme a la verdad que está en Jesús. En cuanto a la pasada manera de vivir, despojaos del viejo hombre, que está viciado conforme a los deseos engañosos, y renovaos en el espíritu de vuestra mente, y vestíos del nuevo hombre, creado según Dios en la justicia y santidad de la verdad" . . . "Pero ahora dejad también vosotros todas estas cosas: ira, enojo, malicia, blasfemia, palabras deshonestas de vuestra boca. No mintáis los unos a los otros, habiéndoos despojado del viejo hombre con sus hechos y revestido del nuevo, el cual conforme a la imagen del que creó se va renovando hasta el conocimiento pleno."

Las dos expresiones, *despojado* y *revestido* son muy significativas cuando en la traducción es introducida la forma correcta del verbo. De nuevo es una alusión a ese pasado, un logro completo de Cristo en su muerte y resurrección. Por esa muerte el viejo hombre fue quitado (comp. Ro. 6:6; Gá. 5:24), y por esa muerte y resurrección fué hecha la provisión por la cual puede vestirse el nuevo hombre. Todo esto, que es tan evidente en su carácter posicional, conduce de modo muy racional a las exhortaciones que siguen inmediatamente, pidiendo un andar que honre a Dios.

III. EL DIABLO

Cualquier lectura seria y atenta del Texto Sagrado descubrirá dos hechos: (1) que Satán es un ser tan real como cualquier persona descrita en la Biblia, y (2) que, aunque limitado en su poder por causa de la restricción divina, él sostiene una guerra incesante y cruel contra los salvos. La ignorancia de las maquinaciones de Satán, aunque todas son universales, es inexcusable, máxime cuando la Palabra de Dios presenta los hechos tal como aparecen tanto del lado humano como del lado divino. El tema general de Satanología, ya extensamente estudiado, abarca los aspectos sobresalientes de la doctrina de Satanás, tales como sus caminos, su influencia sobre el *cosmos,* y su enemistad contra los creyentes. Allí se ha observado que Satán, como un león rugiente, anda buscando a quien devorar (1 P. 5:8). Siendo que no existe enemistad entre Satán y los inconversos visto que ellos le están sujetos (Col. 1:13), a quienes él vigoriza (Ef. 2:2), sus asaltos son siempre dirigidos contra los hijos de Dios, y, evidentemente, por causa de la naturaleza divina que está en ellos. Poseyendo esa naturaleza enseguida ellos se tornan una oportunidad para los fieros dardos de Satán al ser dirigidos contra Dios, con quien él está primariamente en conflicto. Esta guerra contra los hijos de Dios y por el hecho de poseer la naturaleza divina, está descrita en Efesios 6:10-17, como sigue: "Por lo demás, hermanos míos, fortaleceos en el Señor, y en el poder de su fuerza. Vestíos de toda la armadura de Dios, para que podáis estar firmes contra las asechanzas del diablo. Porque no tenemos lucha contra sangre y carne, sino contra principados, contra potestades, contra gobernadores de las tinieblas de este siglo, contra huestes espirituales de maldad en las regiones celestiales. Por tanto, tomad toda la armadura de Dios, para que podáis resistir en el día malo, y habiendo acabado todo, estar firmes. Estad, pues, firmes, ceñidos vuestros lomos con la verdad, y vestidos con la coraza de justicia, y calzados los pies con el apresto del evangelio de paz. Sobre todo, tomad el escudo de la fe, con que podáis apagar todos los dardos de fuego del maligno. Y tomad el yelmo de la salvación, y la espada del Espíritu, que es la palabra de Dios." Entonces esta guerra no sólo es real y el enemigo, verdadero, pero su fortaleza sobrepasa los límites de la habilidad y comprensión humana. Así en el pasaje que acabamos de citar el cristiano es exhortado a confiar totalmente en Dios, y a usar las armas siguiendo las instrucciones que Dios ha provisto. Ninguna situación o combinación de circunstancias puede ser tan desesperada como aquella en la que el creyente se coloca cuando en el conflicto con Satán está dependiendo de los recursos humanos. Como se ha declarado anteriormente, el conflicto con el mundo es exterior, la lucha con la carne es interna y en gran parte está circunscrita a solo el individuo, mientras que el conflicto con Satán es contra una persona poderosa del dominio de los espíritus. En cada caso la única esperanza de éxito está basada en lo que el Espíritu Santo proporciona a los creyentes. "Mayor es el que está con vosotros que el que está en el mundo" (1 Jn. 4:4). "Al cual resistid firmes en la fe" (1 P. 5:9), y "Fortaleceos en el Señor" (Ef. 6:10). Estas no sólo son sabias instrucciones, sino que presentan el único camino a la victoria. Ni Satanás, ni el mundo, ni la carne son jamás erradicados, ni el conflicto jamás es disminuido. La provisión de Dios es suficiente para una victoriosa lucha aun cuando al parecer los enemigos sean incontrolables.

CONCLUSION

Al concluir este capítulo con relación a los aspectos negativos de la vida espiritual, puede reafirmarse que los tres enemigos: el mundo, la carne y el diablo, pueden exceder toda la habilidad humana, y puede obtenerse la victoria sobre ellos únicamente por el poder superior del Espíritu Santo; y este éxito, de llegar a ser una realidad en la vida cotidiana, demanda un plan de vida o principio peculiar a la par que diferente. El cambio de una auto-suficiencia a la dependencia del Espíritu es un cambio amplio, aun cuando los creyentes estén plenamente capacitados, en ningún tiempo el Espíritu Santo hace la obra aparte de las funciones de la voluntad humana, ni hay una consciente experiencia de que ningún otro que su propio yo está actuando o determinando en la lucha. La vida espiritual no consiste en la expulsión del yo, o la iniciativa, o de la conciencia de responsabilidad. El Apóstol declara: "Es Dios quien obra en vosotros así el querer (con tu propia voluntad) como el hacer (con tu propia actuación), por Su buena voluntad" (Fil. 2:13). Así se ve que la verdadera experiencia del creyente a la que es inducido como un resultado de la dependencia del Espíritu, no es una coerción de su voluntad, sino un ejercicio más amplio y mas efectivo de ella. No es asunto de compulsión del Espíritu Santo en aquellos a quienes capacita para que escojan los ideales correctos, si han de hacer de esta u otra forma; es la más profunda, efectiva y normal ejecución del Espíritu de inclinar a los que de El dependen, a *querer* en el sentido de desear, y a *hacer* en el sentido de cumplir a cabalidad lo que constituye la voluntad de Dios (Ro. 12:2), o lo que está de acuerdo a "Su buena voluntad". El punto en cuestión es de vital importancia si el principio de fe ha de ser ejercitado en la vida del creyente. Sería natural inferir que, si otra persona distinta del creyente mismo ha de sobrellevar en su lugar el conflicto con el mundo, la carne y el diablo, el creyente debe retirarse de la escena y convertirse no más que en un interesado espectador; pero en este triple impacto no hay jubilación. Los cristianos que confían permanecen en el fragor de la batalla, sin la conciencia de la inmediata presencia del Espíritu de quien ellos dependen. Con todo, la presencia del Espíritu Santo se evidencia por el hecho de que la voluntad está escogiendo aquello que honra a Dios y por el hecho de que se experimenta la victoria en vez de la derrota. Debiera oírse la advertencia tocante a cada conflicto relacionado con la vida espiritual, a efecto de que, hasta donde alcance la conciencia del creyente, no sea asunto de una indolente retirada de la realidad o responsabilidad, sino por el contrario, del deleite de la victoria a través de una acción más efectiva de la voluntad, movida, como debe serlo, por una más vívida apreciación de, y más vital determinación por, alcanzar cada ideal divino. El conflicto no es una prueba de fortaleza física en un encuentro con un enemigo exterior. Es una batalla interior y el cristiano que es vencido descubre que él no tiene suficiente fuerza de voluntad para determinar los resultados; aún al ser capacitado por el Espíritu Santo él no solamente tiene la fuerza de voluntad, sino que ve claramente y con un balance mental todos los aspectos del problema en que está envuelto. El parangón de este método divino de tratar con la voluntad humana se ve en la salvación de los perdidos, caso en el que el escoger a Cristo por la acción del deseo de corazón es desarrollado por el Espíritu al punto de convertirse en una pasión; pero en todo esto la voluntad humana actúa sin compulsión y es preservada la inalterable verdad de "el que quiera, venga". Así la vida espiritual es el resultado de una elección voluntaria de hacer la voluntad de Dios y, consecuentemente, se puede decir que "cualquiera podrá alcanzar la victoria sobre el enemigo." Como el inconverso no hace, ni está en su poder el elegir las cosas de Cristo hasta que es movido a hacerlo por el Espíritu al obrar en la mente y corazón. El vivir la vida espiritual sobre una base de fe no es en realidad una cesación de las obras, por el contrario es la adquisición de la habilidad para ejecutar “toda buena obra”. Tal como Santiago enfatiza el hecho de que la justificación delante de los hombres descansa sobre base de obras, hay un sentido en el que es cierto que la espiritualidad debe demostrarse por el fruto que se lleva. Hay en todo el campo de la pistología una forma de fe que reclama del poder del Espíritu operar las obras de Dios. Este tema todavía tiene que reaparecer para exponerlo en un capítulo posterior.

Aun permanece cierto el lado negativo de la vida espiritual de que es secundario al lado positivo, que es una rendición total, una fuerza vital, una realidad espiritual para la gloria de Dios. El aspecto positivo será considerado en el próximo capítulo.

CAPITULO XIV

PODER PARA HACER EL BIEN

Lo razonable del mandamiento dirigido a cada creyente, como lo es de ser lleno del Espíritu (Ef. 5:18) es mantenido tanto por el hecho de que Cristo instruyó a Sus discípulos de que no emprendieran ningún servicio antes de que el Espíritu viniera sobre ellos (comp. Lc. 24:49; Hch. 1:4, 8) y que en cada empresa importante subsecuente se les advirtió que tendrían que ser llenos de nuevo para dicho servicio. La obra del Espíritu Santo en y a través de cada creyente es, como se ha indicado, negativa (victoria sobre el mundo, la carne y el diablo) y positiva: una exteriorización de lo que es bueno; además, la llenura del Espíritu, mientras hace provisión para triunfar sobre el mal, tiene como su objetivo más importante una vida enteramente de servicio que sólo Dios, Espíritu Santo, puede lograr plenamente. En el campo positivo, que es mayor, la obra del Espíritu durante la presente dispensación abarca siete ministerios de los que la llenura es sólo uno de ellos. Sin embargo, es admitido que sólo este ministerio está relacionado directamente con los cristianos como base y fuente de la vida espiritual. Los otros seis ministerios: restricción, reprensión, regeneración, morada, sellamiento y bautismo, ya han sido estudiados en la primera parte de este volumen. Es por esto que el séptimo ministerio del Espíritu, cuando está relacionado con la manifestación de la vida espiritual y el servicio en el Nuevo Testamento es estimado como la séptima manifestación del Espíritu en esta era. Es decir, la expresión positiva del poder del Espíritu (aparte de Su obra eficaz de vencer el mal) se manifiesta no menos que en siete distintas maneras. Aquí hay un motivo de acción de gracias respecto a este hecho, por lo tanto, el cristiano no está en la obscuridad con relación a las realidades precisas que constituyen una vida espiritual y de servicio positivo y digno. Unicamente incertidumbre y desilusión alcanzarán los que procuran vivir tal vida, si todo lo que se pudiera descubrir con respecto a la expresión de la vida espiritual hubiera de alcanzarse por medio de la experiencia. La norma o modelo de Dios está claramente indicada. Cualquier cosa que hayan supuesto que sea la vida espiritual algunas mentes ignaras, sigue un canal que es la expresión normal de la mente de Dios a favor del creyente, aparte del variable ejercicio de los dones individuales y de la obra de la responsabilidad individual. Un cristiano espiritual es un hijo de Dios *normal,* aunque en su andar de la vida diaria con sus debilidades humanas y sus faltas pueda no ser el modelo normal. Todavía permanecería la verdad que la vida llena del Espíritu con su rica realidad es la norma divina ideal, aunque nadie jamás la haya logrado. La exposición de estas siete manifestaciones del Espíritu en el Nuevo Testamento no es para poner ante el creyente un ideal que él debe tratar de alcanzar en sus propias fuerzas; más bien es la presentación de aquella vida bendecida que puede anticipar como el resultado de la operación del Espíritu en y a través de él. Los cristianos deberían prestar atención a estos ideales manifestados por Dios y someterse a ellos con simpatía y cooperación, pero el lograrlo es definitivamente propio del Espíritu Santo: son manifestaciones del Espíritu únicamente. Las siete realidades manifestadas en el Nuevo Testamento son: (1) El fruto del Espíritu, (2) los dones del Espíritu que son operados interiormente por El mismo, (3) la alabanza y acción de gracias que son inspiradas por el Espíritu, (4) la enseñanza del Espíritu, (5) la guianza, (6) la vida de fe que es llevada a cabo por el Espíritu, y (7) la intercesión del Espíritu.

I. EL FRUTO DEL ESPIRITU

"Mas el fruto del Espíritu es amor, gozo, paz, tolerancia, benignidad, bondad, fe, (o fidelidad), mansedumbre, dominio propio" (Gá. 5:22, 23).

Este contexto (Gá. 5:16-25) naturalmente sigue después de una porción de la Escritura que ha sido estudiada recientemente, como sea Romanos 6:1-8:4, en la que el Apóstol ha echado los fundamentos en los que están basados toda la vida espiritual y el servicio cristianos. Es ese aspecto de la muerte de Cristo, el juicio sobre la naturaleza pecaminosa, y por el cual la libertad es asegurada para proseguir una obra sin impedimentos dentro del cristiano a pesar de la presencia activa de la naturaleza vieja que está en la carne. Siendo que Dios en Cristo "ha condenado el pecado en la carne", toda la voluntad de Dios puede ser cumplida *en* nosotros", mas nunca *por* nosotros (comp. Ro. 8:3, 4). Es decir, el Espíritu ha sido designado para hacer que toda la voluntad de Dios sea realizada en la vida del creyente, experiencia que nunca podría ser lograda dependiendo de la capacidad humana (comp. Ro. 7:15-25). Este resultado final, que está operando la total voluntad de Dios, no es perfeccionado en todos los cristianos en virtud del hecho de que lo son, sino sólo entre los salvos que andan "no conforme a la carne, sino conforme al Espíritu". El contraste está entre aquellos cristianos que dependen de sus propios recursos humanos (cuya línea de acción se ajusta al carácter de toda relación legal con Dios) y aquellos cristianos que dependen del poder del Espíritu que mora en ellos. Un método representa "las obras de la carne", o lo que anticipó la ley cuando apelaba a los recursos humanos; el otro método, siendo que contempla al Espíritu morador, resulta en una realización de todo lo que el Espíritu puede hacer. Lo que sigue en el contexto de Romanos 8:4 es un importante desarrollo del contraste entre el principio legal y el principio de fe. Entonces también, como se ha dicho antes, el determinante del andar dependiendo del Espíritu Santo como se anuncia en Romanos 8:4 es considerado de nuevo en Gálatas 5:16-25, continuando el mismo contraste entre las obras de la carne y lo que efectúa interiormente el Espíritu Santo. En el pasaje de Gálatas se declara que la carne y el Espíritu son completamente irreconciliables. El hecho de que los dos jamás pueden reconciliarse es cierto en todo hijo de Dios sin excepción (comp. Gá. 5:17), y eso, mientras permanezca en el cuerpo y en este mundo. Ningún creyente jamás ha alcanzado el lugar donde él ya no necesite andar por medio del Espíritu Santo. El cristiano más maduro debe, si despierta a la verdad respecto a sí mismo, testificar en cuanto al hecho de que la carne con sus afectos y deseos está presente en él y lo demostrará por medio de las "obras de la carne" si no es controlada por el supremo poder del Espíritu. Ideales de crédito lo pueden disuadir a uno para no hacer caso a las demandas ofensivas de la sociedad; pero la completa victoria interior sobre la carne se logra únicamente por la obra del Espíritu en respuesta a la específica dependencia de El. "Las obras de la carne" son continuas y espantosas: "porque la carne codicia contra el Espíritu y el Espíritu contra la carne, y éstas se oponen la una a la otra, para que no hagáis lo que quisiereis. Pero si sois guiados por el Espíritu, no estáis bajo la ley. Y manifiestas son las obras de la carne, que son: adulterio, fornicación, inmundicia, lascivia, idolatría, hechicerías, enemistades, pleitos, celos, iras, contiendas, disensiones, herejías, envidias, homicidios, borracheras, orgías y cosas semejantes a éstas; acerca de las cuales os amonesto, como ya os lo he dicho antes, que los que practican tales cosas no heredarán el reino de Dios" (Gá. 5:17-21). Pero contra las obras de la carne está el fruto del Espíritu.

Cuando se anda por fe o dependiendo del Espíritu Santo estos dos resultados son seguros: (1) No se harán las obras de la carne, y (2) Se manifestará el fruto del Espíritu. Tanto el aspecto negativo como el positivo de la vida espiritual son garantizados a los que dependen así del Espíritu. Lo que constituye el fruto del Espíritu está precisamente indicado. Es un producto del Espíritu que opera en y a través del creyente. Como se emplean en el pasaje en consideración (Gá. 5:22, 23), las nueve palabras que denotan el fruto del Espíritu representan cualidades sobrehumanas del carácter; ellas no podrían ser producidas por la habilidad humana bajo ninguna circunstancia natural; son características divinas. De igual modo, estas nueve gracias en conjunto constituyen el fruto del Espíritu. La forma singular en que se usa la palabra *fruto,* se explica por el hecho de que estas nueve gracias forman un todo indivisible. El Espíritu Santo no producirá sólo unos pocos de ellos y no la totalidad. Si existe uno de ellos, existirán realmente todos. Así también, estas nueve gracias constituyen los elementos esenciales del carácter cristiano. Aparentemente se piensa, por las implicaciones que envuelve, que el carácter cristiano es algo que hay que edificar, según la idea que muchos líderes han inculcado en los creyentes, por un tenaz esfuerzo propio, con lo cual ellos se colocan en una senda que no sólo es caracterizada por, sino que termina con una dependencia de las obras humanas como base para cualquier aceptación delante de Dios. En la supuesta secuencia en la edificación del carácter cristiano se dice simplemente que los pensamientos determinan los actos, los actos determinan el carácter, el carácter determina el destino. Ciertamente, poca necesidad habría de un salvador o del poder de Dios en un programa tal de desarrollo. El mundo puede elegir cualquier método como su plan por el cual el hombre puede lograr lo que se supone ser el carácter correcto; pero Dios ha asignado a sus hijos un método único, inmediato y efectivo. El carácter cristiano es un producto divino y que no ha de realizarse parcialmente como resultado de un penoso esfuerzo propio, como lo es en el caso de los métodos usuales en el mundo, sino que es un producto que llega a ser total e instantáneamente asequible cuando la relación correcta con el Espíritu Santo no es estorbada. Como bien se ha dicho, Gálatas 5:22, 23 es la más corta biografía de Cristo que jamás se ha escrito, porque el fruto del Espíritu es la expresión externa del Cristo que mora en el individuo. Entonces bien puede aceptarse como la realización de aquella experiencia a la que el Apóstol se refirió cuando dijo: "Para mí el vivir es Cristo" (Fil. 1:21; comp. con Gá. 2:20). Con respecto a las nueve gracias que juntas comprenden el fruto del Espíritu, el Dr. C. I. Scofield ha escrito: "El carácter cristiano no es meramente corrección moral o legal, sino la posesión y manifestación de nueve gracias: amor, gozo, paz (el carácter como un estado interior); tolerancia, benignidad, bondad (el carácter como una expresión hacia el hombre); fe, mansedumbre, templanza (el carácter en una expresión hacia Dios). Tomados en conjunto representan un retrato moral de Cristo, y pueden ser tomadas como la explicación del Apóstol de Gálatas 2:20, 'no yo, sino Cristo en mí', y como una definición de la palabra fruto de Juan 15:1-8. El carácter es posible a causa de la unión vital del creyente con Cristo (Jn. 15:5; 1 Co. 12:12, 13), y es enteramente el fruto del Espíritu en aquellos creyentes que se han rendido a El (Gá. 5:22, 23)" *(La Biblia Anotada de Scofield,* págs. 1204, 1205).

Con estas palabras de introducción general en la mente estudiaremos cada una de estas nueve palabras en su orden y se notará el carácter divino así como lo apetecible de lo que ellas representan.

1. AMOR. En vista de que el Espíritu Santo declara (1 Co. 13) que el amor es supremo entre todos los dones, es razonable que aparezca en primer lugar en la lista del fruto múltiple del Espíritu. El amor es el aspecto preeminente de la experiencia humana tanto en la dispensación Mosaica, y en la del Reino, así como en la cristiana. En cuanto a la Mosaica, se declara que "El cumplimiento de la ley es el amor" (Ro. 13:10); y el ascenso en responsabilidad con respecto al amor que el Reino venidero anticipa se establece en Mateo 5:43-46: "Oísteis que fue dicho: Amarás a tu prójimo, y aborrecerás a tu enemigo. Pero yo os digo: Amad a vuestros enemigos, bendecid a los que os maldicen, haced bien a los que os aborrecen, y orad por los que os ultrajan y os persiguen . . . porque si amareis a los que os aman, ¿qué recompensa tendréis? ¿No hacen también lo mismo los publicanos? " En todo caso, la norma de amor que Cristo encarga a los creyentes de su época es sobrenatural y enteramente divina en su carácter. El dijo: "Un mandamiento nuevo os doy: Que os améis unos a otros; como yo os he amado, que también os améis unos a otros. En esto conoceréis todos que sois mis discípulos, si tuviereis amor los unos con los otros" (Jn. 13:34, 35). Cuando se le encomienda ejercitar una característica divina y cuando se le provee suficiente poder para su tarea por el cual ésta pueda realizarse no está pidiendo demasiado al creyente al esperar que manifieste esas características.

Habiendo indicado la compasión divina que guía a los perdidos hasta el sacrificio efectuado en la cruz y habiendo indicado también la falta de amor en aquel que no hace sacrificio para otros, de los tales el Apóstol Juan inquiere: "¿Cómo puede morar el amor de Dios en él? (1 Jn.2:17). Igualmente el Apóstol, después de haber declarado que no hay que amar al mundo al decir: "Si alguno ama al mundo o *cosmos,* el amor del Padre no está en él" (1 Jn.2:15). Otra vez esto no es una referencia al amor del creyente para Dios; es el amor de Dios operado a través del creyente. Fue por esto también cómo, al concluir su oración sacerdotal, Cristo habló de proveer ese amor con el cual el Padre lo había amado a El, para que pudiera estar en aquellos por los cuales El oraba (Jn.17:26). Aun más directamente el Apóstol Pablo asegura que el amor de Dios es derramado en (o quizá, brota de) nuestros corazones por (esto es, procedente de) el Espíritu Santo que nos es dado" (Ro.5:5). A la luz de estas Escrituras no es difícil aceptar la realidad a la que se refiere el Apóstol cuando dice: "El fruto del Espíritu es amor." El Dr. Norman B. Harrison ha hablado del mismo "amor de Dios moviendo la vida humana." Así afirma otra vez: "Dios designó Su amor para el mundo" (Jn.3:16: 1 Jn.2:2). Dios canalizó ese amor hacia la tierra por medio de la persona de Su Hijo. Encauzó ese amor dentro de nuestros corazones a través de la Persona del Espíritu Santo. El canalizó ese amor hacia los hombres necesitados en todas partes a través de Sus redimidos. Así el amor es la clave de Su programa redentor: recibido, es nuestra salvación; respondiendo a él, viene a ser nuestra santificación; manifestado a otros, se convierte en nuestro servicio. Y, recordémoslo bien, el amor no tiene sustituto" *(His Love,* pgs. 632,33).

Tan cierto como que el mismo amor de Dios pasa por Su Hijo al ser lleno del Espíritu, así es cierto que ese amor continuará siendo dirigido hacia su objetivo, y el cristiano que ha sido bendecido de esta manera amará a lo que Dios ama y aborrecerá lo que Dios aborrece. Por tanto, es pertinente el observar lo que se dice que Dios ama y notar cómo se expresa en aquellos que son llenos del Espíritu; pero se recordará que esto no es amor humano acrecentado o estimulado, aunque el amor humano en sí mismo es muy real. Es el amor divino manifestado *por* y surgiendo *de* la misma Persona de la Deidad que habita en el creyente. Los objetivos del amor divino están señalados en la Escritura.

a. *Incluyendo al Mundo Entero.* El énfasis de la Escritura sobre esto es amplio y completo, principalmente, que Dios ama a la humanidad (comp. Jn.3:16; 1 Jn.2:2). Lo que llamamos "espíritu misionero" no es otra cosa que la compasión que trajo al Hijo de Dios del cielo a la tierra, y entonces lo llevó a la muerte para que los hombres pudieran ser salvos. El interés en los perdidos no es cosa accidental en los cristianos, ni es una cualidad humana; es la inmediata realización del amor divino. La pasión por las almas no puede ser asegurada por la exhortación; es una expresión normal del interior del creyente de una realidad divina.

b. *Exclusivo en Cuanto al Sistema Mundano.* Juan declara: "No améis al mundo ni las cosas que están en el mundo. Si alguno ama al mundo, el amor del Padre no está en él. Porque todo lo que hay en el mundo, la concupiscencia de la carne, la concupiscencia de los ojos y la soberbia de la vida, no es del Padre, más es del mundo" (1 Jn.2:15,16). Esta aparente contradicción con el punto del párrafo precedente puede explicarse fácilmente al reconocer que, aunque es al mismo *cosmos* (mundo) que Dios ama y aborrece al mismo tiempo, es a los hombres de ese mundo a los que El ama, y solo aborrece a sus instituciones y a sus maldades. Así mismo el cristiano debe amar a los hombres perdidos del mundo y al mismo tiempo aborrecer el sistema satánico en que están los perdidos.

c. *Inclusivo de la Verdadera Iglesia.* "Mucho más ahora, siendo justificados por Su sangre, por El seremos salvos de la ira. Porque si siendo enemigos fuimos reconciliados por la muerte de Su Hijo, mucho más, siendo reconciliados, seremos salvos por Su vida" (Ro.5:9,10); "Cristo amó a la Iglesia y se entregó así mismo por ella" (Ef.5:25). El ama a los suyos aun cuando ellos anden vagando lejos como se revela en la escena del regreso del "hijo pródigo." Si nos amamos los unos a los otros, Dios mora en nosotros y Su amor es perfecto en nosotros" (1 Jn.4:12). Por esta divina compasión de los unos a los otros el cristiano testifica de la realidad de su profesión ante el mundo. "Un nuevo mandamiento os doy: que os améis los unos a los otros; como yo os he amado, que también os améis los unos a los otros. Por esto conocerán los hombres que sois mis discípulos; si os amáis los unos a los otros" (Jn.13:34,35). Tal amor divino es también la prueba de la fraternidad en Cristo: "En esto conocemos el amor de Dios, en que El puso Su vida por nosotros: y nosotros debemos poner la vida por los hermanos. Pero el que tiene bienes de este mundo, y viere a su hermano tener necesidad, y cierra contra él su corazón, ¿cómo mora el amor de Dios en él? " (1 Jn.3:16,17). "Nosotros sabemos que hemos pasado de muerte a vida, en que amamos a los hermanos. El que no ama a su hermano, está en muerte" (1 Jn.3:14).

d. *Es Infinito.* "Como había amado a los suyos que estaban en el mundo, los amó hasta el fin" (y por tanto, eternamente) (Jn.13:1). Se dice que el amor de Dios obrando en el creyente es "sufrido" y, por tanto, va más allá de todo lo manso (1 Co.13:4).

e. *Hacia Israel.* Dios les ha dicho: "Con amor eterno te he amado" (Jer.31:3). Con algún conocimiento de los propósitos eternos para la nación elegida y también en cuanto a los creyentes que andan en la correcta relación con Dios por la cual el amor divino puede fluir sin obstáculos, habrá la experiencia de un amor muy definido por este pueblo a quien ama tan definida y eternamente como lo hace con el cristiano mismo.

f. Sacrificial. Los que experimentan el amor divino serán impelidos a sacrificar a fin de que otros puedan salvarse y ser edificados en Cristo. En Corintios está escrito: "Porque ya conocéis la gracia de nuestro Señor Jesucristo, que por amor de vosotros se hizo pobre, siendo rico, para que vosotros con su pobreza fueseis enriquecidos" (2 Co.8:9). Tal actitud de parte del Hijo de Dios hacia las riquezas eternas, si se produce en el cristiano, debe afectar en gran manera su actitud en cuanto a las riquezas terrenales. El amor de Dios no sólo es sacrificial en cuanto a las riquezas celestiales, sino también con respecto a la vida misma. "En esto conocemos el amor de Dios, en que El puso Su vida por nosotros" (1 Jn.3:16). El Apóstol Pablo testifica: "Verdad digo en Cristo, no miento, y mi conciencia me da testimonio en el Espíritu Santo, que tengo gran tristeza y continuo dolor en mi corazón. Porque deseara yo mismo ser anatema, separado de Cristo, por amor a mis hermanos, los que son mis parientes según la carne" (Ro.9:1-3). El Apóstol sabía perfectamente que no había ocasión para que él fuera anatematizado, siendo que su Señor había sido hecho maldición por todos, pero él podía aun desear el ser hecho maldición. Una experiencia de tal naturaleza es la expresión directa en una vida humana del amor divino que llevó a Cristo a morir bajo la maldición y el juicio del pecado del mundo. Cuando esta divina compasión por los perdidos se reproduce en el creyente se convierte en la dinámica verdadera y suficiente del trabajo del salvador de almas.

g. *Desinteresado y Puro.* El amor de Dios no busca compensación y es tan santo en su carácter como Aquel de quien procede. No sería fácil definir los elementos humanos imperfectos que pudieran mezclársele; pero él mismo viene del corazón de Dios sin complicación e infinitamente digno. Dios mismo es amor. Esto no significa que El haya logrado amar, o que mantenga el amor por un esfuerzo. El es amor por razón de Su naturaleza esencial y la fuente de todo amor verdadero que se halla en el universo. No obstante, entre otras cosas, amor signfica capacidad para indignarse y reaccionar en juicio contra aquello que ilegalmente se opone a él. Se puede creer que esto es también uno de los aspectos del amor infinito.

En verdad, es inútil tratar de imitar el amor divino impartido tal como ha de manifestarse normalmente en el creyente espiritual. Aun el amor humano no está sujeto a la voluntad del hombre. Una persona no puede hacerse a sí misma amar a algo que no ama, ni puede por habilidad alguna anhelar dentro de sí misma el hacer que cese cualquier amor que ella experimenta. Ciertamente, es inconcebible la posibilidad de un impostor de la compasión divina. Si los afectos de los objetos normales del amor humano no pueden ser gobernados por la voluntad del hombre, ¿cómo podrían ser engendrados o despedidos a voluntad los afectos de los objetos divinos? Así se ha demostrado que la presencia de la compasión divina en el corazón del creyente no es otra cosa que el directo ejercicio por Dios mismo de Su propio amor a través del creyente como un canal. Cuando hay alguna falla que debe arreglarse o ponerse en la correcta relación con Dios, el amor divino no brotará libremente; pero cuando se mantiene la relación correcta fluirá el amor divino sin obstáculos. Un control tal de la expresión del amor divino está muy lejos de la mera voluntad humana de amar o de no amar lo que Dios ama. El amor de Dios es la dinámica, la fuerza motriz en la vida espiritual. Con él la vida es por mucho una realización del ideal divino; sin él sólo hay trágico desaliento y fracaso.

Igualmente, el carácter sobrehumano del amor divino es realmente aparente. No sólo es ese amor más allá de la capacidad humana, sino que está tan lejos de la calidad del afecto humano como lo es el cielo más alto que la tierra. Considerando de nuevo la medida de amor requerido cuando Cristo dijo: "Un mandamiento nuevo os doy: que os améis unos a otros; como yo os he amado, que también os améis unos a otros" (Jn.13:34). No es extraño que El fuera adelante al decir que este amor sobrenatural sería el signo o evidencia indisputable ante el mundo de lo que es la realidad cristiana. El dijo: "En esto conocerán todos que sois mis discípulos, si tuviereis amor los unos con los otros" (v. 35). En Su oración sacerdotal Cristo pidió cuatro veces que los creyentes fueran uno, así como el Padre y el Hijo son uno. Esta oración es contestada en la unidad efectuada por el *un* cuerpo que ha formado el Espíritu Santo. El hecho de esta unidad crea una obligación para cada creyente de amar a cada hermano con un amor no inferior a la compasión de Cristo, quien murió por ellos. Si un amor tal fuera verdaderamente manifestado entre los creyentes, Cristo declaró que, como consecuencia segura, el mundo llegaría a conocerlo y a creer en El (comp. Jn.17:21-25). El poseer y manifestar la compasión de Dios no es nada opcional ya que es un mandato de Cristo. Igualmente es esencial para la vida de los cristianos, de otro modo, el mundo no conocerá a, ni creerá en, Cristo. En vista de tan deplorable desunión entre los cristianos se pudiera preguntar si el mundo ha tenido alguna vez siquiera una pasajera oportunidad de conocer a, o de creer en Cristo. Un amor cristiano puro tiene una inmensurable atracción y efectividad para otros; y para aquel que ama de este modo, el gozo y la satisfacción son inefables. No será extraño que el Apóstol sostenga que el amor es supremo y es el don que hay que desear sobre todos los otros; ni hay otro tan propio como el amor que pudiera citarse como el primero entre los elementos que constituyen el fruto del Espíritu. Quien ama con esa divina compasión toma del vino celestial y entra realmente por experiencia en el éxtasis que constituye la felicidad de Dios.

2. GOZO. De igual modo, el gozo, mencionado en segundo lugar entre los elementos del fruto del Espíritu, no es otra cosa que el gozo celestial divino pasando por, o reproducido en el hijo de Dios. No es el gozo humano estimulado o aumentado por la influencia divina. Es el gozo del Espíritu Santo mismo y de Cristo y del Padre, operado como una experiencia en el creyente. Nehemías declaró: "El gozo del Señor es vuestra fortaleza" (Neh.8:10), y su verdad permanece eternamente. Del gozo divino impartido, Cristo dijo: ". . . para que mi gozo esté en vosotros y vuestro gozo sea cumplido" (Jn.15:11). El Apóstol Juan, habiendo declarado la comunión entre Dios, Padre e Hijo y el creyente, afirma: "Estas cosas os escribimos, para que vuestro gozo sea cumplido" (1 Jn.1:4). Cuando la oración se realiza con toda su bendición el gozo será completo (Jn.16:24). Así también Pedro escribe: "A quien amáis sin haberle visto, en quien creyendo, aunque ahora no le veáis, os alegráis con gozo inefable y glorificado" (1 P. 1:8). Sólo el amor divino es un *πλήρωμα*, o infinitamente completo. Mucha confusión han causado los artistas que procuran pintar sus retratos imaginarios de Cristo (una atrevida empresa a la luz de 2 Co.5:16), por los cuales parece que ellos se esfuerzan compitiendo entre sí en destacar la tristeza y, o el dolor. Para ellos El fue sólo "un varón de dolores, experimentado en quebrantos" (Is.53:3); pero sus discípulos con quienes El habló y que lo acompañaron en Sus tres años y medio de ministerio, supieron perfectamente a qué se referían cuando les habló de Su gozo, tal como sus escritos testifican.

Manifestando las mismas características como el amor, de la misma manera el gozo divino no puede ni crecer ni decrecer por mandato de la voluntad humana, e igualmente cierta es la evidencia de que tal gozo no puede ser imitado. El gozo celestial en el corazón constituye una atracción más efectiva de lo que puede describirse. Es un elemento altamente deseado por Dios para la vida del cristiano si no fuera, como lo es, provisto por El. Es un elemento divino donado por Dios a fin de capacitarnos para el sufrimiento con Cristo como uno que comparte con El las cargas de un mundo perdido, y aun el gozo celestial y las penas divinas (un aspecto de Su amor) han de ser experimentados por el cristiano a una y al mismo tiempo. De sugerir estos términos una contradicción es sólo en el dictado de las limitaciones del entendimiento humano. Es de la naturaleza divina el ser alegre y triste al mismo tiempo, y así debe ser el creyente espiritual como resultado de las manifestaciones de las características divinas: no ser neutral, porque un aspecto neutralizaría al otro, sino ser ambos a la vez, triste y alegre, sin disminuir la plenitud divina, siendo que estas características son generadas por el Espíritu Santo. "Regocijáos en el Señor siempre. Otra vez digo: ¡Regocijáos! " (Fil.4:4; comp. 1 Tes.5:16).

3. PAZ. Así como Cristo legó Su gozo, de la misma manera legó Su paz, cuando dijo: "La paz os dejo, mi paz os doy; yo no os la doy como el mundo la da. No se turbe vuestro corazón, ni tenga miedo" (Jn.14:27). Aquí se hace referencia a la paz divina y que no puede ser menoscabada en el corazón humano. El Apóstol Pablo la definió al decir: "Y la paz de Dios que sobrepasa todo entendimiento, guardará vuestros corazones y vuestros pensamientos en Cristo Jesús" (Fil.4:7). Hay que observar la diferencia entre "la paz de Dios", que es una experiencia subjetiva operada interiormente, y la "paz con Dios" (Ro.5:1). Esta última frase se refiere a la verdad que, por la obra consumada de Cristo, el creyente está para siempre en paz con Dios. En el primer caso Pablo describe la perfección de la reconciliación. La paz que Cristo heredó y que es uno de los elementos del fruto del Espíritu, no obstante, es una experiencia de paz que se siente en el corazón. Como todo lo incluido en el fruto del Espíritu es la directa y constante impartición de lo que constituye la misma naturaleza del carácter de Dios. El amor y el gozo nunca podrán ser asegurados o mermados por la mera fuerza de la voluntad humana. Sólo habiéndola experimentado puede demostrarnos lo que es realmente la paz de Dios; una sublime tranquilidad de corazón y mente en lugar de todo recuerdo perturbador, presagio, circunstancia o condición. Una paz tal, inapreciable como lo es, honra a Dios delante de los hombres y así satisface a Dios; ciertamente, esa "gran paz" únicamente la disfrutan aquellos cuyas vidas "están escondidas con Cristo en Dios" (Col.3:3).

Estos tres: el amor, el gozo y la paz forman un grupo que representa el carácter como un estado interno que el corazón experimenta directamente de Dios, y en especial, cuando se mira como una entidad en sí.

4. TOLERANCIA. Cada elemento en el fruto del Espíritu es opuesto a un aspecto no espiritual correspondiente en el corazón humano. La cura para las condiciones materiales no es un intento de dejar de hacer lo malo, sino el sustituirlos con los frutos del Espíritu, esto es, todas las virtudes que Dios imparte. La paciencia, por ejemplo, es el antídoto divino para la impaciencia. No es una mera prolongación de la paciencia humana al ser contemplada; más bien es la paciencia de Dios operada internamente. La paciencia infinita de

Dios no conoce límites. Esto se ve en su largo trato con la humanidad, en su paciencia con los individuos que rechazan a Cristo, y en Su paciencia con los que trae a El (Lc.18:7). Cuando Jehová proclamó Su nombre a Moisés en el monte ardiente, dijo: " ¡Jehová, Jehová! , fuerte, misericordioso y piadoso; tardo para la ira, y grande en misericordia y verdad" (Ex.34:6). Así Moisés en una oración intercesora recuerda a Jehová acerca de Su propia revelación de Sí, y exclama: "Jehová, tardo para la ira y grande en misericordia, que perdona la iniquidad y la rebelión, aunque de ningún modo tendrá por inocente al culpable; que visita la maldad de los padres sobre los hijos hasta los terceros y hasta los cuartos" (Nm.14:18). Y el Salmista declaró: "Mas tú, Señor, Dios misericordioso y clemente, lento para la ira, y grande en misericordia y verdad" (Sal.86:15). El Apóstol Pablo advierte a los que se oponen a Dios cuando pregunta: " ¿O menosprecias las riquezas de Su benignidad, y paciencia, y longanimidad, ignorando que Su benignidad te guía a arrepentimiento? " (Ro.2:4). Aun los "vasos de ira preparados para destrucción" son objeto de la paciencia de Dios. Está escrito: " ¿Y qué, si Dios queriendo mostrar su ira y hacer notorio Su poder, soportó con mucha paciencia los vasos de ira preparados para destrucción. . ? " (Ro.9:22). Pedro declara: "El Señor no retarda Su promesa, según algunos la tienen por tardanza, sino que es paciente para con nosotros, no queriendo que ninguno perezca, sino que todos procedan al arrepentimiento" (2 P.3:9), y en otra parte afirma: "la paciencia de nuestro Señor es para salvación" (2 P.3:15).

Que la característica divina de la paciencia ha de ser comunicada directamente al creyente y a través de él manifestada para la gloria de Dios, no es sólo declarada cuando se dice que es un elemento del fruto del Espíritu, sino también está escrito en cuanto a él y al Señor a quien sirve: "Fortalecidos con todo poder, conforme a la potencia de Su gloria, para toda paciencia y longanimidad" (Col.1:11). Así otra vez, al creyente se le ordena vestirse, por el medio divinamente provisto, "de entrañas de misericordia, de benignidad, de humildad, de mansedumbre, de paciencia" (3:12). Pero cuán definido y personal se torna el gran Apóstol respecto a la paciencia de Cristo operada para con él cuando dice: "Pero por esto fui recibido a misericordia, para que Jesucristo mostrase en mí el primero toda Su clemencia, para ejemplo de los que habrían de creer en El para vida eterna" (1 Ti.1:16).

La paciencia es una virtud que debe esperarse que aparezca en la vida del creyente. En medio de las más vitales direcciones acerca de la responsabilidad de "andar dignamente", está escrito: "Con toda humildad y mansedumbre, soportando con paciencia los unos a los otros en amor, solícitos en guardar la unidad del Espíritu en el vínculo de la paz" (Ef.4:2,3). Igualmente dice Pablo: "Que seáis pacientes para con todos" (1 Tes.5:14). Fue una práctica de la propia experiencia de Pablo. Por eso testifica a Timoteo: "Pero tú has seguido mi doctrina, conducta, propósito, fe, longanimidad, amor, paciencia" (2 Ti.2:10); ciertamente, esta virtud pertenece especialmente a los que son llamados a predicar. Dirigiéndose de nuevo a Timoteo, el mismo Apóstol le manda: "Que prediques la palabra, que instes a tiempo y fuera de tiempo; redarguye, reprende, exhorta con toda paciencia y doctrina" (2 Ti.4:2). Fue después que Abraham habiendo esperado con paciencia que alcanzó la promesa" (He.6:15). La tardanza en el retorno de Cristo requiere paciencia. Así Santiago exhorta: "Por tanto, hermanos, tened paciencia hasta la venida del Señor. Mirad cómo el labrador espera el precioso fruto de la tierra, aguardando con paciencia hasta que recibe la lluvia temprana y la tardía. Tened también vosotros paciencia, y afirmad vuestros corazones; porque la venida del Señor se acerca" (Stg.6:7,8). El fruto del Espíritu morador incluye esta paciencia. Será definitiva y suficientemente realizada, y como una manifestación de su propia paciencia infinita cuando el fruto del Espíritu sea producido en la vida del creyente.

5. MANSEDUMBRE. La mansedumbre de Dios no implica debilidad. El cordero *mudo* ante sus angustiadores es una demostración que en Dios, como El lo es según lo demande la ocasión, es no resistencia; pero esto no nos lleva a la conclusión de que también no hay otros atributos en Dios que no defiendan Su Santidad y Su gobierno de justicia; ni que el creyente lleno del Espíritu manifestará sólo mansedumbre. El también puede conocer el poder de la indignación, pero así mismo será manso. En su canto de liberación David dice: "También me has dado el escudo de tu salvación, y tu mansedumbre me ha hecho grande" (2 S.22:36). David repite este testimonio revelador en el Salmo 18:35. El Apóstol exhorta a los corintios "por la mansedumbre y ternura de Cristo." En adición a la declaración en Gálatas 5:22 de que la mansedumbre se deriva del Espíritu para ser reproducida por El en la vida rendida del creyente, también Santiago afirma: "Pero la sabiduría que es de lo alto es primeramente pura, después pacífica, amable, benigna, llena de misericordia y de buenos frutos, sin incertidumbre ni hipocresía" (3:17). Esta sabiduría es la sabiduría de Dios. Es de arriba. Se manifiesta en y a través del hijo de Dios. ¡Cuán plenamente pudo experimentar el gran Apóstol el poder directo del Espíritu productor de mansedumbre cuando dijo: "Antes fuimos tiernos entre vosotros como la nodriza que cuida con ternura a sus propios hijos! " (1

Tes.2:7). También se requiere esta misma virtud de todos los que han de manifestar la verdadera gracia de Dios en el servicio. Está escrito: "Porque el siervo del Señor no debe ser contencioso, sino amable para con todos; apto para enseñar, sufrido; que con mansedumbre corrija a los que se oponen, por si quizá Dios les conceda que se arrepientan para conocer la verdad, y escapen del lazo del diablo, en que están cautivos a voluntad de él" (2 Ti.2:24-26). De igual modo el Apóstol recomienda que a nadie difamen, que no sean pendencieros, sino amables, mostrando toda mansedumbre para con todos los hombres" (Tit.3:2). Otra vez, al corazón ansioso de la amable mansedumbre semejante a la de Cristo se le anima a creer que puede llegar a obtenerla, no por el esfuerzo humano, o por una inútil imitación, sino como un fruto directo del Espíritu.

6. BENIGNIDAD. Un elemento oculto, pero no menos vital en la benignidad distingue esa virtud de su afín, la justicia. El Apóstol, por ejemplo, escribe: "Ciertamente, apenas muere alguno por un justo, con todo pudiera ser que alguno osara morir por el bueno" (Ro.5:7). Esta distinción puede indicarse por el hecho de que un hombre justo pudiera desauciar de su hogar a una viuda sin recursos cuando se atrasa en la renta, en tanto que un hombre bueno hallaría la manera de evitarlo. En la persona de Dios la bondad alcanza el infinito, y la Escritura da abundante testimonio de Su ilimitada bondad. Verdaderamente aunque con poco conocimiento consciente de ello, el mundo pende de la convicción fundamental de que Dios es bueno. Ninguna mente puede pintar la calamidad y confusión en que estuviera el mundo si en alguna ocasión tuviese la peregrina convicción de que Dios es malo en sí. Aun la soberanía de Dios, aunque en sí misma poco comprendida, es una expresión de Su bondad esencial. En consecuencia, Dios dijo a Moisés después que éste hubo intercedido por Israel: "Yo haré pasar todo mi bien delante de tu rostro, y proclamaré el nombre de Jehová delante de tí; y tendré misericordia del que tendré misericordia, y seré clemente para con el que seré clemente" (Ex.33:19). En defensa de la perfección de Dios y Su voluntad soberana, escribió el Salmista: "Porque recta es la palabra de Jehová, y toda Su obra es hecha con fidelidad. El ama justicia y juicio; de la misericordia de Jehová está llena la tierra" (Sal.33:4,5). Nehemías habla de Dios y de Su gran bondad (9:25 y 35) y David anticipó que esa "bondad y misericordia" lo seguirían todos los días de su vida" (Sal.23:6). Así otra vez declara: "Hubiera yo desmayado, si no creyese que veré la bondad de Jehová en la tierra de los vivientes" (Sal.27:13). Igualmente dijo: " ¡Cuán grande es tu bondad que has guardado para con los que te temen, que has mostrado para los que esperan en tí,

delante de los hijos de los hombres! En lo secreto de tu presencia los esconderás de la conspiración del hombre; los pondrás en un tabernáculo a cubierto de contención de lenguas" (Sal.31:19,20). Como se ha notado arriba, es la bondad de Dios la que produce arrepentimiento en el perverso corazón. Este principio de acción divina no debiera ser menospreciado (Ro.2:4). Una amonestación a los gentiles a la luz de los juicios de Dios sobre Israel hace referencia a Su bondad: "Mira, pues, la bondad y la severidad de Dios: la severidad, ciertamente para con los que cayeron; pero la bondad para contigo, si permanecieres en esa bondad; pues de otra manera tú también serás cortado" (Ro.11:22). De este modo se puede ver que Dios es esencialmente bondad, característica que se halla en perfecto balance con todos Sus otros atributos, y que el Espíritu es el indicado para reproducir bondad divina en aquel a quien El mismo capacita.

7. FIDELIDAD. La palabra usada aquí por Gálatas 5:22 como el séptimo elemento del fruto del Espíritu no es *fe* en el sentido subjetivo, desde luego. También es cierto que la fe salvadora es una obra de Dios en el corazón, pero obviamente no es verdad que Dios ejercite semejante clase de fe; mas bien El es fiel, digno de confianza y de inmutabilidad, y Gálatas 5:22 es un registro de estas características divinas reproducidas en el creyente por el Espíritu Santo. La huella humana de infidelidad es corregida únicamente por la más grande manifestación de fidelidad de Dios. El es siempre fiel. Se declara en Lamentaciones 3:22, 23 así: "Por la misericordia de Jehová nosotros no hemos sido consumidos, porque nunca decayeron sus misericordias. Nuevas son cada mañana; grande es tu fidelidad". Sobre este tema no hay palabra más fuerte que la del Salmo 36:5: "Jehová, hasta los cielos llega tu misericordia, y tu fidelidad alcanza hasta las nubes". Dios había prometido, en Su fidelidad, recordar a David. Le dijo: "Y mi verdad y mi misericordia estarán con él, y en mi nombre será exaltado su poder . . . Mas no quitaré de él mi misericordia, ni falsearé mi verdad" (Sal. 89:24, 33). El mismo Salmo 89 bien puede ser llamado el Salmo de la fidelidad de Jehová, siendo que esta virtud es mencionada a lo menos seis veces. El Salmo se inicia con las palabras "las misericordias de Jehová cantaré perpetuamente; de generación en generación haré notoria tu fidelidad con mi boca. Porque dije: para siempre será edificada misericordia; en los cielos mismos afirmarás tu verdad . . . Y celebrarán los cielos tus maravillas, oh Jehová, Tu verdad también en la congregación de los santos (Sal. 89:1, 2 y 5). La fidelidad de Jehová es un buen tema de alabanza. De aquí que el Salmo 92:1, 2 dice: "Bueno es alabarte, oh Jehová, y cantar salmos a tu nombre, oh Altísimo; anunciar por la

mañana tu misericordia, y tu fidelidad cada noche." Entonces, tan cierto como este atributo imperativo pertenece a Dios, así es cierto que puede ser reproducido, y lo será, en el creyente consagrado, por el Espíritu. Tal fidelidad se manifestará en las relaciones del creyente con Dios, con sus semejantes y consigo mismo. Honradez, sinceridad y devoción sacrificial son factores en esta fidelidad divina manifestada. Esta gracia impartida será dirigida hacia aquello a que el mismo Dios es fiel.

8. MANSEDUMBRE. De todos los elementos que constituyen el fruto del Espíritu ninguno es tan esquivo o difícil de definir como la mansedumbre, y ninguno que sea tan necesitado, ya que la vanidad y el orgullo son los más comunes en las relaciones humanas. Si por el esfuerzo propio uno lograra la mansedumbre aun en el menor grado, uno llegaría pronto a estar orgulloso por tal logro. Tan extraño como pudiera parecer, y tan contradictorio como apareciere cuando se consideren la Omnipotencia, la Soberanía y la Gloria esenciales de Dios, no obstante, es cierto que una de las características divinas es la mansedumbre. Hay que recordar que la mansedumbre no consiste en pretender ser menos de lo que uno en realidad es; más bien es demostrada cuando uno no pretende ser más de lo que es. Ciertamente, la verdad de lo que es Dios, demanda que El publique todo lo que es cierto en cuanto a Sí mismo. Menos que esto sería falso y más que esto sería vanidad y orgullo agregado a la falsedad. En 2 Corintios 10:1 se hace referencia a la mansedumbre de Cristo, y de manera similar, la mansedumbre está relacionada con el creyente a lo menos doce veces en la Palabra de Dios. Sofonías ordena: "Buscad a Jehová todos los humildes de la tierra, los que pusisteis por obra sus juicios; quizás seréis guardados en el día del enojo de Jehová" (2:3). En adición a su afirmación del hecho notable de que la mansedumbre divina ha de ser reproducida en el creyente como uno de los elementos del fruto del Espíritu, el mismo Apóstol escribe: "Así, pues, nosotros, como colaboradores suyos, os exhortamos también a que no recibáis en vano la gracia de Dios" (2 Co. 6:1; comp. con 2 Ti. 2:25), y uno de los más vitales aspectos de un andar digno como este, según se presenta en Efesios 4:2, es la mansedumbre. Así, igualmente, entre otras virtudes necesarias, hay que mostrar virtud, todo por medio de la provisión divina. Así está escrito en Colosenses 3:12: "Vestíos, pues, como escogidos de Dios, santos y amados, de entrañable misericordia, de benignidad, de humildad, de mansedumbre, de paciencia." Se recomienda la misma virtud en 1 Ti. 6:11: "Más tú, oh hombre de Dios, huye de estas cosas, y sigue la justicia, la piedad, la fe, el amor, la paciencia, la mansedumbre". Mansedumbre es la justa condición que ha de tener la mente para

poder recibir la Palabra de Dios. Por eso declara Santiago: "Por lo cual, desechando toda inmundicia y abundancia de malicia, recibid con mansedumbre la palabra implantada, la cual puede salvar vuestras almas" (1:21). Santiago también habla de "sabia mansedumbre" (3:13). Agregando a todo esto el Apóstol Pedro da una palabra final: "Sino santificad al Señor Dios en vuestros corazones, y estad siempre preparados para presentar defensa con mansedumbre y reverencia ante todo el que os demande razón de la esperanza que hay en vosotros" (1 P. 3:15). Lo que es tan necesitado en cada corazón humano y tan esencial para una recta manera de vivir la vida espiritual, es provisto para cada creyente por el ministerio del Espíritu Santo.

9. TEMPLANZA. Otra vez en el elemento del fruto del Espíritu, la palabra, *templanza* como se encuentra en nuestra versión (y en muchas otras, y por su significado de temperancia), por su alcance restringido actual, no es exacta en trasmitir el mensaje del Apóstol. Este último elemento que comprende el fruto del Espíritu es realmente *dominio propio.* No es necesario afirmar ni defender que esa realidad sea verdadera en cuanto a Dios; pero de la misma manera se prevé como una virtud en el creyente. Más aún, cuando se menciona entre las nueve virtudes que estamos estudiando, debe estarse seguro que no sólo se prevé, sino que es provista para el creyente por el poder del Espíritu. Pedro incluye esta característica entre otras importantes virtudes que él menciona, cuando escribe: "Vosotros también, poniendo toda diligencia por esto mismo, añadid a vuestra fe virtud; y a la virtud, conocimiendo; al conocimiento, dominio propio; al dominio propio, paciencia; a la paciencia, piedad; a la piedad, afecto fraternal; y al afecto fraternal, amor" (2 P. 1:5-7). El Apóstol Pablo afirma que la templanza debe caracterizar a uno que luche por una corona: "Todo aquel que lucha, de todo se abstiene, ellos, a la verdad, para obtener una corona corruptible; pero nosotros, una incorruptible" (1 Co. 9:25). Para ser un obispo o anciano en la iglesia, se requiere templanza o control propio (comp. Tit. 1:7-9), así también en cuanto a los creyentes maduros (Tit. 2:2).

Para concluir este estudio de palabras y la consideración de aquello a lo que ellas aseguran, , sería bueno enfatizar de nuevo la verdad de que Dios no sólo prevé una santa y elevada manera de vida por parte del que El ha salvado, sino que ha provisto cada recurso necesario en donde quiera que esa vida que satisfaga y lo glorifique a El pueda ser experimentada como una manifestación del Espíritu. El Apóstol (en 2 Co. 6:3-10), ha expresado más clara y plenamente cómo es la vida aprobada por Dios: "No demos a nadie ninguna ocasión de tropiezo, para que nuestro ministerio no sea vituperado;

antes bien nos encomendamos en todo como ministros de Dios, en mucha paciencia, en tribulaciones, en necesidades, en angustias, en azotes, en cárceles, en tumultos, en trabajos, en desvelos, en ayunos; en pureza, en ciencia, en longanimidad, en bondad, en Espíritu Santo, en amor sincero, en palabra de verdad, en poder de Dios, con armas de justicia a diestra y a siniestra; por honra y por deshonra, por mala fama y por buena fama; como engañadores, pero veraces; como desconocidos, pero bien conocidos; como moribundos, pero he aquí vivimos; como castigados, mas no muertos; como entristecidos, mas siempre gozosos; como pobres, más enriqueciendo a muchos; como no teniendo nada, más poseyéndolo todo." El nuevo principio aprobado mediante el cual el creyente puede, ajustándose a la mente y a la voluntad de Dios, experimentar la llenura del Espíritu, se ve bien en la revelación respecto al fruto del Espíritu, revelación que es la primera en la serie de siete manifestaciones del Espíritu que juntas explican lo que constituye la llenura del Espíritu, o la vida espiritual. Lo que Dios es, naturalmente, es lo que El requiere, y ciertamente sus atributos, hasta donde puedan adaptarse a la vida humana, han de ser reproducidos en el creyente por el Espíritu. La vida que hay que vivir no podría ser más divina si el creyente tuviera que salir de su cuerpo y quedara solo el Espíritu como el ocupante, sino fuera por el hecho de que el Espíritu hace uso de todas las facultades como lo hace del cuerpo del creyente. Entonces, también las manifestaciones directas de las características divinas no son estorbadas por la presencia de las facultades humanas existentes. El estudio de estas nuevas obras de la gracia divina estimulará a una apreciación de su deseabilidad y necesidad, si es que la vida cristiana ha de glorificar a Dios, o tener para sí mismo el alivio que sólo puede impartir el amor, el gozo y la paz íntimamente. El hombre no regenerado que busca incesantemente alivio de tal interminable angustia que solo un corazón y una vida vacíos pueden producir, podría realizar su valor experimental y si tales bendiciones pudieran comprarse con oro, dando todo lo que tiene en su poder para gozar siquiera por un breve momento de tal satisfacción y descanso; aún tal es la ceguera de la carnalidad de aquellos para quienes tales riquezas están al alcance, caen en lo indeseable para entrar en el dominio de la inmensurable realidad. Considerando lo que son estas ilimitadas bendiciones no es de maravillarse que Dios ordenara por medio de Su Apóstol que todos los que son salvos por Su gracia sean llenos del Espíritu.

II. EL DON DEL ESPIRITU SANTO

Sin cuidarse del universal desprecio de ella, la doctrina respecto al don del servicio que es efectuado por medio del Espíritu en el creyente, ocupa un gran campo en el Nuevo Testamento y demanda su completo reconocimiento en cualquier tratado sobre Neumatología. La acción de gracias del Apóstol por la iglesia de Corinto al asegurar en cuanto a ellos, "de tal manera que nada os falta en ninún don" es difícilmente comprendida hoy; con todo, este gran ministerio del Espíritu es una realidad presente, y viene a ser un reto para cada cristiano y para cada iglesia que se propone mantener los ideales del Nuevo Testamento.

Intentando una adecuada definición, se podría decir que un don en el sentido espiritual significa la operación de un servicio particular por el Espíritu Santo a través del creyente y el uso del creyente para hacerlo. No es algo que el creyente esté haciendo con la ayuda del Espíritu Santo, ni es un mero aumento de lo que se llama un talento natural o innato. De acuerdo con 1 Corintios 12:7, un don es "una manifestación del Espíritu". Es concebible que el Espíritu puede usar los dones naturales, pero el don que es producto del Espíritu es una expresión de Su habilidad propia más bien que el mero uso de las cualidades humanas en aquel por quien la ejecuta. Como se ha visto con respecto al fruto del Espíritu dentro del creyente, de igual modo el ejercicio de un don espiritual es una ejecución directa del Espíritu Santo. El fruto del Espíritu es interno, está normalizado, y es uniforme en su expresión; pero los dones que son ejecutados por el Espíritu son externos en el dominio del servicio y son variados al punto de que se puede asumir que dos cristianos no están comisionados exactamente para la misma responsabilidad, siendo que los mismos no estân en la misma situación, ni tienen las mismas obligaciones. Para que esta importante verdad pueda entenderse se mencionan ciertos dones en el Texto Sagrado. Estos pueden servir como una clasificación general de las actividades del Espíritu en el campo del servicio del creyente. Los dones específicos se enumeran en los pasajes siguientes:

"Porque de la manera que en un cuerpo tenemos muchos miembros, pero no todos los miembros tienen la misma función, así nosotros siendo muchos, somos un cuerpo en Cristo, y todos miembros los unos de los otros. De manera que, teniendo diferentes dones, según la gracia que nos es dada, si el de profecía, úsese conforme a la medida de la fe; o si de servicio, en servir; o el que enseña, en la enseñanza; el que exhorta, en la exhortación; el que reparte, con liberalidad; el que preside, con solicitud; el que hace misericordia, con alegría" (Ro. 12:4-8); "Ahora bien, hay diversidad de dones, pero el Espíritu es el mismo. Y hay diversidad de ministerios, pero el Señor es el mismo. Y hay diversidad de operaciones pero Dios que hace todas las cosas en todos, es el mismo. Pero a cada uno le es dada la manifestación del Espíritu para provecho, porque a éste es dada por el Espíritu palabra de sabiduría; a otro, palabra de ciencia según el mismo Espíritu; a otro, fe por el mismo Espíritu; y a otro, dones de sanidades por el mismo Espíritu. A otro, el hacer milagros, a otro, profecía; a otro, discernimiento de espíritus; a otro, diversos géneros de lenguas; y a otro, interpretación de lenguas. Pero todas estas cosas las hace uno y el mismo Espíritu, repartiendo a cada uno en particular como El quiere" (1 Co. 12:4-11); "Pero a cada uno de nosotros fue dada la gracia conforme a la medida del don de Cristo. Por lo cual dice: Subiendo a lo alto, llevó cautiva la cautividad, y dio dones a los hombres. Y eso de que subió, ¿Qué es, sino que también había descendido primero a las partes mas bajas de la tierra? El que descendió, es el mismo que también subió por encima de todos los cielos para llenarlo todo. Y él mismo constituyó a unos, apóstoles; a otros, profetas; a otros, evangelistas; a otros, pastores y maestros" (Ef. 4:11-12); "Cada uno según el don que ha recibido, minístrelo a los otros, como buenos administradores de la multiforme gracia de Dios. Si alguno habla, hable conforme a las palabras de Dios; si alguno ministra, ministre conforme al poder que Dios da, para que en todo sea Dios glorificado por Jesucristo, a quien pertenecen la gloria y el imperio por los siglos de los siglos, Amén" (1 P. 4:10, 11).

Para una ulterior explicación de la doctrina de los dones en los capítulos 12 a 14 de 1 Corintios, al notar cuidadosamente, se observarán dos importantes verdades, (1) que cada cristiano es un recipiente de algún don, pues está escrito: "Porque a cada uno le es dada la manifestación del Espíritu para provecho . . . ; Pero todas estas cosas la hace uno y el mismo Espíritu, repartiendo a cada uno en particular como El quiere" (1 Co. 12:7, 11). "Pero a cada uno de nosotros fue dada la gracia conforme a la medida del don de Cristo" (Ef. 4:7), y (2) que estos dones son siempre hechos por uno y el mismo Espíritu. Cinco veces en 1 Corintios 12:4-11 se declara que aparte de la variedad o del número de creyentes por medio de los que El obra, sin excepción, los dones son efectuados por una y la misma persona, el Espíritu Santo.

Como una ilustración del funcionamiento de los dones espirituales en el Cuerpo de Cristo, el Apóstol compara ese Cuerpo espiritual con el cuerpo humano con sus diferentes miembros, y como los miembros del cuerpo humano no sirven al mismo propósito, de la misma manera los que componen el Cuerpo de Cristo sirven de distintos modos y con varios fines. Las instrucciones que gobiernan el uso de los dones en la Iglesia, el valor comparativo de ellos y el reconocimiento requerido, regulación y coordinación de los dones, tal como está establecido en el Nuevo Testamento, cada estudiante tendría que prestarle una atenta consideración.

De los distintos dones mencionados en Efesios 4:11 –"Y El mismo constituyó a unos, apóstoles; a otros, profetas; a otros, pastores y maestros"– puede decirse que hay ministerios de liderazgos en la Iglesia actual de ordenación divina. El servicio de los que aquí son designados como *apóstoles* evidentemente cesó con la primera generación de la Iglesia, porque en la Iglesia actual no se puede reconocer un ministerio con tales cualidades. El servicio de profetas del Nuevo Testamento es definido como sigue: "Pero el que profetiza habla a los hombres para edificación, exhortación y consolación" (1 Co. 14:3). El que aquí es llamado *evangelista* no es el de los avivamientos de los tiempos modernos, sino más bien el misionero a los no evangelizados. El *pastor* y *maestro* (probablemente se refiere a dos dones diferentes ejercitados por una misma persona) ambos para pastorear al rebaño y para instruir al pueblo de Dios. Bajo su ministerio los santos son perfeccionados para la obra divinamente encomendada a ellos y son edificados. Cada pastor es el decano de la escuela Bíblica de preparación, la que está compuesta por aquellos miembros de la Iglesia de Dios a él encomendados. Si el pastor no ha tenido la adecuada preparación como maestro de la Palabra de Dios, puede quedar sin cumplirse toda esta responsabilidad (comp. Ef. 4:11-12).

El servicio cristiano como se designa y se presenta en el Nuevo Testamento es mucho más metódico y efectivo que el más o menos accidental y esfuerzos desordenados que reciben ese nombre hoy en día. En la Iglesia primitiva a nadie se le permitía servir que no se considerara estar lleno del Espíritu, la posesión del Espíritu fue reconocida y estos dones fueron empleados inteligentemente. Es evidente que todo esto ahora casi se ha perdido de vista y es extraño a las condiciones presentes.

Este limitado estudio de toda la doctrina de los dones espirituales es reforzado por la siguiente acotación tomada del Dr. Juan F. Walvoord:

> "Antes de regresar a la discusión de los dones mismos, han de mencionarse ciertos factores generales relacionados con los dones. Primero, se revela que los dones espirituales son dados soberanamente por Dios, y como tales, no son ellos el objeto de la búsqueda de los hombres. Pablo escribió a los corintios, quienes estaban exaltando los menores dones, descuidando los más importantes. Dice él: 'Procurad, pues, los dones mejores' (1 Co. 12:31). Aun en sus otras Epístolas es claro, por el silencio que guarda sobre el tema, que el buscar dones espirituales no es un sujeto propio para la exhortación. Por ser Sus dones soberanos, se sigue que no es cuestión de espiritualidad. Un cristiano no consagrado al Señor puede

poseer grandes dones espirituales, mientras que uno que es consagrado puede tener relativamente menores habilidades espirituales. De acuerdo a las Escrituras. '. . . todas estas cosas las hace uno y el mismo Espíritu' (1 Co. 12:11). Por supuesto, permanece la verdad de el que los ajustes apropiados en la vida espiritual del creyente son necesarios para ejercitar debidamente sus dones; pero la espiritualidad en sí no produce dones espirituales. Ha surgido la pregunta de si los dones espirituales, son una parte de la dádiva original de la gracia acompañando a la salvación, o si es una obra subsecuente. Las Escrituras no dan una respuesta clara, más por la naturaleza del bautismo del Espíritu Santo, que ocurre al momento del nuevo nacimiento, y la colocación resultante del creyente en el Cuerpo de Cristo, sería razonable deducir que los dones son otorgados al mismo tiempo en que el creyente es colocado en el Cuerpo, aun cuando dichos dones no sean observados ni ejercidos inmediatamente. De consiguiente, los dones espirituales acompañan al bautismo del Espíritu Santo, aun cuando su otorgamiento no esté incluido en el acto mismo del bautismo. En la analogía de los dones naturales como se ven en el hombre natural, es evidente que los factores de habilidad y talentos naturales están latentes en el recién nacido. Así también puede ser lo mismo en cuanto a los dones espirituales en el regenerado. Tanto en la esfera natural como en la espiritual, es asunto de darle el uso adecuado y el desarrollo a los dones más bien que la concesión de algunos dones adicionales. En segundo lugar, se puede observar que cada cristiano tiene dones espirituales. Conforme a las Escrituras, 'La manifestación del Espíritu es para provecho' (1 Co. 12:7), y 'todas estas cosas las hace uno y el mismo Espíritu, repartiendo a cada uno en particular como El quiere' (1 Co. 12:11). Los cristianos 'son miembros cada uno en particular' (1 Co. 12:27), y son 'un cuerpo en Cristo, y todos miembros los unos de los otros" (Ro. 12:5). Ya sean pequeños los dones, o el lugar insignificante, cada creyente es esencial en el cuerpo de Cristo. Como la Escritura lo expresa: 'Antes bien, los miembros del cuerpo que parecen más débiles, son los mas necesarios' (1 Co. 12:22). Hay un propósito divino en la vida de cada creyente y los dones espirituales están en armonía con ese propósito. El reto de la Escritura sobre este tema (comp. 1 Pe. 4:10) es que cada cristiano cumpla el ministerio para el cual ha sido equipado por Dios. En tercer lugar, es claro que los dones difieren en valor. Mientras hay igualdad de privilegios en la fe cristiana, no hay igualdad de dones. De acuerdo a 1 Corintios 12:28: 'A unos puso Dios en la iglesia, primeramente apóstoles, luego profetas, lo tercero maestros, luego los que hacen milagros, después los que sanan, los que ayudan, los que administran, los que tienen don de lenguas' En la naturaleza de los diferentes dones unos son más efectivos y esenciales que otros. Pablo contrasta los dones de profecía y de lenguas con estas palabras: 'Quisiera que todos vosotros hablaseis en lenguas, pero más que profetizaseis' (1 Co. 14:5); y otra vez: 'Pero en la iglesia prefiero hablar cinco palabras con mi entendimiento para enseñar también a otros que diez mil palabras en lengua desconocida' (1 Co. 14:19). En cuarto lugar, como testifica 1 Corintios 13, para que los dones espirutales sean provechosos deben de practicarse en amor. En sí mismos los dones espirituales no producen grandes cristianos. Su uso de manera adecuada motivados por el amor divino, que es fruto del Espíritu, es efectivo y glorifica el nombre de Dios. Un quinto aspecto general de los dones espirituales es que ciertos dones fueron temporales en su otorgamiento y en su uso. Es claro que el gran conglomerado de cristianos que aman la Biblia no tienen entre ellos una manifestación de todos los dones como lo hizo la iglesia apostólica. Por otra parte, ciertos dones caracterizan claramente toda la presente dispensación. La consideración que conduce a la clasificación de cada don se notará en el estudio particular de los mismos. Un sexto y final aspecto de los dones espirituales, de gran importancia, es el gran contraste entre los dones espirituales y los naturales. Mientras Dios puede escoger hombres de habilidades naturales, es claro que los dones espirituales pertenecen al nacimiento espiritual de los cristianos más bien que a su nacimiento natural. Las cualidades de los dones espirituales no son evidentes en el individuo antes de su salvación. Los dones espirituales pertenecen a su nueva naturaleza en vez que a la vieja. Entonces, los dones espirituales no deben mirarse como una extensión de los poderes naturales, sino como un don sobrenatural concedido en conformidad al propósito de Dios al colocar a ese individuo en el Cuerpo de Cristo. Frecuentemente puede observarse que personas con poco talento natural a menudo son usados poderosamente por Dios cuando aquellos que tienen gran talento natural, aunque salvos, nunca son usados de modo semejante. El don espiritual no es entonces, una demostración de lo que el hombre puede hacer aun bajo circunstancias favorables, sino más bien revela lo que Dios puede conceder en gracia.

Un examen de los quince dones espirituales revelados en el Nuevo Testamento, descubrirá diferencias considerables en el carácter de los mismos. Ciertos dones son claramente la posesión de la Iglesia actual tal como se han manifestado en su ejercicio por hombres dotados a través de la presente dispensación. No cabe duda que algunos hombres hoy tienen (1) el don de la enseñanza, (2) el don de ayudar o de servir, (3) el don de administración o de gobernar, (4) el don de evangelismo, (5) el don de pastorear, (6) el don de exhortar, (7) el don de ofrendar y, (8) el don de mostrar misericordia. En contraste con esto, como lo demostrará su exposición particular, hay otros dones espirituales conocidos por los cristianos primitivos, que parecen haber pasado de la escena con el período apostólico. Algunos de ellos son reclamados hoy por algunas sectas, cuyo descuido en cuanto a las instrucciones escriturales para el uso de dichos dones es en sí mismo un testimonio de la calidad espuria de sus afectados dones. Entre estos dones temporales se pueden mencionar los siguientes: (1) el don del apostolado, (2) el don de profecía, (3) el don de milagros, (4) el don de sanidad, (5) el don de lenguas, (6) el don de interpretación de lenguas y (7) el don de discernimiento de espíritus." *The Doctrine of the Holy Spirit,* págs. 182-185.

III. LA OFRENDA DE GRATITUD Y ALABANZA

Estrechamente relacionado a la experiencia de gozo, que viene en segundo lugar en la lista de las nueva virtudes que comprende el fruto del Espíritu, está el de alabanza y gratitud. Este aspecto adicional de la vida espiritual obtiene la distinción de estar directamente relacionado a, y el resultado normal de, el mandamiento de ser lleno del Espíritu, siendo la implicación que, en su expresión primaria, la llenura del Espíritu resulta en alabanza y gratitud. Todo el contexto que estamos considerando en este punto, dice: "Mirad, pues, con diligencia cómo andéis, no como necios sino como sabios, aprovechando bien el tiempo, porque los días son malos. Por tanto, no seáis insensatos, sino entendidos de cuál sea la voluntad del Señor. No os embriaguéis con vino, en lo cual hay disolución; antes bien sed llenos del Espíritu, hablando entre vosotros con salmos, con himnos y cánticos espirituales, cantando y alabando al Señor en vuestros corazones; dando siempre gracias por todo al Dios y Padre, en el nombre de nuestro Señor Jesucristo. Someteos unos a otros en el temor de Dios" (Ef. 5:15-21).

La tremenda obligación de ofrecer alabanza de adoración a Dios y de rendir gratitud por sus incesantes beneficios es tal que no puede ser evadida por ningún ser humano aunque aún recibiera únicamente beneficios humanos. Los santos ángeles que sólo han estado en la gloriosa presencia de Dios desde su creación no cesan de clamar: "Santo, santo, santo, es Jehová de los ejércitos" (Is. 6:3); aun cuando nunca les ha alcanzado ni se les ha requerido el infinito valor de la redención. Ellos adoran a Dios por Su valor intrínseco; pero ¡cuánta mayor obligación descansa sobre la humanidad que no sólo tienen la misma obligación de conocer el valor infinito de Dios, sino que son los recipientes de la gracia salvadora del Señor! En verdad, una inmensurable obligación descansa sobre todos los hombres de adorar a Dios por lo que El es, y de conocer Su amor expresado en la muerte de Cristo, sea que lo reciban o no como la base de su salvación. La obra normal del Espíritu es inspirar honra de alabanza a Dios en el corazón del creyente. Esta adoración resulta directa y automáticamente en el corazón cuando el Espíritu tiene toda libertad de obrar. Hay gran satisfacción al ser hallado ofreciendo digna alabanza a Dios. Un ejercicio tal estimula otras gracias en el corazón y nada menos que esto es humildad.

De modo similar, como un resultado de Su llenura de los cristianos, el Espíritu mueve el corazón a la gratitud, y a tal grado al que ningún ser humano podría alcanzar. Quizá está dentro de los límites humanos el dar gracias algunas veces por ciertas cosas; pero, ¡cuán diferente es el requerimiento que el texto bíblico presenta mandando a uno a ser agradecido "siempre por todo"! Entonces, una gratitud sobrehumana tal es incluida en el mandato de ser lleno del Espíritu. Si todas las cosas "obran para bien de a los que aman a Dios", hay una amplia razón para dar gracias por fe por todas las cosas. No se necesita argumento alguno para demostrar lo razonable de la alabanza y gratitud en los labios y desde el corazón de los redimidos, o de convencer a una mente despreocupada de la imposibilidad de exonerarse de esta obligación cuando es ocasionada aun solo por la habilidad humana. Una vida llena del Espíritu sólo será radiante cuando está llena de alabanza y gratitud.

IV. LA ENSEÑANZA DEL ESPIRITU

El Espíritu Santo es el Maestro por excelencia, pero este ministerio está restringido espiritualmente a lo más importante, la Palabra de Dios. La Palabra ha sido dada por Dios a los hombres en buena fe y con la esperanza de que fuera comprendida y aceptada por aquellos a quienes es enviada. El que ellos necesitan estudiarla y presentarse a sí mismos aprobados ante Dios al dividir correctamente las doctrinas y alcanzado su verdadero significado, no merma su obligación de hacerlo el hecho de ser enseñados por el Espíritu. Ciertamente, pocos perciben que la Palabra de Dios, muy diferente de otros temas del saber, no puede ser recibida de otro modo que no sea por la iluminación personal que sólo el Espíritu Santo puede ejecutar. Ni aun los inconversos reciben el Evangelio a menos que el Espíritu se los revele (comp. Jn. 16:7-11), e igualmente la verdad puede venir al creyente sólo cuando le es revelada por el Espíritu. Multitudes hay que "siempre están aprendiendo y nunca llegan al conocimiento de la verdad" (2 Ti. 3:7)– aprendiendo en ese sentido limitado en que ellos obscuramente captan ciertos aspectos de la verdad, pero que nunca están cabalmente informados o transformados por ella. Una evidencia de la llenura del Espíritu (la que El hace cuando tiene plena libertad de obrar efectivamente en todo) es el de conducir a aquel en quien El mora a un constante crecimiento en la comprensión de las Escrituras con todo su poder santificador (Jn. 17:17). Así la única llave para lograr el conocimiento de la Palabra de Dios, en sí una ley pedagógica que no aparece en ninguna disciplina académica, es sugerida en la imperativa necesidad de mantener una correcta relación con el Espíritu Santo, sólo por la cual Su ministerio didáctico puede avanzar sin tropiezo. El estudiante que no está en correcta relación con Dios no puede esperar hacer progresos en el estudio de la verdad espiritual. Ciertamente, es lamentable que en tantas ocasiones se ofrecen cursos enteros sobre doctrina bíblica sin que ocurra ni una advertencia o instrucción respecto a este más vital y fundamental aspecto de la pedagogía cristiana. Parece que poco se había dicho o sobrentendido en las Escrituras sobre este tema antes del Discurso del Aposento Alto. Es entonces cuando Cristo presentó esta gran verdad en términos inequívocos. En este discurso dijo: "Aún tengo muchas cosas que deciros, pero ahora no las podéis sobrellevar. Pero cuando venga el Espíritu de verdad, El os guiará a toda verdad; porque no hablará por su propia cuenta, sino que hablará todo lo que oyere, y os hará saber las cosas que habrán de venir. El me glorificará; porque tomará de lo mío y os lo hará saber. Todo lo que tiene el Padre es mío; por eso dije que tomará de lo mío, y os lo hará saber" (Jn. 16:12-15).

Aun después de tres años y medio incomparables en la compañía e instrucción de Cristo, todavía era evidente para los discípulos que El tenía muchas cosas que decirles. Así debe ser con los creyentes al final de esta vida. El siempre tendrá más qué revelar al que puede oír y lo atenderá. Que es cierto que ellos entonces no podían entender se reconoce en el hecho de que estos hombres fueron incapaces de recibir alguna y aun toda la verdad relacionada con la muerte y la resurrección de Cristo, ya que por aquel tiempo ellos no sabían o más bien, no creían que El moriría y sería levantado de nuevo. Cuando toda la verdad que pertenece a la presente dispensación que depende ya de la muerte de Cristo o de Su resurrección haya sido revelada ya poco restará por conocer, y de consiguiente esto demuestra el hecho que los doce discípulos nunca habían predicado el evangelio de la divina gracia, evangelio que está enteramente basado en la muerte, sepultura y resurrección de Cristo (comp. 1 Co. 15:3, 4). Como muestran las mismas Escrituras, estos hombres predicaron el evangelio del reino. Sin embargo, una nueva dispensación con todas sus realidades es trazada para ellos y a todos les han de ser enseñadas nuevas y maravillosas revelaciones por el ministerio directo del Espíritu. Mas temprano El les ha dicho que el Espíritu Santo "estará en vosotros" (Jn. 14:17), y a esto agrega (16:12-15) la nueva e importante verdad de que al Espíritu morador le está encomendado cumplir el inmensurable ministerio de la enseñanza, y eso desde el incomparable y ventajoso terreno de la posición que ocupa en el corazón. Directa y efectiva más allá de lo que puede registrar la experiencia humana, es este acercamiento interior del Espíritu al entendimiento y al corazón del hombre. En apoyo de esto testifica el hecho de que el impetuoso Pedro audazmente reprendió a Cristo solo un año, o menos, antes de Su muerte porque El había declarado que iba a morir y levantarse otra vez; y ese mismo Pedro unos cincuenta días después de la muerte de Cristo se levantó en medio de una multitud en Jerusalén y predicó el más grande sermón jamás escuchado de labios humanos, al considerarse los resultados, sabiendo que su apelación toda estaba basada en la muerte y resurrección de Cristo. Muchísima verdad ha alcanzado la mente de Pedro en el interín y evidentemente, no de otra fuente que de la enseñanza del Espíritu Santo dentro del propio corazón de Pedro. Así el plan divino provisto llama la atención de cada creyente sincero. El Espíritu Santo desde el corazón es la "guía a toda verdad". El alcance de esta promesa debería de observarse así como la ausencia de toda condición meritoria. Ninguna limitación humana puede estorbarla. Una mente obtusa no se considera un problema especial para el Espíritu. Todavía es cierto que El guiará a toda verdad. Aun El, el Espíritu, no pronuncia el mensaje que imparte como si él fuera su autor o generador. Lo que El oye, eso dice. Si se preguntara quién origina y trasmite el mensaje al Espíritu Santo que vive en el corazón, la respuesta es doble en este limitado contexto, especialmente, El que dijo: "Aun tengo muchas cosas que deciros", y quien dijo, hablando del Espíritu: "Tomará de lo mío y os lo hará saber". El tema mencionado primeramente en el ministerio didáctico del Espíritu es el de revelar las Escrituras proféticas. "El os hará saber las cosas que han de venir". También hay que observar que el Espíritu en el corazón humano glorifica a Cristo más bien que a Sí mismo y que lo más rico de todos los tesoros del conocimiento por impartir, las cosas de Cristo, son aumentadas al punto de incluir "todas las cosas" del Padre.

Como el discurso del Aposento Alto es la semilla del plan de las doctrinas de las Epístolas, especialmente las del Apóstol Pablo, es de esperarse que un tema tan nuevo y tan vital como el ministerio de enseñanza del Espíritu y el modo de hacerlo, como se declara en el pasaje ya examinado, se le daría una más grande y detallada presentación en las Epístolas doctrinales. Ciertamente, tal tratamiento se halla en 1 Corintios 2:9-12, que dice: "Antes bien, como está escrito, cosas que ojo no vio, ni oído oyó, son las que Dios ha preparado para los que le aman. Pero Dios nos las reveló a nosotros por el Espíritu; porque el Espíritu todo lo escudriña, aun lo profundo de Dios. ¿Porque quién de los hombres sabe las cosas del hombre, sino el espíritu del hombre que está en él? Así tampoco nadie conoció las cosas de Dios, sino el Espíritu de Dios. Y nosotros no hemos recibido el espíritu del mundo, sino el Espíritu que proviene de Dios, para que sepamos las cosas que Dios nos ha concedido".

Como en Juan 16:12-15 de nuevo el tema del pasaje es "cosas" —"las cosas que han de venir", las cosas de Cristo, y "todas las cosas" del Padre. De este modo el Apóstol se refiere a "cosas" que alcanzan el corazón del hombre por revelación directa sin referencia a los canales naturales de información que proceden a través de las puertas del ojo, del oído y del corazón o capacidad de razonar del hombre. Hace mucho la moderna psicología procuraba ponderar los tres canales naturales para acercarse al entendimiento humano, esta porción de la Palabra de Dios los había identificado, pero había agregado aquel al que ningún psicólogo o pedagogo humano puede lograr por sí mismo, y mucho menos, impartir, es decir, cosas que son reveladas directamente por el Espíritu Santo a aquel en quien El habita. En esta relación el Apóstol afirma: "Ahora hemos recibido "el Espíritu que proviene de Dios" y para el gran fin: "Para que sepamos las cosas que Dios nos ha concedido". La infinita capacidad del Espíritu en este aspecto como maestro se describe en las palabras:

"Porque el Espíritu todo lo escudriña, aun lo profundo de Dios". El hombre puede conocer las cosas de la esfera humana, pero sólo el Espíritu conoce las cosas que pertenecen a la esfera de Dios. Una obra tal de iluminación como esta fue efectuada por el Hijo de Dios, Jesucristo, por ejemplo, en el corazón de dos discípulos en el camino de Enmaus. Acerca de esto está escrito: "Y se decían el uno al otro: ¿No ardía nuestro corazón en nosotros, mientras nos hablaba en el camino, y cuando nos abría las Escrituras? . . . Entonces les abrió el entendimiento para que comprendieran las Escrituras" (Lc. 24:32, 45). Así por el ministerio de enseñanza del Espíritu el creyente es colocado en esa posición única de uno que puede ser directa e interiormente enseñado por el Maestro de maestros por excelencia, el Espíritu Santo de Dios. Con toda seguridad el Espíritu funcionará en el corazón de aquel que El llena.

V. LA GUIANZA DEL ESPIRITU

El ser guiado por Dios es una de las grandes realidades aun del Antiguo Testamento. Más de cuarenta veces las manos directrices de Dios se ven moviéndose sobre Su pueblo de antaño; y mientras estuvo en el mundo, Cristo fue guiado por el Espíritu (comp. Mt. 4:1; Lc. 4:1). En esto, tanto como en cualquier aspecto de la humanidad de Cristo, El vino a ser y es el ejemplo o patrón para el hijo de Dios. El alcance de la ventaja que provee este ministerio del Espíritu Santo sobrepasa todo cálculo. Tal como un paciente puede recuperar su salud al cumplir todas las indicaciones de un buen médico, así el cristiano puede ser conducido por el Espíritu Santo por sendas escogidas por infinito amor, infinito poder e infinita sabiduría. Así está designado, por Dios que un ser humano no pueda guiarse por sí solo. Por eso Jeremías afirma: "Conozco, oh Jehová, que el hombre no es señor de su camino, ni del hombre que camina es el ordenar sus pasos" (Jer. 10:23). No es posible contempalr el desamparo expresado por David sin tener conciencia de la necesidad de una guianza divina semejante. Dijo él: "Guíame, Jehová, en tu justicia, a causa de mis enemigos; endereza delante de mí tu camino" (Sal. 5:8); "Encamíname en tu verdad y enséñame, porque tú eres el Dios de mi salvación; en tí he esperado todo el día" (25:5); "Enséñame, oh Jehová, tu camino, y guíame por senda de rectitud a causa de mis enemigos" (27:11); "Porque tú eres mi roca y mi castillo; por tu nombre me guiarás y me encaminarás" (31:3); "Examíname, oh Dios, y conoce mi corazón; pruébame, y conoce mis pensamientos; y ve si hay en mí camino de perversidad, y guíame en el camino eterno" (139:23, 24). No hay mandamiento alguno en el Nuevo Testamento que ordene al creyente ser guiado por el Espíritu; sin embargo, se asume como una conclusión previa que fuera de este ministerio ninguno puede seguir el camino de Dios por elección propia. Por ejemplo, se dice: "que los que son guiados por el Espíritu de Dios, los tales son hijos de Dios" (Ro. 8:14). Es decir, ellos prueban que son hijos maduros de Dios por ser guiados por el Espíritu. De manera semejante aquí se traza una distinción entre el *niño* de Dios (τένον) y el *hijo maduro* (υἱός), de donde se deduce que no todos los cristianos, aunque hijos de Dios en general, están manifestando las características de los que han crecido en madurez. En otras palabras, no todos los cristianos son espirituales o llenos del Espíritu porque lo son los que "son guiados por el Espíritu". Así mismo está escrito: "Pero si sois guiados por el Espíritu, no estáis bajo la ley" (Gá. 5:18). De este modo, puede sugerirse de nuevo que no todo salvo es guiado por el Espíritu Santo; porque los que son guiados así, son suplidos de consejo verdadero y dirección que manifiestamente ellos no necesitan de mandamientos externos. Esta maravillosa relación que provee estas benditas realidades puede fácilmente ser pervertida por personas sinceras si no conocen la correcta relación con Dios por la que puede asegurarse la verdadera guianza. No solamente se pide que haya de tenerse un correcto entendimiento relativo a la dirección del Espíritu, sino que puedan librarse del fanatismo, del emocionalismo indebido y de la superstición. Siendo que el curso entero de una vida puede estar mal dirigido y que a pesar de la sinceridad es necesario en grado superlativo para que el creyente aprenda por sí mismo –porque la experiencia de otros no es el patrón– para saber cómo poder ser guiados por el Espíritu. Fuera de la dirección divina no se puede dar paso seguro en el mundo. Pero se puede lograr poca ayuda imitando la experiencia de otros o siguiendo las reglas preparadas por los hombres. La guianza del Espíritu, como lo implica el mismo término que se usa para este ministerio, es mayormente una experiencia íntima y personal. Para los que por constante atención y oración se han familiarizado con las maneras en que el Espíritu los guía, dicha guianza llega a ser una de las más ricas experiencias conocidas por el corazón del creyente. La importancia de sustituir la suposición finita por la infinita sabiduría, jamás puede ser sobrestimada. Es el propósito de Dios que un niño dentro de un hogar mediante la obediencia propia se aproveche de la sabiduría de sus padres. Así mismo es el propósito de Dios que sus hijos se aprovechen de la infinita sabiduría de Dios mediante la dirección del Espíritu. Para el creyente es menos que inútil depender de su propia sabiduría y aún más inútil y peligroso para él buscar la sabiduría y el consejo de otros, aun cuando sean creyentes. En los asuntos en que los hombres no pueden saber nada, son correctamente llamados *ciegos.* Sobre este punto Cristo preguntó: "¿Puede un ciego guiar a otro ciego?" (Lc. 6:39).

Considerando la manera en que la voluntad de Dios puede ahora ser conocida, se observará que la guianza directa del Espíritu morador ha sobrepasado, en forma muy ventajosa, el método de guiar en el Antiguo Testamento por la luz natural, por sueños, por voces y por pruebas. Todos estos métodos antiguos ahora serían considerados inefectivos. El hijo de Dios no puede magnificar mucho la verdad de que, bajo la presente relación de gracia, él vive y sirve al Señor en estrecho compañerismo con el Espíritu Santo. El, juntamente con el Espíritu, ocupa el mismo cuerpo y como compañeros ellos entran en las mismas empresas que Dios el Padre pueda señalar. Por supuesto, la suerte de vida es sobrenatural en grado sumo; sin embargo, ningún hijo de Dios debiera de tener miedo de cosas sobrenaturales. También es cierto que cada demanda de la dirección del Espíritu debe ser contemplada bajo tres tiempos de relación. Hay un tiempo antes de la experiencia, el tiempo de la experiencia misma, y un tiempo posterior a ella que es caracterizado como retrospectivo. Así, si uno es lleno del Espíritu siempre está preparándose para la experiencia, siendo siempre guiado, y siempre mirando hacia atrás a la fidelidad de Dios en sus tratos. En cuanto a la preparación dos pasajes pueden servir para la preparación necesaria. "Fíate de Jehová de todo tu corazón y no estribe en tu prudencia" (Pr. 3:5); "Así que, hermanos, os ruego por las misericordias de Dios, que presentéis vuestro cuerpo en sacrificio vivo, santo, agradable a Dios, que es vuestro culto racional. Y no os conforméis a este siglo, sino transformaos por medio de la renovación de vuestro entendimiento, para que experimentéis cuál sea la buena voluntad de Dios, agradable y perfecta" (Ro. 12:1, 2). Para el que ha de ser guiado es necesario no sólo estar dependiendo definitivamente del Espíritu en cuanto a la dirección, sino que debe siempre estar deseando el ser guiado. Con respecto al tiempo cuando uno realmente está siendo guiado se puede preguntar: ¿Cómo puede uno saber o estar consciente de lo que Dios quiere? La respuesta a esta duda abarca grandes realidades personales, los grados de desarrollo y experiencia a los que concierne jamás habrían dos semejantes. No hay otra escritura tan reveladora sobre el asunto que Filipenses 2:13, que afirma: "Porque Dios es el que en vosotros produce así el querer como el hacer, por Su buena voluntad". Esta revelación trae seguridad que es tan definida como final. Puede ser posible que se imponga una dilación sobre la acción que se considera o que Dios expresara Su voluntad por alguna otra providencia o circunstancia; pero con una cosa siempre podría contarse: El trabajo interior y la dirección al final producen una convicción mental que de algún modo han engendrado todas las influencias. Ciertamente, Dios puede hablar lo suficientemente fuerte para que un alma ansiosa pueda oírlo. Jorge Müller enseñó y testificó acerca de una riquísima experiencia a la que Dios guía en el compañerismo del Espíritu Santo, no por señas o cosas externas; sino por la mente deseosa y expectante. El influye en el juicio mismo, y entonces uno llega a estar claro y convencido con respecto al rumbo que Dios indicaría. La voz de los hombres puede ser escuchada únicamente si Dios la ha enviado a sus hijos para ese propósito. Como para el tiempo después que uno ha sido guiado, entonces es necesario descansar en aquello en que ha sido determinado para él. La dirección debe ser tan convincente que no hayan dudas en los días siguientes cuando acaso puedan sobrevenir tiempos de pruebas. Esa dirección que lo lleva a uno a un particular campo de servicio ha de ser de tan definida natuarleza que el sufrimiento y las privaciones puedan ser sobrellevados sin discusión alguna del paso que nos llevó al lugar de la prueba.

Finalmente, uno que está rendido a Dios debe contarse a sí mismo en la voluntad de Dios cuando está deseando hacer Su voluntad sin reserva. Si la posición que uno ocupa en la vida o en el servicio no es la que Dios quiere, El puede moverlo seguramente al lugar que El elige para el tal. Ciertamente, la voluntad de Dios no es asunto de que el cristiano esté en un lugar o en otro; es más bien de estar deseando hacer la voluntad de Dios. Todos los demás ajustes se hacen fácilmente. Un factor muy vital, entonces, en la vida espiritual es el de ser guiado por el Espíritu Santo, y esta experiencia necesaria será la parte de todo el que es lleno del Espíritu.

VI. LA VIDA DE FE

Ciertamente, la hazaña más vital del Espíritu Santo es aquella por la cual El hace real las cosas sobrenaturales a aquel en quien El mora. Esta empresa es muy semejante en carácter a la de su obra de enseñanza, salvo que la última está restringida en gran parte a la de impartir conocimiento de las Escrituras, mientras que la primera comprende un amplio campo en la experiencia del creyente. Lo que debe enfatizarse mayormente en la primera es la verdad de que el Espíritu Santo testifica en el corazón del creyente, testimonio que llega a ser de que el creyente es un hijo de Dios. El Apóstol Pablo declara: "El Espíritu mismo da testimonio a nuestro espíritu que somos hijos de Dios" (Ro.8:16). El Apóstol Juan de la misma manera escribe: "Si recibimos el testimonio de los hombres, el testimonio de Dios es mayor, porque este es el testimonio de Dios, que ha testificado de Su Hijo. El que cree en el Hijo de Dios, tiene el testimonio en sí mismo; el que no cree a Dios, le ha hecho mentiroso; porque no ha creído en el testimonio que Dios ha testificado de Su Hijo" (1 Jn.5:9,10). Así también, la habilidad de dirigirse a Dios en el sentido de relación filial, es una obra del Espíritu Santo efectuada en el corazón y, entonces también, por lo genuino de la filialidad es que al creyente le es dado el Espíritu Santo en donde El puede con éxito producir la conciencia de filialidad. De consiguiente, está escrito: "Y porque sois hijos, Dios ha enviado el Espíritu de Su Hijo en vuestros corazones, el cual clama: Abba, Padre" (Gá.4:6). El Espíritu no sólo actualiza la relación filial, sino que a El también se le ha encomendado el hacer real cada gran hecho de relacionar la verdad de lo que puede haber sido teóricamente conocido por fe. La oración del Apôstol produce directamente esta obra específica del Espíritu Santo. El oró que el "Dios de nuestro Señor Jesucristo, el Padre de gloria, os dé espíritu de sabiduría y de revelación en el conocimiento de El, alumbrando los ojos de vuestro entendimiento, para que sepáis cuál es la esperanza a que El os ha llamado, y cuáles las riquezas de la gloria de Su herencia en los santos, y cuál la supereminente grandeza de Su poder para con nosotros los que creemos, según la operación del poder de Su fuerza, la cual operó en Cristo, resucitándole de los muertos, y sentándole a Su diestra en los lugares celestiales, sobre todo principado y autoridad y poder y señorío, y sobre todo nombre que se nombra, no sólo en este siglo, sino también en el venidero" (Ef.1:17-21); y "para que os dé, conforme a las riquezas de Su gloria, el ser fortalecidos con poder en el hombre interior por Su Espíritu; para que habite Cristo por la fe en vuestros corazones, a fin de que arraigados y cimentados en amor, seáis plenamente capaces de comprender con todos los santos cuál sea la anchura, la longitud, la profundidad y la altura, y de conocer el amor de Cristo, que excede a todo conocimiento, para que seáis llenos de toda la plenitud de Dios" (Ef.3:16-19).

Como la guianza del Espíritu, la obra del Espíritu de dar realidad, haciéndola tan definida en el dominio de la experiencia, también puede ser deformada por los que carecen de una recta instrucción y conocimiento de los métodos de Dios para ellos; a pesar de eso, la guianza y el verdadero testimonio del Espíritu debe reconocerse y mantenerse sin hacer caso de las falsedades. Es un asunto, que ha sido registrado en la Escritura, de que un creyente será consciente de su relación filial con Dios por el testimonio a, y con su espíritu humano, por la Tercera Persona que vive en él. Verdaderamente, es la actitud ordinaria de los que componen la gran compañía de creyentes espirituales, el tener paz en sus corazones respecto a su salvación personal. Pueden ellos tener varios problemas en el aspecto de su vida diaria; pero, a menos que sea muy anormal, ellos no abrigan la inseguridad de su aceptación ante Dios. Tal paz es fundamental porque nadie que no esté seguro en cuanto a su propia relación con Dios, podrá crecer en el conocimiento de Cristo y en la gracia (comp. 2 P.3:18).

Entonces puede resumirse, que las grandes realidades que entran en las relaciones de un creyente con Dios serán hechas efectivas en él por el Espíritu Santo.

VII. LA INTERCESION DEL ESPIRITU

Ningún creyente debiera ignorar cuanto al arreglo divino en esta dispensación con respecto a la oración. Como un nuevo privilegio para el hijo de Dios (Jn.16:24), Cristo mismo indicó que la oración sea dirigida al Padre en nombre del Hijo (comp. Jn. 16:23). El Apóstol agrega a esto por la misma autoridad divina, que la oración se ofrece en el poder capacitador del Espíritu Santo. Escribe así: "Y de igual manera el Espíritu nos ayuda en nuestra debilidad; pues qué hemos de pedir como conviene, no lo sabemos, pero el Espíritu mismo intercede por nosotros con gemidos indecibles. Mas el que escudriña los corazones sabe cuál es la intención del Espíritu, porque conforme a la voluntad de Dios intercede por nosotros" (Ro.8:26,27); "Orando en todo tiempo, con toda oración y súplica en el Espíritu, y velando en ello con toda perseverancia y súplica por todos los santos" (Ef.6:18). Y a este testimonio Judas agrega: "Pero vosotros amados, edificándoos sobre vuestra santísima fe, orando en el Espíritu Santo" (Jud. 20). De acuerdo al primero de estos pasajes (Ro.8:26,27) se indica que en la esfera de la forma particular de oración designada *intercesión,* que es el acto de ponerse entre Dios y el hombre en favor de otro, el instrumento humano no sabe por lo que él debe orar. ¿Cómo podría él saber cuál es el propósito de Dios para lo que debiera ser en la vida de otra persona? O, ¿cómo podría él saber qué relación existe entre Dios y su amigo? A causa de estas obvias limitaciones, el Espíritu inspira la oración de intercesión, y, además, El, como una Persona de la Deidad, que por sí mismo conoce la necesidad del corazón humano y que, ciertamente, escudriña los corazones, es atendido por el Padre, siendo que El conoce perfectamente las peticiones presentadas por el Espíritu Santo cuando el Espíritu intercede por los santos de acuerdo a la voluntad del Padre. En cuanto a este plan divino de la oración Dean Alford escribe: "El Espíritu Santo de Dios que mora en nosotros conociendo nuestros anhelos mejor que nosotros mismos, El mismo clama en nuestras oraciones, elevándonos a los más altos y santos deseos de lo que podemos expresar en palabras, que sólo pueden hallar expresión en gemidos y suspiros" *(New Testament for English Readers,* new ed., sobre Ro. 8:27).

De este modo el hombre lleno del Espíritu puede entrar, y entra en una esfera de ministerio efectivo de oración por la intercesión del Espíritu que opera en él.

CONCLUSION

El propósito de este capítulo de Neumatología ha sido presentar y ampliar la verdad revelada con respecto a lo que es operado por el Espíritu Santo en el corazón y la vida de aquel a quien El llama. La llenura del Espíritu resulta en siete manifestaciones de Sí mismo en y a través del hijo de Dios. No hay duda en cuanto a cuáles son los objetivos del Espíritu. Por la clara exposición en el Texto Sagrado, toda experiencia humana en desacuerdo ha de ser rechazada como impertinente, y el cristiano puede auto-juzgarse en modo más práctico con respecto a la medida en que él está lleno del Espíritu. Se ha llamado la atención repetidamente al hecho determinante de que todos estos siete efectos son operados en y a través del creyente hasta que apropiadamente puedan llamarse *manifestaciones del Espíritu.* Estas operaciones no han de ser vistas como concesiones especiales de Dios, sino que son las actividades normales del Espíritu dentro de aquel a quien El llena. Esta verdad nos lleva a la consideración del problema de cuáles son los términos o condiciones, según se revelan en el Nuevo Testamento, sobre cómo un cristiano puede entrar en la realización de esta inapreciable experiencia de glorificar a Dios en la vida diaria.

CAPITULO XV

CONDICIONES O PRERREQUISITOS DE LA LLENURA

Una vez más el creyente ha de ser confrontado con las más sencillas condiciones, y precisamente con las que son requeridas del lado humano, naturalmente, a fin de que pueda ser lleno del Espíritu. Como sucede muy a menudo con los intérpretes, sin embargo, se han aumentado los prerrequisitos de los ajustes trazados por las Escrituras, se han agregado extrañas demandas a las revelaciones que Dios ha dado. Exhibiendo la misma disposición de agregar obligaciones no especificadas, disposición que se exhibe cuando algo se agrega a la única condición para la salvación por la fe sola, los hombres han extendido más allá de la medida las obligaciones humanas supuestas con relación a la llenura del Espíritu. Comunmente se recomienda que se pida o que se ore por la llenura, pues de ello depende. Este error es promovido por la noción de que orar por la llenura del Espíritu es razonable. También algunos que confunden el recibimiento del Espíritu con la llenura, creen que el orar por el Espíritu está ordenado en Lucas 11:13, en donde las palabras del Salvador aparecen como sigue: "Si vosotros, siendo malos, sabéis dar buenas dádivas a vuestros hijos; ¿cuánto más vuestro Padre celestial dará el Espíritu Santo a los que lo pidieren?" Previamente se ha demostrado que la dirección que Cristo dio a estas palabras, como se afirma en este pasaje, no se aplica, ni se podría aplicar a los creyentes de la edad presente, y es igualmente cierto que la recepción del Espíritu no es lo mismo que la llenura del Espíritu. El orar por la llenura del Espíritu es un error de grandes proporciones e indica una falta de comprensión de las condiciones en las que se obtiene en la actualidad. La llenura del Espíritu no espera la influencia de la oración. Dios no está reteniendo esta bendición hasta ser reconvenido, o que alguna renuencia de Su parte sea vencida. El espera los debidos ajustes de los requisitos humanos. En otras palabras, espera que el creyente se rinda totalmente a El. Cuando son alcanzadas las condiciones reveladas, que son más razonables, el Espíritu continúa en el corazón del creyente con todas las actividades que juntas constituyen la llenura del Espíritu. No se necesita implorar al Espíritu que haga aquello que él vino a hacer en el corazón del cristiano; más bien él está implorando al cristiano que despeje el camino para poder hacer su obra de gracia. Los resultados son inmediatos y la bendición segura cuando se cumplen las condiciones; pero la oración por la llenura del Espíritu no es una de esas condiciones.

Siguiendo al error de la suposición de que el orar es una condición para que el creyente pueda ser lleno del Espíritu está el de presumir que todos los creyentes tienen que esperar la llegada del Espíritu, por el hecho de que los discípulos esperaron diez días Su llegada antes del Día de Pentecostés. Esta noción es posible sólo porque no se observa la verdad de que los discípulos no estaban esperando su llenura, sino que esperaban el advenimiento del Espíritu Santo al mundo. Desde que el Espíritu vino como lo hizo en el Pentecostés, ninguno ha tenido la más ligera ocasión de esperar por El; pero ¡cuánto tiempo y con cuánta paciencia el Espíritu ha esperado que las vidas no rendidas se sometan a El!

Similarmente, están aquellos que, continuando un malentendido de hace dos o tres generaciones, sostienen que la llenura del Espíritu depende de alguna crisis o experiencia, al tiempo cuando se pide la llenura con esfuerzo supremo de fe resultando en lo que se piensa ser un estado de espiritualidad pemanente. Los hombres han enseñado que los cristianos recibirían la llenura del Espíritu mediante un esfuerzo específico, tanto como si hicieran una profunda aspiración en sus pulmones. Todo esto, aunque sincero, ignora la verdad sencilla de que el Espíritu mora en cada creyente y así el problema ante todo creyente es sólo de ajustarse a fin de que la obra del Espíritu en el corazón y la vida pueda ser sin impedimento.

Al acercarse al tema respecto a los términos sobre cómo el hijo de Dios puede ser lleno del Espíritu, será claro para todos que sólo aquellas instrucciones registradas en las Escrituras han de ser consideradas. Un gran predicador de los dieciocho requisitos tabulados anteriormente que han de ser alcanzados por los que han de ser llenos del Espíritu, según su declaración; no obstante, en su autobiografía, al describir su propia experiencia de ser lleno de esta manera, falló en indicar que él no obró de acuerdo con siquiera uno de estos infundados requisitos. Debe evitarse una cosa tan irreal, y sólo serán consideradas las condiciones que Dios ha revelado. En el Nuevo Testamento se establecen directamente tres condiciones. No hay más ni menos. Siendo que esto es así, es evidente que estas tres representan todo lo que se requiere. De estas tres condiciones, dos son negativas (lo que el creyente no debe hacer) y una es positiva (lo que él debe hacer). Las direcciones negativas son: "Y no contristéis al Espíritu Santo de Dios" (Ef.4:30), y "No apaguéis el Espíritu" (1

Tes.5:19), mientras que la condición positiva es: "Andad en el Espíritu" (Gá.5:16). Ahora bien, éstas han de ser consideradas por separado y en el mismo orden.

I. NO CONTRISTEIS AL ESPIRITU SANTO DE DIOS

En el cristiano mora el Espíritu Santo con el propósito de que la vida divina dirija todos los pensamientos, acciones y sentimientos en vez del pecado que es tan extraño al Espíritu, realmente el extremo opuesto y que es echado lo más lejos de la absoluta pureza y santidad del Huésped Divino. La presencia de pecado en la vida del creyente contrista al Espíritu Santo. Este es el testimonio de la Biblia y es también el abundante testimonio de la razón. Cuando el pecado es tolerado en la vida diaria del cristiano necesariamente el Espíritu tiene que cambiar su ministerio a *través* del cristiano por un ministerio de intercesión *a favor de él*. La Biblia no sanciona la idea, tan frecuentemente sugerida, de que el Espíritu siempre queda lejos contristado. Por el contrario, se asegura que, habiendo hecho su residencia en el hijo de Dios, El mora para siempre (Jn.14:15,16; 1 Jn.2:27). El permanece, pero contristado cuando el pecado está presente. Entristecer al Espíritu viene a ser una experiencia definida en aquel en quien el Espíritu mora, experiencia que tiene una estrecha semejanza a la de su propia alma o espíritu cuando está deprimido. David expresó el sentimiento que le sobrevino después de su gran pecado, diciendo: "Mientras callé, envejeciéronse mis huesos en mi gemir todo el día; porque de día y de noche tu mano se agravó sobre mí; se volvió mi verdor en sequedades de verano" (Sal.32:3,4). Todo esto, siendo asunto de la experiencia humana, es factible de malentendido y de falsa interpretación. A menudo las condiciones físicas producen un estado mental deprimido, estado que no tiene relación alguna con la tristeza del Espíritu. Siempre debiera permitirse una indulgencia cuando los nervios están agotados o cuando está baja la vitalidad física. Son muchos los casos cuando la mente (a causa de debilidad de los nervios o del cuerpo) se inclina a imaginar que está separada de Dios, y aun a sospechar que se ha cometido un pecado imperdonable. No obstante, la prueba de todo esto es muy sencilla. El pecado que contrista al Espíritu en el acto se hace conocido. El pecado aparecerá como la causa conocida y reconocida de la carga del corazón. La medicina es confesión a Dios y el que debe confesar no estará dudoso o incierto de lo que ha de ser confesado. Nadie puede ser definido confesando pecados desconocidos. El pecado conocido puede ser confesado en armonía con ese conocimiento de él que el Espíritu crea en la mente y el corazón. Si un creyente está deprimido sin que un error salte a la vista, es seguro que la causa es física más bien que espiritual. A la luz de la verdad de que el Espíritu es contristado por el pecado y que esa reacción al pecado por parte del Espíritu es experimentada por aquel en quien El mora, bien puede ser objetada si el creyente vive siempre por los dictados de su conciencia después de haber sido salvo. La presencia del Espíritu Santo crea nuevas normas tan altas como la misma santidad divina, y la manera de vida del cristiano en ese plano santo y elevado. El Apóstol testificó que su conciencia le daba testimonio en el Espíritu Santo (Ro.9:1-3). Es probable que el Espíritu emplee la conciencia humana, pero como El ciertamente le ha impartido una nueva norma concerniente a lo que es correcto y lo que es malo. El mandamiento claro dirigido al creyente es que "no contriste al Espíritu Santo de Dios." Habrá poco argumento de alguna fuente en contra de la verdad de que el pecado en el cristiano es la causa de tristeza del Espíritu Santo; ni hay necesidad de tener que decir contra el hecho de que el hijo de Dios, teniendo una vieja naturaleza, y estando sujeto a incesante conflicto con el mundo, la carne y el diablo, peca y contrista así al Espíritu Santo. El problema práctico es doble: (a) cómo evitar el pecado y (b) cómo poder aplicar la cura provista por Dios una vez que el pecado ha entrado en la vida.

1. PREVENCION DE PECAR EN EL CRISTIANO. Tres factores principales entran en la prevención de pecar en la vida del cristiano.

Primero, la *Palabra de Dios* misma es una protección cuando se guarda en el corazón. El Salmista declaró: "En mi corazón he guardado tus dichos para no pecar contra tí" (Sal.119:11). La Palabra de Dios es no sólo un poder inevitable en guardar del pecado, sino que es un poder para detectar el pecado en la vida. Los cristianos que descuidadamente pecan no se sienten cómodos cuando leen la Palabra de Dios y naturalmente evitan su lectura. Escrito está: "Porque la Palabra de Dios es viva y eficaz, y más penetrante que toda espada de dos filos, y penetra hasta partir el alma y el espíritu, las coyunturas y los tuétanos, y discierne los pensamientos y las intenciones del corazón" (He.4:12).

Segundo, el *Espíritu morador* es la fuente de donde se puede recibir poder abundante para resistir contra el pecado. El hecho de la presencia y poder del Espíritu es la base inmediata de toda vida santa. Relacionado con este aspecto de capacitación divina está el acto de la voluntad humana, la determinación fortalecida para hacer lo que trae honra a Dios. La voluntad es motivada por el conocimiento de las posiciones exaltadas a las que uno ha sido llevado por gracia y es capacitado por el Espíritu Santo para querer y para hacer lo que a Dios agrada.

Tercero, la *intercesión de Cristo* es ese aspecto de Su ministerio sacerdotal en el cielo por el cual El sostiene a los Suyos que están en el mundo. Tiene que ver con su impotencia, debilidades y limitaciones. Pertenece al pastorado de Cristo.

2. REMEDIO DEL PECADO DEL CRISTIANO. Como introducción al tema mencionado sería bueno señalar, y ciertamente es fácil reconocer como fundamental que, en adición a la verdad de la pecaminosidad del pecado, el creyente no debe pecar por cuanto el pecado contrista el Espíritu Santo. En el Nuevo Testamento se le da mucho énfasis a esta última verdad y, como se ha visto anteriormente, Dios ha provisto vitales impedimentos para el pecado; pero aun queda la verdad que por dejar de reclamar la protección que Dios ha provisto, a causa de la fortaleza de los enemigos que hay que afrontar (el mundo, la carne y el diablo), aunque éstos no son tan grandes que Dios no los pueda controlar, y por causa de la debilidad humana, los cristianos pecan en más o menos grado, y por tanto se enfrentan a un problema diferente a la sola prevención del pecado: él debe estar informado con respecto a, y actuar de acuerdo con, el plan divino en cuanto al remedio. A la luz de la posibilidad de algún pecado en su vida, el cristiano que no pide la curación del efecto de su pecado necesariamente llegará al lugar en donde todas las manifestaciones de la presencia y poder del Espíritu son anuladas y se vivirá bajo la nube de la depresión que produce la incesante tristeza del Espíritu. Por eso es un aspecto importante para el creyente, en la realización de la vida espiritual, el entender las provisiones para la restauración de la correcta relación con Dios y actuar sobre estas provisiones con fidelidad inquebrantable. Estas provisiones divinamente preparadas para la restauración del creyente herido por el pecado para estar en perfecta relación con el Espíritu Santo están consignadas en la Biblia en ciertos pasajes especiales y se podría decir que estas provisiones conducen al cristiano que ha sido afectado por el pecado a restablecer su compañerismo con Dios. Al seguir el plan arreglado divinamente para la restauración, los resultados son *absolutos.* Sobre este hecho no se puede enfatizar demasiado, y siempre hay necesidad de repetir la verdad ante la tendencia de suponer que el perdón divino y la restauración están sujetos a las mismas limitaciones que caracterizan el perdón y la restauración tal como los practican los hombres entre sí en base de lenidad y generosidad. Ahora vamos a considerar los pasajes principales respecto al perdón y la restauración divinos.

Juan 13:3-11. "Sabiendo Jesús que el Padre le había dado todas las cosas en las manos, y que había salido de Dios y a Dios iba, se levantó de la cena y se quitó su manto, y tomando una toalla, se la ciñó. Luego puso agua en un lebrillo y comenzó a lavar los pies de los discípulos, y a enjugarlos con la toalla con que estaba ceñido. Entonces vino a Simón Pedro; y Pedro le dijo: Señor, ¿tú me lavas los pies? Respondió Jesús y le dijo: Lo que yo hago, tú no lo comprendes ahora; más lo entenderás después. Pedro le dijo: No me lavarás los pies jamás. Jesús le respondió: Si no te lavare, no tendrás parte conmigo. Le dijo Simón Pedro: Señor, no sólo mis pies, sino también las manos y la cabeza. Jesús le dijo: El que está lavado, no necesita sino lavarse los pies, pues está todo limpio; y vosotos limpios estáis, aunque no todos. Porque sabía quién le iba a entregar; por eso dijo: No estáis limpios todos."

Entre otros aspectos importantes que se presentan en este pasaje de la Escritura y que entran en las relaciones correctas del cristiano con Dios, está una que es la más importante, esto es, que sólo Cristo puede limpiar al creyente de la contaminación del pecado. En los primeros capítulos de este Evangelio se ha presentado el plan de la salvación; pero principiando con el capítulo 13 y continuando hasta el capítulo 17 se declaran el privilegio y la responsabilidad del creyente en relación a Dios. En varios de los principales aspectos que se incluyen en este pasaje o discurso particular, es importante notar que la limpieza de la contaminación es la primera que se menciona y que aparte de la limpieza no puede haber una experiencia normal de las grandes realidades que presenta este discurso. Que Cristo pudiera decir, como en realidad lo dijo más tarde (15:3): "Ya vosotros estáis limpios por la palabra que os he hablado", es lo más impresionante. La limpieza, sin embargo, es contemplada por Cristo en dos amplios aspectos diferentes, esto es, la que ha sido efectuada como una parte de la salvación y la que hace posible la limpieza del creyente contaminado. Así en el versículo 10 de este pasaje Cristo declara a Pedro: "El que está lavado (λούω –bañado enteramente) no necesita (ser bañado) sino lavarse los pies, pues está todo limpio." Esta verdad deriva su realidad de la costumbre cuando la gente se bañaba en baños públicos y regresando a casa con los pies desnudos, o con sandalias, a través de calles polvorientas o sucias necesitaban al llegar no un baño completo, sino uno parcial, el lavamiento de los pies. Viniendo a Pedro, se le pone una normal resistencia por parte de éste que no entendía el simbolismo del lavamiento de los pies, y quien había dicho a Cristo unos momentos antes: "Tu eres el Cristo, el Hijo del Dios viviente" (Mt.16:16). Dicha resistencia fue introducida con la observación de Pedro, "¿Tú me lavas los pies? ", a la que Cristo respondió: "Lo que yo hago tú no lo entiendes ahora; pero lo entenderás después, indicando así que había una lección escondida en el acto del lavamiento de los pies de los discípulos, un significado que dependía de su comprensión del derramamiento de la sangre de Cristo que sería vertida para la limpieza; pero que los discípulos no podían entender siendo que no creían que Cristo habría de morir (comp. Lc.18:31-34).

Pedro es poco impresionado con algún oculto significado. El sólo mira lo irrazonable de que el Hijo de Dios esté lavando los pies a hombres pecadores. Su respuesta terminante es: "Tú no me lavarás los pies jamás." Esta protesta sacó del Salvador una afirmación que explica mucho más de lo que está implicado. Cristo dijo: "Si no te lavares no tendrás parte conmigo." Aquí se hallan dos palabras que es necesario entender en su verdadero significado. La palabra *lavar* [νίπτω] habla sólo de un lavamiento parcial como el que Cristo estaba efectuando, y está en completo contraste con la palabra λούω del versículo 10 que se refiere a un baño completo. La segunda palabra que hay que entender correctamente es μέρος, traducida *parte* – "No tendrás parte conmigo." No hay implicación alguna de que Pedro no tuviera relación con Cristo alguna vez; es más bien cuestión de comunión. Pedro no estaría en comunión a menos que fuera removido lo impuro por la sangre purificadora de Cristo. El sacerdote de los tiempos del Antiguo Testamento es el tipo del sacerdote del Nuevo Testamento y cada cristiano es un sacerdote en el Nuevo Testamento. Cumpliendo el tipo, el sacerdote del Antiguo Testamento fue bañado totalmente en un ritual una vez al entrar a su oficio sacerdotal (Ex.29:4). De la misma manera, el sacerdote del Nuevo Testamento, como parte de su salvación, es lavado con el lavamiento de la regeneración (Tit. 3:5). También, así el sacerdote del Nuevo Testamento debe ser limpiado repetidamente cada vez que se contraiga la iniquidad; pero sólo Cristo puede limpiar y aunque se les ordena a los discípulos lavarse los pies los unos a los otros como una evidencia de servicio, ningún ser humano puede limpiar las impurezas espirituales de sus semejantes, ni está en posición alguna, aun simbólicamente, de llevar a cabo una empresa tan grande. Así se establece la verdad de que sólo Cristo puede limpiar las iniquidades del cristiano, y esto porque El murió y derramó Su sangre en sacrificio por el creyente (1 Jn.2:2).

1 Juan 1:7-2:2. ". . . pero si andamos en luz, como él está en luz, tenemos comunión unos con otros, y la sangre de Jesucristo su Hijo nos limpia de todo pecado. Si decimos que no tenemos pecado, nos engañamos a nosotros mismos y la verdad no está en nosotros. Si confesamos nuestros pecados, él es fiel y justo para perdonar nuestros pecados y limpiarnos de toda maldad. Si decimos que no hemos pecado, le hacemos a él mentiroso, y su

palabra no está en nosotros. Hijitos míos, estas cosas os escribo para que no pequéis; y si alguno hubiere pecado, abogado tenemos para con el Padre, a Jesucristo el justo. Y él es la propiciación por nuestros pecados; y no solamente por los nuestros, sino también por los de todo el mundo."

Juan es el testigo experimentado en relación a una comunión ininterrumpida con el Padre y con el Hijo como se indica en el primer versículo de 1 Juan. En el primer capítulo de esta Epístola se adelanta un mensaje directamente traído del ministerio terrenal de Cristo, que no aparece registrado en ninguno de los evangelios. El mensaje tiene que ver con mantener la comunión con el Padre y con el Hijo. Al contemplar tal relación sería bueno recordar que Dios es luz", frase que se refiere a la perfección moral o santidad, y es con una Persona tal con quien el creyente tiene comunión. El poner al cristiano en comunión con Dios no se logra por rebajar lo que pertenece a Dios; por el contrario, se alcanza elevando al creyente al nivel sobre el cual es posible la comunión con El. Para uno que dice que tiene comunión con Dios mientras al mismo tiempo está andando en tinieblas, es mentir y no hacer la verdad; pero si el cristiano anda en la luz como Dios está en la luz, es experimentar comunión con El, comunión que es la experiencia moral de todos los salvos. Una comunión tal no es una concesión especial de parte de Dios, sino más bien es lo que está provisto para todos los que andan en perfecta relación con Dios. Toda esta bendición inmensurable está condicionada a "andar en la luz." Andar en la luz no es convertirse en luz, lo que sería perfección impecable; es más bien el ajustarse a la luz. Cuando la luz escrutadora, la cual es Dios, revela cambios que se necesitan en la vida de uno delante de Dios, entonces uno debe de adaptarse a la voluntad de Dios así revelada a fin de andar en la luz. Cuando se haya adaptado de esa manera, la sangre de Cristo sigue limpiándolo continuamente de todo pecado. La comunión no depende de una perfección imposible, sino de un ajustamiento voluntario a todo lo que Dios desea y comunica. Entonces la confesión, que es la expresión externa de un arrepentimiento interior, llega a ser la condición sobre la cual un hijo de Dios ha sido dañado por el pecado puede alcanzar restauración nuevamente a una comunión inquebrantable. Esa restauración no sólo será absoluta hasta el infinito, sino que la gracia divina que restaura y limpia se perfecciona en una base de justicia al grado infinito. Siendo que el mismo hijo de Dios que ha pecado y con quien él está unido con lazos eternos, El es fiel a esa relación y siendo que Dios ha satisfecho todos los justos juicios contra el pecado en cuestión, El es "justo" para limpiar y perdonar. Así lo fue en el orden del Antiguo

Testamento y siempre debe ser así el trato del Dios Santo con el pecado humano. Los israelitas traían sus sacrificios y era después que el sacerdote ofrecía el sacrificio que el oferente traía por su pecado, que éste era perdonado. Levítico 4:35 declara: "Y le quitará toda su grosura, como fue quitada toda la grosura del sacrificio de paz, y el sacerdote la hará arder en el altar sobre la ofrenda encendida a Jehová; y le hará el sacerdote expiación de su pecado que habrá cometido y será perdonado." Se hace gran énfasis en el hecho de que la condición para conseguir la restauración del creyente, para la comunión con Dios, es la confesión de pecado. Con mucha frecuencia se sustituye por la oración; pero orar por el perdón no está en armonía con la luz que es Dios. Orar por el perdón realmente asume que Dios mismo necesita ser cambiado en su actitud hacia el pecado.

1 Corintios 11:31,32. "Si pues, nos examinásemos a nosotros mismos, no seríamos juzgados; mas siendo juzgados, somos castigados por el Señor, para que no seamos condenados con el mundo."

Llegando al final de esta parte de la Epístola, porción que es dedicada a la corrección de carnalidades en la iglesia de los corintios (1:10-11:34), esta clara dirección relativa a la responsabilidad humana en la curación de los efectos del pecado en ellos es de lo más apropiado. La contribución particular de este pasaje a la doctrina total del andar del creyente con Dios se ve en el orden de los eventos que desarrolla. Aquí se ve al Padre esperando el auto-examen, o confesión de sus hijos que han pecado. Este período de aparente silencio o falta de atención de parte de Dios que sigue a la comisión del pecado del creyente es fácilmente malentendido, y puede ser malinterpretado por el creyente, pensando que Dios no ha observado el pecado cometido. Es la gracia de Dios que así espera que el creyente actúe primero a favor de sí mismo con respecto al pecado. Sin embargo, si el hijo de Dios peca y no se examina de este modo con una confesión completa, se hace necesario que el Padre someta a juicio a Su hijo, ya que El es el perfecto disciplinador. Esta es la fuerza de las palabras del Apóstol: "Que si nos examinásemos a nosotros mismos, cierto, no seríamos juzgados." El acto voluntario de un auto-examen satisface cada demanda divina y no se impondrá ningún juicio de parte del Padre. Es sólo cuando el cristiano retiene su confesión y por lo tanto asume la actitud de justificación propia con respecto a su pecado, o que por amor a él rehusa conformarse a la santa voluntad de Dios, que el Padre debe llevarlo al lugar de corrección. Otra vez se reconocerá que el caso no es el de mantener unión con el Padre, unión que, como es la filialidad, al ser una vez establecida nunca puede ser quebrantada; es más bien el aspecto de comunión o compañerismo. En consecuencia, se pregunta: "¿Andarán dos juntos si no estuvieren de concierto? (Am.3:3). Dios no puede andar en las tinieblas con el creyente, ni se puede experimentar el compañerismo cuando el creyente a lo blanco llama negro, y a lo negro, blanco. El creyente debe estar de acuerdo con Dios en que lo blanco es blanco y lo negro es negro. Estando de acuerdo con Dios, no queda obstáculo que impida esa comunión y el compañerismo es restablecido por el perdón y la limpieza que Dios otorga en Su gracia. El pasaje de Pablo sigue diciendo: "Pero siendo juzgados somos castigados del Señor." En este punto es obvia una distinción entre castigo y condena, o satisfacción. Aun cuando el creyente es castigado, la condena por su pecado no es requerida de él, ya que Cristo ha llevado todo el castigo sobre Sí mismo y nunca se requerirá de nuevo. Con frecuencia los cristianos no entienden la verdad de que no hay ni puede haber ninguna condenación. El castigo tiene por objeto el de traer al creyente a la penitencia y por medio de ella la correspondiente confesión para la restauración. Que el castigo no es penal se demuestra en que la restauración y el perdón se aseguran en seguida aun aparte del castigo cuando sin tardanza se hace la confesión. Si el castigo hubiere de caer sobre el creyente no se demoraría ni podría ser remitido. Habiendo compromiso para salvar al cristiano de toda pena de juicio (comp. Jer.3:18; 5:24; Ro.8:1), y habiendo pactado de perdonar y limpiar instantáneamente y de modo perfecto, basado en la única condición de la confesión, el creyente sólo es castigado cuando resiste a Dios. Descansando en el mérito del Hijo de Dios y habiéndose amparado bajo la eficacia de la sangre de Cristo, el hijo de Dios nunca puede ser "condenado con el mundo."

Hebreos 12:5-11. "Y habéis ya olvidado la exhortación que como a hijos se os dirije diciendo: Hijos míos, no menosprecies la disciplina del Señor, ni desmayes cuando eres reprendido por El; Porque el Señor al que ama, disciplina, y azota a todo el que recibe por hijo. Si soportáis la disciplina, Dios os trata como a hijos; porque ¿qué hijo es aquel a quien el padre no disciplina? Pero si se os deja sin disciplina, de la cual todos han sido participantes, entonces, sois bastardos, y no hijos. Por otra parte, tuvimos a nuestros padres terrenales que nos disciplinaban, y los venerábamos. ¿Por qué no obedeceremos mucho mejor al Padre de los espíritus, y viviremos? Y aquellos ciertamente por pocos días nos disciplinaban como a ellos les parecía, pero éste para lo que nos es provechoso, para que participemos de su santidad. Es verdad que ninguna disciplina al presente parece ser causa de gozo, sino de tristeza; pero después da fruto apacible de justicia a los que en ella han sido ejercitados."

La importancia de la doctrina respecto al castigo justifica el lugar que se le da en el texto sagrado. El pasaje citado es céntrico y por este contexto y el de otras Escrituras se puede ver que el castigo o disciplina, comprende más que la corrección de lo malo: puede incluir disciplina, o instrucción, así como sus objetivos. Si estuviera limitado sólo a la corrección del mal en los hijos de Dios, difícilmente se podría decir que tiene un alcance universal. Como por su carácter universal está escrito: "Dios al que ama castiga." y en su castigo Dios "trata con vosotros como con hijos", y a menos que seáis castigados (como lo son todos los hijos) "no sois hijos." El creyente no debiera "menospreciar" el castigo "ni desmayar" bajo Su disciplina. Como en el caso de un hijo terrenal, cada ventaja incrementa al que por "él es ejercitado." El versículo 6 sugiere una distinción entre castigo y azote. El castigo tan amplio como puede ser en su alcance, puede ser experimentado muchas veces; pero el azote, que parece ser la conquista final de la voluntad del creyente, necesitaría ser experimentado una sola vez. Muchos episodios tristes en la vida del creyente no consagrado se podrían evitar si él sometiera su voluntad a la de Dios.

Aunque en las Escrituras se mencionan varias formas específicas de castigo, y su ejecución divina se ve en acción en muchas de las vidas de los que están registradas en la Palabra de Dios, es posible que, siendo que Dios trate con hijos individuales, sus modos y medios sean múltiples. Pueden variar con la situación de cada individuo. Hasta dónde puede llegar el castigo se describe en 1 Corintios 11:30, hablando de irregularidades en la mesa del Señor y la disciplina que debe acompañar a tales acciones, el Apóstol dice: "Por lo cual hay muchos enfermos y debilitados entre vosotros, y muchos duermem." Así se descubre que el Padre puede emplear enfermedad y debilidad físicas en sus medios de castigo y aun la muerte misma. En otros textos del N. T. se hace referencia a la muerte física en la misma conexión. El pámpano que en Cristo no lleva fruto es cortado y echado de su lugar (Jn.15:2), y hay un pecado que puede cometer el hermano, que lo lleva hasta la muerte (1 Jn.5:16); y en tal caso la oración por su sanidad no es eficaz. Aun Satanás puede ser usado como un instrumento de castigo. El Apóstol declara: "De los cuales son Himeneo y Alejandro, a quienes entregué a Satanás para que aprendan a no blasfemar" (1 Ti.1:20).

Por el consuelo que asegura y por el hecho de la revelación respecto al carácter de Dios, la verdad que el amor es el motivo divino en cada caso donde se emplea el castigo, no puede pasarse por alto. Ningún intento de explicar esta importante doctrina puede hacer que falte en indicar que el castigo divino surge en la infinita compasión de Dios y es administrado bajo la infinita bondad divina.

2 Corintios 7:8-11. "Por lo cual os ruego que confirméis el amor para con él. Porque también para este fin os escribí, para tener la prueba de si vosotros sois obedientes en todo. Y al que vosotros perdonáis, yo también; porque también yo lo que he perdonado, si algo he perdonado, por vosotros lo he hecho en presencia de Cristo. Para que Satanás no gane ventaja alguna sobre nosotros; pues no ignoráis sus maquinaciones."

Este pasaje es citado como un ejemplo de un verdadero arrepentimiento por parte de los creyentes. El Apóstol había escrito a la iglesia de Corinto (está a la vista la correspondencia de su primera Epístola), y en ese mensaje, como antes se ha observado, el exhibió sus pecados e irregularidades con el resultado de que ellos fueron convencidos de sus malos caminos, y con el arrepentimiento (que significa un completo cambio de mente) ellos se limpiaron enteramente delante de Dios. Un verdadero arrepentimiento no resultaría en una somera experiencia temporal, que sigue tolerando y repitiendo el pecado; sin embargo, el poder para evitar el retorno no está en el grado del arrepentimiento, sino en una confianza más efectiva en el Espíritu habilitador. Se estudiará este pasaje a la luz de la verdad de que es una norma de lo que Dios tiene derecho de esperar de todos los que El castiga.

Salmo 51:1-19. Este conocido salmo muy extenso para copiarse aquí, presenta a David como un ejemplo sobresaliente de arrepentimiento y de confesión entre los santos del Antiguo Testamento. En la Palabra de Dios, el pecado de David es descrito desnudo (sin rodeos) y con su corazón quebrantado y contrito. El era participante de esa forma de la salvación que había sido acordada por Dios, como debe ser toda salvación que se había establecido para los santos del Antiguo Testamento, la que habiendo sido efectuada por Dios como debe ser toda salvación, él no la perdió. Por lo tanto, David oró que el gozo de su salvación, más bien que la salvación misma, pudiera serle restablecido. Así se indica que David entendió precisamente lo que él había perdido por su pecado. También su testimonio había sido estorbado. Después de suplicar por su restauración y anticipando su beatitud, dijo: "Entonces enseñaré a los pecadores tus caminos y los pecadores se convertirán a tí." Hasta esta medida los santos del Antiguo Testamento eran similares en sus relaciones con Dios a los santos del Nuevo Testamento; no obstante, deben observarse notables diferencias y tal como se exponen en este salmo. El creyente del Nuevo Testamento nunca debe orar, "Y no quites de mí tu Santo Espíritu, ya que el Espíritu una vez concedido, jamás es quitado del corazón del cristiano; ni debe pedir perdón y restauración. Después que Cristo murió llevando todo el pecado (los de los cristianos así como los de los incrédulos) y después que la muerte por el pecado ha ofrecido propiciación no queda base para que el creyente pase tiempo pidiendo misericordia a Dios para que le perdone su pecado. El perdona exactamente como lo ha prometido, cuando el pecado es confesado (comp. 1 Jn.1:9). David reconoció, como todo santo debe hacer, que este pecado era primeramente contra Dios. "Contra tí solo he pecado, y he hecho lo malo delante de tus ojos", fue el grito de su quebrantado corazón. Su restauración fue completa basada en su confesión; porque fue a pesar del pecado de David y después de su restauración cuando dijo Jehová, "He hallado a David, hijo de Jesé, un hombre según mi propio corazón" (Hch.13:22; comp. 1 S. 13:14). El pecado de David no había agradado a Dios; pero habiéndose arrepentido y confesado su pecado, él fue restaurado al favor de Dios.

Lucas 15:1-32. El último de los siete pasajes principales que hablan de la cura de los efectos del pecado sobre la vida espiritual de los santos (ya sean del Antiguo como del Nuevo Testamento) se encuentra en Lucas 15:1-32. Esta porción contiene una parábola en tres partes (comp. v. 3). Es la historia triple de una oveja perdida, la dracma perdida, y el hijo perdido. Aunque se encuentran tres incidentes, hay un solo propósito subrayado. El valor particular de este pasaje en la presente conexión, descansa en su revelación de la compasión divina como se ve en la restauración de un santo pecador. Es la revelación del corazón del Padre. El énfasis cae sobre el pastor más bien que sobre la oveja; sobre la mujer, en lugar de la dracma; y sobre el Padre antes que sobre cualquiera de sus hijos. Al considerar este pasaje debe brotar en la mente que lo que aquí se registra refleja las condiciones que se obtuvieron antes de la cruz. Por consiguiente, tiene que ver primeramente con Israel. Ellos eran el pueblo del Pacto del Antiguo Testamento, las "ovejas de su prado", y su posición no tuvo cambio hasta que el Nuevo Pacto fue efectuado en Su sangre. Siendo el pueblo del pacto, ellos volverían a las bendiciones de su pacto, si esas bendiciones se perdiesen por causa del pecado, sobre la base de arrepentimiento y confesión. De acuerdo a las Escrituras y como se ha visto, esto es cierto de todo el pueblo del pacto. Los pactos de Israel no son lo mismo en carácter como el "nuevo pacto" (hecho) en Su sangre; pero los términos de la restauración dentro de las bendiciones del pacto son los mismos en ambos casos. La efectividad del pacto descansa en la fidelidad de Dios; pero las bendiciones del pacto pueden perderse por la infidelidad de los santos. La bendición es reconquistada también, no por efectuar otro pacto, sino por la restauración dentro de los privilegios inmutables del pacto original. La triple parábola aquí es en cuanto a los israelitas, a quienes fue dirigida. Cualquier aplicación que pueda hacerse de la parábola a los cristianos bajo el nuevo pacto sólo es posible sobre el terreno del hecho de que el camino de la restauración por el arrepentimiento y la confesión es común para ambos, tanto al Antiguo como al Nuevo Testamentos. Por eso, en la parábola se presenta un cuadro del corazón de Dios hacia cualesquiera y todos los de Su pueblo del pacto, cuando pecan.

La parábola principia así: "Entonces se llegaron a El todos los publicanos y pecadores para oírle, y los fariseos y los escribas murmuraban, diciendo: Este a los pecadores recibe, y con ellos come." Aquí está la llave de lo que sigue. "Publicanos y pecadores" no eran gentiles. Los "publicanos" eran israelitas bajo el pacto hecho con los "padres" que habían traicionado a su nación al punto de hacerse cobradores de impuestos para Roma. Los "pecadores" eran israelitas bajo el mismo pacto que habían dejado de presentar el sacrificio por el pecado como se prescribe en la ley de Moisés. Un israelita era contado "sin culpa" ante la Ley cuando había traído las ofrendas requeridas. Así Pablo pudo decir de sí mismo concerniente a su anterior posición como no más que un judío bajo la ley: "En cuanto a la justicia que es en la ley, 'irrepensible''. El Apóstol no está reclamando perfección de impecable. El está dando testimonio del hecho de que había sido fiel en proveer el sacrificio prescrito bajo la ley de Moisés. Los fariseos y los escribas eran israelitas que daban toda su energía al cumplimiento exacto de la ley de Moisés. Pablo fue una vez sólo un fariseo, "un hebreo de hebreos." Estos hombres no eran cristianos y no serían juzgados como tales. Hay poco en común aquí con los cristianos. Estos israelitas eran sin culpa a través de los sacrificios que predecían la muerte de Cristo. Los cristianos son sin culpa por la fe en la efectividad de la sangre de Cristo, que ya ha sido derramada. La primera es una justificación por obras, inadecuada a causa de su lado humano; la otra es justificación por la fe concerniente a una obra de Dios consumada. Los fariseos y escribas murmuraban al ver que Jesús recibía a publicanos y pecadores, y comía con ellos. Por consiguiente, El pronunció esta parábola para ellos, sus críticos. La parábola es dirigida explícitamente a los fariseos y escribas murmuradores más bien que a todo mundo en cualquier parte. Y muy poco puede entenderse de la verdad en ella contenida a menos que se tenga en mente todo el propósito para el que fue pronunciada. Volviendo a la interpretación de la parábola, debe darse alguna atención a la inmediata impresión de que esta parábola es un cuadro que representa la salvación, mientras ella es un retrato del corazón de Dios; tiene que ver más evidentemente con Su obra de restauración que con la de la *regeneración*.

La primera división de la parábola se refiere a un hombre que tenía cien ovejas. "¿Qué hombre hay de vosotros que teniendo cien ovejas, si pierde una de ellas, no deja las noventa y nueve en el desierto, y va tras la que se perdió, hasta encontrarla? " Esto no es un retrato de noventa y nueve ovejas y una cabra; es el de cien ovejas, y "ovejas", de acuerdo a las Escrituras, es siempre símbolo del pueblo del pacto. Los israelitas eran ovejas, así también lo son los cristianos en esta dispensación. Cristo, hablando de los que habrían de ser salvos por Su muerte, dijo a los judíos: "También tengo otras ovejas que no son de este redil; aquellas también debo traer, y oirán mi voz; y habrá un rebaño, y un pastor", (Jn.10:16). Se notará otra importante distinción en esta parábola: La oveja, la dracma y el hijo se habían perdido, pero estaban perdidos solamente al punto de su necesidad de ser *encontrados*. Difícilmente esto puede ser lo mismo que estar perdidos en tal extremos de necesitar la *salvación*. El uso bíbico de la palabra *perdido* tiene al menos estos dos amplios significados diferentes. "El Hijo del Hombre vino a buscar y a salvar lo que se había perdido"; pero, en todas las tres partes de esta parábola, él está buscando y encontrando más bien que buscando y salvando. Debiera de observarse, la palabra *salvar* no aparece ni una sola vez en esta parábola. Si ella fuera aceptada como una enseñanza respecto a la salvación no habría modo de escapar el error del universalismo; porque este pastor busca *hasta encontrar* lo que está perdido. Por otra parte, este pasaje presenta una bendita revelación del corazón de Dios hacia su hijo descarriado que necesita ser hallado y no ser salvado. "Noventa y nueve" que están seguras en el redil comparado con una que está perdida es un pobre retrato de la proporción que siempre ha existido en esta era entre los salvos y los perdidos. Si la parábola enseñara la salvación de un pecador, mucho mejor hubiera sido haber cambiado los números con noventa y nueve perdidos en contraste con uno que está salvo en el redil. La parábola continúa: "Y cuando la encuentra, la pone sobre sus hombros gozoso; y al llegar a casa, reúne a sus amigos y vecinos diciendoles: Gozaos conmigo, porque he encontrado mi oveja que se había perdido. Os digo que así habrá más gozo en el cielo por un pecador que se arrepiente que de noventa y nueve justos que no necesitan de arrepentimiento."

El pecador aquí mencionado puede no ser otro que un pecador de los del pacto mencionado en el primer versículo del pasaje y que concierne a quienes la parábola es dirigida. El, siendo una persona del pacto, es aquí retratado por el Espíritu Santo como regresando a base de arrepentimiento, en vez de ser salvado a base de la fe salvadora. Otra vez, así uno con dificultad podría hallar dentro de la iglesia alguna persona que corresponda a los "noventa y nueve justos que no necesitan arrepentimiento." Un caso tal era posible, no obstante, bajo la ley de Moisés, siendo el Apóstol Pablo un buen ejemplo estando bajo el judaísmo. Los mismos fariseos y escribas a quienes fue dirigida la parábola eran también de esa clase. Dentro de las demandas externas de la ley de Moisés ellos no necesitaban arrepentimiento. El arrepentimiento, que significa un cambio de mente, es un elemento vital en la salvación presente; pero ahora es incluido en el acto de creer, porque ciento cincuenta pasajes del Nuevo Testamento condicionan plenamente nuestra salvación presente al acto de creer, o a su sinónimo, la fe. El Evangelio de Juan, escrito especialmente para que podamos creer que Jesús es el Cristo, el Hijo de Dios, y para que creyendo podamos tener vida en Su nombre, ni una sola vez usa la palabra *arrepentimiento*. Ahora los incrédulos se salvan creyendo en Cristo que, evidentemente, incluye tal arrepentimiento como puede producirse en aquellos que están muertos "en delitos y pecados." Arrepentimiento significa un cambio de mente, y nadie puede creer en Cristo sin haber cambiado su mente con respecto a su pecado, su condición perdida y el poner su fe en El.

La segunda división de la parábola concierne a la mujer de la dracma perdida. Es la misma historia de buscar y hallar lo que se había perdido. El énfasis en esta división de la parábola cae principalmente en el gozo de la que encuentra lo perdido. Es el gozo de Aquel en cuya presencia están los ángeles. Otra vez la historia es la de un pecador arrepentido en vez de la de un pecador creyendo.

La tercera parte de la parábola habla de "cierto hombre." Evidentemente esta historia es referida para revelar el corazón del Padre. Casualmente él tiene dos hijos; y uno de ellos era el tipo de un "publicano y pecador", y el otro, el de un "fariseo y escriba." Uno deja las bendiciones de la casa de su padre, (mas no cesa de ser hijo); el otro murmuró, como lo hicieron los escribas y fariseos, cuando el pecador fue restaurado. Es imposible señalar una más profunda degradación que se le podría pintar a la mente de un judío, que la de ser hallado en un campo alimentando cerdos. Aquí tenemos la declaración del Señor, en términos de Su propio tiempo y gente, que un hijo vagabundo puede regresar mediante la confesión, aun de las más bajas profundidades del pecado. Que allí, en ese campo con los cerdos, en donde el hijo "volvió en sí" y se propuso regresar a su padre con una confesión que es únicamente la normal expresión de un sincero arrepentimiento de corazón. Aquí no se menciona la regeneración. Nada se dice de la fe, aparte de la cual ningún alma podría esperar ser salva, llegando a ser hijo. El era hijo y regresó a su padre como hijo. El sentimiento expresado muchas veces en sermones y en himnos de que un inconverso, cuando viene a Cristo, está "regresando al hogar" es extraño a la enseñanza de la Palabra de Dios. Mas bien la Biblia enseña que los hijos que se han alejado errabundos, pueden volver al hogar y, como perdidos en el aspecto de descarriados, pueden ser hallados. Esto no se podría aplicar a uno que jamás ha sido un hijo de Dios. Los tales están ciertamente perdidos, pero más bien necesitan ser salvos. En esta dispensación los perdidos pueden venir a Dios, pero ellos no regresan a Dios. Cuando el hijo que regresa estaba aún lejos, violo su padre y tuvo compasión de él y corrió y cayó sobre su cuello y besólo. El padre lo vio porque él estaba mirando en esa dirección. No había cesado de mirar desde la hora en que el hijo había partido. Tal es el cuadro del corazón del Padre Dios, expresado aquí, así como en la búsqueda enseñada tanto en el pastor como en la mujer de la dracma. La justicia hubiera requerido que este muchacho al regresar fuera castigado en la forma más severa. ¿No había deshonrado el nombre del padre? ¿No había traído ruina sobre sí mismo? ¿No había desperdiciado los bienes de su padre? Pero él no fue castigado. El hecho que no fuera castigado incluye a los creyentes de esta dispensación y la verdad bendita que, a causa de la obra de Cristo en la cruz, el Padre puede recibir y recibirá a sus hijos sin castigarlos. Los términos en que se puede conseguir la restauración es solamente la confesión de un corazón quebrantado. La culpa del pecado ha caído sobre otro en nuestro lugar.

Es importante notar que el padre besó al hijo aún antes de que él hiciera su confesión. La razón dictaría que el hijo hubiera sido besado después de su confesión. Hasta donde este incidente puede ser correctamente aplicado a las presentes reacciones entre Dios Padre y los cristianos que han pecado, se enfatiza la verdad de que Dios *es propicio,* habiendo hecho propiciación por la muerte todo satisfactoria de Cristo, como sustituyó en el juicio impuesto por los pecados del cristiano. En este respecto está escrito: "Y El (Cristo en Su muerte) es la propiciación por nuestros pecados (de los cristianos)" (1 Jn.2:2). El hecho de que Cristo murió como sustituto es que hace posible que Dios reciba a aquellos por quienes El murió, como si toda obligación para con la justicia divina que sus pecados merecen hubiera sido ejecutada, como en verdad las fueron cumplidas por Cristo en lugar de ellos. No son lágrimas, arrepentimientos o ruegos por parte de los que han pecado. Tanto los inconversos como los creyentes que pecan son invitados a acudir a Dios quien es propicio para con todos. Es también de gran importancia el hecho que, sin reprimendas ni castigos, el hijo fue restablecido a la posición y bendiciones de la casa paterna. La confesión que él había preparado no fue repetida totalmente ante el padre. Las últimas palabras "Y hazme como uno de tus jornaleros" fueron cortadas por el vigoroso mandato del padre, "Traed. . ." Así instantáneamente, cuando se hace una completa confesión se efectúa la restauración, prescindiendo de toda palabra adicional que el penitente pudiera presentar.

La confesión de este hijo fue primeramente hacia el cielo, y entonces a su padre. Este es el verdadero orden de toda confesión. Grande es el poder de la confesión de un corazón quebrantado. Nadie puede creer que el hijo descarriado, después de haber sido restaurado, y después de estar nuevamente descansando en la comodidad del hogar y de la comunión, hubiera pedido inmediatamente a su padre más de sus bienes para volver a su vida de pecado. Una acción tal sería del todo inconsistente con la confesión de su contrito corazón que había hecho. La confesión verdadera es real y reformadora en su poder (comp. 2 Co.7:11). El era un hijo durante todos los días de ausencia del hogar. Si hubiera muerto en la hacienda donde cuidaba puercos, él hubiera muerto como un hijo. Hasta donde esto ilustra el estado de un cristiano en pecado, por este y otros pasajes sobre el tema, se puede concluir que un cristiano imperfecto, tal como lo somos todos, sería recibido en el hogar celestial al morir aunque sufra la pérdida de todos sus premios y mucho gozo y, aunque al encontrarse con su Señor cara a cara, sea llamado a hacer su, hasta aquí, descuidada confesión.

En vista de estos siete pasajes principales, se puede sacar en conclusión que la cura de los efectos del pecado en la vida espiritual de un hijo de Dios es prometida al que con un corazón arrepentido hace una genuina confesión de su pecado. A la vista de Dios el pecado es siempre pecado. No es menos pecado por el hecho de ser cometido por un cristiano, ni puede ser curado de otro modo que en la redención que es en Cristo. Es por el precio de la redención que ya ha sido pagado con la preciosa sangre de Cristo que Dios puede salvar a los pecadores que sólo creen y restaurar a los santos que sólo confiesan sus pecados. Ningún grado del castigo que cayó sobre nuestro sustituto puede jamás caer sobre los santos o los pecadores. Siendo que Cristo lo llevó todo por nosotros, creer o confesar es todo lo que legalmente puede demandarse. Hasta que la confesión es hecha por el que ha cometido el pecado, el tal está defendiendo lo que es malo, estando así en desacuerdo con el Padre. "¿Pueden andar dos juntos si no estuvieren de acuerdo? " Dios no puede estar de acuerdo con el pecado. El hijo puede ponerse de acuerdo con el Padre, y esto es el verdadero arrepentimiento que se expresa en la confesión. Otra vez permítase decir: Arrepentimiento es un cambio de mente. Por eso, los que han pecado se vuelven de él hacia Dios. La bendición no depende de la perfección inmaculada; es asunto de no contristar al Espíritu. No es el caso de un pecado desconocido. "Si confesamos nuestros pecados El es fiel y justo para perdonar nuestros pecados y limpiarnos de toda maldad." El cristiano que confiesa plenamente todo pecado *conocido* habrá removido uno, si no todos, de los obstáculos de la plena manifestación del Espíritu. "Y no contristéis al Espíritu Santo de Dios con el cual estáis sellados para el día de la redención" (Ef.4:30).

De la discusión anterior se puede determinar que una de las condiciones por las cuales el creyente puede ser lleno del Espíritu se halla en que sea quitado todo aquello que contrista al Espíritu Santo por una completa confesión, la que es expresión de un corazón contrito. El secreto por el cual este aspecto de la responsabilidad puede mantenerse es guardar cuentas exactas con Dios. Permita que la primera impresión de depresión espiritual sea un signo para descubrir en el acto la causa y estar listo para aplicar el remedio: la confesión a Dios.

II. NO APAGUEIS AL ESPIRITU

El segundo mandato directo que gobierna la recta relación entre el Espíritu Santo y el creyente se establece en 1 Tesalonicenses 5:19, "No apaguéis al Espíritu." Estas son palabras de importancia solemne siendo que ellas implican una más seria responsabilidad en la actitud del cristiano hacia el Espíritu Santo. Al hijo de Dios inteligente se le recuerda de este modo de su responsabilidad celestial y la realidad que impone un inquebrantable compañerismo con el Espíritu Santo, una responsabilidad y un compañerismo que no pueden ser subestimados o evadidos. Aunque las demandas son sobrehumanas, no hay base sobre la que puedan considerarse propiamente una carga o esclavitud para apagar o evitar el Espíritu. Cada demanda que engendra la presencia del Espíritu es en sí un camino hacia las riquezas de bendiciones indecibles. En verdad la presencia del Espíritu Santo y las riquezas de sus beneficios constituyen una importante y anticipada prueba de las inmensurables realidades del cielo. La cordura espiritual o sano juicio no deben mermarse nunca de las obligaciones que crean la vida en relación con el Espíritu Santo. A lo mejor esas relaciones pueden ser cumplidas parcialmente, pero la ambición de cumplir a cabalidad con todo, nunca debe faltar. Una vez más se dirige la atención al hecho que esto, como el primer aspecto relativo a contristar al Espíritu, es un mandato directo que no tiene opción a aquiescencia. Ambos preceptos son negativos, siendo que demandan cosas específicas que no se deben permitir si ha de realizarse la plenitud de la bendición del Espíritu. Aunque en cierto modo son similares siendo que ellas son dirigidas igualmente a la vida interior del creyente y el poder para reaccionar, ellos en sí son diferentes. Es contristado el Espíritu cuando el pecado ocurre y queda sin confesión. Este aspecto de la verdad está enteramente dentro del aspecto negativo de la vida espiritual. El Espíritu es apagado cuando el cristiano resiste o rechaza la voluntad de Dios para con él, verdad que, según se establece en las Escrituras, se halla dentro del lado positivo de la vida espiritual, aunque es posible apagar el Espíritu al resistir a Dios en relación a aspectos que tienen que ver con la victoria sobre el pecado, así como con aspectos que pertenecen a la vida y al servicio. Los tres requerimientos que condicionan la llenura del Espíritu –(a) confesión de todo pecado conocido; (b) rendición a la voluntad de Dios, y (c) caminar en dependencia del Espíritu Santo– no se basan en un capricho irracional de Dios. Ellos indican lo que es el fundamento de comunión y compañerismo, lo que debe sostenerse entre el Espíritu y la persona en la que él mora. Nada está oculto en el misterio o velado aun para los que son menos capaces para entender. El problema está en aceptar y hacer la voluntad de Dios. Este es totalmente el aspecto central del problema de la vida espiritual. En último análisis, la confesión de todo pecado conocido y el mantenimiento del principio de confianza en el Espíritu en el diario andar dependen de la actitud de la voluntad humana; pero es igualmente cierto y mucho más consecuente que la voluntad humana está fortalecida por el Espíritu Santo, de otro modo no actuaría para la gloria de Dios. Está escrito: "Porque Dios es el que en vosotros produce (*ἐνεργέω* –ejercita) así el querer como el hacer, por su buena voluntad" (Fil.2:13). El acto inicial es un sometimiento a la voluntad de Dios, de la cual la voluntad humana puede depender después para cumplir sus responsabilidades según esté capacitado por el Espíritu Santo. En defensa de un calvinismo teórico y como una crítica de la enseñanza de que la vida espiritual depende de la acción de la voluntad humana aunque movida por Dios, el Dr. B.B. Warfield escribió que, por tanto le importó "sujetar todas las obras de gracia de Dios a la determinación humana" *(Princeton Review,* abril de 1919, p. 322). Ningún estudiante serio de la doctrina bíbica dudaría que Dios tiene propósitos soberanos, o que todas las cosas contribuyen hacia la realización de ese propósito, pero debe saberse tanto por pasajes como Romanos 12:1,2; Gálatas 5:16; Efesios 4:30;

1 Tesalonicenses 5:19 y 1 Juan 1:9, que la apelación es a la voluntad humana, con cada presente aplicación que pueda establecer la verdad que, en el plan divino, la voluntad humana determina el curso entero de la vida del creyente. La falla en este punto con los calvinistas extremados surge del hecho que, en su celo por defender la doctrina de la soberanía de Dios, no reconocen cómo la verdadera soberanía de Dios en sus obras utiliza la voluntad humana como instrumento, no obstante, no como en alguna forma de coerción, sino en forma de persuación que ilumina y engendra deseos a los que la voluntad puede responder y por la cual puede ser motivada. Otra vez aquí debe afirmarse con toda la fuerza posible que cuando se hace una decisión con respecto a algún paso en la vida espiritual, aun bajo las más poderosas inducciones que Dios pueda impartir, la acción de la voluntad humana es soberana y libre en su propia elección. Como se ha demostrado antes, este mismo procedimiento en toda la empresa cuando un alma es salva por fe en Cristo. No importa que la voluntad humana no tenga poder en sí para aceptar a Cristo. El corazón debe ser movido completamente por el Espíritu Santo, o no habrá elección por Cristo; pero cabalmente lo mismo es hecha la elección no debiéndose a la coerción, sino a la voluntad actuando en su soberana libertad. Nadie puede dudar de las implicaciones que afirma el texto: "El que quiera tome del agua de la vida de balde." Es un error el afirmar, como el Dr. Warfield sabía hacerlo, que "cualquiera que Dios quiere puede venir." Esto es verdad, sin embargo, pero no en el mismo sentido que los calvinistas extremistas lo han presentado, especialmente que a cualquiera que Dios compele, vendrá (más bien se debiera afirmar de este modo: que cualquiera que Dios llama con un llamamiento eficaz, llamamiento que es una persuación suficiente para garantizar la elección determinada; voluntad de su propia soberana determinación). No debe suponerse que esta interpretación de una importante doctrina bíblica presta algún apoyo a la noción arminiana que los hombres no regenerados (por la hipotética de cierto impartimiento universal de la "común gracia"), en cualquier tiempo, bajo cualquier circunstancia y en virtud de su propia visión y determinación, sin ayuda alguna, pueden aceptar a Cristo como salvador si así lo desean. Sólo trágicos errores han sido el fruto de un calvinismo extremista que concibe que la voluntad humana está sobrefortalecida por Dios, y de la falacia del arminianismo que no da lugar en su suposición para la inherente necesidad constitucional de la inmediata acción divina sobre la voluntad humana antes de hacerse una correcta elección. La vida espiritual es presentada en todos los casos como el resultado de la libre elección de voluntad del creyente; pero esta doctrina no debe dejarse que por sí sola se afirme. Otra

doctrina de más vital significado aún es la verdad de que la voluntad ha de ser movida por Dios. Este hecho bien puede conducir a la consideración del problema concerniente a apagar el Espíritu de Dios. Un tema semejante se estudiará bajo cinco divisiones generales como son: (1) la resistencia del Espíritu, (2) la vida rendida, (3) el ejemplo de Cristo, (4) la voluntad de Dios, y (5) la vida sacrificial.

1. LA RESISTENCIA DEL ESPIRITU. Como se usa en 1 Tesalonicenses 5:19 la palabra *apagar* no significa extinguir en el sentido que el Espíritu pueda quedar extinguido o ser expulsado del corazón. Una interpretación tal estaría en contradicción directa con otros escritos que aseguran que el Espíritu Santo mora en el cristiano para siempre. Se refiere más bien a la supresión de las manifestaciones del Espíritu, o lo que resulta cuando las fuerzas divinas son quitadas de sobre aquel de quien depende la vida espiritual. Como se asegura arriba, el Espíritu es apagado por una actitud de resistencia o indiferencia hacia la voluntad conocida de Dios. En palabras más sencillas, es decir "No" al Señor.

2. LA VIDA RENDIDA. Toda la responsabilidad que descansa sobre el creyente con respecto a apagar el Espíritu, semejante a la que descansa sobre él en cuanto a contristar al Espíritu, se resume en una palabra, *rendición.* En las siguientes divisiones se verá que el requerimiento que asegura la curación de un andar según la carne se concentra en la palabra *andar,* en su relación con el Espíritu Santo. Así en la forma más breve y más vital tres grandes responsabilidades, que condicionan la espiritualidad, se han condensado en tres palabras: *confesión, rendición* y *andar.* El contexto en el que se puede encontrar principalmente la vida rendida es Romanos 6:1-23. El tema en ese punto, como se ha notado anteriormente, es la santificación en la vida diaria y sólo mediante el poder del Espíritu Santo. La victoria diaria sobre la carne por medio del Espíritu es hecha posible sobre una base de justicia por el hecho de que Cristo ha sufrido la muerte como el juicio que le pertenecía a la naturaleza caída del creyente. Siguen dos vitales responsabilidades que descansan directa e incesantemente sobre el hijo de Dios: él debe *reconocer* el juicio de muerte que sufrió Cristo, que tenía por objeto la completa ejecución de la naturaleza caída del creyente, y así creer que se ha provisto toda la liberación y hecha posible ahora a un costo infinito; y que él debe *rendirse* a Dios como uno que ha pasado por la crucifixión, muerte y sepultura juntamente con Cristo como sobre su naturaleza caída, y así creer que ahora por la unión con Cristo en la resurrección él es un "vivo de entre los muertos." El creyente ha de tener los miembros de su cuerpo como instrumentos de justicia para Dios." Así se ve que la rendición a Dios es más que una

responsabilidad secundaria y aislada. Es tan esencial como toda la doctrina de la santificación experimental que de ella depende. La apelación para vivir la vida consagrada como se presenta en Romanos seis es como sigue: "Así vosotros consideraos muertos al pecado, pero vivos para Dios en Cristo Jesús, Señor nuestro. No reine, pues, es pecado en vuestro cuerpo mortal, de modo que lo obedezcáis en sus concupiscencias; ni tampoco presentéis vuestros miembros al pecado como instrumentos de iniquidad, sino presentaos vosotros mismos a Dios como vivos de entre los muertos, y vuestros miembros a Dios como instrumentos de justicia." El mismo llamamiento se hace otra vez en Romanos 12:1,2, que dice: "Así que, hermanos, os ruego por las misericordias de Dios que presentéis vuestros cuerpos en sacrificio vivo, santo, agradable a Dios, que es vuestro culto racional. No os conforméis a este siglo, sino transformaos por medio de la renovación de vuestro entendimiento, para que comprobéis cuál sea la buena voluntad de Dios, agradable y perfecta." La presentación total del cuerpo a Dios es llamada aquí un "racional culto", o quizá mejor: "culto espiritual", que no es un sacrificio que ha de ofrecerse en muerte, sino un sacrificio viviente que continúa su dedicación a través de toda la vida sobre la tierra. La vida no debe ajustarse al molde de este siglo, sino ser transfigurada por la manifestación de la mente, sin estorbos, divinamente renovada. La Versión Autorizada usa la palabra *transformación* como una traducción de *μεταμόρφοομαι* palabra que probablemente se traduciría *transfigurar* (comp. Mt.17:2; Mr.9:2; 2 Co.3:18). Esta distinción es importante. Una cosa puede ser transformada por una luz que desde afuera brilla sobre ella; pero una cosa es transfigurada solamente cuando la luz es liberada desde el interior. La transfiguración de Cristo no fue desde afuera, sino que fue más bien la brillantez de Su propia gloria, o shekina, esencial. La apelación de Romanos 12:2 es por la manifestación o brillantez de la naturaleza divina que posee el creyente, o sea, la manifestación del Espíritu en la realización de una verdadera vida espiritual. Una consagración tal a la que es llamado, se asegura que daría una plena prueba de lo que es esa *buena,* esa *aceptable,* esa *perfecta* voluntad de Dios. No se puede concebir más rica experiencia que aquella descrita por estas tres palabras descriptivas. Es la vida suprema. Las palabras "Os ruego" con las que principia esta frase (comp. Ef.4:1) están lejos de ser una orden; son una súplica por una específica manera de vida a la que viene a ser el hijo de Dios. No es una súplica por algo que el creyente *debe* hacer para ser salvo, o para mantenerse salvo; es más bien algo que uno haría porque es salvo. La exhortación es para dedicación y no para consagración (como frecuentemente se afirma), siendo que la consagración es un acto solo de Dios por la cual El toma y aplica lo que se ha dedicado. El cristiano rinde, somete y dedica: Dios debe emplear lo que de esta manera se ha presentado. La llamada reconsagración es también una terminología que se presta a la discusión, aunque ha sido y es generalmente mencionada y practicada. La dedicación, si se hace del todo como ha de ser hecha para Dios, difícilmente habría de hacerse de nuevo. En otras palabras, la dedicación es un acto del todo terminado y no un proceso.

Bien podría hacerse esta pregunta: ¿Por qué a la luz del derecho soberano inherente del Creador sobre la criatura que El ha hecho tendría que haber alguna duda en el corazón humano con respecto a una absoluta conformidad a la mente y a la voluntad de Dios? Como se ha demostrado plenamente bajo la satanología, la primera resistencia a la autoridad de Dios fue introducida por Lucifer, hijo de la mañana, quien, de acuerdo con la Escritura, es el más grande de todos los ángeles. Es él quien capitaneó lo que pudiera haber sido la tercera parte de los ángeles de Dios que le siguieron en su rebeldía contra el Señor, los que llegaron a ser los demonios y poderes malignos de origen sobrenatural, descritos e identificados en el Nuevo Testamento. Este mismo gran ángel entró al Jardín del Edén la degeneración constitucional del primer hombre y la primera mujer, y a través de ellos, la ruina de la raza de la cual sólo podría rescatar la redención del cruento sacrificio del Hijo de Dios. Es evidente que los hombres están caídos y en un estado de imdependencia en cuanto a Dios, lo que claramente está indicado por el hecho de que es tan difícil, aun para los regenerados, el conformarse a la voluntad de Dios. ¿Por qué ninguna criatura hallaría fácil el ser obediente a Dios? Dios no sólo tiene el derecho inherente y soberano sobre lo que El ha hecho, sino que el más alto destino de cada individuo, sean ángeles o humanos, se encuentra en el cumplimiento preciso de aquello para lo que han sido creados. Nada es tan irracional que suponer que una criatura pueda mejorar su estado o perfecionar su porvenir confiando la dirección de su vida en sus propias manos. Satanás mismo es el supremo ejemplo de este desatino. Evidentemente, él supuso que estaba mejorando su fortuna al cambiar de su elevada posición y gloria siempre creciente, que por creación le pertenecía, a la de un programa *cósmico* en oposición a Dios. Mas en lugar de su honor y gloria eternos como el más elevado de los ángeles, que en una ocasión era su parte, él tiene que pasar la eternidad en el lago de fuego. En cuanto al destino de Satanás no hay incertidumbre alguna. Ese lago de fuego ha sido hecho "para el diablo y sus ángeles" (Mt.25:41), y es también la respuesta para la criatura que se rebela contra su perfecta autoridad. Si los hombres han de ir al lago de fuego es porque ellos también han adoptado la filosofía satánica, o independencia de Dios (comp. Ap.20:12-15). A fin de que en tal discusión y en vista de la aplastante derrota y eterna miseria que viene a los enemigos de Dios no dé la impresión de que El hace el papel de un tirano que está dispuesto sólo a destruir a los que se le oponen, se recordará que en el amor de Dios solamente beneficios inconmensurables están preparados para los que hacen Su voluntad; y como un mensaje para los inconversos que el obedecer al Evangelio, conformarse al plan inapreciable de la gracia redentora de Dios, es el primer paso en cuanto a hacer Su voluntad.

3. EL EJEMPLO DE CRISTO. En el aspecto de Su humanidad Cristo vino a ser de esa manera el ejemplo de vida que sólo agrada al Padre. A fin de que El pueda representar el perfecto ideal divino en todo respecto. Aparentemente Cristo no echó mano de Sus propios recursos como miembro de la Deidad, sino que El mismo consintió el ser santo dependiendo del Espíritu Santo, como todo creyente debe hacer. En la misma perfecta conformidad El sometió su vida humana y su mente a la voluntad del Padre. Habiendo entrado en la esfera humana no había otro cauce señalado para El para llegar a ser la perfección del ideal divino. Sobre todo eso, se convierte en uno que entra en la esfera humana para someterse enteramente a la voluntad de Dios. Nada menos que no sea un completo sometimiento, es anarquía en la economía divina.

Regresando por el momento al pasaje respecto a la insubordinación del arcángel, se recordará que su pecado consistió no sólo en rechazar la voluntad de Dios, sino sustituir en su lugar con algo de sus propios designios en vez de esa voluntad. Como una consumación de cinco "yo haré" en oposición a la mente de Dios, Satán dijo: "Seré semejante al Altísimo (Is. 14:13, 14) –como Dios es el único particular en el que la criatura puede asemejarse a El, señaladamente, es actuando en dependencia de Dios; y tal desobediencia es la misma esencia del pecado. Fue la misma desobediencia la que Satán trató de insinuar en la humanidad de Cristo por medio y a través de la triple tentación en el desierto. Como en el caso del primer Adán, no había maldad inherente en la cosa propuesta, así en el caso del postrer Adán las cosas propuestas en sí mismas no eran malas. Como debe ser siempre, el pecado consiste en la desobediencia de la criatura a Su Creador. En esto Su perfecta voluntad vino a ser el modelo de la correcta relación con Dios. De El está escrito con respecto a su venida al mundo: "Por lo cual, entrando en el mundo dice: Sacrificio y ofrenda no quisiste; mas me preparaste cuerpo. Holocausto y expiaciones por el pecado no te agradaron. Entonces dije: He aquí que vengo, oh Dios, para hacer tu voluntad, como en el rollo del libro está escrito de mí", (He. 10:5-7). Al acercarse a la cruz dijo: "Padre, si quieres pasa de mí esta copa; pero no se haga mi voluntad, sino la tuya" (Lc. 22:42). Así mismo se ha escrito de El que en la hora más negra de Su separación de un consciente compañerismo con el Padre. Dijo El: "Pero tú eres santo" (Sal. 22:3). El Apóstol escribe de Cristo: "Haciéndose obediente hasta la muerte, y muerte de cruz" (Fil. 2:8). El, que verdaderamente podía decir: "Porque yo hago siempre lo que le agrada" (Jn. 8:29), y del mismo se dijo: "Y aunque era Hijo, por lo que padeció aprendió la obediencia" (He. 5:8). La absoluta rendición del Gran Hijo a Su Padre, así vino a ser ejemplo de ese sometimiento que es la actitud correcta de todos los que por la obra de la regeneración del Espíritu han sido hechos hijos de Dios. A los tales escribe el Apóstol: "Haya pues, en vosotros este sentir que hubo también en Cristo Jesús" (Fil. 2:5). La primera palabra de este mandato, 'haya', es iluminadora. Por cualquier palabra que se traduzca el vocablo griego, sugiere que la obra de la mente de Cristo se reproducirá en el creyente por, o en lugar de otro, y que la responsabilidad del creyente es la de permitir, o elegir el sentir de Cristo. Una mente de tal modo exaltada jamás podrá ser producida por el creyente mismo, ni sostenida por él; pero el que obra en el hijo de Dios "así el querer como el hacer por Su buena voluntad" (Fil. 2:13) es perfectamente capaz de perfeccionar este gran propósito. Es esencial que los cristianos sepan lo que abarca la mente de Cristo que así ha de ser reproducida en él, de otro modo no puede haber cooperación inteligente en la empresa. De aquí que los elementos esenciales que constituyen la mente de Cristo son enumerados. El pasaje es como sigue: "El cual, siendo en forma de Dios, no estimó el ser igual a Dios como cosa a qué aferrarse, sino que se despojó a sí mismo, tomando forma de siervo, hecho semejante a los hombres; y estando en la condición de hombre, se humilló a sí mismo, haciéndose obediente hasta la muerte, y muerte de cruz. Por lo cual Dios también le exaltó a lo sumo, y le dio un nombre que es sobre todo nombre, para que en el nombre de Jesús se doble toda rodilla de los que están en los cielos, y en la tierra, y debajo de la tierra; y toda lengua confiese que Jesucristo es el Señor, para gloria de Dios Padre" (Fil. 2:6-11). Los siete pasos de humillación seguidos por otros siete pasos de exaltación, que juntamente comprenden esta declaración de la mente de Cristo (comp. He. 12:1-2) no son enumerados meramente para relacionar hechos vitales respecto a Cristo, sino para informar al creyente y así prepararlo para la ejecución de estos grandes valores en su propia vida. Estos siete pasos hacia abajo representan sacrificio, mientras los siete pasos hacia arriba representan gloria. La cruz es seguida por la corona. No todos los elementos de la mente de Cristo pueden hallar inmediata reproducción en el creyente; con todo se pueden considerar en particular y como representativos de todos. (1) El deseo de Cristo de salir de su esfera nativa y su habitación perfecta y venir, según lo que el Padre eligió lo que El habría de hacer, dentro de este mundo como una expresión de la gracia salvadora de Dios, todo lo cual podría ser expresado con las palabras, "Iré donde tú quieras que vaya", (2) De manera similar también Cristo deseaba ser lo que Su Padre deseaba que fuera, aun el llegar a tener "reputación alguna", y al hacerlo así en efecto, El estaba diciendo a Su Padre: "Yo seré lo que tú quieres que sea"; y (3) en Su obediencia El estaba diciendo virtualmente: "Yo haré lo que tú quieras que haga". Estas y otras palabras similares se cantan muy a menudo, y sin duda al cantarlas es una demanda menor a la de entrar en la directa e inmediata experiencia de todo lo que estas frases encierran. Ciertamente, ésta debe ser la norma de la vida que se ha rendido a Cristo.

En otro ejemplo de la vida rendida es comparada por Cristo a un pámpano en la vid (Jn. 15:1-16). Como antes se ha indicado, el estar en Cristo no es asunto de mantener *unión* con El. Dicha unión mas bien es asegurada por el bautismo del Espíritu y dura tanto como duran los méritos de Cristo, sino que es un asunto de mantener *comunión* con Cristo. Morar en El es continuar en la relación en donde la vitalidad divina puede ser impartida y producir el fruto que honra a Dios. Cuando el cristiano está relacionado con Cristo de este modo, en inquebrantable comunión, la oración es efectiva (Jn. 15:7), el gozo es celestial (Jn. 15:11) y el fruto es perpetuo (Jn. 15:16). Esta vida (que ha de ser anhelada) depende de morar en obediencia. El Salvador dijo: "Si guardareis mis mandamientos estaréis en mi amor; como yo he guardado los mandamientos de mi Padre y estoy en Su amor" (Jn. 15:10). Una vez más Cristo aparece como el supremo ejemplo de fidelidad. El objeto a la vista con Su propio sometimiento u obediencia a los mandatos del Padre no fue el de mantener la unión, ya que esa nunca podría romperse; sino fue la de mantener la comunión entre el Padre y el Hijo en la esfera de su humanidad. De igual modo, permítase la repetición, el guardar los mandamientos de Cristo de parte del creyente no es para mantener la unión, la que nunca puede ser rota, pero es para mantener inquebrantable la comunión, comunión que depende de encontrar y de hacer la voluntad de Dios. La morada es el resultado de la rendición a la voluntad conocida de Dios, así como Cristo se sometió a la voluntad del Padre. En todo esto Cristo es puesto como el modelo.

Es bueno observar en este punto que el sometimiento a la voluntad de Dios no se demuestra por algún aspecto particular aislado; es más bien asunto de haber tomado la voluntad de Dios como la regla o principio dominante de la vida de uno en su totalidad. Estar en la voluntad de Dios es simplemente estar deseando hacer Su voluntad sin referencia a ningún aspecto distintivo de esa voluntad. Es elegir el que la voluntad de Dios sea la decisión final ante cualquier problema específico que pueda surgir. No es el deseo de hacer alguna cosa, sino la buena voluntad para hacer cualquier cosa cuando, donde y como parezcan mejor a la sabiduría y al amor de Dios. Es tomar una posición semejante a la confianza del niño que consiente libremente al deseo del padre ante cualquier detalle que se presente. La importancia de la distinción es clara. A menudo se dice: "Si El quiere que yo haga cierta cosa, deje que El me muestre qué es y yo determinaré lo que haré al respecto". A esa actitud de corazón nada le es revelado. Debiera ser y debe ser una relación de confianza en la que la voluntad de Dios es aceptada una vez por todas y sin reservas. ¿Por qué habría de ser así? En la mente y el corazón está en acecho el decir: "Señor, te conocía que eres hombre duro . . . " ¿Es El un duro capataz? ¿Hay esperanza alguna de que el hijo de Dios pueda por sí mismo escoger cuál es lo mejor cuando toma enteramente su vida toda en sus propias manos? No es necesario hacerle a Dios ninguna promesa fútil de que ya no pecará más o que los deseos naturales del corazón serán revolucionados sólo en la capacidad humana. El Padre se deleita solamente en lo que es mejor para Su hijo y nunca le impondrá nada ni lo descuidará. Basados en que en todo sentido la voluntad de Dios es lo mejor, hay que convenir que cuando la voluntad es revelada no es difícil ejecutarla. De allí en adelante es Su parte hacer en el creyente "así el querer como el hacer, por Su buena voluntad." Una larga espera puede suceder antes que Su voluntad sea revelada; pero cuando ésta ha sido revelada, no hay lugar a discusión. Dudar es decirle "no" a Dios y apagar el Espíritu.

4. LA VOLUNTAD DE DIOS. De nuevo, un aspecto vital de la vida espiritual (la guianza) debe introducirse en una forma lógica para acercarnos a la verdad que estamos considerando. Ciertas sugerencias generales vienen en orden: (1) La dirección del Espíritu Santo es sólo para los que ya han confiado para hacer la voluntad de Dios. El es capaz de hablar suficientemente alto para hacerse oír de un alma ansiosa. (2) La guianza del Espíritu siempre estará en armonía con las Escrituras que en su aplicación primaria dirige la vida del creyente en esta dispensación. El Cristiano que busca ser guiado puede acudir a las Escrituras con oración expectante;sin embargo la Biblia no es una

rifa mágica. La voluntad de Dios no se halla al abrir la Biblia al azar, en el primer versículo que aparezca, y luego dejarse guiar por su mensaje. Tales nociones desestiman la verdad esencial que la dirección es del Espíritu Santo que, siendo el Morador interno, manifiesta Su guianza dentro del corazón y la mente del creyente; pero ahora no por medio de señales o visiones. El Espíritu puede usar cosas externas, eventos, o circunstancias; sin embargo es todavía una cuestión de Su guianza y no del mero instrumento que El puede emplear. Es de desearse un conocimiento general de la Palabra de Dios como un todo siendo que la guianza está más en armonía con todo lo que la Biblia presenta y no centraliza en un versículo particular. (3) No hay reglas que gobiernen la guianza del Espíritu. Dos personas no son guiadas igualmente y del mismo modo. Se pueden enunciar principios generales como los que aquí se indican; no obstante, la aplicación de éstos varía en cada caso. En vista de la importancia vital de la guianza del Espíritu Santo en cada vida cristiana, la habilidad para ser guiado es uno de los factores de mayor consecuencia en esa vida. Esta capacidad se alcanzará sólo por atención y experiencia personal. Cada Creyente debería de aprender a exaltar la realidad de la morada y presencia del Espíritu y debiera familiarizarse con las maneras del Espíritu en relación a su propia vida. A la luz del hecho de que la guianza del Espíritu prueba así al individuo, es obvio que el buscar dirección aun de los mejores hombres es más peligroso. Dios puede elegir el uso de hombres para dar la dirección que el creyente necesita; todavía, repetimos, no es la guianza del hombre, sino del Espíritu a través de tales hombres. El ser guiados por el Espíritu es ser movido por las más delicadas relaciones que el corazón puede conocer. El ser guiado por la tierna mirada de Su ojo –El dijo: " . . . te enseñaré el camino en que debes andar; sobre tí fijaré mis ojos" (Sal. 32:8)– es mucho más deseable que el "ser sujetado con cabestro y con freno" (comp. v. 9). La apelación a una conciencia mórbida, impresiones equívocas acerca del deber, o una falta de entendimiento de la Palabra de Dios pueden desviar, pero a menudo el error es detectado por el hecho de que la falsa guianza es tediosa, dolorosa y desagradable, mientras que según Romanos 12:2 "la voluntad de Dios es buena, agradable y perfecta". Dios es quien está obrando en el creyente "lo que es agradable delante de El por Jesucristo" (He. 13:21), porque "El que en vosotros produce así el querer como el hacer, por Su buena voluntad" (Fil. 2:13).

5. LA VIDA SACRIFICIAL. El hacer la voluntad de Dios debe ser siempre voluntario de parte del creyente. El fue salvo de la esclavitud del pecado y trasladado a la gloriosa libertad de los hijos de Dios. Se

le manda estar firme en la libertad con la que Cristo le ha hecho libre. Cristo no es dueño de esclavos. Su sangre redentora no los compró para transferirlos de una esclavitud a otra. El puede decir, no obstante, como a un siervo hebreo en el Antiguo Testamento se le permitió hacer: "Yo amo a mi señor . . . no saldré libre" (Ex. 21:5), y así, por una dedicación enteramente voluntaria viene a ser un siervo de Cristo. Fué así como Cristo vino a ser siervo en la relación humana con el Padre. La frase "has abierto mis oídos" (literalmente, perforado u horadado; Sal. 40:6 R. V. margen), indudablemente relaciona la auto-dedicación de Cristo al tipo establecido en Exodo 21:5, 6. El más alto motivo para someterse a Dios no es meramente un deseo de victoria en la vida diaria o de poder o de bendición; ha de realizarse por la vida de Cristo, que es sacrificial. Sacrificial necesariamente no significa dolor; en este caso es simplemente descriptivo en cuanto a hacer la voluntad de Otro. Algún dolor puede ocurrir en el camino, pero la nota prevaleciente es la de gozo y la experiencia del corazón es de paz.

Entonces, cada hijo de Dios definitivamente debe someterse a El, no con respecto a algún aspecto de su vida diaria, sino de todas las cosas como una aptitud permanente delante de Dios. Aparte de tal auto-dedicación, no hay modo de escapar de la mano disciplinadora del Padre, porque El no puede ni podrá, y no dejará que Su hijo siga viviendo sin las inapreciables bendiciones que Su amor anhela impartir a los que necesariamente están condicionadas para los que han rendido su voluntad. Satán y Cristo están en oposición en cuanto al asunto de hacer la voluntad de Dios. Satán por medio de cinco odiosos "yo quieros" repudió la voluntad de Dios; Cristo, en tantas diferentes declaraciones se encomendó a Sí mismo a la voluntad de Su Padre. Cada voluntad no rendida sólo perpetuará el pecado de Satán. Para ser espiritual y lleno del Espíritu el creyente no debe decir "No" a Dios. "No apaguéis el Espíritu".

III. "ANDAD EN EL ESPIRITU"

Avanzando en el estudio de la tercera condición para experimentar la llenura del Espíritu Santo habría de reafirmarse que esta condición es de carácter positivo, mientras que las dos que se han considerado son negativas con respecto a lo que no debiera permitirse. El requerimiento positivo concierne a lo que ha de ser ejecutado en la vida por el Espíritu Santo e incluye cosas de largo alcance. La traducción de la Versión Autorizada (en inglés) de un versículo conclusivo, como Gálatas 5:16 es ambigua. Por esta forma de traducción parece que el versículo impone sobre el creyente la responsabilidad de mantener un andar en el Espíritu Santo, mientras que una traducción más adecuada del texto asigna al Espíritu la ejecución del andar y encarga al creyente la actitud de depender del Espíritu Santo. Es obvio que el cristiano dentro de sí mismo no tiene poder, a pesar de la nueva naturaleza, por el que pueda iniciar, promover o mantener un andar en el Espíritu. Es por causa de esta incapacidad innata que le es dado el Espíritu para que habite en él. La situación completa es contraria y se sugieren imposibles suposiciones cuando se le exige al creyente que ande en su propia capacidad más bien que el andar en el Espíritu Santo. La responsabilidad que descansa sobre el cristiano no es la de intentar el andar; es más bien la de conservar una actitud de confianza y de expectación hacia el Espíritu Santo, dependencia que hará una bendita realidad la de andar movidos por el Espíritu. Una interpretación de este pasaje de Gálatas implica que el creyente ha de guiar o dirigir al Espíritu Santo, mientras que el punto de vista más defendible enseña que el creyente ha de ser guiado en una senda que es de la propia elección divina y que ha de recibir el poder del Espíritu para toda buena obra. La promesa inmediata al creyente es la de que al andar en el Espíritu, los deseos de la carne no llegarán a realizarse. En el mismo contexto (Gá. 5:16-23) en el verso 18 se declara que los que son guiados por el Espíritu no están bajo la ley. Esta declaración es más que una aserción de que el creyente al ser guiado por el Espíritu está libre del sistema mosaico de méritos; más bien se implica que la guianza del Espíritu se abre a un campo de responsabilidad enteramente diferente, campo que abarca toda la voluntad de Dios, un campo más extensamente vasto respecto a lo que incluye, antes que una mera conformidad a normas y leyes. En la esfera de la dirección del Espíritu es contemplada cada fase de la vida personal y del servicio, y se asegura su realización. "Andar en el Espíritu" significa depender del Espíritu. Es propia la figura literaria del acto de andar para representar la continua responsabilidad de vivir diariamente para la gloria de Dios. Cada paso en el proceso del andar físico es una incipiente caída. En cada paso el cuerpo se sale de su balance y avanza fuera del soporte físico dependiendo del paso del pie que se adelanta para recobrar el balance y el soporte. Así el andar en el Espíritu es no sólo una serie de traslados, sino una entrega constante de uno mismo al Espíritu con la confianza y la anticipación de que todo el sostén necesario se efectuará. Todo esto sugiere intimidad personal con el Espíritu Santo. Su presencia ha de ser una actualidad en la experiencia y debe mantenerse la práctica de depender consciente y habitualmente de Su poder capacitador. Esta manera de vida específica es enteramente distinta de los modos y prácticas de los hombres. El andar por medio del Espíritu es una empresa que pide atención incesante y progreso paciente, buscando su realización. Todos los que nacen en este mundo tienen que aprender a andar como una función propia del cuerpo físico; no es de extrañarse que se requiera que los regenerados aprendan a andar por experiencia y práctica por medio del mismo Espíritu. Debe esperarse que un niño gatee antes de andar y que experimente muchos fracasos antes de ser capaz de caminar libremente. Es igualmente razonable esperar que ocurra cierta cantidad de esfuerzo y fracasos en la senda antes de que el andar en el Espíritu sea perfecto. Indudablemente es sólo una consideración teórica sin experiencia en la mente de la gran mayoría de los creyentes en quienes el Espíritu ha hecho Su morada en el corazón. Para los tales llega a ser un día de un descubrimiento maravillosos cuando quizá con una débil fe depositaron en El sus cargas y descubren por experiencia propia que El está allí, listo y deseoso para efectuar lo que se le ha encomendado. No es preciso ir más allá para demostrar que si el poder del Espíritu ha de hacerse efectivo uno tiene que pasar del campo de las teorías de Su Persona preciosa aún para dar el primer paso en el andar en el Espíritu. No se puede dar ningún paso inteligente hasta que se establezca en la mente alguna distinción en cuanto a la diferencia en método y práctica entre el andar dependiendo de uno mismo o sea, de la carne, y andar en dependencia del Espíritu. Otra vez aquí las reglas son de poca ayuda. El andar en el Espíritu debe ser el resultado de la experiencia personal –no el intento de imitar a otros, sino el resultado de la prueba de fe de uno mismo. Es probable que como un método general hacer por la mañana un encarecimiento de todo lo que le espera a uno durante el día es efectivo, aunque a menudo se necesitan otros especiales mientras el día avanza. El aspecto importante está en el carácter de dicho encarecimiento. No es meramente pedir la ayuda necesaria para el día (práctica muy común entre creyentes espirituales); es entrar en un pacto de entendimiento definido con Dios en el que se renuncia a las habilidades y recursos naturales y se ejercita la confianza en el Espíritu de que El mismo actuará y motivará la vida entera. Estos ejercicios de fe han de ser suficientemente definidos de modo que produzcan una verdadera expectación y se observe un tiempo de evaluación y de acción de gracias al finalizar el día. Una verdadera confidencia en la mañana requerirá una supervisión y un recuento al pasar el día. Entonces, a la luz del éxito o fracaso, se pueden aprender lecciones acerca del verdadero progreso de uno en un andar espiritual.

Aquí sería de orden agregar una palabra sobre lo que anteriormente se ha presentado en relación al aspecto experimental de andar en el Espíritu, especialmente en lo relativo a la experiencia del creyente, no hay indicación, manifestación o identificación, ya sea de la presencia o de la actividad del Espíritu más allá de los resultados perceptibles que El ejecuta. La mente humana continúa pesando todos los aspectos, las afecciones y deseos que todavía dominan, y la voluntad actúa con libertad y responsabilidad normales. El punto que hay que notar es que el Espíritu, enteramente aparte de cualquier intromisión de sus propias facultades está operando –excitando– en el creyente así el querer como el hacer de lo que agrada a Dios (Fil. 2:13). El hecho y la fuerza de la energía del Espíritu se verán en la calidad de los resultados y no en el reconocimiento de alguna de sus maneras de obrar. Con todo, el creyente verdaderamente sincero de corazón y por causa de los verdaderos resultados será impelido a la acción de gracia cuando esa vida sea así perfeccionada. En muchas ocasiones la vida espiritual ha estado mal fundada y por lo tanto, mal comprendida. Se ha creado la impresión que las funciones naturales de la vida humana han de ser desechadas y que han de adormecerse la mente y voluntad, a fin de que el Espíritu pueda ejercitar Su propia mente y voluntad. Tal noción es extraña a los planes de Dios tal como se revela ese propósito en el Nuevo Testamento. Como lo hizo con Gedeón, el Espíritu se reviste del cuerpo y las facultades del creyente y, sin manifestarse a sí mismo, obra en y a través de esas facultades. Aunque de este modo oculto en cuanto a la observación, así actúa el Espíritu sencillamente, sin complicaciones. En vista del tremendo aspecto y resultados en la vida del creyente es evidente, en definitiva, que la mayor importancia está en la actitud de confianza del creyente.

Con esta introducción del tema en la mente, se puede prestar atención al descubrimiento que el cristiano encara incesantemente, en el lado negativo de su vida espiritual, a tres enemigos superiores: al mundo, la carne y el diablo; y en el lado positivo de la vida espiritual él está ante la sobrehumana responsabilidad de llenar la medida de perfección en todo lo que entra en esas manifestaciones que juntas constituyen la llenura del Espíritu. Una gran parte de este volumen se ha dedicado al estudio de estos elevados aspectos que constituyen la vida y servicio del creyente. No es necesario repetir todo este aspecto de la verdad. Sin embargo, nos resta ver que la victoria, tanto en la esfera del conflicto con los enemigos, como en la manera de vida y de servicio que honran a Dios dependen enteramente de una relación con el Espíritu, la que no es estorbada por la presencia del pecado y que confía activamente en El para la ejecución de Su perfecta voluntad. De este modo se ve al hijo de Dios nuevamente frente a la cuestión de su verdadera dependencia del Espíritu morador. Puede fácilmente llegar a ser el principio de una vida espiritual efectiva por parte de un cristiano que cree y practica la Palabra de Dios con respecto a las provisiones que le pertenecen, que le han sido dadas por el Espíritu. El racionalismo está directamente opuesto a la fe. Hay quienes se rebelan contra la enseñanza de que la salvación es por la fe sola. Se rebelan ya porque no conocen o porque no creen la Palabra de Dios. Igualmente hay quienes se rebelan contra la enseñanza de que una inquebrantable victoria en la vida diaria del creyente se obtiene sólo por la fe, y esto también es porque no saben, o no creen, las Escrituras. La doctrina concerniente a una santidad de vida producida divinamente no se apoya en uno o dos textos para probarse. Es uno de los grandes temas, si no el más extenso, de todas las epístolas; porque no sólo se enseña la doctrina en su extensión, sino que cada requerimiento al cristiano está basado sobre principios exactos revelados en la doctrina. Es uno de los más vitales elementos de las provisiones que caracterizan la edad de la gracia.

1. EL MUNDO. El sistema satánico del *cosmos,* llamado el *mundo* ha sido extensamente definido en anteriores capítulos de esta obra. En este sistema del *cosmos* los cristianos deben vivir y aun guardarse sin mancha de él (Stg. 1:27). No se puede definir bien el límite que separa el mundo y lo que es la esfera correcta de la vida espiritual. Nada sino una dirección personal del Espíritu determinará la solución de este problema. Es aquí en donde los cristianos necesitan aprender a tener gracia los unos con los otros. Las Escrituras afirman que los que son fuertes están en libertad para hacer lo que los débiles no pueden hacer con éxito. Así, los débiles deben evitar el juzgar a los fuertes, y es esencial que éstos eviten el poner tropiezo en el camino de los débiles. El Apóstol declara: "Recibid al débil en la fe, pero no para contender sobre opiniones, porque uno cree que se ha de comer de todo; otro, que es débil, come legumbres. El que come, no menosprecie al que no come, y el que no come, no juzgue al que come; pero Dios le ha recibido." Nada puede ser más definido que esta enseñanza, que afirma que cada hombre en sinceridad ha de estar persuadido en su propia mente. Si por casualidad alguno cometiera un error bajo estas circunstancias, hay que recordar que los cristianos han de rendir cuenta a Dios y no los unos a los otros al fin de cuentas (comp. Ro. 14:4). Tal es la necesidad ciertamente que se ha presentado, tanto de la dirección del Espíritu Santo con relación a todo lo que surja como un conflicto entre el creyente y el sistema mundano, y también una provisión definida por la que el creyente puede clamar sobre el principio de fe para ser capacitado del poder del Espíritu Santo para vencer las tentaciones del sistema mundano.

Para andar en el Espíritu Santo en su relación con el *sistema mundano,* irremisiblemente se requiere poner en práctica una positiva dependencia del Espíritu.

2. LA CARNE. Lo que dentro del cristiano codicia contra el Espíritu Santo, creando varios problemas, en el Nuevo Testamento es llamado *la carne.* Los cristianos descuidados no están interesados en la Persona y obra del Espíritu, o en los exactos distintivos que condiciona la verdadera espiritualidad; pero estos distintivos y verdades apelan a los que realmente desean una vida que agrade a Dios. Satanás tiene fosos e imposturas en el campo de las más profundas realidades espirituales. La mayoría de estas falsas enseñanzas están basadas en una errada comprensión de la enseñanza bíblica acerca del pecado tal como éste se relaciona con el creyente. "Toda la Escritura es inspirada por Dios, y útil para enseñar, para redargüir, para corregir, para instruir en justicia, a fin de que el hombre de Dios sea perfecto, enteramente preparado para toda buena obra" (2 Ti. 3:16, 17). De igual modo, en la misma Epístola se insta a los creyentes a fin de que puedan "estudiar" y "dividir correctamente" la Palabra de verdad. Hay que notar que dos de los cuatro valores de la Escritura en la vida del "hombre de Dios", como se halla en el pasaje anterior, son de reproche y corrección. Muy pocos de los que han abrazado un error tienen un espíritu presto para aprender! Parece que una de las características de los que han abrazado los errores satánicos es que jamás se inclinan a reconsiderar honestamente sus bases. Ellos solamente leen su literatura sectaria y desorientadora y evitan a menudo oír cualquier enseñanza correcta de la Palabra de Dios. Esta dificultad es aumentada en gran manera cuando su error los ha llevado a asumir alguna posición injustificable con respecto a una supuesta liberación del pecado, o de logros personales de la santidad. A los tales les parece que una "corrección" o "reproche" es una insinuación hacia la apostasía, y nadie que tenga una mente celosa escogería tal proceder. Muchos errores medran en este sentido sin ningún otro impulso que el celo humano, siendo la Palabra de Dios distorsionada persistentemente a fin de sostener sus humanas teorías. Muchos de estos errores son reprobados y corregidos cuando se reconocen la distinción fundamental entre la *posición* del cristiano en Cristo y *experiencia* en su vida diaria. Todo lo que Dios ha hecho por los creyentes en Cristo es perfecto y completo; pero tal perfección no debe confundirse con la conducta imperfecta de la vida diaria.

3. EL DIABLO. La Biblia representa a Satán como el enemigo de estos santos de Dios, y se ve que esto es la verdad especialmente en los santos de esta dispensación. Entre Satanás y los inconversos no

hay controversia, porque ellos son parte de su sistema mundano. Ellos no han sido liberados del poder de las tinieblas y trasladados al reino del Amado Hijo de Dios (Ef. 2:2),. y Dios es el poder vigorizador de los salvos (Fil. 2:13). Todo ser humano está o bien bajo el poder de Satanás o bien bajo el poder de Dios. Esto no quiere decir que los cristianos no puedan ser influenciados por Satán o que los perdidos no puedan ser influenciados por el Espíritu de Dios, sino que la vida de cada hombre está ligada a uno ú otro dominio; y más aún, el dominio de Satán no está caracterizado en todo sentido por cosas que son inherentemente malas como se estima la vida del mundo. El vital propósito de Satán es "ser como el Altísimo" (Is. 14:14), y él aparece como un "ángel de luz" y sus ministros "como ministros de justicia" (2 Co. 11:13-15). Sus seguidores, en su papel de "ministros de justicia" predican un evangelio de reformación y una salvación lograda por el carácter y comportamiento humano, en vez de una salvación que ha sido alcanzada sólo por gracia desconectada de toda virtud humana. Por tanto el mundo, a pesar de todas sus normas morales y su cultura, no está necesariamente libre del poder y control energético de Satán. El es quien siempre promueve formas de religión y de excelencias humanas aparte de la redención que es en Cristo, y el mundo, evidentemente, está movilizándose para intentar lo mismo. El ha cegado a los incrédulos, pero sólo en relación a una cosa: Están ciegos para que la luz del glorioso evangelio no les resplandezca (2 Co. 4:3, 4). La enemistad de Satán siempre ha sido dirigida contra la Persona de Dios solamente y no contra la humanidad como tal. Sólo cuando los hombres han sido "hechos participantes de la naturaleza divina es cuando tienen que enfrentarse con este poderoso enemigo. Los disparos de sus "terribles dardos son dirigidos realmente contra Dios quien vive en ellos. Sin embargo, el conflicto no es menos real y el enemigo es sobrehumano." "Porque no tenemos lucha contra sangre y carne, sino contra principados, contra potestades, contra los gobernadores de las tinieblas de este siglo, contra huestes espirituales de maldad en las regiones celestes. Por tanto, tomad toda la armadura de Dios, para que podáis resistir en el día malo, y habiendo acabado todo, estar firmes. Estad, pues, firmes, ceñidos vuestros lomos con la verdad, y vestidos de la coraza de justicia" (Ef. 6:12-14). Estos gobernadores de las tinieblas de este siglo, los poderes espirituales de iniquidad de los que aquí se dice que sostienen un constante conflicto en contra nuestra, no pueden ser vencidos por la estrategia o poder humanos. La Biblia no sanciona la torpe suposición de que el Diablo huirá ante la mera resistencia de determinada voluntad humana. Nosotros debemos "resistir al diablo", pero debe ser hecho mientras "estemos firmes en la fe" y "sometidos a Dios" (Stg. 4:7; 1 P. 5:9). Satanás, por razón de creación, siendo superior en gloria a toda otra criatura, no puede ser vencido por ninguna de ellas sin ayuda especial. Aun de Miguel el Arcángel se dice que no usó de juicio de maldición en contra suya cuando "contendió con el diablo", sino que dijo: "El Señor te reprenda". El Arcángel Miguel no contendió con Satán sin previa autorización. El, más bien tuvo que depender del poder de Otro, actuando así sobre un principio de dependencia. Ciertamente, un cristiano con todas sus muchas limitaciones actuales, debe apelar al poder de Dios en el conflicto con este poderoso enemigo, y, desde luego, él es amonestado a hacer esto: "Sobre todo, tomad el escudo de la fe, con que podáis apagar todos los dardos de fuego del maligno" (del malo V. R.) (Ef. 6:16).

El conflicto del creyente con Satán es tan feroz e incesante como solo ese ser superhumano puede hacerlo. Delante de él los cristianos en sí mismos son como nada; pero Dios se ha anticipado a este desamparo y ha provisto una perfecta victoria por medio del Espíritu que mora en el creyente. ". . . porque mayor es el que está en vosotros, que el que está en el mundo" (1 Jn. 4:4). Por causa del poder de su nuevo enemigo un cristiano debe "andar en el Espíritu" si quiere ser vencedor sobre el diablo.

CAPITULO XVI

DOCTRINAS RELACIONADAS

Siendo que el problema de la influencia de la carne en el cristiano es interno y siempre presente, hay tres importantes doctrinas involucradas en esta discusión, como son: (1) la doctrina de la participación del creyente en la muerte de Cristo, (2) la doctrina de la perfección, y (3) la doctrina de la santificación. Estas están estrechamente relacionadas, especialmente las dos últimas; y la primera viene a ser la base sobre la cual las dos últimas son hechas posibles, como se verá. Se habrían evitado muchas suposiciones sin garantía y fanáticas nociones con respecto a la perfección y la santificación si se hubieran observado las Escrituras que tratan de estas doctrinas. De nuevo aquí deben tomar un lugar importante la reprobación y la corrección (2 Ti. 3:16, 17) si así se le permitiese.

Aunque ya se ha tratado ampliamente en páginas anteriores, hay que llamar la atención en primer lugar a los términos "hombre viejo" —*παλαιὸς ἄνθρωπος* — y "pecado" — *ἁμαρτία*— con referencia a la vieja naturaleza. La palabra *carne* tiene un significado lato, y dentro de sus límites y cosas concernientes están estos dos factores: el "hombre viejo" y el "pecado". Aunque estos factores son similares al grado que pocos pueden hacer la diferencia entre ellos, es bueno prestar atención a los pasajes que se relacionan con ellos.

El término "hombre viejo" se usa sólo tres veces en el Nuevo Testamento. Una tiene que ver con la *posición* presente del "viejo hombre" a través de la muerte de Cristo (Ro. 6:6). En los otros dos pasajes (Ef. 4:22-24 y Col. 3:9) el hecho de que "el viejo hombre" ha sido quitado para siempre viene a ser la base de apelación para una vida santa. Está escrito en Romanos 6:6: "Sabiendo esto, que nuestro viejo hombre fue crucificado juntamente con El, para que el cuerpo del pecado sea destruido, a fin de que no sirvamos más al pecado." Aquí no puede haber referencia a la experiencia del cristiano, sino más bien a una co-crucifixión con El, y más evidentemente al tiempo y lugar en que Cristo fue crucificado. En el contexto este pasaje sigue inmediatamente a la afirmación de la transición del primer Adán al postrer Adán como su cabeza federal (Ro. 5:12-21). El primer Adán, como si se hubiera efectuado en el creyente, fue juzgado en la crucifixión de Cristo. El "hombre viejo", la naturaleza caída heredada de Adán, *fue* crucificada con El. Esta crucifixión, como se ha visto, es de la mayor importancia, de parte de Dios, en hacer posible una verdadera liberación del poder del "hombre viejo". Debe lograrse un justo juicio contra la naturaleza pecaminosa antes de que una obra divina pueda ser realizada en pro de la liberación. El juicio ahora está asegurado por la cruz, y el camino queda abierto para la bendita victoria mediante el Espíritu. En el segundo pasaje en donde se usa el término "hombre viejo", el hecho de que el "hombre viejo" ya fue crucificado con Cristo es la base de una apelación para pasar al siguiente: "En cuanto a la pasada manera de vivir, despojaos del viejo hombre, que está viciado conforme a los deseos engañosos, y renovaos en el espíritu de vuestra mente, y vestíos del nuevo hombre, creado según Dios en la justicia y santidad de verdad" (Ef. 4:22-24). En el tercer pasaje la posición en Cristo sugiere nuevamente una experiencia correspondiente: "No mintáis los unos a los otros, habiéndoos despojado del viejo hombre con sus hechos, y revestido del nuevo, el cual conforme a la imagen del que lo creó se va renovando hasta el conocimiento pleno" (Col. 3:9, 10). *Posicionalmente* el "hombre viejo" ha sido quitado para siempre. *Experimentalmente* "el hombre viejo" permanece como una fuerza activa en la vida que sólo puede ser controlada por Dios. Los mismos cristianos se benefician de la suficiencia cuando renuncian enteramente al pensamiento de tener compromiso con, o la tolerancia del fruto de la vieja naturaleza y por fe contar con la agencia divinamente propuesta para la victoria por la dependencia del Espíritu. El resultado de "reconocerse" como muerto y "hacer morir vuestros miembros" será preparar el camino para que el Espíritu produzca en la vida las manifestaciones del "nuevo hombre". Eso, no obstante, ha sido hecho por Cristo en su lugar. Ni puede él controlar al "hombre viejo". "Vestíos del Señor Jesucristo, y no proveáis para los deseos de la carne" (Ro. 13:14). El fruto del "viejo hombre" y el fruto del "nuevo hombre", se recordará, están claramente contrastados en Gálatas 5:19-23: "Y manifiestas son las obras de la carne, que son: adulterio, fornicación, inmundicia, lascivia, idolatría, hechicerías, enemistades, pleitos, celos, iras, contiendas, disenciones, herejías, envidias, homicidios, borracheras, orgías, y cosas semejantes . . . Mas el fruto del Espíritu es amor, gozo, paz, paciencia, benignidad, bondad, fe, mansedumbre, templanza; contra tales cosas no hay ley (control propio V. R.). No hay base bíblica para hacer distinción entre la "naturaleza adámica" y la "naturaleza humana". El hombre natural no tiene sino una sola naturaleza, mientras que el regenerado tiene dos. Hay sólo una naturaleza caída, que es la de Adán, y no hay sino una sola naturaleza que viene de

Dios, la "nueva". El "hombre viejo", entonces es la naturaleza adámica que ha sido juzgada en la muerte de Cristo. Todavía habita con el salvo como un principio activo en su vida, y su victoria *experimental* sobre ella será realizada únicamente a través de una confianza completa y definida en el Espíritu morador. "El hombre viejo" es una parte, desde luego, pero no todo, de la "carne".

En ciertas porciones de las Escrituras, especialmente Romanos 6:1-8:13 y 1 Juan 1:1-2:2, hay también una importante distinción entre dos usos de la palabra *ἁμαρτία*, *pecado*. Serán obvios los dos significados si se recuerda que la palabra algunas veces se refiere a la naturaleza adámica, y otras, al mal resultante de esa naturaleza. El pecado, como una naturaleza, es la raíz de los pecados que se cometen. *Pecado* es la raíz que produce su propio fruto en pecados, que es mala conducta. *Pecado* es el "hombre viejo", mientras que *pecados* son las manifestaciones en la vida diaria. Pecado es lo que el individuo es por nacimiento, mientras que pecados es el mal que él comete en la vida. Hay abundante testimonio bíblico en cuanto al hecho de que la "carne", el "hombre viejo" o "pecado" son la fuente del mal, y quedan en la vida del hijo de Dios tanto como él permanezca en el cuerpo. Los creyentes tienen un bendito tesoro en la posesión del "hombre nuevo" como morador; pero ellos tienen este "tesoro en vasos de barro". Lo terrenal es el "cuerpo de nuestra humillación" (2 Co. 4:7; Fil. 3:21). La personalidad –el ego– queda con su misma individualidad a través de todas las de la gracia, aunque se experimente el más grande avance posible, transformación y regeneración desde su estado de perdición en Adán hasta el de perdonado, justificado y salvo en las posiciones y posesiones de un hijo de Dios en Cristo. Lo que estaba perdido se dice que es perdonado, justificado, salvado y recibe la nueva naturaleza divina, que es vida eterna. Lo que estaba muerto es nacido otra vez y llega a ser una nueva criatura en Cristo Jesús, aunque queda la misma personalidad que nació de determinados padres según la carne. Aunque nacido de Dios y poseedor de una nueva naturaleza divina, la debilidad de la carne y la disposición de la naturaleza pecaminosa mora hasta que llegue el cambio final de su residencia de esta tierra al cielo. En 1 Juan 1:8 y 10 se hace una clara advertencia contra cualquier presunción concerniente al pecado. En primer lugar se advierte a los cristianos que suponen no tener ya la naturaleza pecaminosa: "Si decimos que no tenemos pecado nos engañamos a nosotros mismos y la verdad no está en nosotros." Esta es distintivamente una palabra que concierne a la naturaleza pecaminosa del cristiano y que en modo alguno tiene aplicación a los perdidos. Es dirigida a los creyentes, y a todos los creyentes. No debe suponerse que en el pasaje se hace referencia a alguna clase de cristianos desafortunados, ignorantes o no santificados. Aquí no hay distinción de clases sean cuales fueren. Es el testimonio del Espíritu de Dios con referencia a *toda* persona regenerada. Si alguno dijere que no tiene naturaleza pecaminosa significa que el tal se engaña a sí mismo y la verdad no está en él. Evidentemente, este pasaje se propone corregir a aquellos cristianos que proclaman ser libres del pecado innato y que pueden haberse hecho creer que lo son en realidad. Una mente auto-satisfecha no es necesariamente la mente de Dios. En el mismo pasaje también se advierte a los cristianos en contra de andar diciendo que ellos no tienen pecado, siendo que los pecados son el fruto de la vieja naturaleza: "Si decimos que no hemos pecado, lo hacemos a El mentiroso y Su palabra no está en nosotros (1 Jn. 1:10). Nada puede ser más específico que esta declaración. Es posible que a un cristiano se le pueda haber enseñado a decir que él no ha pecado; pero aquí hay una palabra de reproche cuando se le coloca frente al testimonio del Espíritu de Dios. Otra vez, no se dice esto con relación a cierta clase de creyentes no consagrados; es algo concerniente a todos los cristianos. Alejarse de la clara enseñanza de este gran pasaje correctivo es "hacer a Dios mentiroso" y descubrir que "Su palabra no está en nosotros". La fuente de pecado es, entonces, la naturaleza pecaminosa, y no la nueva naturaleza divina. Esta importante verdad está señalada en la misma Epístola un poco más adelante en un pasaje que en primer lugar enseña que los cristianos ahora no *practican* el pecado ilegalmente como lo hacían antes de haber recibido la nueva naturaleza divina; pero también enseña que no puede adjudicarse el pecado a la naturaleza divina como su fuente: "Todo aquel que es nacido de Dios no practica el pecado, porque la simiente (es decir, la naturaleza divina) de Dios permanece en él; y no puede pecar, porque es nacido de Dios" (3:9). Es evidente que la nueva naturaleza es algo que ha sido engendrado de Dios y por causa de la presencia de esta naturaleza aquel en quien El mora ahora no practica el pecado como lo hacía antes de ser salvo, ni jamás el pecado puede ser producido por la nueva naturaleza que procede de Dios. El pasaje no enseña que los cristianos no pecan, ni aun que algunos cristianos no lo hacen; ya que no hay aquí a la vista alguna clase de cristianos, lo que aquí se dice es cierto en cuanto a todos los que han sido "engendrados de Dios". En las Escrituras se enseña mucho más, siendo que hay dos naturalezas en el creyente, hay un conflicto entre la nueva naturaleza, operado por el Espíritu, y la vieja naturaleza, que trabaja a través de la carne. "Digo pues: Andad en el Espíritu y no satisfagáis los deseos de la carne, porque el deseo de la carne es contra el Espíritu, y el del Espíritu es contra la carne; y éstos se oponen entre sí, para que no hagáis lo que quisieres" (Gál. 5:16, 17). Otro aspecto de esta verdad es tratado extensamente en Romanos 7:15-8:4. En este pasaje al viejo "yo" se le ve en activa oposición al nuevo "yo". Algunas veces se aboga en favor de que este pasaje se refiere a una experiencia en la vida del Apóstol antes de ser salvo. Esto da lugar a serias discusiones. Un conflicto tal no puede relacionarse bíblicamente a Saulo de Tarso, y por ende a ninguna otra persona inconversa. Saulo de Tarso no era un "hombre desdichado", él fue un fariseo auto-satisfecho, viviendo "con toda buena conciencia" y "en cuanto a la justicia que es en la ley irreprensible". Fue sólo cuando él empezó a "deleitarse en la ley de Dios en el "hombre interior" que fue experimentando el más profundo conflicto. Así también algunas veces el alegato es hecho en relación al tiempo cuando Pablo estaba en una ocasión únicamente bajo la ley de Moisés y así no podría aplicarse a ningún gentil, ya que la ley de Moisés no se dirigía a los gentiles. Es muy cierto que la ley no fue dada a los gentiles. El propósito primario de este pasaje no es el de establecer alguna característica distintiva de un judío convicto bajo la ley; representa plenamente a un santo de la actualidad confrontado ante la imposibilidad revelada de Dios, no solo por causa de la impotencia humana, sino a causa de un principio activo que se opone y que se halla en la "carne". Como se ha visto, la mente y la voluntad de Dios para el creyente bajo la gracia es infinitamente más imposible en la fuerza humana que la ley de Moisés. Tanto más se encuentran cristianos que son "hombres miserables" cuanto procuran afrontar su propio conflicto sin más ayuda que el "brazo de carne". La Ley de Dios, como se indica en el Nuevo Testamento, algunas veces significa su propia voluntad a favor de Su pueblo más bien que la "ley de Moisés" simplemente. Es claro que el conflicto en este pasaje de Romanos es entre el *mal* y el *bien,* en términos generales, más bien que un asunto de la ley de Moisés. Si los creyentes bajo la gracia no están a la vista en Romanos capítulo 7, ni se encuentran en el capítulo 8, porque pasando de un capítulo al otro no hay discontinuación en el desarrollo de la doctrina ni en su aplicación. En contraste con este punto de vista se ha señalado que hay una crisis particular indicada por las palabras de 7:25: "Gracias doy a Dios por Jesucristo Señor nuestro. Así que, yo mismo con la mente sirvo a la ley de Dios, más con la carne a la ley del pecado." Como quiera que ésta realmente no es una palabra de gratitud por la salvación, sino que es una palabra de alabanza por la liberación del pecado reinante. Y es la liberación de uno que pudo decir en seguida: "Así con la mente sirvo a la ley de Dios, mas con la carne a la ley del pecado". Esta afirmación difícilmente puede describir la experiencia de un hombre no regenerado. Arriba en el contexto la ley de Moisés ha sido puesta a un lado como la regla de vida para un creyente de hoy (6:14-7:6), y la nueva ley de Cristo (1 Co. 9:21; Gá. 6:12; Jn. 15:10), la "vida en Cristo Jesús" (Ro. 8:2), o la que es reproducida en el creyente por el Espíritu (Ro. 8:4) ha aparecido a la vista. No se hace mención del Espíritu en este pasaje. Por tanto, no es ni siquiera un conflicto entre el Espíritu y la "carne"; es mas bien uno entre el nuevo "yo" y el viejo "yo". Es el nuevo "yo", el hombre regenerado, aislado por ese tiempo, del poder capacitador del Espíritu, y viéndolo enfrentarse solo en sus propias fuerzas ante la ley de Dios (vs. 22, 23, 25). Aquí se levanta una cuestión vital: ¿Puede el hombre regenerado, aparte del Espíritu, cumplir toda la voluntad de Dios? La respuesta es clara. Aunque él se "deleita" en la ley de Dios (en lo que ningún hombre no regenerado se deleita (comp. Ro. 3:10-18; 1 Co. 2:14), él debe descubrir el poder divinamente provisto para vivir lo que es únicamente por la muerte de Cristo (v. 25), y a través del poder del Espíritu (8:2). Aparte de esto aún para él no hay sino una continua derrota.

El pasaje, con algunas interpretaciones, como se ha presentado anteriormente, es como sigue: "Por lo que yo (a causa de la vieja naturaleza) hago (a causa de la nueva) no lo alcanzo; por que lo que yo no quiero (el nuevo), eso hago (el viejo). Y si lo que no quiero (el nuevo), esto hago (el viejo), apruebo (el nuevo) que la ley (o voluntad de Dios para mí) es buena. De manera que ya no soy yo (el nuevo) quien hace aquello, sino el pecado (el viejo) que mora en mí. Y yo sé que en mí (el viejo), esto as, en mi carne, no mora el bien; porque el querer el bien está en mí (el nuevo), pero no el hacerlo (el viejo); porque no hago (el viejo) el bien que quiero (el nuevo), sino el mal que no quiero éso hago (el viejo). Y si hago (el viejo) el mal que no quiero (el nuevo), ya no lo hago yo (el nuevo), sino el pecado (el viejo) que mora en mí. Así que, queriendo yo (el nuevo) hacer el bien, hallo esta ley (no una ley de Moisés): que el mal está en mí (el viejo). Porque según el hombre interior (el nuevo) me deleito en la ley de Dios; pero veo otra ley en mis miembros (el viejo), que se rebela contra la ley de mi mente (el nuevo que se deleita en la ley de Dios), y que me lleva cautivo a la ley del pecado que está en mis miembros (el viejo). ¡Miserable (cristiano) de mí! ¿Quién me librará de este cuerpo de muerte? (vs. 15-24).

La respuesta a esta gran pregunta y exclamación de desaliento con que el pasaje termina se da en un versículo siguiente (8:2): "Porque la ley del Espíritu de vida en Cristo Jesús me ha librado de la ley del pecado y de la muerte". Esto es más que la liberación de la ley de Moisés, es la inmediata liberación del pecado (el viejo hombre) y de la muerte (su resultado; comp. Ro. 6:23). El efecto de esta liberación se indica por la bienaventuranza registrada en el capítulo ocho, en contraste con la miseria registrada en el capítulo siete. Es todo lo del desamparado y vencido "yo" en un caso, y del suficiente y victorioso "yo", por la capacitación del Espíritu, por otra parte. Los cristianos, entonces, han de ser libertados por la ley o poder del Espíritu. Pero hay que llamar la atención de nuevo al hecho, como se afirma en 7:25, que es posible solamente "por Jesucristo, Señor nuestro". Los creyentes son liberados por el Espíritu, pero puede efectuarse justamente por Jesucristo Señor nuestro, por causa de su unión con El en Su crucifixión, muerte y sepultura.

I. LA PARTICIPACION DEL CREYENTE EN LA MUERTE DE CRISTO

La doctrina que exhibe la participación del creyente en la muerte de Cristo ocupa un lugar en las Epístolas de San Pablo y es la base sobre la cual la vida cristiana es hecha posible. Nada puede ser más explícito o determinante que la palabra del Apóstol en Gálatas 5:24, que declara: "Pero los que son de Cristo han crucificado la carne con sus pasiones y deseos." En este texto se hace referencia a ese aspecto especial de la muerte de Cristo que fue y es un juicio de la naturaleza pecaminosa del creyente y sobre la base en la cual el Espíritu Santo, que vive en el creyente, está en justificada libertad para tomar control de la naturaleza pecaminosa. Todas las formas de perfección y de santificación (que pronto han de ser estudiadas) que relacionan a la experiencia diaria en la cuestión de la liberación de la naturaleza pecaminosa, se derivan enteramente de esta muerte sustitutora de Cristo tomando el lugar de la naturaleza pecaminosa. La liberación es efectuada por el Espíritu solo y la libertad del Espíritu para vencer la naturaleza pecaminosa depende enteramente de la verdad de que ella ha sido juzgada por Cristo en la cruz. No obstante, lo que Cristo ha efectuado es provisto para, y espera una inteligente apropiación de parte del creyente.

En Romanos 6:11-13 se introducen tres verbos que presentan en orden lógico la responsabilidad de los cristianos al dirigir la acción de su propia voluntad.

Primero, *considerar*: "Así también vosotros consideraos muertos al pecado, pero vivos para Dios en Cristo Jesús, Señor nuestro" (v. 11). La exhortación presentada en este pasaje significa simplemente creer estos hechos revelados de la unión con Cristo, considerándolos como a uno mismo, y creerlos suficientemente tal como para actuar sobre ellos con confianza.

Segundo, no *permitir:* "No reine el pecado en vuestro cuerpo mortal, para que le obedezcáis en sus concupiscencias" (v. 12). *No deis sanción al pecado* es el pensamiento aquí, pero la prohibición que se halla en las palabras "No reine" implica que el plan seguido está de acuerdo con la promesa de Dios de vencer al pecado por una dependencia del Espíritu Santo.

Tercero, *presentar:* "Ni tampoco presentéis vuestros miembros al pecado como instrumentos de iniquidad, sino presentaos vosotros mismos a Dios como vivos de entre los muertos, y vuestros miembros a Dios como instrumentos de justicia." (v.13). Esta exhortación presenta desnuda la misma esencia del acto de depender del Espíritu. "Presentad vuestros miembros por instrumentos de justicia" como harían los que se fundan en el terreno de la resurrección.

En una reconsideración de la muerte de Cristo relacionada con la naturaleza pecaminosa –reafirmación que parece obligada para completar esta declaración de la verdad respecto al andar por medio del Espíritu Santo, y para concluir el estudio de la porción más extensa de la Escritura relativo a la vida espiritual– se puede decir que por la muerte de Cristo tanto la *pena* de los pecados cometidos fue llevada por todos los hombres, y el *poder* del pecado fue destruido y juzgado para los hijos de Dios. El cumplimiento de todo esto fue un problema de infinitas dimensiones, porque el pecado es en primer término contra Dios, y únicamente Dios puede tratarlo. La Biblia retrata el pecado desde el punto de vista divino. También descubre un problema de Dios, que fue creado por el pecado, y describe Su manera y método exacto de solucionarlo.

El tema que estamos considerando concierne a la muerte de Cristo solamente en el sentido en que ese sacrificio se relaciona con el juicio divino del pecado y la sublime revelación de que la obra del juicio ahora es enteramente cumplida a favor del creyente se relata en Romanos 6:1-10. Este pasaje es el fundamento de, así como la llave a la posibilidad de un "andar en el Espíritu." Incluso se declara que los cristianos no tienen que "continuar en el pecado; sino, por el contrario, deben andar "en novedad de vida." "El pecado no se enseñoreará de vosotros", se declara, y el hijo de Dios no debe ser un esclavo del pecado por más tiempo. Con este fin El ha efectuado Su obra en la cruz. Entonces, cuán importante es ante Sus ojos la calidad de la vida diaria del cristiano; porque la muerte de Cristo no sólo contemplaba su eterna beatitud en gloria, sino también su andar presente. La vieja naturaleza debía ser juzgada a fin de que Dios tuviera libertad de tratar con ella en la vida diaria del creyente aparte de cualquier juicio futuro. ¡Cuán tremenda destrucción caería sobre el inconverso si Dios tuviera que juzgarlo por sus pecados antes de que pudiera ser salvo! "Castígame, oh Jehová, más con juicio; no con tu furor, para que no me aniquiles" (Jer.10:24). ¡Cuán grande es su misericordia! También El ya ha tomado el asunto del pecado y lo ha solucionado a favor de todos los hombres en la muerte de Cristo, el sustituto. Es por esto que El puede ahora salvar del castigo del pecado. Aún así, cuán lejos ha ido Su misericordia, siendo que también El ha entrado en el justo juicio del "viejo hombre! Y por esto ahora Dios es capaz de librar del *poder* del pecado a Sus hijos. Se dice que "el viejo hombre ha sido crucificado con El" y que ha "muerto al pecado" juntamente con Cristo y que "ha sido sepultado con El", así mismo que participa de Su vida resucitada. Se ha revelado que todo esto fue para servir un gran propósito: que también nosotros "andemos en novedad de vida", así como Cristo "fue levantado de entre los muertos para la gloria del Padre", ¡qué liberación y qué andar pueden experimentar siendo que todo es de acuerdo con el poder y gloria de la resurrección!

Puede agregarse que la resurrección no es meramente la antítesis de la muerte; es la introducción al poder y al ilimitado campo de la vida eterna. En esa nueva esperanza y por ese nuevo poder ahora pueden andar los cristianos.

El pasaje empieza así: "¿Qué, pues diremos? ¿Perseveraremos en pecado para que la gracia abunde? En ninguna manera; porque los que hemos muerto (nosotros que hemos muerto al pecado- V. R.) ¿cómo viviremos aún en él? Así también los versículos 7,8,11 y Col. 2:20 y 3:3, tratan el mismo asunto. En los capítulos precedentes de esta Epístola a los Romanos se ha presentado la seguridad de la salvación. Al principio de este pasaje se presenta la cuestión de la salvación al punto de la santificación de la vida diaria. Este segundo aspecto de la salvación se provee únicamente para el que ya es salvo y seguro. "¿Perseveraremos (los que ahora somos salvos y seguros) en pecado?" No *volverían* ellos a hacerlo así, como hijos de Dios, y no es *necesario* que ellos lo hagan siendo que ahora están "muertos al pecado." Pero ¿quién está "muerto al pecado"? Es la verdad que todo cristiano siempre ha experimentado el estar muerto al pecado? Jamás ha habido ninguno. Pero se dice que la muerte mencionada en este pasaje ha sido efectuada para cada creyente. Aquí se dice que todos los cristianos han muerto al pecado. Una muerte que los incluye a todos no podría tenerse como *experimental.* Es más bien *posicional.* En relación a su naturaleza pecaminosa, Dios *reconoce* a todo creyente el haber muerto *en* Cristo; pues solamente así pueden ellos "andar en novedad de vida" como los que están "vivos en Dios." No es necesario pecar por más tiempo. Los cristianos no pueden defender el poder de una tendencia que ellos no pueden controlar; pero Dios ha provisto la posibilidad de una completa victoria, así como la libertad, habiendo juzgado la vieja naturaleza y dádoles la presencia y el poder del Espíritu, pues ellos todavía tienen la tendencia y más de lo que pueden controlar. Entonces continúa la importante explicación de la presente relación del creyente con la muerte de Cristo, que forma la base de su liberación del poder del pecado. Primero se da un bosquejo (6:3,4), y entonces se repite la misma verdad, pero más detallada (vs. 5-10). No entra en el propósito de esta discusión el considerar la importancia de un sacramento cuyo objeto sea presentar la verdad de la muerte del creyente con Cristo. A lo mejor eso no sería sino la sombra de la substancia. Lo que aquí se describe no puede ser efectuado por ninguna ordenanza arreglada por el hombre. El bautismo del Cristiano *en* Cristo no puede ser otra cosa que el acto de Dios de colocarlo en Cristo (comp. Gá.3:27). Es evidente que esto es un bautismo efectuado por el Espíritu en Su cuerpo (1 Co.12:13); porque en ningún otro sentido son *todos* bautizados en Cristo Jesús. Estando unidos vitalmente y colocados "en El" por el bautismo del Espíritu los que son salvos participan de lo que El es y de lo que El ha *hecho.* El *es* la justicia de Dios, y la Biblia enseña que ellos son "hechos justicia de Dios *en El"* (2 Co.5:21) y *hechos aceptos en el Amado* (Ef.1:6). Todo esto es cierto porque ellos están "en El." Así también, El ha hecho por ellos la sustitución y lo que El ha hecho les es reconocido a ellos porque ellos están "en El", o, en otras palabras, ellos son bautizados en Cristo.

El argumento en este pasaje de Romanos 6 está basado en la unión vital por la que los cristianos están unidos a Cristo por ser bautizados en Su Cuerpo: "¿No sabéis (o 'sois ignorantes' R.V.) que los que sois bautizados en Jesucristo fuisteis bautizados en Su muerte?" Tan seguro como los creyentes están en El", ellos participan del *valor* de Su muerte." Así también lo afirma el pasaje: "Porque somos sepultados juntamente con El para muerte" (comp. Col.2:12). Entonces se declara que también los cristianos son participantes de Su crucifixión (v. 6), muerte (v. 8), sepultura (v. 4) y resurrección (vs. 4,5 y 8), y tan esencialmente como ellos participaron en esta unión, así han sido crucificados, muertos, sepultados y resucitados. El ser bautizados en Cristo Jesús es la *substancia* de lo que son los *atributos* de la crucifixión, muerte, sepultura y resurrección juntamente con El. Una es la *causa,* mientras los otros son los *efectos.* La concordancia de todas estas cosas tienen por fin la realización de un gran propósito, como sea, que "como Cristo resucitó de entre los muertos para la gloria del Padre, así también andemos en novedad de vida", o por un nuevo principio de vida. Entonces, el "andar" de la vida cristiana es el objetivo divino. Cristo murió en lugar del creyente. El juicio le correspondía sufrirlo al creyente, pero Cristo vino a ser su sustituto. Así él es contado como un coparticipante en todo lo que su sustituto hizo. Lo que El hizo satisfizo para siempre las justas demandas de Dios contra "el hombre viejo" y abrió el camino para un "andar" agradable a Dios (comp. 2 Co.5:15). Según prosigue el pasaje, esta verdad de la co-participación del creyente en Cristo se presenta otra vez y con mayores detalles: "Porque si (o, como) fuimos plantados (rejuntados, unidos, crecidos juntos; la palabra es usada una sola vez en el Nuevo Testamento) juntamente con El en la semejanza (es decir, individualidad, comp. Ro.8:3; Fil.2:7) de Su muerte, así también lo seremos (ahora y eternamente) en la de Su resurrección." El cristiano ya está unido a Cristo por el bautismo del Espíritu (1 Co.12:13), que lo coloca posicionalmente más allá del juicio del pecado y por eso él es libre para entrar en la experiencia del poder eterno y victoria de la resurrección. "Sabiendo esto (o, porque sabemos esto), que nuestro viejo hombre fue crucificado juntamente con El (y por el mismo propósito divino antes afirmado), para que el cuerpo del pecado sea destruido (nuestro poder de expresión es a través del cuerpo. Este bien conocido hecho es usado como figura con respecto a la manifestación del pecado. El cuerpo no es destruido, sino el poder y el medio de expresión del pecado pueden ser anulados (comp. v. 12), a fin de que no sirvamos (ser esclavos de) más al pecado (esto es, al hombre viejo). Porque el que es muerto (justificado, R. V.) ha sido justificado del pecado (es decir, los que una vez han muerto al pecado, como lo ha sido el creyente en Su Sustituto, ahora está libre de sus demandas legales). Y si morimos con Cristo (o, siendo que hemos muerto con Cristo), creemos que también viviremos con El (no sólo en el cielo, sino también ahora). Hay tanta certidumbre para *vivir* en El como la hay por haber *muerto* en El; sabiendo que Cristo (porque nosotros sabemos, R. S. V.) habiendo resucitado de los muertos, ya no muere; la *muerte* no se enseñoreará más de El (por tanto, el cristiano es animado a creer cuanto le es concerniente). Porque en cuanto murió, al pecado (es decir, a la naturaleza) murió una vez por todas; más en cuanto vive, para Dios vive (y de aquí que el creyente es, puede vivir para Dios)." Tales hechos están registrados en las Escrituras, concerniente al significado y valor de la muerte de Cristo y la presente posición del cristiano en Su ilimitada gracia y reto a entrar en la vida victoriosa. Hasta aquí en este pasaje nada ha sido dicho tocante a alguna obligación humana, ni aun se ha hecho referencia a obra humana alguna. Es toda la obra de Dios para los hijos de Dios, realmente, y la conclusión de este gran pasaje es a efecto de que él sepa que en el plan de Dios ya se ha provisto la liberación de la esclavitud del pecado. Basados en este conocimiento de la Palabra respecto a todo lo que Dios ha hecho en Cristo, al pasaje que consideramos sigue inmediatamente un mandato que presenta la responsabilidad cristiana: "Así también vosotros consideraos muertos al pecado, pero vivos para Dios en Cristo Jesús, Señor nuestro." No se le exhorta a reconocer que la naturaleza pecaminosa está muerta, sino a reconocerse él mismo estar muerto a ella.

Literalmente la muerte de Cristo destruyó el poder del "viejo hombre" de modo que el creyente pueda no tener la disposición al pecado? No, porque el pasaje sigue adelante para afirmar: "No reine, pues, el pecado en vuestro cuerpo mortal para que le obedezcáis en sus concupiscencias." Entonces, evidentemente, el "viejo hombre" quedará activo, si no es suficientemente controlado. La unión con Cristo ha provisto la liberación posible; pero se ha de entrar a ella y ser reclamada por un acto de como lo que expresan las palabras "reconoced", "no reine", y palabras adicionales que siguen en el pasaje: "sino someteos a Dios como vivos de los muertos, y vuestros miembros a Dios como instrumentos de justicia; porque el pecado no se enseñoreará de vosotros (es decir, la naturaleza); porque no estáis bajo la ley (que no provee poder para su cumplimiento), sino bajo la gracia" (que proveyó para su cumplimiento el Sustituto suficiente y la capacitación ilimitada del Espíritu de Dios). Se ha hecho toda provisión. "No reine el pecado en vuestro cuerpo mortal para que le obedezcáis en sus concupiscencias." ¿Quién es capaz de medir la verdad contenida en la palabra que encabeza esta súplica – "por tanto"? Se refiere a toda la empresa divina en la muerte de Cristo por la cual el cristiano se ha unido a El a fin de que pueda recibir los valores eternos de Su Crucifixión, muerte, sepultura y resurrección. Todo esto fue ejecutado a su favor antes que naciera. "Por tanto, a causa de todo esto que ahora es ejecutado y provisto para él, el creyente tiene un incentivo ilimitado para entrar en el plan y propósito de Dios para su liberación. La fe, que cree que la victoria es posible porque reconoce que el "viejo hombre" ha sido juzgado, es el resultado normal de una revelación semejante. A los cristianos en ninguna parte se les manda el repetir Su crucifixión, muerte, sepultura y resurrección; pero son alentados por la revelación de lo que ha sido hecho para que *reconozcan* los requerimientos divinos para su liberación del "viejo hombre" y ser hallados perfectos y creer que por esta causa, ahora ellos pueden andar en novedad de vida."

¿Habrá alguna Escritura que justifique la pretensión de algunos cristianos de que ellos han muerto al pecado como una experiencia personal? Algunos pasajes del Nuevo Testamento se refieren al creyente como ya muertos. Ninguno de ellos, no obstante, señalan una experiencia; se refieren más bien a una posición, a la que el creyente ha sido traído por su unión con Jesu-Cristo en Su muerte de cruz. "Porque si habéis muerto con Cristo" (Col.2:20); "Porque muertos sois" (R. V.), y vuestra vida está escondida con Cristo en Dios" (Col.3:3); "Con Cristo estoy juntamente crucificado" (Gá. 2:20); "Lejos esté de mí gloriarme, sino en la cruz del Señor Jesu-Cristo, por lo cual el mundo me es crucificado a mí y yo al mundo" (Gá.6:14); y "los que son de Cristo han crucificado la carne con sus afectos" (Gá.5:24). En el último pasaje, como en los demás, se hace referencia a algo que ha sido efectuado en todos los que son de Cristo. Por lo tanto, no se podría referir a alguna experiencia, el resultado de una santidad especial o particular por parte de unos pocos. Este pasaje, ya que se refiere a todos los creyentes, no puede tener sino un solo significado: en su unión con Cristo la "carne con sus afectos y concupiscencias" *posicionalmente* ha sido crucificada. La palabra "crucificado" relacionada con los creyentes está siempre en pretérito, lo que implica el hecho judicial y no una experiencia espiritual. El creyente puede "mortificar", que significa reconocer que está muerto; pero él nunca es llamado a crucificarse a sí mismo. Aun mortificarse es posible únicamente por el poder capacitador del Espíritu. "Mas si por el Espíritu hacéis morir las obras de la carne, viviréis" (Ro.8:13). En la Escritura está plenamente establecido que la crucifixión fue efectuada una vez por todas. En vista de esta básica operación divina, se exhorta al hijo de Dios a "reconocerse, someterse, mortificarse (contarse por muerto); quitar, no permitir, echar, tomar toda la armadura de Dios; poner la mira en las cosas de arriba; vestirse del nuevo hombre, que es renovado según la imagen del que lo creo; negarse a sí mismo; estar en Cristo; pelear; correr la carrera; andar en amor; andar en el Espíritu; andar en la luz; andar en novedad de vida." Tal es la responsabilidad humana en cuanto a la liberación que Dios ha provisto a través de la muerte de Su hijo, y que ahora se propone perfeccionar por el Espíritu. Entonces, el objetivo divino en todo lo que está escrito en Romanos 6:1-10 en un "andar en novedad de vida." Por medio de Cristo Dios ha encarado cada demanda de Su santidad para el creyente, todo el juicio contra la naturaleza pecaminosa que El jamás podría demandar. Ahora para el creyente se dice que tiene que entenderlo y creerlo. "Sabiendo esto" o, "porque él sabe esto", él es justificado al creer que puede "andar en novedad de vida" por medio del poder capacitador del Espíritu. ¡Cuánto descanso, paz y victoria sería la parte de los hijos de Dios si ellos supieran realmente que "el viejo hombre" fue crucificado con Cristo y así, del lado divino les es hecho posible vivir en donde el poder del pecado y sus manifestaciones pueden ser constantemente anulados!

Toda la exposición doctrinal concerniente a una posible liberación de la servidumbre del pecado según se halla en Romanos 6:1-8:4, está resumida y concluida en los dos últimos versículos del contexto (6:3,4). En estos dos versículos siete factores que entran en la revelación relativa a una posible victoria sobre el pecado y que han sido el tema de todo lo que se ha dicho antes. Los siete factores son: (1) "la ley" (8:3) que aquí representa la perfecta voluntad de Dios, porque no se limita a la ley de Moisés (comp. 6:14; 7:4,25), la que pasó como una regla de conducta (7:1-6; 2 Co.3:7-18; Gá.3:24,25). Antes bien, incluye aquello que el Espíritu produce en aquel que es espiritual (8:4; Gá.5:22,23). Intentarlo, en la mera fuerza humana para asegurar la perfecta justicia por medio de la obediencia a cualesquiera preceptos, siempre terminará en fracaso. La gracia provee el poder energético del Espíritu. (2) Siendo "débil por la carne" (8:3), o la completa incapacidad de los recursos humanos ante los requerimientos espirituales (7:14-23; Jn.15:5). (3) "El pecado en la carne" (8:3), o aquello en la carne que es diferente a "debilidad"; aquí es lo opuesto al Espíritu (7:14-23; Gá.5:17). (4) Cristo vino "en semejanza de carne de pecado" (8:3). El tomó el lugar del pecador en una unión vital, al participar de la naturaleza humana no vino a ser un pecador, ni a participar de la naturaleza pecaminosa (He.4:15; 7:26). (5) "Y por el pecado, condenó (o, juzgó) el pecado en la carne" (8:3). De este modo El afrontó toda la demanda de justicia de Dios contra el "viejo hombre" (6:10; 7:25). (6) "Para que la justicia de la ley se cumpliera en nosotros" (8:4; 7:22 y 25), aunque nunca cumplida *por* nosotros (6:4,14; 7:4,6). Es por tanto, "el fruto del Espíritu" (8:4). Tal es la condición humana para un "andar" victorioso. Tiene que ser efectuado por el Espíritu (6:11-22). Se ha hecho una completa provisión por medio del juicio divino de la carne y del viejo hombre para la vida espiritual de cada cristiano, aun el cumplimiento de toda la voluntad de Dios en él por medio del Espíritu. Pero estas provisiones llegaron a ser efectivas sólo para aquellos que "no andan según la carne, sino según el Espíritu." El creyente tiene clara revelación e instrucción de parte de Dios, y es peligroso descuidar o confundir, o fallar en la exacta responsabilidad que a él se le encomienda.

II. PERFECCION

Estrechamente relacionada a la doctrina de la vida espiritual y especialmente la muerte de Cristo como parte de ella, son las dos doctrinas afines de la perfección y la santificación. Aquí es necesario hacer una breve referencia a cada una de ellas.

En la Palabra de Dios la perfección es presentada bajo siete aspectos: (1) El uso de la palabra en el Nuevo Testamento aplicada a personas. Esta palabra en el Nuevo Testamento tiene el significado de "sincero" y "recto." Noé fue "perfecto" (Gn.6:9); Job fue "perfecto" (Job 1:1,8); a Israel, al evitar los pecados de las naciones gentiles, se le pidió "ser perfecto" (Dt.37:37); así también la orden de los santos del Antiguo Testamento aparecerá como "el espíritu de los justos hechos perfectos" (He.12:23). La Biblia no enseña que tales personas fueran impecables.

(2) Perfección posicional con Cristo. "Porque con una sola ofrenda hizo perfectos para siempre a los santificados" (He.10:14), es decir, los que han sido apartados para Dios por su salvación. El alcance y fuerza de este mensaje se verá más claramente si la palabra *salvos* se sustituye por la palabra *santificados*. Claramente este es un versículo sobre la perfección de la obra de Cristo a favor del creyente, y así no debe relacionarse con la vida diaria del cristiano.

(3) Madurez y entendimiento espiritual. "Sin embargo, hablamos sabiduría entre los que han alcanzado madurez" (1 Co.2:6; comp. 12:20; y 2 Co.13:11; Fil.3:15; 2 Ti.3:17).

(4) Perfección progresiva. "¿Tan necios sois? ¿Habiendo principiado por el Espíritu ahora vais a acabar (o, a ser hechos perfectos) por la carne? " (Gá.3:3).

(5) Perfección en algo en particular. (a) En la voluntad de Dios: ". . . que estéis firmes, perfectos y completos en todo lo que Dios quiere" (Col.4:12). (b) En imitar un aspecto de la plenitud de Dios: "Sed, pues, vosotros perfectos como vuestro Padre que está en los cielos es perfecto" (Mt.5:48). El contexto es del amor del Padre por Sus enemigos y así el mandato es a efecto de que este aspecto de la bondad del Padre sea perfeccionado. (c) En servicio: "Os haga aptos (perfectos) en toda buena obra" (He.13:21). (d) En paciencia: "Mas tenga la paciencia perfecta su obra para que seáis perfectos (o, maduros) y cabales, sin que os falte cosa alguna" (Stg.1:4).

(6) El final de la perfección del individuo en el cielo. "A quien anunciamos, amonestando a todo hombre y enseñando a todo hombre en toda sabiduría, a fin de presentar perfecto en Cristo Jesús a todo hombre" (Col.1:22; Fil.3:12; 1 Tes.3:13; 1 P. 5:10).

(7) La final perfección de la integración de los creyentes en el cielo. "Hasta que todos lleguemos a la unidad de la fe y del conocimiento del Hijo de Dios, a un varón perfecto, a la medida de la estatura de la plenitud de Cristo" (Ef.4:13; y 5:27; Jn.17:24; Ap.14:5).

El nombre *perfección* como se encuentra en el Nuevo Testamento es una traducción de las raíces griegas, τέλειος, que significa *maduro* y καταρτίζω, que significa *ajustar.* Y es obvio que ninguna de estas palabras, consideradas etimológicamente, tiene referencia alguna a impecabilidad. Estos hechos deben estimarse más cuidadosamente por quienes hayan procurado formar una doctrina sobre la palabra *perfecto*, cuando por esa palabra se implica la incapacidad de pecar.

III. SANTIFICACION

Una vez más, la doctrina no debe hacérsela exceder a lo que es propiamente expresado por el uso bíblico de su palabra fundamental, *santidad.* Para descubrir el alcance completo y significado de esta palabra es necesario incluir todos los pasajes del Antiguo y Nuevo Testamento, en donde se usa, y agregar a éstos así mismo, todos los pasajes en donde se usan las palabras *santo* y *sagrado,* ya que estas tres palabras ordinariamente son traducciones de la misma raíz, tanto en hebreo como en griego. El significado básico de *santificar, santo* y *sagrado* es tal que una persona o una cosa por medio de ella se dice que son apartadas, o clasificadas ordinariamente como pertenecientes a Dios. Aunque estas palabras y la verdad que expresan se hallan a través de toda la Biblia, ahora la discusión tiene que ver sólo con ése aspecto de la enseñanza que se aplica al hijo de Dios bajo la gracia. Aquí se encontrará que los creyentes son objeto de una triple santificación.

Primero. Santificación posicional. "Pero de El sois vosotros en Cristo Jesús, quien ha sido hecho para nosotros por Dios . . . santificación" (1 Co. 1:30); "Por el cual somos santificados por la ofrenda del cuerpo de Jesucristo hecha una sola vez" (He. 10:10). De este modo, también, el Apostol se dirige a todos los creyentes como *santos* y como *santificados* ya, y en las Escrituras se hace referencia a los "santos profetas, santos hermanos, sacerdocio santo, santas mujeres, una nación santa". Lo son así por su posición en Cristo. Pablo se dirigió aun a los creyentes de Corinto como a *santos* y como a ya *santificados* (1 Co. 1:2; y 6:11); aun su misma carta a los Corintios fue escrita para corregir a los creyentes a causa del pecado (1 Co. 5:1, 2; 6:1, 7, 8). Ellos eran santos y santificados en Cristo, pero estaban lejos de ser tales en la vida diaria.

Segundo. Santificación experimental. Este segundo aspecto de la obra de santificación de Dios a favor del creyente es *progresiva* en algunos de sus aspectos estando así casi en contraste con la Santificación *posicional* "hecha una sola vez". Esta es realizada por el poder de Dios por medio del Espíritu y por la Palabra: "Santifícalos en tu verdad; tu palabra es la verdad" (Jn. 17:17; vea también 2 Co. 3:18; Ef. 5:25, 26; 1 Tes. 5:23; 2 P. 3:18). La santificación progresa de acuerdo a varias relaciones. (1) En relación al sometimiento del creyente a Dios. En virtud de presentar su cuerpo como un sacrificio vivo, el hijo de Dios es por ello apartado para Dios, y así es santificado experimentalmente. La presentación puede ser absoluta y así no admite progresión, o puede ser parcial y entonces requiere un desarrollo posterior. En ambos casos es una obra de santificación experimental. (2). En relación al pecado. El hijo de Dios puede encomendarse a El en cada condición de la verdadera espiritualidad al experimentar toda la liberación provista y la victoria del poder del pecado o, por otra parte, el puede no estar experimentando sino una liberación parcial del poder del pecado. En ambos casos él es apartado y así santificado experimentalmente. (3) En relación al crecimiento cristiano. Este aspecto de santificación experimental es progresivo en cada caso. Por tanto, en ningún modo debe confundirse con una rendición incompleta a Dios, o victoria incompleta sobre el pecado. Significa que el conocimiento de la verdad, la devoción y la experiencia cristiana están naturalmente sujetas a su desarrollo. De acuerdo a su estado presente de desarrollo como cristianos los creyentes son apartados para Dios. Ese desarrollo debería avanzar con cada día que pasa. Y así una vez más el cristiano está sujeto a una progresiva santificación experimental.

Tercero. Santificación final. Aun la santificación *experimental* será perfeccionada cuando los santos sean reunidos ante la presencia del Salvador en gloria: "Cuando El apareciere seremos semejantes a El porque le veremos como El es" y "hechos conformes a la imagen de Su hijo" (1 Jn. 3:2; Ro. 8:29).

Entonces, la enseñanza bíblica con respecto a la santificación es: (1) que todos los creyentes son santificados posicionalmente en Cristo Jesús "una vez para siempre" en el momento de ser salvos. Esta santificación es tan perfecta como El es perfecto. (2) Todos los creyentes *están siendo* santificados por el poder de Dios por medio de la Palabra, y esta santificación es tan perfecta como lo es el creyente. (3) Todos los creyentes *serán* santificados y perfeccionados en gloria a la misma imagen del Hijo de Dios. Por tanto, la Biblia no enseña que ningún hijo de Dios sea enteramente santificado experimentalmente en la vida diaria antes de aquella final consumación de todas las cosas.

IV. LA ENSEÑANZA DE LA ERRADICACION

Que hay una naturaleza pecaminosa en el cristiano que Dios

reconoce como tal y por la que El ha hecho completa provisión a fin de poderla tratar de manera satisfactoria a Su infinita santidad, es una aparente y solemne verdad que la revelación descubre, y con la que cada real y verdadera experiencia necesariamente debe estar en armonía. La revelación es igualmente tan explícita con respecto al plan divino que hay que seguir para la santificación, como en relación a las provisiones divinas que han de emplearse para que esta naturaleza pueda ser conducida al lugar de control que Dios le ha designado. Por otra parte, el racionalismo, en forma velada y piadosa y haciéndose pasar por superespiritual ha propagado una doctrina o teoría respecto a la disposición de la naturaleza pecaminosa. Ninguna Escritura, interpretada correctamente, enseña esta teoría racionalista, y ninguna experiencia humana jamás se ha conformado verdaderamente a ella. El tema entero es metafísico en grado avanzado y en su consideración la opinión humana, o supuesta experiencia, no puede probar ni establecer nada. Es el testimonio claro y directo y la instrucción que se encuentran en el Nuevo Testamento los que deben aceptarse. La teoría supone que es el propósito de Dios erradicar la naturaleza pecaminosa y es esto lo que cada creyente debe buscar. De aquí que muchas ideas y raros requerimientos extraños a las Escrituras se han introducido. Las verdades y las doctrinas son distorsionadas y carentes de base enteramente a fin de sostener una infundada noción humana. Esta crítica no es meramente la opinión de una persona enfilada contra la opinión de otra persona. Pero los que enseñan la erradicación de la vieja naturaleza no la pueden basar, y por lo tanto, no se apoyan en la Palabra de Dios. Ellos no sólo ignoran la enseñanza de la Escritura de que la naturaleza pecaminosa permanece con su poder activo, a pesar del hecho que ya ha sido juzgada en lugar del creyente por Cristo en Su muerte, así mismo ignoran la gran cantidad de pasajes que se dirigen al creyente para obtener una constante liberación mediante el poder del Espíritu morador. En efecto, si la erradicación fuera el método divino para tratar con la naturaleza caída, prácticamente no hay necesidad de la obra presente del Espíritu Santo. Así toda esta obra divina perjudica la teoría, mientras que la teoría en sí es peligrosa para las almas sinceras. Siendo que no tiene base bíblica en qué apoyarse, esta teoría es afirmada de tantas maneras como maestros que la promueven. La presente discusión puede tener que ver solamente con los principios incluidos que de allí han de derivarse. Una sincera determinación que ha de ser agradable a Dios sin duda induce a muchos a promover la idea de la erradicación; sin embargo, la doctrina Bíblica de una incesante victoria por el poder del Espíritu Santo en respuesta a una definida dependencia del

Espíritu, es diametralmente opuesta y contraria a la idea de la erradicación. Si una es la verdad la otra no puede serla. La consideración de algunos aspectos involucrados pueden servir para hacer conclusivos estos acertos de la crítica.

Primero, la erradicación no es el método divino de tratar con estos tres grandes enemigos. Como se ha indicado antes, ellos son el mundo, la carne y el diablo. Nadie jamás ha indicado un plan para librarse de la influencia del mundo que pueda conseguir erradicar al mundo. Tan cierto es que la carne en su más extenso campo de acción y realidad, que incluye la naturaleza pecaminosa, nunca se dice que ha de ser erradicada, pero definidamente se dice que hay que ponerla en sujeción por el Espíritu cuando a El se le encomienda el andar cotidiano (Gá. 5:16, 17). Ni tampoco persona alguna jamás ha sido relevada de la influencia satánica por la erradicación de Satán. ¿Por qué, entonces, y con cuál gran ventaja para sí misma al quedar sola, sería la erradicación de la naturaleza pecaminosa, que es sólo una parte integral de estos poderosos enemigos, ninguno de los cuales jamás puede ser erradicado?

Segundo, la erradicación no es acorde con la experiencia humana. Aunque algunos atrevidamente proclaman la erradicación de su pecado innato, pocos han demostrado una vida inmaculada muy exitosa. El ácido de la prueba de esta presunción se haría si un hombre y una mujer que creyeran que ellos mismos (y sobre las mejores evidencias conocidas de semejante pretensión) han tenido la experiencia de la erradicación, se casaron y tuvieron hijos, ¿nacerían éstos sin pecado original? No, y simplemente por el hecho de que de ninguno de los padres ha sido quitada la naturaleza pecaminosa, a pesar de la suposición de ellos. Algunos han alegado que la erradicación los regresó al estado de inocencia de la que cayó Adán; pero ese estado, si alguna vez se lograra, no se mantendría por un momento "bajo las presentes tensiones de la vida". El primer error necesariamente regresaría al supuesto inmaculado al estado de caído. No obstante, la Escritura nada sabe de otra caída de parte de un ser humano aparte de los primeros padres, pero afirma que la redención se ha efectuado para todos y que se ha asegurado un camino de liberación de la naturaleza caída heredada para los hijos de Dios por medio de la muerte de Cristo y por el poder del Espíritu Santo.

Tercero, la erradicación desconoce la gran verdad que presenta la obra vencedora del Espíritu Santo en el creyente y el aspecto más profundo de la muerte de Cristo que sirve de base a toda liberación. Esa muerte al pecado que es posicional y que incluye a todo creyente, por otra parte, se interpreta como que fuera experimental y limitada a unos pocos que han alegado un estado del que nada conoce el Nuevo Testamento. No obstante, todo lo que Dios ha efectuado es con el fin de que el creyente pueda "andar" sobre un nuevo principio de vida (Ro. 6:4). La responsabilidad humana en este andar es quitada, realmente, de lo que sería si por casualidad la naturaleza pecaminosa fuera efectivamente quitada. En tales circunstancias no se podría hallar lugar para las palabras, "reconoced, someteos, no reine el pecado, quitad, haced morir, o habite". No es tanto reconocer que la naturaleza está muerta como que el creyente está muerto a ella.

Cuarto, la erradicación magnifica la experiencia humana al punto que ellos descuidan cualquier revelación que no concuerda con su experiencia. ¿De qué valor es la revelación, piensa alguien, cuando uno ha tenido una experiencia, especialmente si ésta revelación tiende a corregir o a contradecir la experiencia?

Quinto, el Nuevo Testamento advierte especialmente contra el error de la erradicación En 1 Jn. 1:8 se dice: "Si decimos que no tenemos pecado, nos engañamos a nosotros mismos y la verdad no está en nosotros". Aquí se hace referencia a una naturaleza pecaminosa, mientras en el versículo 10 se refiere al pecado que es fruto de la mala naturaleza. El decir como una suposición que uno no tiene una naturaleza pecaminosa puede ser debido a un auto-engaño; sin embargo, a quien tal cosa afirma se le declara: "La verdad no está en él". El reclamo básico de la erradicación se afirma bien sobre las palabras: "No puedo pecar porque mi naturaleza pecaminosa está erradicada", mientras que el testimonio del que sigue la provisión y la norma divinas es: "A causa de la muerte de Cristo y el poder inmediato del Espíritu yo puedo no pecar". Las dos teorías, entonces, no pueden reconciliarse. Porque los creyentes, de acuerdo con una teoría racionalista han de ser relevados de la tensión por una abrupta remoción de la disposición a pecar, remoción que termina con todo conflicto futuro con la naturaleza pecaminosa, y exalta a los beneficiados al supuesto nivel elevado de existencia a donde la Palabra de Dios no se aplica a ellos con respecto a la liberación por el Espíritu Santo a través de la muerte de Cristo. Por otro lado, el Nuevo Testamento enseña una perfecta victoria sobre todo mal (el mundo, la carne con todos los aspectos que la integran, y el diablo), por el poder constante y capacitador del Espíritu Santo. Ni aun hay lugar para discusión en cuanto a determinar cuál de estas dos proposiciones es lo que la Biblia enseña.

CONCLUSION

Entonces, la tercera condición por la cual uno puede ser espiritual es una definida confianza en el Espíritu, que significa "un andar en el Espíritu". Una confianza tal en el Espíritu es imperativa por causa del imposible (hablando humanamente) llamamiento celestial, el poder anti-espiritual del mundo, el poder opuesto de Satán, y la continua presencia de la "carne" con su naturaleza adámica. El hijo de Dios no puede hoy afrontar aspectos del mañana. El andar es algo que se efectúa paso a paso y esto demanda una apropiación constante del poder de Dios. La vida cristiana jamás es semejante a una ascensión en la que uno puede subir espiritualmente sobre el nivel terrenal una vez por todas y no tener problemas o tentaciones aquí de nuevo. Es más bien un "andar, una carrera, una lucha". Todo esto habla de continuación. La buena batalla de la fe es la de una actitud continua de confianza en el Espíritu. Para los que así caminan con Dios, está abierta una puerta a la "comunión con el Padre y con Su Hijo Jesucristo", y a una vida fructífera y de servicio con cada manifestación de poder espiritual para la gloria de Dios. Entonces, ¿qué es la espiritualidad? Es la manifestación no obstaculizada del Espíritu morador. En todo son siete aspectos de manifestación. Todas estas benditas realidades son provistas con la presencia y poder del Espíritu y serán producidas normalmente por el Espíritu en el cristiano que no lo está contristando, sino que confiesa todo pecado conocido, y que está andando en el Espíritu con una actitud de dependencia de Su poder solamente (Gá. 5:22, 23). El tal es espiritual porque está lleno del Espíritu. El Espíritu tiene libertad para cumplir en él todo el propósito y deseo de Dios para su vida. No hay nada, en la vida diaria y en el servicio, que desear más allá de esto. "Gracias a Dios que nos da la victoria por medio de nuestro Señor Jesucristo".

"Nuestro amado y bendito Redentor
En Su postrera y tierna despedida
Para estar con nosotros de por vida
Nos dio un guía y fiel Consolador . . .

Y todas las virtudes de su gente
Y cada victoria aquí obtenida,
La santidad que ya en su mente anida,
Son suyas solamente".

CAPITULO XVII

UNA ANALOGIA

Aunque dentro del aspecto positivo de la vida espiritual se puede trazar una comparación entre aquellas cosas que son donadas o impartidas al ser salvados y la manifestación del Espíritu en la vida diaria del cristiano lleno del Espíritu, hay también varios aspectos bien definidos de comparación que sugieren una analogía entre liberación de la penalidad del pecado de los que están sin Cristo y la liberación del poder del pecado, por parte de aquellos creyentes que se acomodan a las condiciones que gobiernan la vida espiritual. Sin lugar a dudas, los beneficios positivos recibidos cuando Dios salva son de importancia primaria; aun la analogía que ahora perseguimos, como se sugiere atrás, contempla nada menos que dos formas de salvación –la una de la penalidad, y la otra del poder del pecado. Quizá sea necesario señalar el hecho de la servidumbre del pecado como una distinta forma de salvación. Como se esperaría de la carta a los Romanos, epístola que declara el aspecto completo de la salvación, tanto de la penalidad como del poder del pecado hacia la absoluta seguridad eterna, allí aparece en la misma estructura principal del libro, esta diferenciación entre salvación de la penalidad del pecado para perdón, justicia imputada, y justificación a través de la muerte de Cristo (Ro. 1:1-5:21) por una parte, y salvación del poder del pecado, hacia la santificación, la posicional y la experimental, hecha posible por la muerte de Cristo (Ro. 6:1-8:27) por otra parte. Esta misma estructura de la parte doctrinal de la epístola a los Romanos servirá para enfatizar la fuerza de la quíntuple analogía que sigue.

I. EL ESTADO DE PERDICION

La Palabra de Dios presenta una amplia descripción del estado de todos los inconversos en su necesidad de salvación de la culpa y penalidad del pecado. De ellos se dice que están "perdidos", condenados y (espiritualmente) "muertos"; "no hay justo ni aún uno"; "todos han pecado y están destituidos de la gloria de Dios". Pero detrás de todo esto está la revelación de que en ellos mismos están desamparados y sin poder para alterar o mejorar su condición.

Su única esperanza está en depender enteramente de Otro por Su poder y gracia salvadora. "Cree en el Señor Jesucristo y serás salvo . . ."

De la misma manera, las Escrituras revelan el estado de los regenerados en relación al poder de la naturaleza pecaminosa en cuanto a su impotencia y desamparo: "Yo se que en mí (es decir en mi carne) no mora el bien"; "así que queriendo yo hacer el bien, hallo esta ley: que el mal está en mi". La esperanza del hijo de Dios en su salvación del poder del pecado también está unida a una completa dependencia del poder y la gracia de Cristo. "Porque la ley del Espíritu de vida en Cristo Jesús me ha librado de la ley del pecado y de la muerte"; "Hijitos, vosotros sois de Dios, y lo habéis vencido; porque mayor es el que está en vosotros que el que está en el mundo"; "Si andáis en el Espíritu, no satisfaréis la concupiscencia de la carne".

II. EL OBJETIVO E IDEAL DIVINOS

Existe el mayor de los contrastes entre el estado del inconverso y el estado de la misma persona después de ser salvado. Sólo la eternidad puede medir esta transformación. Para él el perdón es infinitamente perfecto, a tal grado de purificación que califica al hijo de Dios como libre para siempre aun de la sombra de pecado en la presencia de Dios; así mismo, le da el derecho de ser hijo de Dios en verdad y eternamente, la justicia divina que le es imputada, la perfección una vez para siempre, la justificación sin un proceso, la recepción de la verdadera πλήρωμα o llenura de la Deidad por la que El se va conformando a la misma "imagen del Gran Hijo", por no mencionar sino unas pocas bendiciones de la posición en Cristo.

No menos que con un perfecto ideal divino a la vista, el cristiano es llamado a un elevado modo de vida celestial y de victoria, por la muerte de Cristo a la naturaleza de pecado y del poder capacitador ilimitado del Espíritu Santo. Al creyente se le ruega a "andar como es digno de su gloriosa posición que le pertenece mediante la gracia y poder infinitos. Se le "reta a andar en la luz".

III. EL DON DE DIOS

La salvación debe ser de Dios solamente, porque cada aspecto de ella está más allá del poder y la fuerza humanos. De los muchos grandes milagros que, tomados en conjunto, constituyen la salvación de la culpa y la pena del pecado, ninguno de ellos podría aun entenderse, menos el ser ejecutados por el hombre. (El evangelio de

Cristo) "Es el poder de Dios para salvación . . . ; para que El sea el Justo y el que justifica al que cree".

De la misma manera es cierto que el creyente es incapaz de librarse a sí mismo del poder del pecado. Solo Dios puede hacerlo, y El se propone hacerlo de acuerdo a Su revelación contenida en Su Palabra. No hay poder en el hombre cualquiera que sea, para librarlo del mundo, la carne y el diablo. "Si andáis en el Espíritu, no satisfaréis la concupiscencia de la carne"; "Dios es el que obra en vosotros así el querer como el hacer por Su buena voluntad"; "La ley del Espíritu de vida en Cristo Jesús me ha librado de la ley del pecado y de la muerte"; "Finalmente, hermanos, confortaos en el Señor y en el poder de Su fortaleza"; "Quién me librará . . . ? ¡Gracias a Dios por Jesucristo, Señor nuestro! "

IV. LA OBRA DE LA CRUZ

Si el pecador estuviera desamparado y Dios tuviera que juzgarlo directamente por sus pecados, ninguno podría ser salvo. Es sólo porque Dios ya ha juzgado la vida del pecador en un Sustituto que El puede salvarlo de los juicios consumidores; ciertamente, siendo que esa sustitución fue perfecta y completa, el creyente ahora es salvo de todo castigo o pena, así como para una infinita perfección en Cristo. Una salvación satisfactoria tanto para el amor de Dios por aquel a quien salva como glorifica a Dios para siempre. Siendo que no queda ningún obstáculo moral para impedir al amor divino de su máxima expresión, Dios procede a ejecutar todo lo que El puede hacer de manera infinita —El hace que el salvo llegue a ser semejante a Jesucristo, Su Hijo. Una maravilla de la gracia divina como ésta no puede efectuarla Dios sobre otra base que no sea la sustitución que Cristo ha efectuado. También es esencial que el pecador tenga conocimiento de la base sobre la que él es salvado. Entonces él debe venir voluntaria e inteligentemente a Dios por medio del Salvador propuesto. Por la muerte de Su Hijo, Dios queda en libertad para salvar al primero de los pecadores, por ejemplo, para transformarlo a Su semejanza, recto y puro. En semejante caso, para el cristiano no habría salvación del poder del pecado si Dios primero no hubiera juzgado a la carne con su naturaleza pecaminosa, con su "hombre viejo". Ciertamente, la condición del creyente sería sin esperanza si Cristo primero no hubiera juzgado así la naturaleza pecaminosa. Como en el caso de la pena por el pecado, la obra del juicio sobre la cruz se efectúa ahora y Dios es hecho propicio tanto hacia los pecadores como para los santos. El hombre viejo fue juzgado en una crucifixión, una muerte y una sepultura juntamente con Cristo.

"... Sabiendo esto, que nuestro viejo hombre fue crucificado con El". Siendo que Cristo ha muerto a la naturaleza de pecado, perfeccionando todos los juicios divinos en contra de ella, ahora Dios está en infinita libertad para controlar la carne y su naturaleza de pecado, a fin de que pueda llevar a cabo la liberación de los santos de la esclavitud del pecado. Todo esto ha de ser *reconocido* por el creyente, que es cierto, y que lo es sobre la base aceptada del juicio de Cristo en lugar del "hombre viejo", sometiéndose él mismo a Dios.

V. EL LUGAR DE LA FE

Siendo que la salvación es siempre y únicamente una obra de Dios, la única relación que el hombre puede tener con ella es la de esperanza en El que puede sólo sobrellevarla y ejecutarla. La salvación de la culpa y la pena del pecado para el inconverso se efectúa en el mismo momento que él cree. Está condicionado a *un solo acto* de fe. Los hombres no son salvos o permanecen salvos de las consecuencias de los pecados porque ellos continúen en su fe. La fe salvadora relacionada con este primer aspecto de la salvación, es una transacción completa. "Porque de tal manera amó Dios al mundo, que Dio a Su Hijo Unigénito, para que todo aquel que en El crea no se pierda, más tenga vida eterna" (Jn. 3:16). "De cierto, de cierto os digo, el que oye mi palabra, y cree al que me envió, tiene vida eterna y no vendrá a condenación, más pasó de muerte a vida" (Jn. 5:24). Cree en el Señor Jesucristo, y serás salvo tú y tu casa" (Hch. 16:31).

La salvación para la santidad de la vida diaria es igualmente una obra de Dios, y la única relación que el hijo de Dios puede sostener con ella es una de expectación hacia Aquél que solo es capaz. Habrá también un ajuste de la vida y de la voluntad a Dios, y esta salvación debe entonces, ser invocada por fe; pero en este caso todavía es una actitud de fe. Los creyentes son salvos del poder del pecado al creer. El que ha sido justificado por un acto de fe puede de ahora en adelante *vivir* por fe. Hay una multitud de pecadores por quienes ha muerto Cristo que todavía no son salvos. Por el lado divino, ha sido provista cada cosa y ellos sólo tienen que entrar por fe a Su gracia salvadora, y para ellos es asequible en Cristo Jesús. También, del mismo modo, hay una multitud de santos cuya naturaleza pecaminosa ha sido juzgada perfectamente y se ha hecho toda provisión por parte de Dios para una vida de victoria y de gloria para Dios, los cuales actualmente no están viviendo la vida victoriosa. Ellos sólo tienen que entrar por fe en dicha vida victoriosa que puede lograrse para la liberación del poder y del dominio del pecado. Este paso los introducirá a la realidad de "un andar, una carrera, una lucha". Todo esto significa una actitud constante. Se pide a los cristianos "pelear la buena batalla de la fe". Los pecadores no son salvados mientras no confíen en el Salvador, y los creyentes no son vencedores hasta que confíen en el libertador del poder reinante del pecado. Dios ha hecho posible este rescate a través de la cruz de Su Hijo. La salvación del poder del pecado debe reclamarse por fe. Discutiendo este quinto aspecto de la analogía el Obispo H. C. G. Moule de Durham, Inglaterra, escribe:

> El primer caso es en su naturaleza uno y singular: una admisión, una incorporación. El segundo es en su naturaleza, progresivo y de desarrollo: adelantándonos con la ocasión, el descubrimiento de la grandeza de los recursos de Cristo para la vida. El último *puede,* no *debe,* así incluir una gran crisis en la conciencia, un acto espiritual particular. Es mucho más seguro incluir muchos puntos iniciales, desarrollos críticos, avances notables. El acto de sometimiento de fe al poder de Cristo para la limpieza interior de la voluntad y los afectos puede ser, y a menudo realmente lo es, *como si fuera* una nueva conversión, un nuevo "llamamiento efectivo". Pero es seguro, si el hombre se conoce a sí mismo a la luz de Cristo, que ha de ser seguido por hechos y reiteraciones hasta el fin; no un mero regreso *a* y principios desde el antiguo nivel (ciertamente no es el plan de Dios que tuviera que ser así), sino un definido desarrollo debido al nuevo descubrimiento de la necesidad personal y del pecado, y de más de las correspondientes "riquezas en Cristo". Con cada adelanto tal, la sagrada promesa de la *llenura del Espíritu* se recibirá con una santa y feliz realización. *Outlines of Christian Doctrine,* 2a. Ed. Rev. pág. 199.

El Espíritu, cuando salva del poder reinante del pecado, no despoja de su personalidad al individuo. Meramente toma posesión de las facultades y poderes del individuo. Es el poder de Dios actuando a través de las facultades humanas de la voluntad, emociones, deseos y disposición. La experiencia del creyente que está siendo investido de poder es sólo la de ser consciente de su propio poder de elección, sus propios sentimientos, deseos, y disposición como relacionados consigo mismo. La fuerza que él posee, no obstante, es "en el Señor y en el poder de Su fortaleza".

CONCLUSION

Por el hecho de que hasta aquí esta discusión ha tenido que ver con la teoría o doctrina de la vida espiritual, la adición de unas pocas sugerencias prácticas pueden no estar de más. Siendo que una vida en el poder del Espíritu depende de una actitud continua de reconocimiento y de apropiación es importante para la mayoría de cristianos el tener un tiempo de trato definido con Dios en el que puedan examinar sus corazones en cuanto al asunto del pecado y su necesidad de consagración, y en el que puedan conocer tanto su insuficiencia como su suficiencia según lo revela el Espíritu. Entonces en ese tiempo particular, ellos pueden reclamar Su poder y fortaleza que suplante su debilidad. La Biblia no formula reglas en cuanto a tiempo o condiciones. Es un caso del hijo individual, en todos los aspectos de su exclusiva personalidad, tratando con su Padre.

La espiritualidad no es un ideal futuro; es para experimentarse *ahora* mismo. La cuestión vital es, "¿Estoy andando en el Espíritu ahora? " La respuesta a esta pregunta no dependerá de la presencia o ausencia de alguna manifestación rara de lo sobrenatural. Mucho de la vida de cada uno será vivida no de modo eventual, sino en la vida ordinaria; pero aún allí el creyente tendría convicción de que él anda en rectitud delante de Dios y en su compañía ininterrumpida. "Amados, si nuestro corazón no nos reprende tenemos confianza en Dios" (1 Jn. 3:21). Así mismo, el hijo de Dios no confundiría el agotamiento nervioso, la debilidad física o la depresión, con la falta de espiritualidad. Muchas veces dormir es más necesario que orar, y la recreación física, que el escudriñar el corazón.

Hay que recordar también que sus provisiones son siempre perfectas, pero la forma de allegarse los cristianos a dichas provisiones a menudo es imperfecta. No hay duda que hay demasiada charlatanería con referencia a las actitudes y acciones humanas en relación con Dios, como si ellas fueran absolutas, de tales cosas como consagración absoluta, absoluta rendición y absoluta devoción. Si hay condiciones bien definidas sobre las que el creyente puede llegar a ser espiritual, permítasele recordar que, desde el punto de vista del infinito Dios, su condescendencia con esas condiciones a menudo son imperfectas, pero los ajustes de los cristianos son humanos y por lo tanto ordinariamente sujetos a mejoramiento. No obstante, el hecho de la posible liberación del cristiano que depende sólo del Espíritu Santo, no cambia. El hijo de Dios tendrá tanto en cualquier tiempo cuanto él lo haga posible al Espíritu el otorgárselo.

Normalmente el cristiano espiritual estará ocupado en servicio efectivo para su Señor. Esto, sin embargo, no es una regla. Los cristianos sólo necesitan tener el cuidado de estar rendidos y estar listos para hacer cualquier cosa que El quiera elegir. "Descansar en el Señor" es una de las victorias esenciales en una vida espiritual. "Venid vosotros aparte . . . y reposad un poco". Un hijo de Dios es tan espiritual cuando está descansando, orando, durmiendo, o incapacitado, si esa es la voluntad del Señor para con él, como cuando está sirviendo.

La vida espiritual no es pasiva. Muy a menudo es así mal juzgado por el hecho de que uno, para ser espiritual, ha de cesar de todo esfuerzo propio con respecto a logros espirituales y aprender a vivir y servir por el poder que Dios ha provisto. La verdadera espiritualidad poco sabe de quietismo. Por el contrario, es una vida mucho más activa, abundante y vital, porque es vigorizada por el ilimitado poder de Dios. Los cristianos llenos del Espíritu están casi listos para quedar exhaustos físicamente al fin de cada día. Están fatigados *en* el trabajo, pero no fatigados *de* el trabajo.

La vida llena del Espíritu nunca está libre de tentaciones; pero "Dios es fiel que no os dejará ser tentados más de lo que podáis llevar; antes os dará juntamente con la tentación la salida para que podáis aguantar. La enseñanza clara de esta promesa, en armonía con toda la Escritura sobre el referido tema, es que las tentaciones como los fenómenos que le son "comunes al hombre" atacan a todos los cristianos, pero que, además, hay un camino de escape divinamente provisto. El hijo de Dios no tiene que someterse a la tentación. Siempre hay la *posibilidad* de pecar, mas nunca la *necesidad* de hacerlo. Bien se ha dicho que los creyentes son honrados con la lucha en las trincheras del frente de combate. Allí es donde se siente la más fiera presión del enemigo. Pero ellos también tienen el privilegio de testificar de la aplastante derrota del enemigo. ¡Tan abundante es el poder de Dios! Y así el creyente espiritual es altamente honrado. El vivir de irrealidades es un impedimento para la espiritualidad. Cualquier cosa que sepa a una 'pose religiosa' es dañina. En un sentido muy particular, el que ha sido cambiado de lo natural a lo espiritual algunas veces necesita cambiar de nuevo a la naturalidad –es decir, a una naturalidad de maneras y de vida, por supuesto. La verdadera vida espiritual presenta una latitud suficiente que permite al creyente estar muy cerca a toda clase de gente que nunca lo separan de Dios. La espiritualidad evita el pecado, pero nunca impedirá la amistad y la confianza de los pecadores (Lc. 15:1). ¿Quién puede mirar mejor los fracasos de otros más que uno que tiene una visión espiritual? Y a causa de esto, ¿quién necesita más del poder divino para guardarlo de tornarse un crítico, con todo lo que de eso se deriva? Los cristianos necesitan estudiar más cuidadosamente la adaptación practicada por el Apóstol Pablo como lo revela en 1 Corintios 9:19-22. Si la clase de espiritualidad de uno no hace a Cristo atractivo a otros, necesita algunos cambios drásticos. ¡Que Dios salva a sus hijos de asumir un tono de voz de santidad, una santa expresión de rostro, o un garbo santo (si por esto ellos quieren aparentar santidad)! La verdadera espiritualidad es un adorno interior. Es lo más sencillo y natural y sería una atracción y deleite para todos.

No procurará ideales *impersonales,* o la *imitación* de otros. Precisamente aquí está el gran peligro al analizar experiencias. Algunos son inducidos fácilmente a tratar de imitar a alguien. Lo que da a un cristiano una distinción inapreciable es su propia personalidad, y él no puede agradar a Dios más que siendo lo que El ha planeado que sea. Algunos cristianos están dispuestos a transitar por vidas irreales, repitiendo frases piadosas, la realidad de las cuales ellos nunca han experimentado. Esto siempre debe contristar al Espíritu.

Los hijos de Dios tratan siempre con su Padre. Muy a menudo se piensa que el andar en el Espíritu es una cosa mecánica. El creyente no está tratando con una máquina; él está tratando con el Padre más amante y tierno de corazón en todo el universo. El más profundo secreto de su andar es precisamente el conocerlo a El, y así confiar en el corazón de su Padre, que él puede expresar sus fracasos sobre Su tierno pecho, si es necesario, o hablarle a El claramente en alabanzas por cada victoria alcanzada. Cuando los cristianos conozcan la consolación y el descanso de tal comunión, tendrán menos ocasión de apelar a cualquiera otro. A ellos concierne el decirle exactamente lo que sienten, así como lo malo que tienen en el corazón —y aun su más dura incredulidad. Hacer esto sólo abre el corazón para que El envíe su bendita luz y fortaleza. La separación de una tan estrecha comunión es lo primero a que uno debe temer, y la primera ayuda en cada accidente espiritual es el simple acto de decirle a El todo de manera contrita. Habiendo hecho confesión, el creyente reconocerá su perdón restauración completamente consumada e inmediatamente volverá a Su comunión y a Su gracia.

La enseñanza de que "pájaro con el ala rota nunca volverá a remontarse tan alto" es lo más antibíblico. Por el sacrificio de Cristo ningún castigo queda ahora para el pecador o el santo (si el primero lo recibe como Salvador). Más bien, "el pájaro con el ala rota puede remontarse más alto; pero no hay que complacerse con el fracaso o la derrota por esa razón, desde luego".

Los cristianos nunca son santos maravillosos de los cuales Dios pueda enorgullecerse justamente; ellos son Sus hijitos, inmaduros y llenos de necesidades, con quienes El es infinitamente paciente y sobre quienes se ha complacido en poner todo Su infinito corazón lleno de amor. El es maravilloso y no los cristianos.

Creed lo que está escrito. Recordad las palabras vitales de Romanos 6:6, 9: "Sabiendo esto . . . " o, "porque sabemos esto". Uno es siempre justificado actuando sobre buena evidencia. Entonces, ¿dónde hay una palabra de testimonio más segura que en la imperecedera Palabra de nuestro Dios? De esa misma Palabra los creyentes *saben* que Dios ha provisto un sacrificio perfecto por sus pecados y por su pecado, y que el camino está expedito para una vida rebozante en el poder del Santo y bendito Espíritu. El creyente debiera saber que una vida tal es Su amante propósito para con él. Este debe creer su infalible promesa. Antes de ser una imposición el reclamarle esta gracia el fallar en reclamar todo lo que El en Su amor le confiere le lastimaría más que nada.

La verdadera espiritualidad es una gran realidad. Es todas las manifestaciones del Espíritu en y a través de uno en quien El vive. El manifiesta en el creyente la vida que es en Cristo. El vino no para revelarse a sí mismo, sino para hacer real a Cristo *al* corazón, y a través del corazón, al hombre. Así el Apóstol Pablo podía escribir: "Por esta causa doblo mis rodillas ante el Padre de nuestro Señor Jesucristo, de quien toma nombre toda la familia en los cielos y en la tierra, para que os de, conforme a las riquezas de Su gloria el ser fortalecidos en el hombre interior por Su Espíritu; para que habite Cristo por la fe en vuestros corazones, a fin de que, arraigados y cimentados en amor, seáis plenamente capaces de comprender con todos los santos cuál sea la anchura, la longura, la profundidad y la altura, y conocer el amor de Cristo, que excede a todo conocimiento, para que seáis llenos de toda la plenitud de Dios. Y a Aquel que es poderoso para hacer todas las cosas mucho más abundantemente de lo que pedimos o entendemos, según el poder que actúa en nosotros, a El sea gloria en la Iglesia en Cristo Jesús por todas las edades, por los siglos de los siglos. Amén."

INDICE DE TEXTOS SAGRADOS

El Indice de Textos Sagrados sólo incluye aquellos que se les da un comentario interpretativo. Los demás textos que se mencionan con el fin de apoyar la presentación de las doctrinas no se incluyen.

MATEO

MARCOS

ROMANOS

16:12-13 II, 734

LOS HECHOS

PRIMERA CORINTIOS

FILIPENSES

COLOSENSES

JUDAS

APOCALIPSIS